Carl J. Burckhardt
Briefe
1908–1974

Herausgegeben vom
Kuratorium Carl J. Burckhardt
mit Unterstützung des Schweizerischen Nationalfonds
zur Förderung der wissenschaftlichen Forschung

Besorgt von Ingrid Metzger-Buddenberg

S. Fischer

© 1986 S. Fischer Verlag GmbH, Frankfurt am Main
Umschlaggestaltung: Manfred Walch, Frankfurt
Satz und Druck: Wagner GmbH, Nördlingen
Einband: G. Lachenmaier, Reutlingen
Printed in Germany 1986
ISBN 3-10-009004-7

Vorwort

I

Die große Autobiographie, die Carl J. Burckhardt im Alter vorschwebte, konnte er nicht mehr verwirklichen. Noch am 15. Mai 1970 hatte er in einer Disposition zuhanden seines Verlegers – wohl halb nurmehr zum Spiel? – drei Bände mit zweiunddreißig Kapiteln vorgesehen; das drittletzte ist betitelt ›Surrealistische Zustände in den Überresten Europas‹, das vorletzte ›Kulturwandel, Niedergangs-Optimismus‹, das letzte, Formel seines Schaffens überhaupt, ›Gestalten, Mächte, Begegnungen‹. Der Vollendung der großen Richelieu-Biographie, deren erster Band, ›Der Aufstieg zur Macht‹, 1935 erschienen, zu weitem Ruhm gelangt war, widmete er in Erfüllung verjährten Versprechens seine späten Jahre nach dem Rückzug aus aktiver Tätigkeit; bei Abschluß des Werkes war er fünfundsiebzig Jahre alt.
Der Lieblingsplan blieb auf der Strecke; als er daran arbeitete, holte die Krankheit, eine Leukämie, ihn ein, er starb am 3. März 1974. Das fünfköpfige Kuratorium*, das sich auf Wunsch von Frau Elisabeth Burckhardt noch im selben Jahr bildete, gab die vorhandenen Texte nach sorgfältiger Sichtung durch Dr. Charlotte König unter dem noch von ihm selber in Aussicht genommenen Titel ›Memorabilien‹ 1977 im Verlag G. D. W. Callwey, München, heraus; sie gewähren eine Vorstellung vom umfassend erträumten Bau (5. Aufl. 1984).

---

* Die Mitglieder des Kuratoriums sind außer dem Verfasser dieses Vorworts Dr. Hans Bachmann (Winterthur), Alexander Bruggmann (Genf), Prof. Dr. Herbert Lüthy (Basel) und Dr. Jakob Burckhardt (Zürich), der den 1981 dahingegangenen Peter Schifferli ersetzte.

Autobiographisches enthielten Carl J. Burckhardts Schriften von jeher. Sieht man vom frühen Bildnis des Vaters 1917 ab, begann es mit der ›Kleinasiatischen Reise‹ 1923, dem dichterischen Ergebnis einer humanitären Rotkreuzmission. Später kommen die ›Erinnerungen an den Rhein‹: die früheste Kindheit am Basler Münsterplatz, wo er am steinernen Glücksrad der Galluspforte die Könige steigen und stürzen sieht, und die Gänge über den Schönenberg an der Hand des Großvaters, der, mit ihm nach Norden schauend, ihm die Grenze erklärt, ein dunkles Wort, das den Knaben erschreckt. Dann die Schuljahre in Glarisegg am Bodensee, ein Urschauplatz seines Lebens, der ihm Jahre danach in einem türkischen Feldlazarett bei griechischen Heimatvertriebenen wie Rettung und Ordnung erscheint, samt dem Erzieher und Freund, der ihn einst diese Rettung gelehrt. Es folgen die Erinnerungen an Wien 1918–1919 und an die Freundschaft mit Hugo von Hofmannsthal, der in einem Brief an die Mutter vom 26. Juli 1920 bekundet hat, wie völlig er den jungen Basler verstand:

»Eine Seite seines Wesens ist dem Tag zugekehrt, bringt die Dinge geschickt unter sich, spiegelt sie rein und lustig, wie ein metallener Spiegel, eine andere ist die Mondseite und verknüpft mit Intuition und hohen Ahnungen, wie die Mondnacht selber, das fern Auseinanderliegende zu einem magischen Gewebe, worin die irdischen Erlebnisse wiederkehren, aber erhöht und wie erst zu ihrem eigentlichen Sinn zurückgekehrt. Es ist unendlich viel von einem Künstler in ihm, aber noch bleibt ungewiß, ob es ihm gegeben ist, sich im Gebilde ganz zu verlieren und zu gewinnen – denn ein starker echter Drang zieht ihn auch zu den politischen Geschäften. Wesen dieser Art ist keine Bahn vorgezeichnet – und keine der vorgezeichneten Bahnen tut ihnen genug. Sie müssen das scheinbar Fern-Abliegende auf eine neue Weise auseinanderknüpfen, aus einer unerwarteten Combination von Elementen bauen sie sich ihre Welt, sie meinen damit nur für sich selber die atembare Luft herzustellen, und schaffen neue Typen der geistigen Existenz.«

In der Jugend hatte er Gedichte geschrieben, keine mehr nach dem Freitod des Vaters im Februar 1915, dem so wenig haben helfen zu können den Sohn zeitlebens bedrückte: »zu früh hat ein Abschied mich an der Schwelle des Lebens zögern gelehrt«. Daraus stammt aber auch seine Begabung, andere zu trösten, wie sie im Brief vom 7. Okt. 1919 an Rosa Glauser, die ähnliches erfahren mußte, ergreifend zum Ausdruck kommt. Das Verhältnis zur Vaterstadt Basel, in der er sich fortan nur noch vorübergehend aufhält, ist gleichfalls davon bestimmt, auch wenn er sich des »Basiliensis sum« bewußt bleibt, ja daran in Spiel und Widerspiel stets neu erinnert wird.

Dem Historiker, der das Zurückschauen als eine seiner Gefahren kennt, werden die versunkenen Gestalten zu durchbluteter Gegenwart. So entstehen die Lebensbilder aus der Geschichte – Maria Theresia, Erasmus von Rotterdam, der Honnête Homme und viele mehr –, nicht anders als die Bildnisse all der Zeitgenossen, denen er begegnet; sie machen einen Teil seines Werkes aus, die Ernte ist in den drei handlichen Bänden der ›Manesse-Bibliothek der Weltliteratur‹ eingebracht, ein Haus des Lebens und der Erinnerung.

Zweimal durchläuft Burckhardt die große Sequenz Vorkrieg–Krieg–Nachkrieg – die erste als Schüler in Basel und Glarisegg, als Student in München und Göttingen, als Attaché und Professor, die zweite als Handelnder mit Verantwortung: als Hochkommissar in Danzig, als engster Mitarbeiter, dann Nachfolger von Prof. Max Huber im Internationalen Komitee vom Roten Kreuz und als erster Gesandter der Eidgenossenschaft nach dem Krieg in Paris. Spät erst bezieht er den Redingschen Landsitz La Bâtie in Vinzel über Rolle, von dem aus man über die Rebhänge und den Genfersee zum Montblanc und weitum in den Himmel sieht. Hier ist es, wo er den ›Richelieu‹ vollendet, ›Meine Mission in Danzig‹ schreibt und die ›Memorabilien‹ beginnt. Hier ist es, wo er, Besuche empfangend und täglich Briefe schreibend, den Kontakt mit der Welt aufrechterhält.

II

Kontakt mit der Welt – mit Abwesenden spricht Burckhardt in Briefen. Sie sind seine zweite Autobiographie und mehr noch als seine Schriften bis zu einem gewissen Grad Ersatz für das spontane Gespräch. Wer und wie er war, ist aus der hier vorliegenden Auswahl schlüssig zu erfahren. Als großer Zuhörer geht er immer ganz auf die Adressaten ein, die stets eine andere Facette in seinem Wesen ansprechen und deren eigene Art sich zuweilen bis in den Duktus der Sprache hinein spiegelt. Er liebt es, die Klingen zu kreuzen, aber zum Leben braucht er Konsens. Er weiß zu erzählen, auszuspinnen, manchmal einer tieferen Wahrheit zuliebe Wirklichkeit und Dichtung verschmelzend. Er setzt Akzente, Strahlendes, Lächriges, Trübes, mischt Episoden und Deutung hinein, er gibt den Augenschein und die Reflexion. Er freut sich am Lebensreigen um ihn herum, das verleiht den Briefen Glanz und Beziehungsfülle, ihre funkelnde Anschaulichkeit. Er sieht die Figuren – große und geringe, böse und gute, mächtige und schwache – agieren wie auf dem Salzburger Domplatz den Jedermann. Die Briefe enthalten so, wuchtig oder zart, seine ganze reiche Natur, seine Menschenliebe, seine Hilfsbereitschaft und Güte, seine Intuition, aus der er, nie sich aufdrängend, Rat zu geben vermag, seine Anwandlungen von Zorn und von Schwermut und seinen Humor.

Burckhardts eigene Aufgaben treten gegenüber dem persönlichen Erleben und seinem verstehenden Eingehen auf den andern zurück, große Anstrengungen schlagen sich nur angedeutet nieder, lieber verschweigt er sie, und nie ist er sentimental.

Die Briefe richten sich zuerst an die Freunde und Lehrer, später kommt Hofmannsthal, womit der Kreis sich ins Europäische weitet, er wird nicht mehr preisgegeben. Es beginnt mit den Briefen des Sechzehnjährigen an den Jugendfreund Georges Walter. Burckhardt ist soeben ins Landerziehungsheim Glarisegg eingetreten und tut ihm dort

seine ersten Eindrücke kund. Nach einer Woche schildert er ihm einen Kameraden, der in sein Zimmer kommt, und faßt den zwiespältigen Eindruck in ein richtendes Wort zusammen: »Zinnglanz«.
Der letzte hier veröffentlichte Brief geht an seinen Patensohn, Hofmannsthals Enkel Octavian, eine Woche vor Burckhardts Tod datiert, aus der Klinik, in der er liegt, nicht mehr schreiben, nicht mehr reden, aber noch denken kann: »und ich denke oft an Dich und möchte Dich schützen – Dir helfen.«
Dazwischen liegen sechsundsechzig Jahre, 1908 bis 1974, zwei Drittel unseres Jahrhunderts, das er in weitem Bogen durchmißt. Wir sehen den jungen Menschen, den Studenten, der am 23. November 1913 aus Göttingen schreibt: »Ich halte ja diese Art Kultur so wenig aus, da ich völlig nur nach dem Farbigen, Bewegten hin gebildet bin...« Wir sehen den angehenden Gelehrten, der während der Arbeit an seiner Dissertation über den Berner Schultheißen Neuhaus dem Freund Franz Muralt am 24. Sept. 1918 berichtet: »Der Stoff hat mich zum ersten Mal in die Historie hineingeführt und hat mir diese ganze, geduldige, kompliziert angestrengte Technik gezeigt. Viel wirkliche Freude hat er mir nicht gemacht, und ich habe oft sehr darunter gelitten, daß ich in Jahren, da meine künstlerische Produktivität an wertvolleren Gegenständen hätte wirken und wachsen können, ich durch die törichte Einstellung zu diesen akademischen Anschauungen mich in eine trübe Sammlertätigkeit engagiert hatte.«
Aus diesem Zustand befreien ihn der Ruf nach Wien und die Freundschaft mit Hofmannsthal – beides bringt Klärung der Zweifel. Er wird Hochschullehrer in Zürich und Genf, bis in den dreißiger Jahren die erbarmungslose Zeit ihren Tribut von ihm fordert und ihn erst im Alter nach Erfüllung mannigfacher Aufgaben entläßt.
Besonders in den späten Jahren geben die Briefe vielerlei aktuelles Echo, Zeitgenossen sprechen ihn an, er erwidert, kritisch oder mit rühmender Zustimmung, neue Gebiete, so die Naturwissenschaften, beschäftigen ihn. Einzelne Adres-

saten sind im Briefwerk nur kurz zu Gast – *ein* Thema wird ihnen gegenüber berührt –, andere sind es jahre-, jahrzehntelang, bis ihnen die Feder entsinkt. Der sich verändernden Art, die Dinge der Welt zu sehen, von Brief zu Brief zu folgen, dem Wandel vom Jüngling zum Mann und zum Greis, dem Wandel der Sprache auch, in der er sich äußert, ist eines der Erlebnisse, die dieser inhaltschwere Band dem Leser vermittelt. Die Lektüre wird zur Reise auf dem Strom eines Lebens, der durch das Europa unseres Jahrhunderts fließt.

III

Als das Kuratorium nach Ordnung des Nachlasses und Edition der ›Memorabilien‹ sich anschickte, die Briefe zu beschaffen und ihre Fülle zu sichten, stellte sich, wie stets in solchen Fällen, die Frage, ob die Veröffentlichung einer Auswahl sich überhaupt zieme. Burckhardt selber äußert sich in einem Brief vom 31. Oktober 1967 an den Bildhauer Hermann Hubacher in Zürich selber einmal dazu:
»Es ist immer das selbe mit spontanen Korrespondenzen; solang sie spontan sind, gehören sie erst nach hundert Jahren vor die Öffentlichkeit, sind sie aber gestellt und auf ein weiteres Publikum zugeschnitten, so sind sie völlig wertlos. Schreibt man einem Freund, so muß man Stoßseufzer ausstoßen können und in der Lage sein, sich jeden augenblicklichen Ärger vom Herzen zu schimpfen. Nur solange man sehr jung ist und an eine Respektsperson sich richtet, darf man briefliche Aufsätze ohne Hintergedanken verfassen.«
Um spontane Briefe, um Briefe, die nicht gestellt sind, handelt es sich in unserer Auswahl durchaus. Angesichts des schnell-lebigen Rhythmus unserer Zeit glaubten die mit dem Nachlaß Betrauten dennoch, die Frist verkürzen zu dürfen. Sie fühlten sich darin durch die Tatsache bestärkt, daß Carl J. Burckhardt selbst zu Lebzeiten schon seine Briefwechsel mit Hugo von Hofmannsthal und Max Rychner

herausgab und der sechste Band der zu seinem achtzigsten Geburtstag erschienenen ›Gesammelten Werke‹ aus Briefgruppen an acht weitere Zeitgenossen, darunter Rudolf Alexander Schröder, Theodor Heuss, Karl Jaspers und Carl Zuckmayer, besteht. Eine erste Auswahl von zwanzig ›Briefen aus den letzten Jahren‹ sodann gab der Verleger der ›Memorabilien‹ auf Weihnachten 1976 heraus (wieder abgedruckt in ›Reminiszenzen‹, Verlag Georg D. W. Callweg, München 1984).
Besondern Widerhall weckte, als er 1956 erschien, der Briefwechsel mit Hofmannsthal, das für beide Verfasser gültige Zeugnis ihrer »Treue in der Freiheit«. Bestürzend wirkte damals auf viele Burckhardts Vorwegnahme von Ereignissen und Entwicklungen. So wenn er 1922 schrieb: »Noch ein Krieg und wir werden unter dem Druck der Angst, des Hasses, des Zorns Zerstörungsmittel ersinnen, die uns dann endlich die furchtbare Antwort der von uns so umworbenen Materie geben werden.« Oder, im Jahr zuvor, am 23. Juli 1921, nach einer Reise durch Deutschland: »Auch in Dresden hat mich etwas bedrückt. Das Schöne war da und doch, wie durchscheinend, als sollte es einmal ohne Auferstehung verschwinden.« So präzise Vorahnungen haben Staunen erregt, und dennoch sind sie authentisch. Wer Burckhardts immer wieder bekundetes divinatorisches Wesen näher kannte, wundert sich darüber nicht.

Allen Beteiligten gebührt vielfacher Dank, vorab den Adressaten, die ihre Einwilligung zum Abdruck der ihnen gehörenden Briefe erteilten. Sodann Frau Elisabeth Burckhardt, die mit ihrem Wissen, ihren Kenntnissen, ihrem sichern Gefühl die Auswahl wie die Bearbeitung unermüdlich begleitet hat, und den hilfreichen Mitgliedern des Kuratoriums, die für zahlreiche Einzelfragen und Anmerkungen stets konsultiert werden durften. Alexander Bruggmann (Genf), der bei Carl J. Burckhardt in dessen letzter Lebenszeit in Vinzel ein- und ausging und sich dabei eine nahe Kenntnis seiner Person und seines Lebenskreises erwarb, hat im Auftrag des Kuratoriums die Sichtung des Briefmaterials sowie eine erste größere Auswahl besorgt, die in der Folge auf gute 300 reduziert worden ist. Er steuerte außerdem einen Teil der zum Verständnis der Briefe erforderlichen Anmerkungen bei. Auf halbem Weg trat er aus beruflichen Gründen von dieser Aufgabe zurück, die der Schweizerische Nationalfonds für die Förderung der wissenschaftlichen Forschung in dankenswerter Weise unterstützt hat. Frau Ingrid Metzger-Buddenberg (Basel), die dem Kuratorium schon mit der Erstellung des umfangreichen Nachlaßverzeichnisses und der Überführung des Nachlasses in die Öffentliche Bibliothek der Universität Basel wertvolle Dienste geleistet hat, führte die Arbeit mit dem Unterzeichneten fort; sie gibt in ihrem Bericht gesondert Auskunft über die mit dem Verlag vereinbarten Gesichtspunkte der Edition.

Michael Stettler

Briefe 1908–1974

An Georges Walter »Château« Glarisegg, 22. April 1908

Lieber Georgy!
J'y suis – viertel vor sechs aufstehen – Bett machen, Zimmer machen, Hafermus essen (bis zur Bewußtlosigkeit), Dauerlauf (im Laufschritt). Dann irgend einen Lehrer, den man als »Ich weiß nicht was« behandelt, dem man mitten aus der Stunde wegläuft und während dessen Erklärungen man laut Unterhaltung macht. 10 Uhr: große Milchabfütterung, 40 Minuten Pause. Nach dem Mittagessen bis 4 Landwirtschaft, 5–6 Aufgaben, 6–6½ Douchen, 7 Nachtessen, 8 Andacht, 8½ bis 10 frei, 10 Lichterlöschen. Lieber in einem Rübenacker galoppieren. Und das Ärgste: kein chicer Mensch, alles Laue. Ich träume noch von den Genfer Tagen: Smoking, Auto-Brille oder Jagdkappe. Mein idealer Ritt mit Haccius (der in Basel am Rennen war u. nicht besonders reitet) u. Louis Goudet. Mein Ritt mit Gilmi Messalem, dem Neffen des Chediven, auf einer Berberstute. Coquelin im Theater, Parfum, Walzer, hübsche Mädchen, kokette Italienerinnen. 80 km. in der Stunde. Und jetzt – Radfahren als edelster Sport, Kneipsandalen = »auf«! – Das Ärgste ist, daß einen alles hier an Pferde erinnert. Ein Lehrer heißt Lancade, einer *Hochsprung* u. einer Déchaussez; als Ackerpferd dient ein ausgedientes Vollblut, das das einzige Object meiner Liebe hier ist. Wenn Du irgend kannst, so komme mich nächsten Sonntag besuchen. Schreibe, wann du in *Steckborn* bist, ich bin erst von 10 Uhr an frei.
Ich komme bald einmal nach Zürich.

Dein Freund Carl

An Georges Walter   Glarisegg, 29. April 1908.

Lieber Georgy!
Ich habe mir immer manches zugetraut z. B. Menschenkenntnis – aber ich habe nicht viel. Erstens kenne ich mich gar nicht. Als ich hierher kam, hatte ich den festen Vorsatz, gewissenhaft zu arbeiten, möglichst ohne Stimmungswechsel – und jetzt: gestern kommt ein Kerl in mein Zimmer, groß, hübsch – bildhübsch –, kolossal chic und vornehm abgelebt. »Bonsoir Burckhardt, je suppose que vous ne me connaissez pas encore, mon nom est Golay« – Unterhaltend? Ja. Manieren ausgezeichnet und die narkotische, prikkelnde, giftig-angenehme Wirkung vom Menschen, der gelebt hat. Er setzt sich, beginnt von gemeinsamen Bekanntschaften zu sprechen, zeigt mir wunderbare Pferdephotos, interessiert mich – – wenig Intelligenz, aber solche die glänzt. Zinnglanz. Jetzt läßt mich der Mensch nicht mehr los, hindert mich an edeln Stimmungen, geistreichelt schlüpfrig und kompromittiert mich durch seine beständige Gesellschaft. Und Ich – Ich habe *Mühe gehabt*, das kühle Wort zu finden, um den Kerl an sein »à distance« zu weisen. »Ich« habe mir einen Tag »edle Stimmung« rauben lassen
Τὸ γνῶθι σαυτόν πᾶσίν ἐστι χρήσιμον.
Hägler ist fast getröstet – plötzlich. Erstens kommt er wahrscheinlich in ein Einzelzimmer, dann hat ihm sein Vater einen kolossal gefühlten Brief geschrieben. Ich habe den Vater nur als verbissenen Gelehrten, sachlichen, hervorragenden, scharfsinnigen Menschen gekannt, aber unter dem intellectuellen Teil seines Ichs liegt ein tiefes Gemüt, das durch Gefühle wie Mitleid zu einmaligem vulkanartigem Ausbruch gebracht werden kann. In dem schönen Brief liegt das Bild einer edeln Seele. Was beim Vater gefesselt vorhanden ist, liegt beim Kleinen offen und einfach: ein Gemüt und dann noch etwas Melancholie von der schwermütigen Mutter. Und jetzt das plötzliche Getröstetsein, nur weil ihm der Vater schrieb – »sei stark, mach mir Freude« –, das ist nicht menschlich, soviel Energie gibt's in dem Alter

noch nicht, um ein Gefühl wie Heimweh durch Vorsatz zu entfernen. Physisch geht es ihm nicht besser, er schläft immer nicht. Eine große Beruhigung war mir, daß ich heute sah, wie der kleine Französischlehrer ihm den Arm um den Hals legte und mit ihm lange dem Sonnenuntergang zusah.
Auch habe ich den Dresdner völlig verkannt. Er war untergegangen in Convention und Geld-Snobismus. Aber seine unüberlegte, modenartige Atheismus-Schwärmerei habe ich in einem Gespräch gebrochen und jetzt sucht er mit dem ganzen Kraftaufwand eines aufgerüttelten Durchschnittsmenschen. Ich möchte ihm gern Religion geben, unsere liebe vergeistete Tolstojreligion, aber er lebt noch zuviel mit dem Augenblick. Ich darf schon sagen, wir haben gelernt, früh gelernt, im Großen zu suchen.
Ich bin froh über Daisys Ankunft. Überarbeite Dich bitte nicht. Eine Maturität ist Dich nicht wert. Nächsten Sonntag gehen wir alle an ein Festspiel in Stein. Vom übernächsten schreibe ich.
Deine reizende Proposition in Betreff Eßwarenschmuggel ist einleuchtend. Ich erzähle mündlich über die Erlebnisse Deines lieben Briefes. Tausend Dank für den herrlichen letzten Sonntagnachmittag. Wenn ich wirklich Gebrauch machen darf von Deiner Güte, so schicke bitte Schinken od. Bündner M., am besten durch die Buchhandlung mit kleinen Novellen, bitte mache mir das Vergnügen, mir den Betrag zu schreiben. Es ist mir ganz unangenehm, ich habe Dir von Basel nie etwas geschickt.

D. treuer Fr. Carli

An Georges Walter [Glarisegg] Dienstag [18. 6. 08]

Lieber Georgy!
Schreibe mir bitte möglichst bald Dein Yverdon Resultat! Ich bin wieder in dem gräßlichen Zustand des extremen Stimmungswechsels, einmal bin ich tief melancholisch, dann wieder glücklich. Letzteres immer durch Reaktion,

während ich in die Melancholie sukzessiv hereinkomme, mich aber durch Gefühle wie Liebe, durch ein hübsches Mädchen oder schöne Musik und Natur plötzlich ruckweise daraus befreien kann.

Ich schicke Dir ein paar Gedichte, in denen Du diesen Stimmungswechsel erkennen kannst.

In 3 Wochen habe ich Ferien. Zwar hab ich noch keine sichern Pläne, aber ich denke, wir werden reisen. Eigentlich wäre ich nach meiner Lieblingsstadt Genf eingeladen zu meinen Verwandten, aber sie finden zu Hause, sie hätten mich sowieso wenig genug im Jahr, ich soll in den Ferien bei ihnen bleiben. Es ist jammerschade, von Genf hätte ich Dich leicht besuchen können, es wäre reizend gewesen. Wenn wir noch eine Woche auf dem Schönenberg sind, will ich meine Einladung an Dich nicht wiederholen, da Du mir in Zürich aus dem selben Grund (wie ich meinem Onkel) absagtest, schade!

Ich war jetzt in Konstanz bei dem Reitlehrer Binz, er ist aber so knotig u. theoretisch unwissend, daß ich trotz Deinem Rat keine Stunden bei ihm nehme, sondern nur sonst, mit Golay, der allerhand kann, reite. Die Pferde sind unter aller Kanone, aber da meine Hand unmöglich härter werden kann, als sie schon ist, so mach' ich mir keine Gewissensbisse, mit Armbewegungen zu reiten, die harte Mäuler erfordern – das und entsprechend Sporen. Falls ich einige Wochen auf dem Schönenberg bleibe – Zubi erlaubt mir nicht, hier ein Pferd zu halten, folglich hat's keinen Sinn eins zu kaufen, ich bin wütend – hoffentlich hast Du Dich noch um nichts bemüht. Hingegen, eben: falls ich auf dem Schönenberg bleibe für einige Zeit, so könnte ich mit meinem Vetter reiten, darum könnte man irgend etwas mieten. Habt Ihr Malice nicht mehr? Das wäre das einzig Wahre – wenn Du nur kommen könntest zum Wohnen.

Jetzt adieu

Schreib einmal ehrlich, was Du von meinen Gedichten hältst?

Immer Dein treuer Freund Carli

An Georges Walter Glarisegg [22. VIII. 08]

Lieber Georgy!
Da bin ich nun wieder in dieser forcierten Natursucherei, ich der ausgesprochene Kulturschwärmer. Gestern sag ich eine Bemerkung über den Sonnenuntergang – weißt Du daß Bewunderung für Naturschönheit – »unnatürlich« – ist –? sagt mir drauf ein Naturapostel – worauf ich ihm antworte: wenn ihre Natur nur in schmutzigen nackten Füßen, Recordbrustkörben u. unästhetischen Musceln besteht so pfeif ich drauf, / Das macht bei diesen guten »Modern-sein-Wollenden« schlechtes Blut.
Dein lieber Brief kam mitten in diese Acclimatisationsversuche hinein. Ich habe von jeher immer neue Talente, oder wie Thomas Carlyle sich von Goethe ausdrückt, Genieseiten – an Dir entdeckt. Du bist ja Dichter und zwar ganz eigenartiger mit vollständig neuen Wegen, schreibe die Prosa von der Naturbeschreibung in Versen u. wir haben einen neuen idealistischen Dichter – Dein Kampf gegen den eigentlich schon besiegten Materialismus muß von höchstem Interesse gewesen sein. Der Idealismus, von Dir verteidigt, muß gut verteidigt gewesen sein, ich habe noch nie einen so ausgesprochenen Idealisten gesehen wie Dich.
Wenn ich nicht mein ganzes Leben aus Idealismus leben würde, so hätte ich mich schon lange erschossen wie der arme Sheldon. Jetzt lebe ich aus Freude am Schönen u. für das Schöne, später sehe ich vielleicht ein, daß Moral schön ist, und komme somit auf den Schluß, daß ein Ästhetiker ein Ethiker sein muß. Das ist eine Lebensfrage, auf deren Lösung ich vielleicht komme, wenn ich nicht zuerst zu Grunde gehe in dem ewigen Kampf von Verstand u. Seele. Siegt die Seele, so ist das Leben unmöglich, siegt der Verstand, so sinkt man auf den Standpunkt einer raffinierten Maschine hinunter. Ich hoffe Du habest die »Ernte« v. Avenarius (Lyrik). Lies Moderne.
                    Dein treuer Freund Carli

An Georges Walter [Glarisegg] Montag Abend. 1. IX. 08

L. Georg!
Ich weiß nicht ob Du das Gefühl kennst – ich spüre jetzt, entweder muß ich der ganzen Geschichte ein Ende machen oder etwas Befreiendes leisten.
Ich könnte ein Buch schreiben, ich werde es tun. Das rehabilitiert mich. Nämlich bei meinen Eltern, vielleicht bei Dir. Ich zeige was ich will, daß ich kann, und daß ich über dem Lebensdreck stehe.
Aber es ist kaum der Mühe wert, kaum etwas Ruhm – und was ist Ruhm? Nichts, eine Kleinigkeit – wie alles Irdische, es gibt nichts auf Erden als Resignation und »Darüberstehen«.
Für was leben die Menschen? Für etwas Geld, ein wenig Ruhm, einen Blick, einen Kuß, meistens für Ruhm und Geld, gewöhnlich scheitert dann alles und – *alles* heißt – *wenig* heißt nichts in diesem traurigen Zustand von dem Christus, der den Menschen Sterben lehrte, gesagt hat »alles ist Stückwerk« – Ach Gott – Es gibt nichts Großes als *Selbstüberwinden,* Pflichttun durch die ärgste Seelenqual. Dies Pflichttun, das kleinliche, treue und ruhmlose Pflichttun muß ich wählen, weil es meinem Selbst am entgegengesetztesten ist und weil das »einzig Große« Überwindung ist – die will ich, um groß zu sein. Und die Menschen will ich lieben und versuchen, ihnen einige Härten des Lebens zu lindern. Und dann ohne Feigheit warten, bis einem ein guter Gott – der gute alleinige Gott, den Tod als Belohnung schenkt.
Ich habe nur ein Mädchen, Dich und meine Eltern, die ich wirklich mit ganzer Liebe, so fest als ich lieben kann liebe und Euch möchte ich zeigen, was ich bin – aber ich kann nicht! Carl

4 Juni 1908.

Lieber Georgy!
Bei meinem Verlassen-
heitsgefühl ist es unsag-
bar wohltuend so einen
liebenswürdigen Brief zu
erhalten, wie den Deinen.
Ich glaube ich wusste schon
lange dass Du mich so
liebst wie ich Dich aber wenn
du es mir sagst so genügt
das um alle Bitterkeit
aus dem Herzen zu neh-
men, scheint — ich bin
doch nicht ganz glücklich
wie ich es sein möchte, ich
glaube ich werde es noch

An Georges Walter [Glarisegg] 4. Juni 1909

Lieber Georgy!
Bei meinem Verlassenheitsgefühl ist es unsagbar wohltuend so einen liebenswürdigen Brief zu erhalten, wie den Deinen. Ich glaube ich wüßte schon lange daß Du mich so liebst wie ich Dich aber wenn Du es mir sagst so genügt das um alle Bitterkeit aus dem Herzen zu nehmen, schau – ich bin doch nicht ganz glücklich wie ich es sein möchte, ich glaube ich werde es noch das ist bei mir so eine Ahnung, darum ertrage ich auch diese Menschen die mir immer durch ihr Unverständnis Unrecht tun und mich dadurch aus seligen Stimmungen in ein unglückliches mich selbst Verkennen werfen. Ich habe hier 3 Leute die mich verstehen Herr v. Greyerz bei dem ich in Philosophie u. Literatur mit fast allen Kräften arbeite und der eigentlich verwundert scheint. Dann die beiden Welschen mit denen ich plötzlich mit Begeisterung u. überraschendem Erfolg alte Sprachen arbeite. Ich spreche mich auch oft diesen drei gegenüber aus, d. h. ich gebe ihnen etwas das ich in der Seele habe – Dir würde ich mit Freude die ganze geben. Ich besinne mich auch noch klar auf das erste Mal als Du mir den unauslöschlichen Eindruck machtest der zu großer Liebe geworden ist. Es war auf dem Ritt auf Flamberge. Ich hatte schon vorher für Dich geschwärmt. Aber mehr so für Dich als Figur, für Dich in Deinem hellen Kleid mit der Jagdkappe, auf Daisy, für Deine Art spielend intelligente Conversation zu machen. Aber Dein Wesen fand ich erst auf diesem schönen Ritt, ich spürte gewissermaßen daß wir ähnliche Lebensideale, gleiche große Züge haben. Zwischen Allschwil u. Basel blieben wir zurück d. h. ich blieb zurück worauf Du obwohl Du mich noch sehr wenig kanntest bei mir bliebst, Flamberge schüttelte nur ein wenig den Kopf u. ich hatte eine Todesangst nachher sagtest Du mir wir wollen nachgaloppieren u. da ich das nicht konnte, machtest Du mir zu Lieb, gegen alle Dein Reiterprinzipen ein großen Trab. Das war glaub ich der Anfang von der Begeisterung für Dich. Dann die wun-

derbaren Ritte im Sommer, z. B. der nach Dornach mit der Heimkehr bei Mondschein wo wir uns zum ersten Mal recht aussprachen. Oder der Ritt in der Erlköniglandschaft – der Normaritt!!! übrigens ohne zu lachen. Mit dem Pferd wollen wir jetzt noch warten bis vor den Sommerferien. Ich habe vom *Reitlehrer Binz!* in Konstanz Antwort bekommen seine Bahn stehe mir jeden Sonntag Morgen zur Verfügung. Ich werde nie ausreiten nur Manège machen gewissenhaft alle Volten etc. Trensespielen Galoppwechsel was ich so kann auch vielleicht etwas Voltige mit unserm Halbindianer. Wenn Du willst nehme ich Stunden bei Herr Binz. – !? Ich muß schließen.

Immer Dein Carli

An Georges Walter [Glarisegg] Mittwoch [16. IX. 09]

Lieber George!
Dein Brief mit all den vielen guten Nachrichten hat mir große Freude gemacht. Ich gratuliere Dir in erster Linie zu Deiner Zuteilung zum ersten Corps. Es ist weitaus die chicste Truppe der Schweiz u. Du hast das Vergnügen, unter de Loys zu dienen. Daß Du Dich zur Medizin entschlossen hast, wundert mich wenig – bei Deiner ausgesprochen idealen Veranlagung kann wohl kaum ein Beruf mehr Befriedigung bieten als dieser, der so im weitesten Sinne in den Dienst der Menschheit führt.
Um ein wenig von meinen Plänen zu sprechen, sage ich Dir, daß ich stets noch im Sinn habe, von hier aus meine Matura im Frühjahr zu machen, falls ich um Weihnachten sehe, daß es nicht geht – so nehme ich das viertel Jahr noch Privatunterricht. Ich bin nachgerade geistig zu erwachsen, um noch bei Leuten, die mir in mancher Hinsicht inferior sind in die Schule zu gehen. Deshalb freue ich mich auf einen Abschluß. Wenn es auch nur wäre, um bald wieder in ein normaleres Leben einzutreten. Wenn Du mir über die Prüfungsweise einige Einzelheiten verraten wolltest, wäre ich

sehr dankbar – z. B. was frug man Dich im Mündlichen in Mathematik? Naturkunde? Was im Schriftlichen? Wie schwer ist die Übersetzung aus dem Deutschen ins Lateinische etc. etc. Es wird Dich langweilen nochmals auf dieses eklige Zeugs zurückzublicken – aber Du tust mir einen Dienst dabei. – Im Herbst gehe ich voraussichtlich eine Woche fort. Ich wäre also für ein Rendezvous sehr zu haben im September oder Ende October. Zürich scheint mir passender als Steckborn.

Ich hoffe Deine Frau Mutter habe sich gänzlich erholt und trage keine Folgen von dem Unfall. Ich hörte viele falsche Versionen des Unglücks und war froh, immer gleich berichtigen zu können.

Zum Schluß möchte ich Dir noch empfehlen, in Deiner freien Zeit Gottfried Kellers Grünen Heinrich zu lesen – dieses Buch hat bei mir ungemein zu einer gewissen Herzensbildung beigetragen, die man in keiner Schule erlernt.

Empfehle mich bitte Deiner Familie

Dein Freund
Carl Jakob Burckhardt.

An Georges Walter Glarisegg, Freitag [23. x. 09]

Lieber Georgy!
sagen, daß der Mensch nicht ein eigentümliches Wesen sei und dabei einer solch verrückten Komödie, wie sie das Leben darbietet, zu sehen!? Meine Eltern schicken mich prinzipiell in keine schlechten Theaterstücke – sie haben sehr gegen dieses Prinzip verstoßen, als sie mich in dieses einaktige »Schauspiel des Blödsinns und der getäuschten Hoffnungen«, Leben genannt, schickten. Ich kann gar nichts tun als auch mitspielen, auch als ein halber und schlecht geschriebener Character wie alle andern. Ich habe eine kurze Rolle, sie wird kaum mehr als 60 Jahre dauern, vielleicht kürzer – wer weiß – hoffen wir das beste. Wenn man jemand liebt, so stirbt er, wenn man etwas hofft, so trifft es

nicht ein – das ist das einzige was diesem Stück einigermaßen eine Richtschnur und eine durchgehende Handlungsfarbe verleiht – die Paar Ausnahmen bestätigen die Regel. Alles was man tut und leistet in diesem Stück, ist ein Mittel, das höhnisch grinsende Unglück das vorne beim Souffleurkasten steht – nicht zu sehn. Es steht vorne beim Souffleurkasten, das Unglück u. grinst jeden, der über die Scene geht höhnisch an, indem es die Daumen in die Westentasche steckt und die Beine spreizt, die Aufgabe der Spielenden ist es nun, das Unglück nicht zu sehen; einige spielen nun sehr gut – ja sie spielen so gut, daß sie nicht nur das Unglück nicht sehen, sondern sich sogar einbilden, das Gegenteil davon, nämlich ein Ding, das sie Glück nennen, gesehen zu haben; sie ziehen ganz fröhlich von der Scene ab mit ihrem falschen Bild – das sind die sehr guten Schauspieler. Wir sind aber keine sehr guten. Überhaupt keine Schauspieler; wir tragen die Wahrheit in uns und können uns deshalb unmöglich selbst belügen, wir schreiten mit der schweren Last der Wahrheit über die Bühne des Lebens und die Wahrheit zwingt uns beständig, hinzuschauen nach dem Unglück, das wirklich unsern Anfang, unsern Weg, und unser Ende beherrscht. Wenn man im Laufe des Stückes noch einen trifft der schlecht spielt in der Komödie des Daseins, so spricht man ihn wohl an, verbündet sich mit ihm und trägt gemeinsam an der Last der Wahrheit und bleiernen Drucke, den das Lachen des hämischen Unglücks übt – man wird zu zweit allein bleiben unter den Millionen, die auf der Bühne sich betrügen, belügen und nicht kennen. Wenn einmal ein neues Geschlecht heranwächst, das sämtlichen seiner Kinder die Wahrheit ins Herz legt – so werden sich diese Kinder vielleicht zusammentun, das Unglück steinigen und allein und ohne Herrscher dastehn, frei zu leben und zu sterben, jeder nach seinem Bild, das er vom Glück sich macht. Leben ohne Unglück – ich habe mich da in unnütze Träumereien verloren, ich lache, es würde dem Leben das Salz stehlen ohne Unglück, aber eins ist wahr, wir spielen Komödie; unser Beruf, unser Tun, all das ist ein

Notbehelf und das vergessen die meisten und machen den Zweck ihres Daseins daraus und verachten die andern, die keinen »solchen« Zweck besitzen.

Ich habe einige schöne Tage hinter mir. Ich trage deshalb doppelt schwer wieder am heute, da ich wieder zusehe, wie ich in unnützem Tun – nur um ein Examen zu machen – meine schönsten Jahre vergeude. Niemand hieß mich hierhin zurückzukehren – es stand mir ganz frei, wegzubleiben und nach meinem Sinn etwas zu leisten, dort wo ich kann und will. Und doch bin ich wieder hier – es ist etwas seltsames um des Menschen Seele – ich möchte das Examen machen, da es mir die spätere Laufbahn erleichtert (was heißt Laufbahn, es ist ein Weg zum Tod wie ein anderer) und jetzt bin ich wieder da, verzweifle am Leben, an meiner Energie – und an ganz andern Dingen an denen man nicht verzweifeln sollte, da sie hoch, schön u. heilig sind.
Ich habe alle Hoffnung auf das verloren, was ich mir einst unter Glück vorstellte.
Deine lieben Briefe fand ich bei meiner Rückkehr vor.

> Grüße Dein
> Carl J. Burckhardt

An Georges Walter   Glarisegg [2. VI. 1910]

Lieber Georgy.
Ich schrieb Dir nicht mehr bis jetzt, da ich Deine Adresse nicht wußte und annahm, Du seist vielleicht noch in Italien. Deine letzte Nachricht war aus Rom.
Ich freue mich, von Deinen ästhetischen und menschlichen Erlebnissen dieser Reise-Zeit zu hören. Wie ich sehe, bist Du jetzt wieder in einer glücklichen Phase Deines Lebens und der Militärdienst scheint noch völlig »den letzten Groll aus alten Tagen« wegzuspülen.

Ich habe Dir von Veränderungen in meinem Leben wenig zu erzählen, von außen wenigstens, wie ich mich innerlich verändert habe, sollte wohl jetzt ungesagt bleiben, da wir uns zu lange nicht mehr gesehen und geistig zu viel entfremdet haben.

Meine Matura mache ich im Herbst. Für den gar nicht ausgeschlossenen Fall, daß ich sie nicht bestehe, weiß ich noch keine weitern Pläne. Sonst studiere ich ein Semester in Zürich, das zweite, vielleicht auch das dritte in Basel, um recht zu Hause sein zu können. Dann gehe ich ins Ausland, wahrscheinlich nach Jena um Prof. Eucken zu hören – aber das sind Pläne auf weit hinaus.

Als Studium wähle ich deutsche Literatur, Philosophie und Geschichte.

Ich bin stets noch auf große Gedächtnisexercicien angewiesen und sollte auch jetzt wieder in eine Stunde.

Bis auf weiteres

Die besten Grüße
von Deinem treuen Freund

An Georges Walter Glarisegg im September 1910

Lieber George –

Ich stehe knapp vor der Matura und habe deshalb wenig Zeit zum Briefschreiben.

Deinen letzten Nachrichten möchte ich hingegen gern rasch mit den Meinigen antworten.

Ich gehe mit wenig Chance ins Examen, im Falle des Nichtbestehens ist meine voraussichtliche Beschäftigung noch im Unklaren.

Durch Franz Muralt erfuhr ich Détails aus Eurem gemeinsamen Militärdienst –

Ich habe sehr viel Kant und griechische Philosophie getrieben, war aber selbst unproductiv und auch zum recipieren beinah zu angefüllt mit dem schweren Stoff gewichtiger Erlebnisse, wie Shakespeare sagt.

Determinist bin ich nicht vielleicht aus Scheu vor allem Willkürlichen.
Vielleicht können wir uns anfangs Oktober in Zürich sehen?

        Dann also bis auf weiteres
        herzliche Grüße Dein
        Carl J. Burckhardt

An Ernst Gagliardi   Basel, Montag [1911]

Lieber Herr Gagliardi.
Es ist mir ein Bedürfnis, Ihnen gleich jetzt für den so sehr freundlichen Empfang zu danken. Das Verständnis mit dem Sie stets die sonderbarsten Seitensprünge und Winkelzüge meiner Natur überdauern, um mir stets wieder mit dem selben Vertrauen und der gleichen Anhänglichkeit entgegen zu kommen, ist von meinem allerwertvollsten Besitz. Meine Unbeständigkeit, meine Eitelkeit, die mich veranlaßt auch in ermüdetem oder preoccupiertem Zustand mit irgendwelchen Mitteln zu wirken, mein fast krankhaftes psychologisches Interesse (wirklich mein eigenstes und wahrscheinlich einziges Interesse), das mich die unmöglichsten Situationen gestalten läßt, nur um eine Wirkung zu constatieren und zu beobachten, jene Vielseitigkeit meiner Auffassung die mir ermöglicht mich in jedermann zu versetzen, jeden sogar wertzuschätzen, andererseits aber an jedem Mängel zu entdecken – die Spontanität u. naive Art mit der ich gewohnt bin, meine Eindrücke mitzuteilen, – all das befremdet Leute die mir näher gekommen sind, sie können das naive Erzählen mit der berechneten Pose, die sie zu erkennen glauben nicht vereinbaren; mit einem Wort es wird ihnen zu compliziert, sie sind gleich bereit, die Vielfältigkeit überhaupt wegzudenken, und suchen nach einer naheliegenden Lösung, wie etwa Gefallsucht oder Unehrlichkeit. – Wenn der Eindruck der Freude im Verkehr mit mir wirklich für Sie besteht, wie Sie in Ihrem letzten Brief

sagen, so ist jene Freude ein geringer Dank für das, was Sie mir mit Ihrem Vertrauen u. Verständnis schenken. Zwei Dinge sind mir typisch für meine Hauptfehler im Verkehr, erstens für den vollständigen Mangel an Discernement: (der mich immer wieder Erlebnisse die mich vorherrschend beschäftigen, wahllos anvertrauen läßt) der Umstand, daß ich Herrn Howald meine Sorgen um Heinz erzählen mußte, (bei einem andern hätte ich dies als Blödsinn empfunden) zweitens für das Durchgehen meiner gemeinsten Eitelkeit, für jenes Forcieren der Situationen bei gänzlicher Ausschaltung des kritischen Intellects: jene gestrige Nachmittagsstimmung. Es wäre mißverständlich, wenn ich sagen würde, daß das Milieu mich eigentlich beeinflußt, d. h. daß es mein Wesen eigentlich verändert, das wäre unrichtig, im Innersten bleibe ich natürlich vollständig unverändert, aber meine Äußerungen wechseln wie Wetterstimmung, die Gebärde der Umgebung wird mir eine schauspielerische Möglichkeit, ich lerne sie intuitiv im Augenblick, und so stehe ich unter der Gewalt meines Könnens, in unbewachten Momenten kommen all diese erlernten Gesten hervor u. vergnügen sich am Sonnenschein, das gibt einen Hexensabbath, den der objective Zuschauer als Verrücktheit, schlechte Pose, unsympathische Anstrengung interessant zu sein, muß auslegen. Ich bin überzeugt, daß dies eine Jugendkrankheit ist, wenn meine Natur ausgewachsen ist, wenn sie sich nicht mehr im Selbsterziehen verbraucht, wird sie spielend diese Wucherungen beseitigen. – Bis dahin aber läßt mich dies das Wohlwollen einbüßen, läßt mich vereinsamen und mißverstanden werden. Dabei ist es mir stets eine Überwindung mein Wesen andern gegenüber zu zergliedern – sonst könnte ich mich erklären und vor Holzwegen und Wolfsgruben im Voraus warnen. Es ist merkwürdig gewissen Frauen gegenüber in deren Gegenwart sich die Natur steigert, besitze ich mich schon ganz. – Auch mag das ruhige gleichmäßige Milieu mich selbst schneller zu Harmonie und Ruhe kommen lassen als neues vielfältiges Erleben es gekonnt hätte. Ich wurde in den wichtigen Jahren, in

denen das Unterbewußtsein so besonders mächtig ist, aus meiner Umgebung in die entgegengesetzteste verpflanzt. Ich habe das Gefühl in jenen Jahren liegen hundert Entwicklungsmöglichkeiten in einem, man trägt die Seelen all seiner Ahnen in der Brust und in jener Zeit werden sie wach und man gibt *einer* die Macht, darum ist gerade dann die Umgebung so sehr wichtig, ich habe damals bald hierhin bald dorthin unter der Last der verschiedensten Eindrücke schwankend, eine unheilvolle Vielheit in mir ausgebildet und zur harmonischen Einheit kann ich nur zurückkehren durch Abtöten und Sterbenlassen der meinem innersten Wesen fremden und feindlichen Eindringlinge. Ich habe das Gefühl fast alles Menschliche intuitiv zu besitzen, ich muß einen großen Teil von diesem Besitz verlieren u. habe nur dann Gewinn davon, wenn er mir ein objectives Wissen zurückläßt. Nach dieser ersten Zeit unserer Freundschaft, in der wir noch so sehr weit getrennt waren durch meine jugendliche Unfertigkeit, war es mir lieb (jetzt wo ich das Vertrauen u. d. Anhänglichkeit besaß um es zu tun) etwas zusammenhängend von den Teilen und Gründen meines Wesens zu sprechen. So eine Aussprache zeichnet kaum den Schatten einer Seele, aber weil sie ganz offen ist, liegt im ungeschickten Strich doch der ganze Gehalt des Wesens.
Ich bin froh, daß Sie am Sonntag ruhig beobachtend sehen konnten, wie ich gute und sehr verständige Menschen wie Herrn Howald erstaune und befremde – mir entfremde. – Sehen Sie das alte Lied – was mich bei allen derartigen Erlebnissen unsagbar leiden läßt – das ist meine Anhänglichkeit – Limbach ist das klassische Beispiel dafür, ich glaube ich bin überzeugt, daß er schlecht an mir gehandelt hat, ich versuche mit allen Mitteln, sein Bild (das nicht fester steht als das *irgend* eines *andern* Freundes) auszureißen, zu ironisieren ja zu beschmutzen, aber ich kann nicht – und das nicht wegen seiner lächerlichen Dämonität die er nicht mehr besitzt als Sie oder ich, nicht deswegen – nur wegen meiner Anhänglichkeit. – Übrigens »ich bin überzeugt, daß er schlecht an mir gehandelt hat« – ja ich bin es manchmal –

aber durchaus nicht immer, sehr oft muß ich ihm in seinem Urteil über mich rechtgeben, und daß er es weiter gibt, daß er mich mit seinen Freunden bespricht und verwirft, das könnte mir ja so gleichgültig sein – der wahre Grund warum es mich beschäftigt und plagt, das ist, daß ich ihm sehr oft und – ich denke – in meinen wahrsten Augenblicken recht geben muß.

Heinz kam nicht mehr nach dem Essen, ich werde ihm schreiben, Sie von Zeit zu Zeit zu besuchen, Sie können so beobachten und ihm zureden, daß auch er für sein einfaches Wesen etwas Maß und Gehalt sucht.

Der Brief Jakobs kam gestern. Er wird Ihnen Freude machen, wirklich ein reizender Brief.

Wenn Sie es übernehmen wollen, Herrn Howald etwas erklärend beizustehn, so leisten Sie ihm u. mir einen Dienst.

Im übrigen nehme ich den Sonntag Nachmittag durchaus nicht tragisch, Herr Howald ist zu gescheit dazu und hat im Grund auch selbst dumm getan.

Herzliche Grüße auch an Ihre Frau Mutter und nochmals vielen Dank

Ihr ergebener Carl J. Burckhardt

An Gustav Schneeli   Göttingen, Hanssenstr. 8,
23. November 1913

Lieber Herr Schneeli,
Ich kann Ihnen nicht genug sagen, wie sehr Ihr Besuch in Göttingen mich gefreut hat. Ich war wirklich der Welt in einem üblichen Sinn ganz abhanden gekommen, ich war so eingesponnen in phantastische Gewebe meines Innern, daß mir die Wirklichkeit manchmal bedeutend zu schwanken anfing. Es wurde mir in der kurzen Zeit etwas wirklich Schwieriges und Fremdes, Menschen zu sehn, ich kam in eine Notwehrmethode hinein, den einfachsten Ausspruch, den ich hörte, mit Bedeutung zu erfüllen, daß ich selbst anfing, für Ausdruck und Wirkung ganz das Maß zu verlieren.

Ich hoffe wirklich, es sei Ihnen nicht als Aufdringlichkeit erschienen, daß ich gestern noch in der knappen Zeit aus meinem Manuskript zum besten gab, aber ich freute mich so, in dieser Einsamkeit und weltfernen theoretischen Atmosphäre endlich wieder ein lebendiges Urteil zu hören über etwas, was mir am Herzen lag. Und es gibt nichts Lebendigeres als das Urteil eines Künstlers, der wirklich Weltmann ist, auch kaum etwas Selteneres.
Der Wille, den ich aufwandte, um mir dies vollständige Wegdenken der Umgebung, diese Gleichgültigkeit aufzuzwingen, war vielleicht zu ungewohnt. Er hat mich im Tiefsten etwas deprimiert und verletzt. Ich halte ja diese Art Kultur so wenig aus, da ich völlig nur nach dem Farbigen, Bewegten hin gebildet bin und fast verhungere an diesem bedingungslosen Grau. Was ich an Selbstüberwindung gewann, ist viel, wie ich glaube, ich will auch versuchen, mich ganz zu gewöhnen, aber ich fürchte, meine Kunst verliert und meine Lebendigkeit gerät ins Schwanken. Kurz, ich hoffe trotz alledem, Ihnen einen literarischen Gewinn aus dieser Abgeschiedenheit schicken zu können.
Die größte Leistung ist ja im Grunde, älter zu werden, ohne die Kräfte der Jugend hinter sich zu lassen.
Nochmals herzlichen Dank, es machte mir viel Freude, Sie zu sehn.

Ihr herzlich ergebener
Burckhardt

An Jacob Wackernagel   [Göttingen] Donnerstag, Dez. 13

Lieber Jakob!
Bei aller scheinbaren Leichtigkeit der Äußerung habe ich doch die größten Schwierigkeiten der Mitteilung. Du mußt also nicht urteilen über meine Kürze und Schweigsamkeit; wir hatten uns im Oktober viel zu sagen, aber wir kennen uns noch nicht. Zwischen uns ist es möglich, einen ernsten innern Tatbestand zu besprechen, ich kann aber nicht auf

Deine Ergänzungsmöglichkeiten in dem Maß bauen, daß ich Dir im Übermaß der Empfindung meine spontanen Affekte anvertrauen könnte. Ganz gegenüber kann ich dies, wir kennen uns fast vollständig heute, in einem seltenen Maß; wohl möglich, daß wir wieder divergieren, aber gewisse sehr weite, gemeinsam zurückgelegte Wege geben uns einen Bestand gemeinsamen Besitzes, der wie bindend wirkt. Was ich an Ganz über Walter schrieb, war spontan, aber ihm gegenüber konnte ich so sein, denn er betrachtet objektiv die Kurven meiner Erlebnisse, während ich als Subjekt blind mitgerissen werde. Ich litt oft unter Walter, besonders in künstlerischer Hinsicht und in gewissen Taktfragen des Herzens, aber ich schätze ihn nach wie vor und heute viel mehr als vorher; wir haben merkwürdige Momente erlebt, Momente in denen man still wird und in denen man die Kraft im andern spürt.

Auch ich freue mich, Dich wiederzusehn. Ich hoffe, viel von Dir zu erfahren und erhoffe reichen Gewinn von Deinem reichen Leben unter Menschen, auch für mich. Deine Eltern waren sehr gut zu mir, ich habe viel angenehme Stunden in Eurem Haus verbracht und ich danke auch Dir vielmal dafür. Heute war ich rasch zum Glückwünschen am Hohen Weg, letzthin war Hans Georg bei mir zum Thee, er ist ein tiefer und begabter junger Mensch, ich hab ihn sehr gern.

Grüße mir Hans G. vielm. und empfehle mich bitte Frau Stehlin.

Stets herzlich
Dein
Carl J. Burckhardt

An Jacob Wackernagel [Postkarte ohne Datum]

Laß die Moleküle rasen
Suche niemals glattzuhobeln
Laß die falschen Pfeifen blasen
Ehre immer die Extasen.

Schwachen ziemt es auszuknobeln
Schwächlichen sich einzubaseln
geil abstrakt als Ökonom zu faseln
wir jedoch wir müssen prassen
um die Welt mit Lust zu hassen
unsre überreinen Rassen
Stärksten Feuern überlassen.

An Franz von Muralt   Göttingen Hanssenstr. 8,
                                             den 13. Januar 1914
Lieber Franz!
So viel Sonne u. Luft war in Deinem Brief, daß ich ganz aufatmete in dieser sehr grauen Umgebung. Ich bin seit 2 Tagen von Paris hier zurück; um mich stehen wieder die unvertrauten, gemieteten Möbel, das schlechte Klavier mit seinen geschmacklosen Kandelabern schweigt an der Wand, und draußen schneit es aus tiefen Himmeln spärlich auf die leere Straße, die sich zwischen den höchst bürgerlichen Vorgärten dieser armen Backsteinvillen von einem Stadtende zum andern zieht. Dies alles ist nicht ganz leicht, auch der Papagei und der Hund nicht, die jetzt wieder zu Faktoren in meinem Leben anschwellen, mein Mittagstisch mit Walters explosivem Norddeutsch u. den still ergebenen blonden Frauenköpfen, der Weg über den traurigen Wall zur Universität und die Vorlesung unter summenden Gasflammen – all dies ist nicht beglückend und meine ersten Tage hier scheinen sich etwas trüb anzulassen. Paris war glänzend belebt und warm, ich lebte diesmal wirklich verdreifacht und genoß alles, diese Stadt ist so ungeheuer schön, so von jeder Zeit mit Schönheit bedacht, da fängt nichts an und hört nichts auf, alles ist einfach da, Selbstverständlichkeit u. auf sich selbst Beruhen. Die Pariser brauchen die Welt nicht, weil sie Paris haben, überall ist die Architektur gewaltig und voll von Geschichte, jeder Gedanke hallt, man steigert sich, das Schöne zieht von allen

Seiten heran, jedem Schmerz entspricht ein Gelächter, und die Möglichkeit zu vergessen ist so groß, daß man wie im Schlaf gewiegt und ruht im Genuß. Was waren das für Nachmittage, durch den Louvre hindurch an der Seine hinauf, unter dem unvergleichlichen verschleierten Lichte über die Brücke, durch die strengen Straßen am Pantheon unter den Blicken des großen Denkers aus Bronze vorbei in den Luxembourg, wo unabsehbare Architekturen sich durch weite Gärten verlieren u. Kinder auf allen Wegen spielen – wie im Sommer. Ich war mit Mama in fast allen Theatern, habe in ruhigen Fünfuhratmosphären mit Dory Thee getrunken bei den besten Zigeunermusiken der Welt, mit Mühlen zog ich phantastich steigernd durch Apachenlocale, habe sterbende Talente gewittert u. verbitterte Genies gefunden, den ganzen menschlichen Geist gerüttelt in eine selbe Welt von Betäubung, Angst und Genuß, mit jagenden Verschiebungen zu keiner Production fähig, zu keinem Beginnen – unter zuckenden Lampen Gassenhauer brüllend, von Musik u. Getränken berauscht – auf einmal das Leben wie eine Offenbarung anstarrend, wenn es sich irgendwo plötzlich u. furchtbar nackt enthüllt. Zwischen dieser Stille jetzt und jener Stille vor Weihnacht steht dies Paris wie etwas ganz Tobsüchtiges, Brennendes, an dem ich mich lange noch wärmen werde.

Ja ›Der Tod in Venedig‹ ist eine schöne Sache, aber bedrückend. Ich las die Novelle zuerst teilweise in der Norddeutschen Rundschau und kaufte das Buch erst 3 Monate später in München, wo ich es dann fertig las. Wir alle haben einen Tadzio in unserm Leben, die gute Psychologie ist es weniger, was mich anzog, als die hohe Kunst dieses Buches und das tiefe Symbol dieses Knaben, der ins Meer davon läuft und im Glanz verschwindet.

Ich freue mich von Deinen nächsten Plänen und Aussichten zu hören. Wenn Du auf einem sehr einsamen böhmischen Gut bist, wo man die Natur wieder als groß erkennt u. das Getriebe der Zeit als vergänglich – dann laß mich kommen im Frühjahr od. im August.

Ich freue mich über jede noch so kleine Nachricht von Dir und ich danke Dir vielmal für Deinen letzten Brief, er hat mir gut getan, ich fühle mich oft allein hier. Sage Giacomo einen Gruß von mir, wenn Du ihm schreibst, er hat Chappuis einen sehr hübschen Brief geschickt, in dem er ihm u. a. sagt, nachdem er sich nun endgültig von der Nichtswürdigkeit der Frauen (seine sämtlichen Cousinen) und von der Eitelkeit der Welt überzeugt habe, wende er sein ganzes Herz der Naturschönheit zu, die ihn nie enttäusche.
Grüße mir Deine Geschwister und empfiehl mich Deinen Eltern. Herzlich Dein

C. J. Burckhardt

An Jacob Wackernagel Göttingen, 3 II 1914

Lieber Freund!
Die letzten drei Wochen haben mich oft innerlich eine starke Vereinsamung und Verbitterung erleben lassen, das farbige Erlebnis Paris hatte alles in mir geweckt, was zur Wirkung unter den Lebendigen drängte, was zur großen Conception von der Schönheit u. dem starken Schicksal hinwollte, dann fand ich mich hierher zurück u. es war nicht die plötzliche unglaubliche Stille, was mich betrübte, sondern das Gefühl des Schmerzes über das Losgetrenntsein von dem vielen Begehrenswerten, über das Wieder-Eingreifen der kläglichen Gewohnheiten, der überaus bürgerlichen Familiarität meines Hauswesens, der tausend plumpen Fragen über dieses schöne u. schon fast traumhafte »Sehen« in Paris.
Ich arbeitete viel u. schlecht, ich las Deine Novelle u. schrieb Dir eingehend darüber, doch das Resultat dieser Niederschrift war etwas Ausgequollenes, dem die Synthese fehlte; ich verwarf diese Arbeit. Nun will ich Dir nur sagen, daß die Novelle mich freute, viel Wahres u. viel Stimmung im besten Sinn enthält sie, wo ich sie dilettantisch finde, wo ich den Stil sogar wirklich schlecht empfinde, will ich Dir einmal an Hand der Arbeit mündlich sagen. (Unmöglich-

keiten sind z. B. Stellen wie »Sie nahm Abschied mit der unnachahmlichen Grazie ihres Handgelenkes«, besonders nachdem dieser Ausdruck schon einmal gebraucht war.)
Nach 14 Tagen besuchte ich Ehinger in Berlin. Der Eindruck dieser Stadt, den ich noch nicht umschreibe, führte mich ruhiger hierher zurück, ein 80 km-Ritt letzten Sonntag tat das Übrige und nun bekommst Du diese Art von Brief, die Dir die Ungewißheit meines Wesens zu lange vorenthalten hatte. Ich hörte durch Walter, daß auch Du einen Stillstand in Deiner Tätigkeit verspürtest, im ganzen geschaut sind diese Synkopen vielleicht das Schönste, was in unser Schicksal geschrieben wurde, da nämlich spüren wir die Welt. Ich bleibe vielleicht hier im Sommer, ich redete letzthin mit Deiner Mutter über Pläne, sie ist immer gut mit mir u. ich habe viel davon, in Deiner Eltern Haus zu sein, letzten Sonntag versäumte ich es leider, da wir diesen Ritt nicht verschieben wollten.
Nun bald mehr u. viel Herzliches Dein Karl

An Jacob Wackernagel Stanezerstr. 8, Juni 14

Lieber Freund
Nach diesen ersten Wochen, die ich mir allein hier gelebt habe, möchte ich gern wieder nach Euch allen Umschau halten und etwas von Eurem Tun erfahren.
Ich arbeite viel und recht hart, um einen schwierigen Stoff von der absorbierenden und nicht genug in ihren Grenzen festgewachsenen Welt des Klever zu trennen, es soll dies die zweite Aufgabe sein, die ich mir stelle. Die erste mag gelöst sein, aber mir scheint, innerlich besteht sie immer noch, ich bin noch nicht souverän wie ich es sein möchte, und wenn die Kämpfe, die ich den jungen Klever tun lasse, mich selbst immer wieder befallen, so sehe ich, daß ich sie wohl schreiben kann, aber nicht sie völlig schaffen, aus mir herausstellen. Ich habe wieder Zeiten völligen Nachlassens, ja harter Verworrenheit durchgemacht. Was mich tröstet, heute stets

wieder anspornt, ist die Gewißheit: all diese Pein ist nur ein Werden, jeder Produktion, jeder Geburt geht der Schmerz voraus (wie Boyost so richtig sagte), jede Neurose ist ein Kampf um die Lebensauffassung; ruhig warten, standhalten im Unbegreiflichen, *ruhig* sein vor allem – denn Ruhe tut uns Not im Kampf – das ist, was wir uns auferlegen sollen, in würdiger Weise, προσμαθεῖν, wir haben ja Zeit, wir können den falschen Weg ruhig zurückgehn, wir haben ja die ganze Ewigkeit vor uns. Und im übrigen müssen wir die Muße, die Erholung, das große Schauen lernen, das Sehen erfüllt uns immer wieder mit Kraft des Lebens, es bildet uns im tiefsten Sinn und hält uns ab von dem jämmerlichen Schematisieren-wollen, die großen Schönheiten der Welt, das Meer in der Sonne, der blaue Himmel – sie müssen uns tiefgefühlte Symbole bleiben für das Göttliche, wir müssen uns nicht in Trennungen und Untersuchungen einlassen, sondern einfach verstehen, zu sehen. Ich denke an das schöne Wort, das ein Mönch dem jungen Michel Colombe gesagt hat: »regarde, aime le bon Dieu, et tu auras la grâce des grandes choses«. – Die Gnade der großen Dinge, sie ist so reich, diese Gnade. Die mißverständlichen und oft gänzlich verschobenen Zustände unter Menschen, in denen man herumgestoßen wird, können einem wenig anhaben, wenn man den Willen zum unabhängig innern Wachstum und das große Anschaun gelernt hat, wir vor allem dürfen uns nicht beklagen, denn wir haben Freunde und wenn das Alleinsein auch stets das letzte bleibt, so ist das vorletzte – der Moment, in dem man sich begriffen wähnt – umso schöner.
Von Hans Ganz kommen fast zu lebensbewußte Briefe, aber erfrischend, klug u. mit der lieben Begleitung des Boyostischen Untertons. H. Von der Mühll ist jetzt in Wien mit Ehinger, ich glaube es ist sein letztes Auslandssemester, mich nimmt es wunder, wie er Basel wieder wird ertragen. Meine Wienerreise war sehr rasch, oft schön, in Böhmen lag ich krank mit Halsentzündung. Frz. Muralt führt ein ruhiges, sehr einsames Leben, ich glaube, es geht ihm im Grund besser als je bisher, aber er trägt stets noch recht schwer an

seinen Ruhelosigkeiten, die nur durch Mißgunst des Gedankens dem Herzen gegenüber entstehn.
Lieber Freund, leb recht wohl! Schreib mir von Dir und sei aufs herzlichste gegrüßt von Deinem treuen

C. J. Burckhardt

An Franz von Muralt   Luzern, Cavallerierecrutenschule,
Schwadron II, 1 Zug 1 Beritt.
[August 1914]
Mein lieber Franz!
In meiner bösen Not komm ich natürlich zu Dir, Du kannst am Ende doch am ehesten mein Elend bemessen; Du kennst ja beide Teile, mich und die Rekrutenschule. Meine patriotische Begeisterung mußte ich bitter bezahlen, bitterer vielleicht, als je irgend einer die selbe Strafe erlebte. Wir stehen hier, zwei Schwadronen, unter einem unsäglich unbedeutenden Landwehroberstleutnant. In 6 Wochen sollen wir ausgebildet sein u. dann an die Grenze, die Schule müsse doppelt streng werden – natürlich – in der schäumenden Vehemenz gedankenloser Redner hat der Oberst die Geschwollenheit der ernsten Zeit und unserer patriotischen Pflichten bebrüllt. Mein Leutnant od. vielmehr Oberleutnant heißt Frei, ist aus Deiner Vaterstadt gebürtig u. hat es in der Theorie (die 1 Stunde stehend abgehalten wird) auf mich abgesehen, was ich recht deplaciert finde, da ich ja wirklich nicht sehr viel Grund habe, die verschiedenen Unteroffiziersgrade aufzählen zu können.
Mein Unteroffizier ist ein typischer Berner, ich hab ihn gern, er hat ein gewisses lächelndes Wohlwollen mit mir. Heute trat ich in einer fremden Blouse an und verlor meinen Brotsack, was allerdings bis jetzt noch nicht bekannt wurde. Ich harre der Folgen. Beide Schwadronen schlafen zusammen in einem kleinfenstrigen Fabriksaal, einer ausgeräumten Stahlspänefabrik, auf Strohsäcken mit Flöhen, worüber auch die Unteroffiziere schimpfen. Stelle Dir Lärm u. Atmosphäre vor. Mein Grind ist tot u. da ich immer mehr der

Überzeugung wurde, daß der Gedanke die einzige Lebensverklärung, die einzige Flucht vor der wirklich maßlos dummen Außenwelt (in diesen Kriegszeiten doppelt einleuchtend) bedeutet, jetzt diese völlige Ausschaltung des Intellekts, od. mein ganzes Wesen einem dummen Vorgesetzten untergeordnet, wobei dieser Vorgesetzte mit seiner Macht selbst das Symbol einer idiotischen Institution, etc. Heute 5 Aufstehen, Fußbaden in einem Bach, betten, Ordnung, 20 Minuten Schnellschritt zur Küche, Frühstück nicht fertig, also Soldatenschule 1 Stunde, dann, für den Leutnant, über die Infanteriehindernisse Kletterstange, Mauer etc., dann 1 Stunde marschieren, dann 1 St. Thee, dann Soldatenschule etc. Das Ekelhafteste ist die Theorie. So, jetzt hab ich glücklich den Zimmerappell verpaßt! Weißt Du, was ein einfacher Arbeiter zu Wilde im Gefängnis sagte? Gib diesen Brief nicht der Cavallerie bekannt, sonst scheißts nur noch mehr. Herzl. Carl

An Jacob Wackernagel 10. September 1914

Lieber Jakob
Ich leitete diese trostlose Zeit damit ein, daß ich eine Kavallerierekrutenschule in Luzern begann, ich erlag dann ganz zufällig nach 14 Tagen einem Sonnenstich, nun lebe ich als grauer Civilist gedrückt im vollen Bewußtsein der Katastrophe, ich arbeite nicht, ich bin nur da, seelisch atemlos zwischen den gedrängten Polen der Ereignisse. Boyost besuchte ich letzten Sonntag in Thun, er hat wenig übrig für romantische Begeisterungen. Der Dienst, unwichtige Kameraden u. die tägliche Einsicht, daß das Endgültigste, was heute geschieht, Tod ist, alles hat ihn herabgestimmt, er tat mir sehr leid.
Wenn ich an die Erben unserer Kultur denke! Ich sage nur eins: Wenn Deutschland zu Grunde geht, so hat der letzte Sünder das Recht, als Gotteslästerer aufzustehn.

Du reitest jetzt in dunkeln Uniformen ein schönes Pferd, bist mit Deiner ganzen Persönlichkeit dabei, wenn das Gewühl zu uns hinüberschwankt u. stirbst vielleicht, ohne denken zu müssen. Daß es eine Reinigung sein soll, ist mir unverständlich, wo nur Frauen u. Krüppel übrigbleiben, wird die Größe selten werden.
       Hoffentlich erblickt man Dich einmal.
       Herzl. Gruß   Dein Carl J.

An Jacob Wackernagel   Sonntag Abend [1914]

Lieber Jakob
Ich hatte den Eindruck, daß Du etwas betrübt weggingst. Es täte mir leid, wenn Unaufgeklärtes, Mißverständliches aus unserer Unterhaltung Schuld daran trüge, Du hast Dinge geäußert, die eine unrichtige Einstellung verraten, Du solltest überzeugter sein, daß gar nichts Dein Leben an glücklicher Entfaltung hindern kann, wenn Du nur stets dem großen Zuge Deiner Natur nachlebst und der kleinen Eigensucht, den Ergriffenheiten und Wünschen des Moments absagst. Du solltest Deine Rolle weniger tragisch spielen, über Unklarheit, Verletzung und Einsamkeit den ruhigen Glauben an Deine Lebenskraft bewahren. Du lieferst Dich der Welt und den Eindrücken untergeordneter, rein ästhetisch-sinnlicher Art mit zuviel Hingabe aus, Du solltest souveräner der Welt gegenüber stehn und wählen können, das bist Du wert. Dein Weltempfinden ist nicht stark, wenn Du von ihm hingerissen und stets unfreiwillig bewegt bist, es ist stark erst dann, wenn Du im Stande bist, es zu erkennen, zu lieben, oder zu hassen, es in Dir fruchtbar werden zu lassen. Ich sehe nicht ein, warum Du nicht heute schon die Schwäche Deines Zustandes durch die *Einsicht* besiegen könntest, die *Einsicht* besitzest Du ja und weißt, daß es nur daran liegt, die Erscheinung und innere Gegenwirkung im Hinblick auf das Ganze zu erleben, auf das Gute, unegoistisch. Fehler, Sünde bei sich und andern dür-

fen nicht den Blick verdunkeln, nicht den Überblick verhindern. Ich denke, im Grund weißt Du wie wir zueinander stehen und solltest nicht leicht mehr bewundern oder mißtrauen, das Menschliche verbrennt bei uns beiden im gleich dunkeln Rauch, darüber sollen wir uns weder täuschen noch erstaunen, wir sollen vielleicht versuchen, nebeneinander jeder sein Eigenes möglichst zu leben und zu gestalten, nicht zu sehr in die Kreise des andern einzudringen, natürlich immer freigebig bleiben, aber nicht vergessen, daß erschaffne Kreise nach dem Willen der Erschaffenden fahren, und daß bei gleichen Ansprüchen gleiche Leistung einem Naturgesetz entspricht. Vielleicht ist Dir dieser Ausdruck dunkel, jedenfalls ist es Dir klar, daß ich von geistigen Werten rede, näher an die Bestimmung mag ich nicht heran. Eine Mitteilung hat mich heut nachmittag betrübt, ich möchte sie, wenn Du's erlaubst, gern nochmals berühren – mündl.

Wir lasen heut Abend Treitschke Belle Alliance laut, herrlich dramatisch, stylklar und begeistert tendenziös.

Leb wohl und auf Wiedersehn

                              Herzlich Dein Carl J.

An Jacob Wackernagel   Basel, den 16. Oktober 1914

Lieber Freund

Daß Dir der letzte Sonntag durch unsere Gespräche gute Ruhe verschaffte, freut mich umsomehr, als ich darin eine Bestätigung finde für die erhebende, beruhigende Wirkung aller großen und wirklich sub specie aeterni erkämpften und gefestigten Ansichten. Weite Betrachtung wird nie Zerrissenheit zur Folge haben, nur im Entstehen quält u. ängstigt sie, einmal erreicht bildet sie die feste Grundlage für alle weitern Kämpfe, das Irdische wird nicht mehr übermächtig in ihrem Umkreis, die Werte ordnen sich, die Schönheit wird aus den Dingen erhoben, die Kleinheit vermieden. Was mir immer wieder gebricht, ist die Kraft zur Größe, auch ich brauche die Freundschaft Gleichgesinnter, um mich aufzurichten, auch mich muß tägliches Unglück betreffen, um mich an meine wirkliche Heimat zu erinnern.

Ich ertrage die Einsamkeit schwer. Wenn ich mich täglich in einer großen Natur erfrischen und neu erbauen kann, dann kann ich menschliche Ansprache missen. Aber so, tagaus, tagein in meinen Büchern – meine Bücher sind mir nie zu Freunden geworden – ohne den Puls des Lebendigen zu spüren, nur dem getrockneten Geist der vergangenen Zeit gesellt, vom täglich eintreffenden Nachrichtenschwall immer auf die selbe Wichtigkeit hingelenkt, von meinen wohlmeinenden Eltern mit sogenannten Zukunftssorgen, Berufs- u. Ehrsamkeitsplänen beschäftigt, durch das von Zürich eintreffende Dissertationsmaterial an eine nahe, conventionelle und eigentlich im voraus unmögliche Notwendigkeit erinnert, tagaus tagein, so – auf diese Weise habe auch ich einen Durst, eine heiße Sehnsucht nach Schicksal, Luft u. Sonne, meine Männlichkeit hat zwar ihr Examen nicht bestanden, aber sie ist doch noch lebendig u. brennt mehr als je auf Tat und Erleben. Ich sehne mich stündlich nach jungen Menschen, nach Pferd u. Weite, nach Frauen und Kampf. Daß Du in die Nähe kommst, ist prachtvoll, wir wollen die große Werkstätte der jungen Gedanken widerhallen lassen von unserm Trotz und unsrer Freude. Das ist wohl der Bruch in meiner Natur und die Grenze meines Wesens, daß ich zum schärfsten Heldentum wohl fähig, solang es im Licht in Schönheit und Liebe sich opfert, daß ich aber mich verzehre, wo graues, aussichtsloses irdisches Einerlei strenge Dienste verlangt. Ich denke, auch mich wird das Alter zum wirklichen Ernst führen, so daß ich alles gründlich erfasse u. überall dem Großen diene. Heute aber bin ich noch so verzweifelt Jünglingskraft. Wann kommt die männliche Ruhe, die mich vom weiten Wanderdrang befreit? Ihr alle seid ernster u. ruhiger, Boyost ist ein Mann u. Du überwindest die letzten Stufen, um einer zu werden. Feder, Papier, all das ist mir ein Greuel, heute möchte ich Menschen u. Wirklichkeit und irgendwie Weite, die unverständlicher u. weiter wäre als

die in sich zusammenbrechende Weite, die ich in den Schriften der großen Denker finde.
Hoffentlich bald auf Wiedersehn, herzlich Carl

An Gustav Schneeli Basel, den 31. Oktober [1914]

Lieber Herr Schneeli
Ich fand die Predigt nicht in der »Semaine religieuse«, sobald sie erscheint, werde ich sie schicken. Was nun den Barbarenartikel betrifft, so hoffe ich, er werde morgen im Sonntagsblatt stehen; allerdings erlebt Herr Rolland von seinen Landsleuten eine so bittere Hetze, daß ich fürchte, er werde seine Unparteilichkeit einschränken müssen. Die schöne Schrift »Über dem Ringen« hatte einen Sturm von Entrüstung zur Folge, Genfer und Pariser Chauvinisten sind der Ansicht, ein französischer Schriftsteller müsse heute mit Leidenschaft mitten im Ringen drin stehen, als Franzose, ja nicht aber über dem Ringen, als Mensch, wie denn überhaupt das Menschsein wenig einträglich ist in dieser Zeit, so daß ich kluge Männer sagen höre, der Füsilier Goethe für das *Vaterland* sei großartiger, als der Dichter Goethe für die *Menschheit*.
Der Basler, der gewöhnlich annimmt, er sei »in die Welt geschickt, um seinen moralischen Vorurteilen Luft zu machen«, glaubt die deutsche Sache sei im Argen, weil Trainoffiziere in einem belgischen Schloß Kokotten mit der Königin Kleider geschmückt und zu »schrecklichen« Orgien gebraucht haben, ich machte mich am »Familientag« unmöglich, indem ich sagte, das Détail von den Kleidern fände ich zwischen Todesgefahr und Todesgefahr phantasievoll und nett, – weil es einer Königin Kleider gewesen, schwanke die Handlung zwischen Komik und Sakrileg und sei ein vorzügliches Motiv, im übrigen sollen alte Damen sich nicht über die Jugend ereifern, die das Leben noch einmal im Fluge hascht, alte Damen erschienen überhaupt etwas unwesentlich in solcher Zeit; ich rettete dann mich

und die Situation, indem ich sagte, es seien Trainoffiziere gewesen und über Trainoffiziere dürfe man sich überhaupt nicht aufregen – das stimmte und man beruhigte sich in dieser Überzeugung.
Nein, im Ernst: die Erscheinung philiströsen Weiterbestehens kleiner muffiger Zustände ist ohne Zweifel greulich in unserm Vaterland. Der Sturmwind, der draußen die Gemüter fegt (die besten leider allzu heftig), bläst zu milde bei uns, Urväterhausrat des Gehirns wartet auf Zerstörung, wir spüren heute die Gefahr nur wie ein Spiel, zufällige Schonung wird uns im Irrtum des Festseins bestärken; wenn Wirklichkeit über die Grenzen käme, ich weiß nicht, ob aufgeblasner alter Staub uns nicht blenden würde. Eins aber ist gewiß, wir haben Jugend, die den Krieg nicht braucht, Jugend, die aus der letzten Erkenntnis sich einen Sinn für Gefahr und Vergänglichkeit gewann, wie sie kein bewußtseinsbetäubender Krieg verleiht. Von dieser Jugend wollte Ganz vielleicht reden, unsere Besten gehören dazu und in ihr liegt wirkliche Zukunft weit über die Grenzen dieser historischen Insel hinaus, die wir als Vaterland in all dem Untergang und furchtbaren Irrtum doch herzlich lieben.
Die Haltung der französischen Schweiz ist schlimm, in der ersten Bundesversammlung wird die beschränkte welsche Taktlosigkeit keine geringe Gefahr bedeuten. Die Welschen haben sich durch beständiges Klagen und Auftreten zu einer ganz ungebührlichen Wichtigkeit nach außen und innen verholfen. Die Genferzeitung ist jetzt in Paris wieder erlaubt.
Was unsere Unternehmung betrifft, so bin ich überall auf den echt schweizerischen Widerstand gestoßen, das »Kleinmieftum«, von dem Jacob Burckhardt sprach. Ich will weiter versuchen, jemand dafür zu interessieren. Hier lebt jeder dem nächsten Geschäftlein und die Sorgen gehen nicht über die Wettsteinbrücke hinaus. Die lebhaftern Existenzen sind an der Grenze; wie ich höre, werd ich ihnen bald im grünen Wämslein dorthin folgen müssen. Es ist überaus verlockend.
Ihr Besuch machte mir große Freude. Liestal und Zürich

waren eine reizende Unterbrechung meines Gefangenendaseins.
Bitte grüßen Sie alle Münchnerfreunde.

Ihr herzlich ergebener
Carl J. Burckhardt

An Jacob Wackernagel Donnerstag,
den November 1914 [sic]
Lieber Jacob,
Ich will Dich gern Samstag besuchen, Sonntag wirst Du wohl selbst nach der Stadt kommen, Freitag habe ich einen sehr besetzten Tag, Sonntag erwarte ich Dich zu sämtlichen Mahlzeiten und bin froh, wenn Du des guten Stoffes voll recht viel lebendig Erlebtes und Geschautes in meine Bücherwelt bringst. Ich arbeite in den letzten Tagen mit Folge und so mit etwas Erfolg, immer mehr zieht mich die Welt Goethes in ihren Bann, dort allein finde ich die tiefe Einsicht, die durch Harmonie des Tuns und des Schauens die furchtbarsten Stürme des Innern zu wohltätigen Kräften wandelt, dort sehe ich, wie wir nur im Werk uns kräftig gegen das Übel stemmen können, daß aber Auflehnung gegen das tägliche Leben ein leerer Kraftverbrauch ist und dem Eingreifen in das sausende Drehen eines Schwungrades zu vergleichen wäre, wovon man nur mit blutigen Händen zurückkommen kann.

Oft sehne ich mich nach einem tätigen Beruf, bei dem man unter klarer Rechnung mit allem Bestehenden, indem man eine zum Guten gewendete Richtung der Natur streng beibehält, Lebendiges leisten und helfen kann. Ich beschäftigte mich dilettantischer Weise mit allerhand Fragen des Strafrechtes, ich bewunderte die Fülle von Wirkung, die dem Richter beschieden ist, der hohe Menschlichkeit und Rechtsgefühl gleichmäßig wirken läßt, auch einem Advokaten vermutete ich eine weite Schaffensmöglichkeit und ich dachte, daß solch ein Beruf Dir viel ernste Befriedigung verschaffen könnte.

Boyost schreibt, daß ihn die warme Zuneigung zu allen, die mit ihm zusammen kommen, über häufige Öde des Dienstlebens hinwegführe, jeder trage seinen Teil auf seine Weise, jedem Soldat könne er mit bestimmter Freundlichkeit und immer gütiger Strenge ein Halt und wirklicher Lehrer und Offizier sein, jeder Bauer, den er auf dem Feld treffe, verdiene ein gütiges Wort, denn der Reichtum des Gemütes habe das Wunderbare an sich, sich immer zu verdoppeln, wenn er verschenkt werde. Ich glaube auch, der Tag, der uns die Güte nahe bringt, ist der Anfang eines gesteigerten Lebens, wenn wir einsehn und suchen, was die Motive mancher uns gänzlich unverständlicher Handlungen sind, so finden wir erstaunlich viel Güte; es steht ja außer Zweifel, daß der geistige Mensch die Umgebung nicht immer erträgt, nur sollte er nie sich anders von ihr befreien, als durch Zurückziehen in die Einsamkeit oder zu Gleichgesinnten, Haß bindet viel mehr an die Menschen als gleichmäßige Zuneigung, auch ist letztere demjenigen gemäßer, der alles Geschehen ruhig als kleine Wahrnehmung in der Unendlichkeit betrachtet.
Ich hoffe, diese paar Zeilen erreichen Dich, ich weiß Deine Adresse nicht genau.
Sei herzlich gegrüßt von Deinem treuen   Carl J. B.

An Hans Ganz   20. Februar 1915

Lieber Hans,
Du wirst durch die Zeitung erfahren haben, daß mein lieber, guter Vater freiwillig dieses Leben verlassen hat. Ein letzter Brief sagt: Furcht vor Erkrankung sei der Anlaß zu diesem Schritt gewesen. Jedoch was für dunkle Kräfte diesen edeln, klaren Menschen zum letzten menschlichen Ausweg trieben – wissen wir nicht. Ich verliere nicht nur meinen Vater, sondern meinen treusten Freund, den Mann, der meine ganze tiefinnerste Bewunderung und Liebe besaß.
Ich grüße Dich herzlich in alter Treue Dein   Carl

An Gustav Schneeli Basel, den 15. März 1915

Lieber Herr Schneeli
Nur ein Wort, um Ihnen zu sagen, wie gut mir Ihre Teilnahme und Freundschaft getan. In den Zeiten des Leids fühlt man doppelt den Wert wohlwollenden Verständnisses. Wir sind beide Künstler und haben wohl eine sehr ähnliche Einstellung zu gewissen mesquinen vaterländischen Verhältnissen. Hoffentlich kann man in den nächsten Jahren wieder einmal gemeinsam Arbeiten besprechen und frohe, gesellige Stunden verbringen.
Heute leb ich in tausend Geschäften und Mühen, meine Einstellung zu dem Ereignis, das mir meinen besten Freund und Berater entrissen, ist dies: ich ehre wie immer die persönliche Willensfreiheit, halte das Leben in dieser Daseinsform nicht für wichtig, und spüre täglich ein heftiges Vermissen, eine große Leere und Haß gegen die herzlosen Treibereien der Demokratie, die einen empfindsamen, vortrefflichen Menschen bis zu diesem Grad ermüdet und angewidert haben.
Sagen Sie bitte Gleichens herzliche Grüße. In treuer Freundschaft und Dankbarkeit Ihr Burckhardt

An Jacob Wackernagel Schönenberg, Dienstag Mai 1915

Lieber Jacob
Dein Brief machte mir große Freude, auch dann noch, als der Roßhandel zum Vorschein kam. Ich fürchtete schon, ich sei in Ungnade gefallen, besonders, da ich Deine zum Correspondieren geeignete Zeit aus Deinen eingehenden Mitteilungen an Pfarrer Steiger ermessen konnte. Ich seh ihn bisweilen und finde ihn überaus unterhaltend und anregend. Auch Deinen Schwager und Deine Schwester sah ich letzthin, nachdem ich erstern hatte über den Krieg predigen hören. Sie waren beide sehr liebenswürdig, und ich beklagte mich über Dich und Deine Untreue, besonders da Pfarrer

St. eben wieder einen beleibten Brief von Deiner Hand dem Kasten entnommen hatte.

Du irrst Dich über meine jetzige Existenz, wenn Du annimmst, ich sei umgeben und durch Nachrichten verwöhnt, Briefe erhalte ich bisweilen von Pilar aus Rußland und von Münchhausen ebenfalls aus Rußland, P. schreibt aus Petrograd auf Wappenpapier vor der comfortabeln Reitstunde seiner Aspirantenschule, Münchhausen schreibt vom Stroh einer russischen Husarenkaserne – im Stall, beide schreiben gutes Deutsch und beide denken weiter als der Patriot. Sonst erfahre ich bisweilen kurzes von Von der Mühll, Boyost ist von Lugano zurückgekehrt, er war letzthin *da,* gewappnet mit Entrüstungen, Plänen, Utopien. Franz ist von Karlsruhe (wo ihn Hübner refüsierte) nach München, dort spitzte er eben seinen ersten Bleistift, als ihn der Marschbefehl erreichte.

Ich lese seit Tagen meines Vaters Correspondenz, wenn man ein solches Leben verfolgt, so heult man über die eigne schändliche Zersplitterung, Stimmungsaufbauscherei u. seelische Trunksucht, dort ist alles Zucht, Klarheit und Wille, die ganze Entwicklung hat einen Richtpunkt, der heißt: edle Leistung, und zwei Bedingungen, die heißen: Güte und Entsagung. Wir können beide von unseren Vätern mehr lernen als von der ganzen Bande, die im Licht der Erkenntnis ihren Schlamm herumspritzt.

Ein Jahrgang Studentenbriefe aus Göttingen, wenn ich vergleiche, der Vater löst bei Ihering eine Preisaufgabe, arbeitet in 3 Praktika und steht täglich um sechs Uhr auf; der Sohn beschaut mit russischen Baronen dekadente Bilder von Alastair, tanzt Boston, hochstapelt mit Georges Walter und dessen Kutschern herum, wenn da nicht ein Prairiebrand von Fegfeuer kommt u. den Sumpf trocknet – oder wenigstens eine besondere Blume draus wächst, dann mag die Sache vom Orkus verschluckt werden.

Heute war ich vom Liestaler Brigadier geladen und ließ vor mir und ihm seine Truppe defilieren. Du würdest sagen: »ganz was für Dich«, ich aber war nur traurig u. spürte

übermäßig die groteske Ungerechtigkeit der kurzen, unwichtigen Situation, nachher trank ich viel Bier u. rauchte, ritt dann in Mordstempo auf Godiche nach Haus zum letzten Mal, hélas! u. will nun auf Deine Pferdefrage antworten. Ich bin jetzt nicht reich genug, um Flamberge zu übernehmen, nach dem Krieg werd ich im Ausland sein, da will ich – wenn ich ein Pferd halte – einen andern Typus, größer, jünger, »hunterhafter«. Frage R. Burckhardt, Mit. Abt. IV, ob er sie kaufen will, sie hatte ihm, wie ich ja damals i. d. Hardt ritt, besonders gut gefallen.
Und nun auf Wiedersehn hoffentl. *bald* einmal und vergnügt
Dein Carl B.

An Hans Ganz Schönenberg, 16. VIII. 1915

Lieber Hans
Meine Reise in Deutschland dehnte sich schließlich bis letzten Dienstag aus, ich blieb etwas länger in Tübingen, als ich beabsichtigt hatte. Das meiste, was man sieht ist interessant, und wenn ich nicht behaupten will, ich hätte viel mehr gesehen als was ich schon wußte, so ist mir nun doch alles eindrücklicher u. klarer geworden. Das ist gewiß: es gärt gewaltig überall. Nachdem ich in Lindau (ausgezogen bis aufs Hemd u. überall abgegriffen) die sehr strenge Grenzvisitation überschritten hatte, fand ich schon im Bahnhof in den tiefverdrossenen u. suchenden Soldatengesichtern, in dem hemmungslosen Schmerz schwarzgekleideter Mütter u. Witwen einen starken Anteil jenes Leids u. Widerwillens, das nun überall erbittert emporsteigt. Fette Reisende, läppisch bewußte Weiber waren auch da, aber auf ihnen lag schon Gefahr u. Strafe – das war mir sehr auffällig. Der Ernst überwog u. wo das endlich anfängt, da wird es gut. Ich fuhr im Abteil allein mit 4 Soldaten, sie redeten viel u. zutraulich, trotz der Warnungstafeln. Zwei waren schon an der Front gewesen der eine als Radfahrer Feldwebel, der andre als Pionier, zwei waren Rekruten vom normalen

Jahrgang 95. Der Radf. sagte mir *wörtlich:* der Krieg ist Wahnsinn, ich stehe doch einem französischen Schuster oder Metzger viel näher, als so einem Reserveleutnant bei uns; der Pionier sagte: in der Schweiz da habt ihrs gut, da lebt man vernünftig für sich, kümmert sich um die andern nicht, *und kennt seine Obern.* Der ganzen Bahn entlang arbeiteten gefangne Russen, die jungen Rekruten sagten zu mir: »Das sind alles unsre Gefangenen.« »Nicht eure«, sagte der Radfahrer zu ihm. München war belebt wie gewöhnlich, Münchhausen traf ich nicht, sah aber bei der Kramerin u. an einem Nachtessen bei der Zenone eine Anzahl Offiziere, meistens Krüppel. Alle nannten den Krieg Wahnsinn, auch die Berufsoffiziere, der eine sagte mir: »Als im Juli mobilisiert war, da wollten wir alle den Krieg, man dachte nur an Abenteuer u. Heldentum u. nicht weiter, wir wären in Frankreich einmarschiert, wenn die Regierung Frieden verkündet hätte«. Was denken Sie jetzt?, frug ich. »Daß das alles kindisch u. verantwortungslos war, und daß die stärkste Phantasie sich nur zu einem kleinen Teil die Schrecken eines modernen Feldzugs vorstellen kann«, sagte er. Was denkt man über die Zukunft?, frug ich. »Daß nur das Volk den Krieg verhindern kann«, sagten alle.
Gleichens waren nicht da. Schneeli sah ich wiederholt. Er war wie stets jenes sonderbare Gemisch aus Cynismus, Pose und anregender gutmütiger Art. Durch seine Gefangenengeschichten schwimmt er in tausend Beziehungen, außerdem hat er eine Ausstellung seiner sämtlichen Bilder in Berlin. Einmal saß ich Abends mit Heyer u. ihm in der Odeonbar, beim Rausgehn sprach er mit Herzog, stellte mich leider nicht vor, da ich vorausging, Herzog ist ein zerbrechlich kleiner, geckenhafter Jude, spricht schnoddrig Berlinerisch und hat einen starken, reichen u. beherrschten Ausdruck, ein junger Künstler, der mit ihm saß, fiel mir durch seinen unsagbar schönen Kopf ganz gewaltig auf, ich hätt ihn gern kennen gelernt, leider reiste ich am nächsten Morgen. Schneeli war nachher etwas lächerlich. »Warum bleiben diese Leute so abgeschlossen, wenn man zu ihnen

runter kommt«, schimpfte er, »ich habe lang genug mit einem Ladstock im Rücken mich abseits gehalten, jetzt will ich heraustreten u. führen und diese Leute braucht man, diese Leute muß man unterjochen.« Ich mußte lachen u. sagte ihm, daß diese Leute eben etwas hätten, was sich nicht so leicht unterjochen ließe – nämlich den Geist. Von Dir sprach er vorsichtig sondierend. Das ist eine der übeln Erscheinungen unserer Zeit: das Vormacht-ausüben-wollen, das Führen-wollen, keiner will mehr dienen. Liebe zu den Andern, aufhelfendes Mitleid den Schwachen – das findet man so selten mehr. Menschen u. Völker sind verblendet: sie hätten die einzige Pflicht zu steigen, um wohltuend zu *herrschen,* und weil sie an ihre Mission glauben, glauben sie keiner täglichen Pflicht mehr, treten u. zertreten, um hinaufzukommen u. einmal oben, verfallen sie dem Egoismus. Das hörte ich in Tübingen, da war nämlich alles ganz anders: »Ja, ja sie haben ganz recht«, sagten die Professoren, »der Krieg ist furchtbar – aber – Deutschland ist das auserwählte Volk, wir sind die auserwählte Kaste u. wir ihre Propheten, wir müssen die Völker zuerst niederschmettern, um sie nachher zu heilen u. zu beglücken, am deutschen Wesen soll einmal noch die Welt genesen. In den Professorenkreisen war furchtbarer, grausamer, einseitiger Nationalismus – Verblendung u. jämmerliche Begriffsenge. Tübingen ist voll von Krüppeln (in München relativ wenig) auf Schritt u. Tritt trifft man entstellte, widerliche, trostlose Gestalten – ein eindringliches Memento! – dennoch – dort sagt alles nur Hindenburg, Artillerie, Kultur. Im Krankenhaus war ein junger Mensch, der hatte eine Shrapnelkugel zwischen zwei Halswirbeln, das Mark ist verletzt. Nimmt man die Kugel hinaus, stirbt er. Die Kugel bleibt also. Er ist im Bett fixiert um in den grauenhaften, unmenschlichen Qualen, die er ununterbrochen aussteht, nicht eine heftige Bewegung zu machen, die ihn tötet, täglich bekommt er eine starke Dosis Morphium. Er werde Morphinomane und sterbe langsam am Gift, sagte der Arzt, aber eine große Dosis bekommt er nicht. Die Geschichte ist wahr. In einem besondern Haus sind Verwundete, die weder Arme noch Beine haben, diese können nur eine kleine Spanne Zeit am Leben bleiben. Wie ich nach Tübingen fuhr, war im selben Zug ein Militärtransport nach Saarbrücken, in meinem Wagen lauter Offiziere, alle sprachen im Sinn der Münchner Bekannten, in Ulm war der Bahnhof abgesperrt, ein Hauptmann trat an den Zug, alle Offiziere gingen ans Fenster, der Hauptmann meldete: »Warschau ist gefallen«, die Offiziere grüßten u. sagten: »Danke Herr Kamerad.« Keiner rief Hurra, sie setzten sich still wieder in die Wagenecken, einer sagte mir, »bei Kriegsbeginn war man begeistert, wenn gesiegt wurde, jetzt denkt man: was heißt das? es ist noch so viel Arbeit«. Ein Mediziner erzählte, wie ihn in der Gefangenschaft die Franzosen angespien u. mit Stöcken ins Gesicht geschlagen haben.

Laß einmal von Dir hören. Mama sandte Dir einen wirklich schönen Aufsatz über Jaurès. Hast Du ihn erhalten? Gestern war Franz hier und erzählte, wie sehr lobend sich Bauer (der in »Wissen u. Leben« schreibt) über den »Peter« geäußert habe, er kenne einige Stellen nur, die seien aber ganz genial. Es fängt an.

       Auf Wiedersehn sehr herzlich
       Dein Carl J. B.

An Franz von Muralt   Schönenberg, 7. Okt. 1915

Lieber Franz

Die Nachricht von der schwerern Erkrankung Deiner Mutter hat mir sehr leid getan, Du hast es nicht leicht und aus meinem eignen Zeugs heraus denke ich oft zu Dir hinüber. Es ist das Schicksal absoluter, innerlich aber vielfach gehemmter Naturen, unter Menschen recht schwer zu existieren, die Kompromisse nicht zu finden u. die notwendigen Unehrlichkeiten nur soweit zu treiben, als es innerlich nicht ernst wird. Wir *beide* sind in diesem Fall – jeder auf seine Art. Wenn dann äußeres Leid und Sorge hinzutritt, scheint es oft kaum mehr erträglich. Mir fiel einmal in schwerer Zeit die Stelle aus Miltons verlorenem Paradies ein, wo Luzifer sich in der Hölle umsieht und die neue Wohnung begrüßt mit den Worten: auch hier wird meine tiefste Heimat mein eignes Gemüt sein, dorthin hat niemand Eintritt als ich. So bleibt es wirklich in allen Lebenslagen, auch im Glück, wenn Mißverstehen, kleine Reiberei und versagtes Glück einem bis zum Hals steht, so ist es ein seltsam freies, befreiendes Gefühl, wenn man sich seines innersten Alleinseins und seiner tiefen Unabhängigkeit bewußt wird. Deine Mutter aber, die ich sehr verehre, trotz einigen vorsichtigen Einschränkungen, ist für mich so recht das Bild eines Menschen, der Allzuschweres trägt an der Ungerechtigkeit des Glücks, das die Falschen herausstellt und den Unrichtigen Licht gibt. Du kennst die Bibelstelle vom Leben: »darinnen Schnellsein nicht zum Laufen taugt und Tapfersein nicht hilft zum Streit«. Diese Enttäuschung war die ihre, zum glänzenden, angeregten Mittendrinstehn geboren, ward sie zu einer stillen, fast schattigen Existenz gezwungen, statt des alle Nachdenklichkeit übertönenden, genußreichen Lebensgefühls ward ihr die Stille gegeben, sie mußte auf die Freude an der eigenen Wirkung verzichten, um im kleinen Kreis als Mutter u. Frau, wie irgend eine weniger begabte – einfach Pflichten zu erfüllen. Der Künstler hat dies mit den meisten Frauen gemeinsam, daß er *daran* fast immer zu Grunde geht, oder wenigstens nicht darüber hinwegkommt. Das furchtbare Unbefriedigt-sein ist bei ihm, wie bei den Frauen unbewußt sehr oft die Folge des durch widrige Umstände veranlaßten »nicht Befriedigenkönnens« anderer, des *nicht* nach Maßgabe eigener Kräfte u. Schönheiten sich Entfaltenkönnens. Die wenigsten Frauen finden sich, wie *wir* es *können* u. *lernen, gänzlich* in *sich* und *beruhigt* den *wenigen großen Einsichten gegenüber;* sie stehen vielmehr im Dienste des äußern Lebenstriebes der ganzen Menschheit und behalten immer u. in allen hemmenden Lagen den Drang zur Entfaltung ihrer liebenswürdigen Eigenschaften. Eine völlig geistige Frau hab ich nie getroffen, und die subtile Vermischung der Sinne u. des Geistes gibt stets wieder Anlaß zu jenem Übermächtig-werden des äußern Erlebens.

Nächste Woche komm ich nach Zürich u. wohne Rigistr. 6 bei Frau Krüger.

Grüße mir Aja.

Ich lasse vielmal gute Besserung wünschen

Dein Carl J. B.

An Jacob Wackernagel 12. XI. 15

Lieber Jacob

Dieser Brief ist ein Ruf von weit her. So von der Ebbe erfaßt und herausgerissen ward ich noch nie. Ich habe Tage furchtbaren, nächsten, spürbar brennenden Lebens gehabt; heute wird Luft, ich denke an Dich u. Deinen *»Termin«*. Es wird alles bald vorbei sein. Wir werden uns bald sehen, ich bin von Montag an in Basel, als Flucht nämlich und vielleicht für längere Zeit. Morgen kommt H. G. mir hierher zu Hilfe, ich könnte jetzt niemand anderes sehn; keine Erklärung, nur einen Händedruck! Die Erfahrungsmenge, die ich aus dieser Höllenfahrt bringe, ist groß, die Hauptsache wußte ich schon: wo die eigene Seele mitspielt, hat der Anstoß kein Verhältnis zur Wirkung.

Grüße mir Deine Leute, ich danke Dir für Deine Treue und bin am nächsten Tag und wohl am übernächsten, da wir uns sehen werden, dennoch stets »ich«, Dein Freund

Carl Jacob

An Jacob Wackernagel Basel, 17. April 16

L. J.

Regenwetter, u. diese Ferien, die nun wirklich wieder einmal Ferien waren, gehen zu Ende. In der Kunsthalle ist eine Ausstellung, die mich vielfach berührte, dies geschieht mir eigentlich selten durch die bildende Kunst. Eher noch durch Musik; in Glarisegg bisweilen u. auch jetzt in den Nächten, wenn ich wach werde, sehne ich mich sehr nach jenen Morgenkonzerten, durch die wir damals in München unsre Wochen einleiteten, jeden Montag um elf im verdunkelten Saal des großen Conservatoriums. Die Briefe Nietzsches las ich mit Staunen, sie sind herrlich geschrieben u. abgrundtief – traurig, so erschütternd wie hier sah ich selten den Kampf des sublim organisierten, grausam bedürftigen Geistes gegen die in Naturgewalt gebundene Zufälligkeit der Liebe, gegen die Brutalität des Gelingens im Relativen, gegen *die,* so sich Häuser bauen, um mit den andern zu wohnen. Das Leben vertilgt seine edelsten Kräfte, wenn sie zu früh entstehen, daß so ein Geist so sehr leiden mußte – um einen Wagner! *Hier* wie *selten* wird es völlig deutlich, daß die Vorboten größter Möglichkeiten Märtyrer sein müssen. Der Wahnsinn, der sich voll Schönheit senkt auf den Ermatteten, ist geboren aus letzten Wünschen nach Festung, nach unangreifbarer Heimat im eignen Herzen. Auch er hätte, um seinen Gedanken immer neuen Mut zur Fahrt zu geben, von den Zeitgenossen immerzu das beste gebraucht; da er wie irgendeiner nur erbetteln durfte, was am Weg lag, verhungerte er.

Vom Tage kann ich Dir noch sagen, daß Dorys Godicheritte mit etwas Angst u. Zuspruch in der hochdeutschen Pferdesprache wohl gelangen, ich danke noch Dir u. Deinem Bruder sehr für Cambronne. Leuenberger erzählte mir, Cambronne werde von Deinem Bruder immer mit furchtbar harter Hand geritten, diesen Eindruck hatte auch ich u. nach meiner Reiterfahrung ist dagegen kein gezwungenes Abbiegen gut, sondern nur ganz *weiche* Hand u. völliges Schonen des Mundes. C. ist nun im Begriff, hartbissig zu werden, hättest Du mir nicht strikt anempfohlen, auf Stange zu reiten, so hätte ich dem guten Kerl eine Kautschouktrense in den Mund gelegt. Er trägt sich völlig selber u. ist leicht nur mit Gewicht u. Schenkeln zu reiten. Nachdem ich, um das Abstoßen vom Gebiß zu vermeiden, zwei Ritte

lang mit sanfter Vorsicht geführt hatte, ging der sympathische junge Kerl sehr hübsch in Stellung u. vergnügt, allerdings war er nachher gegen Fehler der Hand, hartes Annehmen u. starres Verhalten doppelt empfindlich. Man muß ihm seine schlechte Erfahrung langsam ausreden.
Herr Dr. H. erzählt in Basel jedem, der es wissen will, die Jahrbuchbiographie sei nicht von mir, sondern von Hans Ganz verfaßt, das Gerücht ist überall und veranlaßte mich zu einem immerhin etwas ironischen Brief an die Adresse dieses Herrn, den persönlich zu kennen ich den Vorzug nicht habe. Bitte erzähle dies Deinem Vater, ich hätte gern sein Urteil über eine solche Entstehung von Literaturgeschichte. Bitte richte Deiner verehrten Mutter aus, wie sehr mich ihre Karte freute.
In herzlicher Freundschaft   Dein Carl J.

P.S. Eben bestürzter Entschuldigungsbrief H.'s, also warten mit Erzählen.

An Hans Ganz   Schönenberg, den [21.] Juli 1916

Lieber Hans,
Freilich habe ich den Prolog erhalten, und ich freue mich sehr darüber, ich las ihn meiner Lieblingsklasse vor, der Erfolg war stark und frisch, die Verse sprachen zu wirklich Jungen; schön reihte sich dieser Eindruck zu den Erfahrungen, die wir in der Arbeit an Shakespearschen Dramen empfangen hatten. Ich verlebe stille Ferienwochen hier oben. Die Arbeit in Glarisegg war schwer und tief befriedigend. Das Werk und die eigene Leistung wuchsen gleichmäßig, ich hatte mir mein wirkliches Heim gegründet in der schönen Natur, in ernster und mutiger Gedanklichkeit, unter der Jugend, die ich sehr liebte. Ich kam wenig zum Schreiben, Dich wußte ich lebendig u. am Werk; der Baslerspaziergang hatte mich beruhigt, und ich glaube, es gibt

Zeiten des Erringens u. Werdens, die unbesprochen sein wollen, die in stiller Kraft aufgehn u. erst in der Reife ihren Ausdruck finden. Ich begreife Deinen Plan, in Z. zu bleiben. Ich selbst gehe schweren Herzens im nächsten Winter nach Basel. Der Geist dieser Stadt ist arm u. alt geworden, die Liebe ist versiegt, und die armen Gestalten, die sich um vergilbte Schemen treiben u. bemühn, haben nur noch dieses urteilslose Richten u. Ablehnen, das die Eigenart erlöschender Kulturen so häufig ausmacht. Aber ich habe es gelernt, allein zu sein, auch unter Menschen anderswo zu sein u. nach der schönen, ersprießlichen Arbeit will ich es auf mich nehmen, will versuchen, meine Studien abzuschließen, um dann fort zu können in helleres, gutes, reiches Leben, um wirklich zu schaffen. Es leuchtet mir sehr ein, kurze Tage in die Berge zu gehn, wann etwa? Meine Zeit ist allerdings knapp bemessen, am 29. muß ich zu Walters Hochzeit, vor dieser Hochzeit kann ich nicht weg. Wir wollen uns noch schreiben. Sonst erwarte ich Dich sehr einige Tage in Glarisegg.

Herzlich Dein alter
Carl J. B.

An Emmy Weidenmann   Hotel-Pension Glarisegg
                                                    b. Steckborn [1917]
Liebwerte Doktor Weidenmann,
Rückbezüglich auf Ihre freundgemeinte Anheimstellung des Presseleseartikels über den Dichter Rilke, möchte ich Dankzuvörderst einige Aussetzungen freundgemeintest äußern. Als Herausgeber des schollendampfenden Liederpflugs ist mir dieses Aestätenlyrik im Grunde meines Glarnerherzens nicht nur verhaßt, sondern diräkt widerbluetig – etc.
Komme eben von einer Velotour mit Zubi, nach Freuenfeld ins Konzert, zurück. Die Tour war schöner als das Quartett von Schulthess. Warum haben Sie mir eigentlich diesen Artikel geschickt? Wir schimpfen viel über Sie.

Herzl. Grüße Carl B.

An Franz von Muralt Bibl[iothek], Fr[eitag] 2. Nov. 1917

L. F.
Im immer gleichen Licht des gedämpften Milchglases, an gleichen Tischen, unter gleichen Leuten in dieser Bücherburg, denke ich an Deine ungebundenen Tage, die völlig Dir gehören und der Kunst, die Du Dir erlaubst als Dein souveränes Lebensprinzip. – Vielleicht wagst Du nicht einmal so viel, – denn wenn die Kunst »nein« sagen sollte zu Dir, so hast Du wenigstens –, da Du Dir *Freiheit* nahmst, zum *Leben ja* gesagt. Ich habe den gleichen Mut nicht und bei der ungeheuren Heftigkeit u. Vielfältigkeit des heutigen Daseins, denke ich mir künstlerisches Ereignis unendlich selten, wertvoll u. gleichsam Inhalt eines ganzen in Kampf u. Entbehren gewordenen Wachstums, letztes Resultat, auf das man sich nicht verlassen darf, da Kräfte, die es vorbereiten, *dann* tödlich werden, wenn sie sich nicht bis zur schöpferischen Wirkung steigern. So warte ich auf mich selbst, auf erste Reife, und versuche, bescheiden zu arbeiten im engen Bann der Möglichkeiten, die Andere bezeichnet haben. Ich bin nun mit der Sammlung des weiteren Materials am Ende; es bleiben mir die Manuskripte, die der Berner Oberrichter immer noch nicht geschickt hat. Ich bin viel allein, hasse und liebe, denke nachts in dem stillen leeren Haus und wundere mich, wenn ich Vergangenes sehe, wie viel schon vergangen ist im eignen Erleben! Da sind die Kinderjahre noch mit solcher Heftigkeit des Gefühls, als ob man mitten drin stünde, die Schulängste, Herbsttage mit weiten Gängen als vierzehnjähriger Junge, Freunde, Mädchen, u. immer wieder das Haus mit der unauslöschlichen Gestalt seines Führers, Glarisegg, November in weicher Ackererde am Wasser in Kälte, u. die deutschen Jahre, irgend ein Münchnerplatz oder eine nächtliche Regenstraße in Göttingen, Ritte im Schnee u. immer dasselbe Warten. Und nun unsre Generation in Massengräbern, der beste Freund im Elend u. wortlos geschieden, andre zerstreut, u. hier immer das gleiche laute Reden u. das Urteil, das vergänglicher ist als der Wunsch. [Schluß fehlt].

An Franz von Muralt Beckenhof, 11. Februar 1918

Lieber Franz, Heut habe ich mir einen zweistündigen Spaziergang geleistet, nach dem Mittagessen. Schön, alles so durchdringend nah, voll Wirklichkeit und doch phantastisch vergrößert. Wie in den dumpfen Jahren früher spürt man wieder die ganze Welt, und das Leben wird tausendfältig, alles durch die Kraft des Eros gesteigert. Sonst arbeite ich jetzt immer den ganzen Tag, ich bin am Schreiben, es geht vorwärts; und *nachdem* ich Jahre hindurch nur erlebte, den Kampf zwischen Kunst und Wissenschaft mit allen verfügbaren Kräften ausstattete u. zu keiner Leistung kam, dann auch wieder die Ungunst der Verhältnisse spürte, die Last der Gegenwart – *nach* der sehr zweifelsreichen Zeit der letzten Monate fühle ich mich glücklich, daß etwas entsteht. – Und was wird es sein? eine jämmerliche Kleinigkeit, ein Bausteinchen zu der Schweizergeschichte, die keine großen Einsichten mehr vorbehält, so ein Stück Ausstaffierung, schließlich eine Studentendissertation. Was mich erfreut, ist also in keiner Weise Größe des Stoffs, Aussicht der Leistung oder künstlerische Befreiung. Lediglich den Segen einer ausgleichenden Wirkung zwischen Nehmen und Geben spüre ich, die große Hygiene des Gefühls, Rhythmus, bei dem die paar Fähigkeiten, die ein Ziel besitzen und die Individualität ausmachen, ruhig zur Reife gelangen. So trifft mich Dein Brief bei gutem Mut und wie Du weißt, als einen, der auch schon aus Niedergeschlagenheit und Entmutigung aufzustehen lernte. Ich kann nicht ohne leises Lächeln an dem Eindruck vorbeigehn, den Dir die Analyse Deiner Handschrift gemacht hat. Es ist so typisch hypochondrisch, solch fremde Einmischung wegen irgend einer Magenverstimmung oder schlechten Laune ernst zu nehmen. Was an der Analyse richtig ist, wußtest Du doch selbst schon längst u. zwar viel detaillierter u. besser als der Graphologe, Du wußtest auch, daß alles in Dir im Fluß ist wie in jedem Lebendigen, u. daß *Du* es bist u. das Geschick, dem Du angehörst, aus widerstreitenden Stoffen immer u.

immer wieder Neues zu mischen, daß nichts verweilt, nichts stille steht, u. daß, wenn Deine Vitalität heute nur glüht, sie morgen zur hellsten Flamme wird aufspringen. Eine weite Einstellung, der Sinn für die Grenzen der Existenz und den unendlichen Reichtum ihres Inhalts, die göttliche Ruhe der Anschauung u. die Fähigkeit, überall im Kleinen das Ganze zu sehen, ohne allzuviel zu wollen, vor allem ohne Herrschertrieb, gewissermaßen im selbstverständlichen Besitz der Herrschaft, das löst u. läßt reifen. Für uns Freunde bist Du in jeder Phase der Entwicklung lieb, gut und notwendig, ob Du irgendwo in der Natur draußen Kartoffeln wägen läßt, oder ob Du im siedeheißen Chaos des künstlerischen Ausdrucks von einem großen Meister, von einem Pol zum andern gerissen wirst und dann irgendwie eine Leinwand mit Arbeit versiehst. U. was wir lieben und was Dich liebenswert macht, darauf sollst Du auch vertrauen, als auf die Kraft, die Dich vorwärts führt, u. die Dich wandelt zu dem, was Du sein willst.
[Schluß fehlt]

An Charles Rudolf Paravicini   Zürich, 19. April 1918

Verehrter Herr Paravicini,
Entschuldigen Sie, daß ich Ihren Brief erst heute beantworte. Ich erhielt während einer Abwesenheit meine Korrespondenz nicht nachgeschickt.
Eine Tätigkeit auf der auswärtigen Abteilung würde mich überaus anziehn, ich bin aber leider dazu durch meine Studien nicht qualifiziert. Ich bin Historiker und nicht Jurist. Für die nächste Zeit übernahm ich größere wissenschaftliche Arbeiten. Allerdings dachte ich daran, eventuell später das juristische Studium nachzuholen, da mich die Universitätscarrière wenig lockt. Ihre so liebenswürdigen Zeilen würden mir dazu eine große Ermutigung sein.
Ich hätte es als einen ganz besondern Vorzug betrachtet, unter ihrer Leitung arbeiten zu dürfen. Meine Archivstudien

werde ich in der nächsten Zeit nicht ohne Bedauern fortsetzen. Selbstverständlich betrachte ich Ihre Mitteilung als absolut vertraulich.
In Verehrung bin ich Ihr Ergebener
Carl J. Burckhardt

An Emmy Weidenmann [1918]

L. E. Verzeihen Sie, daß Sie den Brief auf einem Neuhausfetzen kriegen, aber mein Briefpapier ist den Notizen erlegen. »Zu Ihrer ehrenvollen Wahl meine treugesinnten Wünsche, möge das Vaterland an Ihnen den Halt gewinnen, den Sie bislang im kleinen Kreise so vielen immer wieder bedeutet haben« – ich zitiere – und sehe im übrigen nur, wie sehr sich meine Don Juan- oder Gewaltmenschentheorie bestätigt; natürlich dem Don Juan muß alles gelingen – jetzt gibt es kein Halten mehr, von Triumph zu Triumph! Kellers Leiche liegt schon hinter Ihnen, Glausi geht, wie das Kaninchen im Schlangenblick, schlafwandlerisch auf Ihre Tyrannenlaunen zu; Familienbande zerreißen, Keller versinken in die Tiefe, Jungfrauen werden enterbt, Privatinstitute brechen zusammen, aber der Übermensch, der Don Juan, bindet sein Zöpflein fester um den Kopf und schreitet seinen schwindelhaften Siegesweg. All das, bis plötzlich der steinerne Gast erscheint, schrecklich werden seine Schritte dröhnen, niemand wird ihn aufhalten, Bohnenblüste werden abdorren wie Gras, der Steinerne aber in Gestalt der immer drohender werdenden Junggesellensteuer wird diese Laufbahn grell beleuchten u. allem ein plötzliches Ende bereiten; kein Frauenrecht wird dagegen wirken können, eisern werden die Lose des Ehezwanges fallen; Frl. Mässig u. Bohnenblust, Glausi u. Ursula; Anneli u. Flohwintz; der Iroglodyt u. Frl. Gnehm, alle werden vom Staate gepackt; auch Emmely wird ihr Schicksal ereilen, täglich wird es sie an ihre Pflichten mahnen u. da die meisten vor Schreck über das ihnen zugefallene Los sterben werden, so wird Emmely

wie die Bienenkönigin im Jahre circa 365 Hochzeiten durchmachen, wobei ihr dann allerdings die Champagnerarie etwas verlangsamt würde.
Im übrigen verändert sich jedermann, Sie werden Oberlehrer, Boris Student wie ich, Wackernagel Privatdozent, Glausi entlaufene Verführte etc., nur ich bleibe, wo ich bin oder schreite zurück, alles wird alt bei mir, mein Geist, mein Gemüt, mein Papier, nur meine Arbeit tagaus, tagein heißt seit dem 1. Februar immer noch *Neu*haus. In diesem Zeichen schließe ich mit vielen herzlichen Grüßen Ihr

Crl. J.

An Franz von Muralt   Zürich, den 24. Sept. 1918

Lieber Franz,
Ja ich gehe am 1. November nach Wien als Attaché. Ich hätte mir diese sonderbare Wendung auch nicht träumen lassen; und jetzt, da sie eingetreten ist, steh ich ihr gegenüber wie etwa einer größern Reise, ohne bestimmte Erwartungen. Meine Arbeit ist in ihren großen Zügen abgeschlossen, bis zur Druckfertigkeit bringe ich sie allerdings wohl nicht mehr; dies ist insofern aber kein so großes Unglück, als das Druckenlassen eines größern Buches jetzt überhaupt kaum machbar ist. Der Stoff hat mich zum ersten Mal in die Historie hineingeführt u. hat mir diese ganze, geduldige, kompliziert angestrengte Technik gezeigt. Viel wirkliche Freude hat er mir nicht gemacht, und ich habe oft sehr darunter gelitten, daß ich in Jahren, da meine künstlerische Produktivität an wertvollern Gegenständen hätte wirken und wachsen können, ich durch die törichte Einstellung zu diesen akademischen Anschauungen mich in eine trübe Sammlertätigkeit engagiert hatte. Nun stand ich vor dem Abschluß u. hätte als Inhalt dieses Winters wieder wie ein Schüler Gedächtnisstoff repetieren müssen, da kam diese Anfrage u. bot mir eine Stellung, die, das Streben so vieler Juristen, den Vorzug bietet, einen mit großen Verhältnissen

zusammenzuführen und gerade in dieser Zeit Einblicke zu bieten, die den ganzen Lebensinhalt, Erfahrung und Anschauung unendlich bereichern, ja das persönliche Erlebnis zu Möglichkeiten bringen, die bisher nicht zu erwarten waren. Etwa in dieser Carrière zu *bleiben* beabsichtige ich nicht, sie bietet mir einen Übergang zu der Existenz, die ich am meisten erhoffe: ruhiges Reiferwerden irgendwo in einer schönen Gegend auf dem Land u. dann das Hereinwachsen in eine ernste künstlerische Aufgabe. Du bist früher dahin gekommen, wo ich hinstrebe. Und es hat ja jeder das Recht, so weit seine Kraft reicht, sein Schicksal selbst zu wenden. Ich fahre jetzt wieder ins Ungewisse und denke: Felices illi quibus est fortuna peracta iam sua, nos alia, ex aliis, in fata vocamur.

Ich freue mich, im Oktober Dich recht wiederzusehn. Und ich bin stets herzlich Dein alter

Carl J. Burckhardt

P.S. als ich im Frühjahr fürs politische Departement angefragt wurde, lehnte ich ab, weil ich mich zu der Büroarbeit in Bern nicht entschließen konnte; in Wien ist dies anders.

An Gustav Schneeli   Wien, Prinz Eugen Straße 68,
                          Im November [1918]

Lieber Schneeli,

Ich freute mich sehr, Ihre Handschrift zu sehn und ein befreundetes Wort zu erhalten. Ich kam hier in eine solch erdrückende Arbeit, wie ich sie zu leisten nicht gewohnt bin, u. wie sie seltsam kontrastiert zu der Vorstellung, die man sich im allgemeinen von der Diplomatie macht. Unsere Verbindungen waren miserabel u. von der Schweiz waren wir eine zeitlang ganz abgeschnitten, vorgestern erst kam der erste Kurier; die ganzen Wochen mußten wir mit Bern chiffriert verkehren, was zum Verrücktwerden war u. oft die Arbeit bis nachts 12 u. später ausdehnte.

So kam ich nicht zum Briefeschreiben u. verschob es auf bessere Zeiten, den Münchnerfreunden für den eigenartig schönen Tag zu danken, der mir beinah etwas wehmütig die ganze genußreiche Zeit der ersten Semester in Erinnerung rief. Was damals die ganze Existenz so sehr bereicherte, die Umgebung der guten Freunde, diese ganze sorglose Atmosphäre von Kameradschaft und unblasierter Lebensfreude, das fehlt nun hier; ich bin ohne nahe Freunde u. der Ernst der Gegenwart, die Verfeinerung der Ansprüche in geistiger u. aesthetischer Beziehung lassen eine rechte Genugtuung an der reichlichen, fast überreichlichen Geselligkeit nicht aufkommen.
Die Arbeit ist oft passionierend interessant, u. auch ich lebe in diesem Zustand atemloser Spannung, von dem Sie sprechen. Das gedrängte Weltspiel der frühern Monarchie bietet eine solche Fülle merkwürdiger u. tief paradigmatischer Vorgänge, daß man, so gleichsam am Periskop sitzend, im reichsten Maße aufzunehmen fortwährend gezwungen ist. Die Beziehungen im Amt sind sehr angenehme, der Chef ist ein Gentleman u. ein sehr feiner Beobachter.
Die Stadt, die sich in schwerer Not befindet u. leicht der Katastrophe verfallen kann, bietet ein sonderbares Bild; an allen Formen ist das Theresianisch-Metternichsche Signalement unverkennbar u. überall spricht es zu einem in der Architektur, dem eigenartig autochthonen u. leis italienisch – leis barbarischen Barock; u. dabei lebt man auch hier in der Republik. An Metternichs Schreibtisch im auswärtigen Amt sitzt Bauer. U. es ist wohl gut so. So absolut als Wert das aristokratische Prinzip für mich im geistigen Sinn besteht, so wenig kann ich betrauern, was hier nun seine Pflicht getan hat u. geht. Was ich bisher davon sah, ist liebenswürdig, hat viel Bestechendes in der Selbstverständlichkeit u. den großen Manieren, aber es ist ein Grad von Unbildung u. doch auch Geistlosigkeit, ein, bei aller Beweglichkeit u. Weichheit, erstaunlicher Mangel an Nüancierung, an Kultur, es fehlt das Epigramm, die geistreiche Assoziation u. die Fähigkeit zum Discernement. Sie sind ja

jetzt alle betrübt u. ängstlich, besonders ängstlich, vor allem um Hab u. Gut u. spätere Lebensstellung; aber sie wursteln weiter u. reden sich durch ihre Thees u. angenehmen kleinen Tanzereien hindurch. Denn wie damals der Kongreß tanzte, so tanzt jetzt das gestürzte Wien: allerdings sehr im Geheimen, beim Thee u. wenig Licht, eigentlich um warm zu kriegen, weil man keine Kohle hat, oder um der Entente entgegenzutanzen u. Foxtrotts, Bostons etc. schon zu können, falls sie kommen sollte. [...]
Ich habe immer bei allen oberflächlichen gesellschaftlichen Beziehungen das Gefühl, man befinde sich in einem erhitzten Betriebe von Konkurrenten, von denen jeder darauf wartet, den Nachbar ausschalten zu können. Darum sind auch gesellschaftliche Erfolge gewöhnlich mit den mittelmäßigsten Eigenschaften errungen, die man besitzt. Und die besten Eigenschaften muß man sich für die Freunde sparen u. für die Arbeit. Gleichens will ich nächstens schreiben, bitte grüßen Sie sie sehr von mir.

　　　　　　　　　　　　　　　Herzlich Ihr Burckhardt

An Ernst Gagliardi　　　　　　Wien, Prinz Eugenstraße 68,
[Entwurf]　　　　　　　　　　　den 21. Dezember 1918

Sehr verehrter Herr Professor,
Als rekonvalescenter Grippepatient habe ich nun plötzlich zum Briefschreiben freie Nachmittage vor mir, und ich kann die bewegte Zeit meines Hierseins etwas überblicken. Die erste Zeit war ein Strudel der Eindrücke und der Tätigkeit. Ich habe bis *jetzt* gebraucht, um mir ein einigermaßen objektives Bild der engern Amtssphäre zu machen.
Nie werde ich diese Fahrt durch Deutschland vergessen. Ich verließ Lindau mit dem Nachtschnellzug; der Unterschied zu unserm Vaterland war erschreckend. Auf dem schwach beleuchteten Bahnhof drängte sich eine verdrossene, trostlose Menge, schmutzig, abgemagert, die verwilderten Land-

wehrleute vor allem, Gesichtsausdrücke des tiefsten, verzweifelten Grolls, stumpfe Resignation, ein dumpfer Muck, ohne Scherzwort, ohne sichtbare Ungeduld alle eingepfercht vor dieser Bahnsteigsperre, eine schreckliche Impression. Die Wagen des Schnellzugs verbraucht, gedämpftes Licht, in den Ecken kleine politisierende Gruppen, verbitterte Offiziere, der ekelhafte deutsche Handelsreisende schimpfend; Ratlosigkeit überall, verzweifeltes Erwachen und Einsehn, u. das Hauptgespräch immer wieder das Essen, die große schreckliche Nahrungssorge. In München beim Aussteigen Verteilung der Extrablätter mit Ludendorffs Abdankung. Auf den Straßen u. im Hotel dasselbe wie in der Bahn: Verfall. Fiaker mit skelettartigen winzigen Kosakenpferden, unter den spärlichen Laternen finster konspirierende, schimpfende Gruppen, das Hotelpersonal mürrisch, die Mahlzeit aus Surrogaten zusammengemischt, mit einem Grundgeschmack von Spülwasser, die Bettücher brüchig, geflickt u. nicht frisch. Bei den Bekannten, die ich dann sah, wieder das Hauptinteresse diese kleinen jämmerlichen Hamstermaßnahmen, dies Ausnützen von kleinen Lebensmittelquellen, gegenseitiges Aushelfen, und dann dominierend die Freude über Ludendorffs Sturz, separatistische Wünsche, Haß gegen Preußen, Verachtung gegen Österreich, Ratlosigkeit. – Ich war in München in dem Augenblick, als das gewaltige Brecheisen angesetzt wurde, als der Hebel sich hob, wenig Tage nachher brach das Gebäude; jetzt sucht man langsam wieder nach Direktiven, nach Zusammenschluß, damals aber war nur ein Wunsch: hinaus aus der Situation.

Österreich war dann ganz anders; da machte man einfach nicht mehr mit, man steckte den Kopf in den Sand u. spielte Frieden. In Salzburg standen die Züge v. d. Front, alle Wagen, jeder Tender, die Lokomotive, die Dächer, die Ketten bedeckt mit grauen hungernden Soldaten, sie schliefen, sie waren verwundet, bewußtlos, weil sie sich die Köpfe an den Tunnellen angerannt hatten (die Tunnelle lagen voller Leichen) u. sie schossen wild durcheinander, sie wollten die Munition los werden, u. so schossen sie in alle Richtungen.

Das war so der Anfang, die erste Anschauung.

Was seither die enorme Arbeit bewirkte, das war der Umstand, daß alles, was jetzt in diesen gährenden, contradictorischen Verhältnissen der Monarchie geschieht, durch den engen Kanal unseres Amtes nach Bern u. weiter zur Entente geleitet wird. Und dann die laufenden wirtschaftlichen u. privaten Angelegenheiten, Reisewünsche, Heiraten, Scheidungen, Erbschaften, Vermißte, alle möglichen Prozesse, all das drängt durch diese kleine überheizte Kanzley a. d. Strohgasse. Ich lernte gleich zu Beginn chiffrieren u. Nachrichten empfangen. Es war äußerst interessant, aber man wurde stark angebraucht v. dem Betrieb. Die Staatsumwälzung ging erstaunlich ruhig vor sich. Eines Nachmittags war das Volk auf der Straße, es wurde »Revolution« gerufen, »nieder mit Habsburg«, »es lebe Deutschland«, »es lebe die Republik«; es floß kein Tropfen Blut u. am Abend lebte man unter einer neuen Staatsform. Der Impuls zu der Umwälzung kam von den Sozialisten, und die andern Parteien machten mit, denn es war ja klar, etwas Neues mußte kommen, die Fehler ds. alten Regimes hatten sich gehäuft, die Bürokratie war verrottet u. der junge Kaiser hatte mit lauter gutem Willen einen Mißgriff nach dem andern getan, das unsympathische Haus Parma hatte seine letzte Popularität untergraben. Dann wurde der Anschluß an Deutschland erklärt. Dies war übereilt u. geschah unter dem Druck der Ereignisse. Völlig verlassen von allen Gliedern der frühern Monarchie; von Ungarn u. Tschechen in politicis aufs brutalste behandelt, war der Entschluß naheliegend. Man hat gesagt, die *Sozialisten* v. Adler wollten den Anschluß, denn sie seien ihres Einflusses nur im Verband mit dem deutschen Industriestaat sicher. Das ist nicht ganz richtig; es hat sich in der Folge gezeigt, daß es nur ein kleiner Teil der Sozialisten ist, der mit den Deutschnationalen zusammen den Anschluß wünscht. Mit den Deutschnationalen aber ist es so: Sie sind mehr romantisch als politisch, sie wollten zum *Reich;* die deutsche sozialistische Republik lockt sie viel weniger. Bei den Sozialisten sind 10% der Partei radikal, kommunistisch u. mit dem Sovjet in Verbindung; etwa 20% wünschen rasche Sozialisierung u. dieser linke Flügel, diese im Ganzen 30% der Partei sind es, die zum jetzigen Deutschland gravitieren. Die übrigen 70% sind eigentlich mehr linksdemokratisch; sie wissen, daß Bauern u. Bürgerliche in Deutschösterreich die Mehrheit haben, u. sie wollen mit dieser Mehrheit zusammengehn, sie haben wirtschaftspolitisch klare Vorstellungen u. wollen deshalb die Donaufoederation. Einig sind sie mit ihrem linken Flügel nur in dem *einen* Punkt, um keinen Preis die Restauration der Monarchie zuzulassen, bei diesem Versuch wird Blut fließen. Anders ist es bei der bürgerlichen Mehrheit. Diese wünscht fast durchgehend die Wiederherstellung der alten Territorialzusammenhänge in irgend einer Form. Und da denken viele an Personalunion.

Das Prestige der Habsburg ist immer noch groß; an Karl hängt man nicht speziell; aber gerade das eingesessene Wienerbürgertum ist sehr traditionell u. hängt sehr an dem Glanz, welches der einst so lebensfrohen Stadt durch die Hofhaltung eigen war. Mit der jetzigen Führung ist es so; Renner u. Seitz sind auf dem Wege, immer gemäßigter zu werden; Bauer ist ehrgeizig, unberechenbar, Trotzkys Freund, gescheit, aber ich glaube unproduktiv; Deutsch (Heerwesen) hat es verstanden, in kurzer Zeit in der Armee den letzten Rest der Autorität zu untergraben; aus der Volkswehr hat er ein unzuverlässiges und gefährliches Instrument geschaffen, in welchem arbeitsscheue Elemente für hohen Tagessold *nichts* tun können. Die Rote Garde ist noch eine etwas unklare Geschichte. Sie haben vielleicht von der Schießerei vor dem Parlamentsgebäude bei der Republikausrufung gelesen. Damals wurde der Vorstoß als ein Versuch der communistischen Extremen angeschaut. Ich hörte aber seither verschiedentlich, die ganze Sache sei von der jüdischen Hochfinanz (Rothschild) gemacht worden, um die bolschewistische Gefahr zu veranschaulichen und die

Besetzung durch Ententetruppen zu erreichen. Diese Besetzung wurde in der ersten Zeit von der ganzen Finanz u. von vielen Vertretern des Hochadels gewünscht. Die jetzige rote Garde ist politisch gespalten, die eine Kaserne (Stiftsk.) hält zur extremsten Linken (Führer Frau Frey Friedländer), die andere (Rossauer) scheint dem offiziellen Sozialismus dienstbar zu sein. Wir interessieren uns für die Sache, ich fand aber noch niemand, der hier deutlich sieht. Da wo man jetzt *steht,* hängt letzten Endes alles v. d. Entente ab. Die Leute warten nur drauf, positiv zu leisten, es fehlen ihnen aber die Direktiven, sie wissen nicht, ob es nach Westen od. Osten geht. Werden Dummheiten gemacht, etwa Besetzung durch tschechische Truppen unter ital. Führung, od. zu weites Hinausschieben der Verproviantierung, so kann leicht eine innerpolitische Schwenkung nach links entstehn; es sind jetzt Sovjetagenten mit Geld hier, bei der bodenständigen Bevölkerung haben sie keinen Einfluß, sie werden ihn aber gewinnen, wenn das gesunde staatliche Gedeihen von Außen gefährdet wird.
[Schluß fehlt]

An Hugo von Hofmannsthal [Zwischen Mitte Dez. 1918
[Entwurf, nicht abgeschickt] und Mitte Januar 1919]

Sehr verehrter Herr von Hofmannsthal,
Unser kurzes Zusammentreffen, die gütige Erlaubnis, die Sie mir erteilten, Sie in Rodaun aufzusuchen, beides hat mich seither belebt in Rückschau und Vorfreude. Die Gespräche standen alle so bewegt vor meinem Sinn, wie Personen, die sich immer wieder melden u. da sind und weiter diskutieren; und ich denke mir aus, daß ich nun Sonntag in Ihr Haus trete mit einer ganzen Schar von Begleitern und Trabanten, Malvoglio und Imogen, Egmont und Truffaldin, der im Vorzimmer bleiben soll, und daß alle diese Leute in Ihrem Hause längst aus und eingehn und ich

als Neuling in ihrer Mitte ganz selbstverständlich mitkomme, wobei das Schöne ist, daß die Begleiter Schatten sind und wie große durchsichtige Schmetterlinge auf goldene Bilderrahmen und Bücherrücken sitzen mit den äugenden Flügeln, lautlos schlagen u. wie eine Musik das Gespräch begleiten, in welchem wir schließlich dann doch zu zweit sind.
Ich bin sehr beglückt von der Ehre u. Förderung, die mir zu teil wird und verbleibe in Verehrung und Ergebenheit

An Gustav Schneeli   Wien, Metternichgasse 7, [1919]

Lieber Herr Schneeli,
Frau von K. bestätigt mir, was ich vermutete, daß Sie von dem Tod Ihres Neffens tief getroffen sind, und daß Ihnen mit diesem Verlust mehr als gute und glückliche Gegenwart – daß Ihnen eine ganze Zukunft versinkt und vieles von dem, was man selbst gehofft, gewollt und dann vertrauensvoll den kommenden Geschlechtern überlassen hat.
Ich glaube selbst schon *jetzt* diese Wendung zu kennen, wo man erschrickt über die Kürze und Eingeschränktheit der einzelnen Existenz und sich dem Gefühl des Trostes im Betrachten der ablösenden und frisch beginnenden Generation überläßt. Dabei denke ich an die wunderbare Allegorie im Beginn von Platos Polis, wo jenes Pferderennen mit Fackeln geschildert wird: der ermattete Reiter reicht im nächtlichen Vorübersausen die Fackel einem frischen Wartenden, der sie noch rascher ans Ziel bringt.
Nun ist Ihnen mit dem selten feinen und guten Menschen, der Ihr Neffe war, ein großer Trost und eine tiefe Beruhigung über vieles weggenommen worden. Sie stehen wieder an der harten Einsicht, daß von einigen unter uns, wohl von den Besten, immer wieder das letzte Opfer an äußerm Glück und innerer Zufriedenheit gewaltsam gefordert wird, um jene strenge Feuerprobe einer tief metaphysischen Ein-

stellung, die Grundlage alles wirklichen Schaffens, bestehn zu lassen.

Es berührt mich oft aus der einfachen Bildlichkeit der antiken Welt so ungeheuer, wie diese Erfahrung seit Anbeginn vorhanden ist: daß, – wie sie dort sagen – die Götter neidisch sind – oder wie wir heute aus christlichen Traditionen heraus sagen würden, das Glück den höhern Naturen nur gezeigt, nie überlassen wird, damit sie aus stetem Verzicht auf Zeitliches – sich immer mehr dem Unvergänglichen nähern; – wo dann schließlich ja auch ein völliger Trost, eine Lösung für alles, eine reinigende Perspektive und eine tiefe Versöhnung liegt.

Ich habe diese Notwendigkeiten so sehr oft, immer wieder auch aus dem eigenen Erleben gespürt, man verlernt es wohl nie, sich davor zu fürchten, und man bittet vor allem – und nicht in seinen schlechtesten Stunden – immer wieder um Nachlaß, um Vergünstigung, um eine kleine Zeit wirklicher Erfüllung. Doch wenn sie da ist, so will dann meist die eigene Ungenügsamkeit nicht zum Genuß kommen lassen. Aber auch das ist ein Trost, ich glaube, je anspruchsvoller wir sind dem Leben gegenüber, je stolzer, desto stärker sind wir im Ertragen.

Verzeihn Sie, ich knüpfe an das, was ich Ihnen sagen wollte, allerlei eigene Gedankengänge an, die mir bei diesem tragischen Schicksal kamen.

Vergessen Sie auch in dunkeln Stunden nicht, daß in dieser problematischen, gebrechlichen oder von allzufern nur erklärlichen Welt Sie Freunde haben, die wie Sie das Schöne erkannten, das Schönste leben wollten und bald auch einsehn mußten, wie traumhaft und fremd und unbeeinflußbar sich alles vollzieht.

Ich schreibe ungern Kondolenzbriefe; ich denke sehr an Ihre Familie und bitte Sie, dies vor Allem Ihrer Nichte sagen zu wollen, sie tut mir unendlich leid.

In Herzlichkeit bin ich Ihr ergebener

Carl Burckhardt

P. S. Frau v. K. ist eine Freundin von Ihnen, ich würde sie gerne eingehender sehn, aber ganz offen, es fällt mir ihr ganzes Milieu so schwer, ich sollte zuerst durch Sie mehr von ihr hören, um sie richtig zu verstehn.

An Franz von Muralt   Schönenberg, 1. Okt. 1919

Lieber Franz,
Ich bin bis zum 1. Januar in der Schweiz; zur Abwechslung, nach meinem weltgeschichtlichen Bahnhof, im *Righinianum,* um mit Zubi auf einem Strohhalm des Spannackers »oh Du lieber Augustin« u. andre Lieder des Skeptizismus zu blasen; am 1. Januar soll ich nach Wien zurück; bis dahin muß sub auspiciis Gagliardi mein Examen gemacht werden. Infolgedessen kommt der hochbetagte Prinz mit nach Glarisegg, um mich an allzuweiten Herbstspaziergängen und anderer Allotria zu verhindern.
Ich habe ein Jahr intensivster Arbeit und reichen, merkwürdigen Erlebens hinter mir. Die Formel von der Äußerlichkeit dieses politisch-gesellschaftlichen Treibens ist, wie alle Formeln, nur sehr bedingt richtig. Es ist eben so: je mehr Erlebnis einer in sich aufzunehmen, zu gliedern und zu bewegen vermag, umsomehr innerlich u. fördernd wird diese ganze unablässig andrängende Erfahrungsmenge. – Doch es kann zu viel werden, vor allem, wenn aus dem Allgemeinen sich plötzlich das Persönliche-Allerpersönlichste machtvoll erhebt und alle Kräfte gebieterisch beansprucht. Dann tut die Ruhe u. das Alleinsein gut.
Und Du befindest Dich nun in dem Zustand, von dem eine Frau mir einmal sagte: »wenn man so glücklich ist, hat man das Recht, egoistisch zu sein, denn man schenkt unbewußt genügend durch seine Schönheit u. innere Geschlossenheit, auch braucht man ja selbst von Niemand nichts; lebt unverschuldet Niemand zur Last, jedem Sehenden zur Freude.« Wie gut das ist, mir tut es wohl an Dich zu denken; u. dazu

das Tessin, Deine Bilder u.s.w. Wie Du jetzt lachen wirst
über all die grauen Marionetten Deiner frühern Zeit.
Schreib einmal, u. man sollte schauen, sich bald einmal zu
sehn, ich würde gerne Deine Frau kennen lernen, bitte grüß
sie von mir.

Herzlichst.
Dein Carl

An Rosa Glauser   Glarisegg, 7. Oktober 1919

Liebe Fräulein Glauser,
In den Tagen, die Sie jetzt durchleben, müssen Sie suchen,
nicht in den Zustand der Selbstanklage zu verfallen; es ist
eine natürliche Folge Ihres jetzigen Erlebnisses, solcher Erlebnisse überhaupt, daß man, da Liebe, Reue und Mitleid so
mächtig geweckt wird, gegen sich selbst Ungerechtigkeiten
begeht, und weil man das Verlorene nicht hat halten können, *zu viel* bietet in der sinnlosen Absicht irgendwie etwas
zurückzugewinnen oder abzubitten.
Diese Todesart ist eine natürliche wie jede andere; wenn
sonst dies problematische Dasein irgendwie von der Peripherie angegriffen und zerstört wird, so beginnt hier die Zerstörung hemmender Hülle vom Kern aus, und es liegt gewissermaßen ein Trost darin und ein fast stolzes Gefühl, daß
hier der freie Willen einem Gesetz entgegenkommt, gegen
das sich alles Lebendige sonst vergeblich sträubt.
Es berührt mich nun eigentümlich, ich weiß nicht, ob Sie
sich daran erinnern? – Bei dem letzten Mal, daß ich einige
Stunden (die mir so sehr wohltaten) in Ihrem Haus verbrachte, sprachen wir vom freiwilligen Tod, und ich erzählte Ihnen von dem Brief, den Goethe an Zelter schrieb,
als dieser ihm die verzweifelte Tat seines Sohnes mitteilte;
ich möchte, daß Sie etwas von der aus der Fülle der Überwindungen geschöpften Serenität und Überlegenheit finden
könnten, die in jenem Briefe lebt, und die mit Ruhe und
tapferer Klarheit das Einzelschicksal *erhebt* – in eine Höhe,

wo das *Allgemeine* beginnt und sich *jenseits* der Affekte das Problem des Lebens selbst darbietet.

Von allen mühseligen, grauenhaften und peinigenden Eindrücken und Spannungen haben Sie nun das vollste denkbare Maß zu ertragen. Ich kenne diese furchtbare Erwartung der Gewißheit. Ich habe damals 14 Tage gewartet und weiß, wie das Erwachen tut in diesen von Leid übersättigten Tagen. *Bitte* bleiben Sie ruhig, versuchen Sie *jetzt* schon das Ganze als ein Vergangenes, Abgeschlossenes zu betrachten. Man muß sich das Unwiederbringliche nicht *gegenwärtig* machen, sondern es beenden, und suchen, sich beruhigt metaphysisch dazu einzustellen. Denn Sie sollen ja jetzt erst recht weiterleben, nicht sich mit Vergangenem Wochen und Monate wegnehmen – die auch nie wiederkommen. Denken Sie an Ihre Freunde, wie nötig wir alle Ihre Ruhe und gleichmäßige Freundlichkeit haben.

Wenn ich Ihnen irgend etwas helfen kann, so bitte sagen Sie es mir. Und vor allem nehmen Sie alles menschlich, natürlich und ohne Übertreibung; Sie waren wie wenige eine gute Tochter, das weiß ich, und Ihre liebe Mutter, die ich stets in warmer Erinnerung behalten werde, hat es mir noch bei unserem letzten Gespräch gesagt. Ich weiß, daß Sie immer an Ihrer Umgebung altruistisch gehandelt haben, so weit es ein freier Mensch ohne Selbstaufgabe tun kann. All das habe ich selbst Zug für Zug vor 4 Jahren empfinden und durchmachen müssen. Bleiben Sie später nicht in Bern, kommen Sie bald *hierher*, nehmen Sie Urlaub! In herzlicher Freundschaft und Dankbarkeit bin ich stets Ihr

Carl Burckhardt

An Hugo von Hofmannsthal [Wien] 2. 2. 1920

Lieber Herr von Hofmannsthal,
Verzeihen Sie, daß ich nicht früher nach Ihrem Befinden fragte. Die ganze Zeit seit meiner Rückkehr aus der Schweiz war nur eine graue gespenstige Jagd an tausend Gesichtern

vorüber. Alles strömte in unser Amt, unsäglich betroffene Elende, denen alles geschah, Flüchtlinge, aber auch ebensoviele Hochstapler und Abenteurer. Das alles will nach Westen, nach Westen soweit als möglich, um den Planeten herum, kämpfend, klagend, bettelnd oder schwindelnd, und dann schließlich wieder dort anzugelangen, von wo der große Strom sie weggetrieben hat. Welche Zeit, die keine Zeit mehr ist, welch ein Raum, alles Feste fließend, Vergangenheit, Gegenwart, Zukunft und Hoffnung, alles durcheinander geschüttelt, aufgelöst, in einem Element von Verzweiflung oder böser Absicht. Kein Ablauf des Geschehens mehr, kein Anfang und kein Ende. Erinnerung bleibt der einzige Besitz, den man einem nicht wegreißen kann, für viele der einzige Trost, aber für viele auch kann dieser Trost nur noch aufgerufen werden, damit man ihn verfluche. Alles, was einst beseligte, wird zerfetzt in ein Höllengelächter. Alles wird dämonisch und krank verzeichnet, das volle Antlitz des Lebens und seine Profile werden gleichzeitig gesehen und gleichzeitig gezeigt, oben und unten wird uns aufgedrängt, alles aufs Mal. Hat nicht die Kunst schon lange vor dem Krieg sich angeschickt, es auszudrücken. Schickte sie sich nicht an, alle Formen zu sprengen, wird sie nicht alles aufs Mal darstellen wollen ohne Anfang und Ende? Wo ist jene Ewigkeit, die wir das letzte Mal beim Lesen der Goetheschen Verse spürten und die schon zu verschwinden beginnt vor dem unheimlichen Befremden, von dem ich Ihnen sagte, daß ich es in bestimmten Sätzen Stifters, herrlichen Sätzen im Beginn der »Brigitta« spüre. Und jetzt zerfetzte Ewigkeit, Zeitfetzen, die gemischt sind wie ein schmutziges Kartenspiel.
Ich freue mich auf die Zuflucht in Rodaun.
In Verehrung Ihr   CJB

An Hugo von Hofmannsthal [Wien], Freitag Abend [1920]

Verehrter lieber Herr von Hofmannsthal,
Ich war heute in der Stallburggasse, um nach Ihrem Befinden zu fragen. Vom alten Portier erfuhr ich, es gehe Ihnen besser. Lassen Sie es mich bitte wissen, wenn ich irgend etwas schicken kann und sagen Sie bitte Franz und Raimund, sie möchten sich jederzeit bei mir ansagen.
Sie schreiben, unsere Begegnung sei schon in meiner frühen Jugend vorgezeichnet gewesen. In manchen Augenblicken des letzten Sommers habe ich dies sehr deutlich gespürt. Ich stamme wohl aus einem Nebenfluß desselben Stromes, dem Sie angehören. Oft habe ich erfahren, daß Begegnungen, die für mich entscheidend werden sollten, sich im voraus ankündigten und unausweichlich waren. Oft auch habe ich sie im letzten Moment gefürchtet und habe vergeblich versucht auszuweichen. Es ist mit den Freundschaften wie mit den Werken der Dichtung, man muß den Mut haben, sich von ihnen überwinden zu lassen, später stellt sich dann das Gleichgewicht her.
Es ist schön, während einer Rekonvaleszenz in den Wanderjahren zu lesen. Daß wir dies haben: eine vollkommene Selbstdarstellung eines so umfassenden Menschen, in welchem alles ausgetragen wird, alles zur Frucht, zur Reife gelangt, alles Gegenwart ist, Vergangenes wie Zukünftiges, die Antike wie das Mittelalter, das Eine durch das Andere gesteigert, bis zu Spannungen, die gerade er noch ausgehalten hat, aber deren Entladung uns bevorsteht. Wie herrlich seine Gelassenheit im Verhältnis zum eigenen Zeitalter; zur Aufklärung hat er dieselbe Distanz wie zu den Kräften, die im Nadovessischen Totenlied umgehen, wie zu den Zerstörungen, die er voraussieht. Er steht in der Mitte, alles fließt um ihn herum, und er blickt gleichzeitig nach allen Seiten.
In einer Zeit, in welcher die einstige Gegenwartshoffnung sich in saekularisierten Chiliasmus verwandelt, was wir dann im Marxismus als intoleranten Mußglauben erleben; in unserer Zeit der Zerstörung der meisten überkommenen

Werte, bleibt sein Erkennen durch das Vermächtnis seines Werkes völlig unbetroffen, er weiß schon alles, was später Kierkegaard und Nietzsche wissen, aber er schreit nicht wie diese, er weiß, daß auch die Umwertung immer wieder zu ihrem Ausgangspunkt zurückkehrt. In seiner Weise sieht er den Menschen immer unmittelbar zu Gott, was auch sein geschichtlicher Zustand sei, nichts ist ihm ferner, als im geschichtlichen Ablauf ein Fortschreiten zu sehen, alle ganz hohen Augenblicke der Menschheit wie ihre Abstürze sieht er als etwas beständig Mögliches und Gegenwärtiges. Das ist das strahlend-aufmunternde dieses singulären Menschen, an dem wir so unendlich viel besitzen wie kein anderes Volk in dieser Weise und von dem wir am allerwenigsten gelernt haben. Alles, was ihm am tiefsten entgegen ist: graue Theorie, Übertreibung einzelner Aspekte, närrisches Sektenwesen mit erbärmlicher Selbstaufgabe, all dies bleibt die Voraussetzung der heutigen Menschen, seine hohe, scherische, seine alles Krampfartige lösende Weisheit flieht man, um sich angesichts seiner Erscheinung an Aesthetisches oder an philologischen Klatsch zu halten.

Ich muß gehen, gern wäre ich morgen auf eine Stunde hinausgefahren, aber ich fürchte, längere Besuche ermüden Sie.

Mit verehrungsvollen Grüßen Ihr   CJB

An Franz von Muralt   Sonntag, 1. August 1920

Lieber Franz,
Du erhältst einen Sonntagmorgen-Brief. Gestern erreichten mich Deine Nachrichten wie ein freundlicher Krankenbesuch, ich lag zu Bett mit starker Angina, heute bin ich wieder etwas am Klavier und im Fauteuil. Es ist sonderbar, nach zwei Jahren intensiven Lebens unter Menschen bleib ich sehr allein, ich habe zwei gute Freunde fürs Leben gewonnen, Hofmannsthal (ihn erst, nachdem ich ihn lang schon kannte, eigentlich erst in letzter Zeit) und einen

jungen Maler, von dessen Urteil über Dein Profil ich Dir einmal schrieb; auch eine Frau war da, aber beschattet noch von dieser stärksten Begegnung des letzten Jahres, dann traten auch da trennende Verhältnisse ein; Hofmannsthal und Müller sind weg von Wien, Müller hatte ich nach Glarisegg ins Righinianum eingeladen. So kam mir während der Krankheitstage mein starkes Alleinsein auch äußerlich sehr zum Bewußtsein.

Was Du über die geheimnisvollen Verknüpfungen unserer Jugend schreibst, hat mich sehr bewegt; es geht von der tragisch so reinen Figur meines Vaters wohl auf jedes Leben, das ihm ernst und offen entgegentrat, immer wieder eine strenge und durchaus wirkende Kraft aus, eine Kraft, der ich mich bisweilen entziehn muß, denn mir ist, irgendwie, ein unendlich Verletzbares, Passiv-zartes als Beimischung meines Wesens gegeben, das einzig mein herrschendes männliches Prinzip zur tiefen Produktivität zu ergänzen vermag. Und das sehnt sich, oft zertreten und zurückgezwungen – nach viel Wärme, Rücksicht und Liebe. Auch ich hab diese Wärme seit der frühen Kinderzeit vermißt; ein fataler, zum gefährlichen Konflikt sich steigernder Mangel an Weisheit, Distanz und innigem Zutrauen hat mich durch die heranwachsenden Jahre begleitet, heut such ich nach diesem wunderbarsten Ingrediens alles Schöpferischen, dem in wenig Gestalten verwahrten »wahrhaft Weiblichen« – das uns erlöst und erhebt. Letztes Jahr hab ichs erfahren, bin in dem unvergleichlichen milden Scheinen aufgegangen, hab mit aller Kraft darum gekämpft, hätte es auch bleibend errungen, hätte ich mich nicht meiner eignen Gewalt entgegenstellen müssen. Das war ein harter Schluß, aber notwendig, denn ich war nicht *ganz* genug, eigentlich zu feig für die Verantwortung.

Du fragst mich nach meinen Entschlüssen im Herbst. – Ich glaube, ich werde meine Reverenz machen und ins Tusculum gehn – Noch wird es schwer sein, so etwas wie eine Heimat zu finden; Basel wär mir jetzt möglich, mit unabhängigem Haushalt, zwischenhinein in den nächsten Jahren

viel Natur und große Stadt, aber der eigene Haushalt wird nicht durchzuführen sein.
Daß ich weiterhin hier bleibe, glaub ich nicht, ich schaue im Übrigen die gesamte europäische Situation für so bedenklich an, daß ich für uns alle in den nächsten Jahren keine stabilen Verhältnisse mir denken kann.
Da beschäftigt mich in letzter Zeit ein merkwürdiges Wort Goethes, das er zu Sulpiz Boisserée äußert: »Und diese Menschen mit ihrer Verrücktheit und Wut, sich zu spezialisieren, diese wollen ein Volk bilden und den wilden Scharen widerstehen, wenn diese einmal sich der elementarischen Handhaben des Verstandes bemächtigt haben. Wo sind da religiöse, wo moralische und philosophische Maximen, die allein schützen können? Was soll man den Russen entgegenstellen?« (Während des Einzugs der alliierten Heere in Frankreich).
Zweifellos ist dämonische Kraft in den jetzigen Führern Rußlands, aber all das ist so trostlos grau, so sehr erfüllt vom jammervollsten XIX. Jahrhundert, da ist Wille bis zur Dämonie, und Materialismus-zwinger, mechanisiert durch alle Kräfte, die aus Religionen und sämtlichen Reichen der Phantasie nun in diese *eine* Aufgabe stürzen: nach mechanischen Regeln der *Materie* ein Leben zu bezwingen, dessen *kleinster* Teil die Materie ist, dessen Wunder aber in der hundertfältigen Abstufung und Freiheit des Geistes u. seiner Bedingungen liegt. In Napoleon war vielleicht nicht mehr Energie, aber welch andrer Aspekt war das, wie ging von ihm der belebende Atem des Heroischen aus, wie viel steckte in ihm von der Gewalt ewiger Wiedergeburt in der Form, jenem unsterblich antiken, mittelmeerhaften Zauber.
Das einzige Mittel gegen das Altwerden der Seele ist die Schönheit, drum seid froh alle, die ihr einen Tropfen südlichen Bluts habt, bei Euch ist irgendwie die Heimat das Kraftspendende, das der Riese Antäus berührte, als Herkules mit ihm rang.
Grüße mir Deine Frau herzlichst
stets Dein alter   Carl.

P. S. Daß Du Godiche verkaufen konntest, tat mir sehr leid! Gings nicht so?
Aja schrieb mir einmal sehr nett wegen einer jungen Dame, die zu ihrem Schwiegervater sollte, die Betreffende ist aber nie bei mir erschienen!

An Hans Ganz Wien, den 4. August 1920
[Entwurf]

Mein lieber Hans,
Im Lauf des Sommers habe ich viel an Dein gesundes und schönes Leben in Glarisegg gedacht; mancherlei von den Schwierigkeiten unseres Austausches und Verständnisses hat sich geklärt, mitten im herannahenden Weltgeschehn wurde mit deutlich, wie wir beide, nach Maßgabe unserer verschiedenen Natur, auf die selbe Vorahnung, die gleiche Erkenntnis hin *entgegen*gesetzt reagieren mußten. Wir haben beide das Gewitter in der Luft gespürt, Du hast seine reinigende Gewalt begrüßt, ich habe seine verheerende Wirkung gefürchtet; über uns beide wie über diese ganze späte Generation wird es niedergehn, wir werden gleichermaßen leiden, denn wir werden gleichviel verlieren.
Es steht eine jener elementaren historischen Krisen bevor, wie sie unsere Erinnerung nur im Untergang der antiken Welt verzeichnet, dabei ist »das Soziale« die *treibende* Idee, die als Hebel wirkt u. nur eine Nebenerscheinung, es handelt sich diesmal um mehr, um den Untergang Europas und den Aufgang des Ostens. Ob unser Kontinent sich aus eigner Kraft hätte regenerieren können; ist eine müßige Betrachtung, wie denn meines Erachtens die anthropozentrische Anschauungsweise vor allem größern geschichtlichen Geschehen versagt, und hier immer Mächte wirksam sind, die wir gemeinhin in kosmischen Vorgängen ahnen, die sich aber unserem Überblick entziehn.
Ich hörte einmal beiläufig, Du hättest diesen Sommer den Lehrern des Landerziehungsheims einen Vortrag über den

Faust gehalten, wobei Du nachgewiesen habest, daß diese Dichtung für die großen sozialen Probleme unserer Epoche abgestorben sei. Nun frappierte mich die Fragestellung, indem in dieser Dichtung das Soziale ja überhaupt wohl niemals einbezogen wurde und von einem Abgestorbensein also nicht wohl die Rede sein konnte; die einzige Wendung des Gedichts, die das individuelle Schicksal in Bezug zur Allgemeinheit bringt, ist im zweiten Teil, die Leistung der »Führer-Natur« in produktivem Sinn, allerdings eine Wendung, die rückwirkend größte soziale Konsequenz auch in unserer Zeit haben kann, angewandt auf die großen aktuellen Führerpersönlichkeiten rein destruktiver Tendenz. Aber als Ganzes ist der Faust zweifellos abseits von der Massenfrage, und nun, verrät es nicht beinah einen Zug von Monomanie in der Betrachtungsweise, wenn man gerade *hier,* wo die Tragödie des allerbeseeltesten Individuums einsam im unbekannten Kosmos, umrauscht von den dunkeln Rätseln der Natur, sich abspielt, wenn man gerade hier die Auseinandersetzung mit einem sozialen Problem überhaupt *sucht?* Die Lehre Christi überschätzt das allgemeine Leiden auf Kosten der allgemeinen Leistung, wobei Leistung weder im Sinne der Erkenntnis allein, noch irgendwie im materiellen Sinn gedacht ist, sondern im Sinn etwa wie Leistung enthalten ist in der wunderbaren Introversion und Spiritualisierung der indischen Religionen, die das Individuum unendlich freier machen vom Geschick als die christliche Verschwendung aller an alle, wobei jeder des andern Last tragen soll – voraussetzend, daß auch nach der seinen ein Fremder die Hand auszustrecken habe.

Heute erst wirkt die wunderbare Idee des vor 2000 Jahren Gekreuzigten völlig, sie hätte früher wirken sollen und in einer Welt, die, wie der Stifter es ahnte und vorauszusehn meinte, einem baldigen Untergang bestimmt war. Es ist das absolute Christentum eine Lehre, auf den Weltuntergang berechnet; in dauerhaften Epochen wird es nur modifiziert möglich sein, wie denn große produktive Naturen in völliger Hingabe an den Niedrigsten und Verworfensten un-

denkbar sind, ebenso undenkbar wie arbeitsfreudige, aufwärtssteigende Rassen und Nationen in der Selbstaufgabe für die Zurückgebliebenen.
Nochmals, und sonderbar genug nach der Biologie und Physiologie des XIX. Jahrhunderts, wird die Lehre von der Gleichheit der Menschen zur zersetzenden Kraft, die einst der antiken Welt die Kohärenz gegen die Germanen genommen, die heute nach den ungeheuren Hammerschlägen des Weltkriegs den Slaven und Mongolen die Zukunft schenkt. – Denn alles andre ist Utopie; und *hier* eben war der Weg, auf dem wir beide dem Unabwendbaren entgegengingen, ein *anderer,* Du glaubtest zuvorkommen zu können, ich hoffte hintanhalten zu sollen, wir hatten beide Unrecht; sicher aber ist, daß an der Relativität, an der Gebrechlichkeit aller Mehrheiten eine Sanierung durch irgend ein Rezept, ob es von Marx, von Lenin oder von einem Höhern komme, Unmöglichkeit bleibt. Ich habe hier zu viel gesehn, um nicht zu wissen, was ich immer ahnte, daß die noch so einleuchtende Idee das Sekundäre, das Primäre aber eine Naturnotwendigkeit aus unergründlichem Anlaß ist.
Ich habe nun 2 Jahre in nächster Nähe, gewissermaßen am Periskop, die Flut von Lüge, Privatinteressen, Hysterie und Brutalität gesehn, die der Parteikampf bedeutet, glaube mir, Lieber, eine Revolution ist etwas Grauenhaftes, das mehr noch als der Krieg vor allem die Unschuldigen trifft, sie ist nie ein Fortschritt, denn nach dem immanenten Wesen der Tatsachen konstruiert sich der Staat, sobald er in Ruhe ist, immer wieder gleich (siehe Frankreich, siehe Rußland), nur die Namen sind andere, die Gewalt bleibt dieselbe. Und wo die Gewalt nicht vorhanden ist, bleibt die staatliche Existenz ephemer, Lenin sagte neulich sehr richtig, »eine Partei ohne Terror ist nicht lebensfähig«, es ist wahr und grauenvoll. Ich habe neulich aus Rußland Berichte durch die englischen Sozialisten erhalten, sie sind fast alle erschreckt wie vor einem Medusenhaupt; wird sich wohl Nansens Nachricht bestätigen, wonach die Bolschewiken 100 000 österreichische Gefangene totschlugen und den Rest an asiatische

Völker als Sklaven verkauften? (Nansens Rede in San Sebastian!)
Willst Du bis Mitte September (wo ich verreise) noch etwas herkommen? Du kannst bei mir wohnen; ich bin durch die Abwesenheit des Chefs recht frei und wir könnten viel unternehmen; allerdings ist die Oper immer noch geschlossen. Und dann vor allem könnten wir wieder einmal reden, unsern Rhythmus wieder finden, denn da wir doch irgendwie uns aneinander abwandeln, anziehn und stoßen müssen, so ist es nicht richtig, dem allzulang auszuweichen.
Stets Dein Carl

An Charly Clerc   Wien, Metternichgasse 7,
                                              den 4. August 1920
Lieber Freund,
Als Lebenszeichen schicke ich Ihnen die drei Bände von Hofmannsthals prosaischen Schriften. Sie hatten die Güte, ihm nach Sion etwas über Ihre schöne Heimat zu schreiben, er mußte rasch weiterziehn, erinnert sich heute aber mit Rührung noch der großen Aufmerksamkeit, als hätte er wirklich die Muße gefunden, die so freundlich bereiteten Wege zu gehn.
Sie erinnern sich vielleicht, daß wir in Glarisegg vor Jahren aus dem *ersten* Prosaband einiges gelesen, ich möchte Ihnen nun raten, eine neue Lektüre mit dem letzten Band zu beginnen, und vielleicht greifen Sie zuerst nach dem ersten und zweiten Teil der Erinnerungen an Griechenland, lesen sodann den ersten Aufsatz, »die Furcht« und darauf vielleicht »die Begegnungen«, lauter Seiten, die ich überaus liebe.
Auch in den andern Bänden hab' ich mir erlaubt, da und dort einen Titel anzustreichen, überhaupt mit Blei einiges zu bemerken.
Ich bin dem Dichter in den letzten Zeiten menschlich sehr nahe gekommen. Für mich repräsentiert er eine in unserer Literatur wunderbare Figur, indem er das Zerrissene,

krampfhaft Individuelle und Provinzhafte, was der deutschen Literatur seit dem Niedergang der großen Epoche anhaftet, zu besiegen unternimmt und dort anzuknüpfen versucht, wo der große Zug zerrissen wurde, an der Stelle, wo die deutsche Dichtung alle europäischen Elemente anzog und das mystische, gar zu leicht hohltönende Gefäß, das ihr eignet, mit dem Gehalt aller Zonen erfüllte. Dieser europäische Geist, der im 15. Jahrhundert vorhanden war, im Beginn des 19. in Goethe lebte, irgenwie ist seine Spur in diesem Dichter zu finden, der es endlich wieder wagt, in Begrenzung und Regel seine Aufgabe zu suchen, und unter dessen Arbeit die aufgequollene chaotische Sprache wieder zu einer reinen und edlen Materie wird. Dazu hilft ihm sein Österreichertum, der unendlich verfeinerte Sinn für das Soziale, der dieser Nation gegeben war, der Sinn für Hierarchie, für Geschichte in ihrem repräsentativen Sinn, für Repräsentation überhaupt und dann vor allem für Theater als Schaustellung schöner, leichter und doch pompöser Rhythmik.

Nirgends ist die Überschätzung des bäurischen in der Kunst so künstlich und mit echt protestantischer Eitelkeit und Rechthaberei gepflegt worden wie in der Schweiz. Man hat geglaubt, gesund zu bleiben, indem man sich den Geschmack für das Feste und Vollendete verdarb, man machte aus der Not eine Tugend. Hat es verschmäht, aus Gesundheit dort zu bleiben, wo alles rein und klar zur Form werden *muß*, ist deshalb schließlich auch allem falschen, zufällig Eruptiven und Verwesenden zum Opfer gefallen (Schaffner u. Berlin!): Nur Ihr, in Eurem gesegneten Teil, habt Euch irgendwie etwas Arkadisches wenigstens bewahrt, immer mit etwas von Eurer lehrhaften Öde und Ideologie, deren Flügel bis zur Gründung von Comités reichen! (Du denkst dies selbst und wirst nicht bös, denn Du weißt, wieviel Bewunderung neben diesem Urteil steht.)

Ohne Zweifel wird Dir die Lektüre der 3 Bändchen viel bedeuten; viel Kraft ging in dieser Dichterlaufbahn gegen die heutige Zeit verloren; die Flut trägt das Schiff, wenn sie

versiegt, muß es getragen werden, wenigen ist dies gelungen – die Argonauten konnten es, wer außer ihnen?
Ich tanze immer noch diesen Affentanz auf internationalen Telegraphendrähten, eigentlich hab ichs satt, sehne mich nach Freiheit, Natur und eigener Arbeit. Aber vor ich endlich einmal dazu komme, wird das alte Europa irgendwie in Trümmer sein, und wir werden die Zeiten Tamerlans und seiner Propheten, Droz, Grimm und Platten erleben. Ob wohl Frau Oettli ein großer Platz im Zukunftsstaat bereitet ist? Ich kann nämlich für das jetzige Rußland und die Atmosphäre des Kommunismus überhaupt keinen nähern, bessern und trostlosern Vergleich finden als eine Ehe zwischen einem St. Galler Haeckelianer und einer russischen Studentin. Da sind mir noch die deutschen Professoren und Geheimräte lieber, und Gott weiß, wie ich die hasse.
Alles Gute Ihnen, Frau Clerc, vor allem Olivier, und auch den andern Kindern.
Stets Ihr Carl B.

An Franz von Muralt [Wien] 3. Dezember 1920

Mein guter Franz,
Durch den etwas getragenen Styl Deines lieben Briefes hindurch entnehme ich, daß Du mit Pilar einmal Krach gehabt hast, was ich mir immer als sicher bevorstehend dachte. Ich habe jetzt eine ganz neue Methode, ich habe keinen Krach mehr, ich fluche einfach ganz meineidig an, plötzlich wie ein Feuerüberfall, brülle, haue auf den Tisch u. entferne mich dann mit einem Witz. Dies hat den großen Vorteil, daß die Wut nicht an mir nagt, daß ich zugleich mich erleichtere und meinen Feind terrorisiere.
Ich bin seit 3 Wochen wieder hier, nachdem ich beinah im letzten Moment abgeschwenkt wäre, um endlich ein Buch zu schreiben; nun denke ich, ich throne noch so lang in meinem Büro, bis mein Chef sich auf den Altenteil zurückzieht; bis dahin werde ich eine solche Masse kompakten

Lebens bewältigt haben, daß ich dann nur die Schleusen zu öffnen brauche, um eine »comédie humaine« oder dergleichen zu erschaffen.

Heute fährt R. B. ab, der mit mir herkam, um eine Weibergeschichte seines Bruders Albert zu liquidieren. Er war ein sehr angenehmer Gast, sozial und lustig unter Menschen, bescheiden u. reich an wirklicher Qualität im ernsten Gespräch, künstlerisch, gemütlich, nur etwas allzu passiv für meinen Geschmack. Wir haben einen angenehmen, gescheiten, bisweilen etwas roh vergnügten Männerhaushalt geführt und viel zu viel Geld ausgegeben.

Kurz vor meiner Abreise aus Basel hatte ich den Besuch Pilars; nach 6 Jahren fast unverändert, interessant, gut, ein hervorragender Geschäftsmann, der sich mit Schieberei wunderbar über Wasser hält, sogar eine Masse Frcs. hatte! Immer noch macht er Unmassen miserabler Gedichte u. liest sie einem vor, das ist schad.

Mit Hans Ganz hatte ich noch eine Weltanschauungskonferenz vor meiner Abfahrt aus Glarisegg. Du weißt, daß Dein Brief und derjenige von Frl. Weidenmann (Emmely) sowie eine stürmische Altglariseggerversammlung Zubi veranlaßten Boyost zu liquidieren. Zubi frug dann noch mich und ich sagte »herausschmeißen!« Boyost erfuhr dies, war bestialisch wütend u. sagte Z., er müsse definitiv mit mir abrechnen, unsere Freundschaft sei zu Ende. Er meldete sich telegraphisch in Gl. für 10 Uhr abends an; ich ging ihm auf der dunkeln Straße entgegen, hörte ihn schon von weitem wunderbar schön pfeifen; wir begrüßten uns, er sagte etwas von »klaffenden Anschauungskonflikten«, zuerst aber »müsse er etwas fressen«, hierauf gingen wir in die Pension, er fraß 3 dicke Schinkenbrote, dann Speck mit Senf, auch tranken wir 2 Flaschen Waadtländer, hierauf erklärte er, es sei ihm zu spät, um noch ins Schloß zu gehn; wir drangen deshalb um halb drei ins Zimmer von Laura Stässig, sie schlief in einem roten Schlutti, hatte einen kleinen Zopf u. machte verzweiflungsvoll ängstliche, traumbefangene Gebärden, wir bedrohten sie, schnellten aus ihrer Schublade

Lein- u. Wolltücher u. zogen das zweite Bett in meinem Zimmer an, Boyost setzte sich auf den elektrischen Ofen, komplett blutt, bis sein A... brenzelte, hierauf ging er ins Nest, dichtete stundenlang noch Knesebeck Gedichte, wir schliefen grinsend ein.

In großer Eile herzl. Grüße   Carl

An Hans Ganz   12. März 1921.

Mein lieber guter Hans,
Ich will Dir nur rasch auf Deinen traurigen Brief vom Siebenten antworten.
Dein Unglück war das Analytische im weitesten Sinn; ethisch und naturwissenschaftlich; Du mußt *Dich* wieder finden als Kraft und als unbedingte, freie Persönlichkeit und Dein Leben nach Maßgabe Deiner reichen Bedürfnisse leben; die schweizerische Enge bedrückt Dich, das protestantisch-jüdische Abwägen hat Deinen Gang gebrochen, Du mußt Dich hier erholen in dem wunderbaren Umkreis dieser katholischen Barockwelt, in der die allzu beunruhigende Gestalt Christi nur bisweilen aufblitzt wie die vox humana in der Orgel.
Du bist häufig intellektuell verdüstert, naiv gewaltig, dithyrambisch; Du bist ein Musiker, beglückend und alle Schuld tausendfach abzahlend durch den Klang; Du hast, ein Kind, Dein Instrument zerstört, die Saiten abgelöst, die Resonanz zerlegt, Du hast vergessen, daß Du Flügel hast und suchtest den Weg im Staub.
Das Mitleid, das Dich in der Generation befiel, ließ Dich des Mitleidens vergessen, das Du dem *ewig* Menschlichen als Künstler schuldest.
Komm jetzt zurück, verlerne jetzt das Wort, das verleitende, ein Wort für Narren und Lügner: »*das Neue*«. Das gibt es nicht, es gibt für Dich als Künstler nur ein einziges, zeitloses, »die Vollendung«. Im »Peter« warst Du auf dem Weg, im »Morgen« hast Du den Weg verloren, wurdest ein

Zeitgenosse, der keine Ferne mehr besitzt, die Zeit zu bändigen, ließest Du allzusehr ein, das ist der Irrtum. Verloren hast Du nichts, nur gelernt. Und wir sind immer gleich für Dich vorhanden. Also ich erwarte Dich.
Herzlich
Carl

An Ernst Gagliardi [Wien] Metternichgasse 7,
6. Dezember 1921
Lieber Freund,
Die Weihnachtsüberlastung der Druckerei hat mir einen Streich gespielt, ich wollte Dir täglich das Opusculum senden und wurde immer wieder vertröstet. Da ich den Dekan rechtzeitig avisierte, hoffe ich, wird keinerlei Anstand entstehn.
Ich befinde mich im langsamen Ablösungszustand von hier; mit Bourcart war es eine schwere Sache; jedesmal nämlich wenn ich positiv die Demission anbiete, werden ihm gewisse Momente der Kollaboration, gewisse freundschaftliche Erinnerungen und das Entscheidende gegenwärtig, was ich bisweilen in schwierigen Fragen mitbrachte. Den matten Anteil am Administrativen und meine Zeitvergeudung vergißt er, ihm ist es unerfindlich, warum ich eine sozial so geschützte Situation freiwillig aufgebe, wobei, wie er meint, trotz der Bernerwiderstände, meine natürlichen Anlagen mir an Ort und Stelle ohne viel Arbeit stets eine führende Position ermöglichen würden und bis an mein Ende in korrekter Weise vorgesorgt wäre. Alle diese Erwägungen sind, von meiner Neigung zu einer gewissen Skepsis aus, auch mir nicht fremd. Wenn ich schon häufig ob der wiederzuerlangenden Freiheit und Möglichkeit zusammenhängender Leistung eine plötzliche und warme Freude empfinde, so ist mir doch auf der andern Seite sehr häufig die Frage gegenwärtig, aus was eigentlich diese positive Arbeit werde bestehen müssen, und gleichermaßen sind mir Wissenschaft und Kunst Gebiete, die mich erschrecken, die *eine*

aus dem Bewußtsein einer ungeheuren Traurigkeit, die mich vor toten mühsam geordneten Dingen befällt, die *andere* aus der Einsicht, daß mir bis heute bei ungewöhnlichen künstlerischen Maßstäben und einem weiten Vorwurf der Phantasie doch bisweilen die Dichtigkeit fehlt, diese zu erfüllen, die Dichtigkeit und auch der Glaube. Doch das sind Dinge, über die wir nicht gebieten, und wenn man irgendwie eine höhere Berufung spürt, so ist es ein absolutes Unrecht, ihr auszuweichen.
Meine Pläne sind äußerlich folgende:
Ich hoffe Wien Mitte Februar verlassen zu können. Vorerst möchte ich nun einmal recht hinaus. Ich gedenke somit im Automobil langsam nach Rom zu fahren. Zur Begleitung habe ich Franz aufgefordert, er hat Zeit und wird mir helfen, auch die praktische Seite des Unternehmens durchzuführen.
In Rom halt ich mich nur kurz auf, begebe mich für März, ev. April nach Sizilien, bin Mai wieder in Rom und gehe dann wahrscheinlich nach England. Bei dieser Reise hoffe ich die italienische und die englische Sprache notdürftig zu erlernen.
Als äußere Grundlage meiner nun beginnenden Existenz möchte ich Dir meine Kollaboration an der Geschichte des XIX. Jahrhunderts vorschlagen, vielleicht ließe sich auch mit den erweiterten Mitteln eine St. Saphorinbiographie wieder aufnehmen, nebenbei entsteht vielleicht etwas Dichterisches. Ob ich nach einigen, vielleicht 10 Jahren derartiger Tätigkeit nicht an höherer Stelle wieder in die Diplomatie zurückkehre, will ich dahingestellt sein lassen; Paravicini schrieb mir gestern in diesem Sinn, die Anregung läßt sich hören und eine Chance wird wohl vorhanden bleiben, besonders da auch Bourcart es wünscht und das Abgangszeugnis in dieser Richtung zu halten gedenkt.

10. Dezember 1921.

Hier hat sich zum Schluß meines Aufenthaltes meine ganze Lebensweise sehr geändert. Ich habe sehr viel gelesen. Hab das Theater häufig besucht; neben dem vortrefflichen deutschen Schauspieler Klöpfer machte mir weitaus den größten Eindruck das Gastspiel des russischen Theaters hier, – besser – einer aus lauter ursprünglichen Amateuren zusammengesetzten Moskauertruppe. Wenn ich nicht sehr irre, sprachst Du mir seinerzeit davon, Du hattest sie in Deutschland oder in Paris gehört.

Das war das einzige wirkliche Theater, das ich je gehört. Das Zusammenspiel lückenlos und über dem ganzen eine solche Kraft typenbildender Phantasie, eine so ungeheure Natürlichkeit, daß man von diesen Verlegenheitsorgien deutscher Bühnen ganz erholt war. Der bedeutendste Eindruck war Hamlet: Hier erschien das Wesen einer großen unbekannten Rasse im Licht der hellen Geistigkeit dieses ewigen Stoffes völlig offenbar; nach dem intellektuellen Herausspielen gewisser Tiefsinnigkeiten, wie wir es von der deutschen Auffassung her gewohnt sind, war Hamlet hier eine coordinierte Figur des Stücks, um *eines*, um das Gewicht seiner Persönlichkeit tragischer als die Gegenspieler, keineswegs aber isoliert; Ophelia war da, sowie die Mutter als große reiche Figur; herrlich war die Vision, farbig und barbarisch nobel ohne Grenzen.

Ich schreibe heut noch an Zuberbühler, um ihm einen Dichter zu empfehlen, der demnächst in die Schweiz reist. Er heißt Billinger, ist ein Bauer, Lyriker und ungemein talentiert. Ich will auch ein Wort an Trog schreiben, er möchte einen Abend in Zürich vortragen, Trog soll ihm dazu verhelfen. Verfehl es nicht hinzugehn.

Ich wäre gern Weihnacht rasch nach Haus, es wird aber kaum möglich sein.

Grüße mir die Deinen vielmals, hoffentlich verlebst Du nicht allzutrübe Feste.

Stets Dein Carl

An Ernst Howald   Wien, Strohgasse 25, den 9. Jänner 1922

Verehrter Herr Professor,
Ich erinnere mich nicht, ob Hofmannsthal außer seinem Vortrag über Beethoven letztes Jahr in Zürich auch eine Vorlesung österreichischer Dichter hielt. In Basel und in Bern las er außer eigenen Sachen einige Gedichte des in Wien bekannten Max Mell und dann einige bisher unveröffentlichte Verse eines gewissen Billinger, eines oberösterreichischen Bauernsohnes, lauter Sachen von großer Schönheit.
Dieser Billinger hat mich neulich besucht und sagte mir, er möchte gern einmal in die Schweiz und zwar womöglich nach Zürich, um dort von seinen neuesten Sachen vorzutragen, nicht »vorzulesen«, denn das eigentümliche bei seiner Produktion ist, daß er fast nichts aufschreibt, sondern er ersinnt sich etwas in der Früh vor dem Aufstehn, trägt es mit sich herum, rezitiert es sich und bisweilen seinen Freunden und prägt es dann seinem Gedächtnis ein, so daß es ihm unverändert verfügbar bleibt und er es jeder Zeit wiedergeben kann. Es ist ein wunderbar lebendiger Eindruck, den Mann zu hören, etwas so völlig Unliterarisches und Direktes.
Billinger hat mich nun gebeten, ihm bei einem Zürcher literarischen Verein einen Vortragsabend zu ermöglichen. Beim Lesezirkel, der einzig in Betracht käme, kenne ich niemand persönlich und von Amts wegen kann ich nicht einen Dichter empfehlen; zuerst wollte ich Herrn Korrodi schreiben, da ich aber auch nicht den Vorzug habe, ihn persönlich zu kennen, ziehe ich es vor, Ihre Vermittlung zu erbitten und Sie zu ersuchen, Herrn Korrodi oder Herrn Trog gelegentlich den Mann zu nennen und zu sagen, daß der Maler Wiegele, der ein guter Freund Billingers ist, bestimmt auch einige seiner Sachen aufgezeichnet besitzt.
Ich würde mich selbst freuen, wenn das Schweizer Publikum neben all der verwaschenen Heimatdichtung, die ihm seit Jahren von landsmännischen Dichtern mit wenig Ausnahmen geboten wird, wieder einmal einer dieser seltenen

Erscheinungen gegenüberstände, wo aus dem Gefühlsleben des Volkes die Sprache wie neu erschaffen hervorsteigt, aus dem Ungewollten und tief Gemußten ihre reinsten Elemente darbietend, als die eigentliche magisch dichterische Kraft.

Ich danke Ihnen im Voraus für alles, was Sie eventuell für den Mann tun können.

Neulich las ich in Rodaun einen Nachmittag Ihren Vortrag über die platonische Akademie. Das zentrale Problem des Aufsatzes hat mich sehr bewegt. Manchem wird es zum Schicksal, an dem sie vergehen, den andern hilft wohl nur die Tapferkeit und Beschränkung oder die Gnade einer höhern Organisation, die ihnen kein Schwanken gestattet. Ich hab mir die Schrift in einigen Exemplaren bestellt, sie wird für verschiedene meiner hiesigen Bekannten sehr eigentümlich sein, so für Kassner, diesen seltsamen Kentauren.

Darf ich Sie bitten, mich Ihrer Frau Gemahlin zu empfehlen. In Verehrung bin ich mit herzlichen Grüßen Ihr ergebener
Carl Burckhardt

An Ernst Gagliardi Villa Guerini, Trebbi Antico bei Pesaro
2. Mai 1922

Lieber Freund,

Ich bin jetzt die vierte Woche hier und bewohne in Gesellschaft des Malers Nolten und seiner Familie eine zwischen großen Gärten über dem Meer sehr schön gelegene Villa.

Die Reise von Wien hierher war vom Wetter begünstigt, sie hat mich ungemein angeregt und sie erfuhr durch dieses übergangsreiche Reisen* auf der Landstraße eine ganz besondere Steigerung. Die Frische, mit der ich alles Neue freudvoll

---

* Nachdem ich aus Deinem Brief ersehe, daß Du etwa zur selben Zeit unterwegs warst in der selben Weise, so freue ich mich, zu denken, daß auch Du nun gewiß ein Freund dieser unbeschreiblich angenehmen Art der Lokomotion geworden bist und mein Zögern verstehst, mich von der mir direkt lieb gewordenen Maschine zu trennen!

und gründlich zugleich ergreifen konnte, wollte mir für die Kräftigung der letzten Jahre und für die nun beängstigend frei vor mir liegende Zeit ein gutes Zeichen dünken. Gewisse Verdrießlichkeiten, denen die in romanischer Umgebung doppelt verwunderlichen Geschmacksentgleisungen meines guten Reisebegleiters mich aussetzten, ließen sich um so leichter verschmerzen, als eine gewisse fruchtbare Heiterkeit in einem höheren Sinn so sehr von mir Besitz ergriffen hatte, daß der ganze Aspekt des täglichen Lebens sich in einer durchaus zuversichtlichen Weise darbot.

Seit ich hier bin, sind leider gesundheitliche Störungen aufgetreten, die im Verein mit fast unausgesetztem Regenwetter den Monat April einen rechten Gegensatz zu dem freundlichen und inhaltsreichen März bilden ließen. Ich nützte die vier Wochen, zugebracht in eisigen, durch Kaminfeuer mühsam erträglichen steinernen Räumen, tunlichst aus, arbeitete eigentlich unausgesetzt, kam aber täglich mehr herunter, ich hatte mir einen langwierigen Bronchialkatarrh zugezogen, der, durch eine Art hier epidemisch auftretenden Keuchhusten kompliziert, mich vor allem die Nächte (wochenlang fast schlaflos) ungemein plagte. Hiezu kam in unerwartetem Maße die Schwierigkeit, mich an den Ton, ja selbst die Dialektwendungen eines jungen ostschweizerischen Ehepaares zu gewöhnen. Diese Empfindlichkeit war nicht außer Zusammenhang mit einem großen, ernsten und seinen tiefsten Auswirkungen nach nicht schmerzlosen Anbruch eines lang zurückgehaltenen, heute gebieterischen produktiven Triebs, der meine ganze Natur mit der Stärke und auch mit jener Angst erfaßte, die vor nun bald drei Jahren den Beginn einer mich zum äußersten führenden Leidenschaft begleitete.

Es blieb mir dabei in mannigfaltigen innern Bewegungen stets eine Frage gegenwärtig, die bei meinem Abschied von Wien ein Freund an mich richtete, damit zugleich eine von meinem Wesen emanierende dichterische Kraft anerkennend und sie durch die Worte »aber was wird Ihre Welt sein« ebenso sehr in Frage stellend.

Wirkliche Dichtung als etwas Überpersönliches hat mit der geistigen Begabung ihres Erzeugers keinen einseitig kausalen Zusammenhang. In der Tat tritt ein Einzelner als Dichter in eine ganz bestimmte Relation zu einer Welt, der er völlig angehört, und seine Aufgabe ist es, das Wesen seiner geistigen Heimat durch das Medium seines Erlebens läuternd hindurchgehn zu lassen, um es *rein* zu gewinnen und in Helle und Allgemeinheit zu erheben.

Betrachten wir unter diesem Gesichtspunkt die Schweiz. Die deutsche Schweiz mit ihren vielfältigen, leicht skurrilen Einzelentwicklungen hat ihr Schönstes, die Innigkeit, den weichen süß-herben Kern ihres Wesens, die tiefsinnige, etwas kuriose Ironie, die ihre Besten der Grobheit, der plump sich behauptenden Gesinnung, dem Geiz, dem barbarischen Breittreten des ethischen Prinzips auf geistigem Gebiet entgegensetzen, hat für all das in Gottfried Keller ihren Ausdruck gefunden.

Keller wurzelte im alemannischen Bauern- und Kleinbürgertum, seine Sprache, seine bildhaft phantastischen Anschauungen haben alle ihren Ursprung in der alemannischen Welt. Das Literarische, das Füllsel, das was *ihm* und seinem *Zeitalter*, *nicht* aber dieser bestimmten *Welt* angehört, ist heute schon sterblich und trägt das üble Stigma einer verblichenen Epoche. Hier liegt auch das persönliche Schicksal des toten Dichters, der, um den Schatz aus dem rauhen und kleinlichen Wesen seines Volkes zu heben, selbst ein glückloses Dasein führen mußte, mit Unbehagen durch allerlei Mittel jenes Unheimliche abwehrend, was einem selbst über die Schulter schaut, die Gleichung der Kunst zu Null auflösend. Und aus den Augenblicken des Objektiv-seins, des geistig Frei- aber Heimatloswerdens, stammt das Zu-Hilfeholen einer Literatur die, vom verblichenen Zeitgeist angekränkelt, neben dem Wirklichen und unvergänglich aus tiefem Boden Wachsenden dieser Dichtung um so mehr papieren, vergilbt und befremdend wirkt und das ganze Leiden ermessen läßt, das der Dichter in solchen Zeiten durchmachte.

Ein so großer Epiker wie Gotthelf hat für sein Werk eine denkbar eindeutige und unbedingte Voraussetzung. Ein Dorf, ein Gebirgstal, ein abgeschlossenes Volk von Bauern, in welchem das Schicksal sich mit größter Einfachheit abhebt, aus einer selbstverständlichen künstlerischen Einheit heraus. Bei Gotthelf fehlt dieses bei Keller so problematische Verhältnis zur deutschen Zeitkultur. Ihm ist seine beschränkte Welt gleich der *ganzen* Welt, da kann nun das schöpferische Leben in Höhen und Tiefen steigen, sicher, seine Grenzen und Ursprünge immer wieder an starken Massen zu finden.

Um diesen Begriff der dichterischen Welt nicht mißverständlich zu fassen, gewissermaßen ethnisch, wo er denn sehr flach und auch willkürlich erschiene, müssen wir nur Meyers gedenken, in dessen ergreifender Gestalt uns eine unbedingte Zugehörigkeit zu einer ganz bestimmten, scharf umgrenzten menschlichen Situation entgegentritt, deren einmaliger Ausdruck der Dichter schuf, wobei uns der Sinn des *Opfers* aus diesem Dienst mit Deutlichkeit entgegentritt. Deutlicher gesagt, Meyers Welt, die durch jedes der herrlichen Gedichte und die ganze Prosa hindurchgeht, ist jener unheimliche Bezirk des innern Zusammenbruches verfeinerter, frommer Geschlechter, die in luftleerer, glückloser Situation sich eine fingierte Existenz in einsamen Phantasien voller Haltung und strenger, ja angstvoll abgemessener Vorsicht aufrichten. Es ist müßig zu erwägen, ob Meyer sich auf Kosten seiner Kunst von dieser Berufung und seinem schweren Schicksal hätte loskaufen können.

Es braucht ja übrigens durchaus die Bedingung des Dichters nicht so tragisch gefaßt zu sein, nimm die Literatur des Landes, aus welchem Du soeben zurückkehrst, dort genügt es eben, ein *französischer* Dichter zu sein, um in einer reichen, kraftvollen, bestimmenden Einheit zu stehn; so ist jeder französische Dichter so französisch, als es ihm möglich ist, und gibt irgend einen Zug dieses so dicht in sich versammelten Volkes völlig wieder.

Ich weiß gegen diese Behauptung nur einen Einzigen anzu-

führen, Rousseau, und soll ich ihn Dichter nennen? Dieser Einzige kommt von außen und dringt ein, was denn auch die heftigsten Störungen deutlich genug bewirkt.
Rousseau ist der einzige Geist, der das Wesen der französischen Schweiz und Genfs dem wirklichen Frankreich in bemerkenswerter Weise entgegenstellte. Außer ihm gibt es keinen westschweizerischen Autor von Rang, ein an Frankreich gemessen so zweifelhafter Stoff wie dieser Teil des französischen Protestantismus konnte auch nur in einer so dissoluten Epoche wie dem ausgehenden ancien régime, in einer Übertragung und stellenweise Umkehrung durch eine mächtige aber höchst problematische Gestalt zu wichtigem Einfluß gelangen. Etwas dauernd *Zweifel*haftes ist bei Rousseau in Zeiten sich sammelnden Sturmes eben durch das Element der Sprache hochgehoben. Die Sprache war bei ihm das Wunderbare – woher hatte er sie?*
Für jeden, der die Einsicht der überindividuellen und durchaus mystischen Natur der Dichtkunst erfaßt hat, bleibt zwischen dem künstlerischen Trieb und seiner Erfüllung nur die größte Bescheidenheit, wer *zu* vieles sieht und keines ganz zu ergreifen wagt, wer nicht den einen bedingungslosen Dienst findet, der bleibt, von welchem Rang er immer sei, im Vorhof, in einem Schein von Zwielicht und resignierter Verfassung.
Es ist in einigen wenigen Stunden der Geschichte eine Konstellation und ein groß genuges Individuum erschienen, um die scheinbar heimatlose, geistig ohne sichtbare Grenzen vorhandene Situation völlig zu erfüllen. Goethe bleibt mir hiefür das größte *Beispiel*. Ein Sohn des XVIII. Jahrhunderts, das er überwindet, Deutscher und Europäer, hat er es vermocht, eine Weite ungreifbaren Horizontes völlig in die Wirklichkeit der Kunst zu erheben.
Verzeih mir diese Illustration von Gedankengängen, die

---

* Rousseau gilt streng französisch geurteilt für einen schlechten Stilisten, aber, wie H. Lichtenberger mir sagte, doch für einen der größten Sprachkünstler. Ein Widerspruch, der sehr unfranzösisch u. der außer ihm nur noch in einer ganz anderen Weise Balzac eingeräumt wird.

mich in komplexer Weise in diesen letzten Wochen beschäftigten.

Ich erhalte diesen Augenblick Deinen schönen und inhaltsreichen Brief. Ich werde in der Tat nicht mehr lange hier sein, und zwar ist der praktische Grund zu meinem Aufbruch mein Automobil, das vom 10. Mai nicht mehr zollfrei nach Österreich kann eingeführt werden, am 1. Juni aber Italien bei einer Strafe von 20 000 L. verlassen muß. Ich befinde mich jetzt in eifrig betriebenen Unterhandlungen mit meinem Vaterlande, um die Erlaubnis zu erhalten, für eine mäßige Zollentschädigung den Wagen als Umzugsgut nach Basel zu bringen. Wenn die Verhandlungen scheitern u. ich die Wiedereinfuhr nach Österreich verpasse, so ist die Maschine international ein eigentümliches Objekt, ein Wahrzeichen der geistreichen wirtschaftlichen Nachkriegsverhältnisse.

Falls ich mit Louis Micheli, der seit einigen Tagen hier ist, am 10. Mai nach Wien fahre, so werde ich eventuell u. angenommen, ich sei wohl genug, mit Hofmannsthal eine längst besprochene Fahrt durch österreichische und bayrische Barockstädte machen und dann schweren Herzens das Auto verkaufen.

Ich kehre dann in die Schweiz zurück, will den Neuhaus perfektionieren und beendigen. Was den St. Saphorin betrifft, so erhielt ich am Tag meiner Abfahrt von Wien einen Brief von einer Deiner Studentinnen, die das Thema augenscheinlich mit Erfolg bearbeitet, sie bat mich um Auskünfte, ich kam aber in der Eile und Hast der letzten Stunden nicht mehr dazu, zu antworten u. der Brief kam dann mit meinen anderen Papieren in meine Umzugssendung. Was neben dieser sachlichen Tätigkeit als Grundlage sich wird fördern lassen, läßt sich bei einer guten Zeiteinteilung wohl an Versuche anknüpfen, die ich hier oben begann.

Jedenfalls strebe ich aber wieder auf den festen Bezirk eines Berufes zu, er soll nicht so akkaparierend sein wie der Bundesdienst, aber doch immerhin spürbar, nebenbei möcht ich auch den nun einmal mit lebendigem Interesse

aufgenommenen Kontakt mit der internationalen Politik
nicht verlieren. In dieser Richtung erreichten mich schon
verschiedene Lockungen in meine hiesige Einsamkeit, ...
Journalismus, Genferbüros, Kommissionsexpertisen in
zweifelhafte Länder, ja sogar eine Stellung in einer Bank.
Also trotz Vetter Hansens lugubren Prognosen wird sich in
den nächsten Jahren bürgerlich allerhand anfangen lassen.
Ich habe mich sehr gefreut, von Seemens schönem Prüfungsresultat zu hören.
Hoffentlich auf baldiges Wiedersehen.
Die Menage Franz läßt Dich auch grüßen, ebenso Loulou.
Herzlichst Dein
Carl (J) B.

An Ernst Gagliardi   San Marino, Albergo del »Titano«,
11. Mai 1922
Lieber Freund,
Ich fuhr mit Louis Micheli gestern nach Urbino und von
dort heute hierher. Eine ganz herrliche Fahrt durch wechselnd großartig öden und wunderbar reichen, lieblichen
Apennin. Aufsteigend aus einem eichenbewachsenen Tal
mit einem jetzt im Frühling wasserreichen Flußlauf, fährt
man fast 15 km auf dem Kamm des Berges, der zuletzt in
phantastischer Silhouette auf mächtigen Flühen die Stadt
und Republik trägt. Nach rechts liegt tief unten im Dämmer
das flache Land um Rimini und Ravenna, dann in den
Abendfarben das offene adriatische Meer, rechts breitet sich
unabsehbar in diesen prachtvollen unbewaldeten Formen
der Apennin.
Die Stadt hat auf dem höchsten Felsriff drei mächtige
Türme, die mit gewaltigen Straußenfedern aus rostigem
Eisen geschmückt sind; sie stellt so ihr eigenes Wappen auf
Stundenweite sichtbar als ihre Krönung auf. Der eine Turm
ist das Gefängnis der Republik. Ich besichtigte ihn heute und
genoß aus der Zelle des einzigen Gefangenen, eines Messerstechers, der gemütlich mit dem Hund des Wärters spielte,

eine Fernsicht, die an ganz hellen Tagen im Herbst die dalmatinische Küste soll gewahren lassen. Nach meinem Besuch setzte sich der Eingekerkerte mit dem Wärter zu einem schönen Gericht mit purpurfarbigem Wein, auf einer kleinen Terrasse serviert. Auf dem Platz vor dem Rathaus steht das Denkmal der Freiheit, eine schreckliche Marmorbavaria angefertigt aus den Mitteln einer deutschen Dame, Frau Ottilie Heiroth-Wegener, die für ihre Tat den Titel einer Duchessa d'Aquaviva erhielt. Ein Franzose, welcher dem Museum ein schweizerisches Fünf-, Zwei- und Einfrankenstück, einen Fünfziger, Zwanziger, Zehner, Fünfer, Zweier u. 1er schenkte, bekam den Titel Barone del Monte Titano.

Die Republik nennt sich Serenissima, sie ist völlig unabhängig, zum ersten Mal vor 2 Monaten mußte sie italienische Carabinieri zu Hilfe rufen, weil 300 Kommunisten ihr Territorium überschwemmt hatten; die Hauptstadt des Landes hat 1000, die Landschaft 8000 Einwohner. Gegründet wurde dieser unabhängige Staat um die Mitte des vierten Jahrhunderts. Außer einer Eroberung durch Cesare Borgia verlor er seine Unabhängigkeit nie, damals nur auf einen Monat. Die Malatesta und Montefeltre übten traditionell eine Art wohlwollendes Protektorat über das kleine Land aus. Napoleon interessierte sich sehr für die alte Republik, als Generalissimus in Italien wollte er sie vergrößern, ein von ihm unterschriebener Brief, diese Absicht enthaltend, wird im Museum neben den erwähnten Schweizer Münzen bewahrt. Der sentimentale Zug für die unabhängige Republik auf den Felsen ist übrigens bezeichnend. San Marino nahm das Geschenk des Generals nicht an. Eine Haltung, an der die Schweiz sich ein Beispiel nehmen kann. Die Regierung beruht auf streng oligarchischen Prinzipien. Die Gesetze sind unverändert seit 1295. Der Militärdienst ist allgemein obligatorisch.

Louis bläst zum Aufbruch u. läßt Dich grüßen. Ich denke gegen den 10. Juni in der Schweiz zu sein,
Herzlichst   Carl.

An Hugo von Hofmannsthal Basel, 2. Dezember 1922

Lieber verehrter Herr von Hofmannsthal,
Man steht immer wieder am Scheideweg. Aber die Entscheidung muß man ohne nachträgliches Bedauern treffen. Im Zurückschauen und sinnlosen nachträglichen Zögern liegt die größte Gefahr. Ich muß mich nun für die nächsten Jahre zur historischen Arbeit zwingen; ein Historiker im landläufigen Sinn kann ich nicht werden, vielleicht ein Darsteller gewisser Zusammenhänge, einiger Gestalten. Bis zum Tode meines Vaters schrieb ich die Gedichte, die Sie mit Freude, wie Sie mir sagten, gelesen haben, 1912 in Göttingen noch jene romantische Höhlengeschichte. Aber dann ist etwas geschehen, etwas in mir ist damals abgerissen. Ich weiß nicht, ob – wohl viel später einmal, vielleicht wenn man mit gerettetem Boot in eine Bucht zurückkehren dürfte – noch etwas wieder aufklingen wird. Ich möchte mich jetzt nicht umwenden, ich spüre, daß es gefährlich wäre, ich will etwas Bescheideneres versuchen. Oder lassen Sie nicht ab, diesem Andern, Vergangenen in mir Vertrauen zu schenken? Man kann nur einem Herren dienen. Ja, wäre ich in eine Epoche hineingeboren, die mich mitreißt, aber ich bin voller Zweifel am Zeitalter. Es ist spät geworden auf unserem Kontinent. Das alles sage ich keineswegs aus einer Depression heraus, mir ist ganz zuversichtlich zu Mut. Aber wir gehen sehr unruhigen Vorgängen entgegen, man muß sich für praktische Tätigkeit bereit halten.
Wir sind uns im Grunde einig scheint mir, nur manchmal greift vielleicht Ihr großes, unter schwersten Voraussetzungen durchgehaltenes Streben in einer Art von Identifikation im Geiste der Freundschaft auf den Jüngern über, als Anspruch. Ich möchte diesem Anspruch genügen können, aber dies wird wohl in einer ganz andern Weise nur möglich sein, als jener direkten, einfacheren, von der Sie mir sprachen. Meine Art mich durchs Leben und die gestellten Aufgaben fortzubewegen, wird wohl etwas vom Rösselsprung an sich haben, viel mehr als von den stetigen Diagonalen des Läu-

fers beispielsweise. Ich schreibe dies nieder in Erinnerung an unser letztes Gespräch, es wird nicht das letzte sein, in dem Sie mir als Ratgeber zur Seite stehn.
Ihr dankbarer   Carl J. Burckhardt

An Rosa Glauser   18. [12.] 1922

Liebe Glausi,
Es ist sehr leicht, alten Junggesellen das Wasser im Mund zusammenlaufen zu lassen und dann den Ast mit der Frucht zurückzuschnellen. Es ist sehr leicht, einem unter widerwilliger Gelehrtenfron in einer von Pfahlbürgersinn, Krämergeist, Frömmelei u. akademischem Knochengeklapper erfüllten Stadt – tollwütend Gewordenen, bildhübsche und temperamentvolle Wienerinnen vorzuzaubern und dann das unheimliche Wörtlein »war« dahinter zu setzen, »war bei mir«! Leicht ist es, lukullische Mahlzeiten mit Gretchen Baumstark zu schildern und dann zu wissen, jetzt war er dreimal vergeblich da, er wird wohl nicht sobald wiederkommen.
Oh! Glausi! Schlange und Apfel und die Verweisung aus dem Paradies, wie kommt all das einem bei Ihrem Beginnen in den Sinn, und wer weiß, ob nicht Eva viel besser war als ihre Nachfolgerin an der Schwarzthorstraße: hätte nämlich Eva jeden Sonntag zu Emmeli nach Winterthur rutschen können, ich glaube, sie hätte Adam in Ruhe gelassen und nicht auch noch nach ihm ihre Haken und Widerhaken ausgeworfen.
Ich wünsche Ihnen alles Gute fürs Jahr 23. Ich fahre jetzt nach Berlin, dann ins Gebirg, Ende Jänner komm ich durch Bern an den Ort meines Frondienstes zurück, ich werde mit wenig Hoffnung telephonieren, ob die Winterthurer Riesenattraktion wieder ihre Wirkung ausübte.
Gott befohlen, Glausi, und wenn Sie wieder einmal eine hübsche Wienerin haben, so denken Sie an den Verbannten in der Stadt der Heidemission.   Cralo

An Ernst Gagliardi [Konstantinopel] 23. Juni 1923

Lieber Freund,
Nimm meinen herzlichsten Dank für Deine lieben Zeilen. Es ist wenig anzuerkennen an meiner Haltung dieses Winters: Alles war ja von der andern Seite *gut* gemeint und nur kein Sinn vorhanden für meine große und schmerzliche Gespanntheit und Unruhe, die so leicht, wäre mir das *Meine ganz* vergönnt gewesen, hätte ihre Lösung und reine Sammlung finden können. Für all dies ist keine Verantwortung da, es ist reine Führung.
Ich kann Dir von hier keinen fröhlichen Brief schreiben. Die Reise ins Innere, die ich Sonntag antrete, erscheint beschwerlich und sicher auch gefahrvoll. Ich würde beidem ruhig entgegensehn, wenn ich wohl wäre; da dies nicht der Fall ist, bedrückt es mich. Aber mit Ehren kann ich nicht mehr zurück, und so will ich die Zähne zusammenbeißen und die Sache möglichst kurz abmachen. Détails schreibe ich keine.
Der Anblick dieser großen neuen Welt kehrt mir das Gesicht entgegen, das wie ein Spiegel wohl den eigenen starren Blick zurückwirft. Namenlos starr erscheint dies alles, ein lautes, pittoreskes und im Tiefen grauenhaftes Puppenspiel, die Architektur fremd, fast böse, die byzantinischen Reste, auch die Hagia Sophia, nicht zu vergleichen mit irgendeiner der ravennatischen Bauten. Es fehlt diesen Resten die heilige Einfalt und Würde, die allen antiken Spuren sonst wunderbar entsteigt, ein unheimlicher und fahler Glanz ist allem beigemengt. Mit dem *Geschmack* ist das Ganze zu ergreifen, wie Loti es getan und seinesgleichen, romantisch ist es zu werten, aber mit dem im Herzen gereinigten Gefühl ist nichts zu lesen von jener einzigen und höchsten Sprache unserer eigensten humanen Heimat.
Louis ist von einer Güte und Freundschaftlichkeit für mich, die ich mit Worten nicht bemessen will; er ist im Grunde, ohne es zu gestehn, nur aus Besorgnis mitgefahren und wollte jetzt noch weiter bis Angora, woran ich ihn im

Verein mit der Strenge der dortigen Behörden hindern konnte.
Auf Wiedersehn, lieber Freund, ich gebe Dir Nachricht, wenn ich kann.

Herzlichst Carl

An Wilhelm Vischer 13. September 1923

Verehrter lieber Herr Vischer,
Darf ich Ihnen hiermit die versprochenen Karten und nochmals meine herzlichsten Wünsche für die Reise schicken. Wien Ende September ist wundervoll, vor Allem auch die nähere Umgebung: Hietzing, Grinzing, Döbling, Nußdorf, kleine Gartenstädte aus dem Beginn des Jahrhunderts, in denen noch die Häuser stehn, die von Beethoven und Grillparzer bewohnt wurden, Stadtgegenden, die wohl langsam von der Industrie ergriffen und zerstört werden, in denen aber heute noch die ungemeine Heiterkeit des alten Österreich weiterlebt, eine Musikalität vom ärmsten Straßenmusikanten bis zum stadtberühmten Heurigenorchester bei der »Resitant« oder dem »Caspar«, wie sie in dieser Weise naiv und dem höchsten musikalischen Ausdruck nahe sicher nirgends auf der Welt mehr existiert.
Ich hoffe, daß Sie von der unverwüstlichen Lebensfreude der Stadt in der kurzen Zeit etwas spüren werden; sie ist eine Kraft, die man nicht unterschätzen sollte, die die Wirkung des Willens häufig an Nachdruck übertrifft, war es doch einzig diese Heiterkeit, welche den unbeschreiblichen Niedergang der letzten Jahre, die Not des Kriegsendes in dieser Weise überdauern ließ: ein preußischer Ingenieur, der in Wien lebt, sagte mir einmal: »ich habe die wirtschaftliche Lage der letzten Zeit nur wegen des fröhlichen Sinns meiner Frau ausgehalten, die eine Wienerin ist, früher hielt ich ihr Wesen für verzeihlichen Leichtsinn, heute weiß ich, daß darin eine positive Kraft liegt, die unendlich weiter wirkt in der Not als irgend eine Anspannung der Energie.«

Und neben dem heitern Wien der Vorstädte möchte ich Ihnen diese wunderbare Spur einer verfeinerten Civilisation zeigen können, wie sie, in wenigem erhalten, diese Stadt so sehr über das national Begrenzte hinaushebt und zu dem Resultat einer einmaligen europäischen Situation macht, des spanisch-deutschen 17. Jahrhunderts, das sich in seinen gesellschaftlichen Formen der italienischen Gebräuche und auch der italienischen Sprache bediente. Das, was in Grillparzer, in Mozart seine Größe durch das Maß und die Grenze erhält, das beinah zeremoniöse, dem natürlichen deutschen Talent auferlegt und seinem Hang zur Maßlosigkeit entgegenwirkend, all dies werden Sie wohl in Augenblicken noch aus der heutigen, ihrem Wesen abhandengekommenen Bundeshauptstadt spüren können, etwa in der spanischen Reitschule, wo Sie eine letzte Vorführung der Lipizzanerhengste sehn können, oder gleichermaßen im Bibliothekssaal, oder aber in einer der intimen Opernaufführungen im Redoutensaal der Hofburg.
Ich kann nicht in wenigen Worten und in der Eile Ihnen einen Begriff von der großen Bedeutung geben, die diese Stadt in den letzten vier Jahren für mich gewann und sie mir in manchem Sinn zu einer Art Heimat, und sicher zu einer großen Befreiung von einem unheilvollen Drucke werden ließ, den ich in den Verhältnissen unserer nüchternen protestantischen und bisweilen etwas mesquinen Vaterstadt empfand, von jeher und am stärksten gerade durch die Qualitäten, die unsere strenge Kultur letzten Endes vielleicht jener andern freudigen überlegen sein lassen.
Ich erlaube mir, Briefe beizulegen, an den Chef der Christlich-sozialen Partei, Dr. Mataja, einen hervorragenden Rechtsanwalt und Parlamentarier, sodann an den Minister a. D., den Historiker Redlich; beide Herren waren große Gönner von mir. Sodann lege ich Karten bei an den Lehrer der Kunstgewerbeschule Prof. Wilhelm Müller-Hofmann, einen etwas wortreichen, aber vorzüglichen Kenner österreichischer Kunst, mit ihm sollten Sie nicht verfehlen, Kloster Neuburg zu besichtigen, wo der sogenannte Altar von

Verdun, eine Zellenschmelzarbeit des XIII. Jahrhunderts, steht. Endlich an alt Bundeskanzler Schober. Ich schließe, da meine Gäste ungeduldig werden, und bin mit herzlichen Grüßen in Verehrung Ihr sehr ergebener
Carl Burckhardt

P.S. Die Adressen bei der Gesandtschaft zu erfragen.

An Emmy Weidenmann Bad Aussee, Obertressen, Österreich 29. Oktober 1923

Aber Emmely, sagt Ihnen denn Ihre weibliche Intuition nicht, daß ich mich aus der Schweiz entfernt habe, daß ich geflohen bin vor dem novembergrauen Basler Vortragswinter mit Kirchengebimmel, Familiengetuschel, süßlichen Missionaren und unvertilgbaren Riesenmahlzeiten? Spüren Sie nicht, daß ich in der sonnigsten Gebirgslandschaft im Lande der Musik lebe, daß ich mich von Stritzeln, Krapfen und Schlagobers ernähre? Daß im Stockwerk unter mir täglich gefensterlt wird, und daß ich täglich in Seelenruhe meinen Segen dazu gebe? Und in diesem Augenblick lassen Sie das legendäre Maridl kommen und stellen durch diese verwirrende Tatsache das *größte* Unheil an, denn wie soll ich nun an diese Personifikation meiner Wienersehnsucht denken, wenn ich *selbst*, mit Ungeduld mich von den Strängen reißend, wieder in dieses phäakische Land eingebrochen bin? Und Sie nehmen *Maridl*, d. h. den Knopf auf Fortunens Mütze gleichsam weg, *ohne* mich zu warnen, oder mir im Voraus diesen Trost in Aussicht zu stellen und mir zu sagen: »bleibe Cralo ruhig in der Schweiz und schreibe historische Bücher, geh unter einem Regenschirm durch die Straßen und grüße grämliche Honoratioren, denn im November, im traurigen November, wird Maridl da sein!«
Ich bin hier bis gegen den zehnten, dann fahre ich nach Wien. Dort bleibe ich bis Dezember, wenn ich nicht noch

nach Böhmen und Ungarn fahre. Im Dezember erscheine ich in der Schweiz, um meinen sechsten Patensohn zu taufen, und im Jänner geh ich nach Paris.
Falls Sie etwas dagegen einzuwenden haben, so tun Sie es vor Redaktionsschluß dieses Briefes. Im Übrigen viel Gutes für den Winter in Mäcenas böotischer Heimatstadt. Und dem heimlich alternden Glausi lasse ich für die Anfertigung des Pyjamas danken; das Übernachten aber kann ich mir wegen der Einquartierung nicht vorstellen, denn wie ist das? *Sie* im Ehebett, Frl. Dr. B. im Gastzimmer, Frl. Maridl auf dem Kanapee, – u. ich?, am liebsten in diesem Falle schließlich unter dem Flügel! wo meine Seufzer wie in einer Äolsharfe klängen (oder heißt es klingen würden?)
Adieu Emmely, Penthesilea der Mittelschule, rechnen Sie mir diesen langen Brief hoch an, ich schreibe den ganzen Tag an meiner türkischen Reise, im Frühjahr, wenn dieses traurig aufmunternde Licht durch die schneeschmelzenden Gassen Winterthurs mit diesem gewissen warmen Wind kommt und wenn man dann wieder ein Jahr älter ist, dann trinken wir beim offenen Fenster Thee zusammen und ich lese Ihnen die 300 Seiten vor. Nachher spielen wir vierhändig aus Berlioz Romeo.

Stets in alter Freundschaft
Ihr CRALO Carl B.

An Rosa Glauser   Bad Aussee, Obertressen,
Salzkammergut, 24. November 1924

Glausi, ich bin immer ganz gerührt, wenn ich an Sie denke, an unsere kleine Septemberehe, und mir scheint, daß an Ihnen und in Ihrem Leben alles ist wie Ihr schöner Flügel, ordentlich sauber und klar mit einem wunderschönen Klang und tiefen, tiefen Tönen.
Sie haben mir so viel Gutes getan, so heiter und freundlich hat sich[s] bei Ihnen gelebt, und nach dem vielen Durchein-

ander meines Lebens habe ich erst nachher gespürt, daß mir nicht nur wohl war, nein, daß Sie mir in einem seltenen Maß wohlgetan haben.

Der Schönenberg nachher war eben solch ein Schönenberg wie immer, dann kam Loulou; Loulou fühlt sich begraben in seinem Balkan, er war voll Sehnsucht nach allem Möglichen, wenigstens wollte er »un clocher de France« sehen, irgendwo im Elsaß oder gar in Belfort; eines Morgens fuhren wir weg, Büdis Lorbeern ließen mich nicht ruhn, in St. Louis bog ich nach links und fuhr und fuhr, fuhr, so schnell der kleine Wagen läuft, bis nach Paris. In Paris wollten wir den gewissen unglaublichen Abend erleben, wie achtzehnjährige Provinzfranzosen aus einem Roman waren wir, wir gingen durch die Straßen, getragen von der schönen abendlichen Luft, der Farbe, der Bewegung; »jetzt gleich«, dachten wir, »müssen wir es begegnen und das Fest beginnt«, und wir begegneten es, nämlich wir begegneten Gaglist, den unvermeidlichen guten, ewig-gleichen Gaglist, einhergetrieben auf den Wellen der Weltstadt, mit seinem Bäuchlein und seinem zu kleinen Hut. »Eigenartiges Zusammentreffen, läppische Unternehmung«, sagte er, schloß sich uns an und führte uns in eine Art bayrische Bierhalle, wo wir frugal zu Nacht aßen, nach dem ersten Bier von Müdigkeit übermannt wurden, schlaftrunken ein kleines Hotelzimmer mit einem Bett und einer Matratze aufsuchten, uns um 4 Uhr wecken ließen und wieder Richtung Schweiz wegfuhren, Louis mußte abends an einem »Dîner de famille« in Genf sein. Leider aber sollte es anders kommen, schon in der Nacht hatte der Arme vor Zahnschmerzen nicht wo ein noch aus gewußt, auf der Fahrt im starken Weststurm schwoll und schwoll seine Backe an, in Troyes mußte er aus Schwäche Bouillon und Cognac trinken, in Chaumont meinte er einer Ohnmacht nahe zu sein, und 20 km nach Chaumont, 10 vor Langres hatte ich eine Panne. Ich wollte nun nicht länger die Verantwortung des Krankentransportes tragen, ich hielt einen Wagen auf, der chaumontwärts fuhr, die Köchin chauffierte, die französische

Rentierfamilie machte zurückgelehnt in die Kissen ihren Sonntagsausflug. Sie nahmen Louis mit und versprachen, ihn am Bahnhof abzuliefern.
Was nun weiter mit mir geschah, wie ein Schmied und seine bildhübsche Tochter (13jährig) mir zu Magnetersatzteilen verhalfen, *das*, liebes Glausi, erzähle ich einmal mündlich.
Loulou fand ich in Basel vor, er hatte nicht weiter reisen können und war dort operiert worden. Noch acht Tage blieb er bei mir. Dann fuhr ich nach Berlin.
Seit 6 Wochen aber bin ich hier. Wir haben viel schöne Ausflüge gemacht, selbst Besteigungen, und viel gearbeitet, ich bin schon tief in mein neues Buch hineingekommen, und wenn man das ganze Jahr solche Ruhe, Heiterkeit und Anregung zugleich hätte, wenn man dazu gesund wäre und ohne Sorgen, liebes Glausi, wenn der Himmel solches zuließe, dann könnte man zu seinem Lob und Preise wohl vieles zu Stande bringen.
Jetzt sind Sie wohl tief eingewintert, die Blumen werden rarer, dafür bekommen Sie aber Schokolade, Lebkuchen und Musikhefte! nicht wahr?
Ich muß jetzt wieder in die weite Welt, hier ist Schluß. Paris würde mir zusagen, vielleicht nach Paris diesen Winter und dann wohl die Habilitation, der zweite, oder eher der dritte Akt des Lebens, wenn es einen geben soll, wenn es drei hat wie eine Komödie und nicht nur zwei wie ein Schwank! – oder glauben Sie gar 5 wie ein Trauerspiel?
Den Tyrannen werde ich aufsuchen, wenn ich von München komme, ich fahre über München; der gute Tyrann! in seinem plutokratischen Musenhain, was das heißt, solch ein Winter mit moderner Musikbegleitung und dazu katzenjämmerlich graues Novemberlicht.
Glausi, grüßen Sie mir meine kleine Freundin mit dem feinen Gesichtchen, ich werde es nie vergessen, wenn sie längst eine schöne junge Frau ist, wegen welcher junge Männer zu Dichtern, Helden oder schwermütigen Psychoanalytikern werden, wenn sie eine junge Mutter ist, und wenn ich so lange ein Gedächtnis besitze, so werde ich in

diesem Gedächtnis dieses herzige Gesichtlein bewahren, so wie ich es auf Ihrer Terrasse an einem Septembernachmittag zum ersten Mal gesehen habe.
Grüßen Sie auch Gritli vielmal, es soll nicht schlecht von mir denken, weil ich heut erst schreibe. Auf baldiges Wiedersehn, liebes Glausi, wie immer
Ihr Cralo

An Emmy Weidenmann 26. 12. 1924

Liebes Emmely,
Alle herzlichsten Weihnachtswünsche! Neujahrswünsche! Emmely, ach und wenn Ihr berstet vor Hohngelächter, ich bin immer so gerührt, wenn ich an Sie denke, an das ganze Drum und Dran, das Zimmer, den Flügel, den Thee, die Streichwurst, alles, von den lieben ständigen und unbeständigen Bewohnerinnen nicht zu reden.
Wissen Sie, daß mein Aufenthalt beim Glausi zum Allerglücklichsten meines ganzen verflossenen Jahres gehört!
Ich habe Glausi mein Reisebuch geschickt, sobald die Auflage herauskommt, kriegen Sie auch eins.
Grüßen Sie mir Jedermann, auch das gute Gritli.
Stets Ihr Cralo.

An Rosa Glauser und
Emmy Weidenmann Schönenberg, 15. April 1925

Liebes Glausi und Emmely,
Mit Erstaunen lese ich in Eurem Rafzerbrief von Sonne, milder Luft, Blumen und Frühling, und frage mich, ob nicht in Eurem eigenen Innern etwas derartiges ausgebrochen ist! – denn hier sieht es ganz anders aus, und wir leben doch im Baselbiet nicht unter einem andern Himmelsstrich. Hier keucht ein drückender Sturm schwer, dumpf und naß über den Boden, die Ziegel fallen vom Dach, die Knospen bre-

chen von den Bäumen, das junge Laub auf dem Kamm des
Adler geht in Fetzen, ein Fensterladen hängte aus, und aus
den höhern Regionen der Luft treiben mit rasender Schnelligkeit schwefelgelbe Wolkenfahnen vorüber, ein fernes
Pfeifen und Heulen läßt seit gestern alle Vögel schweigen,
und es herrscht in der Natur der Zustand, den die Basler seit
1356 »Erdbebenwetter« nennen.
Sollte aber wirklicher Frühling kommen, wollt Ihr mich
nicht nächste Woche besuchen? [...]
    Herzlich Cralo.

An Otto von Greyerz [Wien, 29. 9. 1925]

Sehr verehrter Herr Professor,
[...] Ich bin Carl Spitteler wiederholt persönlich begegnet.
Sein Aufenthalt in meinem Vaterhaus anläßlich seines ersten
Basler Vortrages ist mir stets in starker Erinnerung geblieben. Aus allen Äußerungen seines Wesens kam mir stets
eine große Gewalt und zugleich eine Hinfälligkeit entgegen,
die mich unheimlich anmutete. Er krankte an seiner Zeitbedingtheit; ein ganz bestimmter Augenblick des neunzehnten
Jahrhunderts, eine ganz bestimmte begrenzte und unheilvolle Bildungssphäre besaßen ihn; ihm fehlten die Wurzeln
in einer Heimat, die man »eine Welt« zu nennen berechtigt
ist, – eine Welt, da sie ihr eigenstes Wesen durch die Zeiten
hindurch bewährt und bewahrt, das Wesen der Zeiten nur
spiegelt, ihm niemals unterliegt.
Aus Spittelers Vaterstadt, dem frisch befreiten Liestal war
für einen mächtigen wild wachsenden Geist nichts zu gewinnen, nichts als etwa Landschaften, Heimweh nach friedlichem Spätsommer der Kleinstadt oder nach den Frühlingsstürmen von den föhnbeglänzten Jurahöhen ins Tal hinunter, – und all dies ist im Gedächtnis des reifen Dichters und
später des rückblickenden Greises ja sehr rein und unvermischt geblieben. Außerhalb dieser Werte aber war dort nur
Geschichtslosigkeit zu finden, kleinliche Provinz, öde politi-

sche Ideologie und sehr viel Rohheit; ein physiognomieloser Zufall war diese Vaterstadt, das Ergebnis einer schlechten Krämer- und Handwerkerregierung, eine Heimat, die ihn zum Kosmopolitismus drängen mußte und dies in einer Epoche, da die Nationen getrennt und verhärtet das Wesen höherer europäischer Gesittung unter lauter Mißverständnissen verloren hatten. Was aber das damalige Basel zu bieten hatte, das war im besten Sinne etwas, wozu man von außen nicht gelangen konnte, besonders nicht von Liestal aus; aus Widerspruch gegen Unkultur und radikale Flachheiten der ursprünglichen Umgebung ließ sich nur ein Mißverstandener, gegen Gott und die Welt frondierender Bildungsaristokratismus erwerben, ein durch Schopenhauer rauchgeschwärzter, von journalistischer Kühnheit Heinescher Provenienz trivialisierter Humanismus.

Denn auch Spittelers Hauptlehrer, Jacob Burckhardt, konnte auf diesen Schüler schwerlich in seiner positiven Gesamtheit wirken, auch er stand in einem skeptischen Zwielicht, das von den Leuchtern stammte, die gerade damals angezündet waren. Nun war dies allerdings nur Schein, denn ihm war eine uralte Verbindung gegeben mit dem Wesen dieser Welt und dessen Erscheinung. Keine Beleuchtung der Dinge nahm er für die einzige, keinen Abend für den letzten, im Pessimismus des Grundtones folgte er einer Stimmung seiner Generation, aber er nahm den Pessimismus niemals in der Weise seines Schülers wörtlich. Spitteler nahm seinen Lehrer zu direkt und er spürte nicht hinter düsteren Prophezeiungen den jähen Glauben des alten Städters, dessen Blut schon so viele Wendungen der Geschichte mit Bewußtsein überdauert hatte. Und wenn Spitteler damals dieses letzte Eindringen in das Wesen dieses Lehrers versagt war, wie unaussprechlich, wie naiv mißverständlich mußte ihn trotz aller Geistesschärfe seiner frühen Jahre die Persönlichkeit Nietzsches aus solcher Nähe treffen.

Dann kamen die Wanderjahre; die großen Lehrer hatten in die Weite gewiesen, in der Weite der Welt fand der an karge

Form des äußeren Lebens gewöhnte viel Bezauberung: in Rußland zuerst, als Hauslehrer, gesellschaftliche Formen des europäischen Westens im Gewande östlicher Würde, später in der Westschweiz als Lehrer, in Frankreich als Journalist, höherer Pulsschlag der geistigen Äußerung, Fehlen der Schlaffheit, der Breite, der Schwere, Rasches, Glattes, Klares, die scharfe Luft des geistreichen Wortes, nach der er verlangte. All diese Eindrücke, ohne tiefer zu dringen, ohne sich wirklich auszukennen, denn wie vom Einzelnen, so vom Wesen der Nationen, war er getrennt durch eine ungestalte, trotzig leidende, selbstherrliche Phantasie, die ihm alles ersetzen mußte, was eine wirkliche Heimat dem Gemüt zu bieten hat.

Bei der Wichtigkeit, die ich somit Spittelers Ursprüngen und Kindheit beimesse, könnte man als Einwurf den Namen Widmanns nennen. Doch gerade Widmann möchte ich in seiner Schönheit, seinem maßvollen Wesen aus dem Vorhandensein seiner durch beide Eltern noch sehr nahen österreichischen Heimat als Lebensgrundlage erklären; für ihn war Liestal schließlich nur eine Episode.

Und nun gar Gotthelf! wie wirklich eindeutig, geschichtlich erhärtet war dessen Heimat. Gotthelf steht in unserem Volke und in der größeren deutschen Heimat als ein Wahrer ewiger Werte, reinster Bedingungen und Eigenschaften des deutschen Wesens. Ihm ist die Sicherheit gegeben alles Edlen, das heißt Dauerhaften und Unvermischbaren in der Welt. Daß er den Umkreis seiner Bauern nicht verlassen durfte, nach einem andern Kreise zu fahnden weder versucht noch befugt war, das lag wohl daran, daß nirgends eindeutiger an der Wende zweier geistiger Epochen die Grundwerte christlich geordneten Volkstums aufzuzeigen waren. Nichts indessen schiene mir verfehlter als die Annahme, die hohe sittliche Macht dieses Werkes sei durch eine Rückkehr und Beschränkung auf diese Welt abermals zu erreichen. Dies wäre ein äußerliches, ja frevelhaftes Unterfangen. Gotthelfs Welt ist als eine solche ewig und immer vorhanden, im Werk aber ist sie einmalig und kann sich nicht wiederholen. Sie ist würdig auch im geringsten und sicher und voll klingend noch im höchsten Pathos. Gotthelfs Aufgabe, die ihm zugewiesene Leistung ist es, eine reine Summe aus dem Gewordenen, bewährt Vorhandenen zu ziehen und diese zu wahren.

Mit der Lösung aber dieser Aufgabe das Werk Spittelers zu vergleichen, kann mir nicht gerecht erscheinen. Ja, die Grundbedingung scheint mir bei beiden diametral entgegengesetzt: Gotthelf hat das Bewährte unvergänglich zu fassen, der einsame Epiker aber der letzten Jahrhundertwende hat in sich einen Kampf zu vollziehen, eine Krankheit der gesamten Generation zu überwinden; er kämpft gegen Dämonen, gegen wirkliche und gegen scheinbare. Sie haben ihn einen Freidenker genannt, und in der Tat, in ihm entsteht wie nirgends sonst die unheimliche, ausweglose, in sich selbst absurde Welt des freien Denkens, das keinem Gesetz der dritten Dimension mehr gehorcht, das zu keinem Gesetz mehr gelangt, in welchem nichts mehr übergeordnet, nichts mehr Autorität, nichts mehr wirkliche Hoffnung ist. Ein Leiden, von welchem ganz Europa befallen war, von dem wir heute noch nicht frei sind: hier wirkt es sich aus in einem Mann ohne sicheren Ursprung, ohne sicheres Ziel. Er beschwörte dieses Chaos, wir haben es nun vor uns, gebannt in diese 8 Bände füllenden heimatlosen Alexandriner mit der wandernden Zäsur, gebannt in eine Sprache, deren Anfänge vom gewöhnlichsten, ungeformtesten aller Schweizerdialekte stammt, deren harte Willkür das Wesen verrät einer ehrfurchtlosen, traditionslosen, freibeuterischen Zeit, die in der Rumpelkammer ihres Bildungsinventars alles gut genug findet zu jedem Zweck, zur abstrakten Personifikation, zu jeder Metapher, jeder Pantomime. Die Phantasie, willkürlich wie alles, fährt herum, als sei sie nicht die Dienerin des Geistes, und in der Tat, sie ist es nicht, da sie der Beschwörung des Ungeistes den Stoff zur Materialisation liefern muß. Etwas aber, trotzdem, zu allerletzt in diesem widerspruchsvollen Tumult, bleibt erhaben und klingt aus diesem ausweglosen Kampf wie Sieg: der Glaube ist es an menschliche Größe. In all diesen Untergängen, Zusammenbrüchen, getrogenen Hoffnungen, verspotteten Innigkeiten, bei dem schattenhaften Taumeln alles Ehrwürdigen, dem Fluch, der das Herz trifft, der Niedertracht, die das Gewissen anfällt wie ein toller Hund, bei allen diesen rasch verworfenen fieberhaften Visionen geht etwas mit, das heroisch klingt. Nicht der Glaube allein an das Selbstische, nicht die Hybris des meteorhaften Individuums im eisigen Glanz seiner Selbstanbetung und jauchzenden Selbstzerstörung. Nein, über diese höchste Ausflucht höchste Selbstbefriedigung des Pessimismus hinaus, dennoch und trotz allem bleibt der Glaube an Größe und Mut schlechthin auch im Heimlichen und Unerkannten, der Glaube an das Männliche in der Welt, das Herakleische, an den Trotz, an die Leistung aller Enttäuschung, allem Stummsein der Welt entgegen. Das lese ich aus einer Erzählung wie ›Konrad der Leutnant‹ ebenso deutlich wie aus dem olympischen Frühling, wie aus dem späten Buch, das Ihrem Aufsatz zu Grunde liegt. Hier befindet sich für mein Gefühl die Krönung dieses einsamen Lebenswerks, und aus dieser hohen Voraussetzung erkläre ich mir, daß mitten aus Unleidlichem bisweilen Visionen aufsteigen von unvergleichlicher Schönheit, reine Schöpfung des in tiefem Ernst begnadeten Dichtergemütes.

Gerade jetzt, da ich dies schreibe, ohne Spittelers Werke zur Hand zu haben, fällt mir mit besonderer Stärke jene Schilderung (im ersten Prometheus) des im Gewölk kreisenden Adlers ein. Etwas derartiges kann für mich schlechterdings unmöglich von einem zweifelhaften Dichter stammen. Hier spiegelt die Größe des Geschauten die großen Proportionen eines inneren Lebens, die letzten Endes doch nur aus einer Verfassung des Gemüts stammen können, die dem eigentlichen Ernst, der wirklichen Frömmigkeit gleichkommt.

Ich weiß, daß Sie mir gestatten, so freimütig zu schreiben. Hoffentlich ergibt sich bald ein Anlaß zu mündlicher Aussprache. Ich danke Ihnen noch sehr für die Erwähnung meiner unverzeihlichen Sprachentgleisungen im Gotthelf-

Aufsatz. Hoffentlich hat sich Walo gut erholt. Ich lasse die Ihren vielmals grüßen und ich bin in Verehrung Ihr ergebener

Carl Burckhardt

An Rainer Maria Rilke Lausanne, Sonntag Abend
[Ende November/
Anfang Dezember 1925]
Verehrter lieber Herr Rilke,
Nach einer eisigen Rückfahrt bin ich in Lausanne vor einem heißen Kaminfeuer angekommen. Es geht mir wie jenem Postillon dem die Lieder im Posthorn eingefroren waren, am Ofen plötzlich schmolzen sie und es tönte vom braunen Hirsch und vom Schwager am Neckar. Mir tönen jetzt die Verse nach die ich gestern hörte, und wieder ist mir der ernste, schöne Weg im Sinn, wie im Februar vor zwei Jahren, damals war dunkles, reiches Föhnlicht, diesmal in dem großen weißen Glanz hatte der Gang etwas so abgeschiedenes, und irgendwie tief vertrautes, – und wie war dann das Haus reich mit Wärme und Lichtern und dem weitausgreifenden, wiederhallenden Freund den Sie zurückrufen ließen, und wie dann plötzlich die Sprache erklang, wie ein Orchester zuerst und dann kamen die Wallisergedichte wie jene Solostimmen die aus den Konzerten steigen mit der Scheu und der Souveränität des Seltenen.
Es ist mir der Tag zwischen so viel Unruhe – und – auch Mühe unendlich rein und schön im Gedächtnis mit etwas darüber von dem kristallhaft wunderbaren, traumgetragenen der letzten Verse die Sie lasen.
Ich danke Ihnen herzlich für den Nachmittag. Möge die gesundheitliche Sorge sich verflüchtigen und sich zeigen als die Folge überreichen, allzufremdumdrängten Daseins das plötzlich in eine völlige Einsamkeit gehoben wurde.
Ich bin mit allen guten Wünschen Ihr in Verehrung freundschaftlich ergebener Carl Burckhardt

Lausanne Sonntag Abend.

Verehrter lieber Herr Rilke,

Nach einer eisigen Rückfahrt
bin ich in Lausanne vor einem
heißen Kaminfeuer angekommen.
Es geht mir wie jenem Postillon
dem die Lieder im Posthorn
eingefroren waren, am Ofen
plötzlich schmolzen sie und
es tönte vom braunen Hirsch
und vom Schwager am Neckar.
Mir tönen jetzt die Verse nach
die ich gestern hörte, und wieder
ist mir der ernste, schöne Weg im

An Ernst Gagliardi Basel, Rittergasse 20,
12. Dezember 1925

Lieber Freund,

Nimm meinen allerherzlichsten Dank für die Mühe, die Du gehabt hast; ich glaube die Durchsicht Deiner Bemerkungen zu den Druckbogen war die erste Freude, die diese ganze Arbeit mir machte.

Von Anfang an litt die Aufgabe daran, daß die Figur Neuhausens nicht konsistent genug, nicht tragfähig war. Es lag die ermüdende und entmutigende Notwendigkeit vor, die ganzen, oft schwierigen Untersuchungen auf ein Ziel hinzuführen, das negativ war. Es kam mir bei Deiner nur allzu richtigen Bemerkung zum Endurteil im Napoleonhandel besonders deutlich zum Bewußtsein, daß überall, wo ich versuchte, uneingeschränkt zu loben, ein falscher Ton entstand und die historische Richtigkeit verloren ging. Das ist ja der Schlüssel zu der kompositionellen Schwäche vor allem des VII. Kapitels: hier, wenn ich auf die verschiedenen Fälle asylrechtlicher Konflikte die Differenz *mit den Schnell* anwende und diese herausarbeite, so fällt Seite für Seite Neuhaus' Verhalten vor demjenigen der Burgdorfer derartig ab, daß ich dann in die eidgenössische Politik, wo ich auch nichts als Kritik übrig habe, vollkommen ohne positive Reserven eingehn muß. – Aber ich will es versuchen.

Das letzte Kapitel wird dadurch möglich, daß Neuhaus eine gewisse Tragik, – – – die Tragik des Krankseins, des schnellen Vergessenwerdens, der reinern Natur im Kampf mit vulgären Elementen erhält, und damit hat es wiederum sein Bewenden.

Ich möchte am 18. nach Zrch. kommen und bis gegen Weihnachten bleiben. Am 18. wird die Grfn. Degenfeld dort sein, die am 19. ins Engadin weiterreist.

Nach geistigem Austausch habe ich das größte Bedürfnis in der hiesigen Öde.

Ich war direkt erfrischt heut von einem Frühstück mit dem alten Erzherzog. Seine spießbürgerlichen Freunde, soweit sie es über ihren Snobismus vermögen, haben jetzt angefangen, ihn zu boykottieren, man nimmt den Tod der Grf. S. zum Anlaß und die moralische Entrüstung über seine sogenannte Teilnahmslosigkeit. Er sprach heute kein Wort über jenes Ereignis, er ging auf allgemeinen Gebieten sehr aus sich heraus, erzählte vieles über die intime Persönlichkeit des russischen Generalissimus, sprach von seinen eigenen Operationen. In einem bestimmten objektiven Zusammenhang sodann äußerte er nur: »es handelt sich schließlich für uns alle weniger darum, etwas erreichen zu wollen, als das, was uns zugewiesen wird, mit Anstand zu überwinden«–. Es war eine delikate Richtigstellung, und wie stand er wieder abseits, in dem Moment, von diesem öden Gewäsch. Man muß individuelle Eigenschaften wirklich nicht überschätzen, generelle, wie sie historische – und Rassenvoraussetzungen verleihn, halten mit größerer Sicherheit stand. Also hoffentlich auf baldiges Wiedersehn

Herzlich Carl

An Rudolf Alexander Schröder Schönenberg, Pratteln,
Gt. Baselland,
14. April 1926

Verehrter Herr Schröder,
Darf ich Ihnen diese kleine Reiseschilderung übergeben und den Anlaß benützen, um Ihnen zu sagen, welch seltenen Genuß Ihre Vergilübersetzung mir bereitete. Ich habe manchen Abend mit Freunden gemeinsam in dem Buch gelesen, es war für uns Alle das erste Mal, daß wir in einer Übertragung das volle Maß der antiken Frömmigkeit vor dem Gegenstande wiederfanden, und daß es uns gegeben war, mit vollstem Vertrauen aufzunehmen, ohne die Furcht, die uns entgegenweht aus so vielen scheinbar zauberkräftigen Übertragungen, die aber dem Frevel falscher Beschwörung doch sehr nahe sind.

Die ausgewogene, gelassene Kraft des Buches ist eine
Quelle reinster Freude. Und so darf ich mit meinen herz-
lichsten Grüßen zugleich auch meinen Dank aussprechen.
In Verehrung Ihr ergebener

Carl Burckhardt

An Christiane von Hofmannsthal   Basel, Himmelfahrt 1926

Liebe Christiane,
In Eurer Familie habt Ihr immer so gemütliche kleine
Grippen, gar keine Katastrophen wie bei mir, mit Absonde-
rungshäusern, Totengräberdialogen und phosphoreszieren-
den Kruzifixen an der Wand: nein, hübsche Pelzdecken, die
Stille der Stallburggasse mit Wolken, die am Stephansdom
vorbei hinüber zu den Husaren und Advokaten ziehen,
Besuche habt Ihr: die Großmama hat einen Reformplan für
die Restaurants nach Theaterschluß entworfen, der unver-
wüstliche Hixi improvisiert leuchtende Paraphrasen über
die Geheimnisse europäischer Federbetten, Willy erscheint
und durch die Schilderung zäher Malmittel gibt er Vertrauen in die Dauer der Materie, die doch ein einziges
starkes Zauberwort in Geist umzusetzen vermag. Und so
kommt denn Kassner und nachdem er Tatbestände festge-
nagelt hat, wandelt er Haaransätze in die Wollust des Geiz-
halses, Daumennägel in die lächerlichen Träume falscher
Cäsaren, schon aber tönt ein Nebelhorn, es ist der dunkle
Schoner der Baronin Oppenheimer, der nach dem gefährlich raschen Torpedozerstörer Reinhardts sucht, von dem
widrige Winde ihn ewig trennen. Und schließlich kommt
auch die Mama mit 17 Paketerln und sie ist eben der Bertherl
begegnet u. weiß nun, daß Clemenceaus Neffe Frau Wilsons
unehelichen Sohn heiratet, Trauzeugen sind Bertherl selbst
und Tschitscherin, die Hochzeit findet bei Lord Reading statt
und dann der arme Pieff, der hat sich furchtbar verkühlt, wie
er im Dienste Otto Kahns vor der Tür der Jeritza Wache
stehn mußte, Peter Kuranda wird einen Artikel darüber

schreiben. Vielleicht aber um 6 vor der Oper kommt noch rasch der Papa, dann wird alles hell und frei, und die Geister, die eben noch lauschend und schlummernd unter den Blättern saßen, sausen jetzt auf mit Licht auf den Flügeln und tanzen einen Reigen im Abendhimmel.
Nein Christianerl, Sie haben es gut, aber lesen Sie jetzt trotzdem diesen Unsinn weder dem Willy noch dem Kassner! Ich hab mich so über Ihren Brief gefreut und da sollen Sie schnell eine Antwort haben mit den herzlichsten Grüßen Ihres alten Freundes Carl.

An Hugo von Hofmannsthal Bougy Villars, Riencourt, 20. August 1926
(Dorys Geburtstag)
Lieber und verehrter Freund,
Heute möchte ich Ihnen eine für mich große und entscheidende Mitteilung machen: Ich habe mich mit einem zwanzigjährigen Mädchen, der Tochter Gonzague de Reynolds, Elisabeth verlobt. Wie soll ich versuchen, sie Ihnen vorzustellen: Sie sieht aus als sei sie von einem burgundischen Kirchenportal hinuntergestiegen. Sie ist schlank und grazil und hat in allen ihren Bewegungen einen eigenen, leichten Rhythmus, der mich bezaubert.
Ihr Wesen ist heiter, klar und von großer Sicherheit, ich weiß, daß Sie sie gern haben werden, die alten edlen Worte ›frank und frei‹ passen auf sie, aber alles zart, rücksichtsvoll, beherrscht und auf dem Hintergrund einer großen Anlage zur Weisheit und Lebenskenntnis. Sie spricht französisch und versteht vorerst wenig deutsch, aber sie ist keine Französin, sie stammt aus dem alten Reich, wie wir, ja, wie gesagt, sie ist burgundisch geprägt aus der fernen Zeit der Rudolfiner.
Nun sind natürlich auf meiner Seite gewisse Vettern und Basen und anderer urteilssüchtiger Anhang sehr unzufrieden, weil ich eine katholische Frau haben werde, und Worte des 16ten Jahrhunderts klingen vernehmlich an mein Ohr.

Ich hänge, wie Sie wissen, unendlich an meiner Vaterstadt, aber mir ist dort im Jahre 1915 etwas geschehen, über das ich nicht hinwegkomme. Vielleicht viel später im Leben einmal. Als ein großes Privileg habe ich es immer betrachtet, angeschlossen zu sein an eines jener mit Persönlichkeit gesättigten ausgeprägten Gebilde, die man mit Recht eine Stadt nennt und die einen mit einer ganz bestimmten Anima begaben. Das ›Basiliensis sum‹ wird mir mein Leben lang bewußt sein, wird mich begleiten. Dabei gibt es skurrile, grimassierende, ungeneröse Züge in jener Stadt am Rhein, die mir zuwider sind, aber all dem steht etwas Strenges, Hohes gegenüber, etwas durchaus Verehrungswürdiges. Hoffentlich wird es sich erhalten, mir scheint, es ließe sich vielleicht heute von außen mehr dafür tun, als wenn man sich an Ort und Stelle mit dem Andrängen des Zeitgeistes auseinandersetzen würde. Für die ersten Jahre meiner Ehe wird mir der Schönenberg ein guter Außenposten sein, ich bin ja zu entscheidenden Teilen ein Landmensch.
Heimat: ich fühle, daß ich meine Heimat in glücklichster Weise der Weite aufgeschlossen habe. Der Weite, in der wir beide zu Hause sind und die man uns durch Gerüste und obligatorische Laufgänge verkümmern will.
Nun bin ich sehr gespannt darauf, daß Sie das Kind sehen, ich weiß schon genau den Klang, der entstehen wird.
Ihnen, den Ihren aufs herzlichste. Carl

An Ernst Gagliardi Wien XIII, Beckmanngasse 10, 9.1.27

Mein lieber Freund,
Wir sind seit acht Tagen in einem Flügel des Palais Zichy in Penzing hübsch eingerichtet, es ist die frühere J.'sche Wohnung, aber umgeordnet und mit einigen Bequemlichkeiten ergänzt, so daß sie jetzt eigentlich einen ganz andern, sehr ansprechenden Charakter hat.
Wien ist stiller und reinlicher geworden, die Theater, vor allem Oper und Josefstadt sind glanzvoller als bisher. Die

Menschen haben dagegen etwas noch Verblicheneres und Unwirklicheres als früher und zwar sowohl die würdigen Statisten des nun schon so fernen Hofes als die Intellektuellen mit ihrer atemlos eifrigen Jagd nach dem Neuen, dem Interessanten, zur Zeit nach der wieder modernen Scholastik, dem Katholizismus. Hier spürt man dunkel, daß wir im Begriff stehen, eine große konservative Revolution durchzumachen, die ins sechzehnte Jahrhundert zurückgreift und sich nochmals mit der Welt auseinandersetzt, wie sie von Renaissance und Protestantismus betroffen und, ohne Lösung zu finden, angegangen wurde. Die Intelligenz, die Juden voran, beginnen schon auszusprechen, was dunkel sich regt; das jetzt so berühmte Buch Landsbergs über die Weltanschauung des Mittelalters und unsere Zeit ist ein Beispiel, bis zu welch glockenhafter Reinheit in der Anpassung diese seltsamen Überläufer und scheinbaren Vorläufer sich läutern können.

Landsberg hat dieses wirklich erstaunliche Opus mit 19 Jahren geschrieben und zwar als Schüler und Anhänger des damals nach einer Skandalgeschichte streng katholisch gewordenen Philosophen Scheler, der aber inzwischen längst wieder beigedreht hat und nun in einem cynischen Materialismus macht. All das erscheint hier »brennend interessant«. Wie ernst, streng und wirklich kommt einem neben solchem Getue die religiöse Erneuerung eines Péguy oder eines Maritain vor, wie sauber doch als Ganzes das französische Geistesleben. In Berlin soll jetzt der große Tageserfolg sein dieses von einem Bremer geschriebene widerlich pamphletartige Buch gegen Friedrich den Großen, als fingiertes Tagebuch eines Amerikaners »Ellis« hingestellt und ganz bepackt mit all diesen Gemeinplätzen über die preußische Geschichtsfälschung; »Friedrich II. als Reichsverderber« heißt es, hier wird es mit Begeisterung aufgenommen, auf den Altar gelegt dieser Bestrebungen: Wien, München, Köln, Brüssel, altes Reich, ein Gedanke, der in Belgien so viele Anhänger haben soll. – Nun das ist, wenn schon gedankenlos, so doch lokal chauvinistisch ganz legitim, daß man *hier* sich freut, aber daß die Berliner so begeistert sind, das gehört schon zu den dunkelsten Zügen der Deutschen.

Neulich sprach Przywara hier, der große jesuitische Propagandist, Philosoph und Historiker, er sprach ganz überlegen, außerordentlich, mit einer *Kraft*, in der die ganze Gegenreformation, einer *Genauigkeit* und *Strenge*, in der die ganze historisch-philosophische Schulung des XIX. Jahrhunderts liegt; natürlich blies er kräftig in das neue Feuer dieser scholastisch antikantischen, antipreußischen Flamme. Der Protestantismus stehe nur noch auf zwei Persönlichkeiten, sagte er: Brunner in Zürich und Barth in Göttingen, denn Protestantismus und Kantianismus ist diesen Leuten identisch, letzteres die Krönung des ersteren mit einer künstlichen Krone aus Pech, die finster schwelend brennt und raucht und den Gekrönten versengt.

Hofmannsthal sah ich noch kaum, er ist in München, wo er als Tenor epochenumspannender Weisheit auftritt; dem Guten war schlecht dabei zu Mut, ich bin aber überzeugt, daß er einem großen und persönlichen Gedankenreichtum Ausdruck verleihen wird: er spricht über ›das Schrifttum als geistiger Raum der Nation‹, also Raum wird jedenfalls genug sein für einen *Vortrag*.

Und nun noch zwei Worte zu dem meinen, in welchem nach der zeitlichen, wie nach der stofflichen Voraussetzung weniger Raum sein dürfte! Nicht wahr, Du schreibst mir das Datum rechtzeitig; daß ich frei reden soll, ist mir nicht angenehm, weil ich es noch nie gemacht und weil ich auf dem beschränkten Raum möglichst viel zusammendrängen und möglichst wenig verlieren sollte; darüber sagst Du mir vielleicht auch noch etwas.

Ich freue mich, von Deinen Pariser Eindrücken zu hören, ich sehn mich bisweilen mächtig nach dieser wunderschönen Stadt, der wahren Erbin Aachens u. Kölns, in welcher der Geist einer verlorenen Epoche weiterlebt, der in deutschen Landen herum jetzt mit viel Geschwätz soll auferweckt werden.

Auf Wiedersehn mein Guter, das einzig Erfreuliche dieser bevorstehenden Schweizerreise ist, Dich zu hören und einen Abend reden zu können.
Sehr herzlich noch mit den besten Wünschen von Elisabeth und mir an Dich und Deine Frau   Carl.

An Ernst Howald   Schönenberg, Pratteln, Baselland,
                                        23. I. 1928
Lieber Herr Professor,
Hier das versprochene Buch und meine Schuld für unser gestriges Bankett. Es hat mich außerordentlich interessiert, diese scharfe und rasche Persönlichkeit Ihres Freundes Korrodi nun endlich kennen zu lernen, die Geschlossenheit und Prägnanz seines Urteils kommt einem im lebendigen Gespräch doppelt zum Bewußtsein. Im Übrigen trinkt Ihr in Zürich einen schweren und vorzüglichen Burgunder aus offenen Kannen, wie ich das seit Beaune nicht mehr erlebte; bis ich die kühle Nachtluft im rasch fahrenden offenen Wagen im Gesicht hatte, war mir einen Augenblick ganz Gottfried Kellerisch munter zu Mute und die vielen Gestalten, Beziehungen, Zusammenhänge und Begegnungen, die wir besprochen hatten, zogen vor meinem geistigen Auge vorüber wie ein Basler Fastnachtszug. Nachher auf der Höhe des Bözberg, wo es ordentlich blies, sagte ich mir dann, solche seltenen Zusammenkünfte hätten den Nachteil, daß man zu vielerlei zur Sprache bringen wolle, und daß man hinter einer Menge von Worten wie hinter einem Rauch stehen bleibe und sich eigentlich nicht mitteilen könne.
Sie werden den Lawrence mit Vergnügen lesen; ich bin gespannt, ob sein Ton Sie nicht auch an Sallust erinnert. Seine Truppen hatten im Taurus, wohin sie auf der Verfolgung der Türken vorgedrungen waren, eine ganz legendäre Erinnerung an Bravour und Plötzlichkeit hinterlassen. Von L. selbst hörte ich wie von einem Herren reden, wie ich 1923

in Damaskus war. (Auch ein Stück Reise, das der Schere zum Opfer fiel.)
Und somit auf Wiedersehn Samstag und herzliche Grüße auch an Ihre Freunde

                     Ihr ergebener Carl Burckhardt.

An Rosa Glauser   Schönenberg, Pratteln, Baselland,
                              2. Dezember 1928

Mein liebes Glausi,
Immer hatte ich gehofft, daß Ihr einmal berichten würdet, wir hatten ja abgemacht, daß Ihr nach dem Schönenberg für ein Weekend kommt. Jetzt ist ein Winter vorüber gegangen und ein Sommer und schon wieder ein halber Winter fast, und ich habe oft an Sie gedacht und habe Sie hergewünscht und nichts mehr hat man vernommen. Wir waren hier bis zum Beginn der Frühlingsferien, dann fuhren wir nach Paris, wo ich als Schweizer Vertreter den Sitzungen der Coopération intellectuelle beiwohnte, drei Tage blieben wir und Elisabeth sah die große Stadt zum ersten Mal. Im Sommersemester hatte ich ein reichlich besetztes Kolleg bis zu vierzig Zuhörern; Pfingsten fuhren wir wieder nach Paris für den selben Anlaß wie das erste Mal, diesmal fuhren wir im Wagen hin und kehrten dann über die Loireschlösser zurück. Den September verbrachten wir in Vinzel bei Elisabeths Großmutter, dann fuhren wir über München nach Aussee zu Hofmannsthal, blieben vierzehn Tage und begannen das Wintersemester am 1. November. Zur Zeit jetzt wurde mir gleichzeitig von Zürich und von Basel ein Extraordinariat (noch ein Geheimnis!) angeboten, die offizielle Berufung wird in den nächsten Wochen erfolgen und ich bin weder entschieden, wohin ich gehen werde, noch habe ich (ganz für mich) die Empfindung, daß ich einer wirklichen dauernden und so rasch verliehenen Lehrtätigkeit genügen werde, – daß sie mir, dem der ich bin, – war, sein wollte, oder sollte – ganz entspricht.

Das sind die äußern Fakten. Innerlich kann ich sagen, daß ich wohl das glücklichste Jahr meines bisherigen Lebens hinter mir habe. Nicht, daß ich nach meinem tiefsten Wunsch hätte wirken können, das blieb mir versagt, ich ließ mich von dieser Nebenströmung der historischen Tätigkeit treiben, das Buch »Malters« ist in der Stille wohl gewachsen – aber ob ich es je vollenden werde –. Nein mein wirkliches Glücklichsein kam alles von dieser kleinen, so klugen, klaren, willensstarken, geordneten und immer rührend entzückenden Frau, die all meinem Ergehn ein stilles sinnvolles Maß verleiht. Ich heilte so langsam aus, die Freude, die wirkliche heitere ahnungsreiche Freude wurde wieder wach in mir, ich konnte wieder das Licht auf einer besonnten Mauer oder den flüchtigen Gedanken auf der Stirne eines Kindes mit tiefer Beglückung wahrnehmen. Die Jahre zwischen 20 und 35 waren zu schwer gewesen, hart an der Grenze des Unheimlichen bisweilen, daraus nun konnte das Gefühl wieder aufwärts steigen wie eine leuchtende Wolke aus der See. Nicht, daß das alles wäre: oft ist eine eiserne Kälte ernster Erwartung mir noch schrecklich nah und in Stunden fürchte ich, daß alles wie ein heiterer Traum mich verlassen wird; und daß dann das andere Harte wieder beginnt. Nur etwas läge mir nah in solchen Stunden zu erbitten: daß ich in den Jahren dieses Hierseins *etwas* einmal aussprechen und festhalten könne, das bleibt und das andern über Dinge hinweg hilft, die ich selbst in mir schon überwand, hinweghilft, auch dann noch, wenn ich nicht mehr bin. An *dem* arbeiten wir vielleicht doch, jeder nach seinem Teil, an dem Überwinden der Welt.

Und Glausi liebes – jetzt habe ich soviel von mir gesprochen – und Sie? und Emmeli das gute und Fräulein Ischer? Kommt doch in den Weihnachtsferien etwas zu uns, wir werden die ganze Zeit hier sein, vielleicht gibt es Schnee und wir zünden in einer hellen Sternennacht den Baum nochmals zusammen an.

Alles Herzliche und Liebe wie immer. Auch an Gritli viele Grüße und an meine kleine Freundin   Stets Ihr Cralo

An Ernst Howald Schönenberg,
Pratteln, 20. Dezember 1928
Lieber Herr Professor,
Aus der Wurzel meiner burgundischen Faulheit sind bisher folgende Katastrophen erwachsen: aus irgend einem Versehen der Kanzlei ward das Ausfallen meiner Vorlesung nicht angeschlagen; die unglücklichen Parteigänger erschienen und warteten bis halb sieben schimpfend in ihren Bänken. Nicht genug: Frau Prof. Fleiner hatte es sich nicht nehmen lassen, einen Herrn der Studienkommission, den frisch erwachtes Interesse führte, in meine Vorlesung zu begleiten; nicht genug: am selben Tag Mittwoch Morgen, also gestern um elf Uhr früh, ließ Regierungsrat Mousson telephonieren, er bitte mich, um fünf Uhr bei ihm im Rechberg vorzusprechen; nicht genug: dieses Telephon wurde vom Pächter Dill abgenommen und so spät ausgerichtet, daß ich nur durch eine Todesfahrt noch meinen Zug erreichte – immerhin erreichte, und – nicht genug der Wirrungen – nun doch nach Zürich fuhr und von Herrn Mousson die erwartete Anfrage in freundlichster Form empfing (er habe mich absichtlich am Tage meiner Vorlesung bestellt! Paukenschlag des Gewissens). Noch lange nicht genug: Frau Fleiner hatte zur Feier des glücklichen Ausgangs ein Dîner für mich eingeladen, sie hatte mir dieses telephonisch, während wir in Dijon waren, mitgeteilt. Louise, die ewig kichernde Unmagd, hatte es auszurichten vergessen. Nach dem verfehlten Kolleg nun, damit des Unheils ja nicht genug sei, telephonierte Frau Fleiner ihres Dîners wegen Pratteln 17 und erfuhr als Gipfel des Unheils, daß ich in Zürich sei. Wo in Zürich? weshalb nicht im Kolleg? warum nicht am Dîner? Und während all dies geschah, tagte in Basel endlich die vorher noch zweimal vertagte Fakultätssitzung und beschloß – gegen die Stimmenenthaltung der Historiker! – zu meinen Gunsten.
Pfui, pfui darüber! im übrigen Ihnen und den Ihren herzliche Wünsche zu den Festen.
Stets Ihr ergebener   Carl Burckhardt.

An Hugo von Hofmannsthal Schönenberg, 18. April 1929

Lieber Freund,
Es war etwas in Ihrem letzten Brief, was mich geschmerzt hat, ein Leiden, etwas Bitteres, etwas von dem Ausdruck, den ich auf Ihrem Gesicht wahrgenommen hatte, als wir zusammen die Arie hörten: »Credo in un Dio crudel.« Etwas hat Sie angerührt, sagen Sie, und es erschreckt mich unendlich, dies zu hören. Sie leben in ungeheurer Anspannung, die Last der Welt liegt oft auf Ihnen und Sie halten alles in sich zusammen, was dem blind dahintreibenden Geschlecht am meisten fehlt. Sie haben eine unerschöpfliche schenkende Güte, die sorgend sich verströmt. Alle Ihre Freunde, alle die Ihnen nahe stehn sind Ihnen zu unendlichem Dank verpflichtet, alle sind in Ihrer Schuld, und ich bin es in diesen letzten Jahren am allermeisten.
Aber sehn Sie, das ist wohl richtig, daß kindhafte Züge des Gemütes, die ich damals im Beginn des Jahrzehntes, dank einem unvergeßlich sorgenden Vater mir hatte bewahren können, zurücktraten, zurücktreten mußten. Ich sprach mit Ihnen, vertraute mich an, hörte zu und empfing Geschenk auf Geschenk, aber halb immer wie in einem ahnungsvollen Traum dahinlebend. Ich mußte aus diesem Traum heraustreten, wenn ich das Leben bestehen will. Ja, wäre ich ein Dichter wie Sie, aber ich stamme aus einer alten Stadt, in der es nie einen Dichter gegeben hat, nur wenige dichterische Menschen, die ihre Gabe in tarnenden, strengen Werken verborgen haben, oder die einfach zu Grunde gingen. Ihren Weg kann ich nicht gehn, keiner kann in einem andern Wesen aufgehn, ich weiß Sie verstehn mich, Sie haben mir so viel und so treffendes über mein eigenes Wesen immer wieder gesagt; es kam der Augenblick, wo ich die Zeit, die mir zugewiesen ist, verwalten mußte. Ich konnte nicht mehr diese herrlichen Monate im Herbst des Jahres, die in Aussee verbrachten Monate, jährlich aus meiner Zeit herausholen, ich mußte arbeiten, mich vorbereiten für Aufgaben, vielleicht bescheidene Aufgaben, die mir würden zugewiesen

werden. Ich mußte meine eigene Persönlichkeit nach allen Seiten frei machen, frei von der nie ganz zu erfassenden, über alle Grenzen wirkenden Hilfe, die ich erhalten hatte, aber ich muß ohne diese Hilfe weiterleben. Es sei einmal ausgesprochen, aber wir wissen beide, auch die leichtesten Worte machen alles so erdenschwer, es sei einmal ausgesprochen, daß die Freundschaft, die mich mit Ihnen verbindet, immer tiefer wurde und daß meine Treue und Liebe zu Ihnen, zu Ihrer Welt, mich durchs Leben begleiten wird, aber ich bin ein gesondertes Wesen, das nach seinem Gesetze leben muß.

Dies aber ist für mich der eigentliche Sinn der Freundschaft, daß sie zur Treue in der Freiheit führt. Wir stimmen in entscheidenden Tiefen, und wie Sie es einmal aussprachen, in so unendlich vielen Regungen und Urteilen überein, aus solchen Voraussetzungen haben Sie in unserer Sprache ein Werk geschaffen, in dem Sie, – was auch an Verlust, Mißverständnis und Leid, an Zweifel, an verlorenen Stunden Ihnen widerfahren sollte – in dem Sie, sage ich, sich ganz erfüllt haben und erfüllen werden, und das ist eine große Gnade. Solch ein Werk wird mit Schmerzen bezahlt, wie könnte es anders sein. Ein erfülltes Werk aber ist die Krönung des Lebens, die einzige wirkliche. Sie wird so wenigen zu Teil. Die vielen, die Andern, denen die Rechnung nicht so überraschend aufgeht, nicht aufgeht durch die herrliche Verwandlung in dauernde Schöpfung, diese Andern müssen sich, wenn sie einmal vom Geist berührt werden, wappnen, um es zu ertragen, daß die Frage nach dem Sinn ihres Erdenlebens offen bleibt. Wir wissen nichts Sicheres von unserer letzten Stunde. Eines ist sicher, wenn man Weggenossen etwas hat sein können, wenn man einmal diesen um das Geheimnis wissenden Blick von Kreatur zu Kreatur, jenseits von allen Worten hat tauschen dürfen, ist etwas geschehen, das vieles aufwiegt, was dann auch an Fehlschlägen einen treffen mag. Und das ist wohl der tiefste Sinn der Freundschaft.

Es ist ein wenig erbärmlich, wenn ich sage: ich sorge mich,

Sie sollten sich mehr schonen, gänzlich entspannen, ruhen. Ich weiß wohl, daß Sie die Ruhe nur finden könnten, wenn Sie nicht mehr wüßten, was uns allen bevorsteht und was alles fortgerissen, zerstört und vertilgt wird. Aber vielleicht dürfte eines Ihnen Ruhe schenken, auf Augenblicke: das Bewußtsein, daß es ein letztes Einverständnis gibt, dem nichts mehr geschehen kann, was auch die Worte und Taten des einen und des andern sein mögen, die einmal diesen Bund des Einverständnisses geschlossen haben. Der Wert des Einverständnisses aber beruht darauf, daß es zwischen zwei frei in ihrer Eigenart abgegrenzten Individuen besteht.

Gerty weiß am meisten und am sichersten, was Ihrer Konstitution zusagt, Sie sollten viel auf sie hören, die Pläne einmal für eine ruhige Nacht versinken lassen, das Getane überblicken, mit Stolz und mit Ruhe, nach solchen Fermaten setzt der Strom der Musik dann wieder ein. Zählen Sie immer auf unsere Liebe.

Ihr Carl J. B.

An Eduard Korrodi   Schönenberg [Mitte Juli 1929]

Lieber Herr Korrodi,
für die tiefernsten, würdigen und aus der wahren Bereitschaft des Herzens stammenden Worte, die sie Hofmannsthal so spontan gewidmet haben, sage ich Ihnen all meinen wärmsten Dank.

Ich dachte an den seltsamen, bedrückenden, auch schon ahnungsvollen und trotz allem auch heitern Abend, den wir drei noch zusammen verbrachten.

Auf Wiedersehn, ich drücke Ihnen herzlich die Hand

Ihr Carl Burckhardt.

An Fritz Knuchel Schönenberg bei Pratteln, Baselland,
18. Juli 1929

Lieber Fritz,

Dein guter freundschaftlicher Brief war mir eine Freude. Das Leben war für unsern großen Freund von überallher zu bedrohend geworden, jetzt durfte er es in einem Augenblick verlassen, wo er in der ganzen unendlichen Güte und Liebesfähigkeit als leidender Vater dastand; daß sein Tod unter diesen Umständen erfolgte, erscheint mir wie ein Ritterschlag Gottes. Wenige haben gewußt, was für eine unendlich leidenschaftliche Kraft, welche Gemütstiefe und Innigkeit diesen Mann erfüllten, der unserer Zeit, all dem gefälschten, Gemüt und Erlebnis vortäuschenden Subjektivismus entgegen, sich immer auferlegte, alles was er aussagte in jene Sphäre zu erheben, wo es die reine Höhe und Allgemeinheit erreichte, die vor allen Zeiten und Lagen der menschlichen Seele besteht. Er war kein Formkünstler: er war ein von allen Gewalten des lebendigsten Lebens erfüllter leidender Mensch, der mit dem größten Verantwortlichkeitsgefühl alles immer auf den letzten gültigsten Ausdruck zu bringen bemüht war, der die Manier des »Stammelns« oder die andere des »Schreiens« verabscheute, der wußte, daß (was Spitteler einmal aussprach) die größte Kraft im Zartesten liegt, die größte Anspannung im Schwebenden, die größte Kühnheit oft im Lachen und im Tanz. Was an Wehmut durch sein frühes Werk geht, es ist ein Vorausahnen des Unterganges jener unwiederbringlichen (von Florenz, Byzanz und Madrid gleichermaßen befruchteten) österreichischen Welt. Ein Denkmal, ein unvergeßliches, setzt er dieser Welt; und ihrer abziehenden Metaphysik, der Musik schließt er sich im letzten Reigen noch an. Alle seine Operntexte sind Kunstwerke, auch jener »die ägyptische Helena« –; wenn man wirklich eindringt, findet man Schätze an großer deutscher Lyrik in all dem und zugleich liegt als ganzes eine völlig neue Kunstform vor, die einst paradigmatisch werden wird, ein Bühnenspiel mit höhern, d. h. rein geistigen Spannungen und geringeren rhythmi-

schen Cäsuren (die eben der Musik überlassen bleiben, von *ihr* erfüllt werden sollten.) Auch die letzten Werke sind unverstanden geblieben, nur beim Turm haben Leute wie Wolfskehl, Hofmiller, Schröder erkannt, wie gewaltig dies in unserer Zeit steht, sie deutet und über sie hinausweist. Die papierenen Literarhistorikerurteile von Nachdichtung u. dergl. fallen für jeden ernsten und gesammelten Leser völlig dahin, – ein ewiger Stoff, den auch Calderon behandelte, ist da, nichts anderes, wo hat ein Shakespeare, wo ein Molière seine Stoffe hergenommen? Gibt es einen großen Autor, der Handlungen erfand? Alles das fällt dahin, wenn man aus der Welt der Abwehr, der Klausel gegen lebend unter uns Wirkende, hinaustritt in die große Helle dieses weihevollen Gebietes, des ewigen Totenreichs unserer nationalen Literatur. In diese ist er jetzt eingetreten, er, welcher uns in Werken wie der Einleitung zu den deutschen Erzählern oder zu seinem deutschen Lesebuch ein so unvergleichlicher Führer war, fast wie ein Gewissen unter uns wirkte, mahnend an unsere ungeheure Verantwortung.
Ich wollte Dir aber nur vom Menschen reden in der Heimlichkeit seines Herzens, die er nur wenige ahnen ließ. Ich möchte, daß davon *etwas* in die Worte fließe, die Du ihm widmest. Allem war er gewachsen, allem unterzog er sich, allem, nur der menschlichen Roheit nicht. In den letzten Jahren seines Lebens wurde er über alle Gebühr und Begriffe befehdet und verlacht, als bringe das Edle und Abgewandte seiner Haltung, diese vom Taumel ergriffene Verantwortungslosigkeit unserer Tage zur Raserei. Der Tod des Sohnes, des ältern Sohnes, den er auch unendlich liebte, war ein letzter Tropfen in einem zum Überlaufen vollen Becher. Auch dies hat er mit dem letzten Ernst genommen wie alles, jede menschliche Beziehung, jede Zeile seines Werkes. Darin aber ist er in seinem Werke ein Österreicher, ein Landsmann Mozarts, daß der Ernst bei ihm am tiefsten ist, wo er am spielendsten, am glanzvollsten, zumeist auf der Oberfläche erscheint. Er täuscht nie eine Tiefe vor (– was ein Grundübel der Deutschen mit ihren gemachten Charak-

teren ist), er hebt das Tiefe empor und hält es ins Licht, und das ist es, was man Oberflächlichkeit u. Ästhetentum genannt hat.

Das sind nur Worte in Eile und von den unfaßlichen Ereignissen des Lebens bedrängt, hingeschrieben mehr im Wunsch, das Richtige zu berühren, als in der Hoffnung, es erfassen und wirklich aufzeigen zu können.

Auf Wiedersehn lieber Fritz, nochmals herzlichen Dank, stets Dein alter

Carl Burckhardt.

An Rudolf Alexander Schröder Schönenberg,
Pratteln, 6. August 1929

Verehrter lieber Herr Schröder,

Ihre Zeilen waren mir sehr wohltätig, die freie, nüchterne Luft der Kameradschaft rührte mich an wie ein Windstoß der uns aufatmen läßt. Ich habe in meinem Leben dreimal den Menschen, der mir in den drei sich folgenden Abschnitten alles bedeutete, den Vater, den Jugendfreund und jetzt diesen, der mehr als Vater und mehr als Freund zu sein vermochte – ich habe sie jedesmal durch einen harten Schluß verloren; den ersten durch eine Tat der Verzweiflung, den zweiten durch einen Unfall und den dritten nun so. Diesmal aber schien es mir, es sei etwas nicht zu Vergleichendes, völlig Endgültiges, ein Einbruch in die Wirklichkeit geschehen, man sei verlassen nicht nur von dem reichsten und gütigsten Spender im Geiste, sondern auch von jener eigenen Kraft der Freude, die uns zum wirklichen Dasein, zum Steigern und Umwandeln in Gesicht, in Sprache und Gedanken befeuerte. Wie sehr tat man alles in Bezug auf ihn, alles, bis zur letzten heimlichsten Freude an einem schönen Geheimnis, es war nun, als sei die Musik verstummt, die einen trug und mit sich zog.

In Aussee las er einmal abends Shakespeares Antonius und Kleopatra vor. Bei der vierten Szene, oder nein, der dritten, des IV. Aufzuges, dem Gespräch der Soldaten in der Nacht

vor dem Palast in Alexandrien, ward er plötzlich von einer großen ahnungsvollen Unruhe erfaßt, er legte das Buch weg, faßte sich dann zusammen und bekam jenen grandiosen fernen Blick im völlig gesteigerten Gesicht. Es ist die Stelle:
(Musik von Hoboen wie unter der Bühne)
Vierter Soldat   Still, was für Lärm?
Erster Soldat   Lauscht!
Zweiter Soldat   Musik in der Luft?
Dritter Soldat   Unter der Erde.
Erster Soldat   Ein gutes Zeichen nicht?
Dritter Soldat   Nein.
Erster Soldat   Was bedeutet das?
Zweiter Soldat   S' ist Herkules, der Gott, den er geliebt,
                 Der jetzt Anton verläßt.

———

Diese Stelle, seine Stimme, mit der er sie las, die Stille und jener Blick, das alles war mir in diesen Tagen beständig und unheimlich nahe. Wie ich Ihre ergreifenden, in Rodaun gesprochenen Worte las, war es mir wieder fast bis zur Grenze des Halluzinierens, dieser gestaltenreiche Zug unterirdisch abziehend, die Rhythmen, die bis ins Blut bekannten, das Verklingen und die furchtbare Stille.
Es wäre mir die Erfüllung eines täglichen Wunsches, wenn ich Sie bald sehen könnte.
Ich höre, daß es der armen Gräfin Ottonie so schlecht gehen soll, ich will ihr jetzt berichten, sie möge doch hierher kommen, in Hinterhör kommt sie nicht zur Ruhe, nicht zu der ihr so nötigen Mitteilung; sie bliebe dann hier bis Anfang September. Gerty schreibt, ob ich jetzt sofort d. h. vor dem 15ten rasch nach Aussee kommen wolle, oder, wenn dies nicht möglich sei, dann vom 1ten September bis zum 15ten. Letzteres scheint mir die richtige Einteilung, am 15ten Sept. fahre ich dann nach München, um mich bei Lexer operieren zu lassen, eine alte Geschichte, die längst hätte gemacht werden sollen. Diesem Plan nun entspre-

chend wäre ich den ganzen September abwesend von hier, es wäre somit besonders günstig, wenn Sie schon im August nach der Schweiz führen und dann hoffentlich einige Tage hier bleiben könnten. Allzukurze Begegnungen unter einem solchen Druck der Bedingung und Voraussetzung sind gefährlich. Sollte es aber nicht sich geben, daß Sie nächstens schon nach Kreuzlingen müssen, so würde ich vorschlagen, daß wir anfangs September vor meinem Ausseer-Aufenhalt uns in Deutschland treffen, eventuell würde ich rasch nach Bremen kommen.

Christiane schreibt mir schon wegen der Briefe ihres Vaters in meinem Besitz. Es erschreckt mich diese Eile. Ich möchte weitaus am liebsten mit Raimund über diese Dinge sprechen, er ist ein ausgezeichneter, nobler Junge.

Ja noch etwas, ich wurde hier in der Schweiz von allen Tageszeitungen und Revuen um Nekrologe oder Gelegenheitspublikationen angegangen, ich habe überall abgeschrieben, dieses Gerede in solchen Fällen ohne Distanz ist mir ein Greuel. Jetzt gelangt die Fischersche Rundschau an mich und zwar mit der Mitteilung, die Familie habe mich bezeichnet. Ich soll da auf drei Druckseiten bis Ende des Monats über Hofmannsthals Person und über persönliche Erinnerungen schreiben – das kann doch wirklich nicht der Wunsch der Familie sein?

Vielleicht kann man das einmal später, organisch und aus der Wahrheit eines ganzen Aspektes heraus. An und für sich ist mir so wenig ums Herz, überhaupt irgendetwas jetzt festhalten zu wollen, es ist mir viel besser zu Mut, wenn alles vorüber reißt wie ein dunkler Strom, in den man hineinstarrt.

Auf Wiedersehn, telegraphieren Sie nur die Stunde Ihrer Ankunft, bis ersten September bin ich hier.

In Verehrung Ihr
Carl Burckhardt.

An Annette Kolb Schönenberg, Herbst 1929

Liebe Freundin,
Wir sind so halb auf der Abreise nach Paris. Natürlich hätten wir Sie gerne gesehen. Kürzlich an einem dieser zart durchleuchteten Herbsttage fuhren wir zufällig wegen einer Straßenumleitung durch Badenweiler, meine Mutter meinte, Sie liebten Überraschungen nicht sehr, wir hätten Sie sonst rasch begrüßt. Ja, Schröder war hier, ich sah ihn zum ersten Mal wirklich; einmal hatte ich ihn kurz in Salzburg, das andere Mal bei Müller-Hofmann während eines Frühstücks getroffen, ohne Freude übrigens, diesmal nun lernte ich ihn kennen. Ein ganzes Stück schwerer und düsterer norddeutscher Geschichte lastet auf ihm und auf den ersten Blick, im Bemühen alles zu tragen, was er muß oder glaubt zu müssen, zeigt er einem nur ein starres Abwehrsystem aus unerbittlichem Luthertum und aus Nationalismus. Später gelangt man auf eine Schicht, wo Rotspon und Importen wirken, altreichstädtischer Humor bis zum Trivialen, bis zu Wortspielen und allerlei Taschenspielerkünsten. Aber das ist nur die Oberfläche und auch hinter all dem ist Oberfläche aus Pathos, aus seltsamer verschütteter Erotik und Leid; ganz zuletzt, fast unzugänglich, kommt das Wirkliche, Güte, Reinheit, Glaubenskraft und ein mächtiger, vom Schicksal immer wieder gefesselter Geist. Er hat mir großen Eindruck gemacht. Wieder ward mir deutlich, daß das Entscheidende nicht die Überzeugung ist, für die einer steht und sich einsetzt, sondern nur das, was er im letzten Sinne einzusetzen hat, einzusetzen hat wofür immer. Ich glaube nicht einmal, daß das eine skeptische Einsicht ist. Wenn es geht, kommen wir noch.
Stets in Verehrung der Ihre
                                    Carl B.
Ce jugement entre nous!

An Max Rychner [12. Oktober 1929]

Sehr geehrter Herr,
Deutscher, Philosoph und Hegelforscher, gelegentlicher Leser Ihrer Zeitschrift, bisweilen Bewunderer Ihrer Anmerkungen, dies zur Einführung:
In Ihrer letzten Nummer zitieren Sie das Wort Hegels (!?): »Das eigentlich Satanische ist die Objektivität eines mittleren Kopfes.« Wo steht das? Ich kenne das Werk Hegels wie heute vielleicht kein Zeitgenosse. Steht es in den Briefen? Kaum! Sie scheinen, Herr Redaktor, recht leicht mit großen Namen umzuspringen!
Ja, das Wort, das Sie zitieren ist ein gewaltiges, ich läugne es nicht, es hat mich ergriffen, vorerst ergriffen, aber sehen wir, die wir unter der Objektivität mittlerer Köpfe wirklich gelitten haben, sehen wir zu, ob es Bestand hat. Die Objektivität mittlerer Köpfe, die Subjecktivität mittlerer Herzen, natürlich all das ist höchst unerfreulich, ja, mit Laune gesprochen, warum nicht könnte man es als Satanisch bezeichnen? Aber ein Vorschlag: könnte man nicht vielleicht einfach, Herr Redaktor, die Mittelmäßigkeit an und für sich dem Satan in die Schuhe schieben? – Natürlich müßte man vorgehen ohne Satan um sein Einverständnis anzusprechen, denn selbstredend, er könnte es verweigern. Mein verehrter Herr Redaktor, Sie sind wie ich höre noch jung und haben Erfolg (auch Talent), ich bin alt und bin mit Mißerfolgen gespiesen worden wie ein Masteber mit Trebern, mich hat Objecktivität mittlerer Köpfe während des Krieges (obwohl ich Heglianer bin) beinah an die Wand gestellt und nacher an eine Hauslehrerhungerkrippe ins Ausland gedrängt, Sie aber junger Herr wandeln auf den goldenen Brücken die sich über die Abgründe des Daseins spannen. Nun ja, was somit, seien wir ehrlich, was wissen Sie vom eigentlichen Satanischen? Fühlten Sie nicht, da Sie schrieben?, daß Sie im Grunde, ganz im Grunde (seien Sie froh) nichts davon wissen! Fühlten Sie das nicht, wie Sie sich hinter Hegels breitem Rücken versteckten?

Gut, nun mein Herr, Sie wollen die Antipositionen aufheben, das pro und contra, das plus und minus, Sie wollen die Welt ihrer Dynamik kastrieren, die Bewegung paralisieren, die zwischen dem Fuchsjagdfanatiker und dem Tierschützler entsteht, der Eigenkleidhigienikerin und Madame Chanel in Paris, dem Herrn Krupp und dem Herrn Barbusse. Gut, diese einfachen tausendfältigen Akumulatoren welche uns Spannung und Bewegung bringen, wollen Sie stillstellen, ausgleichen, hermaphrodisieren, sterilisieren! Gut. Synthetik nennen Sie das? Toleranz hat man es früher genannt, Liberalismus später, laisser aller bisweilen, und was für eine Position beziehen denn Sie mein Herr zu Ihrem synthetischen Zauber und Kulturwerk? Eine andere etwa als diejenige der Objecktivität, der Objecktivität eines *hohen* Kopfes vielleicht? Läuft es *darauf* hinaus dies zu beweisen, daß dem satanisch trennenden und entzweienden der Objecktivität mittlerer Köpfe, eine göttlich versöhnende, ausgleichende Objecktivität hoher Köpfe gegenüber steht, daß Hader und Wiederspruch nur in den mittlern Sphären herrscht, in der hohen der Sie angehören, aber Ausgleich und königliches Gewährenlassen? Ha, wahrlich! diesem übernationalen Halbgötterolymp und seiner Synthese anzugehören, muß ein Gefühl von beglückender, schwebender Versöhnlichkeit vermitteln, von wonnevollem lässigem Kennertum. Aber mein Herr, vergessen Sie nicht droben auf Ihren goldenen Brücken, daß es noch ein Unten und ein Oben gibt, ein Hoch und ein Tief, ein Schwer und Leicht, und daß wir die Untern uns mit Ihrem synthetischen Vorschlag von oben herab nicht zufrieden geben, bis der Ausgleich ein vollständiger ist, bis wir alle auf einer ungeheuern Ebene uns gegenüber treten, wo es keine Relativität des Standpunktes mehr gibt, wo gerichtet wird, gewählt, gesichtet, verworfen, entschieden bis auf den Grund, ja, ich möchte mich zum Worte bekennen: »Fiat justitia pereat mundus.« Einer der nicht auf dem Promenadendeck wandelt
          Heinz Baldamus. Philosoph.

An Christiane Zimmer   Schönenberg, 29. November 1929

Liebe Christiane,
Die indischen Offenbarungsworte, das schöne heitere »Spiel um den Elefanten« mit seinem Grundbaß ernsten Elefantentrittes durch die Jahrhunderte, – ein gütig fröhlicher Brief Deines Mannes, all das kam mir als wahre Freude ins Haus und jetzt ist auch noch das Buch der Freunde eingetroffen, geisterhaft umschließend alles, was in tieferm Sinne zu einem gehört und damit zusammenfassend auch uns, Dein Haus und meines – die Zukunft, die sie enthalten, das Streben und auch den großen Schmerz des Unwiederbringlichen. Einen Irrtum hat Gagliardi mir aufgeklärt. Ich sprach Dir von einem Brief, den er von Deinem Vater über den Turm erhalten habe. Er besitzt keinen solchen, ich dagegen erhielt in Zürich seinerzeit, wie ich bei G. wohnte, zur selben Zeit wie er ein Wort aus Rodaun, und das an *mich* Gerichtete erwähnt in so *wesentlicher* Weise das Trauerspiel und das, was seine Schwierigkeiten, sein Unheimliches, sein fast Unsägliches ausmacht. Ich schreibe den Brief ab und lege ihn bei.
Aus Wien klingen die letzten Nachrichten Deiner Mutter leider etwas entmutigt. Ich hatte sie, da wir erst am zweiten Jänner 30 verreisen, ersucht doch November und bis zu den Weihnachtstagen zu uns zu kommen. Nun schreibt sie, das Einrichten ihrer Wohnung halte sie zurück und sie werde sich nur kurz auf dem Wege nach Heidelberg hier aufhalten können. Ich denke, ihr Gleichgewicht und die ihr natürliche Frische werden sich gleich herstellen, wenn sie einmal eingerichtet und zur Ruhe gekommen ist.
Falls Raimund der amerikanischen Verhältnisse wegen nicht mehr hinüber kann, falls eine Pause und Ratlosigkeit auf seinem Wege sich einstellt, so mag er doch, bis bessere Aussichten auftauchen, zu uns kommen, er könnte hier jagen, schlafen, sprechen, mit Dory Thee trinken und, falls es ihm beliebt, wie zum Spiel so um meine Tätigkeit herum studieren und, falls es ihn unterhält, den Doktor machen.

Nun habe ich also Schröder kennen gelernt. Während vier Tagen war er hier. Zuerst bei Knuchels Feier im blauen Saal der Mustermesse begegnete ich dem verglast und unförmlich im Frack Hereinschreitenden – fast mit Grauen. Die Rede – wörtlich der Aufsatz der Rundschau –, gedehnt, unter dem Föhndruck schmerzlicher Pathetik wolkenartig gedehnt, zerfließend in düstre Himmelsfernen, Wetterwinkel, namenlose Horizonte – die Rede war qualvoll und – ja denke Dir – hat mich dennoch gerührt, eine rührende Treue und Liebe, wahr bis auf den Grund, machte das ganze schwüle Wortwerk beinah zum gestammelten Bekenntnis. Nach den vier Tagen hier oben aber haben Schröder und ich uns als Freunde getrennt. Seine Reinheit, seine Kraft, seine mit höchsten, strengst gewogenen Werten erstellte staunenswerte Bildung, sein Herz aus Trauer, aus tausend Toden und verachtendem Schmerz, immer wieder zierlichste Freude spendend, wie neugeboren und unversehrt, wie aus einer Gläubigkeit heraus spendend, seine Späße zwischen einem Kind und einem Riesen gespannt, blanke Prägung von der unermüdbaren Feder geschnellt, gegenwärtig, wach, unverdrossen mutig – – ich habe ihn ganz eigentlich geliebt zum Schluß. – Von Gundolf meinte er, man werde einst mit dem Zeigolf auf ihn weisen. Bei Rotspon, wie Heinz so trefflich sagte, Importen und Gänseleber ward ihm ganz wohl in unserer Reichsstadt, er war auch charmant wie ein großer Kaufherr, bisweilen erinnerte er mich an Globus, bisweilen polterte aber sein Geist dann lutherisch derb gegen diese Karkasse von altgewohntem Wohlleben, so daß sie recht hohl und knöchern hallte und man ans Totenbein im Bremer Senatorenbegräbnis, an dessen jüngsten Tag, die Senatorenposaune und auch in Augenblicken an das Muspilli dachte.
Auf Wiedersehn, liebe Christiane, alles Herzliche Deinem Mann und dem Kleinen stets Euer   Carl

Um Lesefehler zu vermeiden, sende ich das Original.

An Max Rychner [Paris] 29. I. [1930]
[Entwurf]

Heute, lieber Max, wölbt sich einer dieser unbegreiflich leichten Himmel über uns von der unwirklichen Farbe, die Du in Deinem herrlichen Nancyergedicht besungen hast. Ich aber sitze im Archiv, von 2 bis 6, ich aber bin ein Schreiber, ein Kopist, ein Sklave, un pion und kopiere wörtlich bis auf die Schreibfehler, was ein längst vermoderter Herr de la Cour aus Wien im Jahre 49 an seine Regierung berichtete. Bis ins Jahr 53 muß ich gelangen, Tag für Tag die Verschiebungen des Geschehens in diesem völlig gespensterhaften Österreich durch Herrn de la Cours Gehirn verfolgen – und er sieht richtig – ohne Zweifel. Nie, mein guter Max, seit Jahren, habe ich so große Lust gehabt zu schreiben, zu schreiben trotz dieser vom Teufel erfundenen Füllfeder, und anstatt dessen lasse ich mich am Vormittag von krumm gewachsenen, leberkranken, negroiden, jakobinischen Beamten in der Bibliothèque nationale begraben.
Gestern Abend speiste ich mit dem »patricien continuateur de nos traditions les plus belles« Léopold Boissier, wir hörten dann eine Marseillerrührgeschichte für höhere Kinder vom Verfasser des Topaze, *Marius*, eine gräßliche Affaire, schön gespielt, besonders vom Träger der zweiten Rolle, vom »Vater«, der auch einen wirklichen Moment im Dialog hat, einen Augenblick. Nachher gingen B. u. ich noch in eine Montmartrepinte, wo eine Zigeunerin mir aus der Hand sagte, ich sei ein Genie, mag die Zigeunerin dorthin fahren, wo sie hingehört, mit dem Dämon hat sie nicht so unrecht.
Ja, mein guter Max, Du schreibst mir da so aus der Ruhe Deines von frischen Winden nie allzusehr erregten und doch stets angenehm belebten Bildungssynkretismus, Du schreibst mir von dem katholischen Philosophen Przywara, von Fritz, dem Zeppelin des protestantisch konservativen u. juristisch einwandfreien Kulturkampfes, Du schreibst mir von Du Bos' Konversion, u. all das mit der Freiheit des

ungestörten Synthetikers. Ja nun denk Dir, in Augenblicken mag mir scheinen, Fritz habe nicht so Unrecht; wenn man *einmal* die Unerbittlichkeit des neofranzösischen, neothomistischen Katholizismus gespürt hat und den Haß, der die Leute dieser Richtung uns gegenüber befeuert, ja Max, dann denkt man anders. Barthianer, Puritaner, alle sind ihnen näher als wir, wir vertreten das Prinzip »Satans«, wir sind – Individualisten – wie Jesus Christus ein Individualist war – wir vertreten das furchtbare, das nur durch Feuer und Schwert auszurottende Grundübel »des Hochmutes«, »de l'orgueil«. Und man muß sich keinem Zweifel hingeben, dieser Geist *führt* heute in der Kirche. Dem e i n e n Hochmut: die volle, die ganze, die unveränderliche Wahrheit zu besitzen, diesem *einen* Hochmut muß jeder andere Hochmut fallen, man hat alles in Einem, ein für alle Mal muß man Selbstgefühl, Freiheit, alles hingeben um dieser einen Gabe willen, die man auf den Knien u. gläubig von der Kirche zu empfangen hat. Hier gibt es einen Neffen des Cardinals Mercier, der von meinem Schwiegervater auf mich dirigiert wurde. Kürzlich: il m'a entrepris. Lange Abhandlungen über die Greuel der Reformation, das Teufelswerk des 19. Jahrh. und hiezu nun moralische hors d'oeuvres von folgender Art.
Mercier: Würden Sie als Protestant Ihre Frau betrügen? (Man denke sich einen Engländer eine solche Frage stellend)
Ich: Bleiben wir, wenn Ihnen das Thema schon liegt, bei der Sache, schweifen wir nicht ins Persönliche ab.
Mercier: Das gehört zur Sache, das ist die Sache selbst, würden Sie es tun?
Ich: Ich würde es nicht tun!
Mercier: Das kann ich Ihnen nicht glauben, das ist unmöglich, verzeihen Sie, Sie würden es nicht tun? ja warum nicht? aus religiösen Gründen?
Ich: Nein, nicht aus religiösen Gründen.
M.: Ja dann, um Gottes Willen, warum denn nicht, ich würde es täglich tun ohne religiöse Gründe, ich tue es so

trotz des Verbotes, es führt mich zu Reue, zu Besserung, zu Steigerung. Aber warum würden Sie es nicht tun?
Ich: Weil ich mein Wort gegeben habe.
M.: Und das genügt Ihnen – nun entweder sind Sie ein Tartuffe, oder dann von einem unvorstellbaren, sündhaften Hochmut, daß Ihr Wort Ihnen so viel gilt.
Ich: Es handelt sich doch ganz einfach um einen gegenseitigen Vertrag, Offenheit ist seine Grundbedingung, Einverständnis ist deren Folge, solange Offenheit u. Einverständnis herrscht, kann doch von Betrug gar keine Rede sein.
M.: Einverständnis, welch ein Gipfel von Unmoral, welch ein Greuel, jetzt kann ich gar nicht folgen, denken Sie sich, sogar wenn ich die üble Tat getan habe, wenn ich meiner Frau untreu war, wenn Reue mich bis aufs Blut peinigt, *niemals* würde ich meiner Frau ein Wort sagen. Und wissen Sie, warum nicht, wissen Sie, aus welchem Grunde nicht? – weil dieses Geständnis mich erleichtern würde, weil ich dadurch die Last meiner Reue erleichtern würde, weil ich dadurch des Heils verlustig ginge. Ecce ingenium catholicum – oder ein anderes Beispiel, die kleine heilige Theresa von Lisieux, Tochter tuberkuloser Eltern, Schwester frühverstorbener Geschwister (il faut donner des âmes à Dieu), wie sie im letzten Stadium *ihrer* Tuberkulose sterbend liegt, erhält eine Medizin von frommen Wohltätern dem Kloster gestiftet. Sie verweigert die Medizin, sie will die von Gott gesandte Krankheit ganz bis auf den Grund bestehn, – dann kommt ein Zweifel – vielleicht verletzt sie die Spender, ja gewiß verletzt sie die Spender, und noch ein Zweifel – die Medizin nicht zu nehmen könnte vielleicht ihre Leiden *verkürzen*, das darf sie nicht, dazu hat sie nicht das Recht – also sie nimmt die Medizin, aber sie betet, sie bittet, daß die Erleichterung, die sie ihr schafft, nicht ihr, nein daß sie irgend einem fremden Missionar zu Gute kommen möge, im Dienste seiner Mission. Solche Subtilitäten erfüllen mich mit Grauen. Und was nun Du Bos betrifft, so hätte ich ihn gerne gesehen wegen seiner Beziehung zu Hofmannsthal, seitdem ich aber kürzlich von seiner Konversion gehört

habe, von den Modalitäten dieser Konversion etc. es graut mir fast. Maurras, munkelt man, mache auch daran herum, sogar von Gide mit seinem Pferdefuß munkelt man. Es ist recht schönes Intellektuellenplaisier, – ich nahm während meiner ganzen Wienerzeit daran Teil – so diese Vorführungen katholischer Philosophie wie bei Przywara, katholischen Rationalismi wie bei Maritain, katholischer romantischer Hysterie wie bei Huysmans, aber wenn dann die Sache *wirklich* wird, wenn sie einem auf den Leib rückt mit ihrer Sklaverei, ihrer Entpersönlichung, ihrer insinuanten Indiscretion, ihrem Himmel wie ein Versailles zur Zeit Louis XIV. – (– la Ste. Vierge ne désire pas –) – ja mein guter Max, in solchen Augenblicken ist mir der gute Rechtskonsulent des Fähnleins der 7 Aufrechten u. der Kreditanstalt beinah lieb, beinah, trotz seines Herrn N., seiner Beziehung zur steilen Ethik des Bingenermeisters und anderseits zur »simplification bien présentée« eines juristischen Weltbildes mit Klavierbegleitung. Und all das sind so Reaktionen, die mir in Momenten unsere Väter von anno 48 und die andern im 16ten Jahrh. doch wieder lebendig machen.

Man kann natürlich diese großartige Form des Christentums, den Katholizismus, genau so gut wie etwa das Franzosentum, ausschließlich *weit* sehen, weitherzig, seine Einzelnen erkennen, ihre Bezüge, ihre Ausnahmeeigenschaften, aber wenn man entfettet (wie Kassner sagt), auskocht, dann bleibt das Eigentliche, das, worauf es ankommt, das, was weiter wirkt, und dieses Eigentliche ist unversöhnlich, das Wesen der Kirche ist durch Macht bestimmt u. wieder durch Macht, Macht in Nord u. Süd u. jede andere Macht der Welt, ob sie dem Einzelnen oder einem Volke gehört, muß an der Macht der Kirche zu Grunde gehn quer durch die Geschichte hindurch; bei den Franzosen nun *negativ* gesehen heißen die beiden Pole: im Gefühl, Sadismus; im Geist, Rationalismus; und zwischen diesen beiden Polen liegt die jakobinische Methode, jakobinisch, ob sie der Macht Ludwigs XIV. diene oder der Terreur, der Theorie Bonalds, oder der Deklamation des principes du progrès et de la civilisation 1848, dem Deutschen-Haß seit 70, oder dem exclusiven mörderischen Neokatholizismus unserer Jahre. Das ist der negative Aspekt, – vom positiven möchte ich nächstens wieder einmal in ähnlicher Form wie kürzlich reden in einem Aufsatz über die Ausstellung »Romantisme«, man kann diese zum Anlaß zu Allgemeinstem nehmen, noch mehr als das Buch der Aussprüche. N.b. lies Gonzague's Aufsatz in der Revue catholique: »Le Romantisme«. Du wirst dann vielleicht doch fast bedauern, daß ihr in eurer Herzensgüte nicht ein wenig mit ihm diskutiert habt, daß ihr im Gegenteil euch milde, gütig, ja dankbar ausschließlich als zu Bildende verhalten habt.

Auf Wiedersehn, Deine Nachrichten, auch kurze, freuen mich immer sehr.

Herzl. Carl

An Eduard Fueter Genf, Plateau de Frontenex 3,
den 19. Juni 1933

Lieber Freund,

Ich kann Ihnen gleich zum Beginn eine gute Nachricht geben. Ich schickte vor drei Wochen die vier ersten Kapitel des Richelieu Buches an Endres nach Lübeck; diese allein machten schon den Umfang des gesamten Bändchens aus, Endres hat nun ein Einsehen gehabt und hat mir geschrieben, er begreife, daß sich dieser Stoff nicht wie derjenige Maria Theresias symbolisch zusammen fassen und gewissermaßen als kurze Metapher prägen lasse, daß vielmehr hier die Eröffnung einer ungeheuren Debatte über das gesamte europäische Problem einsetze und die Prozeß-Strategie gegenüber dem westfälischen Frieden müsse gezogen werden. Es werden mir somit für den Essai 300 Seiten konzediert und der Termin ist der erste Oktober. Das Buch wird wahrscheinlich nicht bei Coleman erscheinen, sondern durch Vermittlung eines Endres und mir gemeinsamen Freundes, Doktor Rinn, entweder bei Callwey oder bei

Oldenbourg in München. Es ist richtiger so. In den Sommerferien wird nun allerdings der Richelieustoff mit der Micheli-Arbeit collidieren, aber vielleicht ist das kein großes Unglück, da der geistige Weltstoff, dem die beiden Phänomene angehören – toute proportion gardée – keine gewaltsame Umstellung erfordert.

Meine Sommerpläne sind nun die folgenden: ich habe mir im Beginn des letzten Winters für meine Verhältnisse ein wenig viel zugemutet und trotz meiner Faulenzerei nach der Wienerreise kam ich nicht aus einer Art von Frühjahrsmüdigkeit heraus. In Brüssel war ich für die zwei Vorträge mit Bahn und Flugzeug, aber schließlich habe ich dann dort doch in der fremden Sprache über mein Manuskript hinaus stark improvisiert und eine jener momentanen Anstrengungen vollbracht, die oft mehr am Kapital zehren als lange regelmäßige Arbeit. Natürlich hat man im Französischen nie die Sicherheit des Abmessens und Dosierens, die man in der eigenen Sprache besitzt und man verfällt besten Falles leicht etwas ins Brillante. Soeben kehre ich aus Deutschland zurück. Ich war drei Tage in Weimar und fuhr die übrige Zeit in die Kreuz und Quer durch das dritte Reich, sodaß ich schließlich bei meiner Ankunft hier innerhalb von 5 Reisetagen die erstaunliche Summe von 2600 Km am Volant gesessen hatte. Sie werden denken, eine Rekordsucht hätte mich ergriffen, aber es war mir vor allem darum zu tun, von den möglichst verschiedenen Gegenden mir einen Begriff zu verschaffen. Ich fuhr den ersten Tag Genf – Stuttgart, den zweiten Stuttgart – Nürnberg, mit Umwegen zu Bekannten, dann Stuttgart – Bamberg – Weimar, auf der Rückkreise Weimar – Jena – Naumburg – Altenburg – Leipzig, am nächsten Tag Leipzig – Würzburg, dann Würzburg – Heidelberg, am selben Abend Baden-Baden – Freiburg i. Br. und dann Freiburg – Genf. Und nun der Eindruck: einmal bis zur Erschütterung die unsägliche Schönheit, Liebenswürdigkeit, naturhafte Tiefe und großartige Ausdruckskraft des landschaftlich unablässig beglückenden Süddeutschland, vor allem, muß ich sagen, der katholischen Städte wie

Bamberg und Würzburg. Sodann das verdrießliche und beschämende Schauspiel der »Gleichschaltung« der Goethe-Gesellschaft, vollzogen durch einen Anton Kippenberg in Anwesenheit des mit fürstlichen Ehren empfangenen Statthalters in Thüringen und seiner Akolyten, Bekenntnis zu den »großen Männern, die unser Geschick in die Hand genommen haben«, Feststellung, »daß Goethes dominierende Eigenschaft der Patriotismus war«, »daß der Geist von Weimar nur möglich sei, wenn man in den Geist von Potzdam eingehe, daß die Deutschen einer Goethe'schen Aufforderung genügen, wenn sie sich jetzt – im gewaltigsten Aufbruch aller Zeiten wieder gebären –«
Neben mir saß der schwer bedrückte, sorgenvolle Planck, er hatte wenig Tage vorher einen vergeblichen Versuch unternommen, Hitler persönlich von der Notwendigkeit der Beibehaltung gewisser Gelehrter zu überzeugen. Hitler habe ihm nicht zugehört, was er überhaupt schwer könne, sondern in steigender Erregung, wie vor einer Volksmenge, sei die eigene Rede mit ihm durchgegangen. Schwer bedrückt und aufs Äußerste skeptisch war auch Carossa, der nur einen Wunsch hat, herauszukommen, ihm erscheint das Ganze »nord-deutsch-hybrid«, wie alles, was von dort komme, »ein romantisches Gerede« ohne tatsächlichen Inhalt, rasch wende sich alles zu einem antihierarchischen, antikatholischen Vorgang, wobei die Tatsache, daß manche der Führer aus dem Katholizismus und aus dem Süden stammten, nichts zu bedeuten habe, da die Betreffenden eben ganz von der Halbbildungsideologie von vorgestern, die durch Wagner marquiert ist, besessen seien. Ganz anders Bertram, der völlig ergriffen, völlig erfüllt, gänzlich vom Glauben an die epochale Größe des Geschehens durchglüht ist. Bei diesem bedeutenden und liebenswerten Menschen ist die der Georgeschen Vorbereitung nicht fremde mystische Übersteigerung gewisser Aspekte ganz besonders merkwürdig; vor allem im Negativen wird dies deutlich, was die Franzosen an jämmerlicher Zukunftslosigkeit, Europa-Sünden, durch verbrecherische Rassenmischung,

kleinbürgerlich ausdörrende Advokatengesinnung etc. geleistet – und zu sühnen haben, das geht über jeden Begriff, besonders wenn man mit einem Nietzsche-Schüler sich im Gespräch weiß, was andrerseits an Vorstellungen wie »germanischer Herrenmoral«, »Rassensuprematie«, »weltgeschichtlichen Leistungen Preußens« im Sinne eines fast hysterischen Selbstlobes geboten wird, das ist ganz erstaunlich. Vielleicht ist nichts symptomatischer für die nördlich-lutherische Natur dieser Inspiration als die Tatsache, daß Bertram selbst [da-]von in Augenblicken abrückt, und zwar wegen jener bekannten Gedichtstelle gegen Preußen: »Baut eure Zukunft nicht auf jene dort im Sande«, oder dergl. Natürlich mächtigste Erbitterung gegen den österreichischen »Geschichtsverrat«, und sodann: »Es ist ein Unglück, daß manche der Führer katholisieren, die Annäherung Hitlers an Brüning ist der schwerste Vorgang der letzten Zeiten, aber wir müssen diesmal endgültig mit dem Katholizismus abrechnen!« Hier haben Sie schon die Stelle, wo die Sache sterblich ist, von vornherein hier und an tausend anderen Punkten, unendlich viel gefährdeter, als der italienische Faschismus. Völlige Absenz jedes Wirklichkeitssinnes, ungeheure blasentreibende Romantismen, – daß wir Deutschschweizer diesmal endlich ebenso wie die Holländer von der gewaltigen Grundwelle erfaßt werden müssen, ist ganz klar! Fast ein Vorwurf liegt in derartigen Feststellungen, eine Drohung. Im Großen und Ganzen scheint mir doch, die Bewegung sei wie diejenige Luthers ein Aufstand gegen jene ganze Welt, die aus der Antike hervorkam und die wir mit dem Namen Heliopolis, Ephesos und Rom bezeichnen können, Bruch mit allem, Rückkehr in eine germanische Wüste.
Ich besuchte Frau Förster-Nietzsche. Wie eine kleine dämonische zuckersüße Soubrette mit einem Kern aus Diamant und wahrhaft dämonischen Kräften mit ihren 86 Jahren. »Der Bruder aus dem Totenreich hilft mir, dem armen, kleinen Schwesterchen« (sie ist fast eine Zwergin), »er weiß was das kleine Schwesterchen für ihn ganz allein gekämpft

und gelitten hat.« (Zuckermündchen und Augenaufschlag), ein ganzer Hofstaat von leisesprechenden Hausdamen, Archivverwaltern sitzt anbetend um die erstaunliche, energische und geistesklare Pygmäenkönigin aus der Zwischenwelt. Das Haus ist von Vandevelde in den grünlich-violett verschlungenen Arabesken des Jugendstils gebaut, ringsherum hängen entsetzlich beklemmende klinisch-mitleidlose Riesenphotographien des gelähmten, starrblickenden Paralytikers, Nietzsche. Eine ungeheure Marmorbüste (fünffache Lebensgröße), von Lorbeerkränzen hoch umschichtet, steht als Xenotaph inmitten der Tee trinkenden, handküssenden Schemen der Ruhmes-Verwaltung; und vor der Büste ein Bild – das Bild Adolf Hitlers –. »Morgen«, sagt mir die uralte behende Schwester des Nachruhms, »morgen kommt Ihr großer Landsmann, Andreas Heusler aus Basel, er wird vor diesem Standbild einen Vortrag halten über die germanische Herrenmoral in der Edda, Ihre Majestät die Kaiserin wird auch da sein, Heusler schilt uns immer als lau in unserm Verhalten gegenüber den Franzosen.« Selten habe ich von einem Orte auf der Welt ein so unheimliches, gemischtes, aus Größe und Spuk, fahlem Verfall und zweifelhafter Unsterblichkeit aufsteigendes Gefühl erlebt wie in diesen [im] schwächlichen Geschmacke von 1901 fließenden Mauern, die das Geheimnis eines mächtigen, unverstandenen, deshalb unsäglich gefährlichen Menschen, die giftige Ausstrahlung seiner Leidenszeit und die Erinnerung seines Denkens enthalten, – unter anderem eine herrliche humanistische, vor allem exquisite französische Bibliothek. »Mein Bruder ist der Begründer der großen Zeit, die wir heute erleben«, sagte mir Frau Förster. – War es nicht Nietzsche, der auf Grillparzers Wort hinwies: »Von der Humanität über die Nationalität zur Bestialität«?

Wenn man in preußisch-sächsische Lande hineinfährt, wird die Landschaft öde, flach, physiognomielos, wie sie Ihr verstorbener Vater einmal im Colleg schildert. Die Bevölkerung hat etwas Scheues, Unvertrautes, Slavisches, zwischen frech und unterwürfig. In diesen Gegenden ist alles uniformiert: nicht endende Kolonnen von Wehrsport, sodann Arbeitsdienst, 9000 Mann Stahlhelm ziehn an uns vorüber, daß die Schulmädchen Studentenmützen tragen müssen, das wußten wir auch früher schon, aber jetzt tragen auch die Frauen Uniformen, vom Luisenbund, kaum ein kleiner Junge, der nicht das braune Hemd anhat. Nach einer Fahrt durch diese Gegenden hatte ich nur noch den Marschschritt in den Ohren. Ich empfand es wie den ungeheuren Anmarsch einer – trotz allem – asiatischen Avant-garde gegen Europa. In diesen Gegenden sind die Vertreter der früheren Oberschicht schon völlig von ihrem anfänglichen Taumel ernüchtert und schwer besorgt; hier, vor allem in Sachsen, herrscht für mich eine schier unerträgliche lehrhafte Häßlichkeit, überall dieses Gerede von Rasse, das wahrhaft den Skandinaviern oder den Engländern besser anstünde, überall diese botokudisch geschorenen Schädel, die Fettwülste im Nacken, die Bäuche unter den braunen Hemden und Brillen, Brillen, die von Goethe so sehr gehaßten Brillen, so weit das unbewaffnete Auge reicht. Ich kann Ihnen nicht sagen, wie sehr ich nun das zweite Mal in meinem Leben, wie im Frühjahr 1914, da ich von Göttingen kam, wie sehr ich aufatmete in Würzburg, wo dieser wunderbare fränkisch-romanische Typus eine Welt von der Natur getragener, in sie übergehender, sie erhöhender, fast in Musik verwandelter Formen im Stein geschaffen hat. Hier stieß ich nur auf eine stolze Ablehnung der lauten Vorgänge, ebenso wie in dem herrlichen Bamberg. Gegen das »Elegante« als einem völlig undeutschen Wesen gerichtet sei die Bewegung, sagte mir Bertram; und dabei schickte er mich in den Naumburger Dom, wo das Eleganteste, das jemals menschliche Kunst geschaffen hat, die Standbilder im Chor, die Ihnen sicher bekannt sind, stehen, – 13. Jahrhundert – Welthaltung höchster ritterlicher Prägung und der Künstler? – Der Künstler ist unbekannt; ich bin sicher, daß er aus Reims stammte, – das war noch ein Deutschland, ein Reich, in welchem man hätte zu Hause sein wollen, jenes, zu welchem auch Reims gehörte.

Ich bin ins Erzählen gekommen, und wenn ich zusammenfassen müßte, so fiele es mir schwer. Ich brauche nur über eine bewaldete Höhe Süddeutschlands hinunter in eine der türmereichen Städte zu schauen, so weiß ich, wie sehr ich dieses Volk liebe, und dabei, wenn ich des exhibitionistischen Hochmutes gedenke, der prätentiösen Häßlichkeit, des sinnlosen Pathos der letzten Generationen dieses Volkes ohne Art, ohne Gesicht, ohne innere Stufung, so graut es mir. All das lebt unter uns, für uns, es ist gut, daß man noch auf einer Insel lebt, auf welcher man sich derartiges sagen kann.
Und nun Paris – ich glaube schon, daß die Franzosen jetzt manches, was im heutigen Deutschland geschieht, mit Bewunderung ansehen. A distance. Auch ihnen täte Erneuerung, Durchgreifen, Reinigung not, diese Herrschaft südfranzösischer Advokaten direkt aus dem bistro bezogen, diese Scheu, ja der Ekel des wirklich wertvollen Frankreich vor jeder politischen Betätigung, all das muß aufhören. Aber was soll eine wirklich erneuerte französische politische Welt einem Deutschland gegenüber unternehmen, das solche Zeichen der geistigen Gestörtheit gibt, was gibt es anderes als Sicherheit gegenüber einem unzurechnungsfähigen Nachbarn? Haben Sie noch den Ton in den Ohren, diesen mitleidigen begütigenden Ton der Protektion, den der durchschnittliche Reichsdeutsche anwendet, wenn er von der Möglichkeit einer Versöhnung mit den Franzosen spricht? Historisch hat Frankreich eine ungeheure Last der Verantwortung gegenüber der deutschen Entwicklung zu tragen, aber zweierlei muß man sich immer vor Augen halten, außer Goethe hat kein Deutscher Napoleon 1. verstanden und sodann, seit der Mitte des letzten Jahrhunderts, ist die Schuld auf der deutschen Seite viel größer, und dies in einer Zeit des größeren Überblickes, der genauern Rechenschaft. Ich möchte, Sie könnten Menschen sehen in Paris. Treffen Sie Bonnards, meine und Ihres Onkels Freunde manchmal? Besuchen Sie doch, falls Ihre Zeit es erlaubt, einen außerordentlich begabten jungen Menschen, Chefredaktor einer nationalistischen Zeitung, Herrn André Sou-

lié, directeur de la ›Revue Frontière‹, 18 Av. de Friedland, Paris VIII., er ist mit einer Cousine von mir verheiratet. Ich schreibe ihm mit derselben Post, um ihn auf Ihren eventuellen Besuch aufmerksam zu machen, durch ihn werden Sie viele geistig bewegte Altersgenossen treffen, auch kann er Ihnen an einem freien Sonntag-Nachmittag Paris zeigen wie kein anderer. Die Adresse der Bonnards ist: 25 Av. Du Quesne. Eigentlich sollten Sie auch Charles Du Bos aufsuchen, einen der feinsten Köpfe und Führer der neokatholischen Bewegung, seine Adresse: 4 Rue des deux Ponts, Ile St. Louis, Paris IV. Auch an ihn werde ich eine Zeile richten. Überarbeiten Sie sich nicht, versuchen Sie in einem Kräftezustand zu bleiben, der es Ihnen erlaubt, Paris ohne Ermüdung wirklich in sich aufzunehmen. Sie sollten in dieser Jahreszeit jetzt auch die Schlösser Chantilly und Fontainebleau sehen. Nach Versailles ist es wunderschön an einem hellen Abend zu gehn und im Park zu spazieren. Vincennes hat mir auch großen Eindruck gemacht. Falls es, was man nicht mehr zu hoffen wagt, noch einmal helle Tage geben sollte, so gehen Sie in die St. Chapelle abends, dann wenn die Sonnenstrahlen schräg durch die Scheiben einfallen; und zum Schluß lassen Sie sich von dem geistvollen Bonnard, der immer in Reaktion gegen seine Umgebung ist, nicht zu viel gegen die Franzosen erzählen, sie haben große, oft schwer erträgliche Fehler, aber zum Teufel auch Vorzüge, von denen wir lernen können. Was uns am meisten not tut ist, den Sinn für Eigenart, die Sicherheit und dabei den weltoffenen Blick eines Herder zu bewahren, ohne wie er durch Vergleiche griesgrämig und bitter zu werden. Kürzlich war ich einen Tag in Paris, ich sah auf den Quais gegenüber dem Institut de France bei einem Bouquinisten eine Voltaire-Ausgabe, 100 Bde., noch vortrefflich erhalten, ich glaube sie kosteten 600 französische Franken. Aus Dummheit zögerte ich und ließ mir die Gelegenheit entgehen, falls Sie vorbeispazieren und sie sind noch da, was ein Wunder wäre, so lassen Sie sie doch bitte für mich reservieren und telegraphieren Sie mir.

Und somit, ich wollte von meinen Sommerplänen reden, und habe ihnen ganze Reisetagebücher geschrieben. Was ich sagen wollte, ich habe Anfang Juli in München zu tun und möchte dann irgendwo hin zur Kur fahren, mich einmal richtig wieder in Form bringen und wäre dann die beiden Monate August und September ganz hier, ganz zu Ihrer Verfügung und froh über Ihr frühes Kommen im August, weil es mir dann möglich wäre, vielleicht schon im August den Micheli sozusagen unter Dach zu bringen, so daß er im September korrigiert werden könnte. Oktober-November sollte er erscheinen. Lassen Sie es sich gut gehn, und berichten Sie wieder einmal, vor allem, ob sich unsere Pläne treffen.

Aufs Herzlichste, stets Ihr
[Carl J. Burckhardt]

An Maja Sacher Genf, 23. Mai 1934

Liebe Maja,
Elisabeth hat mir soeben Deinen Brief zu lesen gegeben. Sie wird Dir selbst schreiben. Laß mich Dir zu dem neuen Abschnitt Deines ernsten und reichen Lebens von Herzen Glück wünschen. Glück im Sinne der Griechen, als Schutz für das Glücksempfinden, das aus uns selbst und den uns in Liebe verbundenen Menschen als immer neues Wunder emporsteigt.
Bitte sage auch Paul Sacher mein herzlichstes Gedenken. Ich habe gemeinsame Stunden auf dem Schönenberg in bester Erinnerung.

In alter treuer Freundschaft   Dein
                                            Carl Burckhardt

An Gottfried von Nostitz Genf, Plateau de Frontenex 3, den 17. September 1935

Lieber Herr von Nostitz,
Es war mir eine große Freude, die gute Nachricht von Ihnen zu erhalten. Ich war zum letzten Mal im Februar 1933 in Wien, seither führte mich mein Weg um die Welt, mein fester Wohnsitz ist in Genf, der Stadt, von der Voltaire einst sagte: »Premier des tombeaux, dernier des théâtres.« Nun in letzter Zeit haben wir genügend großes Welttheater hier gehabt.

Wie weit die Lage, von der Sie in Ihrem Briefe sprechen, gewisse Unstimmigkeiten zwischen Verwandten, noch im heutigen Stadium, auf den Kardinal zurückzuführen sind, möchte ich nicht entscheiden. Natürlich, ohne seinen Kampf gegen das spanische Weltreich wäre vieles in Deutschland anders gekommen, aber es ist müßig, irgend ein Element aus dem geschichtlichen Geschehen auszuschalten und dann nach der andern Entwicklungsmöglichkeit zu fahnden, die eventuell sich hätte ergeben können; der dreißigjährige Krieg wäre übrigens wohl auch in furchtbarer Weise vollzogen worden, wenn der leidenschaftlich kühle Rechner von Paris aus nicht in die Flammen geblasen hätte.

Heute wirken gänzlich neue Faktoren. Wenn die außenpolitische Situation für eine Nation noch so günstig wird, so ist anzunehmen, daß ihre Vorzüge von dem dumpfen Wahn billig begeisterter kleinbürgerlicher Massen und ihrer Vertreter sofort verschleudert werden; Außenpolitik setzt natürlich wie alles wirkliche Trieb- und Ahnungsvermögen und schlafwandlerische Richtung nach einem Ziele hin voraus, all das aber führt zu nichts, wenn nicht an den Mast gebunden der eine Odysseus frei bleibt, über Trieb und Ahnung hellhörig auf die Gefahr hin, oder wenn man nicht – um ein anderes Bild zu gebrauchen, das von Richelieu stammt – klug genug bleibt, das Ziel zu erreichen wie die Ruderer tun, indem man ihm den Rücken zuwendet. Dieses Korrektiv der Überlegenheit und Freiheit brachte in frühe-

ren Zeiten die Aristokratie und genau hierin lag ihr Vorrecht, genau in dem Maße international zu sein, in welchem der immerhin an den Mast gebundene Odysseus im Unterschiede zu seinem Gefolge auf den Gesang der Sirenen hinhören durfte, um ihn zu verstehn und zu kennen. Aber Aristokratie in diesem Sinne gibt es heute kaum mehr und gäbe es sie, so würden ihr diese Eigenschaften ausgetrieben. So werden wir denn auf lange hin nach dem Spruche des Jesus Sirach leben, der lautet: »die Erde zittert, wenn der Knecht herrscht.«
Werden Sie uns nicht einmal hier besuchen? Sie sollten einmal ein Stück von dieser Septembersession miterleben, hier kann man viel technisches Detail des Métiers studieren.
Bitte empfehlen Sie mich Ihren verehrten Eltern wenn Sie an sie schreiben und seien Sie herzlich gegrüßt,
[Ihr Carl J. Burckhardt]

An Max Huber   Genève, Donnerstag 7. November 1935

Lieber und hochverehrter Freund,
Sie wissen nicht, welche Freude Sie mir mit Ihrem letzten Brief und nun mit dem ausgezeichneten Bild gemacht haben.
Wir sind Wenige geworden am Rand dieser heute so unheimlichen deutschen Welt, wenige, die von dem Weiterwirken des eigentlichen geistigen Vermächtnisses Deutschlands noch etwas wissen. Alles Hohe ist ja immer nur in der jeweiligen Generation von einer sehr kleinen Schar verwaltet worden. Dieser Atemzug zwischen der Verwaltung und Kenntnis des Überlieferten und dem schöpferischen Vorgang des Erneuerns, das ist es ja, was ich immer in der Geschichte suche, dieses Eintauchen des Lebens in eine vertraute Schattenwelt, die nochmals sich verkörpert und wieder ans Licht tritt. Der Form treu bleiben, die im Grunde

die eigene ist, das ist es, worum es geht, *wie* bei der Pflanze, die als Tanne oder als Rose aufersteht, ihrem ursprünglichen Wesen auf immer verhaftet und dennoch immer neu. Die einleitenden Worte Ihrer schönen Schrift ›Nationale Erneuerung aus der Geschichte‹ sprechen genau dieses Gesetz aus, es steht in tiefem Widerspruch zu dem so frevelhaft anmutenden Worte Hitlers: »kein Auf und Ab gibt es mehr für mein Volk, ich greife in die Sterne und ändere das Gesetz der Götter.«
Ich habe unendlich viel gelernt, seit ich unter Ihrer Führung arbeiten darf. Der Widerwille vor allem bloß Repräsentativen hat mir so viele Aspekte öffentlichen Wirkens in den letzten Jahren verdrießlich und leer erscheinen lassen. Ich weiß heute, daß selbst dort, wo man nur die Gebärde in der Richtung nach dem Aufbauenden hin vollzieht, eine Verantwortung dieser Gebärde Sinn und Würde verleiht. Aber ich muß mich immer noch zwingen, mit der Aufmerksamkeit nicht nachzulassen, sobald es nicht um Konkretes geht. In Genf bin ich doch etwas verpflanzt auf die Dauer, dieses tagaus tagein in der fremden Sprache sich Äußern drängt mit der Zeit den eigentlichen tiefern Willen der Persönlichkeit zurück, man spricht nur noch selten »ex emo«, weil die Stimme einem wie durch eine Maske im Ton verändert erscheint. Auch dieser Umstand trägt dazu bei, daß die ganze Wirksamkeit Züge eines dauernden Vorwandes annimmt. Mit dem Schreiben schlägt man sich einigermaßen aus dieser Lage heraus, aber auch das Schreiben braucht von Zeit zu Zeit den Nährboden der eigenen Sprache, es geht einem sonst wie Antäus. Jedesmal nun, wenn es mir vergönnt ist, mit Ihnen zusammen zu sein, kommt Proportion, Ordnung, Wesentliches und Wirklichkeit in diese von so vielem Wortgemurmel begleitete hiesige Erscheinungsflucht. Stunden wie die zuletzt in Ihrem Haus verbrachten kräftigen mich immer auf lange hinaus. Ich danke Ihnen von Herzen für alles und bin stets Ihr in verehrungsvoller Freundschaft ergebener

Carl Burckhardt

An Max Huber Genève, 28. XII. 1935

Lieber und verehrter Freund,
Es tat mir so leid, daß ich in diesen Tagen und gerade zu Beginn Ihres neuen Lebensjahres, anstatt mit lauter Gutem, mit dieser mich bedrückenden Sache an Sie gelangen mußte.
Die Angelegenheit wirkt zurück auch auf unsere Mission. Man schlägt zu gegen den Mann, der zweimal diese Lager besucht hat. Sein etwas liebedienerisches Verhalten gegenüber den Organen der Gestapo entsprang während der ganzen Reise seiner Todesangst, und diese führte den Armen dann auch zu seinen Konfidenzen.
N. ist ein Preuße, im preußischen Wesen liegt etwas Hybrides. Es gibt dort im deutschen Norden viel gemachte Charaktere. Die N.sche Veranlagung ist nur die Spielart dieses »innern Bruches« auf einem speziellen Gebiet. Das eigentliche Preußentum bedeutet Überwindung dieses Zwiespaltes, Überwindung durch Härte, Wille, Strammheit. Wenn man vom *Erotischen* gänzlich absieht, so findet man Schwäche, die zu Kraft wird in fast allen großen preußischen Gestalten. Goethe erschrak bei Kleist vor diesem Hineinstarren des blanken Willens in das Gebiet des Geistes, das über so viel Hinfälligkeit künstlich aufgebaut und gehalten war. Bei Novalis tritt eine ästhetisierend-sentimentalische Brüchigkeit an seiner hohen Inspiration hervor. Auch ein Bismarck spielt immer wieder darauf an, wie er hinter Harnisch und Hünenwesen verwundbare Zartheit verberge.
Das dritte Reich faßt auch hier in einer plumpen Weise zu, es erfaßt an einem bestimmten, sichtbaren Punkte eine scheinbare Schwäche, die in ihren tausend Wandlungen innerhalb des Menschen doch zu unzähligen produktiven, spezifisch norddeutschen Siegestaten des innern u. geheimen Menschen geführt hat.
Das Wesen der Kompensation innerer Schäden mit Leistung ist fast immer grandios, wenn nicht Fanatismen entstehn, wenn das der Not Entsprechende, der Not Abgerungene

nun nicht andern, glücklichern, konfliktloseren Naturen aufgezwungen wird. Unheimlich dagegen wird diese Kompensation mir dort, wo sie *passiv* ausgetragen wird, wo sie ans Masochistische streift. N. sagte mir: »ich kann Ihre Entrüstung wegen der gemeinsamen Unterbringung der politischen Häftlinge, der 175er u. der Berufsverbrecher nicht verstehn, Ihre Einstellung ist sehr westlich, tiefer gesehen muß Genugtuung und die Lust wirklicher Buße darin liegen, wenn man mit diesen Letzten, Niedrigsten zusammensein darf. Jetzt ist dies erfüllt.« Hier sieht man, wie labil das norddeutsche Herrengefühl ist, nah an seinem Umschlagen ins Gegenteil, die Knechtseligkeit.
Hier liegt das Bedrohliche der zu Kraft werdenden Schwäche. Das Gleichgewichtslose aller aus übergroßer Anspannung gewonnenen Werte.
Spitteler sagte mir einmal, – er hatte seine eigene Lebensweisheit – »wirkliche Kraft tritt immer milde in Erscheinung.« Er meinte die Kraft des Gleichgewichtes, des Gelöstseins. Milde Kraft, die man im Innersten des Kernes findet, aus dem Eichbäume wachsen. In den *Evangelien* wirkt sie, und auch sie in ihrer Heiterkeit ist letzten Endes zum Opfer bereit, zum wirklichen, endgültigen, völlig sinnvollen Opfer, mit dem man die Welt aus ihrem Starrkrampf erlöst. Bei Paulus schon wirkt etwas anderes, Überwindung, ein negatives Vorzeichen herrscht vor. Es ist sicher wahr, daß wer nach Gericht verlangt, gerichtet wird, wer aber selbst richtet, verlangt immer nach dem eigenen Spruch.
Lassen Sie mich im Ausklang dieser Überlegungen aussprechen, welche Beruhigung und Sicherheit mir die Weite gibt, mit der Sie die Erscheinungen dieser Welt umfassen. – Ich lege die Antwort bei, die ich an N's Bruder schrieb, auch diese werden Sie nicht als Herzlosigkeit auslegen, sondern wohl, wie ich aus unserm kurzen Gespräch entnahm, als das durch die Umstände Gegebene.
Mit den allerherzlichsten Wünschen und Dank für so Vieles stets Ihr in treuer Freundschaft Ergebener.
          Carl J. Burckhardt

An Alphonse Ehinger Montag, 22. 2. 1937

Lieber Globus,
Danke für Deine Fastnachtskarte. Gerne wäre ich noch über Basel gekommen, da ich aber nach London fliegen muß und morgen den ganzen Tag in Bern zu tun habe, geht es nicht. Das Flugzeug Dübendorf geht um 12 und Mittwoch morgen muß ich noch mit Max Huber Rotkreuzsachen erledigen.
Ja, diese Sache war ziemlich plötzlich. Es wird schwierig, wohl auch oft widerwärtig sein. Aber Du mußt nicht denken, daß ich mit juristischer oder administrativer Arbeit zu tun haben werde. Es ist wie meine ja wider Erwarten gut geratenen Rotkreuzmissionen eine diplomatische, politische Aufgabe. Es wird eben so schwierig als interessant sein. Für mich ist es noch einmal ein Ausblick in große Verhältnisse. Hätten sie mir im Bundeshaus nicht so zugeredet, hätte ich vielleicht vor der Verantwortung zurückgescheut; nun war aber Einstimmigkeit, was noch bei keiner Wahl vorgekommen ist, und das ist ein ganz guter Ausgangspunkt. Das Ganze ist die Folge meiner Arbeit am Tokioterkongreß etc. und natürlich auch dadurch entstanden, daß manche dieser Politiker hier meine Vorlesungen über neue Geschichte gehört hatten.
Ein Gschwälli werde ich nicht werden, ich bin eigentlich bei allem, was ich tue, immer genau gleich, ein wenig in den Bohnen und dann fällt mir doch etwas ein. Also ich hoffe, es wird gut gehn und wenn nicht – So viele unserer Freunde mußten jung sterben, solang man dies ist, ist es besser etwas zu riskieren; es ist auch besser, daß man keinen Kriegshetzer hinschickte. Sehr lang wird das Ganze nicht dauern. Die Welt ändert sich jetzt so schnell.
Bitte grüße mir Leni, empfiehl mich bitte Deiner Mutter, Deinem Bruder u. Schwägerin. Dir alles Gute stets Dein alter treuer
                                                  Carl J. B.

An Ernst Gagliardi [Danzig] 28. Juni 1937

Mein lieber Ernst,
Ich kann keine Briefe schreiben, da mir nur der englische Kurier zur Verfügung steht und ich ihm keine private Correspondenz aushändigen darf. Alles, was durch die Post geht, wird dreifach gelesen: von den Deutschen, den Polen und den Danzigern.
Die Tätigkeit ist nicht, wie eidgenössische Zeitungsschmierer meinen, eine Sinekure; sie ist aufreibend, nervenbrauchend, besteht aus einer unablässigen Anspannung in ununterbrochenen persönlichen Interventionen. Man verhindert vieles, wendet manches, rettet dies und jenes, aber was in Erscheinung tritt und wofür man verantwortlich bleibt, ist nur, was man nicht zu vollbringen vermag.
Stadt und Gegend sind im Sommer schön. Nie sah ich freiere Natur als in den großen, wildreichen Wäldern am Meer. Politisch-historisch ist die Erfahrung, die Beobachtung dazu angetan, viele Begriffe umzuwerten. Über den dreißigjährigen Krieg hätte ich nicht schreiben können, bevor ich hierher kam.
Dir habe ich wie stets zu danken. Ich schrieb an den Vorsteher des Erziehungsdepartementes, um ihm offiziell meine Erkenntlichkeit für die Verleihung der Honorarprofessur auszusprechen. Sollte ich auch an die Fakultät, beziehungsweise an den Dekan ein Wort richten? Wer der Urheber, wie stets, auch dieser unverdienten Ehre und Förderung ist, das weiß ich.
Wann kommst Du? September ist noch schön. Im Oktober setzt harter, dunkler Winter ein, der bis Mitte Mai währt.
Ich habe Gelegenheit, diesen Zettel durch einen Landsmann zu schicken.
Hoffentlich gelangt er glücklich in Deine Hände, findet Dich und Deine liebe Frau in bestem Wohlsein
                                 stets Dein alter
Carl.

An Max Huber Danzig, 16. Juni 1938

Verehrter lieber Herr Präsident,
Verzeihen Sie mein langes Schweigen. Erst heute habe ich einen direkten Kurier. Ich hatte gehofft, Sie im April in Genf zu sehn, aber ich wurde dann plötzlich nach überfüllten Tagen nach Paris dirigiert und von dort stracks zurück in meine Zelle. Seither waren die schwierigsten Zeiten, die ich bis jetzt durchgemacht hatte. Es handelte sich um die Einführung des Arierparagraphen, sowie eines dem deutschen nachgebildeten Beamtengesetzes, sodann um den Sturz des Senatspräsidenten, seinen Ersatz durch einen Extremisten. Ich habe mir eine enorme Mühe gegeben, beständige Interventionen in Berlin, zuletzt en fin de compte, durch die mir seit der äthiopischen Krisis immer noch gewogenen Italiener. Es ist gelungen, jetzt drei Tage vor der Volkstagssitzung erhalte ich die Nachricht. Fast wie ein Wunder mutet es mich an. Zum ersten Mal seit 4 Jahren hat der Gauleiter in einer öffentlichen Rede ausgesprochen: »wir können nicht tun, was wir wollen, der Völkerbund (!) ist noch da!« Und auch der Senatspräsident sitzt wieder fest im Regiment. Letzteres hat mir inopportunerweise eine Rotkreuzmedaille eingetragen, d. h. gleich die ganze Danzigerserie. Mis au dépourvu durch eine sehr herzliche Ansprache des Senats- und des Rotkreuzpräsidenten habe ich etwas gestammelt, ich würde Ihnen von dem in der freien Stadt wirkenden Rotkreuzgeist berichten, aus dem »würde« ist im Pressebericht ein Imperfekt geworden. Ich bitte darum um Entschuldigung, aber was tut man in solchen Lagen, wenn nicht seine Schutzheiligen anrufen.
Ich habe mit Genuß, Anteil und Bewunderung Ihre Einleitung zu der Biographie großer Schweizer gelesen. Da Sie die Güte haben, mich zu fragen, ob mir irgendetwas Ungerades aufgefallen sei, so möchte ich einzig erwähnen, daß bei den Schweizern, die eine internationale Wirkung geistig ausgeübt haben, der Rahmen mir vielleicht etwas eng gesteckt zu sein scheint. Herzlichsten Dank!

Jetzt sind Sie wohl in London. Sie tun mir einen großen persönlichen Gefallen, wenn Sie dort den amtierenden Vizepräsidenten des Danziger Roten Kreuzes, den Leiter der auswärtigen Abteilung des Senats, Staatsrat Böttcher freundlich aufnehmen, etwas auszeichnen und es vielleicht möglich machen, ihn mit bedeutenden englischen Persönlichkeiten in Verbindung zu bringen, die im Sinne weiterer Mäßigung und Wiederaufnahme internationaler Gepflogenheiten auf ihn einwirken.
Hoffentlich ist das Befinden Ihrer verehrten Gattin besser.
Stets bin ich in alter Treue und freundschaftlich
Carl J Burckhardt

An Mabel Zuppinger   Bern, Montag [VI. 1941]

Liebe Mabel,
Also ich rechne auf die nächste Woche. Unsere Diskussionen müssen wir wiederaufnehmen.
Meine Überzeugung war: »vermeiden«. Nachdem dies nicht gelang, heißt sie: stille abwarten. Vielleicht haben Sie recht, daß Friede jetzt eine Festlegung auf Unleidlichem bedeutet. Die andere Eventualität, d. h. das weitere, das jetzige Darauf-ankommen-lassen, ist vielleicht nochmals in erhöhtem Maß jenes »Darauf-ankommen-lassen« vom Herbst 39, während ein Sich-Besinnen, ein Stillstand alle Möglichkeiten wieder frei werden läßt. Friede ist bekanntlich nie eine endgültige Investitur des Sieges. Und die Erkenntnis meines alten Richelieu schien mir immer tief und wahr, er sagte: Gewalt ist das Mittel der geistig Schwachen, verhandeln zwischen den Gewalten der Weg des Verstandes. Das ist allerdings kein Schlachtruf für Religionskriege, aber für Religionskriege scheint mir zur Zeit doch zu wenig Absolutes vorhanden zu sein, es geht höchstens noch um Auswirkungen von Religionen. Was das Christentum anbetrifft, so ist es vorhanden, aber wie stets,

wenn es wirklich wurde, jenseits aller irdischen Positionen, als eine Macht über allen Mächten, über aller Magie, als eine Befreiung selbst von aller äußern Freiheit.
Herzlichst Ihnen und Alphonse
stets Ihr
Carl J Burckhardt

An Meinrad Inglin   Ermatingen am Untersee,
20. September 1941

Sehr verehrter Herr Inglin,
Ich bin sehr bewegt durch Ihr so gütiges Entgegenkommen und Anerbieten, das mir – den bis jetzt schon vorstellbaren – Schwyzertag plötzlich mit menschlichem Inhalt erfüllt. Mitten in meine Ferien erhielt ich von einer gewissen Fräulein Briod, der Generalsekretärin der Auslandsschweizervereinigung, einen maschinengeschriebenen Brief, der mich beschwor, ich kann es nicht anders sagen, es war wie eine Corneilletirade, – mich beschwor, sie nicht im Stiche zu lassen und an einer Diskussion während zwanzig Minuten über das außenpolitische Verhalten des Schweizers zu sprechen. Da der Brief eine große Verlegenheit in der Wahl eines Redners, Angst vor Indiskretionen u.s.w. zum Ausdruck zu bringen schien, und da mir von den trefflichen Eigenschaften Mlle. Briods gesprochen wurde, telegraphierte ich: accepté. Jetzt berichtet man mir plötzlich, ich müsse während fünfzig Minuten sprechen und müsse der Presse schon nächsten Freitag Morgen mein »Manuskript« zur Verfügung stellen. Dabei habe ich nur einen Gedanken seit 1939 meinen Landsleuten mitzuteilen: schweigen und noch einmal schweigen, keine Pädagogik, keine strategische Mantik, keine Programme, keine Selbstbespiegelung, keine historischen Maskenzüge, keine Veräußerlichung durch Trachtenfeste, nie mehr das Rütli, nie mehr der letzte Blutstropfen – Arbeit aus Leibeskräften, damit das unsympathische in aller

Welt verhaßte Wort Neutralität einen Inhalt dadurch erhalte, daß diese Schweizer Neutralität für alle andern auch ein Nutzen, eine Notwendigkeit, ein Träger allgemeiner Aufgaben werde.
Nun sehn Sie, in welcher Not ich stecke. Wie erfreulich Ihr spontaner Vorschlag mir ist! Allerdings Pläne machen ist von hier aus schwer. Ich befinde [mich] in den Händen von Organisatoren und rufe von Brunnen aus Samstag Abend an.
In Verehrung Ihr
Carl J Burckhardt.

An
Rudolf Alexander Schröder

Berlin, Hotel Adlon
für zwei Tage
[November 1943],
dann wieder Genf,
Plateau de Frontenex 3

Mein lieber Rudy,
Ich erhielt die Ilias. Letzten Winter konnte ich meine Fron unterbrechen und konnte, acht Tage lang allein und krank, Deine Odyssee mit unbeschreiblicher Frische und, in eine Welt von Visionen gerissen, Vers für Vers mit gänzlich neuem Erstaunen lesen, es war die stärkste Zeit meines Jahres. Jetzt habe ich in der Hast den ersten und den vierten Gesang der Ilias gelesen. Ich danke Dir dafür, daß Du mir den Band schicken ließest, es ist das erste große Geschenk dieser Jahre: ein Glück, daß es dies nun gibt, daß Du damit fertig geworden bist, eine große Spannung ist überwunden, dies ist nun unser, allem entgegen, es hat Jahrtausende überstanden, jetzt setzt es wieder ein in einer Reinkarnation; was Du über das Geheimnis der beiden Sprachen am Schlusse sagst, ist sehr beträchtlich, hat mich auf die ganze Fahrt hierher in Denken versetzt und während der Fahrt beschäftigt. Lassen wir die großen Worte, aber, da ist etwas Heldenhaftes dabei, daß Du das *jetzt* vollbracht hast, es werden Spätere sich daran aufrichten.
Ich bemühe mich um die Vorbereitung Deines Vortrags (in

Zürich Basel Genf Bern), dann mußt Du bei uns bleiben, es ist spät, man soll sich noch die Tage nehmen, die dieses Verhängnis uns läßt.
Stets in alter Treue   Carl J B.

An Ernst Howald   Genf, Plateau de Frontenex 3,
                                    den 13. November 1943
Lieber Ernst!
Ich habe Deine Einleitung noch nicht gelesen. Goethes Seiten über Winckelmann habe ich immer ganz besonders hoch gestellt und es ist für mich eine wirkliche und tiefe Freude, daß Du diese Herrlichkeit nun wieder aufleuchten läßt, u. z. in einem Augenblicke, in welchem alles, was wir – jeder in seiner Weise – hochhalten und verteidigen müssen, in einer nie dagewesenen Weise gefährdet ist, wobei man ja zur ungeteilten Genugtuung der Mehrzahl unserer Zeitgenossen daran ist, selbst die sichtbaren Zeichen des Geistes, dem wir angehören wollen, die Werke der Architektur, zu löschen und zu vertilgen, und gerade diese Werke haben – Du weißt es – zu mir immer die stärkste Sprache gesprochen, die ich kenne.
Ich bin seit Jahren wie begraben und verschüttet unter einer praktischen Aufgabe, die ungeheure Ausmaße angenommen hat. Ich kann mich zur Zeit mit den Mitteln des Denkens und der Sprache, soweit sie mir gegeben sind, nicht mehr wehren. Ich kann mich nur damit bescheiden, das, was mir vom Zufall zugewiesen wurde, soweit als möglich recht zu tun und zu hoffen, daß ich einmal noch wieder auftauchen und mit Euch zusammen an der uns gemeinsamen Aufgabe in meiner Weise arbeiten darf. Das Gefühl tiefer Verbundenheit zu meinen Freunden, die ich nicht mehr sehe, hat sich im Exil nur verstärkt. Ich möchte viele Jahre vor mir haben, um einmal alles das sagen zu können, was mich bewegt.
Ich komme kaum mehr zum Lesen. In allerletzter Zeit erst habe ich zwei stille Sonntage mit größtem Genuß bei der

Lektüre der bedeutenden Aufsätze Staigers verbracht. Bei seinem Genfer Besuche, letztes Jahr, habe ich ihn verfehlt. Ich kenne ihn nicht persönlich, und ich habe ihm aus diesem Grunde auch nicht geschrieben und nicht gedankt für die verschiedenen Zeichen wohlwollender Gesinnung, die er mir gegeben hat. Vielleicht hast Du die große Güte, ihm das zu sagen. Ich hoffe zuversichtlich, daß ich im Laufe des Winters, vielleicht schon bei Anlaß des Essens für Dr. Hämmerli in acht Tagen, Gelegenheit haben werde, Dich wiederzusehen.

Ich muß jetzt wieder ins Ausland fahren, hoffe aber am Samstag, wenn alles gut geht, in Zürich einzutreffen.

     Dir und den Deinen
     stets in alter Herzlichkeit
     Carl Burckhardt

An Isa Neeff-Vöchting   [Berlin] Hotel Adlon (bis morgen),
          Freitag, 19. November 1943

Liebe Isa,

Verzeih den Bleistift, die Tinte im Hotelzimmer ist eingetrocknet und mein Füllfederhalter ist leer.

Ich werde Fritz genau über Deine Dispositionen berichten; es ist ja klar, daß Du Dich jetzt von den Kindern nicht gerne trennst. Was die Schweizer Einreise anbetrifft, kann ich jederzeit einen Schritt für Verschiebung oder Verlängerung unternehmen. Wenn Du mir etwas Dringendes mitteilen willst, so suche doch den Schweizer Konsul in Stuttgart auf, sag ihm, er möge mich auf dem kürzesten Wege verständigen (Prof. C. J. B. Metropole, Genf, Int. Rotkreuz Komitee), er wird es sicher gerne machen.

Meine Mutter ist jetzt wieder in Basel zu Hause; sie war 1940 ins Waadtland gezogen, war dort sehr glücklich und unternehmend, immer erstaunlich jugendlich mit ihren 72 Jahren; jetzt hat sie sich hinter Dorys Haus an den Alban Anlagen niedergelassen, dort wo früher Dorys Tante, Fräulein Rosie Christ, wohnte. Sie sammelt Aphorismen, Brief-

marken, alte Kinderspiele und lebt als ein wandelnder Protest gegen Spengler und seine Visionen in einem völlig intakten 19. Jahrhundert, als sei inzwischen nichts geschehen. Wir sind seit 39 in Genf, wo ich das Int. R. K. leite, es ist eine große Weltorganisation geworden, 3000 Angestellte in Genf, 92 Delegationen in der weiten Welt. Ich habe keine Zeit mehr für eigene Arbeiten, wir sind täglich 8 bis 12 bis 14 Stunden angespannt, aber man hat manches erreicht und durchgeführt innerhalb von unvorstellbaren Schwierigkeiten. Meine ältere Tochter war recht schwer erkrankt, sie erholt sich jetzt aber zusehends im Wallis, wo sie mit Elisabeth für einige Monate lebt, ich hause mit der 9jährigen Sabine, die das komischste Wesen der Welt ist, ein Gemisch aus Energie – Humor, Weichherzigkeit und Phantasie, sie dichtet, beherbergt Vögel und Molche und steht jetzt gerade am Rand des Paradieses, wird schon bald den ersten Bissen am Baume der Erkenntnis essen müssen. Dann vielleicht Weihnacht? ich hoffe es sehr.
Herzlichst stets Dein   Carl J.

An Hans Urs von Balthasar   Frontenex,
                               Sonntag, 26. Dezember 1943
Lieber Freund,
Auch ich habe in letzter Zeit sehr oft und nachdrücklich an Sie gedacht. Ich las in den letzten fünf Wochen, in einer, durch meine unauslöschlichen Berlinereindrücke verstärkten und vertieften Weise, zum ersten Mal seit Jahren wieder wirklich, und zwar auf Griechisch das Neue Testament, vor allem die Evangelien. Markus, dann Lukas, Matthäus und wiederholt Johannes. Diese Beschäftigung hat mich ungeheuer bewegt, ja erregt, sie erfolgte jeweils am Ende dieser überfüllten, harten, oft folternden Tage, am Rande der Übermüdung, oder in den häufig schlaflosen Stunden zwischen 3 Uhr und 5 Uhr morgens. In den Berliner Nächten sah ich viele Leute, natürlich Frauen vor allem, die in der Not beteten. Zu wem? Zu Christus? – kaum, zu Gott, zu

etwas völlig unbestimmtem vieleher – ἰδοὺ ἀφίεται ὑμῖν ὁ οἶκος ὑμῶν. Hunderttausende die sich in den Morgenstunden am Brand ihrer Häuser wärmen, Kinder in Massen, die herumziehen und ihre Eltern suchen. Und da wird viel gebetet, vor allem während der Aktion, mit gesenkten Schultern, geschlossenen Augen und den, alter Übung gemäß, gefalteten Händen. Und nun dieses Buch: vorerst war es mir vor allem tief unheimlich: der Wunder-Rabbi, das Herumziehen, Heilen, das Zufällige dieser ganzen Tätigkeit, die furchtbare Stelle von dem Feigenbaum (Markus 11, 14): ἀπὸ μακρόθεν ἔχουσαν φύλλα ἦλθεν εἰ ἄρα τι εὑρήσει ἐν αὐτῇ, καὶ ἐλθὼν ἐπ' αὐτὴν οὐδὲν εὗρεν εἰ μὴ φύλλα· ὁ γὰρ καιρὸς οὐκ ἦν σύκων. καὶ ἀποκριθεὶς εἶπεν αὐτῇ. ἦηκέτι εἰς τὸν αἰῶνα ἐκ σοῦ μηδεὶς καρπὸν φάγοι.
Und am nächsten Tag gehn sie vorüber und sehn, daß der Feigenbaum verdorrt war (Markus 11,20); dabei war es noch nicht Zeit, daß Feigen sein sollten, der Baum war im Zustand völliger Unschuld und der ganze Vorgang hat etwas Kaltes, fast Schreckliches im Bereich des magischen Fluchs.
Aus der Kindheit blieb einem die Liebe zu dem Schutzengel, dem guten Herrn Jesus. Alle reinen, einfachen Haltungen der Seele waren von ihm bestimmt, nicht nur Glaube, Liebe, Hoffnung, auch alles Reine, Vertrauensvolle, durchsichtig Hohe, Lichterfüllte, erhaben Schöne. Wenn man nun von sehr ferne her kommend, spät im Leben diese seltsam werbenden Berichte, diese widersprechenden Aussagen, diese revolutionär unerbittliche, in Augenblicken fast rasende Erzählung liest, ersteht eine Gestalt, die jene aus dem abendländischen Gemüt des Mittelalters erstandene vorerst ganz explosiv verdrängt. Das regelfeindliche: καὶ ἔλεγεν αὐτοῖς· τὸ σάββατον διὰ τὸν ἄνθρωπον ἐγένετο, καὶ οὐχ ὁ ἄνθρωπος διὰ τὸ σάββατον.
Das Drohende, der Aufruf an das »Otterngezücht«, wie Luther sagt, das aufs Äußerste Getriebene des Ausdrucks (Lukas 12, 51, 52, 53) oder: εἴ τις ἔρχεται πρός με καὶ οὐ μισεῖ τὸν πατέρα αὐτοῦ καὶ τὴν μητέρα καὶ τὴν γυναῖκα καὶ τὰ τέκνα καὶ τοὺς ἀδελφοὺς καὶ τὰς ἀδελφάς, ἔτι δὲ

καὶ [τὴν ἑαυτοῦ ψυχήν] – die eigene Seele und nicht, wie Luther abschwächt, das eigene Leben. Das kontrapunktische, verständig paradoxale Wesen dieser ungeheuren Worte, der Eingang des Berichtes mit den morgenländischen Astrologen bis zum Ausgang mit dem Aufruf in der Nachfolge auch zu Propheten zu werden, alles ist am Rand des ganz Andern, in Worten auch nicht als Spiegelung oder Schatten faßbaren, ein Überweltliches, Extramundanes reicht beständig hinein, man geht immer am Abgrund, die Gestalt des Stifters ist nahe nur in den menschlichsten Augenblicken der Not, der Schwäche, der Angst, des Sieges, Überwindens und Erduldens, sonst aber unbehaust hier, unruhig, sich verströmend, besonders in diesem reißenden Wirbel der Heilungen, Gespräche, Gleichnisse auf das Ende hin, eine Katalyse von so ungeheuren Kraftsituationen findet statt, daß kein Lebender behaupten kann, er halte dies aus. Es ist ein Buch für Eingeweihte, Gewappnete, oder für Kinder, die nur diesen unfaßlichen Strom der Güte in all diesen Verwünschungen, äußersten Ansprüchen, dieser Zertrümmerung aller einstigen und künftigen Formen spüren. »Ihr haltet die Gefäße rein – aber«, ja alles ist immer aufs Äußerste gestellt. Wer das mit offener Seele liest, ohne sich tiefe Wunden zu brennen oder gar erschlagen zu werden, muß den Glauben haben, gefeit sein.

Da war mir denn Ihr gütiger Gedanke, mir die Prozeßakten der frommen, klugen, sichern und in der conditio humana so fest wurzelnden Heiligen zu schicken, eine weihnachtliche Wohltat. Ich kannte diese erstaunliche Zeremonie einer politisch und ungeheuer englisch bestimmten Rechtsübung aus dem französischen Text; hier im Deutschen ist der Vorgang vollständiger sichtbar, und durch eigene Sprache kam er mir noch näher. Ich habe es oft als einen irdischen Nihilismus empfunden, wenn ich bei frommen, geistigen Menschen unserer Tage, denen ich begegnete, gerade auch in neuern oder erneuerten Formen des Protestantismus, dieses hochmütige Dahinfahrenlassen aller irdischen Werte wahrnahm, diesen gefährlichen Angelismus, der keine Reli-

gio mehr ist, sondern ein selbstherrliches Beanspruchen von Heil und Gnade. Johanna dagegen will etwas auf Erden, das sie für gut, recht und nötig hält und die heiligen Damen, die sie aufsuchen, sind französische Nationalisten. Sie steht nie halb drüben, sie drückt sich nie in die Transzendenz, sie glaubt und erhält Weisungen aus dem Reich, an das sie glaubt, für ihre eigensten irdischen Belange, sie ist eine wirkliche Mittlerin zu dem fast unerreichbaren Mittler hin, bei ihr ist alles wahr, und solcher wahrhaftiger Mittler, die hier wurzeln und wirken wollen, brauchte ich, was mich anbetrifft, noch viele, um die Kraftströme auszuhalten, die von demjenigen ausgehen, der in den Evangelien nicht geschildert ist, sondern dessen Kraft in jenen Seiten umgeht wie ein tödliches Gewitter. Ich glaube nicht daran, daß es Unwert und von allem Anfang Verworfenes gibt in Gottes Schöpfung, ich sehe nur für unsern Geist unfaßliche Distanzen, eine Hierarchie gestuft ins Unendliche, einen Weg, für den es eine Ewigkeit braucht, alles umwandelbar, jede Sünde remissibel in ihr Gegenteil umzuwechseln, den Sinn immer noch dahinter und noch weiter dahinter, auch jede mystische Mitteilung ein Kryptogramm. Das auf Du und Du sein mit »unserm Herrgott«, dieses Deutsche der Selbstrechtfertigung kommt mir immer lächerlich vor, lächerlich auch Leute, die mir sagen, sie hätten den Glauben, und die auf Kanzeln, in Hörsälen, auf Märkten die ersten sein wollen. Es ist nämlich wirklich so, daß wenn einer unter uns einmal und nur auf den Bruchteil eines Augenblicks den Glauben ganz hätte, er in diesem Bruchteil der kleinsten Zeit, Zeit und Kosmos aus den Angeln heben könnte. Darum darf man wohl auch mit seinem Glauben nicht großtun. Kürzlich predigte Pfarrer S. im Genfer Münster: »ihr seid Genfer und sollt nie vergessen, daß Genf eine Leuchte der Welt ist«! Schon die Apostel nehmen, scheint mir den Mund recht voll, und ich habe auch begriffen, daß Christus auf ihre Frage, wer zu seiner Rechten und Linken sitzen werde, die Antwort gab, daß das nicht in seiner Hand liege.
Ich bin nun etwas krank, seit 37 habe ich den Bogen

überspannt, ich mußte mich in ärztliche Behandlung begeben und muß vielleicht jetzt dann einmal etwas ausspannen. Es soll sich in den nächsten Tagen entscheiden.
Mißverständnisse gab es nie die geringsten zwischen uns, auch ich machte die Bemerkung vom »Aphorismus« gänzlich scherzhaft, es war mir da gar nichts Bösartiges überbracht worden, im Gegenteil etwas Heiteres, ein freundschaftliches Necken, das ich nur zu oft verdiene, weil mir neben den großen Geschäften, wo immer mit Menschenleben gezahlt wird, die 200 täglichen Einzelanliegen ja wirklich über den Kopf wachsen. Sodann tat mir die Sache mit Ihrem Bruder herzlich leid, ich hatte mich eingesetzt, aber man verlangte eben für seine Tätigkeit als Delegierter auf exponiertem Posten eine lange Vorschulung, – er ist ja auch noch jung – im Verlauf dieser Vorschulung konnte man die Besoldung nicht anders ansetzen, als bei den andern; draußen dann wäre er nach einiger Zeit schon auf freie Station u. 800 – bis 1000 Fr. monatlich gekommen, wie ich Ihnen damals in der Allee gesagt habe.
Nun lassen Sie mich Ihnen noch danken; daß meine Wünsche Sie, daß Sie mein warmer Anteil auf Ihrem hohen und schweren Weg begleitet, wissen Sie.

herzlichst stets Ihr
Carl J. Burckhardt

An Isa Neeff-Vöchting [Genf] Samstag, 13. Mai 1944

Liebe Isa,
Wir führen seit September 1939 hier ein merkwürdiges Kriegsleben. Während der große Teil unserer Landsleute aus glücklichen und vergangenen Zeiten noch etwas Muße hinübergerettet hat – oft sogar recht viel – so leben wir hier in einer furchtbaren und ständigen Katastrophenimprovisation, und was beispielsweise die letzten fünf Wochen anbetrifft, so bin ich nur zweimal vor 9 Uhr abends aus dem Büro nach Hause gekommen. Dauernd werden durch die

Ereignisse mühsam aufgebaute Organisationen wieder zerstört, es ist ein unablässiges Neuanfangen in einer Welt, deren Not jede gebotene Hilfe immer wieder spurlos verschlingt. Heute nun habe ich einmal zwei frühe Morgenstunden erwischt, es ist noch kein Mensch in dem großen Hause, und so kann ich Dir denn sagen, wie mir zu Mute ist, wenn ich an Dich und das viele Schwere denke, das Dir in den letzten Jahren widerfuhr. Deinen Sohn habe ich nur zweimal als Kind gesehen. Einmal in Basel und einmal bei meinem einzigen Besuch in Degerloch. Nun ist er den Soldatentod gestorben und ihm ist ein Leben erspart geblieben, das in den kommenden Verhältnissen für alle kontinentalen Europäer ein furchtbares sein wird. Auf der rational erfaßbaren Ebene hat man unvorstellbare Fehler gemacht, man hat jedes psychologische Element aus der Außenpolitik ausgeschaltet und hat dann überhaupt darauf verzichtet, Politik zu machen. Es gibt sichtbare, feststellbare Ursachen für das heutige Unheil, eine Unzahl von Ursachen, aber eigentlich ist das uninteressant. Hinter dem Furchtbaren, scheinbar gnadenlos Gräßlichen, das sich vollzieht, liegt ein Sinn, den ich manchmal mächtig mit einem Gefühl von Erschrecken zugleich und von Freude spüre, und mir ist oft, die Akkorde einer ungeheuren Auflösung in der Harmonie tönten hinüber, aus einer Sphäre, in der es sich um keine Zwecke mehr, sondern eben nur noch um diesen Sinn handelt. Derartiges ist kein Trost, aber vielleicht ist es eine Bestätigung für die Bedeutung des Leidens, durch das man hindurchmuß.

Es ist mir oft seltsam, zu denken, welche Werte uns gefehlt hätten, wenn unser Leben am Ende der Kindheit seinen Abschluß gefunden hätte. Von den wesentlichsten und letzten Werten des Herzens und seines Wissens sehr wenige! Dies erkennt man auch daran, daß die affektiven Bindungen, jede Form von Anhänglichkeit aus der Kinderzeit so starke Wurzeln behält. Wir sind jetzt beide etwas geworden, was man im letzten Jahrhundert als Respektspersonen angesehen hätte, mit grauen Haaren und Falten auf der Stirn – wenigstens was mich anbetrifft, Dir gegenüber ist es bloß ein Analogieschluß – aber tatsächlich, wenn ich an Dich denke, bist Du immer noch die kleine Cousine, auf die ich mich auf den Schönenberg kommend so furchtbar freute, und die mir, dem bergan Steigenden, bergablaufend dann so stürmisch um den Hals gefallen ist, daß ich auf den Kopf fiel, auf den Hinterkopf, wo nach Dr. Gall das Gedächtnis seinen Sitz haben soll. – Jetzt haben wir uns seit vielen Jahren nicht mehr gesehen, ich hoffte, Dich bei meinem Aufenthalt im Stuttgarter Flughafen zu treffen und schrieb Dir dann, ob ich irgend etwas für Deine Ausreise tun könnte. Dies galt für die Dauer meines Aufenthaltes in Berlin, weil bisweilen, bei mündlichen Besprechungen mit den Großen dieser Welt, sich etwas fast beiläufig erreichen läßt, was jeder schriftlichen Beschwörung hinter dem Panzer der Aktenmappen standhält. In der Tat, von hier aus, wo wir so viel Allgemeines verlangen müssen, können wir für besondere uns persönlich angehende Fälle eher schwerer intervenieren als andere Leute.

Nun bist Du glücklicherweise hier, und ich hoffe, daß es mir möglich sein wird, einmal im Laufe Deines Aufenthaltes nach Basel zu kommen. Mich hat dieses Rote Kreuz seit 1933 hier festgehalten, – festgehalten, dann in diese verzweifelten, späten Versuche der Friedenserhaltung hineingeführt, und wieder mit tausend Fesseln gebunden, seit jede Friedenshoffnung vorbei ist. Meine beiden kleinen Mädchen sind dadurch zu richtigen welschen Kindern geworden, vielleicht ist es gut so, die Spannung während der Entwicklungsjahre, wenn man zwischen zwei Sprachen steht, ist nicht gut.

Bitte grüße mir Deine Tochter, Deine Brüder und Schwägerinnen, Luke hat mir mit einem besonders lieben Briefchen eine große Freude gemacht. Viel Schönes und Wertvolles höre ich immer wieder von Christians Musikalität.

Dir, liebe Isa, bin ich aufs herzlichste, Dein treuer Vetter

Carl J Burckhardt

An Diana Cooper [Juni] 1944

Der Brief erreichte mich sehr zerknittert und mit der Gazelle, dem Lieutenant Eve, dem Pfau, dem jungen Herrn in Eton, den homerischen Göttern, denen Sie auf dem Strand begegnen, den Zedern und all den andern hübschen Sachen, wie ein bedrucktes Tuch aus Kattun, das man auseinanderfaltet, über das man mit der Hand streicht und auf welchem man Entdeckungen macht. Hier gibt es keine Pandora mehr, und gäbe es sie, so wäre ihre Büchse leer. Das Grauen ist eintönig. Die Dämonen sind eintönig. Auf diesem über alle Begriffe gemarterten Kontinent tun alle das absolut Falsche, und alles, was Qualität hat, stirbt und verdirbt; von meinen Freunden in Mitteleuropa sind fast alle tot, Hinrichtungen, Selbstmorde ohne Zahl, ein Verhängnis ohnegleichen wütet, kein Urteil ist mehr differenziert, überall ist das menschliche Urteil überlastet, man verallgemeinert wie der gemeine Haufen, man schwankt unter Suggestionen dahin.
Und noch lege ich dieselbe Hand auf das Papier, mit welcher ich damals in der frischen Mühle, im Erlenwald am raschen, klaren Bach bei Avallon ein Glas mit hellem Wein in den Sonnenstrahl heben konnte. Und alles ist ausgerottet und verwüstet, was wir damals liebten.
Für mich war der Kontinent wie eine Heimat gewesen, hinter jedem Hügelzug stand ein Haus, in dem ein guter Geist gedacht und weise geworden war, eine Frau mit einem Blick aus Träumen über die im Winde wallenden Kornfelder geschaut hatte; überall führten Wege zu Städten, die so voll von tönender und steinerner Musik waren, daß man wie durch große Wellen den Geist der vergangenen und ewigen Zeiten empfing. Die Andern, die Generation mit ihrem Übel, ihrer Sucht, ihrer Lüge ging vorüber, wurde alt, verschwand. Jetzt aber ist diese öde Unzahl Wirklichkeit geworden und hat alles verschlungen, das Gute, das Echte, die Einzelnen, auf die es doch einzig ankommt. Jetzt wird ein jeder von jedem verleumdet und es gibt keine mensch-

liche Zone mehr, wer nicht rast, wird von den Rasenden erschlagen. Kürzlich bei einem schweren Bombardement fiel mitten in Paris an der rue de la Boëtie eine Bekassine zu Boden, sie war nur betäubt, ein alter Herr aus der Vendée, ein Jäger, ging vorbei, er nahm zwischen den Schuhen der Flüchtenden den kleinen Vogel vom Asphalt, trug ihn nach Hause, pflegte ihn, dann unternahm er während Tagen Schritte, um eine Erlaubnis zu erhalten, in die Umgebung fahren zu dürfen, er gelangte schließlich zu einem Ausweis, fuhr nach Chartres u. ließ den kleinen Vogel fliegen, der hob sich in seinem Zickzackflug, stieg und setzte sich dem großen Turm-Engel auf die mächtigen Fittiche.

Was soll ich von hier sagen? Ich bin begraben in einer Arbeit 8 bis 12 Stunden täglich, um diesem seltsamen Institut zu dienen, das es immer noch versucht, all den Greueln etwas entgegenzusetzen. In diesem Ozean des Mißverständnisses treiben wir auf einem Floß und versuchen die Wasser, die uns treiben, mit kleinen Bechern auszuschöpfen.

[Schluß fehlt]

An Diana Cooper   Sommer 1944

Ich möchte sehr gerne nach Nord-Afrika kommen, um Sie wiederzusehn. Aber wenn ich mich in Bewegung setze, um einen Drink in einem spanischen Hafen zu nehmen, erzählt (man), Ormuzd habe Ariman in einem skandinavischen Fischerdorf getroffen um Belzebub Friedensvorschläge zu machen. Von Borenius könnte ich in solchen Zusammenhängen auch etwas erzählen, durch meinen traurigen Londoneraufenthalt in dem häßlichen Ritz geht sein Schatten ziemlich schwarz hindurch. Im Übrigen ist es noch nicht die Apokalypse, es ist zu dumm dazu, links, rechts, collaborieren, sabotieren, die Schrift der Jahrhunderte ausradieren, alles wegen ein paar psychiatric cases with bad manners, die sowieso nach zwei seasons sterben.

Was mich anbetrifft, so kann ich mich ebensowenig auf Asien als auf Minnesota freuen. Ich liebte die stillen Ströme, die Mühlen, die Schlösser mit ihren Gespenstern, die Universitäten Salamanca oder Basel, Urbino oder Padua, Heidelberg, Salzburg, ich liebte die alten Gräfinnen in Ostpreußen, die den Elch jagten und das Kloster St. Maurice im Wallis, in welchem man seit dem Jahre 800 bis heute ununterbrochen das gleiche Gebet betet by day and by night. So liebe ich Oxford, wo ich die einzigen guten Stunden meines englischen Aufenthaltes verbrachte und von lauter deutschen Juden auf's beste empfangen wurde. Ich liebe den Kontinent, von dem die Kelten und die Sachsen, die Normannen und die Raimunds und alle Amerikaner einmal weggegangen sind, während ich da geblieben bin, wie ein abgesetzter Kapitän auf einem sinkenden Schiff mit einer meuternden Mannschaft.

Vor den französischen Frauen werden Sie sich nicht feel uncouth, untaught, ungroomed, witless, die heutigen Französinnen sind Bürgerinnen, die eine, was sage ich, mindestens fünf Zivilisationen geerbt haben; die des alten Regimes, die des mittelalterlichen Köln, die provenzalische, die byzantinische, die römische, die gallo-römische, die ägyptische. Diese agitierten Frauen verwalten all diese Inhalte nur noch verbal, aber sie behalten die festen Eigenschaften der Bürger: Ehrgeiz in Sachen der Liebe, des Geldes, der Carrieren, der Familie und das gibt ihrem ewigen schnellen u. so furchtbar literarischen Wortstreit Konsistenz. Wenn sie einen Franzosen mit Desinvoltura finden, so ist er vielleicht von der Familie ihres Freundes Noël Coward. Aber Paris wird schön sein, wenn Sie dort sind, hoffentlich zerstört man es nicht vorher durch irgend eine Kriegshandlung oder einen Bürgerkrieg dieser seltsamen Generation.

Wissen Sie, wenn alles ein Ende nimmt und mein Europa verschwindet, so hat es ein Gutes, daß wir dann tot sein oder das Chaos erleben sollten –, aber wenigstens nicht zur Welt der Mrs. Miniver mehr müssen erzogen werden.

Besser ist, in kleinen breiten Wagen auf der rechten Seite

kurvenreicher Straßen vor taubengrauen Horizonten Lieder von Schumann u. Schubert singen, wie man sie als Kind im Jahre 1910 von einer Schwester gehört hat. Alles ist besser als mittelmäßig, tüchtig und gerecht sein.
Ich habe nun Ihre zwei Briefe, den schönen inhaltsreichen über Singapur und das Landleben mit kühlen blätterreichen Ulmen und Buchen, Milch und Ratschlägen des Farmers. Wie traurig, daß die jugoslawische Melusine, diese überlebende rothaarige Sünderin aus den fernen Tagen der Georges gestorben ist, wohin ging sie mit dem Erzengel, dem schönsten aller Kavalleristen, der es jemals gelernt hatte, über seine Taten zu schweigen?
Englisch werde ich nie lernen, weder mit dem Schatten Pamelas, noch mit Ihnen, weder mit Francis Bacon noch mit Joyce, der es mir vorgeschlagen hatte. Ich kann denken u. fühlen nur in einer Sprache über allen Sprachen, die so große Weiten hat, daß kein Wort u. kein Satzgefüge mich einengt. Die Sprache auf Erden, die ihr am nächsten kommt, soll demnächst verboten werden, höre ich.
In Afrika als Legatin sind Sie mir viel näher, Diana Praetoris cuiusdam uxor, gratia plena. Wenn Sie wollen, daß ich komme, müssen Sie mich durch Massigli einladen lassen, dringend, peremptorisch, denn ich lebe hier seit fünf Jahren wie Gulliver bei den Zwergen von tausend Fäden gebunden. Erinnern Sie sich noch an das Essen bei den Fischern in Ouchy? An den Weg hin und den Weg zurück?
Auf Wiedersehn
Wo ist Raimund?

An Max Huber　　　　　　Lilienberg, Ermatingen, 8. 9. 1944

Verehrter, lieber Freund,
Ich habe Ihre Einleitung mit größtem Gewinn und wahrer Bewunderung gelesen. Es ist, wie wenn auf diesen viel zu knappen Seiten all dasjenige konzentriert wäre, das wegen

der Umstände, die ich so sehr beklage, ungeschrieben blieb. Dabei ist, bei der gespannten Bedeutung des Textes, doch alles durchsichtig, deutlich, überzeugend. Es ist für mich bewundernswert, daß solche Erkenntnis, wenn sie auch reif und fertig in Ihnen ruht, bei dem Raubbau, der mit Ihrer Zeit in so schändlicher Weise getrieben wird, bis zur abschließenden, endgültigen Form gedeihen konnte. Das ist nun, in kurzer Zeit, der zweite Aufsatz dieses Jahres, der sich dem Besten anreiht, was Sie geschrieben haben. Daß dies das Datum 1944 trägt, ist wahrhaft bedeutungsvoll.
Zu dem Memorandum zur Eingabe des J. W. C. habe ich nichts zu bemerken, ich halte das Dokument für zweckentsprechend, es deckt seinen Gegenstand.
Seit Mittwoch habe ich nun, außer mit Herrn Reinharts alter Magd, kein Wort gesprochen. Ich schrieb eine Bücherbesprechung und las Schwabs Sagen des klassischen Altertums, die ich als Kind verschlang und jetzt in einer ergänzten, neuen Ausgabe mit erstaunten Augen als unerschöpflichen Born tiefsinniger Allegorie und reinster Lehre von den menschlichen Leidenschaften aufnahm. All dies, nach dem furchtbar leeren Getöse unserer Tage, in einer Stille, die sich in meinem Innern verdoppelte, so daß mir (den ganzen Tag, hinweg über den Vordergrund der Früchtelast und des Überflusses an Blumen, vor der großen, milden, reifen Landschaft, den Domen der Reichenau, den Kratern im fernen Duft, vor dem unglückseligen deutschen Lande) – so feierlich zu Mute war, wie nie in einer Kirche. Ich möchte Monate lang so allein hier bleiben können, langsam wieder hineinreifen in die Aufgaben, die mir vorschweben, das Versunkene, Vergessene wecken, der verlorenen Zeit nachjagen, sie nochmals ausnützen zum Vertiefen und Erfassen dieser Gestalten, die mir vorschweben und die zum Leben drängen. Wie schön wäre das Aufgehn des gedankenreichen Spätherbstes vor diesen Fenstern, das Einwintern dann.
Unser Abend im Storchen war ein guter Auftakt zu solchen Tagen. Der Winter unter den französisch redenden Lemuren

kommt mir vor wie die sechste Arbeit des Herakles. Auch
Ihnen wünsche ich Alles Gute dazu!
Stets in freundschaftlicher Verehrung Ihr

         Carl J. Burckhardt

An Rosa Glauser   Genf, Plateau de Frontenex 3,
         17. Dezember 1944
Liebes Glausi,
Ich habe die ganzen Tage in jedem freien Augenblick so viel
an Sie gedacht.
Sie haben so unendlich viel verloren, das Schönste, das
Seltenste, die einzige Befreiung aus unserm Gefängnis, die
es gibt: Freundschaft. Freundschaft, das viel mißbrauchte
Wort und die mit nichts aufzuwiegende Sache. Nun sind die
vielen Jahre, angefüllt mit dieser Gegenwart, hinter Ihnen;
alles voll von Musik und Schönheit, von allen Bildern der
Welt erfüllt, die Reisen, immer neue Wege, neue Landschaften, neue Städte, und die Heimkehr, das große, helle Zimmer an der Marktgasse, die beiden Klaviere an der Schwarztorstraße, die Stunden am Kachelofen bei Célestine; – von
all dem unendlich Vielen, weit weg, drüben in den fernen,
fast undenkbaren Friedenszeiten weiß ich etwas, habe ich in
meine jungen, auch so fernen Jahre etwas mitbekommen.
Wie eine Strahlung, eine warme, heimliche Kraft, die von
Eurer tiefen Freundschaft auf mich einwirkte. Ihnen einmal
zu sagen, wie dankbar ich Ihnen dafür bin, liegt mir am
Herzen. Emmeli hat mir sehr viel bedeutet, ich hing mit
wahrer Liebe, kameradschaftlicher Bewunderung an ihr; ich
habe sie zum letzten Male noch gänzlich unverändert gesehen, mit ihrem schönen, trotzigen Kindergesicht, voll von
Heiterkeit, Kraft und Einfall. Wer konnte einem so wie sie
einen Empfang bereiten, einen spüren lassen, daß man wirklich hochwillkommen sei! Immer werde ich das erstaunte,
zugleich beglückte, unendlich aufmunternde »Kralo« hören,
das sie ins Telephon rief, wenn man, in jenen beweglichen

Zeiten, am Ende des letzten Krieges und nach dem letzten Krieg, von irgendwoher sie anrief. Dieser Empfang, dieses Zuhausesein, diese schwesterliche Güte, das Auflachen, das herzlichste der Welt, das leichte, lustige Gepolter um so viel Zartheit, so viel bewegte Gefühlskraft zu verbergen. Es ist wahrhaft ein ganzes Stück meines Lebens, das vor mir vorüberzieht, all diese Gestalten, so treffliche, – nie wieder haben wir dergleichen gesehn: immer wieder Ihr beide, Célestine Righini, der in Berlin gefallene Banderet, Zubi, Gagliardi. – Weggerissen, hinüber, durch unvorstellbar grauenhaftes, unfaßlich wirres, böses, abgründliches Geschehen getrennt von unserer heutigen Lage, hinüberschauend wie aus Märchen, dabei war sie, war Emmeli noch da, hat all das noch erfahren, wie wir beide. – Lebte noch, als ich kürzlich wie in alten Zeiten vor einer Berner offiziellen, öden Mußstunde, anläutete, Gritlis Stimme hörte wie immer und dann von Ihnen erfuhr, was bevorstand! So haben Sie ihr also bis zum letzten Augenblick alles Liebe erweisen dürfen. Welch ein Trost, ja welch seltene Vergünstigung, in einem Leben in dem alles grausam auseinandergerissen wird, um irgendwo zu Grunde zu gehen, ohne Beistand, ohne Gegenwart, ohne das Weben des geheimnisvollen, frommen Bandes, des unzerreißbaren, unaussprechlicher letzter Augenblicke. Ja, auch das ist ein Glück, daß Sie dies haben durften, den meisten ist es versagt; das Ganze dieser Begegnung, dieser Freundschaft, ihrer Erfüllung ist ein ganz seltenes, großes Glück, das Ihrem Leben einen tiefen Sinn gibt, es erfüllt, über alles harte, schneidende Vermissen, [das] weiterhin als Glück, mit Dankbarkeit in Ihnen wirken soll; es ist wert, daß man während Jahren darüber nachsinne, in einer stillen, großen, reifen Art es bedenke. Wo das möglich war, war nichts vergeblich, wenige haben so viel, und derartig Geschenktes hat einen Sinn, der sich uns aufschließen soll.
Liebes Glausi, ich bin seit Jahren furchtbar herumgerissen, aufgebraucht, habe keine Freiheit mehr, das zu tun, wozu es mich treibt, aber Sie wissen, wie nah und verbunden ich

Ihnen innerlich bin, wie sehr Sie zu meiner Welt gehören, wie sehr auch ich Sie nötig habe. So wollen wir denn den unheimlichen Jahren, die jetzt nahen, entgegen, jeder in seiner Weise, tapfer weitergehn, das Unsere leisten, nicht verzagen, innerlich auch ohne uns zu sehn zusammenhalten und all den Gestalten, die unser waren, unser lebendiges, heiter vertrauendes Fühlen zur Wohnstätte machen, in der sie immer einkehren können.
Immer in alter Treue und Herzlichkeit

                          Cralo
                          Carl J Burckhardt

An Mabel Zuppinger   Paris, 17. I. 1946

Liebe Mabel,
Du rechnest nicht mit dem Respekt vor der großen Pressevertreterin, vor welcher die armen hilflosen Beamten zittern. Das »Du« ist etwas sehr Schönes und es knüpfen sich so viele Erinnerungen daran.
Wie glücklich Ihr seid, – Engadin, Crans, Gstaad, alle schreiben von irgendeiner dieser für mich jetzt so fernen und doch so vertrauten Gegenden. Ich komme nicht los von hier, es ist alles zur Zeit so intensiv, aus Katastrophenstimmung und Müdigkeit, Dummheit und Überdruß, Angst und Rachsucht gemischt: all das äußert sich in täglichen Aufgaben, und aufbegehrerische Schweizer erscheinen am laufenden Band und machen mich verantwortlich, wenn die Weltpolitik, die allgemeine Entwicklung, die französischen innern Vorgänge und Spannungen sich nicht nach den Interessen ihrer Portemonnaies richten. Nationalisierung, Verstaatlichung! – gut, aber nur soweit als keine Interessen in Lutry und Hombrechtikon berührt werden. Da wimmelt es denn nur so von Generaldirektoren und Verwaltungsräten, die womöglich alle und wenn tunlich am selben Tag minde-

stens vom Staatsoberhaupt empfangen werden wollen, um ihm ihre Meinung zu sagen.
Auf meinem privaten Hintergrund bewegt sich nun Annette Kolb. Sie ist einfach hier gelandet, ohne nichts. Sie hat keine Wohnung, kein Geld, kein Papier, keine Tinte. Infolgedessen wohnt sie jetzt bei mir. Für wie lange? Glaubst Du, daß es jemals wieder Wohnungen für alleinstehende Schriftstellerinnen von 74 Jahren, die aus Vergeßlichkeit in den Ämtern münchnerisch reden, daß es, sage ich, für »solchige« jemals wieder Wohnungen geben wird? Vom 3. Februar an werde ich ganz allein mit ihr hausen.
Auf Wiedersehn, liebe Mabel, Dir, Euch Alles Gute, herzlichst stets Dein
Carl J B.

An Maja Sacher Paris, den 28. Januar 1946.

Liebe Maja,
Ich habe endlich erreicht, daß die Regierung in Bern P. erlaubt, in seine Heimat zurückzukehren, ohne daß die Schergen an der Grenze ihn wegen Verletzung des Neutralitätsgesetzes oder Desertion in den Kerker werfen. Es ist nun aber so, daß er so viel Schulden in der Schweiz hat, daß das, was der Staat nicht gegen ihn unternehmen wird, vielleicht seine Gläubiger tun werden. Es müßte also irgend jemand diesen Gläubigern gegenüber eine Garantie abgeben, aber das kann unter Umständen sehr weit führen. P. ist jetzt schon lange Zeit in Paris, wir sehen ihn oft. Der Höchstkommandierende der französischen Besatzungsarmee in Deutschland, General Koenig, hat mich wiederholt aufgesucht, um mir sein persönliches Interesse am Falle X auszusprechen. Er hat mir bei dieser Gelegenheit gesagt, er habe keinen tapfern und vortrefflicheren Offizier als X in seiner Armee von El Alamein bis zum Abschluß des Feldzuges gehabt. X ist auch Ritter der höchsten Orden. Er hat immer sehr viel Haltung und zeigt nicht, daß er sich Sorgen macht.

Er hat eine Stellung im Sudan erhalten als Inspektor ungeheurer und fast noch unerforschter Jagdgebiete. Leider erlaubt ihm aber seine Gesundheit nicht, den Posten zur Zeit anzutreten. Er hat Granatsplitter im Rücken und leidet an Nierenblutungen. Diese Splitter müssen herausoperiert werden. Er ist entschlossen, sich der Operation zu unterziehen, aber die Ärzte wagen nicht, sie zu unternehmen, weil er immer noch eine chronische Bronchitis hat, die er durch beständiges Zigarettenrauchen, spätes Schlafengehen und allerlei unhygienische Unternehmungen tunlichst unterhält.

Eine andere Sorge für mich bedeutet das wahrhaft tragische Schicksal Despiau's. Er hat einmal während der Okkupation eine Einleitung zur Monographie über Breker geschrieben. Die Folge ist, daß er als Staatsfeind behandelt wird. Man gibt ihm keine Bezugsscheine für Heizmaterial. Ich besuchte ihn in einem eiskalten Atelier, in dem er eine herrliche Arbeit mit letzten Kräften vollendet. Er ist so schwach, daß er mich keine drei Minuten stehend empfangen konnte, sondern in einem Korbsessel zusammensank und Mühe hatte, nicht zu weinen. Er scheint auch ganz verhungert zu sein. Er sagte mir, wenn er wenigstens etwas Milch bekommen könnte, glaubte er, wieder etwas zu Kräften zu kommen. Ich habe die Absicht, deshalb etwas Kondensmilch aus der Schweiz kommen zu lassen. Er darf weder ausstellen noch verkaufen. Als ich ihm davon sprach, ob er nicht in die Schweiz kommen wolle, sagte er mir: »nein, ich muß diese Arbeit fertig machen – nachher kann ich ruhig sterben.«

Viele Künstler sind in dieser Lage, ich erwähne z. B. nur Othon Friesz, dem es auch sehr schlecht geht. All das erinnert mich stark an das Berlin des Jahres 1933.

... Es wäre schön, wenn Du nach Paris kommen könntest. Dein Mann genießt hier ein sehr großes Ansehen. Die Saison ist jetzt recht schlecht. Es ist überall kalt. Die Stadt macht einen kraftlosen Eindruck. Mit der bessern Jahreszeit und dem veränderten Licht wird sich manches mildern. Das Wiedersehen wird sicher für Dich kein leichtes sein.

Kürzlich fuhr Poulenc in die Schweiz. Er hatte von seinem letzten Aufenthalt dort eine sehr schlechte Erinnerung behalten. Ich versuchte, D. zu bitten, diesmal dafür zu sorgen, daß er eine gute Aufnahme finde, ich bin aber bei ihr abgeblitzt. Sie hält ihn für einen bessern Chansonnier. Das ist er aber nicht. Ich halte ihn für ein großes Naturtalent, eines der wenigen, die es hier bei dem sehr intellektuellen Musikbetrieb gibt. Wenn er Klavierpartituren spielt, habe ich den größten Genuß davon. Er ist ein wirklicher Musikant, mit etwas Vollblütigem und Populärem an sich. Ich hätte mich gefreut, wenn er dieses Mal etwas mehr angetan von den Möglichkeiten unseres Landes zurückgekommen wäre.

Ich war sehr glücklich, daß Lipatti in Deiner Gesellschaft nach Brüssel reisen konnte. Wie sehr verstehe ich, was das Wiedersehen mit dieser Stadt Dir bedeutet hat. Lipatti ist verwundbar und leicht geängstigt, aber es ist auch eine große Kraft in ihm und irgendwo, was das Seltenste ist, etwas Sublimes, was man bei all diesen so zahlreichen, technisch erstklassigen Pianisten unserer Zeit nicht zu hören bekommt.

Stets mit herzlichstem Gedenken
Dein alter [Carl]

An Gustav Bally   Paris, den 15. März 1946

Sehr geehrter Herr Doktor,
Ihr Brief war für mich eine ganz große Freude. Ich glaube, wir sind uns völlig einig und ich bin Ihnen dankbar dafür, daß Sie meine erste Äußerung, in der eine gewisse Bitterkeit mitklingen mochte, in einem positiven Sinne aufgenommen haben. Es ist ein Unglück, daß man heute den Sinn für die verschiedenen Ebenen, auf denen man in der Wirklichkeit zu bestehen hat, so oft verwechselt.
Es ist ganz klar, daß der aktive Politiker, der innerhalb von außenpolitischen Belangen in bezug auf das Erreichen ganz bestimmter Ziele eingesetzt wird, bisweilen gezwungen ist,

Haltungen einzunehmen und Methoden anzuwenden, die ihm als sittlicher Person widersprechen. Das ist das Böse, das jeder Politik notwendig anhaftet, wobei jedes politische Handeln immer haarscharf am Abgrund vorbeiführt.
Die Art, in der sich seit der Bismarck'schen Reichsgründung in unserem großen Nachbarlande der Entartungsvorgang der Vermassung entwickelte, hat besonders abschreckende Formen angenommen, einmal deshalb, weil das Werk, das die amerikanischen Bomber am äußern Kryptogramm des deutschen Geistes vorgenommen haben, an diesem Geiste selbst schon seit den 60er Jahren – Nietzsche hat das damals schon gewußt – sich so sichtbar, so besonders deutlich vollzogen hat. In den westlichen Ländern ist aber ähnliches geschehen, nur viel verhüllter. Es geht heute um einige ungeheuer einfache Grundfragen, u. a. um diejenige, die Sie andeuten: »gibt es eine andere als individuelle Freiheit?« Von diesem Standpunkt aus dürfte einmal das viel getadelte Wort Goethes aus der »Kampagne in Frankreich« betrachtet werden, das Wort, durch welches er zum Ausdruck bringt, daß seine Natur, vor die Wahl zwischen Ordnung und Gerechtigkeit gestellt, bisweilen die Ordnung wählen würde, die Ordnung, d. h. die Hierarchie, die Vielfaltigkeit, das Gegliederte. Die Gerechtigkeit, der Wille, alle an einem gleichen Recht teilhaben zu lassen, und alle zu diesem Zwecke gleich zu machen, führt zu einem Zustand, den ein sowjetrussischer Gesprächspartner mir kürzlich als kollektive Freiheit bezeichnete, wobei Freiheit für ihn darin zu bestehen schien, daß alle, d. h. jeder Einzelne als ein Millionstel mit dem Staat und nur mit dem Staat identisch ist und infolgedessen dem Druck, den die Summe aller Einzelnen auf jeden Einzelnen ausübt, stets der Gegendruck des Staates, d. h. des kollektiven Sammelbegriffs entgegengesetzt werden kann, der Staat ist frei, auch sittlich völlig frei und jeder Staatsangehörige hat an dieser Freiheit seinen Teil.
Dieser mir unvertraute Begriff der kollektiven Freiheit hebt dasjenige auf, was mir als das Wesentliche innerhalb dieses –

gestehen wir es – mysteriösen Begriffs Freiheit erscheint. Meine Vorstellung umfaßt die Freiheit für jede einzelne Seele, durch Schicksal und Willen zu größten Möglichkeiten, zu einzigartigen Begegnungen und Erfahrungen, Leistungen, Überwindungen oder Niederlagen höchst individueller Art gelangen zu können und dadurch die einzigartige Gelegenheit des Daseins unter Umständen zu sittlichen, schöpferischen Zwecken benützen zu dürfen, die an einem Punkte und zu einer bestimmten Stunde alles andere aufwiegen können und somit auch dasjenige, was die glücklichst geführte Kollektivität erreichen könnte. Die solcherart definierte Freiheit wird heute als bürgerliches Vorurteil abgetan, gerade zu ihr aber, zu dieser ihrer äußersten Ausprägung haben, scheint es mir, die Deutschen eine große Anlage, zugleich jedoch eignet ihnen der Hang, sie im Denken und Handeln zu mißbrauchen, weil sie so leicht auf die Scheu verzichten, welche immer die Schranke jedes menschlichen Zustandes bleiben muß. Der Mangel an Scheu – um nicht das mißverständliche Wort Bescheidenheit zu gebrauchen – verhindert die Deutschen daran, das ungeheure Gut individueller Freiheit mit den sozialen und kollektiven Erfordernissen in einem glücklichen Verhältnis auszugleichen. Dort, wo die Scheu vorhanden ist, ist Rücksicht vorhanden, wo die Rücksicht wirkt, können Liebe und Mitleid jederzeit ihren Platz finden, weil der Sinn für die Relativität, die innere gegenseitige Abhängigkeit aller menschlichen Bestrebungen innerhalb der Rücksicht bewußt bleibt. Das Wort: »Sagt es niemand, nur den Weisen« ist ein rücksichtsvolles Wort, welches diesem Lebensgesetz voll gerecht wird. Es sollte immer esoterische Worte geben. Das Recht aller auf alles läßt alles in unrechte Hände fallen. Eine schweizerische Redewendung, die mir wertvoll ist, die man aber immer seltener vernimmt, ist: »Dies ist nichts für mich.« Die in dieser Formel enthaltene Unterscheidungsgabe entspricht dem organischen Reichtum einer gesunden Gesellschaft. Typenreichtum, Arbeitsteilung, Verzicht und Privileg sind für eine Welt der individuellen Freiheit nötig und es ist wohl unmöglich, in der Absicht, gleiches Recht zu schaffen, jede Differenzierung aufzugeben und zugleich die individuelle Freiheit zu bewahren. Die heutige Menschheit scheint immer vor die einfache Wahl zwischen gegliederter Ordnung und relativem Recht einerseits, absolutem Recht und gesellschaftlicher Atomisierung [andererseits] gestellt zu sein.

In einem Wald im östlichen Deutschland traf ich einmal auf einsamem Weg eine uralte Frau, die drei Monate lang gewandert war, um zu dem Heiligtum von Tschenstochau zu gelangen. Ich frug sie: »So weit sind Sie ganz allein gewandert?« Sie antwortete mir: »Ich war nicht allein, ich war mit meiner Seele.« Sie hatte damit etwas Wesentliches über die individuelle Freiheit ausgesagt. Ihrer Auffassung von dieser Freiheit aber Ausdruck und Verwirklichung zu verleihen, war ihr nur möglich in einer Welt, die es noch gestattete, daß ein Mensch, ohne irgendeinem andern Auskunft schuldig zu sein, aufbreche und dorthin wandere, wohin er will. Dies ist in der Welt der kollektiven Gerechtigkeit nicht mehr möglich. Da das Bestreben dieser alten Frau durchaus ein soziales war, denn sie wollte nicht nur ihre Seele retten, sondern durch ihre Wallfahrt ihren Angehörigen helfen, hat der altertümliche Akt ihrer höchst freien Unternehmung am Ende eines langen arbeitsamen Bauernlebens eine Bedeutung in bezug auf das Kollektive, das das individuelle Abenteuer, sobald es aus irgendeinem Grunde selbstisch ist, auch bei den größten Leistungen des Intellekts nie erreicht, was mir daraufhin zu deuten scheint, daß individuelle Freiheit nur dann ein Positives ist, wenn sie still wirkend Gemeinsamkeit und Verbundenheit voraussetzt.

In der mir von Grund auf so unheimlichen, beinah fatalen Gestalt des Faust scheint diese letztere Voraussetzung am wenigsten vorhanden zu sein. Diese Gestalt faßt all das zusammen, was mir bei den Nationalsozialisten, unter denen ich im einzelnen auch wertvolle Menschen gekannt habe, immer so tragisch vorkam: das Fehlen des Bezuges auf die andern, das schließlich sich bis zu dem Grade entwikkelte, daß sich alle in einem gemeinsamen Egoismus zu einer amorphen Masse zusammenfanden, daß alle Selbstzwecke im Begriffe der gemeinsamen Leistung zusammengefaßt wurden, daß das Ganze von einem Innern zu einem völlig Äußern wurde, daß das Opfer, der Verzicht, auch jede Form von Heldentum oder Verbrechen nur deshalb gutgeheißen wurde, damit die Sucht nach Leistung, Erfolg, Macht, in der sich alle Einzelnen zu größtmöglichster Wirkung zusammengefunden hatten, erfüllt werde.

Der deutsche Nationalsozialismus aber war eine Form der Krankheit, die heute unter so viel andern Namen überall wütet. Sie überall dort, wo sie wütet, aus dem eigenen Bewußtsein zu verdrängen, indem man sie jetzt dem einen Ausgestoßenen, dem deutschen Menschen, zuschreibt, den man wie einen Siechen im Mittelalter behandelt, ihn mit Schellen behängt und aus der Gemeinschaft austreibt, das ist ein Weg, auf dem man bestimmt nicht zur Heilung gelangen wird.

Sicher liegt ein tiefer Sinn und eine tiefe Verantwortung darin, daß wir auf unserem kleinen Raume, in welchem die Vielgestaltigkeit und das Gegliedertsein in so besonderer Art zum Ausdruck kommt, bewahrt geblieben sind. Gerade deshalb, glaube ich, haben wir den Mut aufzubringen, uns den Hypnosen und Suggestionen fernzuhalten und immer wieder den Willen aufzubringen, auf die stillen Lebensmächte hinzuhorchen, das innere Gesetz, das in jedem einzelnen Falle anders urteilt, das Gefühl zu bewahren für den ungeheuern Reichtum an Gestalten, Möglichkeiten, Schicksalen, das die Welt erfüllen muß, wenn sie nicht versanden und in nichts zerfallen soll.

Das, was wir unsern deutschen Freunden also vor allem zu bringen haben, ist wohl in allererster Linie das Menschliche, die Versicherung, daß sie für uns keine anderen geworden sind durch das, was geschehen ist. Sie wissen selbst darüber besser Bescheid als ich. Als Arzt sind Sie ja täglich in der Lage, Kranke aufzurichten, sie nicht endgültig zu charakterisieren und zu stigmatisieren, d. h. festzulegen, sondern ihnen zu erklären, daß jeder andere auch in ihre Schicksale hätte hineingeführt werden, und ihre Taten hätte begehen können und daß es aus allen Lagen Auswege gibt.

Auf der flachsten, d. h. der rein politischen Ebene, ist die Sache heute die, daß der faustische Trieb nach Macht, der nicht nur eine deutsche Eigentümlichkeit ist, aber von einem Deutschen erkannt und dargestellt wurde, es auch den Deutschen besonders schwer macht, das Aufgeben des Machtstaates, des Großreiches hinzunehmen. Dieser Umstand wird von den östlichen Nachbarn Deutschlands dazu benützt – und mit Erfolg benützt –, eine Kollektivdoktrin in Deutschland durchzusetzen, gleichzeitig aber Deutschland wirtschaftlich so schwach zu halten, daß es nur an zweiter Stelle innerhalb der osteuropäischen Staatenwelt stehen kann, d. h. daß es im osteuropäischen System mitgeht, aber in der Kombination nicht führt.

Dem gegenüber bestehen im Westen und Süden des deutschen Sprachbereiches Bestrebungen in der Richtung auf den Partikularismus hin. Diese Bestrebungen gegeneinander auszuspielen, erscheint als ein Leichtes, weil sie sich aus vielfältigen historischen Voraussetzungen oder aus religiösen Formen ergeben, die sich nicht nur stets gegenseitig bekämpften, sondern überall auch heute noch in diesem Kampf auf der westlichen Hemisphäre Unterstützung finden im Sinne eines Kampfes aller Standpunkte gegen alle. Dadurch wird alles paralysiert, hebt sich alles auf; alle Partikularismen, die sich gegenseitig zerreiben, werden schließlich in der Verzweiflung zwangsläufig abermals ersetzt durch jene Selbstaufgabe des Individuums, die darin besteht, alles aufzugeben, um das Eine zu suchen, Wirkung, Macht, auch Rache, wie wir dies heute an hundert Beispielen erkennen können. Das Schlagwort von einer bürgerlichen Welt, das meines Erachtens überhaupt nichts aussagt, wenn nicht etwas sehr ernsthaftes, nämlich, daß die bürgerliche Welt die Welt der individuellen Freiheit ist, bringt es mit sich, daß unsere Stellungnahme gegenüber dem jetzigen deutschen Vorgang: der Ersetzung in grenzenloser Not des

einen Totalitarismus durch den andern, eine höchst mißverständliche werden kann.
Es führt eine Linie von Luther über den Faustgedanken zu Hegel, zu Marx, eine andere zum Existenzialismus, der heute die Franzosen so sehr beschäftigt. Wir haben vielleicht heute in der Schweiz noch am allermeisten Aussicht, keinem dieser Gedankensysteme angehören zu müssen und deshalb fällt uns, scheint es mir, vor allem die Aufgabe zu, endlich einen Bildersturm gegen Zwangsbegriffe zu unternehmen, aus so vielen bösen Zauberkreisen mutig herauszutreten, um endlich wieder über die bösen Grenzen der Magie in das nichtmagische morgenklare Licht hinauszugelangen, das in so herrlich nüchterner Weise in den Werken unserer Autoren wie Keller und Gotthelf wirkt.
Ich habe dasjenige, was ich meine, einmal in einer leicht zugänglichen Weise auszudrücken versucht in der kleinen Schrift »Vormittag beim Buchhändler«, nämlich das nüchterne Sichbescheiden unter der Einsicht, daß wir mit Geduld in unserem immer relativen Zustande der Tatsache eingedenk bleiben müssen, daß die absoluten Entscheide, welche durch uns hindurch wirken, von uns nicht bewirkt werden können, wenn wir nicht freveln wollen und zwar deshalb, weil wir ein Teil des Ganzen und nicht der Sinn des Ganzen sind.
Alle Überlastungen einzelner Aspekte, wie sie jede Allgemeingültigkeit beanspruchende Ideologie bedeutet, führen zu einer verbrecherischen Zerstörung des wunderbaren innern Gleichgewichts, das die ganze Natur rings um uns herum in einer Art von heiligem Schutze hält, während wir es immer wieder unternehmen, uns aus diesem Gleichgewicht herauszureißen, um auf den Flügeln unseres Sturzes vorwärts zu jagen, wobei wir dann schließlich zerschmettert werden. Die Fähigkeit, die Zeit als einen Teil der Ewigkeit zu empfinden, ist in unserem Volke lange und noch weit über die christlichen Gewohnheiten hinaus lebendig geblieben und dadurch behielt es auch die Fähigkeit, zwischen dem Gestern, dem Heute und dem Morgen nicht eine so

sinnlose Wahl zu treffen, wie dies bei einem großen Teil der modernen Menschheit der Fall war, und zwar immer zu Gunsten dieses mir psychologisch so merkwürdigen Begriffes »des Neuen«, das doch nichts anderes sein kann als das Andere, nämlich eine Ausschließung von allem Seienden und Bewährten. Der Sinn für das Gewährte im Wandel, seine Beständigkeit und ruhige Umwandlung ist noch bis in unsere Generation hinein beim Schweizervolk intakt geblieben. Gerade darin liegt meines Erachtens sein spezifischer Gerechtigkeitssinn. Angewandt auf die Bewährung innerhalb des Zeitablaufes ist es dieser Gerechtigkeitssinn, der sich unfanatisch auf jedes Andersgeartete und damit auf die Vielgestaltigkeit anwenden läßt und der der Vielgestaltigkeit der uns umgebenden Natur entspricht. Davon sollten wir meines Erachtens ausgehen, an dieser Eigenschaft sollten wir festhalten. Nicht von den Gewalten hingerissen sein, die wie der Sturm über die östlichen Ebenen brausen, das ist alemannische Art und diese Art ist heute wie je beinah unsichtbar aber tief auch im deutschen Wesen vorhanden, und gerade in ihr liegen europäische Eigenschaften der Deutschen. An diese müssen wir appellieren und es geht darum, wenn wir europäisch sagen, daß wir den Sinn für Reife bei den Deutschen unterstützen, sie aus den Pubertätswehen des Wähnens und Wollens endlich in eine innere Stille zurückführen, in der, nachdem sich das Ohr daran wieder gewöhnt hat, alles gehört werden kann und nicht nur dieses unheilvolle dynamische Brausen.

Das Volk, das die Polyphonie erfunden hat, das Nürnberg, die Städte der Hansa, Wien, Dürers Hasen, Mozarts Requiem, die Bach'sche Fuge, die weltoffene Gerechtigkeit Herders, Goethes Tasso hervorgebracht hat, ist im höchsten Maße dazu befähigt, zum Gleichgewicht in der Vielfalt, zur inneren Ruhe zurückzukehren und endlich wieder einmal die Öde der absolut gesetzten Scheinwerte zu verlassen.

Nun bin ich, hochgeehrter Herr Doktor, beim Diktieren in ein wohl sehr undeutliches Selbstgespräch hineingeraten und habe Ihnen auf einen klaren, konzisen Brief mit viel zu

langen und unfertigen Ausführungen geantwortet. Ich bitte, mich zu entschuldigen und mir zugleich zu erlauben, diese Äußerungen als die Fortführung eines Gespräches zu betrachten, das, hoffe ich, damit nicht seinen Abschluß finden wird. Ich bin sicher, daß Ihre vorgesehene Reise nach Deutschland Ihnen viel Neues und Bedeutendes bringen wird und freue mich schon darauf, von Ihnen über die gesammelten Eindrücke zu hören.
Mit herzlichen Grüßen
Ihr [Carl J. Burckhardt]

An Karl Jaspers März 1946

Hochverehrter Herr Professor,
Dr. Bally hat mir in Ihrem Auftrag die Zeitschrift »Die Wandlung« übermittelt, und so erhielt ich endlich wieder einmal Nachricht aus Deutschland. Das hat mir wohlgetan und es erschien mir wie ein Wunder, daß nach diesem Grauen und Entsetzen in der geliebten, herrlichen Sprache wieder gedacht und geschrieben wird.
Es ist jetzt viel die Rede von Reue und Umkehr. Sicher ist die Reue die tiefste affektive Betrachtungsweise vergangener Handlung. Ich hoffe aber auf ein nüchternes Deutschland, bei uns treiben sich Leute herum, die in Sündenbewußtsein schwelgen und eine eigene Propagandaliteratur daraus machen. Ich habe fast drei Jahre lang, von Anfang 1937 bis zum Kriegsausbruch den [...] gerichteten Vorgang in Danzig und Ostpreußen mitangesehen. Jetzt fällt es mir schwer, mich mit verallgemeinerndem Urteil zu befassen. Ich sah damals deutlich, wie ungeheuer komplex der ganze Zustand war und wie die Verantwortung des Einzelnen von der völligen Unschuld und Unwissenheit bis zum abgefeimten Ausnützen des schlechten Kerls ging. Der eigentliche Akt gehört ins Gebiet der Hypnose. Aber ist der nicht unter andern Voraussetzungen überall so? Täglich, stündlich, treffe ich auf den selben Ungeist; weit davon entfernt,

besiegt zu sein, ist er im Wachsen begriffen. Sein Zeichen ist tausend Gesichtern aufgebrannt, er trägt tausend Namen, immer ist er gegen etwas gerichtet und er wirkt dahin, fürchte ich, daß alles, was wir bisher an Grauen erlebt haben, erst ein Vorspiel zu Kommendem war.
Da muß man denn in den Pausen, den kurzen Zwischenzeiten, darnach streben, etwas Rechtes im Denken und Erkennen zu leisten, denn es sind doch nur diese Adlerflügel des Geistes, die uns über die immer neu aufgerissenen Abgründe hinwegtragen.
Etwas vom Wesen dieses stillen Fluges hat mich aus den Seiten der Zeitschrift angeweht, ich danke Ihnen dafür und verbleibe in Verehrung Ihr sehr ergebener   CJB.

An Wilhelm Furtwängler   [Paris] 17. April 1946

Lieber, verehrter Herr Furtwängler,
Sie haben mir mit Ihren freundlichen Zeilen eine große Freude bereitet. Diese Gelegenheitsarbeiten, auf dem Tischrand an Sonnabenden geschrieben, lassen mich an den Zeitpunkt zurückdenken, an welchem ich all dem, was mir als Ziel erstrebenswert schien, mit einem Male den Rücken kehren mußte, um in einem schon verzweifelten Augenblick unserer zeitgenössischen Geschichte in die Danziger Bresche zu treten und dort ein Letztes zu versuchen, um das furchtbare Unheil, das nun hereinbrach, abzuwenden. – Abzuwenden, ich will sagen, mein kleines Teil zu diesem letzten verzweifelten Versuch beizutragen! All das ist in einem Ozean von Dummheit und böswilligem Leichtsinn untergegangen. Dann kam der Krieg: während 6 Jahren habe ich fast Tag und Nacht administrativ unsere Großkämpfe im roten Kreuz geführt, ich war wie in einem Schacht, sah den Tag nicht mehr. Gegen Kriegsende begann ich zu hoffen, daß mir in einem Winkel dieses elenden Floßes, zu dem Europa geworden ist, noch eine Frist ver-

gönnt sein werde, um die begonnenen Bücher zu beenden: da wurde ich unter Druck gesetzt und hierher geschickt, wo ich einer weiteren Verfallsepoche aus nächster Nähe, frühstückend, dinierend, soupierend, unermeßlich redend, als Einer beiwohne, der das Ende vom Stück schon im Voraus gelesen hat.

Somit ist eine Ansprache wie diejenige, die Ihr gütiger Brief mir gebracht hat, wehmütig erfrischend.

Ja, Grillparzer hat den größten politischen Verstand gehabt, den ich jemals bei einem deutschen Autor gefunden habe, dieser Wirklichkeitssinn, dieser unbestechliche Blick, das Fehlen jeder Emphase gibt allem, was er macht, eine herrliche Klarheit des Umrisses. Er war eben musikalisch und das ist merkwürdigerweise bei deutschen Dichtern selten, das Musikalische in ihm aber führte ihn zum Sinn für den saubern Ausdruck des Denkens, kein Pausenzeichen, kein Vorschlag durfte fehlen, und gerade diese äußerste Sauberkeit hat bisweilen auf die Sprachschönheit einschränkend gewirkt, das Trügerische der Sprache fällt bei ihm völlig weg.

Ich hoffe sehr, Sie im Sommer wieder zu sehn. Darf ich bitten, mich Ihrer verehrten Frau Gemahlin zu Füßen zu legen.

In Verehrung stets Ihr ergebener
Carl J. Burckhardt

An Wilhelm Röpke Paris, den 16. Mai 1947

Hochgeehrter Herr Kollege,
Ich habe den Wunsch und die Hoffnung, an Pfingsten für 3 Tage in die Stille aufs Land fahren zu können und werde Ihr Buch ›La Communauté Internationale‹ mitnehmen und es während dieser Feiertage lesen.

Sie wissen, wie sehr ich seit Jahren das Entstehen und Wachsen des großartigen Baus Ihres Werkes mit aufmerksamem Anteil verfolge und bewundere. Nicht immer war ich mit allem, was Ihre soziologische Kritik enthält, einverstanden. Aber Ihre Grundgedanken und Ihre erstaunlichen und überzeugenden Ergebnisse, die durch die ruhige Strenge und Stetigkeit Ihres Denkens zu Tage gefördert werden, haben mich im Sinne eines glücklichen Einverständnisses belehrt.

Was das deutsche Problem anbetrifft, so halte ich es ganz allgemein für notwendig, daß, soweit die Hoffnung auf ein Erhalten Europas und eines Einbaues Deutschlands in ein organisches Ganzes noch irgendwie möglich erscheint, man es vermeiden muß, diesem Volk Schuldgefühle einzuhämmern. Nach sehr einfachen Gesetzen müssen solche Empfindungen eines Tages überkompensiert werden.

Den Deutschen liegt es, mit ungeheuren Ausschlägen von Aktion und Reaktion durch ihre Geschichte fortzustürzen. Ich habe mich deshalb so sehr über gewisse Artikel gefreut, die Sie in letzter Zeit geschrieben haben. Ich halte es vor allem für unbillig, von der Schweiz aus, wie das leider so vielfach geschehen ist, den Deutschen vorzuschreiben, daß sie nun Asche auf ihr Haupt zu streuen hätten. Es genügt nämlich, tiefer in die Verhältnisse der westlichen Nationen einzudringen, um festzustellen, daß die Fehler und Entartungen der ersten Jahrhunderthälfte eine ganz allgemeine Erscheinung sind, und man sollte endlich einmal erkennen, daß dieser unheimliche theologische Begriff der Schuld, soweit er überhaupt anwendbar ist, von allen gemeinsam getragen werden muß.

Kürzlich besuchte mich ein sehr bedeutender amerikanischer Gelehrter, der von einem Aufenthalt im besetzten Deutschland zurückkehrte. Er sagte mir, er habe Vieles und Gräßliches gesehen, aber eines zum ersten Mal: er habe wirkliche Heilige kennen gelernt, an deren Existenz er bisher nicht geglaubt habe.

Ich hoffe sehr, im Sommer oder Herbst einmal Gelegenheit zu haben, Sie wiederzusehen.

Bis dahin verbleibe ich mit Dank und besten Grüßen, mit der Bitte, mich Ihrer verehrten Gattin zu empfehlen,

stets Ihr [Carl J. Burckhardt]

An Max Huber Paris, 13. II. 1948

Lieber und verehrter Freund,
Es ist mir vieles in letzter Zeit furchtbar nahe gegangen und hat mir den Weg zum Ausdruck, zur Aussprache verbaut. Dietrich Schindlers plötzlicher Tod. Sein Fehlen. Dieser immer wieder erlebte Vorgang, daß einzig die unwiderrufliche Trennung uns voll erfahren läßt, was wir an einem Menschen gehabt haben. Ein reiner Mensch, alles sauber, klar, gemessen; ein glückliches Haus. In allem, was er tat, Qualität, ohne irgend ein Glänzen oder Überreden, alles aufgebaut aus dem Stoffe der lautersten Ehrlichkeit. Auch für Sie war er wie ein zweiter Sohn.
Gandhis Ermordung. Unheimliches Zeichen einer furchtbaren Zeit. Überall gehen Mörder um – keiner traf einen der furchtbaren Mißbraucher der Macht. Aber dieser alte Betende wird erschossen. Schon hebt die Legende an; sie wird wachsen und groß sein: »Du kommst zu spät, mein Freund« soll er in der Sekunde, nach dem Schuß gesagt haben, als er noch aufrecht stand.
Meine kurze Reise durch Deutschland: drei Zonen, überall Irrtum, Mißbrauch, neuer Haß, unermeßliches Elend. Am furchtbarsten das Rheinland. Köln eine Schuttwüste, alles ausgemerzt, nur der Dom, schwer angeschlagen, steht. Die Menschen hausen in Erdlöchern, hungern wie nie zuvor. Elternlose Kinder, die im Regen auf geborstenen Steinstufen schlafen. Ich sprach lange mit dem Cardinal-Erzbischof, mit dem Oberbürgermeister. Beides bedeutende Männer. In Aachen ist alles zerschlagen, nur der Dom steht ganz unversehrt. Ein herrlicher Bau, schöner als die Kirchen in Ravenna. In der Mitte des Rundschiffs stand der goldene Sarg Karls des Großen. Ich sprach einen Mann an, einen nicht mehr jungen, struppigen Menschen, im zerrissenen Militärmantel, Wickelgamaschen, schwere Schuhe. Ich frug: »Warum steht der Sarg hier, mitten in der Kirche? ist das immer so?« »Nein« antwortete er, »gestern, am 28. Januar war Karlstag, der Kaiser ist für die Diözese selig gespro-

chen.« So kam ich mit diesem Mann ins Gespräch. Er erzählte mir im kölnischen Dialekt die ganze Baugeschichte, anschaulich, sachlich, wie eben nur ein Handwerker einen solchen Vorgang schildern kann. Nachher zeigte er mir den Kirchenschatz, den man aus einem Bergwerk in der russischen Zone zurückgerettet hat. Geschenke aller Fürsten der Christenheit vom 9ten zum 18ten Jahrhundert. Beim Abschied wollte der Mann seinen Namen nicht nennen. Er hatte mir gesagt, und zwar vor einem Altarbild, das von Memling sein könnte: »Dieses Blau, das gibt es noch bei Mozart (verstehn Sie was ich meine?) – dann nicht mehr; das kann man nur im Gnadenzustand sehn; in Rußland, während des Feldzugs, fand ich Ikonen, in denen die Verbindung mit den himmlischen Kräften noch vorhanden ist. Ein gutes, ein armes Volk die Russen, in der Hölle wie wir.« Ich sagte ihm, daß ich wünschte, mit ihm in Verbindung zu bleiben, »wozu« sagte er, »Sie gehn wieder hinaus, dann drängt es Sie an unsere Not zu denken, etwas zu schicken, nach diesem Gespräch wäre das schade; wir haben uns am letzten Ort der großen Einheit getroffen. Hier ist Europa, wie es hätte sein können.« Merkwürdige Begegnung.
Vor mir auf dem Schreibtisch stehen zwei Postkarten. Wyden, und die eine Turmspitze des Basler Münsters, mit dem Blick auf mein Geburtshaus.
Über Ihr Buch schreibe ich Ihnen erst, wenn ich es ganz gelesen habe. Kürzlich war ich in Basel, am Tag Ihres Vortrags. Aber meine Mutter stand vor einer Operation, ich blieb den Abend bei ihr. Meine Schwester erzählte mir.
G.'s sind hier. Er hat recht gehabt, bei Gandhis Tod die Fahne auf Halbmast zu setzen. Morgen treffen Sie den Sowjetbotschafter. Sang- und klangloser als ich hat noch niemand eine internationale Funktion verlassen, nicht einmal eine Postkarte schrieben mir die Genferherren.
So ist es gut.
Ihnen alles Herzliche.
Ergebenste Grüße und Empfehlungen Ihrer verehrten Frau.
Stets freundschaftlichst Ihr   Carl J. Burckhardt

An Willy Burkhard [Paris] 1. Februar 1949

Sehr verehrter Herr Burkhard,
Ihr Werk klingt noch nach. Es hat in Paris einen starken und ernsten Eindruck gemacht. In dieser letzten Metropole des europäischen Kontinents ist sovieles zugleich vorhanden, Athen, Bern, Alexandrien, das Köln des Mittelalters wirken sich als lebende Bestandteile dieses großen Organismus aus. Es mag an dieser gewaltigen Tiefenschichtung der Stadt liegen, daß die wirkliche Qualität hier immer erkannt wird. Mode, Sucht, Spekulation, geschicktes geschäftsmäßiges – Inszenesetzen –, alles wirkt, – aber stets wird es wieder durchbrochen durch einen äußerst sichern Sinn für Rang und für das Karat an Ernst und Gehalt. Diese Nachwirkung Ihres Werkes, das Sichdarauf-besinnen, Darauf-zurückkommen – ist auffallend seit der Aufführung. Es hat mich gefreut und bewegt, und ich wollte Ihnen dies sagen.
Mir geht es merkwürdig mit der modernen Musik. Ich bin sehr musikempfindlich, auch musikbedürftig, ohne wirklich musikalisch zu sein. Die Geigenmelodien bei Mozart sind für mich das Höchste an Erfüllung, sie sind mir Schrift und Zeichen für etwas Erlöstes und Beseligtes, das ich auf anderm Wege nur durch den Klang von Versen, also wieder etwas Musikalisches, selten durch die Malerei, bisweilen durch den Widerschein auf einem menschlichen Gesicht oder in der Landschaft erreiche. Was das wohl sein mag? – diese Angst, die mich beim Anhören des ersten von Sacher dirigierten Werkes befällt, diese physische Revolte. Mir ist, als sei mir graphologische Kenntnis gegeben, und ich glaube hinter den Formen eine Welt und eine Zeit zu erkennen, die mir furchtbar sind. Die Melodie ist mir wie das ungenähte Kleid Christi, und jetzt erscheint sie mir immer zerrissen, zerfetzt. Wo ist sie hingekommen? Bei Ihnen ist sie wieder vorhanden, aber verändert, verwandelt, jedoch ich spüre, daß ich mich gewöhnen könnte, daß mir das Gehör aufgeht, weil die großen Formen, streng und sicher, vorhanden sind und mich führen.

Wir sind alle Kinder unserer Zeit und können nicht aus ihr heraus. Bisweilen aber erscheint mir das Retardierende in einzelnen Individuen ebensosehr ein Zeichen der Freiheit zu sein, wie das Vorausahnende, Vorausschöpferische, Prophetische in andern. Wenn ich die Wahl zwischen der romanischen Kunst, der Gotik und dem Barock habe, eine gezwungene Wahl, die mir kein Bewahren des Dreiklangs erlaubt, dann bleibe ich beim Romanischen. Freiheit ist wohl, durch alle Zeiten hindurch wählen zu können. Selbst dann aber, wenn wir zu solcher Wahl im Stande sind, trägt und bewegt und formt uns doch nur die Welle der Gegenwart, in die wir hineingeworfen wurden. Aber ich glaube, es kommt auf die Wellenlänge an, im Pazifik (nicht in dem von Honegger) sah ich Wellen, die wie rollende Kontinente waren. Jetzt ist in der Kunst eine Welle zu Ende gelaufen, eine neue hebt an. Sie hat uns erfaßt, wir wissen nicht, wohin die Fahrt geht. Aber an Zeichen können wir es erkennen, und gerade diese Zeichen sind mir unheimlich.

Wenn ich von der Berner-Altstadt aufs Kirchenfeld komme, glaube ich zu verstehen, was in der Architektur, die der Musik so verwandt ist, geschah. Aber in der Musik selbst überblicke ich es nicht. Mir scheint immer, die Komponisten unserer Tage ringen damit, ihre Kunst diese geistigste, geisterhafte Ausdrucksform über eine unsichtbare Katastrophe hinüberzuretten. Möge es gelingen.

Und Sie, verehrter Herr, bitte ich, dieses anspruchsvolle Gestammel zu verzeihen. Es hat mir in meiner erbärmlichen Lage als »Empfangschef« leid getan, nicht wirklich Ihre Bekanntschaft machen zu können. Ihnen und Ihrer Gattin danke ich für Ihr Kommen und für die Ehre, die wir mit Ihnen eingelegt haben.

Mit besten Grüßen und hochachtungsvoll

Ihr Carl J. Burckhardt

An Willy Burkhard Paris, 9. Februar 1949

Sehr verehrter Herr Burkhard,
Ihr schöner, inhaltsreicher Brief bedeutet mir sehr viel, und ich habe Wichtiges aus ihm gelernt. Am Tag, nachdem ich Ihnen geschrieben hatte, schickte mir André Gide sein kleines Buch über Chopin; ich lese darin folgende Stelle: »Ne prétendant plus à la consonance et à l'harmonie, vers quoi s'achemine la musique? Vers une sorte de barbarie. Le son même, si lentement et exquisement dégagé du bruit, y retourne.« Ich muß Sie um Verzeihung bitten, wenn ich mit diesem Zitat ein Gespräch fortführe, dessen Ursprung darin liegt, daß das Anhören Ihres Werkes mich außerordentlich bewegt hat, heute noch beschäftigt und beunruhigt, daß seit jenem Abend etwas wie eine große Hoffnung in mir entstanden ist, und daß ich Lust und auch leisen Schreck verspüre, in eine für mich neue Formensprache einzudringen. D. h., es ist mir seit langer Zeit zum ersten Mal etwas sehr Ernstes auf dem Gebiet der Musik geschehen. In den Jahren 1918 bis 1922 machte ich eine erste Erfahrung als Beamter der Eidgenossenschaft im Ausland, ich verbrachte jene Jahre im Nachkriegs-Wien der Inflation und Hungersnot. Ich bewohnte zwei Zimmer eines alten Hauses an der Metternichgasse, und, da man mir Pakete aus der Schweiz schickte, lud ich mit ziemlicher Regelmäßigkeit, zweimal in der Woche, österreichische Freunde zum Nachtessen ein. Ein regelmäßiger Gast war der letztes Jahr verstorbene Maler Wilhelm Müller-Hofmann, bisweilen Gretl Wiesenthal, sodann ein Musiker. Dieser Musiker, dieser Komponist war eine merkwürdige Erscheinung, er war über alle Begriffe gütig und von fanatischer Härte, sobald es um die künstlerische Erkenntnis ging, für welche er sein Leben einsetzte. Ich sehe ihn noch vor mir: an dem alten Bösendorferflügel mit Clavecin-Klang saß er, hager, streng aufgerichtet, das junge und schon totenhafte Gesicht von einem starren, aber rührenden Lächeln erhellt, und er sang. Er sang mit einer gebrochenen Stimme Verse von Hölderlin und

begleitete sich mit einem Finger, dem Zeigefinger der rechten Hand, hin und wieder, selten kam ein Ton, mit der Linken gespielt, hinzu. Dieser Mann hieß Hauer. Nächtelang verfocht er seinen *Glauben* mit zarter Zähigkeit und klug, nächtelang sang und spielte er. Ich habe Hauer aufrichtig geschätzt, ja geliebt, es war etwas Reines und Edles in ihm, das ich nicht vergesse. Aber gleichzeitig vermag ich es nicht von der Seele zu wälzen, es liegt ein Gewicht, ein Grauen darauf seit jenen Tagen, in denen alles in mir Widerstand leistete und sich zur Abwehr versammelte. Alles war mir unheimlich, weil dasjenige, was in dieser atonalen Kunst sich ankündigte, mir schreckhaft erschien.

Ein arabischer Weiser in Fez sagte mir, »die Musik ist vom Teufel, weil sie eine Harmonie und Ordnung vorspiegelt, die es nicht gibt«. Wir Europäer wuchsen seit dem Altertum bis zu unsern Tagen auf einem Grundriß, dessen Sinn in dem Worte des heiligen Thomas von Aquin enthalten ist, dem Wort – Θεὸς ἀεὶ γεωμετρεῖ – Gott schafft immer geometrische Formen, das heißt Ordnung, Harmonie.

Jetzt lese ich bei Gide, daß sein mohammedanischer Freund Athman ihm ebenfalls gesagt hat, die Musik sei vom Teufel. Ich glaube Thomas Mann in dem ungeheuer gekonnten und mir gräßlichen Buche ›Dr. Faustus‹, will das gleiche aussprechen. Die semitischen Religionen, Judentum und Islam, verwerfen das Bildnis. – Allah – so heißt es in den Hadith, wird am jüngsten Gericht die Bildhauer vor seinen Stuhl berufen, und wird ihnen sagen: »Ihr seid erlöst, falls ihr im Stande seid, eure Bilder auferstehn zu lassen.« Dies entspricht dem Grundsatz, daß das Festhalten des sich ewig und unwillkürlich Wandelnden ein Frevel sei. Heute haben wir die Einsteinsche Relativität, wir haben im Gegensatz zu dem heimischen, irdischen Paradies, dem geordneten Weltstaat, – die ewig sich verändernde, dauernde Revolution als Postulat Trotzkys. Alles stimmt nachdenklich, da ist ein Zusammenhang vorhanden, drückt diese tiefe Wandlung oder die Gefahr dieser Wandlung sich nicht in der Entwicklung von bildender Kunst oder sogenannter moderner Musik aus? Ist diese Wandlung ein Ende? ist sie eine tödliche Gefahr für das spezifisch Europäische? Handelt es sich um ein unausweichliches Fatum, oder handelt es sich um einen Kampf, in welchem das europäische Prinzip der Harmonie siegen kann?

Sie schildern ein Verhalten des Konzertpublikums. In der Tat, schreibt man aufs Programm Beethovens 9te, ein Klavierkonzert von Brahms, Debussy und Mozarts kleine Nachtmusik, so schlagen sich die Leute an der Kasse halb tot. Kündigt man aber, selbst mit dem gleichen Star-Dirigenten, lauter zeitgenössische Musik an, so bleibt das Haus leer. Für diejenigen, die von Händel oder selbst Haydn herkamen, war Mozart sicher vorerst fremd und auch kompliziert, aber man lief doch in seine Konzerte, man gewöhnte sich, genoß, entdeckte und bewunderte. In Wien war noch nach dem 1ten Weltkrieg die Überlieferung sehr lebendig, die von der unendlichen Freude zu berichten wußte, die beim Erkennen gewisser neuer Werke von Zeitgenossen ausbrach. Noch zu Brahms' Zeiten war das der Fall, natürlich die Gegner fehlten nicht, aber sie waren nur da, um die schließlichen Triumphe zu erhöhen.

Jetzt ist das anders, und es ist wichtig, den Gründen nachzugehn. Es muß doch eine ganz tiefe Zäsur entstanden sein. Natürlich, nachahmen kann man nicht. Goethe behauptete, alle Kunst sei religiös und wenn sie aufhöre es zu sein, dann werde sie *bloß* nachahmend. Dieser Gefahr will die heutige Künstlergeneration entgehn, sie fürchtet die Nachahmung so sehr, daß sie die Schönheit im platonischen Sinne nicht nur meidet, sondern sie, jedesmal wenn sie auftaucht, bricht. Kürzlich hörte ich Klavierkompositionen von Strawinsky auf zwei Klavieren gespielt, vieles war rhythmisch sehr schön; ich dachte an den Morgenstreich, die Trommelkonzerte, die ich von Kind auf liebe, und ich bedauerte, daß Töne und schmerzliche Harmonien dabei waren, denn dieser Umstand vermittelte mir das Gefühl, daß der ganze Boden von erstochenen Hoffnungen wie von den Federn eines abgeschossenen Vogels gedeckt sei. Worauf hatte ich

gehofft? Auf eine Ordnung, eine Lösung, eine einfache Norm. Mir schien es, in dieser Musik sei das Leben zum tausendsten Mal in seiner Problematik, seiner Wirrnis, sei die Ohnmacht der Leidenschaften ausgesprochen, anstelle des Befreiens, des Beschwörens böser Mächte, das für mich das eigentliche Wesen dieser Musik ist.
Bei Ihrer Musik ist mir dieses Befreiende nun endlich wieder begegnet. Es geht mir in meinem Innern wie mit einer Salzlösung, in welche ein Splitter gefallen ist, der sie zu einer neuen Kristallisation führen könnte. Schon vor zwei Jahren spürte ich wie eine Vorbereitung dieses Vorgangs. Dabei ist es unwichtig, was ich höre oder nicht zu hören vermag, wichtig ist mir die große Hoffnung, daß die Kurve der großen europäischen Musik nicht zu Ende gelaufen ist, daß etwas anhebt und weiter geht.
Ich hoffe Sie einmal in Zürich aufsuchen zu können.
Mit herzlichen Grüßen, in Verehrung
Ihr Carl J Burckhardt

An Otto Körner   Paris, den 12. April 1949

Lieber Herr Körner,
Es ist für mich außerordentlich schwierig, eine private Korrespondenz zu führen, da der Posten, den ich zur Zeit inne habe, zu den meist belasteten gehört. Es ist dies auch der Grund, warum ich jetzt noch einige Jahre der Freiheit anstrebe, um mich meiner literarischen Aufgabe widmen zu können.
Auch ich habe an Glarisegg eine schöne Erinnerung, aber sie ist sehr ferne gerückt, so fern, daß ich zwar wohl noch weiß, daß wir uns dort begegnet sind, aber die genauen Umstände nicht sehr deutlich vor Augen habe. Ich habe im Laufe meines Lebens unendlich viel Menschen gesehen, sodaß vor allem diejenigen mir zu einem bleibenden Vorstellungsgut wurden, mit denen ich im Laufe der Jahre viel und lange zusammengearbeitet habe.

In Deutschland habe ich immer nur kurz geweilt. 1½ Jahre in München und Göttingen, vor dem ersten Weltkrieg, und dann erst wieder von 1937–1939 an der östlichen Grenze. Manches im deutschen Wesen ist mir tief vertraut und manches ist mir auch ganz fremd geblieben. Zu diesem Fremden gehört die Fähigkeit des Vergessens, das man vor allem auch bei den andern voraussetzt. Hüben und drüben ist in diesen unseligen nationalen Kriegen in den Jahren nationaler Ehrsucht und nationaler Konkurrenz unendlich vieles verbrochen worden.

Eine Abrechnung über Recht und Unrecht ist völlig unmöglich. Aber es ist eine unumstößliche Tatsache, daß es Völker gibt, bei denen die Erinnerung eine ganz besonders zähe ist, besonders die Erinnerung an erlittene Leiden. Daß diese Völker aus ihrem Gedächtnis immer wieder Abneigungs- und Haßgefühle zu gewinnen vermögen, ist ein Faktum, mit dem man sich abfinden muß. Das deutsche Wort: »Strich drunter« oder »Schwamm drüber« ist hier unmöglich. Zur Entspannung ist furchtbar viel Zeit nötig.

Was die Franzosen und die Deutschen anbetrifft, so spricht schon eine Chronik aus den ersten Kreuzzügen von der »quasi naturalis invidia«, die zwischen den beiden Völkern herrscht. Wenn man in dem revolutionären China vor dem zweiten Weltkrieg einem Deutschen und einem Franzosen begegnete, dann konnte man vor allem das viele Gemeinsame sehen, das ihnen eigen ist. Wenn man sie aber in Europa nebeneinander stellt und betrachtet, so sind sie fast unheimlich verschieden. Bei den Franzosen ist das Entscheidende die uralte Erfahrung, vor allem auf psychologischem Gebiet, an der ein jeder festhält, diese Kraft der Tradition, die alles revolutionäre Wesen augenblicklich einordnet. Bei den Deutschen im Gegenteil gibt man allzuleicht alles auf, um bei Null wieder zu beginnen. Dieser Unterschied kommt schon in den beiden Sprachen zum Ausdruck, beim Deutschtum das Wegwerfen der Vergangenheit, das unsichere Verhältnis gegenüber großen nationalen Figuren, der Hang, immer alles wieder auf letzte äußerste Formeln zu bringen, das sich Nichtbescheiden innerhalb der conditio humana, das Greifen nach möglichst gewalttätigen kosmischen oder metaphysischen Aspekten, das Aufrauschen, das Versickern und Verschwinden wie in der Musik; es wird sich nie ändern. In Frankreich ist jede menschliche Beziehung durch ein großes Maß Konvention und Spielregeln geordnet. In Deutschland durchbricht man die Konvention immer wieder. Man schaltet sie nicht ein zwischen Gefühl und Gefühlsäußerung. Man ist in einer für westliche Menschen – auch für Engländer – unverständlichen Weise direkt. Ob dieses eigentümliche, mit großen entsprechenden Vorzügen begabte Wesen der Deutschen sich dem andern jemals nähern oder angleichen wird, wage ich nicht zu entscheiden. Aber die Konsequenzen des Andersseins muß man eben tragen.

All dies Gerede von Kollektivschuld erscheint mir völlig unsinnig. Was in den Jahren zwischen 1933 und 1945 in Deutschland passiert ist, liegt allerdings tief im Wesen des Volkes, das immer auch im kleinsten Kreise nach Führern sucht. Fast jeder Universitätsphilosoph, dessen Werke noch bei Lebzeiten des Verfassers zur Makulatur werden, hat einige Jünger, die für ihn durchs Feuer gehen würden. Im Westen gibt es keine Jünger. Man lebt in einer höflichen, oft hypokritischen, sicher immer kritischen Atmosphäre, in welcher aber Eigenschaften wie Wohlwollen und Vertrauen, falls sie gedeihen, den Vorzug haben, das Ergebnis einer objektiven Wahl und Unterscheidung zu sein, die Feuerprobe bestanden zu haben. Bedeutende Gestalten des eigenen Volkes, Dichter, Schriftsteller, Künstler, Staatsmänner, Heerführer, werden nie übersteigert; auch ein Napoleon nicht. Dafür behalten sie aber auch ihre einmal zugeteilten ehrenvollen Plätze. Es kann nicht plötzlich vorkommen, daß ein Meister wie Racine in der Art behandelt wird wie zum Beispiel Goethe. Man schüttet nie das Kind mit dem Bade aus.

Das sind, lieber Herr Körner, so einige Gedanken, die mir zu dem von Ihnen angedeuteten Thema einfallen.

Ich hoffe sehr, daß wir – wenn nicht jetzt im April, wo ich leider nicht in die Schweiz kommen kann – jedoch später einmal Gelegenheit haben werden, über diese Probleme zu reden, was mir eine Freude sein wird, da meine Erinnerung an Ihre Person, wenn zwar nicht eine sehr präzise, so doch eine besonders freundliche ist.

Mit den besten Grüßen verbleibe ich
Ihr [Carl J. Burckhardt]

An Albrecht Goes Paris, 11. Mai 1949

Hochverehrter Herr Goes,
Mit Ihrem Brief, den Gedichten und dem Aufsatz ›über die Milde‹ haben Sie mir eine große, nachhaltige Freude bereitet.
Während fünfzehn Jahren, von 37 bis heute habe ich mich bemüht, einen kleinen Teil zur Rettung der Werte beizutragen, die weder zu nennen noch zu zählen sind, die uns aber in die Seele gesenkt wurden und die aus jeder Zeile Ihres Werkes aufleuchten. Heute, an der Stufe des sechsten Jahrzehntes angelangt, bemühe ich mich, frei zu werden, um zu versuchen das Viele, das ich gesehen, begriffen und erfahren habe, in der geliebten deutschen Sprache festzuhalten. Noch weiß ich nicht, ob ich die Freiheit, in dieser unfreiesten aller Zeiten, für eine Weile noch zurückgewinnen kann, aber indem ich dieses Ziel anstrebe, kann nichts mir hilfreicher und förderlicher sein als solch gütiger Zuspruch eines unbekannten Zeitgenossen.
Sie sind Schwarzwälder, ich bin es beinah: Ja, als Basler habe ich so viele Sommertage und halbe Nächte auf den Höhen des Blauen und des Feldbergs verbracht. Wie sehr kenne ich den Gesang jenes großen Windes in den Föhrenkronen, der in Ihren ukrainischen Träumen aufrauschte. Seit Jahren spreche ich kaum jemals mehr ein deutsches Wort, aber ich lese eine Weise wie

> – Endlich – die Töchterlein schlafen
> Die Älteste redet im Traum –

ganz erfüllt in der Melodie, die das innere Licht all der reinen und stillen Geheimnisse ist, die wir immer noch, Gott seis gedankt, auszutauschen vermögen.
Vielleicht begegnen wir uns einmal.
In Verehrung Ihr dankbarer   Carl J. Burckhardt

P. S. Ein Beispiel von Milde:
Wilhelm des Schweigers (Wilhelmus von Nassauen) zweite Frau war eine Wettin. Sie war dumm, ränkesüchtig und in der ödesten Weise erotoman.
In der Zeit von Wilhelms Verbannung wurde sie mit einem beleibten Juristen, einem Sekretarius, einem Flüchtling aus Antwerpen in flagranti ertappt. Nach den Gesetzen und Anschauungen der Zeit war der Mann dem Tode verfallen. Seine eheliche Frau bat Wilhelm um Milde, Ihr Schritt rührte ihn, ihre Lage, ihre Jugend, ihre Treue; er hieß sie aufstehn, sorgte für das Fortkommen des Ehepaars. Zwei Jahre später schenkte die junge Frau ihrem Gatten einen Sohn: der Sohn war Peter Paul Rubens.
Alexanders Verhalten zur Mutter des Darius. Milde an der Grenze zwischen ihrem wirklichen Wesen und ihrer unheimlichen Umwandlung in Staatskunst.

An Franz von Muralt   Aix en Provence, 22. Juli 1949

Lieber Franz
Nein, es war wirklich nicht böse gemeint, nur brummig. Ich habe es so furchtbar ungern, wenn man auf mich gerichtete Initiativen ergreift, sich mit mir befaßt. Ich liebe die Selbstwirksamkeit der Dinge, das sich Ergeben aus »n« unsichtbaren, zusammenspielenden Kräften und Wünschen, das organische Entstehn. Der kleine, im Grunde nicht so brave und auch nicht so besonders ehrliche eidgenössische homo oeconomicus mit seinen Diminutiven (die nur ihm selbst gefallen) ist darin dem Deutschen gleich, daß er alles auf den

starren vordern Willen abstellt: do mues öppis gscheh! Was macht er? Was isch er? het er e Stell? S'gschiht em rächt! Was brucht dä! etc. Alles Gute wächst aber ganz leise, man muß nur mit einem *tiefern, unaktiven* Willen aus Wunsch und Liebe dahinterstehn, warten können, glauben. Wie viele Schweizerleben sah ich in den letzten Jahren verpatzt durch diese Dorfgassenangst: het er e Stell? Was für e Stell? Alles bringt man dieser aus Neid u. Angst, Spießerkonvention und Brösmeligeist gemischten saudummen Vorstellung zum Opfer: Kunst, Leben, Weite. Es ist nämlich so: diese selbstgerechte Tüchtigkeitsmoral stimmt nicht. Man sagt Stelle, statt Leistung. Ist ein großes Ziel da und Leidenschaft, kommt die Leistung von selbst, kommen die »Stellen« nur so geflogen. Auf Ziele soll man die Jugend begierig machen: frei sein, schön leben, sehen, erfahren, wagen, aber nicht darauf, ein Füdli zu haben. Diese Füdli sind einzig dazu da, um in der Hölle zu braten. Somit, wenn man ein Haus begehrt, so muß man keines suchen, man muß etwas wünschen, das weit ist und erfahren, und auch mit altem Glück durchströmt und womöglich unwahrscheinlich ist: so ein Haus, das einen anschaut wie ein Mensch. Allerdings wenn der ödeste aller Basiliskenblicke, der Blick des praktischen Positivisten, mit dem Reisbesen und dem Scheuerlappen sich auf ein solches Haus richtet, dann stirbt es ab wie ein aufgespießter Schmetterling. Aber wenn man es herbeiliebt und begehrt!, so kann Riencourt plötzlich dastehn (da hat es angefangen), dann das unvergleichliche Frontenex, so die Bastide bei Biot u. jetzt muß man eben warten, vielleicht liegt es in Californien, vielleicht bei Coïmbra, vielleicht in den Sabinerbergen, vielleicht im Tal der Yonne oder in der Creuze, in Marokko oder irgendwo sonst, wo der sich zum Termiten u. Kollektivmenschen heranbildende, werdende oder von jeher schon gewesene Spießer sein Usgabebüechli- und Wirtschaftsgemüt noch nicht hinträgt, sondern wo es noch die letzten freien, kühnen Wagehälse gibt, die das Leben lieben, sich von ihm tragen lassen, sich nicht fürchten u. gegen seine Möglichkeiten vor- und rückversichern. Es

gibt auch in der Schweiz solche kühnen Kerle, die viel riskieren, dankbar sind für das Dasein, es beherrschen, bisweilen sich erschlagen, aber wenn sie nach dem Sturz noch leben, wieder aufstehn u. wieder aufs Neue wagen, nicht mit dem jämmerlichen Füdli, sondern mit der Einbildungskraft. Solche habe ich in den letzten Jahren in unserm Land viele kennen und lieben gelernt. Sie sind daran zu erkennen, daß sie die Dinge selbst machen, daß sie keine Führer anbeten, daß sie keine Füdlis, sondern Gehirne sind, daß sie das Ungewöhnliche dem Gewöhnlichen vorziehn, und daß ihr Wille eine tiefe Traumkraft ist, die Schlösser baut, Jachten auslaufen läßt, Wälder mit Wild bevölkert, im Dunkeln Bilder aufleuchten sieht. All das mit Gleichgewicht und Ruhe, ohne Absonderlichkeit, ohne Verzerrtheit, ohne die lächerliche Mimik falscher Freiheit: »die Bohême«, – und oft ganz ruhig u. geordnet in alter Väter Sitte sogar.
Den Ursprung dieser Leute, die ich im Inland, vor allem aber als Pioniere im Ausland kennenlernte, habe ich auch entdeckt, den Ursprungstypus: in abgelegenen Alpentälern; aber er ist selten geworden. Der vom öden Schulintellekt angefressene Füdlitheoretiker mit Obeinen u. falschen Zähnen dehnt sich aus wie ein Fettfleck übers Land. Es ist kein gutes, kein Schweinefett, es ist Margarine. Die Mittelschule, die Technika, die Universitäten haben ihre große Verantwortung. Das Wissen hat erst einen Sinn, wenn es einer schöpferischen Leidenschaft dient.
Könner schweizerischen Ursprungs, mit dieser Leidenschaft begabt, habe ich beispielsweise in Marokko kennen gelernt. Leute, die mit nichts angefangen haben u. die jetzt wie Herren leben u. in ihrem Bezirk herrschen. Leute, die so um 1920 herum eingewandert sind. Alle kehren hin und wieder in die Heimat zurück, aber wie viele haben mir gesagt: nicht mehr als drei Wochen halten wir aus, man erstickt dort.
Daß in dieser Enge auch Größe vorhanden sei, habe ich soeben gesagt, sie schlägt aber bereits nach Luft, ringend im Netz der Verfügungen, der Vorschriften um sich, die Verschwörung der Mittelmäßigkeit macht das Leben schwer.

Charakter anderseits und große Herzen gibt es zwar selten, aber es gibt sie überall, auch unter den Füdlis sogar, sie wirken dann wie schlecht gefaßte edle Steine. Bei einem Gottfried Keller wie bei einem C. F. Meyer ist diese »Fassung« noch vorhanden, außerdem haben ja die Landsleute ihrem Keller seine zwanzig produktivsten Jahre weggenommen, wie sie noch zu tun pflegen u. sie sind noch stolz darauf, er hat sich in den weißen Wein geflüchtet; Meyer aber ins Irrenhaus. Mein Namensvetter in Basel war so einsam und unglücklich, als sich nur denken läßt. Vergnügt ist nur der Margarinemann, weil er überhaupt nichts merkt.

J. J. Bachofen schrieb an Meyer-Ochsner (Zürich) am 25. Mai 1869(!):
»Ich fange an zu glauben, daß der Geschichtsschreiber des 20. Jahrhunderts nur noch von Amerika u. Rußland zu reden haben wird. Die alte Welt Europas liegt auf dem Siechbett u. wird sich nicht mehr erholen ... Es ist der Fehler aller Fortschritte, daß sie wähnen, nicht überholt zu werden. Eh sie sich's versehen, sind sie durch Erleuchtetere ersetzt. Jetzt haben sie noch Schulmeister als Regenten. Zuletzt aber kommen Packträger und Kriminelle.«
Ja, es hat auch noch zu unsern Lebzeiten schöne Augenblicke gegeben, aber es war immer alles ein Ende, es waren Trümmer. Schön waren trotz Trauer u. Finsternis die fernen Tage auf dem Schönenberg, als wir mit dunkeln Wettermänteln auf immer noch ganz guten Pferden im Land herum ritten. Besessen habe ich nie einen Gaul, obwohl die ganze Leidenschaft meiner Jünglingsjahre danach strebte. Ich wurde Pferdebesitzer erst in Danzig, 1937, 46-jährig, ich hatte einen Ostpreußen mit viel Blut, ein schönes Tier gekauft. Aber stell Dir vor, ich hab ihn nie gesehen, er stand in Langfuhr und ich hatte die Jagd entdeckt u. steckte jede freie Stunde in Ottonim d. h. im Westen des herrlichen, heute so sadistisch verwüsteten Freistaates. Aber der Grund war ein tieferer: es war zu spät. Ich wußte, daß ich nie mehr ein Reiter werden würde. Seit Godiches Tod war ich nie

mehr auf einem Pferd gesessen. Ich wußte auch, daß es zu Ende ging, daß Ostpreußen, der Freistaat, Polen – alles verloren sei. Ich wußte, daß man es mir nach meiner Rückkehr in die Schweiz verdammt schwer machen werde, daß es keine Pferde mehr geben werde.
Meine tätigsten, schönsten, weil notwendigsten Jahre waren dann die 6 am Roten Kreuz verbrachten. Nie aber hat man mich so schamlos ausgenützt, nie so sehr, bis zur Unmöglichkeit intellektuell, physisch u. finanziell überbelastet. Der einzige Mensch, der mir damals geholfen hat, war N. Ihm verdanke ich es, daß ich für die große lebenswichtige Repräsentation durchhalten konnte. Er hat mir damals einen Dienst geleistet, den ich ihm nie vergessen werde, jetzt ist er selbst in großen Schwierigkeiten u. ich kann rein nichts für ihn tun. Aber er klagt nie: Vor 20 Jahren bestand er eine Krebsoperation, seither hat er einen künstlichen Darmausgang. Er hat nach einem Skiunfall 7 Embolien überhauen. Seine Frau ist geisteskrank, sie leidet an einer schweren Lungentuberkulose. Er ist heute noch ein ganz hervorragender Gemsjäger. Vielleicht aber wird ihn die Meute schließlich auch zur Strecke bringen, es fängt schon an: ja ja Champagner suffe, mit em Schofför durs Land fahre! was brucht dä es söttigs Huus, wemme scho am Gäldpumpe n'isch, so zieht me in zwöi Zimmer etc.
Respekt vor dem Geheimnis ist das Element jeder wirklichen Freundschaft. Richelieu sagt: le secret est le fond de toute grande affaire. Das ist wahr, und darauf muß man zählen können.
Dir und Elisabeth alles Herzliche Carl

An Robert Käppeli Bad Ragaz, 7. September 1949

Lieber Herr Doktor
Ich will keinen »klassischen Dankbrief« schreiben, sondern Ihnen nur in aller Einfachheit sagen, daß ich glücklich,

zufrieden und erfrischt zurückgefahren bin. Ein großes unvergeßliches Naturbild lebt in mir, bevölkert von Gestalten, Menschen und Tieren. Jeder dieser Tirolerjäger hat ein starkes, echtes Gesicht.

Das Schönste war vielleicht Ihre Haltung am Abend, an welchem Berghofer Sie mit seinem zornig geliebten und zwischen Schreck und Verwöhnung mißratenen Hund enttäuscht hatte. Daß Sie ihn glücklich sehn wollten, schuf sofort eine positive Konstellation. Dieser Art wirken die Kräfte des Lebens. Am nächsten Tag klappte es. Die Liebe aber dieses an langes Schweigen, Warten, Horchen gewöhnten Jägers, dieses kinderlosen Kraftmenschen zu diesem bayrischen Schweißhund, dieser Liebe erwidernden Kreatur, vertiefte sich noch. Als man ihm sagte: »verschieße Sie en«, ging er mit dem Gewicht des Kalkgebirges auf den Schultern zum Zimmer hinaus, aber der Bund mit dem Tier war diesmal felsenfest geschlossen.

Auch Poverschnik – oder wie er sich schreibt – ist ein tiefsinniger, merkwürdiger Mensch, der weiter in die Geheimnisse hineinsieht als seine Generationsgenossen in den Städten. Ihm tut es um die Hirsche leid (mehr als um die Wilddiebe); er sagte, als Ihr erster Schuß fiel und übers Tal hallte: »ein Hirsch weniger«, mit einer Handbewegung, als lösche er, mit Bedauern, etwas aus. Er hat mir herrliche Naturbeobachtungen und Dinge aus dem Grenzgebiet der Natur erzählt, erfüllte Vorahnungen und derartiges, ohne einen falschen Ton von Schwindel, einfach, bescheiden.

Leider wurde mir ein falsches Fernrohr in meinen Wagen gelegt. Meine Gläser habe ich beide. Ich schicke es an die Grenzstelle – oder besser – nach St. Moritz.

Herrn S. werde ich nach Mailand schreiben, darf ich um kurze Übermittlung seiner Adresse nach Paris bitten.

Mit Waidmannsheil und Dank, herzlichst Ihr

        Carl J. Burckhardt.

An Max Huber 19. September 1949

Lieber und verehrter Freund,
Es wäre noch so vieles zu besprechen gewesen, und der schöne Wydenertag wurde vielleicht meinerseits etwas verschüttet unter all dem Gegenwärtigen, das ich, nach alter Gewohnheit, gerne mit Ihnen geprüft hätte. Und dennoch sind mir jetzt, wo ich wieder mitten im Wirbel drehe, nur die bleibenden, die ruhigen, stetigen Eindrücke meines Aufenthaltes gegenwärtig geblieben: das schöne so selbstverständlich aus den Fernen in unsere nahen Zeiten wachsende Haus; Himmel, Boden, Wald und das gesamte Bild der Landschaft mit ihren Erdströmungen, dem Gewicht der Luft, dem Rauschen der Blätter, dem Sonnenauf- und niedergang, all das so vertraute, heimatliche Glückliche, was mich berührte, der große Familientisch, die kraftvolle Jugend. Auch an unser Gespräch im Arbeitszimmer denke ich, das nachherige mitternächtige, gespensterhafte Betten, neben dem völlig bereiteten Lager, das wir einfach übersahen, wegdachten, wegen eines ganz gemeinen Nachtanzugs negierten. Weltgleichnis! Mit Wyden, mit Ihnen und, im Mittelpunkt der schönen Stunden, mit Ihrer Welt verbunden stehen die Rembrandts, werden immer großartiger und mächtiger. Ja, dieser Besuch in der deutschen Schweiz hat mir gut getan. Ich danke Ihnen und Ihrer verehrten Gattin aufs herzlichste für die Gastfreundschaft und verbleibe in alter steter Freundschaft Ihr Carl J. Burckhardt

An Annette Kolb Genf, Plateau de Frontenex 3,
29. Dezember 1949
Liebe Annette
Seit dem Tode Ihrer Schwester habe ich oft, bisweilen mitten am Tage, oft in der Nacht, sehr stark an Sie gedacht. Daß Sie diesen so seltenen hellen, schönen Sommer an Ihrer mir so vertrauten Berglehne, vor dem Rheintal und dem

gedankenreichen weiten Westen mit Ihren Geschwistern verbringen konnten, ist eine große Gunst. Es ist in den immer leise und unwiderstehlich fühlbaren Führungen, neben all dem Öden, Gräßlichen, was einem bisweilen wie aus einem Mülleimer vor die Füße geschüttet wird, es ist – sage ich – so viel Hohes, Ergreifendes, beständig Sinnvolles dabei. Ja, Ihr Sommer war eine zarte, hohe und glückliche Fügung. – Und so war es ebenfalls fast wunderbar, wie ich, durch alle möglichen Hindernisse hindurch, nach Basel geführt wurde und dort noch mit meiner Mutter in einer freien, entspannten ja glücklichen Weise reden konnte. Sie ging sehr schweren Leiden entgegen; das nicht mehr operierbare Übel drückte ihr die Luftröhre zu, sie hatte bereits Erstickungsanfälle; ihre große Abneigung gegen die Ärzte, ihren Jargon, ihre Prätention, ihre stereotype Improvisation hatte sie vor zwei Jahren so lange vor der Konsultation zurückschrecken lassen, daß sie schließlich, viel zu spät, den ersten Eingriff erlitt, als es schon unmöglich war, die Krankheit an der Wurzel zu fassen. Nachher, als sie sich wieder wohl fühlte, weigerte sie sich, eine Röntgen-Nachkur zu machen, und jetzt, als die unheimliche Krankheit plötzlich überhand nahm, hat die Bestrahlungskur ihren wunderbar abgestimmten Organismus völlig desorganisiert. Innerhalb acht Tagen ist sie aus einer fünfzigjährigen zu einer neunzigjährigen Frau geworden. Aber auch dies, das Schmerzlichste für sie, hat sie mit einer ganz erstaunlichen Festigkeit ertragen. Gestorben ist sie dann ganz allein; nachdem sie die Mädchen hinausgeschickt hatte, bestand sie den Todeskampf, ohne daß irgend jemand ihr ein tröstendes oder aufmunterndes Wort hätte sagen können. Ich weiß sehr wenig von ihr und wenn ich die langen Jahre hinauf, rückwärts bis zu meiner frühesten Kinderzeit zurückschreite, so bleibt mir, hinter den tausend Attentionen, den Freundlichkeiten unzähliger Menschen gegenüber, der eigentliche Vorgang ihres Lebens geheimnisvoll und unverständlich. Aber der Tod hat die Wirkung, daß ich ihre Gestalt als ein Ganzes und in Augenblicken unendlich ergreifend sehe; ich weiß nun auch, wie sehr ich sie geliebt habe.

Nun sitze ich in dem vertrauten, stillen Haus an meinem Schreibtisch. Das Übrige walte Gott. Sie haben eine große Gabe, in das Kommende zu blicken. Nun werden Sie sich daran erinnern, daß ich immer wieder das Eine fragte: werde ich ein Werk zu Stande bringen? Darauf konnten Sie mir nie antworten.

Elisabeth ist furchtbar müde und mitgenommen, ihr haben Ärger und Mesquinitäten, Bosheiten und die üblichen Verleumdungen zugesetzt, und das zeigt mir, daß es mir bislang gelungen war, derartiges von ihr fern zu halten. Die Kinder streben nach Paris zurück. Die Sache mit dem Hauskauf in Versailles kam nicht zu Stande, weniger wegen der sehr hohen Kosten, als weil ich schließlich diesen Blick (auf Brandmauern und, aus dem schiefen Winkel, auf diesen traurigen Platz vor dem in seinen trüben Schicksalen abgestandenen Schloß –) nur schwer ertrug. Somit suchen wir weiter und – tout compte fait – wäre mir jetzt eigentlich eine große Wohnung in Paris selbst mit Sonne, ja mit möglichst viel Licht – nach den lichtlosen fünf Jahren das am meisten Erwünschte.

Oft fehlen Sie mir, Annette; ich bin Ihnen sehr anhänglich. Unter den Freunden in Paris sind mir Jacques Dumaine und seine Frau besonders wert, ich habe selten Wesen dieses Wertes, Wesen mit so viel sicherm Urteil Takt und Güte gekannt. Ob Sie wohl, wie halb geplant, nach Bellerive kommen werden? Ich hoffe sehr, Sie zu sehn.

Liebe Annette, das ist ein ernster Brief, das nächste Mal schreibe ich Ihnen lustiger. Sie haben in mir einen sehr attachierten Freund für immer, stets Ihr   Carl J. Burckhardt

An Luise Vöchting-Oeri   Frontenex, 8. März 1950

Liebe Cousine,
Nach Frontenex zurückgekehrt, fand ich Deine schönen Aufzeichnungen, eben wollte ich Dir für ihre Abfassung

und Übersendung meinen wärmsten Dank aussprechen, als die Nachricht vom Tod Deiner verehrten, hochbetagten Mutter eintraf.
Ich habe nicht den Vorzug gehabt, sie näher zu kennen und wahrscheinlich hatte ich seit meiner Kinderzeit nie mehr mit ihr gesprochen. Ich glaube mich daran zu erinnern, daß ich als Gymnasiast mit Tante Sephy in Eurem Hause war.
In Deiner Schilderung von Mamas Eintreffen in Basel, anfangs der 90er Jahre, erwähnst Du ein gewisses Aufsehn, das ihr Wesen machte; aus einer lateinischen, trotz Calvin, aufs stärkste von Renaissance und den beiden französischen Jahrhunderten, dem 17ten und 18ten, geformten Welt kam sie in unsere alte Stadt, die, trotz ihrer Rokokohäuser, eine in Sitten, Gebräuchen, ja Geräten stark gotische Prägung behalten hatte. Gotisch war Luthers Privatleben, seine Hauszucht, dem formenschaffenden großen Spiel der Renaissance sehr fern. Luthers und der andern Reformatoren Lebensweise sehr nahe war die mit dem oft mißbrauchten Wort »schlicht« richtig bezeichnete alte Basler Lebensart. Eine der reinsten Vertreterinnen dieser großen, ethisch gefestigten, gesunden, nüchternen aber heitern Art war Deine Mutter, die, bis ins Patriarchenalter wirkend, ratend, liebend und sorgend, eine mächtig sich ausdehnende Familie als Mittelpunkt zusammenhalten durfte. Nun wird eine jüngere Kraft an ihre Stelle treten müssen, aber da starke Persönlichkeiten unersetzlich sind, wird diese Aufgabe anders, völlig neu gelöst werden, und das ist ja die wirkliche Tradition, die darin besteht: neues mit andern Mitteln und Methoden zu schaffen, zwar das Vorbild vor Augen zu behalten und zu verehren, nicht aber es nachzuahmen und dadurch abzuschwächen.
Dir und den Deinen in herzlicher Teilnahme stets Dein treuer Vetter
Carl Jacob

An Fritz Gubler 29. Juni 1950

Lieber Fritz,
Deinen Brief vom Freitag Abend erhielt ich Dienstag, ich fuhr Sonntag Nachmittag, mit einem langsamen Zug, lesend nach Basel, Montag am spätern Nachmittag, nach der Sitzung, begab ich mich nach Zürich, Schweizerhof, und flog von dem, auf Holländisch unaussprechlichen Kloten (= Hoden) nach Bourget zurück, wo Pic mich in Empfang nahm und vor meinem Schreibtisch punkt 12 Uhr ablieferte. Was St. Chamant angestellt hat, verstehe ich nicht, er telephonierte: je pars!
Inzwischen, mitten unter drohender Kriegsgefahr, Kursstürzen, Goldhausse (das auf dem Markt rechtzeitig vorhandene Gold ist russischen Ursprungs), mitten unter den Vorbereitungen zu einem Massenmorden, wie es die Welt noch nie gesehen hat, begehst Du Deinen fünfzigsten Geburtstag. Der indische Heilige Shri Ramana Maharshi aus Tiruvannamalai erzählte einem Schüler: »Einmal ließ sich König Janaka von seinem Hauspriester einen philosophischen Traktat vorlesen. Darin wurde beiläufig berichtet, daß ein Reiter, der gerade den Fuß in einen Steigbügel gesetzt hatte und dabei in innere Betrachtungen über die Wirklichkeit des Selbst versank, vom unmittelbaren Innewerden des Selbst überrascht wurde, ehe er noch den andern Fuß in den zweiten Steigbügel brachte.« Dieses Innewerden des Selbst, des Göttlichen, Unsterblichen in uns, ist das Um und Alles dieser indischen Weisheit; etwas davon, blitzhafte Ahnung in Augenblicken, habe ich bisweilen erlebt, wo der Leib wie ein altes Kleid abfiel, wo das Ich mit seinem Ergehen, Streben, seinen Wünschen, seinen Martern und Freuden plötzlich nur noch eines stillen, versöhnlichen Lächelns wert war, aber immer nur im Bruchteil einer Sekunde und dann war alles zusammen wieder da, aneinandergekettet. Aber diese Augenblicke, welche mir unerwartet, ungesucht die Trennung, Loslösung, Befreiung brachten, sind die einzigen, in denen ich etwas Wunderbares – Sicherheit, Freiheit,

Unzerstörbarkeit, Glück in der Ruhe mit einem herrlichen Schauder des Erlöstseins spürte: Das Selbst, der Atman –.
Shri Ramana, – der keinen Namen mehr haben wollte, hatte folgendes Gespräch mit einem Schüler:
»Der Schüler: Ich bin entschlossen, meine Stellung in der Welt aufzugeben und fortan ganz zu deinen Füßen zu bleiben, Erhabener!
Der Meister: Das Erhabene ist immer in Dir. Damit du dessen inne wirst, brauchst du nicht auf Stelle und Beruf zu verzichten und Heim und Angehörige zu verlassen. Entsage nur dem Hängen an den Dingen, dem Eifern und Heischen, sei gelassen, ergib dich IHM, der alle Last trägt, er ist in dir. Wer dem Eifern und Wünschen, dem Wollen und Heischen, der Unruhe des von der Maja bewegten Gemütes entsagt, taucht in seine eigene Tiefe, das ist in die Tiefe der Welt, und er breitet seine Versöhnung und seine Liebe über das All aus.«
Einmal spricht er mit seinem Schüler auch über die Feier von dessen Geburtstag, welche bevorsteht: »Frage dich«, sagt ihm der Meister, »wer ist geboren worden? und feire eher einst den Tag Deiner Wiedergeburt, den Tag der Erkenntnis Deines Selbst.« –
Die Griechen haben von diesem Wege der Erlösung auch gewußt, der in der Schule abgedroschene Spruch vom γνῶθι σεαυτόν ist natürlich nicht als Selbsterkenntnis im psychologischen Sinn zu verstehen. Ich komme immer wieder auf meine Trinität: σῶμα, ψυχή, πνεῦμα wobei πνεῦμα das Höchste, das Göttliche, Verbindende wäre, eben unser Selbst, als ein Hauch des Höchsten, des Geistes, welcher »flat ubi vult«. (Bezeichnend, daß das Wort nur noch im niedrigsten, übertragenen Gebrauch steht und u. a. als Pneumatik millionenfältig durch Staub und Kot rollt.)
Nun ist es aber doch gut, daß äußere, an Zahl und Namen gebundene Vorgänge wie fünfzigste Geburtstage die Freunde im Gefühl der Dankbarkeit und Genugtuung vereinigen und ihnen einen Anlaß geben zu danken. Du weißt, wie tief ich Dir zu Dank verpflichtet bin, wie sehr ich es als

ein Geschenk betrachte, daß ich in höheren Jahren Dir begegnen und mit Dir weiterwandern durfte, und so wollen wir es fortan halten, über die Zeit hinweg, die uns noch bleibt und deren äußere Gestaltung, allem Anschein nach, eine harte und schreckliche sein wird.
Grüße mir Ella und Regula und wisse, daß ich am ersten, zu dessen Feier in meinem Garten alle Lilien voll erblühten, im Geiste bei Euch sein werde. Auch Elisabeth schickt Dir all ihre Wünsche

         Herzlichst Dein Carl

P. S. Obwohl ich gerne einmal einen ganzen Monat ohne Schweizerreise hier geblieben wäre (diese Unterbrechungen werfen einen immer in der Arbeit zurück), komme ich mit Freuden zu Dir, während Du Deinen hohen Gast beherbergen wirst. Am liebsten ganz am Schluß seines Aufenthaltes, also möglichst spät im Monat.

An Wilhelm Hausenstein   8. 8. 1950

Sehr verehrter Herr Hausenstein,
Sie haben mir mit der Übersendung der französischen Gedichte eine große Freude bereitet. Ich nehme den Band oft zur Hand und indem ich darin lese, führe ich Zwiegespräche mit Ihnen.
Die Kunst der Übertragung halte ich für eine an Zauberei grenzende Fähigkeit: sigillum aperire, das Geheimnis der fremden Sprache lösen – ist das nicht recht eigentlich eine politische Tat? Auf dem Grunde der Angst und der aus ihr entstehenden Abneigung zwischen den Völkern wirkt ständig das Unbehagen des halben Verstehens.
So etwas wie die letzte Strophe des Gedichtes ›les Effarés‹ von Arthur Rimbaud ist erstaunlich wiedergegeben; das ›platzen‹ steht genau an der Stelle, rhythmisch, onomatopoetisch, des ›crèvent‹. Der Diminutiv des ›tremblote‹ ist in

›Hemdchen‹ aufgefangen, und: »au vent d'hiver« ist sogar schwächer als ›im Winterwind‹.
Die Unmöglichkeit setzt meiner Ansicht nach beim seltenen Reimwort ein. Auch diese ungeheure Schwierigkeit haben Sie beständig in erstaunlicher Weise überwunden; dafür ist ein vorbildliches Beispiel die dritte Strophe des Gedichtes von Mallarmé: les Fleurs, in welcher alles genau durch Gleichwertiges, auf der selben Wellenlänge Wirkendes ersetzt ist. Ich würde dies von der vierten Strophe nicht sagen. Das – beinah Wortspiel – dieser zarte Schatten eines Wortspiels, welches im Reimwort der zweiten Zeile ›effleuré‹ vorhanden ist, geht verloren; das schwere ›roulent‹ aus dem Beginn der Zeile ist mit dem Worte ›irrt‹ ebensowenig wiedergegeben, wie der ›Lilie unsägliche Leichtigkeit‹, beinah ihre ›levità‹, in dem ›streifen‹ zum Ausdruck kommt; aber es gibt eben für ›effleurer‹ nichts Entsprechendes.
Mallarmé scheint mir eine schlechthin unlösbare Aufgabe zu stellen, weil man sich bei ihm nirgends an das inhaltlich Konkrete halten kann, welches dann aus sich selbst, in einer so poetischen Sprache wie der unseren, seine lyrische Form gewissermaßen von selber spendet. Aber Musik durch Musik übersetzen?
Wenn ich vor diesen schönen Blättern nachdenklich verweile und Ihrer gedenke, so bewundere ich den Mut, mit welchem Sie in die Stacheldrähte der heutigen politischen Welt eindringen, um einer Pflicht zu genügen, die wohl niemand außer Ihnen selbst in so freier Weise übernehmen konnte.
Wir fahren Ende des Monats für einige Wochen weg, hoffen aber im Oktober zurück zu sein. Es wird für uns eine große Freude sein, Sie hier erwarten zu dürfen.
Darf ich Sie bitten, mich Ihrer Frau Gemahlin aufs ergebenste zu empfehlen. Mit herzlichen Grüßen, in Verehrung

Ihr ergebener
Carl J. Burckhardt

An Theodor Heuss 24. 8. 1950

Hochverehrter Herr Bundespräsident,
Ihrem so überaus gütigen Schreiben folgte Montag das Buch über Friedrich Naumann, in dessen Lektüre ich nun mit größter Spannung schon weit vorgedrungen bin.
Mit der Gestalt Naumanns verbindet mich eine persönliche Erinnerung aus meiner Jugend. Mein im Jahr 1915 verstorbener Vater war ein sehr aufmerksamer Leser des großen Sozialpolitikers. Er erhielt regelmäßig die »Hilfe«, und ich erinnere mich daran, als sei es erst gestern gewesen, wie er mir einmal aus der Schrift »Österreich und Deutschland« vorlas. Das war 1913, zum Ferienbeginn; ich kam damals aus München zurück. Im Herbst 1914 traf ich ihn bei der Lektüre von Charles Péguy. Er legte das Buch weg und sagte mir: »Junge Leute, die mit so reinen Geistern wie etwa Péguy oder Friedrich Naumann umgehen, sind jetzt berufen, sich gegenseitig umzubringen.« Diese vorerst überraschende Gegenüberstellung der beiden Zeitgenossen war mir merkwürdig, oder besser gesagt, die Assoziation »Naumann« beim Lesen des Buches »Notre Jeunesse« des mystischen Sozialisten Péguy stimmte mich nachdenklich, aber ich glaube zu verstehen, was sie veranlassen durfte: die in allem immer echte, rechtliche Grundgesinnung der beiden so verschiedenen Männer. Das war noch vor dem Erscheinen von »Mitteleuropa« und dem propagandistischen Gewinn, der von den Westvölkern daraus geschlagen wurde.
Später, im Winter 1918 in Wien, sprach mir Hofmannsthal viel und sehr bewundernd von Naumann, und es hat mich besonders interessiert, in Ihren Anmerkungen die Briefstelle des österreichischen Dichters vom 31. Dezember 1915 zu finden.
Ich freue mich darauf, über das große, so aufschlußreiche Stück deutscher Geschichte, das Ihr Buch enthält, mit Ihnen reden zu können.
In Ihrer Ansprache auf der Kundgebung der Notgemeinschaft der deutschen Wissenschaft finde ich neben tiefer

Einsicht eine – möchte ich sagen – aus der »Weisheit des Humors« sich ergebende Fähigkeit zum haargenauen Maßhalten, zum »an die richtige Stelle rücken«, zum praktischen Vordemonstrieren des geheimnisvollen rhythmischen Gleichgewichtes, das man Takt nennt. Wie schön ist die federleichte Aufforderung an den großen Atomphysiker, auch bei der Anwendung von Worten so präzis zu sein, wie das in seinem Fache üblich ist, oder wie eindrücklich die Stelle über Hybris und ruhiges Selbstbewußtsein! Es ist mir sehr wertvoll, diese Ansprache zu besitzen; so ist auch unser, in dem Garten des Freundes Gubler begonnenes Gespräch nicht abgerissen.
Ihre Zeit – außerhalb der Gunst solch seltener freier Tage wie während der schönen Winterthurer Begegnung – in Anspruch zu nehmen, kommt mir etwas anmaßend vor. Aber da Sie mir die freundliche Erlaubnis erteilen, mich rechtzeitig zu melden, wenn ich nach Deutschland komme, darf ich folgendes über meine Pläne mitteilen: vom 2. bis 10. September beabsichtige ich in München zu sein. Ich habe dort mit meinem Verleger einiges zu besprechen, und da mich am 11. ein Termin in die Schweiz zurückruft, werde ich nicht nach Bonn kommen können.
Dagegen hat mich die Universität Hamburg für den 29. November eingeladen, und ich habe angenommen. Auf dem Rückweg – in den ersten Dezembertagen – könnte ich über das Rheinland fahren, falls es dann – was wohl sehr unwahrscheinlich ist – einen Tag und eine Stunde geben sollte, die Sie nicht mit Amtspflichten völlig in Anspruch nehmen.
In großer Verehrung verbleibe ich, Herr Bundespräsident, Ihr sehr ergebener
            Carl J. Burckhardt

An Ernst Robert Curtius Versailles,
Av. de Paris 41 bis S. et O.,
27. Januar 1951

Verehrter, lieber Herr Curtius,

Es sind jetzt sechs recht stille Wochen verflossen, seit ich, in der zweiten Dezemberhälfte, zurückkehrte; eigentlich arbeitsame Wochen mit den Bemühungen, möglichst systematisch zu lesen und die unendlichen Lücken meines Wissens auszufüllen.

Nach außen brauchte ich keine Tätigkeit auszuüben, es sei denn, durch die Teilnahme an den Sitzungen jener unglückseligen UNESCO Kommission, von der ich Ihnen sprach und welche geschaffen wurde, um den phantastischen Plan der kollektiven Herstellung einer Geschichte der Civilisation in fünf Bänden durchzuführen. Ich befand mich, von der ersten Zusammenkunft an, in einer seltsamen Lage; ich vertrat, eigentlich allein mit etwas buddhistischem und mohammedanischem Zuzug – gelegentlichem Zuzug – die Minorität; das große Wort führten ein Professor Turner aus USA und Julian Huxley. Turner entwarf, in *einer* Nacht, eine Art von optimistisch-utilitaristischem Feldzugsplan à travers les temps, setzte die Proportionen fest, wobei Altertum und vor allem das Mittelalter sehr beiläufig behandelt werden und das Mittelmeer als ein Appendix asiatischer Kulturgebiete auftaucht; aus soziologischen, anthropologischen, nahrungs- und werkzeugtechnischen Betrachtungen der Primitiv-Kulturen gelangt man zu einer – Turner augenscheinlich vertrauten – ökonomischen Indologie, über welche ich gerne den Schleier der Maja breite, von dort, behende, zum Übrigen, wobei die Geschichte der Erfindungen vom Rad, dem Joch, dem Segel, dem Pflug – bis zur Hollerith-Maschine im Vordergrund steht; diese alten Geschichten wie Indien oder sumerische, assyrische, ägyptische oder gar griechische, römische Kulturen durcheilt man im Sturmschritt bis zur ersten Hälfte des Werks; die zweite Hälfte gehört dem Zeitalter der »lumières«, der Technik, jener »Wissenschaft«, die uns glücklich, friedlich, demokratisch und amerikanisch machen soll und gehört natürlich voll und ganz: dem modernen Amerika. Huxley vergißt völlig, daß er Engländer ist, er ist ein traditionsgebundener Evolutionist mit immer noch revolutionären Allüren, revolutionärer Begeisterung, in summa: ein Enkel, und zwar Thomas-Henry Huxleys Enkel. Der unablässige Fortschritt muß nun dem temperamentsmäßig begründeten Optimismus recht geben, und da ist denn das Amerika des new dealtreuen, etwas labour-artigen Turner gerade recht. Die Kulissenarbeit übernimmt ein 34jähriger, blitzschneller, beständig intervenierender richtiger »politicien«, der Siegfriedschüler Prof. M. Er schlägt sich, in nicht endenden Intrigen, mit unzufriedenen »Universitaires« und allerlei Größen von historischen Kongressen herum, hat Verbindungen mit der Unzahl der sich, durch die Dollars angelockt, eifrig herandrängenden Redaktionskandidaten, welche die Ausarbeitung der einzelnen Themen übernehmen möchten. Gewandt spielt er sie gegeneinander aus, er schafft sich Gefolgschaften, die gegenseitig nichts voneinander wissen, er übt Druck auf die Finanzkommission, die nationalen Komitees und Sub-Komitees aus, geht dem unerreichbaren Quetzalcoatl Torres-Bodet, dem Generaldirektor um den Bart, läßt hin und wieder die Presse spielen, polemisiert gegen gewisse von ihm selbst lancierte Artikel und ist »rapporteur« der Redaktionskommission, welche die Beiträge der schließlich mit der Ausarbeitung der Einzelbeiträge Beauftragten, dem Ideal der Kollektivität zuliebe, umarbeiten d. h. umredigieren muß. Leider gibt es, meines Wissens, im Französischen das Sprichwort von den vielen Köchen nicht. Also gut, in diesem Komitee sitze ich und zwar als einziges deutsch sprechendes Mitglied. Nun gibt es eine weitere Instanz, das sind die von der Kommission auserkorenen »membres correspondants«: Für jedes Land einen, für Vorzugsländer bisweilen mehr. Ich habe die Untat begangen, Sie für diese Liste der »membres correspondants«, d. h., als Vertreter Deutschlands in Vorschlag zu bringen. Ich nehme an, Sie werden ablehnen, wahrschein-

lich durch einen höflicheren Brief als Benedetto Croce; eine kleine Hoffnung aber bewahre ich, daß Sie ja sagen, daß, nach dem demnächst eintretenden Anschluß W. Deutschlands an die UNESCO, Sie dann der Kommission beitreten, daß Sie während der acht Tage Sitzung im Jahr, nach Paris respektive Versailles kommen und daß wir dann viel Spaß haben und mit zwei guten Flinten eine Treibjagd durchführen können. Natürlich ist zu befürchten, daß die ganze Geschichte in ihrer Absurdität schon vorher an dem Neid der Fachleute zerschellt.
Verzeihen Sie diesen langen Exkurs.
Ich habe Ihnen für überaus gütige Briefe zu danken. Was Sie mir über diese Gelegenheitsarbeiten sagen, hat mir große Freude gemacht. Katholisierend? – ja, Hofmannsthal, meine Frau, diese ausgewogene Erziehung der Kinder im privaten Kreis, die Liebe für die Sprache der Formen, diskrete Approximationen durch Liturgie, die hohe Vergangenheit, die Hierarchie, die Bescheidenheit angesichts der großen Rätsel, das Menschliche, Naive, was aus der weiblichen Mittlerin, den Heiligen und ihren schönen Legenden spricht, all das entspricht mir. Ich bin immer glücklich, wenn ich eine katholische Kirche betrete, ich bin wie zu Hause dort, während ich diese protestantischen kahlen Vereinssäle, die moralisierenden oder ziemlich traditionslos theologisierenden Pfarrer schwer ertrage. Aber weiter bis in die letzten und entscheidenden Bereiche geht es nicht, und trotzdem möchte ich in der Todesstunde nichts lieber hören als das Einsetzen des Chors bei dem: »agnus dei qui tollis peccata mundi«.
Was die Vorliebe für die großen Herren anbetrifft, so haben Sie wohl recht. Da ist, vor allem seit dem Tode meines Vaters, viel Reaktion gegen das zähe, herabziehende, selbstgefällige Wesen unserer mittelständischen Tyrannen in meinem Ursprungsland. Meine Basler Landsleute wissen gar nicht, wie sehr sie seit 50 Jahren verschweizert sind. In diesem Zusammenhange auch war mir unsere Begegnung ein so großes Geschenk.

Das Gemälde? ja, aber worüber? sehen Sie ein Thema? es ist so spät geworden für derartiges. Vom 17ten Jahrhundert habe ich genug fürs erste. Diesen Winter habe ich mich sehr intensiv und mit unendlichem Behagen mit dem herrlichen Schriftsteller und witzigsten aller Indienfahrer Arthur Schopenhauer beschäftigt.
Ach wie schade, daß ich nicht heute abend auf eine Stunde zu Ihnen hinüberkommen kann, jetzt bin ich zum Sprechen so aufgelegt und hätte Ihrer verehrten Gattin, der ich mich aufs Beste zu empfehlen bitte, so gerne, eine neue und wunderbare Geschichte erzählt, die ich gestern Abend gehört habe.
Elisabeth läßt Ihnen sagen, daß Versailles schon in der zweiten Aprilhälfte sehr schön sei.
Mit freundschaftlichen Grüßen
Ihr
Carl J. Burckhardt

An Otto von Taube   Versailles,
Avenue de Paris 41 bis
(Seine et Oise), 10. II. 1951
Verehrtester Baron,
Ihr Verlag hatte – wohl auf Ihre gütige Veranlassung – die Zuvorkommenheit, mir Ihr wunderschönes Memoirenbuch zu übersenden.
Ich bin ein einziges Mal, im September 1939, durch die baltischen Länder gefahren, und in Reval, von wo ich mich nach Schweden einschiffte, habe ich einen ganzen Nachmittag droben auf dem Dom verbracht. Ein letztes Mal vor den unvermeidlichen Ereignissen atmete ich dort reichsstädtische Luft und etwas, was mich an meine Heimat erinnerte, an den Münsterplatz und die Rittergasse in Basel, an die Junkerngasse in Bern und die Rue des Granges in Genf.
Die paar Sätze Ihres Buches, in denen Sie die Ankunft der Wagen in hellen Nächten schildern, gehören zu den stärksten Evokationen, die ich über das Geheimnis eines städti-

schen Gebildes, einer städtischen Individualität im Mitschwingen ihres ganzen Schicksals je gelesen habe.
Im Laufe meines Lebens habe ich das mährische, das ostpreußische und polnische Gutsleben kennen gelernt und habe mir von baltischen Freunden sehr viel von den Zeiten erzählen lassen, in denen Sie selbst herangewachsen sind.
Auf einer unvergeßlichen Reise, die ich mit Hermann Keyserling in Südfrankreich machte, an einem Tage, an welchem er dem alten Wein allzusehr zugesprochen hatte und dann zusammengebrochen war, hat er mir in weicher Stimmung sehr vieles über seine Kindheit berichtet.
Bei Eduard von Keyserling ist diese unwiederbringliche Welt auch sehr deutlich in einem merkwürdigen Fluidum von Trauer und Abschied konserviert, noch nie aber wurde mir dieses ganze alte Leben so dicht und gegenständlich dargestellt, wie in Ihrem Buche, und ich darf Ihnen aufs herzlichste dafür danken, es geschrieben zu haben.
Damals, im Jahre 39 war mir das Ephemere und Illusionhafte des lettischen Staates und der lettischen Nation so deutlich, als mir der halb-deutsche Außenminister, der damals junge und ahnungslose, bald darauf so unglückliche Munthers sagte: »Wir laufen gar keine Gefahr, das deutsche Reich wird es nicht erlauben, daß Rußland uns anrührt – der Sowjetstaat nicht, daß wir von Deutschland unter Druck gesetzt werden – und bei den westlichen Demokratien sind wir hochangesehen und können auf jede diplomatische Hilfe zählen.«
Wir saßen zusammen im Freien, im Garten des Offizierklubs; es war ein schöner warmer Herbsttag, und mir war, als erblicke ich, wie die alten Hellseherinnen auf den Jahrmärkten, auf dem Grunde meines durchleuchteten Wasserglases das ganze spätere Schicksal jener Länder, das sich schon nach wenigen Wochen verwirklichen sollte.
Vielleicht gibt es sich, daß wir uns im Leben noch einmal treffen, wie damals im Juni 1911 im Bonnland.
In alter Verehrung verbleibe ich Ihr sehr ergebener
Carl J. Burckhardt

An Rudolf Alexander Schröder Florenz,
Piazza della Signoria,
20. September 1951

Lieber Rudy,
Du weißt nicht, welche tiefe Freude in mir mit wahrer
Erschütterung ausgebrochen ist, als ich die Gedichte in der
mir zugedachten Nummer der Rundschau las. Unsere Häuser, die wir gemeinsam bewohnten: das Unaussprechliche,
das, in der Gnade solcher Begegnungen wie der unsern, als
heller, aber lautloser Genius wirkt, – dann unsre diesjährige
Fahrt in der großartigen Republik, Deiner Heimat, diese
Fahrt und die frühere, jene des grünen Strahls mit hineingenommen, und beides gleichnishaft wachsend, sich erhebend
zu diesem erschütternden Vorgang der ganz unvergleichlichen letzten Strophe, in der das Wunder des lautlosen
Vorbeiziehens des dunklen Schiffs ins Meer und in die
Nacht sich ereignet: und dann beginnt ein Engelchor mit
Harfenbegleitung und alles wird rein, ungeheuer ernst und
so herrlich nüchtern-trostreich. Ach, wie ich Dir danke.
Gestern, am Morgen nach meinem Eintreffen, kam Dein
Brief, von der guten, sorglichen Frau Rudolph nachgeschickt. Ja, so ist es. Ich fuhr diesmal, mit meiner älteren
Tochter, meinen alten Weg über die via Emilia an die
adriatische Küste, ich wollte das Haus wiedersehn, jene Villa
Guerrini, die Franz Muralt und ich, damals, im Jahr 21,
eigentlich von Rodaun aus nach Ravenna und dann nach
Pesaro fahrend, in jugendlichem Übermut hoch über dem
Meer, auf dem ersten Vorbau des Apennins, zwischen einem römischen Garten und einem von der doppelten Zypressenallee umsäumten Weizenfeld gefunden hatten: zwei
schöne, kühle Häuser aus dem Jahre 1712. Nun war ich
wieder dort, nach 30 Jahren. Die Häuser standen nicht mehr,
ein »Preventorio« war über ihrem getilgten Grundriß aufs
billigste und häßlichste erstellt worden. Niemand erinnerte
sich. Eine Witwe, Signora Guerrini, würdig, traurig, bäuerlich hatte uns damals ihren Sommersitz abgetreten: »ah la
povera mamma; l'anno quando è morta mia zia Agnella;

dicendo mie preghiere sulla tomba del mio marito, una croce della guerra«. Signora Guerrini hatte eine zarte, sehr schöne Tochter, welche in der fabbrica di cheramiche Molinari in Pesaro arbeitete. Niemand wußte etwas von ihr. Ich frug den Chefarzt, die Oberschwester: sono partiti. Schließlich brachte man einen ganz alten, erdfarbenen contadino: *er* erinnerte sich plötzlich, er berichtete: »è morta la nostra signora, dopo la vendita del podere a lasciato tutto il denaro nell'inflazione, ma devono chiudere adesso perchè non si vende niente, ah si, mi ricordo del passaggio dei signori molto tempo fà, ah sono vecchio adesso, vecchio, è finito il lavoro, ho sessant'anni!« Aber ich – ach Rudy, die Flasche im Schließkorb, mit dem Öltropfen luftdicht verschlossen, die Teller mit dem ockergelben Risotto alla Bolognese und in den abendlichen Straßen das ewige Schreiten und Schlendern, die metallischen Hufe. Die schönen, jungen Mädchen in den dunklen Türrahmen mit dem schlanken Freund, der noch im halben Lichte steht und auf dem Spielbein dreht und dasteht wie aus einem Paolo Uccello herausgetreten. Ja vor all dem bin ich genau derselbe wie damals. Aber etwas hat sich geändert nicht in mir, in der Welt, wie Du sie in Deinem Brief siehst und schilderst, und all das Schlendern in der Dämmerung an Palästen und Kirchen vorbei, dieser schlürfende, ewig von hellen Rufen skandierte Ton der antiken Stadt, die Brunnen und dieser Platz der Signoria, auf dem ich Dir schreibe, alles das ist im Begriff, hinter die Hüllen zurückzutreten, wie ein kinematographisches Bild zu verschwinden; Herkules und David von Michelangelo haben etwas Abgewandtes, Abweisendes; auf den letzten bürgerlichen Liebhabern und Bildungsphilistern, die sie umschleichen, liegt etwas von dem blöden Schreck der Epoche, welche, von der Schlange beraten, die feine Faser des Schöpfungsgewebes angesengt hat. Aber wir sollen es behalten, wie Du mir rätst, fest verknüpfen, wo wir auf die Reißstelle treffen und dem Fluch mit Dank und Lobpreisung begegnen und glücklich sein, daß wir da sind und noch beide, zu unserm bescheidenen Teil, an dem Geheimnis

einer großen und einfachen und deshalb den meisten unsichtbaren Wahrheit teilhaben.
Dir, Deiner lieben Schwester, Neffen und Nichten in treuer Verbundenheit stets   C. B.

An Fritz Gubler   Florenz, Grand Hôtel,
                                     20. September 1951
Lieber Fritz,
Solange ich lebe, werde ich immer dieses stille, reine und mächtige Einsetzen von Haydns frommer Musik, seinem Kaiserquartett hören; das war, das ist Musik aus großer, mit Ernst behüteter und schon sehr ferner Welt meines Innern, Musik auch aus einer Welt, die wir längst verloren haben, die es nur noch im Spiegel reiner Erinnerung gibt. Nie werde ich das Aufgehn der Flügeltüren vergessen, den Einsatz. Diese Musik kam von Dir, Du hattest sie hergezaubert wie so vieles, denn Du leidenschaftlicher, lieber, leidender und so unendlich gütiger Mensch – Du bist ein Zauberer. Es war im Jahre 1919. Ich war etwa 29 Jahre alt. Unter den Wienern, die ich häufig sah, war die alte Fürstin Pauline Metternich. Sie hatte Sympathie für mich, sie ließ mich jede Woche in ihr heute zerstörtes, schönes Haus an der Fasangasse kommen und dort erzählte sie mir – sie war 83 Jahre alt – dort berichtete sie, als wäre es gestern geschehn, von ihrer Flucht auf den Knien des alten Kanzlers, ihres Großvaters und künftigen Schwiegervaters, von der Reise nach England im Jahre 1848, sie erwähnte, daß der Kanzler, um ihr die lange Zeit im Reisewagen zu vertreiben, viel von seinen Begegnungen mit Napoleon I. sprach, dem Onkel jenes seltsamen Nachfolgers, an dessen Hof in den Sechzigerjahren sie die größte Rolle spielen sollte, die jemals eine Botschafterin in Paris gespielt hat. An einem Novembertag – nein es war im Februar, Schnee, Regen und der Wind von der Puszta her, der Wind, welcher Wien einst von der Pest soll gereinigt haben: an einem Novembertag, wie mein

Gedächtnis es haben möchte, in Wirklichkeit an einem Februartag, fuhr die uralte Frau in ihrem Coupé an der Metternichgasse, wo ich wohnte, vor. Sie holte mich ab, um im Atelier eines alten Malers, mit dem sie befreundet war, Musik zu hören. Wir stiegen dunkle, steile Treppen in das sechste Stockwerk hinauf. Droben waren vier Musiker, der Maler selbst und drei Freunde versammelt, alle um 70 Jahre alt, sodann war dort der 84jährige Graf Wilczek, der Erneuerer von Kreutzenstein, und endlich die älteste Burgschauspielerin, die Wildbrandt-Baudius, welche noch in der hohen Zeit der Burg, im alten Hause mit Sonnenthal vor Grillparzer debütiert hatte.

Die Musiker stimmten ihre Instrumente, die Kerzen brannten an den Pulten, draußen war Nacht und der Regen schlug an die Scheiben der großen Atelierfenster. Es war kalt, ungeheizt, wir saßen alle in unsern Mänteln da. Die vier alten Musiker setzten ein: es begann das Kaiserquartett von Haydn. Plötzlich hörte man andere Töne als jene der genuinsten aller Musiken: Die Fürstin, der alte Graf – nur zwei Jahre jünger als sie, die steinalte Schauspielerin schluchzten. Die alte Monarchie war tot. Die Musiker brachen ab und auch ihnen liefen die Tränen über die Wangen. Ich war der einzige junge Mensch, der einzige, der von außen kam.

Da gab die Fürstin als erste sich einen Ruck, sie setzte sich gerade und sagte: »Graf Wilczek, jetzt flennen wir, es ist eine Schande, wissen Sie noch, wann ich Sie zum ersten und einzigen Male weinen sah?«

»Oh ja«, sagte der Graf »im Jahre 36 am Kinderball im Palais Schwarzenberg, Sie waren als Marketenderin verkleidet, ich wollte Sie zu einer Quadrille einladen, und Sie sagten mir: ›pfui mit so kleinen Buben tanz ich nicht.‹« Jetzt lachte er. »Sehen Sie«, sagte die Fürstin, »damals weinten Sie, Sie waren zwei Jahre jünger als ich, jetzt müssen Sie lachen, mehr als 70, beinah 80 Jahre haben Sie gebraucht, um darüber zu lachen, darüber lachen zu können.« Und dann wandte sie sich an die greise Schauspielerin, welche immer noch das Taschentuch vor die Augen hielt.

»– Steckens jetzt Ihr Tüchl ein, Wildbrandt, liebe, und rezitieren's uns etwas von Andersen, des können's so schön« rief Pauline Metternich mit entschlossener Frische.
Die Wildbrandt schaute auf mit den ganz jung gebliebenen, veilchenblauen Augen eines jungen Mädchens, dessen Art es nicht mehr gibt. Und sie begann und rezitierte die Geschichte:
– Vom standhaften Zinnsoldaten. –

Damals hatte ich das Kaiserquartett zum letzten Mal gehört.

———

Lieber Fritz, ich habe Dir auch für Deinen so gütigen als feinen und wohlwollenden Aufsatz in der Festnummer der beiden Dioskuren zu danken. Schade, daß das Zitat aus dem Roman so sinnstörend entstellt ist, sicher vom Romanaschen Manuskript her. (pg 291 Al 2) – er weiß, daß das »Übersprechen« – was heißt das übersprechen? nie davon gehört, es muß heißen »sogar das Besprechen«. Aber weiter: Al 3. Clarissa spricht »Er ›ertränkt‹ das Herkömmliche etc. etc. nicht«, was soll dieses »ertränkt« heißen? man sollte Romana dafür wirklich mit einem Mühlstein um den Hals ertränken, wie das Pferd der vier Haimonskinder. Es heißt: »er *erträgt* das Herkömmliche nicht«, ganz einfach. Nun die Leute lesen über derartiges weg, ein Unglück ist es nicht, u. dies nur nebenbei.
Von den Beiträgen machen mir alle Freude, außer dem ideenflüchtigen Gerede von Kassner –, und wie schon gesagt Mauriac. Die Schröderschen Gedichte voll von wirklichen gemeinsamen Erlebnissen, die letzte Strophe des zweiten Gedichtes herrlich; wir sahen das zusammen, wir beiden alten Männer, das Schiff, das dunkel, lautlos an uns vorüber in die Nacht und ins Meer fuhr.
Was die Aufzeichnungen Hans Bachmanns über unsere Weltkriegstätigkeit anbetrifft, so ist alles, was er schreibt, wie lauteres Gold, so ist er, so schreibt er, alles in reinen Proportionen, gütig mit dem festen Schlag eines festen

Herzens, Humor ist auch dabei – und welch ein Gedächtnis.

Ihr beide, Ihr seid mein Winterthur, eine Stadt, die in mein Gemüt als freudespendende Heimat einging, wenn ich nur daran denke.

Sage doch bitte Ella und Regula, wie sehr ihr Gedenken mich freute. Trotz allem, wie schön wäre es, wenn uns vergönnt wäre, die noch immer überreichen Reste der alten Welt, unserer Welt, noch eine geraume Zeit zu behalten, gemeinsam aufzusteigen in den Jahren, gemeinsam zu tragen und gemeinsam uns einer an des andern hellen Stunden zu freuen.

Auf Wiedersehn und alles Gute für und für, Dein Carl.

An Ernst Howald München, 14. Oktober 1951

Mein lieber Ernst,

Deine so freundschaftlichen Worte bedeuteten für mich sehr viel. Die letzten Begegnungen in der schönen Stille von Ermatingen und in dem glücklichen Haus, das Du und Deine Frau dort geschaffen habt, unsere Gespräche, die so heiter und mühelos, wie aus einer Euphorie der geliebten Gegend hervorgingen, die vielen Erinnerungen, rein erhalten durch die Trennungen, die Unterbrechungen, die unsere Beziehung vor jeder Abnützung schützten, all das erfüllt mich mit Freude, wenn ich daran denke, und es ist gut, Dich dort zu wissen.

Ich werde fortan auf den Adler angewiesen sein. Das Riesachsche Haus wird sich wohl verändern; aber in der Wirtsstube im Adler wird es mir auch immer wohl und dort ist mir alles gleich nah: das Andenken an einen kurzen Aufenthalt meines Vaters, von dem er mir, kurz vor seinem Tode, schrieb: »diese Landschaft paßt zu meinem jetzigen Alter, sie ist so weise –«, dann starb er, an dieser Weisheit vorüber; oder Werner Zuberbühler, der muntere, unentwegt an der Gesundheit seines Körpers, seines wachen, einfachen Geistes sich freuende; dann jenes großartige Wesen, Coelestine Righini, diese gekränkte Herrscherin, welche dann in Glarisegg ihr zweites, ja das eigentliche Gegenreich aufrichtete, in dem sie unvergleichlich gewaltet hat; wie *viele* andere sitzen noch mit mir an den Eichentischen: Gagliardi, welcher versuchte, bei einem harmlosen Getränk, wegwerfend, mir die Geschichte des Thurgaus beizubringen; Hofmannsthal, der mir zum ersten Mal seinen Romanstoff, den Andreas, erzählte, als wir 1922 im Sterbezimmer der Königin Hortense standen und Mérimées Besuche in dem alten Haus vor der Seelenlandschaft des Hegaus bedachten; Schröder, immer vorlesend, aus der Odyssee zuerst, viel später, jetzt, im letzten März, aus der Aeneis; die Staatsbesuche meiner Mutter; viele Stunden mit Max; Reinhart, der diskrete Fürst, der, inkognito von alten Palastdamen betreut und bewacht, bevormundet und gehegt, mit äußerster Zurückhaltung zum Rechten schaute; es nimmt kein Ende. Ich hoffe wiederzukommen, Dich dort wiederzufinden und, da Deine Wünsche in Erfüllung gehn, denjenigen, – nach bestem Können –, zu leben, die Du mir nun wieder auf den weitern Weg mitgegeben hast.

Dir und Deiner verehrten Frau, stets in alter Freundschaft Euer

Carl J. Burckhardt

An Ernst Robert Curtius Versailles (S. et O.),
41 bis Avenue de Paris,
31. Oktober 1951

Lieber Herr Curtius,

[...]

Die gesammelten Werke Gottfried Benns liegen auf meinem Tisch. Ja, er ist ein großer Lyriker und endlich auch wieder einmal ein sehr gescheiter Lyriker, grundgescheit, nur daß die Ergebnisse seines Intellektes durch das Berlinische eingeschränkt werden, durch das Wildgewordene des Pfarrersohns, durch einen barbarischen Appetit auch und den

Hang, sich faszinieren zu lassen. Die Gedichte sind oft herrlich, aber sie sinken ab, wenn Fascinationen wirken, er weiß es, er setzt an allen schwachen Stellen seiner Front immer sofort apologetische Truppen ein. Wenn er dichtet: »Blaue Stunde« (die blaue Stunde gibt es, aus klimatischen Gründen, nur in der Ile de France, welche Farbe sie in der Mark Brandenburg hat, weiß ich nicht), so wirkt ein fast komisches Mißverständnis über jenes Frankreich, das seit den Valois nie anders geworden ist. Ach, wie genießerisch wörtlich nehmen es gewisse deutsche Großstädter. Innerhalb seiner Bildungshypertrophie, diesem aus unermeßlichem Besitz sich fristenden, überreizten Associationstrieb heraus, sticht bisweilen plötzlich ein scharfer Predigerton: Im Zeitalter der Isotopen dürfe man keine pfingstfreudigen Gerhardt-Gedichte mehr schreiben, erklärt er, warum eigentlich nicht? hat irgend jemand Paul Gerhardt verboten – O Haupt voll Blut und Wunden – so viel später zu dichten als der heilige Bernhard sein – Salve, caput cruentatum –? Was heißt überhaupt dieses – man darf heute nicht mehr –, und morgen? Gut, die Stelle geht auf unsern lieben Rudy, ist somit subjektiv, aber sie wiederholt sich, in andern Zusammenhängen viel prinzipieller und dann tritt gleich lyrischer Kurzschluß ein und es heißt: »Ich erkläre mir den Weltablauf physikalisch, die moderne Physik schaltet den Zeitbegriff aus«, oder »Technik ist nichts Neues, der Wurfspeer war damals viel epochemachender als heute der Radar, Cäsar fuhr in 6 Tagen in Schlafsänften von Rom nach Köln, die Römer zur Zeit der Antonine füllten ihre swimming pools mit Meerwasser, das sie in Leitungen über 60 km herbeibrachten«, ausgezeichnet, aber warum dann die Isotopen und die Pfingstfreude? Dieses: »man darf im Jahre 19 . . nicht mehr«, ist immer besonders ärgerlich für mich Atavisten, dem es beim Hirtenfeuer in der Nacht oder, bei Tagesanbruch, auf der Lauer am wohlsten ist. Ceci dit, – ich genieße die Pracht, den Geist, die Zartheit und Kraft, das Blumenhafte und dann wieder den metallischen Glanz dieser Verse und ihrer immer inspirierten Rhythmen aufs

höchste. Aber wenn er vom Abstieg der weißen Rasse dramatisch zu reden anfängt, versetze ich mich ins 7te Jahrhundert oder in das »Ghetto Europa« zur Zeit des großen Araberaufbruches, als die christlichen Missionen aus China hinausgefegt wurden.
Lyrik ist ein Seelenlicht; und die Trümmer seiner Associationsgeschosse und all diese Zerstörungen, die sein Schnellfeuer anrichtet, liegen herrlich vor und unter einer Beleuchtung ohnegleichen, wie zertrümmerte Häuser in der Provence an einem Juniabend.
Schicken Sie mir wieder jemand dieser Art. Aus Ihrem Mittelalterbuch habe ich soviel gelernt, daß ich jetzt selbst die associative, ins Geniale erhobene Sucht, – weiland unseres Freundes Heinz Zimmer aushalten würde. [...]
Herzlichst grüßend von Haus zu Haus

Carl J. Burckhardt

An Fritz Knuchel Versailles, Sylvester 1951

Lieber Fritz,
Es ist wirklich lange her, daß wir mit Werner Zwicky im »gros Moléson« die Kurzgeschichte vom «brochet reconnaissant» lasen; seither haben wir einiges gelernt und ich habe sogar im Französischen (Note 3-4) einige Fortschritte gemacht; aber, im Grunde, wie nah ist, über das halbe Jahrhundert hinweg, alles Damalige, dieser Olymp der Lehrer, die Blötznerfragen Schnauzis: »ha, da putzt es Bänke!«, Herrn Mantzens elegante »Mathematék«, Stramms manisch inspiriertes Spartiatentum, Jennys-Kukuks »munterer Seifensieder«, Buldis – »was rennt das Volk, was wälzt sich dort?« die Tante Schellenberg in Papa Grüns Hintergrund, und Zebu, das nun auch über den Acheron gefahren ist. Wie seltsam und rührend das Vikterli, Räkterli mit seinem schönen gequälten Gesicht, dem Nietzsche-Schnurrbart, den gütigen, erschreckten Augen, den herrlichen Botanikstun-

den in der ersten Oberen, mit dem Einfall, unsere Nerven zu entspannen, hinter heruntergelassenen Vorhängen, die von der Junisonne erwärmt waren, uns zehn Minuten des Schweigens zu schenken. Wie richtig von ihm; denn, es war vielerlei, was man von uns verlangte:
von 7 bis 8:
 Ich, ich und meine Sünden
 Die sich wie Körnlein finden
 Des Sandes an dem Meer.
Von 8 bis 9 »μαίνομαι« ich rase, unregelmäßig, woraus Globus machte: »bemänteln, pepaltoka, pardezün«. Und Knittel, damals noch Hans, später John, dem ich erst im Weltkrieg auf der Straße, im Engadin wieder begegnete, als Bojar oder Großfürst gekleidet, in einem Wolfspelz mit Monokel und steinreich, heiter, unangefochten, voll von Geschichten. Knittel, Du und ich wir waren wohl die schlechtesten Deutschschüler, – denn, es ging weiter:
von 9 bis 10:
 Beugung der Eigenschafts- und der Mittelwörter
 Deutsch.
mit einem kleinen zerfetzten lyrischen Gedicht am Schluß.
Von 10 bis 11:
 Süßwasserpolypen und ihre Parthenogenese
Von 11 bis 12
 Livius und 20 Verse Horaz, auswendig.
Von 2 bis 3:
 Singen
 – oder war das mit dem Stimmbruch schon vorbei?
und von drei bis vier:
 »Corneille.«
Das Schönste war die Pause auf der Pfalz, aber ich glaube, das war, als wir in der vierten Untern waren, rechts vom Eingang –
»Litteris moribusque sacrum«
Oder heißt es – et moribus?
Siehst Du, jetzt bin ich schon lange nicht mehr über den Münsterplatz gegangen. Merkwürdig, in keinem spätern

Lebensabschnitt nimmt man so vieles, so gegenständlich auf.
Die Mittagsstunde zum Beispiel, an einem heißen, hellen Tag, ich kann sie nie anders sehen, als vor dem roten Stein des Münsters, auf Nietzsches Asphaltstreif des alten Münsterplatzes, und dazu höre ich den Klang der Münsteruhr, wenn sie halb eins schlägt.
Was ist nun Wirklichkeit, Gegenwart? diese endgültigen Bilder, Töne, Gerüche, die wir lebenslang mit uns herumtragen, oder der vorübereilende Augenblick des späten Lebens, den wir oft nur noch wahrnehmen wie die vorüberreisende Landschaft hinter den Fenstern des Schnellzuges?
Du warst immer heiter und freundlich in der Schule und ich glaube, Du bist es immer geblieben. Das ist eine große Gnade für Dich und eine Wohltat für die andern. Möge Dir diese Herzenseigenschaft alle kommenden Stunden erheitern und auf Deinem Wirken und Deinen Werken wie ein schöner ruhiger Widerschein ausgebreitet bleiben.
Dies und Glück und Segen wünscht Dir Dein alter Schulkamerad und Freund

Carl J. Burckhardt

An Robert Boehringer Zürich,
z. Zt. Grand Hotel Dolder,
den 25. März 1952.

Lieber und verehrter Freund,
Erst jetzt, nach meiner Deutschlandreise, nach den heftigen Kampftagen an der Unesco in Paris, den Nullenkatarakten der schweizerischen Abschlußsitzungen und der einsamen Nietzscherede, die ich in Monaco zu halten hatte, bin ich dazu gekommen, in Ruhe Ihr Buch, Zeile um Zeile und genau zu lesen.
Es ist ein männliches Buch: sachlich, dicht, ohne falsche Tiefe aber tief, ohne haltloses Hingerissensein, aber mit wahrem Respekt und mit Liebe geschrieben. Es ist, wie ich Ihnen schon sagte, eine große Gunst, daß Sie die zentrale

Begegnung Ihres Lebens festhalten durften. In festen Umrissen steht die Gestalt vom Chronisten und Freunde gesehen da, noch nie war sie so deutlich, so ergreifend.

Wir kennen uns genügend und es darf mir erlaubt sein, Ihnen zu sagen, wo für mich die Schwierigkeiten angesichts des gesamten Phänomens liegen.

In den letzten Jahren habe ich viel George gelesen und ich bin immer weiter in die Kraftfelder des dichterischen Werkes vorgedrungen. Wertungen, Ablehnen, Augenmaß, plastisches Genie, künstlerische Zucht, Distanz, Strenge – all dies erhebt, bereichert, erfreut und bestätigt mir, was ich für mein Wesentliches halten darf. – Zur Dichtung ist mein Zugang frei und strömend, zur Prosa noch nicht, da bräuchte ich Wegleitung.

Nun gibt es die Person und sodann die Wirkung, den Kreis, die Vorgänge unter den in einem Magnetfeld festgehaltenen Gestalten, den Abtrünnigen, den Abgelehnten. Da beginnt etwas, was meiner Natur fremd ist, etwas Bündisches, um es auszusprechen, etwas Deutsches, dem ich fremd gegenüberstehe.

Ich sage meiner Natur fremd, Sie verstehen mich ohne viele Worte. Mit Männern kann ich treu befreundet sein, aber männliche Gegenwart löst in mir Abwehr und Kampflust mehr als alles andere aus.

Es war in allen Zeiten hohen Geistern verliehen, über diese Schranke der Natur hinauszugelangen, es war dies ein Privileg auserwählter Naturen. Heute ist auch dieses Privileg gebrochen und jeder, weil die Grundanlagen nicht mehr scharf geprägt sind, schwankt und wählt. Es herrscht ein Mißverständnis, es geht das Gerede, ein ethisch-ästhetischer Anspruch sei aufgestellt worden.

Gide, aus dem ich mir viel weniger mache als die deutschsprachigen Literaten (– er hat von Nietzsche gezehrt und gelebt noch weitergehend als Bergson einst von dem nie zitierten, den Franzosen völlig unbekannten Schelling –) Gide, wie er selbst von sich sagte, ein Gemisch aus einem protestantischen Pfarrer und einem Lausbuben, den der

Pfarrer langweilt – hat derartiges aus einer recht mesquinen Gewissenslage und aus persönlicher Wirkungsabsicht allerdings unternommen. Aber es sollte doch feststehen, daß es bei George immer um etwas Esoterisches geht, daß kein Unberufener jemals das Recht hat, sich auf ihn zu beziehen. Sehe ich das richtig?

Nun schaue ich die Ikonographie Ihres Bandes an. Es ist ein Geschenk für mich, daß ich jetzt die herrliche Totenmaske betrachten kann, die Sie mir damals, in unvergeßlicher Weise, während des Krieges in Villars gezeigt haben. Aber sehen Sie, für mich sind die späten Aufnahmen aus dem Tessin eine Störungsquelle, etwas im Gesichtsausdruck des Gealterten geht mich nichts an, ich habe das Gefühl, eine Indiskretion zu begehen. Das ist keine Kritik, sondern ein Bekenntnis.

Und nun noch ein Wort zu der Erwähnung Hofmannsthals. Was Sie selbst aufschreiben, ist würdig, obwohl ich nicht denke, daß Sie ihm völlig gerecht werden, es klingt da etwas mit von Weltmann und Bürger, wobei die billig gewordene Entwertung, welche diese beiden Bezeichnungen – nicht durch unsereins – erfahren haben, nun mitschwingt. Aber es tut mir leid, daß nicht auf die Wiedergabe des graphologischen Urteils von Klages verzichtet wurde – diese Fußnote liegt wie ein Ölfleck auf dem Marmor, über den man in Ihrem Buche schreitet. Unberechtigte, Uneingeweihte lassen sich dann zu Irrtümern verleiten, wie sie, meiner Ansicht nach, in ungebührlicher Weise in einem Aufsatze enthalten sind, der in jener Nummer des »Castrums« erschien, welche das Bild Frau Landmanns enthält. In diesen beiden deutschen Dichtern, dem Rheinländer und dem Wiener, ist ein tiefes, inneres Spannungsverhältnis der deutschen Welt in einer sehr edeln Weise deutlich geworden, ihre Sternenbahn hatte sich gekreuzt, und nach der Trennung war alles edel und klar geblieben – man sollte darüber wachen, daß es damit sein Bewenden habe.

In Göttingen hatte ich den Vorzug, Ihren Bruder kennen zu lernen. Ich sagte ihm ein Wort von jenem Aufsatz. Er

antwortete mir, viele maßten sich nun an, in Georges Namen zu sprechen, Sie aber, Sie und Ihr Bruder und die paar andern seien die Freunde dieses großen Meisters gewesen: »wir waren mit ihm befreundet« – in aller Einfachheit sagte er es, kann man etwas Schöneres sagen?
Ich bitte Sie, meine Offenheit als ein Zeichen meiner Verehrung zu nehmen, mit der ich stets verbleibe
                Ihr freundschaftlich ergebener
                [Carl J. Burckhardt]

An Fritz Gubler   19. Juli 52.

Lieber Fritz,
Die Bücher sind nach langer Fahrt wohlbehalten hier eingetroffen. Welch trübes Bild des deutschen Geisteslebens geben doch diese gehässigen Gelehrtenkämpfe: Theorien u. wieder Theorien: Königshofthese, Marktthese, These der königl. Kaufleute, Bischofsthese, römische These etc., es nimmt kein Ende u. niemand wird klug daraus und wenn jemand es würde, dann würde er auch sofort als Eklektiker zerrissen. Nein z. Glück gibt es Rom und London, Ninive u. Babylon, Tyrus und Sidon, Carthago und Athen, Venedig u. Genua. Wenn man in diese Nürnbergerspezialforschungen hineinschaut, z. B. über die Frage, ob das Patriziat von Ministerialen abstamme oder nicht, dann wird einem beinah schlecht; immer diese stupiden, formalen Fragestellungen, anstatt zu erforschen, was dieses Patriziat geleistet hat, was die Qualitäten der verschiedenen Geschlechter waren, wie sie sich ergänzten od. bekämpften, vermischten etc. und was sie physiologisch – geistig wert waren.
Also wir werden erwartet entweder am *Freitag dem 8. August* abends, oder Samstag Vormittag. Der Hauptakt ist augenschl. am Sonntag, Heuss wird sprechen u. ich entweder Samstag abend od. Sonntag früh.
Herzlichsten Dank für Eure Einladung, wir nehmen sie mit Freuden an; es sei denn, daß Du uns Freitag Abend od.

Samstag früh in Baden-Baden treffen willst, was geographisch für uns einfacher wäre von Paris aus. Darüber haben wir noch Zeit uns auszusprechen. Das Unbequeme für Dich wäre die Rückfahrt Nürnberg–Baden-Baden, das Unbequeme für uns das Dreieck Nürnberg–Paris–Winterthur, aber wir machen den Umweg gern, wenn die andere Lösung für Dich zu unpraktisch ist. Und hiermit herzlichst
Carl

An Hans Bachmann Versailles, 18. November 1952

Lieber Hans,
Es hat mir eine große Freude gemacht, daß Sie mit Ihrem klaren unbestechlichen Urteil diese erste – im Ernst geschriebene Erzählung ›Die Höhle‹, so erlebt haben, wie ich selbst sie meinte. Die ›Jagd‹ hält eine große Stimmung fest, die ich, seit Jahren, dort oben im Vorarlberg spüre; die Märchen wollte ich ursprünglich von »Hülla«, der seltsamen Kinderfrau, im Roman erzählen lassen; aber sie sprengten den Rahmen der Komposition; nun enthielten sie beide, jedes in seiner Art gewissermaßen die Spiegelung dessen, was ganz im Hintergrund der wahren Erzählung vor sich geht. Die Schritte in der Nacht verklingen in diesen Märchen. Die Schritte des Heimkehrers, welcher Vater, Mutter und Brüder nicht mehr findet, das Mädchen nicht mehr anzusprechen wagt, scheu, durch erlittene Not verstört, ums Dorf streift und dann versucht, droben auf der Hütte, den einst als Schwager betrachteten Jugendkameraden zu sprechen, da er nicht allein ist, aber auch diesen letzten Willensakt aufgibt, verzichtet und stirbt.
Die andere Geschichte, R. W., gehört für mich genau in das fadenscheinige, irrtümliche Geschehen, das aus dem Seelenleben der zerstörten Generation der 20er Jahre sich ergibt. Sie entstand fast spielerisch als Parodie des Tons der guten Koskull, der ich sie schenkte, mit der Aufgabe, einen Schluß zu schreiben (sie hielt es für unmöglich); es gab nur einen,

der auch auf einer wahren Begebenheit beruht; eine mir bekannte Engländerin sammelte große Summen, um Dramen eines Refugianten zur Aufführung zu bringen, am Ende des Krieges war der Refugiant tot, man erfuhr, daß er ein Agent gewesen und die Dramen waren nie geschrieben worden. Darum – »ein Bericht.«

Die Höhle aber, die so trocken, still und ausführlich beginnt, rührt für mich an eines der tiefsten Lebensgeheimnisse: »auch das Schöne muß sterben«. Sie akzeleriert gegen Schluß wie das Verhängnis, und der Naturtrieb wirkt blind innerhalb einer vermeintlich sehenden, geistigen Welt. Ja, nichts hätte mich mehr freuen können, als daß Sie diese Intention verstehen; diese Novelle ist die erste dieser Art, der noch andere folgen sollen. Es freut mich auch besonders, daß Ihr Freund, Herr Bäschlin, ähnlich empfindet wie Sie, und ich bin gespannt, Näheres von seiner Auffassung zu hören.

Es war mein Los, vor viele und verschiedenartige Aufgaben gestellt zu werden, ich habe aber viel weniger mich der »Vielseitigkeit« ergeben, als man meint, es war immer dasselbe, was ich in meiner Weise trieb, ob es Historie war, Ansprache an Studierende, große politische Zusammenhänge, praktische Verwirklichungen wie während des zweiten Weltkrieges oder verbindende Tätigkeit innerhalb einer Großstadt. Alles immer mit meinen Schwächen, die, in gewissen Perspektiven gesehn, auch als Kraft wirken können. Seit Jahren nun hat Ihr Vertrauen, Ihr Verständnis mir zum Weitermachen geholfen. Da man unter Zeitgenossen wirkt, ist eine gewisse Zustimmung nötig, um vor neuen Schwierigkeiten willig und stetig zu bleiben. Das Letzte, das Erzählen, habe ich erst sehr spät beginnen können, es war das Schwierigste, deshalb ist Zustimmung mir notwendig.

Ihnen, den Ihren stets aufs Herzlichste   Carl

An Rudolf Alexander Schröder   Versailles, Seine et Oise,
Avenue de Paris 41 bis,
Frankreich,
19. November 1952

Lieber Rudy,
Der Nachmittag mit Euch beiden ist mir gegenwärtig, jenseits gesagter Worte geistig erfüllt, glücklich, heimatlich sicher. Ich danke Dir so sehr, daß Ihr vom Berg herunter kamt, auch in dem Saal war mir Deine Gegenwart mehr, als ich sagen kann, im Sinne einer der so seltenen Auflösungen der Einsamkeit.

Nun bin ich endlich – bis am 6. Dezember – wieder an meinem Schreibtisch und vor mir liegen für den heutigen Tag Deine beiden Studien: Goethe und Shakespeare und Goethe und wir. Morgen lese ich nochmals die beiden tiefen Betrachtungen zur Naturgeschichte des Glaubens u. Kunst und Religion und dann – über die Liebe zum Menschen. Der Racine-Aufsatz ist in der Schweiz in den Kisten geblieben.

Nun soll E. R. Curtius schwer erkrankt sein. Ich will versuchen, was ich über die Vergilübersetzung aufschrieb, in ein Ganzes, von dem ich hoffe, es möge mir gelingen, aufzunehmen.

Wenn Dora mir noch etwas Kommentar zu den biographischen Daten geben könnte, wäre ich dankbar.

Nächstes Jahr wollte ich den Roman beenden, den ich damals, fast zufällig, ohne Bücher, im Laufe eines der von Elisabeth stets so unverdrossen durchgeführten Umzüge begann. Sodann sind drei weitere Erzählungen dem Abschluß nahe. Soll ich diesen Weg weitergehn? Ich erhielt einige warme und zustimmende Äußerungen zu jener Jugendgeschichte ›Die Höhle‹, die mich, nach der scharfen Kritik, erfreuten, welche die Gräfin Podewils mir am Abend der Vorlesung mitteilte, wobei sie den ganzen Beginn der Erzählung, die absichtlich grau, fast trivial gehaltene Einleitung, die absichtlich typisierte Gestalt des Mädchens als – unpoetisch – rügte. Merkwürdig, gerade die ernsten Leser unter meinen Landsleuten schätzten die Sachlichkeit im

Versuch, die beiden Frauen-Gestalten nicht mehr als billig ins Individuelle zu erheben. Das Erreichen der individuellen Stufe ist meiner Erfahrung nach seltener, als unsere Zeitgenossen wähnen. Ich bin lobesbegierig, und in so vielem bin ich mit Dankbarkeit ein Anfänger. – Aber vielleicht täusche ich mich und ist es zu spät.
Dir und Dora herzlichst Carl

An Ottonie Gräfin Degenfeld Versailles (S. et O.),
41 bis Avenue de Paris,
27. November 1952

Liebe Ottonie,
Es hat mir auch sehr leid getan, Sie in München nicht zu sehn, aber ich flog gleich am nächsten Morgen weiter. Man sieht sich auch schlecht bei solchen Gelegenheiten, es waren viel Leute da, mit denen man diese abgerissenen Gespräche der großen Empfänge führen mußte. Den Mittag und Nachmittag verbrachte ich mit Rudy und Dora. Er war in allem, was er sagte, sehr beträchtlich, ungeheuer frisch, trotz der hinter und vor ihm liegenden Riesenarbeit, er zimmert sich das alles mit solchen Schlägen zusammen. Was in seiner Jugend Weichheit war und Heftigkeit, ist im Alter stetige Kraft und Ausdauer geworden. Ich sollte zu seinem 75sten Geburtstag etwas über seine Vergilübersetzung schreiben; diesen Auftrag (der Redaktion des Merkur) führte ich aus, als der Bericht kam, man wünsche jetzt etwas über das gesamte oeuvre. Das gesamte oeuvre, eine Welt voll von großartigen Perspektiven, aber ich verliere mich darin; ich weiß zu wenig über die biographischen Voraussetzungen der Entstehung.
In Rom, wo wir alle vier einen glücklich erfüllten Herbst verlebten, kam ein Einschreibebrief, der uns mitteilte, daß unser Grundstück in Versailles an die Industrie verkauft wird. Wir müssen also wieder einmal ziehen. Wohin? Pied à terre in Paris und Zentrum in Vinzel, wo viel Schönes uns erwarten würde? Man wird sehn.

Das ist der Hauptgrund, warum die Kinder jetzt die noch verbleibende Zeit recht ausnützen möchten. Aber schon im Februar wird man mit dem Packen beginnen. Für Elisabeth, die von den letzten »Trecks« noch nicht erholt ist, wird dieser Sommer sehr ermüdend sein. Sie hätte einen stabilen Wohnsitz wahrhaft verdient. Aber gibt es das? Ich sah immer alles nur so vorüberziehn: Münsterplatz, St. Alban Anlagen, Schönenberg, den Beckenhof in Zürich, das Haus in Riencourt, Frontenex, das lugübre Danziger Palais, den Ritterhof, die Villa Diodati, das Palais Besenval, unsere Botschaft in Paris, und jetzt dieses schöne und doch von dem Schicksal der ersten Bewohnerin mit Trauer belastete Haus.
Hier habe ich nun den großen Roman geschrieben, den ich jetzt noch ruhen lasse, dann noch einmal überarbeite, und einen Teil dessen, was Sie nun gelesen haben, dazu drei Kapitel Richelieu II und die historischen Aufsätze, die auch demnächst erscheinen werden. Ich lege diesen Zeilen einen schönen Aufsatz Max Rychners über die Reden bei.
Die Stelle über Hugo v. Hofmannsthal und den mangelnden Kreis ist ein kleiner Hieb gegen die »Georginen«; Gott sei Dank! hat er keinen Kreis gegründet.
Grüßen Sie mir alle Neubeurer. Es tat mir so leid zu hören, daß Herr v. S. damals Vorbereitungen für die Jagd getroffen hatte, ich dachte, wir würden ganz allein mit dem Hund gehn; unsere seit Danzig vermißten Freunde Poseck trafen plötzlich in Aschau ein, außerdem regnete es »Schnürln«; ich lasse noch herzlichst danken und entschuldige mich.
In alter Freundschaft und herzlicher Verehrung Ihr
         Carl J. Burckhardt

An Clemens Graf Podewils Zürich, 10. Dezember 1952.

Verehrter, lieber Graf Podewils,
Was Sie mir in Ihrem freundlichen Briefe über Stifter sagten, hat meines Erachtens Geltung insofern, als wir von

diesem reinen und tiefsinnigen Autor die äußerste Sorgfalt ruhiger Exposition als Vorbild nehmen sollen. Sein Ton dagegen, sein Stil, das lyrische Klima seines Werkes gehören so sehr nur ihm selbst und einer fernen, durch ungeheure Erderschütterungen von uns getrennten Epoche, daß jeder Versuch, diese seine einmaligen Eigenschaften wiederzugewinnen, nur zur Nachahmung führen kann.

Merkwürdig, von meinen Münchner Tagen habe ich als stärkste »Präokkupation« die Lektüre der drei ersten Seiten des Heidegger'schen Aufsatzes mitgenommen. Nicht daß ich über diese beträchtlichen Äußerungen ein Urteil besäße; ich las Satz für Satz so langsam, daß ich nun nur eine Einleitung und kein Ganzes vor Augen habe. Aber diese Einleitung läßt mich nicht los, weil ich in ihr eine Meinung mit größten Mitteln vertreten sehe, die seit 150 Jahren – meiner Ansicht nach – zur Vereinsamung Deutschlands und zu den Katastrophen, die das deutsche Volk erlitt, viel beigetragen hat. Natürlich ist das Dichterische in seiner letzten Essenz von allem Geselligen losgelöst und somit auch von Begriffen wie Literatur oder gar Weltliteratur. Diese Loslösung jedoch ergibt sich – das ist meine Überzeugung – nicht aus der Negierung des geselligen Bestrebens, sondern erfolgt innerhalb dieses Bestrebens, indem das dichterisch Gewichtige völlig ohne unser Zutun in die Tiefe sinkt. Das beste Beispiel hierfür ist die bisher einzige Dimension, durch welche die Deutschen im höchsten Grade *gesellig* in die Welt eingegriffen haben: ihre Musik. Das Tiefste und das Sublimste sagten sie in Tönen aus. Bei keinem ihrer großen Tonschöpfer ist wohl mehr Tiefe als bei Mozart, wo sie sich doch innerhalb der höchsten Leichtigkeit und geselligsten Anmut ausspricht. Das wußten die Griechen schon und Nietzsche hat es ihnen nachgesprochen, wenn er formulierte, die eigentliche Tiefe komme in der Haut zum Ausdruck.

Wenn die Tiefe aprioristisch postuliert wird, entzieht sie sich, wenn man immer aufs Neue nach dem Ursprünglichen, oder wie Andere sagen, dem Göttlichen *unvermittelt* strebt, nicht ohne Hochmut, verschwindet es und von dem tiefen Ton, den diese Absicht anschlägt, bleibt oft nur eine gewisse Verworrenheit des Klanges, ja oft nur Hohlheit übrig.

Die Ablehnung der Ökumene ist sehr deutsch, ist die Quinta Essentia der deutschen Reformation. Aber Ökumene liegt genau auf der Ebene jener Verständigungsmittel, die man Literatur nennt. Nur bei uns hat dieses Wort »Literatur« einen verächtlichen Beiklang. Unsere Lyrik, die immer wieder bestrebt war, trotz Weimar oder gegen Weimar, sich von der großen Überlieferung loszulösen und sich in Mystik zu wandeln, ist – und das gibt zu denken – recht viel ärmer als die englische, die völlig entspannt aus der antiken Überlieferung sehr stark aus der in Deutschland oft fast verächtlich behandelten vergilischen Mäßigung hervorwächst.

Daß man einem Volke, das so große Mühe hat, sich an Wortbedeutungen zu halten und jedes Wort willkürlich beständig mit neuen Inhalten füllt, immer wieder die Grenze zwischen Literatur und Dichtung deutlich machen muß, ist überzeugend. (Es überläuft mich jedesmal ein Schauder, wenn ich lese: »Der Dichter Thomas Mann«. Thomas Mann ist ein Schriftsteller, wenn es je einen Schriftsteller gegeben hat.) Aber die große fortwirkende, tragende Verpflichtung der Weltliteratur in Frage zu stellen, das Dichterische von ihrem beständigen, ununterbrochenen Vorgange zu isolieren, das erschreckt mich, wenn es von einem Geiste wie Heidegger, einem Geiste von solcher Durchschlagskraft aus geschieht. Es gibt letzte Perspektiven, durch welche ein Denker seines Ranges die Dinge betrachten muß, aber das sind *seine* Perspektiven, deren Einblicke nur er mit wenigen andern ertragen kann. Einem Volke aber, das weniger zur Bewunderung als zur kritiklosen Gefolgschaft neigt, müssen sie gefährlich werden, weil dieses Volk doch leben muß mit andern Völkern, in einer Gemeinschaft, und immer wieder dem Zusammenbruch ausgesetzt sein wird, wenn es dieses Zusammenleben ablehnt, oder nur auf der taktischen

Ebene vorübergehend vortäuscht. Das einzige Verständigungsmittel aber ist die gemeinsame Sprache, welche in einem gemeinsamen Phänomen erhalten bleibt, dem wir doch wohl die Bezeichnung Weltliteratur geben dürfen. Vielleicht rede ich am Gegenstand vorbei, denn vielleicht kommt der Aufsatz zu andern Schlüssen als zu jenen, die ich bei der Lektüre der ersten Seiten voraussah. Aber Sie sehen, wie stark mich diese einleitenden Gedankengänge beschäftigen. Ich verstehe sehr wohl, wenn der Autor vor der Drucklegung diese Seiten außer im intimsten Kreise nicht aus der Hand geben will. Sie enthalten mehr Sprengkraft als jene Geräte, die auf einsamen Inseln des Stillen Ozeans und in sibirischen Ebenen auf ihre Wirkung hin geprüft werden.
In Verehrung bleibe ich, mit herzlichen Grüßen, Ihr

Carl J. Burckhardt

An Marguerite Ammann   Versailles (S. et O.),
41 Avenue de Paris,
10. I. 1953
Verehrte, liebe Fräulein Ammann,
Beschämt, bestürzt greife ich zur Feder, um Ihnen für dieses, von Hans, in so gutgemeinter – aber, an meinem Malertum gemessen, so unproportionierter Weise veranlaßte Geschenk zu danken.
Wenn Sie eine Ahnung hätten, wie talentlos ich bin und an wen Sie diese trefflichen Ratschläge verschwendeten. In meinem langen Leben habe ich nie irgendein Bedürfnis verspürt, irgend einen Anblick anders als in Worten wiederzugeben. Ich zeichnete manchmal während Sitzungen Gesichtsprofile von rechts nach links; aber auch nach einem halben Jahrhundert wußte ich nicht, wo beispielsweise das Ohr sitzt. Erst im Herbst, auf meiner Italienreise, kam plötzlich so ein Trieb wie bei alten Engländerinnen über mich: abzumalen. Die Ergebnisse mit Farbstift waren schau-

derhaft, infantil, ungenau und unangenehm prachtliebend; Palladio war nichts gegen meine falschen Perspektiven. Aber ich wurde hochmütig und kaufte mir eine Aquarellschachtel für Mittelschüler in Siena. Das erste Gemälde, das ich unternahm war ein purpurner Sonnenuntergang mit Wolkenstaffage. Im Vordergrund eine rot angeleuchtete Straße, die wie ein Glutfluß von unten nach oben durch das Bild hindurchbrannte, links und rechts bengalisch grüne Wiesen, einen Acker, der über gewellte Rillen, Buckel und papierene Abflußkanäle schwarzbraun und gräßlich in das noch nasse Grüne hineinfloß, mußte ich in ein nicht existierendes, aber mächtig erdachtes Haus verwandeln, indem ich ockerrote Ziegel türmte, worauf die schwarzen Fenster wieder in das Ockerrot zu fließen begannen, das ganze Bild kippte nach der rechten Ecke um; als dann eine Art Wellblech entstanden war, korrigierte ich noch mit Füllfedertinte und fettem Farbstift, mit dem ich so fest drückte, daß an noch immer aufgeweichten Stellen Löcher im Papier entstanden. Ich schnitt nun die Fenster des Riesenbacksteinhauses mit dem Federmesser aus und hielt das Ganze abends vor meine Lampe, es wurde prächtig, fast unheimlich.

Auf Grund dieses Transparentes nun hat meine Familie zu Weihnacht mir den, wie ich höre, von Ihnen ausgesuchten herrlichen Malkasten geschenkt. Und nun besitze ich, von Ihrer Hand geschrieben, diese klaren Anleitungen: ich bin bestürzt, beglückt, eine neue verantwortliche Aufgabe steht mir bevor. Morgen kaufe ich die dem Wellblechschicksal entgehenden kartonierten Blätter. Jetzt liegt Schnee, ich kann also vieles weiß lassen; welche Beruhigung.

Aber wenn ich das nächste Mal nach Basel komme und Sie gerade dort sind, darf ich vielleicht in Ihr Atelier kommen. Da ich jetzt begriffen habe, daß man auswischen (sogar mit Watte), aber nicht drüberstreichen kann, ist eine leichte Hoffnung aufgegangen.

Mit beschämtem Dank und herzlichsten Wünschen und Grüßen bin ich Ihr ergebener

            Carl J. Burckhardt

An Max Huber Versailles, 17.I.1953

Lieber und verehrter Freund,
[...] Das rasche Absinken europäischer Qualität, das die Generation unserer Großväter voraussah und das wir jetzt in so furchtbarer Weise erleben, nimmt hier einen fast täglich von bloßem Auge sichtbaren Fortgang. Daß Dinge und Vorgänge wie die Geständnisse russischer Ärzte, der Prager Angeklagten möglich sind, daß Kardinäle, fromme Männer, bereit, als Märtyrer zu sterben, durch irgend eine eingespritzte Droge ihrer Persönlichkeit und ihrer »virtus« entkleidet, zu blasphemierenden Puppen umgewandelt wurden, daß solches geschieht, und daß niemand wirklich – so lange es in irgend einem Winkel noch Tag ist – Zeugnis abzulegen, anzuklagen und mitzureißen vermag, – mich schaudert davor. Da sieht man diese hiesigen Intellektuellen, einen nach dem andern – abgleiten nach der großen östlichen Verführung hin. Proteste erläßt man nur noch wegen des Todesurteils gegen die Atomspione in den Vereinigten Staaten.
Daneben geht das unehrliche Europagerede in Straßburg weiter; jeder vertretene Staat versucht, auch in jenem Gremium, sich möglichst viel Stimmen zu verschaffen. Das Deutsch-Französische Mißtrauen ist tiefer als je, von Russen, von Engländern wird es geschürt, die sensationelle Aufmachung der neusten Verhaftungen in Deutschland wirkt zu Gunsten alter bequemer, völlig negativer Leidenschaften, denen man, unter solchen Vorwänden, mit Behagen sich hingibt, ohne dabei auch nur einen Augenblick an die wirkliche Lage zu denken.
Oft frage ich mich, wenn man diesem Schwanken in Massensuggestionen zusieht und miterlebt, wie durch eine kleine Operation, eine Einspritzung starken Menschen ihre Persönlichkeit weggenommen wird, wo bleibt dasjenige, was man einst Verdienst, Haltung, sittliche Bewährung nannte, ja, wo bleibt diese seit der Renaissance so vielgerühmte Persönlichkeit, wo ist sie aufgehoben, verbucht? in

Gottes Hand? Was erhält sich, was geht hinter den Selbstanklagen der Verurteilten, der im Voraus Verurteilten vor? Da liegt doch der Stachel der Hölle, ihr Sieg klar zu Tage, und auf die Frage: Hölle, wo ist dein Stachel? ist die Antwort hier und dort – und fast überall in dieser Zeit. Aber etwas gibt mir Hoffnung: gerade durch meine kürzliche Beschäftigung mit Schröder und seinem Werk wurde mir dies so deutlich: das andere, jener Sieg über das Böse, vollzieht sich noch, und dem Unheil der letzten, der seelischen Freiheitsberaubung des Menschen, wirkt eine Welle von wahrer Freiheit, von Überwindung entgegen, nicht in kämpfenden Glaubenszeugen, sondern in stillen Unbekannten als ein völlig innerer Vorgang, wie ihn die katholische Lehre in der Gemeinschaft der Heiligen zu erkennen versucht: stille Kraft eigentlich des gemeinsamen Gebetes, das trotz allem die Welt über dem Abgrund hält, ohne Worte von Mensch zu Mensch, nur noch in der Zusammenfassung alles Fühlens, Strebens und Denkens auf Gott hin. Diese Vorstellung von dieser Gemeinschaft war mir immer besonders wertvoll.

Vielleicht können wir in den kommenden Monaten wieder einmal einen ruhigen Abend, wie früher so oft, über solche Dinge ins Gespräch kommen.

Ihnen und Ihrer verehrten Frau in alter und dankbarer Verehrung und Freundschaft stets Ihr

Carl J. Burckhardt

An Fritz Gubler V[ersailles], Donnerstag, 5. II. 1953

Lieber Fritz,
Es fällt ein neuer Meteorstein in meinen Garten: (Vorgestern um 6 fahre ich mit der Micheline nach Basel, gestern Sitzung B. V., Bankett am Bahnhof, alle, aber auch alle sprechen mich auf das Profil der ›Weltwoche‹ hin an, halb bedauernd, halb ironisch, B. R. Stampfli sagt mir: »Carl Koechlin machte mich darauf aufmerksam, daß Ihre Werke nun eine sehr schlechte Kritik in der W. W. erhalten hätten,

ich kann diese literarischen Sachen nicht beurteilen, aber ich finde die Sprache ist doch so schön etc. etc.«), heute morgen ruft mich Hausenstein an, frägt, wann er mich aufsuchen könne, ich antworte, »Sie sind so beschäftigt, wenn es etwas Dringendes ist, fahre ich rasch in die Stadt«; er wehrt halb ab, halb dankt er für die Rücksicht, – kurz und gut, ich fahre hin: großer Empfang, Hausenstein (schon in gestreiften Hosen, (ich im PKZ-Sport)) beginnt: »ich gehe, wenn Sie gestatten gleich in medias res, die Bundesregierung möchte Ihnen für Ihre Verdienste das Großkreuz des Verdienstordens (pour le mérite) verleihen, nehmen Sie es an?«
Ach Fritz, der mit Ehren überhäufte, zweitklassige Dilettant, der etwas schwätzen und mit falschem Gold Schriftstellerei vortäuschen kann. Nach der Ehrenlegion nun dies. Ich stammelte noch, das Protokoll in Bern möchte vorerst beim politischen Departement in Bern anfragen, dann bat ich Hausenstein, ihm von Mensch zu Mensch u. von Alemanne zu Alemanne sagen zu dürfen, daß schon der »grand officier« in meinem Lande fast untragbar gewesen sei, daß aber nun, wo ich mir Anonymität und Ungestörtheit suche, diese neue allzuhohe Ehrung bei der eigentümlichen Mentalität meiner Landsleute nur die schwersten Folgen für mich haben könne. H. zeigte gar kein Verständnis, er erklärte, um diese erbärmlichen Spießerreaktionen würde ich mich wohl mit Recht nur lustig machen, in dieser Auszeichnung bringe die dem. Republik in Bonn zum Ausdruck etc. etc.
Du weißt Fritz, daß man soetwas nicht ablehnen kann, besonders nachdem man es der französischen Regierung gegenüber nicht konnte. Aber läßt es sich nicht durch Heuss vielleicht in etwas anderes verwandeln, am tragbarsten sind noch Universitätsehrungen; auch Ehrenbürgerschaften belasten den Schweizer. Du kennst mich, Du weißt wie völlig gleichgültig, wenn nicht unangenehm, mir all diese Ehrungen sind; ich habe eine Schublade voll von polnischen, griechischen, portugiesischen, italienischen Sternen, die ich seinerzeit für Danzig erhielt. Es wäre viel besser, wenn das Annehmen von Orden nicht nur für schweizerische Offi-

ziere und Beamte, sondern für alle Schweizerbürger verboten wäre, aber so wie die Regelung heute vorgesehn ist, kann man keinerlei für den ausländischen Partner gültige Argumente zur Ablehnung finden.

Ich will offen an Heuss und auch an Petitpierre schreiben, vielleicht läßt sich doch die gute Absicht noch abbiegen. Natürlich wird argumentiert, Andreas Heusler, Wölfflin hätten hohe deutsche Dekorationen angenommen u. getragen. Aber das war einmal, in andern Zeiten.

Ich habe meine Landsleute gern, bin ein guter Schweizer. Aus meinen historischen Voraussetzungen heraus teile ich nicht jenes seltsame Verhalten, besonders des Deutschschweizers gegenüber der sogenannten europäischen Oberschicht, soweit sie noch existiert; ich habe nie das Gefühl gehabt, ein »großes Haus« zu betreten, ob mit Recht oder mit Unrecht hatte ich immer ein selbstverständliches Gefühl der Gleichberechtigung, oft auch der größern historischen u. freiheitlichen Voraussetzung dort, wo ich auf eine Betonung von Privilegien traf. Aber das ist eigentlich das einzige, was mich von einer gewissen kollektiven Reaktion meiner Miteidgenossen bisweilen trennt. Im Übrigen möchte ich so gerne mit ihnen im Frieden leben und etwas Wohlwollen jetzt aufs Alter hin genießen, meine Arbeiten, deren Schwäche ich selbst am besten kenne, in Ruhe abschließen können.

Und da regnet es solche »grands cordons«, die lauter Mißverständnis verbreiten. Ach Fritz, glaubst Du nicht, daß Du Heuss durch einen Brief beibringen könntest, daß man's abbiegt, ohne beleidigt zu sein. Oder findest Du, daß ich auch diese törichte Folge von Mißverständnissen durchstehn soll? Es fehlt mir sosehr, wenn ich so lang nichts von Dir höre.

Stets Dein Carl

An Annette Kolb V[ersailles], 28. Februar 1953

Liebste Annette,
Soeben ist der schwarze Wagen mit dem guten, lieben Hans weggefahren; Jan begleitet ihn auf den Straßen, die ihm so vertraut waren. Wir vier reisen morgen früh.
Auf dem Sarg lagen einzig Ihre schönen Blumen.
Dory war sehr großartig, still und in jener seltenen, gesteigerten Verfassung, die einen die immer so sehr vom Täglichen verhüllten Menschen einmal ganz erfassen läßt.
Ach Annette, Sie haben ihr einen so wunderschönen Brief geschrieben, so stark und wahr, aus dem Herzen heraus; er hat ihr unendlich wohl getan. Man wird sich ihrer viel annehmen müssen in der nächsten Zeit; sie ist, was ihre Wirkung nie vermuten läßt, aber Sie wissen es –, ein äußerst zartes Wesen.
Vor acht Tagen sind die beiden angekommen; ich habe Hans nie so freudig bewegt gesehn; er hat noch lauter Schönes angeschaut und gehört – in dem unvergleichlichen Licht dieses Vorfrühlings.
Ich drücke Ihnen die Hand und liebe Sie sehr und denke, daß man zusammenhalten soll, solange es noch Tag ist.
Elisabeth wünscht, daß ich Schröder nicht abbestelle, wir werden, falls er seine Pläne nicht geändert hat, am Donnerstag hier eintreffen.
Auf Wiedersehn, welch ein herrliches Wort – Carl

An Daniel Bodmer Versailles, Avenue de Paris 41 bis
Frühjahr [1953]
Lieber Herr Bodmer,
herzlichen Dank für Ihre freundlichen Zeilen vom 8. März. Kassner sagte mir vor noch nicht langer Zeit, das Schreiben über noch lebende große Männer sei ihm äußerst fatal, besonders wenn es sich gewissermaßen um eine Evokation der Persönlichkeit handle. Dieses Empfinden teile ich weitgehend.

Wenn ich Sie richtig verstehe, hat Kassners Verleger (die Beilage Ihres Briefes fehlt) den Plan für die Festschrift zusammengestellt. Der mir zugedachte Aufsatz würde in 15–20 Schreibmaschinenseiten das Thema zu behandeln haben, ›Rudolf Kassner, der Mensch und sein Werk‹. Was nun die Fragen anbetrifft, die der Verleger an Sie stellt, so versetzen Sie mich etwas in Verlegenheit. Sie fragen mich, wie ich Rudolf Kassner etwa als Gast in den alten österreichischen Palais sehe. Ferner wie die Salons der Czernins, der Metternichs usw. gewesen seien, welche Rolle Kassner in diesen Salons gespielt habe und wie er in der Conversation oder beim Tee sich verhalten habe.
Ich erinnere mich an ein einziges Palais, in dem ich gelegentlich Kassner vor dreißig Jahren traf, das war das Palais Lanckoronski und dieses Palais war nicht alt, sondern neu. Es gab vom Jahre 1918 an wenige Stadtpaläste, die noch bewohnt waren, in Wien gab es damals keine Czernins, welche Empfänge gaben, die Czernins lebten in Böhmen auf ihren Schlössern und Metternichs gab es auch nicht mehr im Pluralis, sondern es lebte nur noch die damals 86jährige Fürstin Pauline Metternich in ihrem Hause an der Fasangasse, das nach ihrem im Jahre 21 erfolgten Tode von ihrer Tochter, der bayrischen Fürstin Sophie Oettingen, übernommen wurde. Bei der Letzteren habe ich wohl Kassner das eine oder andere Mal getroffen, ohne eine spezielle Erinnerung an diese Zusammentreffen zu haben. Kassner war wie immer und überall frei, munter, oft kritisch, er war immer dasjenige, was es im deutschen Sprachgebiet eben nicht gibt und was nur in den romanischen Ländern oder in England vorkommt, in Deutschland nur bisweilen im Adel und in den Hansestädten, ein »homme du monde«. Über diesen Begriff gegenüber einem deutschen oder gar deutschschweizerischen Publikum etwas auszusagen, halte ich für eine völlig unlösbare Aufgabe. Der Versuch ihrer Lösung könnte wie immer nur zu peinlichen Mißverständnissen führen. In Österreich gab es keine Gesellschaft im westlichen Sinne, ebensowenig wie in Deutschland. Es gab

Stände. Repräsentativ war der Hochadel, d. h. die Gruppe der alten Latifundienbesitzer. Diese Klasse als solche hatte über Kassner keine »Ansicht«; er war mit einigen ihrer Mitglieder vor allem durch die Fürstin Marie von Thurn und Taxis befreundet, er hatte einen ausgesprochenen völlig richtigen Sinn für Art und Manieren dieser Welt. Aber um über die Beziehungen, die er zu seinen Freunden unterhielt, etwas auszusagen, fehlen mir die Voraussetzungen, es käme mir indiskret vor, darüber Suppositionen anzustellen, in diesem Zusammenhang kann sich Kassner nur selbst äußern und das hat er ja vielfach getan. Mit Oscar Wilde, den Sie erwähnen, weist Kassner keinerlei Vergleichspunkte auf. Oscar Wilde interessierte, unterhielt und erfreute während einer kurzen Zeit des »fin de siècle« einen bestimmten, etwas peripheren Kreis der damals sehr ausgedehnten englischen Gesellschaft durch ein brillantes, aber sehr zeitgebundenes Gespräch, zur »Gesellschaft« gehörte er sehr bedingt und gewiß nicht in der Weise, wie es sich durch literarhistorische Kategorien belehrte mittelständische Bildungsschichten des zwanzigsten Jahrhunderts, d. h. des heutigen Lesers, vorstellen.

Ich war immer der Ansicht, daß Festschriften vielmehr Wert haben, wenn sie davon absehen, den zu Feiernden darstellen zu wollen, und, im Gegenteil, Beiträge enthalten, die aus dem Arbeitsgebiet der teilnehmenden Autoren stammen, Beiträge, die dann als Geschenk, oder wie man hierzulande sagt, als Hommage dem Jubilar überreicht werden.

Über das Werk Kassners müßte ein Kenner schreiben, wie beispielsweise Dr. Paeschke, der Redaktor des Merkur, der über Kassner schon vor Jahren seine Dissertation verfaßt hat. Ich selbst überblicke dieses Werk nicht und habe nur zu einzelnen Teilen ein starkes Verhältnis.

Für die mir zugedachte Aufgabe bin ich somit nicht geeignet. Über das Prinzipielle meiner Einstellung sprechen Sie vielleicht noch einmal mit Ihren Eltern, wenn der vom Verleger anfangs aufgestellte Plan nicht sollte eingehalten werden, würde ich mit Vergnügen einen Beitrag von 15–20

Seiten beisteuern. Zur Zeit beschäftige ich mich mit einem französischen politischen Denker des 19. Jahrhunderts, den Kassner schätzt, vielleicht ließen sich einige Hauptaspekte dieses Themas zu einem kurzen Essay zusammenfassen.
Herzlichst grüßend verbleibe ich Ihr
C. J. Burckhardt

An Fritz Gubler Zürich, 6. Juli 1953

Lieber Fritz,
[...] Lucy sagte, ich hätte nicht gegen die Kuren losziehn sollen. Aber es ist eben so: ich würde Dich immer so gern in wirklichen Ferien sehn, ohne Beobachtung der Gesundheit, dem Zählen der Altersringe, »etwo«, wie eine tschechische Freundin zu sagen pflegte, weil ihr »irgendwo« zu zerfließend war –, »etwo« an der Adria, zum Beispiel in Cervia bei Ravenna, im reinsten Sand der Welt, im heißen heilsamen Sand, im freien, breiten Sandstreifen vor dem Pinienwald, im heilsamen, warmen, salzigen Wasser, unter lauter schönen, gerade gewachsenen Menschen. Abends auf weißen, weiten offenen Terrassen. Morgens früh mit den Fischern auf dem Meer, einmal in dem lebenstrotzenden Bologna, ein anderes Mal in stiller Abendstunde im botanischen Garten von Urbino, oder in La Verna von der Quelle trinkend, die der heilige Franz mit seinem Stab schlug. Keine Programme, keine kunsthistorischen Streifzüge, eine große lässige Wellenbewegung nur in der Richtung glücklicher Wünsche und ihrer immer wieder überraschenden Erfüllung.
Krankheiten: ignorieren, wegdenken, durch Wohlgefühl, Lebenswunsch ausheilen, freudige Erinnerung sammeln.
Einmal schickte mich ein dummer Genferarzt nach Vulpera: Parade mächtiger Generaldirektoren, dort befreundete ich mich mit dem alten Tobler, das hatte sein Gutes, aber aus der Kur lief ich weg. Nach Vittel fühlte ich mich ein halbes Jahr lang schlecht.

Ich glaube, Dir ist der Kurbetrieb recht, weil er Deinen Tätigkeitsdrang eindämmt. Aber »dämme« doch selbst wie der Biber: Siehst Du, nicht für diesmal – aber fürs nächste Jahr – immer denke ich an Cervia. Ihr seid zu dritt: wenn Du sagst: »heute wird gefischt, um drei Uhr wird nach Bologna abgefahren, wir müssen heute Ferrara besuchen, ich muß noch rasch den Tasso lesen, wir gehn nach Ancona zurück über Urbino, dieser Weg ist der bessere etc.«, dann entsteht etwas völlig Ungemütliches. Denn die andern möchten vielleicht im Sand liegen, wenn es Dich auf den Sasso d'Italia zieht, sie möchten ohne Dich (denke nach – wie begreiflich!) in Rimini Strandhüte u. Muscheln kaufen, sie möchten ein Gummiboot mieten und ohne Ratschläge seine Verwendung erproben, sie möchten mit einem geheimnisvollen Kenner der romagnolischen Chorgesänge eine Erfahrung sammeln, die sie Dir dann mitteilen können. Du mußt sagen: ich fahre vielleicht etwas über Land heute Nachmittag; dann – vielleicht – heißt es, wir kommen mit! – von *dem* Augenblicke an aber kannst Du gewiß sein, daß Du etwas wirklich Schönes nur erlebst, wenn Du die Route Deinem Wagen überläßt, ohne Ziel, Planung und Landkarte. Lieber Fritz, so spreche ich zu mir vor jeder gemeinsamen Reise mit weiblichen Angehörigen. Am Anfang der Reise steht der Tyrannenmord in der eigenen Seele, mir gelingt es meistens nicht, der Tyrann erholt sich, ich sage: »Du kannst Faenza nicht verlassen, ohne das Keramikmuseum gesehn zu haben«, oder – »was, Du willst tanzen gehn heute Abend, bei dieser Hitze, nein heut lesen wir laut den dritten Gesang des Orlando furioso.«

Ja so ist es, ich verbreite, dieserart handelnd, Unbehagen; stecke ich in einer Kurordnung, so erholt sich meine Umgebung von mir, solange ich in einem Bad gutgläubig von irgend einem Kerl geknetet werde. Die Freiheit dagegen erfordert zu ihrer Entfaltung eine eigene Kunst des Befreiten: jeder Voluntarismus, jeder begeisterte Einfall, an welchem andere teilhaben sollen, müssen abgestellt werden, soll die Symphonie, das freie Durcheinanderfließen der Einfälle

entstehn. Ohne ärztlichen Rat, ohne Tageseinteilung, ohne erdentsprungene Chemikalien entsteht aus Entspannung und Beglückung ein herrliches Heilklima, gesetzt, daß man sich hingibt und die Begleitung sich hingeben läßt. Du weißt ja längst, daß ich der lästigste aller Freunde bin, hier erhältst Du für diese Erkenntnis einen neuen Beleg.
Schon letztes Jahr polemisierte ich erfolglos gegen Kuren.
Alles Herzliche   Carl

An Hans Bachmann   Göttingen, Hotel Gebhard,
                              28. September 1953
Lieber Hans,
Wenn ich in meinen Studienjahren in Göttingen so viel gearbeitet hätte wie jetzt, seit ich hier bin, so wäre vielleicht etwas aus mir geworden. Was hätte ich für schönen, reichen Stoff in meinem damaligen Hauptfach gehabt, ja gehabt, nicht mühsam suchen müssen. Heute sitze ich von morgens bis abends in einem Archiv und mache mir Excerpte aus den Akten der Nürnbergerprozesse: Labyrinth der Hölle.
Ich gedenke der Freunde in meinem friedlichen Land, für welche, auch heute noch, das Dasein eines ehrlich wollenden Menschen innerhalb der Polizeidiktatur, die anzuwendenden Winkelzüge, die chiffrierte Sprache, die Angst unvorstellbar ist. Eine Woche muß ich durchhalten, 8 bis 10 Stunden im Tag, dann fahre ich zurück.
Dir bin ich längst einen Brief schuldig. Für das hohe, schöne und ernste Ereignis in Eurem Haus, über welches Du mir so freundschaftlich und ergreifend berichtet hattest, habe ich nur durch eine schäbige Karte gedankt. Es gibt Zeiten, in denen man sich nicht aussprechen kann, aber Du weißt, Ihr wißt beide, wißt, daß mein Anteil an all Eurem Ergehen immer der gleiche ist.
Jetzt bin ich seit dem ersten März eigentlich ohne eigene Heimstätte, ohne meine »Sachen«, wie Elisabeth zu sagen pflegt, und ich habe in der Bahn überlegt, nachgezählt und festgestellt, daß ich seit meiner Abfahrt aus Versailles bis

heute in 52 verschiedenen Betten geschlafen habe. Du wirst verstehen, daß ich mich darauf freue, daß das nun anders wird. Es soll Hoffnung vorhanden sein, daß ich vom 15. Oktober an standfest werde, wie man von den Rothirschen sagt.
Sage bitte Blanche und den Kindern alles Freundliche was von mir zu Euch hinüber wirkt.
Ich bin aufs beste immer Dein   Carl J B.

An Robert Käppeli   Vinzel, Waadt, 5. Dezember 1953

Lieber Roby,
Kaum war ich auf der Straße nach Landeck, sah ich mit halluzinatorischer Deutlichkeit meinen braunen Stadthut, der wieder hinauf ins Licht, betreut von dem galanten Italiener, im Jeep, zu Euch zurückfuhr. Entlang den Hauptstraßen Europas, in Schenken, Gasthöfen, Dachkammern von Künstlern, Schlössern und Jagdhäusern, zwischen Biarritz, Hamburg, Palermo, Innsbruck und Hildesheim, gibt es viele Hüte von mir; bisweilen rasten sie als behütende Symbole an irgendeinem Nagel an der Wand, bisweilen ziehen sie auf fremden, wirklichkeitsnahen Köpfen weiter. Es ist gut so, man muß etwas Streuung haben, auch Zerstreuung, denn ohne diese wäre es mit den Reliquien der Heiligen schlecht bestellt. Eines ist sicher, in einer so schönen, luftigen und doch festen, zwischen Wiege und Brutkasten stehenden Schwebeschachtel ist noch keiner meiner Hüte gereist. Da brauchte es schon Deine gütige Fürsorge, auch danke ich Dir aufs herzlichste!
Ans Kaunertal habe ich eine herrliche Erinnerung. Nur der schlechte Schuß hat mich gewurmt; ich träumte sogar von ihm. Vor zehn Jahren schoß ich immer sauber, dann kam die verheerende Zeit von 39 bis 50, da ging es bergab mit mir, inzwischen aber hatte ich die alte Form meiner vierziger und frühen fünfziger Jahre wieder erreicht. Aber unter Deinen Augen, den Augen der Jäger und des Zweiflers Christian zu

schießen, war zu viel für mich, ich habe nie etwas vormachen können, wenn andere zuschauten. Ich brauche immer zu allem Gelingen: Ruhe, glückliche Unbewußtheit, Entspannung. Aber das ist nur ein flüchtiger Wolkenschatten über der herrlichsten Landschaft, die ich je erblickt. Am schönsten war sie wohl an jenem selben Sonntag, auf der Bastion meines roten Felsenansitzes, dort hätte ich aller Wahrscheinlichkeit nach so ruhig geschossen wie auf die Scheibe. – Wildjagden allerdings habe ich manche mitgemacht, aber immer ohne Fernrohr. Das Schießen auf bewegtes Wild mit dem Glas, das Du so ausgezeichnet beherrschst, war mir neu gewesen.
Hier ist alles, bis auf Vorhänge, Bilder und dergleichen abgeschlossen. Alles, bis auf mein Arbeitszimmer. Dieses existiert überhaupt noch nicht und immer noch lagern meine Bücher und Papiere in einem unfreundlichen Schopf. Zuerst hatten wir sonnige Tage, tranken unsern Kaffee im Freien. Jetzt sitzen wir im Nebel und müssen 300 M. durch den Wald steigen, um in ein Licht zu kommen, das dann allerdings über dem weißen Meer die Alpenkette vom Montblanc bis zum Säntis aufleuchten läßt.
Wir sehn uns am 10ten!
Alles Herzliche an Maitie und die Kinder, Grüße und Waidmannsdank, stets Dein   Carl

An Werner Kaegi   Vinzel (Vaud), »La Bâtie«,
                                                        9. Januar 1954
Verehrter, lieber Freund,
Allerherzlichsten Dank! Solche knappe Zeitungsreferate geben natürlich nur eine Verkürzung in der Art von Lexikon-Notizen. Immerhin erscheint mir die soziologische Festlegung Tocquevilles etwas forciert. Seine gedanklichen Perspektiven aus seinen Ursprüngen zu erklären, ist wohl nicht haltbar, dafür ist die politische Freizügigkeit der Klasse, in welcher Tocqueville geboren wurde, gerade in Frankreich viel zu groß (nebenbei ist es unrichtig, Tocqueville als dem

kleinen Adel angehörig zu bezeichnen). Daß die französische Revolution eine Fortsetzung von Entwicklungen ist, die sich bereits unter Philipp dem Schönen ankündigen, ist sicher viel mehr als eine Konstruktion dieses erstaunlichen Autors, nämlich eine heute durch so viele pertinente Feststellungen nachgewiesene Tatsache, die von Tocqueville zum ersten Mal so deutlich formuliert wird. Auch die Entartung der Revolution von 1791 an hat er sehr überzeugend dargestellt. Natürlich hat T., – wie jeder Historiker von Rang – gewählt und er hat einen Standpunkt bezogen. Dadurch ist er selbst wieder zu einem Gegenstand des historischen Urteils geworden. Für ihn liegen die zerstörerischen, schließlich zu diktatorischer Krebsbildung führenden Entwicklungen im nationalistischen Zentralismus, der Verstaatlichung überhaupt, als deren Folge ihm der abstrakte Gleichheitsbegriff als Kontradiktion zu der von derselben Revolution in ihrem spätern Verlauf mit erstaunlicher Unlogik ebenfalls postulierten allgemeinen Freiheit erscheint.

Was mich immer bei diesem Franzosen ganz besonders interessierte, war die strenge Methode, die zu seinen Voraussagen führten, Voraussagen, die sich wahrhaft wie bei Laboratoriumsversuchen im Laufe des 20. Jahrhunderts verwirklicht haben. Ich kenne kaum einen historischen Denker des 19. Jahrhunderts, der in diesem Maße recht behalten hätte. Wir sind uns beide wohl darüber einig, daß man, was den Wahrheitsgehalt der historischen Feststellung anbetrifft, sehr bescheiden sein muß, aber Wahrheit springt einem bei T. gerade aus demjenigen Teil seiner Arbeiten ins Auge, den man rein formal gesehen als den hypothetischen Teil ansprechen kann.

Es wundert mich immer, wieviel junge Schweizer von den Universitäten her immer noch eine Art von respektvoller Gefolgschaftshaltung gegenüber den Vorgängen von 1789 mitbringen, eine Art von affektiver Bindung, als handle es sich um eine einmalige Offenbarung, wobei doch in Wirklichkeit selten ein so widerspruchsvolles Gemisch sich ge-

genseitig aufhebender Ideen in die Welt gesetzt wurde wie am Ende des 18. Jahrhunderts. Ideenmäßig kann man überhaupt nicht von einer Französischen Revolution sprechen, sondern nur von Revolutionen. Es würde sich lohnen, einmal die jungen Leute dazu anzuregen, über die Frage nachzudenken, wohin die damaligen Liberalen führten, wohin die Jakobiner und wohin der von allen andern Tendenzen scharf unterschiedene Babeuf.
Tocqueville wittert, wenn ich mich scharf metaphorisch ausdrücken darf, in der Französischen Revolution gewisse Leichengifte. Er betrachtet sie klinisch und es war mir immer bei seiner »Demokratie in Amerika« besonders interessant, daß in dieser Untersuchung eine leichte Hoffnung vorhanden ist, eine Demokratie, die auf völlig andern Voraussetzungen beruhe, möchte mehr Garantien zur Erhaltung der »Freiheiten« bieten als analoge europäische Staatsformen. Von dieser Fragestellung ausgehend, mag es wohl richtig sein, daß T. eine utopische Methode anwandte. Etwas ist in diesem Werk, was es mit den »Lettres persanes« gemeinsam hat. Aber die Methode ist nicht das Wesentliche – das Wesentliche ist die Präzision der Beobachtung, die Ordnung in den Feststellungen und, davon ausgehend, die durch den Verlauf bis ins 20. Jahrhundert hinein doch in allem bestätigte Ferndiagnose.
Es würde mich sehr interessieren zu wissen, ob Anhaltspunkte über eine Beschäftigung Jacob Burckhardts mit T. vorhanden sind. Ich nehme an, daß Bachofens bekannte Äußerung über die europäische Zukunft zwischen Amerika und Rußland u. a. auch direkt mit Ts. Arbeiten zusammenhängt. Vielleicht läßt sich auch da etwas feststellen.
Haben Sie Ernst Howalds Nachwort zur Gräbersymbolik gelesen? Es heißt dort auf Seite 559:

». . . Bachofens innerstes Anliegen, die führende Idee seines Buches, daß nämlich in den spätantiken Grabmonumenten ursprüngliche, d. h. prähistorische Religionsvorstellungen in gleichsam unterirdischer Fortdauer wieder in Erscheinung treten, und alles, was damit zusammenhängt, ist falsch. Darüber ist ein Zweifel nicht möglich. Ebenso ahistorisch ist Bachofens weltumfassende Urkultur.«

Ich frage mich, ob derartig peremptorische Feststellungen aus der Perspektive der von Howald in Anspruch genommenen Fachwissenschaft (mit der er selbst lebenslang im Streit lag) wirklich als Wissenschaft anzusprechen sind. Bachofen schließlich selbst als historisch-psychiatrisches Objekt hinzustellen, erscheint mir müßig. Jeder denkende Mensch, von welchem Zeugnisse erhalten blieben, kann selbstverständlich der Gegenstand psychologischer Untersuchung sein.
Ich hoffe auf ein baldiges Wiedersehen und bin

mit herzlichsten Grüßen

An Hermann Rinn Vinzel, 6. II. 1954

Lieber Freund,
Wie soll ich Ihnen danken, daß Sie Zeit und Mühe nicht gescheut haben, mir diese Adresse zu verschaffen. Wenn man mir aus »Leserkreisen« so freundlich schreibt, selbst wenn der Text etwas kraus und seltsam ist, antworte ich gerne, denn von Natur neige ich dazu, Gutes mit Gutem und Böses mit Bösem zu vergelten, da ich mich aber bei letzterm als Nicht-Existentialist der Enthaltsamkeit verschreibe, will ich wenigstens beim erstern freie Bahn behalten.
Sonderbar die Sache mit dem Friedenspreis; wer ist wohl auf den Gedanken gekommen? der erste, der mir davon sprach, war Balthasar. Walther Meier hat auch davon gehört, er berichtet mir das »Geheimnis«, sagt aber, ich stünde gegen einen andern Konkurrenten in scharfem Wettlauf – Sehen Sie mich wettlaufen?

Was nun eine kleine Veröffentlichung anbetrifft, so ist Meier im selben Zusammenhang auch schon an mich gelangt: allerdings, er wirbt für seine Zeitschrift, »Schweizer Rundschau«. Den unmittelbaren Anstoß gab ihm ein halbstündiger Radiovortrag, den ich vom Berner Sender aus am Sonntag vor 8 Tagen hielt: »Erinnerung an den Marschall de Lattre de Tassigny«. Der Vortrag, eigentlich ein munterer al fresco gemachter Bericht, hat beim Publikum Anklang gefunden, nun wollte ihn M. abdrucken. Ich schrieb ihm, ich hätte etwas besseres vorrätig, eine Zusammenfassung, deren Thema das menschliche Verhältnis zu Glück und Unglück ist, und in deren Verlauf ich drei Begegnungen erzähle, – diejenige mit Andre Gide bei Léon Blum, diejenige mit Gides Freund Johannes Strohl und endlich meine Beziehung zu Ludwig Derleth. Ich glaube, dieses Stück würde Ihnen gefallen, bis jetzt habe ich nur ein schlechtes Manuskript; nächste Woche soll meine Alkoholikerin eine saubere Abschrift mit Durchschlägen anfertigen.
Ich schicke Ihnen dies, auch den »de Lattre«, die andern Schilderungen von Personen. »Beck« (den gewesenen polnischen Außenminister) muß ich als Manuskript zurückhalten, das gäbe wieder Geschichten, wie damals mit dem Churchill-Aufsatz. Seit ich hier bin, habe ich zur Rekreation von der Arbeit an Karl V. u. dem Tocqueville-Aufsatz, noch notiert: Eine Rilke-Episode; eine Kindheitserinnerung an Carl Spitteler; eine heitere Geschichte, die ich mit Paul Valéry erlebte, wobei Valéry wenigstens recht sichtbar wird. Nun ja, dies alles ist natürlich gedacht als Beitrag zu Lebenserinnerungen, die nach einem nicht chronologischen Plan angelegt sind, gewissermaßen geführt würden wie Teppichornamente durch leitende Gedanken und Empfindungen, die weit auseinander liegende Begegnungen, Begebenheiten, Anblicke zu bestimmten Gruppen zusammenbinden. Damit gäbe es kein Ende, und bis ich soweit bin, daß dies ein wirkliches Buch wird, werde ich selbst schon längst nur noch im Gedächtnis von einigen guten Freunden leben.

Auch hier hat die verlegerische Phantasie und Emsigkeit Meiers vorgearbeitet, im Sommer 52 schlug er mir vor: ohne Zusammenhang, ohne fortlaufenden Text, immer nur einzelne Stücke aufzuschreiben oder zu diktieren, und sie in einem Band, der den bescheidenen Titel »Denkwürdigkeiten« tragen würde, zusammenzufassen. Memorabilien, Denkwürdigkeiten – sehr schön. Aber das war in Versailles, wo ich das Klima, die Meereshöhe schlecht ertrug, mich körperlich nie wohl fühlte und von den Menschen wahrhaft aufgefressen wurde (zugleich von manchen meiner Landsleute bemängelt und attackiert, weil man sich irgendwelchen hämischen Kleinbürgerphantasien über meine sardanapalische Hofhaltung hingab). Ich mußte immerzu hin und her fahren, lebte auf den Straßen, in der Bahn; Erholung suchte ich bei scharfen Hochgebirgsjagden, was ohne Training auch nicht ganz das Richtige war. Kurz und gut: damals hatte ich mich an den langen Roman gemacht, ein problematisches Unterfangen, über dem mir die Kunstform des Romans selbst zweifelhaft wurde, die Sache zog sich hin, verschlang Zeit, ich hatte den richtigen Impetus nicht mehr. Dazwischen kamen immer die Vorträge: »Erinnerungen an die Ostsee«, »Sully« (also plötzlich, endlich wieder etwas Historisches), »Städtegeist«, das erforderte große Vorarbeiten, auf dem Wege der Vorarbeiten aber kam ich langsam wieder in den Richelieu hinein – und Karl V. wie Tocqueville beschleunigten das Aufgehn des Verständnisses für diese große Aufgabe. Aber nun sollte ich mich darauf konzentrieren können. Dies jedoch ist gerade deshalb schwierig, weil all diese Nebenarbeiten eben nie weggeräumt sind: 52 mußte ich ausführlich über Schröder schreiben, 54 über Hofmannsthal; gerade derartiges erfordert soviel Zeit, ist so verantwortungsvoll. Ich habe, seit 1.1.53, – 52 Einladungen zu Vorträgen zwischen Oxford, Yale, Sorbonne, Amriswil, Zug, Meersburg abgelehnt. Meine Korrespondenz n.b. ist nicht mehr zu bewältigen.
Seit ich nun in Vinzel bin, sind die unmittelbaren Störungen durch die unruhigen Menschen des 20. Jahrhunderts viel

weniger anspruchsvoll geworden; zudem scheint, am Schreibtisch, eine alte Munterkeit wieder sich einstellen zu wollen.
[...]
Und nun: mehr als genug!
Mit herzlichsten Grüßen Ihr Carl J. Burckhardt

An Rudolf Alexander Schröder Vinzel, 5. Juni 1954

Mein lieber Rudy,
Allerherzlichsten Dank für Deinen noch dem Gedränge in Bochum abgewonnenen schönen und wahren Brief. Die Rede habe ich mit größter Aufmerksamkeit gelesen, sie erhebt sich in wunderbarer Weise auf die herrliche Stelle hin, an der Du von der Zeit sprichst.
Ich brauche Dir nichts zu erklären, die innere Auseinandersetzung eines schöpferischen Menschen mit dem Werke eines andern, der ihm im Dasein so viel bedeutet hat, ist unvermeidlich. Was ich fürchtete, war, daß in der Öffentlichkeit zu viel von dem Geheimnis einer Relation, nicht nur zwischen zwei Dichtern, auch zwischen zwei Welten, ausgesprochen und dann mißdeutet werde! Ich sehe sie immer alle auf Ansitz, spähend, nur allzufroh, dann ein solches Wort wie das »von der Brüchigkeit des Werkes« herbeischleppen zu können. Denn nicht wahr, das Sublime werden sie vergessen, die Brüchigkeit aber festhalten.
Du hast ihn unendlich viel länger und besser gekannt als ich. Die Jugendjahre, in denen er mich mit seiner Freundschaft beschenkte und auch mit seiner Vorahnung und Trauer belastete, haben mich aber so tief an seine Person gebunden, daß ich wie für keinen andern Menschen nun – in meinem auch schon hohen Alter – beständig Sorge trage um ihn und sein Andenken. Und nun erscheint es mir so entscheidend, was derjenige Zeitgenosse ausspricht, der von allen am meisten berufen ist, Endgültiges zu sagen.

Wie ich Dir sagte, mußte auch ich für die Fischersche Rundschau etwas schreiben; wie das erste Mal habe ich im Wesentlichen *erzählt*, leichte Züge, Nachträge zu demjenigen, was ich 1940 für die Winterthurer aufgeschrieben hatte. Ich hatte vor kurzem beim Einräumen und erstmaligen Auspacken all meiner Papiere – seit 1937 – einige Blätter mit Notizen über mündliche Aussagen Hofmannsthals gefunden, einige Aussprüche aus dem Jahre 23, Nov. in Aussee, vielleicht auch Oktober, nur das Jahresdatum ist vermerkt. Natürlich wird der damaligen Redaktion manchmal Fünfe grad geblieben sein; es sind aber interessante Sachen drunter, gerade im Hinblick auf die Ära, in welcher Freud und wohl Weininger ihn beschäftigten. Die Abkehr vom analytischen Denken wird sehr betont. Sodann fand sich eine Niederschrift eines abendlichen Gesprächs im Restaurant le Caneton, Paris 1924 und zugleich eine spätere Aufzeichnung über denselben Gegenstand, die mir H. selbst in einem Briefe schickte. Merkwürdig ist, daß ich auf die gleichen Stellen im Bergwerk von Falun gekommen war wie Du, allerdings zu abweichender Auslegung. Da ich nicht weiß, ob Du jetzt noch einige Tage in Bergen bist, lege ich das Manuskript diesen Zeilen nicht bei, solltest Du es aber vor Deinem Hiersein lesen wollen, so schreib nur eine Karte zu Frau Rudolph, Scheideggstr. 44.

Im Beginn Eures Aufenthaltes wird mein Schwiegervater hier sein – 4 bis 5 Tage – zwischen zwei Vorträgen in der Waadt. Er freut sich wie ein Kind auf die Begegnung, ist voller Anliegen Vergil betreffend.

In bin in Zürich bis Sonntag den 13.; wir hätten am 14., Montag Morgen mit dem Wagen zu dritt hierher fahren können.

Alles Herzliche, in der Vorfreude des Wiedersehns.   Carl

An Richard Graf Coudenhove-Kalergi Vinzel, 9. August 1954

Lieber Freund,
Es tut mir immer so leid, daß ich so widerstrebend auf alle Ihre gütigen Aufforderungen antworten muß, und ich habe das Gefühl, ich sei Ihnen eine Erklärung schuldig. Also vorerst: ich habe immer und seit Jahren Ihr Werk und Ihre Leistung rückhaltlos bewundert, aber mir fehlt die Möglichkeit, an die Realisierbarkeit der Absicht zu glauben.
Es ist nie eine Einheit entstanden, es sei denn im Gegensatz zu einer als gefährlich erkannten Macht. Der mittelalterliche Mensch fühlte gemeinsam im Gegensatz und in der Abwehr zur und gegen die heidnische Welt, der Gegensatz von Christen und Heiden war ihm weit wichtiger als derjenige von Deutschen, Italienern, Franzosen. Die Bedrohung durch den Islam hat das Karolingische Europa, die Bedrohung durch die Türken hat später die Habsburgische Föderation geschaffen. In unserm Jahrhundert zeigte sich ein schwacher Wille, ein kleiner Ansatz von Willen zur Einigung und Abwehr gegen Rußland. Das ist nun wieder vorbei. Die russische Friedenskampagne mit ihren taktischen Zielen hat Erfolg auf der ganzen Linie. Wenn wir nun unserseits ihr den Rang abzulaufen versuchen und gleiche Töne anstimmen, leiten wir die einzige einigende Kraft, den Abwehrwillen, ab. Sie sprechen es selbst aus, warum wir dies tun, wir tun es eines völlig neuen Faktors wegen, nämlich wegen der Technik, welche den Krieg zu etwas zu machen verspricht, was der Mensch nicht mehr glaubt ertragen zu können. Ich bin aber überzeugt, daß wir diesen Krieg nur vermeiden, wenn wir stark sind. Es handelt sich diesmal nicht um die von Ferrero geschilderte doppelte Spiegelwirkung von Angst und Mißtrauen, von Abwehrvorbereitung, die als Angriffsvorbereitung ausgelegt wird. Es liegt im Wesen des russisch-chinesischen Machtkomplexes und der Gewaltmethoden, die beide Reiche im Innern anwenden müssen, daß ihre Haltung in aller Zukunft, und was wir auch vorkehren, offensiv bleiben muß. Das russi-

sche System beherrscht heute potentiell schon ganz Asien, und seine fünften Kolonnen in den europäischen Ländern und auch in Amerika übertreffen an Gewichtigkeit die fünften Kolonnen des letzten Vorkrieges und Krieges in einer Weise, die gar keinen Vergleich mehr zuläßt.

Ich habe Ihnen schon einmal gesagt, wenn man immer von Europa spricht, an wen wendet man sich eigentlich. Diese paar Bewohner des alten Kontinentes, die noch Europäer sind, ließen sich in einem Adreßbuch zusammenfassen. Ich verstehe, daß man, so lange diese kleinen europäischen Nationen sich gegenseitig zerfleischten, man ihnen ihre einstige große Gemeinschaft in Erinnerung rufen konnte, aber jetzt! Die Engländer sind keine Europäer, die Franzosen sind nur Franzosen, was bleibt dann noch? Nur eine gemeinsame Gefahr, das heißt, das Bewußtsein dieser Gefahr, könnte ihnen das Gemeinsame und somit das Beste was sie haben und was schon weitgehend verloren ging, in Erinnerung rufen. Früher konnte man sagen: wo ein großer Gedanke gedacht wird, ist Europa. Wo er innerhalb der Sphäre des Nationalen gedacht wird, wartet er nur darauf, europäisch zu werden. Jede fortwirkende politische Idee ist europäisch. Jede fruchtbare Erkenntnis der Vergangenheit ist europäisch, aber jetzt? Ich glaube, mit dem besten Willen kann das nicht mehr behauptet werden. Damit wird offensichtlich, daß etwas Einzigartiges verloren gegangen ist. Aber die Wurzeln, aus denen diese Einzigartigkeit sich speiste, Griechentum und Christentum, sind verdorrt und sie werden nicht dadurch wieder lebendig, daß man über sie redet. Der Boden, in dem sie wuchsen, ist nun von ganz anderm überwuchert. Der europäische Mensch hat dadurch, daß er alles psychologisch werden ließ, alle festen Begriffe, welche die europäische Struktur bedingten, als Illusionen aufgelöst. Drei große Gestalten haben dies frühzeitig erkannt, sie haben laut geschrien: Rousseau, Dostojewski und Nietzsche. Alle drei haben auch viel zu dem Vorgang beigetragen. Hat man einmal seine Eigenart weganalysiert, dann ist man in Gespensterzustand übergegangen. Siegmund Freud schrieb zwar einmal einem Bekannten: »Auch die Krankheit der Psychoanalyse ist heilbar.« Aber ich denke, er hat aus persönlicher Bescheidenheit diese Krankheit unterschätzt. Die Psychologie hat uns von Sophokles bis zu Anouilh geführt und ein liberaler Schweizer Regierungsrat sagte mir neulich, er hätte in Avenches die Aufführung der Anouilh'schen Antigone bewundert, es sei so schön zu sehen, welch große psychologische Fortschritte wir seit den starren Anschauungen der Griechen gemacht hätten. Solche Feststellungen aus der mittleren Zone unserer Zeitgenossen geben eine ganz genaue Standortsbezeichnung. Es ist nämlich gar nichts Europäisches mehr dabei, sondern es gehört in den Rahmen der Primitivität eines amerikanischen psychologisch-statistischen Seminars.

Ich hoffe, daß Ihre Frau sich in Lausanne gut erholt hat. Zu schade, daß Sie nie herkommen konnten, ich fahre jetzt am Samstag weg und werde erst von Anfang November an wieder ständig hier sein. Vielleicht haben wir dann im Winter Gelegenheit zu längeren Gesprächen.

An William E. Rappard Vinzel, Vaud, »La Bâtie«,
den 6. November 1954

Mein lieber Freund,
In Deutschland, wo ich einen großen Teil des Monats September und Oktober zubrachte, hatte ich Gelegenheit, viel über den Inhalt Ihrer Schrift »The Quest for Peace yesterday and today« nachzudenken. Es ist immer wieder bei den Deutschen und vor allem bei der Jugend in Deutschland – Ähnliches schreibt man mir aus Japan – eine große Schwierigkeit vorhanden, unsern Freiheitsbegriff zu erfassen, in ihm etwas anderes zu sehen, als eine rhetorisch gewordene Formel. Niemand sei frei, sagt man mir, auch nicht in den sogenannten westlichen Demokratien, jeder befinde sich in einem Angestellten- oder Beamtenverhältnis, könne nicht über seine Zeit verfügen, seinen Aufenthaltsort

nicht nach Belieben wechseln, es gebe eine Art von moderner Sklaverei, die im Grund dieselbe sei wie überall, nur durch ganz theoretische Freiheitsmöglichkeiten mundgerecht gemacht; das allgemeine Wahlrecht habe bloß zu einer Tyrannis der unter Suggestionen dahinschwankenden öffentlichen Meinung geführt, die Aussicht der parlamentarischen Demokratie, wie sie sich im Westen noch erhalte, sei entweder Anarchie oder Diktatur, es sei gegenüber den östlichen Verhältnissen gar nicht mehr viel zu verteidigen, auch der Privatbesitz, das letzte Privileg, sei überall in Frage gestellt, es seien da nur Gradunterschiede vorhanden, da der Staat durch seine fiskalischen Praktiken kulturschaffenden stabilen mittleren Besitz als Grundlage persönlicher Unabhängigkeit nirgends mehr gestatte und anstelle der einstigen Besitzenden jetzt nur noch Hochbesoldete oder Konjunkturreiche übrig blieben, Sozialismus herrsche im Grund schon überall und die Omnipotenz des Staates sei an allen Ecken und Enden zu spüren. So ungefähr lautet in den Diskussionen, die man mit der jüngern Generation führt, die Argumentation; konstruktive Vorschläge hört man keine, selbst die Erholung der deutschen Wirtschaft durch den Erhardschen Liberalismus findet keine rechte Anerkennung, auch da mißtraut man einer konjunkturbedingten Erscheinung, die ständig von Krisen bedroht sei. Es ist merkwürdig, wie trotz des sehr organisierten kulturellen Austausches, der Unzahl von französischen, englischen, amerikanischen Conférencen, die in Deutschland gehalten werden, das Vertrauen in die Einrichtung der westlichen Länder sich eigentlich nicht verstärkt hat. Natürlich ist die Anlaufszeit noch sehr kurz. Jahrhunderte patriarchalischer Gewohnheiten sind zu überwinden und es ist leichter, einen radikalen Entschluß zu fassen und auf politische Methoden einzugehen, die neu erscheinen, als an Rezepte zu glauben, die man als vorgestrig und auch in ihren Ursprungsländern schon als etwas verbraucht ansieht. Der Zweifel an den guten Treuen des Westens ist immer noch sehr stark. Mir gegenüber wird natürlich immer wieder das Beispiel von

Danzig angeführt, einer deutschen Stadt, in welcher eine freie Abstimmung zwischen 1918 und 1939 in jedem Augenblick eine Majorität von 94% mindestens für die Rückkehr in das Deutsche Reich ergeben hätte, was leider nicht zu leugnen ist. Von den oft erwähnten Velleitäten, nationalsozialistische Gedankengänge wieder aufleben zu lassen, habe ich nicht viel gespürt. Eine wirkliche und ehrliche Abneigung gegen die Methoden jenes Systemes überwiegt. Das Mißlingen seiner Absichten ist für die deutsche Mentalität, die den Erfolg bewundert, auch endgültig entscheidend. Leider will dies aber nicht sagen, daß die Gefahr einer neuen Welle des Nationalismus nicht sehr groß sei. Sind einmal die weisen, alten Männer, die jetzt Westdeutschland geführt haben, verschwunden, können wieder große Rückfälle eintreten, und der Umstand, daß nach jedem der Kriege deutschsprachige Territorien im Osten wie im Westen weggenommen wurden, bietet heute schon Anlaß zu sehr heftiger Argumentierung, wenn z. B. die Saarfrage besprochen wird. Das alles ist sehr bedauerlich, denn noch vor zwei Jahren konnte man eine wirkliche aktive Hoffnung auf europäische Integration feststellen, ja sogar eine gewisse Solidarität, was die Schwierigkeiten der Kolonialvölker in Afrika und Asien anbetrifft, ein Bedauern gegenüber dem europäischen Stellungsverlust in der Welt. Aber diese europäische Hoffnung ist nun auch wieder weitgehend zusammengebrochen und nichts ist gefährlicher als zusammengebrochene Hoffnung. Was bleibt, ist eine immer wieder erstaunende Tüchtigkeit und Arbeitskraft, aber in welche Richtung sich diese Qualitäten auswirken werden, ist schwer vorauszusehen. Die östliche Propaganda ist seit Stalins Tod auch in Westdeutschland viel geschickter geworden. Sie wirkt hauptsächlich unter gewissen Intellektuellen. An sich tragen dazu auch die Professoren der ostdeutschen Universitäten bei, die meist viel besser gestellt sind als ihre westlichen Kollegen.
Ich habe mich im Laufe des Sommers mit Ansprachen und Reden sehr ausgegeben und bin nun gezwungen, mich in

den nächsten Monaten nicht durch neue Vortragsthemen von meinen Hauptarbeiten ablenken zu lassen. Eigentlich bin ich entschlossen, nie mehr in einer zweiten Sprache öffentlich zu sprechen. Es war mir dies im Grunde immer eine Qual; ich kam nie zu meinem wirklichen Ausdruck. Nun liegt natürlich, was das Institut anbetrifft, eine alte Anhänglichkeit vor. Dies veranlaßt mich, zu sagen: wenn ich einmal ein ausgearbeitetes aktuelles Thema habe, so will ich gerne versuchen, es in 4 oder 5 französischen Vorträgen darzustellen. Das ist aber zur Zeit durchaus nicht der Fall. Ich bin mit gänzlich unaktuellen Dingen beschäftigt, oder mit Gegenständen, die doch nur eine ganz übertragene Aktualitätsmöglichkeit besitzen, ich könnte also im Beginn des nächsten Jahres schlechterdings nichts mitbringen, was für eine Mitteilung in der schönen Villa Barton geeignet wäre. Vielleicht ist das später anders und Sie müssen mir dann erlauben, mich einmal bei Ihnen anzumelden und die Sache mit Ihnen zu besprechen.

In Genf war ich, seit wir uns gesehen haben, nur ein einziges Mal, aber ich hoffe, von Januar an eine ruhige Zeit an der Côte zu haben und werde mir erlauben, mich dann bei Ihnen zu melden.

Mit vielem Dank und herzlichen Grüßen bin ich stets

Ihr freundschaftlich ergebener
[Carl J. Burckhardt]

An Franz Prinz zu Sayn-Wittgenstein   Vinzel,
Weihnacht 1954

Sehr verehrter Prinz Wittgenstein,

Für zwei überaus liebenswürdige Briefe habe ich Ihnen zu danken und für die große Freundlichkeit, mit der Sie und Ihre sehr verehrte Frau Gemahlin meine Tochter »Pic« aufgenommen haben. Sie kam beglückt und erfreut von

ihrem Münchneraufenthalt zurück und wußte viel über Kunst und Architektur zu erzählen.
Ich freue mich auf Ihr Buch. Das Thema ist wichtig. So vieles innerhalb des deutschen Sprachgebietes geht an einer gewissen Gedächtnislosigkeit, am fehlenden Vorstellungsvermögen des durch die starke Trennung der Stände, in seiner großen, gefährlichen und einseitigen Laienbildung isolierten Bürgertums, zu Grunde. So vieles ist schon, fast ohne ein Zeugnis zu hinterlassen, verschwunden. Der Westen, England und Frankreich, haben eine Literatur, die sich mit dem Wesen der Gesellschaft befaßt und neben dieser »Literatur« haben sie die authentischen Memoiren, vor allem auch von Frauen geschrieben. In Deutschland und auch in Österreich fehlt beides, der deutsche Roman kreist um einzelne Individuen zweifelhafter Herkunft, immer geht es um innere Auseinandersetzungen; kulturhistorische Memoiren sind nicht vorhanden, nichts ist zu finden in der Art der Bücher der Mme de Motteville oder der Mme de Boigne; die Art, wie ein Herr von Stande in Franken begraben wurde, oder wie ein noch lebender Grundbesitzer seine großen Treibjagden arrangierte, erfuhr ich aus einem schlechten Roman Richard von Kühlmanns, »Der Kettenträger«. Frauen-Memoiren, wie diejenigen der Fürstin Nora Fugger, geben gar nichts von der innern Struktur einer Gesellschaft, nichts von ihren Leidenschaften, ihren Auseinandersetzungen, ihrer Eigenart. Sie könnten von einer Hauslehrerin geschrieben sein. Helene von Nostiz berichtet nur, was irgendeine zeitgenössische bemittelte Industriellen- oder Akademikergattin auch tun konnte. Sie berichtet von einem ein wenig provinziellen literarischen Salon, ein wenig auch von Auslandsposten, von sehr farblosen Wiener-Erinnerungen. Merkwürdig, in der Konversation ist es so ganz anders, da ist oft die Nuance der Beobachtung, der richtige Zug in so frappanter Weise vorhanden, aber sobald geschrieben wird, verschwindet der ganze Charme. Die alte Fürstin Pauline Metternich konnte unwahrscheinlich erzählen, aber ihre gedruckten Erinnerungen sind von seltener Trivialität.

Mit all dem will ich sagen: Es gibt in den deutschen Ländern ganze Gesellschaftsgruppen, die nie wirklich sichtbar wurden, die unbeschrieben, unbesungen und ohne Selbstzeugnis sich wandeln oder verschwinden. Es ist bedauerlich, weil einzigartige Werte dadurch ohne Auswirkung sich auflösen.
Im Jahre 1931 sagte ich zum Herausgeber der »Atlantis« (und a. der Orbis Terrarum-Bände), er möchte doch einen Band »Schloßleben in Osteuropa« machen. (Wie lebendig hält die russische Literatur dieses fest! – und in Deutschland? Fontane – ein ursprünglicher Franzose – karge märkische Sonderfälle.) Nun sind die Schlösser verödet, verbrannt, gesprengt, der Band wurde nicht zusammengestellt.
In keinem Lande der Welt hat man soviel Kult mit dem Begriff des Heroischen getrieben wie in Deutschland, nirgends auf dem Erdrund hat Napoleon I. eine solche Bereitschaft zur Anbetung gefunden, es gibt die Eroica, es gibt Hölderlins neu aufgefundene Friedenshymne. Man ereifert sich für Pindarische Helden, pathetisiert das ganze Griechentum in einer unfaßlichen Weise, aber wo Größe und »virtù« sich im eigenen Umkreis finden, geht man – vor allem, wenn es sich um eine kollektive »virtù« handelt, die Qualität einer Gruppe, die Eigenschaften eines bestimmten sozialen Frauentypus beispielsweise – geht man blind daran vorüber. Der frühere österreichische Staatssekretär, Botschafter in Italien, Schüller, ein Sozialdemokrat, sagte mir einmal: »Die einzigen Leute in Deutschland, die etwas von Außenpolitik verstehen, sind die Standesherren.« Er setzte hinzu: »Aber der mittlere Deutsche weiß nicht einmal, was das ist.« Ist das sehr karikatural? Ich habe nie in Deutschland gelebt, außer in meinen Studienjahren, vor dem Ersten Weltkrieg. Immer jedoch, wenn ich zu kurzen Aufenthalten zurückkam, frappierte mich dieses seltsame Nebeneinanderleben der sozialen Schichten, dieses Aneinandervorbeileben mit viel Vorurteilen. Ihr Buch erscheint mir als eine kulturhistorische Notwendigkeit.
Auch wir in unserem kleinen Lande sind ein seltsames historisches Gebilde, auch völlig verschieden von dem, was

man draußen sich vorstellt. Es wäre mir eine Freude, Ihnen einmal die Vielgestaltigkeit dieser, auf schmalstem Raum zusammengedrängten, europäischen Welt zeigen zu können. Hoffentlich bringt uns das neue Jahr die Freude Ihres Besuchs. Darf ich Sie bitten, mich der Prinzessin aufs angelegentlichste zu empfehlen.
Mit herzlichen Grüßen bin ich, in Verehrung, Ihr sehr ergebener
Carl J. Burckhardt

An Joseph Gantner Vinzel, den 4. Februar 1955.

Sehr verehrter Herr Professor,
Wenn ich eine Anfrage erhalte, die von meiner Vaterstadt ausgeht, habe ich immer die spontane Tendenz anzunehmen. So erging es mir auch, als Sie mir den so überaus ehrenvollen Vorschlag machten, im nächsten Sommer Wölfflins öffentlich zu gedenken. Nun sagte ich Ihnen schon, daß ich mich nie mit Kunstwissenschaft befaßt habe und auch mit Kunstgeschichte nie in systematischer Weise.
Ich habe nun, veranlaßt durch unser Gespräch am »dies«, die Briefe Wölfflins an meine Eltern durchgelesen: Gratulationen, Kondolenzen, knappe Mitteilungen »ich verbringe meinen Urlaub in X«, »ich fahre dann und dann durch Basel«; kein allgemeiner Gedanke, kein Bericht, keine persönliche Mitteilung.
Erinnerungen aus meiner eigenen Jugend: ein Besuch, den ich 6jährig bei Wölfflin in seiner kleinen Basler Wohnung machte, er zeigte mir eine Photographie von Rubens' Kampf auf der Brücke. Später, beim Studium in München: ich hospitierte ein paar Mal in Wölfflins Kolleg, erinnere mich an eine Vorlesung über Spitzweg. Ich war wiederholt sein Gast, fünf oder sechs Mal. Es ist mir ein Frühstück erinnerlich, an welchem der Schriftsteller Jakob Schaffner und Frau Elsa Bruckmann teilnahmen. Wölfflin sagte: »Mi-

chelangelo hat mehrere Jahrhunderte vorausgegriffen«, Frau Bruckmann darauf: »Ich bitte die Anwesenden, nach diesem Ausspruch eine Minute in Schweigen zu verharren.« Wilhelminisches Deutschland. Sehr gegenwärtig ist mir eine sog. »Mittsommerfeier«, ein Maskenball in orientalischen Kostümen, das Ganze hinterließ mir einen traurigen Eindruck. Wölfflin blieb zuletzt völlig allein in der großen, durch das Vorüberziehen eines lauten Schwarms verwüsteten Wohnung; ich ging als einer der letzten, mußte nochmals hinauf, um die vergessene Handtasche einer Dame zu holen. Wölfflin saß auf einem Sessel inmitten des großen Raumes, traurig, fast versteinert, und sagte mir nur kopfschüttelnd: »Ein dionysisches Fest.« Gespräche aus jener Zeit: nie eine persönliche Bemerkung, einige Ratschläge: »Lesen können Sie später, lernen Sie das Leben kennen, man sollte sich mit dem Leben einlassen.«
Erst viel später in Zürich hatten wir ebenfalls sehr seltenen, aber doch einigemale menschlichen Kontakt. Wenn ich aber nachdenke, so wäre die Wiedergabe dessen, was er mir damals aus einer ungeheuren Erfahrung sagte, doch indiskret: Rückblicke, bisweilen eine bittere Skepsis in Beziehung auf die eigene Wissenschaft. Er sagte einmal: »Was ich versucht habe, hätte eigentlich nach mir wieder aufhören sollen.« Er beklagte es, daß er Frankreich so wenig kenne: »Als ich von München nach Zürich ging«, sagte er, »glaubte ich Frankreich näher zu rücken, das Gegenteil war der Fall.« Ein schönes Gespräch über Nürnberg, leider habe ich nichts aufgezeichnet. Sehr viele Gespräche über Menschen, eine unvergeßliche Charakterisierung des jetzt so schwer erkrankten Eduard Korrodi, große Anerkennung des jungen Max Rychner. Eine sehr ergreifende, sehr hohe Schilderung der Baronin Ungern Sternberg, der Schwester Keyserlings, und in dem Zusammenhang der Ausspruch: »Zögern Sie nicht, dem Zögern folgt die Reue.« Sie sehen, im Gespräch könnte ich Ihnen noch dies oder jenes berichten. Für einen Vortrag würde keine einzige Mitteilung aus dem Bestand meines Erinnerns sich eignen. Ich frühstückte mit Wölfflin,

Januar 1936 bei Huguenin, dort wurde ich zum Telephon gerufen, Bundesrat Motta verlangte mich, um mich aufs dringendste zu ersuchen, den Danziger Auftrag anzunehmen. »Keine Gelegenheit zur Rettung des Friedens darf außer acht gelassen werden.« Alles in mir widerstrebte der Annahme, ich kehrte zu Wölfflin zurück, erregt, unentschlossen, instinktmäßig widerstrebend; er hörte mich an: »Gehen Sie, Sie müssen es wagen, Sie müssen ins Leben hinaus, in große Vorgänge; entziehen Sie sich nicht.« Diese Stellungnahme hat auf mich entscheidend eingewirkt. Es blieben mir dann die übrigen Jahre meines Lebens, um den damaligen Entschluß zu bedauern; ich hatte mich einer schon damals endgültig verlorenen Sache angenommen.

Sie sehen, verehrter Herr Professor, Ihnen kann ich dies oder jenes sagen, weil Sie aus dem Wenigen als sein Freund alles zu machen vermögen. Sie lesen zwischen den Zeilen. Aber ein Publikum? Für Sie war Wölfflin ein Lehrer im schönsten Sinne. Sie wissen wirklich um ihn; und Sie sind heute der einzige, der wirklich Gemäßes über ihn aussagen kann. Ich weiß fast nichts von ihm, und nur im tiefen, verehrungsvollen Respekt vor einer der reinsten und vornehmsten Figuren, die uns begegnet sind, darf ich mich mit Ihnen einig wissen. Im übrigen aber: ich kenne die Klassische Kunst, für mich die beglückendste Verwirklichung einer euripideischen Welt; aber schon beim Dürer bleibe ich auf der Schwelle und bei den spätern Arbeiten beginnt meine Angst vor jeder theoretischen Erörterung des schöpferisch-künstlerischen Vorgangs.

Wenn ich nun zusammenfasse: ich fühle mich dem Auftrag nicht gewachsen; zu viele, wesentliche Voraussetzungen fehlen mir. Ich wäre dankbar, wenn Sie mir meine Zusage zurückgeben und nach einer besseren Lösung der schweren und so ernsten Aufgabe suchen könnten; niemand könnte sie besser lösen als Sie selbst.

    Mit herzlichem Gedenken verbleibe ich
in Verehrung Ihr sehr ergebener
Carl J. Burckhardt

An Walther Meier 3. März 1955.

Lieber Walther,
Ich stecke nun völlig in der Goethe-Schiller Korrespondenz und man kann sich in keinem höhern und glücklicheren Element befinden. Aber ich lese und lese, und Du hast mir viel geholfen, indem Du mir Literatur zusandtest. Jedoch, das ist nicht alles, die steht jedem zur Verfügung; im vorliegenden Fall ist die Literatur ein nicht zu durchsegelnder Ozean; seit Neujahr lese ich, und an Max schrieb ich kürzlich einen recht verzagten Brief. Alles, was auf höchste Form gebrachte Reflexion ist, geht mir bei Schiller ein, aber zum Theater gewinne ich kein rechtes Verhältnis, zum rein Poetischen in den Gedichten verhalte ich mich oft bewundernd, aber kalt, oft auch verdrossen. Die sich unter der Einwirkung Goethes wandelnde aufklärende Passion, das Moralisierende der Jugend, wie soll gerade ich es fassen, das Politische, diese protestantisch-monarchomachische Einstellung, die vor der französischen Revolution erschrickt und alles von Fürsten erhält und annimmt, mir ist sie fremd, meiner eigentlichen Vision entgegen. Den Rang spüre ich beständig, die Hochachtung, der tiefe Respekt bleiben intakt. Aber ich werde nicht wirklich warm.
Einige Male habe ich in Briefen an Dich kleine Notrufe ertönen lassen: ich bin so isoliert, kann nie mit einem Menschen reden. Diese Korrespondenz aber, in die ich vertieft bin, gibt den höchsten Begriff von der Beglückung durch Austausch, durch völlige Zusammenarbeit, Anteil bis ins Kleinste. Unser Gespräch über dieses Thema Schiller ist nicht in Gang gekommen. Im Mai: Berlin, Heidelberg, Wien muß ich vor strengen Richtern erscheinen. Max stellt die Frage nach der Begrenzung des Themas, aus Deutschland schreibt man mir, man denke, ich würde den historischen Schriften den Hauptakzent verleihen. Nein, das werde ich nicht, gerade mit diesen hist. Schriften kann ich wenig anfangen, große, herrliche, bildstarke Prosa, aber Perspektive und in den Stoff hineingetragenes Ideal sind mir fremd.

Ich habe jetzt mit dem Schreiben begonnen; aber, ob ich das, was ich versuchen möchte, in 30 Seiten kriege: ein Bild Schillers? Diesmal beneide ich Euch recht um des Austausches willen, in welchem Ihr beständig steht.
Herzlichst　　　　　　　　　　　　　　　　　　　　Carl

An Max Rychner　　　　Wien, Hotel Sacher, 21. Mai 1955

Lieber Max,
Das Wiedersehen mit Wien war bewegend. 33 Jahre seit ich hier lebte. Eine Lebenszeit. Gestern hatte ich eine freie Stunde und ging zu meinen beiden alten Wohnungen, Prinz Eugenstr. 69 und Metternichgasse 5. Ich ging durchs Belvedere, dort ist der Blick immer noch jener, den Canaletto festhielt, ein paar Hochhäuser mehr. Im übrigen: wenig alte Freunde noch am Leben. Viel Herzlichkeit und Freude. Was über alle hereingebrochen war, ist schon wieder beinah unvorstellbar. Das Übrige: was sich nie und nirgends hat begeben. –
Heute morgen fuhr ich nach Rodaun. »Rodaun« am Wegweiser, dann die Talsenkung, der Dorfeingang, die Dorfstraße. Nur bewahren: Das Hoftor angefault, die Hauswände ohne Verputz, einige Fensterläden nur noch an einem Haken hängend. Unkraut im Hof und auf den einst so glücklichen Stufen zur Haustür. All das in der russischen Zone.
Der Friedhof bei Kalksburg, am andern Hang. Das Grab, schön und einfach an der Rückmauer des Gotteshauses. Ein aufrecht an der Mauer stehender Grabstein, darauf rechts der Name des Sohnes, in der Mitte der Name des Vaters und die Inschrift:
　　　　　　　Doch mein Teil war mehr
　　　　　　　Als dieses Lebens
　　　　　　　Schlanke Flamme
　　　　　　　Oder schmale Leier

Ich kaufte von der Nichte des Friedhofgärtners einen Busch Flieder und stellte ihn auf die schwere, die Särge deckende Platte, die durch ein großes Kreuz aufgeteilt ist. Auch in Deinem Namen.
Rings um das Grab herum sind Russengräber mit dem roten Davidstern.
Leb wohl. Montag fliegen wir zurück. Carl

An Christoph Bernoulli Vinzel, 26. Oktober 1955

Lieber Christoph,
Vogue la galère. Ich habe jetzt über Ortega geschrieben, sie verlangten 3 bis höchstens 5 Seiten, was kann man da groß machen. »Begegnung mit Ortega« –: er sagte sich einmal in Versailles unvermittelt an, erschien mit seinem Schüler, dem Historiker del Corral, wir waren zu dritt; seine Gegenwart füllte das ganze Haus, trotz all seiner lebenslangen antispanischen Reaktionen eine spanische Gegenwart. Sehr vertraut mit Frankreichs Wesen, sehr ebenbürtig, fast etwas von oben herab, wie immer entzückt, aber nicht betroffen. Betroffen, bewegt, erschüttert war er durch Deutschland. Die Aktivität, die Tat des Denkens der Deutschen hatte es ihm seit seinen entscheidenden Marburgerjahren angetan.
Das war 1952, ich hatte ihn vorher nie und später habe ich ihn nie wieder gesehn. Er war mutig, frisch, wahrscheinlich schon traurig. Traurig über den Widerspruch, der in ihm war, über das Unauflösliche des Zeitproblems; als liberaler Antimonarchist war er aufgebrochen, er hatte zum Sturz der spanischen Monarchie entscheidend beigetragen, er war in jedem Zug antikatholisch, später verlangte er Aristokratien, Eliten, Verwerfung des öden Fortschrittsglaubens; er kämpfte gegen den Positivismus, empfing beim Sterben die Sakramente. Eigentlich hatte auch er am Ende der Erinnerung sich hingegeben, sich zum Schönen gewandt.
Aber, was weiß ich von ihm, von seinen Lehrern: Simmel,

Cohen etc. »Den größten Denker der 2ten Hälfte des 19ten« nennt er einmal Dilthey, der uns »am meisten über den Menschen« gesagt habe. Ja, seine Associationsfähigkeit ist groß, das meiste aber hat er von Nietzsche, das ganze Werk (das sage *ich*,) ist eine Conversation über Nietzsche-Themen, kein Gespräch, wobei aber Conversation nicht herabsetzend gebraucht ist, im Gegenteil. Curtius hat das beste über ihn geschrieben, eine große Analyse vor allem des »wirbellosen Spanien«. Aber kurz vor seinem Schlaganfall sagte er, Ortega habe ihn tief enttäuscht.

Grüße Moujik
Herzlichst
Carl

An Edgar Bonjour   Vinzel, »La Bâtie«,
den 4. November 1955
Sehr verehrter Herr Professor,
Aufs allerherzlichste danke ich Ihnen für die so überaus gütige Sendung der »Schriften in Auswahl« des Johannes von Müller. Indem Sie uns dieses bedeutende Werk zugänglich machen, haben Sie der schweizerischen Historiographie ein neues und entscheidendes Gewicht verliehen. Wie ergreifend ist es, wenn Müller in der Vorrede der Geschichte der Schweizer Eidgenossenschaft zum vierten Band im Jahre 1805 schreibt: »Man muß dem Geschichtsschreiber vergeben, wenn der Mensch durch die Zeiten ermüdet wurde.« Was dürften wir in solchem Zusammenhange sagen! Wunderbar ist auch die Stelle in dem Aufsatz über Necker, wo es heißt: »Unwandelbare Richtung aller Bestrebungen auf einen Zweck ist Geist der Ordnung. Auf welchen Zweck? Darin liegt der Charakter. Niedrig sind alle selbstsüchtigen Pläne. Und dem Ruhm ... wird nur Wert verliehen durch die Harmonie mit der Natur, der Mutter von allem, mit dem Zweck der Dauer, des schönen Ebenmaßes und der Absicht, Glück zu verbreiten.«
Es ließe sich ein ganzer Band von Aphorismen herausholen.

Darf ich Sie bitten, mich Ihrer verehrten Gattin aufs beste zu empfehlen. Mit nochmaligem Dank bin ich
                          Ihr ergebener [Carl J. Burckhardt]

An John Knittel   1. Dezember 1955

Lieber John,
Deine Cigarren sind keine Sargnägel, sondern Säulen für einen Katafalk, eine Marmorgruft! Ach, wie soll ich Dir danken! Bei jedem Rauchstoß werde ich Deine winterlichen Tage in sonnige Gefilde mit glückbringenden Wünschen begleiten. Leider habe ich zur Zeit nicht in Bern zu tun.
Aufs Herzlichste Dir u. Frances   Carl

An Carl Zuckmayer   Vinzel (Vaud), »La Bâtie«,
                                  den 5. März 1956

Sehr verehrter Herr Zuckmayer,
Sie hatten die große Güte, mir Ihr Theaterstück »Das kalte Licht« zu schenken. Ich fand das Buch jetzt bei meiner Rückkehr aus der deutschen Schweiz und habe es gestern und heute mit gespannter Aufmerksamkeit gelesen.
Alle Ihre Arbeiten sprechen unmittelbar zu mir. Als ich »Des Teufels General« auf der Bühne erlebte, war ich von der dramatischen Verdichtung einer ganzen Epoche und von dem grandiosen – weil im Grunde zeitlosen – Schicksal des Helden innerhalb einer so unheimlich richtigen, mir so genau bekannten Atmosphäre aufs äußerste bewegt und ergriffen. Alles in diesem Kunstwerk, ohne vereinfachenden und stilisierenden Eingriff in die reale Substanz einer Zeit und eines Typus, wird doch durch Kunst und Zucht in jene Höhe und Allgemeinheit erhoben, wo es für alle Zeiten paradigmatisch wirkt.
Beim »kalten Licht«, das viel umfassender die Hauptpro-

bleme des Jahrhunderts angeht, geschieht mir etwas Merkwürdiges: ich bewundere die Meisterschaft, die Gestaltungskraft, das souveräne Können des Autors, aber das Licht bleibt kalt. Ich frage mich, ob Intellektuelle überhaupt ein tragisches Schicksal haben können. Das ist sicher eine subjektive Fragestellung, am »General« nehme ich den unmittelbarsten menschlichen Anteil, der Neo-Positivist Wolters aber ist mir gleichgültig, der über alle Begriffe treffliche Verkörperer des – civil servant – weitgehend auch, der eine ist eine dialektische Proposition, der andere ein soziologisches Schulungsprodukt; Hjördis Lundborg versucht es, Wolters an die gestrige abendländische Grundstimmung der Liebestragik zu binden, aber man glaubt an diese Möglichkeit nicht recht, das Licht wärmt nicht, brennt nicht. Wolters und seinesgleichen Ergehen ist in Methode aufgelöst, in gedanklicher Zersetzung begriffen, das »pecca fortiter« des wirklichen polar gespannten Tiermenschen ist ihm unmöglich. Sein inneres Licht hat keinen Brennstoff, seine intellektuelle Helle, alle Leidenschaft beständig aufspaltend, entsteht im luftleeren Raum einer elektrischen Birne. Die einzige tiefe Zuneigung, die einzige Sympathie verbindet mich mit der jungen Pueblo-Indianerin.

Das ist nun sehr spontan die Wiedergabe meines ersten Eindrucks. Ich werde das Stück wieder lesen, ich hoffe, mit Ihnen darüber sprechen zu können. Ihr Werk hat mir tiefe Anregung verschafft, aber ich stehe in Abwehr gegen einen darin enthaltenen Typus des 20sten Jahrhunderts, dem ich im Leben, ob er vortrefflich oder böse sei, immer auswich, weil ich von ihm nichts anderes erwarten kann als Kälte, Tod und tödliche Ordnung. Der Widerspruch des Verhaltens und Handelns, Irrtum, Untat, Tat und Reue, die intakte, vom Gedanken nicht angekränkelte Leidenschaft, erscheinen mir als Grundbedingung für ein der tragischen und somit dramatischen Wirkung fähiges menschliches Wesen.

Ich frage mich, ob Sie im »kalten Licht« gerade dies aufzeigen wollten, aufzeigen, wie schicksalslos diese späte Herrscherschicht geworden ist, welche, am Rande des Lemuren-

haften befindlich, gar nichts mehr wirklich erlebt, aber mit Theorie und Technik unser aller Schicksal aufs schrecklichste bestimmt. Schiller wußte es, als er schrieb, wir gingen der furchtbarsten aller denkbaren Gewaltherrschaften entgegen, der Gewaltherrschaft einer Philosophie.
Sind wir wirklich waadtländische Nachbarn? Ist die Hoffnung vorhanden, daß wir uns gegenseitig besuchen können? Es wäre für mich ein großer Gewinn, eine große Freude. Aber wahrscheinlich befinden Sie sich schon wieder in Klausur. Das ist dann allerdings noch viel erfreulicher.
Mit wärmstem Dank, in großer Verehrung und Bewunderung bin ich
Ihr ergebener Carl J. Burckhardt

An Fritz Gubler Vinzel, La Bâtie, 2. Juni 1956

Lieber guter Fritz,
Das ist nun doch zu einer Geduldsprobe geworden! Ella sagte mir, Du hättest große Schmerzen ausgestanden und seist noch sehr erschöpft.
Ich hoffe sehr, daß Du Dich dazu entschließen wirst, in der Liginère Quartier zu nehmen. Das Haus ist wunderbar gelegen, der Blick ist frei und weit. Max Huber war während des letzten Krieges lange dort und, wie er mir immer wieder sagte, behielt er eine besonders gute Erinnerung an den Aufenthalt, Dr. Wolf vom I.R.K. hat im frühen Frühjahr, nach seiner Herzattacke 3 Wochen dort zugebracht, auch er lobte, die Stille, die Kost, die herrliche Aussicht; – von Zeit zu Zeit, aus Reaktion auf den »frommen Geist«, der dort herrsche, gelüstete es ihn nach einer Wirtschaft, nach etwas Weltlichkeit. Er war glücklich über die Möglichkeit zu vielen ebenen Spaziergängen. Ich würde mich natürlich besonders freuen, wenn Du Dich für den Genfersee entscheiden solltest; von meinem Haus ist die Liginère zehn Minuten Wagenfahrt entfernt. Du könntest Dich oft für den Tag in unserm Garten, in meiner Bibliothek niederlassen.

Ich fahre Mittwoch zur Vita-Sitzung nach Zürich, am Donnerstag muß ich mit Bidault in Bern essen. Am 12ten abends und am 13ten bin ich in Basel – Ciba, am 14ten für das I.K. in Genf, am 17ten verreise ich nach Bonn, eventuell muß ich dann noch von Bonn für vier Tage nach Paris. Das ist mein Juniprogramm. Im Juli bin ich ganz hier und habe keine Termine. Seit einigen Tagen arbeite ich nun in der UNO-Bibliothek. Meine ganze Korrespondenz 1937–39 mit dem Leiter der politischen Abteilung des Völkerbundes, Frank Walters, ist wieder zum Vorschein gekommen, sie war eine zeitlang verschollen, weil man beim deutschen Vormarsch im Westen die confidentiellen Papiere der S.d.N. nach La Ferté in Frankreich geflüchtet hatte. Auf erstaunlichen Wegen kamen diese beiden Dossiers zurück. Ich habe meine Briefe wiedergelesen, sie enthalten eine genaue Berichterstattung über alle lokalen Vorgänge, Verletzungen der Konstitution etc. und eine Berichterstattung über den gesamten außenpolitischen Aspekt, der mich selbst durch die – vielleicht nur von jenem Posten aus mögliche – klare Voraussicht erstaunt hat. Alle spätern Anwürfe durch Pseudohistoriker u. durch Aktenpublikationen sind durch das Zugänglichwerden dieser Korrespondenz schlagend dementiert. Ich bin von einem Gefühl des Druckes erleichtert, das mich seit gewissen englischen Anwürfen nie ganz verlassen hatte.
Wir brauchen bisweilen solche Erleichterungen und brauchen gute Gaben, Himmelsgeschenke. Zu den letztern zähle ich das freudige Ereignis im Hause der lieben Regula. Wir sprechen ihr und Euch unsere herzlichsten Glückwünsche aus und ich weiß, wie sehr dieses »Weitergehen«, diese Zukunft Dich und Ella erfreut, es ist ein neuer Bund geschlossen, möge er immer unter hellen, freudigen Auspizien stehn.
Leb wohl mein Lieber, schreib mir nicht, komm in unsere Gegend, ich werde, zwischen meinen Absenzen, doch immer wieder hier sein.
Alles Herzliche, stets Dein alter　　　　　　　　　　Carl J B.

An Hilde Spiel Vinzel Kt. Waadt,
»La Bâtie«,
den 5. November 1956

Sehr verehrte, gnädige Frau,
Es ist mir ein Bedürfnis, Ihnen für die so wohlwollende, so Wesentliches sicher hervorhebende Besprechung des »Briefwechsels« in der »Weltwoche« aufs allerbeste zu danken.
Bei diesem Anlaß darf ich vielleicht etwas zu bedenken geben: Mir scheint, es sei nicht ganz gerecht, wenn man Hofmannsthals Briefe überhaupt mit denjenigen seines jungen Korrespondenten vergleicht. Erhielte ich heute von einem in seinen zwanziger Jahren stehenden Mann lange Berichte, Betrachtungen und Überlegungen, so würde ich jedenfalls sehr kurz, wahrscheinlich mit ein paar Zeilen antworten und zwar einfach, weil ich keine Zeit finden würde, um zu korrespondieren. Hofmannsthal hat von 1920 bis 29 u. a. das »Welttheater« geschrieben, »die Frau ohne Schatten« beendet, den »Schwierigen« verfaßt, den »Unbestechlichen«, den »Turm«, er hat den großen Roman entworfen und begonnen, nur der Tod hat ihn daran verhindert, ihn zu vollenden, seine schönsten, die reifen Aufsätze sind in jenen Jahren entstanden. Stoffe drängten beständig heran: Xenodoxus, Herbstmondnacht, Phokas etc., zu allen wurden gedankenvolle Notizen verfaßt. Der Operntext »Die ägyptische Helena« ist ein herrliches Gedicht, weise, erfahren und leicht wie besonnte Luft. Es ist unbegreiflich, daß der seit dem Kriegsausgang immer wieder kranke Dichter Zeit gefunden hat, überhaupt Briefe an mich zu richten. Er klagte bisweilen, weil er wußte, wie kurz seine Frist, die Frist der Generation war. Aber diese Klage war immer ganz zart humoristisch, fast parodistisch. Der andere, der junge Briefschreiber hatte es leicht, Vertrauen, Verständnis über alle Grenzen konnte er voraussetzen, er dachte und redete in vollster Freiheit, getragen durch die Gegenwart des andern. Er glaubte, über unendlich viel Zeit zu verfügen, keine dringende Aufgabe ängstigte ihn.

Gestatten Sie, daß ich dies kurz ausspreche; es handelt sich um eine Proportionsfrage.

In Verehrung bin ich
Ihr ergebener
[Carl J. Burckhardt]

An Annie Konrath Vinzel, den 26. November 1956

Liebes Fräulein Konrath,
Ihren freundlichen Brief vom 22. Oktober finde ich bei meiner Rückkehr aus Amerika und nach meiner gleich anschließenden italienischen Vortragsreise. Für das schöne Buch, auf dessen Lektüre ich mich freue, danke ich Ihnen aufs herzlichste.
Ja, die Weinernte war miserabel, die schlechteste seit hundert Jahren. Viele Weinstöcke sind im Februar erfroren, der anhaltende Regen in den Sommermonaten hat dann ein übriges getan.
Die Jungen von Toufou sind alle sehr schön geworden, zwei Rüden sind reine Tschaus mit schwarzen Zungen. Der eine befindet sich im Besitz von Herrn Straub im Dorfe Vinzel, der andere ist in Luins, beide üben in ihrem Revier eine Terrorherrschaft aus. Seither ist nun ein zweiter Wurf erfolgt. In beiden Fällen war der Vater ein nicht mehr sehr jugendlicher Wolfshund. Beim zweiten Mal hat die Wolfshundnatur die Oberhand gewonnen; ein Exemplar, ebenfalls ein Rüde, ist ein reiner Fuchs, Kopf eines Fuchses und Gestalt, buschige Rute und genau Toufous roter Pelz, nur viel schöner und gesünder, eigentlich ein Prachtsexemplar. Der große Tierkenner Lorenz schreibt: der beste Hund, den er kenne, sei eine Kreuzung zwischen Tschau und Wolfshund. Diesem Ideal entspricht der Geschilderte. Er befindet sich, was auch auf ein gutes Horoskop hindeutet, im Besitz von Frau Wehrli, wo er immer im Freien, als Wachhund, ein ideales Leben führt. Seine Besitzerin hat sich sosehr an ihn attachiert, daß er jetzt sogar einen Winteraufenthalt in Klo-

sters machen darf. Da er nichts von der Atombombe weiß, kann man ihn als eine glückliche Kreatur betrachten; Bureaustunden hat er auch nicht und Aufsätze, Vorträge etc. muß er keine anfertigen. Seine Feinde kann er direkt angreifen, und er bleibt immer Sieger.
Wir würden Sie alle sehr gerne einmal wiedersehen, und alle Hausbewohner lassen Sie aufs freundlichste grüßen. Ich bitte Sie, meinerseits Ihren Eltern meine besten Empfehlungen zu sagen.

Mit herzlichem Gedenken
Ihr
[Carl J. Burckhardt]

An Peter Schifferli   Vinzel, »La Bâtie«,
den 22. Dezember 1956

Verehrter Herr Schifferli
Mit dem neuen Dürrenmatt haben Sie mir beide eine große Freude bereitet; ich danke Ihnen aufs herzlichste.
Im letzten Winter ging ich mir im Schauspielhaus den »Besuch der alten Dame« anhören. Da gibt es eine ganz große Stelle, den Augenblick nämlich, in welchem der Held abreisen will am nächtlichen Bahnhof, alle reden ihm zu, »steigen Sie ein – niemand hindert Sie« – und er kann nicht, etwas Übermächtiges hält ihn an den Füßen fest. Dieses Übermächtige tritt nur in den größten Dichtungen zu Tage, bei Shakespeare hin und wieder, ich denke an die von einfältigen Dramaturgen meist gestrichene, kurze Szene der nächtlichen Wachablösung in »Antonius und Cleopatra«. Bei Dürrenmatt ist es verwirklicht; dies und auch weniger zeitlose Mächte, die Wirkung des Kreditwesens etwa. All das sind sichere Zeichen ganz hohen Künstlertums.
Was lieben diese Jungen, zu denen Dürrenmatt gehört? Shakespeare, der dem Grauen fester als irgend ein anderer ins Auge blickte, liebte Gott im Himmel und das Herrenmäßige auf Erden, er liebte das »impavidus«, das seit dem

17. in Frankreich – im Worte »impavide« – lebendig blieb. Das ist nun für diese Generation ganz und gar vorüber, von ihren herabziehenden Tendenzen könnte ein so mächtiger Bursche wie D. sich nur frei machen, wenn er der Wehleidigkeit entsagen könnte, nicht der Kafka'schen psychotisch angstgeborenen, selbstgenießerischen, sondern dieser merkwürdig unbewußt *moralisierenden* Tendenz unserer Zeitgenossen.

Denn nicht wahr, auch diese neue »Moritat«, »die Panne«, trägt wieder diese mächtige Prankenspur an der Stirn: das Tempo, die Fabel, die eigentliche Grundvision der saufenden, fressenden Alten, das Wesen des Rausches, all das ist pure Kunst; die Vorstellung aber von der Schuld ist wehleidig wie bei Pietisten des 19. Jahrhunderts. So war es doch immer: homo homini lupus. Gehn wir, wohin wir wollen in den Zeiten, zu David und Saul, zu Augustus im Aufstieg, zu den Recken, den Nibelungen, oder in die Rosenkriege oder ins cinquecento, überall Mord über Mord knapp verdeckt mit conventionellen Rechtsvorwänden oder mit geschickten Schwindeleien, so wird es sein, solange Menschen ihr Wesen treiben. An was für Wunschparadiesen messen diese Überlebenden von 1939? Sehen sie wirklich ein Paradies vor sich, auf dessen Verwirklichung sie hoffen? Bitte »Ehebruch«, was für ein Wort in einer Welt, die nichts mehr von Sakramenten weiß, wissen will! Was beabsichtigen diese Affranchierten, Laizisierten mit Donnerworten Mosaischer Gesetzgebung? Daß es in der Welt von unappetitlichen Burschen wie dem Vizedirektor Traps immer gewimmelt hat, wissen wir, daß die Trapse aber sich aufhängen sollen, weil sie Prinzipale hassen und mit Wünschen und Listen um die Ecke bringen, weil sie leben wie Augustin vor der Bekehrung, ist wirklich viel verlangt, denn was sie allesamt ein für alle Mal freispricht, ist, daß sie nicht wissen, was sie tun, *solange* nicht wissen, bis ein Savonarola-Dürrenmatt ihnen einen besoffenen Staatsanwalt auf den Hals hetzt. Aber man darf fragen, was bringt ihnen dieser Staatsanwalt? Was bringt sein Auftraggeber solchen Leuten? Was, woran

sie ihre Schuld wirklich messen können? Was ihnen begreiflich macht, daß es Schuld überhaupt gibt?
Hin und wieder bin ich auf meinen Wegen vereinzelten, ach so seltenen Engeln in Menschengestalt begegnet, einige Male bin ich auf falsche Engel hineingefallen, für kurze Zeit. Die wahren Boten, die man schließlich immer erkennt, brachten etwas, woran man den am meisten mißbrauchten Begriff, den Begriff der Sünde wenigstens schattenhaft in seinen Umrissen fassen konnte. Vielleicht täte es not, daß einmal wieder solche ausgenommene Lichtgestalten spürbar würden, wie noch bei Dostojewski, ich sage spürbar würden, denn darstellen kann man sie nicht.
Einmal stand ich vor der von den Franzosen verfolgten Universität von Fez, einige Gesichter, aus dem Hofe kommend, schwankten an mir vorüber, unvergeßlich geistige Gesichter, da dachte ich an ein altes Zweitklaßkupee, um 6 Uhr abends zwischen Bern und Zürich, Mappen, Bäuche, Stumpen. Sapienti sat.
Nochmals herzlichsten Dank und meine besten Wünsche.
[Carl J. Burckhardt]

An Oskar Kokoschka Vinzel, 22. Dezember 1956

Lieber Freund,
Also Ihre Erzählungen:
ich habe sie drei überlebenden Moralisten geschenkt, empört und völlig verjüngt traten sie mir nach der Lektüre entgegen. Die Jungen, – nicht die Jüngsten, die Jüngsten kämpfen in Ungarn – die Jungen die eingekaffkaten, existentiell ausgebluteten Narzisse, fallen beinah in Ohnmacht vor so viel Saft und Kraft, sie stoßen kleine Schreie aus und machen die Schnörkelgebärden ihres entmannten Tangos.
Dieser Band ist wie eine Weinpresse voll von Granatäpfeln; so viel lustiges pralles Leben unter dem Blick einer uralten Weisheit, unter ihrem unausweichlichen Druck durch alle Fugen spritzend. »Eclabousser« ist ein schönes Wort, man

ist ganz und gar unter der Douche, der Dusche süßen Saftes, man trinkt, man badet und lacht, bis einem plötzlich kalt über den Rücken läuft, weil einen das Auge des Darius anblickte. In der Cypern-Novelle geht das Spiel am höchsten, wie recht hatten Sie, am Steuer des Buss zu reißen und die ganzen Widersacher in den Abgrund zu schleudern, selbst ein glückhafter Absalom!
Als wir Kinder waren, in Basel mußten wir singen:
»Absalom, Königssohn blibt am Bäumli hange
Hätt er brav sim Vater gfolgt
Wärs em nit so gange«
Bei Ihnen ist es gerade umgekehrt, hätten Sie brav dem Vater gefolgt, wären Sie im Omnibus mit den andern in den Abgrund gefallen.
Daß man Ihre Bilder malt, und daß dann noch so viel impetus übrig bleibt, um solche Urgeschichten schnell zu diktieren, das gibt mir einen gewaltigen Lebensmut für alles weitere. Ich freue mich über das Geschenk das durch Widmung und Originalzeichnung für mich zu einer großen Auszeichnung wird.
Wir melden uns gleich nach Baden und bevor Sie nach St. Moritz verschwinden.
In freundschaftlicher Verehrung mit unsern besten Wünschen
Ihr Carl J. Burckhardt

An Jean-Rudolf von Salis Vinzel, »La Bâtie«, 7. März 1957

Lieber Freund,
Ich freue mich, daß Sie diese Ruhepause einschalten konnten und nun den Gewinn eines ruhigen, sonnigen Winters im Gelingen neuer Arbeit finden werden.
Hoffentlich machen Sie uns einmal in der *schönen* Jahreszeit einen Besuch in Vinzel, ich glaube Sie werden beide diese Gegend, in welcher die Zeit so lange, fast seit dem 18. Jahrhundert stillstand, mit besonderm Verständnis betrachten.

Dass man Ihre Bilder
malt, und dass dann noch
so viel impetus übrig
bleibt, um solche
Urgeschichten schnell zu
diktieren, das gibt uns
einer gewaltigen Lebenswut
für alles weitere. Ich freue
mich über das Geschenk
das durch Widmung und
Originalzeichnung für uns
zu einer grossen Auszeichnung
wird.
   Wir melden uns gleich
nach Baden und bevor Sie
nach St. Moritz verschwinden.
   In freundschaftlicher
Verehrung mit unseren besten
Wünschen Ihr
       Carl J Burckhardt

Ich liebe die alten Städte gerne aus der Distanz, denn das, was einst ihren Geist ausmachte, ist ja längst vorüber gegangen. Das Landleben ist für mich eine Rückkehr zu alter Gewohnheit – da ich auf dem Schönenberg aufgewachsen bin, Münsterplatz und Rittergasse in Basel nur jeweils ein strenges, kurzes Zwischenspiel waren. Arbeiten kann man überall, wenn man dazu eine zwingende Neigung verspürt; hier gibt es sehr ungestörte Zeiten, im Sommer wohl mehr Unruhe als im Winter, weil man viel von Durchreisenden aufgesucht wird, und während einigen Monaten eine mehr angeregte als anregende Fauna von »estivants« auftaucht.
Amerika fand ich völlig verschieden von dem, was ich in Europa darüber gehört hatte. Ich war jetzt viermal dort, und jedesmal hat mich die Vielschichtigkeit des ungeheuren Landes, die soziologische und kulturelle Vielgestalt erstaunt; Alexis Léger ist ein guter Zeuge, er wird nicht mehr frei davon, entdeckt immer neue Gruppen und bedeutende Einzelne. Ich glaube (wie übrigens auf unserm Kontinent auch), man muß Amerika nicht durch die Wirtschaftszentren, vor allem aber nicht durch die Universitäten kennen lernen. Die Analogie mit Zürich ist in gewissen Kreisen in New York und Chicago zu finden, Boston ist mehr – rue des Granges –. Was es aber in Neu England, vor allem in Vermont, Maine, sodann in Virginien, Carolina und im Süden an großem Leben noch gibt, hat bei uns keinerlei Analogien, in England nicht mehr. England war auch Amerikas Schutzgeist; hinter seiner Flotte ist Amerika groß geworden, die südamerikanische Unabhängigkeit ist sicher auch Englands Werk. In Bezug auf den europäischen Kontinent gehen die Meinungen über Englands Rolle doch wohl immer noch auseinander, der alte Orientalist Tschudi in Basel macht die Insel für all unser Unglück verantwortlich. Ich persönlich liebe das große englische 19. Jahrhundert. Im 20sten hat man meines Erachtens in London das deutsche Phänomen unendlich überschätzt und hat dann angefangen, schwer wieder gut zu machende Fehler zu begehn.
Unsere Mozartunternehmung, – um zu unsern heimischen

Proportionen zurückzukehren, – ist durch die begeisterten Ungarnspenden der Schweizer bis auf weiteres lahm gelegt worden. Feisst meint, man könne vorsichtig Ende April wieder anfangen. Ich hoffe, wir sehn uns vorher.
Mit meinen besten Grüßen und Wünschen und vielen Empfehlungen an Ihre verehrte Gattin bin ich stets Ihr freundschaftlich ergebener
Carl J. Burckhardt

P.S. Sollten Sie schon auf Ihrer Rückfahrt hier vorbeikommen, so wäre dies eine große Freude für uns, aber das sollte nicht einen Besuch zwischen 15. August und Oktober ersetzen, denn dann ist es hier am schönsten.

An Michael Stettler　　　　　Vinzel, La Bâtie, 8. März 1957

Lieber, verehrter Herr Stettler,
Ihr guter Brief und das schöne Geschenk trafen im allerbesten Augenblick ein. Ich war in München an Grippe erkrankt, fuhr mit ziemlich hohem Fieber nach Zürich, wo ich mir wie ein Metropolitanstar eine Spritze mußte geben lassen, um in einem Privathaus – vor geladenen Gästen – vorzulesen. Am nächsten Tag kam ich auf der Rückfahrt hierher in einen Schneesturm, dann endlich zwischen zwei Leintücher, wo ich alles zu büßen hatte.
Aber nach der Buße kam die stille, immer schöne, vertrauensvolle, erinnerungsreiche Rekonvaleszenz. Und da habe ich denn, zum ersten Mal nach vierzig Jahren, in der schönen Erstausgabe die Badenfahrt des alten Herrn aus dem Beckenhof gelesen, dessen Goethebriefe, Briefe eines »Libertins«, meine Großtante Marie in den Rhein warf. Keine Lektüre hätte ausruhender sein können, stammte sie doch aus dem innersten, dem vertrauten schweizerischen Kreis, in welchem ich mich in jüngern Jahren allzuselten aufhielt. Ich wog den Band mit tiefer Sympathie in der Hand, Verfasser und Spender bildeten eine freundliche Gegenwart, Ton,

Inhalt des Buches, Gemächlichkeit sagten zu, der Duft des damaligen Spanisch-Brötli stieg mir in die Nase und weckte wieder den verlorenen Appetit.
Ich danke aufs herzlichste für die Gabe, für Ihr so freundliches Gedenken, ja »heiter freundlich« war der kleine Krankenbesuch, den Sie mir zu so guter Stunde machten.
Mit freundlichsten Empfehlungen an Ihre verehrte Gattin und allerbesten Grüßen. Ihr
Carl J. Burckhardt

An Robert Boehringer   Vinzel, La Bâtie,
14. März 1957 (b. 14. IV. 1957)

Lieber Freund,
In München ereilte mich die Grippe. Ich zog es vor in der Schweiz krank zu sein, näher bei der Operationsbasis, so setzte ich mich mit ziemlich hohem Fieber ans Steuer und fuhr ins Hotel Dolder in Zürich, das stillste Hotel der Schweiz. Dort mußte ich dann die Unvorsichtigkeit zahlen. Jetzt ist die Sache erledigt, das herrliche Wetter hat mich hergestellt. Während meiner Rekonvaleszenz las ich die Badenfahrt meines Ururgroßvaters, die mir Stettler geschenkt hat, sodann ruhig, klarsichtig wie mir schien, der schönen Strophe ganz geöffnet, las ich ›Winnenden‹.
»Aber am Morgen im lebenerneuernden Lichte
Erquickten die Weiler das rundum suchende Auge.«
– Was solch eine Strophe vermag, sie heilt wie Quellwasser, erwärmt, wie es nur Morgenlicht vermag und trägt wie das geheimnisvolle so unsäglich schöne Tier, unser Gefährte seit Jahrhunderten, Jahrtausenden, das uns nun verläßt, das verschwindet, ausstirbt, bald nur noch auf Rennplätzen und in zoologischen Gärten erscheinen wird; wie habe ich Pferde geliebt, das war ein Teil meiner Jugend. Wo sind jene Schönenberger Gefährten:
»Die schweren Hauptes mit Ohrenkappen zur Krippe
Sich neigen im hohen Kummet, mähnenbehangen,
Aus weichen Nüstern schnaubend.«

Ich fahre Dienstag nach Zürich, bleibe dort bis zum Wochenende, bin Montag in 8 Tagen in Basel, nachher wieder hier.
Ich werde anrufen.   Herzlich grüßend Ihr
                                       Carl J Burckhardt

An Jürgen von Stackelberg   Vinzel, »La Bâtie«/Kt. Waadt,
                              den 17. April 1957

Sehr geehrter Herr von Stackelberg,
Bei meiner Rückkehr von einer längeren Reise fand ich Ihre Anthologie, die bedeutend eingeleitet, mit großer Sicherheit zusammengestellt und anregend kommentiert ist. Ich danke Ihnen sehr dafür.
Ich glaube, es ist ein ausgesprochen deutsches Phänomen, immer vom Abreißen von Traditionen als von einer absoluten Tatsache zu sprechen. Kürzlich erhielt ich einen Brief von einem deutschen Freund, der einige Zeit in Rom gelebt hat und dort viel ausgegangen ist. Er schreibt mir, daß ihm das Vorhandensein einer völlig ungebrochenen »Gesellschaft« aus der Zeit vor dem ersten Weltkrieg wie ein unfaßlicher Anachronismus vorkomme, da zu Hause die beiden Kriege mit all dem aufgeräumt hätten. Er scheint dabei gar nicht zu bedenken, daß auch Italien diese beiden Kriege in ihrer ganzen Härte durchgemacht hat, jedoch viel zäher an seiner Struktur festhält als die Deutschen, die immer, wie Scheler einmal sagte, »sich in das verwandeln wollen, was gerade Geltung hat«, nämlich: »in Walfische, solange die englische Seemacht dominierte, in Überfaschisten, als Mussolini Mode war und in Wirtschaftshelden nach dem Muster Chicagos im Zeitalter amerikanischer Hegemonie«. Dieses Urteil ist etwas summarisch, ja sogar etwas grob, aber ich muß jedesmal daran denken, wenn ich Nietzsches vermessenen Ausspruch lese: »Gott ist tot«, oder auch das Wort meines lieben Freundes Ernst Robert Curtius, seinen Verzweiflungsruf: »Der Humanismus ist tot.« So-

lange der Planet nicht durch technische Mittel in Kraft und Licht aufgelöst wird, werden ihrer Natur nach geistige Werte, zu denen auch Sitten und Gewohnheiten gehören, niemals ganz verloren gehn. Mir sind in meinem Leben große Humanisten unter den heutigen Indern begegnet. Der frühere Generalsekretär des Quai d'Orsay aber, Alexis Léger, mit seinem Dichternamen St. John Perse, erklärte mir einmal, er kehre nicht nach Frankreich zurück, sondern bleibe in Amerika, weil er dort bei Einzelnen eine souveräne menschliche Bildung finde, die ihm in Europa fehle. Am Tage meiner Rückkehr, letzte Woche, besuchte mich ein junger englischer Germanist, der Professor in Adelaide ist, ein Mensch von wunderbar humanistischer Art, wobei ihm das Philologische als Rüstzeug etwas Selbstverständliches ist, sein Humanismus aber darauf beruht, daß er das wahrhaft Humane konkret im Leben von Völkern, Gesellschaften, Gruppen und Individuen erkennt und ebenso gut weiß, was die hohe Konversation einer Bewohnerin von Süd-Wales oder einer Lothringerin aus der großen Überlieferung von Nancy und Lunéville bedeutet, als was die Versunkenheit eines persischen Kenners der Poesie wert ist.
Ich glaube nicht, daß Humanismus unmittelbar etwas mit Gelehrsamkeit zu tun hat. Er ist dort am lebendigsten, wo er fast unbewußt vorhanden ist, wo er in Fleisch und Blut überging. Wenn mir Ihr Landsmann, Eduard Keyserling, einst vom Leben in seiner Provinz erzählte, war in seiner Erzählung mehr Humanismus als im Wissen jener Grabhüter antiker Dokumente, wie wir sie vielfach in unseren Universitäten aufbewahren. In jedem ritterlichen Menschen wirkt wirklicher Humanismus. Heidegger hat kürzlich in einer schönen Studie über Johann Peter Hebel geschrieben: Die heutige Illustrierte Zeitung zerstreue, zersetze, schlage Wesentliches und Unwesentliches auf die gleiche einförmige Ebene des Flachen, flüchtig Verfänglichen und auch schon Vergangenen. Hebels Kalender aber habe es einst vermocht, das Bleibende im Unscheinbaren zu zeigen und das wiederholende Lesen und Nachdenken wachzuhalten.

Wo aber dies vorhanden ist: Erkenntnis des Bleibenden im Unscheinbaren und wiederholendes Lesen und Nachdenken, wirkt humanistische Gegenwart. Nachdenkliche Beobachter und Nachleser finde ich jetzt, wo ich wieder auf dem Land lebe, viele. In der französischen Provinz traf ich oft solche Leute, kontrapunktisch zum Zeitgeschehen Weiterlebende. Was dem höchsten menschlichen Zustand, dem Zustand der Sammlung, entgegenwirkt, ist ein Phänomen der Großstädte, welches erst durch die automatische Übertragungsmöglichkeit wirklich gefährlich wird, auch durch den »Bildungsbetrieb«. Großstädtische Zersetzung hat es auch in der antiken Welt schon gegeben. Eigentlich überlebte das Humane stets aus passivem Gegensatz, immerzu setzte es sich ab vom unmenschlichen Verderben, rettete sich abseits, überlebte in der Stille, mehr als daß es sich entgegengesetzt hätte. Vertreten war es immer, immer durch Einzelne. Auch innerhalb der Wissenschaft sind es immer nur Einzelne gewesen, die den Namen von Humanisten verdienen. Der Überwertung und Idealisierung antiker Geschichtsvorgänge, wie sie der Zeit der Französischen Revolution eignete, – oder in ganz anderer Weise dem deutschen Idealismus – war eine kürzere Wirkungsfrist beschieden als beispielsweise einem Kunstwerk wie Tolstois »Krieg und Frieden« und somit dem Werk eines Mannes, der sich kaum etwas aus dem schulmäßigen Wissen um antike Überlieferung machte. Humanismus ist eigentlich der Zustand, in welchem der Mensch die Verantwortung voll erkennt, die ihm dadurch auferlegt ist, daß er nach dem Ebenbilde Gottes oder der Götter geschaffen wurde; wo immer er dieser Verantwortung dient, bleiben ihm die großen Proportionen und die großen Rhythmen der antiken Welt ein sicherer Besitz.

Wenn es uns nun nicht gelingt, der Technik den untergeordneten Platz anzuweisen, der ihr zukommt, dann ist nicht nur der Humanismus und das Humane verloren, sondern die Menschheit als solche. Erhebt sich dagegen der Mensch als Herr über die neuen Kräfte, macht er sie dienstbar, da er ja ihr Schöpfer ist, dann sind wir »noch einmal davon gekommen« und neue humanistische Saat kann wieder aufgehn. Junge Lehrer Ihrer Art, die von Geburt tief in der geschichtlichen Vergangenheit wurzeln, haben eine herrliche Aufgabe zwischen Tod und Teufel, wie Dürers Ritter.

Seien Sie aufs beste gegrüßt
[Carl J. Burckhardt]

An Max Huber   Vinzel, 28. April 1957

Lieber verehrter Freund.
Die Seiten über Freundschaft mit Tieren sind mir aus dem Herzen geschrieben. Der Wiener Biologe, Konrad Lorenz, hat in so wunderbarer Weise deutlich gemacht, wie Trägheit, Ungeduld zugleich (die aktive Seite der Trägheit!) uns von den Tieren und ihrer erstaunlichen Liebeskraft trennen und recht eigentlich aus dem – potentiell immer vorhandenen – Paradies vertreiben.
Letztes Jahr hatte der Fuchs in unserm Garten, neben einem Beet, eine stillende Igelmutter gefressen, er wurde durch den Hund gestört und schleppte seine Beute weg, vier Junge blieben übrig, meine Tochter hat sie mit Milch zwei Monate lang gefüttert, sie wohnten in einem dichten Busch, wurden vollkommen zutraulich, kamen, sobald sie Sabine hörten; da sie aber keine erfahrene und instinktbedingte Führung hatten, liefen sie mitten am Tag herum, in dem Hof, auf die Straße, zwei wurden überfahren, die beiden andern haben die Dorfhunde getötet. Die Führung durch ein Muttertier ist entscheidend, und es braucht für den Menschen größte Erfahrung, Fleiß, Ausdauer und Liebesfähigkeit, um zu übernehmen, was von diesem wunderbar in die Mitte der Natur gelegten mütterlichen Wesen ausgeht, von diesem Lebensursprung, von welchem, über den schöpferischen Akt hinaus, die Kräfte des Schutzes, des Behütens und Leitens wirken.

Vielleicht sehn wir uns einen Augenblick am nächsten Donnerstag.
In herzlichem Gedenken stets in freundschaftlicher Verehrung Ihr Carl J. Burckhardt

An Emil Egli Vinzel, »La Bâtie«, den 15. Juni 1957

Hochgeehrter Herr Professor,
Aufs beste danke ich Ihnen für Ihren freundlichen Brief vom 12. 6. 1957.
Zu dem Gegenstand, den Sie in so klarer Weise zur Sprache bringen, habe ich mich im Jahre 1956 in der Sondernummer vom Monat März der ›Neuen Schweizer Rundschau‹ S. 640 bereits geäußert und habe meinen damaligen Ausführungen kaum etwas hinzuzusetzen. Ich glaube im übrigen nicht, daß das sog. »malaise« dadurch behoben oder vermindert werden kann, daß man viel darüber spricht.
Unseren welschen Mitleidgenossen, die wie alle Minoritäten ihre Eigenart etwas überbetonen, ist an den Deutschschweizern im Grunde vorerst ganz einfach das Deutsche schwer erträglich. Das Deutsche in unserem Wesen: angefangen mit den kleinen Äußerlichkeiten, der Herr Professor Doktor, der Herr Generaldirektor, die Frau Oberst, die von Kunstgewerblern eingerichteten Wohnungen (die Welschen richten sich selber ein), aber auch die betonte Tüchtigkeit, die Arbeitswut, die Gründlichkeit, die grundsätzlichen Fragestellungen, auf welche die Welschen gern mit dem »glissez mortels, n'appuyez pas« antworten. Ohne Zweifel, und daran ändert unser herablassendes Geschimpf über die Schwaben jenseits unserer Grenzen nichts, wir haben, auch wenn wir uns noch so westlich gebärden, amerikanisch, englisch reden oder französische Malerei in unseren Sammlungen auftürmen, gewisse urdeutsche Eigenschaften, auf welche jeder Angehörige des französischen Kulturkreises immer empfindlich, oft ungerecht reagiert. Die Welschen hatten noch im 19. Jahrhundert innerhalb ihrer föderalisti-

schen Struktur in den gebildeten Kreisen mehr Eigenart als heute, sie sind wenigstens in den Städten infolge der beiden Weltkriege, der Verfemung Deutschlands durch die Literatur, die Einwirkung der Presse und des Rundfunks weitgehend zur französischen Provinz geworden und machen infolgedessen die Pariser Moden mit. Sie betonten eisern den Standpunkt des französischen Nationalismus zur Zeit Poincarés, zur Zeit des ›Front Populaire‹ spalteten sie sich auf in Bewunderer des Régimes Blum und Bewunderer der ›Action Française‹, sie waren Pétainisten, Gaullisten und Résistants und nach dem Kriege wurden sie vor allem in ihren jüngeren Vertretern, sei es Kommunistenfreunde oder Existentialisten, Schule Sartre, oder Nihilisten an französischen Kafkafolgen. In den Zügen aber zwischen Lausanne und Genf lasen junge Ironiker mit äußerstem Ernst das Organ der Mendès-France und Mauriac, den ›Exprès‹. Aber im Grunde ist dies doch sehr oberflächlich und es spielt sich in einer ganz kleinen intellektuellen Schicht ab, die wie überall unproportioniert viel redet und von sich reden macht. Der breite Mittelstand und das, was noch von wirklichem Volk vorhanden ist, sind so gut eidgenössisch wie immer, voll bewußt ihrer schweizerischen Eigenart. Natürlich, nach Bern blicken sie nicht wie ihre städtischen Brüder nach Paris, aber ist Bern eigentlich ein geistiges Zentrum? Blicken wir sehr viel nach Bern? Wir interessieren uns bisweilen noch weniger für Fragen der Bundesverwaltung oder für parlamentarische Angelegenheiten als die Welschen. Wenn man den vorzüglichen Anteil kennt, den die französische Schweiz in unserer Auslandsvertretung einnimmt, ohne den wir gar nicht durch die Fährnisse der letzten 50 Jahre durchgekommen wären, müssen wir dankbar sein. Beim mittleren Welschen ist das Verhältnis zu den Urkantonen, ja sagen wir es ruhig, zum Symbol des Rütli, aber auch zu Städten wie Zürich und Basel, wenn noch soviel geschimpft wird, im Grunde gar nicht schlecht und oft voll von Respekt, was die praktische Leistung anbelangt. Kulturell, und daran ist die Abwehrstellung der minoritären Intellektuellen ebensosehr schuld wie unsere kulturelle Problematik, kulturell wissen die Welschen wenig oder nichts von uns. Ich wohnte einmal in Bern einer Sitzung bei, an der man sich damit befaßte, für die goldenen 50 Franken-Stücke neue Münzbilder zu wählen. Jemand schlug das Profil Gottfried Kellers vor, das welsche Komiteemitglied erklärte: »Keller complètement inconnu en dehors de la Suisse Alémanique.« Während des Krieges war ich einmal mit einer sehr angesehenen älteren Rotkreuzdame aus Genf an einem offiziellen Essen in Lissabon; der Kriegsminister, ein gebildeter Mann, sagte mir, er lese so gern Conrad Ferdinand Meyer. Meine Genfer Dame spitzte die Ohren: »Comment l'appelez-vous?« Sie ließ sich den Namen, den sie nie gehört hatte, wiederholen, mußte lachen und erklärte: »Quel nom ridicule!« Solche Beispiele ließen sich viele anführen, aber sie sind nicht tragisch zu nehmen. Im 19. Jahrhundert lernte man im Welschland Deutsch und jetzt, wegen der beiden Kriege, lernt man es nur noch flüchtig zu Geschäftszwekken. Die deutsche Sprache ist auf Französisch so gut wie unübersetzbar, sobald sie literarischen Wert besitzt. Wir müssen also hoffen, daß unsere Miteidgenossen unsere Sprache lernen. Sicher wäre dies möglich, wenn wir ohne aufdringliche Programmatik den Versuch unternehmen würden, den jungen Generationen von jenseits der Sarine (Saane) unser Idiom in einer angenehmeren Weise beizubringen als bisher. Charly Clerc hatte vollkommen recht, wenn er sagt, daß unsere Dialekte ein Hindernis seien, sie sind es aber nur deshalb, weil wir neben ihrer so notwendigen Beibehaltung und Pflege uns nicht mehr bemühen, ein anständiges Hochdeutsch zu lernen, so wie es unsere Väter im letzten Jahrhundert getan haben, vor allem aber, weil wir auf unseren die Ohren verletzenden Helvetismen, wie beispielsweise dem gräßlichen »Unterbruch«, starrköpfig beharren; sicher auch weil wir aus einer Art von umgekehrtem Snobismus meinen, wir müßten aus Charaktergründen beim Deutschreden patriotische Rachentöne wie eine Kiesgrube von uns geben. Ja ich glaube, als Vermittler zur deutschsprachigen Kultur hinüber haben wir uns seit einem halben Jahrhundert schlecht bewährt.

Würden wir nun so offenherzig, wie ich es in diesem privaten Briefe tun kann, in einer so verpflichtenden Umgebung wie derjenigen der ›Neuen Helvetischen Gesellschaft‹ derartiges zur Sprache bringen, so könnten, fürchte ich, nur wieder neue Mißverständnisse entstehen. Wir sind weit entfernt von den Schwierigkeiten, die Belgien durch den wallonisch-flämischen Gegensatz kennt, jener Gegensatz hat sich durch grundsätzliche Auseinandersetzungen nur vertieft. Ich bin der Ansicht, daß wir besser daran tun, solche Fehler zu vermeiden. Nach meiner Erfahrung in einer gemischten Körperschaft wie sie das Internationale Komitee vom Roten Kreuz darstellt, war die beste Methode beim Auftreten welscher Empfindlichkeiten immer diejenige, wie der Marschall Foch zu fragen: »Worum handelt es sich?« und: »Können Sie uns die Gründe Ihrer Reaktionen erklären, damit es uns möglich wird zu prüfen, ob wir einen Fehler gemacht haben.« Damit ist schon viel gewonnen. Entschließt man sich aber zu einer allgemeinen und prinzipiellen Fragestellung, anstatt von Fall zu Fall vorzugehen, vertiefen sich nur die Gegensätze. Es ist nun einmal unsere geschichtliche Aufgabe, einen der schwersten Gegensätze der europäischen Geschichte, den deutsch-französischen, in uns zu überwinden, dafür gibt es kein allgemeines Rezept, sondern nur ein täglich und von Fall zu Fall neu einsetzendes Bemühen, das zu unseren hauptsächlichsten nationalen Pflichten gehört. Etwas von Spannung wird immer übrig bleiben, ihre Ursprünge sind fast physiologischer Natur und hängen vor allem mit einer grundverschiedenen Anlage in Dingen des Geschmacks zusammen.

Ich hoffe, daß meine freimütigen Ausführungen Ihnen zum Teil erklären werden, warum ich es vorziehen würde, zur Zeit nicht auf Ihre Proposition einzugehen, obwohl ich den Ernst Ihres Anliegens vollauf verstehe.

    Mit dem Ausdruck meiner vorzüglichen Hochachtung
      bin ich Ihr ergebener Carl J. Burckhardt

An Walter Gross   Vinzel, »La Bâtie«, 10. August 1957

Lieber verehrter Herr Gross,
Ihr Brief vom 28. Juni ist lange liegen geblieben, eigentlich wohl, weil ich Ihnen etwas zu sagen hatte, was schwer auszudrücken –, vielleicht etwas, was sinnlos ist.
Sie wissen wie sehr ich Ihre frühen Gedichte schätzte. Nun hatte ich die ›Taube‹ gelesen –, Sie sagen, die große Form sei Ihnen damit vielleicht noch nicht gelungen –, nun ja, was ist die große Form? Sie haben auch da ein bedeutendes Werk geschaffen – ich glaube, Sie können nicht anders, aber Sie haben, das ist der Ursprung meines Unbehagens, zum ersten Mal in dieser Weise, einer Zeittendenz nachgegeben. Alle die Unzähligen, welche heute Lyrik schreiben, benützen in diesen freien Rhythmen das Mittel des Stammelns unmittelbar, oder meist scheinbar unmittelbar, aus dem Unterbewußten heraus. Alle Associationen – wie durstige Tote – drängen sich heran, wollen Blut trinken, so oft dünnes Blut. Ich erhalte von jungen Barbewohnern aus St. Germain des Prés unendliche Produkte dieser Art; häufig ihre männlichen od. weiblichen Liebhaber wechselnde geschiedene Gelegenheitsarbeiterinnen in internationalen Büros schicken mir ihre Liebesgedichte, die früher auf Schmerz und Herz reimten, nun in hermetischer Form. Kürzlich bestürmte eine aufgeregte Mäzenin, das unlyrischste Wesen der Welt, mich mit dem »herrlichsten Gedicht seit Hölderlin«. Es lautet:

> Im Augenblick des Sonnenuntergangs
> entfernt vom Wind und feindlichen Worten
> arabeskengleich (was ist arabeskengleich? eine Arabeske
> wahrschl.)
> Einsamkeit in Alleen
> schläft alles – außer mein Gedächtnis (meinem?)
> rote Taube meines Schmerzes. etc. etc.

Ich finde in derartigem keinen Einfall, es überzeugt mich nicht, daß das Gedächtnis eine rote Taube, u. eine Taube des

Schmerzes ist »oder irgend ein anderer Vogel«, wie der währschafte »Globus« im Beginn solcher lyrischer Geständnisse unvergeßlich äußerte. Ich weiß wohl, die Redaktoren der Revuen, die armen, erbitterten – enterbten Kritiker, diese Racheengel, stellen sektiererische Ansprüche. Sicher haben Sie mit derartigem wie dem soeben Zitierten nichts gemein, als, – ja – als einen Ton, einen Stil der Aussage vielleicht, und ein Gefühl sagt mir, daß es sich eigentlich nicht um *Ihren* Ton handelt, nicht um *Ihren* Stil. Ton und Stil sind bei Ihnen völlig zeitlos, Sie haben nämlich Ihren eigenen Stil, ob Sie ein strenges Sonnett oder eine Ode schreiben, Ihr Wesen tendiert zur strengen Form, in Ihnen ist ein Stück antike Welt völlig lebendig. Was ich fürchte, ist, daß Sie diesen fünfziger Jahren opfern, wo werden diese in zwanzig Jahren sein?
Falls es mir einmal gelingt, nach Winterthur zu kommen, melde ich mich.
Herzlich grüßend Ihr   Carl J. Burckhardt

An Gerhard Marcks   Vinzel, »La Bâtie«, 16. August 1957

Verehrter, lieber Herr Marcks,
Ihre beiden Briefe sind mir ein wertvoller Besitz. Wir werden uns nun nicht mehr verfehlen, ich weiß, daß unsere Wege wieder zusammentreffen, sei es hier, sei es dort. Vom sogenannten Gescheitsein, vom zusammenhängenden, in Ketten fortwirkenden Denken, halte ich nicht sehr viel, viel weniger als vom richtigen *Sehen,* das stets zugleich ein *Ein*sehen ist, das einem die seltene Gabe verleiht, abzulehnen, was zum Kleiderplunder und Lügenwerk gehört, und vorzudringen zu den wirklichen Ausdrucksformen, die nicht verhüllen, sondern offenbaren. Sie lesen jenes für mich so weit zurückliegende Buch über den französischen Cardinal. Nun ja, er hat wie Caesar in einer Verfallszeit, in Not und Selbstzerstörung einer Nation, eine Ordnung geschaffen, von dieser Ordnung hat man auch noch im letzten

Jahrhundert gezehrt. Er ist gehaßt worden wie wenig andere und seine Ordnung, unter den Händen der Erben, ist zu einem bösen, zerstörenden Prinzip geworden. War das nicht bei Bismarck ähnlich? Selbst beim größten Römer nicht anders? – »Nachher« – ist in der Politik ein schlimmes Wort; was von Einzelnen dem Nichts entrissen wurde, das Gestaltete, wird zum toten Prinzip und fällt dem Nichts wieder anheim. Etwas ernster als im Richelieu rede ich in der ganz kurzen Studie über Karl V. Besitzen Sie den schmalen Band? Wenn nicht, so darf ich ihn schicken.
Dies ist unser Haus in den Reben. Es stand immer eine »Villa« an dieser Stelle, schon in der Römerzeit, als Nyon eine große Stadt war. Was wir heute bewohnen, stammt aus dem 18ten Jahrhundert, ist über einen viel älteren Keller aufgebaut. Bis zum letzten Jahr waren unsere Winzer ein Stand, sie waren am Gewinn beteiligt, bezahlten ihre Steuern, stellten die Saisonarbeiter an. Letztes Jahr wurde dekretiert, daß sie Angestellte seien, festbesoldete, einer von ihnen, der noch in einem kleinen gotischen Haus wohnt, hat sich einen gewaltigen Rausch angetrunken und hat dann einen Selbstmordversuch gemacht. Dergleichen versteht kein bürgerlicher Städter, er sagt: der dumme Kerl, was stellt er sich vor, jetzt ist er doch versichert!
Ich werde mich zwischen dem 6ten und 8ten Oktober bei Ihnen melden. Entweder komme ich am 7ten oder, *nach* Düsseldorf, am 10ten, falls einer dieser Tage Ihnen paßt.
Bis dahin gibt es noch viel Unrast.
Ich freue mich auf das Wiedersehn, auf unsere weitern guten Taten und bin in herzlicher Verehrung
                                          Ihr Carl J. Burckhardt

An Thornton Wilder   Vinzel, den 22. Oktober 1957

Lieber Thornton Wilder,
Erlauben Sie mir, mit der Maschine zu schreiben, man kann es besser lesen.

Ihr Brief hat mich sehr gefreut. Neulich sagte ich zu einem Freund, daß ich immer wieder die Feststellung bestätigt fand, wonach »Einverständnis ohne Sympathie« eine sehr ungemütliche Situation ergebe, wogegen »Sympathie ohne Einverständnis« die angenehmste und anregendste Beziehung bilden kann. Also, ich meine, wenn Sympathie vorhanden ist, braucht es wirklich keiner Übereinstimmung, nichts würde mich mehr langweilen und der Verzweiflung näher bringen, als ein Parteigenosse unter Gleichgesinnten zu sein.

Sie hatten die Güte, mir den Entwurf zu Ihrer Frankfurter Rede zu schicken, und ich habe Ihnen damals schon gesagt, in welchem Punkt wir nicht übereinstimmen. Völlig einverstanden war ich mit all dem, was Sie über die Bürokratie gesagt haben, aber die Bürokratie ist eine der Konsequenzen unartikulierter Demokratie. Die Anarchie ist eine andere, Diktatur oder Caesarismus eine weitere. Ich glaube nicht, daß man eine wahre Demokratie auf dem Begriff der Gleichheit aufbauen kann. Soziologisch existiert Gleichheit nur dort, wo sie auch auf dem materiellen Gebiet durchgeführt ist. Dies zu verwirklichen ist, trotz ungeheurer Machtmittel, selbst den Russen nicht gelungen. Es gibt eine Gleichheit der Umstände, aber nie eine Gleichheit des Wesens. Die Ähnlichkeiten sind trügerisch. Gleichheit ist eine Eigenschaft des Todes und nicht des Lebens. Wenn man sich die Mühe nimmt, genau zu erkennen, und diese Mühe ist wirklich eine demokratische Pflicht, so wird man lauter Unterschiede wahrnehmen. Die Schlüssel für die vielfältigen Gruppen und für die Einzelnen sind gar nicht so schwer zu finden. Ich persönlich beispielsweise bin sicher ein Vatermensch, weil ich meinen Vater und Großvater unaussprechlich geliebt und in kurzem Abstand, als ich sehr jung war, verloren habe. Infolgedessen, meiner sehr undisziplinierten Anlage entgegen, übernehme ich alle Aufgaben, die man mir auferlegt, auch diejenigen, die mir gar nicht zusagen, und ich versuche, sie zufriedenstellend zu lösen, wobei mein Eigenes zu kurz kommt. Das ist das Gesetz, nach dem wir

angetreten; ein jeder steht unter einer anderen Grundbedingung.
Nun will ich einen Moment pedantisch sein. Nebenbei, ich liebe das Wort »noblesse oblige« (ursprünglich bezieht es sich ausschließlich auf den Kriegsdienst, ich aber wende es gerne auf geistige Kategorien an). Bei französisch redigierten Gegensatzpaaren muß man immer besonders vorsichtig sein. Ich glaube, es ist Rivarol, der sagte: »Le français est la langue au génie à laquelle la rigueur s'est attachée.« – Das ist wahr. Deshalb ist der dialektische Gegensatz zu: »Noblesse oblige« nicht – »Bassesse condamne« – »bassesse« ist ausschließlich eine moralische Kategorie und nicht eine soziale, »condamne« steht nicht im Widerspruch zu »oblige«. Das negative Korrelat wäre: »roture dispense«.
Was ich in Frankfurt sagte, war ja alles von Ihnen, außer dem schulmäßigen Versuch über amerikanische Literatur; das Ihre versuchte ich zu variieren nach der Manier der guten Musiktradition.
Menschen, welche Vergangenes erleben, in glückliche Erinnerung zu verwandeln vermögen, habe ich immer bewundert. Ihre Fähigkeit ist eine der großen und vitalen Naturanlagen, die Frauen besitzen sie nach den Geburten, sonst würden sie keine anderen Kinder mehr haben. Der uralte Bernard Berenson sagte mir, als er 90 Jahre alt war, im hohen Alter laufe man Gefahr, das Gewesene entweder allzusehr zu verklären, oder allzusehr zu verdammen, im Grunde aber sei immer alles erträglich gewesen, sonst wäre man ja gar nicht mehr da.
Wie glücklich bin ich, daß Sie das große Stück von Raimund sehen werden und daß Sie Ihren Stammtisch bei Sacher beziehen können. Ach, daß es das immer noch gibt! Diese Theaterstadt Wien, in welcher wirklich alles mimisch geblieben ist, vom Tandelmarkt bis zu den letzten Schlupfwinkeln der Herrengasse, und daß Sie wie im Wilhelm Meister mit Schauspielern leben werden, wie schön! Mit Wiener Schauspielern, die eigentlich nur die Erfüllung des dortigen täglichen Lebens sind. Ich habe zum Theater im-

mer ein sehr starkes, aber ein sehr schwieriges Verhältnis gehabt, schwierig unter anderem, weil die Person und die Eigenart des Schauspielers, auch seine nationale Eigenart, für mich fast immer die Rolle durchbrach. Als Kind habe ich noch Josef Kainz gesehen als Don Carlos und Karl Moor, auch noch als Hamlet. Laurence Oliviers Hamlet hat mir dann jene »verklärte Erinnerung« verwischt und zerstört. Sehr deutlich sehe ich vor mir noch die Duse, höre fast halluzinierend noch ihre Stimme, Sacha Guitry habe ich sehr bewundert, aber der größte Schauspieler innerhalb meines persönlichen Inventars war der erst vor drei Jahren verstorbene Ruggiero Ruggieri. Zweimal hörte ich ihn in Paris, zuerst als die größte Identifikation mit einer Rolle (wirklich der *größten* Verwirklichung einer Rolle), von einem Schmierenensemble umgeben, in einem Pirandello, vor einem ganz leeren Saal (37 Zuhörer); und dann noch am nächsten Tag, als er den Kriton vorlas.

Nun auf die Gefahr hin, daß Sie sagen, »was fällt dem geschwätzigen Greis ein«, einige Reflexionen zu der Aufführung der Alkestiade in Frankfurt.

Wie ich Ihnen schon sagte, fand ich die Aufführung der ersten zwei Akte sehr gut, aber das Theater verändert immer meine beim Lesen erlebte Vorstellung. Natürlich hatte ich mir schon eine stark ausgeprägte Alkestis gebildet, und dann war nicht meine archaische Königstochter, sondern »die deutsche Frau« auf der Bühne. Admet mimisch für mich allzu edel. Wenn er sich nachher von dem sehr saftigen Herakles verprügeln läßt, wirkt er fast peinlich. Mir scheint, diese Szene müßte anders gespielt werden. So denkt man unwillkürlich: Kein Wunder, daß ihn der barbarische Imperialist besiegt, und man verliert das tragische Mitgefühl für seinen Fall. Das Satyrspiel müßte natürlich nicht mit einem aufdringlichen Stilbruch wie in Frankfurt, sondern gerade wegen des Possenhaften unheimlicher, schattenhafter, hieratischer gespielt werden. Aber gehört dieses Satyrspiel wirklich ans Ende? Es wirkt retrospektiv, wir wissen ja schon! – Ich sagte Ihnen, daß ich die Alkestiade besonders

liebe, deshalb beschäftigt mich die Frage des dritten Aktes. Bei der Lektüre betrachtete ich ihn losgelöst von Ort und Zeit als einen epischen, nachdenklichen Epilog. Aber auf der Bühne läßt er sich nicht von der Macht der poetisch zwingend beschworenen, unendlich fernen Epoche lösen, vielleicht auch ist die alte Alkestis auf der Bühne nicht schweigsam genug. Der Aphorismus beispielsweise über die Genugtuung der Rache ist zwar sehr stark, aber stark als Reflexion des Autors. Jede Aufführung verkörpert, und totale Vortrefflichkeit ist am schwersten zu verkörpern. Schon die Frau von Andros ist nah an der Diotima, die Alkestis des dritten Aktes aber geht über sie hinaus. Unwillkürlich bleibt einem die Orestie beständig gegenwärtig, und diese Gegenwart veranlaßt die Empfindung, daß es für die Bergpredigt noch zu früh sei, zu sehr vor Tag für evangelische Mahnungen, und, wie gesagt, ist mir für eine bestimmte Ethik die poetisch verwirklichte altgriechische Atmosphäre noch zu stark. Bis zum Ende des zweiten Aktes verläuft alles lückenlos, aber im dritten Akt bieten verschiedene Tragödien, bieten verschiedene Zeiten sich gegenseitig Schach.
Nehmen Sie diese Überlegungen nicht als Unverschämtheiten, sondern nur als Ausdruck dafür, wie sehr mich dieses Stück beschäftigt.
Ich wünsche Ihnen ein gutes Wien, einen guten Winter. Vielleicht sehen wir uns doch noch einmal vor Ihrer Rückkehr.

> In bestem Gedenken
> der Ihre
> Carl J. Burckhardt

An Mabel Zuppinger　　　　　Vinzel, »La Bâtie«,
　　　　　　　　　　　　　　den 23. Oktober 1957
Liebe Mabel,
Du weißt, wie gerne ich immer, wenn Du mir einen Vorschlag machst, augenblicklich darauf eingehe, aber auf die

Frage: »Worauf gründen Sie Ihren Glauben an die Zukunft?«, ist es mir schlechterdings unmöglich zu antworten. Man kann an Gott glauben oder eventuell an die Bewährung eines Menschen; an die Zukunft zu glauben, die man ja gar nicht kennt, erscheint mir als eine unauflösbare Aufgabe. Man kann vielleicht bis zu einem gewissen Grad die Zukunft voraussehen, aber die Zukunft wessen? Diejenige unserer europäischen Gemeinschaft, diejenige Asiens, diejenige Amerikas oder die Zukunft der so ungeheuer abstrakten Menschheit? Die Voraussicht kann mehr oder weniger optimitisch sein, je nach Temperament des Befragten. Nein, so leid es mir tut, in diesem Fall muß ich mich des Versuchs einer Antwort enthalten, die Fragestellung gefällt mir nicht.

Neulich wurde ich von einer Zeitschrift bearbeitet, die absolut wünschte, ich sollte in ihren Spalten die Frage beantworten: »Woran glauben Sie?« Derartiges läßt sich mit Worten überhaupt nicht ausdrücken. Ein Katholik würde einfach das Credo rezitieren.

Sei mir nicht böse. Ich hoffe auch sehr, Dich bald einmal wieder zu sehen und bin in alter Freundschaft

in Verehrung stets Dein
Carl J. B.

An Christoph Bernoulli   Vinzel, 8. November 1957

Lieber Christoph,
Sonntag will ich mit Pic und ihrem Mann, wenn das Wetter es erlaubt, einen alten, – ja einen uralten Spaziergang machen: Pratteln, Schönenberg, Adlerecke, Fußweg durch den Wald auf den Adlerhof (der in meiner Kindheit »Bault« hieß), Schauenburger Flüh, Arlesheim. Abends bin ich bei Dory.
Am Montag treffe ich gegen elf Uhr einen merkwürdigen, skurrilen und sehr begabten Heidelberger Juristen, Herrn S.,

er ist der Neffe Kommerells. Er kommt eigens von seiner Universitätsstadt, um über dies und jenes zu reden, sodann will er Basel sehn. Ich werde also vor und nach dem Mittagessen mit ihm spazieren gehn. Nun aber das Mittagessen selbst? Wo sollen wir hingehen? Wo ist es hübsch und gut? Und vor allem: Könntest Du nicht um 12 Uhr 45 zu uns stoßen? S. würde Dich interessieren und Du ihn. Willst Du mir ins Drei König ein ganz kurzes Wort schicken? Ob ich Dich erwarten darf und wo? An den von Dir bezeichneten Ort gehn wir dann auf alle Fälle.
Ich war sehr froh über Deinen Brief, obwohl er eine so traurige Nachricht enthielt, die ich erst durch ihn erfuhr. René J. hat mich immer gerührt, angezogen und erschreckt zugleich, immer spürte ich in ihm diese Angst, von der Du sprichst und sie zog mich jeweils in ihren Bann; wenn er mir gegenüber saß, spürte ich eine leichte Lähmung, wenn wir uns trennten, war ich wie entladen und immer traurig, man konnte ihm in keiner Weise helfen, es kam mir vor, als habe er Schlittschuhe an den Füßen und als werde er von einem kühlen Wind rückwärts in Bogen übers Eis getrieben, immer in einer nobeln, unerhörten Haltung. Ich glaube, er war ein sehr treuer Freund, und Ihr jedenfalls habt viel verloren, er liebte Euch alle zusammen in einer scheuen Art.
Aber abgesehen von dieser Mitteilung, die mich noch beschäftigt, war Dein Brief für mich eine Auflösung in Dur. Ich hatte nämlich gefürchtet, ich hätte Dir zu Deinem Geburtstag zu leichtsinnig und scherzhaft geschrieben. Es ist seltsam, wenn man einmal im 67ten Altersjahr steht, kommen einem diese ununterbrochen gefeierten Sechziger etwas komisch vor, diese Jünglinge des Herbstes, diese Septemberburschen, man fühlt sich doch selbst als ernsten schneebestäubten Novembermann. Und dennoch, als bei *meinem* Sechzigsten einst Lucy ein kleines Essen gab und plötzlich das Winterthurerquartett hinter der Eßzimmertür Haydns »Gott erhalte« anstimmte, da war mir, als ob meine ganze ferne Jugend wie eine selig-bittere Grundwelle mich erfasse und ein letztes Mal unwiederbringlich mich hochtrage und

dann an einen unbekannten Strand werfe. Wir sind in unsern Körper eingeschlossen wie die unglückliche Samojedenhündin in ihren Sputnik. Ultima latet.
Ja, noch eins, – jetzt war ich doch endlich einmal in Alpjen. Über ein strahlendes Oktoberwochenende fuhr ich zu dem über alle Begriffe muntern und auch aufmunternden Zuckmayer. Ich bezog ein Zimmer im Hotel Allalin und der Berg dieses Namens leuchtete mir um 7 Uhr früh ins Gesicht, er weckte mich in einer Herrlichkeit ohnegleichen; nie habe ich ein so grandioses Talende gesehen. Leider, wie Du denken kannst, tranken wir am ersten Abend rheinisch dionysisch. Am nächsten Morgen stiegen wir den schönen Stationenweg hinab und dann auf der andern Talseite auf die Triftalp hinauf, ich war seit 2 Jahren nicht mehr in den Bergen gewesen und mußte schnaufen wie ein Bankpräsident. Ich schämte mich. Vor meiner Abfahrt standen wir auf dem Platz zwischen Deinen beiden Häusern, es war schattig und kühl, ich mußte mir Hochsommertage vorstellen und Dich am offenen Herd in der geschützten Ecke stehend. Im nächsten Sommer besuch ich Euch. Du kannst jederzeit hierherkommen, im Dezember muß ich einmal nach Basel, zweimal nach Zürich, aber bis Neujahr sind wir hier. Wir besprechen dann die Verlagsfrage – ich denke an Piper. Über eigene Arbeiten mit einem Freund zu reden war immer ein Wunschtraum von mir, der sich seit meiner frühen Jugend nie mehr erfüllt hat, auf diesem Gebiet würde meine einzige pädagogische Anlage liegen und ich selbst würde durch ein Eingehn auf meine Versuche sehr gefördert. Aber man ist immer allein, es braucht sehr viel Überlegenheit, um neidlos aus dem Vollen zu raten und zu helfen.
Auf baldiges Wiedersehn, Euch allen herzlichst
                                              Carl J. B.

An Bernt von Heiseler Vinzel, La Bâtie,
Stiller Samstag 1958
Sehr verehrter Herr von Heiseler,
Daß ich so lang gezögert habe mit meiner Antwort auf Ihre Frage, liegt an Caesar. Ich glaube nämlich, das Inkommensurable lasse sich im Drama nicht darstellen. Wir können zu dramatischer Wirkung nur dasjenige bringen, was wir selbst zu sein vermögen, eine Jessika mag in uns vorhanden sein und ein Richard III., ein Hamlet und ein Jago sogar, aber ein Caesar nicht. Selbst Shakespeare ist ihm ausgewichen, hat Brutus in den Mittelpunkt seines Trauerspiels gestellt, Caesar wirkt nur wie aus der andern Sphäre, als großer Schatten hinein. Wäre er wirklich anwesend, er würde das ganze Stück sprengen.
Das möchte ich vorausschicken. Was Sie gemacht haben, ist sehr bedeutend; das Politische, das wirkende Schicksal, die handelnden Personen sind stark, richtig und höchst eindrucksvoll gesehn. Und doch würde ich sagen, der einzige, der im Kreis Ihrer Figuren unglaubhaft bleibt, ist der Julier; es geht nicht an, ihm Worte in den Mund zu legen, ihn, innerhalb des euripideischen Zwangs, Handlung durch Worte fortzubewegen, – reden zu lassen.
Ich bin nicht zu Ende. Ich will mich weiter mit dem Gegenstand befassen und hoffe mündlich mit Ihnen das große Problem zu erörtern.
Goethe warnt einmal von den überdimensionierten Themen, Egmont ist ein mittlerer Flame, Faust ein rechter deutscher Emphatiker, ein Typus mit grenzenlosen Plänen u. einem Hang zum ständigen Transzendieren. Goethe hat sich mit dem Problem der überragenden historischen Persönlichkeit im Rahmen des Kunstwerks befaßt: Mohammed – Voltaires kalter Versuch über den Propheten interessierte ihn. Aber er hat abgelassen von jedem Unternehmen, dasjenige, was Leben und Schicksal aufs Äußerste gesteigert hatten, auch in dichterischer Spiegelung einzufangen.
Man kann einen Kaiser Rudolf, einen Wallenstein, einen

Demetrius über ihre Wirklichkeit hinaus steigern und dadurch unvergeßlich werden lassen, einen Caesar nicht. Grabbes Napoleon-Drama ist eine Niederlage. Tolstoj hat den Korsen nur ganz peripher, in »Krieg und Frieden«, übers Schlachtfeld reiten lassen. Die große theatralische Gestalt ist von Dichters Gnaden, aber es gibt historische Inkarnationen, denen diese dichterische, diese *menschliche* Gnade nicht angemessen ist.
Ich hoffe auf ein gelegentliches Wiedersehn und bin in Verehrung Ihr   Carl J. Burckhardt

An Walter Boveri   Vinzel, La Bâtie, Ostern 1958

Lieber Walter,
Deine Schrift zur Ethik im Atomzeitalter habe ich mit großem Interesse gelesen.
Heidegger schrieb vor einiger Zeit, das Ergebnis des Cartesianischen Denkens sei die Atombombe. Aber das logische, das analytische Denken ist so alt wie die Menschheit, es hat sich bei den Griechen, im römischen Recht und dann vor allem in der Scholastik (mit dieser Methode verwandt: Talmud) in merkwürdiger Weise verschärft, um schließlich – wissenschaftlich – zu werden, die Wissenschaft aber behielt für mich immer eine verdächtige Seite, weil sie auftrennt, zerlegt, ordnet, erklärt und erkennt, aber nicht im Stande ist, Leben einzuhauchen, zu verbinden, zu beseelen, wirkende Gestalt zu schaffen. Die Gebilde, die aus ihr hervorgehn, sind Prothesen, aber keine autonomen Wesen.
Ethik? ἔϑος heißt: Sitte. Ethik heißt eigentlich: Wissenschaft vom Wesen und den Grundlagen des Sittlichen: Also *wieder* Wissenschaft d. h. Erklärung. »Wesen« ist ein dunkles deutsches Wort, das man sehr mißbräuchlich und im Übermaß gebraucht und das in der geläufigen Anwendung meistens *nichts* heißt. Es kann alles enthalten, Gutes, Schlechtes, Großes, Nichtiges – *was* immer. Wenn wir aber vom Wesen des

Sittlichen sprechen, so meinen wir etwas, was ohne metaphysischen Ursprung undenkbar ist. Das hast Du in Deinen Gedankengängen sehr deutlich zum Ausdruck gebracht. Der erkennbaren Welt entspricht unausweichlich eine unerkennbare, der sichtbaren eine unsichtbare, der erklärten eine unerklärliche. Mich hat immer in dem großen christlichen Gebet, das Thornton Wilder in Frankfurt lästerte, die Stelle »denn Dein ist die Kraft« so nachdenklich berührt. Kraft kann sich in Materie, Materie in Kraft verwandeln, was bei der Umwandlung verloren geht, sind Formen, Eigenschaften, Erscheinungsformen. Laotses Wort: »alles ist in der Wandlung« ist mir vertraut, alles kann auferstehn. Wenn die Maja, die Welt der Erscheinung, die materielle Welt zu Kraft werden kann, so kann auch die Kraft jederzeit Materie schaffen und in dieser als Lebensprinzip schöpferisch wirken. Die Weltgesetze sind so einfach als schön und wer sie fühlt und als Ganzes, als ein Untrennbares hinnimmt, nimmt Teil an einer herrlichen Ordnung, – dem »*ordo amoris*« der Menschen des Mittelalters; dieser Ordnung entsprechen Sitte und ihr als Möglichkeit in uns liegendes Maß, die Sittlichkeit.

Unsere Zeit ist ganz auf Erkennen, Nachahmen und auch Verunglimpfung der Schöpfung eingestellt, das stille Hinhören auf ihr herrliches Gesetz, die Versenkung, die Meditation gingen verloren. Daß Du, mitten aus großer, aktiver Mitwirkung am Zeitgeschehn, diese andere vergessene, aber entscheidende Aufgabe unseres Daseins, recht eigentlich seinen Sinn wieder aufrufst, ist ein großes Verdienst, für das Dir, wie ich selbst, alle aufmerksamen Leser Deiner Abhandlung, dankbar sein werden.

Dies sind einige Überlegungen eines grauen Ostertages. Deine Schrift, für die ich Dir aufs herzlichste danke, hat sie angeregt.

Mit vielen Grüßen und Empfehlungen an Deine Frau, stets Dein alter

Carl J. Burckhardt

An Otto Heuschele Vinzel, Kt. Waadt, »La Bâtie«,
den 17. April 1958
Verehrter, lieber Herr Heuschele,
Ich schreibe heute nur ganz kurz, da ich nach meiner Erkrankung zuviel aufgelaufene Arbeit habe.
Die Reinhardsche Korrespondenz finde ich außerordentlich interessant, und ich danke Ihnen für die Herausgabe sowie für das Geschenk, das Sie mir machen. Reinhards Gestalt hat mich immer interessiert. Durch diese Briefe wird deutlich: Er empfindet sein Entwurzeltsein sehr stark, er befindet sich in einem merkwürdig apologetischen Zustand, dabei besitzt er einen, auch in seinen Tagen, erstaunlichen europäischen Überblick, aber schon damals kann er seine Einsichten und Kenntnisse von Land zu Land nur sehr wenigen mitteilen. (Heute ist dies noch schwieriger, weil alles, trotz der technischen Verkehrsmöglichkeiten, aus soziologischen Gründen unendlich viel provinzieller geworden ist.) Früher wurde die Vertikale der Nationalismen durch horizontal gelagerte gesellschaftliche Gruppen geschnitten – Gruppen, die innerhalb derselben Lebensgewohnheiten und Formen über alle Landesgrenzen hinweg untereinander in Kontakt standen. Sie sind heute verschwunden, und jene einstigen Formen werden aus Mißverständnis, wie ich glaube, immer noch verlacht oder sogar gehaßt. Auch da hat Goethe viel gewußt, aber hat sich nur sehr vorsichtig darüber ausgesprochen. In wesentlichen Dingen formulierte er immer aufs deutlichste, so wenn er sagt, Gott werde vielleicht bald einmal die Welt zusammenschlagen, um etwas Neues zu versuchen, oder wenn er schreibt, alle Kunst sei religiös, und wenn sie es nicht mehr sei, sei sie nur noch nachahmend. Berührte er aber die untere Zone, wo die Passatwinde der menschlichen Leidenschaften wehen, sprach er in Andeutungen.
Nebenbei, sind Sie zufällig auf eine merkwürdige Stelle in den »Karamasows« gestoßen?
Sie lautet: »Aber dort im Weltenraum, wenn ein Beil dorthin gelangen könnte!«

»Kann denn ein Beil dorthin gelangen?« fragte Iwan Fedorowitsch ganz gedankenlos in seiner Zerstreutheit.
»Ein Beil?« fragte der Gast verwundert.
»Nun ja, was würde dort mit einem Beil geschehen?« bestand Iwan Fedorowitsch eigensinnig und gereizt auf seiner Frage.
»Was mit einem Beil im Weltenraum geschehen würde? Quelle idée! Wenn es irgend wohin weiter fortgeriete, so würde es alsbald anfangen, etwa in der Gestalt eines Trabanten um die Erde zu kreisen, ohne selbst zu wissen, warum. Die Astronomen würden den Auf- und Untergang des Beiles genau feststellen und alles weitere berechnen. Man würde es in den Kalender eintragen.«
»Du bist dumm, ganz furchtbar dumm!« sagte Iwan widerwillig. »Sei doch wenigstens etwas klüger, wenn du faselst, sonst werde ich nicht mehr zuhören.«
Das Beil im Weltraum und Goethes Wort vom Zusammenschlagen gehören einer visionären Fähigkeit an, die merkwürdigerweise gerade in der ersten Hälfte des neunzehnten Jahrhunderts oft zu verzeichnen ist, während sie im achtzehnten völlig fehlt.
Ihnen und Ihrer verehrten Frau Gemahlin alles Herzliche.

Carl J. Burckhardt

An Isa Neeff-Vöchting Vinzel, 18. Juni 1958

Liebe Isa,
Ich freue mich immer besonders über Deine lieben und schönen Briefe. Wie froh bin ich, daß Du diese nordische Reise hast machen können, ich kenne Finnland nicht, aber ich hörte immer wieder von Land und Leuten Herrliches berichten, wirklich wie aus einem alten Heldenepos. Nun bist Du ja wegen einer augenblicklichen Sorge hingefahren und es ist schön, daß dann alles gut wurde, daß Du die Reise genossen und daß sie Dich abgelenkt hat. Die dummen

Skiunfälle! Ich selbst habe mir im unbequemsten Moment, 1941, kurz bevor ich für die Kriegsgefangenen, mitten im Luftkrieg, nach London fliegen mußte, das Bein im Wallis gebrochen, lange habe ich an der Bruchstelle noch die Wetterwechsel gespürt, und seither bin ich nie mehr Ski gefahren.

Erschreckt war ich durch dasjenige was Du mir über eine schwere Zeit der Niedergeschlagenheit schreibst. Das Leben ist immer gefährlich und oft von großer Härte, aber, scheint Dir nicht, daß mit dem Älterwerden Trauer, Verzweiflung, Angst und dergleichen eigentlich sinnlos werden. Man hat so viel gesehen und erfahren, hat tragische Abschlüsse überdauern müssen und hat auch Heilkräfte und plötzliche oder allmähliche Wendungen zum Guten festgestellt. Es gibt Fälle, in denen man vieles der Selbstwirksamkeit der Dinge überlassen – und das peinigende Verantwortungsbewußtsein abstellen muß. Man vermag nichts über Andere, man kann nur auf sie warten, hoffen, daß sie wiederkommen, sich selbst finden, und wenn dies nicht der Fall ist, so muß man selbst sich an das Gute und Wohlgeratene halten, das einem im Laufe des Lebens zuteil wurde, und im übrigen *gelassen* bleiben.

Falls innerhalb einer konkreten Situation ich irgend etwas helfen kann, so sage es mir. Manchmal kann man durch Empfehlung einer Person einen günstigen Milieuwechsel, irgend einen Neubeginn veranlassen. Ich weiß nicht, worum es sich handelt, aber Du hast immer so viel Ruhe und Weisheit gehabt, geht es um etwas Menschliches, so hilft vor allem die Zeit, geht es um Materielles, so muß man sich mit einem gewissen Fatalismus wappnen; kämpfen reibt auf, wenn man es mit Übelgesinnten zu tun hat. Aber das Wichtigste ist, daß Du Dein Vertrauen auf die immer mögliche Hilfe und vor allem, daß Du Deine Seelenruhe bewahrst. Man ändert nichts, hilft nichts und niemand, wenn man sich selber quält. Verzeih diese Predigt und nimm sie nur als Ausdruck meiner alten Freundschaft. Dein Dich und die Kinder herzlich grüßender Carl

An Albert Schweitzer Vinzel, 5. August 1958

Sehr verehrter, lieber Dr. Schweitzer,
Also im November komme ich bestimmt nach Günsbach. Ach, es war eigentlich nicht Erziehung, die mich verhinderte zu erscheinen, aber eine gewisse Scheu, Zeit zu rauben. Ungefähr seit dem Überschreiten des 65. Lebensjahres ist mir die Zeit plötzlich ungeheuer wertvoll geworden, früher war ich der reinste Verschwender, ich dachte auch nie daran, daß ich jemand stören könnte, das Gespräch war mir wichtiger als die Aufzeichnung, und ich fragte mich gar nicht, ob es sich für die andern ebenso verhalte.
Gestern, an einem herrlichen hellen Ostwindtag, besuchte mich Robert Minder, er erzählte mir viel von Ihnen und unter anderm auch, was mich mit Freude erfüllt hat, daß Sie ein Herz für das alte Österreich und seine Föderativform hatten, seine Zerstörung bedauerten und die jetzt eingetretenen Folgen dieser Zerstörung schon immer voraussahen.
Die Gegenstände, über die wir sprechen sollten, sind so zahlreich, daß ich schon fürchte, wir kommen ins Gedränge: Musik, Frankreich, Saint Empire, die andern Kontinente, der Unsegen, der von deutschen Philosophen des 19. Jahrhunderts ausging, die Wirkung Hegels, das verantwortungslose Denken, die in der Luft hängenden Todesdrohungen, physische Ausrottung, geistiger Tod, die letzten Freiheiten. Etwas, was mich unablässig beschäftigt, ist die Tatsache, daß die Methoden stärker sind als die Köpfe, die sie anwenden, daß die Hingabe an eine Methode mit Haut und Haar bis ad nefas führt. Heidegger sagte kürzlich, die Konsequenz des cartesianischen Denkens sei die Atombombe, das ist eine »boutade«, er gesteht es selbst. Aber »cum grano salis« genommen bezeichnet der ihm in den Mund gelegte Ausspruch etwas Wahres: die paar Atomphysiker, die es gibt – man könnte sie im Zimmer, in dem ich schreibe, versammeln – haben, aus dem Tunnel ihrer Forschung auftauchend, die übrigen Milliarden Menschen mit

dem Ergebnis ihrer methodisch errungenen Einsicht beschenkt, und dann, einer nach dem andern, erinnerten sie, aus dem Dunkel ihrer Konzentration auftauchend, daran, daß sie, wenigstens partiell, Menschen sind, nun erschraken sie gewaltig und fingen an zu warnen. Den Feuerbringer Prometheus hat man an den Kaukasus geschmiedet, aber das Feuer blieb.
Die Menschheit hat es noch nie zustande gebracht, auf ein Machtmittel zu verzichten. Einzig die alten Chinesen behaupteten, aus dem von ihnen erfundenen Pulver nur Feuerwerk gemacht zu haben. – Der ungeheure Hauptgegenstand unserer Zeit, den Sie so mutig aufgegriffen haben, beschäftigt auch mich unablässig. Die Lösung (fürs nächste, denn jede Generation kann auf jede Lösung jederzeit zurückkommen) – die Lösung ist so ungeheuer erschwert durch den Umstand, daß sie nur durch ein bindendes Einverständnis, in dem endgültigen Aufgeben der Atomwaffen, dem Abmontieren der bestehenden Bestände bestehen könnte. Daß es aber kein bindendes Einverständnis, in welchem Namen immer, keinen Eid mehr gibt, ist evident. Lüge und Mißtrauen sind überall und sodann: zwei feindliche Welten stehn sich gegenüber und das Aufgeben der Atomwaffe kommt der Kapitulation der einen von beiden gleich. Seeckt, der Schöpfer der Reichswehr, sagte mir einmal, der beste Soldat der Welt ist der Chinese, es gibt 600 Millionen Chinesen, das letzte Bataillon entscheidet die Kriege: Wo findet der kleine Teil unserer Willensfreiheit einen Ausweg? in der Unterwerfung, von der Bertrand Russell sprach?
Wir haben fast zuviel Gesprächsgegenstände, selbst für ein Gespräch ist es schwer, eine Ordnung zu gewinnen, denn wir leben in einer Welt ohne Dominante; ist nicht die Zwölfton-Musik ihr Abbild?
Aber, Sie wissen, wie sehr ich mich auf ein Wiedersehen freue. In alter Bewunderung und Dankbarkeit bin ich
        mit herzlichsten Grüßen
        Ihr
        Carl J. Burckhardt

An Walther Meier Vinzel, 16. VIII. 1958

L. W.,

Lies doch den Leitartikel in der grünen Tat, 16. August: »Der indirekte Angriff«. Zweierlei hat mich daran interessiert, erstens die Gefährlichkeit »völkerrechtlicher Begriffe«, (der »Angreifer« gehört schon seit den zwanziger Jahren zum Propagandagerümpel, mit dem die Diplomaten jonglieren), zweitens die Rabulistik der Argumentation, – der Artikel könnte Wort für Wort in der ›Pravda‹ stehn.

Herr F. scheint Araber für Bewohner von Wallisellen zu halten, die mit demokratischen Gefühlen zur Welt kommen; jeder, der sie kennt, weiß, daß solche Begriffe auf die vorderasiatischen Völker überhaupt nicht anwendbar sind. Was mich bei der jetzigen anti-amerikanischen Hetze frappiert, ist die Tatsache, daß die Europäer vor lauter rechtsverdrehenden Begriffen die einfache Tatsache nicht einsehn, daß auf allen Fronten um *ihre* eigenen, unmittelbaren Lebensinteressen, um ihre materielle Existenz, um die Zukunft ihrer Kinder gekämpft wird. Es wird ihnen gar nicht mehr bewußt, daß es nicht um Regierungsformen, Feudalität und andere psychische Komplexe geht, sondern einzig um Macht, wobei Moskau zur Zeit die enorme Chance hat, die Passion nationalistischer Massen in Asien und Afrika in der Hand zu haben, während die Angelsachsen Argumente besitzen, die ärmer sind als diejenigen der Alliierten vor Valmy. Das Schlimme ist, daß der Westen diesmal die Wahrheit für sich hat, und die Wahrheit ist niemals leuchtend, sondern immer unscheinbar und mit Worten, besonders des völkerrechtlichen Jargons, gar nicht wiederzugeben.

Herzlichst Carl

An Michael Stettler Vinzel, den 14. Oktober 1958

Lieber, verehrter Freund,
Vor vier Tagen kehrte ich aus Apulien zurück, in zwei Wochen soll ich nach Palästina fliegen. Vor mir liegt ein chaotisches Gelände mit Granattrichtern: Briefe ohne Ende, und zwischen den Trichtern einige unversehrte schöne Höhenzüge, und dort begegne ich Ihren gütigen Nachrichten vom 19. September.
Daß der Wirtschaftskrieg der Plantas gegen die Salis zu einer solchen Gespensterversammlung führte, wie die beiden deutschen Gewährsmänner sie erlebten und feststellten, läßt die erstaunlichsten Annahmen zu über das dereinstige Treiben unserer Generaldirektoren in 300 Jahren. Aber ich fürchte, sie werden nicht mit schellenbehangenen Pferden im reinen Schnee vorfahren, sondern sich in verödeten Fabrikgeländen und in halb eingestürzten Banktrésors tummeln. (N. b. die sachliche Auskunft ist außerordentlich interessant.)
Was Sie über das Grabmal des Guidarello Guidarelli sagen, hat mich sehr bewegt. Das geschieht bisweilen, wohl grausamerweise, daß ein Künstler, in Stunden, weit über seine eigentliche Berufung hinausgehoben wird, eine Höhe erreicht, die ihm vorher und späterhin versagt bleibt und ihn gewissermaßen auch den Schmerz über das Bewußtsein der eigenen Beschränkung in der einen über ihn hinausführenden Leistung ganz zum Ausdruck bringen läßt. Ich habe das Bild, das wir im Sommer zusammen betrachteten, immer noch nicht von meinem Kamin im Schlafzimmer weggenommen, ich sah das Original zum ersten Mal 1921, damals ergriff mich der dargestellte Mensch, jetzt ist es etwas anderes, jetzt spricht zu mir die späte Blüte, die Essenz des Ritterlichen, wie Sie es so richtig sagen, diese gotische Vollendung im Zeitpunkt des reifen und doch gegenüber Lombardo noch so jugendlichen Michelangelo.
Wir müssen im Winter, vielleicht nach Neujahr, wieder ein langes Wochenende zusammen verbringen, oder ich

komme einmal rasch nach Steffisburg, um mich an Ihren Ofen zu setzen, nach dieser letzten Italienreise: Verona, Pescara, Barletta, Brindisi, Tarent, Benevent, Neapel, Paestum, Ravello und mit allem, was am Wege liegt, – des Engels Michael gewaltiges Heiligtum – Monte Sant Angelo –, die unsägliche Halbinsel Gargano, wo wir ganz allein waren, Castel del Monte und alle andern Staufenschlösser, sogar Gioia del Colle, ja, nach dieser allzu raschen Reise habe ich unendlich vieles zu berichten und zu fragen.
Aber mir graut vor der zweiten Novemberhälfte und dem Monat Dezember. Ich habe vier große Terminarbeiten vor Neujahr abzuschließen, habe viel zu viel versprochen; ach, es wird wohl mit einer Niederlage enden!
Betrübt bin ich, ganz den Kontakt mit Robert Boehringer verloren zu haben, er fehlt mir, aber ich weiß unsern Freund so beschäftigt, daß ich nicht recht wage, ihn aufzustören und ihn um einen Abend zu bitten. Grüßen Sie ihn, falls Sie ihn sehen sollten.
Empfehlen Sie mich Ihrer sehr verehrten Frau und grüßen Sie die Kinder, besonders meine spezielle Freundin Theres. Wäre sie jetzt bei uns, hätte sie wenig Freude am »Wimmet«, die Ernte ist miserabel, noch viel schlechter als 1957, und meine Schwiegermutter tut mir leid, die gedrückt und unermüdlich hinter den diesmal wieder savoyischen Winzern (auch schon ein wenig wie ein Geist), von früh bis spät die steilen Rebberge hinauf und hinunter steigt.

        Ich bin aufs herzlichste der Ihre
        Carl J. Burckhardt

An William Taub   Herzlia on Sea, Israel,
        7. November 1958

Sehr verehrter Herr Taub,
Ihr so überaus gütiger Brief und das schöne Bild der Stadt von der es in unserm Liedbeginn heißt: Jerusalem, Du hochgebaute Stadt, – Brief und erinnerungsstarkes Geschenk, haben mich außerordentlich erfreut. Das Schönste

für mich, innerhalb dieser im Land verbrachten Woche, war das doppelte Gespräch mit den Zeichen von Vergangenheit und Gegenwart auf der einen – mit lebenden Menschen auf der andern Seite. Sehen Sie, was mir so ungeheuer merkwürdig war ist Folgendes: wir, in den europäischen Ländern, kennen nur ein Volk wirklich, und zwar das eigene; kennen wir noch ein anderes, so kennen wir es von *außen* d. h. wir besitzen einige Kenntnisse seiner Eigenart, gelangen wir, was nur selten der Fall ist, über diesen Zustand hinaus, dringen wir wirklich in das fremde Geheimnis ein, so sind wir prädestiniert zu leiden und mißverstanden zu werden; Sie dagegen, hier in Israel kennen alle Völker von *innen,* mit allen haben Sie bis zu 2000 Jahre gelebt, vorbereitet durch den Hellenismus, wissen Sie um die Relativität nationaler Eigenschaften, die Sie gegeneinander abzuheben und zu vergleichen vermögen. Das kann niemand außer Ihnen. Als Sie in der Welt zerstreut waren bedeutete dieses Wissen eine schwere Belastung der Anpassung und Identifikation mit der jeweiligen Heimat, heute, in dieser einen Generation des Übergangs aber, bedeutet sie ein ganz seltenes, unendlich wertvolles Gut. Aus Ihrem Wissen hinaus, sollte – das Schwierigste – die Vermittlung möglich sein – Vermittlung zwischen den beiden Lagern, zwischen Ost und West, zwischen Asien und den Ländern des alten Europa. Sie sind die einzigen, die sich in beide unter der Hypnose der Gegnerschaft stehenden Gruppen versetzen können; Sie sind das religiös intensivste und das am meisten schöpferische, – religiös-schöpferische Volk, Sie vermögen es, die Spannungskräfte des Glaubens bei den andern zu ermessen, Sie sind aber gleichzeitig ein nüchtern analytisches Volk, das alles und das Gegenteil von allem hundertfältig erfahren hat; Sie kennen den nationalen Überdruß angesichts jeder Art von metaphysischer Verheißung, Sie verstehen den selbstgenügsamen, scharfen, aufs Konkrete gerichteten Kalkül eines Karl Marx, Sie vermögen es, geistig alle Sprachen zu sprechen und alle zu verstehn; die Sprachen des Zeitalters, die Sprachen der Vergangenheit

und mehr als andere: die Sprache der Zukunft. Ich versuchte vorgestern, in Jerusalem, als ich auf die kluge, klare Ausführung Herrn Cohens antwortete, durch ein Bild meinen Gedanken zum Ausdruck zu bringen; ich erzählte, der Maler Braque habe mir einmal gesagt: »Wir Franzosen sind große Koloristen aus folgendem Grund: die Andern, wenn sie Zusammenklang der Farben suchen, wählen harmonische Farben und der Zusammenklang gelingt ihnen nicht, *wir* dagegen suchen zwei Farben, die sich aus ihrem tiefsten Wesen heraus hassen und bekämpfen, und dann finden wir ein Olivgrün oder ein Grau und wir setzen es zwischen die Entzweiten, und siehe: Alles beginnt herrlich zusammenzuklingen« (tout se met à chanter admirablement).
Dies Olivgrün besitzen Sie hier in Israel; die Diaspora und das Leiden haben Sie *gezwungen* es zu finden. Möge es zur Anwendung kommen!
Verzeihn Sie diese lange Ausführung, ich stehle Ihre Zeit, aber unsere Gespräche und Ihr Brief haben mich in Denken versetzt und ich denke laut.
Gar sehr hoffe ich, daß wir uns, sei es in der Schweiz, sei es in Israel wiedersehn werden. Darf ich bitten, mich Ihrer Frau Gemahlin aufs Angelegentlichste zu empfehlen und ihr die Grüße meiner Frau zu bestellen. In aufrichtiger Verehrung verbleibe ich Ihr sehr ergebener und dankbarer
              Carl J. Burckhardt

An Karl Kerényi   Vinzel, Vaud, »La Bâtie«,
             den 14. November 1958
Sehr verehrter Herr Kerényi,
Wie schön und überraschend war unser Zusammentreffen in Gioia del Colle, dieser alten Fieberstadt, in der, inmitten des fruchtbarsten Landes, alles immer prekär gefährdet und armselig blieb, auch nachdem das Fieber längst verschwunden war. Acht Tage von meiner auf die Stunde ausgerechneten Reise mußte ich dort auf ein kleines Metallstück aus England wartend verbringen; ich schlenderte manchmal

durch die Straßen, den Troß der bettelnden Kinder hinter mir, sprach vor einem Kaffee oder einer Kirche mit diesem und jenem, alle klagten, oft erbittert, alle wollten weg ins Ausland, baten um Hilfe, erklärten, ihre ökonomische Lage sei aussichtslos, die Provinz sei verloren, der Menschenschlag wertlos, die Natalität erschreckend groß. Jeden Abend mußte ich nach Bari zu den Zollgewaltigen im Taxi fahren. Schließlich wurden wir gute Freunde, mein Eintreffen veranlaßte jeweils eine kleine Zusammenkunft im Büro des »capo«, eine Grappaflasche wurde entkorkt, man rauchte, und ganz allmählich löste sich das Einfuhrverbot für Bestandteile der Marke meines Wagens in verständnisvolles, aber nur angedeutetes Lächeln, leichteste auslöschende Handbewegungen auf. Ein alter, weiser Großhändler in Mandeln, ein Schweizer, der seit 40 Jahren als Junggeselle in Bari lebt, sagte mir, man könne sich nicht in die Verhältnisse seines Ursprungslandes zurückgewöhnen, wenn man so lange in Apulien erfahren habe, wie alles sich jederzeit durch rein menschliche Auflösungen fortbewege, auch die Not, auch die Unmoral. Es wird wohl so sein. Mein Zwangsaufenthalt, dem meine mühsam eingesparte Zeit zum Opfer fiel, hat mich Aspekte des süditalienischen Lebens kennen lernen, die der von Herrlichkeit zu Herrlichkeit rasch reisende Tourist nicht wahrnimmt; nach drei Tagen schon in dem Jolly Hotel fühlte ich mich gegenüber den Einheimischen fast als zugehörig und als mitverantwortlich, die Durchreisenden, deren Wagen allabendlich vor dem standardisierten Gasthof standen, waren bereits Fremde für mich, ephemere, ahnungslose Gestalten, die am nächsten Morgen euphorisch nach Lecce oder Tarent verschwanden. Dann, eines Abends bei meiner Rückkehr aus Bari, waren plötzlich Sie vorhanden, und das ganze Hotel, die Stadt an der lauten Durchgangsstraße, das Land und das bettelnde Volk erhielten einen völlig andern Gehalt. Alles kam in Bewegung, auch meine praktische Angelegenheit; denn nach den 12 Stunden, die auf Ihre Weiterreise folgten, war auch ich wieder flott und fahrtbereit und bereits unter-

wegs nach Benevent, um dann in Neapel die alte Munterkeit wiederzufinden, die mir diese Stadt immer vermittelt hat: ich hörte Cimarosa und Fioravanti! Nachher blieben wir einen Tag in Paestum.
Nun war folgendes merkwürdig: ich habe immer sehr weite Wege zur Rückkehr ins Gedächtnis, in die grenzenlose Erinnerung zu gehn. Natürlich bin ich nach Ihrer Wegfahrt lange im Dialog mit Ihnen verblieben, und da trat denn die ganze Erinnerungsreihe ins Licht, unsere brieflichen und persönlichen Begegnungen standen wieder deutlich vor mir; zwischen dem Damals aber und dem Heute lagert über eine neblige Ebene zerstreut das Armeekorps meiner französischen Mitspieler, Gegenspieler, Begleiter, Parteigänger, der seltenen Freunde aus jener Zeit und der reinen Statisten. Welch wenig geheure und äußerst seltsame Welt ist doch das Erinnern! Und nun kam Ihr gütiger Brief, ich fand ihn bei meiner Rückkehr, und es sind keine acht Tage vergangen, daß am Sabbath, in der Wohnung Gerhard Scholems, im Kreise von Gelehrten, mit Liebe und Bewunderung von Ihnen gesprochen wurde. Jetzt lese ich Ihr Buch mit Entzükken und freue mich über die Widmung als über ein großes, ehrenvolles Geschenk. Ich hoffe auf ein baldiges Wiedersehen und bin

mit herzlichsten Grüßen
Ihr Ihnen sehr ergebener
Carl J. Burckhardt

An Andreas Staehelin   Vinzel, »La Bâtie«, Kt. Waadt,
den 19. November 1958

Sehr geehrter Herr Doktor,
Entschuldigen Sie das kleine Mißverständnis. Es war mir gesagt worden, daß Sie an einer allgemeinen Universitäts-Geschichte arbeiten, und darum dachte ich, daß die Aufzeichnungen und der Brief des Regierungsrates Z. für Sie vielleicht von Interesse sein könnten. Sie werden am besten

beurteilen, ob die Dokumente für Prof. B. in Betracht kommen. Sollte dies Ihrer Ansicht nach so sein, so bin ich Ihnen sehr dankbar, wenn Sie die Weiterleitung übernehmen.

Was Sie mir von der Ausgabe des Bachofen-Briefwechsels schreiben, hat mich sehr interessiert. Ich habe immer bedauert, und zwar schon in frühen Jahren, daß Bachofen in Basel, auch nach seinem Tode, schlecht behandelt wurde, wobei man stets ängstlich und respektvoll auf Kritiken längst verblaßter deutscher Vertreter der sog. Zunft hinhörte. Noch erinnere ich mich, wie in unserer Tagespresse unfreundlich reagiert wurde, als der sozialistische Regierungsrat Blocher bei Frau Bachofen-Burckhardt das Manuskript von Bachofens wundervoller Autobiographie, die für Savigny bestimmt war, gefunden und dann publiziert hat. Seit Jahrhundertbeginn schadeten dann seine Lobredner Bachofen mehr als seine Neider, besonders weil sie ihre Hymnen in unerträglicher Weise mit Pedal spielten. Für mich ist er ohne Zweifel die erstaunlichste Figur, die wir hervorgebracht haben.

Merkwürdigerweise wurde er bei uns immer zu Gunsten seines Zeitgenossen Jacob Burckhardt unterschätzt. Jetzt muß man achtgeben, daß man nicht in den gegenteiligen Fehler verfällt. Die beiden sind so verschieden von einander als möglich. Jacob Burckhardt ist grundgescheit (sein Neffe Oeri hatte viel von ihm), er ist ein ausgezeichneter Darsteller, innerhalb der deutschen Sprache hat er etwas erreicht, was ihr selten verliehen ist, nämlich eine fast französische Klarheit, wobei etwas leicht Journalistisches seinem Ausdruck anhaftet. Bachofen hat er wohl ein wenig auf die Nerven gegeben; das ist verständlich. Das Vorsichtige, Leisetreterische ärgerte ihn. Andreas Heusler-Sarasin sagte mir einmal à propos von Nietzsche: »Der Kebi isch e feige Hund gsi.« (Mut ist im allgemeinen keine hervorstechende Basler Eigenschaft.) Aber man muß Burckhardt zugute halten: als er sich habilitieren wollte, wurde er abgelehnt. Er mußte jedoch einen, wenn auch noch so bescheiden honorierten

Posten haben, um frei als Lehrer und Schriftsteller produzieren zu können, um seine Reisen zu machen, nach Italien zu fliehen. Bei der ersten Gelegenheit hat er, trotz der vorangegangenen Kränkung, einen Ruf in seiner Vaterstadt angenommen, er blieb dann der Stadt treu und lehnte jeden weiteren Ruf ab. Dem alten Wilhelm Wackernagel aber, den er für die einstige Abweisung verantwortlich machte, hat er nie verziehen. Wölfflin berichtete mir einmal in Zürich: »Nach Wackernagels Tod sagte mir Jacob Burckhardt: ›In der Fakultetssitzig bin i hinderem gsässe, han uff si Näcke gluegt und han en ghaßt, und am nägschte Dag isch er verreckt gsi.‹« Ich glaube, er konnte ungeheuer hassen, aber ganz im Geheimen. Bachofen war völlig frei, er konnte sich hinter seinem großen Reichtum abseits halten, er brauchte niemand. Daß er Burckhardt mit dem sehr negativ gewordenen Ausdruck »Ästhet« bedachte, ist ungerecht, diesem Begriff würde ich Burckhardt nicht subsumieren. Er war innerhalb des letzten Jahrhunderts, vor allem des deutschen Sprachgebietes, ein ganz seltener *politischer* Verstand. Sein kunsthistorisches Genießen, sein Kennertum und Wissen gehörten seinem Zeitalter an, in ihm wirkte noch etwas von dem Staunen Winckelmanns, aber bereits schopenhauerisch gebrochen, das ergab einen leicht wehmütigen Ton.

Was nun Burckhardt nicht war, war Bachofen, nämlich ein dichterisch inspirierter Schriftsteller und wohl überhaupt in der zweiten Hälfte des letzten Jahrhunderts einer der größten deutschen Prosaautoren. Nur die deutsche Geisteswelt ist so unvorstellbar unsicher in ihren Urteilen, um es zu erlauben, daß dies nicht längst als feststehende Tatsache erkannt wurde, man braucht dabei nur eine Seite der griechischen Reise zu lesen, um es zu wissen. Bachofen war auch, was bei uns nur in höchst seltenen Fällen vorgekommen ist, und schon das Wort würde die meisten unserer Mitbürger aufs äußerste reizen und erbittern: – ein großer Herr. Das war Jacob Burckhardt in keiner Weise.

Jacob Burckhardt war ein Pfarrersohn, wie der größte Teil der nachreformatorischen deutschen »Dichter und Denker«.

Es geht den meisten unter ihnen immer etwas vom Pfarrhaus nach und dies hat der deutschen Literatur gleichzeitig einen freidenkerisch revoltierenden und einen etwas hauslehrerhaften Zug verliehen, den weder die französische noch die englische Literatur in dieser Weise besitzen.

Ich glaube nicht, Briefe Bachofens an meinen Großvater zu besitzen. Sie waren Vettern, haben aber nicht viel miteinander verkehrt. In meinem Wohnzimmer hängt das Porträt des alten Bachofen-Heitz und seiner Frau, meiner Ururgroßeltern.

Mit freundlichen Grüßen
Ihr
[Carl J. Burckhardt]

An Albrecht Goes   Vinzel, La Bâtie, 16. XII. 1958

Lieber und verehrter Freund,
Ihre Rede zum 150. Todestag von Goethes Mutter habe ich soeben mit tiefster Bewegung zu Ende gelesen. Da haben Sie eine ganz große Beschwörung durchgeführt, wie nur ein Dichter es vermag: leibhaftig steht die herrliche Gestalt vor uns, so ergreifend; vom letzten Brief mußte ich mich mit Tränen abwenden.

Ich habe einmal sehr stark an Sie gedacht, unvermittelt, als hörte ich Ihre Stimme, das war nach meinem Besuch in Kapernaum, da waltet eine Gegenwart über alle Begriffe. Ich werde Ihnen viel zu erzählen haben, ein verwandeltes Volk habe ich gesehen und zum erstenmal hat, – was – geschichtlich und rational gesehen – vielleicht nur ein kurzer Augenblick ist, mich spüren lassen, daß unsere Geschicke ein Versprechen und eine Hoffnung enthalten.

An diesem Jahresende sehe ich manches, was mir am letzten verhüllt war; so wunderbar ist es mit den Fristen bestellt, die uns gewährt werden. Im Jahresbeginn schwere Krankheit, fast gleichzeitig mit Ihrem Unfall, jetzt der Besitz dieser großen Vision des gelobten Landes im reifsten Licht. Möge

uns und den unsern ein Abglanz erhalten bleiben, uns verbinden.
In herzlichem, dankbarem Gedenken, Ihr
Carl J. Burckhardt

An Michael Stettler Vinzel, La Bâtie, 28. Dezember 1958

Lieber Freund,
Ich stand unter dem Druck meiner Terminarbeit für Allen and Unwin, denen ich, vertragsgemäß, einen Wälzer von großem Umfang mit Anmerkungsapparat auf den 31.12., spätestens abliefern mußte. Ich bin nicht ganz fertig geworden, es waren zu viele Störungen; mitten in meine Endkämpfe hinein zwangen mich die Basler, einen historischen Aufruf für ihr 500 J. Universitätsjubiläum zu verfassen; ich hatte nie Beziehungen zu der ›alma mater basiliensis‹ gehabt, mußte mir alle Kenntnisse recht mühsam aneignen.
In Salerno hätten wir uns treffen können, mir scheint, wir waren fast gleichzeitig dort, seither waren wir auch noch 10 Tage in Israel, bei herrlichem Wetter; welch eine Welt! Alles kommt dort zusammen und nun muß man das Geschehene und Erfahrene in Kleingeld umwechseln und wird beständig um Artikel und Reden angegangen: Propaganda steht hinter allem, was heute noch unternommen wird. Trotzdem, ich möchte die Erfahrung nicht missen; in Jerusalem stand ich in einer Sabbatnacht plötzlich vor dem ungeheuren Monolith des Wüstengottes, und am andern Tage in Kapernaum spürte ich eine Gegenwart, die alles liebend werden ließ, was die Welt an göttlicher Kraft enthält. Und trotzdem gemahnte mich jeder schlanke Säulenschaft an meine polytheistische Heirat in Griechenland.
Gerne hätte ich Ihnen spontan und sofort geschrieben, um Ihnen zu sagen, wie schön ich Ihre Erinnerungen an Minusio finde. Sie haben mir das lebendigste Georgebild vermittelt, das mir bisher vor Augen kam; stark ist auch der Vers in Oeschgers Gedicht:

O augen, bald aus höhlen spähend, lauernd
– Wars falke oder leu? –

Schade, daß er dann so lange weiter reimte, bis in's Mühsame, aber dieser eine Vers ist ungewöhnlich, und er wird bleiben.
Wir denken an Sie an diesem Wiederbeginn und hoffen auf baldiges Wiedersehn, herzlichst
Ihnen den Ihren
Carl J. Burckhardt

An Gerhard Marcks Vinzel, La Bâtie, 11. Januar 1959

Verehrter lieber Herr Marcks,
Sie haben mir zwei überaus schöne und wichtige Briefe geschrieben. Der Brief über Ihr Leben auf der griechischen Insel ist ein herrliches Dokument, von diesen paar Sätzen geht eine Kraft aus, alles was Sie dort gespürt und gesehen haben, kommt mir ganz nahe, wie ein letzter Anhauch der Götterkräfte. Verschlafen, sagen Sie, im Unterschied zu der Behendigkeit der Bewohner Groß-Griechenlands, etwas noch vor dem der Ahnung nahen verlorenen Zustand des Menschen, der durch ein seherisches Traumorgan, das der wunderbaren Ratio der Griechen die Waage hielt, mit Dingen zwischen Himmel und Erde kommunizierte, die für die Völker, unter denen wir leben, längst verloren sind. Und dann die Rückkehr. Wie sehr kenne ich das. In meiner kleinasiatischen Reise – 1923 – habe ich es im Schlußsatz ausgesprochen. Und seither, welche Pein habe ich ausgestanden durch das Leben mitten in dieser Unmenschlichkeit, die man bei solchem »Heimkommen« so trostlos, so über alle Begriffe häßlich vor sich sieht.
Noch ist es mir nie gelungen, nach Griechenland zu kommen.
Und nun das ganz andere: das Buch von Kelly. Allen deutschen geistesgeschichtlichen Vorgängen gegenüber ist

er völlig unwissend. Der deutschen politischen Situation in der Welt wird er dagegen in einem Maße gerecht, das bei Engländern äußerst selten ist. Er ist für mich ein überaus interessanter Typus, bezeichnend für vieles, was an Mißverständnis zwischen Nationen immer wieder wirkt; solche unsinnigen Abkürzungen: Luther, Bismarck, Hitler, hat er aus der Küche der »Action française« bezogen, dort wurde viel derartiges angeboten. Vom alten Preußen und seiner Tugend kann er nichts wissen, das ist dem ganzen Westen verborgen, nichts ist durch eine seit 1871 tätige Propaganda so entstellt worden wie der Staat Kants. Ich las das Buch des englischen Diplomaten als historisches Dokument, als solches ist es gehaltvoll.
Wie oft habe ich versucht, Franzosen und Engländern deutsche Art verständlich zu machen. Eigentlich ergebnislos. Ich bin durch äußere Umstände in eine Vermittlerrolle hineingestellt worden, eine undankbare Rolle, man wird beim Versuch ihrer Ausübung zerrieben. Schließlich ist das Beste, was die Völker haben, ihr Geheimnis, und je unlösbarer es ist, desto wertvoller ist sein Gehalt. Heute geht es verloren, das Bewußtsein für seine einstige Würde geht verloren. Auf das Materielle eingestellte Völker gleichen sich, verlieren ihre individuellen Züge. Sie häufen synthetische Begleichung auf trügerische Lust und sind wohl tief unglücklich dabei. Schon der Nationalismus übrigens, seine Überbetonungen waren ein Zeichen für die Schwächung der selbstsichern Eigenart, die es nicht nötig hatte, sich in Szene zu setzen.
Hier herrscht zur Zeit harter Winter, alles ist gefroren, die Kälte ist solch ein gewaltiges Naturelement, 20, 30 Grade mehr und das Leben würde aufhören. Wir sind bedingt durch eine Konvention der Temperaturen, daß sie seit Menschengedenken eingehalten wurde, finden wir ganz selbstverständlich.
Dieses Jahr wollte ich eigentlich nicht zur Kapitelsitzung nach Bonn kommen, aber nun ist Max Huber gestorben und ich denke, daß ich auf ihn sprechen werde. Da will ich

mich dann etwas länger in Deutschland aufhalten als die letzten Male, vielleicht kann ich Sie dann im Wagen, vielleicht sogar mit Ihrer Gattin oder gar alle drei, auch Ihr Fräulein Tochter, mitnehmen und hierherbringen, wie schön wäre das, wir könnten dann burgundische Kathedralen anschaun!
Bis dahin all unsere Wünsche. In herzlicher Verehrung, der Ihre
Carl J. Burckhardt

An Hermann Hesse   Vinzel, La Bâtie, 24. 1. 1959

Verehrter lieber Herr Hesse,
Das schöne Gedicht hat für mich, jedesmal wenn ich es wieder lese, eine noch stärkere tröstliche Wirkung.
– Bild allen Wandels in der ewigen Einheit –
Ich habe solche Buddhafiguren vor allem aus der Zeit meines Pekinger Aufenthaltes, im Herbst 1934, in Erinnerung. Peking war damals still und größer denn je; die Japaner rückten heran, der wirkliche Krieg, nach all den Bürgerkriegen, stand vor den Toren, die Europäer, vor allem aber die Amerikaner hatten sich zurückgezogen, Peking war frei von weißen Eindringlingen, nur die Assimilierten, diejenigen, die sich nicht trennen konnten, wohnten nach altem Brauch in den Flügeln irgendwelcher Paläste zwischen Lackmöbeln und Porzellan, und die Räucherkerzen brannten. Alles war damals zu kaufen, von räuberischen Generalen herbeigebrachte Kunstgegenstände, Pekineserhunde, schöne Mandschumädchen aus verarmten Hofkreisen, Häuser und Gärten. In den Gärten am Stadtrand streifte ich mit meinem alten Weisen, dem Theatermäzen, viel herum, überall Großartigkeit und Verfall und plötzlich unter morschen Pagoden, an schwarzen Weihern, halb verhüllt durch herbstliches, vom fernher wehenden Steppenwind bewegtes Riedgras, Buddhafiguren – vieler Regen und vieler Fröste Opfer.

Das ist nun auch schon wieder ein Viertel-Jahrhundert her, und seither –!
Ich lege diesen Zeilen des Dankes und meiner ergebensten Empfehlungen an Ihre verehrte Gattin, den Auszug aus einer Rede bei, die ich in Rehovot gehalten habe.
In alter treuer Gesinnung stets der Ihre

                              Carl J. Burckhardt
                              Grüße von Henriette S.

An Edgar Salin   Vinzel, Le Bâtie, 12. II. 1959

Verehrter, lieber Herr Salin,
Ihr Gespräch an der Zeitenwende nun von Ihnen und von Ihrer Hand gezeichnet zu besitzen, ist mir besonders wertvoll. Aufrichtigen Dank!
Merkwürdig, Ihre Erkenntnis von J. Bs. Zurückschaudern vor jeder Erscheinungsform letzthiniger Größe. Dies entspricht dem Empfinden, das unser Großvetter J. J. Bachofen ihm gegenüber hegte, ihm war der Pfarrerssohn vom Münsterplatz unangenehm, er hat ihn »einen redegewandten Ästheten« genannt. J. J. Bachofen war der moralistische (nicht der moralische!), der rationale Zug in Burckhardt fatal. Auf der andern Seite aber ertrug er jede Form von deutscher Exuberanz sehr schlecht. Als Nietzsche einmal in sein Haus kam, sich ans Klavier setzte und, wie berichtet wird, über eine Stunde mit viel Pedal Wagner spielte, beschloß Bachofen, ihn nie wiederzusehn. Welch merkwürdige Zeitgenossen in dieser damals so kleinen Stadt (Seither meinten so viele meiner Mitbürger, es genüge »merkwürdig – gspäßig« zu sein.)
Die beiden Profile auf Ihrem RoRoRo-Band stehn sehr eindrucksvoll gegeneinander. Ich glaube, daß J. B. immer nach Verhaltenheit strebte, der Begriff der Größe fehlte ihm nicht, aber er anerkannte ihn nur innerhalb jener Selbstkontrolle, die wir heute der Atomkraft auferlegen möchten. Ist

das nicht auch sehr linksrheinisch-französisch? Mir ist immer der Ausspruch Bouchardons so bezeichnend, der, als man ihm Homer zu lesen gab, ausrief: »je ne saurais admirer ces hommes au dessus de la mesure humaine.« Darin liegt der Schlüssel zu allem Französischen.
Es tat mit leid, daß es nicht möglich war, zu Raymond Arons Vortrag zu kommen. Ich habe dieses Jahr, ohne es zu bemerken, zu viele Terminarbeiten angenommen, jetzt muß ich sie wohl oder übel hier absitzen.
Nun warten wir auf den Frühling, das Aufblühen des Gartens, um Ihnen ein Wochenende vorzuschlagen.
Mit der Bitte, mich Ihrer verehrten Gattin aufs Angelegentlichste zu empfehlen, mit herzlichen Grüßen, stets der Ihre

Carl J. Burckhardt

An Gerhard Marcks   Vinzel, La Bâtie, 15. Februar 1959

Lieber verehrter Freund,
Auf dem Wege dem Abend zu, zwei Wegstunden hinter Ihnen, denke ich daran, daß Sie wieder durch ein Tor schreiten, und freue mich, daß es so rüstig geschieht.
Ich habe mich an diesem stillen, hellen, noch kühlen Sonntag ruhig mit den Abbildungen, die ich von Ihren Werken besitze, in meinen Lesestuhl gesetzt und habe bewundert, mit welch großer Schrift Sie sich in die Annalen unserer Generation eingetragen haben. Alles, was Sie geschaffen und geformt, gemalt und gezeichnet vor uns hinstellten, betrachte ich mit tiefer Dankbarkeit. Ich sah wieder mit Deutlichkeit Ihr Atelier vor mir, in welchem man sich auf die Galerie zurückziehn und die Leiter hinaufnehmen kann. Genau darum handelt es sich: fähig zu bleiben, allein zu sein, in der Höhe, und über die Leiter selbst zu verfügen. Sie haben wie wenige das Wesenhafte, den Grundcharakter der Kreatur dargestellt, das ist nur als Ergebnis größter Konzentration möglich, einer Fähigkeit zur Sammlung, – die so

stark in Ihrem Blick zum Ausdruck kommt. Da ist das Bild der Büffelplastik vorhanden, ich halte es ins Licht, lasse das Licht darauf spielen. (Es handelt sich um die Plastik, die Marion Dönhoff gehört.) Dieser Büffel ist urlebendig, aber er ist mehr als der Büffel, dem man in der freien Wildbahn begegnet, wie wir, an dem schönen Abend bei Ihnen, den kräftigen Hasen begegneten: er ist eine Summe, die Summe des Büffelhaften in der Welt, seit ich ihn erblickte, weiß ich mehr über eine Kreatur, die mir immer, von den Kretern bis in die spanische Arena, so spannend, bedeutungsvoll und geheim erschienen war. Kraft und Milde, Zorn und Unschuld in einem.

Letztes Jahr stand ich stundenlang in der Akademie zu Venedig, vor Tizians silberner Grablegung. Das Bild hat er mit 99 Jahren gemalt. Es ist herrlich weiterzuwirken. Dies Weiterwirken in Frische und Kraft wünscht Ihnen von Herzen zu Ihrer und der Ihren Freude, der dankbare Bewunderer Ihres Werkes

Carl J. Burckhardt

An Rudolf Kassner 15. März [1959]

Verehrter, lieber Freund,
Durch eine Menge Obliegenheiten in der deutschen Schweiz zurückgehalten, denke ich viel an Sie. Ich weiß, daß Sie leiden müssen. Alles, was Sie betrifft, geht mir immer sehr nah. Daß es Sie gibt, daß ich Sie wirkend nun durch Jahre in diesem großen Gebirgstal weiß, bedeutet für mich schon so lange Festigung und Trost. Die Maße, mit denen Sie messen, sind aus der heutigen Welt verschwunden. In Ihnen ist noch die menschliche Größe aus den hohen Zeiten vorhanden. Was Sie in heroischer Leistung uns Jahr für Jahr schenken, ist durch keinen Dank zu umschreiben, ist doch Ihr Werk ein Wesen, das unabhängig von seinem Schöpfer wächst, wachsen wird und alle Definitionen sprengt. Sie legen täglich, was kaum mehr einer tut, Zeugnis ab von der

herrlichen wärmenden Flamme, die in Ihnen brennt und die
den Stoff des Lebens zu so mächtigen Gestalten, Bildern und
Figuren der Idee umwandelt.
Jeder meiner Gedanken der zu Ihnen geht ist mit tiefer
Erkenntlichkeit befrachtet.
                                    Stets der Ihre Carl J. Burckhardt

An Mabel Zuppinger   Vinzel [Poststempel 1959]

Also ich bin, liebste Mabel, ein Jungfraumensch, 10. September (Kassner, der jetzt so schwer stirbt, 11. September ebenfalls; einen starken Partner haben wir im Jungfrauzeichen: Goethe).
Dienstag muß ich wieder nach Basel fahren, Mittwoch von 9 bis 12 und von 2 bis 6: CIBA Revision mit Speich, der immer, wenn wir dran sind, d. h. alle vier Jahre, versucht, Käppeli auf seine Schliche zu kommen, zu erfahren, wo er was versteckt; es ist ihm noch nie gelungen, ich aber betrachte Band um Band Zahlenkolonnen, wie man die Schaltknöpfe eines elektronischen Gehirns betrachtet.
Dein Unfall: mir läuft es kalt über den Rücken; all das ist Mechanik; auf der Reise nach Stuttgart einmal, bei Glatteis, bergab, lief mir ein großer Metzgerhund von rechts in den Wagen, ich fuhr mit etwa 35 km, bremsen durfte ich nicht, rechts war eine Böschung mit Absturz von 50 m, ein Riß aufs Steuer war ausgeschlossen, ich konnte somit nur festhalten und den Hund möglichst zentral treffen. Der Hund wurde weggeschleudert, war augenblicklich tot, ich kam nicht ins Gleiten, weil ich im selben Tempo, ohne auszukuppeln weiterfuhr. Aber der ganze Stuttgarteraufenthalt war mit der Vision toter Hunde angefüllt, obwohl ich ein Jäger bin.
Briefe: wenn ich von hier abwesend bin, werden alle meine Briefe geöffnet und gelesen und nur dann nachgesandt, wenn sie etwas enthalten, was sofort beantwortet werden muß.

Aber ich weiß immer, wenn man an mich denkt, wenn eine Nähe entsteht. Man muß die schützende Strahlung der so seltenen großen Augenblicke bewahren wie ein unveräußerliches Gut. Reisen mit Dir, Dir begegnen kann ich nur auf diese Weise, gewissermaßen astral, durch eine plötzliche ungeheure Konzentration, in der man ganz vorhanden ist. Dann macht es mich glücklich und feit auch mich, wenn Du unterwegs bisweilen an mich denkst, Du Widder Du!
Gestern unterbrach ich meinen »J. P. Hebel«, versuchte eine Einleitung zu Sir David Kellys außerordentlichem Buch »The hungry sheep« zu schreiben; vieles fiel mir ein, die Arbeit freute mich, soviel Einverständnis zu seinen Ansichten war vorhanden. Ich freute mich darauf, ihm Freude zu machen, er war der einzige bedeutende Engländer, der meine Leistung während des Krieges, meine Intentionen genau kannte, er schrieb mir, wie sehr er sich auf mein politisches Danzigbuch freue. Während ich sehr stark an ihn dachte, hatte ich plötzlich das Gefühl, ich sei »nicht angeschlossen«, meine Gedanken gingen ins Leere, plötzlich fürchtete ich mich; heute lese ich in der Zeitung, daß er einem Gehirnschlag erlegen sei. Er war ein irischer Australier, ein großer Engländer; meiner Ansicht nach einer der begabtesten Botschafter in unserer Zeit. Sein Verschwinden ist für mich ein großer Verlust. Ich verliere einen Freund und einen unersetzlichen Zeugen. Heute er, morgen Kassner, das ist in meinem Alter das Unheimliche, dieses stille, plötzliche Aus der Reihe treten derjenigen, die einem so viel bedeuteten. Nun ja, vor allem Änderungen der Druckverhältnisse, unter denen man lebt, welch ein Glück, daß Du nun erreichbar bist, das gleicht aus, harmonisiert und sichert.
Vielleicht kann ich Dich von Basel aus anrufen. Samstag Morgen bin ich für die Generalversammlung der Zürich im Kongreßhaus, abends muß ich Zuckmayer in der Kronenhalle treffen, immer stecken Nägel im Brett, auf dem man durch unbekannte Spieler herumbewegt wird.
Jetzt läuft wieder eine Arpeggie aufwärts: wie gut kann ich

mir Deine Augen, Deinen Blick vorstellen. Du lächelst nur mit den Augen, nur für Eingeweihte, aber nicht über einen Fluß, von ganz nah.

Gutes, Bestes, Alles
Carl

An Rudolf Alexander Schröder Vinzel, 17. April 1959

Lieber Rudi,
Der Tod Peter Suhrkamps ging mir Deinetwegen nahe. Ich habe ihn wenig gekannt, einmal sah ich ihn kurz in Bremen, wo wir im selben Hotel wohnten und er sich beklagte, ich hätte ihn beim Durchqueren eines langen Korridors »untergefaßt«. Zweimal war er hier, das erstemal, um Dich zu besuchen, damals war er wegen einer Sammlung von Bremer Erinnerungen ungehalten, weil ihm der vorgeschlagene Titel nicht zusagte, dann kam er noch einmal von Genf, als er Martin Bodmers weltweite Betrachtungen herausgab. Wir hatten ein gutes Gespräch, sein Gesicht sagte mir zu, sein künstlerisches Temperament, sein Mut, aber, weißt Du, darin bin ich wohl undeutsch: ich kann Menschen mit verkehrten politischen Anschauungen nicht wirklich in meinen innern Kreis aufnehmen, was sie auch individuell sein mögen, sie gehören für mich der Gruppe der Gegner an. Darin bin ich engstirnig, aber es ist *so,* wenn ich auf das liberale Schwelgen im Entdecken von »Interessantigkeiten« treffe, dort wo es sich doch um Abwehr oder Untergang handelt, bin ich wie einer, dem das Visier hinunterfällt. Als Dr. H. im letzten Sommer bei Tisch erklärte, er und seine Frau müßten sich von ihrem aufreibenden Kampf gegen Adenauer in der »Provence« erholen, stand Max Rychner vom Tisch auf und verließ den Raum. Er hatte meine volle Sympathie. Die drei Studenten, die mich aufsuchten und mir erklärten, daß sie die Tyrannei der sogenannten westlichen Freiheit nicht ertrügen und sich nach geplanter Verwendung und befohlenem Einsatz sehnten, habe ich auch

hinausgeworfen. Unseres alten C. F. Meyer »Füße im Feuer« ist kein angenehmes Gedicht, aber es enthält etwas, was uns nottut – (Duden?) Not tut! – Schau Dir einmal das Gesicht des Macmillan an, dieser Windbeutel hat den Kanzler verraten, und – wie steht es *hier* um das Gesetz der Proportionen? Keiner hat das ungeheuerliche Mißverständnis gespürt, die masochistische Intellektuellenclique zwischen München und Hamburg hat Beifall geklatscht. Ich nehme an, daß es lange keine objektive Geschichtsschreibung mehr geben wird, gäbe es sie, müßte sie die Größe dieses Kanzlers und, – wie Du es so richtig aussprachst, den Charakter des vielgequälten Dulles preisen. Es war –. Die Schlammströme schwellen immer noch an und das Verhängnis ist beinah undramatisch geworden, weil es so öde ist.

Da ist dann die Zuversicht und der ungebrochene Kampfwille meines [Schwiegervaters] – mit seinen nun beinah 80 Jahren – ein rechter Trost; er hat seine festen Vorstellungen vom Sinn des Ganzen und je älter er wird, desto tiefer vermag er seine Überzeugungen zu begründen. »Grüße mir Schröder«, sagte er kürzlich, »ich denke oft mit Freude daran, daß er sich diesen Dreck mit derselben Belustigung ansieht wie ich, er weiß eben auch das Einzige, worauf es ankommt!« Er schreibt und kämpft und redet unverdrossen wie ein Dreißigjähriger.

Kassner hat zuletzt sehr leiden müssen, er hat sich tapfer benommen.

Nahe ging mir der Tod meines englischen Freundes Sir David Kelly, er dachte wie wir, sein Buch: »the Hungry Sheep« ist die beste Zeitdiagnose, die ich kenne. Sie wird deutsch bei Piper erscheinen, ich schicke sie Dir.

Auf Deine wunderschöne unverdiente Besprechung im Merkur freue ich mich.

Ich schrieb eine populäre Abhandlung über die Treue, sobald ich die Fahnen habe, gebe ich sie der Verwalterin unserer langsamen Dorfpost.

Grüße mir bitte auch Ottonie, und Deinen verehrten

Schwestern sage doch, wie sehr Ihr mir fehlt, Euch so lange nicht wiederzusehn bewirkt in der »Diätetik meiner Seele« richtige Mangelerscheinungen.

In alter Gesinnung
Herzlichst Dein Carl

An Carl Zuckmayer Vinzel, 18. Juni 1959

Lieber Carl,
Gestern Abend hierher zurückgekehrt, beeile ich mich, Dir den großartigen Briefwechsel zu schicken. Auszüge hatte ich seinerzeit keine gemacht. Die Lektüre, das wirst Du sehn, ist so spannend, herrlich, bisweilen traurig – ja – unheimlich, daß Du den Band in einem Zuge, auf einigen Spaziergängen unter einer Wettertanne zu Ende lesen wirst. Schreibe ruhig, bei der Lektüre, an den Rand der Seiten, Du wirst sehn, wieviel Dir einfällt, für mich wird ein von Dir angemerkter Band eine Quelle der Sympathie und Freude sein.
Meine deutsche Reise stand unter einem guten Stern. Das Schönste war wohl der Tag in meinem Gymnasium. Der moderne Gebäudekomplex, eingerichtet wie eine amerikanische Universität, richtige Hörsäle, raffinierte chemische, physikalische, biologische Laboratorien, Lichtfülle überall, Fensterwände und Oberlicht. Wache, heitere Kinder, gespannt aufmerkend, ganz anders als die unmittelbar nach dem Krieg hervorgekommene Generation. Mit den Senatoren, im Ratskeller fühlte ich mich, bei Rheinwein, Mosel und unvergleichlichem Rotspon so heimatlich, als hätte ich immer zu dieser Behörde gehört. Am Tag drauf: Solferinofeier, Riesensaal, gute Musik, meine ganz unpersönliche, repräsentative Ansprache, dann Riesenfrühstück im Kreis der deutschen Rotkreuzschwestern, wobei wir beteten, indem wir uns alle bei der Hand hielten; der Hahn im Korb war ein freundlicher, etwas pfiffiger Pfarrer.
Bonn: Gespräch mit Theodor Heuss bis um 2 Uhr 30

morgens, nach dem Universitätsempfang 2 Bouteillen Affentaler oder war's ein anderer? unzählige schwarze Brasils, am nächsten Morgen früh gemeinsames Frühstück. Gegenstand aller Gespräche: der Kanzler. Vor dem großen Präsidialbankett wurde sein Fall heftig erläutert, dann spät, plötzlich erschien er, ganz allein: Alles war wie ausgewischt, seine Persönlichkeit dominierte augenblicklich. Warburg sagte zu mir: »Das ist nicht deutsche Schwäche, das ist *er*, ganz objektiv *er*.« Bei Tisch war ich sein Nachbar, er sprach von Rosenzucht, alte stark duftende, heute verschwindende Rosen: Maréchal Niel, Gloire de Dijon, mit Liebe, mit Entzücken, mit einer leisen, angenehmen, gleichmäßigen Stimme, dann, mit einem Mal, drehte er sich nach mir um, schaute mich mit diesen merkwürdigen, von den katalaunischen Feldern in die Eifel gebrachten asiatisch undurchdringlichen Augen an, und sagte: »Herr B., wenn Sie die Wahl hätten zwischen einem Mann der sagt: ich habe mich geirrt – und einem Mann, der seinen Irrtum zu tarnen sucht, wem würden Sie den Vorzug geben?« Ich antwortete, ohne seiner Erwartung entgegenzukommen: »Das käme auf die konkreten Voraussetzungen an!« Er lächelte belustigt und etwas überrascht, schweifte dann ab ins gerade an diesem einen Tage »Hochaktuelle« und erklärte so vor sich hin: »Konkrete Voraussetzungen, ich kenne ein Volk, das sie so augenblicklich vergißt; viel Lärm um nichts, in zwei Wochen ist alles vorbei.« Man sagt, er empfinde eine große Menschenverachtung, ich bin davon nicht überzeugt, er kennt die Menschen, er hält sich für ihren berufenen Helfer. Was man über ihn schreibt, ist unsinnig: »altersschwach, geistesmatt.« Er ist elastisch wie eine Bogensaite.
In Köln sprach ich über ein großes historisches Thema, vor 2000 Zuhörern, für einmal war das wie ein Fest, ja, ich will wirklich dankbar sein, bis zuletzt war alles erfreulich. Auch gesundheitlich hielt ich mit Frische durch, die Plagen der letzten Monate waren vorüber. Nun befiehlt mir der morose Arzt in seiner weißen Kutte: im Juli oder August, Hochgebirge, ohne einen Tropfen Alkohol, ohne eine Ziga-

rette, was meinst Du – zweite Augusthälfte, im Alalin? Büßertum u. Askese in Deiner Gesellschaft, mit der Trost spendenden Alice und Winnetous Mitleid?
Fürs Nächste kommt jetzt noch der hassenswerte »Technik-Vortrag« auf französisch, das Käppeli-Jubiläum, wozu ich etwas schrieb, was Dir Spaß machen wird.
Vom 4. Juli an, spätestens am 5. an sind wir hier und frei.
Euch drei all unsere Grüße, mein bestes Gedenken,

freundschaftlich Carl

P.S. Dein Eskimohund gefällt mir augezeichnet, seine höchsten Eigenschaften wird er im Winter, bei Frost und hohem Schnee entfalten.

An John Knittel Paradiesli, 25. August 1959

Lieber John,
Gestern habe ich einen der bemerkenswerten Abende dieses Jahres unter Deinem Dach verbracht, es läßt sich wirklich sagen: im Kreis Deiner Familie. Frances war die Güte selbst, wie immer. Sie hatte (ich kenne das) einen schrecklich großen Haushalt zu bewältigen. Ich hatte angerufen, weil wir uns nach München, aus Grund Deines auch mir nahegehenden Verlustes nicht sehen konnten; Deinen Bruder kannte ich aus Maienfeld, wo die Station bei Euch, zur Zeit der großen Jagden, eine meiner beglückenden Gewohnheiten war. Ich sehe ihn ganz deutlich vor mir, wie er liebte und lebte, ich spürte, wie viel er Dir bedeutete, und Frances hat es mir gestern bestätigt. Ich habe nie einen Bruder gehabt, nur eine sehr virile Schwester, nicht immer nur brüderlich, aber auch unersetzlich.
Gestern Abend nun war das seltene, nachdenkliche Licht wahren Glücks in Deinem Haus, Du fehltest, warst aber mit

großer Stärke ständig vorhanden. Ich werde nicht vergessen, wie Dein Sohn, von Doreen begleitet, nach fünfundzwanzig Jahren jung – ein junger schöner Engländer – auf der Violine seines Neffen spielte, mit einer Freiheit, einer Musikalität, die beinah schmerzte. Dann spielte Dein jüngerer Enkel Bennigsen wie ein Götterbote Bach. Doreen ist eines jener seltenen Wesen, die durch alle Zeiten hindurchgehn, unversehrt, mit dem unsichtbaren »Strahl« an dem man die »Boten«, die ἄγγελοι erkannte.
Frances sprach mir viel, mit warmem Anteil und großem Einverständnis von Coudenhove. Wir waren einst, dieser kaiserliche Japaner u. ich, sehr befreundet. Er hatte mich sogar gebeten, sein Trauzeuge zu sein. Irgend etwas Beruflich-Sachliches verhinderte mich daran. Später wollte er mich immer für seine Europabestrebungen (mit wechselnden Vorzeichen) haben, Kongresse, Reden. Du weißt, ich glaube nicht daran, all diese Tagungen vollziehn sich, meiner Ansicht, im leeren Raum, den überall die geltungsbereiten mittlern Intellektuellen bilden. Das wirkliche Geschehn bewirkt die dumpfe unbewußte Leidenschaft der Massen und das Gewicht, der Bergsturz der fallbereiten Begebenheit. Rezepte wie Cs. Memorandum, so klar, so einleuchtend, sie können keine Wirkung haben. Die Russen, sagt er, werden die Ostzone nicht hergeben, klammert man sich an diese Ostzone, u. fällt man auf den russischen Koexistenzplan der beiden Hälften Deutschlands hinein, so wird man mitgerissen. Ergo: man soll die Ostzone (grosso modo Preußen – sagt der Österreicher) aufgeben. D. h. aber auf *Deutsch,* man soll den Russen geben genau, was sie haben wollen, endgültig unter Hinopferung all der unendlichen, verzweifelten Hoffnung in Sachsen, Schlesien, Ostpreußen, Pommern, der Mark usw. Man soll die Million Berliner opfern. Den Westen Deutschlands wollen sie auch haben, die Ruhr, die hervorragenden Vorarbeiter, Techniker etc. u. sie *werden* sie haben, sans coup férir. Die Westdeutschen sind innerlich schon ganz darauf vorbereitet, mit ihrem Haß gegen den »Cardinal« Adenauer. Auch Charles de Gaulle

hat die Oder-Neiße-Grenze vor der Außenministerkonferenz anerkannt – er ist die Inkarnation des Richelieuschen Frankreich, von dessen Standpunkt aus hat er recht. Aber Coudenhove? Er hält de Gaulle für einen König, er meint sogar, aus der de Gaulleschen Episode werde eine royalistische Restauration hervorgehn. Ich fürchte, es wird eine Front populaire u. das Chaos hervorgehn. Ich hoffe mich zu täuschen.
Christoph Bernoulli, der große Schilderer u. mündliche Berichterstatter, beschrieb mir einmal einen Abend bei Euch, ungeheuer dramatisch, mit Gesten u. kleinen baseldeutschen Schreien, feminin emphatisch. In seiner Schilderung warst Du Coudenhoves Diskussionsgegner. Das hat mich deswegen gefreut, weil *ich* ganz außer Stande bin, mit diesem archimedischen Punkt aus glasklar statuierenden und begründenden, außerordentlichen Menschen zu diskutieren. Dabei liebe ich ihn, und es tut mir aufrichtig leid, ihn enttäuschen zu müssen. Ich kann auch nicht, wie er es tut, an Charles de Gaulle als an den großen Retter Europas glauben, de Gaulle ist und bleibt integraler Franzose, eine Art von Plebiszitmonarch, Europa ist für ihn nur als französisches Europa denkbar. Das wäre nicht so schlecht, denn die Deutschen, die nachahmungssüchtigen Deutschen, die immer mit Todesernst den schlechtesten Moden, schon überwundenen Moden des Auslands fanatisch nachlaufen, können Europa nicht führen. Aber niemals wird England eine französische Hegemonie, gar eine französisch-deutsche Versöhnung zulassen. Es wird in solchem Zusammenhang den Engländern immer gelingen, Amerika zu überzeugen, besonders wenn es um die nordafrikanischen Gebiete geht, wo (– welch wacher Beobachter kann dies leugnen, nur die Angelsachsen sind aus eingeborenen Zwangsvorstellungen: Armada, Nap. 1, deutsche Flotte, Hitler – blind u. merken es nicht –) somit: wo Rußland Frankreich an der Grenze hält u. langsam erwürgt. Rußland wird es niemals zulassen, daß dieser schauerliche Krieg gegen die Araber aufhört, er bindet die frz. Streitkräfte, u. später muß die nordafrik. Küste

russische Raketenrampen gegen den kleinen westeuropäischen Kontinent erhalten. Es braucht nicht zu offenen Kampfhandlungen zwischen Rußland u. dem Westen zu kommen. Wird der westliche Anspruch auf Ostdeutschland aufgegeben, u. gibt man Algier preis, so hat Chrustschow, ohne einen Schuß abzugeben, strategisch gesiegt.

Genug der Kannegießerei. Behalte dies für Dich, zur Gesellschaft während der Hungerkur. Es fehlt mir, Dich zu sehn, u. nicht, es fehlt mir, Dich *nie* zu sehn, wie fehlerhafter Weise so oft geschrieben wird. Schreiben tun wir uns auch nie u. meine opus schicke ich Dir nicht, weil ich fürchte, Dich damit zu langweilen. Aber ich denke oft in alter warmer Gesinnung an Dich u. hoffe, daß Du im Herbst mit Frances bei uns einkehren wirst.

Herzlichst Carl

An   Vinzel, 27. Sept. 1959
Franz Prinz zu Sayn-Wittgenstein

Lieber Franz,
Es schießt alle paar Minuten, Toufou zieht den Schwanz ein und rast aufheulend ins Haus, genau 16 Sekunden bevor ich den Knall höre; nachher begibt er sich wütend auf die Terrasse und bellt wie besessen, dann beginnt das gleiche Spiel von neuem. Es sind nicht die Heerscharen der Wadtländer Sonntagsjäger, die diesen Lärm verursachen, sondern ganz gemeine Knallkörper, über die von Starenschwärmen befallenen Reben verteilt. Die Zündung erfolgt elektrisch; dieser Zustand dauert bis zum Beginn der Weinernte, dann setzen die triumphalen Böllerschüsse für jeden fünfzigsten mit Trauben beladenen Wagen ein, wenn aber der Keller, was dieses Jahr der Fall sein wird, bis zum Bersten voll ist und man, im Weindunst, schwere atemberaubte Nächte verbringt, erscheinen dann in Wickelgamaschen, angeführt von Monsieur Schenk, die

Nimrode mit ihren Meuten und verfolgen tagelang mit Schnellfeuer und Hornsignalen den Rebhasen, der längst mein persönlicher Bekannter ist, und der auch mit den Hunden Toufou und Bello längst einen vernünftigen Modus vivendi gefunden hat; gegen die Meuten aber, darin gleicht er uns beiden, nützt ihm auch Erfahrung und Weisheit nichts; auch sein Schicksal ist besiegelt.
Während des ganzen Sommers machten wir Ferienpläne: Griechenland, Spanien, oder – und dies schien sehr verlokkend – eine Autoreise durch Frankreich, mit schließlichem Ziel Marquès bei Cahors. Aber nichts wurde verwirklicht. Zuerst mußte das Danziger Manuskript für die deutsche Ausgabe umredigiert werden (es war ursprünglich für eine englische Edition angelegt, diese soll aber nun erst *nach* der deutschen erfolgen). Dann erschienen Besuche ohne Zahl, die Korrespondenz schwoll an, ich konnte kaum mehr einen persönlichen Brief schreiben, daneben lief das Übliche: Einleitung zu der Sammlung deutscher Meisterzeichnungen; Einleitung zu Tylers »Karl v.«; Einleitung zu Kellys »Hungry Sheep«; Einleitung zu einer Heuss-Laudatio; dann Nekrologe, Jubiläumsaufsätze etc., und schon mußte ich mit meinem Akademievortrag für nächsten Sommer, meinem Dialog mit Martin Buber beginnen. Es war ein warmer, schöner Sommer mit hellen, wundervollen Abenden, aber ich hatte wenig davon. Deine Nachrichten waren mir ein Trost und eine Erquickung, ihnen verdanke ich, daß ich das Lachen nicht verlernte.
Jetzt im September ist es endlich gelungen wegzufahren: im Volkswagen nach Saas Fee. Ausschlaggebend war: herrliches Herbstwetter im Oberwallis und das Angebot eines sauberen komfortablen Holzhauses, außerhalb der Ortschaft, von einer, in dieser Jahreszeit, von Kurgästen völlig freien Pension aus betreut. Also Elisabeth und ich installierten uns, und da gab es nichts zu lachen, ich mußte »trainieren«. Fernes Ziel: Hirschbrunft beim Meisterschützen vom Kaunertal, Tirol. Nun, die Hirschbrunft in Tirol auf 2000 m Höhe, vollzieht sich so um den 8. Oktober herum, sagen wir

vom 4. bis zum 12./14. Oktober; ganz alte, starke Hirsche erscheinen je nach Wetterlage noch später. Ich hatte mich auf die lang nicht mehr geübte Kunst systematisch vorbereitet: Franceschetti, der berühmte Genfer Augenspezialist, hatte mir eine »Schießbrille« konstruieren lassen. Mit der letzteren versehen, begab ich mich auf den ziemlich lügüber, neben dem Massenfriedhof gelegenen Schießplatz und beschoß auf 200 und dann auf 100 m einen lebenswahren Rehbock mit einer normalen Scheibe auf dem Blatt. Je zehn Schüsse, zwanzig mal »Zehner« mal 20 × das Maximum des Matchschützen! Monsieur Major (wie Major französisch) armurier diplomé und Olympiaklasse im Taubenschießen, staunte, rief immer wieder: »C'est épatant!« und zuletzt, was weniger höflich war: »C'est étonnant!«

Aber nun begann der körperliche Ausbildungsdienst unter Elisabeths Leitung. Gut: am ersten Tag fuhren wir von Saas Fee aus mit einem halsbrecherischen Kabinenlift, von dem vor drei Jahren ein Freiburger Regierungsmann mit Familie aus 140 m Höhe abgestürzt war, bis zu der Endstation auf 2800 m. Dort stiegen wir aus und E. dekretierte, der Abstieg (steil wie ein Kirchendach) sei für das Herz nicht anstrengend. Wir machten uns also auf den Weg, stiegen mit zerschmetterten Kniekehlen stundenlang den vorher schwebend zurückgelegten Weg in umgekehrter Richtung zurück und E. erklärte, dies sei die leichteste Art, um gewaltige Muskelleistungen der Zukunft zu einer spielenden Angelegenheit zu machen. Kein Mensch, der nicht Weltkriege mitgemacht hat, kann sich den Muskelkater vorstellen, mit dem ich am nächsten, dem zweiten Tag des Aufenthaltes erwachte. Ich hoffte auf Regen, aber das Wetter war strahlend. E. erklärte, nur ein scharfer Aufstieg vermöge es, das schmerzhafte Anfangsstadium meines Trainings zu überwinden. Wir brachen somit ohne Schwebebahn auf, um in heißester Sonne einen Aufstieg von drei Stunden durch Geröll- und Schutthalden zu unternehmen. Auch dies sei gut, man nenne es in Baden-Baden (wo es sicher keine Geröllhalden gibt) Terrainübung. Im übrigen sei droben ein

Rasthaus, voll von getrockneten Würsten und mannigfaltigen Getränken; keuchend traf ich schließlich auf dem Gipfel ein, ein starker Wind wehte, das Rasthaus war geschlossen! Auch das sei gut, erklärte E., große Bergsteiger nähmen nie Flüssigkeiten zu sich. Ich war wie immer ergeben und gehorsam. Qualvoll als Überwinder vollzog ich den Abstieg, um mich dann im Holzhaus auf's Bett zu werfen und drei Biergläser mit Mineralwasser zu leeren. E. verzweifelte an meiner Charakterfestigkeit; aber am nächsten Tag ging es noch höher hinauf, bis auf den Gletscher und schließlich wurden Hochtouren unternommen. Jeder Tag brachte zweifellos eine Abnahme um 1–2 Kilo. Aber, lieber Franz, es war wie mit Penelopes Arbeit, was der Tag einbrachte, zerstörte die Nacht; wir hatten die Rechnung ohne Zuckmayer gemacht. Abend für Abend erschien er, mit seinem in preußischen Farben gekleideten Eskimohund, täglich war er selbst erstaunlicher bekleidet und geschmückt, einmal wie der Jäger in der Wolfsschlucht, dann wie Fra Diavolo und endlich als abendlicher Familienvater in Kentucky mit schwabbelnden Hosen. Er pfiff, ich schleppte mich ans Fenster, nicht ohne vorher an der niedrigen Zimmerdecke den Schädel angeschlagen zu haben. »Hallo!« rief er, »es gibt Zwiebelsuppe, dann Rehpfeffer mit Makkaroni und Kartoffelbrei, dann essen wir die Käseschnitten! Zuerst nehmen wir jetzt einen tüchtigen Absynth oder zwei, mit der Suppe verträgt sich eine Flasche Walliser, für den Rehpfeffer hab' ich zwei alte Flaschen Burgunder chambriert, der einzige Wein, der Käseschnitten mit Knoblauch gut erträgt, ist dann Erdener Treppchen, später mußt du meinen Slibowitz probieren, wir nehmen dann, nach dem leichten Essen, noch die dritte Burgunderflasche wegen der nötigen Bettschwere, da du ja morgen wieder eine große Tour machen willst!«
Der Rest war nicht Schweigen, wie Du denken kannst, sondern Erzählungen größter Brillanz, u. a. eine völlig unnachahmliche »Nacht bei Eleonore Mendelssohn in New York«, bei der Zuck und seine Gattin, in Frack und großem Abendkleid, von einem Presse- und Filmball zurückkehrend

schlafen sollten. Im Bett aber war auf Kopfhöhe ein Telefonapparat zwischen den Kissen eingebaut, an welchem das Ehepaar, sich beständig den Schädel anschlug. Kaum war Ruhe eingetreten, klingelte der Apparat, eine rauhe Alkoholikerstimme brüllte: »Helloh old harlot, old whore, what's the matter with your brothel, where is your rancid brother« etc. etc. Später stieß eine andere Stimme Morddrohungen aus, wenn »Francesco this pigsticker, this butcher doesn't pay! I shall kill you!« Später hörte man, wie Neger, Taxichauffeure und Türsteher in den Keller eindrangen und versuchten, durch die durch zwei Schränke verbarrikadierte Kellertür in die Villa zu gelangen. Die lärmende Belagerung dauerte bis zum frühen Morgen. Eleonore war in New York, Francesco irgendwo in einer Kneipe von Soho, die Hausleute waren geflohen. Als dann gegen sechs Uhr früh mächtige Schläge von der Straßenseite gegen die Haustür, den Haupteingang, gehämmert wurden, stürzte Zuck, ein Eisenrohr ergreifend, außer sich vor Wut in den Flur, in dem Augenblick wurde ein Schlüssel im Schloß umgedreht, die Tür sprang auf, Zuck hieb mit aller Kraft auf den Eindringling, ein Zylinderhut krachte, ein schöner grauhaariger Herr im Abendanzug mit Opernmantel und Stock stürzte auf die Marmorfliesen des Peristyls, der Stock entglitt seiner Hand, Blut rötete Vorhemd und Marmor, eine juwelenbehangene, schrill aufkreischende Schönheit, wie sich herausstellte, eine berühmte Berliner Schauspielerin, stürzte sich über den von Zuck gefällten Gentleman, den sie, unterbrochen durch fürchterliche Aufschreie, als den Hausbesitzer bezeichnete, denn das war er in der Tat, und die Mendelssöhne und -töchter wohnten nur zur Miete bei ihm. Zum Glück hatte Zuck eine flache Whiskyflasche in seinem Pyjama, er flößte dem Entseelten einen starken Schluck zwischen die Zähne, der Niedergebrochene schlug die Augen auf, steckte ein blutverschmiertes Monokel in das linke, setzte sich auf, erhob sich, stellte sich vor, schließlich hatte er nur eine Schramme: »My name is Rosay«, erklärte er. »I call you Carl.« Dann leerten sie den Whisky und gingen

darauf auf die Suche nach Sekt; auch dies war nach kurzer Zeit von Erfolg gekrönt.
Über Eure Wienreise habe ich noch lachen müssen, als ich – ein Märtyrer – auf der Spitze eines 3000ers saß und nach Luft schnappte. Wien, wie alle großen westöstlichen Phänomene, braucht Zeit, um erfaßt zu werden. Aber was Du von der gewissen Leere, dem Verlassen der alten Kulissen sagst, was Gabriele schreibt, habe ich zutiefst empfunden, als ich vor 4 Jahren zum erstenmal nach meiner dort verbrachten Jugendzeit – 40 Jahre später – wieder dort eintraf. Metternich sagte: »Am Rennweg fängt Asien an.« Jetzt riecht es schon in Buchs chinesisch. Ich denke doch, daß Ihr, Alexander Dietrichstein und Du, Euch ähnlich seht, aber bei ihm ist das Russische sehr spürbar.
Sehr große Freude macht mir, daß Mussia bei Euch ihre große Rasse so deutlich zum Ausdruck brachte. Auch sie ist nicht nur Baltin, die russische Mutter macht sich bei ihr sehr stark bemerkbar. Ihr Mut, ihre enorme Vitalität, etwas von ihrer großen innern Dimension kommt von dort, bisweilen auch eine gewisse leichte, durch ihre ausgezeichneten Grundeigenschaften völlig aufgewogene Unzuverlässigkeit. Man muß sie lange kennen, um das zu bemerken. In Summa, wie Ihr, mag ich sie sehr, ja ich bewundere sie. Morgen schon können wir selbst in der Lage solcher letzten Gestalten einer zerstörten Welt sein. Auf wie wenig Verständnis stoßen sie in der noch gerade knapp westlichen Hemisphäre, die ganz sachte nach Chruschtschows Pfeife zu tanzen beginnt. Vortänzer sind die ewigen Intellektuellen.
So jetzt hab' ich Dir, lieber Franz, nach erklärlichem, aber unverantwortlichem Schweigen, einen unerträglich langen Sonntagsbrief gemacht.
Elisabeth und ich fahren am 4. nach Wien, wo ich einen gewaltigen Orden als Gast des Innenministers, kein Mensch weiß warum, entgegenzunehmen habe.
Dir und Gabriele alles Gute und Freundschaftliche

Carl

An Clemens Graf Podewils   Vinzel, »La Bâtie«,
den 8. Dezember 1959

Verehrter, lieber Graf Podewils,

Immer hoffte ich, daß Sie im Laufe des Herbstes einmal anrufen würden und daß uns die Freude bevorstehe, Ihnen die Gegend, Burgund und Savoyen, zu zeigen.

Nun nähern sich schon die Feste und unsere besten Wünsche gehen in Ihrer Richtung durch den Wald zu dem so liebenswerten, lebendig-innigen Haus, in dem wir im Juni (oder war es Juli?) bei strömendem Regen, mitten im trockensten Sommer, so angeregt und erfrischt zusammen saßen wie zuversichtliche Matrosen inmitten der großen Wasser des stillen Ozeans. Hätten wir uns hier getroffen, so hätte sich die Möglichkeit ergeben, über die für den nächsten Sommer geplante Vortragsreihe zu sprechen.

Ich habe mich bisher noch nie über einen Gegenstand geäußert, den ich mir nicht selbst gewählt hatte. Nun gab ich Herrn Preetorius mein Wort, es diesmal zu probieren. In Flims war ich, wie jedesmal, völlig unter Bubers Zauber und angesichts der leuchtenden Kaskaden seiner Assoziationen, schien mir der geplante Dialog anziehend. Schon gleich nachher aber, als ich wieder allein war, trat dann die Ernüchterung ein. Da es mir aber unangenehm war, auf die Sache zurückzukommen, dachte ich weiter nicht mehr darüber nach. Ich war sehr beschäftigt und erst letzte Woche habe ich mich hingesetzt und habe angefangen, mir das Problem zu überlegen.

Ich will ganz ehrlich sein: mir macht das Ganze keinen Spaß, es liegt so völlig außerhalb von meinen Voraussetzungen. Man kommt nicht darum herum; wenn man von Sprache und Geschichte spricht, muß man doch etwas von Sprachgeschichte wissen, oder besser, möglichst viel. Denn wenn die Sprachen innerhalb des geschichtlichen Geschehens, dessen Zeugen sie sind, Einfluß ausüben, wachsen, reifen und vergehen, so muß der von Ihnen gedachte Redner darüber etwas Gewichtiges auszusagen haben.

Da lebt beispielsweise an der Universität Hamburg ein

Mann, der auf diesem Gebiet der Sprachgeschichte eine Weltautorität ist: Prof. Bruno Snell. Warum nicht ihn dem weisen Martin Buber gegenüberstellen? Ich selbst habe noch nie in meinem Leben über Sprache *nachgedacht,* Sprache ist für mich ein Element wie Luft und Wasser, die ich auch nicht zu analysieren wünsche.

Sie sehen, ich verstehe immer noch nicht, warum man im Zusammenhang mit Ihrer Thematik gerade auf mich verfallen ist.

Buber sagte mir: »Nehmen Sie kein Buch in die Hand, Sie brauchen sich nur zu *erinnern!*« *Woran* soll ich mich erinnern? An das Gestammel der Kindheit, an die Magie der frühesten Sprachformen, als man, wie es im Märchen heißt, noch die Sprache der Tiere, der Pflanzen, der Sterne verstand? Oder an die wunderbaren Abstraktionen des Sanskrit, des Griechischen? Buber meinte, meine Arbeiten seien »unterschwellig«, daran solle ich mich halten. Mir ist derartiges aber in keiner Weise bewußt, und sollte er recht haben, sollten solche unterirdischen Mächte wirken, so ist es mir doch völlig unmöglich, sie bewußt zu mobilisieren.

Es wäre wirklich gut gewesen, wenn wir uns noch einmal hätten besprechen können. Ich weiß in der Tat immer noch nicht, was man eigentlich von mir erwartet.

Wie dem sei: es schneit, nachts bellen die Füchse ums Haus, bis Weihnacht habe ich lauter Konferenzen, muß beständig herumreisen, nur leider nicht in Ihre Richtung. Januar wird ein stiller Arbeitsmonat sein. Soll ich mich wirklich dann, ohne Gewöhnung, ohne Ausrüstung, ohne wirkliche Neugier, in dieses ungeheure, mir völlig unbekannte Gebiet vorwagen? Vielleicht finden wir doch noch einen Ausweg, indem wir ein wenig zusammen korrespondieren.

Mit der Bitte, der verehrten Gräfin meine ergebensten Empfehlungen auszurichten, bin ich

      in herzlichem Gedenken,
      stets der Ihre
      Carl J. Burckhardt

An Michael Stettler Vinzel, 25. III. 1960

Lieber Freund,
Jetzt habe ich meine vorletzte, hochgeschäftliche Tournée in Basel und Zürich für dieses sitzungsreiche Frühjahr hinter mir. In 13 Tagen folgt das letzte gewaltige Treffen, an dem ich Reden Käppelis und Charly Abeggs, dieses äußerst ungleichen Paares, anhören werde. Ein Abend bei Käppeli war der Auftakt zu meiner soeben beendeten Reise, die Chruschtschow-artige Anforderungen an den Organismus stellte. Dr. K. kehrte soeben aus Indien zurück, er war von der indischen Welt völlig erfüllt, in schöner starker Weise, nicht allein künstlerisch – wie *aufgeladen,* vor gewaltiger Stromstärke bei der fast leidenschaftlichen Wiedergabe des Erlebten, nein, merkwürdig war die ernste Berührung durch das religiöse Phänomen, die diesem fest und klar denkenden deutlich, rasch und richtig wirtschaftliche Voraussetzungen erkennenden Mann widerfahren ist. Er hat etwas vom Geheimnis der Völker der Erde, ihrer unendlichen Verschiedenheit gespürt, das Inkommensurable, das Worte wie »Menschheit« so töricht und leer erscheinen läßt. Auffallend war die Qualität, die seinen zahllosen, in kürzester Frist entstandenen Aquarellen diesmal zu eigen war. Er zeigte mir mit gesteigerter Lebensfreude, heiter wie ein zur Herrschaft gelangter Knabe, das Mitgebrachte. Nachher feierten wir bis in späte Nachtstunden. Am nächsten Morgen saß ich mit dem urgemütlichen Glarner, dem Bankverein-Speich von 9 bis 12½ Uhr, angestrengt zur Revision vor mindestens zwölf gewaltigen Registraturen der Ciba, ja, die Revisoren waren *wir*; Speich faßte alles, was er, der Bilanzenkundige, aufgespießt hatte, souverän zusammen und diktierte einer blonden beflissenen Bernerin, in uralt bewährten Formeln einst lombardischer Sprache, einen synthetischen Bericht bester Ordnung, unter den auch ich für alle Ewigkeit archivalischer Zukunft meinen Namen setzte, um mich hierauf gleich zu einem weindurchströmten Mittagessen als Gast meines beleibten Führers durch die Unter-

welt der »Mios« in einem Cadillac zu begeben. Kaum vom Tisch erhoben, fuhren wir beide zur Bilanzsitzung an die Klybeckstraße zurück, es wurde mit äußerster Sachkenntnis u. in strategischer Überlegenheit einzig zur Sache gesprochen, so viel wie nötig war, gerade genug, daß ich noch auf meinen Zug nach Zürich stürzen konnte, in Zürich meine Kleider vom Leibe reißen und dunklere anzuziehen vermochte, um mich an ein Dîner zu Lucy Rudolph unter Modiglianis und Renoirs zu stürzen, den Hände küssenden Offiziersmessen-Kavalier Bergengrün und seine Gattin und in völlig veränderter Atmosphäre Emil Staiger, Professor Wehrli und Gattinnen, sowie den Verleger Schifferli zu treffen. Literatur, Literaturpolitik, Urteile, Fachwissen, dann nach und nach, mit dem steigenden Pegel des Alkohols, gute Anekdoten, in denen Autoren oder Literaturnahe sich dann jeweils zu überbieten pflegen. Lucy und ihre Tochter ermutigten zur Ausdauer, man ließ Mitternacht weit vorübergehn, die erste, die zweite Stunde; die Hausfrau war heiter, klug und energisch, aber über ihrem Haupt schwebte noch, wie eine schwarze Wolke, der Zorn gegen den netten Zwergenkönig Preetorius, und wieder einmal erkannte ich, wie unvermeidbar gegenseitig, was auch Charakter und ethische Absicht daran herumdoktern mag, die »antipathies électives« sind.

Den Morgen verbrachte ich inmitten von Sterbestatistiken, die Todesquote (sprich: Kchuôtě) war für Lebensversicherte und Rentenbezüger günstig, für die Versicherer bedenklich, dagegen wirkte sie sich zu Gunsten der letztern aus, wenn Ängstliche sich gegen die Folgen ihres frühen Ablebens hatten abschirmen wollen, nun zahlten sie alljährlich und blieben ärgerlich unter den scheelen Blicken ihrer Angehörigen am Leben. Zahlenkolonnen auf der Netzhaut, von Sterbewirbeln umtanzt, stürzte ich mich um 12 Uhr mittags in ein Taxi, um Ihren Kollegen, Direktor Gysin vom Landesmuseum, der mich eingeladen hatte, an der Eleonorenstraße aufzusuchen, wo er mir die ersten Lichter zum Thema »Nubien, Assuan«, in rührender Weise aufzustecken unternahm. Namen wie »Abu Simbel, Wadi Halfa, Abu Oda, Ost Kemna, Maharraja, Korosko, Cerf Hassin, El Madio, Ibrim, Gebel Chams etc.« strömten, vermittelt durch ein besonders »gepflegtes« sanftes Baseldeutsch auf mich ein, meine Aufnahmefähigkeit aber war durch die vorangegangenen Beanspruchungen, die Tôdeskchuôtĕ und die geringe Schlafmenge so reduziert, daß ich zuletzt stetig, beharrlich, sanft ablenkte und schließlich ein Thema wie einen Hasen aufscheuchte, worauf die Jagd einen andern Verlauf nahm. Dieses Thema waren *Sie,* ja ich nannte Ihren Namen, und nun brach lauter Wonne aus, ein gotischer Frühlingsgarten erblühte: ah der Michi, dä isch e Sunntigskind, alles was er ahriert, grohtet em, e sone gscheite Mensch, allewil heiter, het er ene scho vo dr Frau *dé-*Meuron verzellt, s'isch zuem doodlache, niemer (er sagt niemer, es heißt »niemez«) kan e so verzelle, und sie härzige Frau, mis Theresli und s'Kathrinli; jubelnd, von Ramses und Isis befreit, stimmte ich ein, – *keine* Prüfung in Ägyptologie erfolgte, keine peinlichen Fragen über UNESCO und Schweiz wurden gestellt, allen Personalien war ausgewichen worden, *Sie* hatten mich gerettet u. standen im Salon Gysin, überlebensgroß, als Moderator. Kaum war der Kaffee getrunken, brachte der prachtvoll, ganz diskret sportlich gekleidete Herr Gysin mich in seinem Wagen in die Schulhausstraße zu unserm näselnden, soeben unermeßlich geerbt habenden Oberst Rieter, wo die Vorstandsmitglieder der »Schweizer Monatshefte« mit Herrn Prof. (St. Galler Handelshochschule) Großmann v. d. Rückversicherung (dem ich immer Dr. Geyer) u. Dr. Geyer, dem ich immer Prof. Großmann sage (unverbesserlich, nicht senil, sondern infantil, darin meiner Mutter Sohn), die zwei »Herren Jacques«, Schindler u. Bodmer jun., wieder Lucy, streng sich räuspernd, u. unter vielen andern: den leidlich erholten Max Rychner sitzen. Dort ereilte mich die Nemesis: unter dem stundenlangen näselnden Geplätscher des Hausherrn schlief ich ein, fest, tief, mit offenen Augen wie ein Angora-Kaninchen, ich erwachte durch eine plötzlich eingetretene

furchtbare Stille, alle schwiegen, alle schauten mich an, der Oberst hatte eine ungehörte Frage an mich gestellt, er wartete, alle warteten, was hatte er gefragt? ich nahm mich zusammen und sagte: »das müßte überlegt werden, mir scheint, mir scheint – die Lösung ist praktisch«, jedermann schien befriedigt zu sein, ein Vorschlag, den ich nie kennen werde, wurde angenommen. Die Sitzung dauerte bis 6 Uhr, dann hielt der Oberst mich zum Apéritif zurück, worauf ich gleich zu einem Abendessen in die Krone nach Regensberg mit Lucys Freunden fahren mußte; am nächsten Tag dann begann die am Vorvortag vorbereitete Versicherungs-Totentanzsitzung, ich konnte abends knapp meinen Zug nach Lausanne erreichen, um halb 12 Uhr nachts hier eintreffen, um 8 Uhr früh nach Genf fahren, um in der Villa Moynier unter feingesponnenen Netzen welscher Sitzungszeremonien, den Anfang vom Ende und das optimistisch verbrämte Todesurteil über Denis de Rougemonts [...] Europagründung – Jahrgang 47, zu vernehmen. Die »mouches du coche« summten nur so, und hätten sie Fäustchen gehabt, so hätten sie auch hineingelacht.
Jetzt sitze ich für 13 Tage wieder hier, hätte arbeiten sollen und bin nur noch im Stande, Ihnen einen Brief à la Franzel W. zu schreiben, was ich hiemit bestens grüßend getan habe

Carl J. B.

An Clemens Graf Podewils Vinzel, 27. VI. 1960

Lieber verehrter Graf Podewils,
Leider ist Ihr Brief mit der heutigen Post nicht eingetroffen. Jetzt muß ich nach Bern verreisen und von Mittwoch an bin ich in Basel (Universitätsjubiläum), dann in Zürich und hierauf wieder in Basel, leider voll beschäftigt.
Damit kein Mißverständnis entsteht: mein Widerstreben, mich in die Thematik Ihrer Tagung einzuschalten, war begründet. Meine Arbeiten, von denen mir im letzten Som-

mer Martin Buber sprach, gehen alle von der politischen Geschichte aus, mit dieser Disziplin habe ich mich befaßt, innerhalb ihrer Grenzen habe ich praktische Arbeit geleistet. Daß ich nun neben so großen Vertretern der Philosophie und der Philologie wie Buber u. Schadewaldt. u. einer Koryphäe der Naturwissenschaften wie Heisenberg plötzlich eine »vom Wort ausgehende« öffentliche Betrachtung anstellen soll, ist für mich belastend. Da die Sache aber nicht mehr rückgängig zu machen ist, habe ich meinen Text stark gekürzt und habe auf viele historische Hinweise verzichtet. Der weite Bogen, den ich zu ziehn versuche, hat zweierlei zum Inhalt, einmal die Wirkung der Säkularisationen auf Wesen, Gehalt und Wirkung der politischen Hauptbegriffe, sodann die Idee des Chorcharakters dieser Prinzipien, bei dessen Verlust sie überwertig und gefährlich oder rein rhetorisch werden. Zuletzt versuche ich der Hoffnung auf das Entstehn einer neuen Ordnung im Zusammenhang mit der gewaltigen und bedrohlichen Leistung der Naturwissenschaften zu geben.
Den endgültigen Text schicke ich, sobald die Abschrift vorliegt. Sollten Sie noch Bedenken haben, so läßt sich vielleicht einer der andern Vorträge als »Festvortrag« einschalten. Ich könnte dann, in einem andern Jahre, gelegentlich aus meinem Arbeitsgebiet ein politisches Thema herausgreifen.
Mit vielen herzlichen Grüßen

          Carl J. Burckhardt

An Zenta Maurina   Vinzel, La Bâtie, 9. x. 1960

Sehr verehrte gnädige Frau,
Ihr Brief hat mich sehr bewegt. Ich spürte durch Ihre Zeilen ein wunderbares Einverständnis, was Sie mir sagen, wirkte wie die beglückende Fortsetzung eines seltenen und vertrauten Gespräches.

Ja, die »Blechtrommel« *mußte* ich lesen (für den Veillon-Romanpreis); hören wir sie nicht täglich, wird nicht die so rasch vom Zeitalter verworfene, weil schon veraltete Jugend nach ihrem Rhythmus nihilistisch-zynisch gedrillt? Sie hatte, *diese Jugend*, Besseres verdient; ihre Chancen verweilen jeweils so kurz. Ich bin gespannt auf Ihr Dostojewski-Buch. Sie gehören zu den Wenigen, die heute etwas über diesen Visionär aussagen können. Dostojewski hat gesagt: »die Schönheit wird Euch retten!« Mit allen Mitteln wird sie ausgetrieben, verleumdet, diese Schönheit. Dostojewskis Napoleoniden, – ein Raskolnikow, – wohin haben sie es seither gebracht: für ihn schon entscheidet der Erfolg über die Sittlichkeit der Taten, jetzt hat man, über dieses Argument hinaus, den Sartreschen »acte gratuit« gefunden, man müßte es weiter treiben: »ich bin nur eine Laus« hatte Raskolnikow erkannt. »Ich beschreibe, was kommt, was nicht mehr anders kommen kann«, hat der späte Nietzsche verkündet. Die Abtötung der Liebe, die schwarze Askese, hat gewaltige Kräfte des Untergangs frei gemacht. Aber im »Idioten« ist es Dostojewski dennoch gelungen, den vollkommen schönen Menschen darzustellen. All dem entgegen, das uns täglich umbrandet! Vor allem auch der falschen Güte hygienestolzer Wohlfahrtspropheten entgegen, denn die wahre Liebe ist nicht gemütlich.

Schade, daß ich immer noch so wenig freie Zeit besitze. Sie waren in der Schweiz und ich habe Sie nicht sehn können. Arbeiten? ich mußte schweren Herzens meinen Danziger Rechenschaftsbericht schreiben, das liegt nun hinter mir. Jetzt bin ich gezwungen, die vor 27 Jahren angeblich einem Verleger gegebene Zusage einzulösen: ich muß den zweiten Band meiner Richelieumonographie beenden. Und immer hoffe ich noch nachher, endlich und ganz einfach, erzählen zu dürfen.

Reval! wie deutlich steht mir Reval vor Augen. Es war im Herbst, – ja, Anfang September 1939; selten habe ich, wie während der drei Tage vor meiner Abreise nach Schweden, in einer Stadt so viel schöne junge Mädchen und Frauen gesehen, so zart und klug und kräftig, so völlig verschieden von den Bewohnern Rigas, wirklich ein anderes Volk, wie eine eben aufgebrochene Blüte. Und dann der Trost! In verehrungsvollem Gedenken, stets der Ihre

Carl Burckhardt

An Thankmar von Münchhausen Vinzel,
La Bâtie, 29. XII. 1960
Mein lieber Thankmar,
Wieder ist eines dieser flatternden Jahre vorüber und wir haben uns nicht gesehn. Wie lang und fest und reich war die Zeit einst, als wir jung waren: ein Jahr in Göttingen, Wintersemester – endlos, Frühjahrsferien, Ostern und dergleichen, überreich an Ereignissen, dann das schöne, freundliche Sommersemester, die Spazierritte am frühen Morgen, die langen hellen Abende bis zu diesem Ausströmen im Unermeßlichen des großen Sommerurlaubs – und dann begann das Wintersemester wieder, wie durch Äonen vom letzten getrennt – und war doch immer das selbe Jahr. Da kann man ermessen, was solche mechanische Einteilungen wert sind. Äonen hat unsere Vorkriegsjugend umfaßt und jetzt – 1960, kaum hatte man Zeit, eine Schwimmbewegung zu machen und schon war die Welle vorbei.
Jetzt ist der gute Andy Pilar gestorben, mutterseelenallein, wie die alte Pächtersfrau zu sagen pflegte, mitten im Bahnhof Mailand, zwischen tausend schmutzigen, eilenden Stiefeln, auf dem Rücken liegend in seinem blauen Mantel, sein dicker Stock auf der einen, sein schöner, neuer – Edenhat – auf der andern Seite, weggerollt, schmutzig. Plötzlich, als ich die Nachricht erhielt, stand er wieder vor mir, als die Summe eines Menschen und eines Schicksals, und nicht als der mit allerlei Konzessionen und Schlauheiten, oft in schlechter Gesellschaft sich durchschlagende, früh gealterte Mann, der zuletzt schwermütig und oft verzweifelt, völlig

den Erpressungen seines neapolitanischen Lebensgefährten ausgesetzt war. Ich fuhr nach Florenz, wo er bestattet wurde, dort war alles würdig und in Ordnung, er war wieder der junge chevalier garde von damals. Zu einem Freund seines Wohltäters Boehringer hatte er gesagt: »ach Predigten sind mir so lästig, wie gerne würde ich nach orthodoxem Ritus begraben.« Und er ist von einem Popen beigesetzt worden, dieser hatte nicht viel gefragt, er schwenkte seinen Weihrauchkessel, der »in Ketten hing«, und ein Chor von uralten Refugianten von 1917 sang wundervoll. Nun liegt der gute Andy, der mich oft geärgert hat, mit dem ich auch oft ungeduldig war, über den es zu lachen gab – nun liegt er in dem schönen »cimitero degli laureati« zwischen einem Großfürsten und einem englischen Admiral, nicht weit von Arnold Böcklin entfernt, ja er liegt endlich wieder standesgemäß und wird einen schönen Grabstein aus Carrara haben.
Wir fahren am 5. Januar für vier Wochen nach Lissabon: Rua Brasil 11, Estoril. Du weißt, ich schreibe jetzt am Richelieu II, muß diesmal aus den Akten arbeiten, in Lissabon liegt vieles aus dem Jahr 1640, in dem der Cardinal die Loslösung Portugals von Spanien betrieb. Vielleicht die letzte nicht gedruckte Dokumentation.
Da ich immer fürchte, jungen Mädchen Geschenke zu machen, die sie langweilen, erlaube ich mir, Maleen einen kleinen »Neujahrsbatzen« überweisen zu lassen. Das war der Ausdruck meiner alten Großtanten. »Batzen« war ein genereller Ausdruck, durch den die Freiheit der Verwendung angedeutet war.
Gib mir einmal kurz Nachricht von Isa und den Kindern, vor allem auch von Dir selbst. Ich würde Dir als vertrauten und exquisiten Umgang so gerne Roland de Margerie nach Bonn wünschen. Annette Kolb hat kurzerhand ein Schreiben an den Präsidenten der Republik gerichtet: une mise en demeure – er solle nicht weiter fackeln und hochtrabende Reden halten, sondern Roland sporenstreichs nach Bonn schicken, dann werde mit einem Schlage alles gut. En

attendant hat der Arme sich mit dem bärtigen Lagaillarde
herumzuschlagen. Nun, wie dem sei, Dir, Euch all meine
besten Wünsche, Dein gleichalter, uralter
Carl

An Zenta Maurina Vinzel, La Bâtie, 2. Januar 1961

Verehrteste Senta [sic] Maurina,
Ihr Dostojewski ist ein herrliches Buch, die stärkste Evokation eines Menschen, der durch alle Zwischenreiche bis ins Licht ragt, nie ganz von dieser Welt ist, ihr aber fest verbunden bleibt, durch das Leiden, die Liebe, den unsäglichen Humor und durch den so überaus menschlichen Zug, wirken zu wollen und Neid oder Ablehnung nicht zu ertragen. Ja, unter Neid, Mißachtung, Unverständnis, Respektlosigkeit hat er gelitten wie irgendeiner; er ist in keinem Zug der abgesonderte Gerechte, der Vortreffliche; gnadenbedürftig in seiner menschlichen Zugehörigkeit als Sünder steht er da.
Wie sehr hatten die französischen Moralisten uns daran gewöhnt, anzunehmen, die wahre Natur des Menschen sei die Gesellschaft. Die Deutschen haben in ihrer seltsamen »Ich-Epik«, um diese Stichflamme des sich selbst verzehrenden »Ichs«, keinen Gegenbeweis gebracht. Dostojewski aber hat uns das Individuum deutlich gemacht, in dem, wie Gide es begriffen hat, die Gesetze der psychologischen Kausalität durchbrochen werden in eine allem naturwissenschaftlich[en], nämlich psychologischen Gesetzesdenken enthobenen Region. Dostojewski hat noch als einer der letzten vom Reich der Schönheit gewußt: »Der heilige Geist ist das unmittelbare Verstehen der Schönheit, das prophetische Bewußtsein der Harmonie – folglich unablässiges Hinstreben zu ihr« (Tagebuch). Platonisch? ach, wie vieles wird durch solche Ursprungsbezeichnungen sterilisiert! Dostojewski ist auf völlig anderm Weg zu solcher Erkenntnis gelangt als die Griechen. Mir war der Kierkegaardsche

Gegensatz von Schönheit und Heiligung immer grauenvoll, im falschen Gesetz dieses Gegensatzes ist unser Zeitalter das geworden, was es ist. Aus ihm stammt das Schimpfwort »Ästhet«.
Ich fliege übermorgen nach Lissabon, wo ich drei Wochen lang zu tun haben werde, am 1. Februar hoffe ich zurückzusein.
Es ist für mich ein glücklicher, aufrichtender Gedanke, daß Sie hier sind und wirken. All meine guten Gedanken begleiten Sie in Dankbarkeit
Carl J. Burckhardt

An Gerhard Ritter   z. Zt. Zürich,
den 16. März 1961
Sehr verehrter Herr Professor,
Es ist mir ein Bedürfnis, Ihnen und Ihrer verehrten Gattin nochmals für große Gastfreundschaft aufs herzlichste zu danken. Es tat mir außerordentlich leid, daß die Zeit meines Freiburger Aufenthaltes so kurz bemessen war, vor allem, daß ich den Ausflug ins Elsaß unter Ihrer Leitung nicht mitmachen konnte.
Ihre und Professor Schramms Ausführungen, sowie das nachfolgende Gespräch haben überaus anregend auf mich gewirkt.
Darf ich kurz auf die Andeutungen zurückkommen, die ich während der Diskussion zu machen versuchte: Es ist meine Überzeugung, daß die stärkste völkerverbindende Kraft die Sprache ist. Mich mit Ihnen über diesen Punkt einmal in Ruhe aussprechen zu können, wäre mir sehr wertvoll.
Die Sprache ist der vollkommenste Ausdruck des Volkscharakters und sodann schlechthin die Macht, die einem Volk bleibende und unverwechselbare Eigenschaften verleiht und erhält. Wir denken in unserer deutschen Sprache vollkommen anders, als sich in der französischen oder englischen Sprache denken läßt. Ein Römer, selbst wenn er zum Graeculus wurde, war durch sein ehernes Latein wesensmäßig

vollkommen getrennt von dem Griechen, dessen Idiom in der größten Vielfalt und Beweglichkeit aus hellster Höhe bis ins Dunkel der Tiefe über jede Vorstellung artikuliert und übergangsreich, kraftvoll und zart das erstaunlichste Denken verwirklicht hat, dessen die europäische Menschheit fähig gewesen ist.

Die Sprache ist ein politisches Wirkungsmittel ohnegleichen. Seit dem 16. Jahrhundert haben wir in Europa und weit über Europa hinaus sukzessive drei herrschende Sprachen gehabt. Der kaum zwanzigjährige Richelieu schrieb aus Rom (!) an seine Mutter: »Ich bitte Sie zu verzeihen, Madame, wenn ich mich der französischen Sprache unkorrekt bediene, ich spreche nur noch – *spanisch* (!).« Spanisch war damals Weltsprache, Weltsprache, die nach der Schlacht von Rocroy und dann seit 1648 durch das Französische abgelöst wurde, das noch am Wiener Kongreß vollkommen dominierte. Kaum ein Volk hat das Ziel der Sprachherrschaft politisch so bewußt und so intensiv betrieben wie die Franzosen. Fremdsprachen im eigenen Land haben sie teilweise mit Feuer und Schwert ausgerottet, so das Provenzalische oder die Sprache, die in Navarra galt, und auch das Bretonische. Aus unzähligen diplomatischen Instruktionen, aus einer großen, vor allem publizistischen Literatur, läßt sich bis zum heutigen Tag feststellen, wie lebenswichtig für Frankreich die Sprachpropaganda immer geblieben ist. Am Hofe der Mandschus, in Peking, sprach man französisch, am russischen Hof, in der russischen, der polnischen, der rumänischen, der vorderasiatischen, der ägyptischen Oberschicht. Ein sowjetrussischer Botschafter des Nachkriegs sagte mir einmal: »Umgebracht und vertrieben haben wir bei uns die Leute, die französisch sprachen, die russische Staatsleitung hat gewußt warum.« Im Lauf des späteren 19. und im Beginn des 20. Jahrhunderts wurde die französische Welt- und Diplomatensprache, die auch die südamerikanischen Länder geistig sehr stark beherrschte, allmählich vom Englischen verdrängt. Hat man Quebec verlassen, und ist man in Montreal angekommen, so muß man, um sich verständlich zu machen, von Montreal bis Tokio, von Tokio bis Schanghai und Peking über ganz Indien, Ceylon und bis Suez englisch sprechen. Auch dies wird seine Zeit haben, es verläuft derartiges in einem aufsteigenden und absinkenden Halbkreis. In den Moskauer Sprachkursen ist zur Zeit das Chinesische das meistbegehrte sprachliche Lernfach, in Nord-Amerika ist es das Russische.

Daß man in den Vereinigten Staaten englisch spricht, ist ein weltgeschichtliches Ereignis von allergrößter Bedeutung. Zwar erkämpften sich die Amerikaner ihre Unabhängigkeit gegen England, trotzdem aber, wie Churchill es immer wieder betonte, hat das gemeinsame Idiom Engländer und Amerikaner aneinander gebunden. Das hat sich in den zwei Weltkriegen gezeigt. In wesentlichen Zügen zwingt die Sprache die Angelsachsen, von ihren tiefen Grundgesetzen bis zu ihrer äußerlichen propagandistischen Wirkung, in entscheidenden Fragen gleich zu denken.

Sie sagten, es wundre Sie, daß ein Schweizer die Sprache als bestimmendes Element bei der Entstehung menschlicher Gruppeneinheiten in den Vordergrund stelle. Wenn wir näher zusehen, ist es nicht verwunderlich. Die Entstehung der Eidgenossenschaft entspringt einer Leistung des deutschen Teils der heutigen Bevölkerung. Die französischen wie die italienischen Gebiete der Schweiz sind relativ spät durch Eroberung, aus Sicherheitsgründen oder *sehr* spät aus Interessegründen hinzugekommen (Genf 1815, Neuchâtel endgültig 1848). Lose Interessebindungen wurden jeweils aus sachlichen Gründen verstärkt, aber es ist kein Zweifel, die schweizerischen Landesteile sind durch ihre Sprache untereinander auch heute noch aufs deutlichste abgegrenzt, und jeder dieser Teile lebt bewußt sein eigenes kulturelles Leben. Es geht noch weiter, innerhalb der deutschen Schweiz spricht jeder Kanton, jede Stadt, ja jede Talschaft eine andere Mundart; ein Basler, ein Zürcher, ein Berner haben das sichere Gefühl, einem unabhängigen verbündeten Staat anzugehören. Diese Wirklichkeit hat sich allen Versuchen zentralistischer Entwicklung entgegen gehalten, die gemeinsame Sprache aber der deutschen Schweizer (Kommandosprache, Verhandlungssprache des Bundesparlaments, nicht der kantonalen Parlamente) und der Bundesregierung sind schriftdeutsch, französisch und italienisch. Aber die Schweiz ist eine Ausnahme, eine Ausnahme, von der Victor Hugo schon mit dem Blick auf ein geeintes Europa sagte: »espérons que la Suisse aura le dernier mot dans l'histoire.«

Es ließe sich vieles hinzufügen. Rußland: die Autonomiebestrebungen der Ukrainer, der Georgier, der Mongolen etc., die furchtbare Härte, mit der russischer Sprachzwang durchgeführt wird. So lange in dem Riesenreich nicht alle russisch als Muttersprache sprechen, ist ein Auseinanderbrechen immer eine ganz reale Möglichkeit. Ohne die unqualifizierbaren Taten der S. S. und den Unsinn Rosenbergs hätte die Ukraine, hätten die Georgier sich 1941 abgetrennt.

Mich wunderte immer, daß die Deutschen mit so wenig Nachdruck dagegen protestieren, daß ihre Sprache in keiner der nach den beiden Kriegen entstandenen großen internationalen Organisationen zugelassen ist, weder im Völkerbund, noch in der UNO, noch in der UNESCO etc. Diese Diskrimination ist gewollt, man spricht in der UNO englisch, französisch, russisch, spanisch und chinesisch, jede Rede wird simultan in alle diese Sprachen übersetzt, aber die deutsche Sprache hört man nicht. Deutsche Redner, die sich in Fremdsprachen äußern, auch wenn sie als fleißige Leute diese Sprachen gut beherrschen, entbehren jeder Wirkung. Die deutsche geistige Leistung ganz allgemein bleibt unbekannt, denn Übersetzungen können sie nicht wirklich vermitteln.

Woran ist die österreichisch-ungarische Monarchie zugrunde gegangen? Vor allem an der Sprachenfrage! Vor 1914 sprach man im österreichisch-ungarischen Parlament von keinem Problem so viel wie vom Sprachproblem. 1871 erteilte das französische Auswärtige Amt seinen Botschaftern die Instruktion, mit allen Mitteln die südslawischen

Sprachen zu fördern, vor allem das Tschechische: Unter Maria Theresia hatten nur noch Bauern und Hirten tschechisch gesprochen. Auf dem Wege über ideologische Vorstellungen der Aufklärung unter Joseph II. wurde das Tschechische wieder zur Schul- und zur Schriftsprache, die Romantik förderte diesen Vorgang, daraus ist die gegen alles Deutsche Front machende, von Frankreich inspirierte tschechische Nation, ist der tschechische Nationalismus entstanden. Wie wäre es möglich gewesen, nach Wilsonschem Rezept im Baltikum drei Länder zu schaffen: Litauen, Lettland und Estland, wenn man nicht litauisch, lettisch und estnisch gesprochen hätte?

Nun, das sind alles Binsenwahrheiten, und es ist eigentlich völlig überflüssig, daß ich sie vor einem Kenner, wie Sie es sind, erwähne. Ich könnte auch auf die inneren Gegensätze des heutigen Indien, auf die blutigen Auseinandersetzungen zwischen Indien und Pakistan hinweisen, und es würde deutlich, daß die Bindung durch die Sprache und anderseits die Trennung durch die Sprache mindestens dort ebenso wichtig ist wie die Trennung durch die Religionen. Die religiöse Bindung ist heute überall im Abklingen, die sprachliche aber nicht. Daß die Technik heute auf der ganzen Welt eine »Koinē« bedeutet, ist nicht zu bezweifeln, aber im Dienste der durch einzelne Sprachen zusammengehaltenen großen menschlichen Einheiten kann sie sich auch zur Verstärkung der Gegensätze aufs allerverderblichste auswirken. Ein letztes: meiner Ansicht nach gibt es kein geistiges Mittel, an dem die Entwicklung im Sinne des Fortschrittes wie des Vergehens und des Absterbens so genau zu erkennen ist wie das Mittel der Sprache. Selbst die toten Sprachen üben noch eine gewaltige Macht aus, es gibt heute noch eine lateinische Welt, sowohl in Europa wie in Amerika steht sie im Gegensatz zu den germanisch-angelsächsischen Einheiten.

Sie sagten, das gemeinsame Erleben schmiede die Nation zusammen. Das ist sicher wahr, aber doch nur bedingt. Wo könnten wir intensiveres gemeinsames Erleben feststellen als in den Auseinandersetzungen zwischen Deutschland und Frankreich? Und wie besonders stark waren im Laufe der deutschen Geschichte, innerhalb dieser Geschichte, die schweren Auseinandersetzungen nicht nur zwischen 1618 und 1648, nein bis 1866, und trotzdem gibt es über nationale Grenzen hinaus ein mächtiges deutsches Zusammengehörigkeitsgefühl, das ausschließlich im gleichen oder ähnlichen Denken und Empfinden innerhalb der deutschen Sprache seinen Ursprung hat.

Noch eins: heute neigen wir dazu anzunehmen, daß die Menschheit gewissermaßen aus sich selbst heraus sich durch die Jahrhunderte entwickelte. Wie lange aber hat diese selbe Menschheit angenommen, daß ihre Geschicke von außen her geleitet würden: »Gesta Dei per Francos.« Auch dies hatte ich kürzlich versucht anzudeuten, die Vorstellung der modernen Psychologie, wonach Gott und Teufel psychische Projektionen, prophylaktische Fixationsabszesse sind, schaltet die von außen her stammende, von ungefähr kommende Einwirkung allzu vollständig aus, nämlich: jenes Hölderlinsche – »Wechseln, ihr wandelnden Götterkräfte« (Mein Eigentum.) Die alte Anschauung ist in diesem Satze des Dichters enthalten. Diese Anschauung – ich glaube, ein Mann wie Heisenberg würde dies bestätigen – ist heute viel näher bei der naturwissenschaftlichen Erkenntnis als bei der geisteswissenschaftlichen oder der pseudowissenschaftlichen der Psychologie. Die naturwissenschaftliche Auffassung der Entwicklung, vor allem der Begriff der Mutationen, stellen die äußern Einwirkungen fest, genau so, wie unser Kollege es am letzten Samstag deutlich machte, als er von der künstlichen Herstellung eines lebendigen Virus sprach. »Einwirkungen« bringen dieses hypothetische Lebewesen zustande: Die Einwirkungen aber auf die geschichtliche Begebenheit im Zusammenhang des Kosmos haben außerhalb der Welt des Glaubens und vergeblich durch Jahrhunderte die Astrologen festzustellen versucht. Aber es darf doch kein Zweifel bestehen, daß wir dem Kosmos mit Haut und Haaren angehören, seinem Geschehen ausgeliefert

sind und daß unsere Willensfreiheit darin besteht, uns ihm anzupassen, von Fall zu Fall seine Einflüsse zu überwinden und am allerhäufigsten ihnen auszuweichen.
Wie schön wäre es, wenn wir das Gespräch der letzten Woche wieder einmal aufnehmen könnten. Ich mußte, seit ich mich von Ihnen verabschiedet habe, täglich an einem andern Orte einen Vortrag halten. So bin ich erst heute dazu gekommen, Ihnen meinen Dank zu sagen und diese paar Gedankengänge aufzuzeichnen. Vielleicht führt Sie Ihr Weg im Laufe des Sommers in unsere Gegend – ins rein französische Sprachgebiet –. Ihr Besuch wäre für meine Frau und mich eine ganz besondere Freude.
Mit den besten Empfehlungen und herzlichsten Grüßen bin ich in Verehrung

       Ihr und Ihrer Frau Gemahlin sehr ergebener
       Carl J. Burckhardt

An Ellen Delp   Vinzel, La Bâtie, 3. April 1961

Liebe verehrte Freundin,
Ihr Gatte ist ein bezaubernder Mensch, der für mich die ganze Grazie und gleichzeitig die kluge genaue Sachlichkeit des verschwundenen österreichischen Kaiserstaates besitzt. Ein reiner Vertreter einer auf sich beruhenden, uralten Großmachtkultur. Ich wurde innerhalb des deutschen Sprachgebietes so oft enttäuscht durch höchst provinzielle und dabei allzu geltungssichere Individuen, die sich für bedeutend hielten, allen großen Weltereignissen gegenüber völlig unerfahren, ihre eingeschränkte Natur durch feierliche Haltung und falschen Tiefsinn wettzumachen, aufzuwerten suchten. Sie haben sehr viel zu dem Wahn beigetragen, in dem die Nation beinah untergegangen wäre, und sie sind immer noch vorhanden, ebenso maskenhaft und prätentiös wie vorher. Da ist es denn eine Wohltat, auf deutsch

sprechende Menschen »von Art« zu stoßen, die historisch gewordene Vorzüge in sich vereinigen und nicht nur keine individuellen Gefühlsdemonstrationen zum besten geben, sondern den Wert des echten Empfindens hinter der leichtesten und angenehmsten Sitte verbergen. Dies dürfte ich zur Verteidigung des »Gesellschaftlichen« sagen, dem alle deutschen Stämme außer den alten Österreichern von Haus aus mit Mißtrauen gegenüberstehn, was dazu beiträgt, sie für alle andern Nationen so fremd erscheinen zu lassen. Ich bin sicher, daß Sie dies verstehn, es ist eine Erfahrung, die ich bei Angelsachsen, Lateinern und Slaven, aber vor allem bei den außereuropäischen Völkern gemacht habe. »Ach die Deutschen«, sagte mir im Jahre 1923 in Anatolien ein Kemalist, »entweder handeln sie wie Maschinen oder sie werden ganz weich und legen gleich ihre Seele auf den Tisch.« Auch die Russen sind zu letzterm fähig, aber bei ihnen ist es passionnell und nicht transzendierend.

Nein, was ich neulich bedauert habe, war ganz einfach der Umstand, daß unser Gespräch so kurz war, viel zu kurz, Sie hatten kaum angefangen, von der lieben unvergeßlichen Regina zu berichten, als bereits die Stunde meiner Abreise drängte und das höchst wertvolle Privatissimum über die Schlachten noch eingefügt werden mußte. Daß die Menschen (die jetzt ja ohnehin alle längst gestorben wären), so darauf versessen waren, sich je und je gegenseitig umzubringen, ja recht eigentlich sich zu schlachten, das ist so trostlos als eintönig, daß aber ihre Schlachten Form besaßen, einer Kunst entsprachen und die verpflichtende Sitte des Muts und des Opfers enthielten, ist ein gewisser Trost. Erst die Technik hat den Krieg völlig unmenschlich werden lassen. Vorher galt wohl das: »Und setzet ihr nicht das Leben ein« etc. In unserer Zeit nun darf man kaum mehr fragen: wie war es bei Malplaquet, wie bei Roßbach? Man ist ein Zyniker, wenn man sich darnach erkundigt, weil man heute sehr viel sentimentaler geworden ist, wenigstens auf dem Gebiet der Programme und infolgedessen auch sehr viel grausamer.

Es wäre herrlich, ein paar Tage zu Ihnen zu kommen. Bis Juni bin ich beständig eingespannt, Juni werde ich in Griechenland sein und nachher? Das quälende bei diesen historischen Arbeiten ist die Abhängigkeit von Notizen, Bergen von Notizen und von Büchern. Aber ich werde doch versuchen, es möglich zu machen, am liebsten im gedankenreichen Herbst.
Und nun all meinen Dank für Ihre große Güte.
In alter treuer Freundschaft und Verehrung stets der Ihre

Carl J. Burckhardt

An Otto von Habsburg Vinzel, den 29. Mai 1961

Kaiserliche Hoheit,
Aufs beste danke ich für die gütige Übersendung und Dedizierung des gedankenreichen, straff komponierten Essaybandes, der den schönen Titel trägt: »Im Frühling der Geschichte«.
Aus diesem hohen Wort Papst Pius XII. weht eine wunderbare Aufmunterung an. Alles was in der Einleitung des Buches und was zu jedem einzelnen Gegenstand gesagt wird, wirkt überzeugend. Eines nur läßt sich nicht rückgängig machen: der Verlust der Hierarchie, die soziologische Veränderung des ganzen Westens, die einen Typus serienmäßig hergestellt hat, dem jeder Heroismus unmöglich bleibt, es sei denn eine neue, unheilvolle Fanatisierung von unten gelinge – wie in den dreißiger Jahren. Sie kann einzig durch den Nationalismus erzeugt werden, der Nationalismus ist die große Kompensationsleistung aus der Summe aller Minderwertigkeitsgefühle. Wie gut wissen das die Russen. Ohne dieses Rauschgift setzt man die heutigen Massen nicht in Bewegung. Dort wo es fehlt, wie in dem im Zustand der Entziehungskur befindlichen Westdeutschland, ist die gleichgültige Kompromißhaltung selbstverständlich. Was weiß der Durchschnitt von Europa? In Europa gibt es

die beneideten andern Völker, vor denen man gelten will.
Europa ist ein abgenütztes, zerredetes Programmwort für Kongresse mittlerer Intellektueller.
Ich hatte eine Besprechung der »Entscheidung um Europa« für die »Schweizer Monatshefte« aufgeschrieben. Da man aber bei derartiger Begutachtung eines Werkes notwendigerweise schärfer formuliert als das Original, verdichtet, zusammenfaßt und betont, fürchtete ich, die weise Ausgewogenheit des Originaltextes durch Überlastung einzelner Aspekte zu stören. Deshalb hielt ich meinen Text zurück.
Nach meiner Rückkehr von Olympia will ich nun versuchen, ob es mir gelingt, das neue so bedeutende Buch gleichzeitig mit den früheren Aufsätzen anzuzeigen.
Mit dem Ausdruck meiner tiefsten Ehrerbietung

Carl J. Burckhardt

An Werner Weber Vinzel, den 30. Juli 1961

Lieber Freund,
»Heiland- oder Gesundheitssandalen« schreiben Sie. Gleich nach meiner Rückkehr aus Griechenland machte ich meinen 6 Uhr-Abendspaziergang; ich fuhr in den hohen Jura, dort weiß ich einen verwachsenen Pfad, der von einer aus dem Fels entspringenden Quelle zu einer tiefen Höhle führt, die noch bis vor einem Jahr im Winter mit Schnee und Eis gefüllt wurde, mit einem Vorrat, der sich meist bis im September erhielt und für die Alpwirtschaft gebraucht wurde. Erst jetzt hat man diese alte und einfache Gewohnheit aufgegeben, weil die Alphütten nun elektrischen Strom haben. Von der Quelle zur Grotte führt der Weg durch sehr hohen Wald und stellenweise an feuchten, von blühendem Huflattich bewachsenen Gründen vorbei. Ich habe auf einer sehr starken Föhre dort schon zweimal einen Auerhahn getroffen, wiederholt »machte« ich ein heute so seltenes Haselhuhn »hoch«, Waldhasen, wenn man ohne Hund sehr

leise geht, begegnet man bisweilen schlafend im Lager, Rehe, die so gegen sieben Uhr abends zu den Waideplätzen, zur »Äsung« am Waldrand ziehn, trifft man häufig. Bei meinem letzten Gang nun sah ich am Rand einer wasserreichen Stelle über die Stauden hinweg, durch die starken Stämme, auf dem weichen Moosrand einer Böschung, einen hellbraunen Körper von der Größe eines Junghasen. Ich blieb stehn, und plötzlich bewegte sich dieser Körper, von dem mich noch etwa 50 Meter trennten. Er war jetzt nur noch halb sichtbar und verhielt sich wieder vollkommen ruhig, zur Hälfte war er durch einen Busch verdeckt. Ich pirschte ihn mit großer Vorsicht an. Als ich mich auf dreißig »Gänge«, wie die Jäger sagen, dem seltsamen Gebilde genähert hatte, das durch die schräg einfallende, die Gründe des Mooses verklärende Abendsonne plastisch gesteigert erschien, erkannte ich: Einen großen Schuh. Einen Schuh, nicht einen Schuhu, eine mächtige *Sandale*. Ich setzte den lautlosen Pirschgang fort, indem ich mich nach links, nach Westen hielt, um hinter den Erlenstrauch Einsicht zu gewinnen. Zuerst erblickte ich eine breite Männerhand, die neben dem nun zum »Gegenstand« gewordenen Gebilde mit nach oben gekehrter Fläche lag, dann kam ein Unterarm zum Vorschein und schließlich ein beleibter Mann, dessen Bauch vorgewölbt, vorerst das Haupt verdeckte. Nun trat ich mit Absicht auf einen knackenden Zweig und ließ einen im weichen, schwarzen Humus steckenden Kalkstein rollen. Durch den schlafend im Moos liegenden schweren Körper ging eine Bewegung, er wälzte sich zur Seite und, mühsam sich auf den rechten Unterarm stützend, mit dem einen beschuhten und dem andern nackten Fuß durch die Luft fuchtelnd, vernehmlich ächzend, setzte er sich auf. Kopf und Gesicht kamen zum Vorschein, der Kopf war rund, blondes Haar, nun auch angestrahlt, umrahmte eine Glatze, das Gesicht war rot, die Nase knollenförmig, der Mund weit aufgesperrt. Zuerst gab dieser Mund einen albtraumartigen Laut von sich, dann geriet er in Bewegung und sprach. Er sprach Deutsch und was mehr ist: Sächsisch. Er sagte verdrossen und abwehrend: »Ist es verboten, hier zu schlafen?« »Hier ist nichts verboten, außer Holzfrevel und Wilddieberei!«, antwortete ich. Der gewichtige Körper versuchte es, sich vollends zu erheben; es gelang ihm nicht, ich setzte mich neben ihn. »Sind Sie der Waldaufseher?«, fragte der Mund. »Ich bin kein Aufseher«, erwiderte ich, »ich gehe spazieren«. »Sie auch?«, bemerkte der Mund. Dann erzählte der Sachse, er sei nach Essertines gekommen zu den »Reinen Herzen« (waadtländische Sekte), da kämen jetzt viele Deutsche, einige hätten sich auch schon angekauft, er selbst könne das noch nicht tun, denn er sei Ostflüchtling, aber es ginge ihm schon ganz gut, jetzt lebe er in Pfullingen, wo er an einem Kolonialwarengeschäft beteiligt sei. Ich meinte, das Wort »Kolonialwarengeschäft« stimme im Jahr 1961 nachdenklich. Er begriff meine Bemerkung nicht und berichtete, sein Vetter führe ein Schuhgeschäft: »da«, so erklärte er, »diese Sandalen, Gesundheits- oder Hygienesandalen kämen vom Vetter, sie seien gesund, aber auf den steinigen Waldwegen nicht das Richtige, jetzt habe er sich gesetzt, weil er sich verirrt habe und weil die Füße ihn schmerzten; sein Vetter sei tüchtig im Geschäft, aber er halte nichts vom »Höheren«, er selbst dagegen sei ganz auf das »Höhere« eingestellt, darum sei er nach Essertines gekommen, aber Essertines sei auch nicht das Richtige, weil es zu evangelisch-kirchlich sei, er werde auf der Rückreise nach Dornach gehen, obwohl Frau Stubbe, eine Bekannte, enttäuscht gewesen sei, weil sie fürs Gemüt zu wenig bekommen habe, ihm gehe es aber mehr um »so ne richtige Filosowie, wissen-se, sone Anschauung«, modern müsse sie sein, ob ich wüßte, ob Dornach filosowisch modern sei. Ich gab zu, es nicht zu wissen. Er tröstete mich, suchte in seiner ordentlich auf einem saubern Baumstrunk gefalteten Steirerjacke, fand eine Brieftasche, entnahm ihr eine Karte: »Kurt Päschke, Kolonialwaren, Pfullingen«, (Päschke wie der von sich selbst als »Gide-ist« bezeichnete Merkurbote). Ja, er tröstete mich, er werde mir über Dornach berichten, mit dem Marxismus sei es nämlich auch nichts, das könne ich ihm glauben, da könne einer, der es in sich habe, überhaupt »nicht hochkommen«, aber er *wolle* »hochkommen«, er ziehe voraussichtlich ins Rheinland, dort verstehe man sich aufs Läben, man sei dort »leschär« wie die echten Franzosen, aber nicht so leichtsinnig wie die. Für Kolonialwaren sei dort ein Primaabsatzgebiet. Nach dieser Mitteilung ergriff er die Gesundheitssandale und zog sie wieder an. Ich führte ihn auf den richtigen Weg und verabschiedete mich, noch lange hörte ich ihn singen.

In Kreta (zehn Tage), dann im Peloponnes, habe ich zum ersten Mal ein Tagebuch mit Stichworten geführt, jetzt kann ich diese Notizen nicht ausarbeiten, weil ich täglich bis zum 1. Juli 1962 acht Seiten über den in meinem Innern, wie in der heutigen Welt, verschollenen französischen Cardinal schreiben muß. Vom August 1962 bis Neujahr möchte ich dann die herrliche Reise rückwärts wieder machen, sie meditieren und soviel als möglich festhalten.

Grüßen Sie Ihre liebe Frau und die Kinder. Für Ihre schönen Berichte ist immer freudige Empfänglichkeit vorhanden.
Stets der Ihre
　　　　　　　　　　　　　　　　　Carl J. Burckhardt

An Robert Käppeli　　　　　　　　　　　　Vinzel, 31. X. 1961

Lieber Robi,
Das hätte gerade noch gefehlt, daß Du zu der »Prämierung« erscheinst. Solche Zeremonien gehören zu dem, was man freundlicher Weise jetzt für mein Métier hält. Wenn etwas von Basel kommt – allerdings macht es mir immer Freude. Darüber bist Du genau orientiert.

Ich muß mich zusammennehmen, um nicht ärgerlich zu werden, weil ich Dich diesmal nicht zur Gamsbrunft begleiten kann.

Einmal im Herbst, Ende Oktober solltet Ihr, wenn Hochnebel vorhanden ist, schnell am Wochenende hierherfahren, da herrscht auf 1400 m ein Anblick ohne gleichen. Letzten

Sonntag fuhr ich mit den Hunden auf den Marchairuz und ging dann immer auf den Kämmen in der Richtung des »Mont Tendre«, ich traf keinen Menschen, nur einen Fuchs und ein krankes Reh. Die bis zum Weißenstein zusammenhängenden Wälder waren so von Licht erfüllt, daß alle Farben in höchster Leuchtkraft von dem Farn bis zu dem wehenden isländischen Moos in den Wettertannen durcheinanderströmten; von den verlassenen großen Weideflächen, oft auch durch die hohen Stämme hindurch, strahlten die Savoyeralpen, die Walliser- und die Berner bis zum Eiger, unendlich hoch wie gehoben und gesteigert durch den eine unerhörte Helle zurück in die Himmelshöhe spiegelnden, wallenden, brauenden Nebelgrund. Einmal sollten wir das zusammen sehn.
Und nun herzlichstes Waidmannsheil! stets Dein Carl.

An Hermann Hesse Vinzel, La Bâtie,
 5. November 1961
Verehrter, lieber Herr Hesse,
Es geht einem mit Gedichten wie mit Menschen, man schließt sich ihnen an, man erschließt sich ihnen, sie werden ein Teil von uns selbst; eine neue Farbe in unsäglicher Beleuchtung, ein Duft aus neuen Sphären, Harmonie und Melodie wird uns geschenkt und nochmals und wiederum sind wir reicher und alles, was wir besitzen, wird verändert und lebt auf. Was fast niemand mehr spürt oder weiß: der Rhythmus hat nichts mit Metrik zu tun, die Metrik ist nur eine Kontrolle, man kann nicht einen Rhythmus wählen und ihm dann ein Gedicht anvertrauen. Ihre Rhythmen sind immer aus der Seele des Gedichts geboren.
Die Verse, deren großes und beglückendes Geschenk mir durch Ihren so überaus gütigen Beitrag zur Festschrift zu teil wurde, führen mich in den geheimnisvollen Raum, der sich mir im Lauf des Lebens immer wieder in kurzen Augenblicken erschloß, es ist der Raum der vertrautesten Begegnun-

gen, die durch nichts mehr in Frage gestellt werden können und die durch ihr Entrücktsein den höchsten Grad der Diskretion erreichen. Ja, Ihre Aussage gilt:
»Gleich den Flammen der Kerzen
Schwinden sie weg ins Nichts«
Aber gewähren sie uns nicht doch bisweilen einen kurzen, scheuen Blick?
        Und die zu Traum und Sage
        Eingedämmerten Tage
        Einst genossenen Lichts
leuchten bisweilen auf in einem Hauch, nur zu ahnen, immer wieder entzogen, bis wir, vielleicht, unvorstellbarer Weise selbst in jenen Geheimniszustand erhoben werden.
Ich bin Ihnen unendlich dankbar, und ich grüße Sie und Ihre liebe Gattin in alter, tiefer Verehrung
                                          Carl J Burckhardt.

An Oskar Kokoschka   Vinzel, den 6. November 1961

Lieber Freund,
Immer noch hebt Dein Herkules den Antäus über die kraftspendende Erde, und so wird Antäus welken und Herkules wird wie immer siegreich hervorgehn.
Auch der Gigas Alkyoneus konnte nicht besiegt werden, solange er auf *heimatlichem* Boden stand: darum schleppte ihn Herkules, nachdem er ihn mit seinem Pfeil getroffen hatte, über die Grenzen von Pallene, und so starb der Riese.
Nereus, als Herakles mit ihm rang, verwandelte sich in einen Fisch, einen Löwen, einen Bock und eine Schlange. Herakles aber band Nereus in harten Fesseln und auf Rat der Schicksalsgöttin befragte er ihn dann wie ein Untersuchungsrichter.
Als Rhea niederkam und die Wehen einsetzten, stützte sie sich in ihrer Qual mit beiden Händen auf den Felsgrund. Der Berg aber, an den sie sich lehnte, brachte soviel Geister hervor, wie die Göttin Finger hatte. Diese Wesen leisteten

ihr dann Geburtshilfe. Sie hießen Daktyloi Idaioi, die idäischen Finger, von den Fingern der Rhea und vom herrlichen Berge Ida, den ich im Juni bestieg. Es gibt zehn Daktylen. An ihrer Spitze stand Herakles, nicht der Sohn des Zeus und der Alkmene, sondern der idäische Daktyl, der die Spiele von Olympia gestiftet hatte.

In Alexander dem Großen noch wirkte Herakles entscheidend, bei jedem Sieg, bis Alexander eine dem Gewaltigen unverständliche Völkerbundspolitik anfing.

Ach wie weit ist es mit uns gekommen, wo ist des Herakles Klugheit, ich spreche nicht von seiner Kraft. Hin und wieder in diesem Geschlecht der Hemdenkragen und Hornbrillen steht noch einer auf wie Du, Du Gewaltiger. Es ist ehrenvoll und schön, wenn Du einem ein Geschenk machst. Ich danke Dir von Herzen und meine, daß wir uns doch einmal wiedersehen sollten. [Carl]

An Martin Buber   Vinzel, den 11. November 1961

Sehr verehrter, lieber Herr Buber,
Ich denke, es ist so, daß Macht weder gut noch böse ist. Aber sicher ist sie immer wieder nötig und zwar in den allerverschiedensten Dosierungen.

Churchill zitiert in seinen Kriegsmemoiren eine seiner Reden, in der er behauptet, England müsse immer wehrhaft und stark sein, weil seine Aufgabe darin bestehe, stets die stärkste Kontinentalmacht zu bekämpfen. Er sagt nicht: die jeweils auftauchenden »bösen« Kontinentalmächte, nein, er sagt: »die stärkste«. Die Böseste wäre diejenige, in der Macht »eine Gier« ist: Napoleon, Hitler, – aber vielleicht nicht Philipp II.? Aber das ist Macht durchaus nicht immer. Die Macht kann ohne Gier sein, allerdings läuft sie stets Gefahr, zum Gegenstand des Machtwillens zu werden, ihrem legitimen Besitzer entrissen nur noch Selbstzweck zu sein. Goebbels sagte: »1930 lag die Macht im Straßenkot,

man brauchte sich nur rasch zu bücken, um sie aufzuheben.« Das hat man getan, und über den Gebrauch, den man davon machte, muß nichts hinzugefügt werden.
Aber nehmen wir ein machtloses, staatliches Gebilde oder ein Individuum ohne die Macht der Selbstbeherrschung, beide sind dem Untergang geweiht.
»Gott ist weder Vater, noch Herr«, schrie Thornton Wilder in der Frankfurter Paulskirche: »Gott ist Geist« schrie er noch lauter. Dieser Ausruf sagte, meiner Ansicht nach, einzig etwas aus über die affektive Situation des Redners gegenüber dem mit Machtvorstellung verbundenen »Vater- und Herrenbegriff«. Der Ausspruch war logisch unhaltbar, denn Geist ist kein Gegensatz, weder zum Vater, noch zum Herrn, noch zur Macht. Man gebraucht mit Recht das schöne Wort: »geistesmächtig«.
Macht ist nicht ohne weiteres böse, aber *sie wird es* (was ein liberaler, aus einem moralisierenden, rationalen Protestantismus hervorgekommener und gegen diesen Ursprung in Reaktion stehender J. B. kaum mehr wissen konnte), sie *wird* es, sobald sie kein Lehen Gottes mehr ist, denn *gute* Macht ist immer von Gott, und die mißbrauchte Macht verfällt den Mächten der Finsternis. Nichts kann bewirkt werden ohne das Vorhandensein einer bestimmten »potentia«.
Mit dem Augenblick, in dem man »vox populi, vox Dei« sagte, hat man die Macht säcularisiert.
Gott hat durch Moses zu seinem Volk gesprochen und hat Moses Macht verliehen über die Menschen. Gottes Mitteilungen erfolgten immer durch »Erwählte« und nicht durch eine »Wählerschaft«. Daß die Mehrheit immer das Recht und die Macht zur Durchsetzung ihres Mehrheitswillens habe, ist ebenso trügerisch wie die Vorstellung, daß die stärksten Vertreter der Machtgier Auserwählte seien.
Calvin, von Fragen bestürmt, wer »auserwählt« und wer »verworfen« sei, antwortete, er wisse es nicht, er wisse nur, daß *er* auserwählt sei. Mit diesem Ausspruch hat er einen Akt der Usurpation begangen.
Wie glücklich wäre ich, wieder einmal in Ihrem schönen,

stillen Arbeitszimmer in Jerusalem sitzen zu dürfen, um Ihre Stimme zu hören.

Für das große Geschenk Ihres Beitrags zu der mir überreichten Festschrift danke ich Ihnen von Herzen.

Mit der Bitte, mich Ihrer Frau Tochter aufs angelegentlichste zu empfehlen, verbleibe ich in alter, tiefer Verehrung,
stets Ihr   Carl J. Burckhardt

An Rudolf Alexander Schröder   Basel, 24. November 1961

Lieber Rudy,
Der »Drachen« war einst das Haus meiner Großtante, die, mit viel Stolz, den ungeheuer komischen Namen Gemuseus trug, was doch sicher von Gemüse abstammen muß. Später ging die »Liegenschaft«, wie es hier zu Lande so schön heißt, an anonyme Besitzer über, in den Räumen des alten »Hofes« aber installierte sich eine furchtbar feine Schule, die nur von »Töchtern« aus der »Dalbe« (St. Alban) besucht wurde, es installierte sich die Gutlé Schule mit dem ersten é aigu, das mir zu Gesichte kam, und die Partnerin Mademoiselle Gutlés aus Paris-Kolmar war Fräulein Jachmann, Tochter des preußischen Admirals gleichen Namens. Dort wurde aufs strengste selektioniert, aber meist vergeblich wurden Mädchen von der heftigen Naturanlage Dorys »civilisiert«. Und jetzt: jetzt sitze ich hier in einem »air conditionierten« Zementhotel mit Radio in jedem Zimmer. Modell »Chikago 1960«, über gewaltigen Garagehohlräumen; u. das Hotel gehört nicht einem Wirt, sondern dem Bankverein. »Haus auf Burg« am Münsterplatz, »Ritterhof«, »Rosengarten«, »Schönenberg«, alles ist an die öffentliche Hand od. in Konzernbesitz gefallen u. das zu meinen Ehren einst von 92–93 erstellte Schönenbergerhaus, das Du kanntest, ist völlig verschwunden, letztes Jahr abgerissen.

Also: Hotel Drachen. Bestand: seit September hause ich in Hotelen, sitze ich tagsüber an grünen Tischen oder erhebe mich von Festtafeln, um auf Reden zu antworten. Fast auf

2000 Briefe habe ich schriftlich reagiert, und mit dem Dank für die Beiträge in der Festschrift bin ich noch lange nicht zu Ende. Auch Dir, lieber Rudy, bin ich sehr viel schuldig. Nachts steht der gelbe Kardinal an meinem Bett, schaut mich an mit seinem stechenden Blick, hebt den Finger und droht: »wie lange noch?«
Hübsch war die Feier in dem Thurgauer Dorfe Amriswil. Die beiden Bundespräsidenten ergänzten sich wunderbar u. es herrschte eine überaus heitere Stimmung. Daß man Dich – was ich erst nachträglich erfuhr – mit Einladungen molestierte, hat mir sehr leid getan. Es entstand dann noch irgend eine bedauerliche Konfusion mit der armen Annette Kolb, die vergeblich, während eines ganzen Tages, auf ein Auto wartete, das man ihr vorgegaukelt hatte, – und sie soll wiederum Dich gestört haben.* Ich versuche meine Hände in Unschuld zu waschen, aber schuldig ist man ja immer; der Venetianothureger Larese hätte in seinen Vorkehrungen beaufsichtigt werden sollen.
Elisabeth war auch gezwungen, Feste zu feiern; der armen war wenig festlich zu Mute, nachdem sie in entzückender Weise, wie nur sie es kann, die intime Geburtstagsfeier in Vinzel, mit Essen im von ihr dekorierten Dorfwirtshaus vorbereitet u. durchgeführt hatte. Die beste, wahrhaft epochale Rede hielt Sabine, die nächtliche Käsediebin. Leider konnte Pic nicht dabei sein, sie erwartet in den nächsten Tagen ein Kind, im Sommer erkrankte sie an einem schweren Typhus, jetzt sind die Voraussetzungen für die Geburt (sie ist sehr geschwächt) besorgniserregend. Kurz, Elisabeth kam als Mutter u. Verwalterin ihres Grundes und Bodens, [nebst] ihren Aufgaben als »Gemeindevizepräsidentin«, nicht aus den Sorgen heraus und ich sorge mich um sie und um dieses liebe, kluge, sanfte Kind. Der Welt lasse ich ihren übeln Lauf und *hoffe,* – das Einzige, was uns übrig bleibt.
Bei Dir sind meine Gedanken sehr viel und stets die Liebe und Freundschaft Deines   Carl.

* es geht ihr gesundheitlich sehr schlecht.

An Karl Kerényi Vinzel, den 27. November 1961

Lieber verehrter Freund,
Ist man Asconese oder Asconat? Man ist nicht Ascanier, was vielleicht eine liebenswerte Nationalität hätte werden können. Ist doch Askanien eine besonders schöne Grafschaft bei Aschersleben in Schwaben. Aschersleben heißt Askanierslehen und geht zurück auf Albrecht den Bären, der Eigenschaften besaß, die den spätern kaiserlichen Dynastien fehlten. Aber Tessiner wäre ich gerne, von den Kelten über die Römer, die Ostgoten, die Langobarden, von der Zeit unter den rätischen Freiherrn von Sax, den Urnern im Livinental, über viele Untaten der kleinen ennetbirgischen Beherrscher, die keine Herren waren, bis zu dem wirklich vornehmen Karl Viktor von Bonstetten ist aus diesen Tälern am Südfuß der Alpen soviel bildnerische Leistung gekommen, viele gute Blutstämme haben sich an den Berghängen und an den Seen zusammengefunden, der Anblick der Welt und das Licht, das ihn darbot, enthält viel Glück, und wenn ich jetzt an die gedankenvolle Aussicht denke, die sich vor Ihren Fenstern bereitet, so bin ich glücklich, Sie dort zu wissen, glücklich, mit Ihnen durch dieselbe Nationalität verbunden zu sein und auch stolz, daß Sie uns jetzt angehören und mit dem einst sandfarbigen und jetzt rot gewordenen Paß durch die Welt fahren werden.
Die Melancholie, von der Sie sprechen, begleitet wohl alles, was uns in späteren Jahren eigentlich doch immer zu spät zuteil wird. Auf wie Vieles habe ich selbst gewartet, und als es eintraf – nun ja – war es dann der Abschluß einer Rechnung, die einem immer drohend vorgezeigt worden war, die Quittung, die eine angeblich unbeglichene Schuld, so lang getragen, nicht von den *einstigen* Schultern nahm, die doch auch heute noch die unsern sind. C. G. Jung, ja, ich würde Sie gerne über diesen merkwürdigen Menschen reden hören, ich bin ihm nur dreimal wirklich begegnet; von seiner Vaterstadt wurde er, vor seiner Berühmtheit, überaus schnöde behandelt. Wo war das jemals anders? Der arme

Spitteler, der mir aus meiner Kindheit als ein sehr eindrucksvoller Mensch in Erinnerung ist, hat einmal eine Ballade in der alten Weise etwas helvetisch holprig geschrieben. Da erscheinen alle toten Helden in der Walhalla, jeder erhält für seine Taten Ländereien, Pferde, herrliche Waffen, Siegfried allein erhält nur einen Biß von Odins Rappen. Mir ist die große Summe der Erfahrung, die Psychologie von Gracian über La Rochefoucauld, Vauvenargues, Stendhal, Lichtenberg, Schopenhauer, die Russen und Nietzsche, und die alles beherrschende Weisheit der antiken Mythologie, von jeher viel wertvoller gewesen, als die talmudische Methode der Analytiker. Jung hat sie stellenweise überwunden, dies aber vor allem durch Anleihen bei antiken Tiefenerfahrungen, er hat nicht befreiend gewirkt, auch seine Seele mit ihren Projektionen bleibt ein Gefängnis. Würde die an sich selbst und ihre psychosomatischen Mechanismen ausgelieferte Generation noch etwas von der Menschenkenntnis (und was wäre Psychologie anderes?) der antiken Komödie und ihres Weiterwirkens bis zu Shakespeare und Cervantes besitzen, so wären Vorgänge wie diejenigen der dreißiger Jahre oder aussichtslose Verirrung, wie wir sie heute erleben, nicht möglich. Es wäre viel richtiger, an den Universitäten diesen fachlich geformten Karrieremachern, die jährlich auf die Welt losgelassen werden, an Hand der Goldonischen Typen die Menschenwelt zu erklären, als sie in Verdrängungen, Ödipuskomplexe und andere pseudotiefe Medizinmännerformeln einzuweihen.
Ich lese in jedem freien Augenblick in Ihrer »Mythologie der Griechen«. Wie schön und glücklich zu denken, daß Sie da sind. Nur drei Seen weit und gleich hinter den Bergen – diesmal vor *meinem* Fenster. Darf ich bitten, mich Ihrer sehr verehrten Gattin und den Töchtern aufs beste zu empfehlen und ihnen zu sagen wie glücklich der in Ihrem gastlichen Haus verbrachte Tag in meiner Erinnerung lebt und wie sehr ich hoffe, daß Besuche diesseits und jenseits der Alpen zur festen Gewohnheit werden.
      Stets in Freundschaft Carl J. Burckhardt

An Marcel Pobé Vinzel, den 30. November 1961

Sehr verehrter Herr Pobé,
Briefe zu schreiben (sogar unleserlicher Handschrift wegen mit der Maschine), wenn sie einem wirklichen Wunsch entsprechen, ist eine große Freude. Hätte ich im 16. oder im 18. Jahrhundert gelebt, ich wäre wahrscheinlich ein Korrespondent geworden, hätte ein Gespräch geführt über weite, schwer überwindbare Distanzen, hätte die lateinischen Briefe des 16., die französischen des 18. dem wunderbaren Zufall immer bedrohter Übermittlung anvertraut und hätte die spannungsreichen Gefühle Shakespearscher Reeder geteilt, die auf der Giudecca im weißblauen adriatischen Licht an ihre in fernen, schweren Stürmen schlingernden und stoßenden, mit Gewürzen beladenen Schiffe dachten. Wunderbare Zeiten, in denen es ein europäisches Gespräch gab und nicht nur gespreizte »Imponierstellungen« der in Universitäten kasernierten Fachleute.
Nein, es ist selten geworden, daß man sich auf brieflichen Austausch freut, aber an Sie schreibe ich mit einer glücklichen Spannung. Ihr Gotikbuch war und ist für mich viel mehr als ein schilderndes, erklärendes Bilderwerk, mehr als eine hohe, dem Gegenstand gerechte Prosa, die souveränes Wissen vermittelt: es ist für mich Begegnung mit einem Menschen, ein Auftakt zu wirklichem Austausch; dasjenige aber, was Sie über mich selbst und meine paar im Druck festgehaltenen Äußerungen sagen, ist, der ungewöhnlichen Qualität Ihrer Aufsätze wegen, der wohlwollenden Gesinnung wegen, die Sie erfüllt, ein wertbeständiges Geschenk, für das ich Ihnen sehr dankbar bin. Ich bin in meine Vaterstadt zu der Aulafeier mit großer Vorsicht, getarnt hinter den Schlehdornblättern des Dialekts, auf Fußspitzen gekommen. Aber die Empfindung, daß es Menschen gibt wie Sie, verlieh mir innere Zuversicht, was auch an fastnächtlichem Spuk im Hintergrund noch lauern mochte.
Jetzt freuen wir uns beide, meine Frau und ich, auf Ihren Besuch. Kommen Sie, wenn irgend möglich an einem schö-

nen Tag, und dann kommen Sie wieder, damit Ihr Besuch eine Gewohnheit werde, auf die man sich freuen kann.
Bis dahin bin ich in herzlichem Gedenken
[Carl J. Burckhardt]

An die Kinder der Volksschule Nusse Vinzel, Kt. Waadt,
den 1. Dezember 1961
Liebe Marianne Kolberg,
Liebe Kinder der Oberstufe der Volksschule Nusse,
Ihr werdet schon sehr enttäuscht und vielleicht ein wenig böse sein, daß Ihr auf Euren so besonders lieben und schönen, prachtvoll geschriebenen Brief vom 14. Oktober von diesem uralten Professor noch keine Antwort erhalten habt. Ich werde Euch gleich verraten warum.
Der Alte hatte sich, um vielen Besuchen, die ihm nicht so große Freude machten wie Euer Brief, zu entgehen, aus dem Staube gemacht und hatte sich in die Einsamkeit begeben, und zwar zu einem noch ältern Freund, der abseits am Rande eines großen Waldes seinen Lebensabend verbringt.
Daß Herr Hansen, Euer Lehrer, dem ich persönlich schreibe und den ich aufs herzlichste zu grüßen bitte, Euch schon von mir erzählt hat, macht, daß es so aussieht, als ob wir uns bereits ein wenig kennen würden. Ihr wißt einiges von mir, und Herr Hauptlehrer Walter Hansen hat mir Euer Schreiben dadurch nahe gebracht, indem er mir sagte, Ihr hättet es gänzlich selbst aufgesetzt.
In einem meiner Bücher habt Ihr eine sehr traurige Szene gelesen, aus der man erkennen kann, was aus den Menschen wird, wenn sie sich dem Haß verschreiben und die rettende Kraft der Liebe sie verläßt. Aus solchen Zeiten, wie Eure Eltern und vielleicht Eure ältern Geschwister sie noch erlebt haben, muß man eine Lehre ziehen, sonst sind die Leiden der unzähligen Menschen, die in ihnen zugrunde gingen, vergeblich gewesen. Auch jetzt gehen wir wieder zwischen

drohenden Gefahren vielleicht sehr düsteren Ereignissen entgegen. Wenn Ihr aber begreift, daß es nur ein Mittel gibt, diesen Ereignissen entweder zu entgehen, sie zu verhindern oder, wenn dies nicht möglich ist, sie zu ertragen, und daß dieses Mittel darin besteht, daß man lernt, Böses mit Gutem zu vergelten, so ist sehr viel gewonnen. Die Zukunft gehört Euch, Ihr werdet sie zu bestehen und zu formen haben für weitere Generationen, die auch die Eure einst ablösen und denen gegenüber wir alle verantwortlich sind.

Diese Verantwortung für die Zukunft hat man im Laufe der Geschichte nie genügend bedacht. Man wollte immer eine bessere Zukunft auf Kosten anderer mit Gewalt erringen, aber Gewalt ruft immer gewaltsamen Gegenkräften, und ein wirklich schöpferisches Werk kommt nur zustande, wenn es von Menschen, die guten Willens sind, im Einverständnis aufgebaut wird; Einverständnis erfordert viel Geduld. Wenn man sein Vertrauen anbietet, wird man oft enttäuscht und betrogen, man ist dann versucht, strafen zu wollen, aber Strafen verhärten so oft den Bestraften, während das Verstehen, auch seiner schlechten Beweggründe oder ganz einfach seines andern Seins, ihn schließlich gewissermaßen von seinem eigenen bösen Willen befreit. Geduld ist also eine entscheidende, zum Guten wirkende Weltkraft, die mehr Selbstbeherrschung und mehr Mut erfordert als das Dreinschlagen, auch für eine gerechte Sache oder eine Sache, die man für gerecht hält.

Daß Ihr die liebe, schöne und ehrwürdige Stadt Lübeck kennt und dort bisweilen Einkäufe macht, freut mich für Euch. Es ist auch in Lübeck vieles zerstört worden; daß man einiges retten konnte, hängt wohl mit dem Umstand zusammen, daß das Internationale Rote Kreuz in die alte Hansestadt seine Vorratsräume für die Kriegsgefangenen verlegte. Das ist nicht das Verdienst eines Einzelnen.

Auf die eine Eurer Fragen, nämlich die *zweite,* wäre damit geantwortet, die andere: »Hat sich diese Szene im KZ wirklich zugetragen?«, hätte eigentlich kaum gestellt werden müssen, denn wie sollte man in der Chronik über

Selbsterlebtes etwas erzählen können, was nach unserer Beobachtung sich nicht wirklich zugetragen hat?

Schöner als das Aufzeichnen solch trauriger Berichte wäre es, wenn man erfinden und in eine trübe Welt eine bessere hineinzaubern dürfte; das haben früher die Dichter und auch die Märchenerzähler getan. Heute sind aber auch diese Dichter dabei, das Schreckliche, das Unheimliche, das unter den Menschen als eine Folge des Hasses ausgebrochen ist und wirkt, möglichst genau, ja manchmal grell wiederzugeben.

Es ist gut, wenn man sich von Zeit zu Zeit daran erinnert, daß es ein verlorenes Paradies gibt, das man immer wieder finden kann, manchmal auf ganz stillen und heimlichen Wegen, nicht nur in der Freundschaft zwischen Menschen, auch z. B. in der Freundschaft zu einem Tier, das einem für erwiesene Hilfe und gewährten Schutz so oft mit einer rührenden Anhänglichkeit zu danken imstande ist.

Ich sende Euch, weil Ihr mich darum gebeten habt, ein Bild, aber noch besser wäre es, wenn ich nach Abschluß einer schwierigen Arbeit bei Gelegenheit eines Besuches in Lübeck Euch einmal besuchen könnte.

Bis dahin schicke ich Euch allen mit meinem warmen Dank
meine herzlichsten Grüße und Wünsche
[Carl J. Burckhardt]

An Jean-Rudolf von Salis   Vinzel, La Bâtie,
14. Dezember 1961

Lieber Freund,

Sechzig Jahre: mir scheint, soweit ich das um mich herumblickend und auch bei mir selbst feststellen konnte, mit dem siebten Jahrzehnt beginnt eine reiche Zeit des Nachdenkens, des Erkennens und Begreifens; noch ist die volle Kraft vorhanden, aber die Unruhe des Innern, die Spannung hat nachgelassen, ein anderes Licht liegt auf Dingen und Menschen, man sagt ein milderes Licht, vielleicht –, mir scheint, daß es vor allem stetiger, ruhiger ist. Sie gehören dem zwanzigsten Jahrhundert an. Sie sind im Todesjahr der Königin Victoria geboren, und schon hielt Chamberlain wegen der Krügerdepesche seine scharfe Rede, immer noch wegen dieser schon 5 Jahre alten Depesche. Der Zar erschien in Compiègne, Younghusband brach mit bewaffneter Hand in Tibet ein. Ich war 10 Jahre alt, erlebte ganz bewußt den Tod meines Großvaters, und erinnere mich aus den Gesprächen im Elternhaus an das damalige Tagesgeschehn. Zehn Jahre Altersdifferenz sind sehr viel. Ich blieb immer dem Lebensgefühl des »Neunzehnten« mit dem noch sehr nahen, in vielen Erscheinungen sehr lebendigen »ancien régime« verbunden. Den Entwicklungen des Zwanzigsten, dem Ausdruck, den sie in Kunst und Literatur fanden, stand ich mit dem Gefühl gegenüber, Verfall vollziehe sich und Katastrophe werde unvermeidlich. Dies besagt nicht, daß ich vor einzelnen Leistungen des Saeculums nicht hätte mit Bewunderung verweilen können, aber ich hielt sie nicht für Auswirkungen eines Fortschrittes, diese letztere Kategorie blieb mir immer verdächtig.

So waren es Lebensbedingungen, die uns beide, Sie und mich, vor andere Perspektiven stellten. Aber gerade daraus entstand für mich viel Anregung, heute habe ich Ihnen dafür zu danken. Längst hätte ich Ihnen für die Studie »Niedergang oder Wandlung der Kultur« danken sollen, was mich daran verhindert hat, – dieser vorerst einem Gebot der Höflichkeit entsprechenden Aufgabe zu genügen, – war die Fülle des Anteils – in Zustimmung und weitgehend auch in Widerspruch –, den ich an Ihrer Arbeit nahm. Es hätte zu einer Korrespondenz oder wenigstens zu einem oder vielen Gesprächen kommen sollen. Derartiges aber läßt unsere Zeit kaum mehr zu.

Aber vielleicht wird mir ein »Hermeion« zuteil und treffen wir uns wieder einmal in Ruhe. Ich verfolge Ihre große, stetige Lebensleistung mit wachstem Interesse und meine Wünsche, denen meine Frau sich anschließt, begleiten Sie auf den Wegen Ihres Wirkens und Schaffens.

Mit der Bitte mich Frau von Salis aufs angelegentlichste zu empfehlen, verbleibe ich stets mit herzlichen Grüßen,
 Ihr Carl J. Burckhardt.

An Maja Sacher Vinzel, 22. Januar 1962

Liebe Maja,
Eben finde ich bei meiner Rückkehr Deinen lieben Brief mit dem Bericht über die beiden großen Silberpappeln. Natürlich hatte ich sie sehr geliebt und ich dachte oft an sie. Sie waren, solang ich mich erinnern kann, immer sehr groß, und, merkwürdigerweise, gibt es in dem Album, das meine Urgroßeltern zu ihrer silbernen Hochzeit erhielten, ein Aquarell, auf dem man die beiden Bäume bereits als sehr mächtige Gebilde erblickt. Daß das, was jetzt geschehen ist, kommen mußte, war unvermeidlich. Am Ende der zwanziger Jahre, 28 oder 29, kurze Zeit, nachdem die Scheune abgebrannt war und man sie wieder hatte aufbauen müssen, brach ein Sturm einen der Hauptäste der untern Silberpappel, dieser Ast fiel auf's Dach des alten Schönenbergs und verursachte großen Schaden.
Im allgemeinen überleben uns die Bäume, es ist nicht wie mit den Tieren, die man immer nach 10 bis 15 Jahren verliert, wenn sie einem am liebsten geworden sind. Vor meinem jetzigen Fenster steht eine Libanonzeder, die 200 Jahre alt ist. Sie hat, fast als einzige ihrer Art, den kalten Februar 1956 überstanden, ich kenne sie auch schon seit 38 Jahren und kann sagen, ich sei befreundet mit ihr. Zum Geburtstag schenkte mir ein norwegischer Freund nun eine zweite Zeder, die mir nur bis an die Schulter reicht. Ich pflanzte sie auf einer Wiese, über den Reben, am Waldrand. Ob sie das Glück haben wird, während 200 Jahren wie die andere zu wachsen und zu gedeihen, kann niemand wissen. Neulich las ich, der Abwurf einer H. Bombe in den Genfersee würde alles Leben, auch der Vegetation, rings um das Seebecken zerstören.

Auf dem Schönenberg hatte ich mich immer besonders für die zahmen Kastanien interessiert, die mein Großvater in der Grube, in der Zäslin nach Kohle gegraben hatte, bei der Waldecke, im Schutz der Adlerwand gepflanzt hatte. Mein Vater las dann einmal in einer englischen Zeitschrift, um Singvögeln Nistgelegenheit zu verschaffen, müsse man Dornsträucher, vor allem wilde Rosen ziehn. Diese Weisung führte er in der gleichen Grube durch. Als ich in die französische Schweiz zog, war das Gestrüpp noch nicht sehr groß, aber ich fragte mich immer, ob es mit der Zeit die Edelkastanien nicht erstickt habe?

Geht es Dir nicht auch so, wenn Du an Landschaften oder Gärten denkst, in denen Du als Kind gewesen bist: Alles bleibt gleich sichtbar, lebendig und genau, wie man es damals kannte, diese Art von Erinnerung altert überhaupt nicht, – was man von der Erinnerung an Menschen nicht sagen kann.

Es war sehr lieb von Dir, mir wegen der Pappeln zu schreiben. Ich wollte kürzlich zur Beerdigung Hartis nach Basel kommen, aber der Arzt verbot es mir, weil ich eine heftige Bronchitis durchgemacht hatte. Wenn ich auf dem Weg in unsere Stadt, jeweils an der »krummen Eich« vorbeifuhr, schaute ich immer nach links den Berg hinauf, und das erste, was ich sah, waren immer diese zwei großen Bäume. Jedesmal hörte ich in Gedanken ihr Blätterspiel beim Durchziehn des Windes; jeder Baum singt unter dem Druck strömender Luft anders. Ich glaube, nachts bei Sturm könnte ich sagen, ob ich unter einer Eiche, einer Buche, einem Ahorn oder einer Esche stehe, vorausgesetzt, daß sie selbst im Blätterschmuck sich befinden. Und nun haben wir, durch unsern von Dir so spontan begonnenen Briefwechsel, den beiden verschwundenen Riesen eine kleine Totenrede gehalten. Wir aber wollen uns noch weiter freuen, an allem, was wächst in dieser herrlichen Unschuld und Standfestigkeit der Pflanzengebilde.

Herzlichst Dein alter   Carl J. B.

An Christoph Bernoulli Paris, 13. 11. 62

Lieber Christoph,
Deine Hamburgerrede ›Vom Sinn des Kunsthandwerks‹ ist ein wahres Kleinod. Einfallsreichtum, Beziehungsfülle, Erfahrung, Kenntnisse, hohe Begabung der fünf Sinne und so viel anderes noch vereinigen sich hier, um in der behaglichen Weise des Gesprächs zu einer wunderbar musikalischen Form zu werden. *Das* ist eine Ansprache: das Publikum wird beschenkt und nie überfordert, und der Akt des Schenkens erfolgt in der Weise, daß ihm Deine Einsichten, auch die allersubtilsten, wie geformte Gegenstände in die Hand gegeben werden. Derartiges solltest Du recht oft machen, das ist Deine Weise, eine äußerst seltene Weise, so meilenweit entfernt von den staubigen Hühnerflügen, dem lauten Geflatter des »Ordinarienstils«.
Ein Détail: ›aus der Feudalzeit des Barock‹ (pg. 9): Der Barock ist nicht der Ausdruck einer Feudalzeit, sondern der Ausdruck des Untergangs der Feudalität zugunsten des fürstlichen Absolutismus und einer gewissen, rein formalen, inhaltlosen »Aristokratisierung«, wie die freisinnigen Schweizer Historiker das soziale Phänomen des XVIIten Jahrhunderts nennen. Ein letzter Feudaler war der Herzog von Montmorency, den Ludwig XIII. köpfen ließ.
Was übrigens auch in den Bereich des von Dir so eindrucksvoll beschworenen Handwerks gehört, ist die Kochkunst; was für ebenso herrliche als ephemere Gebilde entstehn in ihrem Bereich, sie sind in Farbe, Gestalt, Geruch, Geschmack »zum Fressen« und in unsern unersättlichen Schlünden verschwinden sie.
Dein Curlingsieg beruht übrigens auch auf dem haptischen Prinzip, zu dem das rhythmische hinzukommt.
Hier, in Paris ist die Stunde wieder einmal herostratisch. Der Louvre und Cluny sind von Polizei mit Maschinenpistolen bewacht, Explosion ist die Parole. Ist es nicht dies, was die Künste seit 90 Jahren uns angemeldet haben? Die

leere herrschende Abstraktion haßt das Gebilde von Menschenhand.
Dir und Alice alles Herzliche   Carl

An Ernst Howald   Paris, 14. 11. 1962

Lieber Ernst,
Noch habe ich Dir nicht für Deinen Essay über David Friedrich Strauß gedankt. Ich kannte Strauß nur aus zwei sehr verschiedenartigen Perspektiven: einmal, lokalhistorisch, durch den Straußenputsch, sodann durch Nietzsches vernichtenden Luftangriff.
Jetzt will ich mir die Biographie Kerners beschaffen, denn Kerner bis zu seiner Klexographie kenne ich innerhalb der Zone meines frühen Gedächtnisses, nämlich aus der Glariseggerzeit noch gut. Alles, was ich von damals her aufbewahre, ist blank, wie sauber gepflegtes Mahagoniholz. Später Erworbenes oxydierte stark. Das Material war ein anderes, es war metallisch.
Im Übrigen stelle ich täglich bei meinen Bemühungen um den gelben Kardinal fest, wie unbequem es ist, ein »wissenschaftlich künstlerischer Maulesel« zu sein.
Daß Du ein schweizerisches Wort, das ich liebe, benützt hast, freut mich besonders. Bei meiner einzigen Begegnung mit Karl Kraus, nach einem seiner Vorträge, zu dem Rudolf Kassner mich mitgenommen hatte, sagte ich: »es ist ›bemühend‹ – dies oder jenes festzustellen – –...«. Kraus unterbrach mich: »Was heißt das ›bemühend‹,* das ist nicht deutsch, ist das schweizerisch?« Ich bin ein Ketzer, gegen Kraus habe ich eine Pike, schon wegen dem »alten Papagei« = »Kaiser Franz Joseph«. Auch Kraus, wie die meisten seiner Art, sägte an dem besten Ast, auf dem er sitzen konnte. Man sagt mir, wenige hätten die deutsche Sprache

---

* von bemühen = fatigare, molestare, statt bemühend: bemühsam (klingt mir sehr ungewohnt)

geliebt wie er, – möglich – zurückgeliebt hat sie ihn meiner Ansicht nach keinesfalls.
Ich bin meines französischen Verlegers willen für einige Tage in diesem alten Hexenkessel: Mein Danzigerbuch muß signiert, vom Autor kommentiert werden. Die Franzosen lesen es in kluger Weise, kennen die politischen Einzelheiten. Etwas Notarielles bestimmt ihre Betrachtungsweise. Drum brauchen sie »Eichhörnchen«, die emsig auf den Akten herumhüpfen, sie beschmutzen und benagen.
Ich hoffe, wir sehn uns an Maxens Geburtstag wieder. Was ist eine contradictio in adiecto? Antwort: ein fünfundsechzigjähriger Max! Herzlichst Dein alter Carl

An Michael Stettler Vinzel, 6. III. 1962

Lieber Freund
Große Freude! Am 28. März sind wir – völlig Unvorhersehbares ausgenommen – hier, und Ihr Zimmer ist bereit.
Die Vs.- (auch
Churchills V ist) – sind für *uns*.

Karl der Kühne –
Ludwig XIV, Bubenberg –
Diesbach: Ich liebte immer
Karl und verabscheute
Ludwig den grausamen,
schielen- den Schleicher, ich
liebe den burgundischen Raum. Aber politisch war Karl ein Nichts und ohne Zukunft, der König von Frankreich, wenn die Eidgenossen sich schon einschalten mußten, für Gegenwart und Zukunft das Einzige. Also beide hatten recht – Bubenberg u. der damalige Emporkömmling Diesbach. Sie hatten auf zwei verschiedenen Ebenen recht, 1. auf der causa

victa, wo edle Luft geatmet wurde, und 2., auf der andern, die heute »geschäftliche Realität« genannt würde. Ich habe einen Hang zur causa victa, als verantwortlicher Staatsmann aber hätte ich versucht, diesen Hang zu überwinden.
»Les Souysses sont gens grossiers et utils« schrieb Richelieu. Gestern war ich Gast Madariagas in einem famosen spanischen Restaurant beim Bahnhof Cornavin hinter der katholischen Kirche. Er hatte soeben Asien bereist und bezaubert, wie ich von verschiedenen anti-Nehruschen Indern hörte, hatte »impavide« wie immer die Verdienste des Kolonialismus verteidigt. Er ist ein kämpferischer Liberaler, steht ganz allein außerhalb der europäischen Zeitdevise: »et – et«. Wird dafür in England verfolgt, keine Zeitung öffnet ihm in Britannien ihre Spalten. Er war brillant, vital und doch nachgerade bitter. – Ehre wem Ehre gebührt, z. B. Bretscher. – Besonders streng war Madariagas Urteil über die Universität Genf.
Wir fahren über die Fasnacht nach Davos zu R. Käppeli, der dort oben arbeiten muß, sodaß ich meine Arbeit auch mitnehme. Das wird ein anregendes Ambiente sein.
         Also Vorfreude.
         Herzlichst Ihnen den Ihren
         Carl J. Burckhardt.

An Edgar Salin   Vinzel, La Bâtie, 17. Juni 1962

Lieber Freund,
Dank für den Sonderdruck, die Arbeit für Carlo Schmid. Ich war froh, nun einmal aus erster Hand, klipp und klar über den »Arbeitsrappen« informiert zu werden.
Ihre Karte aus Israel erreichte mich am Tag vor Antritt meiner deutschen Vortragsreise.
Was Sie mir zu meinen Aufzeichnungen über Sprache als politische Realität schrieben, hat mich interessiert. Ich freue mich darauf, gelegentlich im Gespräch auf das Thema zurückzukommen. Aus einer Wendung Ihres Briefes über

vergleichbares Glück glaube ich zu entnehmen, es erscheine Ihnen bedauerlich, daß ich mich nicht einer starken Führung durch eine überlegene Persönlichkeit anvertraut hätte. Derjenigen Gestalt zu begegnen, an die Sie denken, hatte ich keine Gelegenheit. Ich bin auch, darin haben Sie recht, zur Gefolgschaft nicht geeignet, ich wäre auch nicht als geeignet befunden worden! Mit Hofmannsthal war ich befreundet, wie mit manch andern ausgezeichneten Männern des Zeitalters. Von Leitung oder Führung war innerhalb dieser schönen menschlichen Beziehung nie die Rede. Multae mansiones sunt.
Auf baldiges Wiedersehn, ich bitte um angelegentlichste Empfehlungen an Ihre verehrte Gattin. In freundschaftlichem Gedenken Ihr Carl J. Burckhardt

An Martin Buber Vinzel, Vaud, 24. Juli 1962

Verehrter, lieber Herr Buber,
Die beiden Reden, die Sie unter dem Titel ›Logos‹ erscheinen ließen, haben mich viel beschäftigt. Die Münchner Rede, die ich gehört und wiederholt meditiert habe, ist mir jedesmal nach einer tiefern Dimension hin aufgegangen, ich glaube ihren Gehalt voll zu besitzen. Über die Gedankengänge des Aufsatzes »Dem Gemeinschaftlichen folgen« möchte ich mit Ihnen reden können. Der gemeinschaftliche Kosmos war mir immer eine bestimmende Wirklichkeit; aus ihm kamen mir einst in meinen jungen hellhörigen Jahren Weisungen und Nachrichten, die durch die später erfolgende Begebenheit dann bestätigt wurden. Die Sprache war bei diesen Vorgängen das leitende Element. Durch sie wurde ich von außen angesprochen. Später entstand eine Isolierschicht, vielleicht zur Selbsterhaltung; ich bin nicht mehr der Gleiche.
Ich stehe zur Zeit mitten in einer überaus schwierigen historisch-politischen Arbeit. Ich sollte sie um jeden Preis

bis zum Jahresende abschließen können. Nun erhielt ich eine Einladung Ende Oktober, für das Jubiläum des Weizmann-Instituts nach Israel zu kommen. Die Reise wird meine Bemühungen unterbrechen, aber es liegt mir ungeheuer viel daran, Ihr Land und seine Menschen wiederzusehn. Die Reise würde wohl, wie schon so oft, stärkend wirken, so daß von Zeitverlust nicht die Rede sein kann. Aber Mr. Meyer Weisgal bittet mich, in Rehovot das Wort zu ergreifen. Er meinte über: ›Israel und der Westen‹. Das kann ich nicht, dieses Thema liegt außerhalb meiner jetzigen Kenntnisse. Aber was dann? Ich dachte zwischen Schlaf und Wachen an folgendes: ›Die großen Lehrer und der Respekt‹. Am 1ten Oktober, – vorher darf und kann ich nicht –, würde ich versuchen den Gegenstand zu ergreifen und so gut als möglich zu bewältigen. Ist das Thema ungeeignet, so müßte ich pragmatisch – schematisch über ›Israel und die Genfer Institutionen‹ reden.

Vielleicht geben Sie mir ganz kurz einen Wink, einen Rat.
In großer Verehrung bin ich stets der Ihre

            Carl J. Burckhardt

An Eduard Spranger   Vinzel, 10. August 1962

Hochverehrter Herr Spranger,
Bei Ihrem Eintritt in das neunte Lebensjahrzehnt bewegt mich ein tiefes Gefühl der Dankbarkeit und des Respekts. Ich bin glücklich, Ihnen dieses Empfinden spontan und aufs herzlichste aussprechen zu dürfen.
Erst in den letzten Jahren meines Lebens konnte ich mich, auftauchend aus dem Gewirr, der Hast der Tagesgeschäfte, wieder den großen Lektüren zuwenden: »Goethes Weltanschauung«, »Lebenserfahrung« und die »Gedanken zur Daseinsgestaltung« haben mich seit 1957 in wunderbarer Weise beschäftigt und bereichert. Ich habe Sie jeweils mit Theodor Litt in einzigartiger Verbindung gesehen, auch glaube ich ermessen zu können, wie schwer sein Weggang Sie getrof-

fen hat. Sie ragten aus großen Epochen hervorkommend in die Zerrissenheit einer zur Selbstaufgabe bereiten Gegenwart hinein, kühne und doch gemessene Fähigkeit zum Überdauern und [zu] wahrhaft erzieherischer Hilfsbereitschaft ging aus von Ihrer schöpferisch spannungsreichen Gemeinsamkeit. Daß Sie heute unter uns weilen und weiter wirken, empfinde ich als seltenes Glück und große Gewähr.
Ich komme spät zu Ihnen, um dies zu sagen. Das Datum des festlichen und ernsten Tages war mir während einer ereignisreichen Reise entgangen. Aber ich darf Sie bitten, den Ausdruck meiner Bewunderung dennoch in seiner vollen Spontaneität anzunehmen.
Verehrungsvoll Ihr sehr ergebener   Carl J. Burckhardt

An Ottonie Gräfin Degenfeld   Vinzel, 22. August 1962

Verehrte und liebste Ottonie,
Ich mache diese Passion täglich, stündlich, gemeinsam mit Ihnen durch. Sie tun mir so furchtbar leid, nichts ist härter als einen geliebten Menschen leiden zu sehn und in voller Ohnmacht dabei zu sein, um dann im Herzen verarmt zurückzubleiben. Ich weiß was der liebe Rudi für Sie war, wie sehr er zu dem wunderbaren Lebenskreis gehörte, den Sie geschaffen und mit Ihrem hilfreichen Wesen erfüllt haben. Ich verreise Freitag 24. August nach Zürich, meine Adresse bis *Samstag früh*, bei: Frau Henry Bodmer, *Kartausstraße 30 Zürich. Samstag Nachmittag* bin ich in *Luzern*, Hotel National bis Sonntag. Sonntag Abend bin ich schwer erreichbar, weil wir unterwegs sein werden, nach *Praz de Fort*, Wallis c/o *Alt Bundespräs. M. Petitpierre*. Montag Abend 27. sollte ich wieder in Vinzel sein. Dies für den Fall, daß Sie mir telegraphieren würden. Frl. Speiser ist während unserer Abwesenheit immer in Vinzel (Lausanne: 741145), sie kann mich stets erreichen.

Dory, die, im Unterschied zu uns beiden, gerne an Begräbnisse geht, will auch nach Bremen fahren. (Sie war auch in Wien, als Gerty beigesetzt wurde.) Für mich ist alles, das ganze Totengepränge, die Bachsche obligate Musik, die Predigt – immer über die selben Sprüche »Der Mensch ist wie das Gras«, das Murmeln, das Händedrücken, der Sarg – etwas ganz Grauenhaftes. Ich fliehe Friedhöfe und habe, im zwanzigsten Jahrhundert lebend, nur ein einzigesmal und mit Entsetzen einen toten Menschen gesehn. Die Liebe zu den paar Lebenden, die uns tief verbunden sind, ist das Element, das mich trägt, jeder Abschied ist eine Qual.
Die arme Elisabeth ist nun auch ständig bei ihrer todkranken Mutter.
Mir scheint, das Dasein habe eben erst begonnen, und es sei noch alles zu machen, lauter Aufgaben, darum ist mir die Zeit, die ich einst vergeudete, jetzt so wertvoll geworden.
    In tiefer Verbundenheit Ihr dankbarer Carl

An Theophil Baeschlin   Vinzel, 23. September 1962

Sehr geehrter Herr Baeschlin,
Bei meiner Rückkehr finde ich Ihren so freundlichen Brief vom 26. August vor; für seinen reichen Gehalt möchte ich Ihnen meinen besten Dank aussprechen.
Sie haben Hermann Hesse persönlich viel besser gekannt, als dies für mich der Fall war. Nach den drei Besuchen, die ich ihm als Glarisegger Schüler in Gaienhofen machte, habe ich ihn nur noch einmal »wirklich« wiedergesehn und zwar bei Anlaß eines Besuches, den ich ihm vor fünf Jahren in Montagnola machte.
Alles, was Sie mir von Ihren über ein ganzes Leben verteilten Begegnungen mit dem Dichter sagen, hat mich sehr bewegt. Basel–München, – diese Hintergründe, die mir so vertraut sind, – heute gehören sie für mich der Jugenderinnerung, fast einem Traumland an. Mit diesem Traumland war Hesse im-

mer aufs tiefste verbunden. Ich brauchte nur den Rhythmus eines seiner Prosasätze, seiner Verse zu hören, und schon schloß sich für [mich] diese ganze ferne Welt mit ihrem Licht, ihrem Duft, ihrem Klang wieder auf. Unsere Welt hat sich in den Jahren unseres Hierseins mehr verändert als in den 300 Jahren zuvor. Hesse gehörte noch der Generation an, die sich gleichzeitig losriß und erinnerte.

Es würde mich freuen, Ihnen noch einmal zu begegnen. In herzlichem Gedenken bin ich bestens grüßend, Ihr

Carl J. Burckhardt

An Edgar Salin   Vinzel, La Bâtie, Sonntag, 14. X. 1962

Lieber Freund.
Sie werden begreifen, daß ich etwas lächeln muß. Die Engländer sagen, und damit haben sie sicher recht: »no personal remarks.« Das ist nicht Ihr Stil, darin wie im Pathos sind Sie ein Deutscher, – das heißt in meinem Munde etwas Anerkennendes. Ich habe immer nur bei Gelegenheiten und aus äußern Anlässen etwas aufgeschrieben. Das Essentielle meines Lebens liegt anderswo.
Wirkung? Wo das Leben, das man führt, zur Wirkung gelangt, zeigt erst die Summe der Tage.
Sehn Sie, mir scheint, unter Freunden muß man sich gelten lassen, wie man ist; innerhalb der Beziehung ist nur die Zuneigung von Belang; auf pädagogische Einwirkung gebe ich nicht das Geringste. Ich spüre immer, woran ich mit jemand bin, wenn er angegriffen oder karikiert wird; fühle ich mich in solchen Fällen solidarisch und zur Verteidigung aufgelegt – right or wrong –, dann ist die menschliche Beziehung in Ordnung. Wir – Sie und ich – haben uns selten gesehn, aber Ihnen gegenüber wirkt die Sympathie. Wollen wir es dabei bewenden lassen? – individuum ineffabile est –, Zertifikate tragen dieser grundlegenden Tatsache nicht genügend Rechnung, sie haben deshalb immer etwas Ephemeres an sich, und zugleich etwas leicht Pedantisches, also

keine gute Mischung, selbst wenn sie als Aufmunterung gemeint sind. Jeder hat, um zu messen, eine andere Wertskala; darüber läßt sich ebensowenig wie über den Takt oder den Geschmack diskutieren. Aus der individuellen Verschiedenheit dieser Werte entstehn die interessantesten Gleichungen.
Meine Tochter Chiesa und ich fliegen am 25sten. Man hat uns bis auf weiteres im »Dan« untergebracht. Vielleicht wird Josef der Gute die Karten nochmals mischen. Ich freue mich sehr auf unser Zusammentreffen. Stets in herzlichem Gedenken. Carl Burckhardt

An Max Rychner Vinzel, 19.11.1962

Lieber Max,
Deine beiden Briefe waren ein Talisman während des inhaltsreichen, aber durch Überorganisation und unendliche Gastfreundschaft anstrengenden Aufenthalts. Bei unserm Beisammensein im Dolder, bei dem herrlichen, von Dir gespendeten Champagner hast Du Goethe zitiert: die Haupteigenschaft der Juden sei die *Energie*! Kannst du mir sagen, wo das steht und wie die Stelle wörtlich lautet? Es wäre mir wertvoll.
Während meines ganzen israelischen Abenteuers wohnte ich mitten in der hektischen Großstadt Tel-Aviv, aber meine Fenster öffneten sich nach der Seeseite und der alte vertraute Freund, das Mittelmeer, brandete laut und heiter zu meinen Füßen; salzige Frische strömte in das künstlich gekühlte Zimmer; trat man auf den Balkon, so betrug die Temperatur bei fast immer wolkenlosem Himmel 30–33 Grad. Nur einmal übernachtete ich in Jerusalem, im berühmten Hotel King David, das vor einigen Jahren in die Luft gesprengt wurde. Jerusalem liegt 700 m hoch innerhalb einer gesteigerten, gedankenvollen, überaus ergreifenden Landschaft, eine Schrift der Hügelzüge zieht sich in tiefsinnigen Wellen den

Horizonten entlang, soweit man blickt, und alle edeln Farben der Welt immer mit silbernen Grundtönen fließen über die Flanken der nach jeder Richtung vom Heilsgeschehen berührten Anhöhen. Vor meinem Fenster lag ein breiter von Mönchen wohlbestellter früchte-, blumen- und wasserreicher Garten, man sah die ruhigen Gestalten schreiten, sich bücken, Unkraut von den Wegen in Körbe sammeln, man hörte ihre Harken, ihre Rechen im Kies, hörte das Wasser aus den Kannen fließen. Friede war mit ihnen, aber 60 m weiter standen aus Sandsäcken erbaute Wälle, aus ihren Lücken auf den Garten, mein Fenster, jedes Fenster, die Straßen, die Brücken gerichtet, starrten die Mündungen der Maschinengewehre. Schließlich fühlte ich diese Mündungen von allen Seiten auf meinen Standplatz zielen, wo immer man hinblickte, an allen Ecken der entzweigerissenen Stadt erkannte man bei aufmerksamem Hinsehn Bewaffnete, mit Feldstechern das Gelände absuchende Ismaeliten. Die Stadt des einstigen Tempels, der Klagemauer, der Palastruinen ist arabisch und bis zu den Zähnen bewaffnet. Hinter ihr, unzugänglich für Besucher des israelischen Gebiets, liegt der Garten des Ölbergs, kaum anders als er damals war, in jener Nacht.

Im jüdischen Teil der Stadt gibt es nach der Tiefe des die beiden Stadtteile trennenden Grabens hin, ein düsteres Quartier, das von galizischen Orthodoxen bewohnt ist. Sie huschen durch schwüle, rinnsalartige, verschimmelte Gassen, gekleidet wie polnische Ritter des 14. Jahrhunderts, unter Pelzhüten hängen ihre Locken auf die Pelzkragen ihrer Kaftane und in Schaftstiefeln lautlos ziehn sie wie Insekten eines emsigen Gemeinschaftsbaus, wie Ameisen, aber viel unheimlicher als diese durcheinander, vom Goy böse wegblickend, bisweilen uralte Verwünschungen in unserer oberelsässischen Sprache murmelnd. Sie sind Feinde des Staates Israel, den sie für eine Gotteslästerung halten, sie verhüllen das Haupt vor der Beleidigung des Allerhöchsten, die im Tagesgebrauch der hebräischen Sprache liegt. Ein paar hundert Meter von diesen Gesetzestreuen gibt es ein helles Wohnquartier, das, wäre die Vegetation nicht südlich, sich in Dahlem befinden könnte. Dort, in der wertvollen Bibliothek des bis aufs letzte erfahrenen, witzigen Scholem sind ein Dutzend Professoren und Schriftsteller versammelt, alle sprechen deutsch, alle sprechen von Deutschland, von deutschen Erinnerungen, deutscher Literatur, ja deutscher Literaturpolitik, wie Werner Weber sagen würde, sie vernichten ein jeder irgend einen einstigen oder noch lebenden Gegner und erheben irgend einen Auserwählten in die Sterne. Es ist wie es vor 50 Jahren war, sie wissen ebensoviel wie damals, sie sind brillant und formulieren schlagend, aber etwas ganz Neues ist hinzugekommen, das sie nicht wahrhaben wollen: das Heimweh, ein tiefes Heimweh, das selbst ihre kritischen Äußerungen verklärt. Sogar der zurückhaltend distinguierte W[erner] Kraft, der blanke Krausianer, der Dich mit viel andern grüßen läßt, ist wehmütig und seine Definitionen aus scharfkantigem Material werden ganz weich an den Rändern. Bei den Menschen dieses Kreises ist keinerlei Rachsucht zu finden. Es ist nicht bei allen so. Die Israeli russischen Ursprungs sind anders. Die angelsächsischen, vor allem die zwischen zwei Ländern hin- und herwechselnden sind politisch, leidenschaftlich politisch, während die »Deutschen« abseits stehen, nur in Finanz- und Justizbelangen als Fachleute zu hohem Einfluß gelangen: Leitung der Staatsbank, V. Förder, ein Gemisch aus Carl Fürstenberg und Rathenau, Bach sein Adlatus, ein feiner hochgebildeter preußischer Beamter bester Prägung, und dann wieder der Generalstaatsanwalt, bekannt, weltbekannt aus dem Eichmannprozeß, ein intensiver Kerl, wenn man ihn anfaßt, schneidet man sich, und wenn er zu denken und zu reden beginnt, wirkt es wie zwanzig von einem chinesischen Jongleur ins Licht geworfene Rasiermesser. Er führte mich eines Abends bei Anbruch der Nacht zum »Mahnmal«, das sie auf einen der unsäglichen gegen Westen die Stadt umlagernden Hügel Judäas aus ungeheuren galiläischen Blöcken gebaut haben: innen, ein großer, rechteckiger Raum mit dunkeln Basaltplatten ausgelegt und auf diesen

Platten hier und dort – der Raum ist weit wie ein Kirchenschiff –, hier und dort in großen, silbernen Lettern, hebräisch und lateinisch: Auschwitz, Maidanek, Buchenwald und so fort, endlos bis in die Ferne des gewaltigen Baus, und Zahlen 175000, 300000, 80000, 412, 123 etc. Dann gibt es ein Kellergeschoß mit Dokumenten, für Kinder nicht zugänglich. Ich habe vieles gesehn, aber das habe ich mit größter Mühe nur ausgehalten, eine Photographie bringe ich nicht aus dem Sinn: eine junge Frau mit schwerem schwarzem Haar, man hat ihr die Füße zusammengebunden, sie steht und hält in ihren zarten Armen ein starkes Kind von drei bis vier Jahren, sie küßt das Kind auf die Stirn und hinter ihr steht in vorschriftsmäßiger Haltung ein Soldat, ein SS-Mann, das Gewehr im Anschlag, den Finger am Abzug, auf einen Meter Distanz, er zielt nicht auf den Nacken, sondern unter das linke Schulterblatt, das Geschoß wird das Herz der Mutter und gleichzeitig das Kind treffen. Ein Kamerad hat sich gefunden, der dies photographiert hat. Als wir heraustraten aus dem ungeheuerlichen Keller war es Nacht. Der Staatsanwalt zeigte mir eine Hügelkette im Süden, näher an Jerusalem als das Mahnmal: »Das ist, so nimmt man heute an, Golgatha.«

Welch ein Volk, sie haben die Bibel geschrieben und auch das Neue Testament, seit 2000 Jahren leben wir davon, seit 500 Jahren aber leugnen wir alles, was wir im Zusammenhang mit diesen Büchern selbst gemacht haben, die ganze Tradition, die von Juden verfaßten Evangelien sind die einzige reine Quelle unmittelbar aus Gott fließend, die Verheißung, Gottes Wort. Und doch, welch totalen Anteil hat das unfaßliche Volk daran; jeder Stein zeugt davon; stundenlang stieg ich mit Frau Scholem in Ruinen herum. Ich möchte Dir ausführlich davon erzählen, aber da hat man mich gestern gezwungen im Schloß von Chillon bei Schneegestöber mich zum Ehrenmitglied einer Winzervereinigung ernennen zu lassen, 11 verschiedene Weine zu trinken, 22 Reden anzuhören, um auf gefrorenen Straßen nachher zurückzufahren. Um drei Uhr löschte ich und heute

habe ich einen Kopf wie ein ausgetrockneter, staubiger Schwamm. So vieles, vor allem über die Frage der Religion, die bisher das in die Welt zerstreute Volk zusammenhielt und die heute zerstört wird, wollte ich Dir berichten. Ich wollte von der herrlichen Wüste des Negev erzählen und von den Gärten auf dem Meeresgrund im Roten Meer bei Elat, wo man im gläsernen Boot fährt und Korallenwälder erblickt, in denen vielfarbene Fische in Rudeln schweifen und Muscheln gurgelnd sich öffnen und über der Beute schließen. Eine Zauberwelt ohnegleichen, aber für uns ewig fremd, weil die Schönheit sich uns anders offenbaren will, so wie Du es in Deinem zweiten Brief berufst, wo Du die stillste aller Herbstfeiern erleben läßt.
Dir und der lieben Elly alles Herzliche! (Und vergiß nicht die Goethestelle von der Energie, ich möchte sie Scholem, der sie nicht kannte, mitteilen.)
Wie stets   Carl

An Edgar Salin   Schaffhausen, 22. November 1962

Lieber Freund,
Wegen der »Zunftfaßrede«: der erste Akt in der Martinskirche ist immer sehr würdig und, im besten Geiste der Stadt, echt. Im zweiten Akt stelle ich fest, was mir auch in den Zünften auffiel: eine krampfhafte Bemühung, um jeden Preis karikatural witzig zu sein. Wie überlegen ist damit verglichen das französische »mot d'esprit« oder der wunderbare Punch-artige Humor der englischen »after dinner speeches«. Auch Fässer kann man zu Tode reiten, originell als Reiter war nur der Spieß mit seinem Zwicker, später mußte ich jedesmal an das Wort Giraudoux' denken: »Bâle a quelque chose de grimaçant.« Aber ich weiß, derartiges ist sakrosankt. Deshalb: sagt es niemand etc.
Das war hübsch, Ihr unerwarteter Anruf, halten wir es so, von Zeit zu Zeit ein Lebenszeichen, oder sogar ein Plan.
                            Beste Grüße Ihr Carl J B

An Friedrich Traugott Wahlen Vinzel, 26. Dezember 1962

Sehr verehrter Herr Bundesrat,
Ihnen und Frau Wahlen möchte ich meine allerherzlichsten Wünsche aussprechen. Möge Ihnen die Kraft zur Erfüllung des schönen und schweren Amtes voll erhalten bleiben. Wir haben Ihnen ständig für vieles zu danken.
Unsere »conditio« ist an einer äußersten Grenze der Möglichkeiten angelangt, und bei allem, was wir tun und beschließen, ist die Hebelwirkung und damit die Verantwortung fast bis zur Unerträglichkeit gesteigert. Das Herz muß fest werden, immer aufs neue, um den Druck zu ertragen, unter dem die Wissenden stehn. Anstatt der innern Sammlung auf das Wesentliche hin ist so viel Leerlauf in der heutigen Welt, so viel leeres Gerede in Gremien und Kongressen. Man möchte immer wieder rufen: zur Sache! Die Sache aber ist nicht zu verwechseln mit einer Richtung, der alles geopfert wird. Ständig handelt man im Namen des Fortschrittes, ohne zu fragen: Fortschritt wohin? Man opfert diesem scheinbaren Fortschritt alles, unter anderm den unersetzlichen Wert, die Sicherung und Bedingung jedes organischen Fortschreitens: die Legitimität. Man sanktioniert Staatsstreiche, nur weil ihre allgemeine Richtung zusagt. Das führt sehr weit. Der Moment, in dem festgestellt wird, kleine Staaten mit Eigenleben und schwer erworbenen lebenswichtigen Eigenheiten seien fortschrittshemmend und hätten deshalb zu verschwinden, kann jederzeit eintreten. Man opfert ständig einer Abstraktion, was doch nur in tausend verschiedenen, konkreten Formen eine Wirklichkeit ist. Eines schickt sich nicht für alle.
Ich hatte kürzlich ein langes und inhaltsreiches Gespräch mit dem alten Ben Gurion. Selbstverständlich wird sein Urteil durch die Interessen seines Landes bestimmt, aber auch außerhalb dieser Interessen hat er recht, wenn er von den Vorgängen in den arabischen Ländern und der nun in New York erfolgten Stellungnahme sagt, man betätige sich durch Mißachtung der Gesetzlichkeit ausschließlich als Schrittma-

cher für den »steinernen Gast«, der vor der Türe auf den Augenblick warte, in dem er ernten könne, was im Namen des »progress« gesät worden sei.

Vielleicht habe ich im nächsten Jahr einmal Gelegenheit, Ihnen von den während meiner Israelaufenthalts gemachten Beobachtungen zu erzählen.

In herzlichem Gedenken verbleibe ich mit dem Ausdruck meiner ausgezeichneten Hochachtung Ihr ergebener

Carl J. Burckhardt.

An Otto von Taube Vinzel, 30. XII. 1962

Verehrter, lieber Baron Taube,
Sie haben meiner Frau mit Ihrem reizenden Brief eine große Freude gemacht. Wir kommen soeben aus Mailand zurück, wo wir unsere ältere Tochter besuchten.

Mir war es merkwürdig, wie österreichisch die Mailänder Gesellschaft noch immer ist. Im »Unione-Club« glaubt man, im Wiener Jockey zu sein, die Manieren sind so ähnlich wie in dem Wiener Circle. Nur sind all diese Italiener tätig, alle verdienen eine Menge Geld, sie haben einen großen Teil der »grandes affaires« in Händen, spielen sich mit äußerster Behendigkeit um den Fiscus herum, haben Holdings in aller Welt und sind zur Zeit noch der Knopf auf der Mütze der Konjunktur. Sie restaurieren Schlösser, legen Gärten an wie eh und je, leben dabei untereinander wie zu Stendhals Zeiten, es gibt noch wirkliche amoureuse Geschichten. Amüsant ist, daß alle »mit der Zeit gehn«, etwas marxistisch reden, Intellektuelle protegieren, die zu einem eleganten Salon gehören, wie vor 40 Jahren die kleinen faschistischen Futuristen. Man kauft avantgardistische Kunst, kaum für die Wände, aber zum Weiterverkaufen, so wie man Börsenpapiere auswechselt. Dabei ist man selbst gar nicht intellektuell sondern wie die Wiener spricht man von Jagd und Rennpferden oder Rennwagen. Eine Ouver-

türe in der Scala ist sehr repräsentativ. Manche Logen sind in Familienbesitz, die Loge des »Clubs« betritt man direkt, ohne auf die Straße zu müssen durch einen Verbindungsgang. Mein Schwiegersohn hat Verwandte in der Stadt, so habe ich in acht Tagen bei ihm und bei seinen Freunden fast soviel Menschen gesehn, wie im letzten Frühjahr in Paris. Wenn man aus der Schweiz kommt, ist es immer wohltuend, große historische Einheiten in noch unveränderten lebenden Exemplaren anzutreffen. Ich frage mich, ob Italien jemals eine wirkliche Bourgeoisie besaß, zwischen Venedig, Vicenza, Verona, Mailand, Turin u. Genua gibt es nur dieses Netz von Namen, die man aus der Geschichte weiß, die andern stammen aus Volk u. Bauerntum. Mir scheint, England habe sich unendlich viel mehr verändert als Italien, wo die Hierarchie *außerhalb* der Monarchie noch fast deutlicher in Erscheinung tritt.
Merkwürdiger Kontrast zu Israel, wo ich im November drei Wochen zubrachte. Dort gibt es Reiche und Arme in einer klassenlosen Gesellschaft. Differenzierungen außerhalb der bloß materiellen Ordnung von Erfolg u. Mißerfolg findet man nur bei den aus alten stabilen Kulturen stammenden, noch im Mosaischen Gesetz stehenden Juden. Ein Hausmädchen bei einem Professor geriet aus Scheu und Ehrfurcht in Zustände, als ein Dr. Kohn das Haus betrat. Für sie war er der Vertreter der gewaltigen Priesterfamilie mit all ihren Vorrechten. Das Mädchen stammte aus dem Jemen. Bei indischen, persischen, jemenitischen Juden gilt noch das reine Gesetz. In einem frisch begründeten Dorf im Negueb versuchten die Dorfbewohner in feierlicher Weise, eine junge Ehebrecherin zu steinigen, die Polizei des säkularisierten Staates hinderte sie daran. Ein 15jähriger Junge stahl Geld in einem Rasthaus, zur Rede gestellt, erklärte er: »ich weiß, daß das Gesetz Diebstahl verbietet, aber das Gesetz gilt ja nicht mehr, wenn sogar Herr Ben Gurion am Sabbath Automobil fährt.« Das religiöse Problem ist in Israel das schwierigste. Der Staat, der gegen die halsstarrige orthodoxe Opposition vorgehn möchte, kann es nicht, weil

die ausländischen Gruppen der großen Geldgeber selbst orthodox sind. Langsam wird den Israelis bewußt, daß sie keine Rasse sind, sondern durch viel tausend Jahre eine Religionsgemeinschaft, so kommt es denn, daß bis zu den Marxisten alle jetzt so heftig gegen Konvertiten sich verhalten. In einem Kreis von Gelehrten in Jerusalem sagte ich von einem jüdischen Freund: »X. möchte so gerne eine Reise durch Israel machen!« hierauf Stille, dann eine Stimme, »das hätte er melden sollen, bevor er katholisch wurde.« Völker bleiben sich selbst, trotz aller aufeinanderfolgenden gebieterischen »Zeitgeiste«, erstaunlich gleich, ob sie dieser Mode dienen oder jener. Verändern sie sich aber, dann ist dies oft ein Zeichen für ihr Ende. Die Deutschen sind, was in diesem Zusammenhang tröstlich sein mag, genau gleich wie immer, laut und heftig ihren »querelles d'Allemands« hingegeben. Zur Zeit übertreiben sie die demokratischen Spielregeln genauso, wie sie den nazistischen Comment – durchexerziert haben. Diese Begeisterung für Pressefreiheit! Entschuldigen Sie, ich mache Ihnen einen kleinen Sylvesterbesuch und bin in's Schwätzen gekommen. Ich hoffe sehr auf ein Wiedersehn im Lauf des Jahres.
In freundschaftlicher Verehrung, Ihr

               Carl J. Burckhardt

An Karl Kerényi   Vinzel, den 2. Januar 1963

Verehrter, lieber Freund,
László Németh entzückt mich, welche Frische, welch großer Ton neben dem klassenlosen Jargon der heutigen deutschen Angestellten und allgemein der Arbeitnehmerwelt, vom städtisch gekleideten Vorarbeiter und Bürolehrling bis zum Generaldirektor und Aufsichtsratspräsidenten, die der auf einen einzigen Ton gestimmten ätzenden, ewig gesellschaftskritischen Literatur mit ihren klinischen Sexberichten, ihren groben Schockkuren, ihren Ehrenpreisen und Bestsellerwirkungen als »tête de turc« zu dienen haben. Wie

tritt einem in diesen Essays eine unzerstörbare Grundeigenschaft Ungarns entgegen, eine kühne, zarte, herrenmäßige Melodie, von uralten geschichtlichen Kräften getragen. Großer osteuropäischer Stil, der Landozean der Ebenen dahinter. Ein Aufsatz wie derjenige über Széchényi hat eine Qualität, die seit den großen »Porträts« der Bossuetzeit und gewissen englischen Charakterisierungen der ersten Hälfte des »Neunzehnten« kaum mehr vorhanden war. Sie haben mir mit dem Geschenk dieses Buches eine große Freude bereitet, und ich verdanke Ihnen einen reinen Genuß. Überhaupt während meiner mir so verdrießlichen endlosen Fronarbeit haben Sie mir immer wieder den Durst gestillt, Sie sind den Gebirgen Spartas verwandt, wo aus zehn Röhren nebeneinander dem Fels zehn verschiedene Quellen entspringen, jede ein Wasser sprudelnd, das eine völlig unverwechselbare Köstlichkeit und Eigenart besitzt.
Über Weihnacht war ich in Mailand. Wieviel ist dort von der Stendhalzeit noch vorhanden! Dieselben Typen, dieselben Namen, und ihre Träger, alle mitten im Wirtschaftsprozeß, angepaßt, getarnt, behende wie ziehende Fische, den schwachen Staat benützend, betrügend, überlistend. Sie sprechen einen marxistisch-avantgardistischen Jargon, blasen Nebel ab und dahinter führen sie ein großes Leben, halten ihre Schlösser imstand, legen Gärten an und sitzen in der schönen Scala in ihren angestammten Logen wie zur Zeit der Erzherzoge. Ich habe in Mailand eine sechsjährige Enkelin, mit der ich ein Herz und eine Seele bin. Sie zeigt mir die Stadt: nichts hübscher, als sich von einem Kind eine Stadt zeigen zu lassen.
Ich lege meine Befreiungsbemühungen im Hinblick auf unsere Reisepläne (Spanien – Portugal) an. Aber wann? Wann? Immer neue Schwierigkeiten stellen sich in den Weg. Aber ich wehre mich. Allzuschön ist das Ziel.
Ihnen, Ihrer verehrten Gattin, den Töchtern alles Gute,
in alter Verehrung
stets Ihr
Carl J. Burckhardt

An Otto von Taube Luzern, 12. Mai 1963

Lieber verehrter Baron Taube,
Jetzt gebrauche ich noch eine vorläufig abschließende Kur. In München bin ich dann frei von Medikamenten. Sehr frisch allerdings werde ich noch nicht sein.
Ich verbrachte einige Tage beim Landesvater im Schlosse Vaduz. Es ist die Rotkreuz-Jahrhundertfeier, die mich veranlaßt, meinen Beitrag an Reden zu halten: Liechtenstein, Genf, Basel, Tübingen; nur Tübingen u. Basel der selbe Text. Während meines Aufenthaltes innerhalb der altösterreichischen Atmosphäre des Fürstentums und seines regierenden Hauses, innerhalb dieser überraschenden Symbole der heutigen Eidgenossenschaft und dieses letzten Splitters aus der habsburgischen Welt seit 1620, habe ich über viele paradoxe Erscheinungen des alten, so eng gewordenen Kontinents nachgedacht. Wieder deutlich wurde mir der unendliche Abstand zwischen den zum Hochadel gewordenen Ministerialen und dem k. u. k. Briefadel. Letzterer hat vollkommen andere Manieren, für unsere Begriffe etwas subaltern. Was in der alten Monarchie fehlte u. dem jetzigen Klein-Österreich mangelt, ist das, was wir durch alle Veränderungen hindurch besitzen: die Familien, die mindestens seit 1500 regiert u. an allen öffentlichen Vorgängen teilgenommen haben, ohne daß etwas über ihnen wirkte. Von 1848 bis zum Ende des ersten Weltkrieges waren diese traditionellen Schichten bei uns viel Anfeindungen ausgesetzt. Das hat sich merkwürdigerweise geändert. Eine Zeitung wird z. B. in einem Nekrolog schreiben: »der Aristokrat Felix Iselin« und es wird keine absprechende oder feindselige Bedeutung in diesem Epitheton liegen. Das ist neu. Mr. Lullin in Genf beispielsweise wird sich mehr als ebenbürtig fühlen, wenn er einen Sales oder Viry aus der savoyischen Nachbarschaft sieht, er wird aber von einem Führer der radikalen Partei seiner Vaterstadt sagen: »pour quelqu'un qui appartient à la bourgeoisie, il a de la finesse«. Hier liegt das Mißverständnis, das Schweizer der ältern

Schichten empfinden, wenn sie, vor allem in Deutschland, die fast schulmäßig juristische Anwendung der Bezeichnung »bürgerlich« feststellen. In unserem hochmerkwürdigen kleinen Land wird ein Herr Escher aus Zürich und ein Berner Mülinen keinen Unterschied empfinden, was Rang u. Geltung ihrer Familien anbetrifft. Aber all dies ist sehr leicht, fast schwebend u. doch eine bewußte Kraft, die in Österreich völlig fehlt. Ein vom Kaiser Franz gegrafter hoher Beamter, noch in unserm Jahrhundert, wird einen enormen Unterschied fühlen, wenn der Fürst Schwarzenberg vor ihm steht. Derartiges kennen bei uns nur die Bewohner der frühern Untertanen-Kantone. Angehörige der souveränen Republiken fühlen sich als Herren, was auch immer Rousseau und seine Nachfolger angerichtet haben. In diesem Zusammenhang war mir die genealogische Studie über die Balten, die Sie mir einmal schickten, so besonders interessant, gerade weil bei uns in so vielen Genealogien, wie z. B. derjenigen meines frühern R. K.-Kollegen Max Huber, eine Menge blutmäßige Verbindungen mit dem reichsunmittelbaren und auch mit dem Hochadel vorhanden sind. In Österreich verteidigt man sich gegen Minderwertigkeitsgefühle, indem man karikiert, den Grafen Bobby oder dergleichen erfindet, eine ganze Klasse abschreibt. Derartige sehr wirkliche Gegebenheiten hat die sog. wissenschaftliche Soziologie wenig wahrgenommen. Sie sind einer der letzten deutschen Geschichtsdenker, der einen Sinn für solche Nuancen hat.

Bei Anlaß dieser »Vorlesung« werden wir uns leider nur sehn, aber kaum ins Gespräch kommen, und die Empfänge bei solchen Gelegenheiten sind schauerlich. *Bitte* machen Sie keine ermüdenden »Corvéen« mit. Elisabeth wird mich begleiten und wir freuen uns ganz besonders darauf zur Teestunde zu Ihnen hinauszufahren. Ihnen und Ihrer verehrten Fräulein Tochter herzlichsten Dank!

Auf bald in der Vorfreude Sie wiederzusehn, stets der Ihre

            Carl J. Burckhardt.

An Franz Rieger Vinzel, Waadt, »La Bâtie«, Kt. Waadt
den 8. Juni 1963

Hochgeehrter Herr Direktor,
Besten Dank für Ihre freundlichen Zeilen vom 29. Mai (Rie/ Ha).
Wenn der Arzt im Herbst keine Einsprache erhebt, werde ich eine Woche im November für die drei »Rotkreuz-Reden« reservieren. Darf ich Ihnen den endgültigen Bescheid Ende September geben? Ich kenne dann bereits das Urteil der Fakultät und ebenfalls das genaue Datum des Tübingervortrags.
Der »Vormittag«? Notiert habe ich das Gespräch 1924; geschrieben wurde dann das Stück Prosa mitten im Krieg, 1942, als kurze Erholung von den Ereignissen, die die Leitung des Internationalen Komitees vom Roten Kreuz von allen Seiten, Tag und Nacht, bedrängten. Verklärung eines scheinbar ganz und gar Vergangenen schwebte schon damals über jener Erinnerung.
Rilke sprach – ich habe ihn nie anders gehört – gewählt und mit einer leichten Neigung zum poetischen Transzendieren stets »sentenziös«, dabei druckreif, selbst wenn er scherzte. Etwas Preziöses – bei aller zarten Natürlichkeit – etwas leicht Manieriertes war immer dabei.
Novellistisch ist bei der Erzählung nur das Mittagessen im Buchladen. Als der »Vormittag« vor Jahren in der »Revue de Paris« in französischer Übertragung erschien, wurde zweierlei beanstandet:
1.) eben dieses »Frühstück«, kein Buchhändler des linken Seineufers lade seine Kunden so eins, zwei, drei, nur eines Gesprächs wegen zu einer *teuren* Mahlzeit ein.
2.) »Lucien Herr« sei zu grob in seinen Repliken, »il était plus courtois«.
Wenn ich für das Cuvilliéstheater gerade *diese,* in die Zwanzigerjahre rückblendende kleine Impression wählte, so deshalb weil es das einzige zusammenhängende Stück war, das genau eine Stunde füllte, sodann aber auch aus folgendem

Grund: Innerhalb des gesamten Sprachraums gilt immer das Wort Hölderlins im Hyperion über die Deutschen. Was Goethe lebenslang bekämpft hat, gewinnt stets wieder die Oberhand: die Freude am Apokalyptischen, das Herbeiwünschen heroischen Untergangs und neuerdings das masochistische Genießen des Grauens, ja des Ekels und des Überdrusses. Welch eine Begeisterung, als der kranke Kierkegaard die Bildung verächtlich machte. Welch merkwürdige Tendenz, – ich kenne dies auch aus der deutschen Schweiz – diese »Bildung« den Universitätsprofessoren als staatlich bestellten Verwaltern unter der Form der Gelehrsamkeit zu überlassen anstatt Bildung als ein Lebenselement immer wieder zu rezipieren, ein zugegebenermaßen relatives Element, innerhalb dessen ein großer Vorrat irdischer Glücksmöglichkeit vorhanden ist. Die Erkenntnis jedoch dieser Gegebenheit ist bei unsern französischen Nachbarn in hohem Maße vorhanden.

Ein Zufall wollte es in der vergangenen Woche – ich verbrachte 48 Stunden in Paris – daß ich um 19.45 Uhr (also lange nach offiziellem Ladenschluß) an einem offenstehenden Buchgeschäft vorbeiging. Der betagte Inhaber saß in einem Fauteuil und las. Ich sagte ihm, ich sei vor einer Stunde im Flugzeug eingetroffen und ich hätte die Absicht, den Abend allein in einem bestimmten, mir lieben Restaurant zu verbringen und ich bat ihn, mir eine Lektüre für einen beschaulichen Abend mitzugeben. Der Alte griff sofort zu dem eben erschienenen Bande »Choses Vues« von Maurois, »leicht« sagte er, »voll von hübschen Einfällen, wie ein angenehmes Gespräch«. Dann erklärte er: »Jetzt verreist alles für Pfingsten, man kann ungestört lesen, eben las ich einen guten Aufsatz über Delacroix, Sie müssen die Ausstellung seiner Gemälde im Louvre und die Radierungen in der Nationalbibliothek ansehen. Es ist doch merkwürdig, diese grandiose Persönlichkeit, Delacroix, war Talleyrands Sohn, welch ein Argument gegen die Moralisten! ein solcher Bastard für diesen Schuft von Talleyrand, ein so kompletter Geist: Schriftsteller, Musiker und Maler. – Gut, ich kenne Sie nicht, Monsieur, ich habe meine politischen Überzeugungen, es sind nicht diejenigen des Delacroix, aber das vermindert meine Achtung für die Qualität der seinen nicht. Sehn Sie, heute Nachmittag las ich Stendhal, ich überlegte mir manches: in Napoleon hat er das durchaus Antike, Römische erkannt, aber er stellte das französische, das ausgesprochen gallische Improvisationstalent in allen Lagen noch höher als die unfehlbare, wahrhaft cäsarische Planung des Kaisers, darüber hat Valéry etwas sehr Kluges gesagt.« Und plötzlich zitierte dieser alte Buchhändler mir wörtlich die ganze Passage aus Valérys Variétés über Lucien Leuwen und seine politische Eignung. Ja, ein alter Buchhändler an der Ecke Place Vendôme – rue St. Honoré. Wenn Sie nächstens einmal in Paris sind, sollten Sie in seinen »Laden« eintreten. Das Geld zum »Herausgeben« nimmt er aus einer Blechschachtel, auf der »Thé« geschrieben steht. Er ist wie gesagt alt, man sollte nicht zu lange warten. Aber es gibt noch viele andere seiner Art, gerade auch in den Provinzstädten. Die Moden gehn in Frankreich sehr rasch vorüber. Nach dem Krieg und der Besetzung kannten auch unsere Nachbarn den Widerwillen, den Brechreiz (von Sartre bis Genet, Preis des Lasters etc. stets mit großem Talent.) Aber wie »äußerlich« bleibt das alles für die Nation, die weiterhin organisch ihre ganze Literatur assimiliert und von Bossuet ebensoviel weiß als von Ionesco, sie ist zu Hause in ihrem eigenen geistigen Bereich und frei. Ja frei, sie proklamiert nicht: »Man darf nicht mehr!«, »man muß heute«, »dies und jenes ist endgültig vorbei!«. Das überläßt sie unsern »Wörtlichnehmern« mit ihrem heutigen doktrinären Proletkult, der billigen, bedeutend sich gebärdenden Latrinenromantik, als welche unser Neorealismus sich so häufig enthüllt, seiner Intoleranz und vor allem seiner Bildungsfeindlichkeit. (Bildung nur noch für »Fachleute« und in die Hörsäle verbannt.) Der einsame, letztes Jahr verstorbene Rudolf Alexander Schröder hat sich überlegen und tapfer gegen all dies gewehrt, mit bitterm Humor, aber völlig ungehört. – Hyperion!

Nun hat Ihre richtige Bemerkung zum »Vormittag« diesen allzulangen Brief verursacht, ja, weil sie richtig war, da es sich um einen *deutsch* geschriebenen und vorgetragenen Text handelt, so ist dessen Vorlage doch ein »französisch geführtes« und deshalb (seit dem 17. Jahrhundert) aufs »höflichste« geführtes Gespräch. Das muß man einkalkulieren. Es hat der berühmte Verdacht gegen die platonische Schönheit eigentlich mit dieser Aufzeichnung nichts zu tun, sie bildet einen ganz kleinen, artikulierten Ausschnitt aus den letzten Auswirkungen der »vita bella« der höfischen Kultur Frankreichs und der maßvoll weisen Beschränkung auf Glücksmöglichkeiten, die ein antikes Erbe unserer lateinischen Nachbarn sind.

                     Mit besten Grüßen,
                     hochachtend Ihr ergebener
                     Carl J. Burckhardt

An Ellen Delp   Vinzel, 26. Juni 1963

Liebe, verehrte Freundin,
Die Münchnerreise habe ich gut überstanden, jetzt lebe ich wieder im alten Rhythmus an meinem Schreibtisch.
Es geht mir bei Aufenthalten in Deutschland immer merkwürdig: Ich finde nach einem so langen Leben im französischen Sprachgebiet mit einer Art von Ergriffenheit in Landschaft und Eigenart der alten Siedelungen unerschöfliche Werte des Heimatgefühls. Aber mit den Menschen tritt oft ein Befremden ein. Eine gewisse Zeithörigkeit, das Bedürfnis nach Nachahmung und Übertreibung falsch eingeschätzter, falsch verstandener fremder Entwicklungen, das jetzige, für uns Schweizer fast komisch wirkende Bedürfnis, integrale Demokratie zu verkünden, ein Mangel an Eigenständigkeit und Nüchternheit muten uns störend an.
Vielleicht liegt das auch an meiner Basler Natur. Wir sind nun einmal so, daß wir flüchtige Begeisterungen verbergen, daß wir Pathos nur schwer ertragen, daß wir, wenn man an

einen Herzpunkt, etwas ausgesprochen Privates rührt, fast immer mit Skepsis, mit kritischen, negativen Äußerungen uns tarnen, wobei wir dann in Süddeutschland und vor allem in der lieben Ostschweiz als recht boshafte Menschen erscheinen. Die Wiener verstehn uns und vor allem die Franzosen. Mir scheint immer, daß die vielen jungen Leute, die mich jeweils aufsuchen wenn ich im heutigen Deutschland irgendwie öffentlich auftrete, ihre Sucht nach Bekenntnis, nach lyrischer Selbstübersteigerung, nach von irgendwelchen momentanen Idolen übernommenen Postulaten, die eigentlich dem Gesetz der Scheu entrissene, so oft noch geringe Substanz ihres Wesens gänzlich verbrauchen. Es gibt wunderbare Ausnahmen, seltene Ausnahmen, an diesen kann man dann wiederum eine besondere deutsche Qualität erkennen und Hoffnung erleben.
Die Rebe blüht, die Rosen im Übermaß, aber fast täglich schießen wir mit Raketen gegen schwere Gewitter und Hagel, der Regen bringt keine rechte Erfrischung, blauer Himmel geht über lastender Schwüle auf, und schon türmen sich wieder die schwarzen Wolkenwände hinter dem Jura, es wetterleuchtet und plötzlich bricht der Sturm herein. Ich denke dann bisweilen an Ihren Garten und an meinen alten, geliebten Untersee.
Mit besten Grüßen und Empfehlungen an Ihren Gatten bin ich in alter Freundschaft und Verehrung stets Ihr

                Carl J. Burckhardt

An Ernst Howald   Vinzel, La Bâtie, 8. Juli 1963

Lieber Ernst,
Ja Lessing! Im Basler Gymnasium hat im Jahrhundertbeginn der etwas manische Professor Gessler, genannt »Schnauzi«, uns Lessing als einen Kristall-Keil eingehämmert: bei Lessing war alles blank, klar, frank und frei; fern von den geschnittenen Hecken der Franzosen des »grand siècle« hatte er hinausgeführt in eine germanisch-angelsächsische

Urlandschaft. Etwas von der Deutschtümelei der damaligen Germanisten klang mit, aber auch eine Neigung zum rationalen, aufklärenden Licht, das in den Wirrwar alter Rumpelkammern eindrang und ihre Abscheulichkeit entlarvte. »Lessing kühner als Schiller«, sagte Schnauzi jeweils, »unbedingter als Goethe«, »kompromißlos« war ein Lieblingsepitheton, und immer wieder war vom kristallenen Prosastil die Rede. Nun ja, die Schule schafft viele Vogelscheuchen, es ist einem zumute wie den Hasen im Rübenacker, aber mit der Zeit gewöhnt man sich wie diese scheuen Tiere an die Schreckgestalten und man grast wieder unbetroffen in ihrer Nähe. In Danzig habe ich viel Lessing gelesen, er wirkte in der damaligen Atmosphäre entgiftend, und die ganz bestimmte üble Laune, die bei ihm immer vorhanden ist, war recht konform zu dem eigenen Zustand. Später dann hat Schröder, der immer vorlesen wollte, mir einige Abende in Versailles, ja ausgerechnet in Versailles, Lessings Prosa mit diesem eigentümlich ergriffenen Pathos gewissermaßen rezitiert, diesem Pathos, das dem altstädtischen Witz und Hang zum Wortspiel des Hanseaten die Waage hielt.

Mir scheint, alles was Du über Lessing sagst, stimmt genau. Ein mächtiger Bursche ist er, aber er hat einen Hang zum deutschen Neid, gibt sich einer Verkleinerungssucht hin, die aus einem Mangel an wirklicher Freiheit und Noblesse stammt. Er wird bisweilen hämisch.

Wie schade, daß wir uns im Frühjahr nicht begegneten. Ich erkrankte plötzlich, war in Hirslanden, mußte Kuren gebrauchen, durch Wochen abscheuliche Latwerge schlucken, kurz ich war bedenklich dran, verlor viel Zeit. Jetzt geht es wieder. Sogar meine Strafaufgabe schreitet dem Abschluß entgegen. Ich denke oft nach dem Bodensee hinüber. Die Zeit vergeht und man sollte den alten Freunden näher sein.

Mit vielen herzlichen Grüßen auch an Deine Frau, stets Dein alter

μαθητὴς ἄνελπις
Carl

An Meinrad Inglin Vinzel, Vaud, La Bâtie,
 30. Juli 1963

Verehrter, lieber Herr Inglin,
Ein Stück Neunzigerjahre des letzten Jahrhunderts haben wir noch gemeinsam erlebt, Sie sieben Jahre –, ich neun –, und beides, 7 und 9, sollen Glückszahlen sein. Vielleicht wird es spätern, falls spätere vorhanden sein werden um über derartiges nachzusinnen, – werden die Leute nach der Katastrophe wähnen, all diejenigen, die noch vor 1914 gelebt hätten, seien zu beneiden. Mir scheint immer, uns letzten Zeugen des Jahrhunderts, in dem noch Goethe gelebt hat, sei ein Maß verliehen, das den spätern fehle, nicht daß es besser wäre als das ihrige, aber es ist anders. Dieses andere Maß, finde ich in all Ihren Schriften, die eine ganz seltene – und für mein Empfinden – großartige Einheit bilden. Jedesmal wenn ich in Ihren Büchern las, spürte ich, was äußerst selten ist, daß es nicht anders sein könnte, daß es stimmt. Dieses völlig sichere Element, in dem der Leser sich bewegt, kommt, so scheint mir, daher, daß ein Maß angelegt wird, das noch Fuß und Elle entspricht, die Regel des goldenen Schnitts kennt und den Menschen nach seinen eigenen, ewigen Proportionen mißt. Das Ironisch-Parodistische, wie die neorealistische Verzerrung durch Deutungs*methoden*, fällt bei Ihnen weg, weil Sie nie willkürliche, abstrahierende, von außen ansetzende Kriterien gebrauchen. Kürzlich las ich in irgend einem Zeitungsartikel, Sie hätten sich mit der Enge Ihrer Umwelt auseinandergesetzt. Das erschien mir vollkommen verkehrt. Dort, wo Menschen vorhanden sind, deren Wesen und Zusammenwirken Sie schildern, gibt es keine Enge. Ihre Werke sind sehr mannigfaltig, aber ob ich ›Die graue March‹, ›Güldramont‹ oder ›Ehrenhafter Untergang‹ zur Hand nehme, immer bleiben die Verhältnisse richtig, zwischen um keinen Zoll übertriebenen oder untertriebenen Menschen und einer Heimat, einer nie als Staffage wirkenden, sondern, bis zu ihrer letzten unheimlichen Eigenschaft, echter Natur. Es muß eine tiefe Genugtuung sein,

feststellen zu dürfen, daß man beim Beginn eines späten Lebensjahrzehnts ein solcherart geschlossenes, gesichertes Werk sein eigen nennt. Wir andern dürfen danken dafür. Dies möchte ich von Herzen tun, und Ihnen all dasjenige wünschen, was Sie als weitere Ziele anstreben.
In alter Verehrung, stets Ihr
Carl J. Burckhardt

An Michael Stettler Vinzel, La Bâtie,
17. September 1963

Lieber Michael,
Im Unterschied zu den meisten Sterblichen hast Du keinen Heiligen zum Namenspatron – sondern ganz einfach einen Engel, dessen hebräische Benennung heißt: »wer ist wie Gott?« Ein Erzengel, Schutzengel des jüdischen Volkes, der mit der Bestattung des Moses betraut war und um seinen Leichnam mit dem Satan gekämpft hat. Deswegen wird er stets als Sieger über den Drachen dargestellt. Infolge dieser Darstellung soll er den frühen Christen als Beschützer der Kirche erschienen sein, und ich lernte, daß es der römische Bischof Gelasius I. war, der ihm *493* das im neunten Jahrhundert allgemeingewordene Fest widmete (am Rand: Bin Anti-Duden!), das noch heute am *29. September* als »Engelfest« gefeiert wird. Zu diesem Fest wünsche ich Dir, etwas im Voraus, Glück! Elisabeth hat vor 4 Jahren in der Krypta der dem Erzengel geweihten Kirche auf Monte St. Angelo eine Kerze entzündet. In meinem Geiste brennt sie immer noch. Monte St. Angelo ist der Wallfahrtsort, zu dem auch die Orthodoxen pilgern, zum Heiligtum, zur Grotte zum »Heiligen Michael« der ungesagt doch viel mehr als ein Heiliger, nämlich ein Bote von drüben, ein ἄγγελος ist, der im Beginn des achten Jahrhunderts sogar einmal im schreckerregenden Glanze erschien und zwar genau dort, wo sich später die Abtei von Mont-Saint Michel erheben sollte. Nicht nur den Widersacher hat er erschlagen, er hält

auch die Waage und wägt die Seelen. Besonders schön hat ihn Beccafumi in der Kirche del Carmine in Siena dargestellt. Auch als »St. Michel« hat er immer Flügel!
Ludwig XI. hat den heiligen Michaelsorden gestiftet, der später im »Saint-Esprit« aufging. 36 Edelleute durften ihn tragen.
Im Wittelsbachischen Bayern gab es den Michaelsstern, den ich Dir nicht verleihen kann, weil ich seine Form nicht kenne, dafür gebe ich Dir, aus eigener Machtvollkommenheit die französische Dekoration:

Trage sie so, wie es in Bleis »Bestiarium« heißt:
»Das Korrodi ist ein Tier, das nachts, wenn seine Landsleute es nicht merken, ein Monokel trägt!«
Das schöne Danzigerbild erfreut mich täglich, die nur noch ganz leichten Spritzer wirken wie blaurot gemischtes Blut, so als habe der Stich in der Kartentasche eines leichtverwundeten Offiziers gesteckt. Dieser verschonte Offizier diente im ersten Regiment »Chevaliers Gardes« S. M. des Zaren, er hieß Michael Michailovich und war der direkte Nachkomme des Schwiegersohnes des Nicephorus I., des Kaisers von Byzanz *Michael* I., der unter allen Kaisern der heftigste Gegner der Ikonoklasten war. Seine Passion hast Du geerbt, und deshalb, neben viel andern Gründen, lieben wir Dich!
Dir und den Deinen herzlichst, Dein   Carl

An Otto von Taube Vinzel, 28. IX. 1963

Sehr verehrter, lieber Baron Taube,
Herzlichsten Dank für die gütige Ermittlung und die wertvollen Angaben über Ihren Freund, Dekan Schwinn.
Ich kann vor Abschluß meines Buches keine Vortragsverpflichtungen übernehmen! Und sehn Sie, je älter ich werde, desto weniger liegt es mir – »über« Werke und ihre Verfasser zu reden.
Wenn man von einem Dichter spricht, muß man Urteile abgeben. Mir war von jeher der literarhistorische Universitätsbetrieb verdächtig, dies Einreihen in Kategorien, diese Abstammungslehren, wobei jeder angeblich von so und so viel andern bezogen hat, gleichzeitig dieses künstliche Aufreihen der dichterischen Erzeugnisse auf das laufende Band einer Zeitabfolge, wobei alles bestimmten, von einander streng getrennten Epochen angehört, während doch die Dichtung ein ewiges, immer gegenwärtiges – wie die hohen Berge – bald verhülltes, bald sichtbar werdendes Phänomen ist.
Ich habe über Schröders Werk einmal im Merkur, bei Anlaß seines siebzigsten Geburtstages einen längern Aufsatz publiziert. Jetzt möchte ich, sobald ich frei sein werde, in meinen Erinnerungen vom Menschen Schröder erzählen, es versuchen, ihn sichtbar zu machen, so wie ich ihn persönlich erlebt habe. Gerade dies könnte und möchte ich nicht in Form eines Vortrags kleiden, – eigentlich eine gräßliche Form. Ich trete nicht gern vor ein Publikum, um zu reden, zu reden, bis die obligate Stunde erfüllt ist. Die heutige Vortragsmanie erscheint mir als eine rechte Landplage. Bei der Gruppen- und Kreistendenz, der Vereinsmeierei die innerhalb des deutschen Sprachbereichs besonders grassiert, will jede Vereinigung, wo immer, ob es Akademien sind oder Kulturkränzchen eines Badeortes, daß man vom Pult aus über höchste Themen u. letzte Dinge sich äußert.
Selbstverständlich liegen die Akzente bei der Planung einer Schröder-Gedenkfeier durch das evangelisch lutherische

Dekanat in Würzburg ganz anders, hier handelt es sich um eine ernste und würdige Absicht. Aber gerade diese Absicht muß um ein Essentielles kreisen, nämlich um Schröders christliches Bekenntnis. Darüber bin ich nicht unterrichtet und darüber erfahre ich nichts, was nicht für Theologen viel mächtiger, tiefschichtiger wirken würde als für mich – erfahre ich auch bei ernstem Studieren nichts aus dem Werk, nichts worüber ich ohne leichtsinnigen Hochmut zu Männern der lutherischen Kirche sprechen dürfte. Schröder hat mir ein einziges Mal von seiner Konversion gesprochen. Er sagte mir, sie sei plötzlich erfolgt, im Augenblick, in dem er bis auf den Grund begriffen habe, was Sünde sei. Gerade dieser sein Sündenbegriff, so wie ich ihn vermute, ist mir fremd. Einmal noch schrieb er mir, er habe das Rätsel der Trinität nie lösen können, über die historischen Voraussetzungen der Trinitätslehre haben wir dann korrespondiert.

Herrn Dekan Schwinn schreibe ich, daß es mir zur Zeit nicht möglich sei, Vortragsverpflichtungen zu übernehmen. Ihnen wollte ich andeuten, was mich ganz allgemein und immer mehr von der Benützung dieser rhetorischen Mitteilungsweise abhält.

Mögen Sie in dem schönen Haus, dem reichhaltigen Garten einen Herbst erleben, der etwas für den Sommer entschädigt, um den wir betrogen wurden. Noch nie, seit ich hier lebe, hat die Rebe so herrlich angesetzt wie dieses Jahr, auch die Blüte wurde verschont, dann brachen allabendlich Gewitter aus, Hagelschlag erfolgte, die Trauben verkümmerten, oder sie blieben hart und »opak«, viele faulten weg. Die Weinlese wurde auf den 20. Oktober verschoben, aber bereits spricht man von Frostnächten. Städter lächeln, wenn man von Prozessionen erzählt, die um Wetteränderung bittend durch die Landschaft ziehn, und Wetterzauber gehört zu den mitleidig verspotteten Betrügereien der Medizinmänner. Aber hier begegnete ich einem alten Winzer, der mir mit Scheu, als tue er Unrecht, anvertraute: »man betet nicht mehr genug!«

Bitte empfehlen Sie mich Ihrer verehrten Fräulein Tochter. Ihnen Elisabeths und meine Grüße, Ihr freundschaftlich ergebener

Carl J. Burckhardt

An N. N. Vinzel, den 18. November 1963

Betrifft: Taschenbuchausgabe des Werkes »Meine Danziger Mission«.
Wegen Auslandsabwesenheit habe ich Ihren Brief zu spät erhalten.
Alle Taschenbuchausgaben sind Kürzungen. Jedem, der den Originalband lesen will, steht dies frei, er befindet sich im Buchhandel und ist in den Bibliotheken zu finden.
zu 1: Der Hinweis auf das Buch Henry Fords hat nichts mit dem Gegenstand zu tun.
zu 2: Meine Goethe-Ausgaben sowie mein »Eckermann« und mein »Biedermann« enthalten alle die sehr objektiven Äußerungen Goethes über die Juden.
zu 3: In der ausführlichen Ausgabe »Meine Danziger Mission« ist der von Ihnen erwähnte Bericht des polnischen Botschafters, Graf Potocki, integraliter wiedergegeben. Solch ausführliche Beilagen können in einem Taschenbuch nicht ihren Platz finden. Potocki schreibt nicht: »daß das Weltjudentum« (erbärmlich dummes Hitler-Wort) »entschlossen sei, einen Krieg gegen Deutschland zu entfesseln«, er schreibt, daß ganz bestimmte und angesehene Juden den Präsidenten Roosevelt zu einem scharfen Kurs aufforderten. Hätten sie vielleicht noch Beifall klatschen sollen, als in Deutschland das Volk der Ballin und Haber etc. in schmählichster Weise ausgeraubt, mißhandelt und vertrieben wurde? Es ist empörend feststellen zu müssen, daß heute noch in Deutschland Leute leben, die es wagen, sich für den durch keinen im Lauf der Geschichte erreichten Grad der an unschuldigen Mitbürgern begangenen Schandtaten einzusetzen.

Sie sind Jahrgang 1922, also waren Sie 1939 siebzehnjährig, erwachsen genug, um zu verstehen, was gespielt wurde: der Wortbruch nach München, der erbärmlich feige Angriff eines hochgerüsteten Industriestaates auf das kaum erst wiedererstandene, schwache Polen etc.

Wenn man, wie ich, sich lebenslang für das deutsche Volk eingesetzt hat, so kann es einen grausen, wenn man feststellen muß, daß die Verantwortlichen für eine – neben allem andern – abgründlich dumme Politik heute noch Verteidiger finden.

Ist das eine Entschuldigung für einen Mann, der die Ehre hat, der großen deutschen Kulturnation anzugehören, daß innerhalb der Grausamkeiten der bolschewistischen Revolution sich auch Juden hervorgetan haben?

Wenn es zornige junge Männer gibt, so gibt es auch zornige alte.

Es grüßt Sie Carl J. Burckhardt

An Carl Zuckmayer   Vinzel, 20. XI. 1963

Lieber Carl,
Endlich ist es mir möglich geworden, vier Wochen ganz allein zu verbringen. Die Sommermonate waren schwierig. Allein zu Hause (Elisabeth immer bei ihrer sterbenden Mutter, dann beim 84jährigen Vater), allen Anrufen, unangemeldeten Besuchen ausgeliefert, bestürmt von den unzähligen Teilnehmern an den Rotkreuzfeiern, verpflichtet im Rahmen der Feiern selbst aufzutreten, war meine Hauptarbeit unter die schwierigsten Voraussetzungen gestellt. Ende September fuhr ich fluchtartig weg, zuerst machte ich eine Luftkur auf der Hirschjagd im Tirol, und dann bezog ich ein Haus in Wolfgang bei Davos, mitten im Wald, dort arbeitete ich – nicht mit Lust, aber unverdrossen – mit Henriette Speisers Hilfe täglich 8 bis 10 Stunden, überwand die größten Schwierigkeiten, war heiter, konzentriert und bisweilen einfallsreich. Es war eine gute Zeit, auch eine humorvolle

Zeit: ich machte selbst mein Bett, mein Zimmer und jeden zweiten Tag kochte ich selbst. Ich empfehle Dir sehr, Beefsteaks *nur* in Butter, Salz und im letzten Augenblick zwei Suppenlöffel Whisky, dazu Rührei und Reis gemischt.
Das Wetter dort droben war herrlich, ich ging leicht und ausdauernd bis zur 2000 m. Grenze, – *darüber* brauchte ich 14 Tage Gewöhnung.
Dann wieder Unterland: Sitzungen u. Vortrag in Basel; nächste Woche 3 Vorträge in Tübingen und Stuttgart, und dort nicht endende Zeremonien.
Ich zähle jetzt auf Januar, Januar ist frei, dann auf 2½ Monate in Zürich, wo wir eine Wohnung haben. Am Ende des Zürcheraufenthalts will ich mit dem Buche fertig sein, gleichviel, ob es gut oder schlecht wird, weg damit in die Druckerei, diese Franzosen des 17ten Jahrh. sind mir nachgerade unerträglich, ich will in unsere Zeit zurückkehren und noch einiges – endlich noch einiges aufschreiben, was mir Freude macht. Ich will – ich hoffe – (wie ist das nun grammatikalisch?) – ich will Freunde sehn wie Dich, ich hoffe, sie zu sehn, mit ihnen noch Lebensstunden zu genießen, bevor es dunkelt.
Dir gehören stets all meine Wünsche, Dir und den Deinen – Und wenn ich einmal noch ein freies Wochenende erhaschen könnte, würde ich Dich anrufen, um etwas zu verabreden.
In alter Herzlichkeit Dir und Alice, wie immer   Carl

An Friedrich Traugott Wahlen   15. XII. 1963

Sehr verehrter Herr Bundesrat,
An diesem Jahresende denken wir an Sie und an Ihre verehrte Frau und möchten es aussprechen, wie sehr unsere Wünsche Sie begleiten. Wir gehen einem gefahrvollen Jahr entgegen, und es ist für uns eine Gewähr und Sicherheit, daß Sie am Steuer unseres Landes stehn.

Vor vierzehn Tagen war ich in Stuttgart. (Vorträge in Tübingen und Rotkreuzfeier in der württembergischen Hauptstadt.) Ich habe Theodor Heuss noch zweimal gesehen. Das erste Mal am 26. November um 11 Uhr vormittags. Er lag in seinem Rollstuhl, sein Gesicht war völlig vergeistigt, die sehr feine Ossatur des Schädels trat hervor, alle Züge waren wie mit dem Silberstift gezogen und nur die Augen, übergroß und hell, bewahrten volles Leben und gespannte Aufmerksamkeit. Während der ersten fünf Minuten sprach er kein Wort, schaute mich nur unverwandt an, als versuche er, in mir zu lesen, fast bewegungslos – dann leuchtete ein herbstliches Lächeln auf, unvergeßlich, worauf er zu sprechen begann, sachlich, ruhig über den Hesse-Nachlaß, den Hofmannsthal-Nachlaß. Nach einer halben Stunde sank er in sich zusammen, und ich verließ ihn.
Am 30sten fragte ich seinen Sohn bei Anlaß der R.-K. feier, ob ich mich noch verabschieden dürfe. Er antwortete, »ich werde Sie Sonntag Vormittag anrufen, falls es möglich sein sollte, aber ich fürchte, sein Zustand wird es nicht mehr erlauben«. Sonntag (am Tag meiner Abreise nach Frankfurt) telephonierte er: »die Nacht war besser, mein Vater sagte, das wird meine Adventsfreude«, so sah ich ihn zum letzten Mal, er war sehr ruhig, beim Abschied hielt er meine Hände fest und meinte: »Grüßen Sie mir Bundesrat Wahlen, wenn Sie ihn sehen, das ist schön, daß Sie ihn haben.-« Es war das letzte beim Abschied. Das wollte ich noch ausrichten.
In alter Verehrung stets Ihr sehr ergebener

Carl J. Burckhardt

Dank für die schönen, ernsten Worte, die Sie Heuss gewidmet haben!

An Hans Erni Vinzel, La Bâtie, 23. Dezember 1963

Verehrter, lieber Hans Erni.
Ihr Skizzenbuch ging im Familienkreis, der zur Zeit versammelt ist, von Hand zu Hand. Meine Mailänder-Tochter, die ich Ihnen einmal mitbringen möchte, war völlig fasziniert; besonders die rasch hingeschriebenen Zeichnungen ließen sie ihrer Sicherheit wegen nicht los: Keine, in der Tat, bleibt als Entwurf stehn, alle sind so aufregend richtig, daß sie das Blatt verlassen und in die Welt hinaus schreiten oder tanzen könnten. Die Zeichnung bleibt doch die geistigste Aussage über das Sichtbare und seine Quintessenzen.
Was Jacob Burckhardt anbetrifft, so bin ich – immer wieder muß ich es versichern – blutmäßig kaum mit ihm verwandt; er war ein Vetter zweiten oder dritten Grades meines Großvaters. Ich komme ganz anderswo her und bewege mich in andere Richtung, abgesehn vom Leistungsunterschied. Viel von ihm war in seinem Neffen, Albert Oeri: das treffsicher Kaustische, ein ganz bestimmter – bei Oeri allerdings verminderter – Schönheitssinn, der dem meinen sehr ferne bleibt: Rubens gegen Rembrandt, noch viel Winckelmannsche Bewunderungsfähigkeit, durch Schopenhauers Stimmung gebrochen. Also ich meine, Sie werden *ihn* bei mir nicht finden. Höchstens unter den Gestalten, die ich bevorzuge und mit Respekt bewundere.
Im Februar und März wohne ich in Zürich, Scheideggstr. 44 (Tel 23.82.74.). Luzern ist dann nahe.
Ich lege Ihnen zum Spaß die Portraitskizze eines Kerls bei, der meine Erinnerung bewohnt, obwohl ich ihn nur zweimal »erblickt« und nie »gesehen« oder gar gesprochen habe. Man könnte ihn auch mit dem Bleistift festhalten, er war hüftenschlank, langbeinig, in den Schultern athletisch, der Hals war sehr straff, die Hand edel und dabei stahlhart, der Schädel schmal, lang, das Kinn rund und vorstehend, die Nase hochgebrochen aquilin, die Stirne niedrig unter dichtem weißrussisch blondem Haar, die Augen klein, scharf und ruhig, blaugrau. Der ganze Mann sprungbereit, am

Rand des Zorns, am Rand des Übermuts unendlich heiter, auf dem Hintergrund einer mir unbekannten Verzweiflung. Am bemerkenswertesten die erwähnte, in meinem Text beschriebene Hand.
Und nun Alles Gute, Ihnen, Ihrer lieben Frau, den Kindern von uns beiden.

                        Stets Ihr
                        Carl J. Burckhardt

An Hans von Seemen   Vinzel, Vaud,
                                  La Bâtie, 11. Juli 1964
Lieber Hans,
Seit meiner St. Moritzer Einsamkeit, der hohen Luft und dem Regen, habe ich Dich im Stich gelassen. Ich war in Basel und wühlte in etwas verstaubten Dokumenten zur Familiengeschichte. Ich hatte im Frühjahr vernommen, daß ich an einem alle 75 Jahre sich ereignenden Familienfest die Festrede zu halten hätte. Die Feier war auf Ende Mai angesagt und mit Erleichterung konnte ich melden, daß ich mich an diesem Zeitpunkt in München u. Paris befinden würde. Postwendend traf die Nachricht ein, man habe die ganze Unternehmung auf September verlegt. Jetzt sitze ich in der Tinte. Du weißt es: Kein Thema ist geringer als das andere, jedes erfordert größte Konzentration, die soweit gehn muß, daß man dem entstehenden Text dann die Mühe und Anstrengung nicht mehr anmerkt.
Also, zwischen Sitzungen, den üblichen Banketten und den alten Folianten saß ich in meiner Vaterstadt bei tropischer Hitze, deren Einwirkung ich es verdanke, daß mich beim Packen meiner Koffer ein Hexenschuß so sehr ins Schwarze traf, daß ich jetzt krummgeschossen u. ächzend durch das leere Haus in Vinzel schleiche. Elisabeth ist noch bei ihrem Vater.
Während meines Urlaubs hat mir die gleichzeitige Anwesenheit Walther Meiers, vom Manesseverlag, große Anregung gebracht. Er ist ein homo universalis, nicht nur ein

großer Humanist, sondern ein ganz ungewöhnlicher Naturkenner u. -liebhaber, ein Botaniker alten Stils, wach, aufmerksam, beobachtungsfähig wie einst ein Linné (dessen jugendfrische Aufzeichnungen über seine im Auftrag der schwedischen Akademie in Upsala unternommene Reise nach Lappland jetzt in extenso im Insel-Verlag herausgekommen ist). Äußerst interessant waren mir Meiers Kommentare zur volksmedizinischen Anwendung der verschiedenen Pflanzen. Da ist z. B. der Gletscher-Hahnenfuß gerade (wegen des »heuer« so schönen Maimonats) in schönster Blüte gewesen.
Die Skandinavier kannten (wie die Walliser) den Ranunculus glacialis längst als Heilmittel bei Erkältungskrankheiten, als Felix Platter ihn für die Wissenschaft entdeckte. Diese farbintensive Pflanze ist in der Eiszeit in die Karpaten, Pyrenäen u. in die Sierra Nevada gewandert. Sie liebt vor allem das Urgestein.
Besonders reichlich war die »Clematis alpina« vorhanden, sie soll aus Sibirien kommen. Der berühmte Seher Melampos hat der Raserei verfallene Königstöchter, wenn ich jetzt keine Verwechslung mache, mit einem Absud aus der Wurzel dieser Schlingpflanze geheilt. Wenn! Meiers Epik war so breit, alles ergreifend, alles mit Spannung umgebend, daß mein Gedächtnis die Funktion des Sonderns u. Einreihens gar nicht zustande brachte. Vielleicht operierte Melampos auch mit schwarzer Nieswurz, über die ich auf der Fuorcla Surlej einen beschwingten Vortrag hörte. Herrlich war der »Türkenbund«, den ich bei Wolfgang (Davos) an einem Hang mit kalkhaltiger Beimischung wie einen Zauberteppich fand. Hier trügt mich meine Aufnahmefähigkeit nicht: Albertus Magnus hat den Saft der Zwiebel gegen Nierenschmerzen angeraten. Lilium murtagon.
Ich könnte Seiten füllen mit all den Mitteilungen, die ich erhielt, die sich nun schon verwirren u. vermischen u. wie alles, was man nicht arbeitend u. energisch ordnet, rasch wieder dem Vergessen anheimfallen. Aber einiges, als Speise für den Appetit des wahren Dilettanten, wird bleiben.

Sobald ich – das ging mir schon mit Johannes Strohl so ähnlich – sobald ich an die Geheimnisse der Natur herangeführt werde, erscheint mir der wegwerfende, verächtliche, am Rand des Fluches wirkende Pessimismus der heutigen Literatur so besonders erbärmlich. Sicher, jedes Leben ist schwer, immer gefährdet, immer von bösen Zufällen umstellt, aber welch ungeheures Geschenk liegt in der einmaligen Möglichkeit, als bewußtes Individuum die Welt von Überraschung zu Überraschung kennen zu lernen, diese Natur, deren Teil wir sind, deren Ordnung so unendlich viel mehr bedeutet als das sterile analytische Vorgehn auf dem Gebiet menschlicher Irrungen, als die ganze Psychologie unseres Zeitalters.

Dies an der Pracht und Vielfalt der Alpenflora während einiger freier Tage erkennen zu dürfen, ist eine besondere Gunst.

Ich hoffe auf gute Nachrichten von Dir und bin in Gedanken oft bei Euch beiden. Stets Dein

Carl J. B.

An Charlotte Bergengruen Vinzel, La Bâtie,
6. September 1964

Sehr verehrte gnädige Frau,
Die schwere Nachricht hat mich tief schmerzlich getroffen. Welch große, edle Anwesenheit in dieser trüben Zeit, welch trostreiche Sicherheit ist nun für uns entrückt, hinübergegangen. Das Bewußtsein seiner Gegenwart hat immer festigend, aufmunternd gewirkt, es war bei diesem wunderbaren ritterlichen Menschen, der die Trauer und das Weh der Welt kannte wie wenig andere, doch immer ein leuchtendes »dennoch« vorhanden, eine blanke Kühnheit, die mitreißend war.

Nie werde ich die Tage vergessen, die er uns im Jahre 1957 schenkte, nie die Begegnungen im Rahmen der Veillontagungen, oder des »Pour le Mérite«. Das Geschlossene, Unbestechliche seiner in jedem Augenblick schöpferischen

Natur, das zarte und feste Maß, das er jedem Urteil verlieh, wirkten so herrlich reinigend. Er war streng aus der Sicherheit eines unendlich gütigen Herzens heraus. Er hat den Begriff des Herrenmäßigen in jene Höhe erhoben, wo er eine volle Wahrheit erreicht und unzerstörbar wirkt.
Nun bleibt uns sein großes Werk, das ihn, den Dichter und den Menschen, in ganz seltener Übereinstimmung völlig enthält. Es wird stets angesichts der Untaten des Jahrhunderts als eine Sühne wirken.
Meine Frau und ich sind in Gedanken bei Ihnen. Wir wissen, welchen Anteil Sie an diesem heldenhafen Dasein gehabt haben.

                        Stets der Ihre
                        Carl J. Burckhardt

An Rudolf Hirsch   1181 Vinzel, »La Bâtie«,
                                den 12. Oktober 1964
Verehrter, lieber Freund,
[...] Der Brief Kesslers über die griechische Reise ist eines jener Dokumente, aus denen die Historiographen ihr Wissen über Verstorbene glauben gewinnen zu können. Ich bin Kessler immer ausgewichen. Dieser improvisierte Graf aus St. Gallen mit seinem dreiviertels Talent, seinen beinah großen Manieren, seiner Eifersucht, seinem parfümierten Sozialismus, seinem so ungenauen, von oben herab immerzu urteilenden und dabei so beflissenen Gesellschaftsklatsch – ach nein, er war mir in der Vorstellung immer fatal; aber, wie gesagt, ich kannte ihn nicht, bin ihm nie begegnet.
Ich denke nicht, daß der vierunddreißigjährige Hofmannsthal ein Kranker war; sicher hat er Kessler auf dieser Reise schlecht ertragen. Maillol, ein Bauernsproß aus dem Departement der Pyrénées Orientales, war der dritte, er war da, fest, einfach, verständig und wach, handwerklich passioniert und Bildhauer durch und durch. Und nun unser Freund in diesem ständig transzendierenden Zustand produktiver

Umwandlung alles Geschauten begriffen, durch jede praktische Maßnahme, jedes Werturteil, jedes Gespräch gestört, wie sollte er als Dritter mitmachen? Ich habe ihn auf Reisen nie anders erlebt als versunken, von allem, was auf ihn eindrang, bis in letzte Ahnungsbereiche angerührt, immer wieder aus der Versunkenheit aufgeschreckt, qualvoll verletzt, mit Fluchtgedanken ins heimatlich Vertraute, zu einem mütterlichen Schutz, in mütterliche Obhut hin; diese Schreie: »Gerty, Gerty!« – dieser verzweifelte Blick auf den Handrücken hin. So war er auf der Reise nach Nancy, als wir in eine Industriegegend aus Schwefel und Ruß, in diese französische grelle »canaillerie« einfuhren; plötzlich außer sich rief er: »Weg, weg von hier, zurück nach Hause!« Und so war es, als er irgend einem Ratschlag folgend und, um den Alpensüdfuß zu vermeiden, weil er für die Arbeit am »Turm« – Norden – brauchte und deshalb in der öden Lenzerheide bleiben wollte, dann aber am ersten Abend schon wegbegehrte, weil der Wirt, den er kaum gesehen hatte, ein böser Mensch sei. Und in der Tat hat dieser Wirt nach manchen Untaten sehr schlecht geendet. Und so war es in der Kakteenallee in Palermo, im Pferdewagen, plötzlich dieser Ausruf: »Oh das Afrikanische! Nein, nein« – wie eine ungeheure Vision, eine Sekunde nur, aber damals war Gerty in der Nähe. Nein, ich kann mir genau vorstellen, was ihm in Griechenland geschah, Übermächtiges, Unmitteilbares, das dann in der Sicherheit von Rodaun oder Aussee zuletzt, – aber über schwere innere Widerstände – Ausdruck gewann. Dabei blieben diese Widerstände in der Erinnerung besonders stark, sodaß Lücken der Aussage entstanden, die er dann souverän und bis zum eigenen Spaß artistisch, mit Anleihen wie mit jener Übernahme aus Barrès ausfüllte. Ich habe immer die toten Stellen in seinem Werk als Ausdruck einer seherischen Intensität verstanden, die ihm die Sprache verschlug. Aber wem soll man derartiges mitteilen außer Ihnen?

Krank? – er sagte – die Nerven, oder er sagte »die Südluft«. Gestorben ist er an einem zweiten Herzinfarkt, den ersten hatte er im Tirol erlitten. Sein Blutdruck war schwankend, zwischen viel zu hoch und viel zu tief. Derartigem kann man heute mit Medikamenten beikommen, damals nicht. Aber noch als Fünfziger war er rüstig, er stieg im Salzkammergut mit Leichtigkeit bergan; da war dieser Berg »Loser« genannt, wie leicht gelangte er hinauf, er befand sich von Kindheit an im Vertrauten, oft tröstete er Wassermann, der keuchend anhalten mußte und seine Herzschläge zählte, ihm selbst aber war leicht zu Mute. Er konnte innerhalb solcher Zustände des Wohlbefindens jeweils scharf argumentieren, sein Gedächtnis war stupend, er erzählte dann unvergleichlich, scherzte bezaubernd, jedoch, hob sich ein Wind aus Südwest, oder ein forscher Tourist kreuzte den Weg, und schon verfiel er in eine Art von Prostration, und er murmelte: »Nun ist der Tag verdorben.« Atmosphärische Einflüsse wirkten übermäßig auf sein vegetatives Nervensystem, vor allem aber wurde er ständig von kosmischen Ereignissen berührt, wie Goethe vom Erdbeben in Lissabon, und dann: das Böse erkannte er seismographisch wie ein Engel. Hier liegt etwas Rätselhaftes. Wir alle sind abgeschient gegen dieses selbe Böse, das die Welt erfüllt und bewegt, nur hinter vielen Sicherungen bewahren wir ein Organ, das diese dunkeln und gemeinen Gewalten registriert. Diese Sicherungen halten wir für unsere eigene Tüchtigkeit, ihm aber fehlten sie völlig, das Seelische war bei ihm unmittelbar allen verderblichen Mächten und zwar jenseits von unserm Zeitbewußtsein, *ewigen* Mächten völlig offen. Daß er diese Gegebenheit während eines halben Jahrhunderts ertragen hat, ist ein Zeichen von einer besondern Widerstandsfähigkeit. Andern, die unter ähnlichen Voraussetzungen stehen, ergeht es dann jeweils wie einem Hölderlin. Ein weiteres: Hofmannsthal beherbergte in sich einen kühlen Zuschauer, einen überlegenen, triumphierenden Verstand, der ihn oft gerettet hat, aber den er gleichzeitig fürchtete, weil durch seine Interventionen der Übergang vom Zustand der pneumatischen Ergriffenheit zum lösenden Kunstwerk allzuoft unterbrochen wurde. Hätte er

»tumb« sein können und hätte er lallen dürfen, würden ihn die Deutschen angebetet haben.
Dieser Brief, dessen Kopie mir zu senden Sie die Güte hatten, erklärt mir auch, unter andern Motiven, warum er in spätern Jahren den damaligen Reisebegleiter scheute.
In herzlicher Verbundenheit
[Carl J. Burckhardt]

An Robert Käppeli 1181 Vinzel, »La Bâtie«, den 4. November 1964
Lieber Robi,
Mit neuer Freude habe ich die zweite Redaktion Deines Indienbuches gelesen. An Deiner Stelle würde ich gar nichts mehr daran verändern, alles ist jetzt ausgewogen. Die beiden Ströme fließen getrennt; der eine, Deinen eigenen und den indischen Tiefen entstammende breite, starke, zwischen gedankenreichen Uferlandschaften, der andere, der schnurgerade zwischen Betonmauern dahineilende – nicht *ganz* der Deine –, aber der Strom unserer späten, zu exakter Wissenschaft und Technik verurteilten Zeit. Ja, sie sind jetzt von einander geschieden, und ihr Rauschen tönt nun so deutlich getrennt, daß das eine das andere nicht stört. Die tagebuchartige Einteilung weist dem rationalen Kommentar zu Deinem Indienerlebnis seinen richtigen Platz an.
Merkwürdig und eindrucksvoll ist es, daß auch dieses Buch, wie vorher das Jagdbuch, eine autobiographische und nicht untragische Aufzeichnung enthält. Auf der einen Seite erahnt und erfühlt die Natur des schöpferischen Künstlers in Dir, erkennt deine vom Intellekt, vom Tätertum zurückgedrängte Natur das Geheimnis großer, uralter Völker eines fremden Erdteils, auf der andern Seite aber widerstrebt Dein mächtig europäischer Wesenszug den Verlockungen des Irrationalen. Du erleidest diesen Widerspruch, Du erkennst ihn selbst und gestehst sogar diese Erkenntnis. Völlig kann in Deinem Text die Gleichung nicht aufgehn; die X bezeichnet eben den Umstand, daß die zwei Ströme getrennt

fließen *müssen*. Die selbe Gleichung aber erschließt sich in voller Harmonie in den herrlichen Bildern, von denen ich mich nur schwer trennen kann und die ihre Entsprechung in den paar wahrhaft lyrischen Stellen Deiner Prosa haben, wo die Sprache dichterisch die selbe gewaltige Emotion zum Ausdruck bringt, die den zeichnerischen und malerischen Ergebnissen Deiner Reise eine so beglückende Strahlung verleihen, die undenkbar wäre ohne Deine ständige Überwindung innerer Widerstände und die dadurch entstehende Spannung.
Also ist das Ganze ein Stück von Dir und ein Zeugnis von Deinen Erdentagen. Was Dich hält, wenn Du im Gebirg dem Brunfthirsch nachgehst als ein Herr über Tod und Leben, ist nichts anderes als die unmittelbare Verbindung, die zwischen Dir und den Urwaldgöttern am Fuße des Himalaja fast gegen Deinen Willen wie ein Zwiegespräch einsetzte. Das Andere ist Vernunft, Wohlfahrt, Gerechtigkeit, das Logizistische, das vielleicht in seinen heutigen Konsequenzen vor der Quantentheorie noch nicht möglich war; das ist europäischer Ordnungswille, bei dessen Einsatz gegen das unendliche formenschaffende Chaos des Unbewußten man bisweilen bedenken sollte, daß der größte Ordner der Tod ist.
Die Lektüre hat mich sehr beglückt und bereichert wie der Umstand, daß ich dem so glücklichen Entstehungsprozeß beiwohnen durfte.

Dank und Gruß
Stets in treuer Freundschaft
Dein Carl

An Otto von Taube   Vinzel, 17. November 1964

Verehrter und lieber Freund,
Mit Ihrem so gütigen Brief haben Sie mir eine Freude ganz besonderer Art bereitet. Es ist bemerkenswert, welch unmittelbar belebende Wirkung ein solcher Anruf bewirken

kann. Soeben war ich von Tagungen und Sessionen, unter trüber Beleuchtung des frühen Herbstwetters und noch trüberer der Zeitereignisse, an den überladenen Schreibtisch zurückgekehrt. Eine ganze Anzahl mir nahestehender Menschen waren im Lauf des Jahres verschwunden, ich fühlte mich einsam und in Augenblicken der Arbeit gegenüber lustlos. Dann hörte ich plötzlich Ihre Stimme und alles erhielt eine neue Beleuchtung. Sie waren so nahe, als träten Sie in's Zimmer und mit Ihnen eine Fülle von Erinnerungen, die augenblicklich wieder zu Gegenwart wurden. Da ging ich in frühen Morgenstunden durch Reval, hörte Hufschlag und das Rollen Ihres Reisewagens der die Stadt verließ. Mein erster Aufenthalt in dem Weimar der zwanziger Jahre, als Goethe noch kein Jahrhundert tot war, alles, Luft, Licht, die Gerüche, nicht nur der genaueste Anblick der Gebäude, Plätze und Straßen, nein, die damals vernommenen Stimmen, die blasse Hoffnung des damaligen Nachkriegs und die Daseinsfreude der eigenen Jugend waren wieder vorhanden. Verona zog vorüber, mitten auf der piazza delle erbe stand ich, wie leicht war es möglich Ihnen unter einem Torbogen zu begegnen. Wien war noch nahe, das heute gänzlich vergangene Wien. Dann die plötzliche Wendung solcher Bilderfolgen: Spanien 1941. Schon saß ich auf einem aus Weideruten geflochtenen umgedrehten Korb auf festgetretenem Lehmboden vor der Fläche, auf der die Stiere des alten Romanones unbeweglich witterten. Dann war ich in einer dunkeln Schenke und dachte über das Geschick des Cardinals Cisneros nach. Ja, für Augenblicke zog ich wieder auf Wegen des Glücks durch unseren alten Kontinent und erinnerte mich an all die Gestalten Ihres spanischen Romans, den ich dem Veillon-Preisgericht vorgestellt und empfohlen hatte.
Ich bin Ihnen sehr zu Dank verpflichtet. Ihre Worte haben eine große Einsamkeit unter viel Menschen unterbrochen, Sie traten ins Zimmer und ich hörte wieder die Sprache, die ich verstehe. Was die Zeitgenossen in Journalen, Revuen und auf Kongressen sagen, dieses eintönige Gewäsch abge-

standener Revolutionen, höre ich nur noch wie das Geratter der Auspuffrohre. Diese ständige Alternanz zwischen Grausamkeit und dummer Sentimentalität, die Originalitätssucht des wild gewordenen Spießers, die Verwandlung des Eros in Latrinenvisionen aus psychiatrischen Krankheitsgeschichten, »l'adulation béate des snobs milliardaires devant les histrions de l'art et de la littérature« pfui, pfui darüber. S'ist ein wüster Garten. Wenn Herr Sukarno jetzt seine Atombombe besitzt, wird ein Tanz losgehn, der den vermessenen, heraufbeschwörenden Formen unserer Kunst den entsprechenden Gehalt verleihen wird.

Zur Zeit wohnt mein Schwiegervater bei mir, er rezitiert mir abends die Episteln von Horaz – und gewann jüngst eine Wette, er werde 30 Epigramme aus dem Gedächtnis zitieren. Er läßt Sie grüßen. Abends, ja abends, ist er besonders frisch, da schimpfen wir denn weidlich, dabei ist er so unendlich viel frischer als die jugendlichen Ankläger der Welt, die er unverdrossen verteidigt und der er in einer ganz bestimmten lateinischen und auch lokalen Verengung so völlig angehört.

Ihr Brief brachte die Weite. Im Frühsommer – man muß immer Pläne machen, hoffe ich Ihre Gartentür zu öffnen und den schönen mir persönlich bekannten Bäumen, Sträuchern und Pflanzen entlang in Ihr gastliches Haus zu kommen. Und so bitte ich denn bis dahin, Ihrer verehrten Fräulein Tochter meine ergebensten Empfehlungen zu bestellen, Ihnen beiden schickt Elisabeth ihre besten Grüße, und stets bin ich in treuem Gedenken der Ihre

Carl J. Burckhardt

An Alice Bernoulli Vinzel, Pfingstsonntag 1965

Liebe Alice,
Deine Worte haben mich sehr bewegt. Es ist überaus gütig, in dieser Weise an mich gedacht zu haben.

Max Rychner ist der Freund, der mir seit 45 Jahren am nächsten steht. An jedem Tag des Lebens, wo immer ich mich befand, waren mir seine Gegenwart und seine Treue Aufmunterung und Trost. Rein, klar, im Denken wie im Handeln von herrlicher Tapferkeit, war er verständnisvoll über alle Grenzen, völlig neidlos, immer jenseits von allem Gewöhnlichen, dabei fest im Urteil, unsentimental. Sich mit ihm im Einverständnis begegnen zu dürfen war stets ein Geschenk.

Seine Existenz war in den letzten 30 Jahren immer eine sehr schwere, und wie hat er sie getragen! Seit dem Ende des zweiten Weltkriegs erlitt er ein tägliches Martyrium und jetzt erleidet er den härtesten Tod. Als letzte Woche seine Schmerzen alles Maß überstiegen, sagte er nur das eine Wort: »warum«. Vor dieser Frage wird der ganze Abgrund, der uns umgibt, sichtbar; die Wolken, die ihn meist wohltätig verhüllen, werden zerrissen. Die Wenigsten haben das Recht, diese Frage zu stellen, er aber, so will mir scheinen, besitzt es voll und ganz.

Auf Wiedersehn, liebe Alice, nimm meinen herzlichsten Dank.

Dein Carl

An Walther Meier Vinzel, 10. Juni 1965

Lieber Walther,
Kurz nach Deinem Anruf traf die endgültige Nachricht bei mir ein. Gestern Abend wurden noch ärztliche Äußerungen wiedergegeben, wie: »es kann noch längere Zeit dauern.«
Vor dem Ernst des Endes, der großen Stille nach dem Ereignis, habe ich in der Einsamkeit des heutigen Tages ständig auch an Dich gedacht. Ich weiß, wie unendlich viel Du ihm gewesen bist, weiß, wie unersetzlich er für Dich, Dir immer nahe und doch nur im grenzenlosen Reich der Erinnerung nahe sein wird. Fortan trennt eine Hülle aus

Ehrfurcht uns von diesem unvergleichlichen Wesen. Wir werden sehr verlassen sein.
In treuer Freundschaft drücke ich Dir die Hand! Carl
Keine Antwort – wir sehn uns bald.

An Charlotte König-von Dach Vinzel, Vaud, La Bâtie,
den 7. August 1965
Verehrte, liebe Frau König,
Ihr Besuch war für mich eine ganz besondere Freude. Ich hatte, schon in Luzern, den Vorzug, Herrn Dr. König näher kennen zu lernen; seine starke, mit so viel heiterer Kraft so vieles zusammenfassende Natur und seine aufbauende, helfende Anlage haben mir einen starken Eindruck gemacht. Nun hat sich diese Begegnung bei Ihrem Hiersein in ihrer Wirkung noch vertieft, auch war es mir ein wirkliches Lebensgeschenk, Ihr Glück empfinden zu dürfen.
Sie waren mir gegenüber immer sehr wohlwollend, obwohl wir uns ja nur wenig kannten und uns selten getroffen haben. Dieses Wohlwollen beweisen Sie mir aufs neue durch Ihr so verständnisvolles Eingehen auf das Vorwort zum »Erni-Buch«. Vielleicht geht diesmal Ihre Interpretation etwas weiter als der Gedanke des Autors. Ich wollte keine Zeitkritik, keine Kritik der sogenannten modernen Kunst, Literatur und Musik schreiben. Die Arbeiten unseres Landsmannes Erni haben mich immer durch das zeichnerische Temperament, durch die, bei allem Können, doch genuine Freude am menschlichen Körper angesprochen. Ich habe dies gerne zum Ausdruck gebracht. Es wurde zum Anlaß, etwas über den Weg auszusagen, der mich zur großen bildenden Kunst führte. Ich erwähnte, daß mich der Kubismus, innerhalb jener anderen Kunstbestrebungen, die schon etwa in den achtziger Jahren des letzten Jahrhunderts einsetzten, bei meinem ersten Pariseraufenthalt positiv und hoffnungsvoll als ein ordnendes Element ergriffen hat. Über manchen Umweg bin ich dann zu einem sehr starken Er-

kennen der Malerei und Plastik gelangt. Dasjenige aber, was hierauf durch die Kriege, Not, Tod, Zweifel, Ressentiment an Protest entstanden ist, versuchte ich mir zu erklären; nach der Begegnung mit dem Kubismus hat mich das schrille Konzert bisweilen enttäuscht. Es gibt aber viele Werke der sogenannten abstrakten oder ungegenständlichen Kunst, die ich bewundere. Die Lüge jedoch des nachgerade ausgeleierten Aufstandes, seine Kommerzialisierung, sein lärmiger Manierismus dagegen haben mich oft geärgert. Auch das habe ich auszusprechen versucht. Im übrigen – Sie haben recht – glaube ich an Überdauern, an Unverlierbares und das stimmt mich zuversichtlich. Ich bin weit entfernt von dem Typus, den die zu Stoßtruppen zusammengeschlossenen Fanatiker »Kulturpessimisten« genannt haben. Gerade der Umgang mit einigen großen Vertretern der modernen Physik, seit meiner Freundschaft mit Max Planck, hat mich unverzagt gestimmt; die echte Bescheidenheit dieser Männer hat mich mit einem Vertrauen begabt, das mir einst dem Positivismus gegenüber gänzlich gefehlt hatte. Vielleicht ist all dies in jenen, mitten in den Richelieu-Nöten rasch hingeschriebenen Seiten nicht deutlich genug geworden.
Ich freue mich darauf, Ihnen in Lyss einen Gegenbesuch machen zu können, das Gespräch sollte nicht abreißen.
In alter Verehrung und mit besten Grüßen an Ihren Mann, bin ich in freundschaftlichem Gedenken, Ihr sehr ergebener

Carl J. Burckhardt

An Johannes Urzidil Vinzel, 2. Oktober 1965

Hochverehrter und lieber Freund,
Sie haben mir nach Max Rychners Tod einen überaus gütigen Brief geschrieben. Ich kannte Rychner seit 1923 und wir waren nahe Freunde geworden. Innerhalb dieses kleinen Landes, unserer Heimat, mit seinen Skurrilitäten, die bisweilen zu Härten werden, haben wir die Gunst eines großen

Einverständnisses erlebt, jenes »nun ja« ohne Worte. Mich hat das Leben weiter herumgeführt als ihn, ich war immer wieder ein Rückwanderer, er dagegen hat viel unter der Enge und ihren gewohnten Massen zu leiden gehabt.
Buber liebte und verehrte ich. Er hatte mich vor einigen Jahren, trotz meines Widerstrebens, überredet, an der Vortragsreihe der bayerischen Akademie, die er leitete, dem Kolloquium über »das Wort« teilzunehmen. Bei dieser Gelegenheit lernte ich ihn näher kennen, ein erstes Mal hatte ich ihn in Jerusalem aufgesucht. In der Folge des Münchnertreffens und der dort ausgetauschten Gedanken, blieben wir dann in einer nahen Beziehung; bei meinem zweiten Israelaufenthalt sah ich ihn wieder; es war nach dem Tode seiner Frau, kurz nach Scholems kritischem Vorgehn. Buber war müde, etwas Unsägliches lag in seinem Blick, der, wie aus einer stillen, leidvollen Verklärung, in eine Weite gerichtet war, die er allein wahrzunehmen schien. Er war ein großer seherischer Dichter, ein höchst seltener Zeitgenosse.
Die Nachricht, daß Sie sich an die ernste Aufgabe machen, eine Goethe-Biographie zu schreiben, hat mich bewegt und tief erfreut. Niemand bringt zur Zeit, wie Sie, solche Voraussetzungen mit, um *das* zu leisten, was die Kommentatoren nicht können und was die respektlosen, neugierigen »Berichterstatter« immer in sinnlose Stücke reißen.
Wer hätte gedacht, daß unter dem Seppl-Hut einmal so viel Nachdenklichkeit und Einfall durch die Welt wird getragen werden. Im nächsten Sommer werde ich freier sein als bisher, da erwarte ich nicht nur Ihren Besuch am Genfersee, sondern ich hoffe einmal mit Ihnen in Wien auf einer Kaffeehausterrasse zu sitzen. Wien ist der einzige Ort, wo ich, vor nun bald 50 Jahren, bisweilen in Kaffeehäuser ging, vor allem um einem alten Weisen im Imperial zuzuhören, einem Bachofenbewunderer. Im Westen, sogar in Paris, hab ich diese Lokale stets aus einer gewissen Abneigung vor dem intellektuellen Flugsand gemieden. Aber in Wien, da hatten diese Treffpunkte so etwas orientalisch Echtes, und der Kaffee-Melange gehörte zu jenen vollendeten und un-

aufdringlichen Leistungen wie das Fahrgestell der Hofequipagen, die ländlichen Menus der Frau Sacher und das Ansetzen der Geiger im Orchester.
Bitte übermitteln Sie Ihrer sehr verehrten Gattin meine und meiner Frau herzlichsten Grüße und Ihnen sage ich, in großer Vorfreude auf das Wiedersehn mit Ihnen beiden, meinen Dank und meine besten Wünsche

Carl J. Burckhardt

An Gershom Scholem   Vinzel, La Bâtie, 1. November 1965

Lieber verehrter Freund,
Seit Monaten reist Ihr Aufsatz über Walter Benjamin mit mir. Schon lange hat kein Stück Prosa mich so ständig in Atem gehalten, hat so erregend, so beunruhigend und durch seine Vollendung so beglückend auf mich gewirkt. Ich habe diesen Artikel mit einigen Freunden gelesen, besprochen, ich hab ihn ausgeliehn, ungern, jedesmal verlangte ich ihn rasch wieder zurück. Er bildete eine der letzten Lektüren Max Rychners vor seinem qualvollen Zugrundegehn unter Verlust des Augenlichts, der Sprache, schließlich des Denkvermögens. Mein anderer Lebensfreund aus der deutschen Schweiz, Friedrich Gubler, sprach während des letzten Tages, den wir zusammen verbracht haben, mit größter Bewunderung von Ihrer Arbeit, die ich ihm geliehen hatte, das Hintergründige der Auseinandersetzung mit Benjamin, bis an die Grenzen, an denen sich das gepriesene Schöpferische und der Akt der Reinigung, des Verbrennens, der Zerstörung aufeinanderstoßen, hat ihn aufs intensivste beschäftigt. Andern Tages flog er nach New-York, fuhr mit Freunden durch die Stadt, eine Dame war am Steuer, ein Taxameter wollte das letzte grüne Licht einer Kreuzung benützen, die Dame ihrerseits setzte sich zu früh in Gang, kurz der Berufsfahrer schmetterte in die rechte Flanke des Privatwagens, G. erhielt einen ganzen Schlag, war sofort tot mit mehreren

Schädelbrüchen und Rippen, die brechend das Herz verletzten. Eine der letzten starken Konzentrationen dieses wunderbaren Geistes hatten dem »Exodus« Benjamins aus dem überlieferten Kanon der Philosophie gegolten, von dem Sie auf Seite 7 sprechen.
Ausgelöscht, verschwunden, man wird sehr einsam in den späten Jahren. Ich sagte Ihnen, daß ich 1940 die spanische Einreise- und Durchreiseerlaubnis für Benjamin erhalten hatte und daß ich wenig Tage nach der Übermittlung der Nachricht von seinem endgültigen Weggang erfuhr.
Ich hoffte eine Zeitlang, Sie wiederzusehn. Seit 3 Jahren bemühe ich mich darum, Annette Kolb, der 95jährigen, ihren letzten und größten Wunsch zu erfüllen: Sie will, ja wie aus einer Zwangsvorstellung will sie nach Israel gelangen. Ich bat Joseph Cohn mündlich und schriftlich, ich versuchte eine Gruppe von Freunden zu finden, die eine solche Reise finanziert hätten. Aber die Schweizer fürchteten alle für Annettes Gesundheit, andere, wie der langjährige Helfer Hahn (der Frankfurter Oekonome), sind Gegner des Zionismus. Nun verfiel der gute Joseph, der mit A. K. keine deutlichen Vorstellungen verbindet, auf den Gedanken, sie müsse im Gefolge Adenauers eingeschleust werden; aber Adenauer ist viel zu passioniert in seine Bonner Hahnenkämpfe engagiert, um überhaupt reisen zu wollen. Kurz, Annette welkt an ihrer gebrochenen Hoffnung recht eigentlich dahin. Ich wundere mich über die Widerstände, sie war doch lebenslang – und wie erstaunlich lang – eine unverzagte Kämpferin für Freiheit und Achtung geistiger Werte, nie ist sie gestrauchelt, bei ihr ist wirklich alles blank. Sie ist Französin, sie hat schwere Jahre der Emigration hinter sich. Hätte sie jetzt im November fahren können, wäre ich rasch mitgekommen. Ob sie im Frühjahr noch da sein wird? Dieser abschließende Wunsch der alten Frau ist mir wirklich ein Anliegen. Vielleicht weiß Ihre Frau Rat. Bitte sagen Sie ihr meine alte Verehrung, mein herzlichstes Gedenken. Nochmals Dank! stets der Ihre
Carl J. Burckhardt.

An Fritz René Allemann CH-1181 Vinzel, Kt. Waadt,
»La Bâtie«, den 25.11.1965

Verehrter Herr Allemann,

Ich lese in Ihrem gehaltvollen, klugen, sachlich so solid unterbauten, von hoher Warte aus mit scharfen Beobachtungen durchsetzten Buch. Meine Freude verstärkt sich von Seite zu Seite. Ein großer Gegenstand wird durch ein starkes Temperament gebrochen und in völlig neuem Lichte sichtbar. Viel Subtilität ist dabei und hin und wieder, was die Wirkung erhöht, wird man zu Fragen angeregt. Z. B. à propos Basel, Dalbe. Dieses soziologische Unikum war noch 1900 quasi intakt. Teig oder Daig haben die dazu gehörenden sich nie genannt, nein, so wurden sie von den anderen bezeichnet. Die Eingeweihten, Verschwägerten, Versippten und sich legitimiert Dünkenden nannten sich »d'Heere«, oder sie lehnten ab: »Er isch kai Heer«, und es gab »Heerebiebli«. Die Hierarchie und »Halbheere« innerhalb der Gruppe war immer schwer zu bestimmen, und, wie Sie so richtig sagen, sie war sehr geheim, hatte nichts mit dem Alter einer Familie zu tun, sonst hätten die Holzach und unser Peter Meyer zum Pfeil am meisten gegolten; auch das Geld war nicht ausschlaggebend, eher schon die Fülle verwandtschaftlicher Beziehungen und ein ganz bestimmtes Wesen (behaviour) wechselnden Geheimlehren entsprechend. Wie in England spielte Akzent, Wortwahl etc. in der Tat eine entscheidende Rolle.

Über Genf müssen wir einmal reden; ich habe während der zwölf Jahre, die ich dort verbrachte, immer zweierlei beobachtet: im Unterschied zu Basel, die bisweilen von Haß unterbrochene, aber doch ständige Bewunderung für die rue des Granges und dann die unfaßliche Zusammensetzung der so benannten Gruppe, die zum größten Teil aus Refugianten besteht und immer versucht, auf adlige Abstammung zurückzugreifen, es sei denn, daß einer in seiner Aszendenz drei oder vier calvinische Pfarrer nachweisen kann, was nach dem Willen des Begründers der einstigen Genfer Theokratie jeden andern Vorzug übertraf.

Amüsant, wie derartiges sich in der Schweiz, trotz 1789 und 1848 und Feld, Wald und Wiesen-Herrenhasserei lang gehalten hat – übrigens ähnlich wie in Frankreich – während im kleindeutschen Reich all dies wie ausgewischt erscheint, sobald keine Befehlsgewalt mehr damit verbunden ist.
Besuchen Sie mich wieder einmal? Ich würde mich sehr darüber freuen.
Mit vielem Dank und herzlichen Grüßen

stets Ihr [Carl J. Burckhardt]

An John Knittel   Garten-Hotel. Winterthur.
                                        Sonntag 19. Februar [1966]
Lieber John.
Herzlichsten Dank für Deinen Brief der schönen Quinta die mir vor Augen steht als sei ich gestern dort gewesen.
Zur Zeit lebe ich als Einsiedler in Klausur und habe die Stadt Winterthur zum Aufenthalt gewählt. In Vinzel war zuviel Kommen und Gehn. Einsamkeit ist bisweilen eine gute Gesellschaft. Ich arbeite intensiv an Band III, II war nur eine Bestandesaufnahme. Für mich war es wichtig wieder einmal mitten im verbochesten Sprachgebiet deutscher Art zu leben; man verlernt es seine idiomatischen Bestände beim Schreiben zu benutzen, wenn man immer nur französisch hört und spricht. Die Gallicismen: »Der König, seines Sieges froh, stieg zu Pferde« Anstatt: »Seines Sieges froh, stieg der König zu Pferde.« Die zweite Form ist deutsch, die erste französisch, aber sie klingt wie eine Fanfare, und man spürt die Ungeduld des Rappens.
Sehr schön, sehr dicht und spannend Dein La Rochelle! Tausend Dank!
Vom 7. März an werde ich wieder in La Bâtie sein; Euer Besuch wäre ein freudiger Auftakt.
Ich umarme Euch beide.
Euer alter   Carl J. B.

P.S. Gibt es wohl noch den ausgezeichneten Schuster zu dem Du mich einmal geführt hast? Falls ja und falls er zufällig noch meine Maße sollte aufbewahrt haben, würde ich ihm gerne den Auftrag geben, mir 2 Paar Schuhe, genau wie die damaligen zu machen. Vielleicht führt Dich Dein Weg einmal an seiner Werkstatt vorbei.

An Robert Käppeli Vinzel, Vaud, La Bâtie,
den 27. März 1966
Lieber Robi,
Heute vor einer Woche saßen wir am lichten Ende Eures schönen Saals in Meggen. Ich hörte, was mir seit Rodaun nur höchst selten mehr geschah, die lebendige Stimme eines Autors prüfend neu entstandene Sätze aneinanderreihen. Wie vieles war gleichzeitig vorhanden: Vor den Fenstern die große, vom Wechsel der Jahreszeit leidenschaftlich bewegte und hinter lichten Schleiern zur Geduld ermahnte Landschaft; da wirkte der weite helle Raum, ausgerichtet auf den schaumgeborenen, ewig jungen Torso, und von der Planke her sprachen die ihre Gegenwart, ihre Eigenart so stolz ausstrahlenden Mineralien dauernd und beständig, im edeln Grundgesetz der Natur auf sich beruhend. Welch eine Stunde! Der Sprechende, etwas nie Gehörtes vortragend, der Hörende in voller Sammlung, alles aufnehmend, erstaunt, bewegt und glücklich! Wie selten ist derartiges, wie groß ist ein solches Geschenk. Dein Text ließ mich nicht los, während Tagen nicht, das war endlich Dichtung, vom »dunkeln Trank Erinnerung« wie leise berauscht, bei einer zarten schwebenden Aussage, alle Gewalten kontrapunktisch berührend, sodaß man ständig ein dumpfes, fernes Dröhnen vernimmt. In Deinem Bericht gehn uralte Mächte um, sie bleiben vermummt wie in der Dämmerung eines Februarmorgens vorbeihuschende Masken. Das Schicksal, das vor lauter Psychologie und ihrer eintönigen Flachheit von niemand mehr wahrgenommen wird, ist in seiner ganzen Größe vorhanden, es leitet und bewahrt. In seiner

Gegenwart wird alles endlich einmal wieder rein. Ich sehe dem Entstehen Deiner großen Unternehmung mit äußerster Spannung entgegen. Der Polyphonie der Worte, durch die eine wunderbare Kantilene hindurchzieht, antwortet die Andere – die Vision des Malers, fast möchte ich sagen, des Bildhauers, indem ich an den »Troll« und den Magier denke. Das Ganze ist ein höchst geheimnisvoller Vorgang.
Kann ich die Photokopien Deines Briefwechsels mit Morarji Desai noch etwas behalten? Die initiale Position ist merkwürdig. Du sprichst, nach kurzen Aufenthalten in Indien und nach Lektüren und Meditationen als westlicher Mensch von griechisch-christlicher Tradition und als Kenner der technischen Welt. Aber in Dir ist ein Organ erhalten geblieben, das bei fast all unseren europäischen und amerikanischen Zeitgenossen völlig abgestorben ist. Du hast zu der Urwaldgeisterwelt Indiens einen viel direkteren Zugang, als ihn ein gebildeter heutiger Inder besitzen kann; etwas naturgewaltig Wirkendes ruft Dich aus den fernen Tiefen und Ursprüngen jener tausendfältigen Riten an, wofür auch ein frommer Karmagläubiger kontaktlos geworden ist, ebenso kontaktlos wie ein christlicher Theologe oder ein laizistischer Rationalist. Dies hast Du vor Deinem Korrespondenten voraus. Er wird in seiner schlichten und respektgebietenden Frömmigkeit und Überzeugungstreue durch etwas irregeführt oder verwirrt, was bei Dir und für Dich fast als Verführung wirkt und wogegen Du Dich, als der, welcher Du im Leben sein mußt, selbst wehren mußt als gegen eine Gefahr, vor der alles, was Dein Beruf und Deine Aufgabe ist, fraglich werden könnte. Du bist einer der wenigen, die noch auf die Wellenlänge des Ursprungs eingeschaltet sind. Morarji Desai treibt in seinen Briefen theologische Apologetik, er meint, Du gingest kontradiktorisch oder wenigstens kritisch gegen etwas Gewordenes, Entwickeltes, Gereinigtes, zur Lehre Gewordenes vor, während Du tatsächlich Dich mit etwas auseinandersetzest, was für ihn schon nicht mehr vernehmbar ist. So gelangt Ihr dann, im Verlauf Eures Austausches, zu Fragen der Doktrin,

der verschiedenen Lösungsversuche immer gleicher Rätsel: Geburt und Tod, Rechtfertigung, Gnade, Fortlebens eines »Etwas«, das wir Seele nennen. Metempsychose als Reinigungs- und Erlösungsprozeß stand im Beginn gar nicht der merkwürdigen, im Christentum enthaltenen Vorstellung von Himmel – Hölle und letztem Gericht gegenüber: hier ging es um die Gewalt heischender Hoffnung, die sich ihre Symbole langsam schuf. Identität liegt dabei vor zwischen dem indischen Willen zum völligen *Freiwerden* durch lange, immer wieder neu einsetzende, läuternde Wanderung und dem Christuswort: »In der Welt habt Ihr Angst, aber seid getrost, ich habe die Welt überwunden« (Johannes 16.33).
Bemerkungen zum religiösen Phänomen: Nochmals geht es um etwas viel Früheres, viel Allgemeineres, viel weiter von allen prädogmatischen Definitionsmöglichkeiten Entferntes, als dies in Eurem späteren Gedankenaustausch zum Ausdruck kommt. Der Briefwechsel führt schließlich fast zu einer theologischen Kontroverse, wobei Du als freier, antiklerikaler Katholik, als von der Aufklärung berührter säkular Freiheitsbedürftiger vielleicht einen schwereren Stand hast als Dein in seinem Credo verankerter Korrespondent. Im übrigen, alles, was er sagt, wie er es sagt, und was Du antwortest, hat sehr hohen Rang.
Man sollte sich öfters sehen können. Die uns verliehene Zeit ist kurz. Du bist in meiner jetzigen Lebensphase der Einzige, mit dem ich offen über alles reden kann. Das Übliche ist das Mißverständnis. Das hat nichts mit Intelligenzgraden zu tun, sondern nur mit dem Geheimnis der Gleichgestimmtheit, der Übereinstimmung. Dir könnte ich gewisse zentrale Vorgänge meiner Erfahrung immer wieder erzählen, Dinge, die ich sonst nie erwähnen würde. Weil – ja, weil dort, wo eine schmerzliche Frage für mich offen bleibt, bei Dir stets eine Kraft vorhanden ist, die sie ihrer Lösung näher bringt, und würde sie sich auch nur dadurch äußern, daß Du sagst: »genug«!
Die in Meggen verbrachten Stunden haben mich erfrischt

und beglückt, und ich danke Dir und Marti aufs beste für Eure große Gastfreundschaft. Hoffentlich wird der alte Plan Eures Besuches am Genfersee doch 1966 in Erfüllung gehen, als Ziel für den »neuen Aston-Martin«.
Stets aufs herzlichste – Carl

An Emil Staiger   Vinzel, den 19. Juli 1966.

Sehr verehrter, lieber Herr Staiger,
Nun habe ich, abgesehen von einem kurzen Krankheitsurlaub, zum ersten Mal seit sieben Jahren richtige Ferientage hier verbracht. Ich befand mich wie inmitten eines Orgelpunktes, in Stille und Sammlung.
Unter dieser Voraussetzung habe ich Ihr wertvolles Geschenk, den Briefwechsel, nun bis zur Seite 586, also bis zum 469. Brief mit größter Spannung gelesen, ständig im Gefühl einer geradezu hinreißenden Rückkehr in die wunderbaren immer wieder aufwallenden, immer wieder versiegenden geistesmächtigen Gewalten der deutschen Natur.
Etwas Einmaliges, Unerhörtes geschieht zwischen diesen beiden Männern. Ihre Begegnung ist im Beginn ein äußerstes Wagnis. Alles steht auf dem Spiel. Goethe muß Schiller im Wege sein. Goethe aber wird Schiller, den 40000 Volt seiner Spannung gegenüber zu jeder Zurückhaltung gezwungen.
»Euer Hochwohlgeboren gehorsamster Diener« schreibt Schiller und »Euer Wohlgeboren« wird der große Schwabe in der ersten Antwort des Weimarischen Ministers angeredet. Wenn man sich in die damaligen Zustände zurückversetzt, ist derartiges fast peinlich. Dann, nach ausgesprochener Peinlichkeit, ja Pein, entsteht diese so unsäglich beglückende Gemeinschaft, dieser Zustand der Solidarität im Respekt, im gegenseitigen Streben, Handeln, Hervorbringen. Steigerung geht durch den ganzen, einzigartigen Dialog. Schillers Generosität entfaltet sich zu einem herrlichen Phänomen menschlicher Möglichkeiten. Welch ein Mann!

Durch Leidenstage hindurch immer nur Aufmunterung, Anerkennung, Geschenke, ohne je zu zählen! Wie grandios die Einfälle zu Meister, zu Hermann und Dorothea; welch ein Schauspiel dieses Mitdichten, diese produktiven Handänderungen – wie im Falle des Tell-Stoffes. Goethe scheint mir gebundener innerhalb seines eigenen produktiven Vorganges. Er schenkt vor allem, indem er den andern an seinen Erlebnissen und seinem Hervorbringen teilnehmen läßt.
Wenn Schiller immer wieder von seinem heroischen Kampf um den Wallenstein berichtet, so klingt die Antwort aus Weimar zwar teilnehmend; aber – verglichen zu dem Kommentar Schillers zu Meister – wird auf das gewaltige Vorhaben Schillers doch weniger eingegangen. Doch das sind nur Eindrücke einer ersten und noch nicht abgeschlossenen Lektüre.
Das letzte Mal hatte ich diese Korrespondenz im Jahre 1921, in Pesaro an der Adria gelesen. Ich wollte der Fülle der auf mich eindringenden Erlebnisse Italiens etwas Starkes und Unbedingtes aus der Welt meines eigenen Ursprungs entgegenhalten.
Ich habe es sehr bedauert, Sie im Winter und während der Frühjahrsmonate, während meiner in Winterthur verbrachten Klausur und dann während meines Zürcher Aufenthaltes nicht gesehen zu haben. Aber in Winterthur mußte ich die Zähne zusammenbeißen und jede Unterbrechung meiden. In Zürich war ich krank und erholte mich dann langsam unter dem beglückenden Einfluß Hermann Hubachers während der in seinem Atelier zugebrachten Stunden.
Schwer hat mich die Nachricht aus Ermatingen getroffen. Ich weiß welche Prüfung der Zustand des so unendlich liebenswerten Mannes bedeutet, vor allem für Sie bedeutet.
Ich möchte Ihnen für das große Geschenk und für Ihre so gütigen Worte meinen besten Dank aussprechen.
Mit der Bitte um meine angelegentlichsten Empfehlungen an Ihre verehrte Gattin bin ich, in alter Verehrung
Ihr ergebener
Carl J. Burckhardt

An Ernst Howald Vinzel, La Bâtie, 28. VIII. 1966

Lieber Ernst,
Heut will ich Dir von einem Besuch bei einem merkwürdigen alten Mann erzählen. Das war im Jahre *1947*; ich habe eine kurze Aufzeichnung über den Vorgang gefunden.
Erster Teil:
Der Alte, um den es sich handelt, bewohnte ein kleines Haus an einem Waldrand, in der Vallée de Chevreuse, bei Paris. Er beging seinen 95sten Geburtstag. Ich wurde von der Schweizer-Kolonie gebeten ihn aufzusuchen und ich hatte mich angemeldet, ohne eine Antwort zu erhalten. Das Haus hatte einen Vorgarten, in dem drei Pflaumenbäume und ein großer Apfelbaum standen; die Bäume waren gut gepflegt; der Weg vom Gartentor zur Haustür war sauber mit Kies belegt. Als ich vorfuhr, zeigte sich niemand. Ich zog am Glockendraht, der bis zur Haustür gespannt war, vom Gartentor aus über den ganzen Garten. Es schellte schrill und lang und bimmelte nach; Spatzen stoben aus dem Apfelbaum. Sonst geschah nichts. Der »Kulturattaché«, schon ärgerlich, schellte nochmals. Jetzt öffnete sich die Haustür, ein großer, hagerer Mann mit einer Hakennase erschien in ihrem Rahmen und rief mit einer starken, tiefen und rauhen Stimme: »was wollen Sie?« Der Kulturattaché wurde noch ärgerlicher, »fahren wir weg sofort, reden wir nicht mit dem Kerl« riet er. Ich sagte: »wir wollten Ihnen gratulieren!«
Darauf der Alte: »ich wünsche meinen Geburtstag ungestört zu begehn«; »begehn« oder »feiern« = »célébrer« war sein Ausdruck. Also versuchte ich es noch rasch anders: »alles Guët!« rief ich und machte Anstalten zum Einsteigen in den wartenden Wagen. Hierauf der Eidgenosse: »chömet Si ine« im Befehlston. »Au guet«, erwiderte ich und öffnete die Gartentür. Der Kulturvertreter war außer sich, aber was konnte er tun. Das Erdgeschoß des Hauses bildete ein einziger, großer Raum, links war die Küchenecke, von der rechten Ecke mit 1 M. 50 Abstand von der Seitenwand, lief

der Längswand entlang eine schmale Holztreppe, die ins obere Stockwerk führte, der Herd stand also unter dem oberen Teil dieser Leiter. Den Fußboden bedeckten Tierhäute, zwei Bärenfelle, zwei Wolfspelze mit ausgestopften Köpfen. Um die Wände, gleich nach dem Treppenansatz beginnend, lief rings um den Raum, nur durch die Eingangstür unterbrochen, ein breiter roter Divan, der seinen Abschluß erst einen m. 50 vom Herd fand. An den kurzen Seitenwänden waren die Fenster angebracht. Alle Wände waren mit Waffen verziert, und Dolchen, Steinschloßflinten, Vorderladern, modernen Repetiergewehren, mächtigen Pistolen, Dolchen. Es war auch indianischer Federschmuck vorhanden. In der Mitte des Zimmers stand ein großer, rechteckiger Tisch, drei Stühle am Tisch und ein Fauteuil aus Mahagoniholz am, vom Eintretenden aus gesehen, rechten Tischende. Vor dem Fauteuil auf dem Tisch befand sich eine große, grüne, fiascoartige Schnapsflasche und ein halb geleertes Schnapsglas. Dort hatte der Jubilar gesessen. Jetzt holte er zwei weitere Gläser aus einem kleinen Schrank beim Herd, stellte sie auf, füllte sie, bot mir den Fauteuil an und forderte uns auf, anzustoßen. Der Kulturattaché bat um ein Glas Wasser. Der Gefeierte zeigte auf den kleinen Schrank mit den Gläsern und brummte: »der Wasserhahn ist hinter dem Haus«. Als der Wassertrinker gegangen war, um den Hahn zu suchen, sagte der Alte: »warum haben Sie den mitgebracht?« »Gehört dazu« antwortete ich. Mein Schnapsglas wurde wieder gefüllt. »Ich wünsche meine Geburtstage allein zu feiern!« begann unser Gastgeber, »aber jetzt hab ich lange keinen gesehn, der Deutsch spricht, die haben alle die Hosen voll, wenn einer ein deutsches Wort sagt.« Er sprach Appenzellerisch mit amerikanischem Akzent. Sein Haus, seine eigene Aufmachung entsprachen der mittelmäßigen Inszenierung eines Wildwestfilms. Aber *er* war echt. »Wie lang haben Sie in den Staaten gelebt?« fragte ich müßig, um etwas zu sagen. »Mit 13 Jahren kam ich hinüber, mit dem Vater sprachen wir immer deutsch.« 1947, 95^{zig}jährig, also war er 1852 geboren und war 1865 in

Amerika eingetroffen. Amerika 1865: das Jahr von Lincolns Ermordung und Kapitulation Lees im Apo ox-Court House. Zwei Jahre später kauften die Staaten von den Russen Alaska. Da war der Appenzeller 15jährig.
»Warum kamen Sie nach Europa zurück und wann, und weshalb nach Paris?« fragte ich neugierig, direkt und unartig. Der Attaché mit beunruhigter Miene, des eidgenössischen Prestiges wegen, hatte sich wieder zu uns gesetzt.
»Das geht niemand etwas an« erwiderte der Befragte, mit Recht sagte er das, aber dann setzte er versöhnlich hinzu: »nach Paris kam ich vor 25 Jahren, mit 70, wegen einer Frau, das war ein Fehler. Jetzt will ich allein sein, ich bin allein, will keine Gesellschaft mehr. Ich hatte auf eine Karte gesetzt, es war die falsche Karte. Dreißig Jahre hatte ich gearbeitet, um sie zu kriegen (also vom 40sten Lebensjahr an), Paris wurde zur Bedingung gemacht, was war mir Paris, aber ich nahm die Bedingung an, und denn isch's bim Eid die lätzi Charte gsi.«
»Sie wollten nicht mehr zurück?«
»Das chame nüd, wenn alles verheit isch.«
»Und d'Schwiez?«
»Z'äng wemme am Cumberland River in Kentucky gläbt het.«
Und dann, nach einer Pause, nachdenklich:
»Mer heis au z'arg tribe um in d'Schwiez z'ruck z'cho, im Afang hät me no es Schussgäld für jede Indianer chriegt dä me troffe het, ob er alt gsi isch, oder es Chind. I der Schwiez chämte eim alles wieder, hie in Frankrich nüd, da isch au viel passiert.«
»Und beim Alleinsein?«
Antwort trotzig »In Frankreich nicht.«
Ich wollte nun aufstehn.
Aber der Alte meinte:
»Bleiben Sie noch! aber der da«, und er zeigte auf den Attaché, »der da, stört mich!«
»Machen Sie eine kleine Fahrt von einer Stunde« sagte ich unserm Wassertrinker, »dann holen Sie mich wieder.« Der

Attaché war erleichtert, er verstand ja unsere Sprache nicht.
»Alles habe ich« fuhr der Kentucky Appenzeller fort, »der Frau geopfert und alles hat sie mir kaputt gemacht.«
Er trank und jetzt wollte er erzählen. »Ich arbeitete beim Vater, wir verdienten vom Tabakbau.«
Aus einem Schubfach im Tisch holte er alte Photographien, eine aus dem Ende der neunziger Jahre, sehr vergilbt, zeigte Tabakfelder, »wir bauten auch Mais und Hanf, es ging gut, die schwarzen Arbeiter waren billig. Im Ort gab es drei Schenken, die eine wurde von einem Franzosen betrieben, er hieß Callard, Jules Callard. Dort trank ich hie und da ein Glas. Als ich 24 Jahre alt war, verlobte ich mich mit der Tochter eines Nachbarn, Jenny. Sie arbeitete auf dem Feld wie ich, aber sie hatte Nähen gelernt und Guitarre spielen. Sie konnte auch singen und sie las in Büchern. Ich hatte sie gern, aber ich liebte sie nicht. Lieben ist etwas anderes. Wir kannten uns zu gut, wir hatten uns als Kinder gekannt, Jenny!«
»Sie hatte einen Bruder, der hatte eine goldene Uhr und wenn er an einem Hebel schob, sprang der Deckel auf und die Uhr läutete. Immer, beim Tanz, beim Trinken, wenn viele beieinander waren, nach dem Kirchgang, zog er die Uhr und ließ sie läuten. Das ärgerte mich. Man sagte ihm Bill. Jetzt war ich mit seiner Schwester verlobt, aber er ärgerte mich doch, ja noch mehr jetzt, – so ein Schwager sozusagen. Einmal kamen die Tabakeinkäufer, die luden uns ein in die Taverne von Callard. Als wir am Tisch saßen und die reichen Händler Bier für uns bestellten, kam hinter der Theke ein Mädchen hervor, das ich noch nie gesehen hatte. Ein dunkles, schlankes Mädchen, mit großen Augen und Wimpern. Einer der Händler legte ihm gleich den Arm um die Hüfte, sie entwand sich rasch und lächelte nicht, dann verschwand sie wieder durch die Küchentür. Zum Teufel was ist das für eine? rief der Händler. »Das ist meine Nichte, des Bruders Tochter, sie kommt direkt aus Paris, wird hier bleiben bis sie die Sprache versteht.« – Dann brachte sie neues Bier. Mein »Schwager« starrte sie immer an mit

seinem Blick, er hatte so einen Blick, und als er an der Reihe war für das Bier, da lächelte sie zum ersten mal, und er hielt seine Uhr hoch, nah an ihr Ohr, und ließ sie läuten. Sie beugte sich vor, wollte die Uhr anfassen, mit der Brust berührte sie seinen Hinterkopf, er lehnte sich zurück und lachte mit allen Zähnen. »Laß sie mit der blöden Uhr in Ruh!« schrie ich plötzlich, die Händler wandten die Köpfe, »das ist eine schöne Uhr«, rief der eine, ich stand auf, mein Stuhl fiel um und ich verließ das Lokal, das war nicht gut, denn wir waren eingeladen.
Am nächsten Tag war ich beim Abladen, da kam Jenny mit einem Korb am Arm, sie wollte im Ort einkaufen. »Guten Tag, Henry, – sagte sie, – was hast Du gegen die Uhr von dem Bill und was ist mit dem fremden Mädchen?« Was geht sie das an, mit dem fremden Mädchen dachte ich, sie stand so da, groß, kräftig, gesund, ja es ging sie schon etwas an, aber das erkannte ich nicht. Welches Mädchen? fragte ich. Du weißt schon, sagte sie und ging weiter. Abends war ich wieder bei Callard, da saß auch Bill; das Mädchen verstand ihn nicht, aber ständig lachten sie zusammen, nur so schnell, so über die Schultern oder über den Tisch herüber, und einmal, als sie Bier brachte, wies sie mit einer Kopfbewegung auf seine Westentasche, und wieder klappte der Uhrdeckel, und die Französin fuhr Bill rasch mit der Hand über seine blonden Haare. Ich ging wieder weg, warf Münzen auf den Tisch, ging weg und ärgerte mich über Jenny, sie sah ihrem Bruder ähnlich, so ähnlich. Viele Wochen ging ich nicht mehr zu Callard, Jenny sah ich oft, aber wir sprachen nie mehr von der Uhr. Ich hatte Geld gespart, ich wollte Jenny in der Stadt einen Ring kaufen, das gehört sich, dachte ich. So fuhr ich in die Stadt und ging in's Uhrengeschäft, wo auch Ringe und Spangen feil waren. Der alte Mathews, der Kaufmann stand in seinem weißen Leinenmantel hinter dem Ladentisch. – Eine Uhr – rief er mir zu, wie für Sie gemacht, so gut wie eine Schweizer Uhr, läuft auf acht Rubinen. Ich wollte – stammelte ich (– wollte sagen, einen Ring kaufen, aber ich sagte es nicht,) *ja, ich wollte*, kam es heraus; warum

ja? wenn Mathews doch im Irrtum war? – Das ist Ihre Uhr, rief er, und wie sie läutet, aufpassen, und er drückte auf einen Hebel, die Uhr aber läutete so silbrig, da war Bills Uhr eine Kuhschelle dagegen. Was kostet sie fragte ich. Er nannte den Preis, viel mehr, als ich für den Ring hatte auslegen wollen. Aber gut, ich nehme sie, hört ich mich sagen, den Rest bezahl ich ein andres mal. Mathews kannte Vater und mich. Er blies auf die Uhr, rieb sie mit einem Hirschlederlappen ab und gab sie mir. Ich steckte sie in eine Tasche, die der andern, in der meine alte silbrige Uhr sich befand, genau gegenüber lag. Die silbrige hatte mich noch nie belogen. Jetzt hatte ich zwei Uhren, welche war die bessere? Vater, als ich nach Hause kam fragte, hast Du den Ring? Noch nicht gewählt, noch nicht beschlossen, log ich. Und nach dem Essen ging ich zu Callard. Bill war noch nicht anwesend. Das Mädchen kam, jetzt hatte sie schon ein paar amerikanische Worte aufgeschnappt, – so sieht man Sie wieder – sagte sie. Ich drehte mich um nach ihr, sah ihr ins Gesicht, zog die neue Uhr und ließ sie läuten. Jetzt lachte das Mädchen auf, auch ganz hell; solch ein Lachen hatte ich nie gehört, und sie sagte, – also so ist es – und dann lachte sie wieder, und während sie lachte ging die Türe auf, und Bill erschien. – Guten Abend, Henry, begrüßte er mich, Jenny meinte, Du würdest noch vorbeikommen –, Du warst heute in der Stadt? Ja, in der Stadt, sagte ich, aber ich bin nicht vorbeigekommen. Und ich bestellte noch ein Bier.

Dann ging ich lange nicht mehr zu Callard. Aber eines Tages sagte mir Jenny ganz still und ruhig – Henry – so sagte sie – wenn Du mir einen Ring geschenkt hättest, würde ich ihn Dir jetzt zurückgeben. Sie sagte nichts mehr, und nach einer Woche erfuhr ich, sie habe eine Stelle in der Stadt angenommen. Da ging ich wieder zu Callard.

Bill war nicht dort, und er kam an dem Abend nicht.

Fortsetzung folgt.
[Carl]

An Hermann Hubacher Vinzel, La Bâtie,
Sonntag,
18. September 1966

Verehrter, lieber Herr Hubacher,
Mir zur Seite steht:
Eine Aushilfssekretärin, ein rührendes Wesen, ein so ungeheuer »distinguiertes« Menschenkind, daß man immer das Empfinden hat, sie blase ihre äußerst gewählten Worte auf einem verzuckerten Strohhalm; ein Produkt einer vergangenen Epoche der Schweizer Hotellerie ist sie, vier Sprachen akzentlos, toskanisches Italienisch mit perfektem Zungen-r, Oxford-Englisch, Französisch so preziös, als käme sie direkt aus Rambouillet, sie spitzt beim Sprechen das Mündchen, sie ist, was man in Basel eine Süßholzrasplerin nennt, sie schreibt »Phylosophie« und »Arritmetik«, sie war kurz mit einem Bulgaren verheiratet, der vor zuviel Süße die Flucht ergriff; sie hat sich eine indische Weisheitslehre als Ersatzreligion zugelegt, sie war schon wiederholt inkarniert, einmal als Hofdame am Hofe Katharinas der Ersten, wo es doch ziemlich massiv zugegangen sein muß; sie ist betagt, von zarter Gesundheit, sie war jahrelang im Int. Roten Kreuz tätig, hat aber nie das Stenographieren gelernt. Sie sieht einen meiner wilden Enkel ins Zimmer kommen und flötet: »oh! mon petit ange, mon doux petit agneau, oh Du Sonnenstrählchen«. Und so fort, aber diese Aushilfssekretärin ist herzensgut, sie gibt sich eine unendliche Mühe, ich muß sie darin hindern, einen Brief zum vierten Mal abzuschreiben, bis 9 Uhr abends an ihrer Maschine zu bleiben, Perfektionsleistungen anzustreben, dann Korrekturen vorzuschlagen, so wenn ich diktiert habe: »es ist mir unmöglich, Ihr 400 Seiten umfassendes Manuskript zu lesen und es dann einem Verleger zu empfehlen« – »ach nein«, meint sie, »der Arme, er hat seine ganze Seele in seinen Roman gelegt, er hofft, er fleht um Hilfe, sollte man nicht sagen: sobald ich die unüberblickbare Zahl rührender Sympathiebeweise gebührend verdankt haben werde, soll Ihr Roman der Gegen-

stand meiner Aufmerksamkeit und liebevoller Prüfung sein, bitte entschuldigen Sie« etc.
Nun gut, mit dieser schmetterlingsflügelzarten Dame soll ich jetzt die von ihr gezählten 487 Zuschriften plus Zeitungsartikel »verdanken«, wie es in der Kanzleisprache heißt, und wahrlich, ich muß gestehn, mir graut davor. Was sind das für gräßliche Automatismen geworden, diese Geburtstagszeremonien, als ob es ein Verdienst wäre, 5 Jahre älter geworden zu sein. Ach! wenn man sich auf die Freunde beschränken dürfte, auf diejenigen, die wirklich und hilfreich, aufmunternd zu einem hinüberdenken; ihnen gebührt Dank, – Dank ex emo. Mit ihnen möchte man stundenlang sprechen können, sprechen, wie ich es mit dem wunderbaren, so edeln und gedankenvollen Frauenkopf im Bann seines starken und unerschöpflichen Zaubers tue. Da steht er nun vor mir, als habe er immer zu mir gehört, und täglich gilt ihm am Morgen, wenn ich aus meinem Zimmer komme, der erste Gang in die Bibliothek. Er hat einen guten Platz gefunden, und er lebt und wandelt sich tagsüber mit dem Lauf der Sonne, und wenn dann das Gestirn im Westen steht, scheint es mir, er beginne zu sprechen. Wie soll ich Ihnen danken? Dieses Jahr 1966 hat mir die Begegnung mit Ihnen, Ihrem Werk, den Ihren geschenkt. Welch wunderbare Bereicherung! Letztes Jahr verlor ich meine zwei nächsten Schweizerfreunde, bald darauf mußte der so verehrungswürdige Ernst Howald den furchtbaren Endkampf beginnen. In diese düstere Zeit hinein flossen nun diese stillen, heitern Stunden des Einverständnisses in Ihrem Atelier, diese heilenden Stunden. Eine Krönung war der Tag, dieser strahlende Spätsommertag in Faulensee, Ihre und Ihrer so verehrten Frau beglückende Gastfreundschaft.
Also Dank ist die Parole! und aus dem Dankgefühl heraus ergibt sich gesunder Gleichmut gegenüber dem Andrang des Konventionellen und der zeitraubenden Notwendigkeit, ihm zu begegnen, darüber hinaus aber die Lust Neues zu unternehmen und für die Freunde, die lebenden und die verschwundenen, noch etwas zustande zu bringen.

Mit dem Ausdruck freundschaftlicher Verehrung, mit Elisabeths Grüßen, Ihnen und Frau Hubacher stets aufs herzlichste
Carl J. Burckhardt

P. S. Für die so sorgfältige Verpackung der Skulptur habe ich wohl Ihrer gütigen Schwiegertochter zu danken.

An Karl Kerényi   Vinzel, La Bâtie, 21. Dezember 1966

Lieber, verehrter Freund,
Wir hoffen, am 3. Januar für einen Monat nach Afrika zu verreisen. Die Einladung von alten Freunden gibt den Anlaß. Seit fast sieben Jahren habe ich nur einmal einen kurzen Urlaub gehabt. Meine Arbeit war allen natürlichen Reaktionen meines Temperaments entgegengesetzt. Politische Geschichte ist eine recht qualvolle Aufgabe. Daß Sie im dritten Band lesen – fast würde ich sagen – rührt mich. Präludien? Improvisationen? Ihr ganzes Werk ist doch eine zusammenhängende große Schau, wie es keine vergleichbare in unserer Zeit gibt; Sie erweitern mit jedem Federstrich eine auf lückenloser Beherrschung des Stoffes beruhende seherische Evokation; eine beglückende, von genialen Einfällen erfüllte, ständig mitreißende Dichtung wissenschaftlichen Gehalts ist Ihr Werk.
Ich bin mit schweren Schuhen, bei Nebel und Regen über Rübenäcker gegangen; hin und wieder ließ ein Windstoß, auf Sekunden, die Spitzen eines Gebirges sehn – allzukurz. Nun, diese Strafarbeit liegt nun hinter mir; es ist spät geworden.
Vor meiner Abreise möchte ich Ihnen und den Ihren unsern Dank für Freundschaft und reichste Gaben aussprechen; unsere Wünsche begleiten Sie und die Ihren.
Herzlichst stets
Carl Burckhardt

An Theodor Eschenburg »La Bâtie« 1181-Vinzel,
den 15. Februar 1967.
Sehr verehrter Herr Eschenburg,
Soeben las ich Ihre Besprechung meiner Richelieu-Arbeit in der »Zeit«. Sie haben sich, durch die Bewältigung und die so gerechte Beurteilung der dichten und zähen Stoffmasse, einer großen Mühe unterzogen. Wie ich höre, ist Ihr Artikel aus 17 Schreibmaschinenseiten auf nur 6 reduziert worden. Sie können sich denken, wie glücklich ich wäre, den ungekürzten Text zu kennen.
Mein im Jahre 1934, in kurzer Zeit – vom 2. Januar bis zum 30. August – vor meiner Dienstreise in den fernen Osten geschriebener erster Band war ein Essay. Was ich jetzt, zwischen meinem siebzigsten und fündundsiebzigsten Lebensjahr, immer noch innerhalb von viel praktischen Aufgaben geschrieben habe, darf als ein Versuch gelten, eine Erfahrung und Überzeugung anzuwenden, die sich seit Jahren immer zwingender in mir festigte. Das alte, verschwundene China vertrat einst den Grundsatz, jedes geschichtliche Ereignis erfolge oft unendlich lange bevor es in Erscheinung trete. Ich fand diese Feststellungen, auf allen Lebensgebieten, die mir zugänglich wurden, immer wieder bestätigt.
Als ich nun 1961 an meine historiographische Aufgabe herantrat, stellten sich mir folgende Fragen: Was hat bis zu Karl V. das nachbarliche Verhältnis zwischen Frankreich und Spanien bedingt? Die Antwort war: die Bindung aller französischen Kräfte durch den jahrhundertelangen Konflikt mit England. Ich beschloß diesen den Franzosen schwerste Nöte und Leiden bringenden Dauerzustand in geraffter Form zusammenzufassen, um nicht unbewiesene Behauptungen aufzustellen.
Ich las die nicht endenden, fast immer vom nationalen Standpunkt aus vertretenen französisch-deutschen Kontroversen über die elsässisch-lothringische Frage. Dabei kam ich zur Überzeugung, daß dieser Konflikt seit dem Jahre 843 ständig, ja tatsächlich ohne Unterbrechung vorhanden ge-

wesen war, und daß einzig die Krise des Dreißigjährigen Kriegs es unter Ludwig XIII., dank einem deutschen, protestantischen Fürsten, Bernhard von Weimar, erlaubt hat, eine zugunsten Frankreichs entscheidende, längst vorbereitete Lösung zu finden, die dann unter Ludwig XIV. endgültig wurde.

Immer schon hat mich ein Widerspruch innerhalb der kleindeutschen Geschichtsschreibung erstaunt. Frankreichs Politik in den deutschen Territorien wurde vielfach als ein listenreicher, ja grausamer Versuch zur Verlängerung des deutschen Bruderkrieges dargestellt, kaiserliche Siege, beispielsweise zwischen 1635 und 1643 über die Franzosen, wurden patriotisch gefeiert, während man aber gleichzeitig Siege deutscher, mit Frankreich und Schweden verbündeter Fürsten über die gegenreformatorischen Kaiserlichen in wahrhaft triumphierender Weise hervorhob. Eine eigentümliche Bewußtseinstrennung war vorhanden. Wie aber stand es mit der Entstehung und dann der Verschärfung des Konflikts zwischen Frankreich und dem Kaiser, und anderseits, wie kam die Rolle zustande, die das katholische Bayern damals und später spielte?

Alle großen im siebzehnten Jahrhundert vorherrschenden Motive seit Karl V. stehn im Zusammenhang mit der spanischen Macht, ihrer Bindung an Wien, ihrer Anwesenheit in Flandern und in Italien. Philipp II. hat, während des französischen Religionskriegs, nicht nur die katholische Liga, sondern, was man oft vergißt, auch die französischen Hugenotten mit allen Mitteln unterstützt. Bis zu Philipp IV. und Olivarez hat diese Politik, die Richelieu erwiderte und die nur durch trügerische Waffenstillstände scheinbar unterbrochen war, sich fortgesetzt.

Nun wird immer von der »endgültigen Auseinandersetzung« zwischen Frankreich und Spanien berichtet, als handle es sich um einen isolierbaren Vorgang des siebzehnten Jahrhunderts. Dies zwang mich zur Überlegung, was war dieses Spanien zur Zeit Ludwigs XIII.?

Solche Probleme sprengten, wie ich anzudeuten versucht

habe, worauf Sie mit so großer Feinheit hinweisen, vollständig den Rahmen einer rein biographischen Behandlung des Phänomens Richelieu.

Dies sind nur Andeutungen über einige Motive, die meinen Versuch bestimmten, meine unzulänglichen Erklärungsversuche, nach dem System der Fuge, in den Lebenslauf des Kardinals einzufügen, wobei mein Unterfangen bisweilen als Abschweifung, als eine Folge von Digressionen erschien.

Leider konnte ich, unter dem Druck der legitimen Forderungen des Verlegers, weder für den zweiten Band die Korrekturen selbst gründlich vornehmen, weil der Abschluß des dritten dringend verlangt wurde, noch war es mir möglich, diesen »dritten« eigenhändig zu überarbeiten, weil ich im Frühjahr 1965 ernstlich erkrankte. Das sind die Gefahren später Unternehmungen, und der wohlgesinnte Inhaber des Callwey-Verlags mag immer gefürchtet haben, ich könnte infolge allgemein geltender Naturgesetze plötzlich, vor Abschluß der Arbeit, in die völlig geschichtslose Sphäre hinüberwechseln.

Dies sind einige Kommentare zu meinem Arbeitsplan, die ich dem Mann, der in so überlegener, so wohlwollender und tiefgründiger Weise sich in mein Werk versenkt hat, in tiefer Dankbarkeit schuldig zu sein glaubte.

In Verehrung
[Carl J. Burckhardt]

An Emil Staiger »La Bâtie« 1181-Vinzel,
den 15. Februar 1967.

Lieber und verehrter Herr Staiger,
Für die Feier in der deutschen Botschaft in Bern bin ich leider um mehrere Tage zu spät in der Schweiz eingetroffen. Am 25. Januar waren, unter fremden Himmeln, meine Gedanken bei Ihnen.
Sie sind inzwischen durch ein abscheuliches Hagelwetter

hindurchgegangen, und in der selben Zeit haben Sie auf dem Gebiet der tiefsten Lebensbeziehungen nun den schwersten Verlust erlitten. Mich hat die Nachricht vom Tode Ernst Howalds auch in den Tiefen völligen Vertrauens, bewundernder Zuneigung und unauslöschlicher Dankbarkeit getroffen. Daß ich ihn auf seinem letzten Gang in dem geliebten Ermatingen nicht begleiten durfte, hat mir das Herz beschwert. Er ist, nach langen Qualen, nun erlöst. Seine Frau, in ihrer heitern, reinen Tapferkeit und Stetigkeit, die hilfreich Wirkende, war für mich immer ein Zeichen dafür, daß die Welt, mitten im Wirbel ihres Wahns, auch das Rechte, Wohlgeratene mit Sicherheit enthält.

Wenn Werner Kaegi mir von unserm »gräßlichen Jahrhundert« schreibt, meint er vor allem diese schwarze Welle des Irrsinns, die die sogenannte Menschheit innerhalb des technischen Getöses ergriffen hat, – Menschheit – auch eine jener pathetisch sich präsentierenden Abstraktionen, hinter denen sich die Summe aller Widersprüche verbirgt. Zwischen den chinesischen Kulturrevolutionären und den intellektuellen Fanatikern unserer Breiten besteht gar kein so großer Unterschied. Wer warnt, ist ein »Kulturpessimist«, – das Wort wurde gefunden und wirkt. Wer warnt ist ein »Reaktionär«, was überhaupt nichts aussagt, ihn aber der stets bereiten Wut preisgibt. Die heute herrschende Klasse erliegt der Originalitätssucht. Eine Grundströmung des zwanzigsten Jahrhunderts ist das alles andere verschlingende »Soziale«, durch liederliche, ins Leere wirkende, ausgeleierte Proteste, durch krasse Übertreibung und fiktives Wehgeschrei wird alles, bis aufs Äußerste verfälscht. Betuliche, abwägende, vor- und nachgebende Bildungs-Literatur und Kunst*politik,* das zuvorkommende und berechnete Lächeln eines vermeintlichen Liberalismus vermögen es, weder den Schwindel, noch den in allem wirkenden, sektenhaften Fanatismus abzuleiten oder zu besänftigen. Das Wort »modern« reißt alles mit, aber was heißt die heutige »Moderne« in fünfzig Jahren?

Alles in allem: Sagt es niemand, nur den Weisen! Nach

meiner ganzen historischen Erfahrung läßt sich derartiges nicht frontal angehn. Man muß sein Pfund in der Stille bewahren, und nur im Kreise von Vertrauten kann man Lagebesprechungen abhalten.
Mein alter Freund, Grillparzer, schrieb einmal im Nachruf auf seinen Freund Feuchtersleben: »Allem war er gewachsen, nur nicht der menschlichen Roheit!«
Kürzlich wurde ich beinah physisch attackiert, als ich zu jemand sagte, meiner Ansicht nach gebe es keine »moderne«, nur eine »zeitgenössische« Kunst. An dem »modern«, als ihrer vermeintlich eigensten Schöpfung, hält die Generation mit totemistischer Scheu fest. Das zeitgenössische Schrifttum hat viele Talente zu Tage gefördert. Sie fanden ihre Stunde, die Stunde trug sie. Aber sie wollen eben mehr als Talente sein, sie wollen als Fackelträger einer neuen Lehre wirken. Wir haben es nun mit einem Hypnose-Phänomen zu tun; man kann nur abwarten bis zur Ernüchterung.
Ich hoffe sehr, Sie in nicht allzu ferner Zeit wiedersehn zu können.
Mit der Bitte um beste Empfehlungen an Ihre verehrte Gattin,
stets aufs herzlichste, der Ihre   Carl J. Burckhardt

An Gerhard Marcks   Vinzel, La Bâtie, Frühjahr 1967

Lieber Freund,
Wir sind wie die »feinen Leute« nach Abschluß der Richelieu-Qualen nach Ostafrika geflogen – innerhalb von 2 Tagen kurz entschlossen. Nicht auf »Safari«, sondern um Freunde auf ihrer hochgelegenen, sehr großen, einsamen, mitten im Mau-Mau Gebiet gelegenen Farm zu besuchen. Vorher sind wir zu zweit durch die Tierwelt, vier Reservate, gefahren; es war die Zeit der großen West-Ost-Wanderung, Büffel, Zebras, Gnus, alle Gazellenarten, Strauße, ägypti-

sche Gänse u. s. w., zu Tausenden. Sommerwetter, oft große Hitze bis 40° im Schatten, dann wieder auf Höhenlagen bis 3000 ü. M. null Grad am frühen Morgen. Wir haben alles gut überstanden. Am erfrischendsten waren die Wanderungen im Kilimandscharogebiet, durch tropische Urwälder, auf federnden Pfaden, von einem Dorf zum andern, von Affen umlärmt, von eingeborenen Kindern und kindlichen Erwachsenen begleitet. Bisweilen sahen wir erstaunliche Dinge. Ein Beispiel: Auf der Piste, mitten in der Savanne, ruft der Fahrer (er hat Sperberaugen) »Leopard«, er verläßt die Piste, fährt über Stock und Stein, Termitenhügel und tiefe Löcher und hält neben einem einsamen Eukalyptusbaum mit starkem Stamm. Am Fuß des Stammes ein starker Leopard, der sich um uns in keiner Weise kümmert. Nein, er tanzt, in wunderbaren, schlanken Wellenbewegungen, ruhig und mit deutlichem Lächeln seines Gesichts. Zwanzig Meter von ihm entfernt drei kleine Schakale, Bittsteller, wie Junghunde bellend, betteln sie. Der Leopard scheucht sie durch einen Sprung in ihrer Richtung zurück, dann läßt er sie wieder näher kommen, er spielt, und mitten im Spiel, mit einem »Salto«, wirft er sich herum, umfaßt den starken Baumstamm, klettert aufs rascheste bis zu den ersten Ästen, wird in Blättern und Astwerk, im Zittern der Sonnenflecken fast unsichtbar, taucht dann an einer offenen Stelle der Krone plötzlich wieder auf; der Blick, der ihm folgte, erkennt jetzt eine starke, am Tag zuvor geschlagene Gazelle, die dort im frischen Luftzug aufgehängt wurde. Der Leopard beschnuppert sie, frißt kurz am Aufbruch, der aus der zerrissenen Bauchhöhle hängt, dann packt er seine Beute am Nacken, hebt sie hoch, springt durchs Astgewirr zum Stamm, gleitet mit seitlich gestrecktem Haupt, dem Stamm entlang, ins Steppengras und wirft den Kadaver der Gazelle, den Schakalen zu, worauf er, in lautlosem Trab, an uns zu einer Wasserstelle vorbeischnürt und im hohen Schilf verschwindet. Man hört das Gebiß der kleinen Bettler am Luder krachen, und schon sieht man die Geier ihre Kreise ziehen. Eine lehrreiche Episode.

Die Russen verkünden uns jetzt, die Welt der Materie sei aus der Welt der Antimaterie entstanden. Das Zusammenprallen von Materie und Antimaterie aber bedeute Auflösung ins Nichts. Soll's mir deuten wer's kann; ich liebe die inkarnierte Einzelheit, also diesen, der Damenmäntel wegen, von Ausrottung bedrohten Leoparden, das Pardeltier, wie man einstmals sagte –, ich staune vor seiner Schönheit in leuchtendem Fell und musikalisch rollendem Muskelspiel, seinem königlichen Spaß der Herablassung beim Schenken, dem diskreten Verschwinden.
Die schönsten Menschen der Schöpfung sind die Massai. Jeder junge Stammesangehörige muß, um den Rang des Kriegers zu erhalten, einen Löwen mit dem Speer getötet haben. Ein Herrenvolk, ein deshalb aussterbendes Volk, jetzt schon, wie die nordamerikanischen Indianer, auf Reservate angewiesen. Wir trafen einen Herrn aus Cincinnati, photographierend reiste er allein in einem Privatwagen. Sein Fahrer, ein landeskundiger, Suaheli sprechender Schwarzer, diente ihm als Führer. Am Wegrand stand ein junger Massai, die Rinderherde hütend. Der Amerikaner ließ anhalten, sagte zum Fahrer: »Sag dem Kerl, er soll sich umdrehn, damit ich eine Aufnahme machen kann!« Der Massai wandte das Haupt über die Schulter und versetzte im besten Oxford-Englisch: »Wenn Sie mir etwas mitzuteilen haben, können Sie es direkt tun.« Der Amerikaner, bestürzt: »Wie reden Sie? Was bedeutet dies, warum sind Sie hier?« Der Massai: »Ich habe mein Studium in Oxford abgeschlossen. Ihre Zivilisation ist mir verächtlich, ich bin ins wahre Leben meines Volkes zurückgekehrt.« Und schritt mit diesem federnden Gang der langen Glieder weg wie der Panther. – Ja, es wäre viel zu erzählen.
Wie leid mir die Nachrichten von Ihrer Gesundheit tun, dem Leiden Ihrer verehrten Gattin, die ich aufs herzlichste zu grüßen bitte. Auch Elisabeth war schwer an Grippe erkrankt, erholt sich nur langsam, vor allem von Sulfonamiden und Antibiotika, ist müde und still.
Was mich betrifft, so quält man mich langsam mit Anforde-

rungen zu Tode: Kongresse, Einweihungen, Round-table-Besprechungen, Totenreden, Festschriften von Fünfzigern, Sechzigern, Fünfundsechzigern etc. Dringliche, aufdringliche Briefe, telephonische Ultimata, unerwünschte, unerwartete Besuche.
Nach Berlin fahre ich auch nicht. An Percy Heißsporn habe ich meine Absage geschrieben. Wie recht haben Sie, nach Griechenland zu verreisen. Der Harzgehalt des Weins wird Sie panzern! Ihnen beiden von uns beiden wärmstes freundschaftliches Gedenken.
Stets der Ihre Carl J. Burckhardt

An Gustav Hillard Steinbömer Vinzel, La Bâtie,
10. April 1967
Sehr verehrter Hillard-Steinbömer,
Das ist eine vorbildliche historische Richtigstellung, so unmittelbar aus der eigenen Erfahrung, chronistisch echt, unwidersprechlich und nobel. Was die Berufshistoriker mühsam aus den verschiedenartigsten Akten herauslesen, ist für mich schon lange problematisch. Wenn man weiß, zu welchen unmittelbaren Zwecken Memoriale, Berichte, Aktennotizen entstehen, so erkennt man den hohen, nie genützten Wert von Zeugenaussagen noch lebender Beobachter, die ein jüngstvergangenes Zeitalter miterlebt haben. Die ganze Funk- und Fernsehwelt wird von Berichten getragen, die durch völlig sinnlose, schablonenhafte Fragestellungen provoziert wurden. Präzise Fragen zur Sache, von Historikern gestellt, erfolgen fast nie; man läßt die Zeugen beiseite, man läßt sie aussterben und hält sich an beschriebenes Papier, dessen Aufgabe es meistens war, die eigentliche Wahrheit möglichst zu verhüllen.
Schade, daß Lübeck so weit entfernt ist; der Rektor »meines Gymnasiums«, Herr Drinkuth, lädt mich in der nettesten Weise zum zehnjährigen Jubiläum seiner Anstalt ein. So gerne würde ich annehmen, aber Reisetage, Feierlichkeiten, Reden, Kolloquien erschrecken mich. Ich habe eine neue,

ganz freie Arbeit begonnen und verliere ständig Zeit durch »Anlässe«. Eine besondere Anziehung ginge für mich allerdings von der Möglichkeit aus, Ihnen wieder begegnen zu dürfen.
In alter Verehrung, Ihr sehr ergebener   Carl J. Burckhardt

An Carl Zuckmayer   Vinzel, Samstag, 23. IV. 1967

Lieber Carl,
Du hast mir einen so besonders schönen und nobeln Freundschaftsbrief geschrieben, ja, einen wirklichen Freundschaftsbrief, denn so muß Freundschaft sein und nicht anders.
Der Tod Adenauers hat mir einen starken Eindruck gemacht. Gesehen habe ich ihn einige Male, wirklich gesprochen nur zweimal. Mit ihm ist die stärkste Gestalt der internationalen Politik unseres Zeitalters verschwunden. Die Grundgefahr demokratischer Staatsform, entweder in Anarchie zu versinken oder zur Diktatur zu führen, hat er dadurch überwunden, daß er die Staatsautorität an ihren richtigen Platz stellte und sie durch seine mächtige Persönlichkeit, von Erfolg zu Erfolg, rechtfertigte. In einem Chaos unfruchtbarer theoretischer Erörterungen hat er, dem nachgerade seltensten, dem gesunden Menschenverstand zum Sieg verholfen. Daß sein Denken, sein Instinkt, sein Handeln sich zu vollster Einheit zusammenfanden, hat das schon seit so langer Zeit verschwundene Vertrauen der Welt Deutschland gegenüber wiederhergestellt und zwar in erstaunlich kurzer Zeit. Von dieser Grundlage aus hat er alle treffsicher, aufs Wesentliche konzentrierten Maßnahmen getroffen. Unverständnis, hemmender Kritik ist er, bis zuletzt, mit jugendlicher Frische und taktischem Können entgegentreten. Es ging ums Erreichen seiner objektiven Ziele. Seine Größe bestand darin, daß er in genialer Weise mit Tatsachen rechnete und nicht mit Rezepten, und daß er die menschlichen Schwächen voll und ganz gekannt hat.

Ich erinnere mich, daß Du mir erzähltest, Du hättest den alten Mann in einem Kreise von »Intellektuellen«, – den heutigen Rhetoren – verteidigt, und sie hätten Dich, mit dem Gebrüll: »Was dieser Bluthund?« niedergeschrien.
Daß Du mir von gesundheitlichen Sorgen schriebst, hat mich betrübt. Wenn Du nur einmal eine Zeit wirklicher Ruhe einschalten könntest.
Vorgestern war wieder Herr N. bei mir. Er kam von Jaspers und Kokoschka. Für seine Aufnahmen hat er Geschick; ich kenne eine wirklich ausgezeichnete Platte, die er mit Annette Kolb gemacht hat. In diesen Kunststoffrillen ist etwas sehr Wesentliches von ihr aufbewahrt, Wille und Einfall. Leider redet dieser Fernsehspezialist zu viel, zu ununterbrochen, dabei gehört er ausgesprochen zu diesen Nachzüglern des Rachefeldzuges, von dem so viele seiner Art jetzt schon seit 28 Jahren leben. [...]
Tausend Grüße an Alice und Dich, auch von Elisabeth. »Leb recht wohl!«, wie die alten Basler einem, mit Recht, immer zu wünschen pflegten. Merkwürdig, wie solche Formeln, allmählich ihres wahren Sinns beraubt, beinah den Sinn einer Verabschiedung, eines Wegstoßens erhielten. Bei mir sind die vier [sic] Worte ganz wörtlich zu nehmen.
                                                    Stets Dein Carl.

An Hans Thieme   Vinzel, 14. Juli 1967

Verehrter, lieber Herr Thieme.
Der liebe Xandi, der uns die große Freude seines Besuches machte, hat mir den Brief gezeigt, den Sie an ihn richteten und in dem Sie vom Tode Gerhard Ritters sprechen; vom Tode dieser starken, so grundehrlichen und tapfern Gestalt und von der Totenfeier, die für Anfang Oktober geplant ist.
Ich habe, merkwürdiger Weise, noch nie an einem Historikerkongreß teilgenommen. Meine vielfältige Lebensaufgabe mag daran einen entscheidenden Teil haben, auf meine

Unterlassungssünde aber hat sicher auch eine gewisse Scheu vor deliberativen Zusammenkünften gewirkt; ich habe sie nie ganz – außer im politischen Bereich – überwinden können.

Die erste Oktoberhälfte hatte ich vor, bei alten Freunden in Bayern zu verbringen. Bayern wäre nun nicht weit von Freiburg. Die erwähnte Scheu aber, im besonderen nun bei Anlaß der Zusammenkunft von so vielen Historikern, setzt nicht aus. Da wird, wie Sie schreiben, ein Referat sich mit Richelieus Beziehung zum Deutschen Reich befassen, vielleicht werden meiner Auffassung widersprechende Gesichtspunkte herausgearbeitet, am Ende kommt es noch zu einer Diskussion, in die ich eingreifen müßte. Derartiges ist mir völlig ungewohnt, und ich fürchte, daß mir alle Argumente erst beim Weggehn, auf der Treppe, einfallen würden.

Ich schrieb an Frau Ritter. Wir verbrachten vor einigen Jahren anregende Stunden in Ritters Haus. Später habe ich, hin und wieder, mit dem von Ihnen so meisterlich geschilderten großen Gelehrten korrespondiert. Gesehn haben wir uns nur einmal flüchtig in Bonn und dann etwas ergiebiger in Freiburg.

Vielleicht haben wir bis Oktober noch Gelegenheit, über die geplante Feier und den Kongreß zu sprechen. Wie stets, würden wir uns sehr über ein Wiedersehn freuen.

Mit der Bitte um beste Empfehlungen an Ihre sehr verehrte Gattin und mit vielen Grüßen meiner Frau, in herzlicher Verbundenheit, stets der Ihre

Carl J. Burckhardt

An Rosalie Wackernagel-Sarasin   Vinzel,
Samstag, 22. Juli 1967

Sehr verehrte, liebe Frau Wackernagel,
Soweit meine Erinnerung zurückreicht, war Jacob mein Freund. Schon vor Beginn der Schulzeit, als Spielkameraden

im Ulmenhof und am Münsterplatz, lebten wir in wahrhaft brüderlicher Beziehung, die sich dann während der vier Jahre in der Primarschule an der Kanonengasse zu einer selbstverständlichen Gewißheit festigte. Das Spiel mit der bleigegossenen indianischen Jagd an freien Winternachmittagen, die Kletterkünste im Perückenbaum, die Spiele mit Schiffen auf dem kleinen Wiesenbach, im Schöntal, die Spaziergänge vom Schönenberg aus, mit meinem Großvater, meinem Vater, die Jacob besonders gern hatten: all dies ist so deutlich, als sei es gestern gewesen. Durch die ganzen Jahre der Kindheit ist der Unvergeßliche vollkommen gegenwärtig, als die bereits ausgeprägte Persönlichkeit: zuverlässig bis auf den Grund, gefühlsstark und nobel verhalten, verstandesklar mit einem bisweilen von leichter Wehmut berührten Humor begabt.

Dann kam die Trennung durch äußere Umstände. Wiedergefunden haben wir uns, als wir beide in Basel studierten, damals sahen wir uns oft, fast täglich bisweilen, bei der so gütigen Frau Stehlin-Miville. Es war die Zeit der Jugend, mit ihren Nöten, ihren Plötzlichkeiten, ihrer Angst und ihrem Übermut. Wir teilten vieles, konnten oft uns gegenseitig helfen. Jacob war mir mit seinen soliden Kenntnissen weit voraus, in seiner abgewogenen, stillen Art hat er mich oft beraten und einsichtsvoll gewarnt. Wenn er, hin und wieder, dunkle Stunden hatte, konnte ich ihn vielleicht aufheitern, seine Spannungen vermindern.

Nachher wurden wir wieder aus örtlichen Gründen getrennt. Wir trafen uns selten, bald hier, bald dort, immer kurz, eine besonders heitere und glückliche Episode war Jacobs Aufenthalt bei mir in Wien.

Während meiner Göttinger-Semester war Jacob in der Schweiz. Ich durfte, in seinem Vaterhaus, aus- und eingehen. Ihr Schwiegervater, in seiner Notorietät höchsten Ranges, hat die respektive Scheu, die man in seiner Gegenwart empfand, durch sein strahlend aufmunterndes Wohlwollen immer aufgehoben; den Gesprächen, die ich mit ihm führen durfte, seinem nachsichtigen Eingehn auf die Fragen,

die mich beschäftigten, habe ich unendlich viel zu verdanken.
Nach meiner Heirat, auf dem Schönenberg, sahen Jacob und ich uns nun wieder recht oft; es war, als habe nie eine Unterbrechung des Zusammenseins stattgefunden; es lag an seiner Echtheit, daß man immer denselben liebenswerten Menschen wiederfand.
Nichts mehr, ob der Freund gegenwärtig war oder ferne weilte, vermochte es, das Geringste zu verändern. Wie oft, wo immer ich mich aufhielt, sind meine Gedanken zu Jacob hinübergegangen. Während der finstern Geschichtsepochen, die wir durchleben mußten, war eines immer gewiß für mich: wir waren einig, durch alle von außen herandrängenden Mißverständnisse und Fehlurteile hindurch bestand zwischen uns beiden volles Einverständnis. Traf man sich, so bestätigte das Gespräch diese Tatsache. So war es noch bei Anlaß Ihres uns so sehr erfreuenden Besuches hier, und besonders wiederum, als Jacob mich, mitten in den Nöten einer zu spät begonnenen Arbeit, in Winterthur traf; damals hat er mir moralisch entscheidend zum Abschluß meiner Bemühungen geholfen.
Jacob ist im Lauf der Jahre zu einem großen Gelehrten geworden, so viele Gebiete hat er beherrscht und hat sie mit tief eindringender Erkenntnis erfaßt. Nie eine Improvisation, keine durch Konjunkturen bedingte Abweichung von dem, was er in strengster Verantwortung als wahr erkannt hatte. Sein Wort, im Bereich seiner wissenschaftlichen Disziplin, wie innerhalb der menschlichen Treue, war immer – ja, ja – nein, nein! Dabei hat seine große Güte und Rücksicht das Unbedingte seines Charakters niemals verletzend werden lassen. All sein Denken war historisch unterbaut, seine historischen Konzeptionen, weit über den Rahmen der Rechtsgeschichte hinaus, waren immer bedeutend.
Wie so oft, wenn ein geliebter Mensch uns verläßt, ist mir bewußt, wie vieles ich schuldig geblieben bin. Die Zeit, die uns zugemessen wurde, ist immer gefährdet, aber man lebt, als sei sie unbegrenzt. In späten Jahren hatte ich vieles

nachzuholen. Die Zeit wurde mir plötzlich knapp. War ich in Basel, versuchte ich stets den Aufenthalt auf einen Tag zu beschränken. Von der so warmen Aufforderung, Sie beide aufzusuchen, habe ich keinen rechtzeitigen Gebrauch gemacht. Nun hat er uns verlassen und ich muß ihn an Orten suchen, die unserer Vorstellung unzugänglich bleiben.
Im September komme ich wieder in meine Vaterstadt, ich werde rechtzeitig bei Ihnen anfragen, wann mein Besuch Ihnen paßt. Wir haben über so vieles, so wichtiges zu reden.
Die Feier in der Kirche war, in ihrem tiefen Ernst ergreifend, völlig in Jacobs Geist. Die Personalien sind mir, in ihrer so gehaltvollen, völlig unpathetischen Art sehr nahe gegangen, wie das gewaltige Bibelwort und die Betrachtungen, die der Pfarrer daran geknüpft hat.
Wir denken beide in Freundschaft und Verehrung an Sie
stets Ihr
Carl J. Burckhardt

An Gerhard Meyer-Sichting Vinzel, 22. 10. 67

Lieber, verehrter Freund,
bei meiner Rückkehr aus München, und noch besser, aus Bayern und Italien, finde ich zum Empfang Ihren lieben Brief; auch will ich Ihnen gleich vor dem Angriff auf den Briefberg, der in meiner Abwesenheit auflief, aufs herzlichste danken.
Ich sollte mit meinem Jagdfreund zur Hirschbrunft nach dem »Raduschl« (Tirol) fahren. Vier Tage vor der Abreise wurde ich plötzlich von einer heftigen Grippe gepackt, hohes Fieber etc., Sulfonamide, Müdigkeit etc. Ich änderte infolgedessen all meine Pläne, setzte mich in meinen Wagen und fuhr an den Comersee, wo meine Mailänder Tochter mich aufs beste betreute. Während acht Tagen döste ich so dahin, schlief und schlief, lag an der Sonne. Dann fühlte ich mich wieder wohl. Da ich in München zu tun hatte, schlug

Henriette mir vor, mich zu begleiten und dabei einen Umweg zu machen, um die Ausstellung in Venedig zu sehn. Wir reisten zuerst in kleinen Etappen, unsere erste Station war Verona. Verona, im Oktober, ohne Touristen, ist eine noch völlig unversehrte italienische Stadt. Seit der Antike bis zur österreichischen Zeit, ja, trotz Motorisierung bis heute im gleichen Rhythmus fortlebend, im Stadtkern völlig unzerstört. Ein Licht ohnegleichen, seitlich einfallend, ließ die ganze jahrhundertreiche Architektur sich einzigartig offenbaren. Überraschenderweise trafen wir auf einem der stillen Plätze einen meiner Basler Vettern, einen geschichts- und kunsterfahrenen feinen Kenner, wir verbrachten in Eintracht, ohne irgendetwas zu bereden oder erklären zu müssen, schöne Stunden. Es lag eine glückliche Konstellation über dieser nicht geplanten und wirklich vom Himmel gefallenen Reise. Venedig still, dem völligen Verfall entgegengehend. Alle Fundamente vom brutalen Wellenschlag wankend geworden, die Paläste an den Kanälen von Einsturz bedroht; für Spottpreise kann man die schönsten Häuser kaufen. Keine Kriegszerstörungen wie in dem unwiederbringlichen Vicenza, aber etwas Schleichendes im Niedergang, als wirke nun endlich der unserer Zeit eigene Haß gegen die einstige Serenissima, gegen das »Serene« überhaupt. Die Ausstellung im Dogenpalast: eine Reise über den Reisen, das ganze alte fernverschwundene Europa. Von der Terra ferma nach der adriatischen Kapitale, über Klagenfurt, Wien – welch ein adliges Wien – nach dem blühenden Dresden, weiter durch deutsche Reichsstädte, die Kaisertreuen, nach der vom Fest der Ecclesia triumphans ergriffenen polnischen Kapitale. Alles war genau, in der Genauigkeit hintergründig sicher aufgezeichnet, bescheiden in der Haltung des Künstlers gegenüber der Aufgabe. Canaletto, Longhi etc. und dann, über alle hinausragend, die ganze französische Malerei der zweiten Hälfte 19. Jhdt. vorausgreifend, mein geliebter Guardi, der die Seelen des Augenblicks beschwört. Wieder stand ich erschüttert vor Tizians letztem Bild, der Grablegung, in der Akademie, diesem

tiefsinnigen Einklang mit Tod und Erlösung, in silbernem, gleichsam verklingendem Licht. –
Die Reise ging weiter über die Höhen von Cortina d'Ampezzo, den Brenner, in eine im Föhnlicht herandrängende glasklare bayerische Landschaft. Von München bis zum Bodensee, in langsamer Fahrt, jubilierende, plötzlich im Glanz sich erschließende Kirchen, im unschuldig irdischseligen Jubel von zur Farbe der Farben erhobenem Weiß, mit Gold jubilierend vermählt. Welch eine Welt, dies vergessene Europa vom Alpensüdfuß zum Bodensee und Rhein, an dem entlang ich vorgestern, immer auf seinem rechten Ufer, dem deutschen Ufer, bis in meine Vaterstadt, wohin eine strenge Sitzung mich rief, noch einmal an einem dieser uns heuer so reich zugemessenen strahlenden Tage fuhr. – Vieles war schwer, ja hart in den letzten Jahren, – diese Reisetage waren glücklich; wie dankbar muß man sein.
Nun, wie gesagt, empfängt mich der erste der 184 aufgestauten Briefe, der *Ihre*, so freundschaftlich, so würdig, ernst und gelassen von Ihrem Amt, Ihrem Wirken berichtend. Ihnen und Ihrer verehrten Gattin Dank und alles Gute und Herzliche aus unserm alten Hause über dem im Ostwind wandernden See. Stets Ihr CJB.

An Ottonie Gräfin Degenfeld Vinzel, La Bâtie
24. Oktober 1967

Liebe und verehrte Ottonie,
Die Rückreise blieb so schön und heiter, wie meine ganze Flucht aus telephonischer, brieflicher und überfallsartiger Belästigung, mein Entwischen von Grippefolgen und Müdigkeit gewesen sind. Comersee: Sonne und Schlaf. Mailand: Wiederfinden meiner alten Verbündeten und Gesinnungsgenossin Pic. Verona, in Begleitung der lieben, so begeisterungsfähigen und urteilssichern Kinder – wie einst. Venedig: Lied ohne Worte – und dann die Fahrt durch die

Dolomiten im seitlich einfallenden Herbstlicht, Innsbruck, nur gestreift, und dann, wie durch das Prisma geschliffenen Glases, Bayern in der Föhnpracht, München, der Mittelmeerwelt schon so nah, und dann als Höhepunkt: Neubeuern, Hinterhör, alles wie immer erhalten, lebendig, durch Ihre Gegenwart wohltätig ausstrahlend, immer etwas geheimnisvoll magisch, von leiser Gewalt der Einstigen erfüllt, als gäbe es keine Trennung durch das Unsichtbarwerden geliebter Menschen. Da war der Ausflug am Vormittag, das plötzliche Aufleuchten der Kirche von Rott, die noble Ruhe und Einheit der platzartigen Hauptstraße von Wasserburg, dieser Übergang zur andern Seite unseres Kontinents, fern von Giebeln, schief sich stoßenden Steildächern und ihrer Verschachtelung, von Erkern und Dachreitern. Eigentlich haben wir an diesem Vormittag, zusammen, eine sehr weite Fahrt in eine seltene Welt unternommen. Und dann unser Spaziergang am Nachmittag, dem goldenen Glanz des Herbsttages »wie ich keinen sah« so frisch und behende folgend, als seien Sie 15 und ich Ihr alter Betreuer. Wie glücklich machten mich die Gespräche mit der so viel Lebensweisheit besitzenden, lieben Bonzo und dem oft wie der Radetzkymarsch aufklingenden Spanyi, auch einem letzten Ritter. Ach ja, es war schön und wohltuend, auch bedaure ich nur, daß ich Ihren Hoffnungen auf Völkerversöhnung und glückliche Wendungen nur *soviel* Skepsis entgegensetzen konnte. Wir leben innerhalb einer Frist, war es jemals anders, niemand hat diese Fristen so überlegen und richtig gestaltet wie Sie.
Jetzt bin ich wieder hier, vor dem Briefberg. 182 Zuschriften aus der Zeit meiner Abwesenheit, und keine kluge Stenographin!
Nochmals tausend Dank für Alles, viele gute Wünsche, Grüße an alle. Hier rast das wilde Heer der Enkel durch die Räume.
Aufs Herzlichste   Carl

An Hermann Hubacher 1181 Vinzel, La Bâtie,
31. Oktober 1967
Lieber verehrter Herr Hubacher,
Es ist alles in Ordnung. Ihre Tagebuchnotizen stehn im Zusammenhang mit dem Entstehn des Kunstwerks; die Briefstellen hatten darauf keinen Bezug. Es ist immer das selbe mit spontanen Korrespondenzen; solang sie spontan sind, gehören sie erst nach hundert Jahren vor die Öffentlichkeit, sind sie aber gestellt und auf ein weiteres Publikum zugeschnitten, so sind sie völlig wertlos. Schreibt man einem Freund, so muß man Stoßseufzer ausstoßen können und in der Lage sein, sich jeden augenblicklichen Ärger vom Herzen zu schimpfen. Nur solange man sehr jung ist und an eine Respektsperson sich richtet, darf man briefliche Aufsätze, ohne Hintergedanken verfassen.
Ach, wie sehr freue ich mich, wieder Ihr Atelier zu betreten und Sie beide wiederzusehen.
Auf sehr bald, in Verehrung und herzlichem Gedanken, stets

Ihr Carl J Burckhardt

An Gershom Scholem Vinzel, 5. Dezember 1967

Verehrter, lieber Freund,
Ich habe ein schlechtes Gewissen. Seit meiner Ostafrikareise im Januar 1967 ging es mir nicht gut; ich litt unter Fieberanfällen und die Ärzte rieten mir, ein ruhiges Leben zu führen und Reisen möglichst zu vermeiden. Durch diesen Zustand wurde sogar die Distanz Genf– oder Lausanne–Zürich, zu einer ernsthaften Sache. Im Frühjahr schrieben Sie mir von der Operation, der Ihre Gattin sich zu unterziehn hatte, von der langen Dauer ihrer Reconvaleszenz, auch war es selbstverständlich, daß ich den Wunsch hatte, Sie aufzusuchen. Aber nun zogen meine Nöte sich in die Länge und nachdem ich im Herbstbeginn wieder von hohen Temperaturen ge-

packt wurde, mußte ich alle Pläne aufgeben, um mich, wie ein alter Engländer der achtziger Jahre, am Comersee einer totalen Ruhekur zu unterziehn. Seither geht es etwas besser. Dies zur Erklärung meines Verhaltens und meiner Selbstvorwürfe.

Und nun das ganz Andere: Sie begehen Ihre siebzigste Geburtstagsfeier. Sie begehen sie in gespannten, harten Zeiten, nach heroischer Leistung Ihres Volkes, nach Undank und Verleumdung der Nation. Zweimal habe ich nun meine Ruhe verloren und bin beinah gewalttätig geworden, weil junge deutsche Soziologen es sich erlaubten, in meiner Gegenwart zu sagen, Israel sei ein faschistischer Staat.

Ich bin erstaunt, wie völlig die Überreste des einstigen kontinentalen Europa, wie gänzlich die Angelsachsen das politisch-strategische Denken verlernt haben. Man ergeht sich in wortreichen Abstraktionen, immer andere wirklichkeitsfremde Theorien zwischen Wirtschaftsrezepten und Gesellschaftsideologien entstehn und mittlerweile gewinnt Rußland das Mittelmeer. Die Ergebnisse des Krimkriegs sind längst verloren. Die russische Flotte fährt durch die Dardanellen, und russische Macht, Spezialistenheere und Waffen füllen das Vakuum. Aegypten, Algier ist schon gewonnen, es gibt keinen europäischen Brückenkopf mehr an der afrikanischen Küste, das Öl und – in nicht weiter Ferne – das südafrikanische Gold werden angepeilt. Aber das siegreiche Israel legt man an die Kette. Genug.

In solcher Lage blicken Sie auf Ihre gewaltige und hohe strenge Lebensleistung zurück. Wieviele unter den durchlebten Jahren waren ruhig, arbeitsfördernd? Ich bewundere Sie, drücke Ihnen in Freundschaft die Hand. Was die Wirkung von Wünschen ist, wissen wir nicht, aber wir wünschen!

Ihnen und Ihrer sehr verehrten Gattin alles Herzliche, auch von meiner Frau und meiner Tochter.

Stets der Ihre
Carl J. Burckhardt

An Adam Wandruszka »La Bâtie« 1181
Vinzel, den 28. Dezember 1967.

Sehr verehrter Herr Wandruszka,
Aufs allerbeste danke ich Ihnen für Ihre große Aufmerksamkeit.
Hofmannsthal hat mir seinerzeit von Khevenhüllers Tagebüchern gesprochen. Ich hatte den Eindruck, daß er sie vor dem ersten Weltkrieg mit ganz besonderem Anteil gelesen hatte. Daß die mit vielen, meiner Ansicht nach, mehr aus dem Italienischen als dem Französischen stammenden Worten durchsetzte Sprache noch 1918 sehr lebendig war, ist mir in lebhafter Erinnerung. – Wenn ich nicht irre, schrieb die Kaiserin Maria Theresia an ihren Bräutigam auf italienisch. Mir fällt dabei die hübsche Anrede »caro mio viso« ein.
Nach der ersten Aufführung des »Schwierigen« sagte Graf Mensdorf zu dem Verfasser dieses Stückes: »So viele Fremdworte benützen wir doch nicht, das wäre ja ridikül.«
Von dem jungen Schumpeter sagte mir einmal eine Dame aus der Gesellschaft: »Er ist deliziös, wenn er erzählt; schade, daß er so bürgerlich präpotent ist.«
Sie wissen bestimmt, daß die Ausgabe des Hofmannsthalschen Gesamtwerkes sich jetzt zum ersten Mal in sehr guten Händen befindet. Im Nachlaß, den der Schwiegersohn, Prof. Zimmer, in der Panik der Emigration der Universität Harvard übergeben hatte, hat sich unendlich viel Ungedrucktes gefunden, lauter Arbeiten, deren Existenz die Literarhistoriker vielfach leugneten. Mit der Herausgabe ist ein ausgezeichneter Mann, Dr. Rudolf Hirsch, der frühere Leiter des Fischerverlages, betraut worden. Er würde sich bestimmt für Ihren ebenso gehaltvollen als entzückenden Aufsatz sehr interessieren. Was die italienisch-französischen Vokabeln der gesellschaftlichen Umgangssprache anbetrifft, so sind sie mir lieber als die Fremdworte, mit denen unsere Durchschnittsintellektuellen sich heute brüsten. Es handelt sich im ganzen um Vokabeln, die im deutschen keine ebenso zarte Entsprechung haben: »deliziös, scharmant, nüanciert«

u. s. w. Sie sind schwerer zu übersetzen als etwa die gräßlichen wie »das image« oder das »establishment«, von dem schon etwas abgeleierten »existentiell« ganz zu schweigen. Ich danke Ihnen aufs herzlichste für das Geschenk und bin mit den besten Neujahrswünschen in Verehrung
Ihr sehr ergebener
Carl J. Burckhardt

An Edgar Salin »La Bâtie« 1181 – Vinzel,
den 6. Februar 1968.
Lieber Freund,
Abwesenheit (Vorträge), Grippevelleitäten, Nicht-Vorhandensein einer Sekretärin haben mich daran verhindert, auf Ihren letzten Brief zu antworten.
Schröder: ich weiß, was Sie meinen, glaube die Stellen, auf die Sie hinweisen, zu kennen, auch die späteren Auflösungen. Soll man derartigem Wichtigkeit beimessen? – denken Sie an Äußerungen des jungen Schiller über Goethe.
Um einem Irrtum vorzubeugen: ich war mit Hofmannsthal nah befreundet, ich stand nie in einem Schülerverhältnis zu ihm. Einige mittlere Literaten haben bisweilen von einander abgeschrieben, ich hätte seiner Ausdrucksweise, seinem Ton nachgeeifert. Lang bevor ich diesen Dichter kennenlernte, schrieb ich in meiner Weise, im Alter hat sich der Ausdruck verändert, wie bei jedem andern auch. Ich habe nie einen Kreis um Hofmannsthal gekannt, Borchardt bin ich nie begegnet. Schröder lernte ich einmal, noch bei Lebzeiten Hofmannsthals, in Salzburg kennen. Wir waren uns gegenseitig fremd, ja beinahe etwas fatal. Erst nach Hofmannsthals Tod besuchte mich der immer so spaßhaft heiter sich gebende, schwermütige, schwierig veranlagte Bremer. Da kamen wir uns näher. Ich bewunderte seine große Kultur, die in den wenig bekannten Prosaschriften sich auswirkt. Ich schätzte seinen ungewöhnlichen Arbeitswillen, seine Tapferkeit, nahm Anteil an seinem schweren Angefochtensein, seiner immer mächtiger sich durchsetzenden Fröm-

migkeit, seinem qualvollen Leiden am Niedergang der europäischen Zustände, seiner düstern Voraussicht.
Wir sind so arm geworden, sind so wenige, wir stehen in einer durchseuchten Welt. In Schröder war ein reines Wollen vorhanden.
Sein Werk: die Übertragungen! Werfen Sie einen Blick auf seine Aeneis, oder auf einige große Stellen seiner Odyssee-Gedichte: in der Unzahl finde ich, der ich ihn kannte, einige, die Dauer besitzen. Seine furchtbare Leichtigkeit im Hinschreiben von Versen war eine schwere Hypothek. Und doch, alles in allem, hat er standgehalten, hat er gearbeitet wie ein Goldschmied und was immer er anrührte, besitzt eine große Würde. Ich bewahre ihm ein tief respektvolles Andenken.
Vielleicht haben wir einmal Gelegenheit, über dieses so deutsche Schicksal zu reden. Schade, daß Eis und Schnee Ihren Besuch verhindert haben.
Ich hoffe auf bald. Mit der Bitte, mich Ihrer verehrten Gattin zu empfehlen, bin ich in freundschaftlichem Gedenken
Ihr Carl J. Burckhardt

An Isa Neeff-Vöchting   Vinzel, 7. März 1968

Liebe Isa,
Diesmal war ich recht krank, sehr hohes Fieber durch Tage, dann Circulationsstörungen. Ich lag zuerst in München, wo ich eine Rede zu halten hatte. Dann, sobald ich transportfähig war, hierher. Jetzt soll ich zur Untersuchung nach Zürich, dann in hohe Luft, wahrscheinlich Engadin.
Bei dem so tief traurigen Anlaß damals, in dem Getriebe der vielen Gäste, konnte man sich weder sehn noch sprechen. Die Höflichkeitspflichten, wie immer, verlangten ihren Tribut. So ist es, gerade in den schwersten Augenblicken. Ich habe Christian sehr bewundert, hörte ihn in den letzten Jahren oft an unserm Radioapparat, einigemale auch im Konzertsaal. Gesehen und gesprochen habe ich ihn vielleicht

zweimal während seiner Kindheit. Ein einziges Mal traf ich ihn, am Rennweg, als herangereiften, herrlich begabten jungen Mann. Später hat er uns hier besucht, da wurde ein wirkliches Gespräch möglich. Alles was er sagte war stark, ungewöhnlich, zeugte von einem herrlichen Kunstsinn und auch schon von einer großen Lebenskenntnis. Ich war an seiner Hochzeit, dort kam es zu keiner nähern Aussprache. Dann, einmal noch, besuchte er uns mit seiner Frau und seinem Ältesten. Damals beschlich mich eine unbestimmte Angst, und, merkwürdig, während längerer Zeit verdrängte ich dieses eigentlich letzte Zusammentreffen in der Erinnerung.

Was Du mir über meine Mutter schreibst, hat mir Freude gemacht. Sie war, in ihren höheren Jahren, voll von Attentionen. Viele Menschen gingen aus und ein bei ihr und allen hat sie viel gegeben. Sie hatte lange gebraucht, um sich in Basel heimisch zu fühlen, dann aber wurde die Stadt ihr zu einer wirklichen Lebensbedingung. Sie war, wie Du weißt, ein Zwilling, ihr Bruder, mit dem sie oft ganz munter gestritten hat, hieß Paul. Mich hat sie bis zuletzt, immer, wenn sie mich rief oder bloß eine Frage stellte, Paul genannt. Dann korrigierte sie sich und nannte mich: »oh! Charles«, das war ein Name, den ich nie getragen habe. Derartiges begleitete unsere tiefe und etwas geheimnisvolle Beziehung.

Wir leben in dunkeln Zeiten und gehn noch viel schwereren entgegen. Das noch existierende Kontinental-Europa ist dem Osten vollkommen ausgeliefert, ohne es zu wissen, strategisch vollkommen eingeschlossen vom Baltikum bis übers Mittelmeer. Aber anstatt die strategische Lage genau zu erkennen, ergeht man sich in lauter weltanschaulichen Schaumschlägereien. Es ist schon spät.

Wir sind alt; vielleicht werden wir das Schlimmste nicht erleben. Aber die Kinder, Sabines vier Buben, Henriettes reizendes Paar. In den achtziger Jahren des letzten Jahrhunderts schrieb Jacob Burckhardt schon an den jungen Architekten Alioth, im zwanzigsten werde die europäische

Menschheit dem Zustand der »Schnellfäule« verfallen, dann werde ein ostasiatisches Volk kommen u. schließlich eine furchtbare Ordnung machen. Seltsamer Mann, welch rätselhafte Gabe.
Nun danke ich Dir für Dein so liebes Gedenken. Bitte grüße mir Sohn und Töchter. Aufs herzlichste bin ich stets Dein
Vetter   Carl Jacob

An Peter Bamm   La Bâtie, 1181 Vinzel, 26. 3. 68

Verehrter, lieber Herr Bamm,
An und für sich brauchen wir uns ja gegenseitig nicht zu allerhand Feierlichkeiten zu gratulieren, daß wir uns gegenseitig nur Gutes wünschen versteht sich von selbst. Für mich waren die letzten Zeiten nicht günstig, ich erkrankte seit meiner Rückkehr aus Afrika dreimal in relativ kurzen Abständen an recht hohem Fieber, die mir das Herz etwas angegriffen haben. Jetzt nach einem kurzen Aufenthalt am Mittelmeer fühle ich mich zum ersten Mal besser und ausgeruht. Die »Chrysanthemen-Terrasse der Weisheit« hätte ich wohl in Augenblicken erklommen, bin aber immer wieder von ihr heruntergerollt.
Der Richelieu liegt hinter mir und ist nicht geworden, was ich gewollt hätte. Mir fehlte die Zeit, kürzer zu sein und ich habe abgeschlossen, indem ich dasjenige zusammenstellte, was einer, der es unternehmen sollte, eine wirkliche Biographie zu schreiben, wissen müßte. Es ist sehr vieles.
Im alten Regime war Außenpolitik immer zugleich Strategie. Bei Richelieu steht das strategische Denken im Vordergrund. Man muß nicht zuviel in ihn hinein interpretieren. Er war weder der böse, über Jahrhunderte hinausdenkende Zerstörer Deutschlands, als den ihn die deutschen Vorkriegshistoriographen hinstellen, noch der weithin planende Schöpfer eines ausgewogenen Europas, als den die Fachvertreter der Bundesrepublik ihn seit 1945 sehen wollen. Er war ein »Mehrer des Reiches« im Sinne der größtmöglichen

Sicherheit aller Grenzen, auf diesem Gebiet hat er erreicht, was er gegen unvorstellbare Schwierigkeiten größerer und kleinerer Art hatte durchkämpfen müssen. Sein Nachfolger, den gefunden zu haben eine der ungewöhnlichsten Taten des Kardinals darstellt, nämlich Mazarin, stammte nicht wie sein Vorgänger aus den Zeiten des spanischen Großreiches und der französischen Religionskriege, sondern aus einer äußerst beweglichen und zweifellos sehr europäischen Schule der päpstlichen Diplomatie. Er konnte in Münster auf Grund der Festigung Frankreichs, die Richelieu zu verdanken war, mit großen Machtmitteln agieren. Mazarin wäre ein Thema, und zwar gerade für einen Nichtfranzosen. Heute im Zeitalter der öffentlichen Meinungen, diesem so lenkbaren Phänomen, denkt kein Mensch mehr in Kategorien strategischer Natur.

Man berauscht sich an den Wonnen wortreich dargebotener Weltanschauungen, soziologischer, ökonomischer oder gar philosophischer Art; aber daß die Russen in Warschau, Prag, im kontinentalen Zentrum Budapest sitzen, daß sie den ganzen Balkan beherrschen, und nun seit der Aufgabe der Brückenköpfe, Algier, Mers-el-Kebir, seit Festsetzung in Ägypten, das Mittelmeer, seit Wilson ihnen Aden überließ, bald schon den indischen Ozean, will der Durchschnittseuropäer nicht wahrhaben, er verdrängt es. Ich weiß nicht, ob da vielleicht eine Klasseneigenschaft mitspielt, ob der heute herrschenden Schicht der Sinn abhanden gekommen ist, den von Haus aus die Grundbesitzer besaßen. Die oft so heftige Kritik der Ostelbier an der nachbismarckschen Außenpolitik unter Wilhelm II. hat mich immer interessiert. Alles in der Welt beruht immer auf etwas, und dies etwas beruht wieder auf etwas anderem, tiefer Liegendem, und die letzte Ursache ist einfach. Solch ursprünglichen Gründen nachzugehen, habe ich bei meiner letzten historischen Arbeit versucht, habe es aber dabei sorgfältig vermieden, der Versuchung geistreicher Interpretationen zu verfallen. – Hier rede ich auf meinen einsamen Gängen in den letzten Jahren oft mit einigen Großbauern, die nun alle verschwinden, weil ihre Kinder nicht mehr weiter machen wollen. Die meisten sind Berner. Was mir bei den Gesprächen mit diesen Männern auffiel, war dies: Sie wußten, was es bedeutet, wenn ihnen ein Stück Wald weggenommen wird oder wenn sie einen Acker oder ein Feld hinzugewinnen. Gerade diese Leute haben einen natürlichen Sinn für den vollkommenen Wechsel der Machtverhältnisse in der heutigen Welt. Keiner interessiert sich für den gemeinsamen Markt, für die O.E.C.D. die Operationen der Weltbank oder dergleichen, aber sie sprechen verständig von den Folgen von Jalta und Berlin. Einer, der vor einem halben Jahr gestorben ist, sagte mir einmal, Europa habe auf der englischen Flotte, dem preußischen Generalstab und dem Vatikan beruht. Er war Protestant. Man darf sich nicht vorstellen, was passieren würde, wenn eine solche Ansicht in die Hände der Redaktion einer liberalen Zeitung fallen würde.

Ihr Alexander-Buch, für dessen Geschenk ich Ihnen meinen warmen Dank ausspreche, war mir jetzt während meiner Krankheit ein Trost. Es hat mich seines schriftstellerischen Glanzes, seiner dramatischen Spannung, seines götter- und geisterreichen Hintergrundes und seines ungebrochenen Sinnes für Größe wegen belebt und gestärkt. Weil diese Lektüre mich mitriß, habe ich mich kritiklos verhalten, ich könnte Ihnen nicht sagen, dies oder jenes fehlt oder scheint mir zweifelhaft. Die Ganzheit Ihres Werkes hat mir zu solchen Überlegungen gar keine Zeit gelassen. Sie sind mir also direkt als Arzt beigestanden. Ich bin recht regelmäßig, bisweilen zweimal im Monat, bisweilen alle zwei Monate in Zürich, da sollten wir uns doch einmal wieder sehen, um dann auch reden zu können. Zur Zeit bin ich noch nicht ganz vernehmungsfähig. Ich schicke Ihnen herzliche Grüße. Meine Frau gebraucht zur Zeit eine Kur in der Klinik Dr. Buchingers in Überlingen. Ich fürchte mich immer vor den ermüdenden Folgen solcher Unternehmungen. Aber ich bin ein Laie, habe keine Kompetenz, auf Ihren Rat hätte sie sicher gehört. Nehmen Sie diesen Brief als ein Geplauder eines Rekonvaleszenten. [Carl J. Burckhardt]

An Hermine Müller-Hofmann Vinzel, La Bâtie,
Himmelfahrt, 23. Mai 1968
Liebe Minnerl,
Du bist ein so gescheiter, gefestigter Mensch, und Du hast über die Dinge dieser Welt und des Himmels so klare Anschauungen, daß man sich Dir mit großem Respekt nähert.
Die Kriegszeit in der ich, bis zur letzten Möglichkeit, ich kann sagen Tag und Nacht, mit Arbeit überlastet war, hat mich, mehr noch als die Danziger Zäsur, von den ältesten Freunden getrennt. Die 8 Jahre in Frankreich waren ebenfalls so intensiv, daß ich nicht mehr zum privaten Briefschreiben kam. So steigt die Nebelschicht der schweren Jahre zwischen einem selbst und den liebsten Freunden auf. Diese aber treten, einer nach dem andern, in die Geheimnissphäre hinüber. Der wenigen Überlebenden aus frühen Lebensperioden hab ich immer viel gedacht. Dich sah ich immer, so wie Du warst, als Du in Willys Dasein tratest. Du warst ein zartes junges Mädchen, schon weise, schon tapfer, mit aus der Kindheit bewahrter Unschuld. Dann hast Du Schwerstes überstanden, immer wirkend, helfend, hast Not und Tod kennen gelernt und hast Deine Söhne erzogen. Du bist zu hohem Ernst gereift; das mir so vertraute, still ausstrahlende, mittelmeerische Kindergesicht ist zu einem mit Geisteskraft erfüllten, starken Antlitz geworden. Als ich Dich auf der Treppe der Akademie traf, spürte ich eine veränderte Relation; früher glaubte man Dich schützen zu dürfen, jetzt hofft man, Dich um Schutz und Fürbitte angehn zu können.
Ich habe, im Innersten, ein durch Arbeit und Kampf beschwertes, dank Elisabeth glücklich gestaltetes Leben geführt.
Ja, es hat, wie ich Dir am Sonntag sagte, viel Kampf gegeben und viel Liebe.
Immer war ich der plötzlichen Fascination ausgesetzt, ich konnte immer wieder bezaubert werden, entzaubert, aufs neue hingerissen sein.

Das meiste, das mich so anwehte, zog vorüber. Aber einige frühe Eindrücke verharrten, wuchsen wie in einem Garten der starken Träume. Dahin gehört Gretel W. Von ihr hat Hugo mir eine wunderbare Vorstellung vermittelt; gesehen habe ich sie in jenen frühen zwanziger Jahren nur flüchtig. Ich war selbst noch nicht über meine Zwanzigerjahre hinaus und sie war eine große, berühmte Künstlerin.
Neulich sagtest Du, aus Hugos Briefwechsel mit mir hättest Du den Eindruck gewonnen, die Beziehung zwischen Hofmannsthal und mir hätte sich gegen Ende etwas abgekühlt. Das ist nicht der Fall. Vielleicht erinnerst Du Dich daran, daß unser Freund einen Teil des Winters von 1928-29 bei uns auf dem Schönenberg verbrachte. Besser – den Beginn des eiskalten Winters 1929. Was in jenem Zeitpunkt geschah, war bei mir ein Bewußtwerden, daß ich mich in einer überaus bedrohlichen Wirklichkeit durchsetzen müsse, daß ein ahnungsvoller, dichterisch erhöhter Zustand mir innerhalb der Epoche, in die wir eintraten, keine Hilfe bringen würde, daß ich mich leidenschaftlich zu bewähren und durchzusetzen hätte. In dem kleinen Land, das nun einmal das meine war, hatte ich mit einer ganz bestimmten Enge und Härte zu rechnen, auch mit viel berechtigtem Anspruch auf Leistung innerhalb realer Voraussetzungen. Auf meinem Weg haben mir immer neu hinzutretende treue Freunde geholfen. Auch diese sind alle schon hinübergegangen.
Siehst Du, da schreib ich Dir nun fast eine kleine Lebensbeichte. Eigentlich wollte ich Dir nur, nach alter Gewohnheit, etwas Lustiges erzählen, nämlich über diesen von Dir so treffend geschilderten Professor Ellenberger. Aber lassen wir das.
Der kurze Aufenthalt in Wien hatte Höhepunkte: Der Blick von dem »Kogel« bei Heimburg, dieser erschütternde kosmische und weltgeschichtliche Anblick, die singenden Kinder im Heiligenkreuzerhof unter dem großen Nachthimmel Eurer Weiten – und dann unser Zusammensein selbdritt bei Gretel. Auch die Musik des »neuen Quartetts«, im Musik-

saal des Eisenstadter Schlosses, ist unvergeßlich, nur bei Euch möglich.

Grüß mir meinen großen Patensohn aufs Herzlichste. Dir alles Gute und Liebe

Dein Carl

An Jean-Rudolf von Salis 1181 Vinzel,
den 20. Juni 1968

Verehrter, lieber Freund

Ihre gütigen Zeilen haben mich sehr gefreut. Ich lebe zur Zeit in Ihrer Gesellschaft, indem ich Ihre »Weltgeschichte der neusten Zeit« mit Bewunderung und großem Gewinn lese, und zwar im Zusammenhang mit der Arbeit an einer einstündigen Rede, die ich im Herbst am Institut de France über Beneš halten soll. Im übrigen benütze ich hauptsächlich Beneš' eigene, so vorsichtige und apologetische Schriften, einige Aufsätze über den ständig stark kontroversierten Mann. Es ist mir bisher nicht gelungen festzustellen, ob es eine objektive biographische Darstellung des tragischen Lebenslaufes des im Beginn so kämpferischen und dann von Kompromiß zu Kompromiß schreitenden tschechischen Außenministers, Ministerpräsidenten und schließlich Staatspräsidenten gibt.

Meine Jugendeindrücke 1918 bis 1922 in Wien haben mir für immer einen großen Respekt vor dem Vielvölkerreich an der Donau hinterlassen. Seine Aufspaltung durch die Nationalismen erschien mir beklagenswert, die *frühen* Pläne Masaryks, die sich auch noch auf Beneš' Dissertation auswirkten, waren wertvoll. Die Verantwortung der Ungarn an der Behandlung, die die Slawen unter dem vorletzten Kaiser erfahren haben war sehr groß. Ungarn verfügte wegen 1848 und 1866 über eine mächtige Hebelkraft. In Wien habe ich eigentlich nie Abneigung gegen die Tschechen feststellen können. Wien war ja von einer stark tschechisch untermischten Bevölkerung bewohnt. Im Nestroy'schen Tone machte man sich über die Pospidils etwas lustig, nicht in bösartiger Weise. In der politisch nun verschwundenen Klasse des Hochadels war gerade bei den ersten Herren, den böhmischen, eine auffallende Tschechophilie vorhanden, nicht nur bei den Lobkovicz oder Czernins usw., sondern auch bei den Schwarzenberg. Erzherzog Franz Ferdinands Reformpläne konnten nicht zur Reife gelangen. Rußland war immer sehr empfindlich, wenn ihm in slawischen Fragen der Wind aus den Segeln genommen wurde; diese Empfindlichkeit wird heute wieder deutlich, wenn Ziele der in Rußland herrschenden Doktrin von nicht kommunistischer Seite angesteuert werden (z. B. die Agrarreform des Kaisers von Iran). Das Ende Franz Ferdinands war unvermeidlich. Die Dynastie aber hatte sich überlebt, der pflichtgetreue Franz Josef hatte zu lange regiert. Den Friedensmachern von 1918/19 aber darf gerade deshalb der Vorwurf nicht erspart bleiben, daß sie unfähig waren, in den Donaufragen groß zu sehen und den föderativen Gedanken für die Völker der verschwundenen Monarchie zu retten. Weder bei einem Clemenceau noch bei einem Lloyd George konnte man Einsicht in mitteleuropäische Verhältnisse erwarten. Die Amerikaner dagegen hätten sich an den Sezessionskrieg erinnern können. Ich bin überzeugt, daß die Verwirklichung der einst von dem französischen Gesandten in Wien, Allizé (ein Einzelgänger, der Bayern gut kannte), so mutig verfochtenen Gedanken einer »Donaukonföderation« viele von den späteren Entwicklungen in Deutschland hätten verhindern können.

An Professor Lüthy habe ich geschrieben, wie sehr ein Zusammentreffen, sei es hier oder anderswo, mich freuen würde. Von Ihrer Erlaubnis, mich einmal wieder bei Anlaß eines Zürcher Aufenthaltes in Brunegg zu melden, werde ich mit Freuden Gebrauch machen.

Mit der Bitte um beste Empfehlungen an Ihre verehrte Gattin (meine Retterin an einem Regenabend in Brugg) und herzlichsten Grüßen, freundschaftlich

Ihr Carl J. Burckhardt.

An Max Gertsch 1181 Vinzel, Vaud,
La Bâtie, den 18.7.1968
Lieber Freund,
ich war längere Zeit abwesend, zuletzt in Bayern und Österreich.
Immer mußte ich daran denken, daß Du jetzt über Karl Ludwig von Haller arbeitest. Er hat 1797 in Oberitalien Napoleon kennengelernt und hat ihn dann in demselben Jahr in Paris und in Rastatt wiedergesehen. Stimmt es, daß seine »Annalen« durch das helvetische Direktorium verboten wurden? Nach seiner Konversion hat er wohl in Paris gelebt? Später in Solothurn. Es muß eine Unzahl von Briefen geben, die er mit allen bekannten Personen seiner Richtung führte. Auch sein Sohn, der bei der päpstlichen Garde diente, hatte konvertiert. Der zweite Sohn war Priester. Die Tochter des älteren Sohnes habe ich noch gekannt, und wenn ich nicht irre, wohnte sie in Solothurn in dem Palais, das jetzt bischöflich ist. Es war mir auffallend, daß seine Jubiläen in der Schweiz unbemerkt vorübergegangen sind, daß es überhaupt gelungen ist, ihn der Vergessenheit anheimfallen zu lassen. Er gehört in eine große Reihe: de Maistre, Montalembert, La Roche-Jacquelin, Donoso Cortez. Das geht weiter bis in unsere Zeit zu Pareto. Innerhalb des deutschen Sprachgebietes hat er aber kaum markante Entsprechungen. Man sollte einmal nachschauen, ob die Berner Haller mit der altpatrizischen Nürnberger Familie identisch sind.
Der eigentliche Konservativismus ist durch nichts dem Gehalt nach so entscheidend zerstört worden wie durch die faschistischen Theorien, viel mehr als durch den Liberalismus, seine radikalen Formen, den romantischen und den marxistischen Sozialismus. Ein Reaktionär, also einer, der gegen das Zeitgeschehen Reaktionen hat, ist heute eo ipso ein Faschist oder ein Nazi. Dabei ist es mir immer merkwürdig, festzustellen, wie sehr regimentale alte Prinzipien der ausgesprochenen Konservativen im stabilisierten Kommunismus wieder zum Ausdruck kommen. Auch der Be-

griff der Macht, den der Obrigkeitsstaat besaß, ist in den führenden osteuropäischen Ländern meines Erachtens heute der entscheidende Faktor.
Ja, ich bin sehr gespannt auf Deine Studie, und ich bitte Dich zu entschuldigen, daß ich Dir wegen meiner Reiserei so lange nicht geantwortet habe.

Mit herzlichsten Grüßen
stets Dein
Carl J. Burckhardt

An Max Gertsch 1181 Vinzel (Vaud), den 22. 7. 1968

Lieber Freund,
vielleicht hast Du in meine Bemerkungen über die historische Wichtigkeit Hallers zuviel hineininterpretiert. Ich bin im großen ganzen mit Deiner Einschätzung, die wie immer auf großer Tatsachenkenntnis beruht, einverstanden. Die »restaurative« Tendenz Hallers hat mich nie so sehr interessiert, auch bei seinen Gesinnungsgenossen wie Montalembert etc. Was mich beschäftigte, war seine Funktion als Warner. Integrale Restaurationen halte ich für etwas Naturwidriges und Unmögliches. Aber nach dem Absterben überalterter Regierungsformen haben die Vertreter des Neuen meist die Tendenz, alles abzuschreiben, was das Wesen des früheren Zustands einst bedingt hatte. Vor dieser Entwicklung sind viel Größere als Dein Landsmann, Dein anderer Landsmann, Gotthelf, aber auch Gottfried Keller in »Martin Salander« mit einem gewissen Schauer zurückgewichen, von meinem Namensvetter nicht zu reden. Es ist kein Zweifel, ein Montesquieu, ein Friedrich der Große haben es ausgesprochen: Das alte Bern hat staatsmännisch große Leistungen vollbracht; ihre Urteile wurden mir durch die Lektüre von Fellers Werk bestätigt.
Völlig falsch ist meiner Ansicht nach die Anwendung des Kampfworts »feudal« auf die regierende Schicht Deines engsten Vaterlandes. Da waren ein paar Ministeriale, die im

Mittelalter in die Stadt gekommen sind. Die übrigen waren ihren Ursprüngen nach meistens Handwerker, die dann taten, was der Alte Fritz von ihnen sagte: »Ces Messieurs de Berne se sont déifiés.« Daß sie einen begrenzten Kreis bildeten, war ursprünglich nicht ohne weiteres als ein Schaden zu betrachten. Man kann sich denken, daß, wie Venedig es beweist, eine zur Kunst des Regierens erzogene Gruppe nützlich sein kann, ebenso nützlich wie Leute, die zur Ausübung des ärztlichen Berufes zuerst Medizin studieren müssen. Aber alles hat seine Zeit, so auch jene eigentümliche Ausschließlichkeit. Einmal ist es vorüber, der Kreis wird zu eng, die Begabungen nehmen ab. Die Herren müssen gehen, aber mit Feudalität haben sie nichts zu tun. »Feudal« steht da ungefähr so wie »imperialistisch« im russischen Wortschatz. Feudalität war eine Einrichtung, die es auch bei den Ameisen gibt. Schwertadel war durch viele Jahrhunderte zum Waffendienst, zum Sterben verpflichtet und erhielt dafür einige Privilegien.

Goethe sagt: »Jeder Bär brummt nach der Höhle, aus der er stammt.« Die Voraussetzungen des Ursprungs lassen sich nicht immer ganz überwinden, Ursprung besteht hauptsächlich in den Eigenarten der Gruppe, der man angehört. Solch eine Gruppe hat bei uns von 1848 bis 1914 erstaunlich gut regiert, nachher wurde es etwas anders, weil sie die Prinzipien, die sie ursprünglich aufgestellt hatte, übertrieb, und sofort kamen nach diesen übertriebenen Prinzipien andere weniger ausgeprägte Schichten dran. Daß die 1789 eingeleitete, 1848 weitergeführte Entwicklung heute bewundernswerte Resultate aufzuweisen habe, wirst Du wahrscheinlich auch nicht behaupten. Aus diesem Grunde, wie gesagt, interessieren mich die Warner, die am Wege standen. Ich höre ihnen ganz gern zu, wenn sie mich auch bisweilen, wie vor allem Donoso Cortez, zu ärgern vermögen.

Was nun Haller anbetrifft, so ist mir alles interessant, was ich durch Dich über ihn erfahre, vor allem alles Tatsächliche. Die Sache mit der Konversion ist ausgesprochen unschön; pedantische Züge scheinen ihm in lästiger Weise anzuhaften. Sein letzter Nachkomme, wohl eine Urenkelin, die in Solothurn lebte und der ich begegnet bin, war ein armes schwaches Wesen.

Es ist gut, daß ein Mann von Deinem Rang wieder einmal von ihm gesprochen hat, denn man mag sich zu ihm stellen, wie man will, er ist ein Schweizer, der zu seiner Zeit eine große Wirkung ausgeübt hat. Er hat zum Beispiel Hegel beschäftigt. Seine oligarchischen Tendenzen stellen ihn heute näher zu den in den Oststaaten gültigen Gepflogenheiten als zu den westlichen Ideologien. Daß er von Mehrheitsbeschlüssen nicht sehr viel gehalten hat, läßt sich einigermaßen verstehen, nachdem wir die Wirkung solcher Mehrheitsbeschlüsse im Laufe unseres Jahrhunderts sehr drastisch erlebt haben. Die schönsten Seiten, die ich von ihm kenne, betreffen das Bauerntum. Hier ist er von den städtischen Intellektuellen Karl Marx und seinen Nachfolgern bis Stalin so weit entfernt als möglich. Für diese war der Bauer unfaßlich, und wenn nicht der Hunger wäre, hätten sie ihn am liebsten verschwinden lassen.

Aber wie gesagt, mit diesen seltenen Leuten hat er andererseits den Sinn für strenge Obrigkeit (Streikverbot etc.) gemeinsam. Ich hätte gerne einmal die Zeit, sein Werk wieder vorzunehmen. Wir haben nicht sehr viele Denker, die weit über unsere Grenzen hinaus das Ansehen erreicht hätten, das er vorübergehend genoß. Vielleicht können wir einmal mündlich auf das Thema zurückkommen. Jedenfalls hast Du es zum erstenmal seit langer Zeit mit großer Treffsicherheit wieder ins Licht gerückt. Die Leute, die von Haller als Zukunftsschreck geschildert wurden, sind jene, die heute in der Presse, wie Du richtig sagst, nach »nicht repressiver Toleranz« rufen und denen es wie allen andern auch an den Kragen gehen wird, wenn sie den Sinn des alten Wortes in den Wind schlagen:

»Sunt certi denique fines«

In alter Freundschaft Dein
Carl J. Burckhardt

An Ernst Jünger 1181 Vinzel, »La Bâtie«,
den 8. August 1968

Sehr verehrter Herr Jünger,
ich schrieb an Herrn Larese, mit welch besonderer Freude ich zu der Feier gekommen wäre, die er bei Anlaß Ihres 70. Geburtstags in Amriswil veranstaltet. Aber leider bin ich hier festgehalten.
Seit den zwanziger Jahren habe ich immer gehofft, Ihnen einmal zu begegnen. Für mich ging immer eine strahlende Aufmunterung aus, von der Art, in der Sie, im ersten Weltkrieg, das Leben einsetzten und gewannen und dadurch Ihre ganze schöpferische Leistung auf den festesten Grund stellten. Ihr Buch »In Stahlgewittern«, das ich 1922 in Wien las, erschien mir als ein großer Akt einer das Geschehen transzendierenden Gerechtigkeit, als eine eminent männliche Tat. Man sprach damals von heroischem Nihilismus. Nichts Nihilistisches habe ich jemals bei Ihnen gefunden. Ich glaube begriffen zu haben, wie Sie innerhalb der Irrgänge der spätern europäischen Entwicklung Widerstand leisteten oder sich abseits stellten, zu den unzerstörbaren Arkanen unserer Gesittung oder ins Reich der Natur, um am Unerschöpflichen neue Kräfte zu gewinnen.
Von Ihrer Pariser Zeit weiß ich durch Ihre Aussage wie auch durch die starke Erinnerung, die Ihre Gegenwart in der französischen Hauptstadt zurückgelassen hat. Ihre »Marmorklippen«, diese souverän verschlüsselte Wahrheit, las ich während der tragischen Zeiten, deren Tragik sich dann so vielfach in Erbärmlichkeit verlieren sollte.
Ich habe Ihnen am heutigen Tage für so vieles zu danken. Für den weiteren Weg begleiten Sie meine wärmsten Wünsche.

In Verehrung
[Carl J. Burckhardt]

An Thomas Michels   1181 Vinzel, La Bâtie,
den 2. September 1968

Hochverehrter Pater
Lieber Herr Professor,
für Ihren Besuch möchte ich Ihnen aufs beste danken. Wir sind leider nicht zu einem eigentlichen Gespräch gekommen, das ich so gerne einmal mit Ihnen unter vier Augen führen möchte.

Der jüngere Herr, der Sie begleitete und dessen Namen ich am Telephon nicht verstand, hat mich sehr interessiert; ich würde ihn gerne gelegentlich wiedersehen. Er setzte sich, wenn ich nicht irre, für die mir – ich muß es gestehen – verdächtige Bewegung einer heutigen Jugend ein. Seine Argumente waren wohl vorwiegend humanitär-emotionaler Natur.

Merkwürdig war mir seine ungeduldige, kritische Reaktion gegenüber den Bemühungen des Internationalen Komitees vom Roten Kreuz. Er schien den eigentlichen Tatbestand nicht zu kennen. Im Grunde genommen hätte er seinen Aufenthalt in Genf dazu benützen sollen, die große, aber rein private Institution aufzusuchen und sich orientieren zu lassen. Er hätte bei der Gelegenheit feststellen können, daß die freiwilligen Vertreter der Hilfsaktion in Nigeria über keinerlei Machtmittel verfügen. Er hätte erfahren, daß es sich bei diesem afrikanischen Sezessionskrieg einerseits um primitiven Stammesfanatismus handelt und anderseits um den Druck, den zwei Großmächte, Rußland und England, aus ganz verschiedenen, sehr komplexen Gründen auf die Haltung der nigerianischen Regenten ausüben. Er meinte, man müsse die Empörung der Jugend über die »Väter« verstehen, die nicht imstande seien, einem solchen Völkermord Einhalt zu gebieten. Die armen Väter!

Da in letzter Zeit heftige und ungerechte Vorwürfe an die Adresse des Roten Kreuzes vor allem von deutschen »Stürmern und Drängern« erhoben wurden, stellte ich die Frage, ob nach den in den Jahren von 1933 bis 1945 in Deutschland erfolgten Gewalttaten es nicht gerade für Deutsche ange-

zeigt wäre, im weltpädagogischen Bestreben eine gewisse Zurückhaltung zu wahren. Er meinte, Hitler hätte 6 Millionen Juden umgebracht, aber nun handle es sich in Biafra um viel größere Zahlen. Abgesehen davon, daß dieses Zahlenexempel nicht den Tatsachen entspricht, erscheint mir seine Anwendung aus folgendem Grunde verfehlt: Im Falle Deutschlands handelte es sich um die horrende Untat eines der ersten Kulturvölker; im Falle Nigerias aber um das urtümliche Vorgehen eines völlig primitiven Volkes, dem unverantwortliche Mächte die furchtbaren Waffen unserer technischen Epoche in die Hand gespielt haben. Die Befreiung der Kolonialvölker ist verfrüht erfolgt. Die Europäer wie die Amerikaner hatten ihnen gegenüber erzieherische Verpflichtungen, größte Verpflichtungen vor allem deswegen, weil sie ihnen mit einem Schlag ihre durch Jahrhunderte entstandenen demokratischen Freiheiten aufdrängten, denen dann augenblicklich durch die totalitären Staaten mit Hilfe gewaltiger Propagandamittel widersprochen wurde. Die dadurch entstandene Verwirrung war grenzenlos, und nun hat man das augenblicklich entstandene Chaos tragisch gesteigert, indem man den Verwirrten fast alle Zerstörungsmittel zur Verfügung stellte, über die man selbst verfügt. Kein ethisches Erbe der weißen Rasse konnte von den asiatischen und afrikanischen Völkern angetreten werden, weil ihren früheren Ausnützern und später ihren zweifelhaften Erziehern der metaphysische Fixpunkt abhanden gekommen ist, ohne den jede sittliche Haltung nur noch eine eitle Gelegenheitsgeste wird. Hier stellt sich eine Frage, die mich seit Jahren bedrängt und die ich im beiliegenden Vortrag einmal zum Ausdruck zu bringen versuchte, eine Frage, jenseits von aller Theologie, die Frage nach der einfachen »pietas«, die man durch rationale Analysen zerstört hat. Ich hatte einmal Gelegenheit, mit Martin Buber ein wohltätiges und sehr ernstes Gespräch über diesen Gegenstand zu führen.
Was ich den heutigen, vor allem mit psychoanalytischen Lockmitteln operierenden Jugendführern am meisten vor-

werfe, ist, daß sie die letzten Spuren der einstigen Frömmigkeit, der protestlosen Annahme der unerforschlichen Schickungen verwischt haben und die Gefühlswerte der Gotteskindschaft durch Erotik und Rausch ersetzt haben. Diesen Leuten gegenüber empfinde ich eine unüberwindliche, fast aggressive Abneigung. Es ist schade um die Jugend, die entweder in künstliche Ekstasen ausweicht oder glaubt, Vorsehung spielen zu können, wobei sie die Anwendung des nie zu ersetzenden politischen »Handwerks« verachtet, sachliche, das Weltgeschehen mitbestimmende Tatsachen wegschiebt und glaubt, als Weltenrichter auftreten zu können, ohne die Grundlagen des zu führenden Prozesses aus vergangener und gegenwärtiger Geschichte geprüft zu haben.

Das wären einige Gedanken, die unsere Begegnung in mir wieder aufgeregt hat.

Was den Vortrag über Hugo v. Hofmannsthal anbetrifft, so denke ich, mich auf eine einstündige Ansprache einstellen zu dürfen.

Vor Juli 1969 kann noch sehr viel Unheimliches sich ereignen.

In verehrungsvollem Gedenken
Ihr sehr ergebener Carl J. Burckhardt

An Hans Speidel Vinzel, den 10. Oktober 1968

Sehr verehrter Herr General,
das zu Ihrem 70. Geburtstag veröffentlichte Buch »Bereit bleiben zur Tat« habe ich mit größtem Interesse, mit Bewunderung und auch mit dem ausgesprochenen Bedauern gelesen, unter den an diesem Bande Mitwirkenden nicht durch einen eigenen Beitrag beteiligt zu sein. Als diese Festschrift zusammengestellt wurde, hatte man mich gebeten, biographisch über Sie zu schreiben. Sie haben verstanden, daß mir zu dieser Aufgabe die Kenntnisse fehlten. In den letzten Jahren habe ich den strategischen Veränderun-

gen in der heutigen Welt große Aufmerksamkeit gewidmet. Schon seit längerer Zeit war ich überzeugt, daß die russische Kriegsmaschine in Bewegung geraten werde. Ich versuchte schon Ende 1967, meine Bedenken einigen führenden Persönlichkeiten mitzuteilen, traf aber auf wenig Verständnis. In einem Artikel in der NZZ schrieb Salvador de Madariaga, es sei heute wichtiger, über Ideen nachzudenken als über Strategie. Ich schrieb ihm, daß ich mich über diesen Ausspruch sehr gewundert hätte. Nun erhielt ich seine Antwort, wonach der Übersetzer die genaue Umstellung seines Gedankenganges zustande gebracht habe. Madariaga hat sich inzwischen in meinem Sinne noch deutlicher geäußert.
Mir wäre es von großer Wichtigkeit, wenn ich wieder einmal Gelegenheit haben könnte, mit Ihnen zu sprechen. Es ist merkwürdig, wie die Nutznießer der noch freien Welt sich in wahrhaft alexandrinischen Theorien und Spekulationen verlieren und das allernächste nicht mehr sehen, nämlich die Selbstwirksamkeit der Macht.
Mit der Bitte, mich Ihrer sehr verehrten Frau Gemahlin aufs beste zu empfehlen, verbleibe ich herzlich grüßend,

in alter Verehrung
Ihr sehr ergebener
Carl J. Burckhardt

An Robert Minder Vinzel, den 10. Oktober 1968

Sehr verehrter Herr Minder,
für das Geschenk Ihres Hebel-Aufsatzes möchte ich Ihnen aufs herzlichste danken.
Hebel war zum Teil ein Basler. Die in meiner Stadt verbrachte Kindheit hat ihn in vielen Zügen bestimmt.

»Ufem Petersplatz
wiene freie Spatz
flieg i um und s'isch mer wohl
wie nem Bueb im Kamisol.«

Seine Erinnerungen an Basel sind immer freundlich, heiter, so vergnügt, wie er die damals einzige Rheinbrücke sieht und schildert, die ich mit ihren Eichenjochen noch gut gekannt habe.
Bei Ihnen kommt Hebel zum Ausdruck, wie er leibte und lebte. Auch mit dem Anteil an welterfahrener, fast antiker Bauernschlauheit, die in seinen Augenwinkeln aufblitzt. Er gehört in eine Zeit, in der man sich mit dem Zustand der Gesellschaft, wo sie nicht allzu lastend war, abfand. Etwas von der respektvollen Haltung ist vorhanden, die die Eltern Hebels gegenüber dem Oberst Iselin einnahmen, den sie sicher nur in der dritten Person pluralis anredeten, wie ich das bis 1900 in meiner Vaterstadt noch allgemein gehört habe. Dies stellt den Dichter denkbar weit von der heutigen Jugend, mitten in eine Art von humorvoller Gottergebenheit. Wie er ins Unterland oder die Umgebung eines kleinen Hofes kam, hat er die Kunst, durch die Menschen hindurchzusehen und möglichst wenig anzustoßen, wohl kaum als unehrenhaft empfunden. Auf der Karlsbader Kurpromenade hätte er sich gewiß ähnlich wie Goethe benommen. Aber auf Kurpromenaden führten ihn seine Wege nicht. Und so hat ihn auch das Beethovensche appassionato nicht berührt. Aber sicher hat sein Benehmen innerhalb des So-Seins seiner Welt ihn nicht gehindert, nach allerhand schützenden Vorkehrungen, sich über diese Welt viele sehr freie Gedanken zu machen, die er dann für sich behielt.
Es wäre mir eine große Freude, Sie einmal wiederzusehen.
Ich verbleibe in alter Verehrung und mit vielen herzlichen Grüßen,
                              stets Ihr ergebener
                              [Carl J. Burckhardt]

Für Wolfgang Krauel

Zum 80ten Geburtstag W. Krauels, am 27ten Oktober 1968

Freundschaft bedeutet Treue in Freiheit, Treue ohne Abhängigkeit, Übereinstimmung im Wesentlichen, schöpferischen Widerspruch im Einzelnen. Für Freundschaft begabte Menschen sind selten; es scheiden aus die Selbstbezogenen und die Neidischen. In spätern Lebensjahren entsteht Freundschaft durch Erfahrung, Zusammenarbeit, Bewährung. Sicherheit des Vertrauens haben wir, verehrter, lieber Freund, immer aufs neue gewonnen. Während des zweiten Weltkrieges wirkten Sie im Dienste Ihres Vaterlandes. Ihre Pflicht taten Sie bis zu dem Tage, an dem Sie die Verantwortung nicht mehr tragen konnten, es mit Ihrem Gewissen nicht mehr vereinbar fanden, Unterschriften auf Schriftstücke zu setzen und Weisungen auszuführen, deren Inhalt für Sie nicht mehr vertretbar war. Von da an gehorchten Sie der höhern Pflicht.
Damals stand ich im Dienst des Internationalen Komitees vom Roten Kreuz und in der paradoxalen Lage, Forderungen des Tages, bei denen es sich stets um die Rettung unzähliger Menschenleben handelte, durch humanitäre Argumente bei totalitären Regierungen vertreten zu müssen. Unsere ethische Forderung lief ihren Tendenzen diametral entgegen. Daß unsere Bestrebungen für Gefangene, für Verwundete, für notleidende Zivilbevölkerungen sich damals nicht tot liefen, ist weitgehend Ihrer Hilfe zuzuschreiben. So wie Sie unzähligen Einzelnen geholfen haben, halfen Sie unserer Institution in entscheidendem Maß. Die Beziehung, die ich damals zu Ihnen unterhalten durfte, gehört zu den schönsten menschlichen Erfahrungen jener Zeit.
Im Verlauf unserer damaligen Gespräche waren unsere Voraussichten düster. Beide hatten wir die Selbstwirksamkeit der Macht aus zu großer Nähe erfahren, um annehmen zu können, es gehe in unserer Zeit um Diskussion weltanschaulicher Probleme, nein, seit 1939 bis heute handelte es

sich kalt und sachlich um Strategie. Darüber sind wir uns einig geblieben. Es ist die Solidarität durch Frevel und Irrtum des Zeitalters hindurch, die uns beweist, daß es im Verlauf schwerster menschlicher Massenkrisen etwas Unzerstörbares gibt. Darauf wollen wir in unsern hohen Jahren vertrauen.
Am heutigen Tage gehört Ihnen von Herzen Dank und Wunsch!

Carl J. Burckhardt

An Otto Heuschele 1181 Vinzel, La Bâtie, den 7. Januar 1969

Lieber Freund,
Um gleich auf die politische Seite Ihres Briefes einzugehen, möchte ich auf einen in der westlichen Verwirrung entstandenen Grundirrtum hinweisen. Bei der Schwierigkeit der heutigen parlamentarischen Demokratie, strategisch-politische Zusammenhänge zu beurteilen, ist ein besonders folgenschwerer Irrtum entstanden. Nach dem arabisch-israelischen Sechstagekrieg hat fast die gesamte Presse in Amerika und vor allem in England triumphiert, die Russen hätten eine Schlappe erlitten. Das Gegenteil war der Fall. Die Russen, ganz traditionelle imperialistische Mittel anwendend, *wollten* diesen Krieg und besonders die arabische Niederlage. Sie ist erfolgt und die UdSSR ist infolgedessen im ganzen islamischen Osten als »der große Helfer« »hineingekommen«. Im Fall eines allgemeinen Konflikts verfügt Rußland über alle Stützpunkte von Casablanca bis Aden und darüber hinaus. Die berühmte sechste Flotte der Amerikaner ist im Mittelmeer, vor dem geschlossenen Suezkanal, eingesperrt wie in einer Mausefalle. Italien ist ein längst verlorenes Korea geworden u. s. w. Aber man merkt von all diesen entscheidenden Vorgängen nichts, will »Weltanschauung« weiterhin als genußreiches Schaumbad benützen, abrüsten, über sexuelle Frustration klagen und gleichzeitig die letzte weltweitausgreifende, konservative Großmacht,

Rußland, ihrer Autorität und Ordnung wegen beschimpfen. Niemand merkt, wie sehr all dieser trübe Taumel den Augenblick heranholt, in dem die UdSSR die Kiefern schließt und den ganzen weichen, westlichen Brei verschluckt.
Wir müssen ein Zusammentreffen durchsetzen, es ist höchste Zeit, zusammen zu reden.
Ihnen und Ihrer verehrten Gattin alles Gute und glückliche Stunden im privaten Kreis, für den öffentlichen sind unsere »Wunschwellen« nicht mehr wirksam.

        Mit vielen herzlichen Gedanken
        Ihr Carl J. Burckhardt

An Maria Clara Sattler   Vinzel, La Bâtie, 22. März 1969

Sehr verehrte, liebe gnädige Frau.
Kürzlich erlitt der letzte meiner Freunde aus der Kindheit beim Spazierenreiten, im Schritt, einen Schwindelanfall, er fiel aus dem Sattel und brach sich das Genick. Vor drei Wochen am Ende meines zwecks ärztlicher Behandlung durchgeführten Züricheraufenthaltes, geschah mir eine ähnliche Unterbrechung des Bewußtseins, ich stürzte und verletzte mein Schlüsselbein. Jetzt kann ich die Hand auf Tischhöhe wieder gebrauchen. Es hätte auch anders ausgehn können – Der alte St. Galler Mönch, Notker, dichtete im Beginn der Christianisierung der Bodenseegegend sein Lied, das anhebt: »Mitten im Leben sind wir vom Tod umfangen.« Ich weiß noch, wie sehr diese Zeile mich während meiner Schulzeit erschreckte. Und dann – was haben wir nicht alles erfahren und überstehn müssen – In diesem ewigen Zustand des, wie Sie so schön sagen, in der Schwebe Seins, zwischen Schmerz und Freude, Ende oder unverhofftem Wiederbeginn, muß man versuchen mit Gelassenheit die ständig neu gestellten Aufgaben zu erfüllen. Mir wird es, in letzter Zeit, einer großen Müdigkeit wegen, bisweilen

schwer, alles zu erledigen, was an einen herantritt. Wir lebten und leben in einer Epoche, in der ständig die Werte, an die wir uns hielten, wie unter einem giftigen Hauch verschwinden.
Was aber Kraft und Trost spendet, ist neben dem Vorhandensein einiger verehrter Menschen, geliebter, einem nahe stehender Gestalten – die Erinnerung. Daß es mir, in so hohen Jahren, noch verliehen wurde, Ihren Gatten und seine Freude ausstrahlende, starke, auf allen Gebieten schöpferische Begabung kennen zu lernen, daß ich mit Ihnen ernste Gespräche führen durfte, die ich jetzt im Geist oft weiterführe – welch eine Gunst! Ich bin tief dankbar dafür. Immer müssen wir an Wiederbegegnung denken, an die gewohnte, in der noch Atem spendenden Lebensluft, oder irgendwo, jenseits der uns noch umgebenden Schranken, in jenem Geheimniszustand, der, mir unvorstellbar, doch von jeher eine Gewißheit bedeutete. Wie haben die Menschen gerade vor dieser Gewißheit gezittert, weil sie vor allem ans Gericht dachten. Mir scheint, wir dürfen auf Versöhnung hoffen. Einige entschwundene Gestalten, die mir im Leben nahe waren – oft nur sehr kurz – vermitteln mir in Augenblicken ein so starkes Empfinden von Gegenwart und Nähe, daß ich versucht bin, sie anzusprechen.
Ich schicke diese Zeilen an Ihre bayerische Adresse und hoffe, daß sie Ihnen nachgesandt werden.
Elisabeth schließt sich meinen herzlichsten Grüßen an. In großer Verehrung bin ich Ihr sehr ergebener

        Carl J. Burckhardt

An Herbert Lüthy   Vinzel, La Bâtie, 23. März 1969

Verehrter, lieber Herr Lüthy,
Mein Aufenthalt in Zürich endete mit einem dummen Unfall. Wegen des verletzten Schlüsselbeins wurde ich aktionsunfähig, vor allem konnte ich während der ersten

Wochen meinen rechten Arm nicht mehr auf Tischhöhe heben, nicht von Hand schreiben, und nicht mehr manierlich essen.
Wir verfehlten uns bei Lorenz Stucki, und ich konnte Ihnen weder für Ihren Besuch, noch für die Schriften danken, die Sie mir geschickt hatten und deren Gehalt mich seither bis zur erregten Entdeckerfreude beschäftigt hat. Es entspricht einem Kristallisationswunder, wenn man eigene Vermutungen, längst wirksame Ahnungen plötzlich, nach dem Gesetz eines starken, luziden und erfahrenen Geistes, geformt vor Augen hat. Wenn man dann weit über das Selbstvermutete hinausgeführt, auf jeder Seite eines Buches, einer Abhandlung, Neuem begegnet und recht eigentlich in Denken versetzt wird, setzt ein neues Lebensglück ein; man tritt aus einer durch die heutigen Umstände geschaffenen Einsamkeit heraus und endlich befindet man sich wieder im Gespräch.
Gespräch, so lange man lebt, braucht kein Ende zu fürchten. Es tritt selten ein, aber wenn es in späten Lebensjahren einmal noch einsetzt, so trägt es, wie eine frische, reißende Strömung, mitten im träge werdenden Fluß.
Dieses Empfinden blieb mir von unserm Zusammensein im Dolder zurück, es hat sich ständig durch die Lektüre Ihrer Arbeiten fortgesetzt. Ich dürfte Ihnen dasselbe sagen, was Sie mir in Ihrem so gütigen Brief ausgesprochen haben.
Von jetzt an denke ich bis im Juni, wo ich am 25sten öffentlich sprechen muß (in München), außer am 31. März, 1. April (Basel) und am 22.–23. April (Zürich), ständig hier zu bleiben. Ihr und Ihrer verehrten Gattin Besuch wird somit nach Ihrer Wahl, jederzeit, zu unserer großen Freude, stattfinden können.
In Verehrung bin ich der Ihre   Carl J. Burckhardt

An Fred Luchsinger Vinzel, den 28. April 1969.

Sehr verehrter Herr Luchsinger,
Aufs beste danke ich Ihnen für die so freundliche Übersendung Ihrer Ansprache, die Sie am Bankett der NZZ gehalten haben, an dem ich mit größtem Bedauern aus ärztlichen Gründen nicht teilnehmen konnte.
Sie haben es verstanden, in klarster Weise die Hauptthemen zu berühren, die unserer heutigen Situation zugrunde liegen und die trotz aller ihrer scheinbaren Widersprüche doch zusammenhängen.
Die Revolution des Überdrusses aus Überfluß in ihrer ganzen Unpräzision ist natürlich von der Ausnützung durch imperiales Streben gewisser östlicher Mächte und ihres ungeheuern und hervorragend getarnten Propaganda-Apparates nicht zu trennen. Ich bin immer wieder durch die Veränderungen in der strategischen Gesamtlage fasziniert, eigentlich schon seit Jahren, ja seitdem die Ära Roosevelt seinerzeit dem von ihm bewunderten Stalin so hervorragende Ausgangspunkte überlassen hat. Der Entscheid über unser Schicksal, das Schicksal derer, die ein europäisches Zivilisationserbe zu verwalten und organisch zu verändern haben, das Schicksal der noch bestehenden freien Völker hängt sicher in erster Linie von der Verteilung der effektiven Machtmittel und ihrer Anwendung ab. Der einzige, während einiger Zeit einflußreiche Russe, mit dem ich mehrfach Gelegenheit hatte sehr offene Gespräche zu führen, sagte mir einmal, es handle sich vor allem darum, mit sentimentalen Mitteln den Wehrwillen der englischen und amerikanischen Jugend zu brechen; dazu ist vielerlei verwendbar und die Resultate sind schon weitgehend vorhanden. Wenn aber ein Wehrwille aus dem natürlichen Bedürfnis entsteht, Gewalt mit Gewalt zu beggnen und sich einer evidenten Übermacht gegenüber solidarisch zu verhalten, so ist die Einschränkung oder Verhinderung einer solchen naturgegebenen Tendenz gar zu leicht die Ursache davon, daß die Gewalttätigkeit andere Wege sucht, was jetzt im Verhalten

eines Teils unserer Jugend deutlich zum Ausdruck kommt.
Was mich immer im Gespräch mit jungen Kontestatoren erstaunt, ist der Umstand, daß ihre Ziele konkret so widersprüchlich, unlogisch und schwer faßbar sind. Die einstigen Autoritäten sind eine nach der andern abgestorben. Die Jungen verlangen, soweit ich es beurteilen kann, eine Gesellschaft, die außerhalb von jeder Autoritätswirkung, d. h. von jeder Staatsordnung zu existieren hätte. Aber eben, für diese angestrebte, neue Gesellschaft verlangen alle diejenigen, mit denen ich ins Gespräch kam, die Segnungen des Wohlfahrtsstaates. Die wirtschaftlichen Organisationen, die die Mittel zur Verwirklichung des Wohlfahrts-Gedankens beitragen, sollen ebenfalls aufgelöst werden. Wenn man es versucht, solch reichlich wirren Vorstellungen Erwiderungen zu formulieren, wird mit Drohung, Lärm und einigen aus der Soziologie stammenden Amerikanismen geantwortet.
Ihre Ausführungen stellen all dies in ein helles Licht, aber es ist eine alte Erfahrung, daß man fast immer nur den schon Bekehrten predigt.
Ich hoffe sehr, Sie, wenn ich wieder einmal nach Zürich komme, aufsuchen zu dürfen, ohne Ihnen zu viel von Ihrer kostbaren Zeit wegzunehmen.
Mit besten Empfehlungen und Grüßen

Ihr ergebener
Carl J. Burckhardt

An Martin Heidegger   1181 Vinzel, La Bâtie, 4. Mai 1969

Hochverehrter Herr Heidegger,
Sie feiern nächstens Ihren achtzigsten Geburtstag.
Seit dem Tag an dem ich Sie in Freiburg aufsuchte, habe ich mich viel mit Ihrem Werk befaßt; gleichzeitig mit dieser Beschäftigung waren meine Gedanken sehr oft bei Ihrer Person. Seit Ihrer Rückkehr aus Aix-en-Provence, damals als Ihr Besuch bei uns am Genfersee beinah zustande ge-

kommen wäre, hat mich das Bewußtsein Ihrer Gegenwart in unserer Zeit immer gestärkt und getröstet.
Das »Sein«, das Sie mit tiefstem Blick umkreist haben, wird mehr und mehr von einer absurden Umwelt eingeengt, das Seiende ist auf diesem, unserem Planeten angedorben. Die Zeitgenossen schwanken unter billigen Hypnosewirkungen dahin, ihr noch selten erreichter Grad an Unfreiheit macht sie böse, beim geringsten Anlaß jedes noch so leise sich andeutenden Elements menschlicher Größe schütteln sie drohend ihre Ketten. »Impavid« zu bleiben, ist die Aufgabe, die Sie täglich erfüllen. Dieses Beispiel wird eines Tags zur Erkenntnis wahrer Objektivität zurückführen. Ich meine, Ihr Beispiel ist daraufhin angelegt, eine mächtige Spät- und Dauerwirkung auszuüben. Für die gewaltigen Reserven Ihrer denkerischen Leistung sind wir Ihnen dankbar. Dies auszusprechen erlaubt mir Ihr Eintritt ins neunte Jahrzehnt ...
Gehe ich im Jurawald meines gewohnten Weges, so steigt zur Rechten die steile Bergflanke an, sie ist mit hohen, enggestellten Fichten bewachsen. Links vom Pfad ist das Gelände eben, in weiten Abständen stehen dreißigjährige Kiefern oder, wie wir sagen, Föhren. Der Wind weht heute aus Westen; jetzt zieht ein Regenschauer vorüber. Die während des ganzen Tages rasch getriebenen Wolken teilen sich. Es ist Abend geworden. Eine Verwandlung tritt ein und in diesem Augenblick begegne ich Ihnen und höre Sie sagen: »Wenn das Abendlicht, irgendwo im Wald einfallend, die Stämme umgoldet.«
Unzählige haben dem durch Ihre Worte aufgerufenen Vorgang seit je und je beigewohnt. Hinter Ihrer Aufzeichnung aber wirkt die Gewalt der Stille, die wortlose Sprache des Seins.
»Der Dichtungscharakter des Denkens ist noch verhüllt.«
Für sehr wenige wird dieser Charakter dort sichtbar, wo die Natur uns weit über jeder Sprache aufleuchtende Zeichen gibt. Von jeher haben Sie diese Zeichen entziffert und gedeutet, was man nur vermag, wenn man sie, Ihrem Rate

folgend, so behutsam bedenkt, daß sie sich »einsam und langsam« erschließen.

Zeichen herannahender Boten! »Wir kommen nie zu Gedanken, sie kommen zu uns.« Haben sie schon vor uns andere aufgesucht? Wie haben diese die Gedanken aufgenommen? Diese andern sollten vorerst schweigen. Völlig allein sollen wir den Besucher, den Boten, den Einfall aufnehmen. Jeder Einfall stellt eine Frage. Wir haben zu antworten. Erst wenn unsere Antwort erteilt ist, dürfen wir das Gedächtnis fragen, welchen Bescheid die Denker einst gaben, die vor uns gedacht haben. Wert hat nur, was nicht bloße Variation gelehrter Anleihen ist. Hohe Gunst ist dort vorhanden, wo ein Gedanke zum ersten Male auftaucht, von noch nie Bedachtem erfüllt. Diese Gunst ist Ihnen so oft widerfahren und hat Sie in Denken versetzt.

Sie haben uns gelehrt, drei für das Denken vorhandene Gefahren wahrzunehmen, Sie sagen:

»Die gute und darum heilsame Gefahr ist die Nachbarschaft des singenden Dichters.«

»Die böse und deshalb schärfste Gefahr ist das Denken selber. Es muß gegen sich selbst denken, was es nur selten vermag.«

»Die schlechteste und darum wirre Gefahr ist das Philosophieren.«

Diese Gefahren hat Ihre Denkkraft beiseite geschoben. Das »große Denken« war Ihnen verliehen, dem es erlaubt ist, den großen Ursprung aller Erfahrung, den Irrtum einzubeziehen, um ihn in großer Weise zu überwinden und unversehrt dorthin zu gelangen, wo »Segen rinnt«.

Möge dieser Segen Ihnen, am heutigen Tage, in vollem Maße zuteil werden.

[Carl J. Burckhardt]

An Christoph Bernoulli Vinzel, 17. Juli 1969

Lieber Christophorus,
So hießest Du immer bei mir, schon lange bevor wir uns kennenlernten. Ich denke, in dem »orus« kam ein wegen des einst so großen Altersunterschiedes leicht belustigtes Erstaunen zum Ausdruck, weil mir immer wieder berichtet wurde, es gäbe einen jungen Basler, der einen gewaltigen Haß gegen mich empfinde, er sei sehr begabt, sehr »hübsch« und von Eros verwöhnt. Und nun ist es beim »ophorus«, dieser latinisierten Form einer griechischen Endung geblieben, und sie hat sich mit Sympathie gefüllt.
Bachofen war der Vetter meines Großvaters, er wohnte im Nebenhaus jenes »Auf Burg«, in dem ich zur Welt kam und das durch Adrienne von Speyr in die Weltgeschichte eingegangen ist. Meine Tante-Gotte hatte es an die akademische Gesellschaft als Wohnung für unbemittelte Professoren vermacht. Ich erinnere mich an Frau Bachofen, die sehr ungebildet war, vor allem an ihren Sohn, der, äußerst elegant, im damals gültigen Sinn, vierspännig nach Baden-Baden fuhr, lungenleidend war und eine aufgedonnerte Fräulein Petersen, später Diamanti heiratete.
Seine Tochter Castellane mit einem nun längst verstorbenen tartarinschen Gatten, habe ich oft in Paris gesehn, sie war einst das von Globus getaufte »Mädel mit den Mooshaaren« (eine Figur aus dem Raritätenkabinett des Zirkus Barnum) aus der Tanzstunde bei Frau Liechti-Loberz. In Paris erschien sie wie eine freundliche ältere Dame, so wie ein vergoldetes Ornament eines Louis XV-Sessels aus dem »Printemps«, Jahrgang 1901. Das blieb sichtbar am Rand meiner Wege, als Überrest jenes gewaltigen Mannes, den man – jetzt darf ich schon fast sagen – in Deiner Stadt, in einer sehr schwer vorstellbaren Weise verfolgt hat, ständig versuchend, ihn und sein Andenken zu verunglimpfen, ihn zu beleidigen, jede deutsche professorale Kritik aus seinen Lebzeiten (u. bei seinen Lebzeiten) höher zu hängen. Als im Jahrhundertbeginn [von einem] Regierungsrat Blocher in

den Papieren der Witwe sein unvergleichlicher, für Savigny (den er in Engelberg getroffen hatte) bestimmter Lebensbericht gefunden wurde, geschah alles, um die Publikation zu verhindern. Der damalige Regierungsrat Speiser (Rotbart) schrieb in den Basler Nachrichten einen höhnischen Artikel, und wäre Dein Vetter Carl Albrecht nicht da gewesen, wäre vorerst das erstaunliche Manuskript ungedruckt geblieben, womöglich verschollen. Ich las das ›Mutterrecht‹ sehr früh, im Beginn meiner Studienjahre, später in Wien die ›Sage von Tanaquil‹. Vom Mutterrecht besitze ich eine meinem Großvater gewidmete Erstausgabe. Bachofens Prosa ist für mich immer ein wahres Göttergeschenk gewesen. Hofmannsthal kommt in seinen aphoristischen Aufzeichnungen, seinen dunkeln, mir wohlbekannten, schriftlich festgehaltenen Selbstgesprächen immer wieder von Bachofen her, aber auch dafür wurde er gepeinigt, weil der große Basler inzwischen georgischer Besitz geworden war, nachdem er längst in Oxford erste Bewunderer gefunden hatte. Als dann in Basel der durch viele Denkmäler bestätigte Spät-Georgianismus – Rudolf Burckhardt bis Salin – Einzug hielt, begann die Stadt den inzwischen schwer zu löschenden, späten Widerschein widerstrebend zu beanspruchen; es folgten die Episoden der Gesamtausgabe, mit deren Kontrolle u. a. mein Zürcher Freund, Howald, betraut wurde. Bei dieser Gelegenheit sagte er mir einmal zornig: »alle Zitate bei Bachofen sind ungenau.« Die Spezereihändler-Gesinnung der Philologen, als Klasseneigenschaft der herrschenden Schicht, überwucherte alles, aber weißt Du, diese Genauigkeit, beispielsweise in der Geschichtswissenschaft, verhält sich in Bezug auf Wahrheit etwa so, wie Berensons Gutachten zu den Verkäufen von Duveen z. B. an Mellon; für die Gnomengenauigkeit erhielt man Prozente von allen Nachkommen jenes Wagner aus Goethes Faust.

Bachofens Denken gehört der Zeit vor dem Sündenfall an, in der Ratio und Ahnung, Bewußtsein und Unterbewußtsein noch nicht auseinandergerissen waren, sondern der ganze Mann noch dachte.

Uns beiden hat er immer wieder Großes geschenkt. Jetzt fangen unsere Herzen, die für ihn geschlagen haben, an, etwas zu stocken, aus dem Rhythmus zu geraten; ich verstehe sie. Wir wollen ihnen gut zureden.
Grüße Alice, den im Verzeihen so starken Antäus Zuck und die andere Alice, die über den Stephansdom das schönste geschrieben hat, das je über dieses mir so vertraute Gebäude gesagt wurde. Herzlichst Carl

Grüße auch den andern, von mir bewunderten Prosaiker Guttenbrunner. Er ist nicht versöhnlich, aber wenn man so etwas wie seinen Adorno-Aufsatz liest, bläst einem ein ozongesättigter Nordwind ins Gesicht. Wir haben viele Mäkler u. Brunnenvergifter, aber keine wirklichen Pamphletäre wie einst die Römer u. seither die Franzosen. Er ist einer!

An Werner Kraft Vinzel, La Bâtie, 19. August 1969

Verehrter, lieber Herr Kraft,
Ich denke so oft an Sie. An den »Himmel« von vor tausend Jahren und an jenen, der wacht. Ich sehe seine leeren Augen auch hier, hinter einer Jalousie des Fensterladens, hinter einem Busch. Welch eine Geschichte aber ist Ihnen aufgegeben, durch die Jahrtausende hindurch zu bestehen! Ich bin oft bei den Freunden in Israel, wage kaum sie anzusprechen.
Und da schickt mir ein gemütlicher Winkelphilosoph wahrhaftig ein Buch mit dem Titel »Der Sinn des Lebens.«
Diese Menschheit, die glaubt auf dem Mond gewesen zu sein! Dabei war es nur Herr von Braun und Konsorten, und nachher? Gerechtigkeit ist so viel wichtiger als durch gelungene Versuche bestätigte Mathematik.
Was mich anbetrifft, so denke ich augenscheinlich falsch, denn bei Gesprächen versteht man mich nicht mehr:
Auf Wiedersehn. In herzlichstem Gedenken der Ihre
Carl J. Burckhardt

An Werner Heisenberg Vinzel, den 25. August 1969.

Verehrter, lieber Herr Heisenberg,
Wir haben Ihnen und Ihrer verehrten Gattin noch sehr für die Ehre und die große Freude Ihres Besuches zu danken.
Wenn man sich selten sieht und spricht, haftet dem Gespräch notwendigerweise etwas Sprunghaftes an, auch bleibt ein gewisser Restbestand halb geäußerter Bemerkungen und Gedanken zurück, die aus zufälligen Gründen nicht bis zur Entfaltung, bis zur völligen Verständlichkeit gelangen.
Zwei solche Fälle gingen mir während der letzten Tage durch den Kopf. Der erste Fall betrifft das weite Feld der diplomatischen Taktik. Sie fragten mich, ob für mich außenpolitisches Handeln vor allem in überlegener Taktik bestehe. Ich hatte keine Zeit, auf diese Erkundigung ausführlich zu antworten. Meiner Ansicht nach ist taktisches Können sekundär aber unerläßlich. In letzter Zeit beschäftige ich mich viel mit der antiken Menschenkunde, von den äsopischen Tierfabeln bis zu Schopenhauer. Unter den deutschen (oder auch deutsch-schweizerischen) Kommentatoren fand ich oft Ablehnung jener psychologischen Erfahrungswissenschaft, die sich in Clemenceau's Wort zusammenfassen läßt: »L'on apprend trop de choses aux jeunes, il faudrait avant tout leur apprendre l'art de passer entre les hommes.« Diese Kunst, durch die Menschen hindurchzugehn, bildet den Inhalt der alten Psychologie, derjenigen der großen Memorialisten, der Casuisten, der Moralisten, aber auch eines Georg Christoph Lichtenberg.
Bemerkenswert scheint mir die Tatsache, daß in unserm Sprachgebiet die Begriffe Taktik (außer im militärischen Zusammenhang), aber auch ganz allgemein »diplomatisches Vorgehn« stets leicht verdächtig sind, weil man sofort assoziiert: glatt, geschickt, schlau, auf Schliche bedacht.
Goethe hat diese Neigung etwas massiv in dem Vers: »Die Deutschen lügen wenn sie höflich sind« zusammengefaßt. Ich möchte von den hier berührten Tatbeständen nur soviel

zurückbehalten: Männer deren Beruf es ist, ihr Land amtlich in einem andern Land, bei einem andern Volk zu vertreten, sollten einmal die von ihrer eigenen Empfindlichkeit völlig verschiedene Empfindlichkeit des fremden Volkes genau kennen, auch müßten sie sich genaueste Personalkenntnis der in jedem Staat und unter jedem Regime bestimmenden gouvernementalen oder oppositionellen Kreise verschaffen. In diesem Zusammenhang erwähnte ich die an und für sich geringfügige Episode der Tochter des durch de Gaulle hingerichteten Laval, der man die Frage stellte, »was hat Ihnen denn der General de Gaulle getan?« Bei uns wäre ein solches Versehen von geringem Gewicht, man würde höchstens »Pech« sagen, aber in Frankreich sind solche Dinge von übertriebener Wichtigkeit.

Ein anderes, nicht zu Ende besprochenes Thema: Ernst Weizsäcker. Von Robert Boehringer stammt das Wort: »in Derartigem war er nicht gescheit.« Er meinte die Annahme der Stellung als Staatssekretär im Auswärtigen Amt. Ich bin damals auch erschrocken, als ich von seinem Entschluß erfuhr. Was alles mußte er geschehen lassen, unterschreiben, wie mußte er noch vom Vatikan aus »ad usum delphini« berichten. Er war auch mein Freund, und ich habe ihn wahrhaft geliebt. Während des Leipziger Prozesses habe ich mich mit allen mir zur Verfügung stehenden Mitteln für ihn eingesetzt und habe dies auch späterhin getan. Ich bin gewiß, daß er bei Annahme des Staatssekretariates aus tief sittlichem Antrieb, aus Pflichtgefühl handelte, er hoffte, Vieles retten zu können. Aber hier liegt der Denkfehler vor, es war nichts zu retten und er geriet in eine auswegslose Zwangslage, an der er viel zu früh für die Seinen, für uns Freunde und vor allem für den Wiederbeginn, das eigentliche öffentliche Wohl, zugrunde ging. Ich meine, da hat er aus aufs höchste zu respektierenden Gründen, aber nicht »gescheit« gehandelt. Es standen ihm so viele andere Möglichkeiten offen und das was er übernahm, bot keine einzige. Seine Wahrheit, die Wahrheit dieses so wahrhaftigen Menschen, wird umstritten bleiben und zwar wegen Einzelhei-

ten, die man immer wieder gegen ihn ins Feld führen kann. Nach meiner Erfahrung nährt sich das historische Urteil aus Einzelheiten und nicht aus gerecht abwägenden Synthesen.
Schließlich muß ich mich noch entschuldigen. Von meiner Frau erhielt ich einen richtigen Tadel. Ich lebe jetzt, mit ganz kurzer Unterbrechung, seit fast dreißig Jahren im französischen Europa, dort kennt man die schöne Sitte des Zutrinkens nicht. Meine Frau mußte mich tatsächlich daran erinnern. Ich war also nicht nur unvollständig und ungenau in meinen Formulierungen, sondern auch noch unhöflich, was ich Sie bitte zu entschuldigen.
In den meisten Fällen sind mir kleine, von mir selbst angerichtete, wirkliche oder mögliche Mißverständnisse gleichgültig, aber Sie gehören zu den paar Zeitgenossen, denen gegenüber ich wünsche bis ins kleinste meine Absichten klarzustellen und Unarten Ihrer Generosität zu empfehlen.
Ich bitte auf diese Zeilen nicht zu antworten, beim nächsten Gespräch können wir einige der zu kurz gekommenen Themen wieder aufnehmen.
Mit der Bitte mich Ihrer sehr verehrten Frau Gemahlin aufs beste zu empfehlen, mit herzlichsten Grüßen, stets der Ihre
Carl J. Burckhardt

An Lucy Rudolph   Asolo/Prov. Treviso,
6. November 1969
Liebe Lucy,
Immer gibt es irgendetwas *nicht*: z. B. Tische, auf denen man schreiben kann. Die Tische im gut kopierten Venezianisch sind für den Griff nach Whiskygläsern, etwas unter Kniehöhe, gehalten. In meinem Zimmer, wo man schon direkt aus Vinzel, sodann über die Rochebüros einen richtigen Schreibtisch bestellt hatte, fand ich einen mit Spiegelglas bedeckten Toilettentisch vor, der genau so niedrig ist, daß ich mit meinen Knieen nicht in richtige Stellung gelange.

Wenn ich draußen sitze, was vor zwei Tagen noch möglich, zitterte meine Unterlage auf den gequälten Oberschenkeln. Heute ist der Himmel zum ersten Mal bedeckt und die Temperatur ist frisch, aber schon wieder hellt es auf. Ich bin, das ist kein Zweifel, in dieser heute etwas vergessenen Welt viel mehr von allem angesprochen als anderswo, ständig entzückt durch die goldene Färbung des Horizonts, durch den Goldenen Schnitt, das Maß aller Architektur, von Palladios Palästen in Vicenza bis zum einfachsten alten Landhaus. Die große lokale Geschichte spricht mich sehr stark an: Hochkommen, Gelten, Herrschen und Verschwinden. Hinter allem, was hier gewachsen ist, die unvergleichliche Administration Venedigs durch Jahrhunderte, Bauernland, kaum je mehr als 300 Hektar, Aufstieg, die Schiffe auf den Meeren, denn nicht wahr, damals war die Adria noch ein Meer, heute ein kleiner Golf. Damals war ein erfolgreicher Kaufmann in Treviso, wenn er nachts in seinem Baldachinbett lag und vorausdachte, voller Zukunftspläne, damals schlief er ein unter der glücklichen Vorstellung, sein Enkel oder Urenkel könnten vielleicht einmal Patrizier von Venedig werden. Solche Gefühlslagen hat Palladio zum Ausdruck gebracht, bis 1850 hat man ihn noch nachgeahmt, oft mit leiser Berührung mit dem Spätbarock u. mit dem Klassizismus.
Die Liebe, die ich immer zu dieser Welt zwischen Adria u. der Lombardei hatte, hängt damit zusammen, daß ich selbst innerhalb ihrer Grenzen gut und glücklich hätte leben können.
Der Unterschied Norditaliens und seiner Bewohner ist mir gegenüber den Franzosen so deutlich geworden, dank einer Lektüre (zwei Bände), die mich ständig gefesselt u. reich belehrt hat: Die *Selbstbiographie* Berlioz'. Pic hatte die beiden Bücher mitgebracht, weil sie sie so besonders langweilig, unerträglich, selbstbezogen, lästig, pathetisch, französisch im schlechtesten Sinne fand, nämlich voll von kämpferischem Ehrgeiz, aber getragen von der gewaltigen Hypothek – ich bin Franzose. Ich suche seit langer Zeit ein lateinisches

apte dictum, dessen Inhalt lautet: »Und die Gipfel erkennen sich«. Berlioz, geboren in einem Nest zwischen Grenoble u. Vienne, Sohn eines aufgeklärten Landarztes, der ihn zur medizinischen Laufbahn bestimmt, und einer auf Urteil, Vorurteil ihres kleinen Provinzkreises sklavenhaft eingestellten, sehr frommen Mutter, die ihn (den Sohn) auf Knien anfleht, auf seine musikalischen Bemühungen zu verzichten, dann ihn verflucht. In Paris Hunger, Ablehnung, Verachtung. Dann, bei einer unter schwierigsten Voraussetzungen erfolgenden, schlecht durchgeführten Aufführung einiger seiner Werke geschieht das Wunder; er wird von einem Zuhörer, der aufsteht, schreit, klatscht, inmitten des völlig ablehnenden Publikums *entdeckt*; dieser Zuhörer ist Franz Liszt. Es folgen Schumann, große deutsche Dirigenten. Aber in Paris sieht B. lauter Feinde, lauter Intrigen, trotz, oder wegen Weltruhm. Sein Privatleben ist trostlos. Aber es brennt, mit unendlicher Ausdauer, eine Flamme in ihm. Er versinkt in Schulden. Eines Tages erhält er einen Brief: »Sie sind in Not, erweisen Sie mir die Ehre, eine kleine Hilfe von mir anzunehmen, niemand kann es mißdeuten, ich bin selbst in bescheidenen Verhältnissen.« (Über diesen letzten Satz zerbricht B. sich den Kopf.) Der Spender: *Paganini*, der drei Wochen oder vier – Du wirst sagen: »nein, 6 Wochen, 2 Tage und eine Stunde 15 Minuten!« – also drei Wochen od. vier später in Nizza stirbt. Das damalige Frkr.: Charles x., Louis Philippe, Nap. III. Deutschland: B. beschreibt die hohe Kultur an den kleinen Höfen, die er kennenlernt. Jedenfalls alles »totaliter aliter« als in den Schilderungen, die der Napoleon-Forscher, N. N., von der »Erbärmlichkeit« der vornapoleonischen Höfe in Deutschland entwirft. Bei ihm ist alles amerikanisch achtundvierzigerisch gesehn, Marke 1969 mit zwei Augen, von denen das eine nach Washington, das andere nach Moskau schielt.

Vom jungen Herzog von Württemberg schreibt Berlioz, er habe ein Jagdschloß besessen, in dem er ein ausgezeichnetes Orchester gehalten habe, er habe ihn, den Unbekannten, dorthin eingeladen, habe ihm gesagt: »Ich verfüge über zu

wenig Instrumente, nur vier Violinen, aber sie sind gut, ich bin bloß Herzog, kann nicht mehr leisten. Sie sind ein Kaiser, verfügen über Orchester von 200 Musikern, aber wollen Sie es versuchen?«
Ich höre, ein indischer Brief, ein zweiter von Dir sei eingetroffen. Frau Ammann bat ich nichts nachzuschicken. Sie schreibt »nichts wichtiges!«
»nur so privater Miggis«, telephoniert mir aber in größter Hast: »Indolce« mache eine Kapitalerhöhung.
– So ist die Welt – wie Toms Tochter, Marina, als sie klein war, zu sagen pflegte.
Ich bin glücklich Dich zurückzuwissen. Klaus ermutigte ich in der ersten Woche unseres Hierseins nicht herzukommen, ich war einfach zu müde zum Sprechen. Schade, es wäre reizend gewesen. Auch Komfort u. Küche hätten ihm gefallen. Aber jetzt seid Ihr drei Frauen wieder da.
Im Dezember sollte ich zwischen Ciba u. Alu, einmal drei Tage in Zürich sein. Wir telephonieren von Vinzel aus.
Tausend herzlichste Grüße von uns beiden   Carl

An Hans Speidel   Vinzel, den 19. November 1969.

Sehr verehrter, lieber Herr General,
Es wurde mir von den Ärzten eine Pause, drei Wochen Urlaub, verordnet mit dem Geheiß: keine Post darf nachgeschickt werden. Diese Weisung, wonach an niemand die Adresse oder die Telephonnummer zu übergeben sei, wurde beinah lückenlos durchgeführt. Kurz, ich verbrachte mit meiner Frau in einer abgelegenen Gegend, am Südalpenfuß über der venetianischen Tiefebene, eine durch diesen nicht endenden, goldenen Herbst gesteigerte glückliche Zeit. Endlich kam ich dazu, zusammenhängend, ungestört zu lesen, bis zum letzten Tag des Aufenthaltes in einem von Blumen noch wahrhaft umwucherten Garten sitzend.
Drei Bücher hatte ich mitgenommen, darunter Ihre Zeitbe-

trachtungen, für deren so besonders gütige Übersendung ich Ihnen aufs herzlichste danke.

Der Name »Europa« ist nie so viel ausgesprochen worden wie seit 1945. Ich erinnere mich, als sei es gestern gewesen, an die Rede Churchills in der Zürcher Universität, an die positive, bis zur Begeisterung führende Reaktion der Jugend. Churchill verbrachte damals einige Wochen ganz in unserer Nähe am Ufer des Genfersees. Er malte Tag für Tag unter der Anleitung Herrn Montags, seines langjährigen Lehrers, des Winterthurer Kunstkenners und Beraters der Reinharts. Damals ließ der in jenem Zeitmoment begreiflicherweise grollende Staatsmann mich einmal kommen; er sprach über vieles mit mir und dann vor allem über die Gedanken zu seiner geplanten Rede. Er meinte: »Ein Versuch, man soll ihn immer wieder machen, aber meine eigenen Leute werden seine Durchführung bekämpfen, trotzdem!«

Dabei fiel mir eine eigentümlich klarsichtige Tagebuchaufzeichnung des alten Metternich ein, deren genauer Wortlaut mir im Augenblick nicht zur Hand ist, deren Inhalt aber aussagt: – Vereinigte Staaten von Amerika, vorerst positiv zu beurteilen, die Gefährlichkeit des Vorgangs aber liegt darin, daß man im nächsten Jahrhundert wähnen wird, man könne in Europa dasselbe zustande bringen, das wird zu schwersten Verwicklungen führen, weil die europäischen Staaten viel zu ausgeprägte Individuen sind. – Der Ausspruch steht in dem vom Präsidenten der diplomatischen Akademie in Wien, Botschafter Dr. von Breycha-Vauthier, vor einigen Jahren herausgegebenen Buch, das in Böhmen aufgefundene Tagebuchaufzeichnungen und Aphorismen Metternichs enthält.

In Ihrem Aufsatz sprechen Sie mit größter Deutlichkeit über die Gefährdung der alten europäischen Völker durch den Osten, über die leichtsinnigen Optimismen, die unwürdige Fehlleistung jeder Anbiederungspolitik an Rußland, durch die man als Bittsteller nur immer neue Vorleistungen bringen kann, die sich nie bezahlt machen werden.

Sie sind einer der ganz wenigen Berechtigten, die auf Grund genauer Kenntnisse Stellung nehmen können. Aber jede von berufener Seite geäußerte Wahrheit wird sofort vom Heer der Rhetoren überschrien. Man hat optimistisch zu sein, ist man es nicht, so ist man ein Kulturpessimist. Ein suggestiv wirkendes Wort stellt sich jederzeit ein und findet augenblicklich Abnehmer. Es gibt depressive Schwarzseher, gewiß, aber sie wirken kaum. Zum objektiven Pessimismus braucht es Mut, Wissen und Urteil, er ist deswegen selten. Das immer so merkwürdige Prinzip der Mehrheitsbeschlüsse überliefert jede Politik der schwankenden Urteilslosigkeit der Wähler, von der, in den rousseau-isch inspirierten Demokratien, die zur Regierung gelangten Gestalten völlig abhängen, weil sie bloß dank den für sie abgegebenen Stimmen überhaupt zum Zuge kommen.

Der Nationalsozialismus bedeutete einen blindwütenden Versuch, mit der Schwäche der ständig wechselnden Wahlregierungen Schluß zu machen und den Zustand der tausend Rücksichten durch brutalste Konzentrierung der Befehlsgewalt zu ersetzen. Wieder war es die Masse, die diese Befehlsgewalt verlieh. Ist diese letztere dann einmal vorhanden, so setzt die Tragik ein, wie sie an wenig Beispielen deutlicher gemacht werden kann, als an dem wahrhaft Unheimlichen, das Sie im Zusammenhang mit dem ergreifenden Portrait des Generaloberten Beck anführen: dem »Fahneneid«. Innerhalb der jeder psychologischen Unterscheidungsgabe, jeder kritischen Einschätzung einer Personalität ermangelnden Entstehung des Hitler-Abenteuers hat vielleicht ein den andern Völkern unverständlicher deutscher Hang zur Übertreibung bis zum völligen Irrealismus eine Rolle gespielt.

Mir war von jeher auffallend (auch in unserm deutschsprechenden Landesteil), mit wie viel Mißtrauen das Wesen, die Kunst der Diplomatie betrachtet wird, die doch mit dem strategischen wie taktischen Können der militärischen Führung so nahe verwandt ist. Diese Beobachtung hat mein Interesse (nicht wie behauptet wurde, meine Bewunderung) für Richelieu veranlaßt.

Kürzlich las ich in einer Studie eines bedeutenden deutschen Autors, Richelieu habe seine Hauptziele, nämlich Bündnisse mit England und Schweden, nicht erreicht. Dies ist, meiner Ansicht nach, völlig unrichtig gesehen. Der französische Staatsmann brauchte in seinem Kampf gegen das spanische Weltreich die Schweden nur bis zu dem Punkte, an dem in Deutschland die habsburgische Macht gebrochen und die deutschen Länder religiös gespalten waren; England aber mußte er als virtuellen Bundesgenossen Spaniens schwächen, was ihm durch Begünstigung der englischen Revolution für die von ihm benötigte Zeitspanne gelungen ist. Die Vorstellung, er habe Verbündete mit dem Ziel dauernder Abmachungen gesucht, ist allzu simplifiziert. Rückzug, Abwarten, Vorstoßen, Maßhalten, ständige Bewegung, ständiger Wechsel der den jeweiligen Umständen angepaßten, zeitbegrenzten Möglichkeit, dies war es, was diesen finstern, stets am eigenen Leben bedrohten, von den französischen Zeitgenossen unverstandenen Mann auszeichnete. Einen unheimlichen, zu allen Mitteln greifenden, immer zu Ende denkenden Vollstrecker haben wir vor uns, der die Macht brauchte, sie aber der absolutistischen Scheingestalt eines immer neu zu gewinnenden Monarchen delegierte.

Immerzu beschäftigt mich die Frage der »Weisheit« des für große Politik wahrhaft begabten Individuums, das innerhalb unserer Verfassungen kaum mehr wirklich zum Zuge gelangen könnte.

Die antike Geschichte enthält viele Lehren: Athen nach dem Sieg der Demokratie, Rom schon seit Vespasian, den bereits die Legionen hochtrugen.

Der mit dem gewaltigen Mittel der Hegelschen Dialektik sich auswirkende Marxismus-Leninismus hat nun einen Zustand geschaffen, durch den der im Meinungsgewirr schwankende Westen einer jederzeit durch ganz wenige Männer auslösbaren Explosionsgefahr gegenüber steht. Was diese Männer, seit Stalins Tod, vom Hitlerregime unterscheidet, ist ihre qualitativ viel höher stehende Doktrin, die auf der ganzen Welt Anhänger finden kann und so lange finden wird, bis sie im Ursprungsland ihrer praktischen Anwendung verbraucht sein wird. Die Furcht vor dem Eintreten dieses Augenblicks wird den orthodoxen Kommunismus noch lange für die herrschende russische Oligarchie als das wichtigste, jederzeit auch mit dem Risiko eines Krieges festzuhaltende Gut erscheinen lassen. Daß General Marshall, dem wir Europäer so vieles verdanken, in China aus ausgesprochenen amerikanischen ideologischen Gründen eine Rußland konkurrierende Unternehmung geschaffen hat, war ihm keinesfalls bewußt. Aber zur Zeit sind die Folgen der Entscheide, die er damals traf, die einzige reale Sicherung für unsere eigene Lage. Löst der russisch-chinesische Gegensatz sich auf und wirkt sich die schwere Erkrankung der weißen Bevölkerung der U.S.A. noch bedrohlicher aus, so wird, nach dem militärischen Prestigeverlust Amerikas in Asien, die Situation Deutschlands, Frankreichs und der übrigen europäischen Kleinstaaterei eine fast hoffnungslose werden.

Aber, verzeihen Sie, ich komme ins Salbadern. Alle die großen grundlegenden Gegenstände, die Sie in Ihrem so gehaltvollen Band behandeln, haben mich wie die luziden Gedanken zu einem modernen Feldherrntum in Denken versetzt, ein Denken, das sich besser mündlich übermitteln ließe, wobei ich der Hoffnung Ausdruck verleihen darf, daß ein neues Zusammentreffen bald einmal möglich sein wird.

Mit der Bitte, Ihrer sehr verehrten Gattin meine angelegentlichsten Empfehlungen zu bestellen, bin ich in alter, freundschaftlicher Bewunderung

stets der Ihre
Carl J. Burckhardt

An Carl Zuckmayer   Vinzel, 2. Dezember 1969

Lieber Carl,
Du hast mir am Sommerende einen so schönen, heiter aufmunternden Brief geschrieben. Bis zum heutigen Tag

habe ich Dir nicht gedankt. Seit unserm letzten Wiedersehen ging es mir während des ganzen Sommers nicht gut.
Mitte Oktober verordnete mir der Arzt, ein spitzbärtiger Portugiese, Nachfolger unseres weisen, mit etwas Hellsicht begabten Landarztes, einen Erholungsaufenthalt. Der Landarzt war ein Empiriker. Um Vertrauen zu erwecken, brauchte er bloß das Zimmer zu betreten, er setzte sich dann jeweils auf den Bettrand und faßte einen beim Unterarm. Mit verschleierten hellblaugrünen Augen starrte er auf die Wand, ohne die Uhr zu betrachten oder den Puls zu zählen. Dann begann er in seinem wohlwollenden, gequetschten Waadtländisch zu sprechen, etwa so: »Die Perrets sterben immer früh, weil es ihnen verleidet ist« oder, »die Bolomeys werden nach fünfzig ihre Hustenanfälle nicht mehr los«. Er kannte jede Familiengeschichte im weiten Umkreis von Rolle, bis in die Jurawälder. Sein Nachfolger, eben dieser Portugiese, ist ganz anderer Art. Er ist fieberhaft an Wissenschaft interessiert, seine bisherige Tätigkeit hat er mit großem Erfolg als Vertreter einer internationalen Gesundheitsorganisation in Asien und Afrika, immer auf Reisen verbracht. Als Progressist konnte er in seinem Vaterland keine Karriere machen, seine Frau stammt aus Morges, und sie hat ihn unablässig mit ihrem Heimweh geplagt. Eines Tages gab er nach, unterzog sich den schweizerischen Abschlußprüfungen, wurde älter und schließlich übernahm er das Kabinett des Landarztes und seine ganze Klientele bis zum entferntesten Hof. Wenn er bei mir erscheint, vergißt er seine nächste Verpflichtung und spricht stundenlang in sehr packender Weise von den neuesten Problemen und Aussichten seiner Disziplin. Er ist es, der mir peremptorisch drei Wochen völlige Ruhe verschrieb.
Infolgedessen fuhren wir in Elisabeths kleinem Wagen nach Asolo, einer befestigten Stadt, deren Obrigkeit vom dreizehnten bis zum neunzehnten Jahrhundert, ja bis heute, es nie gestatteten, daß der windungsreichen Gasse, die den Ort in zwei Hälften teilt, weder zur rechten, noch zur linken, Gebäude ohne würdige Fassaden, – geschmückte Fassaden –

angebaut werden durften. Die letzte entstand 1830. Auf der Rückseite dieser Bauwerke, hügelan, steigen die Weingärten, auf der andern Seite, talwärts, fließen teppichartig die Gärten und Parks dem golden leuchtenden Rand der venetianischen Tiefebene zu. In einem solchen Garten hielt ich mich täglich auf; er blühte verschwenderisch, wie im Frühling, und es war später, wolkenloser Herbst. Ich las, oder ich schlief in einem tiefen Sessel. Unter einem leuchtenden Ahorn habe ich das ganze ›Paradiso‹ Dantes einmal wieder, langsam Vers nach Vers, Wort für Wort aufgenommen. Keine Post, keine Zeitung wurde mir nachgesandt. Es war still, nur bisweilen hörte ich den leisen Knall einer platzenden Frucht des Granatbaums. Wurde es in meinem Garten zu hell, zu heiß, ging ich über ein paar Stufen hinüber in den Park Eleonora Duses, der nun auch zum Hotel gehört, in dem wir hausten, und das den Namen Cipriani trägt. Ich spreche nur den Weisen davon, denn dieses behagliche Landhaus ist den Touristen unbekannt. Es war, während unseres Aufenthaltes, nur von zurückhaltenden, sichtlich besorgten Italienern bewohnt. Der Besitzer betreibt das Ganze als seinen Landsitz, denn er ist frei in seinen Unternehmungen, weil ihm die Harris Bar in Venedig und ein wirkliches Hotel in Torcello gehört.
Im Gasthof Cipriani war der Koch, ein Toskaner, mein Freund. Er zeigte Elisabeth alles, was er herzustellen verstand, und seine Werke waren erstaunlich, als stamme seine Kunst unmittelbar von den Etruskern.
Brauchte ich eine Information, die sich auf meine Lektüre bezog, betrat ich das Haus der Duse, ich brauchte nur an einer einst blaugrünen Jalousie zu rütteln, schon war ich im Lesezimmer der Tragödin und fand den großen Larousse und andere Enzyklopädien.
Zuweilen begab ich mich auf die beiden großartig angelegten Plätze der Stadt, dorthin wo die gewundene Gasse sich unermeßlich ausweitet. Am Marmortisch vor der Schenke traf ich den alten Flickschuster – das gibt es noch – seinen Schwiegersohn, den Hutflechter; dann kamen aus den Ber-

gen die Kunden mit ihren Eseln, setzten sich zu uns. Ein gar nicht fortschrittlicher Lehrer gesellte sich uns bei. Er meinte, hier sei man noch glücklich, und diesen seltenen Vorzug habe man der hervorragenden Verwaltungskunst der Venetianer – lange her – zu verdanken. Siamo felici! Wann haben wir das noch gehört? Auch ich war es in diesem verborgenen Teil der Welt.

Im Sommer hatte ich noch viel mit wirtschaftlichen Vorgängen zu tun, Fusionen und derartiges, nicht oder kaum aktiv, aber ich mußte unterrichtet sein, hatte Gespräche mit Robert Käppeli zu führen, einem der schlagkräftigsten Menschen, der mir begegnet ist und den ich darzustellen und zu erklären versuche.

Die einzige Störung bildete jene Münchner Geburtstagsrede, die ich nicht ablehnen konnte. Vor einigen Jahren mußte ich im Cuvilliés-Theater vorlesen. Taube führte mich in hübscher Weise ein. Jetzt ließ er mich durch die Akademie bitten, zu seinem Neunzigsten das Wort zu ergreifen. Meine Aussage wurde, wie kaum anders möglich, zu einer sein Werk übersteigenden Laudatio.

Jetzt erscheint am Wochenende, wie alljährlich, der andere Neunziger, mein Schwiegervater.

Dir danke ich, Deine strahlenden Aufschwünge geben mir Mut. Euch beiden, von uns beiden, alles Herzliche

stets Dein Carl

An Ernst Jünger Vinzel, 9. 1. 1970

Verehrter Herr Jünger,
Die »Federbälle« entzücken mich. Das französische »mot d'esprit« ist immer nah am »calembour«, aber frei vom Kalauer. Mein neunzigjähriger Schwiegervater, der den Winter bei uns verbringt, ist bekannt für die Raschheit seiner Reaktionen im Gespräch. Kürzlich sagt ihm eine Amerikanerin: »Que fait-on au Conseil oecuménique à Ge-

nève?« Antwort: »L'on pasteurise les curés et récure les pasteurs.«
Ein wackerer Freisinniger urteilt hart über die Taten der Schweizer in fremden Diensten. Der alte Herr schweigt. Der Gesprächspartner: »Vous ne dites rien?« worauf er die Antwort erhält: »Vous semble-t-il moins honorable de servir les étrangers avec l'épée à la main qu'avec la serviette sous le bras?«
R. A. Schröder, in anderer Weise, hatte bisweilen solche Repliquen: Einst lud Robert Faesi uns ein, um den (vor kurzem verstorbenen) Alastair kennen zu lernen. Bei unserm Eintreffen wurde uns eröffnet, der Dichter sei unpäßlich, er leide unter einer Migräne. Wir aßen ohne ihn zu Mittag. Beim schwarzen Kaffee wurde uns mitgeteilt, Alastair sei bereit, uns in seinem Gastzimmer zu empfangen. Schwer stieg Schröder die Treppe hinauf. Alastair lag auf einer Ottomane; er trug eine gelockte, langhaarige Perücke, ein damals teagown genanntes Frauengewand, goldene Pantoffeln. Schröder verhielt sich wortkarg, wurde schroff, verließ den Raum, verabschiedete sich kurz von den Gastgebern; draußen schlug er heftig die Pforte des kleinen Vorgartens zu und sagte:
Faesi niente
Ist Alllastairs Anfang (All Lasters Anfang).
Das war so seine Art, wieder etwas anderes.
Alemannisch: das hat mich immer beschäftigt. Natürlich Baseldeutsch am meisten. Soeben rief ein Freund aus Paris an, ein Basler, er sagte:
»I bi no niene n'anegange.« n'ane – das νῠ ἐφελκυστικόν, wie mich das freute!«
In der Beilage erlaube ich mir, Ihnen eine kleine Erinnerung aus meinen Jahren am Untersee zu senden. Späne, die von einer Arbeit abfielen.
Und jetzt, verspätet und herzlich, Ihnen und Ihrer verehrten Gattin meine Wünsche!
In alter Bewunderung, Ihr   Carl J. Burckhardt

An Isa Neeff-Vöchting Vinzel, 9. April 1970

Liebe Isa,
Wir befinden uns zur Zeit in der Lage, die sich im Leben so oft wiederholt: mein Schwiegervater (neunzigjährig) liegt im Spital in Fribourg im Sterben. Elisabeth, seit Tagen, hält die Nachtwache und tagsüber kann sie nicht schlafen. Ich mache mir große Sorgen um sie, weil sie die Anlage hat Äußerstes zu leisten, und dann erst viel später die Überleistung bezahlt. Das Leben führt einen durch so mannigfaltige Prüfungen und durch viele Glücksmomente hindurch, und was dazwischen liegt, ist das Alltägliche, im Licht der Hoffnung und im Schatten der Sorge.
Seit der Zeit, in der Du mich auf dem Weg vom Steinbruch zum »neuen Haus« durch stürmische Begrüßung umgeworfen hast, seit dem Tag, an dem ich Deiner großen Puppe »Wackelkopf« einen Pfeil in die Stirne geschossen habe, sind ungeheure und furchtbare, nichts wirklich Rettendes schaffende Weltveränderungen erfolgt. Wir sind noch da; die meisten Freunde sind weggegangen, die Enkel beginnen schon über die menschliche Lage nachzudenken, zu staunen darüber, woher wir kommen, wozu wir da sind und wohin wir gehn. Früher wurde einem, schon in der Kinderschule, durch die Erzählung der biblischen Geschichte eine Antwort erteilt; – aber jetzt.
Meine zur Zeit hier anwesende Tochter Henriette (Pic) hat eine vierzehnjährige »Laura«, ihr Ebenbild, und einen siebeneinhalbjährigen Sohn, der eine unüberwindliche Freude am Erzählen, am Fabulieren hat. Sabine, die jüngere, die ganz in unserer Nähe wohnt, ist die Mutter von fünf Buben.
Ich war vor drei Jahren, in einem Hotel, in München ernsthaft erkrankt: Doppelte Lungenentzündung, während zehn Tagen über vierzig Grad Fieber, überdosierte Behandlung mit Antibiotika, und als Folge ein beschädigtes Herz, das mir viel zu schaffen macht.
Jetzt versuche ich wieder regelmäßig zu arbeiten. Einiges habe ich über die geliebten Eltern aufgeschrieben, über

unsern Großvater, Deinen unvergeßlichen Vater und Tante Mary. Vor wenig Tagen erhielt ich die sehr schönen Personalien Deines Bruders Fritz, den ich immer bewundert habe. Ich werde Luke eingehend schreiben. Vorher aber muß, hier im Haus, wieder Ruhe eingekehrt sein.
Ich bin Dir sehr erkenntlich für Dein so liebes Gedenken und erwidere Deine Grüße in alter Treue, aufs herzlichste

Carl Jacob

An Frances Knittel Vinzel, 6. Mai 1970

Liebste Frances,
Ständig waren unsere Gedanken bei Dir, seitdem die schwere Nachricht uns erreicht hat. Das plötzliche Ereignis hat mich erschüttert. John und ich hatten uns in der Lebensmitte wiedergefunden und dann entstand gleich eine aus der Kindheit stammende Freundschaft wieder in Fülle und Kraft. Dabei haben wir uns selten gesehn und haben nicht korrespondiert; aber jedes Zusammentreffen war ein Fest.
Wie viel wunderschöne Erinnerungen habe ich an kurze Besuche in Maienfeld; und besonders heiter und glücklich lebt mir unser gemeinsamer portugiesischer Aufenthalt im Gedächtnis. Aber unsere Freundschaft war mehr als dieses zeitweise Gegenwärtig- und Zusammensein. John war da, er war innerhalb der mysteriösen Lage unseres Hierseins vorhanden, er atmete irdische Luft, wie ich, er traf auf Unverständnis, auf Böswilligkeit vieler den Markt beherrschender Intellektuellen erbärmlichster Art.
Er war zu gesund, zu schöpferisch, um sich etwas daraus zu machen. Ein wunderbares freies Leben hatte er sich aufgebaut. Und, Frances –, ich will keine großen Worte brauchen –, aber, ich muß Ihnen sagen, was Sie dabei geschenkt, geleistet in einer ganz seltenen Weise, ständig, seit den frühen Jugendjahren, unablässig mitgeholfen haben, ergreift mich, wenn ich daran denke, aufs tiefste. Wenn Freunde in

solchem Fall danken dürfen, so tue ich es, in größtem Respekt.
Wir sagen uns »Du«, wenn wir deutsch sprechen und nun habe ich plötzlich »Sie« geschrieben, ganz unbewußt, eben dieses großen Respektes wegen.
Wenn die Pläne nicht ändern, fahren wir am 20sten des Monats, für drei Wochen nach Italien. Später sind wir über den Sommer hier. Wir müssen uns dann treffen. Elisabeth wird anrufen. Und so sage ich, auf bald!
Über John werde ich mit größtem Anteil etwas schreiben. Nur muß ich hinzufügen: Wann? Nach der Ruhekur in Italien, vielleicht während des Aufenthaltes. Aber was mag noch alles dazwischen kommen, wie kann man überhaupt noch, wie einst, Pläne machen.
Ich bin Dir sehr nahe in Deinem Schmerz, wie auch Elisabeth, die Dich umarmt.
In treuer, herzlicher Freundschaft Dein   Carl

An Werner Kraft   Vinzel, La Bâtie, 25. Dezember 1970

Verehrter, lieber Herr Kraft,
Während des ganzen Jahres war ich krank; Klinik, Bettruhe zuhause, Erschöpfung. Aber man denkt so »en sourdine« manches vor sich hin; und ich habe mit tiefem Anteil an Sie, an Ihr Volk, Ihre unablässig bedrohte Lage gedacht.
Meine zwei Aufenthalte in Israel gehören zu den reichsten Erinnerungen meines spätern Lebens.
Ich komme aus andern Zeiten und kann nicht, wie Grillparzer, hoffen, in andere zu gehn.
Zum erstenmal, in Freiheit und ohne Auftrag, hatte ich angefangen, mit Freude ein Buch zu schreiben. Aber jetzt soll ich nicht arbeiten. Ich stehe jetzt im »achzigsten«, dürfte die Kraft etwas zu leisten noch einmal zurückkommen?
Meine Gedanken, meine heißesten Wünsche sind bei Ihnen und Ihrem rätselhaften, grandiosen Volk.
                    Stets Ihr Carl J Burckhardt

An Carl Zuckmayer Vinzel, 8. Januar 1971

Lieber Carl,
Am 27. Dezember dämmerte ich unter meiner mir einst von Fritz Gubler geschenkten Kamelhaardecke; während Augenblicken sah ich Dich mit unglaublicher Deutlichkeit unter Eurem offenen, strahlenden Gebirgshimmel. Was mir – eben des Dämmerzustandes wegen – entfallen war, das ist die Tatsache, daß Du ja in den heiligen Tagen zur Welt gekommen bist. Also, Dein Eintritt in diese unfaßliche Welt war mir als Begebenheit ins Ganze der Zeitvorstellung zurückgefallen, was nicht geschehen wäre, wenn die Zeit noch, wie vor kurzem, geradlinig vor mir zu einem Horizont hingeführt hätte, während sie jetzt mich eingekreist hat und mit dem innersten Ring ihrer Kurven bereits meinen Hals erfaßt. Atemnot!
Ich habe Dir für so vieles zu danken: Zuneigung, Freundschaft, Treue, Zuspruch. Ach diese Worte, die in Augenblicken so gewaltigen Inhalt zu fassen vermögen.
Du hast mir in kurzem Abstand zwei Briefe geschrieben, die zum Schönsten gehören, das ich aufbewahre.
Malters, Sohn des alten, an seinem Stolz würgenden Söldners, der als Witwer aus neapolitanischen Diensten in sein verfallenes Haus am Bodensee zurückkehrte und einen Sohn mitbrachte. Nun wird der Sohn alles, was man zwischen 1918 und 1970 als sechzehnjähriger Hüne werden konnte, nur kein Händler. »Wenn du mit dem Kaufen und Verkaufen anfängst, steh ich aus dem Grab auf« hatte der Alte ihm gesagt. Dann Zwischenwelt, Tellerwaschen, Sportpreise und schließlich wird er Söldner in einem ephemeren östlichen Randstaat, – irgend einem Lettland. Es ist, außer dem Bruchstück, das nur Du verstanden hast, ziemlich viel vorhanden, aber eben lauter Bruchstücke; und das Ende? Ich weiß kein anderes Ende als jenes, das unsere Kinder erleben werden. Oder sollte einmal ein Aufstand gegen alle Aufstände, ob von rechts oder von links, wie man so sinnlos sagt, den Haß gegen die Fuchsstute Flamberge bannen

können? Oh! Du Erzähler, Du einzigartiger Erzähler, der meinen Bericht *so* gelesen hast, wie Du es soeben tatest.
(Die Schlangengeschichte: Ich wohnte noch auf dem Schönenberg. Rychner schrieb aus der Feuilletonredaktion der Kölnischen Zeitung, bat, ihm raschestens mit einer Kurzgeschichte aus der Verlegenheit zu helfen; ein Engländer, eine Reisebekanntschaft in Italien, hatte mir den Thriller mit der Boa erzählt; er behauptete, das Weibchen greife immer an, wenn man das männliche Tier getötet habe. Rychner fand dann denselben Text, den Du mir mit Genauigkeit angibst, aber er meinte, jeder habe das Recht, jede Geschichte neu zu berichten.)
Melde Dich, bitte wann immer es Dir am besten paßt, ich werde nur – programmgemäß – vom 7ten bis 9ten, 10ten Februar in Zürich sein müssen.
Ich schrieb gleich an Guttenbrunner; um ihn im Selbstbewußtsein zu stärken, sprach ich ihm von seiner, wenn vom Sturm des Zornes nicht zerstörten Prosa als von einer der ungewöhnlichsten die heute geschrieben werden. Das ist meine Überzeugung, der, was er wirklich schreibt, nicht immer, aber sehr oft in erstaunlichem Maße entspricht.
Wir sitzen im kalten Nebel, im Dunkel wie auf Meeresgrund.
Bitte Alice zu sagen wie sehr ich sie und die Dinge, die sie erschafft, bewundere. Sei umarmt!

              Carl

An Richard Graf
Coudenhove-Kalergi   Vinzel, den 2. März 1971.

Lieber Freund,
Sie hatten die große Liebenswürdigkeit, mir Ihr bedeutendes Buch zu schicken. Ich habe es mit großer Aufmerksamkeit gelesen, und nun möchte ich Ihnen meinen wärmsten Dank für das schöne Geschenk aussprechen.
Seit den zwanziger Jahren verfolge ich Ihr Denken und

Wirken. Ich habe nie aufgehört, Ihren Mut und Ihre Ausdauer zu bewundern.
Leider fehlt mir Ihr Glaube an das föderalistische Wunder, das ich doch, in keinem Augenblick meines Lebens, herbeizuwünschen aufgehört habe. Charles de Gaulle hatte von dem »Europe des Patries« gesprochen; auf der Grundlage dieser Auffassung wäre, auf dem Weg über wirtschaftliche Notwendigkeiten, das Entstehen eines Einverständnisses möglich gewesen, das ein Wirksamwerden gewisser zentraler Organe zugelassen hätte. Kleine Ansätze sind zweifellos seit der Zeit des mir unvergeßlichen Robert Schuman vorhanden, sie haben jedoch, weder in den breiten Schichten noch in den geltungssüchtigen intellektuellen Kreisen, wirkliche Ansätze zu einem föderativen Streben in Gang gebracht.
Sie führen, verehrter Freund, Beispiele der nationalen Kohäsion gleichsprachiger kleiner Staaten im Verlauf des neunzehnten Jahrhunderts an. Sie sprechen vom Bismarck'schen Deutschland und von Italien. Sicher ist die Gleichsprachigkeit, wie Balzac es immer wieder ausgesprochen hat, ein starkes Bindemittel. Aber einmal, müssen wir uns fragen, ist aus Italien wirklich ein geschlossenes, staatliches Individuum geworden? Sind auf der Apenninenhalbinsel bindende Gefühle vorhanden? Vor Jahren sagte mir einmal Benedetto Croce: »Das wird niemals der Fall sein.« – Und Deutschland, Deutschland heute?
Wir besaßen einmal einen realen Völkerbund: das alte Österreich. Entstanden war diese Föderation aus dem Willen zur Abwehr. Im Beginn des Kalten Krieges, in den Vierziger-Fünfzigerjahren, konnte man leise Ansätze zu einer gemeinsamen Abwehrhaltung feststellen. Aber so leise nur! Und jetzt? Der italienische Zustand, die Brandt'sche Außenpolitik! Tendiert nicht alles nach dem zentralen Schwerpunkt Moskau, von dem eine gewaltige Suggestionskraft, eine psychologisch überlegene Einwirkung auf allen Gebieten, eine staunenswerte Gewalt der Hypnose ausgeht? Einigung eines westlichen Europas zum Zweck

der Sicherheit, der Erhaltung freier Institutionen? Dafür finde ich keine Anzeichen, es ist zu spät. Also ein marxistisches Europa bis zum Ural? Von wo werden, wenn dies verwirklicht sein wird, nach den unumgänglichen Säuberungen, die Befehle ausgehn?
Wir sollten einmal Gelegenheit haben, ein ruhiges Gespräch zu führen. Aber zur Zeit bin ich aus gesundheitlichen Gründen ans Haus gebunden; nach Zürich komme ich selten, nur noch für medizinische Konsultationen.
Nie aber werde ich, solange mein Bewußtsein wach bleibt, aufhören, Ihren nie erlahmenden, glaubensstarken geistigen Aufschwung, Ihr männliches Standhalten zu bewundern.

[Im Originalbrief handschriftliche Grußworte]

Carl J. Burckhardt

An Werner Heisenberg   Vinzel, den 30. November 1971

Hochverehrter, lieber Herr Heisenberg,
In letzter Zeit lebe ich mit Ihrem Buch »Schritte über Grenzen«. Bei der Lektüre Ihres Aufsatzes »Die Planck'sche Entdeckung und philosophische Grundfragen der Atomlehre«, muß ich an Plancks Aufenthalt in unserm damaligen Genferhause denken. Der große Gelehrte war damals nach Genf gekommen, um im Athenäum einen Vortrag mit dem Titel »Physik und Christentum« zu halten. Er wirkte wie ein reiner Geist, eine unendliche ruhige – ich würde sagen – ›weiße‹ Kraft ging von ihm aus. Im ganzen Haus spürte man sie. Durch seine äußerste Bescheidenheit, bei vollkommener Selbstsicherheit, war alles, was von ihm ausging, leise und bestimmt. Sein Vortrag wurde von den extrem westlich-sorbonnegeprägten oder bereits amerikanisierten Akademikern, von übriggebliebenen Positivisten, in fast beleidigend deutlicher Weise abgelehnt. Christentum – was sollte es da? Es entstand fast kein Beifall. Nachdem Planck das Pult

verlassen hatte, umdrängte man ihn, und immer wieder hörte ich den Namen ›Einstein‹.
Am nächsten Tag machte ich mit Planck eine Fahrt nach Savoyen. Er hatte einen leichten Hammer mit langem Stiel mitgenommen. Wiederholt bat er mich anzuhalten, dann stieg er aus, überkletterte den Straßenrand, ging aufwärts über die Bergwiesen und prüfte Steine, wie der alternde Goethe. Auf der ganzen Fahrt kam er nicht auf den vorhergehenden Abend zu sprechen. Nur ganz zuletzt, vor dem Nachhausekommen, fragte er: »Haben Sie Einstein während seiner Schweizerzeit gekannt? Er spielte damals viel Violine.« Später, nach Tisch, meinte er: »Sie sollten fleißig Aristoteles lesen und seinem Begriffe – potentia – nachdenken.«
Jetzt finde ich bei Ihnen die Stelle: »Wenn man annimmt, daß die exakte Naturwissenschaft auch in Zukunft den Begriff der Wahrscheinlichkeit oder Möglichkeit, der ›potentia‹ in ihren Grundlagen enthalten wird, so rücken dadurch manche Probleme aus der Philosophie früherer Zeiten in ein neues Licht.« Dann nehmen Sie Bezug auf die Quantentheorien. Da fiel mir jene an mich gerichtete Aufforderung Plancks wieder ein. Sie ist mir im Lauf der Jahre oft gegenwärtig gewesen, wenn ich versuchte, über dasjenige nachzudenken, was die politische Zukunft im Schoße trug. Zukunft war mir immer ein sehr merkwürdiges Wort, weil es das auf uns Zukommende, also schon Vorhandene bezeichnet.
Potentia – Möglichkeit. Möglichkeit die in der auf uns eindringenden Zeit schon – oder seit jeher, vorhanden ist.
Wir teilen unser Leben in Zahlen ein und messen es in Dezennien. Bei den spätern Dezimalzahlen verharren wir, um zu feiern und Wünsche auszusprechen.
Das Feiern ist am Platz, entweder es bestätigt ein tapfer und richtig auf den Höhen der Existenz geführtes, klares, sicheres Leben, wie es das Ihre in so besonderer Weise war und ist; oder aber – es tröstet.
Jedoch die Wünsche? Was steckt dahinter? Die Absicht, den

weitern Verlauf in günstiger Weise zu beeinflussen? Die Annahme, daß dies möglich sei, erscheint beinahe verwegen. Und doch treibt einen der unwiderstehliche Wille – zu wünschen, Allerbestes zu wünschen, sobald man in Verehrung und Bewunderung einer Person gedenkt, die dem (von wem?) Geschickten, eben dem Schicksal, wie immer, auch durch die furchtbarsten Zeiten, konsequentem Tiefgang gewachsen war und es weiterhin sein wird.
Letzteres zu wünschen kann man sich nicht verwehren.
Völlig frei aber steht einem, für ein beispielhaft geführtes Dasein, ex emo zu danken.
In herzlichstem Gedenken, dem Elisabeth sich anschließt, Ihnen und Ihrer sehr verehrten Gattin

Carl J. Burckhardt

An Herbert Lüthy   Vinzel, La Bâtie, 30. XII. 1971

Lieber und verehrter Herr Lüthy,
Das wenige, was man vorkehrend unternehmen kann, besteht darin, daß man die auf uns zukommende sogenannte Zeit mit Fähnchen oder Fahnen absteckt. Eine solche Fahne würde wehen, wenn wir jetzt schon abmachen könnten, daß Sie, mit Ihrer verehrten Gattin, während der Frühjahrsferien hier ein Wochenende verbringen könnten!
Ich habe ein schwieriges Jahr hinter mir. Diese Leukämien sind heimtückische Krankheiten, sie scheinen auf neue Medikamente anzusprechen, der Zustand bessert sich für kurze Zeit, dann plötzlich setzen zermalmende Erschöpfungszustände wieder ein; man wird in Untätigkeit versetzt, man wartet. Das, worauf man noch wartet, ist unwahrscheinlich. Sie sagen, aus Quisquilien entgleite die Zeit. Wie sehr muß ich das erfahren. Von September bis Ende November füllte ich Karten mit Danksagungen. Dann begannen die Wünsche für die Feste, für den Jahreswechsel den Postverkehr zu belasten, und wenn ich wirklich schreiben wollte, hielt die Hand die Feder nicht mehr. Aus der Vergangenheit stiegen

nicht, wie bisher, die Zeugnisse verantwortlicher Staatsmänner auf, diese Staatsmänner waren tot. Was jetzt an die Reihe kommt, sind die sogenannten Geheimdienstquellen, der unsägliche Unsinn, den Genosse Schuster und Handschuhmacher, als Mitglied des im letzten Krieg so sehr versagenden englischen Geheimdienstes, fast täglich berichtete. »Zwei Gewährsmänner Himmlers suchten C. B. auf.« »Ein Abgesandter Görings suchte C. B. von 19 bis 21 Uhr in seiner Wohnung auf!« Und dergleichen mehr. All dies kommt dann ins ewige Geschwätz und wird einem von hühnerhaft aufgeregten »Damen« mit warnenden Pfauenschreien zugetragen. Wenn man meist recht einsam lebt, verstimmt oder betrübt sogar solcher aus längst vergangenen Erbärmlichkeiten aufsteigender Brodem. – Zu Unrecht vielleicht, aber man erinnert sich dann, daß man von 1939 bis 1945, freiwillig, sehr oft sein Leben riskiert und täglich von 12 bis mehr Stunden gearbeitet hat, um von einem faschistischen Regime Leistungen auf dem Gebiet des Humanitarismus zu erreichen. Genug davon, daß ich gerade Ihnen meine Klagen vorbringe, beweist, daß ich Sie, heute, für den Einzigen halte, der imstande ist, die Hintergründe solcher Vorgänge zu überblicken. Die meisten können bei völliger Wahrheitsliebe Unrichtiges akzeptieren und sich aneignen; das *Richtige* zu kennen und sich dafür einzusetzen, ist nur wenigen überlegenen Köpfen gegeben.
Ich denke oft nach Basel hinüber und versuche es, mir Ihre dortige Existenz vorzustellen. Meine Sorge ist es immer, die zur eigentlichen Produktion nötige Zeit werde Ihnen durch allzuviel leere Betriebsverpflichtung weggestohlen. Es ist dies in der Stellung als Ordinarius fast unvermeidlich. Nun höre ich mit größter Freude von vielen Leuten über die hohe Qualität Ihrer Vorlesungen und den in die Tiefe gehenden Lehrerfolg sprechen. Das beglückt mich, denn seit ich Ihnen begegnet bin, lag mir soviel daran, daß das ständig von Ihnen Geleistete nie einem Hindernis in Gestalt verschwörerischer Mittelmäßigkeit begegnen möge. Stets wünsche ich Ihnen tragende Kraft, Zustimmung, damit das Werk, das

mir soviel bedeutet, Ihnen zur Freude im Kreis der Ihren glückbringend uns alle bereichern, weiterwachsen möge!
Für Sie und [die] Ihren alle gute Gedanken beim Jahresbeginn!
   Carl J. Burckhardt

An Werner Heisenberg   Vinzel, den 19. Januar 1972

Verehrter, lieber Herr Heisenberg,
Ihr Brief führt zu einer Koinzidenz.
Sie hatten die große Güte, mir Ihr Buch »Schritte über Grenzen« zu schenken. Die Lektüre hat mich intensiv beschäftigt. Einige Zeit nach Eintreffen des Exemplars mit Ihrer Widmung, das mich hoch erfreute, erhielt ich dieses selbe Werk vom Verlag mit der routinemäßigen Bemerkung: Besprechungsexemplar. Ich schenkte diese »Replik« einem alten schwedischen Bekannten, Baron K., einem vor allem an Philosophie interessierten Kunsthistoriker, der sich am Genfersee niedergelassen hat und mich bisweilen aufsucht. Er war von der Lektüre Ihres Werkes tief beeindruckt, auch sagt er mir, er habe Ihnen geschrieben.
Meinerseits habe ich Herrn Piper mitgeteilt, ich hätte Lust, es mit einer Besprechung zu versuchen. Er antwortete mir in sehr liebenswürdiger Weise und fragte, wo ich zu veröffentlichen gedächte (Zürcher Zeitung, Revue etc.)
Ich kann mich selbstverständlich nicht über naturwissenschaftliche Themen äußern, und außerdem ist es mir nicht möglich, ein Versprechen in Bezug auf den Ablieferungstermin eines Textes abzugeben, weil diese Leukämie, an der ich leide, sporadisch sehr große Erschöpfungszustände mit sich bringt.
Nun steigerte sich aber mein Wunsch, etwas über meine Lektüre – nicht nur der »Schritte über Grenzen«, sondern gleichzeitig über den andern Band »Der Teil und das Ganze« – aufzuschreiben, und zwar ermutigte mich dazu der Besuch eines alten Weinbauern, den ich vor einiger Zeit erhielt. – Und hier liegt die Koinzidenz.

Dieser alte Mann, der lebenslang körperliche Arbeit geleistet hatte, sagte mir: »Jetzt habe ich viel Zeit zum Nachdenken. Da ich nun sehr alt bin und dem Ende nahe, beschäftigt mich die Frage des Lebens nach dem Tode.« Er sei, so meinte er, wie alle im Dorf, christlich erzogen worden und sei auch in frühern Zeiten bisweilen zur Kirche gegangen. Aber wenn er von dem Fortbestehen der Seele gehört habe, ihrem Eingehen in ein Reich wo sie gerichtet, bestraft oder belohnt werde, habe er nicht daran glauben können, vor allem nicht an das, was die Katholiken lehrten, nämlich, daß der Körper auferstehe. Jetzt sei das anders geworden.

Nun fragte ich: »Wodurch?«

Er antwortete: »Durch die Naturwissenschaften.« Er habe in einer Zeitung gelesen, daß alle Materie – dieses Weinglas und sein Inhalt, diese Tischdecke, der eigene Körper oder der Mast der Starkstromleitung – nur aus Energie bestände und, daß sie durch in verschiedenen Rhythmen schwingende Atome ihre so mannigfachen Formen zu schaffen fähig seien, daß infolgedessen es für ihn nun klar sei, daß der menschliche Körper zu existieren aufhöre, wenn diese rhythmische Schwingung der Atome abgelaufen sei und daß nun die Seele alle einst nötige Energie zum Aufbau des Stoffes in sich aufnehme und nach neuen rhythmischen Gesetzen unbegrenzt weiterlebe. Es komme auf die Speicherung seelischer Energie an, um die Wandlung dessen, was einst den Körper, sein Wachstum, sein Bestehen bedingt habe, Wandlung – immer wieder – durch einen andern Rhythmus, der sich für irdische Augen unsichtbar auswirke.

Nach dieser naiven Erklärung und nachdem dieser Besucher mich verlassen hatte, sann ich seiner Vorstellung nach und wurde dazu geführt, über das Verhältnis der Naturwissenschaften zu den 90 oder mehr Prozent der Menschheit, d. h. zu den Laien, nachzudenken.

Ich sagte mir, von allen Revolutionen, denen wir in unserm Jahrhundert ausgesetzt waren, ist die größte, die einzig wirkliche – die naturwissenschaftliche.

Vom Laien wird sie meist nur auf dem Gebiet der Technik wahrgenommen. Die technischen Errungenschaften haben weitgehend allenthalben die Bequemlichkeit erhöht. Der Laie nimmt sie im ganzen passiv hin und genießt sie. Er reklamiert nur, wenn er durch Publizistik auf gewisse negative Folgen des technischen Fortschrittes aufmerksam gemacht wird. Anders ist es mit Ereignissen wie der »Einstein'schen« Theorie. Sie bleibt für den der mathematischen Sprache unkundigen Zeitgenossen unverständlich und dennoch bewirkt sie in ihm tief haftende, wenn auch undeutliche Vorstellungen.

In Ihren beiden Büchern liegt nun, neben einer bisher in dieser Weise nie erreichten allgemeinverständlichen Erklärung der heute der Erkenntnis zugänglichen Grundphänomene, eine eigentliche Geschichte der neuzeitlichen Physik vor. Eine ungeheuer eindrucksvolle Erzählung des Ergebnisses einer Zusammenarbeit zwischen wenigen Menschen, eines Gesprächs von Position zu Gegenposition, das oft zu Einverständnis führt und sich nicht ohne dramatische Gegensätze, innerhalb einer Art von »friends society« abspielt. Ihre Darstellung vollzieht sich in wahrhaft antiker Ruhe als entscheidender Beitrag zum Ablauf menschlichen Denkens, jenseits von dem stets sein Primat beanspruchenden, wirren, sogenannten politischen Zeitgeschehen, dem wir alle ausgesetzt sind.

Sollte es mir gelingen, unter meinen jetzigen persönlichen Voraussetzungen, etwas über Laientum, Massenstimmung und Leistung der Naturwissenschaften auszusagen, würde ich glücklich sein.

Dies mit wiederholtem Dank für das große Geschenk dieser beiden Bücher und für Ihren so gütigen Brief.

Mit der Bitte, Ihrer sehr verehrten Frau Gemahlin meine beste Empfehlungen zu übermitteln, verbleibe ich in herzlichem Gedenken   stets der Ihre Carl J. Burckhardt

Bitte um Verzeihung für die Maschinenschrift, ich werde unleserlich!

An Michael Stettler 1181 Vinzel, La Bâtie, 1. Februar 1972

Lieber Michael,
Deinen lieben Brief vom Sylvestertag habe ich noch immer nicht beantwortet. Es ist stets das gleiche, solche Briefe bewahrt man sich auf, um sie *wirklich* zu beantworten: Die »Post« war reichlich seit dem Herbst, häufte sich an; ich wollte zuerst das Konventionelle erledigen, daneben versuchte ich mit Mühe, und nur selten mit antreibender Lust, an meinem Manuskript weiterzuarbeiten. Es ging mir nicht gut.
Die Scherz'schen sechs Bände waren Ende Dezember vergriffen, man setzte schon für eine zweite Auflage. Ich hätte korrigieren und ergänzen sollen, aber dazu reichten die Kräfte nicht.
Du bist inzwischen ein Sechziger geworden. Nimm großherzig, wie Du es bist, meinen Novembergruß als Gratulation. Einundzwanzig Jahre alt war ich, als Du, wie es so seltsam heißt, zur Welt kamst. Sechzig ist für mich, in der Erinnerung, noch reine Jugend. Wie wohl war mir, als Lucy R. mich an meinem Sechzigsten zum Abendessen einlud, Fritz Gubler, Max Rychner waren zugegen. Gubler hatte eine Überraschung für mich ausgedacht, mitten im Ablauf der Tafelrunde ertönte plötzlich Musik. Er hatte das Winterthurer Quartett aufgeboten und es erklang Haydns: »Gott erhalte.« Die fünfzehn Jahre, die auf jenen Abend folgten, waren gut, noch fühlte ich eine gleichbleibende Kraft in mir. Nach »fünfundsiebzig« verließ sie mich. »Uns ward gegeben auf keiner Stufe zu ruhn«, sagt Hölderlin; aber jetzt muß ich es mit dem Ausruhn versuchen. Möge Dir ein langer Aufstieg mit vollerhaltener schöpferischer Lust bevorstehn. Barbara, das unbarbarischeste Wesen des Zeitalters, und Deine lieben Töchter stehen wie eine alles »Liebe und Gute« hereinbringende Garde um Dich. Klavier, Geige, Flöte, Okarine und Zither werden Dich weiter umtönen.
Und jetzt, das Geländer der Kirchenfeldbrücke! Weißt Du, daß ich an dieses Geländer eine ganz intensive Erinnerung

besitze? Vielleicht hab ich's Dir erzählt, ich habe auch etwas darüber aufgeschrieben. Da gab es in Glarisegg 1917, – 18–19 – einen russischen Schüler, Boris Koreaguine, den Sohn des größten Händlers mit Reproduktionen von Kunstwerken in Petersburg. In jenen Jahren kehrte ich oft an den Bodensee zurück. Der junge Russe erhielt plötzlich keine Nachricht von seinen Eltern mehr, das Schulgeld wurde nicht bezahlt. Zuberbühler behielt ihn bis zu seinem Schulabschluß; dann nahm ich mich seiner an, übergab ihn an Pfarrer Schädelin an der Herrengasse in Pension. Aber Koreaguine wollte zurück nach Petersburg, er mußte die Eltern suchen, heftig wurde er, finster, gewalttätig. Schädelin war beunruhigt. Ich fuhr nach Bern, machte einen großen Spaziergang mit dem Russen; erst nachts waren wir auf dem Rückweg über die Kirchenfeldbrücke. Da hatte der junge Mensch einen seiner Anfälle, schrie, tobte: »ihr verdammtes Geld!« brüllte er und plötzlich – er hatte Bärenkräfte – faßte er mich um den Leib und versuchte mich übers Geländer zu werfen. Ich habe später geschrieben: »Ich mußte mich wehren« – in der Tat, – aber das Wehren war schwierig. Noch jetzt taucht die Episode bisweilen in Träumen auf. Und jetzt! Dein schöner Bericht hat mich ganz wunderbar berührt: Abschied, einer der unendlich vielen; *Totenrede* auf ein gußeisernes Geländer, so fest und zart, wie all Deine Sachen, und welch ein Ausklang: Anker.

Ach, Michael, wie betrüblich, daß wir so weit auseinander wohnen und daß ich das Haus nicht verlassen kann, um Euch einmal, an einem Sonntag in dem Euren aufzusuchen.

Elisabeth schließt sich meinen Grüßen an Euch alle aufs herzlichste an: Stets Dein   Carl

An Friedrich Dürrenmatt 1181 Vinzel, 10. Februar 1972

Verehrter, lieber Herr Dürrenmatt,
Von allen Seiten meiner physischen Existenz her angegriffen, kann ich nicht mehr schreiben. Ich möchte es aber versuchen, Ihnen von einem der stärksten Eindrücke zu sprechen, die ich in den letzten Jahren gehabt habe. Es handelt sich um Ihren Akt »Der Sturz«. Dieses nur Ihrem gewaltigen Griff mögliche Konzentrat bildet unter anderm ein historisches Dokument allerersten Ranges. Hier wird dargestellt, wie ein ursprünglich grandioser Aufbruch mit dem Ziel sozialer Gerechtigkeit durch eine kleine Gruppe von Männern und Frauen, ihren Neid, ihren Haß, ihr Mißtrauen und ihre Macht, ihre ephemere Macht, das einstige Ziel zum Propagandamittel werden läßt, und als Projektion aller Erbärmlichkeiten jedes einzelnen der Gruppe, innerhalb einer Weltbeherrschungsstrategie, zuletzt einziges Gelingen in der Schaffung des größten Militärpotentials findet, das jemals bestanden hat.
Wie immer bei Ihnen, handelt es sich nicht um eine auf einen bestimmten Staat, einen konkreten Fall bezügliche Deutung, einmal wieder zeigen Sie, was innerhalb größter menschlicher Unternehmen immer wieder am Sosein der Menschen zu Grunde geht. Sie treiben, im Unterschied zu unsern Zeitgenossen, keine Psychologie, sondern Sie urteilen dort, wo der Schnittpunkt zwischen Psychologie und Schicksal liegt.
Seit etwa fünf Jahren ist es mir miserabel ergangen, ich habe von sehr wenig an mich herantretenden Ereignissen *so viel* Hilfe, Halt, Aufschwung erhalten wie von diesem Ihrem erstaunlichen Wurf. Dafür darf ich danken.
Vom gesetzmäßig wirkenden Einfluß des Alters abgesehen, habe ich immer wieder beobachtet, daß Leistungen dieser Art dem einem schöpferischen Menschen verliehenen Vorrat an schaffenden Energien, einen schweren Zoll abfordert. Ich denke, er muß in mit Gleichmut angenommenen tiefen Ruhepausen, ohne Gegenwehr, von Zeit zu Zeit ertragen

werden. Dann plötzlich springt die nächste Leistung wie ein Geysir hervor. Diese Beobachtung gilt für Personen Ihrer Art, sie bezieht sich auf ein Privileg, das mit Gleichmut, also *sicher*, abgewartet werden darf.

Wo Schöpferkraft vorhanden ist und sich in erstaunlicher Folge immer wieder bewährt hat, steht ihr Träger auch über den Kränkungen, gewissen Formen des Mißgeschicks. Ich kann dies von außen erkennen, denn mir ist weder die Schöpferkraft noch jene Elevation über das zufällig einsetzende Pech verliehen.

Ich habe viel seit Ihrer Rückkehr nach Neuchâtel in stetiger, auf tiefer Sympathie beruhender Bewunderung an Sie gedacht, mit einem merkwürdigen und sichern Gefühl, daß sich jetzt sehr Großes in Ihnen vorbereite.

Aufs allerherzlichste grüße ich Sie und Ihre liebe Frau. Es wäre mir ein Geschenk, wenn ich Sie im Sommer noch einmal wiedersehn dürfte.

Stets ihr
Carl J. Burckhardt

Entschuldigen Sie das Konzeptpapier. Ich kann nicht nochmals abschreiben.

An Alexander Bruggmann   1181 Vinzel, 26. März 1972

Lieber Freund,
Ich kenne Ihr überlastetes Programm nicht, weiß auch nicht, was für Osterpläne Sie haben. Halten wir es für abgemacht, daß Sie sich melden, wenn Sie Zeit haben, nach La Bâtie zu kommen. Sie aufzufordern ist mir entgegen, weil ich immer fürchte, Sie Ihrer Familie zu entreißen, und zwar gerade an den wenigen Tagen, an denen Sie frei sind, sich den Ihren ganz zu widmen.
Für Ihren ausgezeichneten J. B.-Artikel hätte ich Ihnen gerne mündlich gedankt. Sie stehn jetzt inmitten eines Sprachpro-

blems und diese Tatsache ist ernst zu nehmen. Noch immer habe ich Ernst Gagliardis qualvolles sprachliches Suchen im Gedächtnis. Seine Grundanlage war italienisch-lateinisch, der deutsche Ausdruck sperrte sich gegen diese Voraussetzung, und er zerbrach dabei. Ihre französische Redaktion ist stellenweise eine Übersetzung deutsch gedachten Gehaltes. Das ist gerade in der soeben erwähnten Arbeit der Fall. Da muß man äußerste Vorsicht walten lassen. Zweisprachigkeit ist eine der schwierigsten Voraussetzungen. Man kann keine Ratschläge erteilen. Sage ich: lesen Sie immer wieder Voltaire, so ist dieses Rezept ungefähr so zweifelhaft, wie die Wirkung der massenhaften Medizinen, die man mir verabreicht, man sucht nach einer Dominante, und sie hebt die Freiheit aller andern Stimmen auf.
Darüber, an Hand Ihres Textes reden wir gelegentlich.
Ihnen, den Ihren alles Herzliche, stets Ihr
           Carl J. Burckhardt

An Gershom Scholem   Zürich, 20. April 1972

Lieber, verehrter Freund,
Nun bin ich zum ersten mal seit langer Zeit aus meinem meist geruhsamen, aber einsamen Arrest nach Zürich gekommen, um wieder unendliche medizinische Prozeduren über mich ergehen zu lassen.
Es ging mir sehr mäßig, deshalb antworte ich erst heute auf Ihren schönen und gedankenvollen Brief vom letzten Monatsende.
Zur Zeit hat meine Sorge um das Schicksal Ihres Landes etwas abgenommen. Zuviele Einflüsse kreuzen und neutralisieren sich, es ist denkbar, daß Ihr tapferes Volk sich weiterhin kräftigt und Zeit gewinnt, indem es sich aus der eigentlichen Schußlinie hält, bis das Schießen der andern schließlich aussichtslos wird.
Jetzt sind Sie, und ist Ihre liebe sehr verehrte Gattin, der wir uns sehr empfehlen, wieder in der Heimat, und der Winter,

den Sie seit 49 Jahren zum erstenmal in »Europa« verbrachten, war kein mitteleuropäischer Winter, sondern eine Art von seltsamer lauer Zwischensaison. Jetzt, gerade heute, bläst ein eisiger Nordwind, Schnee stöbert in die wie verkrampft aussehenden Blüten, und die behaarten Protestierer lassen ihre meist unsaubern Locken über den Kragen, den hochgestellten Kragen, verfilzter denn je herunterhängen. Verfilzt sind auch die im rauhesten aller Dialekte geäußerten Mutmaßungen über die württembergischen Wahlen und Herrn Pompidous Plebiszit. Wobei die Mehrheit der Kommentatoren eigentlich wärmere Empfindungen überhaupt nur für ethnische Gruppen aufkommen läßt, von denen man sein Geltungsbedürfnis als Magister, Berater, Wohltäter glaubt nähren zu können. »Die armen Neger, unglücklichen Palästinenser« u. derartiges! Alles was Amerikaner tun, ist besonders anrüchig, denn man hält sie für mächtig, und »Macht ist« – in der Schweiz – »an und für sich böse«. An Rußland werden keine ähnlichen Gefühlsurteile geliefert, denn der einzelne Russe ist arm und ein Idealist – (mit Sch.!) Er nimmt sich auch der armen Araber an, aus purem Mitleid. Tatsächlich derartiges bekomme ich zu hören.
Ich komme nicht mehr leicht ins Gespräch. Bisweilen suchen selbstbewußte Studenten mich auf. Kürzlich betrat einer in Hippyaufmachung mein Bücherzimmer und rief beim Eintreten: »Glauben Sie an einen persönlichen Gott?« Ich erwiderte »und Sie, woran glauben Sie?« worauf er antwortete: »Ich glaube an Professor Marcuse und strebe nach Lustgewinnung!« Mein Ratschlag, »da wäre wohl das Niederdorf in Ihrer Heimatstadt eine bessere Adresse, als das 100 Seelen beherbergende Vinzel«, schien ihn irgendwie (sein Lieblings-Wort) zu verdrießen.
Wie gerne käme ich noch einmal nach Jerusalem.
In alter Bewunderung freundschaftlich

Carl J. Burckhardt

An Robert Boehringer Zürich, Scheideggstraße 44,
25. April 1972
Lieber Freund,
Für zwei Tage Arztbesuch in Zürich.
Wie wahr Ihre Erwähnung der beiden letzten Terzinen. In derartigem, hier und dort bei den Größten aufleuchtend, liegt das unendlich seltene Geschenk des Trostes.
Bei Dante ist alles, was im menschlichen Erkenntnisvermögen vorüberzog, bis auf unsere Tage enthalten. Dort wo er einsetzt: »O predestinazion, quanto remota/È la radice tua« ... etc. (Paradiso XX 130–131) beginnt etwas von seltenstem Gleichgewicht innerhalb allerletzter Werte, da sind alle die großen Übertreiber wie Calvin, bis auf die neuesten »Zufallstheoretiker«* physikalischer Observanz, an einen seherisch überwältigend richtigen Platz gestellt. Wie die Adler-Vision einsetzt:
Parea dinanzi a me con l'ali aperte
La bella image che nel dolce frui
Liete facevan l'anime conserte --
Solange ich noch lesen kann (– die Sehkraft nimmt auch schon ab), werde ich bei diesem großen Gedicht bleiben. Ach käme doch eines Nachts ein Vorfahr, ein Kreuzfahrer braucht es nicht zu sein, wie Cacciaguida, und könnte sagen: So und nicht anders nütze die Zeit.
Was an Georges Übertragung so eindrucksvoll ist und von keiner andern erreicht, liegt für mich im völlig naturhaften Herbeiströmen des dichterischen Ausdrucks, der Ebenbürtigkeit der Texte, ein mächtiges Gegenüberstehn. Welch eine Kühnheit schon im ersten Vers des Inferno, – nel mezzo del camin di nostra vita – dieses – »im Leben«, was gehaltmäßig vollkommen richtig, an dem furchtbaren »durchs Leben« anderer Übersetzer vorbeiführt. Zeile auf Zeile stößt man auf solche aus dem innersten Wesen des Deutschen sich ergebende Richtigkeiten.
Was geht nicht täglich von unsern höchsten Werten aus

* Monod

allen wahrhaft geistigen Gebieten reißend schnell dem Nichts entgegen. Alles verroht; beim größten Florentiner ist alles Grauenhafte wie alles Sublime vorhanden, beides in gleicher Würde. Unser Geschlecht erhebt die Würdelosigkeit zum Ziel.
Ich freue mich auf unser nächstes Zusammensein. Elisabeth hat oft in Genf zu tun, dann bringt sie mich und holt mich wieder ab. Falls es Ihrer sehr verehrten Gattin, der ich meine ergebensten Empfehlungen zu übermitteln bitte, wieder besser geht, wird es für meine Frau immer eine besondere Freude sein, der Ihren einen Besuch machen zu können.
In altem freundschaftlichem Gedenken
Carl J. Burckhardt

An Werner Heisenberg 1181 Vinzel, La Bâtie, 23. Mai 1972

Sehr verehrter, lieber Herr Heisenberg,
Bitte entschuldigen Sie die Maschine!
Ihr so gütiger Brief ist für mich ein großer Lichtblick, auch danke ich Ihnen aufs herzlichste.
Daß ich nicht in Konstanz dabei sein konnte und auch nicht werde nach Bonn fahren können, gehört zu diesem Strafpensum, das ich nun schon seit so langer Zeit absitzen muß.
Auf der Mainau war ich ein einziges Mal, während meiner Schulzeit am Untersee; wie gerne möchte ich noch einmal dorthin bei Frühlingsausbruch zurückkehren.
Der Winter war lang, oft sehr einsam hier. Die »Leukämie« ist dadurch so mühsam, daß sie einen des Mittels beraubt, produktiv die Krankheit durch geistigen Widerstand zu überwinden. Es ist ein schleichendes Übel, das einen durch Erschöpfungszustände lahmlegt.
Ich teilte im letzten Herbst Herrn Piper mit, daß ich versuchen würde über Ihr Buch »Schritte über Grenzen« zu schreiben. Aus dieser leichtsinnigen Zusage entstand nun etwas recht Kurioses. Der einzige Titel, den ich glaubte

einer solchen Äußerung geben zu können, lautete: »Der Laie und die modernen Naturwissenschaften«. Die Schwierigkeit lag gleich im Beginn dieses Versuches darin, daß ich zwar wußte, daß unser Jahrhundert seine erstaunlichsten Leistungen auf dem Gebiet der Naturerkenntnis und ihrer sekundären Auswirkungen vollbracht hat, daß aber meine eigene Einsicht in fast karikaturaler Weise eben diese Ahnungslosigkeit des Laien teilt und mir verbietet festzustellen, worauf diese Ahnungslosigkeit sich bezieht. Zu passiver Existenz gezwungen, machte ich mich infolgedessen daran, etwas zu lernen. Vorerst las ich Ihre beiden, in »Johann Sebastian Bachscher« Ruhe durchkomponierten Bücher sehr eingehend, Satz für Satz und wiederholt. Ich konnte bei der zweiten Lektüre der beiden Bände »Der Teil und das Ganze« und »Schritte über Grenzen« eine erstaunliche Anzahl von Fakten aufnehmen, weil Sie die so überaus schwierige Aufgabe gelöst haben, fast alles in Worten unserer Sprache, fugenhaft mächtig und deutlich zum Ausdruck zu bringen. Sie erzählten, als großer Chronist, vom Ablauf der schwindelerregenden, selbsterlebten, selbstmitgeschaffenen Forschungsleistung, in wunderbarer Selbstverständlichkeit und Klarheit.

Nun aber, wenn ich es wagen wollte, selbst etwas zu äußern, wurde es notwendig, daß ich mich mit der Materie immer weiter beschäftige. Ich entschloß mich zu aufnehmender Tätigkeit, begann – ja Sie werden lächeln – eine große Anzahl naturwissenschaftlicher Publikationen zu lesen.

Es fehlte mir die Mathematik.

Der Zufall wollte es, daß ein junger, mathematisch ungewöhnlich begabter Verwandter meiner Frau, der mit Ausdauer und Begeisterung (zwanzigjährig) im zweiten Semester Physik studiert, mir seine Hilfe anbot. Er versuchte es, mich die Formelsprache lesen zu lehren. Ich war ein williger, aber kein begabter Schüler und als er, beispielsweise, mit der »linearen Algebra« einsetzte, geriet ich umnebelter Greis in höllische Verwirrung.

Weit über 90% der Erdbevölkerung weiß so gut wie nichts von der heutigen Physik. Ich kenne unter den Gebildeten Europas wie der Vereinigten Staaten Historiker, Philologen, die kaum viel mehr wissen als den Namen »Einstein« und die eine flüchtige Vorstellung davon besitzen, daß der Begriff von Materie, die Begriffe von Raum und Zeit sich verändert haben, daß man sich die Vorstellung vom Atom anzueignen habe, seine Zusammensetzung kennen sollte und über die ungeheure Energie, die bei seiner Teilung frei wird, orientiert sein müsse. Von all dem wissen die meisten nicht sehr viel anderes als dasjenige, was meinen alten Bauern beschäftigte.

Heute arbeitet der wissenschaftlich durchgebildete Physiker bereits mit Begriffen, die, wie mir scheint, von Einstein so weit entfernt sind, wie dessen eigene Einsichten von der klassischen Physik, deren primitivste Anschauungen meiner Generation in der Mittelschule beigebracht wurden.

Dieser extreme Zustand der Ungleichheit im Zeitalter eines naturwidrigen Gleichheitswahnes löste intensiv politische, ins Geschehen einwirkende Affekte aus. Jeder mittelalterliche, vorreformatorische Kirchgänger wußte mehr von Theologie als irgend ein Durchschnittsvertreter der heutigen Generation von der stupenden Leistung der exakten Wissenschaften. Popularisationen führen meist zu schwankenden, wurzellosen, aus dem Zusammenhang gerissenen und undeutlichen Vorstellungen. Werke wie die Ihren popularisieren nicht, sie vermitteln in, fast möchte ich sagen, einer dichterisch ebenmäßigen Synthese zugleich den Grundgehalt des bisher Erreichten als die Geschichte dieser, von wenig Männern in friedlichem Wettstreit, mitten in den unsinnigsten Verirrungen des politischen Geschehens geleisteten Arbeit.

Die intensive und mit Bewunderung erfolgende Beschäftigung mit Ihrem Werk zwang mich dazu, ständig Fragen zu stellen. Da lese ich beispielsweise das Kapitel über den in aller Munde befindlichen Einstein, Ihre gerechte, herzenshöfliche und genaue Evokation. Nun aber wollte ich wissen, wie steht es um seine geistige Provenienz. Wie steht es um Bernhard Riemann, um dessen Integralbegriff, um dessen nicht euklidische Geometrie, seinen Krümmungstensor, seine geodätische Linie? – Das wäre nur *ein* Beispiel für die unzähligen Fragen, die mich, bei verminderter Reflexions- und Auffassungsfähigkeit, über den Winter gebracht haben.

Frisch drauf los Einfälle zu dem ursprünglich gewählten Titel meiner Buchbesprechung zu notieren, erschien mir bald als völlige Vermessenheit, aber der Stoff, immer an Hand Ihres überlegenen Werkes, ließ mich bis heute nicht los.

Ich unterließ den Versuch, über anderes zu schreiben. Meine politischen Vorstellungen konnte ich nicht mehr von der ungeheuren Problematik trennen, die das Einsetzen der Begleiterscheinungen einer so vertieften Naturerkenntnis, vor allem der Technik, gebracht hat. Die Technik, die den Menschen vorerst wiederum von einigen Wenigen geschenkt wurde, dann von Vielen bis zum Absurden entwikkelt und von den Meisten als ungeheuerliche Verwöhnung hingenommen und dann, gewisser Folgeerscheinungen wegen, auch häufig verdammt wurde.

Um nicht zu weitschweifig zu werden, will ich nur andeuten, daß ich in der Absicht, meine jetzige, schwierige Lebensperiode auszufüllen, zum ersten Mal, wie ein mitreißendes Abenteuer, etwas Mathematik getrieben habe. Daß dies zu keinem wirklichen Ergebnis mehr führen kann, ist klar, aber es hat mir über Neigungen zu schwermütiger Untätigkeit hinweggeholfen. Es hat mich in eine reine Luft geführt, hat mich daran gehindert, mich durch politische Einsicht deprimieren zu lassen.

Ob ich irgend etwas, es muß etwas sehr Anspruchsloses sein, zu Papier werde bringen können, weiß ich noch nicht. Der Zeitpunkt, sollte ein Bruchstück in bescheidenstem Maße noch gelingen, der Augenblick des Erscheinens eines kleinen Aufsatzes, ist wohl nicht so wichtig. »Der Laie und die Naturwissenschaften« werden sich wohl immer in einer

seltsamen Beziehung gegenüberstehen. Für dasjenige, was nötig wäre, um einen Abgrund des Mißverständnisses zu überbrücken, gibt es kein schöneres Beispiel als Ihr aufklärendes Werk. Das kann jederzeit ausgesprochen werden, nur muß die Begründung dessen, was ich sagen möchte, überzeugend sein, ohne diese Begründung bleibt mir nur übrig zu sagen: Da, da finden Sie Schlüssel, lernen Sie sich ihrer zu bedienen!
Das selbe sage ich zu mir selbst, wer weiß? – vielleicht entsteht aus meinem späten Abenteuer dann doch eine bescheidene Aussage.
Wie glücklich wären wir, wenn Ihr Weg Sie und vielleicht Ihre sehr verehrte Gattin wieder einmal in unsere Gegend führen würde.
Mit herzlichsten Grüßen, auch von meiner Frau, und besten Empfehlungen, stets der Ihre

Carl J. Burckhardt

An Gerhard Marcks Vinzel, La Bâtie, 19. August 1972

Lieber, verehrter Freund,
Was sind Sie für ein wunderbar jugendlicher Mensch! Mein Zustand, nach dem Sie fragen, ist immer derselbe, seit Jahren jetzt. Ich kann das Haus kaum verlassen, weil mir ständig Spritzen verabreicht werden. Diese Krankheit hat etwas Schleichendes, sie treibt einen in ungeheure Ermattungszustände, in denen man kaum mehr rezeptiv existieren kann, geschweige denn produktiv.
Der Tod? Ja, jeder hat seinen eigenen Tod; auch Rilke erlebte ihn. Beethoven siechte dahin taub, mit jahrelangem Leberleiden, Wassersucht, Herr Adorno durfte in Zermatt umfallen und alles war aus in einem Augenblick.
Ich will auf keinen Fall klagen, denn eine Stunde heller Kopf läßt mich dankbar aufatmen, tritt sie ein, kann ich, bisweilen eine, zwei Seiten schreiben, nicht mehr, über Gegenstände europäischer Politik, über seltsame Schicksalsfügungen,

über hintergründig-Übermächtiges, dessen Auswirkung ich miterlebt habe, über Prädestination, im Sinne von Dantes
O predestinazion, quanto remota
È la radice tua.
Die ewige Frage: Woher, wohin, wo liegt der Sinn? Sie durften, ein Leben lang, als Künstler schaffen und wirken. Ein großes bleibendes Werk schufen Sie und schaffen Sie. Sie halten der pseudowissenschaftlichen Methode stand, die in die Kunst eindrang und sie auszehrte. Sie blieben stets kämpferisch heiter. Über Ihnen stand das Shakespearsche
»Solange Menschen atmen, Augen sehn,
Lebt das Gedicht und läßt dich fortbestehn«
Heute, 19. August, bei uns, so nahe dem Mittelmeer, 9° über Null, und es herrscht Finsternis, man muß Licht brennen lassen.
Wie schön, daß Sie die Tage in der Natur mit Ihrer sehr verehrten Gattin verbringen konnten, welch glückliche Gemeinschaft, ich lasse mich bestens empfehlen und bin in alter Bewunderung aufs herzlichste Ihr

Carl J. Burckhardt

Viele Grüße von Elisabeth!

An Peter Berglar Vinzel, 28. August 1972

Hochgeehrter Herr Berglar.
Es ist mir ein Vergnügen, Ihnen für den so wohlwollenden, so künstlerisch aufgebauten und so verständnisvollen Aufsatz zu danken, den Sie über die im Verlage Scherz erschienene Auswahl meiner, neben zu viel praktischer Arbeit, fast zufällig entstandenen Schriften geschrieben haben.
Sie haben mir Freude bereitet, haben mit großer Sicherheit Akzente gesetzt. Eine Information dürfte einzig apokryph sein, sie betrifft einmal die Sprachkenntnisse, – mit dem Italienischen ist es nicht weit her –. Sodann, die »Mondanitäten«, »tea time« etc. Dazu hätte ich eigentlich nur Gele-

genheit gehabt, als ich in Paris mein Land vertrat, und gerade dort wurde mir vorgeworfen, daß ich nie bei einem Cocktail, einer Nationalfeier in Form von Herumstehn und ständig unterbrochenen Gesprächen erschiene. Ich genoß anderseits die noch existierende »conversation générale« an einem hübsch gedeckten Tisch. Meine intime Welt waren lebenslang Jäger, Berufsjäger von den Karpaten bis zum Tirol und durch diese, so weit es dies noch in letzten Spuren gibt: echtes Volk. Dies schreibe ich nicht auf diesen kleinen Bogen hin, um ein – wie man bei uns so gerne sagt – »wichtiges« Alibi zu suchen, es war so, während 80 Jahren, auch bin ich auf dem Land aufgewachsen und immer wieder aufs Land zurückgekehrt. Aber es ist inzwischen gelungen, dieses »wahre Volk«, das einst überall vorhanden war, mit seiner bis zur Zartheit gehenden Sitte, dieses Volk, das vom bretonischen Fischer bis zum ungarischen Grafen reichte, in werktätiges und intellektuelles Proletariat zu verwandeln. Wie anregend wäre es über solche Dinge einmal sprechen zu können.

Nochmals mit Dank und großer Hochschätzung

Carl J. Burckhardt

An Michael Stettler   Vinzel, 14. 9. 1972

Mein lieber Michael,
So viel, mir immer zwischen Kopf und Herz herumstreifende Einfälle getragen von Dankbarkeit, Einfälle, die alle Dir galten, habe ich nicht festhalten können. Der trügerische Sommer, dunkel, trocken, viel zu kalt, ging vorüber. Mir erging es wie den Rebstöcken, es setzte etwas an, blieb klein und wurde hart. Ein Besucherstrom riß fast nicht ab: ernste, zeiterschreckte alte Männer, oft mit sehr viel wertvollem, einstigem Wissen versehene deutsche Studienräte, Studenten, gespannt, aggressiv, irgend einem noch lebenden oder eben verschwundenen Manne verschrieben, erschienen hei-

schend, rügend, oder auch, besonders wenn es deutsche Schweizer waren, naiv nach Rezepten fragend. Ich habe, weil ich nie mehr in die weite Welt, wie es einmal hieß, fahren darf, fast nichts abgelehnt. Aber allzuviel Zeit habe ich preisgegeben, besonders in den Wochen zwischen Anfang August und etwa 10. September, wo dann die Brieflast einen Wall errichtete und die während etwa vier Wochen wiederkehrende Lust und auch Möglichkeit, an der vor vier Jahren begonnenen Arbeit weiterzuschreiben, wieder in Ermüdung endete. Dasjenige, was mich anzog und wirklich bewegte, die Lust, an Dich zu schreiben oder noch mehr, Dich zu sehn, mit Dir zu reden, verschob ich immer auf glückliche Momente, von denen ich sicher war, daß sie ganz nahe schon heranrückten.

Jetzt waren Fs. da. Sie wollten sich mit Dir in Verbindung setzen, plötzlich war dann eine Einladung aus München vorhanden, heute sind sie weggefahren und wollten in einer Tour über Basel an der Holbeinstraße eintreffen. Sie ließen Euch noch sehr nachdrücklich grüßen. Pädagogisch hat F. auf mich gewirkt, indem er mir sagte, daß ich die Gewohnheit hätte, mehr Kommas zu setzen als Worte zu schreiben. Das stimmt und kommt von meiner Gewohnheit, überall dort, wo ich beim lauten Lesen Atem schöpfe, dies durch einen Strich zu bekunden.

Im Hinblick auf das Erscheinen dieses knapp vor der dunkeln Katastrophe aus München entwichen zu sein waren wir froh, eine ganz hervorragende Köchin zu haben. Sie bestätigte einmal wieder den Spruch, den ich 1921 in Italien und in Stein gehauen, gelesen und aufgeschrieben hatte; er lautete: »Quocumque ingredimur in aliquam historiam pedem ponimus.« Sie war ein seltener Mensch, von lateinischem Anstand, jung, schön, korrekt, von ernster Heiterkeit. Sie verstand ihren Beruf meisterhaft. Nach wenigen Wochen sagte sie mir, sie befinde sich im Paradies. Sie sang leise und schön beim Arbeiten, weit über ihre Aufgabe hinaus legte sie Hand an, wir waren betrübt, daß sie für den Anfang September in ihrer Heimat eine unausweichliche Verpflich-

tung übernommen hatte. Während der drei letzten Wochen ihres Hierseins steigerte sich ihre immer überlegte Tätigkeit. Sie flickte, wusch, räumte auf; wo sie war, entstand Ordnung. Wieder sagte sie zu mir: »Ich bin im Himmel, einmal bin ich schon in der Hölle gewesen.« Ohne Erklärung, dann wurde ihr Schaffen immer rascher, immer intensiver, sie begann mit ihren Mühen, trotz allem Abraten Elisabeths, um vier Uhr früh und gegen Mitternacht hörte man sie noch wirtschaften. Und dann, – dann verwandelte sie sich in Ophelia, sie erschien, wie auf elastischen Wolken schwebend, mit Blumen im Haar, Blumengebinden über den Schultern, sie sprach nur noch singend. Eines Morgens fand ich keinen Anzug, die Schränke waren leer; im obern Stockwerk hatte sie einen Nelken-besteckten Triumphbogen aus meinen Beinkleidern gebaut, überall hatte sie silberne Bestecke, Deckel von Teekannen, große silberne Platten mit farbigen Bändern befestigt. Die Dekoration, trotz der Hosen, war nicht grotesk, sie war schön. Sie lächelte und jauchzte. Abends wollte sie brennende Zürcher Zeitungen als Fackeln benützen. Wir mußten zwei Ärzte kommen lassen, man belog sie in der gräßlichen Weise des Überlistens, veranlaßte sie, auf dem Gipfel der Euphorie in den Wagen zu steigen, fuhr sie nach Prangins. Von dort wurde sie bereits in einer Zwangsjacke nach Cery – oder wie es heißt – gebracht, an den Ort, von dem sie gesagt hatte: »Ich war schon in der Hölle.« Die Krankheit, die mit Jubeln und Jauchzen beginnt, hat, wie es sich versteht, einen Namen, sie wiederholt sich zyklisch, immer extremer, über unvorstellbare Depressionen bis zu Tobsucht und Untat.
Karl Marx schreibt in einem Brief, die Köchin sei ihm weggelaufen, und »ohne eine Köchin zu haben, kann man keine Revolution machen«. Ich will keine Revolution machen. Aber dieser menschliche Vorgang ist mir sehr nahe gegangen, und ich weiß, daß Du verstehst, warum ich gerade Dir eine solche menschliche Geschichte erzähle. »Ophelia!« Selbst über diese Krankheit wußte Shakespeare Bescheid.

Jetzt müssen wir uns dann bald wieder einmal sehn! Dir, der verehrten lieben Barbara, den Kindern, alles Herzliche von uns beiden.
Carl J. B.
PS.
Das Buch der Reventlow ist eines der interessantesten Dokumente, die ich über den Jahrhundertbeginn in München gelesen habe. Ich war 1911–1912 dort, da war das, was sie so hervorragend schildert, schon im Verklingen, keine Kathy Kobus mehr in den Scharfrichtern; keine Feste mehr in römischer Travestie. Es klang noch aus in ganz kleinen Konventikeln, aber Wolfskehl war noch ganz vorhanden, damals mit Clara Rilke, Regina Ullmann [...]
Wie soll ich Dir für dieses Geschenk danken? Leider bin ich der Grfn. Reventlow nie begegnet. Als große gütige Hetäre kannte ich Eveline Landing, der B^n S. einen Viererzug geschenkt hatte, mit dem ihr amant de cœur, damals G. de G., im Englischen Garten herumkutschierte.

An F. W. Krafft-Delmari   1181 Vinzel, La Bâtie,
und Ellen Delp   4. November 1972

Verehrte und sehr liebe Freunde,
Wie ein Frühlingssturm, der plötzlich das Fenster aufschlägt, wehte es in diesen Nebeltagen mächtig in mein Zimmer, halbtote Manuskripte, Begonnenes, nie Vollendetes flatterten in dem schon winterlichen Raum herum; die Buchdeckel hoben sich, die bedruckten Seiten raschelten, Leben, Freude brachen ein! Da war kein Gedenktag der dieses Wunder hätte veranlassen können, kein Datum irgendwelcher Art, das Wunder bestand aus reiner, unmittelbarer Freundschaft, und so hat es mich denn durch jedes Wort Ihrer Briefe, durch jede Blüte der Reichenauer Nelken beglückt und erfrischt.
Zu wissen, daß Sie in dem schönen Haus am geliebten See meiner Jugendjahre *da* sind, daß unser Empfinden, unsere

Gedanken herüber und hinüber ziehn, dies gehört zu den schützenden, tröstenden Mächten.
Ich bin hier wohlaufgehoben, gepflegt, umsorgt. Aber ich fühle mich gefangen. Ich soll nicht reisen. Während dieser letzten Wochen bewegte mich plötzlich ein heftiges Verlangen, Florenz noch einmal zu sehn. »Acht Tage« sagte ich, »nicht mehr«. Aber alles, alle verschworen sich, um mich an der Ausführung dieses Planes zu hindern. Jetzt, was man uns auch immer von Herbst sage, was die immer neu aufblühenden Rosen bestätigen, der goldene Herbst des Oktobers ist vorüber, unser langer Winter hat begonnen. So war es letztes Jahr, so vorletztes. Im April dürfe man an Reisen denken, vorher nicht! Aber April – da beginnt schon der Touristenstrom, nicht mehr hat man eine Stadt für sich, wie ein wirklicher Städter, was man zum Teil, begreiflicher Weise, doch auch ist. Florenz besaß für mich immer genau jenes städtische Element, das mir an meiner einstigen Vaterstadt lieb war und das aus ihrem Umkreis nun längst verschwunden ist. Nach Florenz spielt das »Habsburgische« hinein, dieses so merkwürdig völkerverbindende Wesen der geheimnisvollen Dynastie, das, wie Florentiner mir erzählten, der Toscana, in der ersten Hälfte des neunzehnten Jahrhunderts, so glückliche Zeiten geschenkt hat. An diesem »Habsburgischen« bleibe ich seit 1918 immer hängen, wo immer in der Welt ich auf seine Spuren treffe. Dies finden Sie auch in der kleinen Skizze, die ich beilege.
Allabendlich hoffe ich am nächsten Tage, etwas von den unzähligen Einsichten und Erinnerungen, die mich bewegen aufschreiben zu können. Aber es gelingt nicht mehr, es wird von der entsetzlichen Müdigkeit verschlungen. Daher mein Wunsch mich loszureißen, abzuschütteln, mich zu erneuern. Gelingt dies nicht, dann stärken mich einzig Ereignisse wie das Geschenk Ihres Gedenkens. Wahrhaft ein Ereignis in meinem Leben! Und nun, Ihnen alle guten Wünsche aus tiefer Verbundenheit, tiefer, tiefer Achtung und Freundschaft. Elisabeths Grüße und meine Hoffnung auf ein Wiedersehn. Stets der Ihre   Carl J. Burckhardt

An Peter Berglar Vinzel, 19. November 1972

Sehr verehrter Herr Berglar,
Die körperlichen Schwierigkeiten hatten mir wieder die Feder aus der Hand genommen, hatten meine Auffassung der unmittelbaren Zeitfolge verwirrt und haben mich seit wenig Tagen wieder zu klarer Sicht entlassen.
Vor allem habe ich Ihnen nun für Ihren gehaltvollen Brief vom 19. Oktober zu danken, auch für die Maschinenschrift, die für mich eine Erleichterung bedeutet.
Bettlägerig konnte ich Ihre historischen Essays in Ruhe, eingehend und mit Bewunderung lesen: Das ist historischer Überblick, ist tiefe Einsicht in das Wesen der Gleichzeitigkeit, hier waltet äußerste Präzision im Aufrufen der Ursachen und im Aufzeigen der Kontinuität ihrer Wirkung.
Die Unterwerfung der historischen Feststellung unter eine den Naturwissenschaften entliehene Zwangsmethode hat mich schon in meinen Studienjahren mit ihrer ganzen Öde angerührt. Diese unzähligen, den Seminaren entsprungenen, untereinander solidarischen Kleinhistoriker treiben eigentlich seit über hundert Jahren nur noch das gesellschaftliche Zusammensetzspiel, bei dem nicht gedacht, sondern nach engsten Regeln zusammengefügt wird, was in womöglich handschriftlichen, sogenannten Dokumenten vorhanden ist. Was Sie mir über diese seltsame Gewohnheit schreiben wird einem besonders deutlich, wenn man beim Rückblick auf den Lebenslauf von Angehörigen oder Freunden, deren Umstände man genau gekannt hat, nach ihrem Tode die Briefe zu lesen bekommt, die sie an ihre Eltern geschrieben haben und in denen sie aus Perioden tiefster Gefährdung, größten Unbehagens berichten: »Es geht mir gut, ich bin glücklich.« Besonders aufschlußreich sind auch die diplomatischen Korrespondenzen, bei denen der Eingeweihte weiß, daß sie vom ersten zum letzten Satz auf den vorgesetzten Empfänger, den Chef, ausgerichtet sind, daß der Nenner der Information die Karriere des Schreibenden und keineswegs der Wahrheitsgehalt der geschilderten Zustände ist.

Es handelt sich, seit längerer Zeit, um jene Sucht, Originalität auf billigste Weise zu gewinnen, in dem man jedes Zeugnis – schon gedruckten – bedeutenden Nachdenkens über vergangene Epochen beiseite läßt und vermeint, aus staubigen Überresten schriftlichen Austausches, meist kritiklos, eine neue Einsicht zu gewinnen.

In den immer kurz bemessenen Zeiten, in denen ich mit Studenten zu tun hatte, versuchte ich stets sie auf die Unbestimmtheit sogenannter Communiqués aufmerksam zu machen.

Max Weber, dessen Bruder Alfred ich gekannt habe, hat ganz und gar die Wirkung ausgeübt, die Sie ihm zuschreiben. Der Ausgangspunkt war irrtümlich, aber auf Irrwegen führte ein mächtiger Kopf. Wir leben im Zeitalter der Methoden und Rezepte, Methoden und Rezepte hat auch er verteilt. Unter Anwendung solcher Zwangsmittel gelangt er zu Prinzipien, die sich als unumstößlich darbieten, aber nie zu folgerichtigen, organischen Ergebnissen, zu Folgen, wie sie etwa in Ihrem überzeugend gezeichneten Weg vom Vertrag von Tordesillas zum Frieden von Utrecht sich enthüllen.

Nun haben Sie mir über die trüben Wintermonate als Blickpunkt im Frühjahr eine große Freude in Aussicht gestellt. Sie kommen vielleicht in unsere Gegend, und wir erhalten die Gelegenheit zu einem wirklichen Gespräch.

Mit all meinen Wünschen für das lastende Wintersemester, stets in Verehrung, Ihr ergebener

Carl J. Burckhardt

An Herrn H. [Januar 1973]

Hochgeehrter Herr H.
Hier einige erste, rein persönliche »Reaktionen« – nur für den Adressaten!
Zwei schöne, ausführliche Briefe von Ihrer Hand sind hier eingetroffen. Sie sagen: »Fakten zusammentragen.«

Hier beginnt schon der Zweifel. Wo gibt es, auf geschichtlichem Gebiet, unzweifelhaft nachweisbare Fakten? Kein Automobil-Unfall (auch ein geschichtlicher Vorgang) wird, wenn sechs Zeugen vorhanden sind, nicht sechsmal anders bezeugt. Tatsachen?
Ferner. Sie schreiben: »Die Vision der großen Historiker geht über die Tatsachen hinaus.« Worin besteht dieses »hinaus«? Sie sagen in Ihrem freundlichen Brief: »Jacob Burckhardt und Ranke (die sich nebenbei gegenseitig sehr wenig mochten) seien Gelehrte und Artisten gewesen.« Sie wollen sagen »Künstler«, denn »Artist« ist im deutschen Sprachgebrauch ein Seiltänzer oder ein Variété-Sänger. Ranke ist ein Gelehrter, der ungeheuer viel wußte und deswegen Zusammenhänge erkannte. Sein Wissen hielt er mit größtem Ordnungssinn zusammen und deutete aus der Fülle. Seine Deutung entsprach einem Prinzip, und dieses Prinzip war die preußische Staatsgesinnung, ein bestimmtes monarchisch-hierarchisches Ideal. Ohne Zweifel besitzt sein Geschichtsdenken Analogien zu Hegels Staatsphilosophie, ohne ihre Vieldeutigkeit und dabei ohne ihre propagandistische Wucht, ohne gewaltige Brisanz zu besitzen.
Jacob Burckhardt ist ein genießender, leicht melancholischer Humanist mit der ganzen subjektiven Freiheit des wahren Humanisten. An vergangene Kulturen und ihre Werke denkt er gern im stillen Abendlicht einer abseits lebenden Stadt. Ästhetische Werte sind für ihn wahre Werte. Sein Schönheitsbegriff ist derjenige Winckelmanns. Dieser, der Winckelmann'sche Schönheitsbegriff aber, ist bei Burckhardt bereits durch den schopenhaurischen Pessimismus, die Voraussicht auf Kommendes hin, gebrochen worden. Gebrochen, wie ein Lichtstrahl bricht.
Geschichtswissenschaft nach dem System der naturwissenschaftlichen Statistik zu betreiben, ist wohl ein sinnloses Unterfangen. Das statistische Bestreben jedoch bietet Vorteile für darstellerisch unbegabte, fleißige Autoren (die meisten), die den abgelaufenen Begebenheiten gegenüber keine erlebnisstarke Einstellung (Vorstellung) besitzen; wie z. B.

der leidenschaftliche Politiker (Tacitus). Es sind Leute, die dem Irrtum unterliegen, der moralische Wert der Geschehnisse könne sich wägen und messen lassen.

Nun habe ich Ihre Abhandlung: »La guerre publique européenne« gelesen. Diese Abhandlung befaßt sich, so scheint mir, mehr mit einer akademischen, rechtsgeschichtlichen Nebenhandlung als mit wirklichem Geschehen, sie bezieht sich vor allem auf Versuche theoretischer Art, die von den Ereignissen links liegen gelassen wurden und einflußlos blieben und infolgedessen sehr wenig Wirklichkeitsgehalt besaßen.

Ihre Arbeit ist methodisch, stellt aber, wie fast alle akademischen Abhandlungen, einflußlose Scheindeklarationen auf völkerrechtlichem Gebiet in den gleichen Rang mit naturhaften Katastrophen, was die Kriege fast immer, und im zwanzigsten Jahrhundert dann im höchsten Maß, gewesen sind.

Sie schreiben »Institution«. – Haben die Raubkriege Ludwigs XIV. sich an »Institutionen«, an internationales Recht gehalten? Sie haben es doch nur taktisch benützt. Seine meisten Kriege wurden ad maiorem gloriam des absoluten Herrschers geführt und mit Rechtsfloskeln gewissermaßen dekoriert. Wurden die Kriege Friedrichs des Großen innerhalb der Vorschriften einer Reichsordnung unternommen? Nein, sie erschienen als Taten eines Rechtsbrechers, eines Mannes, den Goethe als den »ersten Jakobiner« bezeichnet hat. Dann: Jakobinerkriege seit 1789. Rechtsgrundlagen? Napoleonische Kriege – Rechtsgrundlagen? Napoleons Invasion Rußlands? Bismarcks drei Kriege, 1864, 1866, 1870? Alles internationale Recht scheint gegenüber diesen Vorgängen als armes Spinngewebe, über dessen Zerreißen nachträglich endlos geredet wurde.

Schauen wir die Kontroversen um die »Kriegsschuld« von 1914 an. Nachträglich war das Deutschland Wilhelms II. allein schuldig, weil von Berlin aus der Krieg »erklärt« wurde! – *Nachträglich,* ein – vor dem furchtbaren Ereignis dieses Krieges, der Europas Niedergang einleitete – ein Juristenstreit!

Was hat der Begriff »kriegführend« für einen Realitätsgehalt gegenüber der Tatsache, daß Menschen derselben weißen Rasse, derselben Kultur, mit allen den furchtbaren Mitteln der von ihnen geschaffenen Technik, sich zu Millionen umbringen, sich Territorien – wie einst Weideplätze – entreißen, ganze Städte, Produktionsanlagen, fruchtbare landwirtschaftliche Gebiete vernichten. Und dann, wenn es momentan vorüber ist, Theorien über Kriegsrecht, sogar Kriegsrechte des Einzelnen ...
Aus naher Sicht im Kleinen:
Das Internationale Komitee vom Roten Kreuz hat, was solche Rechte anbetrifft, eine Erfahrung durch die »Genfer Konventionen«. In Bezug auf diese Versuche einer Regelung lassen sich Feststellungen machen. Sie besagen: Im Beginn, als die Forderungen des Gesetzes völlig einfach waren und lauteten: »Der *verwundete* Feind ist kein Feind mehr. Der *gefangene* Feind ist kein Feind mehr«, zeigte diese Regelung Erfolg, wurde sie weitgehend respektiert. Als sie sich aber komplizierte, hörte ihre Befolgung – vom ersten Kriegstag an – sofort auf, d. h. das Gesetz war gebrochen.
Mit Recht gehen Sie auf diesen Punkt ein. Er ist paradigmatisch. Jean Pictet ist ein ausgesprochener, alter Genfer d. h. ein Gesetzesdenker. Scheint Ihnen nicht, daß der Kontrast zwischen intellektuellen Ordnungsversuchen und Triebgewalt bis zur Selbstzerstörung, historisch aufmerksam betrachtet, ganz allgemein zu dem Problem einer Wirkungsgrenze durch »Vernunft« führte?
Sehr richtig Ihre Bemerkungen zum »ius in bello«, in religiösen Vorschriften. Sie sagen, nun zusammenfassend, die Entwicklung zwischen 1300 und 1600 bringe eine spezifisch juristische Konzeption des Krieges hervor. Die Konzeption dieser Epoche lasse den Krieg von einem, an religiösen Begriffen gemessen, moralischen Übel zu einem strafbaren Vorgang, somit zu einer rechtlichen Einrichtung werden. Dadurch, meinen Sie, werde der bewaffnete Konflikt schließlich zum Kern des »ius publicum europaeum«. Die in dem von Ihnen festgehaltenen Zeitraum geltende, sich stän-

dig fortentwickelnde, gesetzgeberische Ordnung hätte somit, z. B. während des »hundertjährigen Krieges« zwischen Frankreich und England, oder während des »dreißigjährigen Krieges« im deutschen Reich, Geltung gehabt! Aufgelöst habe diese Regelung sich erst in unserm Jahrhundert.
Die Kriege des alten Regimes, meistens Erbkriege, waren allerdings immer von endlosen »gerichtlichen Auseinandersetzungen«, von ständigen Prozessen umgeben. Im Vordergrund stand der jeweils von allen Parteien beanspruchte Begriff des »gerechten Krieges«. Im Kampf stand, bis ins siebzehnte Jahrhundert, eine Kriegerklasse, nämlich der für seinen Waffendienst privilegierte Schwertadel und sodann die bezahlten Söldner. Erst durch die allgemeine Dienstpflicht des neunzehnten Jahrhunderts jedoch – die kein Dienstrecht, sondern ein Dienstzwang war – wurden alle Kämpfenden am Kriegsgeschehen mitverantwortlich. Es liegt nahe, die »allgemeine Dienstpflicht« als Unrecht zu betrachten. Alle auf die Schlachtfelder Gezwungenen mußten überzeugt werden, die »iusta causa« in einer »recta intentio« betreten zu haben, um dort zu töten oder selbst zu sterben, gefangen zu werden, körperlich beschädigt oder intakt zu überleben. Was war vorhanden, um ihnen zu erlauben, diese Alternativen anzunehmen? Etwa: Entstehen neuen Kriegsrechtes?
Im alten Regime starben die Kämpfenden für einen Souverän, zu dem sie in einem Treueverhältnis standen; nach der französischen Revolution sodann war diese Voraussetzung nur zum Teil noch vorhanden (z. B., aber sehr abgeschwächt, in Mitteleuropa), dominierend gesellte sich aber eine andere hinzu, nämlich der außerhalb christlicher Bindungen, vorübergehend jedoch pseudo-sakralen Charakter annehmende Begriff des »Vaterlandes«, der »patria«. Man starb für das Land der Väter. Zu den Reaktionen gegen dieses, so ungeheuerlichen Einsatz bewirkende Sacrum »Vaterland« gehört der Aufruhr heutiger Jugend gegen den Vaterbegriff. Bei »Langemarck« war alles »gerecht«, was dem Vaterland galt. Das »Vaterland«, »la patrie«, »patria«,

besaß jetzt die Fülle der »auctoritas«, Das war, zum ersten Mal in ausgesprochener Weise, auf französischer Seite, am 20. September 1792 bei Valmy der Fall. Hier siegte der patria-Begriff über den der Treue gegenüber den Herrschern. Er überrannte jede Stipulation des »Kriegsrechtes«. Der Begriff des »ius ad bellum« der Herrscher war im Verbleichen, was an seine Stelle trat, war das Recht der Nation gegen andere Nationen. Aber nicht etwa, daß dies im Bewußtsein der aufeinanderfolgenden Generationen zu einem internationalen Rechtsargument geworden wäre, nein, es wurde zu einem passionellen Postulat, das keine Einschränkung erlaubte. Gewisse Regungen primitiven Hordentriebes wurden wieder zu hocheingeschätzten Selbstverständlichkeiten.

Wie Sie es deutlich aussprechen: Die (wie Ferrero, der Bewunderer Vatels, es immer betonte) Entwicklungstendenz der zweiten Hälfte des 18. Jahrhunderts auf Humanisierung der Kriege hin wurde durch die eruptive Gewalt der französischen Revolution abgebrochen, die Kriegsführung wurde in ungeheuerlichem Maße verlustreich. Die totale Schwächung des Gegners wurde zum Hauptziel, weit über den gegenseitigen Kampf der Feldheere entwickelte sich die Bekämpfung der Zivilbevölkerung durch Feldheer und Partisanen.

Auf die Frage der Neutralitätsstatute will ich nicht eingehen. Ich erinnere nur an Belgien.

Hier sind Sie stark dem »esprit de Genève« verpflichtet, obwohl Sie Thomas von Aquin und nicht Calvin oder Augustin zitieren.

Ihre Seite 13. Der Briand-Kellogg-Pakt von 1928: Verbot der Kriegführung! – Ich erinnere mich an die Stimmung in der Völkerbundstadt, die Vorstellung aus idealistischer Naturferne, die Meinung, derartiges könne wie ein Befehl befolgt werden. Wirklich haben ›mehrere Autoren‹ damals festgestellt, daß der Krieg als ständige Möglichkeit noch nicht verschwunden sei. Wahrhaft hellsichtige Männer!

Auf das ausführende Kapitel will ich jetzt nicht eingehen.

Vielleicht haben wir einmal Gelegenheit, uns mündlich darüber zu unterhalten. Hier kommen Sie näher zu dem, was man WIRKLICHKEIT nennen darf. Die erwähnten, so grundverschiedenen Gewichtswerte von tatsächlichem Geschehen und immer wieder einsetzender normativer Theorie treten hier stärker hervor.

Für mich ist, und hier bin ich wohl voreingenommen, das gleichberechtigte Korrelat zum Geschehen, als Leistung des menschlichen Verstandes, die Politik. Intuitionen rechtswissenschaftlichen Ursprungs können zu Mitteln der Politik werden, aber nach allen vorhandenen Erfahrungen nicht zur Bedingung dieser Politik und noch weniger zu Kräften, die im Stande wären der eruptiven Natur des Geschehens Widerstand zu leisten.

[ohne Gruß und Unterschrift]

An Helmut Strebel   1181 Vinzel, »La Bâtie«, 19. Januar 1973

Verehrter, lieber Herr Strebel

Noch hat die Flut der Neujahrskorrespondenz mich daran verhindert, auf die ernsten Briefe zu antworten.

Vorerst möchte ich Ihnen für die so große Treue danken, die Sie mir, seit unserer ersten Begegnung im Beginn der fünfziger Jahre, immer wieder bewiesen haben. Ich bin seit meiner Erkrankung nicht mehr der selbe wie früher, bisweilen bedrückt mich das Gefühl, nicht mehr frisch und denkkräftig zu sein wie in frühern Jahren, sondern matt, vor den Entwicklungen in unserer späten Welt oft verzagend, im Ausdruck behindert, oft nur noch des Galgenhumors fähig. Sie sprechen mir in reizvoller Weise von Ihren Lektüren. Das Vielfältige, selbst das Widersprüchliche eines Schriftwerkes beschäftigt, bewegt, bereichert Ihren Geist. So erging es mir früher, während ich jetzt so leicht mich enttäuscht fühle und vor der Enttäuschung dann versage, anstatt sie zu überwinden.

Briefwechsel? – Nun, gerade über diese beiden Bände des Austausches zwischen Hofmannsthal und Andrian und jetzt zwischen Hofmannsthal und Beer-Hofmann, welch letztere Sie erwähnen, wurde mir schwer zu Mute. Andrian quält den jungen wie den alternden Dichter, unterläßt nichts, was an voreiliger, herablassender Kritik den für mein Empfinden allzugeduldigen H. entmutigen, ja lähmen könnte. Beer-Hofmann habe ich nur einmal, und zwar in Rodaun, gesehen. Er hat mir bei jenem Zusammensein einen bleibenden Eindruck gemacht. Vielleicht ist eine Verbindung von Natürlichkeit und hoher Würde dasjenige, was mir damals in seiner so männlichen Gestalt entgegentrat, ja, Kraft und Würde; die Kraft aber durch ein äußerstes Verantwortungsgefühl gehemmt, durch eine beklemmende Frage – »auf wen kann ich wirklich zählen, wo beginnt wirkliche, absolute Sicherheit?« – Bei einem einzigen Wesen, seiner eigenen Frau, hat er diese Sicherheit immer, bis zuletzt gefunden. Merkwürdig, diese Frau, die er, lange bevor er mit ihr in der Wirklichkeit zusammengetroffen war, wo immer – am Schreibtisch, im Wiener Kaffeehaus – immer zeichnete, ja so ähnlich zeichnete, daß, als er ihr nach Jahren plötzlich begegnete, er sagen konnte: »Da bist du ja!«
Beer-H. war ein stiller, gehemmter, im Ausdruck behinderter, geistiger Makkabäer. Der junge H. umflatterte ihn wie eine Libelle, mit dieser fast koketten Munterkeit, diesen wenig beglückenden Knittelversen. Und dann plötzlich, auf für mich unfaßliche Weise, spät, in schwersten Zeiten, sticht er ihn. Es war mir beinah unmöglich weiterzulesen, nachdem ich auf Hs. Brief vom 20. April 1919, vom Ostersonntag, an Beer-H. gestoßen war. Ich vermute, daß es Ihnen ähnlich erging. 1919! im Jahr des größten Elends in Österreich, das kein Österreich mehr war, sondern ein armseliger Überrest eines einstigen Großreiches. Und nun gerade dies, an einen nahen Freund, einen Schicksalsgenossen, einen, der jeden einzelnen Satz seines Œuvres mit Qualen geschrieben hat. Warum? Hier liegt etwas Rätselhaftes vor, das durch keine Entschuldigungsbriefe aufgehoben werden kann,

durch kein: »wie konnte ich?« oder fünf Jahre später (S. 176): »In Ihrem Fragment aus Ihrer großen Dichtung ist auch etwas Ehrfurchtgebietendes, das einem fast den Atem benimmt. Es ist etwas wahrhaft Religiöses darin ...«, sowie: »So haben Sie in den Tiefen Ihres scheuen und großen Wesens Beides gesucht und Beides gefunden: Ihr Volk und Ihren Gott.«

Sie verstehn, daß diese krisenhaften, zu eigentlicher Aggression führenden, sich innerhalb einer Freundschaft abspielenden Vorgänge mich fremd berührt haben, weil ich bei H. stets nur Rücksicht, Güte, Hilfsbereitschaft wahrgenommen habe. Hier aber plötzlich dieser grausame Ton, als sei ein Anderer, Fremder in ihn gefahren und spreche nun aus ihm.

Heute leben wir in einer Welt, die von derjenigen der zwanziger Jahre viel weiter entfernt ist, als die Leute wissen. Resignierter Ausklang und lärmender Protest allem Bewährten, Ehrwürdigen entgegen stehen sich, wie noch nie im Verlauf der Geschichte, selbst am Ende unserer antiken Welt zum unmittelbar Nachfolgenden, so geifernd feindlich, so wutentstellt gegenüber. Es ist oft, als habe der Teufel den Namen »Staat« angenommen; bei dieser Taufe stand Hegel zu Gevatter.

Ich lese zur Zeit so gerne Schopenhauer und durch ihn bin ich wieder zu Gracian gekommen, zu dieser Psychologie der Summe wirklicher Erfahrung, der Psychologie der Lebenskunst, die noch bis am Wienerkongreß vorrätig war, unberührt vom Motorenrhythmus, von These und Antithese, ruhig, zusammenfassend, nie analytisch, sondern in naturhafter Weise gesammelt. Heute scheint mir, sei der Pessimismus des großen Danzigers noch besser zu begreifen, als zur Zeit gegen Ende des letzten Jahrhunderts, als seine Gefolgschaft ihn als Führer beinahe anbetete. Er war vor allem ein erbitterter Warner, in seinem Zeitgenossen Hegel sah er die größte Gefahr. Ob er wohl einmal noch wieder kommen wird?

Über derartiges und viel anderes im nun begonnenen Jahre

reden zu können, wäre eine große Freude. Denken Sie an unsern Jura im Sommer!
Ich sage: ergebene Handküsse Ihrer verehrten Gattin, so viel Gutes als möglich und auf Wiedersehn! Stets der Ihre

Carl J. Burckhardt

An Gerhard Marcks Vinzel, La Bâtie, 27.1.1973

Lieber verehrter Freund,
Sie sind bewundernswert frisch, jung, schöpferisch, man sieht es an der wunderschönen Schrift, am Rhythmus des Satzes und vor allem am Reichtum des Gehaltes.
Aber sind wir wirklich Griechen-Adepten? Während sehr kurzer Zeit waren wir es. Valéry war ein reiner Italiener, in Genua geboren. Das Zitat, das Sie meinen, finde ich nicht, weil man meine Bücher umgestellt hat. Es handelt sich wohl um die Eröffnungsrede zur Rodin-Ausstellung in der Basler (Nicht baseler! nicht Base sondern Βασιλεύς) Kunsthalle, die ich einst als Vertreter der Eidgenossenschaft bei den Franzosen in meiner trotz allem geliebten Vaterstadt improvisieren mußte. Ich erinnere mich nur daran, daß ich den Gießer Rudier gelobt habe.
Rodin sah ich nur einmal kurz, er stand als körperliche Erscheinung näher bei Wieland dem Schmied als bei Rilke, der mich vorstellte. Ich würde denken, daß er sehr fränkisch wirkte, mit – roden – hatte er etwas zu tun. Er war wortkarg, derb, gewaltmäßig faunisch. Daneben Rilke! Rodin stand sehr fern von der Welt der Berenson, der Kahnweiler.
Gestern erhielt ich von der Kunstakademie Berlin einen wahrhaft grauenerregenden Katalog einer Ausstellung, die auf Reisen geschickt wird. Sie soll natürlich auch in das omnivorische Zürich versandt werden. Schauen Sie sich das Heft an. Soweit haben wir es gebracht.
Sicher ist der Lohn für Feigheit das Böse. Aber trotz dieser

unabwendbaren Tatsache, erschreckt mich, mehr als die allgemeine Feigheit, die völlige Anfälligkeit der Generation auf Hypnose. Beispiel: die Türken wehren sich gegen die so wirksame Propaganda der Sowjets, die »Neue Zürcher Zeitung«, Samstagausgabe Nr. 43 vom 27. 1. 73, bringt orthodox liberal auf erster Seite einen strengen Aufsatz, »die Verfolgung der Linken in der Türkei«. Überall nur Schrittmacher.
Ich habe kein Wohlwollen für den Kapitalismus, aber ein unüberwindliches Bedürfnis nach Freiheit!
Die Sonne hat seit 1. Nov. in La Bâtie nur fünfmal geschienen, sonst immer Trockenheit im Dunkel des Hochnebels.
Heute sind wir zum ersten Mal tief eingeschneit. Ich bin nach wie vor krank, die Befunde sind zwar etwas besser, aber die enorme Medikamentation wirkt auf die Grundkräfte. Ich muß mich auf rezeptive Beschäftigungen beschränken, lese so viel ich kann, zum ersten Mal Naturwissenschaften, infolgedessen Mathematik. Literatur wenig, griechische Tragiker, Shakespeare mit seltenen, eher schmerzlichen Ausflügen in die Goethesche Welt. Ja, Voltaire hab ich auch gelesen, er trocknet, das ist gut, all diese feuchten Emphasen und Extasen bläst er mit seinem kleinen Wüstenwind an. Goethe hat ihn natürlich richtig gesehn. Voltaire lebte vom klugen Protest; das Zeitalter erlaubte es ihm; versetzen Sie ihn in unsere Epoche; in der einen Hälfte des Planeten wäre er hinter Schloß und Riegel, in der andern, der unsern, würde man ihn inmitten des Protestgebrülls der intellektuellen Spießer gar nicht mehr hören. Sartre? Protestiert nicht wie Voltaire aus Einsicht, sondern aus einer übeln Laune heraus, die einer ständigen Magenverstimmung ähnlich ist. Dieser Sartre aber gehört schon der Vergangenheit an.
So ein »Püppchen«, das Sie für Staatsbesuche herstellen, möchte ich lieber haben als die ganze Nachkriegsliteratur.
Dankbar für Ihr treues Gedenken! Ihnen und Ihrer verehrten Frau, alles Gute   Ihr Carl J. Burckhardt

An Harald Müller 1181 Vinzel, 1. Februar 1973

Sehr verehrter, lieber Herr Oberstudienrat,
Jahresende und Neubeginn brachten mir keine Erleichterung. Dies ist der Grund meines ungebührlichen Stillschweigens, das ich jetzt brechen will, um Ihnen vor allem von Herzen zu danken; daß meine Wünsche Sie stets begleiten, wissen Sie.
Wieviel und wie Wertvolles haben Sie für Andenken und Weiterwirken des Dichters getan, wieviel für die Jugend, der Sie so tiefe Teilnahme am Werk, soviel Anschauung vermittelt haben!
Es ist sehr viel Zeit vergangen, seit ich in Hofmannsthals Stadtwohnung gewesen bin. Es war die oberste Etage des Hauses, das auf der mir übermittelten Karte wiedergegeben ist.»Dachwohnung« vermittelt vielleicht eine allzubescheidene Vorstellung. Beim Betreten des Appartements befand man sich innerhalb eines im Geschmack des Jahrhundertbeginns sehr raffiniert dekorierten, halbkreisförmigen Vorraums, dessen Wände mit gearffter, sehr heller, sehr kostbarer Chinaseide bespannt waren. Der ganzen Bespannung entlang waren kunstvoll gerahmte Skizzen von Constantin Guys angebracht. Durch eine dem Wohnungseingang gegenüberliegende Doppeltür betrat man den geräumigen Salon, hohe Fenster zwischen reichen Vorhängen und eine Fenstertür verbreiteten viel Licht über weiß und golden gestrichene Möbel und tiefe, helle Teppiche. Ein breiter Balkon mit Jugendstil-Geländer lief dem ganzen Raum entlang. Der Blick über die Dächer der alten Innenstadt bot mannigfaltige Entdeckungen, jedoch, ich könnte ihn nicht mehr rekonstruieren. Meine genaue Anschauung beschränkt sich auf das zwar sehr herrschaftliche, aber auch ländlich derbe Haus in Rodaun, sowie das enge, knarrende, holzduftende Berghaus in Alt Aussee. Die Stadtwohnung war wohl von einem Dekorateur, vielleicht aus R. A. Schrödes Umgebung oder von ihm selbst, in – wie gesagt – zeitbedingter Weise geschmückt worden. Um Näheres zu

erfahren sollte man sich an Frau Prof. Christiane Zimmer wenden, vielleicht sind Photographien vorhanden. (Chr. Zimmers Adresse: 15 Commercestreet, New York 14.) Frau Zimmer beabsichtigt, die Vereinigten Staaten zu verlassen und sich ganz in München anzusiedeln. (Verzeihung!)
Daß Ihre Aufführungen einen so starken Nachhall hatten, höre ich mit großer Genugtuung. All das ist Ihr Verdienst als dichterischer Mensch, als großer Erzieher.
In Verehrung aufs herzlichste grüßend.

Ihr Carl J. Burckhardt

An Robert Käppeli   Vignal, Alpes maritimes,
5. März 1973
Lieber Robi,
Hier bin ich nach großen Kämpfen, ich hatte an der Kette gerissen, seit 3 Jahren hatte man (d.h. die Ärzte) mir nie erlaubt, Vinzel zu verlassen. Ich mußte aber einmal etwas anderes sehen als den ewig verhüllten und so selten sichtbaren Montblanc. Schließlich habe ich die Widerstrebenden – auch Elisabeth – überwunden. Hier bin ich bei meiner ältern Tochter, die mir sehr nahe steht. Ich bin in den Seealpen in immergrünen Zypressen-, Oliven- Pinienwäldern. Um hierherzugelangen sollte ich fliegen, 50 Minuten, Genf – Nizza, ich hatte Hin- und Rückflugbillette, aber dann brach der strike des Bodenpersonals und dann der Piloten aus, »siehst du« sagte man »es ist doch besser« und derartiges. Da nahm ich erbost und trotzig den T.E.E. nach Mailand und ließ mich im Wagen meines Schwiegersohnes hierherbringen. Mailand – Nizza, ein hübscher Umweg auf der Karte.
Hierher habe ich Deinen schönen und guten Brief mitgebracht und ich erfreue mich täglich an ihm. Du bist wieder im großen Fahrwasser, allein und frei. Von den Zeitgenossen darf man sich kein Schicksal aufdrängen lassen, man muß das Eigenste, das von Anfang an Eigene immer wieder

finden und, wenn es nicht anders verhängt ist, von der eigenen Stromgewalt getragen, schwimmen. Manchmal ist es anders verhängt, man spürt es, welchen Rang das Verhängnis hat, dem höchsten, auch wenn es das qualvollste ist, muß man sich überlassen. Was man hinter sich läßt, muß man dahinfahren lassen – Mißverständnis, Verleumdung. Über Dir bleibt immer Dein Stern, was auch die äußern Umstände Deines Wandels sind, Sternenlicht ruht darauf, so wie Deine Dir so tief zugetane Großmutter es für Dich, ganz im Beginn, herbeigerufen hatte.
Wir bleiben verbunden und allem Unbehagen meiner Lage entgegen spüre ich einen glückhaften Luftzug auf meiner Stirn, solang ich auf ein Wiedersehn hoffen kann.
Herzlichst Dein alter   Carl

An Robert Boehringer   Vinzel, La Bâtie, 19. März 1973

Lieber, verehrter Freund,
Der Band »Stefan George in fremden Sprachen« ist seit seinem Eintreffen immer wieder in meiner Hand. An und für sich bin ich fast allergisch auf Übersetzungen von reiner Dichtung, wenn sie nicht von Meisterhand durchgeführt sind.
Wenn man an Georges deutsche Wiedergaben von Baudelairschen Gedichten oder von Shakespearschen Sonetten denkt, so steht man vor der völligen Ebenbürtigkeit und bisweilen vor dem Phänomen eines Hinausschwingens über das Original. Man steht vor Gedichten des Meisters.
Bei Übersetzern, die nicht an die eigentliche Schönheit des Originals herankommen und nichts Analoges, der ersten Inspiration Entsprechendes zu finden vermögen, wird man immer durch ihre Bemühung auszuweichen, zu umgehn betrübt.
Ein Beispiel: »Komm in den totgesagten Park« –
Englische Bemühungen
»Come to the parc that was called dead« etc.

»Come to the parc now left for dead and see«
»Come in the parc they say is dead and gaze« – oder
»and view«
Nein, alles liegt an dem herrlichen »totgesagten Park« Rhythmus, die vollen o und a die kurzen e. Da hat der Skandinavier es besser mit seinem
»dödsinvigda«
Schlimm klingt meinem Ohr Alastairs Französisch Au parc qu'on prétend mort, viens contempler – »contempler« wie »Hampelmann«, rumpelnd am Versende. Das Ganze, er hätte es nicht unternehmen sollen. Sehr unfranzösisch.
Pozzi (S. 181) hört einen sehr feinen Zusammenhang zwischen Georges Inspiration und einer bestimmten französischen Möglichkeit:
»Nous nous désaltérons –« désaltérons steht atmend und lebendig im Vers.
Ich werde lange weiterlesen und will nicht schon jetzt versuchen, Eindrücke zusammenzufassen. Merkwürdig ist mir schon jetzt, daß die männliche, stolze spanische Sprache Georges Deutsch am ehesten kongenial erscheint. Vicente:
»No te rezagues en tomar los dones« Wie das heranschreitet!
Wieder danke ich für ein großes Geschenk.

Endlich erhielt ich die Erlaubnis der Ärzte, meinen Fensterplatz mit dem Blick auf das savoyische Ufer zu verlassen und zu meiner ältern Tochter nach Vignal in den Alpes maritimes zu fliegen. Nur 50 Flugminuten bis Nizza. Aber dann brach der französische Aviatikstreik aus. Die Bahn war sofort überfüllt, zwei Stunden Wartezeit in Lyon und Garantie nur für Stehplätze. Ich fuhr somit von Lausanne mit den sogenannten TEE nach Mailand und von dort im Automobile bis an mein Ziel. Diese Transportweise habe ich nun schlecht ertragen, sie blieb aber auch für die Rückkehr die einzige Möglichkeit. Jetzt bin ich wieder zuhause in Klausur.

Jederzeit bin ich frei, um freudig und erwartungsvoll zu
Ihnen nach Genf zu kommen, auf Anruf hin.
Mit allen guten Wünschen, nach wie vor tief berührt von
Ihren Gedichten. Welch eine Gunst, lang zu leben, um ein
solches Meisterwerk hervorzubringen, eine wahre Sühne
für unser Jahrhundert.
Auf Wiedersehn, stets der Ihre   Carl J. Burckhardt

An Friedrich Traugott Wahlen   1181 Vinzel, La Bâtie,
                                          5. April 1973

Hochverehrter, lieber Herr Bundesrat,
Sie hatten die große Güte anzurufen und leider hat man
mich nicht zum Apparat geholt.
Nach langandauerndem Reiseverbot war mir gestattet worden, meine ältere Tochter in den »Alpes Maritimes« aufzusuchen, wo sie sich bemüht, einen von ihrem Mann ererbten
und seit vielen Jahrzehnten vernachlässigten Besitz land-
wirtschaftlich wieder ertragsfähig zu machen (Olivenkul-
tur), und weitläufige, durch langandauernde amerikanische
Besetzung verwüstete Wohngebäude zu renovieren. Leider
fiel meine Reise mit dem französischen Aviatikstreik zusammen, die Züge waren überfüllt und konnten schließlich nur
Stehplätze anbieten; anstatt in 50 Minuten nach Nizza zu
fliegen, brauchte ich fast 12 Stunden zum Anmarsch wie zur
Rückkehr. Dies hat mich mitgenommen, und, heimgekehrt,
hatte ich mich von der Erholung zu erholen.
Hier in unserer ländlichen und stillen Existenz ist in letzter
Zeit allerhand geschehen. Der ausgezeichnete Berater meiner Frau, der Verwalter Martin in Rolle, ist plötzlich gestorben und wird seiner ungewöhnlichen Qualitäten wegen
schwer ersetzbar sein. Unser Gärtner, ein dem Gemeindele-
ben aufs glücklichste verbundener, kluger, verantwortungs-
bewußter Ehrenmann und Freund, ist von einem jungen
Automobilisten auf dem Weg nach Nyon in hohem Tempo
angefahren worden. Dreißig Meter weit wurden er und sein

Motorrad geschleudert, bewußtlos blieb er liegen. Seit drei Monaten liegt er im Spital, gestern wurde er zum dritten Mal während drei Stunden operiert; er ist beinah 70 Jahre alt und die Regenerationsfähigkeiten seiner Ossatur sind gering. Das sind so die Begebenheiten unseres eingeschränkten Daseins in einer schönen und so oft beglückenden Umgebung.

Die durch ihren Syndic, Bourgignon, so gut geführte Gemeinde bereitet zur Zeit Sorgen.

Die staatliche Intervention tendiert dahin, aus unserm Dorf eine »cité protégée«, eine Art Museum zu machen. Dabei riskiert man, daß die Büros allzu restriktiv vorgehen. In Vinzel war man besonders brav, schon vor der Durchführung des »remaniement parcelaire« hat die Gemeindeversammlung beschließen können, daß Vinzel ein Rebdorf bleiben müsse, und daß man an Ausländer und an Industrien kein Land verkaufe. Dieser Beschluß wurde bis heute sorgfältig respektiert. Nun haben die Büros in Lausanne eine Regelung getroffen, die zur Zeit und zwar bis zum 30. April unter Rekursmöglichkeit steht. Diese Regelung scheint den Dorfbewohnern als eine Art von Strafe für ihr bisheriges Wohlverhalten und ihren Widerstand gegen terrain-spekulative Verlockung.

Es ist nämlich vorgesehen (in Übertreibung eines Grundprinzips) den Dorfbewohnern zu verbieten, auf ihrem eigenen Grundstück einen Bau oder Anbau durchzuführen. Die Familien aber wachsen, für die Kinder, die beim angestammten Beruf des Weinbauern bleiben wollen, muß Platz vorhanden sein. Wir hoffen, daß die Argumente des Rekurses in Lausanne Verständnis finden werden. Die psychologische Lage unserer Gemeindegenossen ist dadurch erschwert, daß die angrenzende Nachbargemeinde Bursins ungehindert schon weites Rebgelände überbauen ließ und weiterhin Bauerlaubnis erteilt. All diese kleinen und kleinsten Vorgänge, die sich jetzt noch meiner Beobachtung, aber nicht mehr meiner Aktivität anbieten, haben, auf große Verhältnisse übertragen, etwas Beispielhaftes an sich.

Soeben werde ich durch einen telephonischen Anruf des
»Syndics« unterbrochen. Er sagt, vier Beamte aus Lausanne
unter Führung eines Herrn Ravussin hätten ihn heute vormittag aufgesucht. Sie hätten Verständnis für seine Ausführungen zugunsten der nuancierten Behandlung individueller
Wünsche und Bedürfnisse auf dem Gebiet der Verfügung
über eigenen Terrainbesitz, bei Notwendigkeit von baulichen Erweiterungen gezeigt. Das ist eine gute Nachricht.
Es bleibt zu hoffen, daß die Experten an höherer Stelle ihren
neu bezogenen Standpunkt vertreten werden.
Kleine Perspektiven bieten sich zur Zeit meiner Aufmerksamkeit an. Über die großen Vorgänge draußen in der Welt
besitze ich keine genügende Orientation mehr.
Nochmals möchte ich Ihnen für Ihr Wohlwollen aufs herzlichste danken. Ich hoffe sehr auf ein Wiedersehn und auf die
Nachricht von Ihrem und Ihrer sehr verehrten Gattin guten
Befinden. Mit wärmsten Grüßen und Empfehlungen Ihr
sehr ergebener
Carl J. Burckhardt

An Erwin Jaeckle 1181 Vinzel, La Bâtie,
15. Juni 1973

Verehrter, lieber Herr Jaeckle,
»Dichter und Droge« ist Rudolf Gelpke zum Gedenken
erschienen.
Bemerkenswert, welchen Widerhall dieser polnische Name
in mir auslöst. Der alte Gelpke, Schöpfer der Basler Rheinschiffahrt, gehörte zu den Männern, die meinem Vater
nahestanden, ihm in den schweren Zeiten seines Lebens
durch zurückhaltend nobeln Zuspruch zu helfen versuchten.
An der Art, in der mein Vater gestorben ist, hatte eine
sachliche Mitteilung Gelpkes entscheidenden Anteil.
Ich war ein Kind, als bei Tisch, nach einer der ersten kleinen
Dampferfahrten der Basler Regierung, unter Gelpkes Führung, rheinaufwärts bis nach Schweizerhall, mein Vater

erzählte: »Kurz vor der Landung sagte mir Gelpke: Hier gibt es viel mächtige Wirbel, hier ist der Strom so tief, daß einer, der hineinfällt, nicht wieder hinaufkommt.« Die Wiedergabe des Ausspruchs hat mir damals einen unheimlichen Eindruck gemacht, dessen Gefühlsspannung mir bis zum heutigen Tag erhalten blieb.

Etwas anderes: Gelpke hatte eine Schwester, Frau Widtwer, die Gattin des zweiten Geigers des von Hans Huber und später von Suter geleiteten Orchesters, eine schöne Frau. Ich hatte vernommen, sie spiele eine große Rolle im Leben des Nietzsche-Biographen, Carl Albrecht Bernoulli. Von der Art dieser Rolle hatte ich, mit der Neugier des beginnenden Pubertätsalters, erfahren. Eines Tages traf ich sie in der Trambahn zwischen Basel und Arlesheim. Wir kannten uns nicht, aber sie sprach zu mir. Daß sie zum Bildhauer Carl Burckhardt ins Atelier fahre, teilte sie mit. Eben dorthin fuhr auch ich. Der Bildhauer und Maler hat mir viel bedeutet. Gemäß der kaum vorstellbaren Seltsamkeit unserer Vaterstadt lebten wir in völlig getrennten Welten. Er war für mich einer der Befreier aus dem Druck der alten Stadt, die ich etwa ein Jahr nach dieser Fahrt verließ, um mich nach Glarisegg zu begeben.

Frau Widtwer und ich, in Arlesheim angelangt, machten uns gemeinsam auf den Weg zu dem am obern Dorfrand gelegenen Atelier. Eine stark ausstrahlende Weiblichkeit umgab mich. Frau Widtwer erzählte in sehr suggestiver Weise von Wedekinds Stück »Frühlings Erwachen«. Es regnete warm und in Strömen. Wir gingen über aufgeweichten Grund. Zu Hause hatte man mir einen altertümlichen Regenschirm mitgegeben, er hatte einen silbernen Griff und auf diesem Griff war ein Wappen eingraviert. Plötzlich erblickte Frau Widtwer dieses Wappen. »Pfui!« rief sie, »schämst du dich nicht, mit so etwas herumzulaufen?« – Alles war nun zerrissen, etwas wie Haß ging von ihr aus. Als Feinde gelangten wir beim Bildhauer an. Viel später fragte er mich einmal: »Was war eigentlich damals geschehen?«

Dann, viele Jahre später erwähnte unser Walther Meier, mit

Bewunderung, Ihren Freund und Zeugen, Rudolf Gelpke, und ich selbst, ebenfalls mit Bewunderung, las dessen persische, so authentische Aussagen. Ich bin ihm nie begegnet, aber immer hoffte ich, daß dies einmal geschehen würde.
Nun das Bemerkenswerte: Sowohl den großen Ingenieur, als auch seine Schwester habe ich nur einmal getroffen. In meiner innern Welt aber waren sie mir immer mit viel größerer Macht gegenwärtig als ungezählte Menschen, die ich über lange Zeiträume hinweg oft täglich gesehen und gehört habe. Und nun, mit einem Mal, gehörte auch Ihr Freund, der Unbekannte, dazu.
Vor einer solchen Feststellung, wo ist da die sogenannte Zeit? – Letzte Woche kam mein jüngster Enkel, an seinem vierten Geburtstag, zu mir; er sagte mir: »Sais-tu, où sont maintenant mes trois ans?« – Ich wußte es nicht.
Was sich nicht in unsern unbewußten Tiefen festsaugt, verflüchtigt sich, besitzt keine Zeit. Es gibt unendlich verschiedenen Zeitbesitz, nicht nur im Sinn der Dauer, sondern dem Gewicht nach. Wir bringen immer wieder bestimmte Augenblicke zum Stehen, so lange sie in uns leben, ist ihre Zeit immer noch Gegenwart, wir sind ihre souveränen Erhalter.
Als ich nun Ihr Buch las und dieser eine Name, Gelpke, auftauchte, wurde die Lektüre des ernsten Textes zu bis in meine Anfänge zurückreichender Gegenwart. Ihr Bericht fand, Wort für Wort, Eingang in die mit erstaunlicher Dauer erfüllte Zone, die unter dem Stichwort des einen Namens steht. Aus diesem Grunde erlaube ich mir so weit auszuholen.
»Wo sind jetzt meine drei Jahre?« »Wo sind jetzt die Reiher aus der hölzernen Decke des Hauses in Stein am Rhein?« Bei mir sind sie, wie alles andere Ihres Berichtes in guter Hut.
Es gibt Erfahrungen, die wie Dämme wirken und an denen der Strom der Zeit sich staut. Es gibt in uns »überwertige Zeiträume«. In einem solchen ist mir beispielsweise alles aufbewahrt, was von Ihnen kommt und dieser Raum ist an

jenem Abend entstanden, an dem wir mit Max und Walther in Ihrer Altstadt tafelten.
Bedeutung des Individuums liegt wohl unter anderem darin, daß es Teile dessen, was unaufhörlich vorüberrinnt gibt, die gestaut, eine Zeit höherer Ordnung bilden. Nicht wie durch Josua braucht die Sonne zum Verweilen gezwungen zu werden. Indem es Einzelnen möglich ist, als zeitbindende Herrscher zu wirken, entsteht in unendlicher Vielfalt eine Hierarchie der Geschichte. Flüchtigste Begebenheiten werden zu Dominanten des Geschehens.
In diesem Zusammenhang stellt sich für mich das Problem der bewußtseinswandelnden Drogen. Nach meiner, an Andern gemachten Erfahrung, haben diese »Zaubermittel« die Wirkung, zur Selbsterkenntnis zu führen. So wie man auf sie reagiert, so ist man.
In Paris kannte ich einen jungen Gelehrten, einen zarten, gütigen Menschen. Er ist jung gestorben. Die Einwirkung des LSD beglückte und befreite ihn, jedoch auffallend war es, daß er unter der Aktion dieses Mittels immer Racheakte halluzinierte. Er beging sie nicht im nüchternen Zustand, aber der Gebrauch der Droge befreite ihn, vorübergehend, von dem Drang, sie durchzuführen. Diesen Drang wurde er, nach seinem eigenen Bekenntnis, bis zu seinem Ende nicht los. Der »Filter« jedoch, immer wieder, erlaubte ihm, gewissermaßen vertretungsweise, niemals endgültig, den sich stets erneuernden Drang abzubauen.
Hätte Hamlet durch »Filter« die »Pfeil und Schleudern des wütenden Geschicks« vorübergehend vermieden, so wäre ihm seine Frage: »was in dem Schlaf für Träume kommen mögen?« unbeantwortet geblieben; denn eine derartige Frage scheint über das Lebensende hinaus aktiv bleiben zu können. Die Offenbarung des Problemgehalts erfolgt erst außerhalb der uns gewohnheitsmäßig umgebenden Schranken. Je inniger, je leidenschaftlicher unsere Frage gestellt wird, desto mehr Dauer schafft sie. Ein zu sehr hoher Konzentration gesteigertes Anliegen führt vielleicht über die Fermate des leiblichen Todes hinweg, dorthin wo »Zeit«

nur noch aus emotionalen Werten besteht und durch deren Unzerstörbarkeit ganz sachte zu tragender Ewigkeit wird.
Ich habe Ihnen für so Vieles zu danken. Im Winter beschäftigte ich mich eingehend mit Ihrer religionsgeschichtlichen Forschung. Jetzt hat mich Ihr neues Buch dazu geführt, mich darüber zu wundern, wie es um den reziproken Wert der spontanen und der durch Absicht hervorgerufenen Träume stehe.
Selbst wenn man krank ist und weder genau zu fragen noch zu antworten vermag, hört man hinter dem Getöse der Epoche ein inneres Geraune, aus dem man hin und wieder Gewißheit zu gewinnen glaubt.
Sie auszusprechen wird in meiner Lage der Feder schwierig.
Mit der Bitte um verehrungsvolle Empfehlungen an Ihre Gattin der Ihre
Carl J. Burckhardt

An Maria Clara Sattler　　　Vinzel, La Bâtie, 13. Juli 1973

Sehr verehrte, liebe gnädige Frau,
Manchmal, nach Zeiten, in denen man, in schlechtem körperlichen Zustand, die Sorgen um den Lauf unserer unfaßlichen Menschenwelt nicht mehr glaubt tragen zu können, sich abkehrt und nur im stillen Bitten verharrt, bricht – mit einem – ein überheller Strahl herein. Plötzlich erwacht man, Erneuerung meldet sich in farbigen Bildern der Erinnerung.
So geschah mir jetzt, nach langen Monaten der völligen Passivität; etwas riß mich aus dumpfem Dämmerzustand.
Ich sah etwas, aufs deutlichste, große Geschenke des Lebens, einstige tief beglückende Stunden, Zusammentreffen mit der unerschöpflichen Schönheit der Natur und der Schönheit beseelter Wesen.
Einmal wieder und wie sehr beglückend, war für mich das kurze Zusammensein mit Ihnen und Ihrem lieben Gatten, damals, als wir Kirchen, Klöster, alte Städte besuchten, und

gemeinsam über die Berge, nach Süden fuhren. Heiterkeit! Das war damals meine letzte größere Fahrt am Steuer. Welch eigentümliche Einsicht, daß Zeit nicht mit Zeit gemessen werden kann, sondern nur mit Erlebnisgehalt. Daran dachte ich so lebhaft dieser Tage. Es hat mich beglückt, und dies wollte ich Ihnen mit viel Dankbarkeit sagen.
In alter, großer Verehrung Carl J. Burckhadt

An Christoph Bernoulli 23. Juli 1973

Lieber Christoph,
Seit Deinem wohltuenden Besuch:
»In tristitia hilaris, in hilaritate tristis«
gedacht, bei Lektüre begegnet:
Newton, nachdem man ihm ein Stück von Purcell vorgespielt hat: »Wirklich sehr schön, aber was beweist das?«
Weiter gedacht C. B.: »Alles beweist ständig etwas.«
Einfälle im Lauf der einsam verbrachten Tage
Politik: »Zentral gelegene Kontinentalstaaten erleiden das Schicksal Deutschlands und Polens, Seemächte überdauerten bis zur Perfektionierung der durch Flugwaffe abgeworfenen Sprengkörper.«
Das Wort, wonach Macht an und für sich böse sei, wird zum erstenmal von Schlosser ausgesprochen. –
Wer von der »islamischen Kultur« redet, begeht bereits den Fehler einer abstrakten Vereinfachung, es gibt islamische, sehr gegensätzliche Kulturen.
Mohammed hat bestehende Bindungen nicht aufgelöst, sondern im Unterschied zu anderen Theologien verstärkt.
              Orphisch = Orient
Seelischer Dualismus bei Plato orientalisch, im Gegensatz zum homerischen Rationalismus.
Rom: res, lex; römisches Gepräge des Christentums, Disziplinierung, Institutionalismus, Gehaltenheit. Ursprung des Mönchtums ägyptisch – syrisch.

Christl. Weltablehnung, Versenkungstechnik, manichäischer Dualismus. Erbgut hellenistischer Aufklärung. Späte Nachwirkung: Romantisches Individualleben.
»Was hülfe es dem Menschen, wenn er die ganze Welt gewönne und nähme doch Schaden an seiner Seele?« Der Moderne, der dieses Wort im Munde führt, wird es in einer viel harmlosern Bedeutung fassen, als es sie von Haus aus enthält. Für ihn sind objektive Ordnungen das Selbstverständliche. Er wird zwischen den Mühlsteinen institutioneller Ordnungen und dem Eindringen tatsächlicher Weltveränderung durch Wissenschaft und Technik für die individuelle Seele Rettung vor dem Zerriebenwerden suchen. Für jenen aber, der das angeführte Wort zuerst sprach, handelte es sich nicht um die Wiederdurchsetzung der Seele gegen auf sie eindringende äußere Bedingungen, sondern um die absolute Heiligkeit des Subjekts, das sich seinem selbstgeschaffenen Gott gegenüber allein im Raum weiß.

*

Poesie ist eine Kunst und als solche dem Gesetz des Fortschritts nicht unterworfen. Sie steht als ein Absolutes außerhalb der Geschichte. Kunst kann eine Zeit beschreiben, aber sie ist, sobald sie ihren Namen verdient nicht zeitgemäß. Alles sich aus der Zeit erklären gehört zu den Nachwehen des Historismus. Im Übrigen ist die Ilias heute so wahr, wie vor 3000 Jahren.
Man kann vom Erlebnis seiner eigenen Zeit erfüllt sein, ohne sich von ihm verwirren zu lassen.

Wieder einmal Kant gelesen. Bei ihm spüre ich (er ist Schotte) Wikingereigenschaften, in einer lau werdenden Welt sucht er mit der Schlagwaffe seiner Logik einen Ausweg für ein schon unzeitgemäßes Temperament.

Im Sehen, Hören, Begehren tut man nicht, man wird getan. Das Bewußtsein erster Ordnung ist aufnehmend und Aufnehmen bedeutet Erleiden. Die Tätigkeit des Subjekts beginnt erst, wenn die Reflexion ins Spiel tritt. In ihr lebt das

Subjekt auf eigene Rechnung aus seinen Energievorräten. Es vergleicht, ordnet, kurz, es handelt.

Tugend ist nur dort, wo sie die Kraft des Einzelnen bändigt, nicht dort, wo sie die Schwäche des Einzelnen beschützt.

Europa: Erziehung zur Individualität – Seit etwa drei Generationen: – Desindividualisierung – Wollust, sich im Kollektiven aufzulösen.

Mehr Diagnostiker als wirkliche Therapeuten.

Der »Intellektuelle« läßt die Dinge nicht ruhig verweilen, er analysiert sogleich, legt auseinander, sucht Kehrseiten.

Europa leidet am Ermatten seiner Wunschfähigkeit.

Der Greis hat keine Wünsche; am Ort, der von Wünschen leer steht, lassen sich die unerzählbaren Erinnerungen nieder.
U.s.w.
Gelesen, nachgedacht,
ohne Lektüre gedacht in Form
von Einfällen,

als kleines Gespräch nach Alpjen.

Alles Gute und Herzliche Grüße Euch beiden   Carl

An Peter Berglar   [Vinzel], 8. August 1973

Sehr verehrter Herr Berglar,
Seit Jahren jetzt zurückgewiesen hinter meine vier Wände, im Sehen, Erfassen, Darstellen stets durch schweren Druck der Ermüdung behindert, überlebe ich mich selbst. Das

Merkwürdige bei diesem Vorgang ist, daß ich als bewußter Zuschauer dieses Zustandes, genau Bescheid weiß, was geschieht, daß ich diesen Bescheid aber nicht mehr weitergeben kann, weder an Andere, noch in zusammenhängender Form, an mich selbst. Da ist denn ein gewisses raunendes Zwiegespräch mit den Familiares, ein Gespräch ohne Worte, ein Trost! Man ist zwar nicht gleichartig, aber man ist aus dem selben Stoff. Genealogische Nachrichten erweitern die Beziehungsfülle, die einem angehört. Da erscheint plötzlich ein baskischer Vorfahr gegen Ende des 18. Jahrhunderts, sein Typus findet sich immer wieder, er ist ritterlich und in einer bestimmten ressentimentbetonten Umgebung unserer Breiten, ist er zu einem ganz bestimmten Leiden gezwungen. Nie bleibt es aus, es ist in den Porträts sichtbar und in den Gesichtern der noch lebenden Vertreter dieser Art.
Bisweilen, jetzt, wo ich so selten neue Bekanntschaften mehr mache, treffe ich – und der Vorgang ist fast greifbar – bei bestimmten Empfindungswechseln –, – treffe ich – auf eine weibliche Gestalt, unter den Ahnen zu Mitte des sechzehnten Jahrhunderts; ich habe schon als Kind oft von ihr geträumt, sie ist mir also sehr deutlich, so deutlich eben, wie nur Träume prägen können. Nun lehrt mich die genealogische Forschung, aus welch überreicher Fülle des Ahnenerlebnisses gerade dieser Person etwas Besonderes angehört haben muß. Mit ihr kann ich reden; ich kann sie fragen, warum geschieht mir dies oder jenes, sie antwortet; »es geht Dir weniger verloren, als wenn Du über alle Mittel verfügen würdest.« Oft dachte ich, welch ein Meisterwerk entstehen könnte, wenn es einem an Vorstellungsgabe wohl versehenen Forscher gelingen könnte, die Biographie eines ganzen Geschlechts, eines »Hauses« so zu schreiben, als handle es sich um ein einziges durch die Jahrhunderte vorhandenes Individuum. Oder man nähme nur einmal, innerhalb der Gleichzeitigkeit, alle Kollateralen! Etwa die Colonnas zur Zeit Petrarcas u. Cola di Rienzis, anders als durch den epidemischen Haß eines Thornton Wilder gesehen. Es gibt

in eng gezüchteten Kreisen bestimmte Typen, die immer wieder auftreten. Wenn man in meiner Vaterstadt sagt: »das ist ein echter Iselin«, so spricht man vom Vertreter einer Familie, die seit dem dreizehnten Jahrhundert in unserer Stadt ansässig ist. Ich würde einem solchen Vertreter in New York auf der 5. avenue begegnen, ich wüßte, ach! da kommt ja, – und zwar ohne ihn persönlich zu kennen. Ich würde ihn im Basler Dialekt ansprechen u. würde bei seiner Antwort, aus seiner Aussprache erkennen, daß ich mich nicht getäuscht habe, er würde seine Familiensprache sprechen. Wie sehr gilt dies für das englische »peerage«.
Sie deuten es an, die unzähligen Einzelkäfige der »Ismen« erlauben es ihren Insassen nicht, Wandel oder Wiederholungen im geschichtlichen Ablauf zu erkennen. Nichts was vor dem Entstehen des jeweiligen »Ismus« war, darf sein, nichts was dem Gesetz des »Ismus« nicht gehorcht, darf existieren. Schwerste Sanktionen liegen auf unorthodoxer Geschichtsdeutung.
Mit dankbarem Gedenken und besten Wünschen, Ihr ergebener

Carl J. Burckhardt

An Alexander Beck 1181 Vinzel, 7. September 1973

Sehr verehrter, lieber Herr Beck,
Wie gütig sind Sie! Mit Ihrem getreuen Wohlwollen machen Sie mir ein Geschenk, dessen hohen Wert ich tief empfinde.
Ich habe unser Haus seit letztem September nur einmal verlassen. Im April war ich in »Vignal« über Nizza, einem Gut, das mein Schwiegersohn Chiesa von einem Onkel mütterlicherseits übernommen hat. Diese Reise bekam mir nicht gut, ich mußte dann hier lange wieder aufholen. Der leuchtende Sommer, seit dem sechsten August hat mir dann sehr wohlgetan. Leider genügen die Kräfte nicht zum Durchführen schriftstellerischer Arbeiten.

Ich hatte gehofft über meinen Vater etwas aufschreiben zu können. Als ich noch in Versailles wohnte, besuchte mich einmal der inzwischen längst verstorbene Herr Nüscheler vom Bankverein. Er erklärte – (wir kannten uns nicht), – er habe mir etwas Wichtiges mitzuteilen. Dann sagte er: »Ich stand in häufiger und naher Beziehung zu S. Dieser, kurz vor seinem Tode, teilte mir mit, etwas bedrücke ihn, im Zusammenhang mit dem Ehrbeleidigungsprozeß gegen Carl Christoph Burckhardt habe er einen Meineid geschworen«. Vielleicht hätte ich Herrn Nüscheler bitten sollen, mir diese seine Eröffnung schriftlich zu wiederholen.

Ich erlaube mir Ihnen dieses Factum mitzuteilen, weil Sie sich an die damaligen Vorgänge (1914) an der Bäumleingasse wohl vom spätern »Hören-Sagen« noch erinnern, und sie in der schönen klaren Lauterkeit Ihres Rechtsempfindens beurteilen.

Römisches Recht! Als ich ein Kind war, – wir wohnten auf dem Münsterplatz – kam allwöchentlich Rud. Wackernagel zum Mittagessen. Es ist mir erinnerlich, wie oft er meinem Vater Fragen stellte, die auf das »Römische Recht« Bezug hatten. Da waren mir denn in kindlichen Vorstellungen z. B. die »gutachtenden Respondicejuristen« völlig sichtbar, ich hätte sie zeichnen können. Etwas später wurde das Gespräch einmal besonders lebhaft über hellenistische Rechtsgedanken, ja eine gewisse »Orientalisierung« des Kaisergeistes. W. hatte diese Version im Gespräch in den Vordergrund gestellt, Carl Chr. B. lehnte die These einer absichtlichen Entwicklung in dieser Richtung ab.

Das sind merkwürdige Splitter frühesten und frühen Gedächtnisses. Sie werden von einem Hauch erfaßt und steigen auf vor dem Blick, wenn ich denke, welch große Überlieferung Ihres herrlichen Faches Sie unentwegt verwaltet haben und zwar in einer Zeit, in der von »Ismen« tausendfach umflattert, von Doktrinen total angefordert, von hedonistischer Propaganda vielfach erzeugt, eine maßlos gewordene Jugend, geschichtsmüde unser herrliches Erbe, die lateinische Sprache, ablehnen will.

Für die späten Jahre wünsche ich Ihnen Stärke und Widerstandskraft, damit Sie die Treue Ihres geistigen Verwalteramtes zur Grundlage für eine weite Übersicht über Ihr festgebautes, so selten gewordenes Bildungsgebiet bewahren können.
Möge der Winter für Sie spät beginnen! Die herrlichen Anemonen Ihrer verehrten Gattin, der ich meinen ergebensten Dank sage, werden wenn draußen der Schnee liegt, auf meinem Schreibtisch blühen als ein Trost dafür, daß nichts mehr geschrieben wird. Ihnen aber mögen die Kunstwerke Ihrer Gattin ein Ansporn zum Weiterwirken sein.
In herzlichem Gedenken,
        der Ihre Carl J. Burckhardt

An Christoph Lüthy   1181 Vinzel, Vaud, La Bâtie,
            8. September 1973
Lieber Christoph,
Von allen Briefen, die ich in diesen Tagen erhalten habe, hat der Deine mir die größte Freude gemacht. Ich danke Dir auf's herzlichste!
Jetzt lagst Du also im Bett und hattest 38° Fieber. (38° = 38 Grad.) Das ist, wenn man noch sehr jung ist, keine schlimme Temperatur; gerade genug, um die kleinen Bazillen zu vertreiben, die einem Halsweh oder Magenschmerzen machen. »Fort mit Euch«, sagt der Körper, »hinaus bei diesem schönen Wetter!« – und dann heizt er ein wenig. Aber die Bazillen halten eine Sitzung ab, verschiedene Ansichten werden geäußert, man stimmt ab, einer hält eine Rede und sagt: »es wird zu warm, es könnte noch wärmer werden, ziehn wir aus!« Da er sehr gut spricht, gerade so wie Bazillen es gern haben, erhält er Stimmenmehrheit und seine Genossen ziehen ab. Dann beginnt für den krank Gewesenen eine schöne Zeit, er erholt sich, wie man sagt, noch liegt er zu Bett, aber jetzt kann er wieder denken und aus seinem Innern steigen Bilder auf, wundervolle Bilder: Ein Springbrunnen im Sonnenlicht, ein junges Pferd, das

sich auf die Hinterbeine stellt, draußen auf der Weide, das mit den Vorderhufen winkt und sich in den Hüften dreht, Glanzlichter in den großen Augen hat und wiehert wie eine Arpeggie. (Mama sagt es Dir.) Ja, während der »Erholung« kann man viel tausend Bilder sehn, man kann sich »Wunderbares« *vor*stellen und auf dieses »Vorgestellte« hin-schreiten, d. h. *gehn,* man kann Musik hören, vom Dudelsack bis zur Harfe, man kann denken, ohne gestört zu werden, in Worten kann man denken, aber auch in Zahlen, bis man einschläft. Wenn man dann aber aufwacht, ist man »gesund«. Dann will man nicht mehr nur Vorstellungen begegnen, nicht nur überlegen, dann will man etwas tun, tätig sein.
Das wirst Du nun sehr bald schon können. Dann berichte mir einmal wieder, damit unsere Freundschaft recht lebendig bleibt.
Grüße mir Deine lieben Eltern, Deinen kleinen Bruder.
Dir alles Gute für Herbst und Winter und hoffentlich auf Wiedersehn in Vinzel im nächsten Frühjahr oder Sommer.
Dein alter Freund
Carl J. B.

An Friedrich Traugott Wahlen   1181 Vinzel, La Bâtie,
14. September 1973

Sehr verehrter, lieber Herr Professor,
Vor mir liegen Ihre beiden gewichtigen Kommentare: Erstens: »Zur Aufhebung der Artikel 51 und 52 der Bundesverfassung«.
Zweitens: »Bemerkungen zum Schlußbericht der Arbeitsgruppe für die Vorbereitung einer Totalrevision der Bundesverfassung«.
Im Laufe des Sommers haperte es wieder mit meiner Denk- und Formulierfähigkeit. Um meinen Dank zum Ausdruck zu bringen, wollte ich warten. Nun wurde die Wartezeit lang, und einmal mehr muß ich um Entschuldigung und Nachsicht bitten.

Die »Jesuiten- und Klosterfrage« ist längst im Sinne der Reife erledigt, wobei es merkwürdig war, daß die einst aus staatspolitischen Gründen machtmäßig reformierte Waadt sich so weitgehend ablehnend verhielt, während die Stadt Calvins, innerhalb von deren Territorium noch im neunzehnten Jahrhundert keine Messe durfte gelesen werden, vor die Alternative des Reformators Calvin und J. J. Rousseaus gestellt, sich im Sinne des letztern entschied.
Und nun: »Totalrevision der Bundesverfassung«.
In der das Geschick der Nation betreffenden, grundlegenden Aufgabe haben Sie in beispielhafter Ruhe und Klarheit die ganze Problematik des Vorganges aufgefächert und sichtbar gemacht.
Es verhält sich bei der Zukunft bindender Gesetzgebung sehr ähnlich wie bei der großen Historiographie. Wenn bei dieser das Zeitalter ihres Entstehens viel deutlicher, ja objektiver in Erscheinung tritt als das geschilderte Zeitalter, so wird die Gesetzgebung immer wieder und unvermeidlich den Stempel ihrer Entstehungszeit auf sich tragen. In unserer in unzählbare »Ismen«, »Doktrinen«, »Rezepte«, »Moden« etc. aufgespaltenen Epoche, dem auf Hypnose so anfälligen heutigen Geschlecht, den gleichgewichtslosen Verhältnissen auf dem Planeten, ist das Unternehmen, über die Grundrechte des nächsten Jahrhunderts zu entscheiden, höchst gefährlich. Überall dorthin, wo Gefahr vorhanden ist, haben Sie in Ihrer bestimmten und leisen Art hingewiesen.
Es ist unter Ihrer Hand ein sehr großartiges Dokument entstanden, von dessen Gehalt auf lange Dauer eine besonders ernste Wirkung ausgehen wird. Lange, in spätern Zeiten, wird man sagen: hätten wir auf diese, bis an subtilste Richtigkeit heranreichende Mahnung doch besser hingehört!
Es bleibt mir nur, aufs beste zu danken.
Mit der Bitte, Frau Wahlen meine ergebenen Empfehlungen zu übermitteln verbleibe ich in alter Verehrung, Ihr sehr ergebener   Carl J. Burckhardt.

An Gershom Scholem 1181 Vinzel, 14. Oktober 1973

Liebe Freunde,
Vielleicht will der Zufall, daß dieses Blatt Sie erreicht. Es soll Ihnen nur sagen, wie stark meine späten und kaum mehr wirkungskräftigen Gedanken bei Ihnen sind.
Viel wäre darüber zu sagen, was das Ganze ist, dem diese Unwahrheit und Ungerechtigkeit, die zu verachtende Vergeßlichkeit angehören.
Meine Sorge für die mir teuer gewordenen Freunde drüben ist groß. Seit Jahren konnte ich keinen Kontakt mehr aufnehmen, nicht einmal von hier aus mit Zürich, während Ihrer dortigen Aufenthalte. Nun kann dieser Zettel nur ein Zeichen sein, ein Zeichen großen Anteils.

Stets der Ihre
Carl J. Burckhardt

An Robert Boehringer La Bâtie, 17. Oktober 1973

Verehrter, lieber Freund,
Hans Carossas Gedicht »Der alte Brunnen« ist nach dichterischem Gehalt ein Kleinod. Der Vorgang, den es wiedergibt, ist mir vom Ritterhofbrunnen und seinem Quellwasser, das nach dem Verschwinden des Wirtembergerhofs und dem Bau des Museums unrein wurde, wohlvertraut, der eigentümliche Ton den sein Fließen in das breite Becken hatte, klingt mir jederzeit im Gedächtnis. Seit Jahren nun, in meinem jetzigen Haus, erlebe ich oft den späten Wanderer, der im Hof aus der hohlen Hand trinkt, und dann weiter in die Hügel steigt. Den ausgezeichneten Arzt, den Helfer Carossa, habe ich zweimal in Weimar getroffen, dort hörte ich ihn von Rumänien erzählen.
In diesem seinem eigensten Empfinden so völlig angehörenden kleinen Poem möchte ich in der zweiten Zeile der vierten Strophe ein Wort entfernen, das Wort »vollzählig«,

kein dichterisches Wort, das zudem einen störenden Akzent auf dem »zählig« besitzt.
Warum nicht einfach:
»Die Sterne stehen alle überm Land«.
Wie immer, soviel Dank für die große Aufmerksamkeit!
Mit herzlichem Gedenken, in freundschaftlicher Verehrung, stets der Ihre

                    Carl J. Burckhardt

An Josef Cohn   1181 Vinzel, 26. Oktober 1973

Lieber Freund,
In Gedanken war ich viel bei Ihnen, bei Ihrem Volk, bei Ihrer Sache!
Abhängig von den Ärzten, ans Haus gebunden, unfähig etwas zu tun, habe ich, angesichts der Ungerechtigkeit der Welt, der fahrlässigen Art der internationalen Stellungnahmen, auf die Zähne beißen müssen. Wie miserabel hat man innerhalb dieser Periode des russischen Ölkrieges die Behauptung über »Israel als Angreifer« hingenommen!
Und jetzt, die unerschöpfliche Summe ungenützter Siedlungsgebiete.
Und die historischen Argumente! Man vergißt immer, daß es ein türkisches Reich gab, wer sprach damals von arabischen Territorialrechten?
Sind Sie wohl drüben? Sind Sie in Zürich? Ihnen mein ganzer Anteil in herzlichstem Gedenken!

                    Stets Ihr
                    Carl J. Burckhardt

An Hermann Hubacher 1181 Vinzel, Vd., La Bâtie,
2. November 1973

Lieber und sehr verehrter Freund,
Die Nachricht trifft ein, Sie hätten im letzten Sommer einen wunderschönen Mädchenkopf mit versonnenem Lächeln geschaffen. Dies beweist schöpferische Frische. Was kann der Mensch sich Glücklicheres wünschen als dies. Erst wenn man nicht mehr im Stande ist, eine Aufgabe abzuschließen, weiß man, welch eine Gnade im Vollendenkönnen liegt.
Ich kann nicht mehr schreiben, kann nichts mehr abschließen, hoffe immer auf einen pharmazeutischen Fortschritt, der einen von diesen nicht endenden, gedächtnisraubenden Cortison-Behandlungen befreien würde. Aber kürzlich sagte der Arzt, »davon kann man Sie bis zum Schluß nicht befreien«. Bisweilen zwingt einen Ungeduld etwas zu klagen. Also muß man der Ungeduld entgegenwirken und sich bei den Freunden, vor denen man sich gehn läßt, entschuldigen.
Wie gerne würde ich wieder einmal nach Zürich kommen, ins Atelier treten, oder Ihre Treppe hinaufsteigen! Ganz heimatlich mutet die Vorstellung des lieben Hauses mich an. Aber immer noch: »Keine Reisen!« lautet der Befehl. Ich stehe schon im Begriff die deutsche Sprache zu vergessen. Nun ja – das ist alles lauter Ungeduld. Schluß damit.
Wir hatten eine goldene ganz große Ernte, dann stand der Garten voll von Astern, das ganze alte Gebäude war und ist jetzt noch mit diesen in allen denkbaren Farben leuchtenden Blumen geschmückt. Das Landleben bleibt ein Trost.
Bitte sagen Sie der verehrten Frau Hubacher meine wärmsten Grüße und meine Empfehlungen.
Ihnen in herzlichem Gedenken
                              Carl J. Burckhardt

An Barbara und Michael Stettler Clinique Beauséjour,
  30. (?) November 1973
Liebe Barbara,
lieber Michael.
Eure so wunderbar freundschaftliche Teilnahme an meiner Einzelhaft hat mir viel geholfen. Als ich, vor drei Wochen, in V., auf dem Fußboden liegend aus meiner Ohnmacht erwachte, spürte ich beinah Bedauern darüber, daß ich nochmals in dieses mein ortsgebundenes, unproduktives Leben zurück müsse. Als ich dann, in's Bett befördert, Eure Karten aus dem venetianischen Bad erhielt, begann ganz leise Geneigtheit zum Leben wieder zu strömen. Jetzt, in dieser humoristischen Klinik, wenn ich die Augen öffne, erblicke ich meine Lieblingsblumen, die Nelken! Welche Spender seid Ihr! welche Ermunter[er]..
Bis auf weiteres liege ich noch auf dem Rücken, und die Feder will nicht zwischen meinen Fingern bleiben. Von Rückkehr nach Hause ist noch nicht die Rede. So gelten denn, Geduld und Dankbarkeit, eine schöne Mischung.
Stets Euer   Carl

An Christoph Lüthy   Vinzel, 17. Dezember 1973

Lieber Christoph,
Vor drei Stunden kam ich in Vinzel an. Vor fünf Wochen war ich umgefallen, ganz ungeschickt. Ich war, was man nennt: In Ohnmacht gefallen. Nachher weiß ich nur noch, daß ich in einem automatischen Bett aufwachte in einem Spital in Genf, seither hat man mich dort festgehalten. Im mechanischen Bett brauchte man bloß auf einen roten Knopf zu drücken und man wurde wie auf einer Welle hochgetragen. Man hat mich ziemlich viel geplagt mit Spritzen und in Basel fabrizierten Medizinen, ich konnte nicht mehr gehen und keine Treppe steigen. Das ist nun alles schon wieder für kurze Zeit möglich. Und jetzt bin ich daheim und mein Bett ist nicht mechanisch. Im Augenblick

aber meines Einfahrens in den Hof reichte man mir Deinen so lieben, – Euern so schönen Brief mit der sehr guten Zeichnung, die »La Bâtie« darstellt.
Jetzt schicke ich Euch allen meine allerbesten Weihnachtswünsche; ich hoffe Euren Besuch im Sommer zu erleben. Deinem Vater schreibe ich, falls mein Kopf wieder etwas besser im Stand sein sollte.
Alles Herzliche von Deinem und Deines lieben Bruders Freund
                                        Carl J. Burckhardt

An Albrecht Goes   Vinzel, 29. 12. 73

Lieber und verehrter Freund,
seit 23. Dezember bin ich aus der Klinik entlassen und wieder zuhause. Es ging diesmal hart und knapp vorüber. Als ich aus der langen Bewußtlosigkeit erwachte, war mein erster Gedanke: »Schade, ich bin ja nichts mehr nütze und jedermann zur Last.« Ich wurde wunderbar gepflegt, war von so viel Teilnahme und Güte umgeben, daß ich bereit war, auch ein passives Leben dankbar anzunehmen. Die schleichende, heimtückische Krankheit, an der ich jetzt seit mehr als sieben Jahren leide, verhindert jede produktive Leistung. Ich schreibe dies nicht um zu klagen, sondern um Ihnen zu sagen *wie* erkenntlich ich bin, daß Sie mir trotz meines Schweigens in so bewegender Weise Ihre Treue und Zuneigung bewahren.
Dank für die schönen Publikationen über immer sehr Wesentliches. Christian Wagner kannte ich nicht. Vor dem Tod meines Vaters, 1915, hatte ich Gedichte aufgeschrieben, die ich dann, beim Verschwinden des geliebten Mannes, alle zerstört habe. Auf Klang und Rhythmus war ich immer sehr empfindlich. Kürzlich schickte mir Robert Boehringer, der nun bald neunzig Jahre alt wird, blind ist und völlig taub, einen Band – vor allem – an seine Tochter gerichteter Lyrik. In diesem Spätwerk ist er sehr frei. In schönem, leichtem,

liebevollen Ton läßt er einen sehr eigenen Sang und Klang ertönen. Christian Wagner? Die Zitate sind stark.
Dort, wo ich beim lauten Lesen stolpere, liegt es an Folgendem:
Zitat, S. 6, bei »rufet stets«
Zitat »Tulpe« – sehr vollendet. Auch das Mondlicht stört mich trotz der – oder lieber – trotz den Astronauten nicht; Mondlicht durch Blätterlast über Brunnen und Teichen bleibt immer schön. Solche Zwangskategorien wie Romantik sagen mir nichts.
Hier zögere ich vor dem Wort »Farbenpracht«, hier wirkt die gefährliche Notwendigkeit (NB. welch seltsames Wort »notwendig«) des Reims – Pracht – Nacht. S. 10: »rosge Hochzeitsbetten«. S. 15, Zeile 4: »feire«, oder das sich Überstürzende; Zeile drei – »selgen« ...
Dies ohne Pedanterie, nur eine Andeutung an persönlichen Reaktionen. Solche Hemmnisse fehlen bei Goethe völlig, er mag apostrophieren wie er will.
Es handelt sich um eine sehr persönliche Ästhetik des Gehörs. Valéry hat mir einmal gesagt, der Reim überfordere:
Patience, patience, patience,
Patience dans l'azur!
Chaque atome de silence
Est la chance d'un fruit mûr!
Hier hat er ihn nicht überfordert, sondern hat für ihn gedacht.
Ja lieber Freund, Weihnachtswoche:
Δόξα ἐν ὑψίστοις Θεῷ καὶ ἐπὶ γῆς εἰρήνη ἐν ἀνθρώποις εὐδοκίας
Ich drücke Ihnen mit allen Wünschen die Hand, stets der Ihre

Carl J. Burckhardt

An Jan Von der Mühll   1181 Vinzel, 30. XII. 1973

Guter, lieber Jan,
Diesmal ging es knapp vorüber.
Jetzt kann ich wieder zwei Dankesworte an Dich schreiben, darüber bin ich froh.
Du verwöhnst mich, und ich habe ein schlechtes Gewissen.
Das Buch des letzten chinesischen Kaisers ist außerordentlich interessant. Ist es zurechtgestutzt, propagandistisch arrangiert? Gleichgültig eigentlich, es steht soviel darin, was nur der Autor wissen konnte. Dein Geschenk leistet mir hochinteressante Gesellschaft. Ich danke Dir und grüße Dich und Patrick aufs herzlichste, mit allen Wünschen. Stets Dein alter Onkel   Carl

An Octavian von Hofmannsthal   Genève,
(Diktat)   Clinique Beaulieu,
                                 26. Februar 1974

Dear Octavian,
Ich kann nicht mehr schreiben, nicht mehr reden, aber noch denken, und ich denke oft an Dich und möchte Dich schützen – Dir helfen.
Raimund macht mir Sorgen, seine Gesundheit. Er ist der beste Vater.
Die englischen Freunde: Diana, lauter Licht und Kraft. John Julius, seine Neujahrsgrüße, ein Grund, 1975 zu erleben,

                         Ich umarme Dich

Lebenslauf

Carl J. Burckhardt wurde am 10. September 1891 in Basel geboren. Nach dem Besuch der Basler Schulen verbrachte er drei Jahre im schweizerischen Landerziehungsheim Glarisegg am Untersee, wonach er sich dem Studium der Geschichte zuwandte. Er absolvierte vier Semester in Deutschland (Universität München und Göttingen) und erlebte als Student in Göttingen den Ausbruch des Ersten Weltkrieges. Seine Studien, die er an der Universität Basel begonnen hatte, schloß er an der philosophischen Fakultät in Zürich ab.

Von 1918 bis 1922 war er der Schweizerischen Gesandtschaft in Wien zugeteilt. Er erlebte Kriegsende, Zusammenbruch der Donau-Monarchie und das Entstehen eines neuen Österreich. Der Aufenthalt in Wien verschaffte ihm reiche geistige Anregung, die Begegnungen mit bedeutenden österreichischen Persönlichkeiten betrachtete er als ein Geschenk.

Nach den in Österreich verbrachten Jahren nahm Burckhardt seine historischen Studien und Arbeiten wieder auf. Im Auftrag des Internationalen Komitees vom Roten Kreuz wurde er 1923 mit einer Mission in der mit Griechenland sich im Krieg befindenden Türkei betraut. Nach einem Studienaufenthalt in Paris habilitierte sich Burckhardt als Privatdozent an der Universität Zürich, wo er 1929 zum Extraordinarius für Neuere Geschichte ernannt wurde.

1932 wurde er als Ordinarius für dasselbe Fachgebiet an das Genfer Universitätsinstitut für Internationale Studien berufen. Der Genfer Aufenthalt sollte sich länger ausdehnen, als ursprünglich geplant war, vor allem, weil Burckhardt zum Vorstandsmitglied des Internationalen Komitees vom Roten Kreuz ernannt wurde, das seinen Sitz in der Rhonestadt hat.

1937 ernannte ihn der Völkerbund zum Hohen Kommissar des Völkerbundes in der Freien Stadt Danzig. Vom September 1939 an stand er wieder im Dienst des Internationalen Komitees vom Roten Kreuz, dessen Präsident er von 1944 bis 1948 war. Während des Krieges gelang es ihm unter anderem, durch die in Gemeinschaft mit der Liga der Rotkreuzgesellschaften erfolgte Gründung des Vereinigten Hilfswerkes des Internationalen Roten Kreuzes, über die traditionellen Aufgaben des Roten Kreuzes im Dienste der Kriegsgefangenen und Verwundeten hinaus, ein Organ zu schaffen, das auch den notleidenden Zivilbevölkerungen Hilfe brachte.

1945 wurde Carl J. Burckhardt vom Schweizerischen Bundesrat zu seinem Vertreter bei der französischen Regierung ernannt, welchen Posten er bis Ende 1949 innehatte. 1953 kehrte er von Paris in die Schweiz zurück und nahm im waadtländischen Rebgut ›La Bâtie‹ in Vinzel ob Rolle Wohnsitz. Seine späten Lebensjahre waren von der Tätigkeit für wirtschaftliche Unternehmungen, beruflichen Auslandsreisen, vielen Vorträgen im In- und Ausland, vor allem aber durch wissenschaftliche und literarische Arbeiten ausgefüllt. Carl J. Burckhardt starb am 3. März 1974 in Genf.

Editionsbericht

Das Material zu dieser Auswahl besteht in erster Linie aus bei den Adressaten liegenden Briefen. Sie wurden nach einer umfassenden Suchaktion, auf Grund einer von Frau Elisabeth Burckhardt zusammengestellten Liste, von den Empfängern im Original, meist aber in Ablichtung, freundlich zur Verfügung gestellt, auch von Nachkommen, Archiven und Bibliotheken. Dem Appell, ihre Briefe zu senden, sind freilich, aus zu respektierenden Gründen, nicht alle ermittelten Adressaten gefolgt.
Eine zweite Gruppe bilden die Durchschläge von Typoskripten, meist nach Diktaten, die in vielen Ordnern in Vinzel bewahrt werden.
Drittens fanden sich in Vinzel Entwürfe, auch solche nicht abgesandter Briefe, von denen einzelne hier wiedergegeben werden. Im ganzen kamen mehrere tausend Briefe zusammen, aus denen im Einvernehmen mit den Briefempfängern diese Auswahl geboten wird.
Ihre chronologische Anordnung will die verschiedenen Aspekte von Burckhardts Persönlichkeit vermitteln. Weitere Kriterien waren die kulturelle oder politische Bedeutung der Briefe, wobei es galt, den hohen Anforderungen, die Burckhardt an seine eigenen Veröffentlichungen stellte, Genüge zu tun.
Sodann war Rücksicht darauf zu nehmen, daß viele Briefempfänger sowie ihnen gegenüber erwähnte Personen noch leben. Briefe an die Familie wurden auf deren Wunsch nicht einbezogen. Die Beschränkung auf die deutsche Sprache zwang vorderhand, auf wichtige Korrespondenten zu verzichten, so unter anderen auf Gonzague de Reynold, Salvador de Madariaga oder Max Petitpierre. Aus Burckhardts Danziger Jahren sind Briefe kaum vorhanden.
Bereits anderswo publizierte Briefe wurden nur in geringer

Zahl aufgenommen: gänzlich fehlen sollten sie nicht; charakteristische Beispiele bezeugen für Burckhardt wesentliche Momente und Beziehungen.

Satzzeichen, vornehmlich Kommata, wurden da und dort ergänzt, auch wurde gelegentlich im Interesse der Lesbarkeit ein Komma durch einen Punkt ersetzt. Gewisse Schreibweisen wurden zu heutiger Gebräuchlichkeit geändert, so z. B. in's zu ins, Hier zu hier, Alles zu alles, das selbe zu dasselbe, das richtige zu das Richtige. Offensichtliche orthographische Fehler, falsch geschriebene Namen wurden korrigiert, fehlende Wörter ergänzt und in eckige Klammern gesetzt, Unstimmigkeiten im Kommentar vermerkt.

Die Briefe tragen meist ein Datum. Wenn es fehlte, konnte mindestens der Monat oder das Jahr aus dem Inhalt ermittelt und in eckige Klammer gesetzt werden, ebenso, wo er feststand, ein fehlender Absendeort.

Nur in ganz wenigen Fällen ist gekürzt worden, was durch [...] gekennzeichnet ist, nämlich da, wo es sich um eine allzu private Mitteilung handelte oder wo auf Lebende Rücksicht genommen werden mußte. Aus demselben Grund ist, ganz selten, ein Name durch eine Chiffre ersetzt.

Die Originale der in dieser Ausgabe vereinigten Briefe befinden sich zum größten Teil im Besitz der Adressaten. Carl J. Burckhardts handschriftlicher Nachlaß wird, mit Ausnahme der Korrespondenz, in der Universitätsbibliothek Basel aufbewahrt.

Bei der selektiven Kommentierung der in den Briefen erwähnten Vorgänge und Namen ist das Persönliche nur soweit berührt worden, als es für das Verständnis der Briefe notwendig war. Carl J. Burckhardt hat weder Tagebücher noch Agenden geführt. Die oft zeitraubende Sucharbeit wurde in engem Kontakt mit Dr. Michael Stettler und vielen bereitwilligen Helfern geleistet; ihrer sei hier in Dankbarkeit gedacht: Maren Abravanel (Aran VD), I. Bercher-Walter (Mont-sur-Rolle VD), Dr. Hermann Böschenstein (Bern), Dr. Klaus Bohnenkamp (Tübingen), Luc Boissonnas (Zürich), Dr. Josef Cohn (Zürich), Dr. Hans Gutzwiller (Basel), Magda Kerényi (Ascona), Olda Kokoschka (Villeneuve VD), Pius Kölliker (Basel), Dr. Edith Krojanker (Jerusalem), Dan Lehmann (Basel), Emilia de Madariaga (Locarno-Muralto), Elisabeth Meyer-Sichting (Darmstadt), Dr. Peter Mieg (Lenzburg), Verena Oertle-Guggenheim (Zürich), Lucy Rudolph (Zürich), Dr. Paul Sacher (Basel), Isa Maria Salin (Basel), Helen Schneeli (Vuippens FR), Dr. Georg Schoeck (Feldmeilen), Hella Sieber-Rilke (Gernsbach), Dr. Antoinette Stettler-Schär (Bern), Dr. Helmut Strebel (Stuttgart), Dr. Eduard Vischer (Ennenda GL), Helene Vischer (Basel), Luise Vöchting-Oeri (Basel), Dr. Hugo Wagner (Bern), Willy Zuberbühler (Muri BE), Deutsches Literaturarchiv (Marbach a. N.), Bibliothèque Publique et Universitaire Genève, Öffentliche Bibliothek der Universität Basel, Schweizerische Landesbibliothek Bern, Universitätsarchiv der Albert-Ludwig-Universität Freiburg i. Brsg., Württembergische Landesbibliothek Stuttgart, Zentralbibliothek Zürich.

25. 1. 1985   Ingrid Metzger-Buddenberg

Adressaten und Daten

1908	Georges Walter	22. 4. 1908
	Georges Walter	29. 4. 1908
	Georges Walter	18. 6. 1908
	Georges Walter	[22. 8. 1908]
	Georges Walter	1. 9. 1908
1909	Georges Walter	4. 6. 1909
	Georges Walter	[16. 9. 1909]
	Georges Walter	[23. 10. 1909]
1910	Georges Walter	[2. 6. 1910]
	Georges Walter	Sept. 1910
1911	Ernst Gagliardi	[1911]
1913	Gustav Schneeli	23. 11. 1913
	Jacob Wackernagel	Dez. 1913
	Jacob Wackernagel	[vor 1914]
1914	Franz von Muralt	13. 1. 1914
	Jacob Wackernagel	3. 2. 1914
	Jacob Wackernagel	Juni 1914
	Franz von Muralt	[Aug. 1914]
	Jacob Wackernagel	10. 9. 1914
	Jacob Wackernagel	[1914]
	Jacob Wackernagel	16. 10. 1914
	Gustav Schneeli	31. 10. [1914]
	Jacob Wackernagel	Nov. 1914
1915	Hans Ganz	20. 2. 1915
	Gustav Schneeli	15. 3. 1915
	Jacob Wackernagel	Mai 1915
	Hans Ganz	16. 8. 1915
	Franz von Muralt	7. 10. 1915
	Jacob Wackernagel	12. 11. 1915
1916	Jacob Wackernagel	17. 4. 1916
	Hans Ganz	[21.] Juli 1916
1917	Emmy Weidenmann	[1917]
	Franz von Muralt	2. 11. 1917
1918	Franz von Muralt	11. 2. 1918
	Charles R. Paravicini	19. 4. 1918
	Emmy Weidenmann	[1918]
	Franz von Muralt	24. 9. 1918

	Gustav Schneeli	Nov. [1918]
	Ernst Gagliardi (Entwurf)	21.12.1918
	Hugo von Hofmannsthal (Entwurf)	[1918/1919]
1919	Gustav Schneeli	[1919]
	Franz von Muralt	1.10.1919
	Rosa Glauser	7.10.1919
1920	Hugo von Hofmannsthal	2.2.1920
	Hugo von Hofmannsthal	[1920]
	Franz von Muralt	1.8.1920
	Hans Ganz (Entwurf)	4.8.1920
	Charly Clerc	4.8.1920
	Franz von Muralt	3.12.1920
1921	Hans Ganz	12.3.1921
	Ernst Gagliardi	6.12.1921
1922	Ernst Howald	9.1.1922
	Ernst Gagliardi	2.5.1922
	Ernst Gagliardi	11.5.1922
	Hugo von Hofmannsthal	2.12.1922
	Rosa Glauser	18.[12.]1922
1923	Ernst Gagliardi	23.6.1923
	Wilhelm Vischer	13.9.1923
	Emmy Weidenmann	29.10.1923
1924	Rosa Glauser	24.11.1924
	Emmy Weidenmann	26.12.1924
1925	Rosa Glauser u. E. Weidenmann	15.4.1925
	Otto von Greyerz	29.9.1925
	Rainer Maria Rilke	[Nov./Dez. 1925]
	Ernst Gagliardi	12.12.1925
1926	Rudolf Alexander Schröder	14.4.1926
	Christiane von Hofmannsthal	Himmelfahrt 1926
	Hugo von Hofmannsthal	20.8.1926
1927	Ernst Gagliardi	9.1.1927
1928	Ernst Howald	23.1.1928
	Rosa Glauser	2.12.1928
	Ernst Howald	20.12.1928
1929	Hugo von Hofmannsthal	18.4.1929
	Eduard Korrodi	[Juli 1929]
	Fritz Knuchel	18.7.1929
	Rudolf Alexander Schröder	6.8.1929
	Annette Kolb	Herbst 1929
	Max Rychner	[12.10.1929]
	Christiane Zimmer	29.11.1929
1930	Max Rychner (Entwurf)	29.1.[1930]

1933	Eduard Fueter	19.6.1933
1934	Maja Sacher	23.5.1934
1935	Gottfried von Nostitz	17.9.1935
	Max Huber	7.11.1935
	Max Huber	28.12.1935
1937	Alphonse Ehinger	22.2.1937
	Ernst Gagliardi	28.6.1937
1938	Max Huber	16.6.1938
1941	Mabel Zuppinger	[Juni 1941]
	Meinrad Inglin	20.9.1941
1943	Rudolf Alexander Schröder	[Nov. 1943]
	Ernst Howald	13.11.1943
	Isa Neeff-Vöchting	19.11.1943
	Hans Urs von Balthasar	26.12.1943
1944	Isa Neeff-Vöchting	13.5.1944
	Diana Cooper	[Juni] 1944
	Diana Cooper	Sommer 1944
	Max Huber	8.9.1944
	Rosa Glauser	17.12.1944
1946	Mabel Zuppinger	17.1.1946
	Maja Sacher	28.1.1946
	Gustav Bally	15.3.1946
	Karl Jaspers	März 1946
	Wilhelm Furtwängler	17.4.1946
1947	Wilhelm Röpke	16.5.1947
1948	Max Huber	13.2.1948
1949	Willy Burkhard	1.2.1949
	Willy Burkhard	9.2.1949
	Otto Körner	12.4.1949
	Albrecht Goes	11.5.1949
	Franz von Muralt	22.7.1949
	Robert Käppeli	7.9.1949
	Max Huber	19.9.1949
	Annette Kolb	29.12.1949
1950	Luise Vöchting-Oeri	8.3.1950
	Fritz Gubler	29.6.1950
	Wilhelm Hausenstein	8.8.1950
	Theodor Heuss	24.8.1950
1951	Ernst Robert Curtius	27.1.1951
	Otto von Taube	10.2.1951
	Rudolf Alexander Schröder	20.9.1951
	Fritz Gubler	20.9.1951
	Ernst Howald	14.10.1951

	Ernst Robert Curtius	31. 10. 1951
	Fritz Knuchel	31. 12. 1951
1952	Robert Boehringer	25. 3. 1952
	Fritz Gubler	19. 7. 1952
	Hans Bachmann	18. 11. 1952
	Rudolf Alexander Schröder	19. 11. 1952
	Ottonie Gräfin Degenfeld	27. 11. 1952
	Clemens Graf Podewils	10. 12. 1952
1953	Marguerite Ammann	10. 1. 1953
	Max Huber	17. 1. 1953
	Fritz Gubler	5. 2. 1953
	Annette Kolb	28. 2. 1953
	Daniel Bodmer	[Frühjahr 1953]
	Fritz Gubler	6. 7. 1953
	Hans Bachmann	28. 9. 1953
	Robert Käppeli	5. 12. 1953
1954	Werner Kaegi	9. 1. 1954
	Hermann Rinn	6. 2. 1954
	Rudolf Alexander Schröder	5. 6. 1954
	Richard Graf Coudenhove-Kalergi	9. 8. 1954
	William E. Rappard	6. 11. 1954
	Franz Prinz zu Sayn-Wittgenstein	Weihnacht 1954
1955	Joseph Gantner	4. 2. 1955
	Walther Meier	3. 3. 1955
	Max Rychner	21. 5. 1955
	Christoph Bernoulli	26. 10. 1955
	Edgar Bonjour	4. 11. 1955
	John Knittel	1. 12. 1955
1956	Carl Zuckmayer	5. 3. 1956
	Fritz Gubler	2. 6. 1956
	Hilde Spiel	5. 11. 1956
	Annie Konrath	26. 11. 1956
	Peter Schifferli	22. 12. 1956
	Oskar Kokoschka	22. 12. 1956
1957	Jean-Rudolf von Salis	7. 3. 1957
	Michael Stettler	8. 3. 1957
	Robert Boehringer	14. 3. 1957
	Jürgen von Stackelberg	17. 4. 1957
	Max Huber	28. 4. 1957
	Emil Egli	15. 6. 1957
	Walter Gross	10. 8. 1957
	Gerhard Marcks	16. 8. 1957
	Thornton Wilder	22. 10. 1957

Mabel Zuppinger	23. 10. 1957
Christoph Bernoulli	8. 11. 1957
1958 Bernt von Heiseler	Stiller Samstag 1958
Walter Boveri	Ostern 1958
Otto Heuschele	17. 4. 1958
Isa Neeff-Vöchting	18. 6. 1958
Albert Schweitzer	5. 8. 1958
Walther Meier	16. 8. 1958
Michael Stettler	14. 10. 1958
William Taub	7. 11. 1958
Karl Kerényi	14. 11. 1958
Andreas Staehelin	19. 11. 1958
Albrecht Goes	16. 12. 1958
Michael Stettler	28. 12. 1958
1959 Gerhard Marcks	11. 1. 1959
Hermann Hesse	24. 1. 1959
Edgar Salin	12. 2. 1959
Gerhard Marcks	15. 2. 1959
Rudolf Kassner	15. 3. [1959]
Mabel Zuppinger	[1959]
Rudolf Alexander Schröder	17. 4. 1959
Carl Zuckmayer	18. 6. 1959
John Knittel	25. 8. 1959
Franz Prinz zu Sayn-Wittgenstein	27. 9. 1959
Clemens Graf Podewils	8. 12. 1959
1960 Michael Stettler	25. 3. 1960
Clemens Graf Podewils	27. 6. 1960
Zenta Maurina	9. 10. 1960
Thankmar von Münchhausen	29. 12. 1960
1961 Zenta Maurina	2. 1. 1961
Gerhard Ritter	16. 3. 1961
Ellen Delp	3. 4. 1961
Otto von Habsburg	29. 5. 1961
Werner Weber	30. 7. 1961
Robert Käppeli	31. 10. 1961
Hermann Hesse	5. 11. 1961
Oskar Kokoschka	6. 11. 1961
Martin Buber	11. 11. 1961
Rudolf Alexander Schröder	24. 11. 1961
Karl Kerényi	27. 11. 1961
Marcel Pobé	30. 11. 1961
Volksschule Nusse	1. 12. 1961
Jean-Rudolf von Salis	14. 12. 1961

1962 Maja Sacher	22. 1. 1962
Christoph Bernoulli	13. 2. 1962
Ernst Howald	14. 2. 1962
Michael Stettler	6. 3. 1962
Edgar Salin	17. 6. 1962
Martin Buber	24. 7. 1962
Eduard Spranger	10. 8. 1962
Ottonie Gräfin Degenfeld	22. 8. 1962
Hans Theophil Baeschlin	23. 9. 1962
Edgar Salin	14. 10. 1962
Max Rychner	19. 11. 1962
Edgar Salin	22. 11. 1962
Friedrich Traugott Wahlen	26. 12. 1962
Otto von Taube	30. 12. 1962
1963 Karl Kerényi	2. 1. 1963
Otto von Taube	12. 5. 1963
Franz Rieger	8. 6. 1963
Ellen Delp	26. 6. 1963
Ernst Howald	8. 7. 1963
Meinrad Inglin	30. 7. 1963
Michael Stettler	17. 9. 1963
Otto von Taube	28. 9. 1963
An N. N.	18. 11. 1963
Carl Zuckmayer	20. 11. 1963
Friedrich Traugott Wahlen	15. 12. 1963
Hans Erni	23. 12. 1963
1964 Hans von Seemen	11. 7. 1964
Charlotte Bergengruen	6. 9. 1964
Rudolf Hirsch	12. 10. 1964
Robert Käppeli	4. 11. 1964
Otto von Taube	17. 11. 1964
1965 Alice Bernoulli	Pfingstsonntag 1965
Walther Meier	10. 6. 1965
Charlotte König-von Dach	7. 8. 1965
Johannes Urzidil	2. 10. 1965
Gershom Scholem	1. 11. 1965
Fritz René Allemann	25. 11. 1965
1966 John Knittel	19. 2. [1966]
Robert Käppeli	27. 3. 1966
Emil Staiger	19. 7. 1966
Ernst Howald	28. 8. 1966
Hermann Hubacher	18. 9. 1966
Karl Kerényi	21. 12. 1966

1967	Theodor Eschenburg	15. 2. 1967
	Emil Staiger	15. 2. 1967
	Gerhard Marcks	Frühjahr 1967
	Gustav Hillard Steinbömer	10. 4. 1967
	Carl Zuckmayer	23. 4. 1967
	Hans Thieme	14. 7. 1967
	Rosalie Wackernagel-Sarasin	22. 7. 1967
	Gerhard Meyer-Sichting	22. 10. 1967
	Ottonie Gräfin Degenfeld	24. 10. 1967
	Hermann Hubacher	31. 10. 1967
	Gershom Scholem	5. 12. 1967
	Adam Wandruszka	28. 12. 1967
1968	Edgar Salin	6. 2. 1968
	Isa Neeff-Vöchting	7. 3. 1968
	Peter Bamm	26. 3. 1968
	Hermine Müller-Hofmann	23. 5. 1968
	Jean-Rudolf von Salis	20. 6. 1968
	Max Gertsch	18. 7. 1968
	Max Gertsch	22. 7. 1968
	Ernst Jünger	8. 8. 1968
	Thomas Michels	2. 9. 1968
	Hans Speidel	10. 10. 1968
	Robert Minder	10. 10. 1968
	Wolfgang Krauel	27. 10. 1968
1969	Otto Heuschele	7. 1. 1969
	Maria Clara Sattler	22. 3. 1969
	Herbert Lüthy	23. 3. 1969
	Fred Luchsinger	28. 4. 1969
	Martin Heidegger	4. 5. 1969
	Christoph Bernoulli	17. 7. 1969
	Werner Kraft	19. 8. 1969
	Werner Heisenberg	25. 8. 1969
	Lucy Rudolph	6. 11. 1969
	Hans Speidel	19. 11. 1969
	Carl Zuckmayer	2. 12. 1969
1970	Ernst Jünger	9. 1. 1970
	Isa Neeff-Vöchting	9. 4. 1970
	Frances Knittel	6. 5. 1970
	Werner Kraft	25. 12. 1970
1971	Carl Zuckmayer	8. 1. 1971
	Richard Graf Coudenhove-Kalergi	2. 3. 1971
	Werner Heisenberg	30. 11. 1971
	Herbert Lüthy	30. 12. 1971

1972	Werner Heisenberg	19. 1. 1972
	Michael Stettler	1. 2. 1972
	Friedrich Dürrenmatt	10. 2. 1972
	Alexander Bruggmann	26. 3. 1972
	Gershom Scholem	20. 4. 1972
	Robert Boehringer	25. 4. 1972
	Werner Heisenberg	23. 5. 1972
	Gerhard Marcks	19. 8. 1972
	Peter Berglar	28. 8. 1972
	Michael Stettler	14. 9. 1972
	Ellen Delp und F. W. Krafft-Delmari	4. 11. 1972
	Peter Berglar	19. 11. 1972
1973	Herrn H.	[Jan. 1973]
	Helmut Strebel	19. 1. 1973
	Gerhard Marcks	27. 1. 1973
	Harald Müller	1. 2. 1973
	Robert Käppeli	5. 3. 1973
	Robert Boehringer	19. 3. 1973
	Friedrich Traugott Wahlen	5. 4. 1973
	Erwin Jaeckle	15. 6. 1973
	Maria Clara Sattler	13. 7. 1973
	Christoph Bernoulli	23. 7. 1973
	Peter Berglar	8. 8. 1973
	Alexander Beck	7. 9. 1973
	Christoph Lüthy	8. 9. 1973
	Friedrich Traugott Wahlen	14. 9. 1973
	Gershom Scholem	14. 10. 1973
	Robert Boehringer	17. 10. 1973
	Josef Cohn	26. 10. 1973
	Hermann Hubacher	2. 11. 1973
	Barbara und Michael Stettler	30. 11. 1973
	Christoph Lüthy	17. 12. 1973
	Albrecht Goes	29. 12. 1973
	Jan Von der Mühll	30. 12. 1973
1974	Octavian von Hofmannsthal	26. 2. 1974

Verzeichnis der Briefempfänger

Fritz René Allemann
Geboren in Basel am 12.3.1910
Schweizer Publizist und Journalist. Korrespondent bedeutender europäischer Zeitungen in London, Paris und Berlin.
Mit Hellmut Jaesrich von Mai 1960 bis April 1964 Redakteur des ›Monat‹. Zahlreiche zeitgeschichtliche Veröffentlichungen, u. a. ›Bonn ist nicht Weimar‹, 1956; ›Fünfundzwanzigmal die Schweiz‹, 1965.

Marguerite Ammann
Geboren in Basel am 30.8.1911
Gestorben in Basel am 4.4.1962
Malerin und Zeichnerin, Schöpferin poetisch-märchenhafter Bilder.

Hans Bachmann
Geboren in Winterthur am 1.7.1912
Dr. iur., Rechtsanwalt.
Seit 1942 enger Mitarbeiter von CJB im I.K.R.K. in Genf. Seit 1947 30 Jahre lang Finanzdirektor der Stadt Winterthur.
(Siehe Brief an Hans Bachmann in CJB ›Gesammelte Werke‹ Band 6, S. 260; sowie ›Ein Zwiegespräch‹ festgehalten von Michael Stettler, in: ›Dr. Hans Bachmann zum 65. Geburtstag‹ Ziegler Druck- und Verlags AG, Winterthur 1977; und [unpubliziert] ›Hans Bachmann, Freundesworte bei Anlaß seines 50. Geburtstages am 1. Juli 1962‹, Nachlaßverzeichnis, UB Basel, C II d 46, Seite 401.)

Hans Theophil Baeschlin-Osse
Geboren in Schaffhausen am 17.9.1881
Gestorben in Basel am 19.10.1963
Nach einer Färberlehre in Genua machte er eine Buchhändlerlehre bei Geering (jetzt ›Haus der Bücher‹ im Erasmushaus in Basel) und arbeitete von 1919 bis 1960 als Prokurist in der Buchhandlung ›Helbing und Lichtenhahn‹ in der Freien Straße in Basel.

Gustav Bally
Geboren in Mannheim am 4.12.1893
Gestorben in Zollikon bei Zürich am 29.11.1966
Dr. med., Professor an der Universität Zürich. Spezialarzt für Psychia-

trie. 1956–1958 Präsident der Schweizerischen Gesellschaft für Psychiatrie.

Hans Urs von Balthasar
Geboren in Luzern am 12.8.1905
Dr. phil., katholischer Theologe in Basel. Verfaßte neben patristischen und ordensgeschichtlichen Studien geistesgeschichtliche Arbeiten.
Werke u.a. ›Die Apokalypse der deutschen Seele‹, 3 Bände 1937–1939; ›Die Schleifung der Bastionen‹, 1952; ›Das Mysterium Salutes. Grundriß heilgeschichtlicher Dogmatik‹, 3 Bände, 1965–1969. ›Herrlichkeit‹, 2. Auflage 1967. Balthasar gab 1942–1952 die ›Sammlung Klosterberg‹ heraus; er übersetzte Schriften von Péguy und Bernanos, Augustinus, Thomas von Aquin, Ignatius von Loyola und anderen.

Peter Bamm
(Pseudonym für Curt Emmrich)
Geboren in Hochneukirch (Sachsen) am 20.10.1897
Gestorben in Zürich am 30.3.1975
Dr. med. Studierte Medizin und Sinologie in Göttingen, Freiburg i. Br. und Frankfurt a. M. Unterhielt zeitweilig eine ärztliche Praxis im Norden Berlins. Mitarbeiter an der ›Deutschen Allgemeinen Zeitung‹ und der ›Deutschen Zukunft‹. Während des Zweiten Weltkrieges als Stabsarzt an der Ostfront.
Werke u.a. ›Die kleine Weltlaterne‹ (Feuilletons), 1953; ›Die unsichtbare Flagge‹, 1953; ›Frühe Stätten der Christenheit‹, 1955; ›An den Küsten des Lichts‹, 1961; ›Ex Ovo‹, 1961; ›Alexander der Große. Ein königliches Leben‹, 1971; Autobiographie ›Eines Menschen Zeit‹, 1972.

Alexander Beck
Geboren in Basel am 5.8.1900
Gestorben in Bern am 9.12.1981
1947–1971 Ordinarius für römisches Recht an der Universität in Bern.

Charlotte Bergengruen
geb. Hensel
Geboren in Berlin am 1.10.1896
1919 Eheschließung mit dem Schriftsteller Werner Bergengruen, drei Kinder. Nach längeren Aufenthalten in Memel, Berlin, München und Zürich lebt sie seit 1976 in Heidelberg.

Peter Berglar
Geboren in Kassel am 8.2.1919
Arzt und Schriftsteller. Werke u.a. ›Das Salz der Erde‹, 1955; ›Rück-

kehr nach Reims‹, 1957; ›Fortschritt zum Ursprung‹, 1978. Er schrieb mehrere großangelegte Biographien, u. a. ›Annette von Droste-Hülshoff‹, 1967; ›Wilhelm von Humboldt‹, 1970; ›Walther Rathenau‹, 1970; ›Matthias Claudius‹, 1972; ›Metternich‹, 1973; ›Konrad Adenauer‹, 1975; ›Die Stunde des Thomas Morus‹, 1978; ›Maria Theresia‹, 1980; ›Opus Dei, Leben und Werk seines Gründers Josémaría Escrivá‹, 1983. Lebt in Köln.

Alice Bernoulli
geb. Meisel
Geboren in Warschau am 18. 9. 1902
Gestorben in Basel am 23. 9. 1982
Ehefrau von Christoph Bernoulli in Basel.

Christoph Bernoulli
Geboren in Basel am 2. 10. 1897
Gestorben in Rheinfelden (Kanton Aargau) am 9. 8. 1981
Innenarchitekt und Kunsthändler, Kunstkenner. Vgl. Christoph Bernoulli, ›Ausgewählte Vorträge und Schriften‹ hrsg. von Peter Nathan, Privatdruck Buchdruckerei Berichthaus, Zürich 1967; ferner ›Enveloppements‹ von Christoph Bernoulli, Privatdruck Basler Zeitung 1978.

Daniel Bodmer
Geboren in Zürich am 7. 11. 1928
Dr. phil. Verleger der Atlantis-Musikbücher. Präsident des Stiftungsrates der ›Fondation Bibliotheca Bodmeriana‹ Cologny bei Genf.
CJB und Daniel Bodmer lernten sich durch dessen Vater Martin Bodmer kennen. (Nachlaßverzeichnis A II^2 und C II a 72.)
Lebt in Schirmensee am Zürichsee.

Robert Boehringer
Geboren in Winnenden (Kreis Waiblingen) am 30. 7. 1884
Gestorben in Genf am 9. 8. 1974
Nationalökonom, der am Aufschwung der Basler pharmazeutischen Industrie tätigen Anteil hatte. Im Krieg Leiter des Vereinigten Hilfswerkes vom Internationalen Roten Kreuz. Dichter und Schriftsteller. Erbe und Nachlaßverwalter Stefan Georges.
Werke u. a. ›Das Leben von Gedichten‹, 1932; ›Das Antlitz des Genius. Platon‹, 1935; ›Homer‹, 1937; ›Sang der Jahre‹, 1944; ›Europa‹ (Gedicht), 1946; ›Mein Bild von Stefan George‹, 1951; ›Erich Boehringer‹, 1973; ›Der Genius des Abendlandes‹, 3. Auflage 1973; ›Späte Ernte‹, 1974.

Edgar Bonjour
Geboren in Bern am 21. 8. 1898
Professor für Geschichte in Basel 1934–1968.
Werke u. a. ›Geschichte der schweizerischen Neutralität‹, 7 Bände, 1965–1975; ›Die Schweiz und Europa. Ausgewählte Reden und Aufsätze‹, 7 Bände, 1958–1981; ›Erinnerungen‹, 1983.

Walter Boveri
Geboren in Baden (Kanton Aargau) am 6. 12. 1894
Gestorben in Baden am 20. 3. 1972
Sohn des Gründers der Aktiengesellschaft Brown, Boveri & Cie. in Baden (Schweiz) und ihr Leiter bis 1966.
CJB und Walter Boveri waren Schulkameraden im Landerziehungsheim Glarisegg.
CJB schrieb das Vorwort zu Walter Boveris Buch ›Ansprachen und Betrachtungen‹, Zürich 1964 (2 Bände).

Alexander Bruggmann
Geboren in Chur am 26. 12. 1942
Studierte Musik und Geschichte. Politischer Kommentator an der Tageszeitung ›Tribune de Genève‹.

Martin Buber
Geboren in Wien am 8. 2. 1878
Gestorben in Jerusalem am 13. 6. 1965
Jüdischer Religionsforscher und Philosoph. Studierte Philosophie bei Dilthey und Simmel. Er beeinflußte die neuere Theologie, Pädagogik und Philosophie. Hinwendung zum Chassidismus.
Werke u. a. ›Die Legende des Baalschem‹, 1908; ›Gog und Magog‹, 1943; ›Der Weg des Menschen nach der chassidischen Lehre‹, 1947; ›Gottesfinsternis‹, 1952; ›Schriften über das dialogische Prinzip‹, 1954; Bibelübersetzung, anfangs mit Franz Rosenzweig, ›Die Schrift‹, 15 Bände, 1925–1937; ›Briefwechsel aus sieben Jahrzehnten, herausgegeben von Grete Schaeder, 3 Bände, 1932–1975.
Martin Buber an Lambert Schneider am 27. 12. 1953: »Burckhardt ist einer der wenigen grundechten Europäer von Format in unserer Zeit, also einer, für den Europa nicht etwas Ausgedachtes, sondern der Wurzelboden seiner Existenz ist. Sein Verhältnis zur Sache des Friedens ist frei von allen abstrakt-politischen Elementen; es ist der ganz vitale Friede, der sich in ihm darstellt. Und schließlich ist er ein Autor von hohen Graden.«

Willy Burkhard
Geboren in Leubringen bei Biel am 17.4.1900
Gestorben in Zürich am 18.6.1955
Schweizer Komponist. Ausbildung in Bern, Leipzig, München und Paris. Lehrte von 1942 an am Zürcher Konservatorium. Werke u. a. ›Das Gesicht Jesaias‹ (Oratorium), 1936; ›Die schwarze Spinne‹ (Oper), 1949.

Charles (Charly) Alphonse Clerc
Geboren in Neuenburg (Neuchâtel) am 15.8.1882
Gestorben in Lugano am 20.10.1958
Lehrer am Landerziehungsheim in Glarisegg, später Professor für französische Literatur an der Eidgenössischen Technischen Hochschule in Zürich. Hauptwerk ›Geist des Heidentums‹, 1926. (Siehe ›Memorabilien‹ Kapitel ›Charly Clerc‹ S. 94 ff.: »Manchmal vergingen Jahre, bis wir uns wieder trafen, aber mit Clerc hatte man nie das Empfinden des Wiederanknüpfens, es war stets, als habe er nur gerade das Zimmer verlassen, um einen Band vom Büchergestell zu nehmen, man beendete gewissermaßen den Satz, den man beim letzten Zusammensein – vor Jahren – angefangen hatte.«)

Josef Cohn
Geboren in Berlin am 6.9.1904
Dr. phil.
Persönlicher Sekretär von Dr. Chaim Weizmann.
Europäischer Vertreter und Vize-Präsident des Europäischen Komitees des Weizmann-Instituts in Zürich.

Diana Cooper
geb. Manners, Tochter des achten Duke of Rutland
Geboren in London 1892
Schauspielerin. Ehefrau des britischen Politikers, Diplomaten und Schriftstellers Alfred Duff Cooper Viscount Norwich (1890–1954). CJB begegnete dem Paar erstmals in Danzig, wo Cooper 1938 als Erster Lord der britischen Admiralität einen Besuch abstattete. Sie trafen sich wieder in Paris, wo CJB von 1945–1949 und Duff Cooper 1945–1947 je ihr Land vertraten. Diana Manners spielte die Hauptrolle in Max Reinhardts Inszenierung des Schauspiels von Karl Vollmoeller ›Das Mirakel‹, die 12 Jahre lang in London, auf dem Kontinent und in den USA aufgeführt wurde.
Siehe ›Diana Cooper. Autobiography‹, Verlag Michael Russell, Wilton 1979: Seite 466–468 CJB in Danzig; Seite 472–476 CJB in Genf. Ferner Philip Ziegler ›Diana Cooper‹, Penguin Books, London 1983.

Richard Graf Coudenhove-Kalergi
Geboren in Tokio am 16. 11. 1894
Gestorben in Schruns am 27. 7. 1972
Seine Mutter stammte aus einer mit dem japanischen Kaiserhaus verwandten Familie. Gründer der Paneuropa-Bewegung, 1923 in Wien. Er vertrat das Ziel eines europäischen Staatenbundes. Von 1938 bis 1940 lebte er in der Schweiz, dann in New York. Seit 1952 war er Ehrenpräsident der Europäischen Einigungsbewegung, aus der er 1965 austrat.
Werke u. a. ›Kampf um Paneuropa‹, 1925–1928; ›Aus meinem Leben‹, 1949; ›Die Europäische Union‹, 1953.

Ernst Robert Curtius
Geboren in Thann (Elsaß) am 14. 4. 1886
Gestorben in Rom am 19. 4. 1956
Deutscher Romanist, seit 1919 Professor in Bonn, Marburg, Heidelberg. Enkel des Olympia-Ausgräbers Ernst Curtius (1814–1896). Hervorragender Interpret und Übersetzer moderner Dichter (u. a. A. Gide, M. Proust, P. Valéry, T. S. Eliot), für die er in Deutschland Verständnis weckte, und einer der bedeutendsten Literarhistoriker der Gegenwart.
Werke u. a. ›Die altfranzösischen Bücher der Könige‹, 1910; ›Ferdinand Brunetière‹, 1914; ›Die literarischen Wegbereiter des neuen Frankreich‹, 1919; ›Balzac‹, 1923; ›Französischer Geist im neuen Europa‹, 1925; ›Deutscher Geist in Gefahr‹, 1932; ›Europäische Literatur und lateinisches Mittelalter‹, 1948.

Ottonie Gräfin Degenfeld-Schonburg
geb. von Schwartz
Geboren in Rimmerode (Thüringen) am 25. 5. 1882
Gestorben in Feldafing am 19. 3. 1970
Mit Hugo von Hofmannsthal befreundet, der der früh verwitweten Schwägerin seines Freundes Eberhard von Bodenhausen in ihrer Lebenskrise einfühlend beistand. Auf ihrem Landschlößchen Hinterhör bei Neubeuern war sie, verehrt von bedeutenden Persönlichkeiten, Mittelpunkt eines angeregten gesellschaftlich-geselligen Kreises. – ›Hugo von Hofmannsthal – Ottonie Gräfin Degenfeld Briefwechsel‹, hrsg. von Marie Therese Miller-Degenfeld, S. Fischer Verlag, Frankfurt a. M. 1974.

Ellen Delp
Geboren in Leipzig am 9. 2. 1890
Schauspielerin. Schriftstellerin. Lebt auf der Insel Reichenau (Boden-

see). Als Wahltochter von Lou Andreas-Salomé fiel sie schon Rainer Maria Rilke durch ihre ungewöhnliche Begabung auf. Verheiratet mit dem österreichischen Ministerialrat Fr. W. von Krafft-Delmari. Sie schrieb Artikel und Geschichten in Londoner und schweizerischen Zeitschriften. Werk u. a. ›Vergeltung durch Engel‹, 1952. 1960 publizierte Regina Ullmann eine Biographie von Ellen Delp. Siehe auch ›Rainer Maria Rilke, Briefwechsel mit Regina Ullmann und Ellen Delp‹, hrsg. von Walter Simon, 1985.

Friedrich Dürrenmatt
Geboren in Konolfingen bei Bern am 5. 1. 1921
Schweizer Dramatiker und Erzähler, berühmt geworden u. a. durch die Stücke ›Die Ehe des Herrn Mississippi‹, 1952; ›Ein Engel kommt nach Babylon‹, 1954; ›Der Besuch der alten Dame‹, 1956; ›Die Physiker‹, 1962; ›Der Meteor‹, 1964.

Emil Egli
Geboren in Pfäffikon am 24. 7. 1905
Dr. phil., Professor an der Eidgenössischen Technischen Hochschule Zürich für Kulturgeographie, Länderkunde und Methodik. Rücktritt 1976.

Alphonse Ehinger
Geboren in Basel am 27. 7. 1892
Gestorben in Lenzerheide am 2. 8. 1953
Jurastudium in Basel. Bankier in Basel (Ehinger-Bank). Schul- und Studienfreund CJBs. (Vgl. den Abschnitt ›Globus‹ im Kapitel ›Gestalten‹ in ›Memorabilien‹ S. 309.)

Hans Erni
Geboren in Luzern am 21. 1. 1909
Schweizer Maler und Graphiker. Ausbildung in Luzern, Paris und Berlin, fand, von Picasso ausgehend, einen zeichnerisch bestimmten eigenen Stil.
CJB schrieb zu dem Bildband ›Hans Erni‹, Zürich 1964, den Text und hielt die Festrede zur Übergabe des Kunstpreises der Stadt Luzern für das Jahr 1967 an Hans Erni (veröffentlicht in ›Neue Zürcher Zeitung‹, 21. 1. 1968).

Theodor Eschenburg
Geboren in Lübeck am 24. 10. 1904
Politikwissenschaftler und Publizist.
Bekleidete 1945–1952 verschiedene Staatsämter in Württemberg-

Hohenzollern. Seit 1952 Professor in Tübingen. Wie CJB Mitglied des Ordens ›Pour le Mérite‹ für Wissenschaften und Künste.

Eduard Fueter
Geboren in Zürich am 16. 5. 1908
Gestorben in Wädenswil am 19. 3. 1970
Wissenschaftshistoriker, ehemals Schüler des Landerziehungsheimes Glarisegg.
Chefredaktor der ›Schweizerischen Hochschul-Zeitung‹ in Zürich.

Wilhelm Furtwängler
Geboren in Berlin am 25. 1. 1886
Gestorben in Baden-Baden am 30. 11. 1954
Dirigent. Leitete 1922–1928 das Leipziger Gewandhausorchester, 1922–1945 die Berliner, daneben 1927–1930 die Wiener Philharmoniker, zu Anfang der nationalsozialistischen Herrschaft die Berliner Staatsoper, von 1952 bis zu seinem Tode wieder die Berliner Philharmoniker. Komponierte drei Sinfonien, ein Klavierkonzert und zwei Sonaten für Violine und Klavier (u. a. postum erschienen Ausgaben von Aufsätzen, Vorträgen und Briefen).

Ernst Gagliardi
Geboren in Zürich-Oerlikon am 7. 1. 1882
Gestorben am 22. 1. 1940
Seit 1919 Professor der Schweizergeschichte an der Universität Zürich.
Werke u. a. ›Novara und Dijon‹, 1907; ›Dokumente zur Geschichte des Bürgermeisters Hans Waldmann‹, 1911; ›Alfred Escher‹, 1919; ›Der Anteil der Schweizer an den italienischen Kriegen‹, 1919; ›Geschichte der Schweiz‹, 1919/20 und 1927; ›Bismarcks Entlassung‹, 1927.
Gagliardi war CJBs Doktorvater.
(Siehe ›Memorabilien‹ Kapitel ›Ernst Gagliardi‹ S. 116ff.)

Joseph Gantner
Geboren in Baden (Kanton Aargau) am 11. 9. 1896
Ordinarius für Kunstgeschichte in Basel 1938–1967.
Werke u. a. ›Die Schweizer Stadt‹, 1925; ›Grundformen der europäischen Stadt‹, 1928; ›Kunstgeschichte der Schweiz‹, I und II, 1936 und 1947; ›Schönheit und Grenzen der klassischen Form: Burckhardt, Croce, Wölfflin‹, 1949; ›Leonardos Visionen von der Sintflut und vom Untergang der Welt‹, 1958; ›Rembrandt und die Verwandlung klassischer Form‹, 1964; ›Goya‹, 1974.

Hans (Johannes) Ganz
Geboren in Zürich am 9. 3. 1890
Gestorben in Bern am 27. 7. 1957
Schweizer Schriftsteller, Komponist und Maler. Lehrer im Landerziehungsheim Glarisegg. Jugendfreund von CJB (›Boyost‹). Werk u. a. ›Peter das Kind‹, 1915, (Siehe ›Memorabilien‹ Kapitel ›Hans Ganz‹ S. 121 ff.: »Den Jüngeren zuliebe, denen er sich als Helfer und Berater anbot, hat er sich verschwendet«.)

Max Gertsch
Geboren in Liestal am 13. 1. 1893
Gestorben in Zürich am 18. 5. 1979
Dr. iur. Rechtskonsulent in Zürich. Dramatiker, Essayist.
Werke u. a. ›Der König. Friedrich der Große‹, 1933; ›General Boulanger‹, 1933; ›Diktatur‹, 1935; ›Menschenrechte‹, 1936; ›Basils letztes Geschäft‹, 1938; ›Der Mensch ist gut‹, 1939; ›Die Ehe ein Traum‹, 1940; ›Die Hochzeit von Susa‹, 1946; ›Napoleon vor Gericht‹ (Radiohörfolge), 1957; ›Karl der V. oder die Versuchung des Kaisers‹, 1960.
Max Gertsch und CJB besuchten zusammen das Landerziehungsheim Glarisegg in den Jahren 1908–1910.
(Siehe ›Max Gertsch zum 75. Geburtstag. Wir nannten ihn Cavaluzz ...‹ von CJB, in ›Die Tat‹, 28. 12. 1967; ›Landbote und Tagblatt der Stadt Winterthur‹, 12. 1. 1968; ›St. Galler Tagblatt‹, 14. 1. 1968; ›Glarisegger Zeitung‹, Juni 1968. In derselben vom Juni 1973 ›Sich selbst treu. Max Gertsch zum 80. Geburtstag‹ von CJB, Nachlaßverzeichnis UB Basel C II a 99a.)

Rosa (Rosalie) Glauser
Geboren in Bern am 10. 8. 1880
Gestorben in Bern am 10. 3. 1961
Lehrerin im Hause Boveri in Baden (Zürich), später bis 1950 Lehrerin für Geschichte und neuere Sprachen in Bern.
Freundin von Emmy Weidenmann. CJB verkehrte mit Rosa Glauser und Emmy Weidenmann während der Arbeit an seiner Dissertation über den Schultheiß Charles Neuhaus (siehe Anmerkung zum Brief vom 16. 10. 1914).

Albrecht Goes
Geboren in Langenbeutingen (Württemberg) am 22. 3. 1908
Evangelischer Pfarrer, Professor, Lyriker, Erzähler, Essayist. Werke u. a. die Erzählungen ›Unruhige Nacht‹, 1950; ›Das Brandopfer‹, 1954; ›Das Löffelchen‹, 1965. – ›Erzählungen/Gedichte/Betrachtungen‹, 1986.

Bei einem Vortrag von Albrecht Goes in der ›Société des Etudes allemandes Genève‹ in Genf führte CJB ihn ein (siehe Nachlaßverzeichnis C II b 20a).

Otto von Greyerz
Geboren in Bern am 6.9.1863
Gestorben in Bern am 8.1.1940
Schweizer Sprachforscher, Literarhistoriker, Erforscher und Sammler schweizerischen Volksliedgutes (›Im Röseligarte‹), berndeutscher Mundartschriftsteller, Förderer der Dialektbühne. Lehrer am Robert-College in Konstantinopel 1888–1891, am Städtischen Gymnasium in Bern 1891–1907, in Glarisegg 1907–1915, Professor an der Universität Bern 1915–1933.

Walter Gross
Geboren in Winterthur am 12.10.1924
Lyriker. Gedichtsammlung ›Botschaften noch im Staub‹, 1957; ›Trapani‹, 1954; ›Die Taube‹, 1956.

Friedrich Traugott (Fritz) Gubler
Geboren in Zürich am 1.7.1900
Gestorben in New York am 5.10.1965
Zunächst Germanist; Feuilletonredakteur an der ›Frankfurter Zeitung‹; studierte, nach der Machtübernahme Hitlers in seine schweizerische Heimat zurückgekehrt, Jura und wurde in Winterthur einer der angesehensten Wirtschaftsanwälte des Landes.

Otto von Habsburg
Geboren in Villa Wartholz bei Reichenau (Niederösterreich) am 20.11.1912
Doktor der Staats- und Sozialwissenschaften. Kronprinz von Österreich-Ungarn. 1961 verzichtete er offiziell auf seine Thronansprüche. Als Schriftsteller setzt er sich besonders für die Integration Europas ein. Werke u. a. ›Idee Europa. Angebot der Freiheit‹, 3. Auflage 1978; ›Karl IV. Ein europäischer Friedensfürst‹, 1978.

Wilhelm Hausenstein
Geboren in Hornberg (Schwarzwald) am 17.6.1882
Gestorben in München am 3.6.1957
Seit 1908 freier Schriftsteller; ab 1917 Feuilletonredakteur an der ›Frankfurter Zeitung‹. Nach dem Zweiten Weltkrieg der erste Vertreter der Bundesrepublik Deutschland in Frankreich, 1951 Geschäftsträger, 1953–1955 Botschafter.

Werke u. a. ›Bild und Gemeinschaft‹, 1920; ›Europäische Hauptstädte‹, 1932; ›Das Land der Griechen‹, 1934; ›Wanderungen auf den Spuren der Zeit‹, 1935. ›Licht unter dem Horizont. Tagebücher 1942-1946‹, 1967. Mit Benno Reifenberg ›Max Beckmann‹, 1949 – Unter dem Pseudonym Johann Armbruster schrieb Hausenstein ›Lux perpetua. Geschichte einer deutschen Jugend aus des neunzehnten Jahrhunderts Ende‹, 1947.

Martin Heidegger
Geboren in Meßkirch (Baden) am 26. 9. 1889
Gestorben in Freiburg im Breisgau am 26. 5. 1976
Deutscher Philosoph. Professor in Marburg, seit 1928 in Freiburg i. Brsg., Schüler und Nachfolger Edmund Husserls. Heidegger wirkte weit über den philosophischen Bereich hinaus, besonders auf Theologie und Literatur.
Werke u. a. ›Vom Wesen des Grundes‹, 1929; ›Sein und Zeit‹, 1929; ›Holzwege‹, 1950; ›Erläuterungen zu Hölderlins Dichtung‹, 1951; ›Zur Seinsfrage‹, 1955; ›Nietzsche‹, 2 Bände, 1967; ›Der europäische Nihilismus‹, 1967.

Bernt von Heiseler
Geboren in Brannenburg (Inn) am 14. 6. 1907
Gestorben in Brannenburg am 24. 8. 1969
Sohn des Dichters Henry von Heiseler (1875–1928). Studium in München und Tübingen, dann freier Schriftsteller in Brannenburg. Zeit- und Generationsromane. Lyrik und Essays. Dichterbiograph und Herausgeber (Jahrbuch ›Der Kranich‹).
Werke u. a. ›Spiegel im dunklen Wort‹ (Gedichte), 1949; ›Schauspiele‹, 1951; ›Versöhnung‹, 1953.

Werner Heisenberg
Geboren in Würzburg am 5. 12. 1901
Gestorben in München am 1. 2. 1976
Physiker. Professor in Leipzig 1927–1941, Direktor des Kaiser Wilhelm-Instituts für Physik in Berlin 1941–1945. Seit 1946 Direktor des in Göttingen neugegründeten Max Planck-Instituts für Physik und Astrophysik, das sich seit 1958 in München befindet. Werner Heisenberg ist mit seinen fundamentalen Beiträgen zur Atom- und Kernphysik einer der bedeutendsten Physiker des 20. Jahrhunderts. Nobelpreisträger für Physik 1932. Mitglied des Ordens ›Pour le Mérite‹ seit 1957.
Werke u. a. ›Physik und Philosophie‹, 1959; ›Der Teil und das Ganze‹, 1969; ›Schritte über Grenzen‹, 1971.

Hermann Hesse
Geboren in Calw (Württemberg) am 2. 7. 1877
Gestorben in Montagnola (Tessin) am 9. 8. 1962
Ab 1899 Buchhändler und Antiquar in Basel. Seit 1904 freier Schriftsteller in Gaienhofen am Bodensee und von 1919 an in Montagnola im Tessin. Wurde 1923 Schweizer Bürger. Nobelpreis für Literatur 1946.

Otto Heuschele
Geboren in Schramberg (Württemberg) am 8. 5. 1900
Studierte Literatur, Kunstgeschichte und Philosophie in Tübingen und Berlin. Seit 1952 freier Schriftsteller, schwäbischer Lyriker, Essayist, Kritiker und Herausgeber. Lebt in Waiblingen (Württemberg).

Theodor Heuss
Geboren in Brackenheim am 31. 1. 1884
Gestorben in Stuttgart am 12. 12. 1963
Deutscher Politiker und Schriftsteller.
Heuss war schon im Kaiserreich Reichstagsabgeordneter; Schüler und Mitarbeiter Friedrich Naumanns; Mitbegründer der Deutschen Staatspartei, später der Freien Demokratischen Partei.
Am 12. September 1949 zum ersten Bundespräsidenten der Bundesrepublik Deutschland gewählt.
Werke u. a. ›Schwaben und der deutsche Geist‹, 1914; ›Kriegssozialismus‹, 1916; ›Reich und Bundesstaaten‹, 1918; ›Die neue Demokratie‹, 1920; ›Friedrich Naumann‹, 1937; ›Hans Poelzig‹, 1939; ›Justus von Liebig‹, 1941; ›Der Reutlinger Friedrich List‹, 1946; ›Das Bismarck-Bild im Wandel‹, 1951; ›Hugo von Hofmannsthal‹, 1954.
Heuss lernte CJB in Winterthur bei Friedrich Gubler (siehe Verzeichnis der Briefempfänger) am 1. Juli 1950 kennen.

Gustav Hillard Steinbömer
Geboren in Rotterdam am 24. 2. 1881
Gestorben in Lübeck am 3. 7. 1972
Generalstabsoffizier, Dr. phil., Schriftsteller (Pseudonym Gustav Hillard). 1918–1921 stellvertretender Direktor und Dramaturg am Deutschen Theater in Berlin unter Max Reinhardt. Schrieb Novellen, Romane, u. a. ›Kaisers Geburtstag‹, 1959; die Autobiographie ›Herren und Narren der Welt‹, 1954, und Essays, darunter die Sammlung ›Das Recht auf Vergangenheit‹, 1966.

Rudolf Hirsch
Geboren in Berlin am 22. 12. 1905
Promovierte in Kunstgeschichte. Emigrierte nach Holland, wo er während der Besatzungszeit im Versteck lebte. Ab 1948 Leiter des Lektorats des Bermann Fischer/Querido-Verlags in Amsterdam, von 1950 an in gleicher Eigenschaft beim Wiederaufbau des S. Fischer Verlags in Frankfurt a. M. und als Redakteur der ›Neuen Rundschau‹. 1954–1962 Geschäftsführer des S. Fischer Verlags, danach Leiter des Insel Verlags in Frankfurt a. M. Der wohl genaueste Kenner von Leben und Werk Hugo von Hofmannsthals ist seit Beginn der Edition Mitherausgeber der Kritischen Ausgabe ›Hugo von Hofmannsthal, Sämtliche Werke‹, veranstaltet vom Freien Deutschen Hochstift Frankfurt a. M. Sie erscheint seit 1975.
(Siehe Festschrift ›Für Rudolf Hirsch. Zum 70. Geburtstag‹, S. Fischer Verlag, Frankfurt a. M. 1975.)

Hugo von Hofmannsthal
Geboren in Wien am 1. 2. 1874
Gestorben in Rodaun am 15. 7. 1929
Der Dichter war mit CJB seit dessen Aufenthalt in Wien befreundet (vergl. ›Memorabilien‹ S. 238 ff.). Siehe ›Hugo von Hofmannsthal – Carl J. Burckhardt Briefwechsel‹.

Octavian von Hofmannsthal
Geboren in London am 13. 2. 1946
Ein Enkel Hugo von Hofmannsthals, Sohn von Raimund von Hofmannsthal. Patensohn von CJB. Direktor der Firma World Wide Posters Ltd. in London.

Ernst Howald
Geboren in Bern am 20. 4. 1887
Gestorben in Ermatingen am 8. 1. 1967
Professor für klassische Philologie in Zürich 1917–1952. Er unterrichtete im Landerziehungsheim Glarisegg, wo CJB und Howald sich kennenlernten.
Werke u. a. ›Kultur der Antike‹, 1934; ›Der Dichter Kallimachos von Kyrene‹, 1943; ›Vom Geist antiker Geschichtsschreibung‹, 1944; ›Wilhelm von Humboldt‹, 1944; ›Der Dichter der Ilias‹, 1947; ›Das Wesen der lateinischen Dichtung‹, 1948; ›Die echten Briefe Platons‹, 1951; ›Humanismus und Europäertum‹, 1957.

Hermann Hubacher
Geboren in Biel am 4. 8. 1885
Gestorben in Zürich am 18. 11. 1976
Schweizer Bildhauer, ansässig in Zürich.
CJB saß Hubacher im Sommer 1967 zu einer Porträtbüste, die für das Carl J. Burckhardt-Gymnasium in Lübeck bestimmt war.

Max Huber-Escher
Geboren in Zürich am 28. 12. 1874
Gestorben in Wyden am 1. 1. 1960
Professor für Staats-, Völker- und Kirchenrecht in Zürich. Rechtsberater des Schweizerischen Bundesrates. Präsident des Internationalen Gerichtshofes im Haag. Präsident des Internationalen Roten Kreuzes von 1928–1945, CJB wurde sein Nachfolger.

Meinrad Inglin
Geboren in Schwyz am 28. 7. 1893
Gestorben in Schwyz am 4. 12. 1971
Erzähler. Er schilderte die urtümlichen Lebensformen seiner innerschweizerischen Umwelt und ihrer Tradition und warnte vor den Einflüssen der modernen Massenzivilisation.
Werke u. a. ›Die Welt in Ingoldau‹, 1922; ›Die graue March‹, 1935; ›Schweizer Spiegel‹, 1938; ›Güldramont‹, 1943; ›Werner Amberg‹ (autobiographisch), 1949; ›Ehrenhafter Untergang‹, 1952; ›Besuch aus dem Jenseits‹, 1960.

Erwin Jaeckle
Geboren in Zürich am 12. 8. 1909
Lyriker und Essayist. 1943–1971 Chefredaktor der Zeitung ›Die Tat‹. Nationalrat von 1942 bis 1962.
Werke u. a. ›Die Trilogie Pan‹ (Gedichte), 1934; ›Die Kelter des Herzens‹, 1943; ›Kleine Schule des Redens und Schweigens‹ (Aphorismen), 1951; ›Das himmlische Gelächter‹ (Gedichte), 1962; ›Der Ochsenritt‹, 1967; ›Die Botschaft der Sternstraßen‹ (Essays), 1967; ›Zirkelschlag der Lyrik‹ (Essays), 1967.

Karl Jaspers
Geboren in Oldenburg am 23. 2. 1883
Gestorben in Basel am 26. 2. 1969
Philosoph. Anfänglich Psychiater, war er seit 1916 Professor der Psychologie an der Universität Heidelberg; seit 1921 der Philosophie. 1937–1945 Lehrverbot. 1948 Professor der Philosophie in Basel. Hauptvertreter der Existenzphilosophie.

Werke u. a. ›Psychologie der Weltanschauungen‹, 1919; ›Die geistige Situation der Zeit‹, 1931; ›Philosophie‹, 3 Bände, 1932; ›Die Frage der Entmythologisierung‹, 1954; ›Die großen Philosophen‹, 1957; ›Die Atombombe und die Zukunft des Menschen‹, 1958; ›Wohin treibt die Bundesrepublik?‹, 1966.

Ernst Jünger
Geboren in Heidelberg am 29. 3. 1895
Erzähler und Essayist. 1959–1971 Gründer und Mitherausgeber der Zeitschrift ›Antaios‹.
Werke u. a. ›In Stahlgewittern‹, 1920; ›Das abenteuerliche Herz‹, 1929; ›Der Arbeiter‹, 1932; ›Auf den Marmor-Klippen‹, 1939; ›Strahlungen‹ (Tagebuch), 1949; ›Der Waldgang‹, 1951; ›Der gordische Knoten‹, 1953; ›Gläserne Bienen‹, 1957; ›Grenzgänge‹, 1960; ›Geheime Sprache‹, 1963; ›Grenzgänge‹, 1966; ›Subtile Jagden‹, 1967; ›Annäherungen‹, 1970; ›Die Zwille‹, 1973; ›Sämtliche Werke‹, 1978–1980.
Jünger lebt in Wilflingen (Württemberg).

Werner Kaegi
Geboren in Oetwil am See (Kanton Zürich) am 26. 2. 1901
Gestorben in Basel am 15. 6. 1979
Professor für Allgemeine Geschichte an der Universität in Basel 1935–1971.
Sein Hauptwerk: ›Jacob Burckhardt. Eine Biographie‹, Bände 1–7, Basel, ab 1947. Der siebte und letzte Band erschien postum 1982.
Kaegi war Übersetzer von Johan Huizinga.

Robert Käppeli
Geboren in Sursee (Kanton Luzern) am 19. 7. 1900
Verwaltungsratspräsident der chemischen Aktiengesellschaft CIBA in Basel bis zu deren Fusion mit der Firma Geigy AG im Jahre 1971.
Schriften (vom Verfasser illustriert) u. a.: ›Aus einem indischen Tagebuch‹, 1964; ›Aus meinem Leben‹, 1970; ›Als Jäger im Elsaß‹, 1975. (Siehe auch CJB Nachlaßverzeichnis UB Basel C II a 105: ›Ein Mann der Tat, ein Mann der Kunst. Dr. Robert Käppeli zum 70. Geburtstag‹.)

Rudolf Kassner
Geboren in Großpawlowitz in Mähren am 11. 9. 1873
Gestorben in Sierre (Kanton Wallis) am 1. 4. 1959
Kulturphilosoph und Essayist, verfaßte u. a. ›Zahl und Gesicht‹, 1919; ›Das physiognomische Weltbild‹, 1930. Er wandte seine physiognomische Deutung auf weite Bereiche des menschlichen Denkens und Fühlens an. Freund H. v. Hofmannsthals, R. M. Rilkes, Paul Valérys.

CJB lernte Kassner während seines Wiener Aufenthaltes an der Schweizer Gesandtschaft kennen und ließ ihn während der Kriegsjahre in die Schweiz kommen, wo sich Kassner zuletzt in Sierre niederließ.

Karl Kerényi
Geboren in Temesvár (Südungarn) am 19. 1. 1897
Gestorben in Zürich am 14. 4. 1973
Ordinarius für klassische Philologie und Religionsgeschichte in Szeged und Pécs. Seit 1943 in der Schweiz (Tessin). 1962 Schweizer Staatsbürger.
Hauptwerke: ›Die griechisch-orientalische Romanliteratur in religionswissenschaftlicher Beleuchtung‹, 1927, 3. Auflage 1976; ›Apollon‹, 1937, 4. Auflage 1981; ›Einführung in das Wesen der Mythologie‹ (mit C. G. Jung), 1941; ›Mythologie der Griechen‹, 1951, 7. Auflage 1983; ›Gespräch in Briefen, Thomas Mann und Karl Kerényi‹, 1960; ›Briefwechsel aus der Nähe, Hermann Hesse und Karl Kerényi‹, 1972.

Frances Knittel
Geboren in London am 25. 12. 1898
Seit 1915 mit John Knittel verheiratet. Mitarbeiterin ihres Mannes bei den englischen Fassungen seiner Romane; Knittel strebte danach, ein englischer Schriftsteller zu sein. Die »Collaboration« endete erst mit seinem letzten Buch. Das Ehepaar Knittel lebte und arbeitete in Algerien, Tunesien, Marokko und Ägypten. 1938 ließ es sich in Maienfeld (Kanton Graubünden) nieder, wo CJB oft einkehrte und gern mit den Kindern und Enkeln von John und Frances Knittel musizierte.

John (Hermann) Knittel
Geboren in Dharwar (Indien) am 24. 3. 1891
Gestorben in Maienfeld (Kanton Graubünden) am 26. 4. 1970
Sohn eines Basler Missionars und Klassenkamerad von CJB während der Basler Schulzeit.
Romanschriftsteller. Lebte in England, Nordafrika, am Genfersee und in Ägypten; seit 1938 in Maienfeld. Er begründete und leitete das Institute of Oriental Psychology in Kairo.
Werke u. a. ›Therese Etienne‹, 1927; ›Via mala‹, 1934; ›El Hakim‹, 1936; ›Terra magna‹, 1948; ›Ariette‹, 1959. Schrieb deutsch und englisch.

Eduard Fritz Knuchel-Mieg
Geboren in Basel am 29. 12. 1891
Gestorben in Basel am 4. 4. 1966
Dr. phil., Feuilleton-Redakteur der ›Basler Nachrichten‹. Schulfreund von CJB.

Charlotte König-von Dach
Geboren in Lyss (Kanton Bern) am 29.4.1913
Dr. phil., 1949–1964 Feuilleton-Redaktorin an der Berner Tageszeitung
›Der Bund‹. Sie gab 1977 die von CJB hinterlassenen ›Memorabilien‹
im Verlag Georg D. W. Callwey, München, heraus.

Otto Körner
Gestorben ca. 1960
Herr und Frau Dr. med. Körner, die aus Dresden stammten, waren öfters Gäste von Fräulein Ann Jenny im ›Rosenhof‹ in Mollis (Kanton Glarus). Wahrscheinlich kannte Otto Körner CJB vom Landerziehungsheim Glarisegg her.

Oskar Kokoschka
Geboren in Pöchlarn (Niederösterreich) am 1.3.1886
Gestorben in Montreux am 22.2.1980
Neben dem Werk des Malers das des Dramatikers und Erzählers: u. a.
›Die träumenden Knaben‹, 1908; ›Mörder, Hoffnung der Frauen‹, 1916,
›Vier Dramen‹, 1919; ›Spur im Treibsand. Geschichten‹, 1956;
›Schriften 1907–1955‹, 1956; ›Mein Leben‹, 1971.

Annette Kolb
Geboren in München am 3.2.1870
Gestorben in München am 3.12.1967
Deutsche Schriftstellerin. Tochter eines Deutschen und einer Französin, verlebte ihre Jugend in München, 1933 Emigration nach Paris, im 2. Weltkrieg nach USA, kehrte 1945 gerne nach Europa zurück, lebte in Paris, Badenweiler und München.
Werke u. a. die Romane ›Das Exemplar‹, 1913 und ›Daphne Herbst‹, 1928; ›Versuch über Briand‹, 1929; ›Die Schaukel‹, 1934; ›Franz Schubert‹, 1940. Übersetzerin aus dem Französischen.
(Siehe ›Betrachtungen und Berichte‹ S. 453ff. und ›Gesammelte Werke‹ Band 4, S. 383ff.)

Annie Konrath
Zeitweilige Sekretärin von CJB. Über diese Briefempfängerin war nichts in Erfahrung zu bringen.

Eduard Korrodi
Geboren in Zürich am 20.11.1885
Gestorben in Zürich am 4.9.1955
Dr. phil., 1914–1946 Feuilleton-Redaktor der ›Neuen Zürcher Zeitung‹.

Werke u. a. ›David Hess, Salomon Landolt‹, 1910; ›Gottfried Keller als Lyriker‹, 1911; ›Das poetische Zürich‹ (zusammen mit Robert Faesi), 1918; ›Die junge Schweiz‹, 1919; ›Geisteserbe der Schweiz‹, 1929.

Werner Kraft
Geboren in Braunschweig am 4. 5. 1896
Lyriker, Essayist. Studierte Philologie in Berlin, Frankfurt und Hamburg. War als Bibliothekar an der Deutschen Bücherei in Leipzig tätig; emigrierte 1933 nach Schweden, schließlich nach Jerusalem.
Werke u. a. ›Figur der Hoffnung. Ausgewählte Gedichte‹, 1955; ›Der Wirrwarr‹ (Roman), 1960; ›Augenblicke der Dichtung. Kritische Betrachtungen‹, 1964.

Wolfgang Krauel
Geboren in Berlin-Charlottenburg am 27. 10. 1888
Gestorben in Brasilien am 18. 9. 1977
Krauel war von 1922 an im Auswärtigen Amt tätig. Das deutsche Generalkonsulat in Genf leitete er in den Jahren 1928/29 während drei Monaten und wieder von 1932 bis 1942. In diesen Jahren lernte CJB ihn am Sitz des Internationalen Roten Kreuzes kennen und schätzen. Von 1951 bis 1955 gehörte Krauel nochmals dem Auswärtigen Amt an, zuletzt als Generalkonsul in Sao Paulo.

Fred Luchsinger
Geboren in St. Gallen am 9. 7. 1921
Dr. phil., 1953–1963 Korrespondent der ›Neuen Zürcher Zeitung‹ in Bonn, von 1968 bis zur Jahreswende 1984/85 ihr Chefredaktor.

Herbert Lüthy
Geboren in Basel am 15. 1. 1918
Historiker und Publizist, in Paris 1946–1958; o. Professor an der Eidgenössischen Technischen Hochschule Zürich 1958–1971, an der Universität Basel 1971–1981.
Hauptwerke: Auswahl und Übersetzung der ›Essais‹ von Michel de Montaigne, 1953; ›Frankreichs Uhren gehen anders‹ / ›A l'heure de son clocher‹, 1954/55; ›La Banque protestante de France. De la Révocation de l'Edit de Nantes à la Révolution‹, 1959/61 und 1970.

Christoph Lüthy
Geboren in Zürich am 27. 3. 1964
Sohn von Herbert Lüthy.

Gerhard Marcks
Geboren in Berlin am 18. 2. 1889
Gestorben in Burgbrohl (Eifel) am 12. 11. 1981
Bildhauer, Zeichner und Holzschneider. Lehrte ab 1919 am Bauhaus in
Weimar, ab 1925 an der Kunstgewerbeschule in Halle (1933 entlassen);
wurde 1946 Professor an der Landeskunstschule in Hamburg, 1950 an
den Werkschulen in Köln. Seit 1971 besteht eine Gerhard Marcks-
Stiftung im Alten Torhaus in Bremen. Bremen gab eine Büste von CJB
bei Gerhard Marcks in Auftrag. Mitglied des Ordens ›Pour le Mérite‹
für Wissenschaften und Künste.

Zenta Maurina
Geboren in Lejasciems (Lettland) am 15. 12. 1897
Gestorben in Basel am 25. 4. 1978
Schriftstellerin deutscher und lettischer Sprache. Werke u. a. ›Im Zuge
des Lebens‹, 1941; ›Denn das Wagnis ist schön‹, 1953; ›Die eisernen
Riegel zerbrechen‹, 1957.
(Siehe CJB ›Gruß an Zenta Maurina‹ in ›Buch der Freundschaft für
Zenta Maurina‹, Maximilian Dietrich-Verlag, Memmingen 1967.)

Walther Meier
Geboren in Wädenswil am 8. 4. 1898
Gestorben in Küsnacht bei Zürich am 22. 6. 1982
Dr. phil., 1933–1955 Redaktion der ›Neuen Schweizer Rundschau‹.
1944 Gründer der Manesse Bibliothek der Weltliteratur. Werk u. a.
›Jean Paul. Das Werden seiner geistigen Gestalt‹, 1926.
Er war CJBs Schweizer Verleger.

Gerhard Meyer-Sichting
Geboren in Bremen am 22. 12. 1902
Gestorben in Darmstadt am 3. 4. 1980
War erster Geiger und Mitarbeiter Otto Klemperers 1928–1932 an der
Krolloper und an der Staatsoper ›Unter den Linden‹ in Berlin. Tour-
neen mit dem Kammerorchester von Edwin Fischer. 1934–1966 Violin-
lehrer, Konzertmeister und Orchesterleiter in Hildesheim, Halle, Bres-
lau, Lübeck und Darmstadt. 1966–1971 Leiter der Musikakademie in
Darmstadt.
Veröffentlichte u. a. ›Von Dante bis Coudenhove. Wege und Schicksale
der Europa-Idee in 650 Jahren‹, 1971; ›Der Grenze Gesang‹ (Gedichte),
1976: ›Partitur des Lebens. Autobiographische Skizzen‹, 1980.

Thomas Michels
Geboren in Krefeld am 28. 10. 1892
Gestorben in Salzburg am 13. 1. 1979
Benediktiner-Pater aus Salzburg, Doktor, Universitätsprofessor. CJB lernte ihn 1956 anläßlich der Sammlung der Mozartspende zum 200. Geburtstag des Komponisten kennen. CJB sammelte für die Mozart-Spende in der Schweiz.

Robert Minder
Geboren in Wasselnheim (Elsaß) am 23. 8. 1902
Gestorben in Cannes am 10. 9. 1980
Französischer Literarhistoriker. Professor für deutsche Sprach- und Kulturgeschichte in Paris.
Werke u. a. ›Kultur und Literatur in Deutschland und Frankreich‹, 1962; ›Dichter in der Gesellschaft‹, 1966; ›Hölderlin unter den Deutschen‹, 1968.

Harald Müller
Geboren in Celle am 21. 7. 1930
Studierte Musik, Philosophie und philosophische Fächer. Unterrichtet Deutsch und Musik am Gymnasium Celle. Veröffentlichungen zur Celler Musikgeschichte, Aufsätze zum Werk Hugo von Hofmannsthals sowie die Bibliographie zu Peter Handke.

Hermine Müller-Hofmann
geb. Zuckerkandl
Geboren in Wien am 16. 5. 1902
Tochter des Urologen Otto Zuckerkandl, Schwester des Kapellmeisters, Musikschriftstellers, Lektors und enzyklopädistischen akademischen Lehrers Victor Zuckerkandl (1896–1965). Heiratete 1922 den Maler Wilhelm (Willy) Müller-Hofmann (1885–1948), Professor an der Kunstgewerbeschule in Wien, der dem Freundeskreis Hofmannsthals angehörte.

Thankmar Freiherr von Münchhausen
Geboren in Lankwitz bei Berlin am 18. 5. 1893
Gestorben in Bonn am 28. 7. 1979
Studium der Rechtswissenschaft, u. a. in Göttingen (»dort im Nebenkolleg Carl Burckhardt begegnet, dann viel mit ihm«), Teilnahme am Ersten Weltkrieg, 1919 Dr. nat. oec. Verlagstätigkeit, 1937–1939 Leiter des Goethehauses in Paris, dann Gutsverwalter in der Provinz Posen bis zur Flucht 1945. Gründer und Präsident des Bonner Kunstvereins.

Franz von Muralt
Geboren in Zürich am 23. 5. 1890
Gestorben in Küsnacht bei Zürich am 2. 4. 1971
Maler, Landwirt und Bienenzüchter. Jugendfreund von CJB.

Isa Neeff-Vöchting
Geboren in Basel am 30. 5. 1891
Fast gleichaltrige Cousine von CJB, ihre Mutter war die Schwester von CJBs Vater Carl Christoph Burckhardt. CJB in einer innigen Kinderfreundschaft verbunden. Sie heiratete 1920 Dr. phil. Friedrich Neeff, Botaniker, Philosoph, Leiter einer Firma in Stuttgart. CJB zollte ihrer Haltung während des Zweiten Weltkriegs, der ihr den älteren Sohn raubte, hohe Achtung.

Gottfried von Nostitz-Drzewiecki
Geboren in Dresden am 19. 8. 1902
Gestorben in Gauting bei München am 13. 4. 1976
Während des Zweiten Weltkrieges deutscher Konsul in Genf, dann Generalkonsul der Bundesrepublik Deutschland in São Paulo (Brasilien); zuletzt Botschafter in Chile.

Charles Rudolf Paravicini
Geboren in Basel am 22. 8. 1872
Gestorben in Basel am 5. 11. 1947
Schweizer Diplomat; 1917–1920 Leiter der Abteilung für Auswärtiges beim Politischen Departement. 1920–1939 Gesandter in London. Stand bereits mit CJBs Eltern in Verbindung.

Marcel Pobé
Geboren in Basel am 5. 11. 1907
Gestorben in St. Michel-L'Observatoire, Dep. Bas-Alpes, am 6. 9. 1967
Kunsthistoriker und Schriftsteller. Lebte in Basel und Paris. Werke u. a. ›Rainer Maria Rilke. Wandel in seiner Geisteshaltung‹, 1933; ›Von der Herrlichkeit der Provence‹, 1938; ›Woge des Herzens‹ (Roman), 1943; ›Kelten-Römer‹, 1958; ›Das Gotische Frankreich‹, 1960; ›Das Klassische Frankreich‹, 1963.

Clemens Graf Podewils
Geboren in Bamberg am 20. 8. 1905
Gestorben in München am 5. 8. 1978
Dr. iur. Lyriker und Erzähler. Generalsekretär der Bayerischen Akademie der schönen Künste in München von 1948 bis 1975.

William E. Rappard
Geboren in New York am 22. 4. 1883
Gestorben in Genthod (Genf) am 29. 4. 1958
Schweizer Sozialökonom und Historiker; ab 1913 Professor in Genf;
Gründer und Direktor des ›Institut Universitaire de Hautes Etudes
Internationales‹. Vertreter der Schweiz im Völkerbund. Zahlreiche
diplomatische Missionen.

Franz Rieger
Geboren in Riedisheim/Mülhausen (Elsaß) am 8. 6. 1916
Dr. phil., Kaufmann. 1957–1963 in der politischen Erwachsenenbildung in Stuttgart tätig, ab 1963–1981 geschäftsführender Direktor der Münchner Volkshochschule. Herausgeber von ›Atomwaffen und Gewissen‹, 1983; ›Friedensgebete aus aller Welt‹, 1984.

Rainer Maria Rilke
Geboren in Prag am 4. 12. 1875
Gestorben in Territet (Genfersee) am 29. 12. 1926
Der Dichter verkehrte seit 1920 bei CJBs Mutter, Helene Burckhardt-Schazmann, und war auch mit CJBs Schwester, Theodora Von der Mühll, befreundet. Er nahm mehrfach Aufenthalt auf dem Landsitz Schönenberg.

Hermann Rinn
Geboren in Tannhausen am 25. 3. 1895
Gestorben in München am 21. 2. 1974
Dr. phil., Lektor und Verleger, Antiquar, Herausgeber und Übersetzer. Arbeitete lange Jahre im und für den Verlag Georg D. W. Callwey, den er zeitweilig leitete. 1926–1937 Redakteur der Zeitschrift ›Der Kunstwart‹, später ›Deutsche Zeitschrift‹. 1946–1961 Verlag Hermann Rinn. – Rinn regte CJB zu seinem Richelieu-Werk an und betreute es als Lektor. Gemeinsam mit Max Rychner gab er zu CJBs siebzigstem Geburtstag die Festschrift ›Dauer im Wandel‹ heraus.

Gerhard Ritter
Geboren in Bad Soden am 4. 4. 1888
Gestorben in Freiburg im Breisgau am 1. 7. 1967
Dr. phil., Professor für mittelalterliche und neuere Geschichte in Heidelberg, Hamburg und Freiburg. Werke u. a. ›Studien zur Spätscholastik‹, 3 Bände, 1921–1927; ›Freiherr von Stein. Eine politische Biographie‹, 2 Bände, 1932; ›Carl Goerdeler und die deutsche Widerstandsbewegung‹, 1954, Neuauflage 1984.

Wilhelm Röpke
Geboren in Schwarmstedt (Lüneburger Heide) am 10.10.1899
Gestorben in Genf am 12.2.1966
Nationalökonom, Professor in Jena und Graz, 1929–1933 in Marburg, vom nationalsozialistischen Regime seines Amtes enthoben. Lehrte danach in Istanbul, 1937–1966 am ›Institut Universitaire de Hautes Etudes Internationales‹ in Genf. Schrieb ›Die Lehre von der Wirtschaft‹, 1937. Mitbegründer der neoliberalen Schule der Volkswirtschaft.

Lucy Rudolph-Spinner
Geboren in Zürich am 15.3.1903
Dr. rer. pol. Verbrachte ihre Kindheit in England bis 1914, lebte dann mit einigen Unterbrechungen in Zürich. Seit 1942 mit CJB und seiner Familie eng befreundet.

Max Rychner
Geboren in Lichtensteig (Kanton St. Gallen) am 8.4.1897
Gestorben in Zürich am 10.6.1965
1922–1931 Redaktion der ›Neuen Schweizer Rundschau‹; 1939–1962 Feuilletonchef der Zürcher Tageszeitung ›Die Tat‹.
Werke u. a. ›Freundeswort‹ (Gedichte), 1941; ›Zur europäischen Literatur zwischen zwei Weltkriegen‹, 1943; ›Welt im Wort‹, 1949; ›Antworten‹, 1961.
Mit CJB war Max Rychner seit 1925 bekannt. »Etwa drei Jahre später war unsere Beziehung zu einer brüderlichen geworden«: vgl. ›Carl J. Burckhardt – Max Rychner Briefe 1926–1965‹, S. 5.

Maja Sacher
geb. Stehlin
Geboren in Basel am 7.2.1896
Witwe von Emanuel Hoffmann. Heiratete 1934 den Dirigenten Paul Sacher.
Mäzenin moderner Kunst (Stifterin des Museums für Gegenwartskunst in Basel).
Mit CJB seit der Kindheit befreundet.

Edgar Salin
Geboren in Frankfurt a. M. am 10.2.1892
Gestorben in Veytaux bei Montreux am 17.5.1974
Staatswissenschaftler und Soziologe. Professor in Heidelberg und Kiel, seit 1927 in Basel; Begründer der Friedrich List-Gesellschaft.
Werke u. a. ›Platon und die griechische Utopie‹, 1921; ›Geschichte der Volkswirtschaftslehre‹, 1923, 5. Auflage unter dem Titel ›Politische

Ökonomie‹, 1967; ›Civitas Dei‹, 1926; ›Wirtschaft und Staat‹, 1932; ›Jacob Burckhardt und Nietzsche‹, 1938; ›Um Stefan George‹, 1948 und 1954 (Neuauflage); ›Ökonomik der Atomkraft‹, 1955; ›Lynkeus. Gestalten und Probleme aus Wirtschaft und Politik‹, 1963.

Jean-Rudolf von Salis
Geboren in Bern am 12.12.1901
Historiker und Publizist. 1930–1935 Pariser Korrespondent der Berner Zeitung ›Der Bund‹. 1935–1968 Professor an der Eidgenössischen Technischen Hochschule in Zürich.
Während des Zweiten Weltkrieges fanden seine Sendungen ›Weltchronik‹ im Radio der deutschsprachigen Schweiz weite Beachtung und wurden zur geistigen Stärkung für Abertausende, die sonst nur die fanatischen Stimmen der nationalsozialistisch-faschistischen Führer und Kommentatoren hörten. ›Weltchronik 1939–1945‹, veröffentlicht 1966. Weitere Werke u. a. ›Rainer Maria Rilkes Schweizer Jahre‹ 1952; ›Weltgeschichte der Neuesten Zeit‹ 3 Bände, 1951, 1955, 1960; ›Grenzüberschreitungen‹ 2 Bände, 1975 und 1978; ›Notizen eines Müßiggängers‹, 1983.

Maria Clara Sattler
geb. Schiedges
Geboren in Düsseldorf am 25.1.1911
Gestorben in München am 21.8.1973
Ehefrau von Dieter Sattler (siehe Anmerkung 3 zum Brief vom 22.3.1969).

Franz Prinz zu Sayn-Wittgenstein
Geboren in Frankfurt a. M. am 24.8.1910
Landeskonservator im Bayerischen Landesamt für Denkmalpflege. Kunsthistoriker und Schriftsteller. Werke u. a.: ›Fürstenhäuser und Herrensitze‹, 1956; ›Durchlauchtige Welt‹, 1959; ›Der Inn‹, 1961; ›Südtirol und das Trentino‹, 1964; ›Reichsstädte‹, 1965; ›Der Main‹, 1966 und 1977; ›Am Neckar und am Rhein‹, 1970; ›Salzburger Land‹, 1977; ›Schwarzwald‹, 1972; ›Genfersee‹, 1981.
CJB und Franz Prinz zu Sayn-Wittgenstein lernten sich 1954 auf einer Tagung in Pommersfelden kennen, wo Annette Kolb einen Literaturpreis erhielt (siehe ›Genfersee‹, S. 224–233).

Peter Schifferli
Geboren in Bern am 27.7.1921
Gestorben in Mammern (Bodensee) am 2.12.1980
Verleger. Gründer (1944) und Leiter des Verlages ›Die Arche‹ in

Zürich. Hauptautoren: Werner Bergengruen und Friedrich Dürrenmatt. Sammler von Drehorgeln. – ›Vom Druckfehlerteufel und von der Hoffnung Jakob Hegners auf ein himmlisches Alphabet. Einige Brokken Verlegerlatein, gesammelt von Peter Schifferli‹ Privatdruck 1982, Verlag Die Arche, Zürich 1984.

Gustav Schneeli
Geboren in Zürich am 12. 11. 1872
Gestorben am 22. 5. 1944
Studium der Kunstgeschichte und der Rechtswissenschaft. Maler und Heraldiker in München und Zürich, sommers auf Schloß Vuippens (Kanton Fribourg).
Stifter des Kunstmuseums von Glarus mit Schneeli-Saal.

Gershom (Gerhard) Scholem
Geboren in Berlin am 5. 12. 1897
Gestorben in Jerusalem am 21. 2. 1982
Studium in Berlin. Nach Israel eingewandert 1923. Abteilungsleiter der National-Bibliothek 1923–1927. Professor an der Hebräischen Universität in Jerusalem für Jüdische Mystik von 1925–1965. Präsident der Israelischen Akademie der Wissenschaft 1968–1974.
Schrieb zahlreiche bahnbrechende Werke zur jüdischen Mystik, zum Wesen und zur Geschichte der Kabbala, sowie u. a. ›Walter Benjamin. Die Geschichte einer Freundschaft‹, 1975; ›Von Berlin nach Jerusalem‹, 1977.

Rudolf Alexander Schröder
Geboren in Bremen am 26. 1. 1878
Gestorben in Bad Wiessee (Obb.) am 22. 8. 1962
Innenarchitekt, Lyriker, Erzähler, Essayist; Übersetzer von Homer, Vergil, Horaz, Racine u. a. Gründete 1913 mit Hugo von Hofmannsthal und Rudolf Borchardt die ›Bremer Presse‹. Ab 1935 lebte er in Bergen am Chiemsee.

Albert Schweitzer
Geboren in Kaysersberg (Elsaß) am 14. 1. 1875
Gestorben in Lambarene (Gabun) am 4. 9. 1965
Evangelischer Theologe, Philosoph, Organist und Musikgelehrter, Arzt. Gründete 1913 das Urwaldspital in Lambarene in der Kolonie Gabun, Französisch Äquatorialafrika. Kern seiner ethischen Lehre ist die in der eigenen Existenz beispielgebend verwirklichte »Ehrfurcht vor dem Leben«. Friedensnobelpreis 1952.
Werke u. a. ›Die Religionsphilosophie Kants‹, 1899; ›Geschichte der

Leben Jesu-Forschung‹, 1906, 1913, 1951; ›J. S. Bach‹, 1908; Kulturphilosophie: ›Verfall und Wiederaufbau der Kultur‹ und ›Kultur und Ethik‹, beide 1923; ›Aus meiner Kindheit und Jugendzeit‹, 1924; ›Zwischen Wasser und Urwald‹, 1926; ›Aus meinem Leben und Denken‹, 1931; ›Die Weltanschauung der indischen Denker. Mystik und Ethik‹, 1935; ›Afrikanische Geschichten‹, 1939; ›Goethe. Vier Reden‹, 1950. Späte Schriften und Reden zu Frieden und Atomkrieg.

Hans von Seemen
Geboren in Colmar (Elsaß) am 15. 1. 1898
Gestorben in München am 13. 7. 1972
Deutscher Chirurg, »Schöpfer der modernen Elektrochirurgie« (CJB), Autor bedeutender Fachschriften. Professor in München, Graz, Greifswald und wieder in München.
Seemen verbrachte einen Teil seiner Kindheit und Jugend in Zürich.
Zum 70. Geburtstag: CJB, ›Hans von Seemen‹, Privatdruck.

Hans Speidel
Geboren in Metzingen (Württemberg) am 28. 10. 1897
Gestorben in Bad Honnef am 28. 11. 1984
Dr. phil., General (Viersterngeneral).
1939–1944 in hohen Stabsstellungen, zuletzt bei Rommel. Als Vertrauter Ludwig Becks wurde Speidel nach dem 20. Juli 1944 verhaftet. Nach Gründung der Bundesrepublik Deutschland militärischer Berater Konrad Adenauers. 1957–1963 als erster deutscher General Oberbefehlshaber aller NATO-Landstreitkräfte in Mitteleuropa, danach bis 1964 Sonderbeauftragter der Bundesregierung für atlantische Verteidigungsfragen. Lehrauftrag an der Universität Tübingen.

Hilde Spiel
Geboren in Wien am 19. 10. 1911
Dr. phil., Professor.
Österreichische Schriftstellerin und Journalistin. Ging 1936 nach London, wo sie als Journalistin tätig war. Lebt seit 1963 wieder in Österreich. Verfasserin von Romanen, Novellen, Essays und Hörspielen. Übersetzerin aus dem Englischen. Lange Zeit Kulturkorrespondentin der ›Frankfurter Allgemeinen Zeitung‹ in London und Wien.

Eduard Spranger
Geboren in Groß-Lichterfelde (Berlin) am 27. 6. 1882
Gestorben in Tübingen am 17. 9. 1963
Kulturphilosoph und Pädagoge. Professor in Leipzig, Berlin, in Japan und ab 1946 in Tübingen.

Er beeinflußte die Reformpädagogik. Schul- und kulturpolitisch wirkte er richtungsweisend auf die Ausbildung der Lehrer. Werke u. a.: ›W. v. Humboldt und die Humanitätsidee‹, 1909; ›Lebensformen‹, 1914; ›Goethes Weltanschauung‹, 1943; ›Der geborene Erzieher‹, 1958.

Jürgen Freiherr von Stackelberg
Geboren in Tengen (Hegau) am 26.12.1925
Sohn des Schriftstellers und Arztes Traugott von Stackelberg. Romanist. Ordentlicher Professor und Direktor des Seminars für Romanische Philologie an der Universität Göttingen.
Werke u. a.: ›Italienische Geisteswelt‹, 1954; ›Humanistische Geisteswelt‹, 1956; ›Das französische Theater vom Barock bis zur Gegenwart‹, 1969; ›Von Rabelais bis Voltaire. Zur Geschichte des französischen Romans‹, 1970; ›Weltliteratur in deutscher Übersetzung‹, 1978; ›Themen der Aufklärung‹, 1979; ›Übersetzungen aus zweiter Hand‹, 1984.

Andreas Staehelin
Geboren in Zürich am 22.11.1926
Seit 1967 Leiter des Staatsarchivs in Basel. Vorsteher der ›Historischen und Antiquarischen Gesellschaft‹ in Basel. Wurde 1970 Extraordinarius für Schweizer Geschichte, Hilfswissenschaften und Archivwissenschaften.
Werke u. a.: ›Peter Ochs als Historiker‹, 1952; ›Professoren der Universität Basel‹ und ›Universitätsgeschichte 1632 bis 1835‹, 1957 und 1959.

Emil Staiger
Geboren in Kreuzlingen am Bodensee am 8.2.1908
Professor der Literaturwissenschaft an der Universität Zürich. Er beeinflußte die Literaturwissenschaft der zweiten Hälfte des 20. Jahrhunderts durch seine richtungsweisenden Poetikforschungen. Wie CJB Mitglied des Ordens ›Pour le Mérite‹ für Wissenschaften und Künste.
Werke u. a. ›Griechische Epigramme‹, 1946; ›Grundbegriffe der Poetik‹, 1946; ›Goethe‹ 3 Bände, 1952-1959; ›Die Kunst der Interpretation‹, 1955; ›Die Zeit als Einbildungskraft des Dichters‹, 1963; ›Friedrich Schiller‹, 1967; ›Spätzeit‹, 1973.

Michael Stettler
Geboren in Bern am 1.1.1913
Dipl. Architekt, Dr. sc. techn., Museumsdirektor und Schriftsteller.
Werke u. a. ›Rat der Alten. Begegnungen und Besuche‹, 1962; ›Bernerlob‹, 1963; ›Mach's na. Figuren und Exempel‹, 1981; ›Ortbühler Skizzenbuch‹ (Autobiographisches), 1982. Lebt in Steffisburg bei Thun.

Helmut Strebel
Geboren in Steinkirchen (Württemberg) am 29. 5. 1911
Jurist. Wissenschaftliches Mitglied des Max Planck-Instituts in Heidelberg für ausländisches öffentliches Recht und Völkerrecht.

William Taub
Geboren in Elberfeld am 25. 8. 1914
Professor der Chemie am Weizmann-Institut in Rehovot (Israel).

Otto Freiherr von Taube
Geboren in Reval (Estland) am 21. 6. 1879
Gestorben in Gauting (Oberbayern) am 30. 6. 1973
Schriftsteller. Werke u. a. ›Das Opferfest‹, 1926; ›Die Metzgerpost‹, 1935; ›Die Wassermusik‹, 1948; ›Dr. Alltags phantastische Aufzeichnungen‹, 1951; ›Brüder der oberen Schar‹, 1955.

Hans Thieme
Geboren in Naunhof bei Leipzig am 10. 8. 1906
Professor für Deutsche Rechtsgeschichte, Privatrecht und Urheberrecht in Frankfurt, Breslau, Leipzig, Göttingen und Freiburg im Breisgau.

Johannes Urzidil
Geboren in Prag am 3. 2. 1896
Gestorben in Rom am 2. 11. 1970
Studierte an der deutschen Universität in Prag und war von 1921–1932 Pressebeirat der deutschen Gesandtschaft in Prag. 1939 emigrierte er nach England, 1941 nach New York, war einfacher Arbeiter und Lederhandwerker, wurde 1946 amerikanischer Bürger und lebte seit 1951 wieder als freier Schriftsteller, Kritiker, Essayist und Übersetzer. Werke u. a. ›Der Trauermantel‹, 1955; ›Die verlorene Geliebte‹, 1956; ›Das große Hallelujah‹, 1959; ›Prager Triptychon‹, 1960; ›Goethe in Böhmen‹, 3. Auflage 1981.

Wilhelm Vischer
Geboren in Basel am 24. 2. 1861
Gestorben in Basel am 26. 1. 1928
Rechtsanwalt in Basel. Schul- und Studienfreund des Vaters von CJB, Carl Christoph Burckhardt-Schazmann.

Luise Vöchting-Oeri
Geboren in Basel am 17. 3. 1897
Tochter von Rudolf Oeri-Sarasin und damit eine Großnichte von Jacob

Burckhardt. Auf kulturhistorischem Gebiet schriftstellerisch tätig. Werke u. a. ›Der Almosenschaffner Hans-Jacob Schorndorff‹, 1952; ›Die Schwestern Schorndorff und ihre Nachkommen‹, 1941; ›Aus dem Jugendleben von Johann Jakob Oeri‹, 1969. Vom Kindesalter an freundschaftliche Beziehungen zum Hause Burckhardt-Schazmann.

Jan F. Von der Mühll
Geboren in Basel am 17. 11. 1918
Dr. iur., Bankier in Zürich. Sohn von CJBs Schwester Theodora.

Jacob Wackernagel
Geboren in Basel am 2. 10. 1891
Gestorben auf Sardinien am 14. 7. 1967
Studium der Rechte in Basel, Lausanne, Berlin und Göttingen. Ab 1918 Professor in Basel für Rechtswissenschaft.

Rosalie Wackernagel-Sarasin
Geboren in Basel am 9. 9. 1904
Tochter des Gedeon Sarasin-Speiser. Gattin von Jacob Wackernagel (1891–1967).

Friedrich Traugott Wahlen
Geboren in Gmeis, Gemeinde Mirchel (Kanton Bern), am 10. 4. 1899
Gestorben in Bern am 7. 11. 1985
Professor für Pflanzenbau an der Eidgenössischen Technischen Hochschule in Zürich. Schöpfer und Leiter des schweizerischen Anbauwerkes 1940–1945 (Plan Wahlen). Ständerat 1942–1949. Leiter der Abteilung Landwirtschaft der FAO in Washington D.C., ab 1951 in Rom, zuletzt deren Vizedirektor. Bundesrat 1959–1965. Bundespräsident 1961.

Georges Walter
Geboren in Basel am 9. 2. 1890
Gestorben in Perroy am Genfersee am 24. 5. 1962
Verbrachte die ganze Basler Schulzeit gemeinsam mit CJB. Sein Leben lang blieb er passionierter Pferdeliebhaber und -kenner. Jahrzehnte hindurch wohnte er auf dem Landgut Gordanne bei Perroy. Er betätigte sich als Erfinder auf verschiedenen Gebieten, ohne ein Patent zu erwirken.

Adam Wandruszka
Geboren in Lemberg am 6. 8. 1914
Professor für Neuere und Östliche Geschichte, Direktor des Historischen Instituts der Universität Wien. U. a. Verfasser von ›Das Haus Habsburg. Die Geschichte einer europäischen Dynastie‹, 1956.

Werner Weber
Geboren in Huttwil am 13. 11. 1919
Dr. phil., 1946 bis 1973 Feuilletonchef der ›Neuen Zürcher Zeitung‹. Seither ordentlicher Professor für Literaturkritik an der Universität Zürich. Schrieb Lyrik und Erzählungen, u. a. die Essays ›Figuren und Fahrten‹, 1956; ›Tagebuch eines Lesers. Bemerkungen und Aufsätze zur Literatur‹, 1965. Edition: ›Theodor Fontane. Schriften und Glossen zur europäischen Literatur‹, 2 Bände, 1967.

Emmy Weidenmann
Geboren am 11. 6. 1886
Gestorben am 13. 12. 1944
Lehrerin für Englisch, Deutsch und Geschichte an der Kantonschule in Solothurn, am Gymnasium in Burgdorf und am Schweizerischen Landerziehungsheim Glarisegg. Von dort wurde sie 1918 an die Höheren Stadtschulen, Gymnasium und Industrieschule, von Winterthur gewählt und lehrte dort bis zu ihrem Tod.

Thornton Wilder
Geboren in Madison (Wisc.) am 17. 4. 1897
Gestorben in Handen bei New Haven (Conn.) am 7. 12. 1975
Amerikanischer Erzähler und Dramatiker. Werke u. a. ›Die Cabala‹, 1926; ›Die Brücke von San Luis Rey‹, 1927; ›Die Iden des März‹, 1948; ›Der achte Schöpfungstag‹, 1967; Dramen: ›Unsere kleine Stadt‹, 1938; ›Wir sind noch einmal davongekommen‹, 1943; ›Die Heiratsvermittlerin‹, 1954; ›Die Alkestiade‹, 1955.

Christiane Zimmer
Geboren in Wien am 14. 5. 1902
Tochter Hugo von Hofmannsthals, heiratete 1928 den Indologen Heinrich Zimmer (1890–1943), damals Professor in Heidelberg. Lebt in New York und München.

Carl Zuckmayer
Geboren in Nackenheim (Rheinhessen) am 27. 12. 1896
Gestorben in Visp (Kanton Wallis) am 18. 1. 1977
Erzähler und Dramatiker. Emigrierte 1938 in die Schweiz, dann in die

Vereinigten Staaten, lebte bis 1946 in Vermont als Landwirt, kehrte 1958 endgültig nach Europa zurück und ließ sich in Saas-Fee (Kanton Wallis) nieder.
Werke u. a. ›Der fröhliche Weinberg‹, 1925; ›Ein Bauer aus dem Taunus‹, 1927; ›Katharina Knie‹, 1928; ›Der Hauptmann von Köpenick‹, 1930; ›Salwàre oder die Magdalena von Bozen‹, 1936; ›Des Teufels General‹, 1946; ›Der Gesang im Feuerofen‹, 1950; ›Das kalte Licht‹, 1955; ›Die Fastnachtsbeichte‹, 1959; ›Als wär's ein Stück von mir‹ (Autobiographie), 1966.

Mabel Zuppinger
geb. Westermann
Geboren am 1.4.1897
Gestorben in Rüschlikon am 11.11.1978
Schriftstellerin und Journalistin in Zürich. Unter dem Namen »Claudine« Chefredaktorin der Frauenzeitschrift ›Annabelle‹. CJB hielt ihrem Gatten, Dr. iur. Alphonse Zuppinger, der kurze Zeit im diplomatischen Dienst und dann in einem Zürcher Finanzinstitut tätig war, 1954 die Grabrede (siehe Nachlaßverzeichnis UB Basel, C II b 11).

Anmerkungen

22. 4. 1908

1] *J'y suis:* Da bin ich nun. Der sechzehnjährige CJB war soeben im Landerziehungsheim Schloß Glarisegg eingetroffen, wo er bis zum Erlangen des Reifezeugnisses (Matura) im April 1911 blieb. Das von Werner Zuberbühler gegründete und den Prinzipien eines Hermann Lietz nachgebildete Institut war das erste seiner Art in der Schweiz: Erziehung zum verantwortungsbewußten »Menschsein«, ohne Einpauken, fern von den Städten und unter Berücksichtigung individueller Begabung und Neigungen.

CJBs Vater, Regierungsrat Prof. Carl Christoph Burckhardt (vgl. CJB ›Memorabilien‹ S. 54ff.), hatte dieses Landerziehungsheim ausgewählt, weil sein Sohn für trockenes Lernen ausgesprochen unbegabt war und zudem unter gewissen Lehrern des oberen Gymnasiums, dessen Schüler er 1902–1908 war, sehr litt (vgl. CJB ›Memorabilien‹ S. 83 und Hans Gutzwiller ›Carl Jacob Burckhardts Basler Gymnasialjahre 1902–1908‹ in Band 80 der ›Basler Zeitschrift für Geschichte und Altertumskunde‹ 1980).

An Werner Zuberbühler schrieb Carl Christoph Burckhardt am 4. April 1908: »[...] In erzieherischer und moralischer Hinsicht wird er Ihnen nicht die leisesten Unannehmlichkeiten machen – es sei denn mit kleinen und großen Vergeßlichkeiten und Zerstreutheiten. Er hat eine gesellige, muntere und zutrauliche Anlage, ist überall als fröhlicher Gesellschafter gern gesehen, paßt sich allem gern an (er ist nur *zu* wenig eckig), und für seine absolute Moralität garantiere ich. Daß er intellektuell zurück sei, möchte ich nicht sagen. Er machte die besten Aufsätze, wenn es ihm drum war, und urteilt gut über Menschen und Verhältnisse. Ihm fehlt aber der kategorische Imperativ; er treibt mit Eifer, was ihm behagt, und was ihm nicht behagt, läßt er liegen; dabei ist er ewig zerstreut, brütet einem Gedicht nach und steckt in Gedanken mitten in Wallenstein oder sonst was, während vor ihm das Naturgeschichtsheft liegt. Die Lehrer brachte dies Träumen zur Verzweiflung, und als ihn einer fragte, finden Sie denn meine Stunden so langweilig, daß Sie nicht aufpassen? sagte er ehrlich Ja. Er ist absolut ehrlich und lügt nie.

Ich glaube er würde sich mit Leichtigkeit bei Ihnen einleben. Ich kenne alle seine Schwächen und fürchte, harte Arbeit wird nie seine Stärke sein, aber er ist, wie schwache Naturen oft, ein liebenswürdiger Kerl und weil schwach im Wollen, noch nicht fertig sondern beeinflußbar. Solche Leute passen nicht in unsere öffentlichen Schulen. Er wird dort

steinunglücklich. Vergißt er zweimal ein Buch oder ist er sonst zerstreut, so ist sofort eine schlechte Fleißnote da. Die Lehrer kümmern sich gar nicht um Charakter und Wesen der Kinder; sie urteilen nach Zufällen und Momenten, sie können ja die Kinder gar nicht kennen.«
2] *Genfer Tage:* CJBs Großeltern mütterlicherseits (Schazmann) wohnten in Genf, wo CJB sich häufig aufhielt.
3] *Chedive:* Khedive, Titel der türkischen Statthalter (Vizekönige) von Ägypten 1867 bis 1914.
4] *Coquelin im Theater:* Der berühmte französische Schauspieler Ernest Coquelin (1848–1909), genannt Coquelin cadet.
5] *daß alles an Pferde erinnert:* Der Stiefvater des Briefempfängers war der bekannte Reitlehrer Mercier, dessen Kurse CJB, rasch für Pferde begeistert, in Basel besuchte. Den nur zwei Jahre älteren Georges Walter bewunderte CJB, weil er ein sehr guter Reiter war.
6] *Déchaussez:* Spitzname des Lehrers Léopold Défossez.
7] *Steckborn:* Das Schloß Glarisegg liegt westlich des Thurgauer Städtchens Steckborn am unteren Bodensee (Untersee).

29. 4. 1908
1] *Tὸ γνῶθι σαυτὸν πᾶσίν ἐστι χρήσιμον.:* Das »Erkenne dich selbst« ist allen nützlich. (So in Adolf Kaegi ›Griechisches Unterrichtswerk: Übungsbuch‹ 1. Teil, 1. Auflage 1891; diesem hatte CJB vermutlich den Satz entnommen.)
»Erkenne dich selbst!«: Inschrift am Apollontempel in Delphi, häufig einem der Sieben Weisen, meist Thales oder Chilon, zugeschrieben.
2] *Daisy:* ein Pferd.
3] *Bündner M.:* Gemeint ist Graubündner Trockenfleisch.

18. 6. 1908
1] *Yverdon Resultate:* Im Westschweizer Städtchen Yverdon finden Pferderennen statt. Vermutlich bezieht sich die Stelle auf sie.
2] *zu meinen Verwandten:* Die Großeltern mütterlicherseits, Jean-Jacques Schazmann und Mathilde, geb. Keller, sowie der Onkel Frédéric-Jacques Schazmann. Die Mutter Aline Hélène Schazmann (1871–1949) kam aus Genf (siehe ›Memorabilien‹ S. 48).
3] *Golay:* Der Schulkamerad Pierre Golay.
4] *Schönenberg:* Das von der Familie im Sommer bewohnte großväterliche Landgut bei Pratteln, 12 km westlich von Basel gelegen im Kanton Basel-Land (Vgl. ›Memorabilien‹ S. 35).

22. 8. 1908
1] *Natursucherei:* In Glarisegg war damals die »naturnahe« tolstojanische Weltanschauung tonangebend.

2] *der arme Sheldon:* Der Engländer William Sheldon (1891–1908), Freund CJBs am Humanistischen Gymnasium in Basel. Er hatte sich als Schüler das Leben genommen. (Siehe ›Memorabilien‹ S. 84.) Über die Schulkameraden CJBs siehe: Hans Gutzwiller ›Carl Jacob Burckhardts Basler Gymnasialjahre 1902–1908‹ in ›Basler Zeitschrift für Geschichte und Altertumskunde‹ Band 80, 1980.
3] *Avenarius Lyrik:* Der einflußreiche Schriftsteller und Kunsterzieher Ferdinand Avenarius (1856–1923), Herausgeber des ›Kunstwart‹ und Gründer des Dürerbundes, hatte 1903 eine sehr erfolgreiche Anthologie ›Hausbuch deutscher Lyrik‹ veröffentlicht.

4.6.1909
1] *Herr von Greyerz:* Siehe Verzeichnis der Briefempfänger und vgl. CJB ›Memorabilien‹ S. 114.
2] *die beiden Welschen:* Vermutlich der Neuenburger Schriftsteller Charly Clerc (1882–1958) und dessen Landsmann Banderet (Lateinlehrer). Vgl. CJB ›Memorabilien‹ S. 94.

16.9.1909
1] *unter de Loys zu dienen:* Treytorrens de Loys (1857–1917) war von 1900–1910 Instruktionsoffizier der Kavallerie, von 1914–1917 Kommandant der 2. Division.
2] *Matura:* CJB bestand die schweizerische Reifeprüfung (Matura) beim zweiten Anlauf, im Frühjahr 1911. Sein Zeugnis wurde ihm am 1. April 1911 in Zürich ausgestellt. Ein erster Versuch, 1910, war mißlungen.
3] *Grünen Heinrich:* ›Der grüne Heinrich‹, autobiographischer Roman des Schweizer Dichters Gottfried Keller (1819–1890). Erste Fassung, 4 Bände, 1854–1855; zweite Fassung, in der Ichform erzählt, 1879-1880. Ein in der Tradition des großen Bildungsromans stehendes Hauptwerk des ›Poetischen Realismus‹.

2.6.1910
1] *Matura:* Siehe Anmerkung 2 zum Brief vom 16.9.1909.
2] *Prof. Eucken:* Rudolph Christoph Eucken (1846–1926), deutscher Philosoph, war Professor in Basel und Jena. 1908 erhielt er den Nobelpreis für Literatur aufgrund seines Werkes ›Die Einheit des Geisteslebens in Bewußtsein und Tat der Menschheit‹, 1888. Weitere Werke: ›Die Lebensanschauungen der großen Denker‹, 1890; ›Der Sinn und Wert des Lebens‹, 1908; ›Mensch und Welt‹, 1918; ›Lebenserinnerungen‹, 1922.

Sept. 1910
27 1] *Matura:* Siehe Anmerkung 2 zum Brief vom 16.9.1909.
    2] *Franz Muralt:* Franz von Muralt, Freund aus der Jugendzeit (siehe Verzeichnis der Briefempfänger).

    Montag [1911]
28 1] *Undatiert:* Dieser Brief stammt vermutlich aus den Monaten, die auf das Bestehen der Reifeprüfung in Zürich folgten.
29 2] *Discernement:* Unterscheidungsvermögen.
    3] *Howald:* Der mit Ernst Gagliardi befreundete Philologe Ernst Howald (1887–1967) (siehe Verzeichnis der Briefempfänger).
    4] *Heinz:* Nicht ermittelt.
30 5] *aus meiner Umgebung in die entgegengesetzteste verpflanzt:* Bis ins zehnte Lebensjahr verbrachte CJB einen großen Teil des Jahres auf dem Lande bei dem von ihm sehr geliebten Großvater, Carl Burckhardt-Burckhardt (vgl. ›Memorabilien‹ S. 33 ff.). Im Juni 1901 starb dieser siebzigjährig. Darüber schreibt CJB später u. a.: »An einem schönen Vormittag im Monat Juni des Jahres 1901 führte man mich mit einer gewissen Hast zu der Bank am Waldrand. Dort las ich nun selbst die Geschichte von den vier Haymonskindern. Dann dachte ich über meinen Liebling aus der Ilias, über Hektor nach. Meine Kenntnisse von Homer stammten noch aus Gustav Schwabs ›Schönsten Sagen des klassischen Altertums‹. Zu späterer Mittagsstunde als gewöhnlich kehrten wir ins Haus zurück. Mein Vater kam mir entgegen, legte mir die Hand auf die Schulter und sagte: ›Heute früh ist dein Großvater gestorben.‹
    Damals erfolgte für mich die Vertreibung aus dem Paradies, der Abschluß der frühen Kindheit. Jetzt mußte ich ganz in die Stadt übersiedeln, in das Haus am Münsterplatz.
    Ich trat vorerst in das Reich der Schwestern des Ratsherrn, der Großtanten, die wie eine Konstellation vor meinem begrenzten Blickfeld standen. Alle stammten aus der ersten Hälfte des 19. Jahrhunderts. Die eine vor allem wurde bewundert und auch gefürchtet, weil sie, wie gesagt wurde, vortrefflich war. Sie war, was man eine Respektsperson nannte. Vor ihr hätte man sich gehütet, sich eine Blöße zu geben, eine Fehlhandlung zu begehen, denn zweifellos war sie streng. Ich aber besaß ihre abwartende, prüfende Gunst. Sie war eine bestimmende Gestalt in der mir leicht unheimlichen Umgebung, nachdem ich die andere – jene des Beschützers meiner frühesten Jahre und seiner Gäste, der Bauernsöhne und des alten, erfahrenen Landarztes mit der weißen Weste – verloren und in der neuen Umwelt noch keine Freundschaften geschlossen hatte.
    Die Eltern, überbeschäftigt, schienen mir schwer erreichbar, die Lehrer

waren zur Freundschaft nicht geeignet, man kannte sie nicht. Sie erschienen mit dem Stundenschlag auf ihren Kathedern und verließen diese Magisterthrone wieder mit dem Stundenschlag. Sie traten aus dem Dunkel als Unbekannte, und als solche traten sie wieder ins Dunkel zurück. [...]«

6] *Limbach:* Hans Limbach (Daten nicht vorhanden) war Altphilologe und unterrichtete am Landerziehungsheim Schloß Glarisegg. Von ihm spricht CJB auch in den ›Memorabilien‹ (Seite 109 ff.).

7] *Brief Jakobs:* Vermutlich Jacob Wackernagel (siehe Verzeichnis der Briefempfänger).

23. 11. 1913

1] *in Göttingen:* CJB hatte sich am 5. November 1913 an der philosophischen Fakultät der Universität Göttingen immatrikulieren lassen (Vorlesungen bei dem Historiker Karl Brandi, bei dem Philosophen Edmund Husserl u. a.). Vorher studierte er in Zürich (April 1911–April 1912) und in München (April 1912–August 1913). (Siehe ›Memorabilien‹ S. 139 ff.)

2] *aus meinem Manuskript:* 1913–1914 schrieb Burckhardt am Roman ›Malters‹ und an der Erzählung ›Der Rhein‹. Aus ersterem wurde das Kapitel ›Die Episode Randa‹ veröffentlicht, aus letzterer stammen ›Der Schloßbrand‹ und ›Der Fährmann‹. (Vgl. CJB ›Wolfsjagd‹, 1970.).

Dezember 1913

1] *Ganz gegenüber:* Gemeint ist Hans Ganz (siehe Verzeichnis der Briefempfänger).

2] *über Walter:* Georges Walter (siehe Verzeichnis der Briefempfänger).

3] *Deine Eltern:* Professor Jacob Wackernagel (1853–1938) und seine Gattin Marie geb. Stehlin. Der berühmte Germanist hatte von 1902–1915 einen Lehrstuhl für klassische Philologie in Göttingen inne, stammte aber aus Basel, wohin er später auch zurückkehrte. Er war mit dem Vater CJBs befreundet.

4] *am Hohen Weg:* Das Elternhaus des Briefempfängers.

5] *Hans Georg:* Bruder Jacob Wackernagels, Historiker (1895–1967).

13. 1. 1914

1] *graue Umgebung:* Zum Aufenthalt in Göttingen vgl. auch ›Memorabilien‹ S. 139 ff. CJB schätzte gleichwohl das Leben in der Universitätsstadt, wo er 1913–1914 zwei Semester studierte, ein reges gesellschaftliches Leben führte und viel ritt.

2] *Dory:* CJBs Schwester Theodora (später Frau Von der Mühll), geb. am 20. 8. 1896, gest. am 26. 9. 1982. (Vgl. Anmerkung 6 zum Brief vom Juni 1914.)

3] »*Tod in Venedig*«: Die Novelle Thomas Manns handelt bekanntlich vom Verfall und Tod eines alternden, streng disziplinierten Schriftstellers, dessen moralisches Wertsystem an der Neigung zum Knaben Tadzio zusammenbricht. ›Der Tod in Venedig‹ erschien im Jahre 1912. Erstdruck in ›Die neue Rundschau‹, Berlin, 23. Jg., Heft 10 und 11 (Oktober und November 1912).

4] *sage Giacomo:* Giacomo von Salis, geb. 1891 in Genua, war in Glarisegg mi CJB und Franz von Muralt befreundet. Gleichzeitig mit letzterem studierte er in München Agronomie.

5] *Chappuis:* Mitschüler CJBs in Glarisegg, nicht näher ermittelt.

3.2.1914

1] *Deine Novelle:* Verschollen.

2] *Ehinger:* Alphonse Ehinger (Globus), siehe Verzeichnis der Briefempfänger.

3] *Walter:* Georges Walter, siehe Verzeichnis der Briefempfänger.

4] *Eltern:* Siehe Anmerkung 3 zum Brief vom Dezember 1913.

Juni 1914

1] *hier gelebt habe:* In Göttingen (siehe Anmerkung 1 zum Brief vom 13.1.1914).

2] *Welt des Klever:* CJB begann 1912 die Niederschrift einer Novelle, deren Hauptfigur den Namen Hans Klever trägt (Nachlaßverzeichnis: C II d 11). Welchen Stoff er 1914 von der Welt des Klever abzutrennen beabsichtigte, läßt sich nicht ermitteln.

3] Προσμαθείν: dazugelernt habend.

4] *Boyost:* Hans Ganz (siehe Verzeichnis der Briefempfänger).

5] *Michel Colombe:* Französischer Bildhauer (um 1430–1513). Von der Geburt Bretone, gehörte er künstlerisch der Loire-Schule in der Touraine an.

6] *H. Von der Mühll:* Hans Von der Mühll (1887–1953), Architekt in Basel. Gatte von Theodora Burckhardt, CJBs Schwester.

7] *Franz von Muralt:* Siehe Verzeichnis der Briefempfänger.

August 1914

1] *bösen Not:* CJB, der noch Student war, hatte sich freiwillig bereit erklärt, seinen Militärdienst unverzüglich abzuleisten. Er kam in eine Kavallerierekrutenschule nach Luzern, aus der er aus gesundheitlichen Gründen kurz darauf wieder entlassen wurde.

2] *Grind:* Derber schweizerischer Ausdruck für Kopf.

3] *Wilde:* Oscar Wilde (1854–1900), englischer Erzähler und Dramatiker, wurde 1895 nach einem berühmten Prozeß wegen Homosexualität zu zwei Jahren Zuchthaus verurteilt (›Ballad of Reading Gaol‹, 1898; ›De profundis‹, 1905).

10.9.1914

1] *als grauer Civilist:* CJB, der beabsichtigt hatte, in Göttingen weiterzustudieren, was ihm des Krieges wegen unmöglich war, nahm erst 1915 in Zürich sein Studium wieder auf.

2] *Der Dienst:* Militärdienst.

3] *in dunkeln Uniformen:* Die damaligen dunkelblauen Uniformen der Schweizer Armee.

Sonntag Abend [1914]

Treitschke, Belle Alliance: In seinem Werk ›Deutsche Geschichte im neunzehnten Jahrhundert‹ (1879) behandelt der führende deutschnationale Historiker Heinrich von Treitschke (1834-1896) eingehend die entscheidende Niederlage Napoleons I. bei Belle-Alliance. Diese Schlacht ist auch bekannt unter dem Namen Waterloo.

16.10.1914

Dissertationsmaterial: Bis 1917 arbeitete CJB unter der Anleitung des Zürcher Universitätsprofessors Ernst Gagliardi (siehe Verzeichnis der Briefempfänger) an einer Dissertation über den General Saint Saphorin. Die Arbeit war schon weit fortgeschritten, als CJB der Zutritt zum Archiv Saint Saphorin verweigert wurde. (Nachlaßverzeichnis: C I e 1.)

31.10.1914

1] *Herr Rolland:* Der französische Schriftsteller Romain Rolland (1866-1944) kämpfte während des Ersten Weltkrieges von der Schweiz aus gegen die Nationalismen und setzte sich für die deutsch-französische Versöhnung ein. Er wurde 1915, nach Erscheinen der Schrift ›Au-dessus de la mêlée‹ (›Über dem Ringen‹), mit dem Nobelpreis ausgezeichnet.

2] *wollte Ganz:* Hans Ganz, siehe Verzeichnis der Briefempfänger.

3] *Haltung der französischen Schweiz:* In der französischen Schweiz herrschte eine sehr heftige antideutsche Stimmung, während die Deutschschweiz in den ersten Kriegsjahren Deutschland eher wohlgesinnt war. Dies führte zu starken innerschweizerischen Spannungen.

4] *und die Sorgen gehen nicht über die Wettsteinbrücke hinaus:* Diese Brücke über den Rhein in Basel stellt eine Verbindung mit Deutschland dar.

20.2.1915

mein lieber, guter Vater: Carl Christoph Burckhardt-Schazmann ging am 19. Februar 1915 in den Tod. Darüber schreibt CJB später: »Mein Vater, dessen geistige Potenz eine ungeheuer hohe war, litt an einer moralischen Überempfindlichkeit, die ihm immer wieder, jedesmal wenn er ungerecht behandelt wurde, in einem Maße zusetzte, die ihn in

Zustände schwerer Depression versetzte, aus denen er dann, immer mit größerer Mühe, jeweils aufs neue bis zur Überleistung auftauchte. Mit noch jungen Jahren hätte vielleicht die endgültige Prüfung, die ihm auferlegt wurde, durch Mittel des äußeren, des bewußt räsonierenden Willens überstanden werden können, er hätte sich langsam und überlegt aus einer unerträglich gewordenen Umgebung entfernt und gewonnene Zeit benützt, um das ihm böswillig entrissene Recht wieder zu gewinnen.

Worum handelte es sich? Ein politischer Gegner hatte ihm im Parlament unbegründete und schwere Vorwürfe gemacht. Mein Vater verlor während eines Augenblicks die Kontrolle über seine Replik und antwortete: ›Es ist ungeheuerlich, daß man sich von einem Anwalt, der das falsche Zeugnis eines Zeugen bezahlt hat, derartiges gefallen lassen muß.‹ Sein Gegner replizierte: ›Haben Sie den Mut, diesen Ausspruch außerhalb der parlamentarischen Immunität zu wiederholen?‹ Natürlich wiederholte der in dieser Weise Herausgeforderte Wort für Wort. Es folgte eine Ehrbeleidigungsklage des erwähnten Anwalts. Der Prozeß fand statt, mein Vater wurde verurteilt. Ein Jahr nach diesem Spruch der Basler Justiz machte er seinem Leben freiwillig ein Ende. Viele Jahre später, als ich in Paris lebte, bat mich ein Bankdirektor um eine Unterredung. Er teilte mir mit, daß er mit dem einstigen Kläger in dem soeben erwähnten Prozeß jahrelang in naher Beziehung gestanden und daß der Betreffende ihm auf dem Sterbebett anvertraut habe, er fühle sich schwer belastet, denn er habe 1915 im Verfahren gegen meinen Vater einen Meineid geschworen; der ihm seinerzeit gemachte Vorwurf der Zeugenbestechung sei berechtigt gewesen.« (›Memorabilien‹ S. 81–82. In diesem Buch behandelt CJB den Tod des von ihm sehr geliebten Vaters ausführlich und gibt ein unvergleichliches Bildnis des »besten Freundes«, den er je gehabt habe.)

15. 3. 1915

48 *Gleichens:* Alexander Freiherr von Gleichen-Russwurm (1865–1947). CJB verkehrte im Hause dieses Urenkels von Friedrich Schiller. Gleichen-Russwurms schriftstellerisches Werk erfreute sich seinerzeit großer Beliebtheit.

Dienstag Mai 1915

48 1] *Roßhandel:* CJB spielt auf Wackernagels Vorschlag an, er solle ihm ein Pferd abkaufen.

2] *Pfarrer Steiger:* Walter Steiger (1880–?), 1915 Vikar in Pratteln (Kanton Basel-Land).

3] *Deinen Schwager und Deine Schwester:* Pfarrer Lukas Christ, Gatte der ältesten Schwester des Adressaten, Anna Katherina.

4] *Pilar:* Andreas von Pilar-Pilchau, siehe Anmerkung 1 zum Brief vom 3.12.20.
5] *Münchhausen:* Thankmar von Münchhausen, siehe Verzeichnis der Briefempfänger.
6] *Von der Mühll:* Hans Von der Mühll, siehe Anmerkung 6 zum Brief vom Juni 1914.
7] *Franz:* Franz von Muralt, siehe Verzeichnis der Briefempfänger. Er beabsichtigte damals, sich als Kunstmaler ausbilden zu lassen.
8] *Hübner:* Professor Ulrich Hübner (1872–1932), Maler, Zeichner und Radierer in Berlin. Mitglied der Berliner Sezession seit 1899.
9] *Alastair:* Hanaël Hennig von Voigt (1890–1969). Zeichner, Musiker, Dichter und Übersetzer aus dem Französischen und Englischen. Auch sind von ihm in ›Revue Européenne‹, Paris, XI, 2 (Februar 1931), französische Übersetzungen von Gedichten Stefan Georges erschienen. In London, Paris, Berlin und München verkörperte er einen bestimmten Ästhetizismus nach der Jahrhundertwende.
10] *Georges Walter:* Siehe Verzeichnis der Briefempfänger.
11] *Godiche:* Pferd Franz von Muralts.
12] *Mit. Abt. IV:* Mitrailleur-Abteilung IV.
13] *Hardt:* Waldgelände bei Birsfelden (Kanton Basel-Land).

16.8.1915
1] *Thankmar von Münchhausen:* Siehe Verzeichnis der Briefempfänger.
2] *Kramerin:* Baronin Kramer, bei welcher CJB 1912–1913 während seinem Studienjahr in München gewohnt hatte.
3] *Zenone:* Übername, vielleicht für Frau von Gleichen.
4] *Gleichens:* Siehe Anmerkung zum Brief vom 15.3.1915.
5] *Heyer:* Entweder einer der zwei Brüder Wolfgang und Gustav Richard Heyer oder deren Vetter Karl Heyer.
6] *Herzog:* Wilhelm Herzog (1884–1960), sozial gesinnter Schriftsteller. Gab in München ›Das Forum‹ heraus.
7] *Schneeli:* Siehe Verzeichnis der Briefempfänger.
8] *Shrapnelkugel:* Vom britischen General Henry Shrapnel (1761–1842) erfundenes Geschoß, das in der Luft explodiert und sich in zahlreiche scharfe Kügelchen teilt. Wurde im Ersten Weltkrieg massiv verwendet. (Eingedeutscht: Schrapnellkugel.)
9] *Jaurès:* Jean Jaurès (1859–1914), ermordeter französischer Sozialistenführer, distanzierte sich erheblich von den Lehren Karl Marx'.
10] *Franz:* Franz von Muralt (siehe Verzeichnis der Briefempfänger).
11] *Bauer:* Vermutlich Albert Baur (nicht Bauer), der im 20. und 21. Heft des 7. Jahrgangs von ›Wissen und Leben‹ den zweiteiligen Artikel ›Die XII. Nationale Kunstausstellung‹ publizierte (Heft 20, 15. Juli 1914; Heft 21, 1. August 1914).

12] *Wissen und Leben‹:* Literarische Zeitschrift, gegründet 1907 von Prof. E. Bovet; später umbenannt in ›Neue Schweizer Rundschau‹.
13] *Peter:* Roman von Hans Ganz ›Peter das Kind‹ Rascher Verlag, Zürich 1915.

7. 10. 1915

53 1] *Deine Mutter:* Charlotte von Muralt, geb. Vögeli (1867–1917).
55 2] *Aja:* Franz von Muralts Schwester Marie-Charlotte, Gattin des Conrad Wirth in Zürich.

12. 11. 1915

55 1] *von der Ebbe erfaßt:* Zur Zeit der Niederschrift dieses Briefes arbeitete CJB an einer für das Basler Jahrbuch 1916 bestimmten Würdigung seines am 19. Februar gestorbenen Vaters. Diese bildet auch die Einleitung zu ›Carl Christoph Burckhardt, Schriften und Vorträge‹ 1917.
2] *ich bin von Montag an in Basel:* CJB studierte seit dem Monat Oktober in Zürich.
3] *H. G.:* Vermutlich Hans Ganz (siehe Verzeichnis der Briefempfänger).

17. 4. 1916

56 *Dorys Godicheritte:* Dory – CJBs Schwester Theodora (siehe Anmerkung 2 zum Brief vom 13. 1. 1914). Godiche – Pferd von Franz von Muralt.

Juli 1916

57 1] *Prolog:* Teil der Tragödie ›Morgen‹, Rascher Verlag, Zürich 1917, von Hans Ganz.
2] *Lieblingsklasse:* Burckhardt unterrichtete 1916 während eines Semesters im Landerziehungsheim Schloß Glarisegg, dessen Schüler er von 1908 bis 1911 gewesen war (siehe Anmerkung zum Brief vom 22. 4. 1908). Sein Studium in Zürich nahm er im Mai 1917 wieder auf.
58 3] *Walter:* Georges Walter (Siehe Verzeichnis der Briefempfänger).

1917

58 1] *Emmy Weidenmann:* CJB schreibt Weidemann.
2] *Glarner:* Bürger des Kanton Glarus (Ostschweiz). Vielleicht eine Assoziation mit Glarisegg.
3] *Schulthess:* Walter Schulthess (1894–1971), Schweizer Komponist. Nachmals Gatte der Geigerin Stefi Geyer.

2. 11. 1917
1] *Bücherburg:* Die Zentralbibliothek in Zürich, wo CJB an seiner Dissertation ›Schultheiss Charles Neuhaus von Biel‹ arbeitete.   59
2] *die Freiheit nahmst:* Der Briefempfänger hatte sich dazu entschlossen, Kunstmaler zu werden.
3] *in dem stillen leeren Haus:* Der Beckenhof an der Beckenhofstraße 31–35 in Zürich, in den Jahren 1763–1844 im Besitz der Familie Hess. David Hess (1770–1843) war der Urgroßvater von CJB (siehe ›Memorabilien‹ S. 188 ff.).
4] *des weiteren Materials:* Material zur Dissertation.
5] *der beste Freund im Elend:* Nicht ermittelt.

11.2.1918
Es geht vorwärts: CJB reicht die Dissertation (siehe Anmerkung 1 zum   60
Brief vom 2. 11. 1917) 1922 der Philosophischen Fakultät I der Universität Zürich ein. Eine stark erweiterte Fassung erschien 1925 im Verlag Huber & Co., Frauenfeld.

19.4.1918
Paravicini: CJB, der im April 1918 noch an der Universität Zürich   61
studierte (Hauptfach Geschichte), beantwortet hier eine Anfrage des damaligen Leiters der Abteilung für Auswärtiges im Eidgenössischen Politischen Departement, Charles Rudolf Paravicini, später langjährigen Schweizerischen Gesandten in London (siehe Verzeichnis der Briefempfänger). Dieser ebenfalls aus Basel stammende Diplomat schätzte den jungen Burckhardt, den er schon früher kennengelernt hatte, sehr und schlug ihm vor, in den diplomatischen Dienst einzutreten, der damals ein juristisches Studium voraussetzte.
Von der außenpolitischen und diplomatischen Begabung CJBs überzeugt, reagierte Paravicini auf dessen hier wiedergegebene Antwort mit dem Vorschlag, doch für eine begrenzte Zeit einen Auslandsposten anzunehmen. Über die Notwendigkeit, Jura zu studieren, könne man später sprechen: es gebe auch Ausnahmen. CJB ließ sich überzeugen und trat am 1. November 1918 einen Posten als Attaché an der Gesandtschaft in Wien an.

[1918]
1] *Neuhausfetzen:* CJB arbeitete an seiner Doktorarbeit über den Berner   62
Schultheißen Charles Neuhaus (siehe Anmerkung 1 zum Brief vom 2. 11. 1917 und die Anmerkung zum Brief vom 11. 2. 1918).
2] *Zu Ihrer ehrenvollen Wahl:* 1918 wurde Emmy Weidenmann Gymnasiallehrerin in Winterthur.
3] *Bohnenblüste:* Anspielung auf den mit Emmy Weidenmann befreun-

deten Germanisten Gottfried Bohnenblust, später Professor an der Universität Genf.

4] *Glausi:* Rosa Glauser, siehe Verzeichnis der Briefempfänger.

5] *des Ehezwanges:* Sowohl Emmy Weidenmann wie ihre von CJB genannten Freundinnen waren unverheiratet.

6] *Boris:* Boris Koreaguine, 1913 bis 1917 Schüler in Glarisegg, hatte sich an den etwa 8 Jahre älteren CJB angeschlossen, als dieser 1916 ein Semester lang im Landerziehungsheim Unterricht gab. Im Winter 1917/18 bereitete CJB in Glarisegg seine Doktorarbeit (Neuhaus) vor und übernahm auch zahlreiche Vertretungen in Deutsch und Geschichte. Der junge Koreaguine, der seit der Oktoberrevolution nichts mehr von seinen Eltern gehört hatte, wurde von Werner Zuberbühler, dem Direktor der Schule, und nach dem Bestehen der Reifeprüfung auch von CJB unterstützt. Er kehrte 1918 plötzlich nach Rußland zurück, wo er verschollen ist. (Siehe ›Jugendfreundschaften‹ im Verlag Die Arche, Zürich 1969.)

24. 9. 1918

1] *nach Wien als Attaché:* Siehe Anmerkung zum Brief vom 19. 4. 1918 und ›Memorabilien‹ S. 221 ff.

2] *meine Arbeit:* Die Doktorarbeit über Neuhaus, die dann am 20. 12. 1920 an der philosophischen Fakultät der Universität Zürich verteidigt wurde. CJB unterbrach sein Studium und vollendete die Dissertation in Wien. Zwar beabsichtigte er, sein Abschlußexamen bereits 1919 zu machen, doch riet ihm Professor Ernst Gagliardi davon ab.

3] *Felices illi:* Genauer Wortlaut: »Vivite felices, quibus est ...« Vergil, Aeneis 3, 493f. (Wörtlich übersetzt: Lebt glücklich [ihr], denen das eigene Schicksal schon vollendet ist: *Wir* werden von den einen Geschicken zu andern gerufen.)

November [1918]

1] *Ich kam hier:* Im September 1918 hatte Burckhardt seinen Posten an der Schweizerischen Gesandtschaft in Wien bezogen (siehe Anmerkung zum Brief vom 19. 4. 1918).

2] *den Münchnerfreunden:* Vgl. Brief an Ernst Gagliardi vom 21. 12. 1918.

3] *der Chef:* Der Schweizerische Gesandte in Wien, Charles Daniel Bourcart (1860–1940). (Siehe Anmerkung 2 zum Brief vom 3. 12. 1920 und ›Memorabilien‹ S. 318 ff.)

21. 12. 1918 *(Entwurf)*

1] *bis jetzt gebraucht:* CJB war seit Anfang November 1918 als Attaché an der Schweizerischen Gesandtschaft in Wien tätig.

2] *Ludendorffs Abdankung:* Am 26. Oktober 1918 nahm der preußische General Erich Ludendorff, der seit 1916 einen maßgeblichen Einfluß auf das politische Geschehen ausgeübt hatte, seinen Abschied. Ludendorff, der sich in den ersten Kriegsjahren als Generalstabschef und begabter Heerführer bewährte, trug dann als Generalquartiermeister bei der Obersten Heeresleitung neben Hindenburg die Hauptverantwortung für die Gesamtkriegführung. Seinem scharfmacherischen Einfluß ist u. a. die Entlassung von Bethmann Hollweg zuzuschreiben.

3] *Staatsumwälzung:* Am 30. Oktober 1918, nachdem sich Polen, die Tschechoslowakei, Südslawien und schließlich Ungarn bereits als unabhängige Länder erklärt hatten, bildeten die deutschsprachigen Mitglieder des Reichsrates in Wien eine ›Provisorische Nationalversammlung Deutsch-Österreichs‹. Am 3. November wurde sodann im Namen des sich bereits in Auflösung befindenden Reiches der Waffenstillstand mit der Entente unterzeichnet. Ohne abzudanken verzichtete Kaiser Karl am 11. November auf jede Teilnahme an den Regierungsgeschäften Österreichs, am 13. November an jenen Ungarns. Die Ereignisse, auf die sich Burckhardt bezieht, spielten sich am 12. November ab, da die Nationalversammlung die Republik »als Bestandteil der deutschen Republik« ausrief.

4] *der junge Kaiser:* Karl I. (1887–1922) regierte seit dem Tode Kaiser Franz-Josephs, 1916. Durch seine Gattin Zita war er mit dem in Österreich wenig beliebten Hause Bourbon-Parma verbunden.

5] *die Sozialisten von Adler:* Der von Friedrich Adler (1879–1960) geleitete linke Flügel der Sozialdemokraten, der sich auf die Arbeiterräte stützte.

6] *Donauföderation:* Bereits von der Monarchie angestrebte föderalistische Verbindung der Donaustaaten, die im 19. Jahrhundert, wie noch in den Kriegsjahren, daran scheiterte, daß maßgebliche deutschösterreichische und ungarische Kreise an ihrer Vormachtstellung festhielten. Dem Föderationsprojekt, das Kaiser Karl am 16. Oktober 1918 unterbreitete, räumten die Siegermächte keine Chancen ein.

7] *Renner:* Karl Renner (1870–1950), österreichischer Staatsmann. Als führender Sozialdemokrat erster Staatskanzler der Republik (1918 bis Juni 1920) und Leiter der österreichischen Delegation in Saint Germain. Von 1945 bis zu seinem Tod war er Bundespräsident.

8] *Seitz:* Karl Seitz (1869–1950), österreichischer sozialdemokratischer Politiker, 1919–1920 erster Präsident der konstituierenden Nationalversammlung.

9] *Bauer:* Otto Bauer (1882–1938), sozialistischer Politiker in Österreich, November 1918 bis Juli 1920 Staatssekretär des Auswärtigen, später Anführer der sogenannten Austromarxisten.

10] *Deutsch:* Julius Deutsch (1884–1968), österreichischer sozialistischer

Politiker, organisierte 1918 bis 1920 als Staatssekretär die ›Volkswehr‹.
11] *Frau Frey Friedländer:* Möglicherweise Ruth Fischer, geb. Eisler, gesch. Friedländer (1895–1961); Schwester des Politikers Gerhart Eisler und des Komponisten Hanns Eisler, gehörte in den zwanziger Jahren dem radikalen Flügel der KPD an.
12] *Rossauer:* Kaserne in der Roßau, die zum IX. Wiener Gemeindebezirk gehört.

[1918/1919]
1] *Entwurf:* Es handelt sich um einen undatierten, im Nachlaß aufgefundenen Entwurf zu einem entweder verschollenen oder, wahrscheinlicher, nie abgeschickten Brief, der gleich nach der ersten Begegnung mit dem Dichter konzipiert sein muß. Er ist nicht vorhanden in der Ausgabe ›Hugo von Hofmannsthal – Carl J. Burckhardt Briefwechsel‹.
2] *Malvoglio und Imogen, Egmont und Truffaldin:* Komödien- und Dramenfiguren.
Malvoglio: Figur in Shakespeares Kömodie ›Was ihr wollt‹.
Imogen: Tochter des Königs Cymbeline von Britannien in Shakespeares ›Cymbeline‹.
Egmont: in Goethes gleichnamigem Trauerspiel.
Truffaldin: Figur aus der italienischen Commedia dell'arte (auch in Hugo von Hofmannsthals ›Ariadne auf Naxos‹).

[1919]
1] *Frau v. K.:* Nicht ermittelt.
2] *Neffe:* Eduard Alexander Schneeli. Geb. in Zürich 1897, gest. in Zürich 1919 an Encephalitis. Student der Rechtswissenschaft.

1. 10. 1919
1] *Righinianum:* In der Nähe des Landerziehungsheimes Glarisegg gelegene Pension (später Hotel, heute Heim für Zerebralgeschädigte). Geleitet wurde das Haus damals von Coelestine Righini.
2] *Zubi:* Werner Zuberbühler (siehe Anmerkung 1 zum Brief vom 22. 4. 1908).
3] *Examen:* Das Doktorat (siehe Anmerkung zum Brief vom 16. 10. 1914).
4] *Prinz:* CJBs Hund.
5] *verhindern:* (sic) hindern.
6] *Ein Jahr intensivster Arbeit:* Als Attaché an der Schweizer Gesandtschaft in Wien (siehe Anmerkung 1 zum Brief vom November 1918).
7] *Deine Frau:* Elisabeth von Muralt geb. Steiner.

7. 10. 1919
1] *In den Tagen, die Sie jetzt durchleben:* Die Mutter Rosa Glausers hatte   74
sich das Leben genommen.
2] *Brief Goethes an Zelter:* Brief vom 3. Dezember 1812 (siehe ›Trostbriefe aus fünf Jahrhunderten‹ hrsg. von Otto Heuschele, Steinkopf Verlag, Stuttgart 1978, 5. erw. Auflage, S. 32; daselbst ist auch dieser Brief von CJB wiedergegeben, S. 120). – Carl Friedrich Zelter (1758–1832). Berliner Komponist, ursprünglich Maurermeister, Lehrer Mendelssohns, Freund und musikalischer Berater Goethes.
3] *Ich kenne diese furchtbare Erwartung der Gewißheit:* Betrifft den Freitod   75
des Vaters (siehe Anmerkung zum Brief vom 20. 2. 1915).

2. 2. 1920
(Veröffentlicht in ›Hugo von Hofmannsthal – Carl J. Burckhardt Briefwechsel‹)
»Brigitta«: Erzählung von Adalbert Stifter (1805–1868), erschienen   76
1844.

Freitag Abend [1920]
(Veröffentlicht in ›Hugo von Hofmannsthal – Carl J. Burckhardt Briefwechsel‹)
1] *Stallburggasse:* An dieser Gasse in Wien hatte Hofmannsthal zu jener   77
Zeit eine Wohnung.
2] *»Wanderjahre«:* ›Wilhelm Meisters Wanderjahre oder Die Entsagenden‹, Roman von Johann Wolfgang Goethe (1821).
3] *im Nadovessischen Totenlied:* Friedrich Schillers Gedicht ›Nadowessiers Totenlied‹. Nadowessier: Indianerstamm in Nordamerika.
4] *Kierkegaard:* Sören Aabye Kierkegaard (1813–1855), dänischer   78
Theologe und Philosoph.
5] *Nietzsche:* Friedrich Wilhelm Nietzsche (1844–1900).

1. 8. 1920
1] *nach zwei Jahren intensiven Lebens unter Menschen:* CJBs Aufenthalt in   78
Wien (siehe ›Memorabilien‹ S. 221).
2] *ein junger Maler:* Wilhelm (Willy) Müller-Hofmann (1885–1948),   79
Maler, Professor an der Kunstgewerbeschule in Wien; mit Hofmannsthal, später auch mit CJB befreundet.
3] *ins Righinianum:* Pension (siehe Anm. 1 zum Brief vom 1. 10. 1919).
4] *Vater:* Siehe ›Memorabilien‹ S. 54ff.
5] *Letztes Jahr hab ich's erfahren:* CJB ist offenbar vor einer dauernden Bindung zurückgewichen, die im einzelnen nicht zu ermitteln ist.
6] *werde meine Reverenz machen:* Tatsächlich verließ CJB seinen Posten in Wien erst Ende Februar 1922.
7] *Sulpiz Boisserée:* 1783–1854, Kölner Kunstgelehrter und -sammler,   80
Freund und Reisegefährte Goethes.

8] *Antäus:* Der Riese Antäus, Sohn Poseidons und Gaias (Erde), war unbezwingbar, solange er in Berührung mit seiner Mutter stand. Herakles besiegte ihn, indem er ihn in die Luft hob.
9] *Godiche:* Siehe Anmerkung 11 zum Brief vom Mai 1915.
10] *Aja:* Siehe Anmerkung 2 zum Brief vom 7. 10. 1915.
11] *einer jungen Dame:* Nicht ermittelt.

4. 8. 1920 *(Entwurf)*
An Hans Ganz

Nansens Nachricht: Der norwegische Polarforscher und Diplomat Fridtjof Nansen (1861–1930), dessen humanitäre Tätigkeit 1922 mit dem Friedensnobelpreis anerkannt wurde, betreute 1920 bis 1922 die Heimbeförderung der Kriegsgefangenen aus der Sowjetunion. Auf seine Anregung hin wurde nach dem Ersten Weltkrieg der sogenannte ›Nansenpaß‹ für staatenlose Flüchtlinge ausgestellt, der jeweils eine Gültigkeit von einem Jahr hatte.

4. 8. 1920
An Charly Clerc

1] *Ihre schöne Heimat:* Der Kanton Neuenburg (Neuchâtel) in der Westschweiz.
2] *Erinnerungen an Griechenland:* ›Augenblicke in Griechenland‹ (›Das Kloster des Heiligen Lukas‹, ›Der Wanderer‹, ›Die Statuen‹) in: Hugo von Hofmannsthal ›Die prosaischen Schriften gesammelt in drei Bänden. Dritter Band‹. S. Fischer Verlag, Berlin 1917. Jetzt in: ›Gesammelte Werke in zehn Einzelbänden‹, ›Erzählungen. Erfundene Gespräche und Briefe. Reisen‹ Fischer Taschenbuch Verlag und S. Fischer Verlag, Frankfurt a. M. 1979 und 1986.
3] *Die Furcht:* ›Furcht‹ dito.
4] *Die Begegnungen:* ›Die Wege und die Begegnungen‹ dito.
5] *Schaffner und Berlin:* Jakob Schaffner (1875–1944), Schweizer Schriftsteller, seit 1913 in Deutschland, wurde später Nationalsozialist.
6] *vor:* (sic) bevor.
7] *Tamerlan und seine Propheten:* Bezieht sich auf den mongolischen Eroberer eines Weltreiches, Tamerlan (Timur) (1336–1405), und auf einige der führenden Schweizer Kommunisten. Von diesen hatten Robert Grimm (1881–1958) und Fritz Platten (1883–1942), als Freunde Lenins und Trotzkis, eine Rolle an den internationalen Kongressen von Zimmerwald (1915) und Kiental (1916) gespielt (siehe auch ›Memorabilien‹ S. 211–220).
8] *Frau Oettli:* Natascha Oettli-Kirbičnikova, russische Ärztin, Gattin des Glarisegger Lehrers Max Oettli, mit dem der nacherwähnte Haeckelianer gemeint ist.

9] *Haeckelianer:* Anhänger der Lehre des deutschen Zoologen Ernst Haeckel (1834–1919), der es unternommen hatte, auf Grund der Darwinschen Entwicklungslehre ein Wissenschaft und Religion verbindendes System aufzubauen.
10] *wechselnde Sie – Du – Anrede:* Während des Lehrer-Schüler-Verhältnisses bestand die Sie-Anrede. Erst ab 1920 wechselten sie zum Du.

3. 12. 1920
1] *Pilar:* Andreas (Andy), Baron von Pilar-Pilchau (1891–1960), Balte 86 aus Estland, Page des letzten Zaren, seit der russischen Revolution in der Emigration. CJB hatte ihn 1912 in München kennengelernt und blieb mit ihm befreundet. (Siehe ›Memorabilien‹ S. 134ff. und 151ff.).
2] *mein Chef:* Der Diplomat Charles Daniel Bourcart (1860–1940), 1912–1915 Chef der Abteilung für Auswärtiges des Eidgenössischen Politischen Departementes, 1915–1939 Gesandter in Wien. (Siehe ›Memorabilien‹ S. 318ff.)
3] *Frl. Weidenmann:* Emmy Weidenmann (siehe Verzeichnis der Brief- 87 empfänger).
4] *Zubi:* Werner Zuberbühler.
5] *Boyost:* Hans Ganz (siehe Verzeichnis der Briefempfänger).
6] *Schlutti:* Jacke (Schweizer Mundart).
7] *blutt:* nackt. 88
8] *Knesebeck Gedichte:* Zusammenhang mit dem preußischen General Karl Friedrich Freiherr von dem Knesebeck (1768–1848) nicht zu ermitteln. Vermutlich Kiesewetter-Gedichte gemeint.

12. 3. 1921
1] *Dein trauriger Brief:* Verschollen. 88
2] *hier:* In Wien.
3] *Peter:* Siehe Anmerkung 13 zum Brief von 16. 8. 1915.
4] *Morgen:* Hans Ganz ›Morgen‹, Tragödie. Rascher Verlag, Zürich 1917.

6. 12. 1921
1] *Opusculum:* Burckhardts Dissertationsschrift ›Der Berner Schultheiß 89 Charles Neuhaus‹, 1925 (Erweiterte Fassung). Auch in CJB ›Gesammelte Werke‹ Band 5, S. 319ff.
2] *Zustand:* Seit mehreren Monaten hatte CJB beschlossen, den diplomatischen Dienst zu verlassen.
3] *mit Bourcart:* Gesandter Charles Daniel Bourcart (siehe Anmerkung 2 zum Brief vom 3. 12. 1920). CJB reichte seinen Rücktritt gegen den Willen dieses Vorgesetzten ein und verließ dann Wien Ende Februar 1922.
4] *Franz:* Franz von Muralt (siehe Verzeichnis der Briefempfänger). 90

5] *Saint-Saphorin:* CJB arbeitete 1916–1917 an einer Dissertation über François-Louis de Pesmes, Seigneur de Saint-Saphorin (1668–1737). Seine Schrift blieb damals unvollendet, da ihm die Nachkommen dieses großen Schweizer Diplomaten den Zutritt zu den Archiven verweigerten (siehe Anmerkung zum Brief vom 16. 10. 1914).

6] *Paravicini:* Charles Rudolf Paravicini (siehe Anmerkung zum Brief vom 19. 4. 1918 und Verzeichnis der Briefempfänger).

7] *Klöpfer:* Eugen Klöpfer (1886–1950), vorwiegend in Berlin tätiger deutscher Schauspieler.

8] *russisches Theater:* Das vom russischen Regisseur und Schauspieler Konstantin Sergeiewitsch Stanislawskij (1863–1938) gegründete Moskauer Künstlertheater gastierte damals mit Stücken Shakespeares und Tschechows in Wien.

9] *Billinger:* Richard Billinger (1893–1965), volksnaher österreichischer Lyriker und Dramatiker, verfaßte u. a. ›Das Perchtenspiel‹ (1928), ›Rauhnacht‹ (1931).

10] *Trog:* Hans Trog (1864–1928), bekannter Kunst- und Literaturkritiker der ›Neuen Zürcher Zeitung‹.

9. 1. 1922

1] *Vortrag über Beethoven:* Hugo von Hofmannsthal ›Rede auf Beethoven 1770–1920‹ (1920). Erstdruck: Neue Freie Presse, Wien 12. 12. 1920. Erste Buchausgabe: Hugo von Hofmannsthal ›Reden und Aufsätze‹ Insel Verlag, Leipzig 1921. Jetzt in: Hugo von Hofmannsthal, ›Gesammelte Werke in zehn Einzelbänden‹, ›Reden und Aufsätze II, 1914–1924‹ Fischer Taschenbuch Verlag und S. Fischer Verlag, Frankfurt a. M. 1979 und 1986.

2] *Max Mell:* (1882–1971), österreichischer Dichter und Dramatiker. Werke: ›Das Apostelspiel‹, ›Die Sieben gegen Theben‹, ›Der Nibelungen Not‹, ›Jeanne d'Arc‹. Freund von Hugo von Hofmannsthal und Rudolf Kassner.

3] *Korrodi:* Eduard Korrodi, siehe Verzeichnis der Briefempfänger.

4] *Wiegele:* Franz Wiegele (geb. 1887), österreichischer Maler.

5] *Ihr Vortrag:* ›Platonische Akademie‹ in: Ernst Howald ›Platons Leben‹ Orell Füssli Verlag, Zürich 1923.

6] *Kassner:* Rudolf Kassner, siehe Verzeichnis der Briefempfänger.

2. 5. 1922

1] *Maler Nolten:* Titelfigur des Romans in zwei Teilen von Eduard Mörike (1832). Bezieht sich hier auf Franz von Muralt (siehe Verzeichnis der Briefempfänger), der CJB auf der Reise begleitete.

2] *Abschied von Wien:* Als Burckhardt die in Wien angetretene Laufbahn eines Diplomaten verließ, um sich historischen und literarischen

Arbeiten zu widmen, beschäftigte er sich u. a. eingehend mit den bedeutendsten Schweizer Dichtern und Schriftstellern, über die er sich in diesem Brief äußert.

3] *Gottfried Keller:* (1819-1890), Zürcher Dichter und Schriftsteller (›Der grüne Heinrich‹, ›Die Leute von Seldwyla‹, ›Der Landvogt von Greifensee‹, ›Martin Salander‹ u. a.). *95*

4] *Gotthelf:* Jeremias Gotthelf (Pseudonym für Albert Bitzius; 1797-1854). Berner Schriftsteller von großem epischen Atem, reformierter Pfarrer in Lützelflüh (›Die schwarze Spinne‹, ›Uli der Knecht‹, ›Uli der Pächter‹ u. a.). *96*

5] *Meyer:* Conrad Ferdinand Meyer (1825-1898), Zürcher Dichter (Gedichte, ›Huttens letzte Tage‹, ›Jürg Jenatsch‹, ›Plautus im Nonnenkloster‹, ›Gustav Adolfs Page‹ und andere historische Novellen).

6] *Rousseau:* Jean-Jacques Rousseau (1712-1778). Französisch-schweizerischer Schriftsteller aus Genf (›Discours sur les sciences et les arts‹, ›Julie ou la Nouvelle Héloïse‹, ›Contrat social‹, ›Emile‹, ›Confessions‹). *97*

7] *H. Lichtenberger:* Henri Lichtenberger (1864-1941), geboren in Mülhausen (Elsaß). Professor für deutsche Literatur in Paris.

8] *Neuhaus:* Siehe Anmerkung 1 zum Brief vom 2. 11. 1917 und Anmerkung zum Brief vom 11. 2. 1918. *98*

9] *Was den St. Saphorin betrifft:* General St. Saphorin (siehe Anmerkung zum Brief vom 16. 10. 1914, ferner Anmerkung 5 zum Brief vom 6. 12. 1921).

10] *Seemen:* Hans von Seemen (siehe Verzeichnis der Briefempfänger). Seemen verbrachte einen Teil seiner Kindheit und Jugend in Zürich, wo er u. a. von Gagliardi gefördert wurde. *99*

11. 5. 1922

Louis Micheli: (1893-1945), nachmaliger Schweizer Diplomat aus Genf, Freund und Mitschüler aus der Glarisegger Zeit. *99*

2. 12. 1922

(Veröffentlicht in ›Hugo von Hofmannsthal – Carl J. Burckhardt Briefwechsel‹)
Höhlengeschichte: Erzählung ›Die Höhle‹ in ›Gesammelte Werke‹ Bd. 5, S. 3ff. *101*

18. 12. 1922

1] *Gelehrtenfron:* Die Dissertation über den Berner Schultheißen Charles Neuhaus, an dessen stark erweiterten Fassung CJB arbeitete. *102*

2] *an der Schwarzthorstraße:* Rosa Glauser wohnte in Bern an der Schwarzthorstraße.

3] *Emmely:* Die mit Rosa Glauser eng verbundene Winterthurer Lehrerin Emmy Weidenmann (siehe Verzeichnis der Briefempfänger).
4] *Heidemission:* Basler Mission.

23.6.1923

1] *Die Reise ins Innere:* Im Juni 1923 fuhr Burckhardt im Auftrag des Internationalen Komitees vom Roten Kreuz in die Türkei, wo er erfolgreich über die Befreiung und Rückkehr griechischer Kriegsgefangener verhandelte. Aus seinen Reisenotizen entstand die ›Kleinasiatische Reise‹.
2] *Loti:* Pierre Loti (1850–1923). Der französische Marineoffizier schilderte in zahlreichen Romanen und Reisebeschreibungen exotische Länder und Gebräuche.

13.9.1923

1] *Dr. Mataja:* Heinrich Mataja (1877–1937), österreichischer Politiker. 1924–1926 Außenminister.
2] *Redlich:* Josef Redlich (1869–1936), österreichischer Rechtswissenschaftler und Politiker, im Oktober 1918 und wiederum 1931 Finanzminister. Seit 1926 Professor in Harvard. Sein Briefwechsel mit Hofmannsthal erschien 1971 im S. Fischer Verlag.
3] *Kloster Neuburg:* Augustinerchorherren-Stift in der Nähe von Wien am Fuße des Kahlenbergs. Altar des Nikolaus von Verdun 1181.
4] *Schober:* Johannes Schober (1874–1932), österreichischer Politiker, 1918 Polizeipräsident in Wien, 1921–1922 Bundeskanzler und Außenminister, 1929–1930 wieder Bundeskanzler. (Siehe ›Memorabilien‹ S. 226.)

29.10.1923

1] *Ich bin hier:* Im Oktober 1923 hielt sich CJB bei Hugo von Hofmannsthal in dessen Ferienhaus (Bad Aussee) auf.
2] *Frl. Maridl:* Nicht ermittelt.
3] *In Mäcenas böotischer Heimatstadt:* Winterthur.
4] *Glausi:* Rosa Glauser (siehe Verzeichnis der Briefempfänger).
5] *ich schreibe den ganzen Tag an meiner türkischen Reise:* Umarbeitung des Berichtes über CJBs Reise in die Türkei 1923. Er erscheint unter dem Titel ›Aufzeichnungen über eine Reise in Kleinasien‹ in ›Neue Deutsche Beiträge‹, Verlag der Bremer Presse, München, 2. Folge, Heft 1, April 1924, und Heft 2, Januar 1925. Als Buch wurde die ›Kleinasiatische Reise‹ erst 1926, bei Georg D. W. Callwey, München, publiziert.

24. 11. 1924
1] *Schönenberg:* Landsitz der Familie Burckhardt (siehe Anmerkung 108 zum Brief vom 18. 6. 1908).
2] *Loulou:* Louis Micheli (siehe Anmerkung zum Brief vom 11. 5. 1922).
3] *Büdis Lorbeeren:* Nicht zu ermitteln.
4] *Gaglist:* Ernst Gagliardi (siehe Verzeichnis der Briefempfänger).
5] *in mein neues Buch:* ›Kleinasiatische Reise‹. 109
6] *Den Tyrannen werde ich aufsuchen:* »Tyrann« freundlich spöttischer Spitzname für Rosa Glausers Freundin Emmy Weidenmann (siehe Verzeichnis der Briefempfänger).
7] *meine kleine Freundin:* Nicht ermittelt.

26. 12. 1924
Bewohnerinnen: Zeitweilig wohnten Emmy Weidenmann und »Glausi«, 110 d. h. Rosa Glauser (siehe Verzeichnis der Briefempfänger) zusammen.

15. 4. 1925
1] *Rafzerbrief:* Brief aus dem Dorf Rafz im Kanton Zürich. 110
2] *auf dem Kamm des Adlers:* Gemeint ist der Juraausläufer Adlerberg bei 111 Pratteln, Basel-Land.
3] *Erdbebenwetter:* 1356 zerstörte ein Erdbeben zahlreiche Gebäude in Basel (auch das Münster) und Umgebung.

29. 9. 1925
1] *Carl Spitteler:* (1845-1924), Schweizer Dichter und Publizist. Nobel- 111 preisträger 1919. (Zu Spittelers Aufenthalten im Burckhardtschen Elternhaus vgl. ›Carl J. Burckhardt – Max Rychner Briefe 1926-1965‹, S. 259. Siehe auch ›Hommage an Carl Spitteler‹ von Theodora Von der Mühll; Verlag Hans Huber, Bern 1971.)
2] *dem frisch befreiten Liestal:* 1833 wurde Liestal Hauptort des nach heftigen Kämpfen zwischen der Stadt Basel und den von ihr abhängigen ländlichen Distrikten geschaffenen Halbkantones Basel-Land.
3] *Widmann:* Josef Viktor Widmann (Nennowitz in Mähren, 1842 bis 113 1914 in Bern). Feuilleton-Redaktor am Berner ›Bund‹; Schriftsteller. Sein populärstes Werk ›Maikäferkomödie‹ (1897).
4] *Gotthelf:* Jeremias Gotthelf (siehe Anmerkung zum Brief vom 2. 5. 1922). CJB veröffentlichte 1925 in den ›Schweizerischen Monatsheften für Politik und Kultur‹, 5. Jg., Heft 8, den Aufsatz ›Jeremias Gotthelf und die Politik‹. Im Nachlaß CJBs befindet sich ein unpubliziertes Manuskript ›Aufzeichnungen über Goethe, Keller, Gotthelf‹ aus den zwanziger Jahren (Nachlaßverz. C II d 19).
5] *Walo:* Walo von Greyerz (1898-1976), Sohn des Briefempfängers, 116 später Redaktor am Berner ›Bund‹; Nationalrat.

Sonntagabend [Ende November/Anfang Dezember 1925]
(Nicht abgeschickter Brief)
Rilke war 1919 durch Emmy von Egidy (1872–1946) mit CJBs Mutter Helene Burckhardt-Schazmann bekannt geworden und hatte 1920, von CJBs Schwester Theodora Von der Mühll eingeladen, ein halbes Jahr auf dem Burckhardtschen Landgut Schönenberg ob Pratteln verbracht. (Vgl. ›Merkur‹, Stuttgart, 29.Jg., Heft 11, Jahrg. 29, November 1975, S. 1044, 1059. Auch CJB ›Memorabilien‹ S. 337.)

116 1] *Nach einer eisigen Rückfahrt:* von Rilkes Wohnsitz in Muzot ob Sierre (Kt. Wallis).

2] *wie jenem Postillon:* Die Geschichte von den am Ofen der Herberge aus dem Posthorn erschallenden eingefrorenen Liedern findet sich im Buch »Wunderbare Reisen zu Wasser und Lande, Feldzüge und lustige Abenteuer des Freiherrn (Karl Friedrich Hieronymus) von Münchhausen, wie er dieselben bei der Flasche im Zirkel seiner Freunde selbst zu erzählen pflegt«. London 1786 (ursprünglich in Englisch von Rudolf Raspe geschrieben, deutsche Fassung von Gottfried August Bürger).

3] *Im Februar vor zwei Jahren:* CJB war vom 23.–26. Februar 1923 in Sierre bzw. auf Muzot (Frdl. Mitt. von Frau Hella Sieber-Rilke, Rilke-Archiv Gernsbach, Brief vom 3.–5. Februar 1984 – Auch gemäß Brief Rilkes an Frau Helene Burckhardt-Schazmann vom 21. 3. 1923 in Vinzel. Vgl. ferner CJB ›Memorabilien‹ S. 340).

3] *dem weitausgreifenden, widerhallenden Freund:* Frau Dr. Ingeborg Schnack hält es für möglich, daß es sich um René Morax (1873–1963) handelt, den Leiter des ›Théâtre du Jorat‹ in Mézières (Kt. Waadt), das Rilke gerne besuchte; Morax sprach bei der Beisetzung des Dichters am 2.Januar 1927 ein kurzes Wort am Grab in Raron (Frdl. Mitt. vom 26. 1. 1985).

4] *Die Wallisergedichte:* Rilke hatte die ›Quatrains valaisans‹ zwischen Anfang August und Anfang September 1924 auf Muzot geschrieben.

12. 12. 1925

118 1] *Druckbogen:* Die Fahnen der Buchausgabe von ›Der Berner Schultheiß Charles Neuhaus‹, stark erweiterte Fassung der Dissertation von 1922.

2] *mit den Schnell:* Die Brüder Karl (1786–1844) und Hans Schnell (1793–1865) in Burgdorf. Die Regeneration ließ im Kanton Bern eine nach obigen Brüdern die »Schnellen«- oder »Burgdorfer-Partei« genannte liberale, radikal angehauchte Partei entstehen. Davon spaltete sich unter Charles Neuhaus eine freisinnige Partei ab, die 1838 den Sturz der Brüder Schnell herbeiführte.

3] *Gräfin Degenfeld:* Siehe Verzeichnis der Briefempfänger.

4] *mit dem alten Erzherzog:* Der nach dem Zusammenbruch des österreichischen Kaiserreiches in Basel im Exil lebende Erzherzog Eugen von Habsburg (1863-1954). (Siehe ›Memorabilien‹ S. 343ff.)

14. 4. 1926
1] *kleine Reiseschilderung:* CJB ›Kleinasiatische Reise‹.   *119*
2] *Ihre Vergilübersetzung:* Vergil ›Bucolica‹, deutsch von Rudolf Alexander Schröder, Insel Verlag, Leipzig 1926.

Himmelfahrt 1926
1] *Stallburggasse:* An der Stallburggasse in Wien lag Hofmannsthals   *120* Stadtwohnung.
2] *Großmama:* Die Mutter Frau von Hofmannsthals, Franziska Schlesinger geb. Kuffner.
3] *Hixi:* Nicht ermittelt.
4] *Willy:* Der Kunstmaler Willy Müller-Hofmann (siehe Anmerkung 2 zum Brief vom 1. 8. 1920).
5] *Kassner:* Der Schriftsteller Rudolf Kassner (siehe Verzeichnis der Briefempfänger). Hier spielt CJB auf Kassners Beschäftigung mit der Physiognomie an, der er mehrere Werke widmete.
6] *Baronin Oppenheimer:* Gabriele (»Yella«) Baronin Oppenheimer, geb. von Todesco.
7] *Reinhardts:* Der mit Hofmannsthal befreundete Theaterleiter Max Reinhardt (1873-1943).
8] *Mama:* Gertrude (Gerty) von Hofmannsthal, geb. Schlesinger (1880-1959).
9] *Bertherl:* Die mit Hofmannsthals befreundete Journalistin, Memorialistin und Übersetzerin Berta Zuckerkandl (1863-1945), deren Schwester mit dem Bruder des französischen Staatsmannes Georges Clémenceau verheiratet war. Dieser Umstand erklärt CJBs Parodie auf die Vorbereitung von Gerüchten über Vermählungen in Politikerkreisen.
10] *Peter Kuranda:* Bekannter Hugo von Hofmannsthals aus Prag.
11] *Papa:* Hugo von Hofmannsthal.   *121*

20. 8. 1926
(Veröffentlicht in ›Hugo von Hofmannsthal – Carl J. Burckhardt Briefwechsel‹)
Gonzague de Reynold: (1880-1970), Schweizer Historiker und Schrift-   *121* steller. 1915-1932 Professor für französische Literatur an der Universität Bern, 1935-1950 Professor für Kulturgeschichte an der Universität Freiburg im Uechtland. Zahlreiche offizielle Funktionen und Ehrungen. Mitbegründer der ›Neuen Helvetischen Gesellschaft‹. Werke u. a. ›Cités et pays Suisses‹, 1914-1920; ›La Formation de l' Europe‹. 7 Bände, 1944-1957; ›Fribourg et la Monde‹, 1957; ›Mes Mémoires‹, 3 Bände, 1960-1963.

9. 1. 1927

1] *Wir sind seit acht Tagen:* CJB und seine Gattin verbrachten nach ihrer Hochzeitsreise mehrere Monate des Jahres 1927 in Wien.

2] *konservative Revolution:* Diesen Begriff verwendet Hugo von Hofmannsthal in seinem Münchner Vortrag vom 10. 1. 1927 (siehe Anmerkung 11 dieses Briefes).

3] *berühmte Buch Landsbergs:* Paul Ludwig Landsberg ›Die Welt des Mittelalters und wir. Ein geschichtsphilosophischer Versuch über den Sinn eines Zeitalters‹, 1922.

4] *Scheler:* Max Scheler (1874-1928). Der deutsche Philosoph, der 1920-1924 der katholischen Kirche angehörte, vertrat in wechselnden Formen die Prinzipien einer von Husserls Lehre abgeleiteten Phänomenologie.

5] *Péguy:* Charles Péguy (1873-1914), französischer Schriftsteller, der sich vom Sozialismus zu einem kompromißlosen katholisch-nationalen Weltbild entwickelte.

6] *Maritain:* Jacques Maritain (1882-1973), französischer Philosoph, bedeutender Vertreter des Neothomismus.

7] *Buch gegen Friedrich den Großen:* Werner Hegemann (Pseudonym Manfred Maria Ellis; 1881-1936), ›Fridericus oder das Königsopfer‹, Jakob Hegner Verlag, Hellerau 1925. Neue Fassung der 1924 vom Sanssouci Verlag, Berlin, herausgebrachten ›Deutsche Schriften von Manfred Maria Ellis‹. (Gespräche des Amerikaners Ellis, Ururenkels des Prinzen Karl Joseph de Ligne, mit europäischen Zeitgenossen über Friedrich den Großen.)

8] *Przywara:* Erich Przywara S.J. (1889-1972), deutscher Theologe und Religionsphilosoph.

9] *Brunner:* Emil Brunner (1889-1966), Schweizer protestantischer Theologe, Mitbegründer der dialektischen Theologie, teilweise im Gegensatz zu Karl Barth.

10] *Barth:* Karl Barth (1886-1968), Schweizer reformierter Theologe, hat sich auch politisch engagiert. Monumentales Hauptwerk ›Kirchliche Dogmatik‹.

11] *›das Schrifttum als geistiger Raum der Nation‹:* Diesen Vortrag hielt Hugo von Hofmannsthal am 10. 1. 1927 an der Universität München (siehe ›Gesammelte Werke in zehn Einzelbänden‹, ›Reden und Aufsätze III – Aufzeichnungen‹ Fischer Taschenbuch Verlag und S. Fischer Verlag, Frankfurt a. M. 1980 und 1986).

23. 1. 1928

1] *Ihres Freundes Korrodi:* Eduard Korrodi (siehe Verzeichnis der Briefempfänger).

2] *den Lawrence:* T. E. Lawrence (genannt »Lawrence of Arabia«) ›Aufstand in der Wüste‹, 1927 (deutsch von Dagobert von Mikusch). Die vollständige Ausgabe des Werkes erschien unter dem Titel ›Die sieben Säulen der Weisheit‹ beim Paul List Verlag, München 1936.

3] *ein Stück Reise:* CJB schrieb 1923 einen großen Bericht für das Internationale Komitee vom Roten Kreuz, siehe Anmerkung zum Brief vom 29. 10. 1923. Rücksicht nehmend auf den vertraulichen Charakter seiner Mission für das Rote Kreuz, mußte er bei der literarischen Fassung (›Kleinasiatische Reise‹) des Berichtes auf jede Mitteilung über offizielle Begegnungen verzichten. 126

2. 12. 1928

1] *Schönenberg:* Siehe Anmerkung 4 zum Brief vom 18. 6. 1908. 126

2] *Coopération intellectuelle:* Die 1925 gegründete ›Commission internationale de Coopération intellectuelle‹, die vom Völkerbund abhing und aus welcher später die UNESCO hervorging (›Kommission für intellektuelle und kulturelle Zusammenarbeit des Völkerbundes‹). CJB vertrat die Schweiz an vielen Tagungen dieses sehr informellen Gremiums, dem u. a. Persönlichkeiten wie Albert Einstein, Béla Bartok und Paul Valéry angehörten.

3] *Lehrtätigkeit:* Seit 1927 war CJB Privatdozent für Geschichte der Neuzeit an der Universität Zürich.

4] *Malters:* Unvollendeter Roman, an dem CJB 1912–1921 arbeitete. Daraus stammt die mehrmals veröffentlichte Erzählung ›Die Episode Randa‹, zuletzt in ›Gesammelte Werke‹ Band 5, S. 81ff. 127

5] *Frau:* CJBs Gattin Elisabeth. Die Heirat mit der Tochter des Schweizer Historikers und Dichters Gonzague de Reynold hatte am 10. November 1926 stattgefunden.

6] *Fräulein Ischer:* Nicht ermittelte Angehörige der Berner Familie Ischer.

20. 12. 1928

1] *Vorlesung:* an der Universität Zürich (siehe Anmerkung 3 zum Brief vom 2. 12. 1928). 128

2] *Frau Prof. Fleiner:* Fanny Fleiner, die Gattin des Schweizer Juristen Fritz Fleiner (1867–1937).

3] *Regierungsrat Mousson:* Heinrich Mousson (1866–1937) stand seit 1912 dem Erziehungsdepartement des Kantons Zürich vor.

4] *Pächter Dill:* Heinrich Dill, Pächter des Landgutes Schönenberg (siehe ›Memorabilien‹ S. 175).

5] *Fakultätssitzung:* An der Universität Basel war damals schon die Rede von einer Berufung CJBs. 1934 wurde ihm schließlich die Nachfolge von Emil Dürr angeboten.

18. 4. 1929

(Veröffentlicht in ›Hugo von Hofmannsthal – Carl J. Burckhardt Briefwechsel‹)

1] »*Credo in un Dio crudel*«: Das ›Credo‹ des Jago aus dem 2. Akt der Oper ›Otello‹ von Giuseppe Verdi, Libretto von Arrigo Boito (nach Shakespeare). In der wörtlichen Prosaübertragung von Hans Busch lautet die Stelle: »Ich glaube an einen grausamen Gott, der mich erschaffen hat gleich ihm, und den ich im Zorn nenne. Aus der Gemeinheit eines Keimes oder eines Atoms bin ich gemein geboren. Ich bin verrucht, weil ich Mensch bin und den Schlamm des Ursprungs in mir fühle. Ja! Das ist mein Glaube! Ich glaube mit festem Herzen, so wie die junge Witwe im Tempel glaubt, daß ich das Böse, das ich denke und das von mir stammt, durch mein Schicksal erfülle. Ich glaube, daß der Gerechte ein spöttischer Komödiant im Gesicht wie im Herzen ist, daß alles in ihm verlogen ist, Träne, Kuß, Blick, Opfer und Ehre. Und ich glaube, der Mensch ist Spiel des tückischen Zufalls vom Keim der Wiege bis zum Wurm im Grabe. Nach so viel Hohn kommt der Tod! Und dann? – Der Tod ist das Nichts, ein altes Märchen ist der Himmel.«

2] *Gerty:* Gertrude von Hofmannsthal, geb. Schlesinger (1880–1959), Gattin Hugo von Hofmannsthals.

Mitte Juli 1929

Worte, die Sie Hofmannsthal so spontan gewidmet haben: Gleich nach Bekanntgabe des Todes Hugo von Hofmannsthals schrieb der tonangebende Schweizer Kritiker Eduard Korrodi einen Nachruf, in welchem er u. a. die menschliche Größe des Verstorbenen würdigte (›Neue Zürcher Zeitung‹ 16. 7. 1929, Nr. 1387).
Auf den hier wiedergegebenen Brief Burckhardts reagierte er mit folgender Antwort:
»Lieber Herr Burckhardt!
Ihre Zeilen habe ich gerne u. dankbar gelesen – aus einem begreiflichen Grunde. – Mein Nachruf bekümmerte mich sehr. Ich hatte knappe drei Stunden Zeit, ihn zu schreiben, wollte ich nicht wie die andern Schweizer Zeitungen nachhinken. Mich dünkt, die Tageskritik *hat* eine Entschuldigung vor der gemächlichen u. tiefer gründenden Essayistik, wenn sie unerhört rasch aus der Erschütterung des Gefühls heraus schreibt u. hier, anders als bei Rilke, war die schwere Aufgabe, in stärkerer Distanz zu dem wahrhaft großen Toten zu bleiben.
Ich dachte naturgemäß viel an Sie in diesen Tagen, wie ein toter Freund etwas Unverlierbares u. gleichsam in eine Form der Gemeinschaft zum Lebenden tritt!« [...]
Hugo von Hofmannsthal starb am 15. Juli 1929 an den Folgen eines Herzschlages, der ihn getroffen hatte, als er sich anschickte, dem Sarg

seines älteren, freiwillig aus dem Leben geschiedenen Sohnes Franz zu folgen.

18. 7. 1929
1] *unsern großen Freund:* Der Brief bezieht sich auf den am 15. Juli plötzlich verstorbenen Hugo von Hofmannsthal. Erwähnt werden folgende Werke des Dichters:
›*Die ägyptische Helena*‹, Opernbuch für Richard Strauss, 1926. In: ›Gesammelte Werke in zehn Einzelbänden‹, ›Dramen v‹ Fischer Taschenbuch Verlag und S. Fischer Verlag, Frankfurt a. M. 1979 und 1986.
›*Der Turm*‹, Trauerspiel. Erste Fassung 1925, zweite Fassung 1927. In: ›Gesammelte Werke in zehn Einzelbänden‹, ›Dramen III‹ Fischer Taschenbuch Verlag und S. Fischer Verlag, Frankfurt a. M. 1979 und 1986.
›*Deutsche Erzähler*‹ ausgewählt und eingeleitet von Hugo von Hofmannsthal, Band 1–4, Insel Verlag, Leipzig 1912.
›*Deutsches Lesebuch*‹, eine Auswahl deutscher Prosastücke aus dem Jahrhundert 1750–1850; herausgegeben und mit einem Vorwort versehen von Hugo von Hofmannsthal. Teil 1 und 2, Bremer Presse, München 1922–1923.
2] *Spitteler:* Der Dichter Carl Spitteler (siehe Anmerkung zum Brief vom 29. 9. 1925).
3] *Wolfskehl:* Der Stefan George nahestehende Lyriker Karl Wolfskehl (1869–1943).
4] *Hofmiller:* Josef Hofmiller (1872–1933), Essayist und Kritiker.
5] *Schröder:* Rudolf Alexander Schröder (siehe Verzeichnis der Briefempfänger).

6. 8. 1929
1] *Ihre Zeilen:* Schröder schrieb CJB aus Anlaß des Todes Hugo von Hofmannsthals.
2] *dreimal den Menschen … verloren:* CJBs Vater nahm sich 1915 das Leben (siehe Anmerkung zum Brief vom 20. 2. 1915).
Sein Jugendfreund Franz Wambolt von Umstadt erlitt 1922 einen tödlichen Unfall (siehe ›Erinnerungen an jungverstorbene Freunde‹ in ›Begegnungen‹, 1958; zuletzt in ›Gesammelte Werke‹ Band 4, S. 78 ff.).
Hugo von Hofmannsthal starb am 15. Juli 1929.
3] *Gräfin Ottonie:* Ottonie Gräfin Degenfeld (siehe Verzeichnis der Briefempfänger).
4] *Hinterhör:* Jagd- und Landhaus hinter Neubeuern am Inn, Oberbayern.
5] *Gerty:* Siehe Anmerkung 2 zum Brief vom 18. 4. 1929.

6] *Lexer:* Der Chirurg Erich Lexer (1867–1937), der den mit CJB befreundeten Hans von Seemen (siehe Verzeichnis der Briefempfänger) sehr gefördert hatte.

7] *operieren zu lassen:* Ende August entfernte der Chirurg Hans von Seemen Burckhardts Blinddarm.

8] *Christiane:* Tochter Hugo von Hofmannsthals (siehe Verzeichnis der Briefempfänger).

9] *Raimund:* Jüngerer Sohn Hugo von Hofmannsthals.

Herbst 1929

1] *Schröder:* Rudolf Alexander Schröder (siehe Verzeichnis der Briefempfänger).

2] *Müller-Hofmann:* Willy Müller-Hofmann (siehe Anmerkung 2 zum Brief vom 1.8.1920).

3] *Rotspon und Importen:* Rotwein und Zigarren.

12.10.1929

1] Dieses parodistische »Schreiben eines deutschen Lesers« an den Redaktor der ›Neuen Schweizer Rundschau‹, Max Rychner, nimmt Bezug auf dessen ›Anmerkungen‹ in der Oktoberausgabe 1929, Heft 10. Dort verwendet Rychner jenen im Brief besprochenen, Hegel zugeschriebenen Satz, der indessen von CJB im Gespräch mit dem Adressaten erfunden worden war.

2] *Masteber:* Mast-Eber.

3] *Treber:* Rückstände beim Keltern und Bierbrauen.

4] *Madame Chanel:* Coco Chanel (1883–1971), Modeschöpferin, kreierte auch ein berühmtes Parfum.

5] *Krupp:* Friedrich K. Krupp GmbH Essen, führendes Unternehmen der deutschen Stahlindustrie (u. a. Gußstahlkanonen).

6] *Herrn Barbusse:* Henri Barbusse (1873–1935), französischer Schriftsteller. Wurde durch das Erlebnis des 1. Weltkrieges zum Pazifisten (Antikriegbuch ›Le Feu‹, 1916).

7] *Fiat iustitia pereat mundus:* Es werde Gerechtigkeit, auch wenn die Welt untergeht.

29.11.1929

1] *Die indischen Offenbarungsworte:* Vermutlich die Worte, die einem eben erschienenen Buch des Mannes von Christiane Zimmer vorangestellt sind. Sie lauten: »Der heilige Bharadvaja verbrachte drei Lebenslängen im brahman-Wandel. Als er morsch und alt dalag, trat Gott Indra zu ihm und sprach: ›Bharadvaja, wenn ich dir ein viertes Leben schenke, was tätest du mit ihm?‹ – ›Den brahman-Wandel wollte ich mit ihm wandeln‹, sagte er. Da ließ er ihn drei Berggestalten, wie er sie

vorher nicht bemerkt hatte, sehen, nahm von jeder eine Handvoll und sprach: ›Bharadvaja‹, sprach er ihn an, ›Dies sind die drei Veden (Inbegriff heiligen Wissens), ohne Ende sind die Veden, – soviel hast du mit diesen drei Leben memoriert. Das Übrige blieb dir ungelernt . . .‹« (Heinrich Zimmer, ›Ewiges Indien‹ Müller & Kiepenheuer Verlag, Potsdam, Orell Füssli Verlag, Zürich 1930).
Der bedeutende Indologe hatte damals auch das ›Spiel um den Elephanten‹ aus dem Sanskrit übersetzt. Dabei handelt es sich um ein Traktat über den Umgang mit Elephanten, ›Mâtangalilâ‹.

2] *Das ›Buch der Freunde‹:* Hugo von Hofmannsthals ›Buch der Freunde‹ erschien nach dem Tod des Autors, in einer erweiterten Fassung im Insel Verlag, Leipzig 1929. Zuletzt in ›Gesammelte Werke‹ in zehn Einzelbänden‹, ›Reden und Aufsätze III – Aufzeichnungen‹ Fischer Taschenbuch Verlag und S. Fischer Verlag, Frankfurt a. M. 1980 und 1986.

3] *Gagliardi:* Ernst Gagliardi (siehe Verzeichnis der Briefempfänger).

4] *Ich sprach Dir von einem Brief:* Bei dem erwähnten Brief muß es sich um das Schreiben Hofmannsthals vom 10. Juli 1926 handeln (›Hugo von Hofmannsthal – Carl J. Burckhardt Briefwechsel‹ S. 208).

5] *Turm:* Siehe Anmerkung 1 zum Brief vom 18. 7. 1929.

6] *Mutter:* Gertrude (Gerty) von Hofmannsthal.

7] *Raimund:* Raimund von Hofmannsthal, Bruder von Christiane Zimmer.

8] *Dory:* Theodora Von der Mühll (siehe Anmerkung 2 zum Brief vom 13. 1. 1914).

9] *Schröder:* Rudolf Alexander Schröder (siehe Verzeichnis der Briefempfänger).

10] *Knuchel:* Eduard Fritz Knuchel (siehe Verzeichnis der Briefempfänger). Fritz Knuchel hatte in Basel eine Gedenkfeier für Hugo von Hofmannsthal veranstaltet. Bei diesem Anlaß las Schröder seinen bereits in der ›Neuen Rundschau‹ 11. Heft, November 1929, veröffentlichten Nachruf auf den Dichter.

11] *Gundolf:* Friedrich Gundolf, ursprünglich Gundelfinger (1880–1931). Literarhistoriker, Professor in Heidelberg. Gehörte zum Kreis um Stefan George.

12] *mit dem Zeigolf:* Anspielung auf den Namenswechsel Friedrich Gundelfingers in Friedrich Gundolf.

13] *Heinz:* Heinrich Zimmer (siehe Anmerkung 1 oben).

14] *Globus:* CJBs Jugendfreund Alphonse Ehinger (siehe Verzeichnis der Briefempfänger).

15] *Muspilli:* Bruchstück eines altbairischen Gedichtes aus dem 9. Jahrhundert.

29. 1. 1930

1] *Entwurf:* Nicht abgeschickter Brief. Vermutlich Antwort auf Brief von Max Rychner vom 22. 1. 1930 (siehe ›Carl J. Burckhardt – Max Rychner Briefe 1926–1965‹ S. 33). Vieles in diesem Schreiben erklärt sich aus dem Umstand, daß CJBs Schwiegervater, Gonzague de Reynold und seine Freunde in jenen Jahren versuchten, den Basler Protestanten CJB zum Übertritt zum Katholizismus zu bewegen.

2] *in Deinem herrlichen Nancyergedicht:* Laut Frau Elisabeth Burckhardt bezieht sich die Anspielung auf einen poetischen Versuch Rychners anläßlich eines gemeinsamen Ausflugs nach Nancy.

3] *pion:* Studienaufseher, Repetent, armer Teufel.

4] *längst vermoderter Herr de la Cour:* Im Archiv der Bibliothèque nationale française arbeitete CJB damals an seiner Ausgabe der ›Briefe des Staatskanzlers Fürsten Metternich-Winneburg an den österreichischen Ministers des Allerhöchsten Hauses und des Äußern, Grafen Buol-Schauenstein‹. Dabei verwertete er auch die Berichte des französischen Diplomaten Edmond de la Cour, der 1833–1836 als Botschaftssekretär, 1848–1853 als Geschäftsträger und anschließend als Gesandter in Wien tätig gewesen war.

5] *Léopold Boissier:* (1893–1968), Genfer Bankier, 1946–1968 Mitglied des Internationalen Komitees vom Roten Kreuz, das er 1955–1964 präsidierte. Mit CJB war Boissier seit dem gemeinsamen Aufenthalt im Landerziehungsheim Schloß Glarisegg befreundet.

6] *Marseillerrührgeschichte vom Verfasser des Topaze:* bezieht sich auf ›Marius‹, den ersten Teil der ›Marseiller Trilogie‹ von Marcel Pagnol (1895–1974).

7] *Du Bos:* Charles Du Bos (1882–1939), französischer Schriftsteller. Trat besonders mit feinsinnigen philosophischen und literarischen Essays hervor.

8] *Fritz:* Wahrscheinlich handelt es sich um den bekannten Staatsrechtslehrer Fritz Fleiner (1867–1937), Professor an der Universität Zürich und juristischer Berater des Schweizerischen Bundesrates.

9] *Barthianer:* Anhänger des Theologen Karl Barth (1886–1968).

10] *Kardinal Mercier:* Désiré Josef Mercier (1851–1926), belgischer Kardinal, Erzbischof von Malines.

11] *Therese von Lisieux:* Thérèse Martin (1873–1897), im Karmel zu Lisieux unter dem Namen Thérèse de l'Enfant Jésus; 1925 heiliggesprochen.

12] *Maurras:* Charles Maurras (1868–1952), französischer Schriftsteller, Direktor der Tageszeitung ›L'action française‹ und Führer der gleichnamigen politischen Bewegung, die für die Wiedereinführung der Monarchie eintrat.

13] *Gide:* André Gide (1869–1951), französischer Schriftsteller, Nobelpreisträger 1947. Über eine Begegnung mit Gide berichtet CJB in der Erzählung ›Fortuna‹ (in ›Begegnungen‹, 1958 und in ›Gesammelte Werke‹ Band 4, S. 137 ff).

14] *Przywara:* Siehe Anmerkung 8 zum Brief vom 9. 1. 1927.

15] *Maritain:* Jacques Maritain (siehe Anmerkung 6 zum Brief vom 9. 1. 1927).

16] *Huysmans:* Joris-Karl Huysmans (1848–1907), Romancier, der sich über den Symbolismus zu einem katholischen Mystizismus hin entwickelte (›La-bàs‹, ›A rebours‹, ›La Cathédrale‹).

17] *der gute Rechtskonsulent:* Prof. Fritz Fleiner (siehe oben, Anmerkung 8).

18] *Fähnlein der 7 Aufrechten:* die 7 Bundesräte (Kollegium der schweizerischen Landesregierung).

19] *Bingenermeister:* Der aus Bingen stammende Dichter Stefan George (1868–1933).

20] *Theorie Bonalds:* Louis de Bonald (1754–1840), französischer politischer Schriftsteller, setzte sich für eine christlich-monarchische Staatsform ein.

21] *Gonzague's Aufsatz:* Gonzague de Reynold (siehe Anmerkung zum Brief vom 20. 8. 1926), ›Le romantisme‹ in ›Revue catholique‹ Januar 1931, ›Des idéés et des faits‹.

19. 6. 1933 *(Durchschlag eines Typoskripts)*

1] *des Richelieu-Buches:* Nach dem Erfolg der kleinen Monographie CJBs über Maria Theresia hatte ihn der Verlag Charles Coleman in Lübeck beauftragt, einen ähnlichen Versuch über den Kardinal Richelieu zu verfassen. Daraus wurde dann die mehr als 1200 Seiten umfassende Biographie, deren erster Band 1935 im Verlag Georg D. W. Callwey erschien.

2] *Endres:* Franz Carl Endres war Lektor beim Verlag Coleman in Lübeck.

3] *Doktor Rinn:* Hermann Rinn (siehe Verzeichnis der Briefempfänger).

4] *Micheli-Arbeit:* ›Jacques Barthélémy Micheli du Crest‹, erstmals in ›Neue Schweizer Rundschau‹ N. F. 2. Jg., Heft 5, 1934. In: ›Betrachtungen und Berichte‹, 1964.

5] *In Brüssel war ich:* CJB hielt am 29. und 30. Mai 1933 Vorträge am ›Institut des Hautes Etudes de Belgique‹. Es handelt sich um ›Goethe‹ (1949 überarbeitet als ›Goethe et la notion de justice‹ in ›Goethe 1749–1949‹ UNESCO, Paris) und ›Louis XIV‹ (verschollen).

6] *Anton Kippenberg:* (1874–1950), seit 1905 Leiter des Insel-Verlags in Leipzig. Schuf die größte private Goethe-Sammlung; sie befindet sich seit 1953 in Düsseldorf.

7] *Potzdam:* sic für Potsdam!

8] *Planck:* Max Planck (1858–1947). 1918 Nobelpreisträger für Physik. Schöpfer der Quantentheorie. Mit dem großen Wissenschaftler, der auch bedeutende Beiträge zur Erkenntnistheorie lieferte, war CJB freundschaftlich verbunden. Planck hielt sich mehrere Male bei Burckhardts auf. Er lehrte und lebte in Berlin, verbrachte seine letzten Jahre in Göttingen.

9] *Carossa:* Hans Carossa (1878–1956). Dem Dichter, den er schätzte, begegnete CJB nur dies eine Mal.

10] *Wagner:* Richard Wagner (1813–1883).

11] *Bertram:* Ernst Bertram (1884–1957), deutscher Literarhistoriker und Dichter. Verfasser des vielgelesenen Buches ›Nietzsche, Versuch einer Mythologie‹ Verlag Georg Bondi, Berlin 1918. Vgl. ›Thomas Mann an Ernst Bertram, Briefe aus den Jahren 1910–1955‹ herausgegeben von Inge Jens, Verlag Günther Neske, Pfullingen 1960.

12] *Gedichtstelle gegen Preußen:* »Baut eure Zukunft nicht auf jene dort im Sande« bezieht sich auf Stefan Georges Vers in der Tafel ›Quedlinburg‹ im ›Siebenten Ring‹: »Ruft euer heil nicht hinten aus dem sand!«

13] *Brüning:* Heinrich Brüning (1885–1970), Reichskanzler, 1932 von Hindenburg entlassen. Sein Sturz leitete das Ende der Weimarer Republik ein. 1934 emigrierte Brüning nach den Vereinigten Staaten von Amerika.

14] *Frau Förster-Nietzsche:* Elisabeth Förster-Nietzsche (1846–1935), Schwester Friedrich Nietzsches und Gründerin des Nietzsche-Archivs in Weimar. Wegen ihrer Manipulation des Nachlasses von Nietzsche sehr umstritten.

15] *Vandevelde:* Henry van de Velde (1863–1957). 1901 Gründer der Kunstgewerbeschule in Weimar, die er bis 1914 leitete. (Aus ihr ging später das ›Bauhaus‹ hervor.) Er war ein Meister des Jugendstils.

16] *Xenotaph:* Richtig Kenotaph = leeres Grabmal zur Erinnerung an einen Toten.

17] *Andreas Heusler:* (1865–1940), Germanist, Professor in Berlin und Basel.

18] *Edda:* Sammlung von Liedern aus der nordischen Mythologie und germanischen Heldensage, hauptsächlich aus dem 8. und 11. Jahrhundert.

19] *Ihre Majestät die Kaiserin:* Hermine verw. von Schönaich-Carolath (1887–1947), geb. Prinzessin Reuss, zweite Gattin von Wilhelm II.

20] *Grillparzer:* Der Dichter Franz Grillparzer (1791–1872).

21] *Ihr verstorbener Vater:* Emanuel Eduard Fueter (1876–1928), Redaktor an der ›Neuen Zürcher Zeitung‹. Professor für Geschichte in Zürich.

22] *botokudisch:* Botokuden = brasilianische Indianer.

23] *Charles Du Bos:* Siehe Anmerkung 7 zum Brief vom 29. 1. 1930.
24] *Herder:* Johann Gottfried Herder (1744–1803). Gab ›Stimmen der Völker in Liedern‹ heraus.

23. 5. 1934

1] *Elisabeth hat mir soeben:* Frau Maja Hoffmann-Stehlin, deren erster Gatte, Emanuel Hoffmann, 1932 im siebenunddreißigsten Lebensjahr gestorben war, hatte Frau Elisabeth Burckhardt von ihrer bevorstehenden Heirat mit dem Dirigenten Paul Sacher in Kenntnis gesetzt. Mit ihrem Basler Mitbürger CJB, der auch ihren zukünftigen Mann kennengelernt hatte, war sie bereits in frühen Jahren befreundet.
2] *auf dem Schönenberg:* Siehe Anmerkung 4 zum Brief vom 18. 6. 1908.

17. 9. 1935 *(Durchschlag eines Typoskripts)*

1] *haben wir genügend Welttheater hier gehabt:* Genf beherbergte den Sitz des Völkerbundes, wo 1935 unter anderem Sanktionen gegen Italien beschlossen wurden, das daran war, Äthiopien zu erobern.
2] *Unstimmigkeiten zwischen Verwandten . . . auf den Kardinal zurückzuführen:* Nach dem Erscheinen von CJB's Biographie des Kardinals Richelieu wurde in Deutschland viel über den Einfluß des französischen Staatsmannes auf die deutsch-französischen Beziehungen spekuliert. Richelieu hatte maßgebend in den Dreißigjährigen Krieg eingegriffen, der für die Zukunft des deutschen Kleinstaatenwesens und der einheitlichen französischen Nation entscheidende Auswirkungen zeitigte.

7. 11. 1935

1] *Ihrem letzten Brief:* Seinen Brief vom 29. Oktober 1935 beginnt Huber folgendermaßen: »Lieber Freund, so darf ich Sie wohl anreden, da nur wenige Menschen mich so gut verstehen wie Sie.« Dem Schreiben fügte er ein gewidmetes Foto bei.
2] *›Nationale Erneuerung aus der Geschichte‹:* Bezieht sich bestimmt auf Hubers Schrift ›Vom Wesen und Sinn des Schweizer Staates‹ in ›Grundlagen nationaler Erneuerung‹, Schulthess und Co., Zürich 1934.
3] *Antäus:* Riese aus der griechischen Herakles-Sage. Sohn des Poseidon und der Gaia. Er zog seine Kraft aus der Berührung mit der Erde und wurde von Herakles in der Luft überwältigt.

28. 12. 1935

1] *der 175er:* Unter Paragraph 175 des deutschen Strafgesetzbuches fielen die Delikte der Homosexualität.
2] *Spitteler:* Carl Spitteler (siehe Anmerkung 1 zum Brief vom 29. 9. 1925).

22.2.1937
1] *Max Huber:* Siehe Verzeichnis der Briefempfänger.
2] *Diese Sache:* Die Ernennung zum Hohen Kommissar des Völkerbundes in der Freien Stadt Danzig.
3] *Tokioterkongreß:* Siehe ›Bericht Carl J. Burckhardts an der Internationalen Rot-Kreuz-Konferenz in Tokio, Herbst 1934‹ in: ›Verzeichnis des schriftlichen Nachlasses von Carl Jacob Burckhardt‹ Universitätsbibliothek Basel 1978 (Seite 116).
4] *Gschwälli:* Schweizerdeutscher Ausdruck für jemanden, der sich »aufschwellt«, sich »aufbläht«, der »aufgeblasen« wird.
5] *in den Bohnen:* Zerstreut sein.

28.6.1937
1] *Die Tätigkeit:* Am 1. März 1937 trat CJB sein Amt als Hoher Kommissar des Völkerbundes in der Freien Stadt Danzig an.
2] *Honorarprofessur:* Nach der Ernennung CJBs zum Hohen Kommissar des Völkerbundes wurde seine Professur für diplomatische Geschichte der Neuzeit an der Universität Zürich in eine Honorarprofessur umgewandelt.

16.6.1938
1] *Im April:* Im April 1938 begab sich Burckhardt zur Berichterstattung über seine Tätigkeit als Hoher Kommissar des Völkerbundes in der Freien Stadt Danzig nach Genf und anschließend nach Paris.
2] *Arierparagraphen, Beamtengesetz:* Die nationalsozialistischen Machthaber in der Freien Stadt Danzig versuchten mehrere Male, dort den deutschen Gesetzen nachgebildete Maßnahmen zur Diskriminierung der Juden einzuführen. Bis in den späten Herbst 1938 gelang es CJB jedoch, diese Vorstöße abzuwehren. (Vgl. dazu und zu CJBs Intervention in Berlin ›Meine Danziger Mission 1937–1939‹.)
3] *Sturz des Senatspräsidenten:* Gegen den Präsidenten des Senats von Danzig, Arthur Greiser, unternahm sein Rivale Gauleiter Forster mehrere Vorstöße. Greiser behielt aber seinen Posten bis zur Eingliederung Danzigs in das Reich. (Vgl. ›Meine Danziger Mission‹.)
4] *seit der äthiopischen Krisis:* Im Abessinien-Krieg 1935/36 wachte das I.K.R.K. über die Einhaltung der Genfer Konventionen und die Betreuung der Gefangenen und Verwundeten beider Parteien, d.h. auch Italiens. Einer Delegation, die im März 1936 unter der Führung Hubers Mussolini aufsuchte, gehörte auch CJB an, der damals schon gewissermaßen Außenminister des I.K.R.K. war. Siehe auch CJB, ›Das Internationale Komitee vom Roten Kreuz im abessinischen Konflikte‹ in: ›Vom Krieg und vom Frieden‹ Festschrift der Universität Zürich zum 70. Geburtstag Max Hubers, 1944.

5] *Ihre Einleitung:* Vorwort von Max Huber zu dem Band ›Große Schweizer‹, Atlantis Verlag, Zürich 1938.

20. 9. 1941

1] *Schwyzertag:* In Schwyz fand am 28. September 1941 der 19. Auslandsschweizertag statt. CJB hielt bei diesem Anlaß eine Rede: ›Das Verhalten des Schweizers im Weltkonflikt‹. Veröffentlicht wurde sie in der Zeitschrift der Schweizer im Auslande, ›Echo‹, Bern, Nr. 10/11, Oktober/November 1941 unter dem Titel ›Die Lage in der Schweiz‹.

2] *Rütli:* Einsame Wiese über dem Vierwaldstättersee (Urnersee). Nach dem Chronisten Aegidius Tschudi wurde hier der erste Bund der Eidgenossen beschworen. Die Szene findet sich auch in Schillers ›Wilhelm Tell‹.

November 1943

1] *Adlon:* vornehmes Berliner Hotel.

2] *die Ilias:* Homer ›Ilias‹, deutsch von Rudolf Alexander Schröder, Suhrkamp Verlag, Berlin 1943.

3] *Deine Odyssee:* Homer ›Odyssee‹, deutsch von Rudolf Alexander Schröder, Insel Verlag, Leipzig 1918.

4] *Die Fahrt hierher:* Fahrt nach Berlin, wo sich CJB vom 17.–20. November 1943 aufhielt, um im Auftrag des Internationalen Komitees vom Roten Kreuz mit den deutschen Behörden über die Entfesselung englischer Kriegsgefangener zu verhandeln. Die Verhandlungen, die dazu führen sollten, daß die Genfer Konventionen tatsächlich respektiert werden, verliefen erfolgreich, und der Befehl, den Gefangenen die Fesseln abzunehmen, traf bereits am 21. November in den Lagern ein. Vgl. dazu Hans Bachmanns Aufsatz ›Eine Intervention des Internationalen Komitees vom Roten Kreuz, in ›Dauer im Wandel. Festschrift zum 70. Geburtstag von Carl J. Burckhardt‹, Verlag Georg D. W. Callwey, München 1961.

13. 11. 1943 *(Durchschlag eines Typoskripts)*

1] *Deine Einleitung:* Vorwort Ernst Howalds zu Goethes ›Winckelmann‹, Eugen Rentsch Verlag, Erlenbach 1943.

2] *u. z.:* und zwar.

3] *unter einer praktischen Aufgabe:* Tätigkeit in der Leitung des Internationalen Komitees vom Roten Kreuz (seit 1939).

4] *Aufsätze Staigers:* Emil Staiger, siehe Verzeichnis der Briefempfänger. ›Meisterwerke deutscher Sprache aus dem neunzehnten Jahrhundert‹, 1943; ›Adalbert Stifter als Dichter der Ehrfurcht‹, 1943.

5] *ins Ausland:* nach Berlin.

6] *Dr. Hämmerli:* Vermutlich Dr. med. Theodor Hämmerli-Schindler, Zürich.

19. 11. 1943

1] *Im Hotelzimmer:* Vom 17.–20. November 1943 hielt sich CJB als Vertreter des I. K. R. K. in Berlin auf.
2] *Fritz:* Frau Isa Neeff-Vöchtings Bruder, Friedrich Vöchting-Oeri, der in der Schweiz lebte, Vetter von CJB.
3] *Meine Mutter:* Helene Burckhardt-Schazmann (siehe Anmerkung 2 zum Brief vom 18. 6. 1908).
4] *Dorys Haus:* Die Schwester CJBs wohnte an der Malzgasse 29 in Basel. Dory: Theodora Von der Mühll-Burckhardt (siehe Anmerkung 2 zum Brief vom 13. 1. 1914).
5] *Rosie Christ:* eine Tante des Gatten von CJBs Schwester Theodora, Hans Von der Mühll.
6] *Spengler:* Oswald Spengler (1880–1936), deutscher Geschichtsphilosoph. Verfasser des damals vielgelesenen Werkes ›Der Untergang des Abendlandes‹.
7] *Meine ältere Tochter:* Henriette Burckhardt (geb. 24. 7. 1929) verbrachte zur Erholung mit ihrer Mutter Elisabeth einige Zeit auf der Riederalp im Wallis.
8] *Sabine:* jüngere Tochter CJBs, geb. 19. 6. 1934.

26. 12. 1943

1] *Berlinereindrücke:* CJB hatte sich vom 17.–20. November 1943 in Berlin aufgehalten. (Siehe Anmerkung 1 zum Brief vom 19. 11. 1943.)
2] ἰδοὺ ἀφίεται ὑμῖν ὁ οἶκον ὑμῶν: »Siehe, euer Haus soll euch wüst gelassen werden.« (Matthäus 23, 38).
3] *die furchtbare Stelle von dem Feigenbaum:* ἀπὸ μακρόθεν. »Und sah einen Feigenbaum von ferne, der Blätter hatte; da trat er hinzu, ob er etwas darauf fände. Und da er hinzu kam, fand er nichts denn nur Blätter, denn es war noch nicht Zeit, daß Feigen sein sollten.« (Markus 11, 13). »Und Jesus antwortete und sprach zu ihm: Nun esse von dir niemand eine Frucht ewiglich! Und seine Jünger hörten das.« (Markus 11, 14).
4] *Und am nächsten Tag:* »Und am Morgen gingen sie vorüber und sahen den Feigenbaum, daß er verdorret war, bis auf die Wurzel.« (Markus 11, 20).
5] *Das regelfeindliche:* καὶ ἔλεγεν αὐτοῖς. »Und er sprach zu ihnen: Der Sabbath ist um des Menschen willen gemacht, und nicht der Mensch um des Sabbaths willen.« (Markus 2, 27).

6] *Das aufs Äußerste getriebene des Ausdrucks (Lukas 12, 51, 52, 53):*
Lukas 12, 51: »Meinet ihr, daß ich hergekommen bin, Frieden zu bringen auf Erden? Ich sage: Nein; sondern Zwietracht.«
Lukas 12, 52: »Denn von nun an werden fünf in e i n e m Haus uneins sein; drei wider zwei, und zwei wider drei.«
Lukas 12, 53: »Es wird sein der Vater wider den Sohn, und der Sohn wider den Vater; die Mutter wider die Tochter, und die Tochter wider die Mutter; die Schwiegermutter wider die Schnur, und die Schnur wider die Schwiegermutter.«
7] *oder: εἴ τις ἔρχεται πρός:* »So jemand zu mir kommt, und hasset nicht seinen Vater, Mutter, Weib, Kinder, Brüder, Schwestern, auch dazu sein eigen Leben; der kann nicht mein Jünger sein.« (Lukas 14, 26).
8] *Prozeßakten:* ›Jeanne d'Arc. Die Akten der Verurteilung‹, übertragen 170
und eingeleitet von Jos. Bütler, Benziger Verlag, Einsiedeln und Köln 1943.
9] *Ihrem Bruder:* Jost Dieter Rudolf von Balthasar (geb. 1913), Jurist. 172

13.5.1944
1] *hier ein merkwürdiges Kriegsleben:* am Internationalen Komitee vom 172
Roten Kreuz (I.K.R.K.).
2] *in dem großen Hause:* Der Brief wurde am Sitz des I.K.R.K. geschrieben. 173
3] *Deinen Sohn:* Walter Friedrich Neeff (1924–1944, gefallen).
4] *auf den Schönenberg:* Das Landgut des Großvaters (siehe Anmerkung 4 zum Brief vom 18.6.1908). 174
5] *Dr. Gall:* Franz Josef Gall (1758–1828), deutscher Arzt, der behauptete, alle charakterlichen Merkmale des Menschen seien an der Schädelform ablesbar. Seine Theorie der ›Phrenologie‹ erfreute sich im 19. Jahrhundert großer Beliebtheit.
6] *bei meinem Aufenthalt:* Im November 1943, beim Rückflug aus Berlin, wo CJB für das I.K.R.K. mit Vertretern des deutschen Roten Kreuzes und der Regierung wegen der Behandlung der englischen Kriegsgefangenen zu vermitteln suchte.
7] *meine beiden Mädchen:* CJBs Töchter Henriette und Sabine.
8] *Luke:* Luise Vöchting-Oeri (siehe Verzeichnis der Briefempfänger).
9] *Christians Musikalität:* Luise Vöchting-Oeris Sohn Christian Vöchting wurde Dirigent, längere Zeit in erster Position am Stadttheater Zürich.

Juni 1944 *(Vorlage für die Übersetzung ins Englische)*
1] *der Brief:* In ihrem Brief aus Algier vom 28. Mai 1944 berichtet Lady 175
Diana von der Ankunft in der provisorischen Hauptstadt, wo ihr Mann Botschafter Großbritanniens bei der Regierung des Freien Frankreich

geworden war. Lyrisch beschrieb sie die nordafrikanische Küste, von der schon Homer sprach, die Tierwelt, sowie ihre nähere Umgebung. »Eve« ist die Gesellschafterin, der »junge Herr in Eton« der Sohn Lady Dianas, John Julius (geb. 1929).

2] *mit welcher ich damals:* Bezieht sich auf einen Ausflug mit Lady Diana nach Burgund, anläßlich eines Aufenthaltes CJBs in Genf (September 1938).

3] *Avallon:* liegt zwischen Auxerre und Beaune.

176 4] *Bekassine:* Vogel der Gattung Sumpfschnepfe.

Sommer 1944 *(Vorlage für die Übersetzung ins Englische)*

176 1] *sehr gerne nach Nordafrika kommen:* Lady Diana Cooper, die sich seit Januar 1944 in Algier befand, hatte CJB in einem nicht datierten Brief aufgefordert, sie in Nordafrika zu besuchen.

2] *erzählt man, Ormuzd habe Ariman:* Mit diesen Begriffen aus der altpersischen zoroastrischen Religion verspottet CJB den Decknamenfimmel der Geheimdienste, die die Tätigkeiten einer der letzten Organisationen über den Fronten, wie es das Internationale Komitee vom Roten Kreuz war, bespitzelten. An die Gattin des mit Churchill eng befreundeten Duff Cooper richtet er die Anspielung auf »Friedensvorschläge«, da gerade gewisse Korrespondenten des Intelligence Service CJB bei seinem einzigen Aufenthalt in England während des Krieges, im November 1941, unterstellt hatten, deutsche Verhandlungsprojekte vorbringen zu wollen.

177 3] *auf Asien als auf Minnesota:* Lady Diana spielte in ihrem Brief auf die Möglichkeit an, Europa zu verlassen.

4] *die Raimunds:* Raimund, der auch mit Lady Diana befreundete Sohn Hugo von Hofmannsthals, war in die Vereinigten Staaten gezogen. 1906 geboren, starb er kurz nach dem Tode CJBs, dem er sehr zugetan war.

5] *Vor den französischen Frauen:* Es stand fest, daß Duff Cooper nach der Befreiung Frankreichs Botschafter in Paris werden sollte. Lady Diana hatte CJB dazu geschrieben, daß sie sich in Paris »uncouth, untaught« usw. fühlen werde.

6] *»uncouth, untaught, ungroomed, witless«:* ungeschlacht, ungebildet, unerzogen, ohne Geist.

7] *Desinvoltura:* unbefangene Haltung, freies Wesen.

8] *von der Familie ihres Freundes Noel Coward:* Noel Coward (1899–1973), englischer Schauspieler und Verfasser geistreicher Komödien.

9] *Welt der Mrs. Miniver:* ›Mrs. Miniver‹, im England des Bombenkriegs spielender amerikanischer Film von William Wyler mit den Hauptdarstellern Greer Garson und Walter Pidgeon (1942) nach dem gleichnamigen Roman von Jan Struther (Pseudonym für Joyce Anstruther).

10] *kleinen breiten Wagen:* Hier greift CJB, dessen Englischkenntnisse beschränkt waren, eine Briefstelle auf, in der Lady Diana von Fahrten in einem »small bright car« spricht.

11] *über Singapur und das Landleben:* Der Brief, in dem Lady Diana über ihren Aufenthalt in Singapur, wo ihr Mann im Herbst 1941 Großbritannien vertrat, und über ihre darauffolgenden Jahre in England berichtete, ist verschollen.

12] *jugoslawische Melusine:* Nicht ermittelt.

13] *Pamela:* Junge Freundin Lady Dianas, die CJB in Genf kennengelernt hatte.

14] *Francis Bacon:* (1561–1626), Philosoph und Kanzler König Jacobs I.

15] *Joyce:* James Joyce (1882–1941), englisch-irischer Schriftsteller; der Erneuerer des Romans (›Ulysses‹, 1921) verbrachte auch mehrere Jahre in Zürich, wo er sich als Englischlehrer durchschlug und 1941 starb.

16] *Diana Praetoris cuiusdam uxor, gratia plena:* Diana, Gattin eines gewissen Verwesers der Staatsgewalt, voll der Gnaden.

17] *Massigli:* René Massigli (geb. 1888), bedeutender französischer Diplomat, u. a. Botschafter in Ankara. Stieß 1943 zu General de Gaulle in London. 1945 Mitglied der Kommission zur Vorbereitung der UNO. Später Generalsekretär am Quai d'Orsay

18] *peremtorisch:* keinen Einspruch zulassend.

19] *Ouchy:* Quartier am See unterhalb von Lausanne.

8.9.1944

1] *Ihre Einleitung:* Max Huber ›Völkerrechtliche Grundsätze, Aufgaben und Probleme des Roten Kreuzes‹. Einführung zum ersten Jahrbuch für Internationales Recht der schweizerischen Vereinigung für Internationales Recht, 1944.

2] *J.W.C.:* Der Jewish World Congress, der mit dem Komitee vom Internationalen Roten Kreuz in Verbindung stand.

3] *Herrn Reinhart:* CJB hielt sich im Lilienberg, dem Ermatinger Haus Werner Reinharts, des Winterthurer Mäzens vieler Schriftsteller und Dichter (Kassner, Rilke usw.), auf.

4] *Bücherbesprechung:* Von CJB wurde 1944 keine Buchbesprechung veröffentlicht. Im Monat September dieses Jahres erschien hingegen der Aufsatz ›Eidgenössisches Dasein‹ (›Winterthurer Tagblatt‹, 23. September 1944; auch in ›Gesammelte Werke‹, Band 5, S. 375ff.).

5] *Schwabs Sagen des Klassischen Altertums:* Gustav Schwab ›Die schönsten Sagen des klassischen Altertums‹. Über CJBs jugendliche Eindrücke von diesem Buch vgl. ›Memorabilien‹ S. 39.

6] *den Kratern:* Vulkankrater im Gebiet des Hegau, nordwestlich des Bodensees.

7] *Lemuren:* Im altrömischen Mythos die Seelen der Abgeschiedenen.

8] *sechste Arbeit des Herakles:* Der Kampf gegen die Raubvögel am See Stymphalos in Arkadien.

17. 12. 1944

1] *Sie haben unendlich viel verloren:* Emmy Weidenmann, die Lebensfreundin Rosa Glausers, starb am 14. Dezember 1944 in Rosa Glausers Heim.

2] *Marktgasse:* in Bern.

3] *Schwarztorstraße:* in Bern.

4] *Célestine:* Coelestine Righini (siehe Anmerkung 1 zum Brief vom 1. 10. 1919).

5] *Banderet:* Lehrer am Landerziehungsheim Glarisegg (siehe ›Memorabilien‹ S. 101).

6] *Zubi:* Werner Zuberbühler (siehe Anmerkung 1 zum Brief vom 22. 4. 1908).

7] *Ernst Gagliardi:* Siehe Verzeichnis der Briefempfänger.

17. 1. 1946

1] *Du rechnest nicht mit dem Respekt:* In ihrem Brief vom 2. 1. 1946 gibt Mabel Zuppinger ihr Erstaunen darüber kund, daß ihr CJB einige Wochen früher das »Du« angeboten hatte.

2] *Lutry und Hombrechtikon:* größere Dörfer in der französisch- respektiv deutschsprachigen Schweiz.

3] *Annette Kolb:* Zu diesem Aufenthalt der Schriftstellerin (siehe Verzeichnis der Briefempfänger) in Paris vgl. auch den Brief an Max Rychner vom 9. 2. 1946 in ›Carl J. Burckhardt – Max Rychner Briefe 1926–1965‹ S. 101.

28. 1. 1946 *(Durchschlag eines Typoskripts)*

1] *Koenig:* General Marie Pierre Koenig (1898–1973), französischer Heerführer, kämpfte während des Zweiten Weltkrieges in Nordafrika. 1945–1949 Oberbefehlshaber der französischen Truppen in Deutschland und Mitglied des Kontrollrates.

2] *das wahrhaft tragische Schicksal Despiau's:* Charles Despiau (1874–1946), bedeutender französischer Bildhauer.

3] *Breker:* Arno Breker (geb. 1900), deutscher neoklassizistischer Bildhauer, von Hitler sehr geschätzt und gefördert. Seine Monumentalskulpturen an Repräsentationsbauten wurden im Zweiten Weltkrieg meist zerstört.

4] *Dein Mann:* Paul Sacher (geb. 1906), schweizerischer Dirigent, Gründer und Leiter des Basler Kammerorchesters und Mitbegründer der Schola Cantorum Basiliensis. Interpret und Förderer bedeutender zeitgenössischer Musik.
5] *Poulenc:* Francis Poulenc (1899–1963), französischer Komponist. Komponierte in neoklassizistischem Stil Lieder, Klavier-, Kirchen- und Filmmusik.
6] *Lipatti:* Dinu Lipatti (1917–1950), rumänischer Pianist. (Siehe ›Dinu Lipatti‹ in ›Begegnungen‹, 1968.

15. 3. 1946 *(Durchschlag eines Typoskripts)*
1] *Ihr Brief:* In seinem Schreiben vom 2. März 1946 bezieht sich Dr. Bally auf Kommentare CJBs zur Haltung der Schweiz gegenüber dem besiegten Deutschland.
2] *»Sagt es niemand, nur den Weisen«:* Anfang des Gedichts ›Selige Sehnsucht‹ aus dem ersten Buch, ›Moganni Nameh. Buch des Sängers‹, von Goethes ›West-östlichem Divan‹.
3] *In einem Wald:* Siehe in ›Begegnungen‹ Kapitel ›Pilecki‹ und ›Gesammelte Werke‹ Band 5, S. 282 ff.
4] *›Ein Vormittag beim Buchhändler‹:* Erstmals in Sammlung Klosterberg, Verlag Benno Schwabe & Co., Basel 1943. Auch in ›Betrachtungen und Berichte‹, 1964, und in ›Gesammelte Werke‹ Band 5, S. 195 ff.

März 1946 *(Kopie eines handschriftlichen Briefes)*
1] *Dr. Bally:* Gustav Bally (siehe Verzeichnis der Briefempfänger)
2] *›Die Wandlung‹:* Die unter Mitwirkung von Karl Jaspers, Marie-Luise Kaschnitz und Alfred Weber von Dolf Sternberger herausgegebene Zeitschrift erschien 1945–1949 in acht Folgen bei Verlag Lambert Schneider, Heidelberg.
3] *fast drei Jahre lang:* CJB bezieht sich auf seine Tätigkeit als Hoher Kommissar des Völkerbundes in der Freien Stadt Danzig 1937–1939.
4] *den [...] gerichteten Vorgang:* Auslassung in der Abschrift.

17. 4. 1946
1] *mit Ihren freundlichen Zeilen:* Brief vom 7. April 1946 (abgedruckt in ›Wilhelm Furtwängler, Briefe‹, F. A. Brockhaus, Wiesbaden 1962); Furtwängler drückt sich darin bewundernd über CJBs Werke aus.
2] *Gelegenheitsarbeiten:* Die historischen und literarischen Publikationen.
3] *Danziger Bresche:* Pro memoria: CJB nahm 1937 die Ernennung auf den Posten des Hohen Kommissars des Völkerbundes in Danzig an. Von 1939 bis 1945 war er im Internationalen Komitee vom Roten

Kreuz in leitender Stellung tätig. 1945 wurde er Schweizer Gesandter in Paris.

16. 5. 1947 *(Durchschlag eines Typoskripts)*
195 *Ihr Buch:* Wilhelm Röpke ›La Communauté internationale‹, Le Cheval Ailé, Genève 1947.

13. 2. 1948
197 1] *Dietrich Schindler:* (1880–1948). Mit dem am 10. Januar verstorbenen Neffen Max Hubers, Dietrich Schindler, Ordinarius für öffentliches Recht an der Universität Zürich, ab 1940 Präsident des Verwaltungskomitees der Neuen Zürcher Zeitung, war CJB seit den späten zwanziger Jahren freundschaftlich verbunden gewesen.

2] *Gandhis Ermordung:* Mahatma Gandhi wurde am 30. Januar 1948 von einem fanatischen Hindu erschossen.

3] *Meine kurze Reise durch Deutschland:* CJB fuhr in den ersten Februartagen durch das Rheinland, wo er mehrere Freunde besuchte.

4] *Cardinal-Erzbischof:* Joseph Frings (1887–1977), Erzbischof von Köln seit 1942. Er betreute seit 1948 das deutsche Flüchtlingswesen.

5] *Oberbürgermeister:* Dr. Hermann Pünder (1888–1976), November 1945 bis April 1948 als Nachfolger Adenauers Oberbürgermeister von Köln, Mitbegründer der CDU. Zuvor hoher Regierungsbeamter; 1926–1932, bei Wilhelm Marx und Heinrich Brüning, Staatssekretär der Reichskanzlei.

6] *In Aachen:* Zu der merkwürdigen Begegnung im Dom vgl. in ›Betrachtungen und Berichte‹ Kapitel ›Karl Blechen‹ (S. 265) und ›Carl J. Burckhardt – Max Rychner Briefe 1926–1965‹ S. 119 (Brief an Max Rychner vom 25. 2. 1948).

198 7] *Memling:* Hans Memling (um 1433–1494), niederländischer Maler.

8] *Wyden:* Der Landsitz von Max Huber im Kanton Zürich.

9] *eine internationale Funktion verlassen:* CJB bezieht sich auf seinen Rücktritt von der Präsidentschaft des I. K. R. K. (effektiv am 20. 2. 1948). Da sich seine Tätigkeit als Schweizer Gesandter in Paris, die ursprünglich nur ein oder zwei Jahre dauern sollte, verlängerte, erwies es sich für ihn als unmöglich, weiterhin sein Mandat an der Spitze des Roten Kreuzes gleichzeitig auszuüben.

1. 2. 1949
Zu diesem Brief vgl. den autobiographischen Text von CJB ›Musik. Erinnerungen‹ in der Reihe ›Die kleinen Bücher der Arche‹ Nr. 490/91, Verlag Die Arche, Zürich 1969, sowie in ›Gesammelte Werke‹ Bd. 4, S. 238 ff.

1] *Ihr Werk:* Willy Burkhards Oratorium ›Das Gesicht Jesaias‹ wurde am 22. Januar 1949 in Paris aufgeführt.
2] *Sacher:* Paul Sacher (siehe Anmerkung 4 zum Brief vom 28. 1. 1946).
3] *Pazifik:* Der in Frankreich ansässige Schweizer Komponist Arthur Honegger (1892–1955) schrieb 1924 das Orchesterstück ›Pacific 231‹.

9. 2. 1949
1] *Ihr schöner inhaltsreicher Brief:* In seiner Antwort vom 6. Februar auf CJBs Schreiben vom 1. Februar berichtete Willy Burkhard eingehend über die Schwierigkeit, im zwanzigsten Jahrhundert Kriterien zur Beurteilung zeitgenössischer Musik zu finden.
2] *Gides Buch über Chopin:* ›Notes sur Chopin‹, L'Arche, Paris 1948. Die von CJB zitierte Stelle: S. 75.
3] *als Beamter der Eidgenossenschaft:* CJB war 1918 bis 1922 Gesandtschaftsattaché in Wien. (Siehe ›Memorabilien‹ das Kapitel ›Wien‹ S. 221ff.)
4] *Wilhelm Müller-Hofmann:* Siehe Anmerkung 2 zum Brief vom 1. 8. 1920.
5] *Grete Wiesenthal:* (1885–1970), österreichische Tänzerin und Choreographin. Choreographierte 1930–1959 für die Salzburger Festspiele. Befreundet mit und gefördert von Hugo von Hofmannsthal.
6] *Hauer:* Joseph Matthias Hauer (1883–1959), österreichischer Komponist und Musiktheoretiker. Entwickelte unabhängig von Schönberg die Grundlagen eines Zwölftonsystems.
7] *Thomas von Aquin:* Das zitierte Wort nach Platon.
8] *Athman:* Gides mohammedanischer Freund; siehe S. 63 in Gides Buch ›Notes sur Chopin‹, L'Arche, Paris 1948.
9] *›Dr. Faustus‹:* Thomas Manns Roman ›Doktor Faustus. Das Leben des deutschen Tonsetzers Adrian Leverkühn erzählt von einem Freunde‹ erschien erstmalig 1947 im Bermann-Fischer Verlag, New York und Stockholm.
10] *Hadith:* Sammlung von Mohammed zugeschriebenen Sprüchen und Erzählungen.
11] *Morgenstreich:* Auftakt der Basler Fastnacht montagmorgens um 4 Uhr, eingeleitet mit Trommeln und Piccolopfeifen.

12. 4. 1949 *(Durchschlag eines Typoskripts)*
1] *Glarisegg:* Landerziehungsheim Schloß Glarisegg (siehe Anmerkung 1 zum Brief vom 22. 4. 1908).
2] *»Quasi naturalis invidia«:* Ein gleichsam natürlicher Neid.

11. 5. 1949

207 1] *Ihrem Brief, den Gedichten und dem Aufsatz:* Seinem Brief vom 26. April 1949 legte Albrecht Goes seinen Gedichtband ›Die Herberge‹, Suhrkamp Verlag, Berlin 1947 und seinen Aufsatz ›Über die Milde‹ (in ›Von Mensch zu Mensch‹, Suhrkamp Verlag vorm. S. Fischer, Frankfurt a. M. 1949) bei.

2] *bemühe ich mich, frei zu werden:* CJB hatte die Absicht, sich aus dem öffentlichen Dienst zurückzuziehen. Tatsächlich verließ er am Ende des Jahres 1949 seinen Posten als Schweizer Gesandter in Paris.

3] *Sie sind Schwarzwälder:* Albrecht Goes, geboren 1907 in Langenbeutingen in Württemberg, ist Schwabe.

4] *auf den Höhen des Blauen und des Feldberges:* Siehe ›Memorabilien‹ S. 70.

5] *Gesang jenes Windes in den Föhrenkronen:* Zeilen aus dem Gedicht ›In der Fremde bei Nacht‹:
»Und ich horche, und ich höre
Meines Schwarzwalds dunklen Ton«.

6] *- Endlich - die Töchterlein schlafen:* Anfang des Gedichts ›Gleich hinter Weihnachten‹:
»Endlich, die Töchterlein schlafen,
Die Älteste redet im Traum
Da entzünde ich - keiner sieht es -
Noch einmal die Kerzen am Baum.«

208 7] *Wilhelm der Schweiger:* Wilhelm I. von Oranien, Graf von Dillenburg (1533-1584).

8] *Zweite Frau:* Prinzessin Anna von Sachsen.

9] *Jurist, Flüchtling aus Antwerpen:* Jan Rubens.

10] *Seine eheliche Frau:* Marie Pypelinx, Tochter eines Teppichwebers. Zwei Jahre lang kämpfte sie um Leben und Freiheit ihres Mannes. Vier Jahre nach dessen Entlassung aus dem Gefängnis in Dillenburg wurde 1577 Peter Paul Rubens in Siegen geboren.

11] *Alexander:* 356-326 v. Chr.

12] *Mutter des Darius:* Sisygambis. Nach der Schlacht von Issus (333) fiel sie in Alexanders Gewalt. Dieser sandte ihr 330 den Leichnam des von seinen eigenen Leuten ermordeten Darius, damit sie ihn in der Grabstätte der persischen Könige in Persepolis beisetzte. Alexanders Tod betrauernd, fastete Sisygambis fünf Tage lang und starb.

22. 7. 1949

208 1] *do mues öppis gscheh . . . :* da muß etwas geschehen! Was ist er? hat er eine Stelle? Das geschieht ihm recht! Was braucht der!

209 2] *Brösmeligeist:* Brosamengeist = Kleinkrämergeist.

3] *Füdli:* Hinterteil.

4] *Riencourt:* Zeitweiliger Wohnsitz CJBs oberhalb von Rolle am Genfersee in Bougy-Villars.
5] *Frontenex:* Wohnsitz CJBs in Cologny bei Genf während dessen Tätigkeit am I. K. R. K.
6] *Bastide:* La Bastide du Roi bei Biot, Sommersitz der Polignacs, wo Burckhardts die Sommerferien 1947 und 1948 verbrachten.
7] *J.J. Bachofen:* Johann Jakob Bachofen (1815–1887), Basler Rechtshistoriker und Altertumsforscher, Entdecker des Mutterrechts. 211
8] *Meyer-Ochsner:* Heinrich Meyer-Ochsner (1802–1871), Numismatiker, Direktor des Münzkabinetts der Stadtbibliothek Zürich. Der erwähnte Brief ist im Nachlaß H. M.-O.s enthalten unter der Nr. Ms. M. 55.7 in der Zentralbibliothek Zürich.
9] *Ottonim:* Jagdgebiet, das die Freie Stadt Danzig 1937–1939 dem Hohen Kommissar des Völkerbundes, CJB, zur Verfügung stellte.
10] *Godiches Tod:* Godiche, Pferd, das Franz von Muralt gehörte.
11] *ja ja Champagner suffe ...:* ja ja Champagner trinken, mit dem 212 Chauffeur durchs Land fahren! Was braucht der solch ein Haus, wenn man schon am Geldpumpen ist, so zieht man in zwei Zimmer etc.

7. 9. 1949
großes unvergessliches Naturbild: Robert Käppelis Jagdgebiet ›Radurschl‹ 212 in Tirol.

19. 9. 1949
1] *der schöne Wydenertag:* Während eines Aufenthaltes in der Schweiz 214 verbrachte CJB auch einen Tag und eine Nacht im Hause Max Hubers zu Wyden (Zürich).
2] *das gespensterhafte Betten:* »Betten« = Schweizermundart für Bettenmachen. Als Max Huber CJB ins Gästezimmer führte, sahen die beiden, daß das Bett, auf welchem sich ein Pyjama befand, nicht bereit war. Also suchten sie nach Laken, nach Überzügen und machten sich ans »Betten«. Am nächsten Morgen stellte sich heraus, daß sich im selben Zimmer ein zweites, schon bereitetes Lager befand.
3] *stehen die Rembrandts:* Max Huber zeigte seinen Gästen gerne seine Sammlung von Zeichnungen, Radierungen und Lithographien. Darunter befanden sich einige Werke Rembrandts.

29. 12. 1949
1] *mit ihren Geschwistern:* Germaine, verehelichte Stockberg, (gest. 215 1949) und Paul, Oberstleutnant (gest. 1965).
2] *mit meiner Mutter:* CJBs Mutter war am 19. Dezember 1949 in Basel gestorben.

216 3] *Hauskauf in Versailles:* Schließlich mieteten Burckhardts in Versailles für einige Zeit ein Haus.

4] *Jacques Dumaine:* französischer Diplomat (1945–1951), Protokollchef des Außenministeriums. Verfasser von ›Quai d'Orsay‹ (René Julliard, Paris 1955), wo auch CJB mehrfach erwähnt ist.

8.3.1950

216 1] *Deine schönen Aufzeichnungen:* Unveröffentlichter familiengeschichtlicher Text.

217 2] *Deiner verehrten, hochbetagten Mutter:* Georgine Oeri-Sarasin (1860–1950).

3] *Tante Sephy:* Sophie Burckhardt (1836–1917), Schwester von CJBs Vater Carl Christoph Burckhardt. Verheiratet mit dem Ingenieur Rudolf Merian (1823–1872).

4] *Mamas Eintreffen:* CJBs Mutter stammte aus Genf. (Siehe Anmerkung 2 zum Brief vom 18.6.1908.)

29.6.1950

218 1] *Kloten:* Flughafen von Zürich.

2] *Pic:* Burckhardts ältere Tochter Henriette.

3] *St. Chamant:* Jean Couderc de Saint Chamant, französischer politischer Beobachter.

4] *Massenmorden:* Während des Koreakrieges befürchtete man einen eventuellen Vorstoß der Sowjetunion in Europa.

5] *Shri Ramana Maharshi:* Maharishi (1879–1950), indischer Heiliger. (Siehe Heinrich Zimmer, ›Der Weg zum Selbst‹.)

219 6] *Atman:* (Sanskrit) Der Atem, das Selbst, die Seele.

7] *Maja:* (Sanskrit) Die Kraft, durch die das Göttliche den Menschen daran hindert, durch seine Wesenseinheit mit dem All bewußt zu werden.

8] γνῶθι σεαυτόν: Erkenne dich selbst (siehe Anmerkung 1 zum Brief vom 29.4.1908).

9] σῶμα, ψυχή, πνεῦμα: Körper, Seele, Geist.

10] πνεῦμα: Pneuma, eigentlich »das Wehen« (des Geistigen).

11] *Flat ubi vult:* Weht, wo er will.

220 12] *Ella:* Die Gattin Fritz Gublers, geb. Corti.

13] *Regula:* Tochter Fritz Gublers.

14] *Hoher Gast:* Bundespräsident Theodor Heuss.

8.8.1950

220 1] *französischen Gedichte:* ›Das trunkene Schiff‹, Gedichte in der Übertragung von Wilhelm Hausenstein, 1950.

2] *Arthur Rimbaud:* (1854–1891), französischer Dichter. Er verwandte in seinen Gedichten als erster den ›vers libre‹.

3] *Stéphane Mallarmé:* (1842–1898), französischer Dichter, neben Verlaine ein führender Vertreter des Symbolismus.
4] *um einer Pflicht zu genügen:* Hausenstein wurde nach dem Zweiten Weltkrieg der erste Vertreter der Bundesrepublik Deutschland in Frankreich. (Siehe Verzeichnis der Briefempfänger.)

24. 8. 1950
(Veröffentlicht in ›Gesammelte Werke‹ Band 6)
1] *Friedrich Naumann:* (1860–1919), Politiker und evangelischer Pfarrer, Vorsitzender der Deutschen Demokratischen Partei. Die ihm 1937 von Theodor Heuss gewidmete Biographie erschien 1950 neu im Rainer Wunderlich Verlag Hermann Leins, Tübingen.
2] *Charles Péguy:* (1873–1914), französischer Dichter und Sozialist, später Verfechter eines katholisch-mystischen Traditionalismus und Nationalismus. Von erheblichem Einfluß auf das geistige Frankreich am Vorabend des Ersten Weltkrieges. Fiel in der Marneschlacht.
3] *in Ihrer Ansprache:* Rede von Theodor Heuss, gehalten auf der Kundgebung der Notgemeinschaft der deutschen Wissenschaft, im Plenarsaal des Deutschen Bundestages, am 4. August 1950.
4] *Atomphysiker:* Werner Heisenberg.
5] *Freundes Gubler:* Friedrich Traugott Gubler, siehe Verzeichnis der Briefempfänger.

27. 1. 1951
1] *UNESCO-Kommission:* Die ›Commission internationale pour une histoire du développement scientifique et culturel‹ wurde 1950 von der UNESCO-Generalversammlung mit der Herstellung einer Weltgeschichte beauftragt. CJB, der bereits seit 1947 an den vorbereitenden Sitzungen teilgenommen hatte, war 1950 bis 1952 neben Julian Huxley einer der beiden Vizepräsidenten der Kommission, die 1951 vom amerikanischen Historiker Ralph E. Turner, 1952 vom Brasilianer Paulo Z. de Berrêdo Carneiro geleitet wurde. 1952 zog sich CJB zurück.
2] *ein Prof. Turner:* Ralph E. Turner war Professor an der Yale University.
3] *Julian Huxley:* Sir Julian Sorell Huxley (1887–1977), englischer Biologe und Schriftsteller. Er präsidierte 1946 bis 1948 die neugegründete UNESCO.
4] *Hollerith-Maschine:* Eine von Heinz Hollerith erfundene Lochkartenmaschine.
5] *Thomas-Henry Huxley:* (1825–1895), englischer Anatom und Physiolog, der die Deszendenztheorie Darwins vertrat und u. a. den Begriff »Agnostizismus« prägte.

6] *new deal:* »neue Austeilung« (beim Kartenspiel). F. D. Roosevelt wollte mit einer neuen Politik die wirtschaftliche Krise der USA während den dreißiger Jahren überwinden. Aber Produktionsbeschränkung und Kaufkraftsteigerung durch Arbeitsbeschaffung d. h. Produktionsausweitung standen einander gegenüber, und der New Deal blieb ein Fehlschlag. Politisch war er insofern erfolgreich, daß er eine strukturelle Änderung des amerikanischen Gesellschaftsgefüges (moderner Sozialstaat) brachte.

7] *Siegfriedschüler:* Schüler des französischen Soziologen und Historikers André Siegfried (1875–1959).

8] *Quetzalcoatl:* Priesterfürst zur Zeit der Azteken, der als Gott verehrt wurde.

9] *Torres-Bodet:* Jaime Torres Bodet (geb. 1902), mexikanischer Dichter, Schriftsteller und Romanist. Er war Präsident der UNESCO von 1948–1952.

10] *Benedetto Croce:* (1866–1952), italienischer Philosoph, Historiker und liberaler Politiker.

11] *»agnus dei qui tollis peccata mundi«:* »Lamm Gottes, das du hinwegnimmst die Sünden der Welt.« (Übersetzung Schott, Meßbuch)

12] *witzigsten aller Indienfahrer:* Schopenhauer lehnte das geschichtliche Christentum ab. Seine Philosophie mündet gedanklich in die buddhistische Erlösungslehre ein. (Volle Erlösung erreicht nur der Heilige, der den Willen zum Leben überhaupt verneint.)

10. 2. 1951

1] *Ihr wunderschönes Memoirenbuch:* ›Im alten Estland‹ K. F. Koehler Verlag, Stuttgart 1948.

2] *ein einziges Mal, im September 1939:* Bei Kriegsausbruch verließ CJB Danzig, um sich über die baltischen Staaten und Schweden in die Schweiz zurückzubegeben.

3] *unvergeßliche Reise:* Über die Fahrt in die Provence mit Hermann Graf Keyserling berichtete CJB, siehe ›Memorabilien‹ S. 320–337.

4] *Hermann Keyserling:* Hermann Graf Keyserling (1880–1946) stammte aus Livland. Philosoph, Kulturpsychologie (›Reisetagebuch eines Philosophen‹, 1919). Im Jahre 1920 gründete er in Darmstadt die ›Schule der Weisheit‹.

5] *Eduard von Keyserling:* Eduard Graf Keyserling (1855–1918) aus Kurland. Schilderte in seinen Romanen und Erzählungen vornehmlich die Welt des kurländischen Adels.

20. 9. 1951 *(in Abschrift überliefert)*
An Rudolf Alexander Schröder

1] *Gedichte ... in der mir zugedachten Nummer:* Rudolf Alexander Schröder ›Reisegruß‹, drei Gedichte in der anläßlich des 60. Geburtstages von CJB erschienenen ›Freundesgabe‹, Sondernummer der ›Neuen Schweizer Rundschau‹, 19. Jg., Heft 5, September 1951.

2] *Frau Rudolph:* Lucy Rudolph, siehe Verzeichnis der Briefempfänger.

3] *meiner älteren Tochter:* Henriette (Pic).

4] *Villa Guerrini:* Mit seinem Reisebegleiter Franz von Muralt, zeitweise auch mit Louis Micheli hielt sich CJB im Frühling 1922 in der Villa Guerrini, Trebbi antico bei Pesaro auf. Vgl. ›Hugo von Hofmannsthal – Carl J. Burckhardt Briefwechsel‹. Im Nachlaß fanden sich Reisenotizen ›Pesaro, Ancona‹ (UB Basel, C II e 1 J), ferner ›Villa Guerrini‹ (ebenda, C II d 74).

20. 9. 1951
An Fritz Gubler

1] *Musik hergezaubert:* Anläßlich seines 60. Geburtstages veranstaltete Frau Lucy Rudolph (siehe Verzeichnis der Briefempfänger) eine Feier für CJB. Bei dieser Gelegenheit »öffneten sich plötzlich die Doppeltüren und erklang Musik«. Fritz Gubler hatte das Winterthurer Quartett dazu veranlaßt, für den Jubilar zu spielen.

2] *Es war im Jahre 1919:* Siehe ›Erinnerungen an Wien 1918–1919‹ in ›Begegnungen‹, 1958, und in ›Gesammelte Werke‹ Band 4, S. 13 ff.

3] *die alte Fürstin Pauline Metternich:* Pauline Fürstin Metternich, geborene Sandor-Metternich (1836–1921), Enkelin des Staatskanzlers Clemens Metternich und Gattin von Botschafter Richard Metternich. Ihre gesellschaftliche Bedeutung im Paris Napoleons III., wo ihr Mann Österreich vertrat, und in Wien war überragend.

4] *Flucht:* Die Abdankung und Flucht des Staatskanzlers im Laufe der Revolution von 1848.

5] *seltsamer Nachfolger:* Napoleon III.

6] *an einem Februartag:* Laut ›Erinnerungen an Wien 1918–1919‹ (siehe oben) im Januar.

7] *Atelier eines alten Malers:* des Malers Adalbert Seligmann (1862–1936).

8] *Graf Wilczek:* Johann Nepomuk Graf Wilczek (1837–1922); renovierte das Schloß Kreutzenstein.

9] *die Wildbrandt-Baudius:* Die Hofschauspielerin Auguste Wildbrandt-Baudius (1843–1937).

10] *Sonnenthal:* Adolf von Sonnenthal (1834–1909), berühmter Schauspieler und Regisseur am Burgtheater.

11] *1836:* richtig 1844.

12] *Dein Aufsatz:* In der »Festnummer«, nämlich dem Sonderheft der ›Neuen Schweizer Rundschau‹ bei Anlaß von CJBs 60. Geburtstag

(›Neue Schweizer Rundschau‹, 19. Jg., Heft 5, September 1951). Die Beiträge: François Mauriac, ›Profil‹ – Rudolf Alexander Schröder, ›Reisegruß‹ – Ludwig Curtius, ›Mit sechzig Jahren‹ – Hans Bachmann, ›Carl J. Burckhardt im Internationalen Komitee vom Roten Kreuz im Weltkriege 1939–1945‹ – Bernard Barbey, ›Années françaises de C.-J. Burckhardt‹ – Friedrich T. Gubler, ›Zu Zitaten aus Carl J. Burckhardts Schriften‹ – Rudolf Kassner, ›Einige Worte über das Phantastische‹ – Max Rychner, ›Goethe und Sulpiz Boisserée‹ – Ernst Robert Curtius, ›Jorge Guillén‹ – Regina Ullmann, ›Ein Traum‹ – Walther Meier, ›Drei Leser‹.

13] *Dioskuren:* Die Herausgeber der ›Neuen Schweizer Rundschau‹, Walther Meier und Max Rychner (siehe Verzeichnis der Briefempfänger).

14] *Hans Bachmann:* Siehe Verzeichnis der Briefempfänger.

15] *Ella und Regula:* Frau und Tochter Fritz Gublers.

14. 10. 1951

1] *Adler:* Das Gasthaus zum Adler in Ermatingen am Bodensee (Untersee).

2] *Coelestine Righini:* Die Wirtin des Dorfgasthauses von Glarisegg in den zehner und zwanziger Jahren. CJB, der 1908–1911 als Schüler des Landerziehungsheimes Schloß Glarisegg im Wirtshaus von Frau Righini einkehrte, beschrieb diese später im Gespräch als eine kluge und energische Frau. (Siehe auch Anmerkung 1 zum Brief vom 1. 10. 1919.)

3] *Sterbezimmer der Königin Hortense:* im Schloß Arenenberg am Bodensee (Untersee). – Königin Hortense, die Gattin des Königs von Holland, Louis Bonaparte, und Mutter Napoleons III. lebte 1820–1837 »in dem alten Haus«.

4] *Mérimée:* Der mit Kaiserin Eugénie und Napoleon III. vertraute Schriftsteller Prosper Mérimée (1803–1870). Sein berühmtestes Werk: ›Carmen‹.

5] *Schroeder:* Rudolf Alexander Schröder (siehe Verzeichnis der Briefempfänger).

6] *Max:* Max Rychner (siehe Verzeichnis der Briefempfänger).

7] *Reinhart:* Werner Reinhart (1884–1951), Schweizer Großkaufmann in Winterthur; großzügiger Mäzen vieler Dichter, Musiker und Institutionen. Er besaß in Ermatingen das Landhaus ›Lilienberg‹.

31. 10. 1951

1] *Gottfried Benn:* (1886–1956), Dichter. Arzt in Berlin. Werke u. a. ›Morgue und andere Gedichte‹, 1912; ›Gehirne. Novellen‹, 1916; Essays; ›Statische Gedichte‹, 1945; ›Trunkene Flut‹ (Gedichte), 1949;

›Der Ptolemäer‹, 1949; ›Doppelleben‹ (Autobiographie), 1950; Gesammelte Gedichte 1912–1956.
2] *Rudy:* Rudolf Alexander Schröder (siehe Verzeichnis der Briefempfänger). 236
3] *Aus Ihrem Mittelalterbuch:* Das antiken Überlieferungen nachspürende Werk von E. R. Curtius ›Europäische Literatur und lateinisches Mittelalter‹, dessen französische Ausgabe (›La Littérature européenne et le Moyen-Age latin‹, Presses universitaires de France, Paris 1951) der Autor CJB gesandt hatte. 237
4] *Heinz Zimmer:* Heinrich Zimmer (1890–1943), Schwiegersohn Hugo v. Hofmannsthals.

Silvester 1951
Dieser an den Schulfreund Knuchel gerichtete Brief bezieht sich auf gemeinsame Erinnerungen an das Gymnasium in Basel, das CJB 1902–1908 besuchte. Die hier benutzten Übernamen gaben die Schüler ihren Lehrern. Vgl. Hans Gutzwiller ›Carl Jacob Burckhardts Basler Gymnasialjahre 1902–1908‹ in Band 80 der ›Basler Zeitschrift für Geschichte und Altertumskunde‹ 1980, wo nachfolgend die in Übernamen genannten Lehrer zum Teil identifiziert sind.
1] *Werner Zwicky:* (1864–1929) Lehrer für Französisch, Latein, Geographie und Religion am Gymnasium in Basel. 237
2] *Stramms manisch inspiriertes Spartiatentum:* Stramm war der Übername Dr. Carl Grobs, über dessen pathologische Aspekte CJB auch in den ›Memorabilien‹ berichtet (siehe S. 89).
3] *Vikterli, Räktärli:* Der Zoologe Rudolf Burckhardt (1866–1908). Vgl. ›Memorabilien‹ S. 91–93.
4] *μαίνομαι:* ich lerne. 238
5] *Knittel:* Der Schriftsteller John Knittel (siehe Verzeichnis der Briefempfänger).

25.3.1952 *(Durchschlag eines Typoskripts)*
1] *Kampftagen an der UNESCO:* Siehe Anmerkung 1 zum Brief vom 27.1.1951. 239
2] *einsame Nietzschereude:* CJB ›Frédéric Nietzsche en Suisse‹, Vortrag gehalten am 10. März 1952 in der Société de conférence de Monaco; diese veröffentlichte den Text 1955.
3] *Ihr Buch:* ›Mein Bild von Stefan George‹ Verlag Helmut Küpper vorm. Georg Bondi, München–Düsseldorf 1951.
4] *Stefan George:* (1868–1933). Werke u. a. ›Das Jahr der Seele‹, 1897; ›Der Teppich des Lebens‹ 1899; ›Der Siebente Ring‹ 1907; ›Der Stern des Bundes‹ 1914; ›Das Neue Reich‹ 1928. 240
5] *André Gide:* Siehe Anmerkung 13 zum Brief vom 29.1.1930.

6] *Bergson:* Henri Bergson (1859–1941), französischer Philosoph, propagierte die Lehre vom ›élan vital‹.

7] *Schelling:* Friedrich Wilhelm von Schelling (1775–1854), deutscher Philosoph des Idealismus.

8] *jener Nummer des Castrums:* Zeitschrift ›Castrum Peregrini‹ Amsterdam 1951, 4. Heft, darin (S. 7–29) der Aufsatz von Kurt Singer ›Die Spur einer Dichterbegegnung: George und Hofmannsthal‹.

9] *das Bild Frau Landmanns:* Edith Landmann (1877–1951) stand dem Kreis um Stefan George nahe (E. L. ›Gespräche mit Stefan George‹, Verlag Helmut Küpper vorm. Georg Bondi, München–Düsseldorf 1963).

10] *Ihren Bruder:* Der Archäologe Prof. Erich Boehringer (1897–1971), Präsident des Deutschen Archäologischen Instituts.

19. 7. 1952

Nürnberger Spezialforschung: CJB war daran, die letzte Hand an seine Betrachtung über ›Städtegeist‹ zu legen, die er am 9. August 1952 anläßlich der Säkularfeier des Germanischen Nationalmuseums in Nürnberg vortrug. (In: ›Gestalten und Mächte‹, 1961.)

18. 11. 1952

1] *mit Ihrem klaren, unbestechlichen Urteil:* Mündlicher Kommentar Hans Bachmanns zu dem eben im Manesse Verlag, Zürich, erschienenen Buch CJBs ›Drei Erzählungen‹ (›Die Höhle‹, ›R. W. Ein Bericht‹ und ›Jagd‹).

2] *Hülla:* In dem fragmentarisch gebliebenen ›Roman‹ läßt CJB auch seine Kinderfrau Sophie Jordan (»Hülla«) auftreten, von der er später in den ›Memorabilien‹ ein Bildnis gibt (S. 25–28). Im Nachlaß befinden sich, zum Romanfragment gehörend, zwölf handgeschriebene Blätter mit der Überschrift ›Besuch bei Hülla im Asyl‹, Anfang der fünfziger Jahre geschrieben (Nachlaßverzeichnis C II d 28).

3] *der guten Koskull:* Mussia von Koskull, geb. von Wolff, Übersetzerin (lettisch und russisch), arbeitete am I. K. R. K. und war zeitweilige Sekretärin CJBs. Cousine von Andreas Pilar, siehe Anmerkung 1 zum Brief vom 3. 12. 1920.

4] *eine mir bekannte Engländerin:* Lady Diana Cooper (siehe Verzeichnis der Briefempfänger).

5] *Herr Bäschlin:* Franz Bäschlin (1906–1975), Redaktor an der Winterthurer Tageszeitung ›Der Landbote‹.

19. 11. 1952

1] *daß Ihr vom Berg hinunter kamt:* R. A. Schröder und seine Schwester Dora waren am 7. November von ihrem Chalet in Bergen (Oberbayern) nach München gekommen, um bei einer Lesung CJBs aus seinen Werken anwesend zu sein.

2] *Deine beiden Studien:* Die hier erwähnten Aufsätze Schröders sind enthalten in: Rudolf Alexander Schröder ›Gesammelte Werke‹, Suhrkamp Verlag, Berlin und Frankfurt a. M. 1952.
CJB arbeitete an seinem größten Aufsatz über Schröder; E. R. Curtius sollte ihm dazu Materialien liefern. Es handelt sich um ›Rudolf Alexander Schröder zum 75. Geburtstag‹ im ›Merkur‹, Stuttgart, 7. Jg. 1953, Heft 60. Enthalten in: CJB ›Bildnisse‹, 1958.

3] *Dora:* Schwester von Rudolf Alexander Schröder.

4] *den Roman:* In früheren Jahren redigierter, bruchstückhafter Roman, den CJB in den ersten fünfziger Jahren wieder aufzunehmen gedachte (siehe Anmerkung 2 zum Brief vom 18. 11. 1952).

5] *drei Erzählungen dem Abschluß nahe:* Diese Erzählungen sind ›R. W. Ein Bericht‹, ›Jagd‹ und ›Wolfsjagd‹. Die ersten beiden erschienen zusammen mit ›Die Höhle‹, die aus dem frühen unvollendeten Roman ›Malters‹ stammt, 1952 im Manesse Verlag, Zürich. ›Wolfsjagd‹ wurde erst 1970 im gleichnamigen Band veröffentlicht, Verlag Die Arche Zürich.

6] *Gräfin Podewils:* Sophie Dorothee, Gattin von Clemens Graf Podewils, Schriftstellerin.

27. 11. 1952
1] *Rudy und Dora:* Rudolf Alexander Schröder und dessen Schwester.
2] *alle vier:* CJB, seine Gattin und ihre beiden Töchter.
3] *Ich sah immer alles nur so vorüberziehn:* Geburtshaus ›Auf Burg‹ am Münsterplatz in Basel; Elternhaus an der St. Alban-Anlage in Basel: das großväterliche Landgut Schönenberg in der Höhe über Pratteln (Kanton Baselland); wo CJB als Kind jeden Sommer und später jungverheiratet die Jahre 1926–1932 verbrachte; das sogenannte Kavaliershaus im Beckenhof, Zürich, in welchem er während seiner Studienjahre an der dortigen Universität 1916–1918 wohnte; den Burckhardtschen ›Ritterhof‹ bewohnte er zeitweilig mit seiner Mutter; im Gut Riencourt in Bougy-Villars über dem Genfersee weilte er im Sommer 1926; im Hause Micheli am Plateau de Frontenex, Genf, lebte er 1932–1937 und 1942–1945; im ehemaligen Palais Mackensen, wo das Hochkommissariat des Völkerbundes in Danzig untergebracht war, verbrachte CJB die Jahre 1937–1939; als Schweizer Gesandter in Paris bezog er das Palais Besenval an der Rue de Grenelle; ab 1950 bewohnte er den Sitz Montreuil in Versailles, bis er schließlich 1953 in den »*stabilen Wohnsitz*« La Bâtie in Vinzel über dem Genfersee zog. Das »*schöne und doch . . . mit Trauer belastete Haus*« Montreuil war für die 1794 hingerichtete Elisabeth de France, Schwester Ludwigs XVI., erbaut worden.

Geburtshaus am Münsterplatz siehe ›Memorabilien‹ S. 16, Ritterhof ebda. S. 29, Schönenberg ebda. S. 34, Beckenhof daselbst S. 188, Hochkommissariat Danzig ebda. S. 275.
4] *Roman:* Siehe Anmerkung 4 zum Brief vom 19. 11. 1952.
5] *Aufsatz Max Rychners:* ›Carl J. Burckhardt, Zu den Reden und Aufsätzen‹ in ›Arachne‹, Manesse Verlag, Zürich 1957.
6] *»Georginen«:* Der Kreis um Stefan George.
7] *Herr v. S.:* von Spanyi. (Siehe Anmerkung 5 zum Brief vom 24. 10. 1967.)

10. 12. 1952 *(Durchschlag eines Typoskripts)*
1] *Münchner Tage:* Tagung der Bayerischen Akademie der Schönen Künste im November 1952.
2] *des Heideggerschen Aufsatzes:* ›»... dichterisch wohnt der Mensch ...«‹ in ›Vorträge und Aufsätze‹, Günther Neske Verlag, Pfullingen 1954.

10. 1. 1953
Geschenk: Am 6. Januar 1953 sandte die Malerin Marguerite Ammann CJB eine lange, genaue Anweisung zur Aquarelliertechnik und zum Skizzieren von Bildern. Dazu angeregt wurde sie von CJBs Schwager, dem Architekten Hans Von der Mühll.

17. 1. 1953
1] *Geständnisse russischer Ärzte:* Am 13. 1. 1953 gab Moskau die Verhaftung von neun (schließlich 15) meist jüdischen Medizinprofessoren als »Mörder im weißen Kittel« bekannt, die sich als Teilnehmer an einem zionistischen Komplott des Terrors und der Spionage schuldig bekannt hätten. Die Ärzte wurden nicht hingerichtet und am 4. April, einen Monat nach dem Tod Stalins (5. 3. 1953), öffentlich rehabilitiert und ihre Geständnisse als erpreßt bezeichnet.
Die Selbstbezichtigungen des ehemaligen Generalsekretärs der KPČ, Rudolf Slánský, und seiner Mitangeklagten (erhängt 31. 12. 1952) als Agenten Titos, der imperialistischen Geheimdienste und des Zionismus waren der letzte Höhepunkt der Schauprozesse in den europäischen Volksdemokratien. Die beiden Ereignisse im Osten erinnern CJB an Schauprozeß und das Todesurteil gegen den Primas von Ungarn, Kardinal Joseph Mindszenty, der im Februar 1949, sichtlich unter dem Einfluß von Drogen, gestanden hatte, gegen sein Land konspiriert zu haben. Er wurde zu lebenslänglicher Haft verurteilt, dagegen László Rajk, Außenminister Ungarns, als imperialistisch titoistischer Agent am 15. 10. 1949 hingerichtet.
2] *Atomspione:* 1950 war ein Netz von spionierenden Wissenschaftlern

in England und den Vereinigten Staaten aufgedeckt worden (Rosenberg, Greenglass, Gold, Fuchs, Allan Nun May und Pontecorvo). Dieser Kreis ließ der Sowjetunion zahlreiche Angaben über den Bau der Atombombe zukommen. Die meisten Angeklagten wurden in England zu Gefängnisstrafen verurteilt. Das Ehepaar Julius und Ethel Rosenberg jedoch wurde nach Ablehnung der Gnadengesuche durch den Obersten Gerichtshof und Präsident Eisenhower, trotz großem Protest in Europa, am 19. 6. 1953 hingerichtet. David Greenglass, Bruder von Ethel Rosenberg, der Denunziant und Hauptbelastungszeuge gegen die Rosenbergs, war selbst der Spionage geständig und rettete sich durch diese Denunziation vor der Strafe. Die Zusammenarbeit der amerikanisch-englischen Atomforschung und Atomrüstung wurde nach diesen Prozessen eingestellt.

3] *Europagerede:* Seit 1949 ist Straßburg der Sitz des Europarates. CJB bezieht sich auf die Januarsession 1953 des Europarates, die am 7. 1. durch eine »Praekonstituante« eröffnet wurde. Das Haupttraktandum war nichts Geringeres als der Verfassungsentwurf für ein Vereinigtes Europa.

4] *die sensationelle Aufmachung der neusten Verhaftungen:* Nach amtlicher Mitteilung hatten die britischen Besatzungsbehörden am 15. 1. 1953 in ihrer Besatzungszone ein verschwörerisches Treffen ehemaliger Kader der NSDAP ausgehoben, darunter war der von Hitler testamentarisch als Nachfolger Goebbels' designierte Werner Naumann. Am selben Tag verhafteten die ostdeutschen Behörden ihren eigenen Außenminister, als Vertreter der Ost-CDU einziges nichtkommunistisches Regierungsmitglied der DDR, Georg Dertinger, als imperialistischen Spion.

5] *zu Gunsten alter bequemer, völlig negativer Leidenschaften:* Die internationale Kampagne gegen die Wiederbewaffnung der Bundesrepublik Deutschland nach deren Beitritt zum Atlantikpakt und zur geplanten europäischen Verdeidigungsgemeinschaft mobilisierte antifaschistische, antiamerikanische, pazifistische und, u. a. in Frankreich, nationale Emotionen.

5. 2. 1953
1] *B. V.:* Schweizerischer Bankverein.
2] *Profil:* Die ›Weltwoche‹ vom 9. 1. 1953 brachte in ihrer ständigen Rubrik ›Das Profil‹ einen Artikel über CJB, in dem er als dilettantischer Diplomat und abseitsstehender Schriftsteller bezeichnet wurde. Signiert »M. G.« = Manuel Gasser (1909–1979), 1933 Mitbegründer und bis 1957 Mitarbeiter dieser Zeitschrift, danach bis 1974 Chefredaktor von ›DU‹.
3] *B. R. Stampfli:* Walter Stampfli (1884–1965), Schweizer Politiker, 1940–1947 Bundesrat.

4] *Carl Koechlin:* (1889–1969), Basler Großindustrieller.
5] *Hausenstein:* Wilhelm Hausenstein (siehe Verzeichnis der Briefempfänger).
6] *PKZ:* Konfektionsgeschäft.
7] *»grand officier«:* CJB wurde 1949 mit dem Titel eines Grand officier der französischen Ehrenlegion ausgezeichnet.
8] *Heuss:* Theodor Heuss, siehe Verzeichnis der Briefempfänger.
9] *Petitpierre:* Max Petitpierre (geb. 1899), Schweizer Politiker, 1944–1961 Bundesrat. Stand als Leiter des Politischen Departementes in enger Verbindung mit CJB, den er bewogen hatte, die Schweiz in Paris zu vertreten (1945–1949).
10] *Andreas Heusler:* (1865–1940), Schweizer Germanist, Professor in Berlin und Basel. (›Nibelungensage und Nibelungenlied‹, ›Die altgermanische Dichtung‹, ›Deutsche Versgeschichte‹).
11] *Wölfflin:* Heinrich Wölfflin (1864–1945), Schweizer Kunsthistoriker. Nachfolger Jacob Burckhardts in Basel, später Professor in Berlin, München und Zürich. (›Renaissance‹, 1888; ›Klassische Kunst‹, 1898; ›Albrecht Dürer‹, 1905; ›Kunstgeschichtliche Grundbegriffe‹, 1915; ›Italien und das deutsche Formgefühl‹, 1931).

28. 2. 1953

Der schwarze Wagen mit dem guten, lieben Hans: Der mit CJBs Schwester Theodora (Dory) verheiratete Basler Architekt Hans Von der Mühll (geb. 1887) starb am 26. Februar 1953 plötzlich während eines Aufenthaltes bei Burckhardts in Versailles. Jan ist sein Sohn.

Frühjahr 1953 *(Durchschlag eines Typoskripts)*
1] *Rudolf Kassner:* Siehe Verzeichnis der Briefempfänger.
2] *Festschrift:* Daniel Bodmer und A. Cl. Kensik gaben 1953 im Eugen Rentsch Verlag, Erlenbach-Zürich, das ›Gedenkbuch‹ zum achtzigsten Geburtstag Rudolf Kassners heraus. Siehe dort CJBs Essay ›Über Rudolf Kassners Gespräch‹, S. 72.
3] *Fürstin Pauline Metternich:* Siehe Anmerkung 3 zum Brief an Fritz Gubler vom 20. 9. 1951.
4] *Dr. Paeschke:* Hans Paeschke (geb. 1911), 1936–1938 Redakteur der ›Neuen Rundschau‹, gründete 1946 mit Joachim Moras die Zeitschrift ›Merkur‹ und gab sie bis Ende 1978 heraus. 1963 erschien sein Buch ›Rudolf Kassner‹.

6. 7. 1953

1] *Lucy:* Frau Lucy Rudolph (siehe Verzeichnis der Briefempfänger).
2] *Vulpera:* Teil des schweizerischen Kurortes Schuls-Tarasp-Vulpera (Schwefel- und Eisenquellen) im Kanton Graubünden (Unter-Engadin).

3] *Tobler:* August L. Tobler (1871–1948) leitete u. a. während vieler Jahre die Versicherungsgesellschaft ›Zürich‹.
4] *Vittel:* Französischer Kurort (Schwefel- und Natriumquellen) im Département Vosges.
5] *Sasso d'Italia:* Gran Sasso d'Italia, Bergmassiv in den Abruzzen, höchste Erhebung 2914 m.
6] *Orlando furioso:* ›Der rasende Roland‹, Hauptwerk des italienischen Dichters Ludovico Ariosto (1474–1533).

28. 9. 1953
1] *meinen Studienjahren in Göttingen:* De facto studierte CJB nur zwei Semester in Göttingen. Am Verlängern seines Aufenthaltes wurde er durch den Ausbruch des Ersten Weltkrieges verhindert, der seine Rückkehr in die Schweiz bewirkte.
1953 begab sich CJB nach Göttingen, um in den dortigen Archiven Materialien zur Schilderung seiner Tätigkeit als Hochkommissar des Völkerbundes in Danzig 1937–1939 zu sammeln. (›Meine Mission in Danzig 1937–1939‹).
2] *das hohe, schöne und ernste Ereignis:* Geburt des Sohnes von Hans Bachmann, Denis, geboren am 29. 8. 1953.
3] *ohne eigene Heimstätte:* Ihren Wohnsitz in Versailles verließen Burckhardts Ende Februar 1953. Das Haus, das sie dann in Vinzel (Kanton Waadt) bezogen, wurde damals renoviert (siehe Anmerkung 3 zum Brief vom 5. 12. 1953).

5. 12. 1953
1] *Stadthut:* Vgl. Marion Gräfin Dönhoff ›Menschen, die wissen, worum es geht‹, Hoffmann und Campe Verlag, Hamburg 1976. Darin S. 103–107 Carl J. Burckhardts Dichterparodie mit Hut-Episode.
2] *Kaunertal:* Jagdgebiet im Vorarlberg.
3] *alles abgeschlossen:* CJB und seine Familie waren vor kurzem in das Haus ›La Bâtie‹ im Waadtländer Dorf Vinzel eingezogen.
3] *Säntis:* Höchster Berg des Kantons Appenzell-Innerrhoden, 2501 m.

9. 1. 1954 *(Durchschlag eines Typoskripts)*
1] *Zeitungsreferate:* Werner Kaegi hatte CJB Artikel von Gustav Adolf Wanner (›Basler Nachrichten‹) und Wolfgang Bessenich (›National-Zeitung‹, Basel) über einen Tocqueville-Vortrag von Markus Kutter in Basel zugestellt.
2] *Tocqueville:* Alexis de Tocqueville (1805–1859), französischer Historiker und Politiker. Er suchte nach den Gesetzen des geschichtlichen Ablaufs, der Entstehung der Französischen Revolution (›De la Démocratie en Amérique‹; ›L'Ancien Régime et la Révolution‹).

3] *Lettres persanes:* Politisch-literarisches Werk des Charles de Montesquieu (1689–1755), der in diesem Briefroman die französischen Verhältnisse vom Standpunkt eines Persers aus ironisiert.

4] *Gräbersymbolik:* Nachwort Ernst Howalds zu dem von ihm neu herausgegebenen Werk J. J. Bachofens ›Versuch über die Gräbersymbolik der Alten‹, Benno Schwabe Verlag, Basel 1953.

5] *Ernst Howald:* Siehe Verzeichnis der Briefempfänger.

6. 2. 1954

1] *Friedenspreis:* 1954 wurde CJB der Friedenspreis des Deutschen Buchhandels verliehen (siehe Nachlaßverzeichnis A II 1[10]).

2] *Balthasar:* Hans Urs von Balthasar (siehe Verzeichnis der Briefempfänger).

3] *Walther Meier:* Siehe Verzeichnis der Briefempfänger.

4] *Radiovortrag:* Erweiterte Fassung veröffentlicht unter dem Titel ›De Lattre de Tassigny‹ (in: ›Begegnungen‹, 1954 und 1958, sowie in ›Gesammelte Werke‹ Band 4, S. 309ff.).

5] *deren Thema das Glück ist:* ›Fortuna‹ (in: ›Begegnungen‹ 1954 und 1958, sowie in ›Gesammelte Werke‹ Band 4, S. 137ff.).

6] *Ludwig Derleth:* (1870–1948), deutscher Schriftsteller katholischer Prägung. Gehörte zum Kreis Stefan Georges. CJB beschreibt seine Beziehung zu Derleth in ›Bei Betrachtung von Desmoulins' Denkmal‹ (›Gesammelte Werke‹ Band 4, S. 153ff.).

7] *Beck:* Josef Beck (1894–1944), Oberst, polnischer Politiker, 1932–1939 Außenminister. (Siehe CJB ›Meine Danziger Mission 1937–1939‹.)

8] *Churchill-Aufsatz:* ›Bei der Lektüre von Churchills Memoiren‹ in: ›Außenpolitik‹ 4. Jg., Heft 1, 1953. Die englische Übersetzung erschien bereits 1951 in ›Measure‹ Vol. II, Nr. 4, ohne verstanden zu werden. Nach dem Erscheinen in Deutschland wurden englische Stimmen laut, die CJB vorwarfen, Churchills Größe zu verkennen.

9] *Karl v.:* ›Gedanken über Karl v.‹ erstmals bei Hermann Rinn Verlag, München 1954. In ›Bildnisse‹, 1958 ›Gestalten und Mächte‹, 1961, sowie in ›Gesammelte Werke‹ Band 2, S. 84ff.

10] *Tocqueville-Aufsatz:* Einleitung zu Alexis de Tocqueville ›Erinnerungen‹ K. F. Koehler Verlag, Stuttgart 1954. Enthalten in ›Bildnisse‹ und in ›Gesammelte Werke‹ Band 2, S. 339ff.

11] *eine Rilke-Episode:* Vermutlich ›Spaziergang mit François Franzoni‹ (›Gesammelte Werke‹ Band 4, S. 183ff.).

12] *Kindheitserinnerungen an Carl Spitteler:* Verschollen.

13] *Geschichte, die ich mit Paul Valéry erlebte:* Unpubliziert (Nachlaßverzeichnis C II d 45).

14] *Lebenserinnerungen:* Zur Entstehungsgeschichte der schließlich aus dem Nachlaß herausgegebenen ›Memorabilien‹ siehe dort das Nachwort von Michael Stettler (S. 358ff.).

15] *sardanapalische Hofhaltung:* prachtliebend, bezieht sich auf den Assyrerkönig Sardanapal. 268

16] *langen Roman:* Romanfragment (Nachlaßverzeichnis C II d 28).

17] *Erinnerungen an die Ostsee:* Der 1951 in München gehaltene Vortrag ›Aus den Erinnerungen an die Ostsee 1937–1939‹ erschien in ›Gestalt und Gedanke‹, Jahrbuch der Bayerischen Akademie der Schönen Künste, Verlag R. Oldenbourg, München 1951. Erweiterte Fassung unter dem Titel ›Erinnerungen an Osteuropa‹ in ›Begegnungen‹, 1958, und in ›Gesammelte Werke‹ Band 5, S. 258ff.

18] *›Sully‹:* ›Sullys Plan einer Europaordnung‹, Vortrag gehalten am 30.1.1952 in der Joachim-Jungius-Gesellschaft der Wissenschaften in Hamburg. In ›Gestalten und Mächte‹ und ›Gesammelte Werke‹ Band 2, S. 120ff.

19] *›Städtegeist‹:* Rede zur Säkularfeier des Germanischen National-Museums in Nürnberg, gehalten am 9. August 1952. In ›Gestalten und Mächte‹ und ›Gesammelte Werke‹ Band 2, S. 12ff.

20] *in den Richelieu hinein:* Zur Wiederaufnahme der Arbeit an der Biographie Richelieus, deren erster Band 1935 erschienen war (siehe Anmerkung 1 zum Brief vom 19.6.1933).

21] *Schröder:* ›Rudolf Alexander Schröder zum 75. Geburtstag‹, unter dem Titel ›Rudolf Alexander Schröder‹ aufgenommen in ›Bildnisse‹ und in ›Gesammelte Werke‹ Band 4, S. 271ff.

22] *Hugo von Hofmannsthal:* ›Begegnungen mit Hugo von Hofmannsthal‹ erstmals in ›Die Neue Rundschau‹ 65. Jg., Heft 3/4, 1954. In ›Begegnungen‹ unter dem Titel ›Erinnerung an Hugo von Hofmannsthal‹ und in ›Gesammelte Werke‹ Band 4, S. 59ff.

5.6.1954

1] *Die Rede:* ›Rede auf Hofmannsthal‹ gehalten am 10.6.1954 in München. Auch der von CJB erwähnte Brief Schröders vom 2. Juni bezog sich auf Hofmannsthal, dessen Todestag sich am 15.7.1954 zum fünfundzwanzigsten Mal jährte. 269

2] *Freud und wohl Weininger:* Siehe Brief vom 12.9.1924 in ›Hugo von Hofmannsthal – Carl J. Burckhardt Briefwechsel‹ S. 161. 270

3] *die gleichen Stellen im Bergwerk von Falun:* Siehe Hugo von Hofmannsthal ›Das Bergwerk zu Falun‹, ›Gesammelte Werke in zehn Einzelbänden‹, ›Dramen II‹ Fischer Taschenbuch Verlag und S. Fischer Verlag, Frankfurt a. M. 1979 und 1986.

4] *Bergen:* Wohnsitz R. A. Schröders in Oberbayern.

5] *Frau Rudolph:* Lucy Rudolph (siehe Verzeichnis der Briefempfänger).

6] *mein Schwiegervater:* Gonzague de Reynold (siehe Anmerkung zum Brief vom 20. 8. 1926).

9. 8. 1954 *(Durchschlag eines Typoskripts)*

271 1] *alle Ihre gütigen Aufforderungen:* Wiederholt hatte Graf Coudenhove-Kalergi CJB dazu angeregt, sich der von ihm gegründeten Paneuropa-Bewegung anzuschließen. Am 1. August 1954 sandte er ihm ein ›Friedensmanifest‹, das den ummittelbaren Anlaß zu diesem Brief bildete.

2] *ein kleiner Ansatz von Willen zur Einigung:* Die Stelle bezieht sich auf die 1952 recht fortgeschrittenen Verhandlungen zur Bildung einer europäischen Verteidigungsgemeinschaft, die dann schließlich, nach langem Stocken, am 30. August 1954 am Widerstand Frankreichs scheiterten.

3] *Ferrero:* Guglielmo Ferrero (1871–1942), italienischer Historiker und Politologe, unterrichtete seit 1930 als Emigrant am Genfer ›Institut de Hautes Etudes Internationales‹.

273 4] *Anouilh:* Jean Anouilh (geb. 1910), französischer Bühnenautor.

5] *Avenches:* Bezirksstadt im Kanton Waadt. Das vormals römische Aventicum.

6. 11. 1954

273 1] *Ihrer Schrift:* William Rappard ›The quest for peace yesterday and today‹, David Davies Memorial Institute of International Studies, London 1954.

275 2] *die Saarfrage:* 1954 kam eine Vereinbarung zwischen Bundeskanzler Adenauer und dem französischen Ministerpräsident Mendès-France zustande, die ein europäisches Saarstatut im Rahmen der Westeuropäischen Union vorsah.

276 3] *in einer zweiten Sprache öffentlich zu sprechen:* William Rappard hatte CJB vorgeschlagen, wieder an dem von ihm geleiteten ›Institut de Hautes Etudes Internationales‹ in Genf Vorträge zu halten. Dort hatte CJB bereits 1932–1945 in französischer Sprache unterrichtet. (Vorlesungsmanuskripte: UB Basel, Nachlaßverz. C 1 c 15–25).

4] *Villa Barton:* Sitz des erwähnten Institutes.

5] *an der Côte:* Gegend am westlichen schweizerischen Ufer des Genfersees im Kanton Waadt. Dort liegt auch das Dorf Vinzel, in dem CJB von 1953 bis zu seinem Tod wohnte.

Weihnacht 1954

276 1] *Pic:* Henriette, die ältere Tochter CJBs.

277 2] *Ihr Buch:* ›Fürstenhäuser und Herrensitze‹, Prestel Verlag, München 1954.

3] *Mme de Motteville:* Françoise Bertaut de Motteville (um 1621–1689), verfaßte Memoiren über den Hof Annas von Österreich.

4] *Mme de Boigne:* Charlotte d'Osmond, Comtesse de Boigne (1781–1866), schrieb die 1907 veröffentlichten ›Mémoires d'une Tante‹.

5] *Roman Richard von Kühlmanns:* Richard von Kühlmann (1872–1948). Deutscher Diplomat. 1904–1919 Botschaftsrat in London, 1917–1918 Staatssekretär des Auswärtigen Amtes (= Außenminister). Verfasser von Romanen und Erinnerungswerken. Sein Roman ›Der Kettenträger. Deutsches Leben um 1930‹, S. Fischer Verlag, Berlin 1932.

6] *Fürstin Nora Fugger:* Nora Fürstin Fugger von Babenhausen (1864–1945), veröffentlichte 1932 ihre Memoiren ›Im Glanz der Kaiserzeit‹.

7] *Helene von Nostitz:* (1878–1944), Helene von Nostitz-Wallwitz, geb. von Beneckendorff und Hindenburg, war mit Hofmannsthal, Rilke und Rodin befreundet. ›Aus dem alten Europa. Menschen und Städte‹, Kurt Wolff Verlag, Leipzig 1933. Erweiterte Auflage Insel Verlag, Frankfurt a. M. 1978. – Siehe auch ›Hugo von Hofmannsthal – Helene von Nostitz Briefwechsel‹, S. Fischer Verlag, Frankfurt a. M. 1965.

8] *Die alte Fürstin Pauline Metternich:* Siehe Anmerkung 3 zum Brief vom 20. 9. 1951. Ihre Erinnerungen erschienen unter dem Titel ›Geschehenes, Gesehenes, Erlebtes‹, Wiener Literarische Gesellschaft, Wien 1921.

9] *Herausgeber:* Martin Hürlimann (1897–1984), Herausgeber und Verleger der von ihm begründeten Monatsschrift ›Atlantis. Länder, Völker, Reisen‹, sowie der Reihe ›Orbis Terrarum‹ im von ihm begründeten Atlantis Verlag, Zürich.

4. 2. 1955

1] *Wölfflins:* Heinrich Wölfflin (1864–1945). Mit dem großen Kunsthistoriker, der 1893 in Basel den Lehrstuhl seines Lehrers Jacob Burckhardt übernahm, waren bereits CJBs Eltern befreundet. Während seines Studienjahres in München (1912–1913) folgte CJB Wölfflins Vorlesungen an der dortigen Universität, wo dieser 1912–1924 lehrte. 1924 kam Wölfflin nach Zürich, dort wurde CJB sein Kollege. (Siehe auch ›Memorabilien‹ S. 130ff.). Siehe Anmerkung 12 zum Brief vom 5. 2. 1953.

2] *dies:* Dies academicus der Universität Basel.

3] *Spitzweg:* Carl Spitzweg (1808–1885), deutscher Maler der Biedermeierzeit.

4] *Jakob Schaffner:* (1875–1944), Schweizer Schriftsteller, seit 1913 in Deutschland, Anhänger des Nationalsozialismus. (›Johannes‹, 1922).

5] *Elsa Bruckmann:* Elsa B. geb. Prinzessin Cantacuzène (1865–1946), Gattin des Münchner Verlegers Hugo Bruckmann. Sie spielte eine

Rolle im gesellschaftlichen Leben Münchens, wo sie CJB kennenlernte.

6] *Eduard Korrodi:* Siehe Verzeichnis der Briefempfänger.

7] *Keyserlings:* Hermann Graf Keyserling (siehe Anmerkung 4 zum Brief vom 10.2.51).

8] *Max Rychner:* Siehe Verzeichnis der Briefempfänger.

9] *Schwester Keyserlings:* Leonie, die Schwester von Hermann Graf Keyserling (siehe Anmerkung 4 zum Brief vom 10.2.1951).

10] *Huguenin:* Café in Basel am Barfüßerplatz.

11] *Motta:* Giuseppe Motta (1871–1940), Schweizer Politiker, seit 1911 Mitglied des Bundesrates, mehrmals Bundespräsident. (Siehe ›Meine Danziger Mission 1937–1939‹.

12] *Klassische Kunst:* Siehe Anmerkung 11 zum Brief vom 5.2.1953.

3.3.1955

1] Dieser Brief bezieht sich auf CJBs Vorarbeiten zum Vortrag ›Schillers Mut‹ (siehe Brief vom 22.1.1955 in ›Carl J. Burckhardt – Max Rychner Briefe 1926–1965‹).

2] *Max:* Max Rychner.

21.5.1955
(Veröffentlicht in ›Carl J. Burckhardt – Max Rychner Briefe 1926–1965‹)

1] »*Was sich nie und nirgends hat begeben*«: Schiller, Schlußstrophe des Gedichts ›An die Freunde‹:
»Alles wiederholt sich nur im Leben,
Ewig jung ist nur die Phantasie,
Was sich nie und nirgends hat begeben,
Das allein veraltet nie!«

2] *Rodaun:* In dieser Ortschaft bei Wien bewohnte Hofmannsthal seit seiner Eheschließung 1901 ein Rokoschlößchen; hier ist er gestorben.

3] *des Sohnes:* Franz von Hofmannsthal.

4] *des Vaters:* Hugo von Hofmannsthal.

5] *Doch mein Teil:* Die Schlußverse aus dem Gedicht ›Manche freilich ...‹ von Hugo von Hofmannsthal lauten:
»Und mein Teil ist mehr als dieses Lebens
Schlanke Flamme oder schmale Leier.«
Der Grabstein wurde von Rudolf Alexander Schröder entworfen.

26.10.1955

1] *Vogue la galère:* Lassen wir's laufen!

2] *Ortega:* CJBs Studie über den spanischen Philosophen José Ortega y Gasset (1883–1955) ›Begegnung mit Ortega y Gasset‹ erschien in der Zeitschrift ›Merkur‹, 9.Jg., Heft 94, 1955. Enthalten in ›Begegnungen‹,

1958, und in ›Gesammelte Werke‹ Band 4, S. 318ff., ferner als Nachwort zur deutschen Ausgabe von Ortegas ›Vom Einfluß der Frau auf die Geschichte‹ Rinn Verlag, München 1956.
3] *del Corral:* Luis Pedruzo Díez del Corral (geb. 1911), Professor für Geschichte in Madrid. Führende Gestalt des geistigen Lebens von Spanien. Werke u. a. ›Der Raub der Europa. Eine historische Deutung unserer Zeit‹, 1959; ›Doktrinärer Liberalismus. Guizot und sein Kreis‹, 1964.
4] *Simmel:* Georg Simmel (1858–1918), Philosoph und Soziologe, Professor in Berlin und Straßburg. (›Philosophie des Geldes‹, 1900; ›Soziologie‹, 1908; ›Lebensanschauung‹, 1918; ›Zur Philosophie der Kunst‹, 1922, u. a.).
5] *Cohen:* Hermann Cohen (1842–1918), Philosoph, Professor in Marburg; mit Paul Natorp Begründer der Marburger Schule des Neukantianismus. (›Kants Theorie der Erfahrung‹, 1871; ›System der Philosophie‹, 4 Bände 1902–12).
6] *Dilthey:* Wilhelm Dilthey (1833–1911), deutscher Philosoph. Widersetzte sich dem herrschenden Positivismus, indem er der »erklärenden« Naturwissenschaft die »verstehende« Geisteswissenschaft gegenüberstellte (›Einleitung in die Geisteswissenschaften‹, 1883; ›Ideen über eine beschreibende und zergliedernde Psychologie‹, 1894; ›Das Erlebnis und die Dichtung‹, 1905).
7] *Curtius:* Ernst Robert Curtius (siehe Verzeichnis der Briefempfänger).
8] *Moujik:* Bernoullis Sohn Dr. med. Christoph Bernoulli.

4. 11. 1955
Johannes von Müller: Der von Goethe sehr geschätzte, hauptsächlich in Deutschland wirkende Johannes von Müller (1752–1809) war der erste Schweizer Historiker, der eine zusammenfassende Geschichte der Eidgenossenschaft verfaßte (›Die Geschichte schweizerischer Eidgenossenschaft‹, 5 Bände, 1780–1808). Edgar Bonjour gab den Band Johannes von Müller ›Schriften in Auswahl‹ heraus; Benno Schwabe Verlag, Basel 1955.

1. 12. 1955 *(Postkarte)*

5. 3. 1956
1] *»Das kalte Licht«:* Dieses Stück von Carl Zuckmayer (S. Fischer Verlag, Frankfurt a. M. 1955) behandelt die Problematik, die aus der moralischen Verantwortung des Wissenschaftlers hervorgeht. Um die Verantwortung des im Kriegsgeschehen handelnden Menschen geht es in ›Des Teufels General‹ (Bermann-Fischer Verlag, Stockholm 1946).

287 2] *pecca fortiter:* Sündige kräftig.
288 3] *Nachbarn:* Vor seiner endgültigen Niederlassung in Saas Fee, 1958, hielt sich der damals noch in den Vereinigten Staaten domizilierte Zuckmayer häufig im Waadtländer Dorf Chardonne auf.

2. 6. 1956
288 1] *Ella:* Fritz Gublers Frau.
2] *La Lignière:* Kurhaus in der Nähe von Gland (zwischen Rolle und Nyon) am Genfersee, ›Clinique La Lignière‹.
3] *Max Huber:* Siehe Verzeichnis der Briefempfänger.
289 4] *Korrespondenz mit Walters:* Die in der ›Danziger Mission 1937–1939‹ verwendeten Berichte CJBs an den Völkerbund in Genf, dessen Untergeneralsekretär und Direktor der politischen Sektion Frank Walters war.

5. 11. 1956 *(Durchschlag eines Typoskripts)*
290 *Besprechung:* In der ›Weltwoche‹, Zürich, vom 2. November 1956 besprach Hilde Spiel das Buch ›Hugo von Hofmannsthal – Carl J. Burckhardt Briefwechsel‹.

26. 11. 1956 *(Durchschlag eines Typoskripts)*
291 1] *Toufou:* Ein Chow-chow-Hund, den CJB 1952 in Paris erworben hatte.
2] *Der große Tierkenner Lorenz:* Konrad Lorenz (geb. 1903), führender Verhaltensforscher. Seit ›Das sogenannte Böse‹ (1963) finden seine Bücher weite Beachtung. Mit Karl von Frisch (1886–1982) und Nikolas Tinbergen erhielt er 1973 den Nobelpreis für Medizin.

22. 12. 1956 *(Durchschlag eines Typoskripts)*
An Peter Schifferli
292 1] *dem neuen Dürrenmatt:* Friedrich Dürrenmatt ›Die Panne‹ Verlag Die Arche, Zürich 1956.
2] *alten Dame:* Friedrich Dürrenmatt ›Der Besuch der alten Dame‹ Verlag Die Arche, Zürich 1956.
3] *»impavidus«:* unerschrocken.
294 4] *sapienti sat:* Dem Weisen genügt das.

22. 12. 1956
294 An Oskar Kokoschka
1] *Ihre Erzählungen:* Oskar Kokoschka hatte CJB sein Buch ›Spur im Treibsand. Geschichten‹ (Atlantis Verlag, Zürich 1956) zu Weihnachten geschickt. Die erste Seite trägt über der farbigen Zeichnung eines Clowns die Widmung: »für Carl J. Burckhardt von OK Xmas 1956«

und darunter den Satz: »Last laugh: fools of the world unite.« Im
September 1953 hatte sich Oskar Kokoschka mit seiner Gattin Olda in
Villeneuve am Genfersee, nahe dem Schloß Chillon, niedergelassen; das
Paar blieb mit Burckhardts freundschaftlich verbunden.
2] *die Jüngsten kämpfen in Ungarn:* Der Aufstand der Ungarn vom
23. 10.-4. 11. 1956 gegen das Regime wurde von sowjetischen Truppen
niedergeschlagen.
3] *»Eclabousser«:* platzen.
4] *das Auge des Darius:* Diese Metapher, die in Persien und Ägypten
sehr geläufig ist, bedeutet das Voraussehen eines Geschicks.
5] *wären Sie ... in den Abgrund gefallen:* Bezieht sich auf die letzte
Geschichte von Kokoschkas Buch, ›Ostern auf Cypern‹.

7. 3. 1957
1] *Schönenberg:* Siehe Anmerkung 4 zum Brief vom 18. 6. 1908.
2] *Alexis Léger:* (1887–1975), französischer Dichter (Pseudonym Saint-John Perse) und Diplomat; Nobelpreisträger 1960. Werke u. a. ›Anabase‹, 1924; ›Exil‹, 1942; ›Neiges‹, 1944; ›Vents‹, 1946; ›Amers‹, 1957; ›Chronique‹, 1960.
3] *rue des Granges:* Genfer Gasse, an welcher die Sitze der ehemals regierenden Familien liegen. Inbegriff für ein patrizisch-calvinistisches Selbstbewußtsein.
4] *Tschudi:* Rudolf Tschudi (1884–1960), Schweizer Orientalist. Professor an der Universität Basel.
5] *Mozartunternehmung:* Sowohl J. R. von Salis als auch CJB gehörten dem Schweizerischen Komitee ›Pro Mozart‹ an, das 1954–1962 Sammlungen zur Unterstützung des Vorhabens einer Gesamtedition der internationalen Stiftung Mozarteum in Salzburg veranstaltete. Die Ausgabe erscheint im Bärenreiter Verlag in Kassel. (Siehe Nachlaßverzeichnis UB Basel, C II a 47–49.)

8. 3. 1957
1] *das schöne Geschenk:* Michael Stettler hatte CJB ›Die Badenfahrt‹ von David Hess in der Erstausgabe (Zürich 1818) zum Geschenk gemacht. Der mit Goethe befreundete Zürcher Schriftsteller Hess (1770–1843) war CJBs Urgroßvater. Er bewohnte den ›Beckenhof‹ in Zürich, dessen ältesten Teil, das sogenannte Kavaliershaus, CJB 1916–1918 mietete (siehe ›Memorabilien‹ S. 188 ff.).
2] *Großtante Marie:* Marie Steffensen-Burckhardt (1831–1908), Tochter des Ratsherrn Christoph Burckhardt und von Maria, geb. Hess. Schwester von CJBs Großvater Carl Burckhardt-Burckhardt. 1846 bezog sie das von ihrer Mutter neuerbaute Haus ›Auf Burg‹, das später

CJBs Geburtshaus wurde. 1859 heiratete sie Prof. Karl Friedrich Christian Steffensen (1816–1888). (Siehe ›Memorabilien‹ S. 16–24.)

299 3] *Spanisch-Brötli:* Kleines Gebäck aus gesalzenem Blätterteig mit Kümmel bestreut.

14.3.1957

299 ›*Winnenden*‹: Gedicht von Robert Boehringer. In: ›Späte Ernte‹ Helmut Küpper Verlag vormals Georg Bondi, München 1974.

17.4.1957 *(Durchschlag eines Typoskripts)*

300 1] *Ihre Anthologie:* Jürgen von Stackelberg (Hrsg.) ›Humanistische Geisteswelt‹, Holle Verlag, Baden-Baden 1956.

2] *Scheler:* Max Scheler (siehe Anmerkung 4 zum Brief vom 9.1.1927).

3] *Ernst Robert Curtius:* Siehe Verzeichnis der Briefempfänger.

301 4] *Alexis Léger:* Siehe Anmerkung 2 zum Brief vom 7.3.1957.

5] *Eduard Keyserling:* Siehe Anmerkung 4 zum Brief vom 10.2.1951.

6] *Heidegger... über Hebel:* Martin Heidegger ›Hebel der Hausfreund‹, Günther Neske Verlag, Pfullingen 1957.

7] *Hebels Kalender:* ›Der Rheinländische Hausfreund‹ und ›Rheinischer Hausfreund‹, insgesamt acht Jahrgänge, von Johann Peter Hebel (1760–1826).

302 8] *Tolstois* ›*Krieg und Frieden*‹: Die vier Bände des zwischen 1805 und 1812 spielenden Romans erschienen 1868/69. Mehrfach übersetzt, u.a. von Werner Bergengruen.

28.4.1957

303 *Freundschaft mit Tieren:* Max Huber hatte CJB seinen kleinen Band ›Mensch und Tier‹ (Schulthess u. Co., Zürich 1953) gesandt, der vom »geheimnisvollen, leid- und freudvollen Bereich der Kreatur« spricht. Die Beziehung zu den Tieren und das Interesse für deren Verhalten gehörte zu den gemeinsamen Anliegen Hubers und CJBs. Letzterer widmete der Tierpsychologie eines Konrad Lorenz größte Aufmerksamkeit und hielt sie in späten Jahren geradezu für die einzige beispielhafte Form der Verhaltensforschung.

15.6.1957 *(Durchschlag eines Typoskripts)*

304 1] *in... der* ›*Neuen Schweizer Rundschau*‹: Sonderheft ›Die Schweiz – Idee und Existenz‹, ›Schweizer Rundschau‹, 55. Jg., Heft 11–12, März 1956, S. 640 von CJB ›Schweizerischer Dialog‹.

2] *welschen:* französischsprechenden.

3] »*glissez mortels*«: Der Ausdruck entstammt einem Vierzeiler des französischen Dichters Pierre-Charles Roy (1683–1764), der unter ei-

nem Stich mit Schlittschuhläufern von Nicolas de L'Armessin (1684–1755) nach einem Gemälde von Nicolas Lancret (1690–1743) steht:
Sur un mince cristal l'hiver conduit leurs pas:
Le Précipice est sous la glace;
Telle est de vos plaisirs la légère surface.
Glissez, mortels, n'appuyez pas.
Hugo von Hofmannsthal zitierte den vierten Vers der Strophe. Vgl. Richard Exner, ›Hugo von Hofmannsthals »Lebenslied«‹, Heidelberg 1964, sowie Werner Kraft, ›Hofmannsthal und ein französisches Gedicht‹ Neue Zürcher Zeitung, 22.8.1971.

4] *Poincaré:* Raymond Poincaré (1860–1934), französischer Staatsmann. Präsident der Republik während dem Ersten Weltkrieg. 1923 ordnete Poincaré, als Präsident des Ministerrates, die Besetzung der Ruhr an.

5] *zur Zeit des ›Front populaire‹:* 1936 kam in Frankreich der sogenannte ›Front populaire‹, die Koalition der Linksparteien, unter der Führung des Sozialisten Léon Blum an die Macht. Gegen jede Linksströmung kämpften damals mit extremer Wucht bestimmte, nach der von Charles Maurras geleiteten Tageszeitung ›Action française‹ genannte Kreise der äußersten Rechten.

6] *des Régimes Blum:* Léon Blum (1872–1950), französischer Politiker und Schriftsteller. Gründete 1902 mit J.Jaurès den ›Parti socialiste français‹. Mehrere Male Ministerpräsident.

7] *Action Française:* Siehe oben, Anmerkung 5.

8] *Pétainisten:* Philippe Pétain (1856–1951), französischer Marschall, 1918, und Staatschef. Schloß 1940 den Waffenstillstand mit Deutschland und Italien. 1945 zum Tode verurteilt, jedoch zu lebenslänglicher Haft begnadigt.

9] *Sartre:* Jean-Paul Sartre (1905–1980), französischer Philosoph und Schriftsteller.

10] *Kafka:* Franz Kafka (1883–1924).

11] *Mendès-France:* Pierre Mendès-France (1907–1982), französischer Politiker (Radikalsozialist). Schloß sich 1942 de Gaulle an. Als Ministerpräsident beendete er 1954 den Indochina-Krieg.

12] *Mauriac:* François Mauriac (1885–1970), französischer Schriftsteller. Nobelpreis für Literatur 1952.

13] *Exprès:* Die französische Wochenzeitung ›L'Express‹, in welcher in den fünfziger Jahren der Schriftsteller François Mauriac seine ›Tagebücher‹ (›Bloc-notes‹) publizierte, stand in jenen Jahren dem Politiker Pierre Mendès-France nahe und setzte sich zum Beispiel heftig für die Unabhängigkeit Algeriens ein.

14] *zu den Urkantonen:* Uri, Schwyz und Unterwalden.

15] *Rütli:* Siehe Anmerkung 2 zum Brief vom 20.9.1941.

16] *Gottfried Kellers:* Siehe Anmerkung 3 zum Brief vom 2. 5. 1922.

17] *Conrad Ferdinand Meyer:* Siehe Anmerkung 5 zum Brief vom 2. 5. 1922.

18] *Charly Clerc:* Siehe Verzeichnis der Briefempfänger.

19] »*Unterbruch*«: Schweizerisch für »Unterbrechung«; noch heute in Gebrauch.

20] *Marschall Foch:* Ferdinand Foch (1851–1929), einer der erfolgreichsten französischen Armeeführer des Ersten Weltkrieges.

10. 8. 1957

1] *Globus:* Alphonse Ehinger (siehe Verzeichnis der Briefempfänger).

2] *St. Germain des Prés:* Nach dem Zweiten Weltkrieg Pariser Treffpunkt der französischen Existentialisten (Café ›Flore‹ und ›Les deux Magots‹).

16. 8. 1957

1] *Buch über den französischen Cardinal:* ›Richelieu. Der Aufstieg zur Macht‹. In ›Gesammelte Werke‹ Bd. 1.

2] *Studie über Karl V.:* ›Gedanken über Karl V.‹ in ›Gestalten und Mächte‹, 1961, und in ›Gesammelte Werke‹ Bd. 2, S. 84 ff.

3] *Das ist unser Haus:* CJB schickte Gerhard Marcks eine Ansicht des Hauses ›La Bâtie‹ in Vinzel.

22. 10. 1957

1] *Ihr Brief:* Schreiben Thornton Wilders vom 11. Oktober 1957. Darin nahm Wilder Bezug auf die Rede ›Kultur in einer Demokratie‹, die er anläßlich der Entgegennahme des Friedenspreises des Deutschen Buchhandels in Frankfurt gehalten hatte (in ›Friedenspreis des Deutschen Buchhandels, Reden und Würdigungen 1951–1960‹, Börsenverein des Deutschen Buchhandels, Frankfurt am Main 1961). In seinem Brief an CJB betont Wilder, diese Rede sei nicht ganz ernst zu nehmen.

2] »*Noblesse oblige*«: »Adel verpflichtet«. In seiner Frankfurter Rede meinte Wilder, dieses Wort impliziere ein »Bassesse condamne« (Niedrigkeit verurteilt), das »das gemeine Volk seiner geistigen Würde beraubt«. CJB bemerkte dazu, der Gegensatz zu »Noblesse oblige« müßte genauer mit »die niederen Stände sind dispensiert« übersetzt werden.

3] *Rivarol:* Antoine de Rivarol (1753–1801), französischer Schriftsteller, glänzender Stilist.

4] *was ich in Frankfurt sagte:* Festrede auf Thornton Wilder, gehalten aus dem erwähnten Anlaß und am selben Ort wiedergegeben. Auch in CJB, ›Bildnisse‹, 1958, und in ›Gesammelte Werke‹ Band 4, S. 329 ff.

5] *Bernard Berenson:* (1865-1959), aus Litauen stammender amerikanischer Kunsthistoriker, dessen Arbeiten über die Renaissance bahnbrechend wirkten.

6] *Raimund:* Ferdinand Raimund (1790-1836), österreichischer Schauspieler und Bühnendichter. Verfasser von Zauberpossen und Märchenstücken. ›Der Alpenkönig und der Menschenfeind‹ 1828; ›Der Verschwender‹, 1834.

7] *Sacher:* Wiens berühmtes Hotel und Restaurant.

8] *Josef Kainz:* (1858-1910), österreichischer Schauspieler.

9] *Laurence Olivier:* geb. 1907, englischer Schauspieler und Theaterleiter.

10] *die Duse:* Eleonora Duse (1858-1924), italienische Schauspielerin.

11] *Sacha Guitry:* (1885-1957), französischer Schauspieler, Schriftsteller und Filmregisseur, der regelmäßig in der Schweizer Gesandtschaft verkehrte, während CJB sein Land in Paris vertrat.

12] *Pirandello:* Luigi Pirandello (1867-1936), italienischer (sizilianischer) Dramatiker und Erzähler. Berühmtes Werk: das Stück ›Sechs Personen suchen einen Autor‹ (1921).

13] *Ruggiero Ruggieri:* (1871-1953), italienischer Schauspieler, leitete seine eigene Truppe:

14] *Kriton:* Zwiegespräch ›Kriton-Sokrates‹ von Platon.

15] *Aufführung der Alkestiade:* ›Alkestiade‹ ist der deutsche, auf die antike Vorlage zurückgreifende Titel des 1955 uraufgeführten Stücks von Thornton Wilder ›A life in the sun‹ (S. Fischer Verlag, Frankfurt a. M. 1960). In Frankfurt wurde das Schauspiel aus Anlaß der Preisverleihung an Thornton Wilder aufgeführt.

16] *die Frau von Andros:* ›Die Frau aus Andros‹. Erstausgabe der deutschen Übersetzung von Herberth E. Herlitschka 1931 bei E. P. Tal, Wien.

17] *Diotima:* Frau aus Mantinea in Platons ›Gastmahl‹.

23. 10. 1957 *(Durchschlag eines Typoskripts)*
auf die Frage: Für die schweizerische Frauenzeitschrift ›Annabelle‹ hatte Frau Zuppinger CJB am 11. Okt. gebeten, an einer Umfrage teilzunehmen, die unter dem Titel ›Worauf gründen Sie Ihren Glauben an die Zukunft?‹ erscheinen sollte.

8. 11. 1957
1] *Kommerells:* Max Kommerell (1902-1944), deutscher Dichter und Literarhistoriker, aus dem Kreis um Stefan George.
2] *Drei König:* Hotel Drei Könige am Rhein in Basel.
3] *Lucy:* Lucy Rudolph (siehe Verzeichnis der Briefempfänger); vgl. auch Brief an Fritz Gubler vom 20. 9. 1951.

317 4] *Alpjen:* Christoph Bernoullis Sommerhaus im Walliser Bergdorf Saas Almagell, unterhalb Saas Fee, wo der mit CJB befreundete Carl Zuckmayer lebte.

5] *Piper:* Der Verlag R. Piper & Co. in München, 1904 von Reinhard Piper (1870–1953) gegründet.

6] *Über eigene Arbeiten:* Im folgenden Jahr, 1958, erschienen zwei Sammelbände von CJB: ›Begegnungen‹, Manesse Verlag, Zürich, und ›Bildnisse‹, S. Fischer Verlag, Frankfurt a. M.

Stiller Samstag 1958

318 1] *Caesar:* Bernt von Heiseler ›Cäsar, Tragödie‹, Steinkopf Verlag, Stuttgart 1954. In einem Brief vom 7. 3. 1958 fragte Heiseler CJB: »Ob meine Gestalt des Cäsar Ihren Gefallen findet?«

2] *Jessika:* Jessica, die Tochter Shylocks in Shakespeares ›Kaufmann von Venedig‹.

3] *Kaiser Rudolf:* In Grillparzers ›Ein Bruderzwist in Habsburg‹.

319 4] *Demetrius:* Die Hauptfigur in Schillers dramatischem Fragment.

5] *Grabbes Napoleon-Drama:* Christian Dietrich Grabbe (1801–1836), deutscher Dramatiker. ›Napoleon oder die Hundert Tage‹ (1831).

Ostern 1958

319 1] *Deine Schrift:* Walter Boveri ›Ethik und Atomzeitalter‹, Manesse Verlag, Zürich 1958.

2] *Cartesianischen Denkens:* Cartesius = René Descartes (1596–1650), französischer Philosoph. Er verstand die Natur als Mechanismus.

320 3] *Gebet:* Das ›Vater unser‹. Der amerikanische Schriftsteller Thornton Wilder hielt 1957 in der Frankfurter Paulskirche die Rede ›Kultur in einer Demokratie‹, in der es unter anderem heißt: »...Gott ist kein König, er ist Geist. Gott ist kein Vater, er ist Geist. Er will uns nicht als Kinder, er will uns als Männer und Frauen... Gott steht nicht oben, er ist in uns und um uns und unter uns.« (Siehe Brief an Thornton Wilder vom 22. 10. 1957.)

17. 4. 1958

321 1] *Reinhardsche Korrespondenz:* ›Goethe und Reinhard, Briefwechsel 1807–1832‹, hrsg. von Otto Heuschele, Insel Verlag, Frankfurt a. M. 1957.

2] *Reinhards Gestalt:* Karl Friedrich Reinhard (1761–1837), ein von Talleyrand hochgeschätzter französischer Diplomat deutschen Ursprungs, war mit Goethe seit 1807 befreundet.

18. 6. 1958

323 *das Bein im Wallis gebrochen:* Einfacher Bruch, bei einem Aufenthalt in Montana-Crans.

5. 8. 1958
1] *Robert Minder:* (1902–1980), französischer Literarhistoriker. Professor für deutsche Sprach- und Kulturgeschichte in Paris. (›Kultur und Literatur in Deutschland und Frankreich‹, 1962; ›Dichter in der Gesellschaft‹, 1966; ›Hölderlin unter den Deutschen‹, 1968.) Siehe auch Verzeichnis der Briefempfänger.
2] *Heidegger:* Martin Heidegger, siehe Verzeichnis der Briefempfänger.
3] *Hauptgegenstand unserer Zeit:* Albert Schweitzer hatte soeben drei Vorträge zum Thema ›Atomkrieg oder Friede‹ veröffentlicht, C. H. Beck Verlag, München 1958.
4] *Seeckt:* Hans von Seeckt (1866–1936), Generaloberst, von März 1920 bis Oktober 1926 Chef der Heeresleitung der Reichswehr. 1934–1935 militärischer Berater Tschiang Kai-scheks.
5] *Bertrand Russell:* 3. Earl Russell (1872–1970), englischer Philosoph, Erneuerer der Logik. Russell war auch ein aktiver Kämpfer für den Pazifismus.

324

325

16. 8. 1958
1] *Lies doch den Leitartikel:* ›Der indirekte Angriff‹, in der Ausgabe vom 16. 8. 1958, gezeichnet »Flg.« = Hans Fleig, außenpolitischer Redakteur der ›Tat‹.
2] *in der grünen Tat:* ›Die Tat‹, zürcherische Tageszeitung (Landesring der Unabhängigen).
3] *Rabulistik:* Wortverdreherei, Haarspalterei.
4] *der jetzigen anti-amerikanischen Hetze:* Im Namen der 1957 von beiden Häusern des Kongresses gebilligten ›Eisenhower-Doktrin‹, die den Präsidenten der USA zu jeder (auch militärischer) Hilfe an jede Nation des Nahen Ostens ermächtigte, die durch im weitesten Sinn kommunistische Aggression von innen oder außen bedroht wäre, ließ Präsident Eisenhower im Juli 1958 – nach dem Anschluß Syriens an Ägypten und der Revolution im Irak – amerikanische Truppen im Libanon an Land gehen.
5] *Argumente der Alliierten von Valmy:* Das am 25. Juli 1792 erlassene Manifest des Herzogs von Braunschweig, Oberbefehlshabers der erst in Aufstellung befindlichen österreichisch-preußischen Invasionsarmee gegen Frankreich, forderte die Franzosen zu bedingungsloser Unterwerfung auf und bedrohte für den Fall, daß der königlichen Familie ein Haar gekrümmt würde, Paris mit totaler Verwüstung und die Abgeordneten und Beamten mit dem Tode. Der unmittelbare Erfolg des Manifests war der Tuileriensturm und der Sturz der französischen Monarchie (10. August). Die Invasionsarmee überschritt Mitte August die französische Grenze und näherte sich durch die Argonnen der

326

Champagne; die »Kanonade von Valmy« (Ste.-Menehould, Departement Marne) veranlaßte die Invasionsarmee zum Rückzug (Braunschweig: »Hier schlagen wir nicht«), der in völliger Auflösung endete. Am Tag nach Valmy proklamierte der neu gewählte französische Konvent die Republik. (Goethe, ›Campagne in Frankreich‹: »Von hier und heute geht eine neue Epoche der Weltgeschichte aus, und Ihr könnt sagen, Ihr seid dabeigewesen.«)

14. 10. 1958 *(Durchschlag eines Typoskripts)*

327 1] *der Wirtschaftskrieg der Planta gegen die Salis:* Zwei mit CJB befreundete »deutsche Gewährsmänner« fragten ihn, ob ihm Einzelheiten über eine Verschwörung in Graubünden, über Mordpläne der Planta gegen die Salis, im 18. Jahrhundert, bekannt seien. CJB stellte die Frage Michael Stettler, der ihm daraufhin mitteilte, daß es sich nicht um eine Konspiration im üblichen Sinne, sondern um einen Wirtschaftskrieg handelte: In den Jahren 1771–1774 unternahm ein Vertreter des Geschlechtes der Planta den Versuch, mit der Unterstützung Österreichs die auf einem Monopol für das Transportwesen in vielen Bündnertälern begründete Macht der Salis durch den Bau einer beidseitig mit Vierspännern befahrbaren Straße durch das Engadin zu brechen.

2] *Grabmal des Guidarello Guidarelli:* Von Tullio Lombardo (1455–1532) in Ravenna geschaffenes Grabmal des Guidarello Guidarelli, der als der »ritterliche Feldherr« Cesare Borgias galt. Vgl. ›Erinnerungen an jungverstorbene Freunde‹ in ›Reden und Aufzeichnungen‹ 1952, und in ›Gesammelte Werke‹ Band 4, S. 85 ff.

328 3] *Robert Boehringer:* siehe Verzeichnis der Briefempfänger.

7. 11. 1958 *(Durchschlag eines Typoskripts)*

329 *dieser im Land verbrachten Woche:* Erster Aufenthalt CJBs in Israel, 30. Oktober bis 9. November 1958. CJB reiste in Begleitung seiner Frau auf Einladung des Weizmann Institutes in Rehovot nach Israel. (Siehe Nachlaßverzeichnis UB Basel, C II a 60.)

14. 11. 1958 *(Durchschlag eines Typoskripts)*

330 1] *Gioia del Colle:* Stadt in Apulien. Während einer Reise in Italien vom 20. September bis 8. Oktober 1958 zwang eine Autopanne CJB, sich acht Tage dort aufzuhalten.

332 2] *Cimarosa:* Domenico Cimarosa (1749–1801), neapolitanischer Komponist.

3] *Fioravanti:* Valentino Fioravanti (1770–1837), neapolitanischer Opernkomponist, ab 1816 als Leiter der Cappella Giulia an S. Peter in Rom wandte er sich mehr der geistlichen Musik zu.

4] *zwischen dem Damals und dem Heute:* Die ersten Begegnungen zwi-

schen CJB und Karl Kerényi fanden 1944–1945 statt. Anschließend trat CJB sein Amt als Schweizer Gesandter in Paris an.
5] *Gerhard Scholem:* Gershom Scholem, siehe Verzeichnis der Briefempfänger.

19.11.1958 *(Durchschlag eines Typoskripts)*
1] *Bachofen:* Johann Jakob Bachofen (siehe Anmerkung 7 zum Brief vom 22.7.1949). 333
2] *Ausgabe des Bachofen-Briefwechsels:* Band 10 der ›Gesammelten Werke‹ Johann Jakob Bachofens, Benno Schwabe Verlag, Basel 1943 ff., bei dessen Vorbereitung Andreas Staehelin mitwirkte.
3] *Jacob Burckhardt:* In seinem Brief an CJB vom 9. November 1958 bemerkt Staehelin, daß neben Bachofen Jacob Burckhardt »irgendwie leichter... wiegt, leisetreterisch wirkt«.
4] *Sein Neffe Oeri:* Albert Oeri (1875–1950), Chefredaktor der ›Basler Nachrichten‹. Hervorragender politischer Kommentator in für die Schweiz schwieriger Zeit. Großneffe Jacob Burckhardts.
5] *Andreas Heusler-Sarasin:* (1834–1921), Basler Jurist, Professor für Zivilrecht, Gerichtspräsident, Rechtshistoriker.
6] *Der Kebi isch e feige Hund gsi:* Baseldeutsch für »Der Jacob war ein feiger Hund«.
7] *Wilhelm Wackernagel:* (1806–1869), aus Deutschland stammender, 334 1835 in Basel eingebürgerter Germanist, Literarhistoriker an der dortigen Universität. Der von Heinrich Wölfflin seinem Lehrer und Freund Jacob Burckhardt zugeschriebene Ausspruch – (»An der Fakultätssitzung bin ich hinter ihm gesessen, habe ich seinen Nacken angeblickt und habe ihn gehaßt, und am nächsten Tag ist er gestorben«) – kann sich nicht auf eine Session an der Universität beziehen, da die beiden Professoren, die sich gegenseitig mieden, am 30. März 1868 zum letzten Mal zusammen an einer Fakultätssitzung teilnahmen, und Wilhelm Wackernagel am 21. Dezember 1869 starb. Die Form »Näckte« für Nacken ist altes, nicht mehr gebräuchliches Baseldeutsch.
8] *der griechischen Reise:* J. J. Bachofen ›Griechische Reise‹, Richard Weissbach Verlag, Heidelberg 1925.
9] *Ururgroßeltern:* Es handelt sich um die Urururgroßeltern CJBs. 335 Martin Bachofen (1727–1814) und seine Frau, geb. Heiz (spätere Schreibweise: Heitz). Deren zweite Tochter heiratete einen Merian, dessen Tochter Sibylla sich mit dem Ururgroßvater CJBs vermählte.

16.12.1958
1] *Ihre Rede:* ›Goethes Mutter‹, in ›Aber im Winde das Wort‹, S. Fischer 335 Verlag, Frankfurt a. M. 1963, S. 43.
2] *Besuch in Kapernaum:* Siehe Anmerkung zum Brief vom 7.11.1958.

Kapernaum: Johannes-Evangelium 4,47; Matthäus-Evangelium 4,13 und 11,23; Lukas-Evangelium 4,23 u. a.

3] *fast gleichzeitig mit Ihrem Unfall:* Albrecht Goes hatte, von einem Auto angefahren, eine Gehirnerschütterung erlitten. Auf dem Krankenbett schrieb er seine Laudatio auf Martin Buber zur Verleihung des Friedenspreises des Deutschen Buchhandels in der Frankfurter Paulskirche.

28. 12. 1958

1] *Terminarbeit für Allen und Unwin:* (Verlag in London); es handelt sich um ›Meine Danziger Mission 1937–1939‹. Das Werk erschien aber erst später deutsch, im Jahre 1960 im Verlag Georg D. W. Callwey, München.

2] *Aufruf für ihr 500J. Universitätsjubiläum:* CJB redigierte den Aufruf für die ›500 Jahr-Spende‹ der Universität Basel. Zweck der Sache war, einen Jubiläumsfonds für die Feiern im Jahre 1960 zu eröffnen. (Sonderdruck des ad hoc Komitees, Basel 1958.)

3] *Monolith des Wüstengottes:* Schwarzer Felsen unter dem Felsendom auf dem Tempelplatz in Jerusalem. Nach der Legende findet sich darauf der Fußabdruck des Propheten Mohammed.

4] *Kapernaum:* Siehe Anmerkung 2 zum Brief vom 16. 12. 1958.

5] *das lebendigste Georgebild:* Michael Stettler ›Erinnerungen an Stefan George‹, Neue Zürcher Zeitung, 30. 11. 1958. Auch enthalten in M. St. ›Rat der Alten. Begegnungen und Besuche‹, 3. Aufl., Verlag Stämpfli, Bern 1980.

6] *Oeschgers Gedicht:* ›Minusio‹. In: ›Wermut und Balsam‹ Gedichte, von Remigius Mettauer (Pseudonym für Johannes Oeschger), Verlag Helmut Küpper vormals Georg Bondi, Düsseldorf und München 1965.

11. 1. 1959

1] *im Schlußsatz:* »Denn was die Ferne uns gewaltig verkündet hatte, das stand ein letztesmal im geisterhaften Abglanz des Ostens, in Venedig, leise und abgewandt vor unserem Blick«. CJB ›Kleinasiatische Reise‹ in ›Gesammelte Werke‹ Band 5, S. 167ff.

2] *das Buch von Kelly:* Das Werk ›Die hungernde Herde‹ des britischen Diplomaten Sir David Kelly. Zur deutschen Ausgabe (R. Piper Verlag, München 1959) schrieb CJB die Einführung. Siehe Anmerkung 3 zum März 1959.

3] *Action française:* Siehe Anmerkung 5 zum Brief vom 15. 6. 1957.

4] *Kapitelsitzung:* Sitzung des Ordens ›Pour le Mérite‹, dessen Friedensklasse Gerhard Marcks seit 1952, CJB seit 1954 angehörten.

5] *Max Huber:* Siehe Verzeichnis der Briefempfänger.

24. 1. 1959
1] *Das schöne Gedicht:* Handschriftlich mit einem »Gruß für C. J. Burck- 339
hardt« versehene und »H. Hesse« gezeichnete Abschrift von ›Uralte
Buddha-Figur in einer japanischen Waldschlucht‹ (in ›Stufen‹, ausgewählte Gedichte, Suhrkamp Verlag, Frankfurt a. M. 1970).
2] *meinem alten Weisen:* siehe ›Gespräch in Peking‹ in ›Betrachtungen
und Berichte‹ 1964, und in ›Gesammelte Werke‹ Band 4, S. 215ff.
3] *Rehovot:* ›Le peuple de l'expérience‹, Rede gehalten bei Anlaß der 340
Gründungsfeier des Weizmann-Institutes in Rehovot im November
1958 (Israel-Reise für das Rote Kreuz). In: ›Gazette de Lausanne‹,
31.12.1958. (Siehe Nachlaßverzeichnis UB Basel C II a 60 und B II
38.)
4] *Henriette S.:* Henriette Speiser, Sekretärin bei CJB.

12. 2. 1959
1] *Ihr Gespräch an der Zeitenwende:* Edgar Salin ›Vom deutschen Ver- 340
hängnis. Gespräch an der Zeitenwende: Burckhardt-Nietzsche‹, Ro-
wohlts deutsche Enzyklopädie, Rowohlt, Hamburg 1959.
2] *J. B.:* Jacob Burckhardt.
3] *die beiden Profile:* Abbildungen Jacob Burckhardts und Friedrich
Nietzsches auf dem Rowohlt-Taschenbuch.
4] *Bouchardon:* Edme Bouchardon (1698–1762), französischer Bild- 341
hauer. Er soll bei der Lektüre Homers ausgerufen haben: »Es ist mir
unmöglich, diese Gestalten zu bewundern, die das menschliche Maß
sprengen.«
5] *Raymond Aron:* (1905–1984), einflußreicher französischer Soziologe,
Historiker und Journalist, Professor am Institut de France.

15. 2. 1959
Dieser Brief wurde zum 70. Geburtstag, am 18. Februar 1959, von
Gerhard Marcks geschrieben.
1] *Marion Dönhoff:* Marion Gräfin Dönhoff (geb. 1909), mit CJB seit 342
1937 befreundete, aus Ostpreußen stammende deutsche Journalistin;
1968 Chefredakteurin, 1974 Herausgeberin der Wochenzeitung ›Die
Zeit‹. Autorin historischer, politischer und autobiographischer Bücher.
(Siehe ›Memorabilien‹, S. 277ff.)
2] *Grablegung:* Das letzte, von Palma Vecchio vollendete, Werk des
Malers Tizian (1476/77 oder 1488/90–1576), die ›Pietà‹, die im Museum
der Accademia in Venedig aufbewahrt wird.

15. 3. 1959
1] *daß Sie leiden müssen:* Rudolf Kassner, lebenslang körperlich behin- 342
dert, starb am 1. April 1959.

2] *in diesem großen Gebirgstal:* Rhonetal. Kassner lebte in Siders (Sierre) im Wallis.

März 1959

343 1] *Käppeli:* Robert Käppeli (siehe Verzeichnis der Briefempfänger).
344 2] *meinen ›J. P. Hebel‹:* Rede, gehalten in Lörrach am 9. Mai 1959, anläßlich der Entgegennahme des Hebelpreises. Enthalten in ›Gestalten und Mächte‹ unter dem Titel ›Der treue Hebel‹.
3] *›The hungry sheep‹:* CJB schrieb die Einführung zur deutschen Übersetzung des Werkes, die 1959 im R. Piper Verlag, München unter dem Titel ›Die hungernde Herde oder das Risiko der Freiheit in der westlichen Welt‹ erschien. Mit dem am 27. März verstorbenen Autor Sir David Kelly (1891–1959) befreundete sich CJB während dessen Tätigkeit als Gesandter Großbritanniens in der Schweiz (1939–1942). Später bekleidete Sir David u. a. die Posten eines Botschafters in der Türkei (1946–1949) und in der Sowjetunion (1948–1951). Seit 1955 leitete er den British Council. In seinem Werk ›The hungry sheep‹ behandelt Kelly die »Krise unserer Zivilisation«, deren politische und wirtschaftliche Aspekte er von einer »primär geistigen« Zerrüttung ableitet.
4] *mein politisches Danzigbuch:* CJB vollendete 1960 seinen Bericht ›Meine Danziger Mission 1937–1939‹.
5] *morgen Kassner:* Rudolf Kassner starb am 1. April 1959.
6] *eine Arpeggie:* Von Arpeggio, harfenmäßiger Anschlag von Akkorden, wobei die Töne nicht zusammenklingen, sondern einander dicht folgen.

17. 4. 1959

346 1] *Macmillan:* Harold Macmillan (geb. 1894), englischer konservativer Politiker, Premierminister von 1959–1963.
2] *den Kanzler:* Bundeskanzler Konrad Adenauer (1876–1967).
3] *Dulles:* John Foster Dulles (1888–1959), amerikanischer Diplomat und Politiker, leitete 1953–1959 unter Präsident Eisenhower die Außenpolitik der Vereinigten Staaten.
4] *[Schwiegervater]:* Gonzague de Reynold (siehe Anmerkung zum Brief vom 20. 8. 1926).
5] *Kassner:* Rudolf Kassner (siehe Verzeichnis der Briefempfänger).
6] *Sir David Kelly:* Siehe Anmerkung 3 zum Brief vom März 1959.
7] *Deine wunderschöne unverdiente Besprechung:* Schröder besprach die beiden Bände ›Begegnungen‹ und ›Bildnisse‹ (siehe Anmerkung 6 zum Brief vom 8. 11. 1957) im ›Merkur‹ 13. Jg., Heft 5, Mai 1959.
8] *Abhandlung über die Treue:* Vermutlich ›Der treue Hebel‹, C. F. Müller, Karlsruhe 1959. In ›Universitas‹ 15. Jg., Heft 10, 1960, in gekürzter Fassung. (Siehe auch Anmerkung 2 zum Brief vom März 1959).

9] *Ottonie:* Ottonie Gräfin Degenfeld (siehe Verzeichnis der Briefempfänger).

10] *»Diätetik meiner Seele«:* Anspielung auf die 1838 erschienene Abhandlung ›Zur Diätetik der Seele‹ des Wiener Psychiaters und Schriftstellers Ernst Freiherr von Feuchtersleben (1806–1849); seine Werke gab Friedrich Hebbel heraus.

18.6.1959

1] Nach einem an einzelnen Stellen abweichenden Entwurf ist dieser Brief publiziert in ›Gesammelte Werke‹ Band 6, S. 353 f.

2] *deutsche Reise:* Vom 4.–10. Juni 1959 hielt sich CJB in Hamburg, Lübeck, Bonn und Köln auf. In Lübeck, wo er am 6. Juni eine Ansprache anläßlich einer Rotkreuztagung (Solferinofeier) hielt (siehe ›Lübekkische Blätter‹ 119. Jg., Heft 12, 1959), besuchte er auch das nach ihm benannte, 1957 gegründete Gymnasium.

3] *Bonn:* CJB nahm in Bonn an der Tagung des Ordens ›Pour le Mérite‹ teil (7. Juni 1959).

4] *der Kanzler:* Konrad Adenauer. CJB erwähnt den »Fall Adenauer«: 1959 lief das zweite und letzte Mandat von Bundespräsident Heuss ab. Der Bundeskanzler versuchte, die im Juli fällige Präsidentschaftswahl zu verwenden, um den Wirtschaftsminister Ludwig Erhard von seiner Nachfolge im Kanzleramt auszuschließen. Nach der Weigerung Erhards, seine Kandidatur aufzustellen, erklärte Adenauer plötzlich, er selber wünsche Präsident zu werden. Kurz darauf, am 6. Juni, drei Wochen vor der Wahl, zog er seine Kandidatur wieder zurück, da er festgestellt hatte, daß es ihm als Präsidenten nicht möglich wäre, effektiv zu regieren. Die Angelegenheit, die mit der Wahl Heinrich Lübkes endete, schädigte vorübergehend sowohl das Ansehen des Präsidentenamtes wie das Konrad Adenauers. (Zur Einstellung CJBs gegenüber Konrad Adenauer vgl. auch Brief an Carl Zuckmayer vom 23. 4. 1967.)

5] *Warburg:* Der Physiologe Otto Heinrich Warburg (1883–1970), 1931 Nobelpreisträger für Medizin.

6] *Catalaunische Felder:* Nach dem römischen Namen Catalaunum für Châlons-sur-Marne. Ort der Schlacht, die 451 zwischen den mit den Westgoten verbündeten Römern unter Aetius und den Hunnen unter Attila stattfand.

7] *In Köln sprach ich:* Es handelt sich um einen schon früher einmal gehaltenen Vortrag. Der Titel ist nicht zu ermitteln.

8] *im Alalin:* Hotel ›Alalin‹ in Saas-Fee (Wallis).

9] *Alice:* Siehe Anmerkung 20 zum Brief vom 17. 7. 1969.

10] *Winnetou:* Maria, Tochter von Carl Zuckmayer, verheiratet mit Michael Guttenbrunner.

11] *Technik-Vortrag:* ›Aspects culturels et sociaux du progrès technique‹, Vortrag gehalten am 3.7.1959 anläßlich der ›12th International Banking Summer School‹ (Bürgenstock) der Schweizerischen Bankiervereinigung. Erschienen in ›Financing of Technical Progress‹, Frobenius Verlag, Basel 1959. (Im Nachlaß, UB Basel, ist ein Magnetophonband aufbewahrt mit diesem von CJB gehaltenen Vortrag, unter der Signatur C II a 66.)

12] *Käppeli-Jubiläum:* Zum 25jährigen Dienstjubiläum Robert Käppelis schrieb CJB das Vorwort zu ›Zeichnungen altdeutscher Meister aus dem Besitz der CIBA‹ von Georg Schmidt, CIBA, Basel 1959.

25.8.1959

349 1] *Frances:* Ehefrau von John Knittel.
350 2] *Coudenhove:* Richard Graf Coudenhove-Kalergi (siehe Verzeichnis der Briefempfänger).
351 3] *Christoph Bernoulli:* Siehe Verzeichnis der Briefempfänger.

27.9.1959

353 1] *Royall Tyler:* ›Kaiser Karl V.‹ Deutsche Verlagsanstalt, Stuttgart 1959.
2] *David Kelly:* Siehe Anmerkung 3 zum Brief vom März 1959.
355 3] *Eleonore von Mendelssohn:* geb. 1901; verübte Selbstmord in New York, Tochter des Bankers Robert von Mendelssohn, Schauspielerin. –
356 4] *Francesco:* Ihr Bruder (1907–?), Cellist.
357 5] *Gabriele:* Die Gattin des Adressaten.
6] *Alexander Fürst zu Dietrichstein:* (1899–1964), lebte bis Kriegsende auf seinem Stammschloß Nikolsburg in Mähren.

8.12.1959

358 1] *geplante Vortragsreihe:* Für das Jahr 1960 bereitete die Bayerische Akademie der schönen Künste, deren Generalsekretär Graf Podewils war, eine Vortragsreihe über ›Sprache und Wirklichkeit‹ vor, in deren Verlauf u. a. auch Martin Buber und CJB das Wort ergreifen sollten (siehe Anmerkung 3 zum Brief vom 27.6.1960).
2] *Herrn Preetorius:* Emil Preetorius (1883–1973), Bühnenbildner und Illustrator, Kunstsammler. Von 1948 bis 1968 war er der Präsident der Bayerischen Akademie.
3] *unter Bubers Zauber:* Martin Buber (siehe Verzeichnis der Briefempfänger).
359 4] *Bruno Snell:* (geb. 1896), deutscher klassischer Philologe, seit 1931 Professor in Hamburg. Herausgeber und Übersetzer griechischer Texte. Werke u. a. ›Die Entdeckung des Geistes‹, 1946; ›Der Aufbau der Sprache‹, 1952.

25.3.1960
1] *Reden Käppelis:* Robert Käppeli (siehe Verzeichnis der Briefempfänger).
2] *Charly Abeggs:* Carl J. Abegg (1891–1973), Zürcher Industrieller. Verwaltungsratspräsident der Firma Nestlé Alimentana AG, Vevey. Unter seiner Leitung fusionierten die Firmen Nestlé und Maggi.
3] *Bankverein-Speich:* Rudolf Speich (1890–1961), Präsident des Verwaltungsrates des Schweizerischen Bankvereins.
4] *Ciba:* CJB gehörte dem chemischen Unternehmen in Basel als Verwaltungsrat an.
5] *Klybeckstraße:* Dort befindet sich das Mutterhaus der CIBA AG.
6] *Lucy Rudolph:* Siehe Verzeichnis der Briefempfänger.
7] *Bergengrün:* Werner Bergengruen (1982–1964), deutscher Schriftsteller baltischer Herkunft; seine Frau Charlotte, geb. Hensel.
8] *Emil Staiger:* Siehe Verzeichnis der Briefempfänger.
9] *Professor Wehrli:* Max Wehrli (geb. 1909), Zürcher Germanist.
10] *Verleger Schifferli:* Peter Schifferli (siehe Verzeichnis der Briefempfänger).
11] *Preetorius:* Emil Preetorius (siehe Anmerkung 2 zum Brief vom 8.12.1959).
12] *verbrachte ich inmitten von Sterbestatistiken:* bei der ›Zürich‹ Versicherungsgesellschaft war CJB Mitglied des Verwaltungsrates.
13] *Gysin:* Fritz Gysin (1895–1984), Direktor des Schweizerischen Landesmuseums in Zürich.
14] *Frau de Meuron:* Elisabeth von Meuron, geb. von Tscharner (1882–1980). (Siehe Michael Stettler ›Die Schloßfrau‹ in ›Mach's na. Figuren und Exempel‹, Stämpfli Verlag, Bern 1982.)
15] *Oberst Rieter:* Fritz Rieter (1887–1970).
16] *»Schweizer Monatshefte«:* Zeitschrift für Politik, Wirtschaft, Kultur, nach dem Ersten Weltkrieg gegründet.
17] *die zwei Herren »Jacques«, Schindler und Bodmer jun.:* Dietrich Schindler, Prof. für Recht an der Universität Zürich, Neffe von Max Huber, und Daniel Bodmer, Sohn von Martin Bodmer (siehe Verzeichnis der Briefempfänger). »Herr Jacques« bezieht sich auf die gleichnamige Figur in Gottfried Kellers ›Züricher Novellen‹.
18] *Regensberg:* Altes, auf einem Hügel gelegenes Städtchen im Kanton Zürich.
19] *Villa Moynier:* Früher der Sitz des Internationalen Komitees vom Roten Kreuz in Genf.
20] *Denis de Rougemont:* geb. 8.9.1906, gest. 6.12.1985, Schriftsteller. 1936–1939 Chefredaktor der ›Nouveau Cahiers‹ in Paris. Prof. der Ecole libre des Hautes Etudes in New York. Seit 1950 Direktor des

›Centre européen de la culture‹ in Genf. Sein bekanntestes Werk ist ›L'Amour et l'Occident‹, 1939.

21] *à la Franzel W.:* Franz Prinz zu Sayn-Wittgenstein (siehe Verzeichnis der Briefempfänger).

27. 6. 1960

1] *Universitätsjubiläum:* Die Basler Universität feierte ihr 500jähriges Bestehen (1460–1960). CJB schrieb einen Text in der Broschüre ›500 Jahr-Spende‹ der Unversität Basel, 1960.

2] *die Thematik Ihrer Tagung:* Siehe Anmerkung 1 zum Brief vom 8. 12. 1959.

3] *meinen Text:* ›Das Wort im politischen Geschehen. Zur Geschichte der politischen Leitworte‹. Der Vortrag wurde von CJB am 13. Juli 1960 an der ›Bayerischen Akademie der Schönen Künste‹ in München gehalten. In ›Gestalten und Mächte‹, 1961, und in ›Gesammelte Werke‹ Band 2, S. 386 ff.

9. 10. 1960

1] *Die Blechtrommel:* Roman von Günter Grass, erschienen im Luchterhand Verlag, Neuwied und Berlin 1959.

2] *Ihr Dostojewski-Buch:* ›Dostojewski‹, Maximilian Dietrich Verlag, Memmingen 1960.

3] *»acte gratuit«:* Dieses Konzept der sinn- und zwecklosen Handlung entwickelte André Gide 1925 in seinem Roman ›Les faux-monnayeurs‹ (›Die Falschmünzer‹).

4] *Reval!:* Hauptstadt von Estland, jetzt russisch Tallin, an einer Bucht des Finnischen Meerbusens gelegen.

29. 12. 1960

1] *in Göttingen:* Siehe Anmerkung 1 zum Brief vom 23. 11. 1913.

2] *Spazierritte:* Siehe ›Memorabilien‹ S. 143–144.

3] *Andy Pilar:* Baron Andreas Pilar, siehe ›Memorabilien‹ S. 151–154.

4] *Boehringer:* Robert Boehringer (siehe Verzeichnis der Briefempfänger).

5] *Arnold Boecklin:* (1827–1901), Schweizer Maler, tätig in Weimar, München, der Schweiz und Italien. Die meisten seiner durch Mythologie und Dichtung angeregten Bilder stellen südliche Landschaften mit Götter- und Fabelwesen dar, so ›Kentaurenkampf‹, ›Triton und Nereide‹, ›Toteninsel‹, ›Heiliger Hain‹.

6] *Roland de Margerie:* geb. 1899, französischer Diplomat, bekleidete führende Posten im In- und Ausland. Sein Vater war einige Jahre zur Zeit der Weimarer Republik Botschafter in Berlin.

7] *une mise en demeure:* amtliche Mahnung.

8] *Lagaillarde:* Einer der Anführer der seit dem 1959 erfolgten Angebot 368
der Unabhängigkeit an Algerien die Regierung in Paris bedrohende
OAS-Bewegung, 1960 war es zu einem Putschversuch gekommen.

2. 1. 1961

Ihr Dostojewski: Siehe Anmerkung 2 zum Brief vom 9. 10. 1960. 368

16. 3. 1961

1] *Ihre und Professor Schramms Ausführungen:* Im März 1961 trafen sich 369
Mitglieder des Ordens ›Pour le Mérite‹ zu einem freien Gespräch in
Freiburg im Breisgau.
2] *Schramm:* Percy Ernst Schramm (1894–1970), deutscher Historiker.
(Siehe Anmerkung 3 zum Brief vom Frühjahr 1967.)
3] *Schlacht von Rocroy:* (oder Rocroi, Département Ardennes). Erste 370
Niederlage der spanischen Infanterie durch die französischen Entsatztruppen unter dem Herzog von Enghien, dem späteren »Großen
Condé«; militärischer Wendepunkt des Dreißigjährigen Krieges.
4] *Wiener Kongreß:* 18. 9. 1814 bis 9. 6. 1815, legte nach dem Zusammenbruch des napoleonischen Imperiums die Grundlagen des europäischen
Gleichgewichts bis 1914.
5] *Victor Hugo:* (1802–1885), gefeiertester französischer Dichter des 372
19. Jahrhunderts, im Pantheon bestattet.
6] *Unsinn Rosenbergs:* Alfred Rosenberg (1893–1946), deutsch-baltischer Architekt und nationalsozialistischer Ideologe, Autor von ›Der
Mythos des 20. Jahrhunderts‹ (1930), 1946 vom Nürnberger Gerichtshof als »Urheber des Rassenhasses« zum Tode verurteilt und hingerichtet.
7] *Joseph* II.: (1741–1790), nach dem Tode seines Vaters Franz I. 1765 373
deutscher Kaiser und mit seiner Mutter Maria Theresia († 1780) Mitregent der habsburgischen Erblande; mit Friedrich dem Großen und
Zarin Katharina II. Prototyp des aufgeklärten Absolutismus. Die meisten seiner zentralistischen und säkularisierenden Reformen mußte er
auf dem Sterbebett widerrufen.
8] *nach Wilsonschem Rezept:* Die 14 Punkte einer künftigen Friedensordnung des amerikanischen Präsidenten Woodrow Wilson
(1856–1924) vom 8. Januar 1918, darunter Ächtung der Geheimverträge, Freiheit der Meere und des Handels, Selbstbestimmungsrecht der
Völker und kollektive Sicherheit (Abrüstung, Völkerbund).
9] *Koiné:* Die allgemeine (Sprache), Gemeinsprache wie das Griechische im Hellenismus, das Lateinische im Westreich und mittelalterlichem Abendland, auch interregionale Handelssprachen.
10] *»Gesta Dei per Francos«:* (»Die Taten Gottes durch die Franken« [= 374
Franzosen]), Chronik des Ersten Kreuzzuges des Abtes Guibert de

Nogent († 1124), später synthetischer Sammeltitel französischer Kreuzzugschroniken.

11] *jenes Hölderlinsche:* CJB zitiert aus der achten Strophe des Gedichtes ›Mein Eigentum‹ von Friedrich Hölderlin:
»Zu mächtig, ach! ihr himmlischen Höhen, zieht
Ihr mich empor, bei Stürmen, am heitern Tag
Fühl ich verzehrend euch im Busen
Wechseln, ihr wandelnden Götterkräfte.«

12] *unser Kollege:* Der Chemiker Heinrich Kuhn (1900–1967), der auch dem Orden ›Pour le Mérite‹ angehörte.

3. 4. 1961

375 1] *Ihr Gatte:* Der österreichische Diplomat Fr. von Krafft-Delmari.

376 2] *Kemalist:* Anhänger des Kemal Atatürk (1881?–1938), türkischer Staatspräsident und Feldherr.

3] *Regina:* Die Dichterin Regina Ullmann.

4] *»Und setzet ihr nicht das Leben ein«:* Aus den Schlußversen des Reiterliedes von Friedrich Schiller am Ende von ›Wallensteins Lager‹: »Und setzet ihr nicht das Leben ein, / Nie wird euch das Leben gewonnen sein.«

5] *Malplaquet:* Schlachtort, berühmt durch den teuer erkauften Sieg, den der Herzog von Marlborough und Prinz Eugen 1709 über den französischen Marschall de Villars errangen.

6] *Rossbach:* Schlachtort in der Nähe von Halle. Dort siegte Friedrich der Große am 5. November 1757 über eine Armee von Franzosen und Reichstruppen.

377 7] *in Griechenland:* CJB hielt am 22. Juni 1961 die Festrede ›Der Mythos Olympia‹ bei der Übergabe des antiken Stadions von Olympia. Erschienen u. a. in ›Schweizerische Monatshefte für Politik und Kultur‹ 41. Jg., Heft 5, 1961, und in ›Olympische Akademie‹, herausgegeben vom Nationalen Olympischen Komitee für Deutschland, 1961.

8] *Historische Arbeiten:* CJB arbeitete an den Bänden II und III seiner Richelieu-Monographie (siehe Anmerkung 1 zum Brief vom 21. 12. 1966).

29. 5. 1961

377 1] *Essaybandes:* Otto von Habsburg ›Im Frühling der Geschichte‹, Herold Verlag, Wien – München 1961.

2] *aus diesem hohen Wort:* In der Einleitung zum erwähnten Band zitiert Otto von Habsburg folgende Sätze Pius' XII.: »Macht euch unsere Hoffnung zu eigen und sagt allen: wir leben in einem Frühling der Geschichte.«

3] *Pius XII.:* Eugenio Pacelli (1876–1958), Papst 1939–1958.

4] ›Entscheidung um Europa‹: Otto von Habsburg ›Entscheidung um Europa‹, Tyrolia Verlag, Innsbruck – Wien – München 1953.
5] *Olympia:* Siehe Anmerkung 7 zum Brief vom 3.4.1961.

30.7.1961
1] *schreiben Sie:* In einem nicht datierten Brief erzählte Werner Weber CJB von seiner Begegnung mit dem Dirigenten einer Bläserkapelle »... an den Füßen Söckchen aus Garn, mit dem, was man Heiland- oder Gesundheits-Sandalen nennt«.
2] *zu den ›Reinen Herzen‹:* 1912 im Kanton Waadt gegründete Gemeinschaft auf religiöser Grundlage.
3] *nach Dornach:* In Dornach (Kanton Basel-Land) befindet sich der Sitz der von Rudolf Steiner gegründeten ›Anthroposophischen Gesellschaft‹.
4] *Merkurbote:* Hans Paeschke (geb. 1911) gründete nach dem Zweiten Weltkrieg mit Joachim Moras die deutsche Zeitschrift ›Merkur‹.
5] *in Kreta:* CJB bereiste Griechenland anläßlich seiner Rede in Olympia zur Übergabe des antiken Stadions (siehe Anmerkung 7 zum Brief vom 3.4.1961). Das Tagebuch zur Reise in Kreta (siehe Nachlaßverzeichnis. UB Basel, C II a 77) wurde wegen der Arbeit am ›Richelieu‹ Bd. II und III nicht ausgearbeitet. Es erschien aus dem Nachlaß 1975 in der Festschrift ›Für Rudolf Hirsch‹, S. Fischer Verlag, Frankfurt a. M., und wurde dann in die ›Memorabilien‹ (S. 302ff.) aufgenommen.

3.10.1961
1] *hierherfahren:* nach Vinzel im Waadtland. (Bildbericht: Nachlaßverzeichnis UB Basel, E 9).
2] *Marchairuz:* Paßhöhe im Waadtländer Jura in der Nähe von CJBs Wohnsitz Vinzel.

5.11.1961
Die Verse: ›Ein Traum‹ in ›Dauer im Wandel‹, Festschrift zum 70. Geburtstag von CJB, Verlag Georg D. W. Callwey, München 1961, S. 198.

6.11.1961 *(Durchschlag eines Typoskripts)*
1] *Dein Herkules:* Zum 70. Geburtstag widmete Oskar Kokoschka CJB die Zeichnung ›Herkules und Antäus‹ (wiedergegeben in der Festschrift ›Dauer im Wandel‹, siehe Anmerkung zum Brief vom 5.11.1961). *Antäus:* siehe Anmerkung 7 zum Brief vom 1.8.1920.
2] *Gigas Alkyoneus:* Gyges (der Erdgeborene) oder Gigas (der Riese), hundertarmiger, halb menschlicher Sohn der Mutter Erde.
3] *Nereus:* Mehrdeutige Figur der griechischen Mythologie. Herkules

trifft ihn als orakelsprechenden Seegott, der am Ufer des Po (Italien) heimisch ist.

4] *Rhea:* Mutter des Zeus.

5] *Daktyloi Idaioi:* Der idäische Daktyl Herakles stammte aus Kreta, war Zauberer, aber auch Feldherr, galt bei den Kretern als Sohn des Zeus von einer unbekannten Mutter und war viel älter als der Sohn der Alkmene.

11. 11. 1961 *(Durchschlag eines Typoskripts)*

1] *Macht:* Bezieht sich auf den Ausspruch Jacob Burckhardts: »Macht ist böse« in den ›Weltgeschichtlichen Betrachtungen‹ im Abschnitt ›Von den Potenzen‹.

2] *Churchill:* Sir Winston Spencer Churchill (1874–1965), englischer Staatsmann, Premierminister 1940–45 und 1951–55.

3] *Philipp II.:* König von Spanien (1527–1598), Vater von Don Carlos.

4] *Goebbels:* Joseph Goebbels (1897–1945), nationalsozialistischer Politiker, Reichspropagandaminister, Gauleiter von Berlin.

5] *Thornton Wilder in der Frankfurter Paulskirche:* Siehe auch den Brief an Walter Boveri von Ostern 1958.

6] *J. B.:* Jacob Burckhardt.

7] *Calvin:* Johann Calvin (1509–1564), protestantischer Reformator, von Genf aus wirkend.

24. 11. 1961

1] *»Drachen«:* Hotel ›Drachen‹, Aeschenvorstadt 24 in Basel.

2] *Großtante:* Anna-Elisabeth Gemuseus, geb. Burckhardt (1833–1910), Schwester von CJBs Großvater Carl Burckhardt-Burckhardt.

3] *furchtbar feine Schule:* Die Gutlé-Schule, die auch CJBs Schwester Theodora (Dory) besuchte, befand sich 1895–1921 an der Stelle des heutigen Hotels ›Drachen‹.

4] *Dory:* Siehe Anmerkung 2 zum Brief vom 13. 1. 1914.

5] *»Haus auf Burg«:* Geburtshaus CJBs am Münsterplatz 4–5 in Basel. Erbaut für Marie Burckhardt-Hess (1805–1856, Tochter des Zürcher Schriftstellers David Hess). Später im Besitz von deren Tochter, Marie Steffensen-Burckhardt, Schwester von CJBs Großvater Carl Burckhardt-Burckhardt. (Siehe ›Memorabilien‹ S. 16–18.)

6] *»Ritterhof«:* Rittergasse 20, Basel. Dieses Haus bewohnte Sophie Merian-Burckhardt (1836–1917), Schwester von CJBs Großvater Carl Burckhardt-Burckhardt. Später lebte CJBs Mutter, Helene Burckhardt-Schazmann, in diesem Haus. (Siehe ›Memorabilien‹ S. 29.)

7] *»Rosengarten«:* Der Großvater CJBs, Carl Burckhardt-Burckhardt ist im Basler Adreßbuch von 1862 als Besitzer der Liegenschaften

Leonhardsstraße 6–8 und 5 (gegenüber) angegeben, sowie als Bewohner von Leonhardsstraße 6–8 *und* von Münsterplatz 4. Die Häuser in der Leonhardsstraße 6–8 heißen genau »Zum Vorderen Rosengarten« (Nr. 10 dagegen nur »Zum Rosengarten«) und gehören zum Komplex der Musikakademie, wobei Nr. 8 das heute noch bestehende einstöckige Haus an der Straßenfront ist. Der Name »Vorderer Rosengarten« steht über der Haustür. Nr. 6 ist dagegen das jetzige Hofareal der später erbauten Musikakademie. (Siehe auch Carl Chr. Burckhardt ›Schriften und Vorträge‹ Verlag Helbing & Lichtenhahn, Basel 1917, S. 2.)

8] *»Schönenberg«:* Siehe Anmerkung 4 zum Brief vom 18. 6. 1908. Das Landgut wurde 1769 erbaut, kam 1848 an den Seidenbandfabrikanten Burckhardt-Visscher, dann an dessen Sohn Carl Burckhardt-Burckhardt. 1892/93 erstellte dieser ein neues Wohnhaus. Am 10. 9. 1891 wurde ihm der erste Enkel, CJB, geboren, daher schreibt CJB: »das zu meinen Ehren einst von 92–93 erstellte Schönenbergerhaus«.

9] *der gelbe Kardinal:* Richelieu. Am zweiten Band der Richelieu-Biographie arbeitete CJB gerade.

10] *die Feier in dem Thurgauer Dorf:* Feier zu Ehren CJBs zu seinem 70. Geburtstag am 8. Oktober 1961. (Siehe Nachlaßverzeichnis UB Basel, A I 20.)

11] *die beiden Bundespräsidenten:* Theodor Heuss (Bundesrepublik Deutschland) und Friedrich Traugott Wahlen (Schweiz).

12] *Annette Kolb:* Siehe Verzeichnis der Briefempfänger.

13] *Larese:* Dino Larese, Veranstalter der Feier. (Siehe auch ›Besuch in Vinzel. Zu Carl J. Burckhardts 75. Geburtstag‹, Amriswiler Bücherei 1966.)

14] *Sabine:* jüngere Tochter CJBs.

15] *Pic:* Henriette, die ältere Tochter CJBs.

16] *»Gemeindevizepräsidentin«:* Seit 1951 gehörte Frau Elisabeth Burckhardt als Vizepräsidentin dem ›Conseil général‹ der Gemeinde Vinzel an.

27. 11. 1961

1] *Asconese:* Karl Kerényi war in Ascona ansässig.

2] *Karl Victor von Bonstetten:* (1745–1832), Berner Patrizier, Landvogt zu Nyon (Waadt), Philosoph und homme de lettres. Wegen seiner geistigen Neugier, Stilsicherheit und Langlebigkeit sah Saint-Beuve in ihm einen »schweizerischen Voltaire«.

3] *daß Sie uns jetzt angehören:* 1961 wurde Karl Kerényi als Tessiner zum Schweizer Staatsbürger.

4] *C. G. Jung:* Der Tiefenpsychologe Carl Gustav Jung (1875–1961), mit dem Karl Kerényi durch gemeinsame Erforschung antiker Mythen verbunden war (›Eranos‹-Tagungen in Ascona).

5] *seine Vaterstadt:* Basel.

389 6] *Spitteler:* Carl Spitteler (siehe Anmerkung 1 zum Brief vom 29.9.1925).

7] *an Hand der Goldonischen Typen:* Carlo Goldoni (1707–1793), italienischer Lustspieldichter. Die etwa 150 Theaterstücke Goldonis sind von großer Vielfalt: Intrigen- und Rührstücke, Charakterkomödien und Sittenbilder.

8] *Ihre »Mythologie der Griechen«:* Karl Kerényi ›Die Mythologie der Griechen‹, Rhein Verlag, Zürich 1951.

30.11.1961 *(Durchschlag eines Typoskripts)*

390 1] *Giudecca:* Bewohnte Insel Venedigs, nach den einst hier lebenden »Giudei« (Juden) benannt, später Gebiet mit Gärten, Villen und Klöstern mit großen Grünflächen.

2] *Ihr Gotik-Buch:* Marcel Pobé ›Splendeur gothique en France‹, Les Editions Braun, Paris 1960.

3] *Aulafeier:* Am 15. November 1961 erhielt CJB den ›Kunstpreis der Stadt Basel‹ in der Aula der alten Universität am Rheinsprung. Beim anschließenden Nachtessen hielt er eine Rede auf Baseldeutsch: »getarnt hinter Schlehdornblättern des Dialektes«. (Siehe Nachlaßverzeichnis UB Basel A II 1[13].)

1.12.1961 *(Durchschlag eines Typoskripts)*

391 1] *Liebe Kinder:* Die Kinder der Oberstufe der Lübecker Volksschule Nusse hatten am 14. Oktober 1961 einen Brief an CJB gerichtet, in welchem sie ihm Fragen stellten.

2] *eine sehr traurige Szene:* CJBs Bericht über einen Besuch im KZ Esterwegen, den er im Oktober 1935 im Auftrag des Internationalen Roten Kreuzes ausführte. (Siehe CJB ›Meine Danziger Mission 1937–1939‹; ›Gesammelte Werke‹ Band 3, S. 53ff.)

392 3] *daß das Internationale Rote Kreuz in die alte Hansestadt:* Die Lübecker Schüler fragten CJB, wie er Lübeck nach dem 28.3.1942 vor weiteren Bombenangriffen verschont habe. Als führendes Mitglied und späterer Präsident des Komitees vom Internationalen Roten Kreuz hatte er sich bei den Alliierten dafür eingesetzt, daß Lübeck zum Aufnahmehafen für die in Göteborg umgeschlagenen Hilfsgüter für Kriegsgefangene bestimmt wurde. Dies ersparte Lübeck Bombardierungen gegen Kriegsende.

4] *die Szene im KZ:* CJB wünschte den Pazifisten, Schriftsteller und Nobelpreisträger Carl von Ossietzky (1889–1938) zeugenlos zu sprechen. CJB erwirkte seine Freilassung, doch Ossietzky starb kurz darauf. Siehe oben, Anmerkung 2.

14. 12. 1961

1] *sechzig Jahre:* Am 12. Dezember wurde Jean-Rudolf von Salis sechzig Jahre alt. 393

2] *im Todesjahr der Königin Victoria:* Die Königin von England lebte von 1837 bis 1901. 394

3] *Chamberlain:* Joseph Chamberlain (1836–1914), englischer Politiker. Als Hauptvertreter des britischen Imperialismus setzte er sich für die Unterwerfung der Buren in Südafrika ein (Burenkrieg); seine Bemühungen um ein deutsch-britisches Bündnis und um die Einführung imperialistischer Schutzzölle scheiterten.

4] *seine scharfe Rede:* Am 25. Oktober 1901 hielt Joseph Chamberlain eine sich auf den von ihm als Kolonialminister mitverantworteten Burenkrieg beziehende Rede, in welcher er sehr deutschlandfeindliche Töne anschlug. Er erwähnte dabei die sogenannte Krügerdepesche, d. h. das Glückwunschtelegramm, das Kaiser Wilhelm II. am 3. Januar 1896 an den burischen Staatsmann Paulus Krüger gerichtet hatte.

5] *Der Zar:* Zar Nikolaus II. weilte im September 1901 auf Besuch im Schloß Compiègne als Gast der französischen Regierung.

6] *Younghusband:* Sir Francis Edward Younghusband (1863–1942), britischer Offizier und Asienforscher, bereiste 1901 erstmals Tibet. 1903/04 erzwang er an der Seite von General Macdonald den Durchbruch nach Lhasa.

7] *Tod meines Großvaters:* Carl Burckhardt-Burckhardt lebte von 1831 bis 1901. Sein Lebensbild ist enthalten im Band der ›Schriften und Vorträge‹ von Carl Christoph Burckhardt (CJBs Vater), Basel 1917.

8] *»Niedergang oder Wandlung der Kultur«:* Jean-Rudolf von Salis, ›Niedergang oder Wandlung der Kultur‹, Insel Verlag, Frankfurt a. M. 1958.

9] *Hermeion:* Geschenk des Hermes, der u. a. ein Gott der guten Gelegenheit, der glücklichen Fügung ist.

22. 1. 1962

1] *die beiden Silberpappeln:* Frau Sacher hatte CJB berichtet, daß die beiden Silberpappeln auf dem Gut Schönenberg bei Pratteln, wo er bei seinem Großvater Carl Burckhardt-Burckhardt einen Teil seiner Kindheit verbracht hatte (siehe Anmerkung 4 zum Brief vom 18. 6. 1908), gefällt werden mußten. Der Schönenberg war 1936 in den Besitz von Frau Sacher übergegangen. 395

2] *norwegischer Freund:* Henrik Heegard, Vetter von Frau Elisabeth Burckhardt, der auch in Vinzel ansässig ist.

3] *Zäslin:* Vor 1848, als der Schönenberg Burckhardtscher Besitz wurde, gehörte das Anwesen der Basler Familie Zäslin. 396

4] *Harti:* Hartmann Koechlin (1893–1962), Basler Großindustrieller, mit dem CJB bereits in der Primarschule befreundet war.

5] »krummen Eich«: zwischen Frenkendorf und Pratteln. Außerhalb von Pratteln steht ein Gasthaus ›Zur krummen Eich‹.

13.2.1962

397 1] *Deine Hamburgerrede:* ›Vom Sinn des Kunsthandwerks‹ gehalten am 11. Juni 1961 vor dem Kunstgewerbeverein Hamburg. Veröffentlicht in Christoph Bernoulli ›Ausgewählte Vorträge und Schriften‹ Privatdruck, Zürich 1967.

2] *Herzog von Montmorency:* Henri (II), Marschall von Frankreich, geb. 1595, wandte sich mit Gaston d'Orléans gegen Richelieu und wurde 1632 in Toulouse enthauptet.

3] *Ludwig XIII.:* 1601–1643. Sein leitender Minister war Richelieu.

4] *Curlingsieg:* Curling-Eisspiel mit 16–20 kg schweren, polierten, mit einem Griff versehenen Granitsteinen.

5] *dem haptischen Prinzip:* den Tastsinn betreffendes Prinzip.

6] *Hier, in Paris:* 1961 hatte der französische Staatspräsident Charles de Gaulle Verhandlungen mit den algerischen Aufständigen eingeleitet. Im Juli 1962 schließlich wählte das algerische Volk die Unabhängigkeit von Frankreich. Diese Vorgänge führten sowohl zu einem Putschversuch französischer Generäle in Algier wie zu heftigen Unruhen im Mutterland. CJB hielt sich damals in Paris auf, um die französische Übersetzung der ›Danziger Mission‹ (›Ma mission à Dantzig 1937-1939‹, Edition Arthème Fayard, Paris) dem Publikum zu präsentieren.

14.2.1962

398 1] *David Friedrich Strauß:* (1808–1874), zeitlebens umstrittener deutscher Theologe, der sich von einer spätromantisch-schleiermacherischen Mystik zum Materialismus hin entwickelte. Er erregte 1835–36 mit seinem Werk ›Das Leben Jesu‹, in welchem er die Evangelien als Mythen betrachtet, heftigen Widerspruch.

2] *Straußenputsch:* (oder Straußenhandel) Als Theologieprofessor an die Universität Zürich gewählt, wurde David Friedrich Strauß von den Behörden unter dem mächtigen Druck der empörten Bevölkerung pensioniert, bevor er sein Amt antrat.

3] *Nietzsches vernichtenden Luftangriff:* Nietzsche griff Strauß als Inbegriff des Kulturphilistertums an.

4] *Kerner:* Justinus Kerner (1786–1862), deutscher Dichter und Arzt. Der Freund Uhlands und Varnhagens übte u. a. durch seine Arbeiten über Schlafwandel und okkulte Begabung einen großen Einfluß aus.

3] *den gelben Kardinal:* Richelieu.

6] *Karl Kraus:* (1874–1936), österreichischer Satiriker und Schriftsteller. Herausgeber und alleiniger Autor der Zeitschrift ›Die Fackel‹. Werke

u. a. ›Die chinesische Mauer‹, 1910; ›Die letzten Tage der Menschheit‹, 1918/19; ›Literatur und Lüge‹, 1929; ›Die Sprache‹, 1937; ›Die Dritte Walpurgisnacht‹, 1952.
7] *Rudolf Kassner:* Siehe Verzeichnis der Briefempfänger.
8] *in diesem alten Hexenkessel:* Paris (siehe Anmerkung 6 zum Brief vom 13.2.1962).
9] *Maxens Geburtstag:* Max Rychner (siehe Verzeichnis der Briefempfänger) wurde am 8. April 1962 fünfundsechzig Jahre alt.

6. 3. 1962
1] *Churchills V:* für »Victory«, Siegeszeichen.
2] *Karl der Kühne – Ludwig* XI. *– Bubenberg – Diesbach:* Der alte Konflikt zwischen Frankreich und Burgund verschärfte sich im 15. Jahrhundert unter dem König Ludwig XI. und dem Herzog Karl dem Kühnen. Verschiedene Gebiete, die für die Schweizerische Eidgenossenschaft von wesentlicher Bedeutung waren, wurden von dem Zwist direkt berührt und der französische Herrscher verstand es, die Schweizer davon zu überzeugen, daß die Burgunder für sie eine Bedrohung darstellten. Anführer der französischen Partei in Bern war Niklaus von Diesbach (1430–1479). Sein Gegenspieler war Adrian von Bubenberg (ca. 1431–1479), dessen Eintreten für Burgund 1474 zu seinem Ausschluß aus dem Rat führte. Im Burgunderkrieg stellte sich Adrian von Bubenberg dennoch zur Verfügung Berns, das ihn 1476 mit der Verteidigung Murtens beauftragte. Sie verlief erfolgreich.
3] *»Les Souysses sont gens grossiers et utils«:* Die Schweizer sind grobe und nützliche Leute.
4] *Madariaga:* Salvador de Madariaga (siehe Verzeichnis der Briefempfänger).
5] *Bahnhof Cornavin:* Genfer Hauptbahnhof.
6] *anti-Nehruschen Inder:* Die indische Niederlage im Grenzkrieg mit China 1962 führte zu scharfer Kritik an der Außen- und Verteidigungspolitik Pandit Nehrus (1889–1964), des damaligen Premierministers.
7] *impavide:* unerschrocken.
8] *»et – et«:* sowohl als auch.
9] *Bretscher:* Willy Bretscher (geb. 1897), 1933–1967 Chefredaktor der ›Neuen Zürcher Zeitung‹. Nationalrat. Werke u. a. ›Die politische Lage der Schweiz am Kriegsende‹, 1945; ›Schweizerische Außenpolitik in der Nachkriegszeit‹, 1951.
10] *R. Käppeli:* Robert Käppeli (siehe Verzeichnis der Briefempfänger).

17. 6. 1962
1] *»Arbeitsrappen«:* Edgar Salin ›Lebendige Demokratie. Der Basler Arbeitsrappen von 1936‹. Sonderdruck aus der Festgabe für Carlo

Schmid, Verlag J.C.B. Mohr (Paul Siebeck), Tübingen 1962. Zur Zeit der Wirtschaftskrise wurde Edgar Salins Idee des Arbeitsrappens praktisch angewandt: Von jedem Lohnfranken aller Arbeitnehmer und Arbeitgeber wurde 1 Rappen (1 Centime) einbehalten. Dies war ein Abkommen, das durch die Mithilfe der Regierung und des Gewerbeverbandes zustande kam und half, so Vieles am Leben zu erhalten. Der Rest des Fonds wurde erst Ende der siebziger Jahre aufgelöst.

2] *meinen Aufzeichnungen:* ›Völkerpersönlichkeit und Sprache. Variationen über ein Gespräch‹ in der Festschrift zum 70. Geburtstag von Edgar Salin; erschienen bei Mohr in Tübingen 1962 (S. 137 ff.).

3] *Derjenigen Gestalt:* Gemeint ist Stefan George, zu dessen Kreis Edgar Salin gehörte.

4] *Multae mansiones sunt:* »In meines Vaters Hause sind viele Wohnungen«, Johannes-Evangelium 14,2.

24. 7. 1962

401 1] *Die beiden Reden:* Das Buch Martin Bubers ›Logos‹, Lambert Schneider Verlag, Heidelberg 1962, enthält zwei Reden: ›Das Wort, das gesprochen wird‹ und ›Dem Gemeinschaftlichen folgen‹.

2] *Münchner Rede:* CJB meint den ersten der beiden Vorträge Martin Bubers, mit welchem dieser im Juli 1960 die Tagung an der Bayerischen Akademie der Schönen Künste in München eröffnete. CJB hielt beim gleichen Anlaß seinen Vortrag über ›Das Wort im politischen Geschehen‹ (siehe Anmerkung 3 zum Brief vom 27. 6. 1960).

3] *schwierigen historisch-politischen Arbeit:* Band II und III der Richelieu-Monographie.

402 4] *erhielt ich eine Einladung Ende Oktober:* Verleihung der Ehrenmitgliedschaft (Honorary Fellow) des Weizmann-Instituts in Rehovot in Israel an CJB im November 1962.

5] *Mr. Meyer Weisgal:* Meyer Weisgal war der Vorsitzende des Executive Council des Weizmann-Instituts in Rehovot.

6] *bittet mich in Rehovot das Wort zu ergreifen:* CJB hielt dort keine große Ansprache, jedoch liegt ein Vortragsmanuskript für jenen Anlaß im Nachlaß mit der Bemerkung »nicht gehalten«. (Siehe Nachlaßverzeichnis UB Basel, A II 1[15].)

CJB hielt vier Monate später im Rathaus von Zürich einen Vortrag anläßlich der Tagung des schweizerischen Komitees zur Förderung Israels: ›Israels geistesgeschichtliche Rolle in der heutigen Welt‹. (Siehe Nachlaßverzeichnis UB Basel, C II a 82.)

10. 8. 1962

1] *Ihrem Eintritt in das neunte Lebensjahrzehnt:* CJB gratuliert Eduard 402
Spranger verspätet zum 80. Geburtstag, den dieser am 27. Juni 1962
beging.
2] *den großen Lektüren:* Eduard Spranger ›Goethes Weltanschauung‹,
Insel Verlag, Leipzig 1933; ›Gedanken zur Daseinsgestaltung‹, Piper
Verlag, München 1954. Der von CJB zitierte Titel ›Lebenserfahrung‹
bezieht sich wahrscheinlich auf das Werk ›Lebensformen‹ Halle 1914.
3] *Theodor Litt:* (1880–1962), deutscher Pädagoge und Philosoph.

22. 8. 1962

1] *Rudi:* Rudolf Alexander Schröder. Er starb am 22. August 1962 in 403
Bad Wiessee/Obb. (siehe Verzeichnis der Briefempfänger).
2] *M. Petitpierre:* Max Petitpierre (geb. 1899), Bundesrat, 1945–1963
Vorsteher des Eidgenössischen Politischen Departements (Außenminister). Unter ihm ging CJB 1945 als Schweizer Gesandter nach Paris.
3] *Frl. Speiser:* Henriette Speiser (siehe Anmerkung 4 zum Brief vom
24. 1. 1959).
4] *Dory:* Siehe Anmerkung 2 zum Brief vom 13. 1. 1914. 404
5] *Gerty:* Siehe Anmerkung 2 zum Brief vom 18. 4. 1929.
6] *Mutter:* Marie-Louise de Reynold, geb. de Reding-Biberegg (geb. in
Vinzel 22. 8. 1885, gest. in Fribourg 14. 7. 1963).

23. 9. 1962

Hermann Hesse: Er starb am 9. August 1962 in Montagnola, Tessin 404
(siehe Verzeichnis der Briefempfänger).

14. 10. 1962

1] *»no personal remarks«:* In einem Brief vom 12. Oktober 1962 hatte 405
Edgar Salin CJB u. a. geschrieben: »Ad personam: ich rätsle oft über
Ihre dichterische Kraft, die ich als ungewöhnlich spüre und von der ich
immer noch hoffe, daß sie die Hülle sprengt. Und doch weiß ich, der
ich die Gundolf-Tragik miterlebt habe und den Briefwechsel lese, daß
weder Gefolgschaft noch Freundschaft helfen, wenn die eigene
Schwinge erlahmt.« Hiermit beantwortete der sich zur Gefolgschaft
des Dichters Stefan George bekennende Salin CJBs Brief vom
17. 6. 1962.
2] *individuum ineffabile est:* Der Einzelne ist nicht zu fassen.
3] *Tochter Chiesa:* CJBs ältere Tochter Henriette. 406
4] *»Dan«:* Hotel in Tel Aviv.
5] *Josef der Gute:* Der europäische Delegierte des Weizmann-Institutes
in Rehovot, Josef Cohn, der CJBs Reisen nach Israel organisierte (siehe
Verzeichnis der Briefempfänger).

19.11.1962

(Veröffentlicht in ›Carl J. Burckhardt – Max Rychner Briefe 1926–1965‹)

1] *Hotel King David:* Das 1931 eröffnete Hotel wurde 1938 von der Mandatsregierung beschlagnahmt. Am 22.7.1947 sprengte Ezel, eine militaristisch-nationalistische Organisation, den von den britischen Behörden besetzten südlichen Flügel des Hotels.

2] *Ismaeliten:* Abkömmlinge des Ismael, Sohn des Abraham und der Hagar. Das Wort »Ismaeliten« kommt im 1. Buch Mose vor: Kapitel 137, 25,27,28 und Kapitel 39, 1.
CJB meint die Araber, die auch Abraham als ihren Stammvater ansehen.

3] *ein düsteres Quartier:* Zentrum jüdischer Orthodoxie. Eines der frühesten Wohnviertel, die von Juden (ab 1860) außerhalb der alten Stadt errichtet wurden. Der Grundstein wurde 1874 nach dem Plan des deutschen, in Jerusalem lebenden Architekten Conrad Schick gelegt. Entsprechend den Grundsätzen, die von dem 1873 zusammengetretenen Gründerverein festgelegt wurden, war die Siedlung immer orthodox – eine Richtung, die sich im Laufe der Jahre verstärkt hat. Infolgedessen leben die Bewohner in sich abgeschlossen und abgesondert von dem sich entwickelnden modernen Jerusalem.

4] *der Goy:* »Nicht-Jude«. (Diese Bezeichnung wird von orthodoxen Juden auch auf freidenkende Juden und auf solche mit geringen Kenntnissen in jüdischen Dingen angewandt.)

5] *in unserer oberelsässischen Sprache murmelnd:* gemeint ist »Jiddisch«. Der Ursprung der jiddischen Sprache liegt im mittelalterlichen Deutsch, dem hebräische, später auch slawische und romanische Wörter beigemischt wurden. In der frühesten Periode des Jiddisch, vor 1250, nahmen Juden aus Nordfrankreich und Norditalien in Lothringen die Verbindung mit deutschsprachigem Gebiet auf.

6] *ein helles Wohnquartier:* Rehavia, ein Stadtteil nahe dem Zentrum, südwestlich der Altstadt gelegen.

7] *wertvolle Bibliothek:* Gershom Scholem hat mit dem Aufbau seiner Bibliothek schon in frühester Jugend begonnen. Er hat sie der Universität in Jerusalem hinterlassen.

8] *Scholem:* Gershom Scholem (siehe Verzeichnis der Briefempfänger).

9] *ein Dutzend Professoren:* Nach Frau Fanja Scholem haben Zusammentreffen mit Prof. Ernst Simon, Werner Kraft (siehe Verzeichnis der Briefempfänger) und Kurt Blumenfeld, einer führenden Persönlichkeit im deutschen Zionismus, stattgefunden (29.10.62 und 5.11.62).

10] *Werner Weber:* Siehe Verzeichnis der Briefempfänger.

11] *Werner Kraft:* Siehe Verzeichnis der Briefempfänger.

12] *der blanke Krausianer:* Verehrer von Karl Kraus.

13] *V. Förder:* Yeshayahu Förder (1901–1970), geboren in Berlin, seit

1933 in Israel. Vorsitzender des Direktoriums der Bank Leumi leIsrael, Verfasser zahlreicher Schriften über zionistische und wirtschaftliche Probleme.

14] *Carl Fürstenberg:* geboren in Danzig 1850, gestorben in Berlin 1933. Ab 1871 im Berliner Bankhaus S. Bleichröder tätig, danach Chef der Berliner Handelsgesellschaft. Entwickelte enge Beziehungen mit der deutschen Bergwerks-, Elektrizitäts- und Schwerindustrie. Seine Beziehungen mit einer großen amerikanischen Firma waren nach dem Ersten Weltkrieg, als Deutschland auf Kredite angewiesen war, sehr nützlich. Lehnte alle Titel und Dekorationen ab und war bekannt für seinen scharfen Witz.

15] *Rathenau:* Walther Rathenau (1867–1922), deutscher Politiker und Industrieller. 1921 war er Wiederaufbauminister, 1922 Reichsaußenminister. Als solcher schloß er den Rapallo-Vertrag mit Rußland ab. Von nationalistischen und antisemitischen Gruppen heftig befehdet, wurde er am 24. 6. 1922 in Berlin das Opfer eines Attentats. Er wies auf die Gefahren einer »Mechanisierung« des Lebens hin. Werke: ›Zur Kritik der Zeit‹, 1912; ›Zur Mechanik des Geistes‹, 1913; ›Die neue Gesellschaft‹, 1919.

16] *Bach sein Adlatus:* Jakob Karl Adolf Bach (geb. 1911) war in den Jahren 1953–1963 im Hauptbüro der Bank Leumi le Israel tätig; veröffentlichte verschiedene Schriften, auch literarischen Inhalts.

17] *der Generalstaatsanwalt:* Gideon Hausner (geb. in Polen 1915), 1927 nach Israel eingewandert. War von 1960–1963 Generalstaatsanwalt. Hauptankläger im Eichmannprozeß. 1966 erschien sein Buch über diesen Prozeß ›Justice in Jerusalem‹. Ab 1965 im Parlament als Vertreter der unabhängigen liberalen Partei.

18] *Mahnmal:* ›Martyrs' and Heroes' Remembrance Authority‹, 1953 errichtet auf Grund eines Gesetzes. Es enthält einen Erinnerungsraum, ein Museum, ein Archiv und eine Bibliothek und liegt auf dem ›Berg der Erinnerung‹.

19] *Frau Scholem:* Fanja Scholem, geb. Freud (geb. 1909), heiratete 1936 Gershom Scholem.

20] *in Ruinen herum:* Vermutlich die in der Nähe des Hotels King David gelegenen Gräber, in denen angeblich Mitglieder der Familie des Herodes begraben sind, und die Gräber des Sanhedrin, in welchen nach der Tradition die Mitglieder des Synhedrion, des höchsten Rates liegen (tombs of the judges). Man nennt sie an einer Stelle auch ›Labyrinth von Höhlen‹.

21] *Schloß von Chillon:* Schloß auf einer Felseninsel am östlichen Ende des Genfersees. Hier wurde F. Bonivard, ein Vorkämpfer der Unabhängigkeit Genfs, 1530–36 gefangengehalten (Verserzählung von Byron, 1816). 1536–1733 war Chillon der Sitz der Berner Landvögte der Waadt.

22] *Negev:* Die wüstenhafte Südhälfte Israels, die zum Teil durch Bewässerung kolonisiert wird; Zentralort ist Beerscheba, Hafen ist Elath.

22. 11. 1962

1] *»Zunftfaßrede«:* Anläßlich des ›Dies Academicus‹, der in der Martinskirche feierlich eröffnet wird, ist die Universität Basel formell zu Gaste bei der Akademischen Zunft, deren Wahrzeichen das sogenannte »Zunftfaß« ist. Ein Zunftmitglied hält eine Rede, in welcher dieses fiktive Faß eine wichtige Rolle zu spielen hat. Der Mathematiker Otto Spieß (1878–1966), Professor an der Universität Basel, hielt zahlreiche dieser Reden und sprach beispielsweise anläßlich des Goethejahres 1949 über ›Goethe und das Zunftfaß‹. (Siehe Nachlaßverzeichnis Otto Spieß, UB Basel.)

2] *Wort Giraudoux':* Jean Giraudoux (1882–1944), französischer Diplomat und Schriftsteller. Werke u. a. ›Siegfried oder Die zwei Leben des Jacques Forestier‹, 1922; ›Eglantine‹, 1927; Dramen: ›Amphitryon 38‹, 1929; ›Der Trojanische Krieg findet nicht statt‹, 1935; ›Elektra‹, 1937; ›Die Irre von Chaillot‹, 1945.
Jean Giraudoux verkehrte im Hause Burckhardt in Basel.

3] *sagt es niemand etc.:* »Sagt es niemand, nur dem Weisen...« aus Goethes Gedicht ›Selige Sehnsucht‹ im ›Westöstlichen Divan‹.

26. 12. 1962

1] *des schönen und schweren Amtes:* Friedrich Traugott Wahlen stand 1961–1965 dem Eidgenössischen Politischen Departement als Außenminister vor. Dem Schweizerischen Bundesrat gehörte er seit 1958 an. (Siehe Verzeichnis der Briefempfänger.)

2] *Gespräch mit dem alten Ben Gurion:* CJB wurde am 31. Oktober 1962 die Ehrenmitgliedschaft des Weizmann-Institutes in Rehovot verliehen (siehe Anmerkung 3 zum Brief vom 24. 1. 1959). Bei dieser Gelegenheit hielt er sich zum zweiten Mal einige Wochen in Israel auf, wo er zahlreiche Persönlichkeiten traf. Dabei kam es auch zu einer Begegnung mit dem ersten Regierungschef und Mitbegründer des jüdischen Staates.

3] *»steinernen Gast«:* Der Komtur in Mozarts Oper ›Don Giovanni‹.

30. 12. 1962

1] *ältere Tochter:* Henriette, die mit Piero Chiesa verheiratet und in Mailand ansässig ist.

2] *Stendhals Zeiten:* Stendhal, eigentlich Henri Beyle (1783–1842), französischer Schriftsteller (wählte sein Pseudonym nach Winckelmanns Geburtsort Stendal). Er war Offizier und nahm an Feldzügen Napoleons teil. Seine Romane schildern mit Genauigkeit seine Zeit. Werke u. a. ›Reisen in Italien‹, 1817; ›Rot und Schwarz‹, 1830; ›Die Kartause von Parma‹, 1839; ›Denkwürdigkeiten über Napoleon‹, 1876.

3] *Scala:* Teatro alla Scala, Opernhaus in Mailand 1776–78 erbaut. Die Scala ist mit ihren 3600 Plätzen und 146 Logen in sechs Rängen eines der größten und schönsten Logentheater.

4] *im Negueb:* in der Wüste Negev im Süden Israels (siehe Anmerkung 22 zum Brief vom 19.11.1962).

5] *Ben Gurion:* früher David Grün (1886–1973), israelischer Staatsmann. Am 14.5.1948 rief er den Staat Israel aus und war von 1945–53 und 1955–63 Ministerpräsident (siehe Anmerkung 2 zum Brief vom 26.12.1962).

2.1.1963 *(Durchschlag eines Typoskripts)*

1] *László Németh:* (1901–1975), bedeutender ungarischer Romanschriftsteller. Werke u. a. ›Maske der Trauer‹, 1936; ›Wie der Stein fällt‹, 1947; ›Esther Egetö‹, 1956; ›Die Kraft des Erbarmens‹, 1965.

2] *Tête de turc:* Zielfigur des Spottes.

3] *Essays:* László Németh ›Die Revolution der Qualität‹, Steingrüben Verlag, Stuttgart 1962.

4] *Széchényi:* Istvan Graf Széchényi (1791–1860), ungarischer Politiker; forderte die Befreiung der Leibeigenen und die Besteuerung des Adels. Förderer ungarischer Kultur und Wissenschaft; gründete die ›Ungarische Akademie der Wissenschaft‹.

5] *Bossuetzeit:* Jacques Bénigne Bossuet (1627–1704), französischer katholischer Kanzelredner. Seine Predigten gehören zur französischen Klassik.

6] *Fronarbeit:* Die Arbeit an den Bänden II und III der Richelieumonographie.

7] *sechsjährige Enkelin:* Laura, Tochter von Henriette (»Pic«) Chiesa, geb. Burckhardt.

12.5.1963

1] *Landesvater:* Fürst Franz Josef II. von Liechtenstein (geb. 1906), trat am 30.3.1938 die Regierung an.

2] *Rotkreuz-Jahrhundertfeiern:* 1963 wurden die hundert Jahre seit der Gründung des Internationalen Komitees vom Roten Kreuz in Genf gefeiert.

3] *Beitrag an Reden:* ›Erfahrungen im Dienste des Internationalen Komitees vom Roten Kreuz‹. Ansprache in Vaduz, Liechtenstein am 8. Mai 1963 (siehe Nachlaßverzeichnis UB Basel, B II 25). – ›Geist und Organisation des Roten Kreuzes‹ in: ›Das Schweizerische Rote Kreuz‹, Bern, 72. Jg., Nr. 8, 15.11.1963. Vortrag gehalten in Genf anläßlich der

100-Jahr-Feier des I.K.R.K. am 1. September, in Basel am 11. September und in Tübingen am 27. September 1963. – ›Erinnerung aus der Tätigkeit des Internationalen Komitees vom Roten Kreuz‹. Vortrag gehalten in Stuttgart anläßlich der Verleihung der Henri Dunant-Medaille am 30. November 1963 (siehe Nachlaßverzeichnis UB Basel B II 28).

417 4] *R. K.-Kollegen:* Rotkreuz-Kollegen.

5] *Max Huber:* Siehe Verzeichnis der Briefempfänger.

8. 6. 1963

418 1] *Ihre freundlichen Zeilen:* CJB hatte am 22. Mai 1963 im Münchener Cuvilliéstheater seine Erzählung ›Ein Vormittag beim Buchhändler‹ vorgelesen (erschienen erstmals in Sammlung Klosterberg, Benno Schwabe Verlag, Basel 1943; auch in ›Betrachtung und Berichte‹, 1964, und in ›Gesammelte Werke‹ Band 5, S. 195 ff.). Darauf bezieht sich der Direktor der Volkshochschule München, Dr. Franz Rieger, in seinem Brief vom 29. Mai 1963, in welchem er CJB auch auffordert, an dem von ihm geleiteten Institut über das Rote Kreuz zu referieren.

2] *»Rotkreuz-Reden«:* Siehe Anmerkung 3 zum Brief vom 12. 5. 1963.

3] *Der »Vormittag«:* Zum ›Vormittag beim Buchhändler‹ bemerkt Dr. Rieger in seinem Brief vom 29. 5. 63: die »allzu strahlende Vollkommenheit«, mit der sich die Teilnehmer »innerhalb ihrer Rollen... aufführen«, habe ihn »bei der Lektüre ein wenig gestört«.

4] *Lucien Herr:* Bibliothekar an der Ecole Normale in Paris. (Siehe ›Hugo von Hofmannsthal – Carl J. Burckhardt Briefwechsel‹ S. 302).

5] *Cuvilliéstheater:* Vom französisch-deutschen Baumeister und Stukkator François de Cuvilliés (1695–1768) in den Jahren 1750–53 erbaut, es vereint in seinem Innern Pariser Eleganz und phantasievolles deutsches Rokoko.

419 6] *Kierkegaard:* Siehe Anmerkung 4 zum Brief vom Freitag Abend 1920.

7] *»Choses Vues«:* André Maurois ›Choses Vues‹ (Chronique), Gallimard, Paris 1963.

8] *Delacroix:* Eugène Delacroix (1798–1863), führender Maler der französischen Romantik; er schrieb unvergleichliche Tagebücher.

9] *Talleyrand:* Charles Maurice de Talleyrand (1754–1838), französischer Staatsmann, u. a. Außenminister Napoleons I., vertrat am Wiener Kongreß 1814–15 Frankreich.

10] *Stendhal:* Siehe Anmerkung 2 zum Brief vom 30. 12. 1962.

420 11] *Paul Valéry:* (1871–1945), französischer Dichter und Essayist, mit dem CJB seit den zwanziger Jahren freundschaftlichen Umgang pflegte. (Siehe ›Hugo von Hofmannsthal – Carl J. Burckhardt Briefwechsel‹ und ›Carl J. Burckhardt – Max Rychner Briefe 1926–1965‹.)

12] *Lucien Leuwen:* Held des gleichnamigen unvollendeten Romans von Stendhal.
13] *Sartre:* Siehe Anmerkung 9 zum Brief vom 15. 6. 1957.
14] *Genet:* Jean Genet (1910–1986), französischer Schriftsteller. Er war Fremdenlegionär und Schwarzhändler, wurde auf Fürsprache von Sartre und Cocteau aus dem Gefängnis entlassen. Er verklärt in seinen Werken den moralisch und sexuell anomalen Menschen zu einem fast mythischen Ausnahmewesen. Dramen u. a. ›Die Zofen‹, 1948; Prosa ›Notre-Dame-des Fleurs‹, 1944; ›Tagebuch eines Diebes‹, 1948; ›Querelle‹, 1953.
15] *Bossuet:* Siehe Anmerkung 5 zum Brief vom 2. 1. 1963.
16] *Ionesco:* Eugène Ionesco (geb. 1912 in Rumänien), französischer Dramatiker. Gilt als Hauptvertreter des absurden Theaters. Dramen u. a. ›Die kahle Sängerin‹, 1948; ›Die Nashörner‹, 1959; ›Das große Massakerspiel‹, 1970.

26. 6. 1963
1] *Untersee:* Südwestlicher Arm des Bodensees.
2] *Ihren Gatten:* Ministerialrat Fr. W. von Krafft-Delmari.

8. 7. 1963
1] *Professor Gessler:* Albert Gessler (1862–1916), seit 1904 Professor für Germanistik an der Universität Basel. Fast 30 Jahre Herausgeber der ›Basler Jahrbücher‹. Siehe ›Albert Gessler‹ von Wilhelm Altwegg in ›Basler Jahrbuch‹ 1918.
2] *Schröder:* Rudolf Alexander Schröder (siehe Verzeichnis der Briefempfänger).
3] μαθητής ἄνελπις: heißt hier vermutlich »hoffnungsloser Schüler«. Die Bekanntschaft des um fünf Jahre älteren Howald hatte CJB 1911 bei Ernst Gagliardi gemacht. Damals hatte er eben auf den zweiten Anhieb die Matura (Abitur) bestanden und wurde sowohl von Ernst Howald wie von andern als ein zugleich hochbegabter und zum Lernen sehr unbegabter »Schüler« betrachtet.

30. 7. 1963
1] *Enge Ihrer Umwelt:* Meinrad Inglin verbrachte sein ganzes Leben im gleichnamigen Hauptort des Kantons Schwyz in der Zentralschweiz, wo vor allem Viehzucht und Alpwirtschaft betrieben wird und wenig Textil- und Holzindustrie angesiedelt ist. Die Reformation fand in Schwyz keinen Eingang.
2] ›*Die graue March*‹: erschienen 1935 in Leipzig, Verlag Staackmann.
3] ›*Güldramont*‹: erschienen 1943 in Leipzig, Verlag Staackmann.
4] ›*Ehrenhafter Untergang*‹: erschienen 1952 in Zürich, Atlantis Verlag.

17.9.1963

425 1] *Monte St. Angelo:* Kirche auf dem Monte Gargano, die Wallfahrtsstätte ›Santuario di San Michele‹ in der italienischen Ortschaft Monte Sant-Angelo (Provinz Foggia).

2] ἄγγελος: Engel.

3] *Mont-Saint Michel:* Eine der bedeutendsten Abteien Frankreichs, auf einer kleinen Granitinsel im Ärmelkanal, 966 bei einer Kapelle gegründetes Benediktinerkloster.

426 4] *Beccafumi:* Domenico Beccafumi (1486–1551), italienischer, manieristischer Maler in Siena.

5] *Michaelsorden:* Der französische Michaelsorden wurde 1469 von Ludwig XI. gestiftet. 1578 ließ ihn Heinrich III. in dem neu gegründeten ›Ordre du Saint Esprit‹ aufgehen.

6] *Michaelsstern:* Der bayerische Michaelsorden bestand seit 1693.

7] *in Bleis Bestiarium:* Der vielseitige Schriftsteller Franz Blei (1871–1942) veröffentlichte 1922 das satirische Werk ›Das große Bestiarium der modernen Literatur‹, Deutscher Taschenbuchverlag, München 1963 (Neuauflage), in dem zahlreiche bekannte Persönlichkeiten verulkt werden.

8] *Das Korrodi:* Eduard Korrodi (siehe Verzeichnis der Briefempfänger).

9] *Nicephorus I.:* Kaiser von Byzanz 802–811 (Siegbringer).

10] *Michael I.:* 811–813 Kaiser von Byzanz, gestorben 843. Dieser mildtätige Kaiser wurde wegen seines Versagens den Bulgaren gegenüber abgesetzt und beendete sein Leben als Mönch.

28.9.1963

427 1] *Abschluß meines Buches:* Die Bände II, III und der Anmerkungsband IV der Richelieu-Monographie. (Siehe Anmerkung 1 zum Brief vom 21.12.1966.)

2] *keine Vortragsverpflichtungen:* Auf Anregung Otto von Taubes schlug Dekan Schwinn CJB vor, in Würzburg über den am 27. August 1962 verstorbenen Rudolf Alexander Schröder zu sprechen.

3] *einmal im Merkur:* ›Rudolf Alexander Schröder zum 75. Geburtstag‹ in ›Merkur‹ 7. Jg., Heft 60, 1953. Enthalten in ›Bildnisse‹, 1958, und in ›Gesammelte Werke‹ Band 4, S. 271ff.

18.11.1963

429 1] *Betrifft: Taschenbuchausgabe:* CJBs Werk ›Meine Danziger Mission 1937–1939‹ war Mai 1962 im Deutschen Taschenbuchverlag in einer leicht gekürzten Ausgabe erschienen. Auf diese bezieht sich der Briefempfänger, der CJB in einem Schreiben vom 5.8.1963 vorwirft, »unter die Geschichts-Umbieger gegangen« zu sein, da er sich in seinem Buch über die »Verschwörung des Weltjudentums« ausschweige.

2] *Buch Henry Fords:* Der Adressat beruft sich auf Henry Fords Buch ›Mein Leben‹, in dem der amerikanische Selfmademan die Rolle des »Ewigen Juden« als »Hintermann« jeder »Zersetzung« beschreibe.

3] *Goethe-Ausgaben:* Der Briefempfänger behauptete, die neueren Goethe-Ausgaben seien um die Aussprüche Goethes über das Judentum gekürzt.

4] *Bericht des polnischen Botschafters:* Bericht des polnischen Botschafters Graf Jerzy Potocki in Washington vom 12. 1. 1939; siehe ›Meine Danziger Mission 1937–1939‹ München 1960, S. 253.

5] *Ballin:* Albert Ballin, Hamburger Reeder, geboren 1857. Er baute die HAPAG zu einem der größten Schiffahrtsunternehmen auf, strebte dabei eine friedliche Konkurrenz mit England an. Berater Wilhelms II. Im Ersten Weltkrieg wurden HAPAG-Passagierdampfer als Hilfskreuzer eingesetzt. Ballin hatte einen Verständigungsfrieden erhofft; das Kriegsende muß ihm auch den Untergang des von ihm Geschaffenen bedeutet haben. Am 9. November 1918 nahm er sich das Leben. Ballin war Jude.

6] *Haber:* Fritz Haber (1868–1934), bedeutender Chemiker. Gemeinsam mit Carl Bosch erhielt er 1918 für die Synthese von Ammoniak den Nobelpreis. 1911–1933 Direktor des Kaiser Wilhelm-Instituts für Physikalische Chemie in Berlin. Max Planck in seinem 1947 publizierten Bericht ›Mein Besuch bei Adolf Hitler‹: »Nach der Machtergreifung durch Hitler hatte ich als Präsident der Kaiser Wilhelm-Gesellschaft die Aufgabe, dem Führer meine Aufwartung zu machen. Ich glaubte, diese Gelegenheit benutzen zu sollen, um ein Wort zu Gunsten meines jüdischen Kollegen Fritz Haber einzulegen, ohne dessen Verfahren zur Gewinnung des Ammoniaks aus dem Stickstoff der Luft der vorige Krieg von Anfang an verloren gewesen wäre.« (Siehe Brief von CJB vom 19. 6. 1933 und Anmerkung 8.)

Wegen dieses Beitrages zum Krieg vom Ausland geschmäht, sah Haber sich vom Hitler-Regime aus Amt und Wirkungsbereich verstoßen. Er starb im Exil.

20. 11. 1963

1] *Elisabeth immer bei ihrer sterbenden Mutter:* CJBs Schwiegermutter, Marie-Louise de Reynold, geb. von Reding, starb am 14. Juli 1963.

2] *Rotkreuzfeiern:* Siehe Anmerkung 2 zum Brief vom 12. 5. 1963.

3] *Hauptarbeit:* die Richelieu-Monographie (siehe Anmerkung 1 zum Brief vom 21. 12. 1966).

4] *Henriette Speiser:* Vom Frühling 1955 bis Ende 1965 Sekretärin CJBs, der ihre Kompetenz und Initiative sehr schätzte.

15.12.1963

432 1] *Theodor Heuss:* Siehe Verzeichnis der Briefempfänger.
2] *Heuss noch zweimal gesehen:* Theodor Heuss war am 12. Dezember 1963 gestorben.

23.12.1963

433 1] *Jacob B.:* Jacob Burckhardt.
2] *Oeri:* Albert Oeri (siehe Anmerkung 4 zum Brief vom 19.11.1958).
3] *die Portraitskizze:* ›Flüchtigste Begegnung‹ in ›Betrachtungen und Berichte‹, 1964, und in ›Gesammelte Werke‹ Band 4, S. 397 ff.
4] *aquilin:* adlerhaft.

11.7.1964

434 1] *St. Moritzer Einsamkeit:* CJB verbrachte einen kurzen Aufenthalt in St. Moritz Mitte Februar 1964.
2] *Familienfest:* Burckhardtscher Familientag am 12. September 1964 im Wildschen Haus am Petersplatz in Basel. Zur Festansprache CJBs siehe Nachlaßverzeichnis UB Basel A 1 14.
3] *Walther Meier:* Siehe Verzeichnis der Briefempfänger.

435 4] *Linné:* Carl von Linné (Linnaeus) (1707–1778), schwedischer Naturforscher. Schuf die Grundlagen der botanischen Fachsprache (Linnésches System der Pflanzen).
5] *Reise nach Lappland:* Carl von Linné ›Lappländische Reise‹, mit Zeichnungen des Autors. Neuauflage Insel Verlag, Frankfurt a. M. 1964.
6] *Felix Platter:* (1536–1614), Arzt in Basel. Sein ›Tagebuch. Lebensbeschreibung 1536–1567‹ erschien im Benno Schwabe Verlag, Basel 1876.
7] *Albertus Magnus:* Graf von Bollstädt (um 1200–1280), scholastischer Gelehrter. Er war ein Vermittler arabischer und jüdischer Wissenschaft und machte durch seine Kommentare die Werke des Aristoteles dem christlichen Abendland zugänglich. Als Dominikaner lehrte er an verschiedenen deutschen Ordensschulen, an den Universitäten Paris und Köln. Er besaß für seine Zeit ungewöhnliche naturwissenschaftliche Kenntnisse.
8] *Johannes Strohl:* Der Elsässer Jean Strohl (1886–1942), Biologe, Professor an der Universität Zürich, Freund von André Gide und Rainer Maria Rilke.

6.9.1964

436 1] *Die schwere Nachricht:* Der Tod Werner Bergengruens (1892–1964). Mit dem deutsch-baltischen Schriftsteller war CJB seit den fünfziger Jahren freundschaftlich verbunden. 1965 hielt CJB im Orden ›Pour le Mérite‹ einen Nachruf auf Werner Bergengruen; enthalten in ›Über

Werner Bergengruen‹, Verlag Die Arche, Zürich 1968. (Siehe auch ›Gesammelte Werke‹ Band 4, S. 389-396.)

2] *im Rahmen der Veillontagungen:* Der Schweizer Großkaufmann Charles Veillon stiftete einen ab 1947 für französische, ab 1954 auch für deutsche Romane vergebenen Literaturpreis. CJB gehörte seit 1954 der Veillon-Preisjury an.

12. 10. 1964 *(Durchschlag eines Typoskripts)*

1] *Der Brief Kesslers:* Seinem Schreiben vom 9. Oktober 1964 fügte *437*
Rudolf Hirsch die Abschrift eines Briefes Harry Graf Kesslers an seine Schwester Wilma vom 1. Juni 1908 bei. Darin berichtet dieser aus Athen von der Griechenlandreise, die er gemeinsam mit Hugo von Hofmannsthal und dem französischen Bildhauer Aristide Maillol unternommen hatte. Er schreibt u. a: »Hofmannsthal in Greece is a failure: il ne se retrouvait pas. He was almost always out of sorts... After ten days of much sufferings, he left us...«. Nach dieser Reise aber schrieb Hofmannsthal ›Augenblicke in Griechenland‹ (›Gesammelte Werke in zehn Einzelbänden‹, ›Erzählungen. Erfundene Gespräche und Briefe. Reisen‹).

2] *Kessler:* Harry Graf Kessler (1868-1937), Schriftsteller und langjähriger Präsident der Deutschen Friedensgesellschaft. 1918-1921 Gesandter in Polen.

3] *Maillol:* Aristide Maillol (1861-1944), französischer Bildhauer.

4] *»Gerty, Gerty«:* Rufname von Hofmannsthals Frau (siehe Anmer- *438*
kung 2 zum Brief vom 18. 4. 1929).

5] *Wassermann:* Jakob Wassermann (1873-1934), Schriftsteller. Werke *439*
u. a. ›Caspar Hauser‹, 1908; ›Das Gänsemännchen‹, 1920; ›Der Fall Maurizius‹, 1928; ›Joseph Kerkhovens dritte Existenz‹, 1934.

4. 11. 1964 *(Durchschlag eines Typoskripts)*

1] *Deines Indienbuches:* Robert Käppeli ›Aus einem indischen Tage- *440*
buch‹ herausgegeben von der CIBA-Aktiengesellschaft, Basel 1964 (mit Aquarellen des Autors).

2] *Jagdbuch:* Von Robert Käppeli erschien 1975 der Privatdruck ›Als Jäger im Elsaß‹. Das Vorwort dieses Buches beginnt mit dem Satz: »Diese Schrift schließt an eine Monographie an, die ich vor Jahren über den gleichen Gegenstand, über die Jagd, für einen kleinen Kreis von Freunden verfaßt habe.«

17. 11. 1964

1] *Dann hörte ich plötzlich Ihre Stimme:* Die folgende Stelle bezieht sich *442*
hauptsächlich auf Otto von Taubes Buch ›Wanderjahre‹, K. F. Koehler, Stuttgart 1950.

2] *Reval:* Siehe Anmerkung 4 zum Brief vom 9. 10. 1960.

3] *Ihres spanischen Romans:* Otto von Taube ›Minotaurus‹, Friedrich Wittig Verlag, Hamburg 1950.

4] *Veillon-Preisgericht:* Siehe Anmerkung 2 zum Brief vom 6. 9. 1964.

5] *Herr Sukarno:* Der indonesische Staatsmann Sukarno (1901–1970). 1945 rief Sukarno die unabhängige Republik Indonesien aus und war in den folgenden Jahren Präsident der Republik bis 1967.

6] *l'adulation béate des snobs:* die devote Schmeichelei der Snobs.

10. 6. 1965

traf die endgültige Nachricht ein: CJBs Freund Max Rychner starb am 10. Juni 1965.

7. 8. 1965

1] *Herrn Dr. König:* Fritz König (1900–1978), Gatte von Charlotte König-von Dach, Arzt in Lyss und Präsident des schweizerischen Ärzteverbandes (FMH).

2] *Ihr Eingehen auf das Vorwort zum »Erni-Buch«:* Frau König besprach in der Zeitung ›Der Bund‹, 2. 8. 1965, CJBs Text zum Bildband ›Hans Erni‹, Scheidegger Verlag, Zürich 1964.

3] *unseres Landsmannes Erni:* Hans Erni, siehe Verzeichnis der Briefempfänger.

4] *Lyss:* Dorf im Amtsbezirk Aarberg, Kanton Bern.

2. 10. 1965

1] *überaus gütigen Brief:* Nach dem Tod Max Rychners, am 10. Juni, und Martin Bubers, am 13. Juni 1965, schrieb Urzidil an CJB über diese beiden gemeinsamen Freunde.

2] *Vortragsreihe..., die er leitete:* Siehe Anmerkung 2 zum Brief vom 8. 12. 1959 und Anmerkung 3 zum Brief vom 27. 6. 1960.

3] *zweiten Israelaufenthalt:* Siehe Brief an Max Rychner vom 19. 11. 1962.

4] *nach Scholems kritischem Vorgehn:* Der jüdische Philosoph Gershom Scholem (siehe Verzeichnis der Briefempfänger) hat Bubers Interpretationen der chassidischen Strömung im Judentum mehrfach kritisch besprochen.

5] *Goethe-Biographie:* Urzidil veröffentlichte die Monographie ›Goethe in Böhmen‹ im Artemis Verlag 1962.

6] *Seppl-Hut:* Urzidil trug einen ihm von Burckhardt geschenkten Tiroler Hut und schrieb CJB am 14. Juni 1965: »Ihr Seppl-Hut... (wird) noch immer in bester Form getragen.«

1. 11. 1965

1] *Ihr Aufsatz über Walter Benjamin:* Gershom Scholem ›Walter Benjamin und sein Engel‹, enthalten in ›Zur Aktualität Walter Benjamins‹, Suhrkamp Taschenbuch 150, Frankfurt a. M. 1972. 448

2] *Walter Benjamin:* (1892–1940), deutscher Literaturkritiker und Schriftsteller. Lebte seit 1933 in Frankreich. Auf der Flucht vor der Gestapo nahm er sich am 27. September 1940 an der spanischen Grenze, in Port Bou, das Leben. CJB hatte sich als leitendes Mitglied des Internationalen Komitees vom Roten Kreuz bei den spanischen Behörden dafür eingesetzt, daß Benjamin ein Visum gewährt werde.

3] *Friedrich Gubler:* Siehe Verzeichnis der Briefempfänger.

4] *Josef Cohn:* Josef Cohn, siehe Verzeichnis der Briefempfänger. 449

5] *Annette Kolb:* Siehe Verzeichnis der Briefempfänger. Ihr Wunsch, nach Israel zu reisen, sollte sich erfüllen.

25. 11. 1965 *(Typoskript)*

1] *in Ihrem… Buch:* Fritz René Allemann ›Fünfundzwanzigmal die Schweiz‹, R. Piper Verlag, München 1965. 450

2] *Dalbe:* Früher vornehmstes Stadtquartier von Basel, St. Alban.

3] *»d'Heere«:* die Herren.

4] *»Heerebiebli«:* Herrenbüblein.

5] *Die Holzach:* Altes, seit dem Mittelalter auch in Basel vorkommendes Schweizer Geschlecht. Siehe Gustaf Adolf Wanner, ›Die Holzach‹, Helbing & Lichtenhahn Verlag, Basel 1982.

6] *Meyer zu Pfeil:* Altes Basler Geschlecht.

7] *unser Peter:* Peter Meyer, Professor für Kunstgeschichte in Zürich.

8] *rue des Granges:* Gasse mit stattlichen Häusern alter Genfer Familien.

27. 3. 1966 *(Typoskript)*

1] *in Meggen:* Dort liegt der Landsitz Robert Käppelis am Vierwaldstättersee. 452

2] *Rodaun:* war der Wohnsitz von Hugo von Hofmannsthal.

3] *Dein Text:* Teile der Erinnerung Käppelis, die 1970 im Selbstverlag, mit Illustrationen des Autors, unter dem Titel ›Aus meinem Leben‹ erschienen. Darin erzählt Robert Käppeli u. a. von seiner Kindheit in einer Umgebung, in der viel von geistigen Kräften, von »uralten Mächten« die Rede war.

4] *Morarji Desai:* Morarji Ranchhodji Desai (geb. 1896), indischer Staatsmann, langjähriger Mitstreiter Gandhis und späterer Mitarbeiter Jawaharlal Nehrus. Er besiegte im Wahlgang von 1977 dessen Tochter Indira Gandhi und wurde Ministerpräsident der Janata-Koalitionsregierung, die sich im Sommer 1979 wieder auflöste. Sein Briefwechsel mit 453

Robert Käppeli erschien 1976 bei CIBA AG. Basel, unter dem Titel ›Towards Understanding‹.

5] *laizistischer Rationalist:* ohne kirchlich-religiöse Bindung Lebender.

6] *Metempsychose:* Seelenwanderung.

7] *»Aston-Martin«:* Englische Automarke.

19. 7. 1966

1] *den Briefwechsel:* ›Der Briefwechsel zwischen Schiller und Goethe‹, hrsg. von Emil Staiger. Neuausgabe Insel Verlag, Frankfurt a. M. 1966.

2] *in Pesaro:* Nicht 1921, sondern 1922 verweilte CJB in der Nähe von Pesaro. Siehe Brief vom 2. 5. 1922.

3] *in Winterthur verbrachten Klausur:* Januar und Februar 1966 verbrachte CJB einige Wochen in Winterthur bei Frau Ella Gubler, der Witwe von Friedrich Gubler (siehe Verzeichnis der Briefempfänger). Dort arbeitete er am ›Richelieu‹ an den Bänden II, III und dem Anmerkungsband IV.

4] *Hermann Hubacher:* Siehe Verzeichnis der Briefempfänger.

5] *Nachricht aus Ermatingen:* Ernst Howald, wohnhaft in Ermatingen, war schwer erkrankt (siehe nächste Anmerkung).

28. 8. 1966

Diesen Brief-Bericht schrieb CJB für seinen schwerkranken Freund, um ihn während seines Krankenlagers aufzuheitern und zu unterhalten. Eine Fortsetzung der Erzählung gibt es nicht. Dies ist der letzte Brief CJBs an Ernst Howald, der am 8. 1. 1967 starb.

Eine andere Fassung des unvollendeten Berichts über den ›Appenzeller Yankee‹ existiert nicht.

18. 9. 1966

1] *Frauenkopf:* Hermann Hubacher schenkte CJB anläßlich dessen 75. Geburtstag einen »Mädchenkopf«.

2] *Begegnung:* Die Bekanntschaft Hermann Hubachers, mit dem er bereits seit 1961 korrespondierte, machte CJB im April 1966. Im Namen der Stadt Lübeck hatte Prof. Fritz Schmalenbach bei Hermann Hubacher eine Porträtbüste CJBs in Auftrag gegeben. Der Künstler und sein Modell trafen sich daraufhin rund zehnmal.

3] *verlor meine zwei nächsten Schweizer Freunde:* Max Rychner und Fritz Gubler.

4] *Faulensee:* Dorf am Thunersee zwischen Spiez und Interlaken.

21.12.1966
1] *Daß Sie im dritten Band lesen:* CJB hatte seine jahrelange Arbeit am 465
›Richelieu‹ beendet.
1965 erschien im Verlag Georg D. W. Callwey, München ›Richelieu. Behauptung der Macht und kalter Krieg‹ (Band II).
1966 erschien im selben Verlag ›Richelieu. Großmachtpolitik und Tod des Kardinals‹ (Band III). In diesen Band für Karl Kerényi schrieb CJB folgende Widmung hinein: »Karl Kerényi dem großen Deuter, dieser Tatsachenbericht, dessen Sinn zwischen den Zeilen steht. In freundschaftlicher Verehrung Carl J. Burckhardt, 1966.«
1967 erschien ebenda ›Richelieu. Registerband‹ (Band IV).
2] *Präludien?:* Den ersten Band seiner Werkausgabe ›Humanistische Seelenforschung‹, Langen-Müller Verlag, München 1966, sandte Karl Kerényi mit der Bemerkung »Präludienwerk« und dem Kommentar, die darin enthaltenen Aufsätze seien »Improvisationen«.
3] *Strafarbeit:* CJB meint die langwierige Arbeit am ›Richelieu‹.

15.2.1967
An Theodor Eschenburg
1] *Ihre Besprechung:* In der deutschen Wochenzeitung ›Die Zeit‹ vom 466
12.2.1967 besprach Theodor Eschenburg die Bände II und III der Richelieu-Monographie von CJB.
2] *ersten Band:* ›Richelieu. Der Aufstieg zur Macht‹.
3] *Karl V.:* (1500–1558), römisch-deutscher Kaiser von 1519–1556.
4] *Bernhard von Weimar:* (1604–1639), Herzog von Sachsen-Weimar, 467
Feldherr des Dreißigjährigen Kriegs, unter Gustav Adolf hatte er den Oberbefehl über das schwedische Heer in Süddeutschland inne. Nach seiner schweren Niederlage bei Nördlingen schloß er einen Vertrag mit Richelieu (27.10.1635) und trat in französische Dienste mit der Anwartschaft auf das Elsaß.
5] *weil ich im Frühjahr 1965 ernstlich erkrankte:* CJB hatte eine Tropenkrankheit. 468

15.2.1967 *(Durchschlag eines Typoskripts)*
An Emil Staiger
1] *Feier in der deutschen Botschaft:* Am 25. Januar 1967 wurde Emil 468
Staiger in der deutschen Botschaft in Bern der Orden ›Pour le Mérite‹ (Friedensklasse) verliehen.
2] *abscheuliches Hagelwetter:* CJB meint damit die zahlreichen heftigen Angriffe auf Emil Staiger, ausgelöst durch dessen zeitkritische Rede bei Anlaß der Verleihung des Literaturpreises der Stadt Zürich am 17. Dezember 1966. Siehe Erwin Jaeckle ›Der Zürcher Literatur-Schock‹, Langen-Müller Verlag, München 1967, und ›Der Zürcher Literatur-

streit. Eine Dokumentation‹ in: ›Sprache im technischen Zeitalter‹ 6. Jg. Heft 22 April–Juni 1967, daselbst die Rede Emil Staigers ›Literatur und Öffentlichkeit‹ S. 90–97.

3] *Grillparzer:* Siehe Anmerkung 20 zum Brief vom 19. 6. 1933.

4] *Feuchtersleben:* Ernst Freiherr von Feuchtersleben (1806–1849), österreichischer Arzt und Dozent für ärztliche Seelenkunde, schrieb ›Zur Diätetik der Seele‹, 1838; Gedichte und Aphorismen. (Siehe Anmerkung 10 zum 17. 4. 1959.)

Frühjahr 1967
(Veröffentlicht in ›Carl J. Burckhardt. Briefe aus den letzten Jahren‹)

1] *Ostafrika:* Aufenthalt in Kenya vom 4.–25. Januar 1968. (Siehe Anmerkung 1 zum Brief vom 26. 3. 1968.)

2] *Absage:* Eine Tagung des ›Ordens Pour le Mérite‹, dessen Kanzler seit 1963 der Historiker Percy Ernst Schramm war.

3] *Percy Heissporn:* Percy Ernst Schramm (1894–1970), deutscher Historiker, Professor in Göttingen. Werke u. a. ›Deutsche Kaiser und Könige in Bildern ihrer Zeit‹, 1928; ›Geschichte des englischen Königtums‹, 1937; ›Der König von Frankreich‹, 2 Bde., 1939; ›Herrschaftszeichen und Staatssymbolik‹, 3 Bde., 1954–1956; ›Kaiser, Könige und Päpste‹, 1968. (Siehe Nachlaßverzeichnis UB Basel, C II b 58.)

10. 4. 1967

1] *historische Richtigstellung:* Gustav Hillard Steinbömer ›Der Militarismus als politische Form im Wilhelminischen Deutschland‹ in ›Merkur‹, 21. Jg., Heft 2, 1967.

2] *»meines Gymnasiums«:* Das 1957 eröffnete, 1958 eingeweihte ›Carl Jacob Burckhardt-Gymnasium‹ in Lübeck, dessen langjähriger Direktor Rudolf Drinkuth war. Zur Beziehung CJBs mit Lübeck siehe: Rudolf Drinkuth ›Carl J. Burckhardt – Ehrenbürger der Stadt Lübeck‹ in ›Dauer im Wandel‹, München 1961, S. 125. ›Ehrenbürgerschaft von Lübeck‹ Ansprache von CJB am 30. November 1950, siehe Nachlaßverzeichnis UB Basel, A II 1⁹.

3] *eine neue, ganz freie Arbeit:* Siehe Anmerkung 2 zum Brief vom 9. 4. 1970.

4] Vom Briefempfänger, Gustav Hillard Steinbömer, angefügte Notiz:
»ein Historiker im landläufigen Sinn kann ich nicht werden« (an Hugo von Hofmannsthal, 2. 12. 1922).
»Ich wundere mich immer darüber, daß die Historiker so wenig am lebenden Körper der Menschheit beobachten« (an Hugo von Hofmannsthal, 1. 4. 1926).

23. 4. 1967
1] *Der Tod Adenauers:* Der erste Kanzler der Bundesrepublik Deutsch-   474
lands starb am 19. April 1967. Zu Burckhardts Begegnungen mit
Adenauer, vgl. Brief an Zuckmayer vom 18. 6. 1959.

14. 7. 1967
(Veröffentlicht in ›Carl J. Burckhardt. Briefe aus den letzten Jahren‹)
1] *Xandi:* Hans Thiemes Onkel, der Basler Großkaufmann Alexander   475
Clavel. (Siehe Nachlaßverzeichnis UB Basel C II b 38).
2] *Vom Tode Gerhard Ritters:* Gerhard Ritter starb am 1. Juli 1967 (siehe
Verzeichnis der Briefempfänger).
3] *grundehrlichen und tapfern Gestalt:* Er war 1944–1945 wegen seiner
Beteiligung an der Widerstandsbewegung gegen Hitler in Haft.
4] *von Ihnen meisterlich geschilderten Gelehrten:* Hans Thieme ›Zum Tode   476
Gerhard Ritters‹ in ›Basler Nachrichten‹ vom 12. 7. 1967.

22. 7. 1967
1] *Soweit meine Erinnerung zurückreicht:* Dieser Brief wurde anläßlich   476
des Todes von Jacob Wackernagel auf Sardinien am 14. Juli 1967 an
dessen Gattin gerichtet. (Siehe Verzeichnis der Briefempfänger.)
2] *dann kam die Trennung:* 1902 wurde der Vater von Jacob Wackerna-   477
gel, der berühmte Sprachforscher Jacob Wackernagel (1853–1938) als
Professor nach Göttingen berufen. Die Familie zog nach Deutschland.
3] *Frau Stehlin-Miville:* Die Großmutter von Jacob Wackernagel jun.
Er wohnte während seines Studiums in Basel bei ihr.
4] *in Wien:* CJB lebte von 1918–1922 als Attaché der Schweizer Gesandtschaft in Wien. (Siehe Anmerkung zum Brief vom 19. 4. 1918 und
›Memorabilien‹ S. 221 ff.).
5] *meiner Göttinger-Semester:* 1913–1914. (Siehe Brief an Jacob Wackernagel vom Dezember 1913, in dem er von seinem Ein- und Ausgehen
im Elternhaus von J. W. schreibt.)

22. 10. 1967   *(Durchschlag eines Typoskripts)*
(Veröffentlicht in ›Carl J. Burckhardt. Briefe aus den letzten Jahren‹)
1] *meine Mailänder Tochter:* Henriette Chiesa-Burckhardt.   479
2] *Ausstellung:* ›Venezianische Vedutenmalerei‹, ausgestellt im Dogen-   480
palast.
3] *einen meiner Basler Vettern:* Nicolas Burckhardt aus Basel. War im
Zweiten Weltkrieg für das Rote Kreuz tätig, danach für Internationalen
Suchdienst in Arolsen (Hessen).
4] *die einstige Serenissima:* Venedig.
5] *Terra ferma:* So bezeichnen die Venezianer das »Festland«.

6] *Canaletto:* eigentlich Bernardo Bellotto (1720–1780), venezianischer Maler und Radierer, berühmt durch seine Stadtansichten.

7] *Longhi:* Pietro Longhi, eigentlich P. Falca (1702–1785), venezianischer Maler, malte vorwiegend das häusliche und gesellschaftliche Leben in Venedig.

8] *Guardi:* Francesco Guardi (1712–1793), venezianischer Maler, bedeutend auf dem Gebiet der Vedutenmalerei.

24. 10. 1967

480 1] *Pic:* Die ältere Tochter von CJB, Henriette Chiesa. Deren Kinder, Laura und Fabrizio, nahmen auch an der Reise teil.

482 2] *Neubeuern, Hinterhör:* Schloß Neubeuern am Inn. Hinterhör: Hof bei Neubeuern, den Jan Freiherr von Wendelstadt seiner Schwägerin Ottonie Gräfin Degenfeld nach dem Tod ihres Mannes als Wohnsitz gab.

3] *des Herbsttages »wie ich keinen sah«:* Aus ›Herbstlied‹, Gedicht von Friedrich Hebbel: »Dies ist ein Herbsttag, wie ich keinen sah«.

4] *Bonzo:* Spitzname für Alice Köpcke, geb. Peltzer (geboren 1901), seit früher Jugend zugehörig zum engen Kreis um Ottonie Gräfin Degenfeld, jahrzehntelang ansässig in Hinterhör. Behilflich bei der Herausgabe des Briefwechsels Hugo von Hofmannsthal – Ottonie Degenfeld, S. Fischer Verlag, Frankfurt a. M. 1974. Sie lebt in München.

5] *Spanyi:* Mario von Spanyi, geboren 1895 als Sohn eines österreichisch-ungarischen Feldmarschalleutnants. Besuchte das Theresianum in Wien. Dragoneroffizier. Im Ersten Weltkrieg als Flieger abgeschossen, bewirtschaftete er später seinen Landbesitz. Nach dem Zweiten Weltkrieg ungarischer Generalkonsul in Prag, mußte er vor der kommunistischen Herrschaft fliehen. Auf Einladung von Ottonie Degenfeld fand er ein Heim in Hinterhör. Er lebt nun bei Salzburg.

5. 12. 1967

484 1] *nach heroischer Leistung Ihres Volkes:* Bezieht sich auf den sogenannten Sechstagekrieg (5. bis 11. Juni 1967) zwischen Israel einerseits und Ägypten und Syrien andererseits.

2] *Geburtstagsfeier:* Gershom Scholem feierte seinen 70. Geburtstag am 5. Dezember 1967.

28. 12. 1967

485 1] *Khevenhüllers Tagebücher:* In seiner Abhandlung über ›Das Zeit- und Sprachkostüm von Hofmannsthals Rosenkavalier‹ in der ›Zeitschrift für deutsche Philologie‹ 86. Jg., Heft 4, 1967, zeigt Professor Wandruszka, daß Hugo von Hofmannsthal für das Libretto zum ›Rosenkavalier‹ die Tagebücher des Grafen Johann Joseph Khevenhüller-Metsch

(1707–1776) beigezogen hat. Die Aufzeichnungen des Obersthofmeisters der Kaiserin Maria Theresia erschienen in Wien zwischen 1907 und 1915 unter dem Titel ›Aus der Zeit Maria Theresias‹. Hofmannsthal schloß die Arbeit an der ›Komödie für Musik‹ 1910 ab.

2] *Aufführung des ›Schwierigen‹:* Hugo von Hofmannsthals Lustspiel ›Der Schwierige‹, dessen Uraufführung am 8. November 1921 in München stattfand, wurde in Wien erstmals am 16. April 1924 im ›Theater an der Josefstadt‹ gegeben.

3] *Schumpeter:* Joseph Alois Schumpeter (1883–1950), bedeutender österreichischer Nationalökonom und Soziologie. 1919 kurz Finanzminister. Seit 1932 unterrichtete er an der Universität Harvard (USA).

4] *Professor Zimmer:* Hugo von Hofmannsthals Schwiegersohn, der Indologe Heinrich Zimmer (siehe Verzeichnis der Briefempfänger unter Christiane Zimmer).

5] *Mit der Herausgabe:* Seit 1975 erscheinen Hugo von Hofmannsthal, ›Sämtliche Werke‹, Kritische Ausgabe, veranstaltet vom Freien Deutschen Hochstift, S. Fischer Verlag, Frankfurt a. M. Vom Arbeitsbeginn an wirkt Rudolf Hirsch (siehe Verzeichnis der Briefempfänger) in der Gruppe der Herausgeber.

6. 2. 1968

1] *Schröder: ich weiß was Sie meinen:* In seinem Brief an CJB vom 8. 1. 1968 bezieht sich Edgar Salin auf Angriffe des jungen Rudolf Alexander Schröder (siehe Verzeichnis der Briefempfänger) auf Stefan George (siehe Anmerkung 4 zum Brief vom 25. 3. 1952 und Anmerkung 5 zum Brief vom 28. 12. 1958).

2] *Borchardt:* Rudolf Borchardt (1877–1945), Schriftsteller. Freund von Hugo von Hofmannsthal und Rudolf Alexander Schröder. Er schrieb Gedichte, Dramen, Essays, Erzählungen, einen Roman ›Vereinigung durch den Feind hindurch‹, 1937. Übersetzte u. a. Pindar und Dante. ›Hugo von Hofmannsthal – Rudolf Borchardt Briefwechsel‹, S. Fischer Verlag, Frankfurt a. M. 1954.

7. 3. 1968

1] *tief traurigen Anlaß:* Beerdigung des Neffen Frau Neeffs, des hochbegabten jungen Dirigenten Christian Vöchting (1928–1967), der einer Krebserkrankung erlag.

2] *ihr Bruder:* Paul Schazmann (1871–1946), bedeutender Archäologe. Zu der Namensverwechslung, von der CJB hier berichtet, ist zu bemerken, daß CJB sich als junger Mann eine aus einem Spaß entstandene brüderliche Phantasiefigur, ein ›alter ego‹, zulegte, der er den Namen Paul gab. (Siehe ›Memorabilien‹, S. 136–138, 141–142 und 356–357.)

3] *Sabines vier Buben:* Sabine, die jüngere Tochter CJBs, schenkte später einem fünften Bub das Leben.
4] *Henriettes Paar:* Siehe Anmerkung 1 zum Brief vom 24. 10. 1967.
5] *Alioth:* Max Alioth (1842–1892).
6] *»Schnellfäule«:* Die Stelle mit der »Schnellfäule« befindet sich im Brief Nr. 944 an Max Alioth vom 19. November 1881 im 7. Band (S. 299) ›Jacob Burckhardt. Briefe‹ Hrsg. Max Burckhardt, Benno Schwabe Verlag, Basel 1969: »Ich muß diesen Winter wieder Revolutionszeitalter lesen und noch nie habe ich solche Mühe gehabt, mir und den Zuhörern den unwillkürlichen Eindruck von Actualität fern zu halten, den jene jetzt bald hundertjährigen Historien gerade heute hervorbringen. Mich überkommt bisweilen ein Grauen, die Zustände Europens möchten einst über Nacht in eine Art Schnellfäule überschlagen, mit plötzlicher Todesschwäche der jetzigen scheinbar erhaltenden Kräfte.« CJB zitiert aus der 1912 erschienenen Auswahlausgabe der Briefe Jacob Burckhardts an Max Alioth (›Briefe an einen Architekten‹, S. 181).

26. 3. 1968 *(Durchschlag eines Typoskripts)*
1] *Rückkehr aus Afrika:* CJB war nach Abschluß der »Richelieu-Qualen« (siehe Anmerkung 1 zum Brief vom 21. 12. 1966) nach Ostafrika geflogen, um Freunde auf einer Farm in Kenya zu besuchen. (Siehe Brief vom Frühjahr 1967.)
2] *Mazarin:* Jules Mazarin (1602–1661), eigentlich Giulio Mazarini, Herzog von Nevers seit 1659, französischer Staatsmann und Kardinal. Anfangs in päpstlichen Diensten, wirkte er zugleich für die Politik Richelieus, wurde 1642 nach dessen Tod leitender Minister. Mazarin warf die ›Fronde‹ nieder. Im Westfälischen Frieden, 1648, und im Pyrenäenfrieden, 1659, gewann er weite Gebiete für Frankreich und begründete gleichzeitig die europäische Vormachtstellung seines Landes.
3] *in Münster:* Am 24. 10. 1648 wurde in Münster in Westfalen zwischen dem Kaiser und Frankreich der ›Westfälische Friede‹ geschlossen, der den Dreißigjährigen Krieg beendete.
4] *O.E.C.D.:* Organisation for Economic Cooperation and Development (Organisation für wirtschaftliche Zusammenarbeit und Entwicklung).
5] *Ihr Alexander-Buch:* Peter Bamm ›Alexander oder die Verwandlung der Welt‹, Droemersche Verlagsanstalt, München 1965.
6] *als Arzt beigestanden:* Anspielung auf den ursprünglichen und erst spät aufgegebenen Arztberuf von Peter Bamm = Dr. med. Curt Emmrich.

23. 5. 1968

1] *Die Kriegszeit:* CJBs Tätigkeit in der Leitung des Internationalen Komitees vom Roten Kreuz (Nachlaßverzeichnis: UB Basel S. 115–136).

2] *Danziger Zäsur:* CJB als Hochkommissar des Völkerbundes (siehe ›Meine Danziger Mission 1937–1939‹).

3] *8 Jahre in Frankreich:* CJB als Schweizer Gesandter in Paris (siehe ›Memorabilien‹: ›Aus einem Pariser Tagebuch‹ S. 289–299).

4] *Willy:* Der Ehemann der Briefempfängerin, der Maler und Graphiker Wilhelm (Willy) Müller-Hofmann (1885–1948). Er studierte in München unter anderem bei Stuck, ausgebildet auch als Theatermaler. Lange Jahre Professor, Leiter der Malklasse, an der Staatlichen Kunstgewerbeschule Wien. Müller-Hofmann gehörte dem Freundeskreis Hofmannsthals an, machte den Dichter mit Poussin vertraut und nahm beratend teil an der Entstehung der ›Ägyptischen Helena‹. Hofmannsthal an Ottonie Gräfin Degenfeld, Wien, 27. 1. 1920: »Hier Müller-Hofmann und Carl Burckhardt eine große ressource.«

5] *Schwerstes überstanden:* Mutter und Schwester der Adressatin, Amalie Zuckerkandl, geb. Schlesinger, und Eleonore (Nora) Zuckerkandl, wurden 1942 deportiert und sind im KZ ums Leben gekommen. 1948 verlor sie ihren Mann.

6] *Deine Söhne:* Viktor Karl (geb. 1923), Patensohn von CJB, und Rudolf (1926–1984), Patensohn von R. A. Schröder.

7] *Elisabeth:* CJBs Frau (siehe Anmerkung 5 zum Brief vom 2. 12. 1928).

8] *Gretel W.:* Grete Wiesenthal (1885–1970), Tänzerin. CJB schreibt an Hans Erni im August 1964: »Bildende Kunst, Musik und Tanz: ja, der Tanz ist der Dritte im Bunde, der das eine zum andern bringt. Im Wien des Jahrhundertbeginns war dieser Dritte im Bunde vertreten durch die unvergeßliche Grete Wiesenthal.« (Siehe Anmerkung 5 zum Brief vom 9. 2. 1949.)

9] *Hugos Briefwechsel mit mir:* ›Hugo von Hofmannsthal – Carl J. Burckhardt Briefwechsel‹, S. Fischer Verlag, Frankfurt a. M. 1958.

10] *Schönenberg:* Siehe Anmerkung 4 zum Brief vom 18. 6. 1908.

11] *Professor Ellenberger:* Hugo Ellenberger, zu jener Zeit vielgehörter Kulturkommentator im Österreichischen Rundfunk.

12] *kurzer Aufenthalt in Wien:* Vom 15.–21. Mai 1968 war CJB in Wien.

13] *Eisenstadter Schloß:* Vom Fürsten Esterházy barock umgestaltete mittelalterliche Burg in Eisenstadt im österreichischen Burgenland, vornehmliche Wirkungsstätte von Joseph Haydn.

20. 6. 1968

1] »*Weltgeschichte der neusten Zeit*«: Jean-Rudolf von Salis ›Weltgeschichte der neuesten Zeit‹, Orell Füssli Verlag, Zürich 1960.

2] *über Bénès:* Carl J. Burckhardt ›Notices sur la vie et les travaux d'Edouard Bénès‹ in ›Institut de France‹ Paris 1968 und in ›La Gazette Littéraire‹ 28/29 dec. 1968. (›Conversation Jean-Rodolphe de Salis – Bénès du 14 juin 1946‹ u. a. siehe Nachlaßverzeichnis UB Basel, C II a 101.)

3] *Bénès:* Eduard Benesch (1884–1948), tschechoslowakischer Staatsmann, wirkte im Ersten Weltkrieg als Helfer Masaryks und als Generalsekretär des tschechoslowakischen Nationalrats in Paris für die Errichtung der Tschechoslowakei. Als Außenminister und Ministerpräsident war er der Gründer der Kleinen Entente. 1935–1938 Staatspräsident. In London Präsident der Exilregierung 1940; nach der Rückkehr 1945 wieder Staatspräsident. Nach dem kommunistischen Staatsstreich vom Februar 1948 trat er im Juni zurück.

4] *Franz Ferdinands Reformpläne:* Der am 28. Juni 1914 in Sarajewo ermordete österreichische Thronfolger Erzherzog Franz Ferdinand (1863–1914) vertrat den Gedanken einer Umformung des österreichisch-ungarischen Reiches im Sinne des Föderalismus.

5] *Clemenceau:* Georges Clémenceau (1841–1929), französischer Staatsmann, Ministerpräsident 1906–1909 und 1917–1920.

6] *Lloyd George:* David Lloyd George (1863–1945), liberaler englischer Politiker; 1916–1922 Ministerpräsident. Nahm an der Pariser Friedenskonferenz 1919 teil.

7] *Allizé:* Henry Allizé, französischer Diplomat, Gesandter in Wien seit 1918.

8] *Professor Lüthy:* Herbert Lüthy (siehe Verzeichnis der Briefempfänger).

9] *Brunegg:* Schloß Brunegg im Kanton Aargau. Wohnsitz von Jean-Rudolf von Salis.

18. 7. 1968   *(Durchschlag eines Typoskripts)*

1] *Karl Ludwig von Haller:* Carl Ludwig von Haller (1768–1854), bedeutender Schweizer Staatsrechtslehrer der restaurativen Tendenz. Gehörte von 1814 bis zu seinem Übertritt zum Katholizismus (1820) dem Großen Rat von Bern an, diente von 1825 bis zur Julirevolution im Außenministerium Karls X. von Frankreich und war von 1834–1837 Mitglied des Großen Rates von Solothurn. Sein Hauptwerk ›Restauration der Staatswissenschaft‹, 6 Bde., 1816–1834, übte u. a. in Deutschland großen Einfluß aus; er wurde danach »Der Restaurator« genannt.

2] *Maistre:* Joseph Marie Comte de Maistre (1753–1821), französischer Philosoph, 1817 Staatsminister. Er war ein Hauptvertreter des gegenrevolutionären Royalismus und des politischen Klerikalismus. Werke u. a. ›Betrachtungen über Frankreich‹, 1797; ›Vom Papste‹, 1819; ›Les soirées de Petersbourg‹, 1821.

3] *Montalembert:* Charles Comte de Montalembert (1810–1870), französischer Publizist, gehörte zur liberalen Richtung des französischen Katholizismus und betrieb die politische Organisation einer katholischen Partei.

4] *La Roche-Jacquelin:* Henri de la Rochejacquelin (1772–1794), Chef der französischen Royalisten der Vendée.

5] *Donoso Cortez:* (1809–1853), spanischer Redner und Politiker.

6] *Pareto:* Vilfredo Pareto (1848–1923), italienischer Volkswirt und Soziologe, seit 1893 Professor in Lausanne. Er faßte die Gesellschaftsordnung als einen Mechanismus auf und sah ihre inneren Kräfte in den Trieben und Leidenschaften, nicht in den Gedanken. Seine Lehren beeinflußten die geistige Grundlegung des Faschismus. Werke u. a. ›Trattato di sociologia generale‹, 1916.

22. 7. 1968

1] *meine Bemerkungen:* Siehe Brief CJBs vom 18. 7. 1968.

2] *Haller:* Carl Ludwig von Haller (siehe Anmerkung 1 zum Brief vom 18. 7. 1968).

3] *Montalembert:* Charles de Montalembert (siehe Anmerkung 3 zum Brief vom 18. 7. 1968).

4] *Dein Landsmann:* Max Gertsch war Berner.

5] *Donoso Cortez:* (1809–1853), spanischer Redner und Politiker.

6] *Gottfried Keller:* Siehe Anmerkung 3 zum Brief vom 2. 5. 1922.

7] *›Martin Salander‹:* Gottfried Kellers letztes Werk (1886), sein sorgenvolles politisches Vermächtnis.

8] *Montesquieu:* Charles de Secondat Baron de la Brède et de Montesquieu (1689–1755), französischer Schriftsteller und Politiker. Werke u. a. ›Lettres Persanes‹, 1721/1754; ›L'esprit des lois‹, 1748.

9] *Fellers Werk:* Richard Feller ›Geschichte Berns‹ 4 Bde., Herbert Lang Verlag, Bern 1946–1960.

10] *Alte Fritz:* Friedrich II., der Große, König von Preußen (1712–1786).

11] *Jeder Bär brummt nach der Höhle:* »Als sich einmal jemand beklagte, daß ihm in Norddeutschland der Anflug einer südlichen Mundart zum Vorwurf gemacht worden sei, erwiderte Goethe scherzend: Man soll sich sein Recht nicht nehmen lassen. Der Bär brummt nach der Höhle, in der er geboren ist.« Berichtet von Wilhelm Grimm (1786–1859).

12] *Solch eine Gruppe hat bei uns von 1848 bis 1914 ... regiert:* Bezieht sich auf das freisinnige, radikale Schweizer Bürgertum.

13] *»Sunt certi denique fines«:* Es gibt am Ende doch gewisse Grenzen.

8. 8. 1968 *(Durchschlag)*

500 1] *Herrn Larese:* Dino Larese, Initiator der hier erwähnten Feier zum 70. Geburtstag von Ernst Jünger und ähnlicher Anlässe, so auch einer zum 70. Geburtstag von CJB, an der u. a. Theodor Heuss und der schweizerische Bundespräsident Friedrich Traugott Wahlen teilnahmen. (Siehe auch Brief vom 24. 11. 1961 und ›Interview CJB–Dino Larese‹, Nachlaßverzeichnis UB Basel, A1 20).

2] *Ihr Buch:* Ernst Jünger ›In Stahlgewittern‹, Selbstverlag, Hannover 1920.

3] *Von Ihrer Pariser Zeit:* Ernst Jüngers Tagebücher aus der Pariser Besatzungszeit im Zweiten Weltkrieg erschienen im Bande ›Strahlungen‹, Heliopolis Verlag, Tübingen 1949.

4] *»Marmorklippen«:* Ernst Jünger ›Auf den Marmorklippen‹, Hanseatische Verlagsanstalt, Hamburg 1939.

2. 9. 1968

501 1] *Bewegung einer heutigen Jugend:* Die von Deutschland ausgehende Studentenrevolte hatte im Mai 1968 in Paris ihren Höhepunkt erreicht.

2] *der Hilfsaktion in Nigeria:* Das Internationale Komitee vom Roten Kreuz führte auf beiden der kriegführenden Seiten (Nigeria und Biafra) Hilfsaktionen durch.

3] *Sezessionskrieg:* Die nigerianische Provinz Biafra hatte im März 1968 einseitig ihre Unabhängigkeit erklärt. Darauf folgte ein unerbittlicher Bürgerkrieg, der mit dem Sieg Nigerias endete.

502 4] *im beiliegenden Vortrag:* CJB ›Das Wort im politischen Geschehen‹ in ›Gestalten und Mächte‹, 1961, und in ›Gesammelte Werke‹ Bd. 2, S. 386ff.

5] *»pietas«:* Frömmigkeit.

503 6] *Vortrag über Hugo von Hofmannsthal:* CJB ›Le souvenir de Hugo von Hofmannsthal‹, gehalten am 25. Oktober 1968 vor der ›Union Interalliée‹ in Paris. Siehe in ›Le souvenir de Hugo von Hofmannsthal‹, Centre de recherches européennes, Lausanne 1976.

10. 10. 1968 *(Typoskript)*
An Hans Speidel

503 1] *Buch:* Festschrift Hans Speidel ›Bereitbleiben zur Tat‹, Markus Verlag, Köln 1968.

504 2] *Salvador de Madariaga:* Siehe Verzeichnis der Briefempfänger.

10. 10. 1968 *(Durchschlag eines Typoskripts)*
An Robert Minder

504 1] *Ihres Hebel-Aufsatzes:* Robert Minder ›Hebel, der Erasmische Geist‹, Insel Verlag, Frankfurt a. M. 1968.

2] *Hebel:* Johann Peter Hebel (siehe Anmerkung 2 zum Brief vom März 1959. Siehe auch Nachlaßverzeichnis UB Basel, C II a 65).
3] *Ufem Petersplatz...:* So wird die Strophe in Basel gesungen. In Hebels ›Erinnerung an Basel‹ lautet die sechste Strophe:
»Wie ne freie Spatz
uf em Petersplatz
flieg i um, un's wird mer wohl
wie im Buebekamisol
uf em Petersplatz.«
4] *die damals einzige Rheinbrücke:* Die erwähnte Rheinbrücke war im Jahr 1238 erbaut worden, auf der Kleinbasler Seite auf Steinpfeilern, der Großbasler Seite als Holzbau. Erst anfangs dieses Jahrhunderts wurde diese alte Brücke ersetzt. Der Neubau war 1905 fertiggestellt. Johann Peter Hebel (1760–1826) hatte 1813 während der Kriege der 4. Koalition gegen Frankreich erlebt, wie die alliierten Armeen des Königs von Preußen, des Kaisers von Österreich und des Zars von Rußland tagelang auf dieser Brücke den Rhein überquerten.
5] *Karlsbader Kurpromenade:* Bezieht sich auf die Begegnung Goethes, Beethovens und der kaiserlichen Familie in Karlsbad: Goethe ging zur Seite und grüßte ehrerbietig, Beethoven blieb stehen, ohne den Hut abzunehmen.

27. 10. 1968
im Dienste Ihres Vaterlandes: Wolfgang Krauel war als deutscher Generalkonsul in Genf tätig von 1937 bis zu seinem Rücktritt 1943.

7. 1. 1969
1] *Ihres Briefes:* Am 23. 12. 1968 schrieb Otto Heuschele an CJB: ». . . die führenden Politiker scheinen mir merkwürdig blind gegen manche Entwicklungen in der Weltpolitik. Ich für meine Person jedenfalls möchte eine Bereitschaft des Ostens zu Einvernehmen nicht mit einer dortigen Schwäche erklären, wie es manche tun.«
2] *Sechstagekrieg:* Arabisch-israelischer Krieg vom 5. bis 11. Juni 1967. (Siehe CJBs Brief an Gershom Scholem vom 5. 12. 1967.)

22. 3. 1969
1] *der letzte meiner Freunde aus der Kindheit:* Der mit CJB seit dem gemeinsamen Aufenthalt im Landerziehungsheim Schloß Glarisegg befreundete Genfer Léopold Boissier (1893–1968), langjähriges Mitglied des Internationalen Komitees vom Roten Kreuz. Er erlag einem Reitunfall.
2] *Notker:* Notker Balbulus (der Stammler) (840–912), Dichter lateinischer Hymnen.

3] *einer großen Müdigkeit wegen:* CJB litt seit 1967 an Leukämie.
509 4] *Ihren Gatten:* Dieter Sattler (1906–1968), bedeutender deutscher Kulturpolitiker. Sohn des Münchner Architekten Professor Carlo Sattler, Enkel des Bildhauers Adolf von Hildebrand: Architekt, Dr.-Ing., Habilitation vom NS-Regime verweigert. 1929–1939 im Siedlungsbau. Nach Kriegsende maßgeblich im Kulturbereich. Auf unkonventionelle Weise gründete Sattler zahlreiche wichtige Institutionen, knüpfte er abgerissene Beziehungen wieder an. 1947–1951 Staatssekretär im Bayrischen Ministerium für Unterricht und Kultus. Ab 1952 Kulturreferent der deutschen Botschaft in Rom. Ab 1959 Leiter der Kulturabteilung des Auswärtigen Amtes, ab 1966 Botschafter der Bundesrepublik beim Heiligen Stuhl.

23. 3. 1969
510 1] *Lorenz Stucki:* Schweizer Journalist und Publizist, Sohn des Diplomaten Walter Stucki. Verfaßte u. a. ›Gefährdetes Ostasien‹, 1959; ›So entstand die Gegenwart‹, 1964; ›China, Land hinter Mauern‹, 1965; ›Das heimliche Imperium‹, 1968; ›Lob der schöpferischen Faulheit‹, 1973; ›Japans Herzen denken anders‹, 1978.
Über das Buch ›So entstand die Gegenwart‹ schrieb CJB eine Rezension in ›Die Zeit‹ Nr. 15, vom 9. 4. 1965.
2] *die Schriften:* Herbert Lüthy ›In Gegenwart der Geschichte‹, Kiepenheuer und Witsch Verlag, Köln 1967, und ›Wozu Geschichte?‹, Verlag Die Arche, Zürich 1969.

28. 4. 1969   *(Durchschlag eines Typoskripts)*
511 1] *Ihrer Ansprache:* Ansprache von Chefredaktor Dr. Luchsinger anläßlich der Generalversammlung der Aktionäre der ›Neuen Zürcher Zeitung‹; gehalten am 12. April 1969.
2] *Roosevelt:* Franklin Delano Roosevelt (1882–1945), 32. Präsident der Vereinigten Staaten von Amerika von 1933–1945.
3] *während einiger Zeit einflußreiche Russe:* Als Schweizer Gesandter in Paris verkehrte CJB mit dem dortigen Botschafter der Sowjetunion, Alexander Jefremowitsch Bogomolow (geb. 1900), zu dem er ein gutes persönliches Verhältnis fand. Bogomolow, der zuletzt Botschafter in Rom war, wurde 1957 abberufen.

4. 5. 1969   *(Durchschlag eines Typoskripts)*
(Veröffentlicht in ›Carl J. Burckhardt. Briefe aus den letzten Jahren‹, Verlag Georg D. W. Callwey, München 1977)
513 1] *Das »Sein«:* Martin Heidegger greift seit seinem grundlegenden Werk ›Sein und Zeit‹ (1927) die Frage nach dem »Sein« auf, das vom

Seienden geschieden werden müsse. CJB hat vermutlich das 1969 erschienene Werk Heideggers ›Zur Sache des Denkens‹ gelesen.
2] *Ihr Eintritt ins neunte Jahrzehnt:* Martin Heidegger wurde am 26. 9. 1969 achtzig Jahre alt.

17. 7. 1969
1] *Bachofen:* Johann Jakob Bachofen (siehe Anmerkung 7 zum Brief vom 22. 7. 1949).
2] *»Auf Burg«:* Geburtshaus von CJB (siehe ›Memorabilien‹ S. 16–18), jetzt Sitz der Musiksammlung ›Paul Sacher Stiftung‹.
3] *Adrienne von Speyr:* Mädchen- und Schriftstellername von Adrienne Kaegi (1902–1967), Gattin des Historikers Werner Kaegi (siehe Verzeichnis der Briefempfänger), Autorin zahlreicher religiöser Schriften.
4] *meine Tante:* Marie Steffensen-Burckhardt (siehe Anmerkung 2 zum Brief vom 8. 3. 1957).
5] *Tante-Gotte:* Patentante.
6] *Globus:* Alphonse Ehinger (siehe Verzeichnis der Briefempfänger).
7] *»Printemps»:* Warenhaus in Paris.
8] *Savigny:* Friedrich Carl von Savigny (1779–1861), Jurist, 1842–1848 preußischer Minister für Gesetzgebung. Er wurde zum Gründer der »Historischen Rechtsschule«. Seine Werke u. a. ›Das Recht des Besitzes‹, 1803; ›Geschichte des römischen Rechtes im Mittelalter‹, 6 Bde., 1813–1831; ›System des heutigen römischen Rechts‹, 8 Bde., 1840–1849.
9] *Engelberg:* Schweizerischer Ferienort im Kanton Obwalden.
10] *Dein Vetter Carl Albrecht:* Carl Albrecht Bernoulli (Schriftstellerpseudonym zeitweilig Ernst Kilchner) (1868–1937), aus alter Basler Gelehrtenfamilie, Kulturphilosoph, Dramatiker und Erzähler, 1895–1898 Privatdozent für Kirchengeschichte und wieder ab 1922 an der Universität Basel, ab 1926 a. o. Professor für Kirchen- und Religionsgeschichte ebenda.
Werke u. a. ›Lucas Heland‹, 1897; ›Die Heiligen der Merowinger‹, 1900; ›Franz Overbeck und Friedrich Nietzsche‹, 1908 (dieses Buch trug ihm einen zehnjährigen Prozeß mit Frau Elisabeth Förster-Nietzsche vom Nietzsche-Archiv in Weimar ein); ›Das Dreigestirn Johann Jacob Bachofen, Jacob Burckhardt, Friedrich Nietzsche‹, 1931: ›J. J. Bachofen und das Natursymbol‹, 1933. Dramen u. a.: ›Der Ritt nach Fehrbellin‹, 1908; ›Die beiden Isolden‹, 1915; ›Der Papst‹, 1934; ›O. Cromwells Untergang‹, 1936.
11] *›Mutterrecht‹:* ›Das Mutterrecht. Eine Untersuchung über die Gynaikokratie der alten Welt nach ihrer religiösen und rechtlichen Natur‹, 1861, von J. J. Bachofen.

12] ›Sage von Tanaquil‹: ›Eine Untersuchung über den Orientalismus in Rom und in Italien‹, 1870, von J. J. Bachofen.

13] *der große Basler inzwischen georgischer Besitz:* Der Kreis um Stefan George, dem von Rudolf Burckhardt bis Edgar Salin auch maßgebende Persönlichkeiten in Basel zugehörten, bewunderte und förderte das damals im deutschen Sprachbereich so gut wie unbekannte Werk Johann Jakob Bachofens.

14] *durch viele Denkmäler bestätigte Spät-Georgianismus:* Unter anderem dürfte damit der Brunnen von Alexander Zschokke (1894–1982) vor dem Basler Kunstmuseum gemeint sein.

15] *Rudolf Burckhardt:* CJBs Lehrer am humanistischen Gymnasium in Basel (siehe ›Memorabilien‹ S. 91–93).

16] *Salin:* Edgar Salin (siehe Verzeichnis der Briefempfänger).

17] *mein Zürcher Freund, Howald:* Ernst Howald (siehe Verzeichnis der Briefempfänger).

18] *Berensons Gutachten:* Der berühmte Kunsthistoriker und Kunstexperte Bernard Berenson (1865–1959) verfaßte zahlreiche Gutachten für den mächtigen englischen Kunsthändler Sir Joseph Duveen (1869–1939), der unter anderem viele Gemälde an den amerikanischen Sammler Andrew William Mellon (1855–1937) verkaufte.

19] *Grüße Alice:* Christoph Bernoullis Gattin.

20] *Antäus:* Siehe Anmerkung 7 zum Brief vom 1. 8. 1920.

21] *Zuck:* Carl Zuckmayer (siehe Verzeichnis der Briefempfänger).

22] *die andere Alice:* Carl Zuckmayers Gattin, die Schriftstellerin Alice Herdan.

23] *Guttenbrunner:* Michael Guttenbrunner (geb. 1919), österreichischer Dichter. Werke u. a. ›Schwarze Ruten‹, 1947; ›Opferholz‹, 1954; ›Die lange Zeit‹, 1965; ›Der Abstieg‹, 1975; ›Gesang der Schiffe‹, 1980. Herausgeber der Zeitschrift ›Das Ziegeneuter‹. Ehemann von Winnetou Zuckmayer.

19. 8. 1969

1] *Welch eine Geschichte aber:* Diese, in einem Moment, da sich palästinensische Terrorakte häuften, geschriebene Stelle bezieht sich auf die Geschichte des jüdischen Volkes.

2] *auf dem Mond:* Amerikanische Astronauten hatten den Mond am 20. Juli 1969 betreten.

3] *Herr von Braun:* Wernher Freiherr von Braun (1912–1977). Der Physiker und Raketeningenieur deutschen Ursprungs war an der Ausarbeitung des Raumfahrtprogrammes Apollo maßgebend beteiligt.

25. 8. 1969
(Veröffentlicht in ›Carl J. Burckhardt. Briefe aus den letzten Jahren‹)
1] *äsopische Tierfabeln:* Äsop soll ein phrygischer Sklave voller Schnurren und Eulenspiegeleien gewesen sein. Die unter seinem Namen erhaltenen Sammlungen ›Äsopische Fabeln‹ stammen aus dem 1.–6. Jahrhundert n. Chr.
2] *Schopenhauer:* Siehe Anmerkung 12 vom Brief vom 27. 1. 1951.
3] *Clemenceau:* Georges Clémenceau (1841–1929), französischer Staatsmann, langjähriger Leiter der linksradikalen Partei. Während seiner zweiten Ministerpräsidentschaft nahm er maßgebend an den Verhandlungen des Versailler Vertrags teil.
4] *L'on apprend:* Man lehrt die jungen Leute zu vieles, man sollte ihnen vor allem die Kunst beibringen, sich zwischen den Menschen hindurchzubewegen.
5] *Georg Christoph Lichtenberg:* (1742–1799), deutscher Physiker und Schriftsteller. Seine philosophischen Aphorismen erschienen zuerst zusammengestellt in seinen ›Vermischten Schriften‹, 1800–1805.
6] *»Die Deutschen lügen«:* »Im Deutschen lügt man, wenn man höflich ist.« Goethe, ›Faust‹ II, 2. Akt, Gotisches Zimmer.
7] *Ernst Weizsäcker:* Ernst Freiherr von Weizsäcker (1882–1952), deutscher Diplomat; Staatssekretär im Auswärtigen Amt 1938–1943. Über seine Beziehungen zu Ernst von Weizsäcker, für den er beim Nürnberger Prozeß eintrat, berichtete CJB ausführlich in ›Meine Danziger Mission 1937–1939‹. Siehe auch Nachlaßverzeichnis UB Basel B 1 b 8⁵ und B 1 b 10, auch D 183.
8] *Robert Boehringer:* Siehe Verzeichnis der Briefempfänger.
9] *»ad usum delphini«:* »zum Gebrauch des Dauphin«, d. h. unter Weglassung anstößiger Stellen.
10] *während des Leipziger Prozesses:* [sic] Nürnberger Prozesses.

6. 11. 1969
(Veröffentlicht in ›Carl J. Burckhardt. Briefe aus den letzten Jahren‹)
1] *Rochebüros:* CJBs Schwiegersohn Piero Chiesa war für die Firma Hoffmann-La Roche in Mailand tätig.
2] *in dieser heute etwas vergessenen Welt:* CJB verbrachte im Herbst 1969 einen Monat in dem kleinen Städtchen Asolo (Veneto).
3] *Palladio:* Andrea Palladio (1508–1580), italienischer Baukünstler.
4] *Selbstbiographie Berlioz':* Hector Berlioz (1803–1869) ›Mémoires‹, Paris 1870.
5] *Pic:* CJBs Tochter Henriette Chiesa.
6] *Paganini:* Niccolò Paganini (1782–1840), italienischer Violinvirtuose und Komponist. (Die Paganini-Geschichte stimmt *so* nicht.)

7] *Charles X.:* (1757–1836), jüngerer Bruder Ludwigs XVI. von Frankreich und Ludwigs XVIII. Regierte 1824–1830.
8] *Louis Philippe:* (1773–1850). Als die Julirevolution von 1830 König Charles X. zur Abdankung zwang, bestieg Louis Philippe als König der Franzosen (Bürgerkönig) den Thron, dankte 1848 ab.
9] *Napoleon III.:* (1808–1873), Neffe von Napoleon I. 1852–1870 Kaiser der Franzosen.
10] *1969:* Vermutlich 1968.
11] *Toms Tochter:* ist Jans Tochter Marina. Jan Von der Mühll, Sohn von CJBs Schwester Theodora.
12] *Klaus:* Klaus Dohrn (1909–1979), Schwiegersohn Lucy Rudolphs, in Zürich.
13] *Ciba u. Alu:* CJB war damals Verwaltungsrat der Firmen Ciba Basel und Alusuisse (Schweiz. Aluminium AG) Zürich.

19.11.1969 *(Typoskript)*

1] *in einer abgelegenen Gegend:* Ferienaufenthalt in Asolo bei Treviso. (Siehe Brief an Lucy Rudolph vom 6.11.1969.)
2] *Ihre Zeitbetrachtungen:* Hans Speidel ›Zeitbetrachtungen‹, Hase und Koehler Verlag, Mainz 1968.
3] *die Rede Churchills:* Im Anschluß an seine am 5. März 1946 in Fulton (USA) gehaltene Rede, in der er für ein gegen die sowjetische Bedrohung Europas gerichtetes atlantisches Bündnis eintrat, setzte sich Sir Winston Churchill am 19. September 1946 in der Aula der Univ. Zürich für die Bildung einer französisch-deutschen Partnerschaft als Grundlage eines westeuropäischen Zusammenschlusses ein, dem die USA und das britische Commonwealth Pate stehen würden, und schlug als ersten Schritt die Schaffung eines Europarates vor.
4] *Tagebuchaufzeichnungen und Aphorismen Metternichs:* Mit einem Vorwort von CJB, herausgegeben von Arthur Breycha-Vauthier, Styria Verlag, Graz 1962. Das Vorwort CJBs unter dem Titel ›Metternichs Maximen‹ auch in ›Betrachtungen und Berichte‹, 1964.
5] *Ihrem Aufsatz:* ›Geistige Kriegführung‹ in den bereits erwähnten ›Zeitbetrachtungen‹ (siehe oben).
6] *Generalobersten Beck:* Ludwig Beck (1880–1944) bekämpfte Hitlers Kriegspläne und trat während der Sudetenkrise 1938 zurück. Im Zweiten Weltkrieg gehörte er der Widerstandsbewegung an.
7] *»Fahneneid«:* Die Reichswehr (nach 1935 Wehrmacht), zur Zeit der Weimarer Republik auf die Verfassung vereidigt, hatte nach dem Tode Hindenburgs gemäß Verordnung vom 2. August und Gesetz vom 20. August 1934 den persönlichen Eid auf den Führer und Oberbefehlshaber Adolf Hitler zu leisten.
8] *Studie eines bedeutenden deutschen Autors:* Vermutlich ›Das Zeitalter

des Dreißigjährigen Krieges‹ von Golo Mann, in: ›Propyläen Weltgeschichte‹ Band 7, Seite 174ff.
9] *General Marshall:* George C. Marshall (1880–1959), 1939–1945 Chef des US-Generalstabs, war vom November 1945 bis Januar 1947 Sonderbotschafter Präsident Trumans in China. Seine Mission, eine Verständigung zwischen Kuo Min-tang (Tschiang Kai-schek) und Kommunisten (Mao Tse-tung) herbeizuführen, erwies sich als unausführbar; seine für das Kuo-Min-tang-Regime schonungslosen Berichte trugen wesentlich dazu bei, daß sich die Vereinigten Staaten mit dem kommunistischen Sieg auf dem chinesischen Festland abzufinden bereit waren. Als Staatssekretär Trumans (1947–1949) organisierte Marshall die umfassende amerikanische Wiederaufbauhilfe für Westeuropa (Marshallplan).
10] *eine Rußland konkurrierende Unternehmung:* Die Entstehung eines zweiten kommunistischen Machtzentrums in China 1949, dessen Selbständigkeit gegenüber Moskau seit dem Tode Stalins, zuerst intern und nach 1960 offen, immer schärfer zum Ausdruck kam und dessen Rivalität mit der Sowjetunion um die Führung der internationalen kommunistischen Bewegung seit 1966 in der sogenannten Kulturrevolution und dem Kult um die Person Mao Tse-tungs (heutige Schreibung: Mao Zedong) und um seine Philosophie der permanenten Revolution gipfelte; sie hat auch in der intellektuellen Verwirrung der Studentenbewegung im Westen in dieser Zeit eine große Rolle gespielt.
11] *schwere Erkrankung der weißen Bevölkerung der U.S.A.:* Kurzformel für eine allgemeine Demoralisierung und Abdankung der bisher regierenden protestantisch-angelsächsischen Elite der USA angesichts der Ausweglosigkeit des Krieges in Vietnam, der Zersetzung der Armee, der Rassenrevolten in den unregierbar werdenden Großstädten, der revolutionären Studentenunruhen und der wachsenden Verrohung des politischen Lebens (Ermordung Martin Luther Kings und Robert F. Kennedys 1968).

2. 12. 1969
1] *»Die Perrets«... »die Bolomeys«:* Typische Waadtländer Familiennamen.
2] *Rolle:* Nahe von CJBs Wohnsitz gelegener Ort am Genfersee; Mittelpunkt des Weinbaus der ›Côte‹.
3] *Morges:* Bezirksstadt am Genfersee westlich von Lausanne.
4] *Asolo:* Mittelalterliche kleine Stadt im Veneto bei Treviso. (Siehe auch Brief an Lucy Rudolph vom 6. 11. 1969.)
5] *Eleonora Duse:* (1858–1924), große italienische Schauspielerin.
6] *dieses behagliche Landhaus:* Landhaus von Lucia Casale, Freundin der Duse, in Asolo.

7] *Robert Käppeli:* Siehe Verzeichnis der Briefempfänger.

8] *Cuvilliés Theater:* François de Cuvilliés (1695–1768) war Hauptmeister des bayerischen Rokoko. Er baute das Theater in der Residenz in München 1750–1753. (Siehe Anmerkung 1 zum Brief vom 8. 6. 63.)

9] *zu seinem Neunzigsten das Wort zu ergreifen:* ›Festansprache zum 90. Geburtstag von Otto von Taube‹ am 22. Juni 1969. Sonderdruck von Kastner & Callwey, München 1969. (Siehe auch Nachlaßverzeichnis UB Basel, C II a 104.)

10] *mein Schwiegervater:* Gonzague de Reynold (siehe Anmerkung zum Brief vom 20. 8. 1926).

9. 1. 1970

1] *»Federbälle«:* Ernst Jünger hatte CJB seinen Band ›Federbälle‹, Klett Verlag, Stuttgart 1969, gesandt. In dieser Schrift versammelte er Notizen über die Sprache, »am Rande der Arbeit und der Lektüre angefallen«. Den hier wiedergegebenen Brief CJBs nahm Ernst Jünger 1979 in eine erweiterte Ausgabe auf, die auch im Verlag Die Arche, Zürich erschienen ist. (›Federbälle‹ I und II, Klett Verlag, Stuttgart 1979, sowie Verlag Die Arche, Zürich 1980.)

2] *au Conseil oecuménique:* Unübersetzbares Wortspiel, aus dem hervorgeht, daß am Weltkirchenrat in Genf Priester pasteurisiert/protestantisiert und Pfarrer geschrubbt/verpriestert würden.

3] *wackerer Freisinniger:* Mitglied der freisinnigen Partei der Schweiz.

4] *moins honorable:* »Scheint es Ihnen weniger ehrenwert, dem Ausland mit dem Schwert in der Hand als mit der Serviette (aber auch: Ledermappe) unter dem Arm zu dienen?«

5] *Robert Faesi:* (1883–1972), Schweizer Schriftsteller, Professor für Literatur an der Universität Zürich. Werke u. a. ›Füsilier Wipf‹, 1917 (verfilmt 1938); ›Rainer Maria Rilke‹, 1919; ›Conrad Ferdinand Meyer‹, 1925; ›Carl Spitteler‹, 1953; ›Thomas Mann‹, 1955. Verfaßte auch Romane über Zürich.

6] *Alastair:* Siehe Anmerkung 9 zum Brief vom Dienstag Mai 1915.

7] *»I bi no niene n'anegange«:* ich bin noch nirgends hingegangen. Vgl. die Stelle betr. »ane« in CJBs ›Vormittag beim Buchhändler‹ (Gesammelte Werke Band 5, S. 195 ff.) mit Bezug auf Johann Peter Hebels Gedicht ›Das Gewitter‹, welches beginnt »Der Vogel schwankt so tief und still, er weiß nit, woner ane will« (wo er hin will).

9] *das νῦ ἐφελκυστικόν:* das nachgezogene n.

10] *kleine Erinnerung aus meinen Jahren am Untersee:* Untersee ist ein Teil des Bodensees, wo CJB das Landerziehungsheim Glarisegg besuchte. ›Erinnerungen an meinen Lehrer und Freund Werner Zuberbühler‹ in ›Gesammelte Werke‹ Bd. 4, S. 93 ff. CJB schrieb in den Jahren

1967-1974, wenn sein Gesundheitszustand es ihm erlaubte, seine Lebenserinnerungen (siehe Anmerkung 2 zum Brief vom 9.4.1970).

9.4.1970
1] *mein Schwiegervater:* Gonzague de Reynold (siehe Anmerkung zum Brief vom 20.8.1926) starb am Tage der Niederschrift dieses Briefes am 9.4.1970.   532
2] *Einiges habe ich... aufgeschrieben:* CJB plante nach dem Abschluß (1967) der »Pflichtaufgabe am Richelieu« eine aus Vergangenheit, Gegenwart und Zukunft weiträumige »Lebenslehre und Schicksalskunde« und hatte bis zu seinem Tod im März 1974 ca. 800 Seiten incl. Arbeitsunterlagen Material zusammengetragen. Die Texte schrieb er zu verschiedenen Zeiten, meist Einzeldarstellungen ohne Übergänge. Es blieb ihm nicht die Zeit, seine Schilderungen, Überlegungen und Kommentare zum gelebten Leben fertig zu erzählen und in einem Buche abzuschließen. Frau Charlotte König-von Dach redigierte diese Einzelteile und Fragmente und fügte sie in den ›Memorabilien‹ (Verlag Georg D. W. Callwey, München 1977) zusammen.

6.5.1970
1] *die schwere Nachricht:* John Knittel war am 26. April 1970 gestorben.   533
2] *in der Lebensmitte wiedergefunden:* CJB und John, alias Hermann Knittel, hatten 1906 dieselbe Klasse des Oberen Gymnasiums in Basel besucht. Erst viel später trafen sie sich wieder bei Werner Reinhart (siehe Anmerkung 7 zum Brief vom 14.10.1951).
3] *unser gemeinsamer portugiesischer Aufenthalt:* Im Januar 1961 fuhren Burckhardts und Knittels gemeinsam durch Portugal.
4] *Über John werde ich... etwas schreiben:* Dazu ist es nicht mehr gekommen. CJB hatte 1961 ›John Knittel zum siebzigsten Geburtstag am 24.3.1961‹ geschrieben. Siehe ›Gesammelte Werke‹ Bd. 4, S. 364 ff.   534

25.12.1970
1] *Ihr Volk:* Das Volk Israel.   534
2] *Meine zwei Aufenthalte in Israel:* Israel-Reise für das Rote Kreuz vom 30. Oktober bis November 1958 (siehe Nachlaßverzeichnis UB Basel, B II 38). Die zweite Israel-Reise fand im November 1962 statt anläßlich der Ehrenmitgliedschaft des Weizmann-Instituts in Rehovot (siehe Nachlaßverzeichnis UB Basel, A II 1¹⁵).
3] *ich komme aus anderen Zeiten:* Franz Grillparzers Strophe
»Will meine Zeit mich bestreiten,
Ich laß es ruhig geschehn,
Ich komme aus anderen Zeiten
Und hoffe in andre zu gehn.«

4] *ein Buch zu schreiben:* Die bereits erwähnten ›Memorabilien‹, die unvollendet blieben (siehe Anmerkung 2 zum Brief vom 9.4.1970).

8.1.1971

1] *Am 27. Dezember:* Der Geburtstag von Carl Zuckmayer.

2] *zwei Briefe geschrieben:* Im zweiten dieser Briefe vom 1.1.1971 berichtet Zuckmayer von seiner Lektüre des Buches ›Wolfsjagd‹ von CJB.

3] *Malters:* Über die in ›Wolfsjagd‹ enthaltene, aus dem unvollendeten Roman ›Malters‹ stammende ›Episode Randa‹ schreibt Carl Zuckmayer unter anderem:

»... dreimal habe ich jetzt die ›Episode Randa‹ gelesen, und bin noch keineswegs damit fertig, kann davon nicht mehr loskommen, so wie man etwa von der ›Judenbuche‹ oder von Büchners ›Lenz‹ nicht mehr loskommt. Vom Genuß an solcher bilderstarken gestaltfülligen Prosa zu schweigen, – es offenbart sich hier eine fast unbegreifliche Dämonie, wie sie nur den genialen Blick und Griff kennzeichnet, und ins Mark des Lebens trifft, – nämlich unseres Lebens, unseres abstrusen Jahrhunderts, unseres antagonistischen Daseins überhaupt, und jenes *Schaudern* erwirkt, von dem es bei Goethe im Faust II heißt, es sei ›der Menschheit bester Teil‹. ›Malters‹-Kapitel, heißt es, aus dem unveröffentlichten Roman, und beim ersten Lesen wünscht man sich mit brennender Neugier, den ganzen Roman zu kennen, was vorher war, was geschehen wird, – aber bei der wiederholten Lektüre gewinnt das Episodische, Fragmentarische, immer mehr an Reiz und Bedeutung; die nur angezeichneten oder in Geheimnis verhüllten Gestalten wie jene Tänzerin, werden transparent, andere, wie der alte Wechsler oder der herrisch-gebändigte Pferdebändiger, bekommen eine unheimliche Plastik, während die Stute Flamberg mit ihrer leichtenden Fuchsfarbe, ihren undurchdringlichen Augen, ihrem schäumenden Kampf und schließlich ihrem Blutverströmen, alles überwächst wie eine Göttin, der man das Leben opfern möchte und die mit ihrem Tod eine Welt begräbt. Man denkt an die Sonnenrosse, in ihrer steigenden und niederbrausenden Bewegung. So ist selten ein Pferd, eine Kreatur, eine Schicksalsgestalt gemalt oder gemeißelt worden.

In diesem Fragment, das gar keines ist, sondern ein vollendetes Al Fresco Gemälde, steckt Geschichte, in einer stärkeren Spiegelung und mit mehr Wahrheit und Wirklichkeit, als ein Historiker, der sich mit den Umschwüngen und gärenden Entwicklungen im zerfallenden Europa beschäftigt, aus Daten und Fakten zusammen fügen könnte. Überall steht die Legion der Desperados und Abenteurer, in welcher die letzte Treue lebt, verlassen von der führenden Macht, und wird, oder ward längst überschwemmt von der trüben Woge.«

4] *Die Schlangengeschichte:* Zur ›Schlangengeschichte‹, die sich, wie ›Der stumme Major‹, ebenfalls in ›Wolfsjagd‹ befindet, bemerkt Carl Zuckmayer unter anderem:
»Scheint mir im ›stummen Major‹ die klassische Anekdote und gleichzeitig das Charakteristicum jenes Gentlemen-Volkes verwirklicht, so ist mir mit der ›Schlangengeschichte‹, die ich als alter Herpetomane zuerst las, etwas Erstaunliches begegnet: ich kannte sie nämlich schon, wenn auch in einer viel primitiveren, direkteren Erzählweise: es gab da früher, vor dem ersten Weltkrieg, so eine Serie kleiner, rot gebundener Büchlein, Engelhorns ›Bibliothek der Unterhaltung und des Wissens‹, – sie stand in den ›Salons‹ ehemaliger Ferienhotels und Kurhäuser, deren leicht muffiger Geruch sich für mich in der Erinnerung damit verbindet, neben den Sherlock-Holmes Bänden von Conan Doyle, und wurden von uns an Regentagen verschlungen, – darunter war ein Bändchen mit Kurzgeschichten von jenem Jerome K. Jerome, der uns das köstliche Buch ›Three men in a boat‹ beschert hat, hauptsächlich abenteuerliche, exotische, auch unheimliche Geschichten, von Humoresken abgelöst...«.
Tatsächlich erzählt Jerome K. Jerome dieselbe Begebenheit in ›Gespräche bei einer Tasse Tee‹.
5] *Guttenbrunner:* Michael Guttenbrunner (siehe Anmerkung 23 zum Brief vom 17.7.1969).

2.3.1971 *(Durchschlag eines Typoskripts)*
1] *Ihr bedeutendes Buch:* R. Coudenhove-Kalergi ›Weltmacht Europa‹, Seewald Verlag, Stuttgart 1971.
2] *Robert Schuman:* (1886–1963), französischer Staatsmann, u. a. Urheber des nach ihm benannten Plans einer europäischen Gemeinschaft für Kohle und Stahl.
3] *Benedetto Croce:* (1866–1952), italienischer Philosoph, Historiker und Politiker. Gegner des Faschismus; 1903–1944 gab er die einflußreiche Zeitschrift ›La Critica‹ heraus. Werke u. a. ›Estetica‹, 1902; ›Filosofia della pratica‹, 1903; Geschichte Italiens 1871–1875, deutsche Übersetzung 1928; ›Geschichte als Gedanke und Tat‹, 1938.
4] *die Brandtsche Außenpolitik:* Willy Brandt (geb. 1913), 1957–1966 Regierender Bürgermeister von (West-)Berlin, seit 1964 Vorsitzender der SPD, 1966–1969 Außenminister (Große Koalition), 1969–1974 Bundeskanzler, brachte nach 1970 die neue »Ostpolitik« der »Anerkennung der Ergebnisse des 2. Weltkrieges« zum Durchbruch: Verzicht auf die Hallstein-Doktrin (Anspruch der Bundesregierung auf alleinige völkerrechtliche Vertretung ganz Deutschlands), gegenseitige Anerkennung der beiden deutschen Staaten BRD und DDR mit gleichzeitiger Aufnahme in die UNO, Verträge mit Sowjetunion und Polen,

Anerkennung der Oder-Neiße-Grenze (unter Vorbehalt eines umfassenden Friedensvertrags), Sühnefahrt nach Warschau und Auschwitz, Entspannung der »deutsch-deutschen« (Berlin) und der west-östlichen Beziehungen.

30. 11. 1971
(Veröffentlicht in ›Carl J. Burckhardt. Briefe aus den letzten Jahren)

538 1] *Schritte über Grenzen‹:* erschienen im R. Piper Verlag, München 1971.
2] *Plancks Aufenthalt:* Max Planck (1858–1947).
3] *damaligen Genferhaus:* in Frontenex bei Genf.
4] *Vortrag mit dem Titel ›Physik und Christentum‹:* Max Planck erschien am 2. Juni 1936 in Genf vor der ›Sociéte des Études Allemandes‹ im Athenaeum mit dem zuerst in der Deutschen Philosophischen Gesellschaft zu Berlin am 21. Februar 1936 gehaltenen Vortrag ›Vom Wesen der Willensfreiheit‹. Er findet sich in dem Band ›Vorträge und Erinnerungen‹, Wissenschaftliche Buchgemeinschaft, Darmstadt, S. 307–317. Dort ist er als am 27. November 1936 (mit Zusätzen) in Leipzig gehalten angegeben. Planck wurde oft von verschiedenen akademischen Einrichtungen zu seinem jeweils neuesten Vortrag eingeladen; CJB dürfte sich indessen auf ›Religion und Naturwissenschaft, Vortrag gehalten im Baltikum (Mai 1937)‹, beziehen. Erste Auflage Oktober 1937 bei Johann Ambrosius Barth, Leipzig.

30. 12. 1971

541 1] *Geheimdienstquellen:* Bezieht sich auf die 1971 zugänglich gemachten Dokumente des britischen Foreign Office.
2] *Ihre dortige Existenz:* Herbert Lüthy war 1970 von Zürich nach Basel übergesiedelt, wo er zum ordentlichen Professor für schweizerische und neuere allgemeine Geschichte an der Universität ernannt worden war.

19. 1. 1972

542 1] *›Schritte über Grenzen‹:* Siehe Anmerkung 1 zum Brief vom 30. 11. 1971.
2] *›Der Teil und das Ganze‹:* erschienen im R. Piper Verlag, München 1969.
3] *aufzuschreiben:* Tatsächlich unternahm CJB den Versuch, über Heisenbergs Werke zu schreiben, kam aber nicht mehr dazu, diese Arbeit abzuschließen (Briefentwurf an Werner Heisenberg ›Der Laie und die moderne Physik‹; ›Differenz zwischen dem isolierten Atom und den die Materie bedingenden Atomgruppen‹; ›Tatsache der wissenschaftlichen Revolution‹, Versuch der Rationalisierung des »Übersinnlichen«. Siehe Nachlaßverzeichnis UB Basel, C II d 51).

1.2.1972
1] *an meinem Manuskript weiterzuarbeiten:* Gemeint sind die unvollendet gebliebenen ›Memorabilien‹. (Siehe in ›Memorabilien‹ das Nachwort von Michael Stettler, S. 358ff.)
2] *ein Sechziger:* De facto war der Adressat neunundfünfzigjährig geworden.
3] *als Lucy R. mich an meinem sechzigsten:* Siehe Brief an Fritz Gubler vom 20.9.1951.
4] *Lucy R.:* Lucy Rudolph (siehe Verzeichnis der Briefempfänger).
5] *Fritz Gubler, Max Rychner:* (siehe Verzeichnis der Briefempfänger).
6] *»Uns ward gegeben auf keiner Stufe zu ruhn«:* Hölderlins Gedicht in seinem ›Hyperion‹, dessen dritte Strophe beginnt:
»Doch uns ist gegeben,
Auf keiner Stätte zu ruhn.«
7] *Barbara:* Frau Barbara Stettler-von Albertini.
8] *Okarine:* Die Okarina ist ein aus der uralten Gefäßflöte hervorgegangenes Musikinstrument aus Ton. Es hat ein Schnabelmundstück und 8–10 Grifflöcher, ist ein Liebhaberinstrument und klingt sanft und dumpf.
9] *das Geländer der Kirchenfeldbrücke!:* Als 1972 das sehr charakteristische gußeiserne Geländer der Kirchenfeldbrücke in Bern, das auch Albert Anker in seinem Gemälde ›Kleinkinderschule auf der Kirchenfeldbrücke‹ (Depositum der Gottfried Keller-Stiftung im Kunstmuseum Bern) dargestellt hatte, ersetzt wurde, schrieb Michael Stettler einen »Nachruf«. Abgedruckt in Michael Stettler ›Aare, Bär und Sterne. Vermischte Schriften‹, Stämpfli Verlag, Bern 1972.
10] *Da gab es in Glarisegg:* siehe CJB ›Jugendfreundschaften‹, Verlag Die Arche, Zürich 1969, S. 47. Dort erzählt CJB von diesem jungen Russen, Boris Koreaguine, den er auch in frühen Briefen erwähnt (siehe Anmerkung 6 zum Brief an E. Weidenmann 1918).

10.2.1972
(Veröffentlicht in ›Carl J. Burckhardt. Briefe aus den letzten Jahren‹)
1] *›Der Sturz‹:* Novelle Friedrich Dürrenmatts, erschienen im Verlag Die Arche, Zürich 1971.
2] *seit Ihrer Rückkehr nach Neuchâtel:* Wohnsitz Friedrich Dürrenmatts.

26.3.1972
1] *J.B.-Artikel:* Anläßlich einer französischen Neuausgabe von Werken Jacob Burckhardts veröffentlichter französischsprachiger Artikel in der Genfer Tageszeitung ›Tribune de Genève‹ vom 24. März 1972.
2] *Ernst Gagliardi:* (Siehe Verzeichnis der Briefempfänger). Der Historiker Ernst Gagliardi schrieb deutsch, seine Muttersprache war italienisch.

20. 4. 1972

1] *unendliche medizinische Prozeduren:* Bluttransfusionen, denen sich der an Leukämie Leidende regelmäßig unterziehen mußte.

2] *Ihres Landes:* Israel.

3] *der Winter, den Sie seit 49 Jahren:* In seinem Schreiben vom 20. März 1972 berichtet Scholem über den ersten Winter, den er seit 1933, also seit 39 Jahren, in Europa verbrachte.

4] *im rauhesten aller Dialekte:* Zürcher Dialekt.

5] *die württembergischen Wahlen:* Die Landtagswahlen in Baden-Württemberg, die am 23. April 1972 stattfanden. Die absolute Mehrheit der Christlich-Demokratischen Union blieb erhalten.

6] *Herrn Pompidous Plebiszit:* Präsident Georges Pompidou (1969–1974) unterbreitete den im Januar 1972 in Brüssel unterzeichneten Vertrag über die Erweiterung der Europäischen Gemeinschaft von den ursprünglichen sechs auf vorgesehene zehn Mitglieder (Beitritt Großbritanniens, Irlands und Dänemarks; das norwegische Volk verwarf den Beitritt nachträglich durch Abstimmung vom 25. September 1972) einem auf 23. April 1972 angesetzten Referendum, das nach lauer Auseinandersetzung bei geringer Stimmbeteiligung erwartungsgemäß positiv ausfiel.

7] *»Macht ist«... »an und für sich böse«:* nach dem bekannten Wort von Jacob Burckhardt.

8] *Professor Marcuse:* Herbert Marcuse (1898–1979), Philosoph. Sein Aufruf zur radikalen Opposition gegen die bestehende Ordnung der »spätkapitalistischen Gesellschaft« ließ ihn in der zweiten Hälfte der sechziger Jahre zum geistigen Führer der studentischen Linken werden.

25. 4. 1972
(Veröffentlicht in ›Carl J. Burckhardt. Briefe aus den letzten Jahren‹)

1] *Ihre Erwähnung:* Robert Boehringer schrieb CJB am 20. 4. 1972: »Im Paradiso sagte Dantes Ahnherr, Cacciaguida, ihm die Verbannung voraus; das sollten Sie auch lesen. Der Adler über Glaube und Heil folgt darauf und manchmal sage ich mir in der Nacht diese Stelle her, weil ich sie auswendig kann. Die beiden letzten Terzinen gehören für mich zum Höchsten menschlichen Lebens.«

2] *O predestinazion:* »O Vorbestimmung, wie ist gar so fern doch deine Wurzel.«

3] *Parea dinanzi:*
»Gezeigt hat sich vor mir mit offenen Schwingen /
Das schöne Bild, drin im Genießen schien /
Die Seelenschar sich fröhlich zu verschlingen.«
(Übertragen von Wilhelm G. Hertz, Fischer-Bücherei).

4] *Cacciaguida:* siehe ›Göttliche Komödie‹, Paradies, VII. Gesang.

5] *nel mezzo del camin:* »Es war inmitten unsres wegs im leben.« (In der Fassung von Stefan George, der Teile der ›Divina Commedia‹ übertragen hat.)
6] *Monod:* Jacques Monod (1910-1976), französischer Biologe, Nobelpreisträger 1965. Er vertrat in seinem 1970 veröffentlichten Buch ›Le hasard et la nécessité‹ die Ansicht, daß allein ein Zusammenwirken von Zufällen und biochemischen Notwendigkeiten das Seiende bestimmen.

23. 5. 1972
(Veröffentlicht in ›Carl J. Burckhardt. Briefe aus den letzten Jahren‹)
1] *Daß ich nicht... dabei sein konnte:* Krankheit hinderte CJB daran, an   552
den Treffen des Ordens ›Pour le Mérite‹ Ende März in Konstanz und Anfang Juni in Bonn teilzunehmen.
2] *Mainau:* Insel mit subtropischer Vegetation im Bodensee. Durch Erbgang kam die Insel an das schwedische Königshaus. Graf Lennart Bernadotte, Herr auf Mainau, stellte sie 1932 als internationale Begegnungsstätte zur Verfügung.
3] ›*Der Laie und die modernen Naturwissenschaften*‹: Siehe Nachlaßverzeichnis UB Basel, C II d 51, und Anmerkung 3 zum Brief vom   553
19. 1. 1972.
4] ›*Der Teil und das Ganze*‹: erschienen im R. Piper Verlag, München 1969.
5] *meinem alten Bauern:* Siehe Brief vom 19. 1. 1972.   554
6] *Bernhard Riemann:* (1826-1866), Professor für Physik in Göttingen,   555
einer der bedeutendsten Forscher des 19. Jahrhunderts auf allen Gebieten der Mathematik und der Physik, entwickelte den modernen Integralbegriff, gestaltete bahnbrechend die Funktionstheorie durch Verbindung mit geometrischen Hilfsmitteln.
7] *dessen nicht euklidische Geometrie, seinen Krümmungstensor, seine geodätische Linie?:* Die Riemannsche Geometrie beantwortet die Frage nach möglichen Gestaltverhältnissen des Raumes. In ihr wird der Begriff der Geraden, die zwei Punkte verbindet, ersetzt durch den Begriff der kürzesten Linie zwischen diesen Punkten (geodätische Linie), der Raum selbst kann eine von Ort zu Ort veränderliche Krümmung haben. Die Riemannsche Geometrie ist das wichtigste mathematische Hilfsmittel der allgemeinen Relativitätstheorie.

19. 8. 1972
(Veröffentlicht in ›Carl J. Burckhardt. Briefe aus den letzten Jahren‹)
1] *Diese Krankheit:* Leukämie.   556
2] *O predestinazion:* Siehe Anmerkung 2 zum Brief vom 25. 4. 1972.   557

3] »*Solange Menschen atmen...*«: Schluß von Shakespeares XVIII. Sonett:
»So long as men can breathe or eyes can see,
So long lives this, and this gives life to thee.«

28.8.1972

557 *Aufsatz:* Besprechung der ›Gesammelten Werke‹ im ›Rheinischen Merkur‹ vom 16.8.1972. Diese Werkausgabe erschien bei Anlaß des achtzigsten Geburtstages von CJB.

14.9.1972
(Veröffentlicht in ›Carl J. Burckhardt. Briefe aus den letzten Jahren‹)
559 1] *an der vor vier Jahren begonnenen Arbeit:* CJB meint die ›Memorabilien‹ (siehe Anmerkung 1 zum Brief vom 1.2.1972).

2] *knapp vor der dunkeln Katastrophe:* Vor dem Attentat der Palästinenser gegen die Israelis während der Olympischen Spiele in München.

3] *Quocumque ingredimur in aliquam historiam pedem ponimus:* Wohin wir treten, setzen wir unseren Fuß in irgendeine Geschichte.

560 4] *Prangins:* Psychiatrische Klinik des Kanton Waadt am Genfersee bei Nyon.

5] *Cery:* Psychiatrische Klinik der Stadt Lausanne.

561 6] *das Buch der Reventlow:* Franziska Gräfin zu Reventlow (1871–1918), ›Die Aufzeichnungen des Herrn Dame‹, Albert Langen Verlag, München 1913.

7] *Kathy Kobus in den Scharfrichtern:* Kathy Kobus trat im Münchner Kabarett ›Die Scharfrichter‹ auf.

8] *Wolfskehl:* Karl Wohlskehl (1869–1948), deutscher Schriftsteller, gehörte zum Kreis um Stefan George und bildete mit A. Schuler und L. Klages um 1900 den ›Münchner Kosmikerkreis‹. Er emigrierte 1933 nach Italien, 1938 nach Neuseeland. Werke u.a. ›Die Stimme spricht‹, 1934; ›An die Deutschen‹, 1947; ›Gesammelte Werke‹, 2 Bde., Classen Verlag, Hamburg 1960.

9] *Clara Rilke:* geborene Westhoff (1878–1954), deutsche Bildhauerin, Ehefrau von Rainer Maria Rilke.

10] *Regina Ullmann:* (1884–1961), Schweizer Schriftstellerin. Werke u.a. ›Vom Brot der Stillen‹, 1932; ›Schwarze Kerze‹, 1954; ›Erinnerungen an Rilke‹, 1945.

4.11.1972
561 1] *Reichenauer Nelken:* Ellen Delp ist auf der Insel Reichenau im Untersee westlich von Konstanz ansässig.

19.11.1972
(Veröffentlicht in ›Carl J. Burckhardt. Briefe aus den letzten Jahren‹)
1] *Ihre historischen Essays:* Peter Berglar ›Geschick und Geschichte‹, Roether Verlag, Darmstadt 1972.
2] *mit Studenten zu tun hatte:* CJB unterrichtete 1927–1932 an der Universität Zürich und 1932–1937 sowie 1939–1944 am Genfer Institut de Hautes Etudes Internationales.
3] *Max Weber:* (1864–1920), deutscher Volkswirtschaftler und Soziologe. Werke u. a. ›Die protestantische Ethik und der Geist des Kapitalismus‹, 1920; ›Wissenschaft als Beruf‹, 1919.
Über die von Max Weber entwickelten Methoden des sozialgeschichtlichen Komparatismus schrieb Berglar am 19. 10. 1972 an CJB: »... dieses kunstvolle Gebäude von Wissenschaftslehre mit Wertfreiheit und Idealtypologie hat ganze Generationen von Wissenschaftern den Zugang zur Lebens- und Menschenwirklichkeit verstellt.« Das kultursoziologische Werk Alfred Webers gehorcht ähnlichen Prinzipien wie das seines Bruders.
4] *dessen Bruder Alfred:* Alfred Weber (1868–1958), auch Volkswirtschaftler und Soziologe. Werke u. a. ›Reine Theorie des Standorts‹, 1909; ›Die Krise des modernen Staatsgedankens in Europa‹, 1925; ›Kulturgeschichte als Kultursoziologie‹, 1935; ›Prinzipien der Geschichts- und Kultursoziologie‹, 1951.
5] *Vertrag von Tordesillas:* Der erste Essay Berglars in ›Geschick und Geschichte‹ trägt den Titel: ›Der Vertrag von Tordesillas oder die Teilung der Welt‹. In dem am 7. 6. 1494 unterzeichneten Abkommen legten Spanien und Portugal die Demarkationslinie zwischen ihren überseeischen Besitztümern fest. Die Friedensschlüsse von Utrecht und Rastatt (1713–1714), die auf europäischem Boden dem spanischen Erbfolgekrieg ein Ende setzten, legitimierten gleichzeitig die englische Oberheit über weite Gebiete Nordamerikas.

Januar 1973 *(Entwurf, Brief wurde nicht abgesandt)*
1] »*Fakten zusammentragen*«: Der nicht abgesandte Brief ist an einen Studenten der Rechtswissenschaft gerichtet, der eine größere Untersuchung über die Entwicklung des Kriegsrechtes in Europa vorbereitete.
2] *Ranke:* Leopold von Ranke (1795–1866), deutscher Historiker, führender Vertreter des Historismus und Begründer der modernen quellenkritischen Geschichtsschreibung. Werke u. a. ›Die römischen Päpste‹, 1834–36; ›Deutsche Geschichte im Zeitalter der Reformation‹, 1839–47; ›Weltgeschichte‹, 1881–88; ›Zur eigenen Lebensgeschichte‹, 1890.
3] *Winckelmanns:* Johann Joachim Winckelmann (1717–1768), deutscher Archäologe, seit 1763 Präsident der Altertümer und Skriptor der

Vatikanischen Bibliothek. Seine Auffassung vom Wesen der griechischen Kunst als »edle Einfalt und stille Größe« wurde bestimmend für die deutsche Klassik. Werke u. a. ›Gedanken über die Nachahmung der griechischen Werke in der Malerei und Bildhauerkunst‹, 1755; ›Geschichte der Kunst des Altertums‹, 1764.

566 4] *Tacitus:* (um 55 n. Chr. – nach 116), größter römischer Geschichtsschreiber. In den ›Historien‹ beschrieb er die Zeit der Flavier. Die ›Annalen‹ behandeln die Zeit von Augustus' bis Neros Tod.

5] *Raubkriege Ludwigs* XIV: Als solche bezeichnet man gelegentlich die Expansionskriege des Sonnenkönigs: Erbfolgekrieg, Holländischer Krieg, Pfälzischer Krieg.

567 6] *»Genfer Konvention«:* Vier internationale Abmachungen zum Schutze der vom Krieg Betroffenen. Die erste Konvention zum Schutze der Verwundeten und Kranken wurde 1864 unterzeichnet. 1906 wurde ihre Wirkung auch auf den Seekrieg ausgedehnt. 1929 wurde die Konvention zum Schutze der Gefangenen ratifiziert. 1949 kam eine Konvention zum Schutze der Zivilbevölkerung dazu. Garantin der Konventionen ist das Internationale Komitee vom Roten Kreuz, das bestrebt ist, die Wirkung der Konventionen noch zu erweitern (diplomatische Konferenzen in den siebziger Jahren).

7] *Jean Pictet:* (geb. 1904), langjähriger Leiter der juristischen Abteilung des Internationalen Komitees vom Roten Kreuz, spielte eine wesentliche Rolle bei der Ausarbeitung der Texte der Konventionen.

8] *»ius in bello«:* Kriegsrecht.

568 9] *hundertjähriger Krieg:* Französisch-englischer Krieg, bei dem es um den englischen Anspruch auf die französische Krone ging. Er begann 1338 und endete, nach Unterbrechungen, 1453.

10] *dreißigjähriger Krieg:* Eine Reihe letztlich zusammenhängender Feldzüge in Deutschland zwischen 1618 und 1648. Maßgeblich waren dabei die religiösen Gegensätze und der Partikularismus der Reichsstände dem Einheitsstreben des Hauses Habsburg gegenüber.

11] *»iusta causa«* [...] *»recta intentio«:* gerechte Sache; rechte Absicht.

12] *»Langemarck«:* Dorf im belgischen Flandern, im Ersten Weltkrieg mehrfach umkämpft; insbesonders deutsche Jugend mußte dort ihr Leben lassen.

569 13] *Valmy:* Siehe Anmerkung 5 zum Brief vom 16. 8. 1958.

14] *»ius ad bellum«:* das Recht zur Kriegführung.

15] *Ferrero:* Guglielmo Ferrero (siehe Anmerkung 3 zum Brief vom 9. 8. 1954).

16] *Vatel:* [sic] Emer de Vattel (1714–1767), Diplomat und berühmter Rechtsgelehrter, Verfasser des Werkes ›Le droit des gens au principes de la loi naturelle‹, 1757, das Weltruf erlangte.

17] *Thomas von Aquin:* (um 1225–1274), Philosoph und Theologe,

Dominikaner; war in Köln Schüler von Albertus Magnus und lehrte in Paris, Orvieto, Viterbo, Rom und Neapel. 1323 wurde er heilig gesprochen.
18] *Calvin:* Siehe Anmerkung 7 zum Brief vom 11.11.1961.
19] *Augustin:* (354–430), Lehrer der Beredsamkeit in Tagaste, Karthago, Rom und Mailand, wandte sich erst den Manichäern und dem Neuplatonismus zu, wurde nach seiner Bekehrung zum Christentum Bischof von Hippo Regius. Seine Schriften waren von großem Einfluß auf die abendländische Theologie und Philosophie. Werke u. a. ›Confessiones‹, ›De Civitate Dei‹.
20] *Der Briand-Kellogg-Pakt:* Nach dem französischen Staatsmann Aristide Briand und dem amerikanischen Diplomaten Frank B. Kellogg benannter Pakt, der am 27. August 1928 unterzeichnet wurde. In ihm verpflichteten sich fünfzehn Staaten, denen sich bis 1938 achtundvierzig weitere anschlossen, den Krieg zu ächten (»to outlaw war«).

19.1.1973   *(Durchschlag eines Typoskripts)*
1] *erste Begegnung:* Erstmals Anfang April 1953 besuchte Helmut Strebel CJB unmittelbar vor dessen Wegzug in Versailles und folgte damit auch einer Spur seines 1944 verstorbenen Onkels Max Kommerell, der CJB Ende der dreißiger Jahre in Danzig besucht hatte.   570
2] *Briefwechsel:* ›Hugo von Hofmannsthal – Leopold von Andrian‹, S. Fischer Verlag, Frankfurt a. M. 1968.   571
›Hugo von Hofmannsthal – Richard Beer-Hofmann‹, S. Fischer Verlag, Frankfurt a. M. 1972.
3] *Beer-Hofmann:* Richard Beer-Hofmann (1866–1945).
4] *Andrian:* Leopold Freiherr von Andrian zu Werburg (1875–1951), österreichischer Dichter und Schriftsteller. Jugendfreund Hugo von Hofmannsthals. Von bleibendem Wert ist sein Jugendwerk ›Der Garten der Erkenntnis‹, S. Fischer Verlag, Berlin 1895, mehrmals neu aufgelegt; ferner Gedichte in Stefan Georges ›Blätter für die Kunst‹.
5] *geistiger Makkabäer:* Kämpfer und Märtyrer. Judas der Makkabäer kämpfte den politischen und religiösen Freiheitskampf gegen den syrischen König Antiochos IV. Epiphanes (gest. 164): Aufstand der Makkabäer. Der Name gewann in der Neuzeit starken Symbolwert für die jüdische Selbstbehauptung.
6] *Gracian:* Baltasar Gracián (1601–1658), spanischer Schriftsteller und Philosoph, Jesuit. Sein aus dem Nachlaß herausgegebenes Brevier der Lebensweisheit, das ›Handorakel‹, wurde von Arthur Schopenhauer übersetzt, der auch ausgewählte Teile von Graciáns ›Criticon‹ übertrug.   572

27. 1. 1973

573 1] *Griechen-Adepten:* In seinem Brief an CJB vom 1. 1. 1973 gebrauchte Gerhard Marcks den Ausdruck »wir Griechenadepten«. Im selben Schreiben fragte er CJB, woher der Dichter Paul Valéry (siehe Anmerkung 11 zum Brief vom 8. 6. 1963) stamme.

2] *Eröffnungsrede:* ›Rodin‹, Vortrag gehalten am 10. Mai 1948 im Basler Kunstverein. Erschienen in ›Betrachtungen und Berichte‹, 1964, und in ›Gesammelte Werke‹ Bd. 5, S. 109ff.

3] *Rodin:* Auguste Rodin (1840–1917), französischer Bildhauer.

4] Βασιλεύς: König.

5] *den Gießer Rudier:* Rodins Bronzegießer in Paris.

6] *Wieland dem Schmied:* Germanische Sagenfigur.

7] *Rilke, der mich vorstellte:* Rainer Maria Rilke war mit CJBs Eltern und seiner Schwester Theodora befreundet. Von 1902–1903 war Rilke bei Auguste Rodin tätig. (Siehe u. a. Wolfgang Leppmann ›Rilke. Leben und Werk‹, Scherz Verlag, Bern 1981, S. 203ff.)

8] *von der Welt der Berenson, Kahnweiler:* steht für die Welt der Kenner und der Händler.

9] *Berenson:* Bernhard Berenson (1865–1959), der große Kunsthistoriker, galt als der beste Kenner der Renaissancekunst.

10] *Kahnweiler:* Daniel-Henry Kahnweiler (1884–1979), Kunsthändler, Sammler und Verleger; eröffnete 1907 in Paris seine erste Galerie, in der er u. a. die ›Fauves‹ André Derain und Maurice de Vlaminck ausstellte. Freund von Juan Gris und von Picasso, den er seit 1907 als Kunsthändler vertrat.

574 11] *So ein »Püppchen«:* Gerhard Marcks schrieb in seinem Brief vom 1. 1. 1973: »Sie wissen längst: ich bin kein Literat. Mehr so eine Art Bedarfsbildhauer, als welcher ich in Bonn Püppchen für Staatsbesuche, Nixon oder Pompidou, liefere, wenn auch nicht nach Maß.«

1. 2. 1973

575 1] *Weiterwirken des Dichters:* Oberstudienrat Müller versuchte seine Schüler durch Vorträge und Theateraufführungen mit dem Werk Hugo von Hofmannsthals vertraut zu machen.

2] *Constantin Guys:* (1802–1892), französischer Zeichner, von Baudelaire sehr geschätzter Schilderer der Gesellschaft unter Napoleon III.

3] *R. A. Schröder:* Siehe Verzeichnis der Briefempfänger.

576 4] *Frau Prof. Christiane Zimmer:* Tochter Hugo von Hofmannsthals (siehe Verzeichnis der Briefempfänger).

5.3.1973
(*Veröffentlicht in ›Carl J. Burckhardt. Briefe aus den letzten Jahren‹*) 576
in den Seealpen: im ›Vignal‹, dem Landgut des Schwiegersohnes von
CJB, Piero Chiesa.

19.3.1973
1] *der Band:* ›Stefan George in fremden Sprachen‹, zusammengestellt 577
von Georg Peter Landmann, Verlag Helmut Küpper vorm. Georg
Bondi, München – Düsseldorf 1973.
Alastair: siehe Anmerkung 9 zum Brief vom Dienstag Mai 1915.
2] *»désaltérons de reflets sombres«:* Wir laben uns am langen milden 578
leuchten (›Jahr der Seele‹).
3] *»No te rezagues«:* Nun säume nicht die gaben zu erhaschen (›Jahr der
Seele‹).
4] *den sogenannten TEE:* der Trans-Europa-Expreß-Zug.
5] *von Ihren Gedichten:* Einige der Gedichte, die im folgenden Jahr 579
(1974) unter dem Titel ›Späte Ernte‹ bei Helmut Küpper vorm. Georg
Bondi erschienen.

5.4.1973
1] *Berater meiner Frau:* Frau Elisabeth Burckhardt verwaltet ihr eigenes 579
Weingut in Vinzel.
2] *Syndic:* Gemeindepräsident im Kanton Waadt. 580
3] *Durchführung des »remaniement parcelaire«:* Güterzusammenlegung.

15.6.1973 (*Typoskript*)
1] *»Dichter und Droge«:* Ein Exemplar seines Rudolf Gelpke zugeeigne- 581
ten Buches ›Dichter und Droge‹, Benziger Verlag, 1973, hat Erwin
Jaeckle CJB mit der Widmung »dem Zauberer jenseits der Verführun-
gen« gesandt.
2] *Rudolf Gelpke:* (1928–1972), Schweizer Dichter und Orientalist.
Werke u. a. ›Die iranische Prosaliteratur im 20. Jh.‹, 1962; ›Vom Rausch
im Orient und Okzident‹, 1966.
3] *Der alte Gelpke:* Rudolf Gelpke sen. (1873–1940), Ingenieur, Pionier
der schweizerischen Rheinschiffahrt.
Die CJB vom Ingenieur Gelpke als besonders gefährlich bezeichnete
Stelle des Rheins wählte Carl Christoph Burckhardt, als er freiwillig in
den Tod ging.
4] *Carl Albrecht Bernoulli:* Siehe Anmerkung 10 zum Brief vom 582
17.7.1969.
5] *Arlesheim:* Dorf südlich von Basel im Kanton Basel-Land.
6] *Carl Burckhardt:* (1878–1923), bedeutender Bildhauer und Maler aus
einem entfernt verwandten Zweig der Basler Familie CJBs.

7] *Glarisegg:* Siehe Anmerkung 1 zum Brief vom 22.4.1908.

8] *Wedekinds Stück:* Frank Wedekinds Schauspiel ›Frühlings Erwachen‹ erregte durch seine Bejahung des Sinnenlebens seit seiner Erstaufführung (1891) großes Aufsehen.

9] *Walther Meier:* Siehe Verzeichnis der Briefempfänger.

10] »*Sais-tu . . .*«: Weißt du, wo jetzt meine drei Jahre sind?

11] *die Reiher aus der hölzernen Decke des Hauses:* Vielleicht eines der Deckenmedaillons in der unteren Abtsstube des Klosters St. Georgen in Stein am Rhein.

12] *Stein am Rhein:* Kleine Stadt im Kanton Schaffhausen, reich an schönen Bürgerhäusern mit bemalter Fassade.

13] *mit Max und Walther in Ihrer Altstadt:* Mit Max Rychner und Walther Meier in der Altstadt von Zürich.

14] *Nicht wie durch Josua:* »Sonne steh still...« Josua 10,12.

13.7.1973

gemeinsam über die Berge, nach Süden fuhren: Eine Reise durch Burgund im Mai 1968.

23.7.1973

(Veröffentlicht in ›Carl J. Burckhardt. Briefe aus den letzten Jahren‹)

1] *In tristitia hilaris:* In der Trauer heiter, in der Heiterkeit traurig.

2] *Schlosser:* Friedrich Christian Schlosser (1776–1861), deutscher Historiker; verfaßte u. a. eine im Geiste der Aufklärung gehaltene ›Weltgeschichte für das deutsche Volk‹.

3] *Orphisch:* Seit dem sechsten Jahrhundert vor Christus bildete sich in Griechenland eine mystische Strömung, deren kosmogonischer und metaphysischer Unterbau dem mythischen Dichter Orpheus zugeschrieben wurde.

4] *manichäischer Dualismus:* Der Manichäismus versteht die Welt als Mischung und ihre Erlösung als Scheidung von Licht und Dunkelheit. Mani gründete 242 in Persien eine neue gnostische Religion.

5] *Kant... ist Schotte:* Immanuel Kant (1724–1804) berichtete, sein Großvater väterlicherseits sei aus Schottland eingewandert.

6] *Alpjen:* Ferienhaus Christoph Bernoullis in Saas-Fee (Wallis).

8.8.1973

1] *baskischer Vorfahr:* In der Familie Burckhardt nicht nachgewiesen; möglicherweise mütterlicherseits.

2] *Kollateralen:* Seitenäste. In der Erbschaftsgesetzgebung verwendeter Begriff zur Bezeichnung der Beziehungen zwischen Vertretern verschiedener Verzweigungen desselben Geschlechts.

3] *die Colonnas:* Von den Grafen von Tusculum abstammendes Adels-

geschlecht, das seit dem hohen Mittelalter eine führende Rolle in Rom spielte und dem mehrere Päpste entstammten.
4] *Cola di Rienzo:* Die erbitterte Fehde zwischen den Colonna und den Orsini schuf die Bedingungen, die es 1347 dem Volkstribunen Cola di Rienzo (oder Rienzi) ermöglichten, einen Aufstand anzuführen. Rienzo, der sich 1343–1344 in Avignon mit Petrarca befreundet hatte, kam 1354 bei einem neuen Umsturzversuch ums Leben.
5] *anders als... Thornton Wilder gesehen:* Der erste Roman des amerikanischen Erzählers und Dramatikers Thornton Wilder (siehe Verzeichnis der Briefempfänger) ›Die Cabala‹ handelte vom römischen Hochadel nach dem Ersten Weltkrieg (deutsch erschienen im S. Fischer Verlag, Frankfurt a. M. 1951).

7.9.1973
1] *über meinen Vater:* Siehe ›Memorabilien‹ S. 81/82.   591
2] *an der Bäumleingasse:* Gerichtshof des Kantons Basel-Stadt.
3] *Rud. Wackernagel:* Rudolf Wackernagel (1855–1925), Jurist und Staatsarchivar von Basel-Stadt; Verfasser der grundlegenden ›Geschichte der Stadt Basel‹, Verlag Helbing & Lichtenhahn, Basel 1907–1954 (Register 1954).

8.9.1973
1] *der Deine mir die größte Freude gemacht:* Christoph, der neunjährige   592
Sohn des Historikers Herbert Lüthy, hatte CJB zu dessen 82. Geburtstag gratuliert.
2] *Arpeggie:* Siehe Anmerkung 6 zum Brief vom März 1959.   593

14.9.1973   *(Typoskript)*
1] *Artikel 51 und 52 der Bundesverfassung:* Diese im Laufe der liberalen   593
und freisinnigen Revolution im 19. Jahrhundert konzipierten Verfassungsartikel verboten es den Jesuiten (Gesellschaft Jesu), in der Schweiz tätig zu sein und engten die Möglichkeiten der Klosterorden aufs strengste ein. Sie wurden 1973 auf Volksbeschluß abgeschafft.
2] *Totalrevision der Bundesverfassung:* Im September 1973 unterbreitete eine im Auftrag des Bundesrates von F. T. Wahlen geleitete Arbeitsgruppe die Ergebnisse ihrer sechsjährigen Untersuchungen über Notwendigkeit und Richtlinien einer grundlegenden Revision der Schweizer Bundesverfassung. Bei dieser Gelegenheit warnte Wahlen mit großer Vorsicht vor der Tendenz, einer juristischen Inflation Vorschub zu leisten.

14.10.1973
Meine Sorge: Am 6. Oktober 1973, während des strengsten jüdischen   595

Feiertages, des Yom Kippur, hatten Ägypten und Syrien Israel an zwei Fronten angegriffen.

17. 10. 1973
(Veröffentlicht in ›Carl J. Burckhardt. Briefe aus den letzten Jahren‹)
1] *Gedicht »Der alte Brunnen«:* In ›Gedichte‹ von Hans Carossa, Insel Verlag, Leipzig 1935.
2] *Ritterhofbrunnen:* Brunnen am Burckhardtschen Wohnsitz ›Ritterhof‹ an der Rittergasse in Basel.
3] *Wirtembergerhofs:* Baseldeutsch für Württembergerhof. Stattlicher Sitz am St. Albangraben, gegenüber dem Ritterhof, mußte 1936 dem neuen Kunstmuseum weichen.
4] *das zudem einen störenden Akzent auf dem »zählig« besitzt:* Im Gedicht ›Der alte Brunnen‹ hatte Hans Carossa bei der von CJB beanstandeten Stelle vielleicht im Sinn, daß das Volkslied ›Weißt du wieviel Sternlein stehen‹ den Vers enthält: »Gott der Herr hat sie gezählet.«

26. 10. 1973
angesichts der Ungerechtigkeit: Siehe Anmerkung zum Brief vom 14. 10. 1973.

2. 11. 1973
Mädchenkopf: Der fast ganz erblindete greise Bildhauer hatte einen Kopf geschaffen, dem er den Namen Weyla nach Mörikes Gedicht ›Gesang Weylas‹ (»Du bist Orplid, mein Land« aus dem ›Maler Nolten‹) gab.

30. 11. 1973
1] *Teilnahme an meiner Einzelhaft:* CJB, der seit mehreren Jahren an Leukämie litt, war am 11. November in einen komaartigen Zustand gefallen. Am 12. November wurde er in die Genfer Klinik Beaulieu eingeliefert.
2] *aus dem venezianischen Bad:* Montegrotto bei Abano in der Nähe von Padua.

17. 12. 1973
Euch allen: Dem Historiker Herbert Lüthy und seiner Familie (siehe Anmerkung 1 zum Brief vom 8. 9. 1973).

29. 12. 1973
(Veröffentlicht in ›Carl J. Burckhardt. Briefe aus den letzten Jahren‹)
1] *die schleichende, heimtückische Krankheit:* Leukämie.
2] *Christian Wagner:* (1835–1918), deutscher Dichter; schwäbischer

Bauer. Werke u. a. ›Eigenbrötler‹ Neuausgabe 1976; ›Blühender Kirschbaum‹, Neuausgabe 1954.
3] *Robert Boehringer:* Siehe Verzeichnis der Briefempfänger.
4] *in diesem Spätwerk:* Robert Boehringer ›Gedichte für Frau, Kind und Kindeskinder‹, Verlag Helmut Küpper vormals Georg Bondi, Düsseldorf – München 1973.
5] Δόξα ἐν ὑψίστοις Θεῷ: »Ehre sei Gott in der Höhe, und Friede auf Erde, und den Menschen ein Wohlgefallen« (Lukas-Evangelium 2,14, deutsch von Martin Luther). 600

30. 12. 1973
1] *knapp vorüber:* Siehe Anmerkung 1 zum Brief vom 30. 11. 1973. 601
2] *Buch des letzten chinesischen Kaisers:* Pu Yi ›Ich war Kaiser von China‹, Carl Hanser Verlag, München 1973.
3] *Patrick:* 1960–1980, Sohn von Jan Von der Mühll.

26. 2. 1974 *(Diktat)*
1] *Raimund:* Raimund von Hofmannsthal (1906–1974), jüngerer Sohn Hugo von Hofmannsthals, Vater des Briefempfängers. Kurz vor der Niederschrift dieses Briefes hatte CJB seinen Besuch empfangen. CJB starb am 3. März 1974, am 19. März folgte ihm Raimund von Hofmannsthal. 601
2] *Diana:* Lady Diana Cooper (siehe Verzeichnis der Briefempfänger).
3] *John Julius:* Viscount Norwich (geb. 1922), Sohn von Duff Cooper, Lord Norwich, und Lady Diana.

Hauptwerke

Carl Christoph Burckhardt: *Schriften und Vorträge*, mit einer biographischen Einleitung von CJB, Verlag Helbing und Lichtenhahn, Basel 1917

Der Berner Schultheiß Charles Neuhaus. Geboren 7. Februar 1796. Gestorben 8. Juni 1849. Ein Beitrag zur Schweizergeschichte der dreißiger und vierziger Jahre des neunzehnten Jahrhunderts, Verlag Huber, Frauenfeld 1925 (Stark erweiterte Fassung der Dissertation von 1922)

Kleinasiatische Reise, Verlag Georg D. W. Callwey, München 1926

Maria Theresia, Colemans Kleine Biographien, Verlag Charles Coleman, Lübeck 1932

Briefe des Staatskanzlers Fürsten Metternich-Winneburg an den österreichischen Minister des Allerhöchsten Hauses und des Äußeren, Grafen Buol-Schauenstein, aus den Jahren 1852-1859, hrsg. von CJB, Verlag von R. Oldenbourg, München und Berlin 1934

Richelieu, Bd. 1: *Der Aufstieg zur Macht*, Verlag Georg D. W. Callwey, München 1935

Gestalten und Mächte (Erasmus von Rotterdam; Willibald Pirkheimer; Der Honnête Homme; Jacques Barthélemy Micheli du Crest; Maria Theresia; Friedrich von Gentz; Grillparzer und das Maß), Fretz & Wasmuth Verlag, Zürich, und Verlag Georg D. W. Callwey, München 1941 (Erweiterte Neuausgabe 1961)

Erinnerungen an Hofmannsthal und Briefe des Dichters, Sammlung Klosterberg, Verlag Benno Schwabe, Basel 1943

Ein Vormittag beim Buchhändler, Sammlung Klosterberg, Verlag Benno Schwabe, Basel 1943

Rodin, Basler Kunstverein, Basel 1950

Drei Erzählungen (Die Höhle; R. W. Ein Bericht; Jagd), Manesse Verlag, Zürich 1952

Reden und Aufzeichnungen (Gedanken über Goethes Idee der Gerechtigkeit; Erinnerungen an Hofmannsthal; Ein Vormittag beim Buchhändler; Basel; Erinnerungen an Wien 1918/19; Erinnerungen an Osteuropa; Gespräch in Peking; Erinnerungen an jungverstorbene Freunde; Louis Micheli; Dinu Lipatti; Albrecht Bernstorff; Zur Erinnerung an Werner Reinhart; Karl Blechen; Rodin; Gespräch in Cressier; Vorbei am Wortwechsel; Maturität), Manesse Bibliothek der Weltliteratur, Manesse Verlag, Zürich 1952

Vier historische Betrachtungen (Calvin und die theokratische Staatsform; Sullys Plan einer Europaordnung; Ludwig XIV. und die Kaiserkrone; Städtegeist), Manesse Verlag, Zürich 1953

Begegnungen (Fortuna; De Lattre de Tassigny; Der Sammler), Sonderdruck des Manesse Verlags, Zürich 1954

Gedanken über Karl v., Verlag Hermann Rinn, München 1954

Hugo von Hofmannsthal – Carl J. Burckhardt: *Briefwechsel*, hrsg. von CJB, S. Fischer Verlag, Frankfurt a. M. 1965

Begegnungen (Erinnerungen an den Rhein; Erinnerungen an meinen Lehrer und Freund Werner Zuberbühler; Erinnerungen an Wien 1918/19; Erinnerung an Hugo von Hofmannsthal; Spaziergang mit François Franzoni; Erinnerungen an jungverstorbene Freunde; Pilecki; Erinnerungen an Osteuropa; Dinu Lipatti; De Lattre de Tassigny; Erinnerungen an Paul Claudel; Begegnung mit Ortega y Gasset; Erinnerung an Werner Reinhart; Begegnung mit Theodor Heuss; Bei Betrachtung von Desmoulins' Denkmal; Fortuna; Begegnung mit einem Kind; Zwerg), Manesse Bibliothek der Weltliteratur, Manesse Verlag, Zürich 1958

Bildnisse (Gedanken über Karl v.; Voltaires Geschichte Karls XII.; Zu Goethes Gerechtigkeit; Friedrich Schiller; Alexis de Tocqueville; Shakespeares Jago; Franz Grillparzer; Paul Claudel und der Ferne Osten; Karl Joël; Rudolf Alexander Schröder; Rudolf Alexander Schröder zum 80. Geburtstag; Hermann Hesse zum 80. Geburtstag; Felix Somary; Rudolf Kassner; Max Rychner; Thornton Wilder; Der Sammler), S. Fischer Verlag, Frankfurt a. M. 1958

Meine Danziger Mission 1937–1939, Verlag Georg D. W. Callwey München 1960

Gestalten und Mächte (Erasmus von Rotterdam; Willibald Pirkheimer; Calvin und die theokratische Staatsform; Gedanken über Karl v.; Sullys Plan einer Europaordnung; Ludwig XIV. und die Kaiserkrone; Maria Theresia; Friedrich von Gentz; Der Honnête Homme; Städtegeist; Zur Geschichte der politischen Leitworte; Gedanken über Goethes Idee der Gerechtigkeit; Franz Grillparzer; Der treue Hebel), Manesse Bibliothek der Weltliteratur, Manesse Verlag, Zürich 1961 (Neue vermehrte Ausgabe des Bandes von 1941)

Betrachtungen und Berichte (Heimat; Europäische Konstanten; Völkerpersönlichkeit und Sprache; Schillers Mut; Kalter Krieg im 17. Jahrhundert; Wiederaufnahme einer Alten Arbeit; Richelieus Ende; Jacques Barthélemy Micheli du Crest; Metternichs Maximen; Eine Bestattungsfeier; Theodor Heuss; Karl Blechen; Rodin; Ein Vormittag beim Buchhändler; Flüchtigste Begegnung; Begegnung mit Musil in Genf; Erinnerungen an Auguste Piccard; Gespräch in Peking; Gespräche in Cressier; Am Grabe Rudolf Alexander Schröders;

Annette Kolb), Manesse Bibliothek der Weltliteratur, Manesse Verlag, Zürich 1964

Richelieu, Bd. II: *Behauptung der Macht und kalter Krieg*, Verlag Georg D. W. Callwey, München 1965

Richelieu, Bd. III: *Großmachtpolitik und Tod des Kardinals*, Verlag Georg D. W. Callwey, München 1966

Richelieu, Bd. IV: *Nachwort, Anmerkungen, Literaturhinweise, Personenregister*, Verlag Georg D. W. Callwey, München 1967

Carl J. Burckhardt – Max Rychner: *Briefe 1926–1965*, hrsg. von Claudia Mertz-Rychner, S. Fischer Verlag, Frankfurt a. M. 1970

Wolfsjagd. Erzählungen (Der stumme Major; Der Schloßbrand; Der Fährmann; Die Episode Randa; Schlangengeschichte; Wolfsjagd), Verlag Die Arche, Zürich 1970

Gesammelte Werke, 6 Bände (Bd. 1: Richelieu – Der Aufstieg zur Macht; Bd. 2: Betrachtungen zur Geschichte und Literatur; Bd. 3: Meine Danziger Mission 1937–1939; Bd. 4: Porträts und Begegnungen; Bd. 5: Erzählungen. Helvetica; Bd. 6: Briefe 1919–1969), Scherz Verlag, Bern/München/Wien 1971

Memorabilien. Erinnerungen und Begegnungen, Verlag Georg D. W. Callwey, München 1977

Briefe aus den letzten Jahren, Verlag Georg D. W. Callwey, München 1977

Einfälle. Aphorismen und Betrachtungen, hrsg. von Alexander Bruggmann, Verlag Die Arche, Zürich 1978

Reminiszenzen, Verlag Georg D. W. Callwey, München 1984 (Sammelband seiner kleinen Bücher)

Erwähnte Werke von Carl J. Burckhardt

Kursiv gesetzte Ziffern verweisen auf den Anhang

Alexis de Tocqueville   267, 268, *706*
Ansprache anläßlich der Rote-Kreuz-Tagung in Lübeck, 7.6.1959   347
Appenzeller Yankee   457–462, *752*
Aspects culturels et sociaux du progrès technique   349, *726*
Aufzeichnungen über eine Reise in Kleinasien s. Kleinasiatische Reise
Aufzeichnungen über Goethe, Keller, Gotthelf (unpubl.)   *669*
Aus den Erinnerungen an die Ostsee 1937/39 s. Erinnerungen an Osteuropa
Basler Universitätsfeier   *728*
Begegnung mit Ortega y Gasset   284, *710*
Begegnungen   *718, 724*
Begegnungen mit Hugo von Hofmannsthal   268, 270, *707*
Bei Betrachtung von Desmoulins' Denkmal   *706*
Bei der Lektüre von Churchills Memoiren   267, *706*
Bericht Carl J. Burckhardts an der Internationalen Rot-Kreuz-Konferenz in Tokio, Herbst 1935 (unpubl.)   *682*
Der Berner Schultheiß Charles Neuhaus (stark erw. Fassung der Diss. ›Schultheiß Charles Neuhaus von Biel‹, s.a. *dort*)   98, 102, 118, *625, 659, 667, 670*
Bildnisse   *718, 724*

Briefe
  Carl J. Burckhardt – Hugo von Hofmannsthal, Briefwechsel   10, 290, 493, *712*
  Carl J. Burckhardt – Max Rychner, Briefe 1926–1965   10
  Briefe aus den letzten Jahren   11
  Briefe des Staatskanzlers Fürsten Metternich-Winneburg an den österreichischen Minister des Allerhöchsten Hauses und des Äußern, Graf Buol-Schauenstein, aus den Jahren 1852–1859 (hrsg. von CJB)   142, *678*
Der Bundespräsident. Zum 75. Geburtstag von Theodor Heuss   353
De Lattre de Tassigny   267, *706*
Drei Erzählungen   *701*
Eidgenössisches Dasein   *687*
Einleitungen und Vorworte
  Arthur Breycha-Vauthier (Hrsg.), Aus Diplomatie und Leben. Maximen des Fürsten Metternich s. Metternichs Maximen
  Carl Christoph Burckhardt, Schriften und Vorträge   6, 57, *658*
  Hans Erni (Bildband)   445 f., *623, 750*
  David Kelly, Die hungernde Herde oder Das Risiko der Freiheit in der westlichen Welt   344, 353, *722, 724*

793

Einleitungen u. Vorworte
(Forts.)
Georg Schmidt, Zeichnungen altdeutscher Meister aus dem Besitz der CIBA   349, 353, *726*
Alexis de Tocqueville, Erinnerungen *s*. Alexis de Tocqueville
Royall Tyler, Kaiser Karl V.   353
Die Episode Randa   653, *673, 772*
Erasmus von Rotterdam   7
Erfahrungen im Dienste des Internationalen Komitees vom Roten Kreuz   416, 418, *743*
Erinnerung aus der Tätigkeit des Internationalen Komitees vom Roten Kreuz   416, 418, *744*
Erinnerungen an Hofmannsthal   270
Erinnerungen an jungverstorbene Freunde   *720*
Erinnerungen an den Rhein   6
Erinnerungen an meinen Lehrer und Freund Werner Zuberbühler   531, *770*
Erinnerungen an Osteuropa   268, *707*
Erinnerungen an Wien 1918/19   *697*
Der Fährmann   653
Flüchtigste Begegnung   433 f., *748*
Fortuna   267, *679, 706*
Frédéric Nietzsche en Suisse   239, *699*
Gedanken über Karl v.   267, 268, 310, *706, 716*
Geist und Organisation des Roten Kreuzes   416, 418, *743*
Gesammelte Werke   11, 545, 557, *778*
Gespräch in Peking   *723*
Goethe   147, *679*
Hans Erni   445

Hans von Seemen   487
Die Höhle   101, 243, 244, 245, *667, 701*
Der Honnête Homme   7
Israels geistesgeschichtliche Rolle in der heutigen Welt (unpubl.)   *738*
Jacques Barthélemy Micheli du Crest   147, 154, *679*
Jagd   243, 245, *701*
Jeremias Gotthelf und die Politik   115 f., *669*
John Knittel zum 70. Geburtstag   *771*
Kleinasiatische Reise   6, 107, 109, 110, 119, 337, *668, 673, 722*
Kreta 1961   381, *731*
Der Laie und die modernen Naturwissenschaften (unpubl.)   553, *777*
Louis XIV. (verschollen)   147, *679*
Malters (Fragment)   127, *653, 673, 772*
Maria Theresia   7, 146, *679*
Meine Danziger Mission 1937–1939   7, 336, 344, 353, 365, 391, 399, 429, *705, 712, 722, 736, 746, 747, 767*
Memorabilien   5, 7, 11, 267 f., 474, 532, 534, 545, 559, *770 f., 771, 772*
Metternichs Maximen   *768*
Musik. Erinnerungen   *690*
Der Mythos Olympia *s*. Rede in Olympia
Notices sur la vie et les travaux d'Edouard Bénès   494, *760*
Otto von Taube zum 90. Geburtstag   530, *770*
Pesaro, Ancona (unpubl.)   *697*
Le peuple de l'expérience   340, *723*
Rede in Olympia   *730*
Reminiszenzen   11

Der Rhein *653*
Richelieu 5, 7, 268, 466ff., 489, *638, 679, 681, 707, 753*
Bd. I: Der Aufstieg zur Macht 5, 146f., 309, 310, 466, *707*
Bd. II: Behauptung der Macht und kalter Krieg 247, 365, 367, 377, 387, 398, 401f., 415, 423, 427, 430, 431, 446, 451, 465, 466, 468, *733, 752, 753*
Bd. III: Großmachtpolitik und Tod des Kardinals 377, 398, 401f., 415, 423, 427, 430, 431, 446, 451, 465, 466, 468, 470, *752, 753*
Bd. IV: Nachwort, Anmerkungen, Literaturhinweise, Personenregister *752, 753*
Rodin 573, *782*
»Roman« (unpubl. Fragment) 233, 243, 245, 247, 268, *700, 701*
Rudolf Alexander Schröder [zum 75. Geburtstag] 246, 268, 427, *701, 707, 746*
R. W. Ein Bericht 243f., 245, *701*
Saint-Saphorin (nicht vollendete Dissertation) 43, 90, 98, *655, 666*
Schillers Mut 283, *710*
Die Schlangengeschichte 536, *773*
Der Schloßbrand *653*
Schultheiß Charles Neuhaus von Biel (Dissertation; s. a. Der Berner Schultheiß Charles Neuhaus) 9, 59, 60, 62, 63, 64, 89, 98, *625, 659, 660, 665*
Schweizerischer Dialog 304, *714*
Le souvenir de Hugo von Hofmannsthal 503, *762*
Spaziergang mit François Franzoni 267, *706*
Städtegeist 242, 268, *700, 707*
Der stumme Major *773*
Sullys Plan einer Europaordnung 268, *707*
Thornton Wilder 312, *716*
Der treue Hebel 344, 346, *724*
Über Rudolf Kassners Gespräch 257, 258, *704*
Das Verhalten des Schweizers im Weltkonflikt 164, *683*
Vier historische Betrachtungen 247
Villa Guerrini (unpubl.) *697*
Völkerpersönlichkeit und Sprache. Variationen über ein Gespräch 400, *738*
Ein Vormittag beim Buchhändler 191, 418, 421, *689, 744, 770*
Werner Bergengruen *748f.*
Wolfsjagd 245, 536, *701, 772, 773*
Das Wort im politischen Geschehen s. Zur Geschichte der politischen Leitworte
Zur Geschichte der politischen Leitworte 353, 358f., 364, 447, 502, *726, 728, 762*

Allgemeines Verzeichnis

Kursiv gesetzte Ziffern verweisen auf den Anhang, **halbfette** Ziffern auf Briefe an die betreffende Person

Abbas II. Hilmi, Khedive von Ägypten 15
Abegg, Carl J. 360, *727*
Abravanel, Maren *606*
Adenauer, Konrad 345, 346, 348, 350, 449, 474 f., *642, 690, 708, 724, 725, 755*
Adler, Friedrich 68, *661*
Adorno, Theodor W[iesengrund] 517, 556
Äsop (Aisopos) *767*
  Fabeln 518, *767*
Afritsch, Josef 357
Aja *s*. Wirth, Marie-Charlotte, geb. Muralt
Alastair (Hanael Hennig von Voigt) 49, *531, 578, 657*
Albertus Magnus (urspr. Graf Albert von Bollstädt) 435, *748, 781*
Alexander III., der Große, König von Makedonien 208, 384, *692*
Alioth, Max 488, *758*
Allemann, Fritz René **450 f.**, *617*
  Fünfundzwanzigmal die Schweiz 450, *751*
Allen and Unwin (Verlag), London 336, *722*
Allizé, Henry 495, *760*
Altwegg, Wilhelm *745*
Ammann, Frau 523
Ammann, Marguerite **250 f.**, *617, 702*
Andersen, Hans Christian
  Der standhafte Zinnsoldat 233
Andreas-Salomé, Lou *623*

Andrian zu Werburg, Leopold Freiherr von *571, 781*
Andrian zu Werburg, Leopold Freiherr von – Hofmannsthal, Hugo von
  Briefwechsel *571*
Anker, Albert 546, *775*
Anna, Prinzessin von Sachsen, Gemahlin Wilhelms I. von Oranien 208, *692*
›Annabelle‹, Zürich *647, 717*
Anouilh, Jean 273, *708*
  Antigone 273
Antiochos IV. Epiphanes, König von Syrien *781*
Verlag Die Arche, Zürich *640 f.*
Ariosto, Ludovico
  Orlando furioso 260, *705*
Aristoteles 539, *748*
L'Armessin, Nicolas de *715*
Aron, Raymond 341, *723*
Atatürk (urspr. Mustafa Kemal Pascha) *730*
Athman (Freund von André Gide) 202, *691*
›Atlantis. Länder, Völker, Reisen‹, Zürich 278, *709*
Auber, Daniel François Esprit
  Fra Diavolo 355
Augustinus, Aurelius 293, 569, *618, 781*
Augustus (Gaius Iulius Caesar Octavianus) 293, *780*
›Außenpolitik‹, Stuttgart *706*
Avenarius, Ferdinand *651*
  Hausbuch deutscher Lyrik (Hrsg.) 19, *651*

Babeuf, François Noël 265
Bach, Jakob Karl Adolf 408, *741*
Bach, Johann Sebastian 192, 350, 404, 553
Bachmann, Blanche 261, 262
Bachmann, Denis 261, *705*
Bachmann, Hans 5, 233 f., **243 f., 261 f.**, *617, 683, 698, 700, 705*
Bachofen, Castellane 515
Bachofen, Ida Martha 515
Bachofen, Johann Jakob 211, 265 f., *333, 334, 335,* 340, 447, 515 ff., *693*
  Autobiographische Rückschau 333, 515
  Gesammelte Werke 516
    Band 10 *Briefwechsel* 333, *721*
  Griechische Reise 334, *721*
  Das Mutterrecht 516, *765*
  Die Sage von Tanaquil 516, *766*
  Versuch über die Gräbersymbolik der Alten 265, *706*
Bachofen, Johann Jakob, jr. 515
Bachofen, Louise Elisabeth, geb. Burckhardt 333, 515, 516
Bachofen, Martin und Frau, geb. Heiz 335, *721*
Bacon, Francis 178, *687*
Bäschlin, Franz 244, *700*
Baeschlin-Osse, Hans Theophil **404 f.**, *617*
Ballin, Albert 429, *747*
Bally, Gustav **185–193**, 193, *617f.*
Balthasar, Hans Urs von **168–172**, 266, *618*
Balthasar, Jost Dieter Rudolf von 172, *685*
Balzac, Honoré de 97, 537
  La Comédie Humaine 87
Bamm, Peter (Ps. f. Curt Emmrich) **489 ff.**, *618, 758*

Alexander oder die Verwandlung der Welt 491, *758*
Banderet (Lateinlehrer) 22, 181, *651, 688*
Barbey, Bernard *698*
Barbusse, Henri 139, *676*
Barrès, Maurice 438
Barth, Karl 124, 143, *672*
Bartók, Béla *673*
›Basler Jahrbuch‹ 57, *658, 745*
›Basler Nachrichten‹ 516, *632, 705, 721, 755*
›Basler Zeitschrift für Geschichte und Altertumskunde‹ *649, 651, 699*
Baudelaire, Charles 577
Bauer, Otto 65, 69, *661*
Baumstark, Margarete 102
Baur, Albert 53, *657*
Beauharnais, Hortense 235, *698*
Beccafumi, Domenico 426, *746*
Beck, Alexander **590 ff.**, *618*
Beck, Józef 267, *706*
Beck, Ludwig 525, *642, 768*
Beer-Hofmann, Paula 571
Beer-Hofmann, Richard 571 f.
  Der junge David 572
Beer-Hofmann, Richard – Hofmannsthal, Hugo von
  Briefwechsel 571 f.
Beethoven, Ludwig van 104, 505, 556, *763*
  Sinfonie Nr. 3 Es-Dur, op. 55 (Eroica) 278
  Sinfonie Nr. 9 d-Moll, op. 125 203
Ben Gurion (urspr. Gruen), David 411, 413, *742, 743*
Beneš, Edvard (Eduard Benesch) 494, *760*
Benjamin, Walter 448, 449, *751*
Benn, Gottfried 235 ff., *698f.*
  Blaue Stunde 236
Bennigsen-Knittel, Doreen 350, *632*

Bennigsen, Roderick 350, 632
Bercher-Walter, I. 606
Bereitbleiben zur Tat. Zum 70. Geburtstag von General a. D. Dr. Hans Speidel 503, 762
Berenson, Bernard 312, 516, 573, 717, 766, 782
Bergengruen, Charlotte 361, **436f.**, 618, 727
Bergengruen, Werner 361, 436f., 618, 714, 727, 748
Berghofer 213
Berglar, Peter **557f., 563f., 588ff.**, 618f.
Geschick und Geschichte 563, 779
Bergson, Henri 240, 700
Berlioz, Hector 522, 767
Memoiren 521f., 767
Romeo und Julia, op. 17 107
Berlioz, Louis-Joseph und Marmion 522
Bernadotte, Lennart Graf 777
Bernanos, Georges 618
Bernhard von Clairvaux
Salve, caput cruentatum 236
Bernhard, Herzog von Sachsen-Weimar 467, 753
Bernoulli, Alice 398, **443f.**, 517, 619
Bernoulli, Carl Albrecht (Ps. Ernst Kirchner) 516, 582, 765
Bernoulli, Christoph **284f., 315ff.**, 351, **397f., 515ff., 586ff.**, 619, 711, 718
Vom Sinn des Kunsthandwerks 397, 736
Bernoulli, Christoph, jr. 285
Berrêdo Carneiro, Paulo Z. de 695
Bertram, Ernst 148f., 151, 680
Bessenich, Wolfgang 705
Bethmann Hollweg, Theobald von 661

Bibel 54, 409
Das Neue Testament 168ff., 409
Die Evangelien 159, 168, 171
Das Evangelium nach Matthäus 168, 684, 722
Das Evangelium nach Markus 168, 169, 684
Das Evangelium nach Lukas 168, 269, 685, 722, 787
Das Evangelium nach Johannes 168, 454, 722, 738
Bidault, Georges 289
Biedermann, Woldemar und Flodoard Freiherren von s. Johann Wolfgang von Goethe, (*Goethes Gespräche*)
Billinger, Richard 91, 92f., 666
Binz (Reitlehrer) 18, 23
Bismarck, Otto Fürst von B.-Schönhausen 158, 186, 310, 338, 537, 566
Blei, Franz 746
Das große Bestiarium der modernen Literatur 426, 746
Blocher, Hermann 333, 515f.
Blum, Léon 267, 305, 715
Blumenfeld, Kurt 740
Bodenhausen, Eberhard von 622
Bodmer, Alice 258
Bodmer, Annie 403
Bodmer, Daniel **256–259**, 362, 619, 704, 727
Bodmer, Martin 258, 619, 727
Variationen zum Thema Weltliteratur 345
Böcklin, Arnold 367, 728
Boehringer, Erich 241f., 700
Boehringer, Margit 552
Boehringer, Robert **239–242, 299f.**, 328, 367, 519, **551f., 577ff., 595f.**, 599, 619, 776
Gedichte für Frau, Kind und Kindeskinder 599, 787

Mein Bild von Stefan George
239 ff., *699*
Späte Ernte 579, *714, 783*
Winnenden (Gedicht) 299, *714*
Böschenstein, Hermann 606
Böttcher, Victor 163
Bogomolow, Alexander Jefromowitsch 198, 511, *764*
Bohnenblust, Gottfried 62, *660*
Bohnenkamp, Klaus 606
Boigne, Charlotte d'Osmond, Comtesse de *709*
Mémoires d'une Tante 277, *709*
Boisserée, Sulpiz 80, *663*
Boissier, Léopold 142, 508, *678, 763*
Boissonnas, Luc *606 f.*
Boito, Arrigo *674*
Bologna, Giovanni da
Herkules und Nessus 230
Bonald, Louis de 145, *679*
Bonaparte, Louis *698*
Bonivard, François *741*
Bonjour, Dora 286
Bonjour, Edgar **285 f.**, *620, 711*
Bonnard 152, 153
Bonstetten, Karl Victor von 388, *733*
Borchardt, Rudolf 486, *757*
Borgia, Cesare 100
Bosch, Carl *747*
Bossuet, Jacques Bénigne 415, 420, *743*
Bouchardon, Edme 341, *723*
Bourcart, Charles Daniel 65, 84, 86, 89, 90, *660, 665*
Bourgignon (Gemeindepräsident) 580
Boveri, Annemarie 320
Boveri, Walter **319 f.**, *620*
Ethik und Atomzeitalter 319, 320, *718*
Bovet, Ernst *658*
Boyost *s.* Ganz, Hans
Brahms, Johannes 203

Brandi, Karl *653*
Brandt, Willy 537, *773*
Braque, Georges 330
Braun, Wernher Freiherr von 517, *766*
Breker, Arno 184, *688*
Bretscher, Willy 400, *737*
Breycha-Vauthier, Arthur 524, *768*
Briand, Aristide 569, *781*
Briod, Alice 164
Bruckmann, Elsa, geb. Prinzessin Cantacuzène 279, *709 f.*
Bruckmann, Hugo *709*
Brüning, Heinrich 149, *680, 690*
Bruggmann, Alexander 5, 11, **548 f.**, *620*
Brunner, Emil 124, *672*
Brussilow, Alexei Alexandrowitsch 119
Brutus, Marcus Iulius 318
Bubenberg, Adrian von 399 f., *737*
Buber, Martin 353, 358, 359, 364, **384 ff., 401 f.**, 447, 502, *620, 722, 726, 750*
Dem Gemeinschaftlichen folgen 401, *738*
Logos 401, *738*
Das Wort, das gesprochen wird 401, *738*
Zu zwei Burckhardt-Worten 386
Buber, Paula 447
Buchinger, Otto 491
Büchner, Georg
Lenz *772*
Bürger, Gottfried August
Wunderbare Reisen zu Wasser und Lande, Feldzüge und lustige Abentheuer des Freyherrn von Münchhausen, wie er dieselben bey der Flasche im Cirkel seiner Freunde selbst zu erzählen pflegt 116, *670*
Burckhardt, Albert 87

Burckhardt-Schazmann, Aline Hélène (Mutter von CJB) 6, 24, 35, 53, 137, 167f., 198, 215, 217, 235, 279, 488, 532, *637, 638, 650, 652, 670, 693, 694, 701, 709, 732, 782*

Burckhardt-Burckhardt, Carl (Großvater von CJB) 311, 335, 394, 396, 433, 477, 515, 516, 533, *652, 713, 732, 732f., 733, 735*

Burckhardt, Carl (Bildhauer) *582, 783*

Burckhardt-Schazmann, Carl Christoph (Vater von CJB) 6, 7, 24, 47, 48, 49, 79, 101, 129, 134, 222, 226, 234, 279, 311, 396, 477, 532, 581f., 591, 599, *637, 644, 649, 652, 655f., 658, 675, 694, 709, 782, 783*

Schriften und Vorträge 658, 735

Burckhardt, Christoph *713*

Burckhardt, Elisabeth (Ehefrau von CJB) 5, 11, 121, 122, 125, 126, 127, 154, 168, 216, 220, 226, 227, 245, 246, 247, 256, 261, 330, 353, 354, 357, 375, 387, 390, 394, 404, 412, 417, 425, 429, 430, 434, 437, 443, 448, 465, 472, 475, 476, 484, 491, 492, 509, 520, 523, 528, 529, 532, 534, 540, 546, 552, 556, 557, 560, 562, 576, *605, 672, 673, 678, 681, 684, 720, 733, 735, 783*

Burckhardt, Hans 18, 99

Burckhardt, Henriette (›Pic‹), verehel. Chiesa (Tochter von CJB) 168, 174, 216, 218, 226, 229, 246, 247, 256, 276, 315, 387, 406, 412, 433, 479f., 481, 521, 532, 576, 578, 579, *684, 742, 756*

Burckhardt, Jacob 45, 112, 211, 265, 333f., 340, 385, 433, 488f., 497, 548, 565, *644f., 704, 709, 721, 723, 732, 775*

Briefe (hrsg. von Max Burckhardt) 488f., *758*

Burckhardt, Jakob 5

Burckhardt-Hess, Maria *713, 732*

Burckhardt, Max *758*

Burckhardt, Nicolas 480, *755*

Burckhardt, R. 50, 87

Burckhardt, Rudolf 237, 516, *699, 766*

Burckhardt, Sabine, verehel. de Muralt (Tochter von CJB) 168, 174, 216, 226, 246, 247, 256, 303, 387, 484, 488, 532, *684, 758*

Burckhardt, Sophie (Tante von CJB) s. Merian-Burckhardt, Sophie

Burckhardt, Theodora (Schwester von CJB) s. Von der Mühll, Theodora, geb. Burckhardt

Burckhardt-Vischer (Urgroßvater von CJB) *733*

Burkhard, Marie Luise 200

Burkhard, Willy **199f., 201–204**, *621, 691*

Das Gesicht Jesaias 199, *691*

Busch, Hans *674*

Byron, George Gordon Noel, Lord *741*

Caesar, Gaius Iulius 309, 310, 318

Calderón de la Barca, Pedro

Das Leben ein Traum 133

Verlag Georg D. W. Callwey, München 5, 11, 146, 468, *638*

Calvin, Johannes (Jean Cauvin) 217, 385, 551, 569, 594, *732*

Canaletto (Bernardo Bellotto) 283, 480, *756*

Carl J. Burckhardt zum 60. Geburts-

tag (Sondernummer der
›Neuen Schweizer Rundschau‹) 229, 233f., *696f., 697f.*
Carlos, Infant von Spanien (Sohn Philipps II.) *732*
Carlyle, Thomas 19
Carossa, Hans 148, 595, *680*
  Der alte Brunnen 595, *786*
Casale, Lucia 529, *769*
›Castrum Peregrini‹, Amsterdam 241, *700*
Cervantes Saavedra, Miguel de 389
Chamberlain, Joseph 394, *735*
Chanel, Coco 139, *676*
Chappuis (Mitschüler) 36, *654*
Charles x. s. Karl x.
Chiesa, Fabrizio 481, 488, 532, *756*
Chiesa, Henriette s. Burckhardt, Henriette
Chiesa, Laura 415, 481, 488, 532, *743, 756*
Chiesa, Piero 327, 413, 576, 579, 590, *742, 767, 783*
Chilhaud-Dumaine, Cordélia 216
Chilhaud-Dumaine, Jacques 216, *694*
Christ, Anna Katherina, geb. Wackernagel 48, *656*
Christ, Lukas 48, *656*
Christ, Rosie 167, *684*
Chruschtschow, Nikita Sergejewitsch 352, 357, 360
Churchill, Sir Winston Spencer 371, 399, 524, *686, 732, 768*
  Memoiren. Der Zweite Weltkrieg 384
Cimarosa, Domenico 332, *720*
Clavel, Alexander 475, *755*
Clemenceau, Georges 120, 495, 518, *671, 760, 767*
Clemenceau, Sophie, geb. Zuckerkandl *671*

Clerc, Andrée 86
Clerc, Charles (Charly) Alphonse 22, **84ff.**, 306, *621, 651*
Clerc, Olivier 86
Cocteau, Jean *745*
Cohen 330
Cohen, Hermann 285, *711*
Cohn, Josef 406, 449, **596**, *607, 621, 739*
Verlag Charles Coleman, Lübeck 146, *679*
Colombe, Michel 38, *654*
Colonna (röm. Adelsgeschlecht) 589, *784f.*
Condé, Ludwig II. Fürst von *729*
Cooper, Alfred Duff, Viscount Norwich *621, 685f., 686, 687, 787*
Cooper, Lady Diana **175f., 176ff.**, 244, 601, *621, 685f., 686, 687, 787*
Cooper, John Julius, Viscount Norwich 175, 601, *686, 787*
Coquelin, Ernest 15, *650*
Corneille, Pierre 238
Coudenhove-Kalergi, Alix Gräfin 273
Coudenhove-Kalergi, Richard Nikolaus Graf **271ff.**, *350f.,* **536ff.**, *622, 708*
  Weltmacht Europa 536, *773*
Cour, Edmond de la 142, *678*
Coward, Noel 177, *686*
Croce, Benedetto 226, 537, *696, 773*
Curtius, Ernst *622*
Curtius, Ernst Robert **224–227, 235ff.**, 245, 285, 300, *622, 698*
  Europäische Literatur und lateinisches Mittelalter 237, *699*
Curtius, Ilse 227
Curtius, Ludwig *698*
Cuvilliés, François de *744, 770*
Czernin (Adelsfamilie) 257, 495

801

Dante Alighieri 757
 La Divina Commedia 529, 551f., 557, 776f.
Dareios III., pers. König 208, 692
Dauer im Wandel. Festschrift zum 70. Geburtstag von Carl J. Burckhardt (Hrsg. Hermann Rinn u. Max Rychner) 382, 386, 387, 638, 683, 731, 754
David, König über Juda und Israel 293
Debussy, Claude 203
Défossez, Léopold 15, 650
Degenfeld-Schonburg, Christoph Martin Graf von 756
Degenfeld-Schonburg, Ottonie Gräfin 118, 135, **246f.**, 347, **403f.**, **481f.**, 622, 756, 759
Delacroix, Eugène 419, 744
Delp, Ellen **375ff.**, **421f.**, **561f.**, 622f., 778
Demetrius (Dmitri), der falsche 319
Derain, André 782
Derleth, Ludwig 267, 706
Dertinger, Georg 703
Desai, Morarji Ranchhodji 453, 454, 751f.
Descartes, René 319, 324, 718
Despiau, Charles 184, 688
 Arno Breker. 120 Gravures 184
Deutsch, Julius 69, 661f.
Diesbach, Niklaus von 399f., 737
Dietrichstein, Alexander Fürst zu 357, 726
Diez del Corral, Luis Pedruzo 284, 711
Dill, Heinrich 128, 673
Dilthey, Wilhelm 285, 620, 711
Dönhoff, Marion Gräfin 342, 705, 723
Dohrn, Klaus 523, 768
Dohrn, Ursula, geb. Rudolph 361

Donoso Cortés, Juan María de la Salud, Marqués de Valdegamas 496, 498, 761
Dory s. Von der Mühll, Theodora, geb. Burckhardt
Dostojewski, Fjodor Michailowitsch 272, 294, 365, 368
 Die Brüder Karamasow 321f.
 Der Idiot 365
 Schuld und Sühne 365
Doyle, Sir Arthur Conan
 Sherlock Holmes Abenteuer 773
Drinkuth, Rudolf 473, 754
Droste-Hülshoff, Annette von
 Die Judenbuche 772
Droz, Humbert 86
Du Bos, Charles 142, 144, 153, 678
Dürer, Albrecht 281
 Der Hase 192
 Ritter, Tod und Teufel 303
Dürr, Emil 673
Dürrenmatt, Friedrich 292, 293, **547f.**, 623
 Der Besuch der alten Dame 292, 712
 Die Panne 292, 293, 712
 Der Sturz 547, 775
Dürrenmatt, Lotti 548
Dulles, John Foster 346, 724
Dumaine, Jacques s. Chilhaud-Dumaine
Duse, Eleonora 313, 529, 717, 769
Duveen, Sir Joseph 516, 766

›Echo‹, Bern 683
Eckermann, Johann Peter
 Gespräche mit Goethe in den letzten Jahren seines Lebens 429
Edda 150, 680
Egidy, Emmy von 670
Egli, Emil **304–307**, 623
Ehinger, Alphonse (›Globus‹) 37, 38, 141, **160**, 238, 309, 515, 623

Ehinger, Leni 160
Eichmann, Adolf 408
Einstein, Albert 202, 539, 544, 554, *673*
Eisenhower, Dwight D[avid] *703, 719, 724*
Eisler, Gerhart *662*
Eisler, Hanns *662*
Eliot, T[homas] S[tearns] *622*
Elisabeth de France (Schwester Ludwigs XVI.) *701*
Ellenberger, Hugo 493, *759*
Ellis, Manfred Maria s. Hegemann, Werner
Emmeli s. Weidenmann, Emmy
Endres, Franz Karl 146, *679*
Enghien, Herzog von s. Condé, Ludwig II. Fürst von
Erhard, Ludwig 274, *725*
Erni, Doris 434
Erni, Hans **433f.**, 445, *623, 759*
Eschenburg, Theodor **466ff.**, *623f., 753*
Eszterházy von Galántha, Nicolaus Joseph, Fürst von *759*
Eucken, Rudolph Christoph 27, *651*
Eugen, Erzherzog von Österreich 118f., *670f., 730*
Eugénie, frz. Kaiserin *698*
Euripides 281
Eve (Gesellschafterin) 175, *686*
Exner, Richard *715*
›L'Express‹, Paris 305, *715*

Faesi, Robert 531, *770*
Feisst, Ernst 298
Feller, Richard
  Geschichte Berns 497, *761*
Ferrero, Guglielmo 271, 569, *708*
Feuchtersleben, Ernst Freiherr von 470, *725, 754*
  Zur Diätetik der Seele 725
Fioravanti, Valentino 332, *720*
Fischer, Edwin 635

Fischer, Ruth, geb. Eisler, gesch. Friedländer 70, *662*
S. Fischer Verlag, Frankfurt a. M. 136, 270, 485, *629*
Fleig, Hans 326, *719*
Fleiner, Fanny 128, *673*
Fleiner, Fritz 142, 145, *673, 678*
Flöricke, Karl Ludwig 74
Flohwintz 62
Foch, Ferdinand 307, *716*
Förder, Yeshayahu 408, *740f.*
Förster-Nietzsche, Elisabeth 149f., *680*
Fontane, Theodor 278
Ford, Henry
  Mein Leben 429, *747*
Forster, Albert 162, *682*
Franceschetti, Adolf 354
Franz von Assisi (Francesco, urspr. Giovanni Bernardone) 259
Franz Ferdinand, Erzherzog von Österreich 495, *760*
Franz Joseph I., Kaiser von Österreich-Ungarn 398, 417, 494, 495, *661*
Franz Joseph II., Fürst von Liechtenstein 416, *743*
Franz I. Stephan, deutscher Kaiser 485, *729*
Frei (Oberleutnant) 39, 40
Freud, Sigmund 270, 272f.
Friedrich II., der Große, König von Preußen 123, 497, 498, 566, *672, 729, 730, 761*
Friesz, Othon 184
Frings, Joseph 197, *690*
Frisch, Karl von *712*
Fuchs, Klaus *703*
Für Rudolf Hirsch. Zum siebzigsten Geburtstag am 22. Dezember 1975 731
Fürstenberg, Carl 408, *741*
Fueter, Eduard **146–154**, *624*
Fueter, Emanuel Eduard 150, *680*

Fugger von Babenhausen, Nora
Fürstin *709*
Im Glanz der Kaiserzeit 277,
709
Furtwängler, Elisabeth 195
Furtwängler, Wilhelm **194f.**,
624, 689

Gagliardi, Frau 124, 161
Gagliardi, Ernst **28–31, 66–70**,
73, **89ff., 93–99, 99f., 103f.**,
108, **118f., 122–125**, 140, **161**,
181, 235, 549, *624, 652, 655, 660,
667, 745, 775*
Gall, Franz Josef 174, *685*
Gandhi, Morandas Karamchand
(gen. Mahatma) 197, 198,
690, 751
Gandhi, Indira *751*
Gantner, Joseph **279ff.**, *624*
Ganz, Hans (Johannes)
(›Boyost‹) 33, 38, 40, 43, 45,
47, **47**, 49, **50–53**, 55, 57, **57f.**,
81–84, 87, 88, **88f.**, *625*
Morgen 57, 88, *658, 665*
Peter das Kind 53, 88, *658*
Garson, Greer *686*
Gasser, Manuel 253, *703*
Gaulle, Charles de 305, 350f.,
367f., 519, 537, *687, 715, 736*
›Gazette de Lausanne‹ *723*
›La Gazette Litteraire‹, Lausanne
760
Gelasius I., Papst 425
Gelpke, Rudolf 581, 583, *783*
Gelpke, Rudolf, sen. 581f., 583,
783
Gemuseus, Anna-Elisabeth, geb.
Burckhardt 386, *652, 732*
Genet, Jean 420, *745*
George, Stefan 145, 148, 240ff.,
247, 336, 516, 551, 577f., *619,
657, 675, 677, 679, 699, 700, 706,
738, 739, 757, 766, 777, 778, 781*
Jahr der Seele 578, *783*

Der siebente Ring 149, *680*
(*Stefan George in fremden Sprachen* [zusammengest. von
G. P. Landmann]) 577f., *783*
Gerhardt, Paul 236
O Haupt voll Blut und Wunden
236
Gertsch, Max **496f., 497ff.**,
625, 761
Gessler, Albert 422f., *745*
Dr. Geyer 362
Geyer, Stefi *658*
Gide, André 145, 201, 240f.,
267, 368, 380, *622, 678f., 728,
748*
Notes sur Chopin 201, 202, *691*
Giraudoux, Jean 410, *742*
Glauser, Frau (Mutter von Rosa
G.) 74, 75, *663*
Glauser, Rosa (Rosalie) 7, 62,
63, **74f., 102**, 107, **107–110**,
110, **110f., 126f., 180ff.**, *625,
663, 667, 668, 688*
Glausi s. Glauser, Rosa
Gleichen-Russwurm, Karl Alexander Freiherr von 48, 51, *656*
Gleichen-Russwurm, Sonja
Freiin von 48, 51, *657*
›Globus‹ s. Ehinger, Alphonse
Gnehm, Frl. 62
Goebbels, Joseph 38, 384f., *703,
732*
Göring, Hermann 541
Goes, Albrecht **207f., 335f.**,
599f., *625f., 722*
Gleich hinter Weihnachten (Gedicht) 207f., *692*
Goethes Mutter 335, *721*
Die Herberge 207f., *692*
In der Fremde bei Nacht (Gedicht) *692*
Über die Milde 207, *692*
Goethe, Johann Wolfgang von
19, 44, 46, 74, 76, 77f., 80, 85,
97, 148, 151, 152, 158, 203, 206,

298, 318, 321, 322, 343, 406,
410, 419, 423, 424, 429, 439,
442, 455 f., 486, 498, 505, 518,
539, 566, 574, 600, 663, 711,
747, 763
Campagne in Frankreich 186,
720
Egmont 70, 318, 662
Faust 82, 188, 190, 191, 318
  Der Tragödie erster Teil 516
  Der Tragödie zweiter Teil 82,
  518, 767, 772
(*Goethes Gespräche* [Begr. von
Woldemar Freiherr von Biedermann, neu hrsg. von Flodoard Freiherr von Biedermann]) 429
Hermann und Dorothea 456
Torquato Tasso 192, 260
West-östlicher Divan
  Selige Sehnsucht 187, 410, 689
Wilhelm Meisters Lehrjahre 324, 456
Wilhelm Meisters Wanderjahre oder Die Entsagenden 77, 663
Winckelmann und sein Jahrhundert 166, 683
Goethe, Johann Wolfgang von –
Reinhard, Karl Friedrich Graf
Briefwechsel in den Jahren 1807–1832 321
Goethe, Johann Wolfgang von –
Schiller, Friedrich von
Briefwechsel zwischen Schiller und Goethe in den Jahren 1794 bis 1805 282, 455 f., 752
Goethe, Katharina Elisabeth 335
Golay, Pierre 16, 18, *650*
Gold (Wissenschaftler) *703*
Goldoni, Carlo 389, *734*
Gotthelf, Jeremias (Ps. f. Albert Bitzius) 96, 113 f., 191, 497, *667, 669*

Goudet, Louis 15
Grabbe, Christian Dietrich *718*
  Napoleon oder Die hundert Tage 319, *718*
Gracián, Baltasar 389, *572, 781*
Grass, Günter
  Die Blechtrommel 365, *728*
Greenglass, David *703*
Greiser, Arthur 162, *682*
Greyerz, Otto von 22, **111–116**, *626, 651*
Greyerz, Walo von 116, *669*
Grillparzer, Franz 104, 105, 150, 195, 232, 534, *680, 771*
  Ein Bruderzwist in Habsburg 318, *718*
  Meine Erinnerungen an Feuchtersleben 470
Grimm, Robert 86, *664*
Grimm, Wilhelm Carl *761*
Gris, Juan (urspr. José Gonzales) *782*
Gritli 110, 127, 181
Grob, Carl (›Stramm‹) 237, *699*
Gross, Walter **308 f.**, *626*
  Die Taube 308
Große Schweizer s. Hürlimann, Martin (Hrsg.)
Großmann, Marcel 362
Guardi, Francesco 480, *756*
Gubler, Ella 220, 234, 288, 289, *694, 752*
Gubler, Friedrich Traugott (Fritz) **218 ff.**, 223, **231–234**, **242 f.**, **253 ff.**, **259 ff.**, **288 f.**, 448 f., 464, 535, 545, *626, 697, 698, 752*
Gubler, Regula 220, 234, 289, *694*
Guerrini, Signora 229 f.
Guibert de Nogent *729 f.*
  Gesta Dei per Francos 374, *729 f.*
Guidarelli, Guidarello 327, *720*
Guitry, Sacha 313, *717*

805

Gundolf (urspr. Gundelfinger), Friedrich 141, *677*, *739*
Gustav II. Adolf, König von Schweden *753*
Gutlé (Schulleiterin) 386
Guttenbrunner, Michael 517, 536, *725*, *766*
Gutzwiller, Hans 607, *649*, *651*, *699*
Guys, Constantin 575, *782*
Gysin, Fritz 361f., *727*

H., Herr **564–570**
Haber, Fritz 429, *747*
Habsburg, Eugen von s. Eugen, Erzherzog von Österreich
Habsburg, Otto von **377f.**, *626*
 Entscheidung um Europa 378, *731*
 Im Frühling der Geschichte 377, *730*
Haccius 15
Hadith 202, *691*
Haeckel, Ernst 86, *665*
Hägler (Mitschüler) 16f.
Hägler, Herr und Frau 16
Hämmerli-Schindler, Theodor 167, *684*
Händel, Georg Friedrich 203
Hahn, Albert Ludwig 449
Die Haimonskinder *652*
Haller, Albert und Karl Ludwig 496
Haller, Carl Ludwig von 496, 497ff., *760*
Hansen, Walter 391
Hauer, Joseph Matthias 201f., *691*
Hausbuch deutscher Lyrik s. Avenarius, Ferdinand (Hrsg.)
Hausenstein, Margot 221
Hausenstein, Wilhelm **220f.**, 254, *626f.*, *695*
 Das trunkene Schiff (Übertragungen) 220, *694*

Hausner, Gideon 408, *741*
Haydn, Joseph 203, *759*
 Kaiserhymne (›Gott erhalte, Gott beschütze‹) 316, 545
 Streichquartett Nr. 76 C-Dur, op. 76, 3 (Kaiser-Quartett) 231, 232, 233
Hebbel, Friedrich *725*
 Herbstlied 482, *756*
Hebel, Johann Jacob und Ursula 505
Hebel, Johann Peter 301, 504f., *763*
 Erinnerung an Basel 504, *763*
 Das Gewitter (Gedicht) *770*
Heegard, Henrik 395, *735*
Hegel, Georg Friedrich Wilhelm 138, 191, 324, 499, 526, 565, 572, *676*
Hegemann, Werner (Ps. Manfred Maria Ellis)
 Fridericus oder Das Königsopfer 123, *672*
Heidegger, Martin 249, 319, 324, **512ff.**, *627*, *764f.*
 ... dichterisch wohnet der Mensch ... 248ff., *702*
 Hebel der Hausfreund 301, *714*
 Sein und Zeit *764f.*
 Zur Sache des Denkens *765*
Heine, Heinrich 112
Heinrich III., König von Frankreich *746*
Heinz 29, 31, *652*
Heiroth-Wegener, Ottilie 100
Heiseler, Bernt von **318f.**, *627*, *718*
 Cäsar 318, *718*
Heisenberg, Elisabeth 518, 520, 540, 544, 556
Heisenberg, Werner 223, 364, 374, **518ff.**, **538ff.**, **542ff.**, **552–556**, *627*, *774*
 Schritte über Grenzen 538, 542, 544, 552–556, *774*

Der Teil und das Ganze 542, 544, 553, 554, 774, 777
›Helvetische Annalen‹, Bern 496
Herdan-Zuckmayer, Alice 349, 355, 431, 475, 517, 536, 766
Herder, Johann Gottfried 153, 192, *681*
Herr, Lucien 418, *744*
Herzog, Wilhelm 51, *657*
Hess, David 298, *659, 713*
  Die Badenfahrt 298f., 299, *713, 732*
Hesse, Hermann **339f., 382f.**, 404f., 432, *628, 723, 739*
  Ein Traum 381f., *731*
  Uralte Buddha-Figur in einer japanischen Waldschlucht 339, *723*
Hesse, Ninon 340, 383
Heuschele, Annalore 322, 508
Heuschele, Otto **321f., 507f.**, *628, 663, 718, 763*
Heusler, Andreas 150, 255, *680, 704*
Heusler-Sarasin, Andreas 333, *721*
Heuss, Ludwig 432
Heuss, Theodor 11, 220, **222f.**, 242, 254, 255, 347f., 353, 387, 432, *628, 695, 725, 748, 762*
  Friedrich Naumann 222, *695*
Heyer, Gustav Richard *657*
Heyer, Karl *657*
Heyer, Wolfgang *657*
Hildebrand, Adolf von *764*
›Die Hilfe‹, Berlin 222
Hillard (Ps. f. Steinbömer), Gustav **473f.**, *628, 754*
  Der Militarismus als politische Form im Wilhelminischen Deutschland 473, *754*
Himmler, Heinrich 541
Hindenburg, Paul von Beneckendorff und von H. 52, *661, 680, 768*

Hirsch, Rudolf **437-440**, 485, *629, 749, 757*
Hitler, Adolf 148, 149, 150, 157, 338, 351, 384, 429, 502, 525, 526, *703, 747, 755, 768*
Hixi 120, *671*
Hochsprung (Lehrer) 15
Hölderlin, Friedrich 201, 308, 439, 545
  Mein Eigentum 374, *730*
  Friedensfeier 278
  Hyperion oder Der Eremit in Griechenland 419, 420
  Schicksalslied 545, *775*
Hoffmann, Emanuel *639, 681*
Hofmannsthal, Christiane von s. Zimmer, Christiane
Hofmannsthal, Franz von 77, 133, 283f., *674f.*
Hofmannsthal, Gertrude (Gerty) von, geb. Schlesinger 120, 131, 135, 140, 404, 438, *671, 674*
Hofmannsthal, Hugo von 6, 8, 9, 10, **70f., 75f., 77f.**, 78, 79, 84f., 92, 98, **101f.**, 121, **121f.**, 124, 126, **129ff.**, 131, 132ff., 134ff., 140, 144, 222, 226, 235, 241, 247, 268, 269f., 283f., 290, 401, 432, 437-440, 452, 485, 486, 493, 503, 516, 571f., 575, 622, *629, 631, 636, 646, 663, 668, 671f., 674f., 677, 691, 709f., 715, 749, 751, 754, 759, 781f., 787*
  Andreas oder Die Vereinigten 235, 290
  Ariadne auf Naxos 70, *662*
  Augenblicke in Griechenland 84, *664, 749*
  Das Bergwerk zu Falun 270, *707*
  Buch der Freunde 140, *677*
  Deutsche Erzähler (Hrsg.) 133, *675*
  Deutsches Lesebuch (Hrsg.) 133, *675*

Hofmannsthal, Hugo von *(Forts.)*
  Die Frau ohne Schatten 290
  Furcht 84, *664*
  Herbstmondnacht 290
  Jedermann 8
  Kaiser Phokas 290
  Manche freilich ... 283, *710*
  Die Prosaischen Schriften 84, 85
    Band 1 84
    Band 3 84, *664*
  Rede auf Beethoven 1770–1920 92, *666*
  Der Rosenkavalier 756 f.
  Sämtliche Werke. Kritische Ausgabe 485, *629, 757*
  Das Salzburger Große Welttheater 290
  Das Schrifttum als geistiger Raum der Nation 124, *672*
  Der Schwierige 290, 485, *757*
  Der Turm 133, 140, 290, 438, *675*
  Der Unbestechliche 290
  Die Wege und die Begegnungen 84, *664*
  Xenodoxus 290
Hofmannsthal, Hugo von – Andrian, Leopold von
  Briefwechsel 571
Hofmannsthal, Hugo von – Beer-Hofmann, Richard
  Briefwechsel 571 f.
Hofmannsthal, Hugo von – Strauss, Richard
  Die ägyptische Helena 132, 290, *675, 759*
Hofmannsthal, Octavian von 9, **601**, *629*
Hofmannsthal, Raimund von 77, 136, 140, 177, 178, 601, *629, 676, 686, 787*
Hofmiller, Josef 133, *675*
Hollerith, Heinz 224, *695*
Holzach (Schweizer Geschlecht) 450, *751*

Homer 341, 586, *641, 652, 686*
  Ilias 165, *587, 652, 683*
  Odyssee 165, 235, 487, *683*
Honegger, Arthur *691*
  Pacific 231 200, *691*
Horaz (Quintus Horatius Flaccus) 238, *641*
  Episteln 443
Howald, Anna 93, 234, 235, 423, *469*
Howald, Ernst 29, 30, 31, **92 f., 125 f., 128, 166 f., 234 f.**, 265 f., **398 f., 422 f.**, 456, **457–462**, 464, 469, 516, *629, 652, 706, 745, 752*
  Platonische Akademie 93, *666*
Hubacher, Anna 464, 465, 483, *597*
Hubacher, Hermann 10, 456, **463 ff., 483, 597**, *630, 752, 786*
  Mädchenkopf 464, *752*
  Porträtbüste Carl Jacob Burckhardt *752*
  Weyla *597, 786*
Huber, Emma Luise 163, 198, 214, 253
Huber, Hans 582
Huber-Escher, Max 7, **156 f., 158 f.**, 160, **162 f., 178 ff., 197 f.**, 214, **252 f.**, 288, **303 f.**, 338, 417, *630, 681, 682, 690, 693, 714, 727*
  Mensch und Tier 303, *714*
  Vermischte Schriften 1: Heimat und Tradition 198
  Völkerrechtliche Grundsätze, Aufgaben und Probleme des Roten Kreuzes 178 f., *687*
  Vom Wesen und Sinn des Schweizer Staates 157, *681*
Hübner, Ulrich 49, *657*
Hürlimann, Martin 278, *709*
  Große Schweizer (Hrsg.) 162, *683*
Hugo, Victor 372, *729*
Husserl, Edmund *627, 653, 672*

Huxley, Julian Sorell 224, 225, 695
Huxley, Thomas Henry 225, 695
Huysmans, Joris-Karl (urspr. Charles-Marie Georges) 145, 679

Ignatius von Loyola *618*
Inglin, Meinrad **164f., 424f.**, *630, 745*
  Ehrenhafter Untergang 424, 745
  Die graue March 424, 745
  Güldramont 424, 745
Insel Verlag, Frankfurt a. M. 435, *629*
›Institut de France‹, Paris *760*
Institut de Hautes Etudes Internationales, Genf 276, *604, 708*
Ionesco, Eugène 420, *745*
Ischer, Frl. 127, *673*
Iselin (Basler Familie) 590
Iselin-Ryhiner, Johann Jakob 505

Jachmann, Frl. 386
Jaeckle, Anna Elisabeth 585
Jaeckle, Erwin **581–585,** *630, 753f.*
  Dichter und Droge 581, 583, 585
Jaesrich, Hellmut *617*
Jaspers, Karl 11, **193f.,** 475, *630f., 689*
Jaurès, Jean 53, *657, 715*
Jeanne d'Arc 170f.
Jeanne d'Arc. Die Akten der Verurteilung (Übertr. u. eingel. v. Jos. Bütler) 170, *685*
Jenny, Ann *633*
Jeritza, Maria 120
Jerome, Jerome K.
  Drei Mann in einem Boot *773*
  Gespräche bei einer Tasse Tee *773*

Jesus Christus 82, 88, 143, 169, 171, 199
Jesus Sirach 156
Jhering, Rudolf von 49
Jordan, Sophie (›Hülla‹) 243, *700*
Joseph II., röm.-dt. Kaiser 373, *729*
›Journal de Genève‹ 45
Joyce, James 178, *687*
Judas Makkabäus *781*
Jünger, Ernst 500, 530f., *631, 762, 770*
  Auf den Marmorklippen 500, *762*
  Federbälle 530, *770*
  In Stahlgewittern 500, *762*
  Strahlungen 500, *762*
Jünger, Lieselotte 531
Jung, C[arl] G[ustav] 388f., *733*

K., Frau von 71, 73, *662*
Kaegi, Adolf *650*
Kaegi, Adrienne s. Speyr, Adrienne von
Kaegi, Werner **263–266,** 469, *631, 705, 765*
Käppeli, Marti 263, *455*
Käppeli, Robert **212f., 262f.,** 343, 349, 360, **381f.,** 400, **440f., 452–455,** 479, 530, **576f.,** *631, 693, 726, 751, 752*
  Als Jäger im Elsaß *749*
  Aus einem indischen Tagebuch 440f., *749*
  Aus meinem Leben 452f., *751*
Kafka, Franz 293, 294, 305, *715*
Kahn, Otto 120
Kahnweiler, Daniel-Henry 573, *782*
Kainz, Josef 313, *717*
Kant, Immanuel 27, 338, 587, *784*
Karl der Kühne, Herzog von Burgund 399, *737*

809

Karl I., der Große, Kaiser 197
Karl I., Kaiser von Österreich 68, 69, 661
Karl V., röm.-dt. Kaiser 466, 467, 753
Karl X., König von Frankreich 522, 760, 768
Karl Wilhelm Ferdinand, Herzog von Braunschweig 719f.
Kaschnitz, Marie-Luise 689
Kassner, Rudolf 93, 120, 121, 145, 233, 256–259, **342f.**, 343, 344, 346, 398, 631f., 671, 687, 698, 704, 723, 724
Katharina II. Alexejewna, die Große, Zarin von Rußland 729
Keller 62
Keller, Gottfried 95, 96, 125, 191, 211, 306, 651, 667
  Der grüne Heinrich 24, 651
  Martin Salander 497, 761
  Züricher Novellen 727
Kellogg, Frank B[illings] 569, 781
Kelly, Sir David 346, 722, 724
  Die hungernde Herde 337f., 344, 346, 353, 722, 724
Kensik, Alfons Clemens 704
Kerényi, Grazia und Katharina 389, 415
Kerényi, Karl **330ff., 388f., 414f.**, **465**, 632, 721, 733, 753
  Humanistische Seelenforschung 465, 753
  Die Mythologie der Griechen 389, 734
Kerényi, Magdalena 389, 415, 607
Kerner, Justinus 398, 736
  Kleksographien 398
Kessler, Harry Graf 437, 440, 749
Kessler, Wilma Gräfin 437, 749
Keyserling, Eduard Graf 228, 301, 696

Keyserling, Hermann Graf 228, 280, 696
Khevenhüller-Metsch, Graf Johann Joseph 756f.
  Aus der Zeit Maria Theresias 485, 756f.
Kierkegaard, Søren 78, 369, 419, 663
King, Martin Luther 769
Kippenberg, Anton 148, 679
Klages, Ludwig 241, 778
Kleist, Heinrich von 158
Klemperer, Otto 635
Klöpfer, Eugen 91, 666
Knebeseck, Karl Friedrich Freiherr von dem 665
Knittel, Doreen s. Bennigsen-Knittel, Doreen
Knittel, Frances Rose 286, 349, 350, 352, 451, **533f.**, 632, 726
Knittel, John (Hermann) 238, **286, 349–352, 451**, 533f., 632, 771
  La Rochelle 451
Knittel, Margaret, verehel. Furtwängler 632
Knittel, Robert 350, 632
Knuchel-Mieg, Eduard Fritz **132ff.**, 141, **237ff.**, 632, 677, 699
Kobus, Kathy 561, 778
Koechlin, Carl 253, 704
Koechlin, Hartmann 396, 735
K. F. Koehler Verlag, Stuttgart 227
Kölliker, Pius 607
›Kölnische Zeitung‹ 536
König-von Dach, Charlotte 5, **445f.**, 633, 750, 771
König, Fritz 445, 446, 750
Koenig, Marie Pierre 183, 688
Köpcke, Alice (›Bonzo‹) 482, 756
Körner, Otto **204–207**, 633
Kokoschka, Olda 607, 713

Kokoschka, Oskar **294f.**,
  383f., *475*, *633*, *712f.*, *731*
  Herkules und Antäus *383*, *731*
  Ostern auf Cypern *295*, *713*
  Spur im Treibsand *294*, *712f.*
Kolb, Annette **137**, *183*, **214ff.**,
  256, *367*, *387*, *449*, *475*, *633*,
  640, *688*
Kolb, Germaine, verehel. Stockberg *214*, *215*, *693*
Kolb, Paul *215*, *693*
Kolberg, Marianne **391ff.**
Kommerell, Max *315*, *717*, *781*
Konrath, Annie **291f.**, *633*
Koreaguine, Boris *63*, *546*, *660*, *775*
Korrodi, Eduard *99*, *125*, **131**, *280*, *426*, *633f.*, *674*
Koskull, Marie Luise (›Mussia‹), Baronin von *243*, *357*, *700*
Krafft-Delmari, Fr. W. von *375*, *422*, **561f.**, *623*, *730*
Kraft, Werner *408*, **517**, **534**, *634*, *715*, *740*
Kramer, Baronin *51*, *657*
Krauel, Wolfgang **506f.**, *634*, *763*
Kraus, Karl *398f.*, *408*, *736f.*
Krojanker, Edith *607*
Krüger, Frau *55*
Krüger, Paulus (gen. Ohm K.) *394*, *735*
Krupp von Bohlen und Halbach, Gustav *139*
Kühlmann, Richard von *709*
  Der Kettenträger *277*, *709*
Kuhn, Heinrich *374*, *730*
Kuranda, Peter *120*, *671*
Kutter, Wolfgang *263*, *705*

Lagaillarde, Pierre *368*, *729*
Lambert-Segantini, Romana *233*
Lancade (Lehrer) *15*
Lancret, Nicolas *715*

Landing, Eveline *561*
Landmann, Edith *241*, *700*
Landmann, Georg Peter *783*
Landsberg, Paul Ludwig
  Die Welt des Mittelalters und wir *123*, *672*
Laotse (Lao-tzu) *320*
Larese, Dino *387*, *500*, *733*, *762*
La Rochefoucauld, François VI., Duc de L. R., Prince de Marcillac *389*
Laval, José, verehel. Gräfin Chambrun *519*
Laval, Pierre *519*
Lawrence, T[homas] E[dward] *125*, *672*
  Aufstand in der Wüste *125*, *672f.*
Léger, Alexis s. Saint-John Perse
Lehmann, Dan *607*
Lenin (urspr. Uljanow), Wladimir Iljitsch *83*, *664*
Leppmann, Wolfgang *782*
Lessing, Gotthold Ephraim *422f.*
Leuenberger *56*
Lexer, Erich *135*, *676*
Lichtenberg, Georg Christoph *389*, *518*, *767*
Lichtenberger, Henri *97*, *667*
Liechti-Loberz, Frau *515*
Lietz, Hermann *649*
Ligne, Prinz Karl Joseph de *672*
Limbach, Hans *30f.*, *653*
Linné (Linnaeus), Carl von *435*, *748*
  Lappländische Reise *435*, *748*
Lipatti, Dinu *185*, *689*
Liszt, Franz *522*
Litt, Theodor *402*, *739*
Livius, Titus *238*
Lloyd George, David Earl L. G. of Dwyfor *495*, *760*
Lobkovicz (Adelsfamilie) *495*
Lombardo, Tullio *720*

Grabmal des Guidarello Guidarelli 327, 720
Longhi, Pietro 480, 756
Lorenz, Konrad 291, 303, 712, 714
Loti, Pierre (Ps. f. Julien Viaud) 103, 668
Louis Philippe, König von Frankreich 522, 768
Louis XIV. s. Ludwig XIV.
Louise (Bedienstete) 128
›Loulou‹ s. Micheli, Louis
Loys, Treytorrens de 23, 651
Luchsinger, Fred **511f.**, 634, 764
Lucy s. Rudolph-Spinner, Lucy
Ludendorff, Erich 67, 661
Ludwig XI., König von Frankreich 399, 426, 737, 746
Ludwig XIII., König von Frankreich 397, 467, 736
Ludwig XIV., König von Frankreich 145, 467, 566, 701, 780
Ludwig XVI., König von Frankreich 768
Ludwig XVIII., König von Frankreich 768
Lübke, Heinrich 725
Lüthy, Christoph **592f., 598f.**, 634, 785
Lüthy, Herbert 5, 495, **509f., 540ff.**, 593, 599, 634, 774, 785
  In Gegenwart der Geschichte 510, 764
  Wozu Geschichte? 510, 764
Lüthy, Michael 593, 599
Lüthy, Verena 510, 540, 593
Luther, Martin 149, 169, 170, 191, 217, 338, 787

Macdonald (General) 735
Macmillan, Harold 346, 724
Madariaga, Emilia de 607
Madariaga, Salvador de 400, 504, 605
Märki, Konstanze, geb. Boehringer 599

Mässig, Frl. 62
Maillol, Aristide 437, 749
Maistre, Joseph Marie, Comte de 496, 760f.
Mallarmé, Stéphane 221, 695
  Les Fleurs 221
Manesse Verlag, Zürich 7, 434, 635
Mani (Religionsstifter) 784
Mann, Golo
  Das Zeitalter des Dreißigjährigen Krieges 526, 768f.
Mann, Thomas 249
  Doktor Faustus 202, 691
  Der Tod in Venedig 35, 654
Mao Tse-tung (Mao Zedong) 769
Marcks, Gerhard **309f., 337ff., 341f., 470–473, 556f., 573f.**, 635, 716, 722, 723, 782
  Büffelkuh 342
Marcks, Maria 339, 472, 557, 574
Marcuse, Herbert 550, 776
Margerie, Roland de 367, 728
Maria Theresia, Kaiserin, Königin von Ungarn und Böhmen, Erzherzogin von Österreich 373, 485, 729
Maridl, Frl. 106, 107, 668
Maritain, Jacques 123, 145, 672
Marlborough, John Churchill, Herzog von 730
Marshall, George C. 527, 769
Martin (Verwalter) 579
Marx, Karl 83, 191, 329, 499, 560, 657
Marx, Wilhelm 690
Masaryk, Tomáš Garrigue 494, 760
Massigli, René 178, 687
Mataja, Heinrich 105, 668
Mauriac, François 233, 305, 698, 715
Maurina, Zenta **364ff., 368f.**, 635
  Dostojewski 365, 368, 728

Maurois, André (urspr. Emile
   Herzog)
   Choses nues 419, 744
Maurras, Charles 145, 678, 715
May, Allan Nun 703
Mazarin, Jules (urspr. Giulio
   Mazarini) 490, 758
›Measure‹ 706
Meier, Walther 233, 266f., 268,
   282f., **326**, 434f., **444f.**, 582f.,
   584, 635, 698
Melampos 435
Mell, Max 92, 666
Mellon, Andrew William 516,
   766
Memling, Hans 198, 690
Mendelssohn, Eleonora von
   355f., 726
Mendelssohn, Francesco von
   356, 726
Mendelssohn, Robert von 726
Mendelssohn-Bartholdy, Felix
   663
Mendès-France, Pierre 305, 708,
   715
Mensdorff-Pouilly-Dietrichstein,
   Albert Graf 485
Mercier (Reitlehrer) 650
Mercier, Kardinal Désiré Josef
   143, 678
Merian, Rudolf 694
Merian-Burckhardt, Sophie
   (Tante von CJB) 217, 694, 732
Mérimée, Prosper 235, 698
›Merkur‹, Stuttgart 246, 258,
   346, 380, 427, 701, 704, 710, 724,
   731, 746, 754
Messalem, Gilmi 15
Mettauer, Remigius (Ps. f. Johannes Oeschger)
   Minusio 336f., 722
Metternich (Familie) 257
Metternich-Winneburg, Klemens
   Wenzel Lothar Nepomuk Fürst
   von 65, 231, 357, 524, 697
   Aus Diplomatie und Leben.
   Maximen des Fürsten Metternich
   (Hrsg. A. Breycha-Vauthier)
   524, 768
Metternich-Winneburg-Beilstein, Pauline Fürstin von
   231 ff., 257, 277, 697
   Geschehenes, Gesehenes, Erlebtes
   277, 709
Metternich, Richard 697
Metzger-Buddenberg, Ingrid
   12, 607
Meuron, Elisabeth von 362, 727
Meyer, Conrad Ferdinand 96,
   211, 306, 667
   Die Füße im Feuer 346
Meyer, Peter 450, 751
Meyer-Ochsner, Heinrich 211,
   693
Meyer-Sichting, Elisabeth 607
Meyer-Sichting, Gerhard
   479ff., 635
Meyer zu Pfeil (Schweizer
   Geschlecht) 751
Meyfart, Johann Matthias
   Jerusalem, du hochgebaute Stadt
   328
Michael I. Rhangabe, Kaiser von
   Byzanz 426, 746
Michelangelo Buonarroti 279f.,
   327
   David 230
Micheli, Louis (›Loulou‹) 98,
   99, 100, 103, 108f., 667, 697
Michels, Thomas **501ff.**, 636
Mieg, Peter 607
Milton, John
   Das verlorene Paradies 54
Minder, Robert 342, **504f.**, 636,
   719
   Hebel, der erasmische Geist
   504, 762
Mindszenty (urspr. Pehm),
   József 252, 702
Modigliani, Amedeo 361

813

Mörike, Eduard
   Gesang Weylas (Gedicht) *786*
   Maler Nolten 93, *666, 786*
Mohammed (Abu 'l-Kasim Muhammad ibn 'Abd Allah) 318, 586, *691, 722*
Mohammed Resa Pahlawi, Kaiser (Schah) von Iran 495
Molière (Jean-Baptiste Poquelin) 133
Monod, Jacques 551, *777*
Montag, Charles 524
Montalembert, Charles Forbes de Tyron, Comte de 496, 497, *761*
Montesquieu, Charles de Secondat, Baron de La Brède et de 497, *706, 761*
   Lettres Persanes 265, *706*
Montmorency, Henri II., Marschall von Frankreich, Herzog von 397, *736*
Moras, Joachim *704, 731*
Morax, René 116, *670*
Motta, Giuseppe 281, *710*
Motteville, Françoise Bertaut de *709*
   Mémoires 277, *709*
Mousson, Heinrich 128, *673*
Mozart, Wolfgang Amadeus 105, 133, 198, 199, 203, 248, 297, *713*
   Don Giovanni, KV 527 62, 63, *742*
   Requiem d-Moll, KV 626 192
   Serenade Nr. 13 G-Dur, KV 525 (Eine kleine Nachtmusik) 203
Mühll, von der s. Von der Mühll
Müller, Harald **575f.**, *636, 782*
Müller, Johannes von *711*
   Schriften in Auswahl 285, *711*
Müller-Hofmann, Carl Victor 492, 494, *759*
Müller-Hofmann, Hermine, geb. Zuckerkandl **492ff.**, *636*

Müller-Hofmann, Rudolf 492, *759*
Müller-Hofmann, Wilhelm (Willy) 79, 105, 120, 121, 137, 201, 492, *636, 663, 759*
Münchhausen, Hieronyma von, verehel. Spijart van Woerden 367
Münchhausen, Isa von 367
Münchhausen, Maleen von, verehel. Gräfin Hatzfeld 367
Münchhausen, Thankmar Freiherr von 49, 51, **366ff.**, *636*
Munters, Vilhelm 228
Muralt, Charlotte von 36, 53, 54, *658*
Muralt, Conrad 36
Muralt, Elisabeth von 74, 80, 212, *662*
Muralt, Flavien de *583*
Muralt, Franz von 9, 27, **34ff.**, 38, **39f.**, 49, 53, **53ff.**, **59, 60,** **63f., 73f., 78ff., 86ff.**, 90, 93, 99, **208–212**, 229, *637, 654, 657, 658, 659, 666, 697*
Muspilli 141, *677*
Mussolini, Benito 300, *682*

Nansen, Fridtjof 83 f., *664*
Napoleon I. (Bonaparte), Kaiser der Franzosen 80, 100, 152, 206, 231, 278, 319, 351, 384, 420, 496, 566, *655, 744, 768*
Napoleon III., Kaiser der Franzosen 118, 231, 522, *697, 698, 768, 782*
Nathan, Peter *619*
Natorp, Paul *711*
Naumann, Friedrich 222, *628, 695*
   Deutschland und Österreich 222
Naumann, Werner *703*
Naumburger Meister 151
Necker, Jacques 285
Neeff, Friedrich *637*

Neeff-Vöchting, Isa 167f.,
172ff., 322f., 487ff., 532f.,
637
Neeff, Walter Friedrich 173,
637, 685
Nehru, Jawaharlal 400, 737
Németh, László 414f., 743
Die Revolution der Qualität
415, 743
Nero, Claudius Caesar Drusus
Germanicus, röm. Kaiser 780
Nestroy, Johann Nepomuk 494
›Neue deutsche Beiträge‹, München 668
›Die Neue Rundschau‹, Berlin
35, 136, 141, 270, 629, 654, 677, 704
›Neue Schweizer Rundschau‹
(vorher ›Wissen und Leben‹),
Zürich 53, 138, 229, 233, 635,
639, 657, 658, 676, 679, 697
›Neue Zürcher Zeitung‹ 504,
511, 542, 574, 633, 634, 646, 666,
674, 680, 737, 764
Neuhaus, Charles 9, 118, 670
Newton, Sir Isaac 586
Nietzsche, Friedrich 78, 112,
149f., 186, 237, 239, 240, 248,
272, 285, 300, 333, 340, 365,
389, 398, 582, 663, 680, 723, 736
Briefe 56
Nikephoros I., Kaiser von Byzanz 426, 746
Nikolai II. Alexandrowitsch,
russ. Kaiser und Zar 394, 735
Nixon, Richard M. 782
N. N. 429f.
Nostitz-Drzewiecki, Gottfried
von 155f., 637
Nostitz, Hans und Doris von
156
Nostitz-Wallwitz, Helene von,
geb. von Beneckendorff und
Hindenburg 709
*Aus dem alten Europa. Menschen
und Städte* 277, 709

Notker Balbulus (der Stammler) 508, 763
Novalis (urspr. Friedrich Leopold
Freiherr von Hardenberg)
158
Nüscheler, Eduard 591, 656

Oeri, Albert 333, 433, 721
Oeri-Sarasin, Georgine 217, 694
Oeri-Sarasin, Rudolf 644
Oertle-Guggenheim, Verena
607
Oeschger, Johannes s. Mettauer,
Remigius (Ps.)
Oettingen-Spielberg, Sophie Fürstin zu 257
Oettli, Max 86, 664
Oettli-Kirbičnikova, Natascha
86, 664
Verlag von R. Oldenbourg,
München 147
Olivárez, Don Gaspar de Guzmán, Graf von O., Herzog von
San Lúcar 467
Olivier, Sir Laurence 313, 717
Oppenheimer, Gabriele (›Yella‹)
Baronin 120, 671
d'Orleans, Gaston 736
Orsini (röm. Adelsgeschlecht)
785
Ortega y Gasset, José 284f.
Ossietzky, Carl von 392f., 734

Paeschke, Hans 258, 380, 704,
731
Rudolf Kassner 704
Paganini, Niccolò 522, 767
Pagnol, Marcel
Marius 142, 678
Topaze 142
Palladio, Andrea 251, 521, 767
Palma Vecchio (eigtl. Jacopo
d'Antonio Negreti) 723
Pamela (Freundin von Lady
Diana Cooper) 178, 687

Paravicini, Charles Rudolf
  61f., 90, 637, 659
Pareto, Vilfredo   496, 761
Paulus, Apostel   159
Péguy, Charles   123, 618, 672, 695
  Notre Jeunesse   222
Pétain, Philippe   305, 715
Petitpierre, Max   255, 403, 605, 704, 739
Petrarca, Francesco   589, 785
Philipp II., König von Spanien   384, 467, 732
Philipp IV., der Schöne, König von Frankreich   264
Philipp IV., König von Spanien   467
Pic s. Burckhardt, Henriette
Picasso (urspr. Ruiz y Picasso), Pablo   623, 782
Pictet, Jean   567, 780
Pidgeon, Walter   686
Pilar-Pilchau, Andreas (Andy) Baron von   49, 86, 87, 366f., 665, 700
Pindar[os]   278, 757
Piper, Klaus   542
Piper, Reinhard   718
R. Piper Verlag, München   317, 346, 542, 718
Pirandello, Luigi   313, 717
Pius XII., Papst (Eugenio Pacelli)   377, 730
Planck, Max   148, 446, 538f., 680, 747, 774
  Religion und Naturwissenschaft   774
Planta (Schweizer Geschlecht)   327, 720
Platon   586, 691
  Kriton   313, 717
  Politeia   71
  Symposion   314, 717
Platten, Fritz   86, 664
Platter, Felix   435, 748

Pobé, Marcel   **390f.**, 637, 734
  Splendeur gothique en France   390
Podewils, Clemens Graf   **247–250, 358f., 363f.**, 637, 726
Podewils, Sophie Dorothee Gräfin   245, 359, 701
Poincaré, Raymond   305, 715
Pompidou, Georges   550, 776, 782
Pontecorvo (Wissenschaftler)   703
Porte, Suzanne de la   370
Poseck   247
Potocki, Jerzy Graf   429, 747
Poulenc, Francis   185, 689
Poussin, Nicolas   759
Poverschnik   213
Pozzi, Catherine   578
›Prawda‹, Moskau   326
Preetorius, Emil   358, 361, 726
Proust, Marcel   622
Przywara, Erich   124, 142, 145, 672
Pu Yi
  Ich war Kaiser von China   601, 787
Pünder, Hermann   197, 690
›Punch‹, London   410
Purcell, Henry   586
Pypelinckx, Marie   208, 692

Racine, Jean Baptiste   206, 245, 641
Raimund, Ferdinand (urspr. Jacob Raimann)   312, 717
Rajk, László   702
Ramana Maharishi, Shri   218f., 694
Ranke, Leopold von   565, 779
Rappard, William E.   **273–276**, 638, 708
  The Quest for Peace yesterday and today   273, 708
Raspe, Rudolf Erich   670

Rathenau, Walther 408, *741*
Ravussin 581
Reading, Rufus Daniel Isaacs, 1. Marquess of 120
Redlich, Josef 105, *668*
Reinhard, Karl Friedrich Graf 321, *718*
Reinhard, Karl Friedrich Graf – Goethe, Johann Wolfgang von
Briefwechsel in den Jahren 1807–1832 321, *718*
Reinhardt (urspr. Goldmann), Max 120, *621, 628, 671*
Reinhart, Werner 179, 235, 524, *687, 698, 771*
Rembrandt, Harmensz. van Rijn 214, 433, *693*
Renner, Karl 69, *661*
Renoir, Auguste 361
Rentsch, Eugen 257, 258
Reventlow, Franziska Gräfin zu 561, *778*
Die Aufzeichnungen des Herrn Dame 561, *778*
›Revue catholique‹ 146, *679*
›Revue Frontière‹, Paris 152 f.
›La Revue de Paris‹ 418
Reynold, Gonzague de 121, 143, 146, 270, 346, 430, 434, 443, 530, 532, *605, 671, 673, 678, 679, 771*
Reynold, Marie-Louise de 328, 404, 430, *739, 747*
›Der Rheinländische Hausfreund‹, Karlsruhe 301, *714*
Richelieu, Armand Jean du Plessis, Duc de 155, 163, 212, 309 f., 351, 370, 387, 400, 467 f., 476, 489 f., 525 f., *681, 736, 753, 758*
Rieger, Franz **418–421**, *638, 744*
Riemann, Bernhard 555, *777*
Rienzo (Rienzi), Cola di 589, *785*
Rieter, Fritz 362 f., *727*

Righini, Coelestine 180, 181, 235, *662, 698*
Rilke, Clara *s.* Westhoff, Clara
Rilke, Rainer (René) Maria 58, **116**, 267, 418, 556, 573, *623, 631, 638, 670, 674, 687, 709, 748, 778, 782*
Les Quatrains Valaisans 116, *670*
Rimbaud, Arthur *694*
Les Effarés 220 f.
Rinn, Hermann 146, 223, **266–269**, *638*
Verlag Hermann Rinn, München *638*
Ritter, Gerhard **369–375**, 475, 476, *638, 755*
Ritter, Gertrud 369, 375, 476
Rivarol, Antoine de (urspr. Antoine Rivaroli) 312, *716*
Rochejacquelin, Henri de la 496, *761*
Rodin, Auguste 573, *709, 782*
Röpke, Eva 196
Röpke, Wilhelm **195 f.**, *639*
La Communauté international 195, *690*
Rolland, Romain 44, *655*
Au-dessus de la mêlée 44, *655*
Rommel, Erwin *642*
Roosevelt, Franklin Delano 429, 511, *696, 764*
Rosenberg, Alfred 372, *729*
Rosenberg, Julius und Ethel 252, *703*
Rotes Kreuz
Internationales Komitee vom Roten Kreuz, Genf 103, 160, 162, 168, 174, 176, 194, 198, 212, 288, 307, 363, 416, 418, 430, 432, 492, 501, 506, 567, *603, 604, 617, 668, 673, 678, 682, 684, 685, 687, 689 f., 690, 693, 700, 727, 734, 743, 744, 751, 759, 762, 763, 780*

Rotes Kreuz *(Forts.)*
Internationales Rotes Kreuz
162, 174, 340, 392, 418, 463,
501, 534, *619, 630, 634, 682, 723,
725, 734, 744, 771*
Rothschild, Familie   69
Rougemont, Denis de   363, *727*
Rousseau, Jean-Jacques   97, 272,
417, 525, 594, *667*
Roy, Pierre-Charles   304, *714f.*
Rubens, Jan   208, *692*
Rubens, Peter Paul   208, 433, *692*
Amazonenschlacht   279
Rudier (Bronzegießer)   573, *782*
Rudolf II., röm.-dt. Kaiser   318
Rudolf Kassner zum 80. Geburtstag. Gedenkbuch (Hrsg. D. Bodmer u. A. C. Kensik)   257, *704*
Rudolph-Spinner, Lucy   229,
259, 270, 316, 361, 362, 363,
520–523, 545, *607, 639, 697, 768*
Ruggieri, Ruggiero   313, *717*
Russell, Bertrand, Earl   325, *719*
Rychner, Elly   410
Rychner, Max   **138f., 142–146**,
233, 235, 280, 282, **283f.**, 345,
362, 399, **406–410**, 444, 446f.,
448, 464, 536, 545, 584, *638,
639, 676, 678, 698, 737, 750*
Carl J. Burckhardt. Zu den Reden und Aufsätzen   247, *702*

Sacher, Frau   448
Sacher, Maja, geb. Stehlin, verw. Hoffmann-La Roche   **154,
183ff.**, **395f.**, *639, 681, 735*
Sacher, Paul   154, 184, 199, *607,
639, 681, 689*
Saint Chamant, Jean Couderc de   218, *694*
Sainte-Beuve, Charles Augustin de   *733*
Saint-John Perse (Ps. f. Alexis Saint-Léger)   297, 301, *713*

Saint-Saphorin, François-Louis de, Seigneur de   90, 98, *655, 666*
Salin, Edgar   **340f., 400f.,
405f., 410, 486f.**, 516, *639f.,
738, 739, 757, 766*
Lebendige Demokratie. Der Basler Arbeitsrappen von 1936   400, *737*
Vom deutschen Verhängnis. Gespräch an der Zeitenwende   340, *723*
Salin, Isa Maria   341, 401, 487, *607*
Salis (Schweizer Geschlecht) 327, *720*
Salis, Elisabeth von   298, 395, 495
Salis, Giacomo von   36, *654*
Salis, Jean-Rudolf von   **295–298,
393ff., 494f.**, *640, 735, 760*
Niedergang oder Wandlung der Kultur   394, *735*
Weltgeschichte der jüngsten Zeit 494, *760*
Sallust (Gaius Sallustius Crispus)   125
Sarasin-Speiser, Gedeon   *645*
Sartre, Jean-Paul   305, 365, 420,
574, *715, 745*
Sattler, Carlo   *764*
Sattler, Dieter   509, 585, *640, 764*
Sattler, Maria Clara   **508f.,
585f.**, *640*
Sauckel, Fritz   148
Saul, König von Israel   293
Savigny, Friedrich Carl von
333, 516, *765*
Savonarola, Girolamo   293
Sayn-Wittgenstein, Franz Prinz zu   **276–279, 352–357**, 363, *640*
Fürstenhäuser und Herrensitze
277, 278, *708*
Sayn-Wittgenstein, Gabriele Prinzessin zu   276, 278, 357, *726*
Schadewaldt, Wolfgang   364

Schädelin (Pfarrer) 546
Schaffner, Jakob 85, 279, *664, 709*
Schazmann, Frédéric-Jacques 18, *650*
Schazmann, Jean-Jacques und Mathilde 18, *650*
Schazmann, Paul 488, *757*
Scheler, Max 123, 300, *672*
Schelling, Friedrich Wilhelm von 240, *700*
Schenk 352
Scherz Verlag, Bern/München/Wien 545, 557
Schick, Conrad *740*
Schifferli, Peter 5, **292 ff.**, 361, *640f.*
Schiller, Friedrich von 282f., 288, 423, 455f., 486, *656*
An die Freunde (Gedicht) 283, *710*
Demetrius 319, *718*
Don Karlos, Infant von Spanien 313
Nadowessiers Totenlied (Gedicht) 77, *663*
Die Räuber 313
Wallenstein 318, 456, *730*
Wilhelm Tell 456, *683*
Schiller, Friedrich von – Goethe, Johann Wolfgang von
Briefwechsel zwischen Schiller und Goethe in den Jahren 1794 bis 1804 282, 455f., *752*
Schindler, Dietrich 197, 362, *690, 727*
Schlesinger, Franziska 120, *671*
Schlosser, Friedrich Christian *586, 784*
Schmalenbach, Fritz *752*
Schmid, Carlo 400, *737f.*
Schmidt, Christian 262
Schmidt, Georg
Zeichnungen altdeutscher Meister aus dem Besitz der CIBA 353, *726*

Schnack, Ingeborg *670*
Schneeli, Eduard Alexander 71, *662*
Schneeli, Gustav **31f., 44ff., 48,** 51f., **64ff., 71ff.**, *641*
Schneeli, Helen 72, *607*
Schneider, Lambert *620*
Schnell, Karl und Hans 118, *670*
Schober, Johannes 106, *668*
Schoeck, Georg *607*
Schoenaich-Carolath, Hermine von 150, *680*
Schönberg, Arnold *691*
Scholem, Fanja 409, 449, 483, 484, 549, *740, 741*
Scholem, Gershom (Gerhard) 332, 408, 410, 447, **448f., 483f., 549f.**, 595, *641, 740, 741, 750, 756, 776*
Walter Benjamin und sein Engel 448f., *751*
Schopenhauer, Arthur 112, 227, 334, 389, 433, 518, 565, 572, *696, 781*
Schramm, Percy Ernst 369, 473, *729, 754*
Schröder, Clara, Elsa, Hilda und Lina 347
Schröder, Dora 231, 245, 246, 347, *700f.*
Schröder, Rudolf Alexander 11, **119f.**, 133, **134ff.**, 137, 141, **165f., 229ff.**, 233, 235, 236, **245f.**, 246, 253, 256, 268, **269f., 345ff., 386f.**, 403, 420, 423, 427f., 486f., 531, 574, *641, 700f., 710, 739, 746, 757, 759*
Goethe und Shakespeare 245, *701*
Goethe und wir 245, *701*
In memoriam Hugo von Hofmannsthal 141, *677*
Kunst und Religion 245
Racine und die deutsche Humanität 245

819

Schröder, Rudolf Alexander (Forts.)
Rede auf Hofmannsthal 269, 707
Reisegruß 698
Trauerrede 135
Über die Liebe zum Menschen 245
Schubert, Franz 178
Schüller, Richard 278
Schuler, Alfred 778
Schulthess, Walter 58, 656
Schuman, Robert 537, 773
Schumann, Robert 178, 522
Schumpeter, Joseph Alois 485, 757
Schwab, Gustav
Die schönsten Sagen des klassischen Altertums 179, 652, 687
Schwarzenberg (österr. Adelsfamilie) 417, 495
Schweitzer, Albert **324 ff.**, *641 f.*
Atomkrieg oder Friede 719
›Das Schweizerische Rote Kreuz‹, Bern *743*
›Schweizer Monatshefte‹ (früher ›Schweizerische Monatshefte für Politik und Kultur‹), Zürich 362, 378, *669*, *727*, *730*
›Schweizer Rundschau‹, Zürich 267, 304, *714*
Schwinn (Dekan) 427, 428, *746*
Seeckt, Hans von 325, *719*
Seemen, Alexandra von 436
Seemen, Hans von 99, **434 ff.**, *642, 667, 676*
Seitz, Karl 69, *661*
Seligmann, Adalbert 232, *697*
›La Semaine Religieuse de Genève‹ 44
Shakespeare, William 27, 57, 133, 292 f., 389, 390, 557, 574, 584, *666*
Antonius und Kleopatra 134 f., 292

Cymbeline 70, *662*
Hamlet, Prinz von Dänemark 91, 313, 318, 560
Julius Cäsar 318
Der Kaufmann von Venedig 318, *718*
Othello 318
Richard III. 318
Sonette 577, *778*
Was ihr wollt 70, *662*
Sheldon, William 19, *651*
Shrapnel, Henry *657*
Sieber-Rilke, Hella *607, 670*
Siegfried, André 225, *696*
Simmel, Georg 284, *620, 711*
Simon, Ernst *740*
Singer, Kurt 241, *700*
Sisygambis (Mutter von Dareios III.) 208, *692*
Slánský, Rudolf 252, *702*
Snell, Bruno 359, *726*
Sonnenthal, Adolf von 232, *697*
Sophokles 273
Souchy, Adelaïde 126
Soulié, André 152 f.
Soulié, Helen 153
Spanyi, Mario von 247, 482, *756*
Speich, Rudolf 343, 360, *727*
Speidel, Hans **503 f., 523–527,** *642*
Zeitbetrachtungen 523 f., *768*
Geistige Kriegführung 524, *768*
Speidel, Ruth 504, 527
Speiser, Henriette 340, 403, 430, *747*
Speiser-Sarasin, Paul 516
Spengler, Oswald 168, *684*
Speyr, Adrienne von, verehel. Kaegi 515, *765*
Spiel, Hilde **290 f.,** *642, 712*
Spieß, Otto *742*
Spitteler, Carl 111–115, 132, 159, 267, 389, *669*
Conrad der Leutnant 115

Olympischer Frühling 115
Prometheus und Epimetheus
115
Spitzweg, Carl 279, *709*
Spranger, Eduard **402f.**, *642f.*,
739
Gedanken zur Daseinsgestaltung 402, *739*
Goethes Weltanschauung 402,
739
Lebensformen 402, *739*
Stackelberg, Jürgen Freiherr
von **300–303**, *643*
Humanistische Geisteswelt
(Hrsg.) 300, *714*
Stackelberg, Traugott Freiherr
von *643*
Staehelin, Andreas **332–335**,
643, 721
Universitätsgeschichte
1632–1835 332
Stässig, Laura 87
Staiger, Emil 167, 361, **455f.**,
468ff., *643, 752, 753*
Literatur und Öffentlichkeit *754*
Meisterwerke deutscher Sprache aus dem neunzehnten Jahrhundert 167, *683*
Staiger, Sibylle 361, 456
Stalin (urspr. Dschugaschwili),
Josif Wissarionowitsch 275,
499, 511, 526, *702, 769*
Stampfli, Walter 253, *703*
Stanislawski, Konstantin Sergejewitsch *666*
Steffensen, Karl Friedrich Christian *714*
Steffensen-Burckhardt, Marie
298, 515, *652, 713f., 732*
Stehlin-Miville, Frau 33, 477,
755
Steiger, Walter 48f., *656*
Steinbömer, Gustav *s.* Hillard,
Gustav
Steiner, Rudolf *731*

Stendhal (urspr. Henri Beyle)
389, 412, 415, 420, *742f.*
Lucien Leuwen 420, *745*
Sternberger, Dolf *689*
Stettler-Schär, Antoinette *607*
Stettler-von Albertini, Barbara
299, 328, 362, 545, 561, **598**
Stettler, Kathrin 328, 362, 545,
561
Stettler, Michael 5, **298f.**, 299,
327f., 336f., 360–363, 399f.,
425f., 545f., 558–561, 598,
606, 643, 707, 713, 720, 722, 775
Erinnerungen an Stefan George
336
Stettler, Sibyl und Luzia 328,
545, 561
Stettler, Therese 328, 362, 545,
561
Stifter, Adalbert 247f.
Brigitta 76, *663*
Straub 291
Strauß, David Friedrich 398, *736*
Strauss, Richard – Hofmannsthal,
Hugo von
Die ägyptische Helena 132,
290, *675, 759*
Strawinsky, Igor Fjodorowitsch 203
Strebel, Helmut **570–573**, *607,*
644, 781
Strohl, Jean 267, 436, *748*
Struther, Jan (Ps. f. Joyce Anstruther) *686f.*
Mrs. Miniver *686f.*
Stuck, Franz von *759*
Stucki, Lorenz 510, *764*
Stucki, Walter *764*
Suhrkamp, Peter (urspr. Johann
Heinrich S.) 345
Sukarno, Ahmad 443, *750*
Suter, Hermann 582
Széchényi, István, Graf S. von
Sárvár und Felsövidék 415,
743

Tacitus, Publius Cornelius 566, 780
Talleyrand-Périgord, Charles-Maurice de, Prince de Benevent 419, 718, 744
Tamerlan (Timur Lenk) 86, 664
›Die Tat‹, Zürich 326, 630, 639, 719
Taub, William **328ff.**, 644
Taube, Maria von 417, 429, 443
Taube, Otto Freiherr von **227f., 412ff., 416f., 427ff., 441ff.**, 530, 644, 746
  Im alten Estland 227, 228, 696
  Minotaurus 442, 750
  Wanderjahre 442, 749
Theresa von Lisieux (Thérèse Martin) 144, 678
Thieme, Hans **475f.**, 644, 755
Thieme, Ursel 476
Thomas von Aquin 202, 569, 618, 780f.
Thurn und Taxis, Marie Fürstin von 258
Tinbergen, Nikolas 712
Tito (urspr. Broz), Josip 702
Tizian[o Vecellio] 723
  Pietà 342, 480f., 723
Tobler, August L. 259, 705
Tocqueville, Alexis Clérel, Comte de 259, 263ff., 705, 706
Tolstoi, Lew Nikolajewitsch, Graf 17, 302
  Krieg und Frieden 302, 319, 714
Torres Bodet, Jaime 225, 696
Treitschke, Heinrich von 655
  Die deutsche Geschichte im neunzehnten Jahrhundert 42, 655
Trog, Hans 91, 92, 666
Trotzki, Lew Dawidowitsch (urspr. Leib Bronstein) 69, 202, 664
Truman, Harry S. 769

Tschechow, Anton Pawlowitsch 666
Tschiang Kai-schek 719, 769
Tschitscherin, Georgi Wassiljewitsch 120
Tschudi, Aegidius 683
Tschudi, Rudolf 297, 713
Turner, Ralph E. 224, 225, 695
Tyler, Royall
  Kaiser Karl V. 353, 726

Uccello, Paolo 230
Uhland, Ludwig 736
Ullmann, Regina 376, 561, 623, 698, 778
UNESCO, Paris 224, 226, 239, 673, 695
Ungern-Sternberg, Leonie, Baronin von, geb. Gräfin Keyserling 280, 710
›Universitas‹, Stuttgart 724
Urzidil, Gertrude 448
Urzidil, Johannes **446ff.**, 644, 750
  Goethe in Böhmen 447, 750

Valéry, Paul 267, 420, 573, 600, 622, 631, 673, 706, 744, 782
  Variétés 420
Varnhagen von Ense, Karl August 736
Vater unser 320, 718
Vattel, Emer de 569, 780
Vauvenargues, Luc de Clapier, Marquis de 389
Veillon, Charles 749
Velde, Henry van de 150, 680
Verdi, Giuseppe
  Otello 129, 674
Vergil (Publius Vergilius Maro) 249, 270, 641
  Aeneis 64, 235, 245, 246, 487, 660
  Bucolica 119f., 671
Verlaine, Paul 695

Vespasianus, Titus Flavius 526
Vicente Alvarez, José 578
Victoria, Königin von Großbritannien und Irland 394, 735
Villars, Claude-Louis-Hector, Herzog von V., Marschall von Frankreich 730
Vischer, Eduard 607
Vischer, Helene 607
Vischer, Wilhelm 104ff., 644
Vlaminck, Maurice de 782
Vöchting, Adrienne 488
Vöchting, Carl 174
Vöchting, Christian 174, 487f., 685, 757
Vöchting-Burckhardt, Hermann 533
Vöchting-Oeri, Friedrich 167, 174, 533, 684
Vöchting-Oeri, Luise 174, 216f., 533, 607, 644f.
Vöchting-Burckhardt, Marie 533, 637
Völkerbund, Genf 126, 160, 261, 289, 492, 604, 638, 673, 681, 682, 689, 693, 701, 705, 712, 759
Voigt, Hanael Hennig von s. Alastair
Vollmoeller, Karl 621
Voltaire (François-Marie Arouet) 153, 155, 549, 574
Mahomet 318
Von der Mühll, Hans 35, 38, 49, 250, 256, 654, 702, 704
Von der Mühll, Jan F. 107, 256, 523, **601**, 645, 704, 768
Von der Mühll, Marina 523, 768
Von der Mühll, Patrick 601, 787
Von der Mühll, Theodora, geb. Burckhardt (›Dory‹) (Schwester von CJB) 35, 56, 140, 167, 198, 256, 315, 349, 386, 404, 638, 645, 653, 654, 669, 670, 684, 732, 768, 782

Wackernagel, Hans Georg 33, 56, 653
Wackernagel, Jacob 31, **32f.**, 33f., 36f., 37ff., 40f., 41f., 42ff., 46f., 48ff., 55, 55ff., 63, 476–479, 645, 755
Wackernagel, Jacob, sen. 33, 37, 57, 477, 653, 755
Wackernagel, Marie, geb. Stehlin 33, 37, 57, 653
Wackernagel-Sarasin, Rosalie **476–479**, 645, 755
Wackernagel, Rudolf 591, 785
Wackernagel, Wilhelm 334, 721
Wagner, Christian 599, 600, 786f.
Wagner, Hugo 607
Wagner, Richard 56, 148, 340
Wahlen, Friedrich Traugott 387, 411f., 431f., 579ff., 593f., 645, 742, 762, 785
Wahlen, Helen 411, 431, 581, 594
Wallenstein (urspr. Waldstein), Albrecht Wenzel Eusebius von 318
Walter, Frau (Mutter von Georges W.) 24
Walter, Georges 9, **15, 16f.**, 17f., 19, 20, 22f., 23f., **24ff.**, **26, 27**, 33, 34, 37, 49, 58, 645, 650
Walters, Frank 289, 712
Wamboldt von Umstadt, Franz 134, 675
›Die Wandlung‹, Heidelberg 193, 194, 689
Wandruszka, Adam **485f.**, 646, 756f.
Wanner, Gustav Adolf 705, 751
Warburg, Otto Heinrich 348, 725
Wassermann, Jakob 439, 749
Weber, Alfred 564, 689, 779
Weber, Carl Maria von
Der Freischütz 355
Weber, Max 564, 779

823

Weber, Werner **378–381**, 408, *646, 731*
Wedekind, Frank
Frühlings Erwachen 582, *784*
Wehrli, Frau 291, 361
Wehrli, Max 361, *727*
Weidenmann, Emmy **58, 62f.**, 87, 102, **106f.**, 109, **110f.**, 136, 180f., *625, 646, 659, 660, 668, 669, 688*
Weininger, Otto 270
Weisgal, Meyer Wolf 402, *738*
Weizmann, Chaim *621*
Weizsäcker, Ernst Freiherr von 519, *767*
›Die Weltwoche‹, Zürich 253, 290, *703, 712*
Wendelstadt, Jan Freiherr von *756*
Westhoff, Clara, verehel. Rilke 561, *778*
Widmann, Josef Otto und Frau 113
Widmann, Josef Viktor 113, *669*
Widtwer (Orchestermusiker) 582
Widtwer, Frau, geb. Gelpke 582, 583
Wiegele, Franz 92, *666*
Wiesenthal, Grete 201, 493, *691, 759*
Wilczek, Johann Nepomuk Graf 232, *697*
Wildbrandt-Baudius, Auguste 232f., *697*
Wilde, Oscar 40, 258, *654*
Wilder, Thornton **310–314**, 589, *646, 716, 717*
Die Alkestiade 313f., *717*
Die Cabala 589, *785*
Die Frau aus Andros 314, *717*
Kultur in einer Demokratie 311, 320, 385, *716*
Wilhelm I., der Schweiger, Prinz von Oranien, Statthalter der Niederlande 208, *692*

Wilhelm II., Deutscher Kaiser und König von Preußen 490, 566, *735, 747*
Wilson, Thomas Woodrow 373, 490, *729*
Winckelmann, Johann Joachim 166, 334, 433, 565, *742, 779f.*
Winterthurer Streichquartett 316, 545, *697*
Wirth, Conrad *658*
Wirth, Marie Charlotte, geb. Muralt (›Aja‹) 36, 55, 81, *658*
›Wissen und Leben‹ s. ›Neue Schweizer Rundschau‹
Wölfflin, Heinrich 255, 279ff., 334, *704, 709, 721*
Die klassische Kunst 281
Wolf, Dr. 288
Wolfskehl, Karl 133, 561, *675, 778*
Wyler, William
Mrs. Miniver (Filmregie) 177, *686f.*

Younghusband, Sir Francis Edward 394, *735*

›Die Zeit‹, Hamburg *723, 753, 764*
Zelter, Karl Friedrich 74, *663*
Zelter, Karl Ludwig s. Flöricke
Zimmer, Christiane, geb. von Hofmannsthal **120f.**, 136, **140f.**, 576, *646, 676*
Zimmer, Heinrich 140, 141, 237, 485, *646, 694, 699, 757*
Ewiges Indien 140, *676f.*
Zita, Kaiserin von Österreich *661*
Zschokke, Alexander *766*
Zuberbühler, Werner (›Zubi‹) 18, 58, 73, 87, 91, 181, 234, 546, *649, 660*
Zuberbühler, Willy *607*

Zubi s. Zuberbühler, Werner
Zuckerkandl, Amalie 492, 759
Zuckerkandl, Berta 120, 671
Zuckerkandl, Eleonore (Nora) 492, 759
Zuckerkandl, Otto 636
Zuckerkandl, Victor 636
Zuckmayer, Carl 11, **286ff.**, 317, 344, **347ff.**, 355f., **430f.**, **474f.**, 517, **527–530**, **535f.**, 646f., 711, 712, 718, 772, 773

Das kalte Licht 286f., 711
Des Teufels General 286, 287, 711
Zuckmayer, Maria (Winnetou), verehel. Guttenbrunner 349, 725, 766
Zuppinger, Alphonse 164, 647
Zuppinger, Mabel (Ps. Claudine) **163f.**, **182f.**, **314f.**, **343ff.**, 647, 688, 717
Zwicky, Werner 237, 699

Inhalt

Vorwort 5
Briefe 1908–1974 13
Lebenslauf 603
Editionsbericht 605
Adressaten und Daten 609
Verzeichnis der Briefempfänger 617
Anmerkungen 649
Hauptwerke 789
Register
    Erwähnte Werke von Carl J. Burckhardt 793
    Allgemeines Verzeichnis 796